KB116742

생태의 시대

생
태
의
시
대

다시 쓰는 환경 운동의 세계사

요아힘 라트카우 지음, 김희상 옮김

일러두기
원주는 미주로 처리했으며, 각주는 모두 옮긴이주입니다.

이 책은 실로 꿰매어 제본하는 정통적인 사철 방식으로 만들어졌습니다.
사철 방식으로 제본된 책은 오랫동안 보관해도 손상되지 않습니다.

머리말
생태의 정신적 현재를 낳은 역사

불가능한 역사?

먼저 고백부터 하나하고 시작하자. 1970년대 초 이른바 최초의 〈환경 운동〉이 곳곳에서 비 온 뒤의 땅에서 죽순이 솟아나듯 번져 가기 시작했을 무렵 나는 다음과 같이 느꼈다. 〈이것은 내 운동이다!〉 이른바 〈68 학생 운동〉이 시작되었을 때만 하더라도 느껴 보지 못했던 감정이다. 물론 학생 운동이 가진 한바탕 〈놀자 판〉의 측면이 즐거웠던 것은 사실이다(그리고 아마도 대다수 사람이 이 측면에 강한 영향을 받았으리라). 하지만 당시 운동꾼들의 전문 용어는 어째 좀 지어냈다는 느낌과 함께 시대착오적이라는 인상을 주었다. 이에 반해 환경 보호라는 기치를 내건 시민 운동은 처음부터 진정성 있게 다가왔다. 흘러가 버린 과거의 혁명을 흉내 내는 게 아니라, 현재의 당면한 과제에 과감히 도전하는 운동이었기 때문이다. 말하자면 가슴 한구석 깊은 곳에 도사렸던 불편함이 마침내 적당한 표현을 찾아 정치 무대에 본격적으로 등장할 자격을 갖춘 것이랄까. 나를 비롯한 다수의 사람이 이러한 불편함을 예전부터 느껴 왔지만, 그때까지는 정치적으로 분명한 표현을 찾지 못했다.

그러나 이는 고작 40년 전 이야기다. 다시 말해서 현재 진행형이다. 40년이라는 세월을 두고 〈역사〉라는 말을 쓸 수 있을까? 그런데 오늘날 많은 독일 사람은 환경 운동을 현재라기보다는 흘러가 버린 역사라 여긴다. 이는 세계의 다른 지역과 확연히 다른 태도다. 1세대 환경 역사학자들은 환경 파괴에 맞선 저항이 과거로 얼마나 멀리 거슬러 올라가는지 그 증거를 속속 찾아냈다. 그렇다면 1970년대에 무언가 새로운 게 시작되었다고 하는 것은 시각적 착시 현상이 아닐까? 중요한 물음이다. 이 물음은 앞으로도 계속해서 다룰 예정이다. 어쨌거나 다음과 같은 사정에는 의심의 여지가 없어 보인다. 즉 환경 운동은 그동안 역사적 현상, 다시 말해서 흘러가 버린 역사가 되어 버렸다. 말하자면 이미 한 획을 그은 시대의 징표가 환경 운동이랄까. 그리고 이 운동의 진정성을 의심하지 않는다고 하더라도 환경 운동을 역사적 거리를 두고 바라보려는 요구는 크기만 하다. 단순히 그때그때 현장만 포착하는 태도는 종종 잘못된 길로 이끄는 결과를 낳는다. 환경 보호를 더 폭넓은 역사의 지평에서 분석할 때, 우리는 놀라운 발견을 많이 할 수 있으며, 새로운 차원의 시각을 확보할 수 있다.

거기까지 이르는 길은 간단하지 않다. 벌써 몇 년 전부터 나는 장차 환경 운동의 역사를 쓰기 위해 기록을 해왔다. 그러나 그때마다 거듭 아무래도 이것은 불가능한 역사가 아닐까 하는 의심을 지울 수 없었다. 책을 쓰기로 한 계획을 수년째 미루는 경험은 처음이었다. 〈나는 안다, 내가 아무것도 모른다는 사실을!〉 하는 확연한 느낌이 몹시 성가시게 나를 괴롭혔다. 그동안 이런 경우는 거의 없었다. 자기 인식이라는 소크라테스의 지혜가 언제나 자신감으로 승화하는 것은 아니다. 내게는 다른 사람들의 무지함이 내 것보다 훨씬 크리라는 바리새인식의 위로만 남았다. 실력이 검증된 역사학자조차 이 영역에서는 깜짝 놀랄 정도의 무지함을 드러내곤 한다. 심지어 현장 경험이 풍부한 환경 보호 운동가들 역시 자신이 직접 참여했던 역사를 두고 서로 엇갈리며 엉뚱한 방향으로 이끄는 말들을 쏟아내곤 한다. 대학생들은 중고등학교에서 환경 문제에 쓰이는 용어로 어떤 것이 적절한지 배웠다고 하면서도 정작 물어보면 아는 게 거의 없다. 황제를 섬기던 제국주의 시절에 어떤 위기가 있었는지 정확한 지식으로 재치를 뽐내며 이야기하던 사람들이 환경 문제가 화제로 떠오르기만 하면 하나마나한 소리로 늘 같은 멜로디를 흥얼거리는 게 나는 불쾌하기만 했다. 〈브렌트 스파 사건〉을 〈데일리 텔레그래프 스캔들〉을 다룰 때와 똑같은 명민함과 예리함으로 분석할 수는 없는 것일까?* 그러나 나는 몇십 년 동안 모아 온 자료가 엄청나 잊어버리거나 간과한 것이 있지는 않을까 늘 부담을 느꼈다. 이처럼 지금까지 〈환경 보호주의의 역사〉란 형태를 알아볼 수 없는 것에 지나지 않았다. 사람들이 많은 것을 쉽사리 잊어버리는 원인이 달리 있는 게 아니다. 이 모든 게 포기해서는 안 된다는 자극으로 다가왔다. 오랜 세월 동안 쌓인 관찰과 생각의 조각을 적절히 처리하지 않고 내버려 둔다면 그 또한 엄청난 짐으로 다가오리라는 느낌을 지울 수 없었다.

니클라스 루만**은 자신의 책 『생태 소통Ökologische Kommunikation』***에서 바탕에 은밀한 비꼼이 깔린 다음과 같은 촌평을 날렸다. 〈전 세계적으로 볼 때 《사회》를 겨누며 비난을 가득 담은 《환경 성명》은 허공을 울리기만 한다. 현대 사회는 다양한 하부 체계로 계속 분화해 왔으며, 오로지 이 하부 체계로만 작동하는 사회에는 그 성명을 귀담아들을 수신자가 없기 때문이다.〉[1] 당시에는 상당히 흥미로운 촌평이었다. 그저 소통하는 것 자체가 곧 행동이자 실천이라는 위르겐 하버마스****의 〈소통

---

* 브렌트 스파Brent-Spar는 다국적 석유 기업 〈쉘Shell〉이 15년 동안 영국 근해에 운영하던 석유저장 시설의 이름이다. 낡은 시설을 철거하는 방법을 둘러싼 논쟁에서 환경 운동 단체 〈그린피스Greenpeace〉의 압력에 굴복해 시설을 바다에 가라앉히는 대신 재활용하는 쪽으로 결론이 났으나 결국 흉물로 방치되고 말았다. 〈데일리 텔레그래프 스캔들Daily-Telegraph Scandal〉은 독일 황제 빌헬름 2세Wilhelm II가 당시 〈남아전쟁〉을 벌이던 영국 정부에 작전 조언 및 지원을 한 사실을 영국 신문 『데일리 텔레그래프』가 폭로하면서 벌어진 사건이다. 자존심이 상한 영국 시민의 악감정으로 양국 관계는 악화되었으며, 독일 제국의 쇠퇴에 물꼬를 튼 사건이다.

** Niklas Luhmann: 1927~1998. 독일의 사회학자이자 사회이론가. 〈사회의 체계이론〉으로 사회학에서 고전의 반열에 오른 인물이다.

*** 우리나라에서는 『생태적 커뮤니케이션』으로 출간되었다.

**** Jürgen Habermas: 1929년생의 독일 철학자이자 사회학자. 사회 이론을 기초로 진보적인 자본주의 사회를 건설할 것을 주장했다.

행위)를 희망으로 삼았던 지성인들의 태도를 슬그머니 꼬집었기 때문이다. 그러나 환경 운동을 다룬 모든 문헌이 그러하듯, 여기서도 〈운동〉처럼 끊임없이 흘러가는 현상을 다룰 때는 책의 출간 연도를 주목할 필요가 있다. 루만의 책은 1986년에 나왔다. 오늘날의 관점에서 보면 사회학의 교황으로까지 떠받들어진 루만이, 환경 보호 운동이 급속히 전문화되어 완전히 하부 체계 안에 갇혀 버린 전문가 놀음으로 진화하리라는 점을 전혀 짐작도 못했다는 사실은 놀랍기만 하다. 물론 1980년대 초 루만이 활동하던 빌레펠트의 사회학계를 떠올려 보면 이런 무지는 얼마든지 용서되는 것이기는 하다.

오늘날의 견지에서 못지않게 놀라운 것은 루만의 자신감이다. 그는 〈생태 소통〉으로 별 어려움 없이 환경 운동에 대해 일반적이고도 정확한 발언을 할 수 있다고 믿었다. 루만은 환경 운동계에서 멀리 떨어져서, 저 악명 높은 비사교성으로 무장하고, 스스로 경험해 본 게 별로 없는 채로 소통을 구축했다. 나는 오랜 세월에 걸쳐 〈생태 소통〉을 둘러싼 논란을 들어 왔다. 환경 문제가 흔히 그러하듯 문제의 해결이 곧 새로운 문제를 낳는 무한 논쟁이기 때문이다. 아무튼 끝없이 화젯거리를 제공해 주는 것은 사실이다. 오랫동안 쌓았던 노트를 두루 살필 때마다 나는 예전의 그 많은 깨달음에 다시금 놀라곤 한다. 몇 가지 고정된 생각을 불편해하고 정신적 모험을 사랑하는 사람이 환경 문제를 고민한다면 모든 경계를 무너뜨리는 소통을 이뤄 낼 수 있다. 이런 고민은 학문 분과들의 경계를, 이론과 실천의 경계를, 국가와 문화의 경계를 허문다. 요컨대 환경 운동의 역사는 루만의 맞수 하버마스가 갖는 낙관주의를 지지할 많은 소재를 제공한다. 다시 말해서 소통은 경계를 넘어 대중을 아우르는 여론을 이끌어 냄으로써 결국 어떤 변화를 일으킨다. 그러나 효과는 결코 확실하지 않다. 많은 경우 변화가 일어난다 할지라도 그 효과는 아주 오랜 시간이 지나서야 비로소 인식될 수 있다. 따라서 역사적 접근이 필요하다. 물론 순간의 현상을 포착하는 것이 구조 분석에 도움이 되기는 하지만, 그것으로는 충분치 않다. 실천 능력을 갖춘 수신자가 없는 탓에 환경 운동이 아무런 성과 없이 허탕으로 끝나는 일이 자주 벌어진다는 것은 의심의 여지가 없는 사실이다. 그러니까 하버마스나 루만 가운데 어느 쪽이 얼마나 현실을 더 정확히 보았는가 하는 물음은 경험의 역사를 살펴보지 않고 미리 답할 수 없으며, 또한 확실히 이것이라고 단정 지을 수도 없다.

오늘날의 사회학이 있기까지 선도적 역할을 한 두 사상가는 한 가지 공통 전제를 보여 준다. 그것은 곧 사회 체계는 자유로운 소통을 위한 도구와 같은 게 아니라는 전제다. 사회 체계, 특히 국경을 넘어서는 사회 체계[2]는 소통을 통해 비로소 만들어진다는 것이 그 전제의 내용이다. 그런데 소통에는 주제가 필요하다. 환경 문제가 새로운 여론, 새로운 사회 구조를 끌어내는 주제일까? 쉽게 답하기 어려운 물음이다. 경계를 넘어서는 환경 문제는 정말 차고도 넘쳐난다. 그렇다면 환경 문제는 구조화되고 있을까? 그러기에는 환경 문제 자체가 아주 이질적이고 혼란스러운 다양한 주제를 갖지 않는가? 〈생태 소통〉, 곧 환경 문제를 다루는 소통은 그 경계 없음으로 말미암아 하버마스가 진단한 〈새로운 혼란〉의 전형적인 사례가 아닐까? 도대체 뭐가 뭔지 전체를 가늠할 수 없을 정도로 환경 문제는 복잡다단한 양상을 보여 주기 때문이다.

바로 이런 점 때문에 환경 운동은 환경 문제에 집중하기가 쉽지 않다. 그리고 실제 정치 차원에서 분명한 목표에 집중하기 어렵다. 끊임없이 꼬리에 꼬리를 물고 돌아가는 생각 속에서 나는 환경 운동이 움직이는 양상을 경험할 뿐이었다. 타고난 성격대로 주제에 〈곧장〉 접근하지 못하고 자료들을 보며, 컴퓨터 프로그래머의 전문 용어를 빌려 이야기하자면, 저절로 〈무한 루프〉에 빠지고 말았다. 이는 갈팡질팡하는 환경 운동의 모습이기도 하다. 끝없이 쌓여 가는 대화록을 바라보며, 나는 〈환경 시대〉의 세계사를 쓰는 대신, 혹시 자서전을 쓰려는 것은 아닐까 깜짝 놀라곤 했다. 이런 식으로 계속할 수는 없었다. 내 경험을 스스로 해부하고 정리하는 일에 몰두해야만 했다. 자세히 살펴보니 노트의 대부분이 몇 개의 한정된 문제 주변을 맴돌고 있다는 것을 확인할 수 있었다. 그래서 전체 환경 운동의 역사가 이 몇몇 문제에서 펼쳐진 것은 아닐까 실험하고픈 마음이 더더욱 커졌다. 순전한 〈팩트〉만으로는 그 어떤 역사도 성립하지 않기 때문이다. 혹시 〈환경 운동가들의 운동〉은 일반적으로 빠르게 경직 현상을 드러내는 데 반해, 진짜 운동은 〈문제〉에서 빚어지는 게 아닐까?

무엇이 〈운동〉을 이끄는가

역사를 경험주의의 입장에서 바라보는 사람들은 추상적 담론을 펼치는 체계주의자보다 〈운동〉이라는 말을 훨씬 더 어렵게 받아들인다. 독일에서 〈운동〉은 1920년대의 유행어였으며, 나치스 정권 시절 우상처럼 떠받들어지는 단어였다.[3] 그래서 1945년 이후에도 오랫동안 갈색의 씁쓸한 뒷맛을 남기는 말이 〈운동〉이었다.* 이런 뒷맛은 〈운동〉이라는 단어가 〈미국적 기질〉을 나타내는 것으로 다시금 유행을 타면서 비로소 사라졌다. 미국의 관련 서적들을 보면 〈환경 운동 environmental movement〉이라는 개념을 대단히 폭넓게 사용한다. 인터넷에서만 이 단어로 수천 권의 책들을 검색할 수 있을 정도다. 〈운동〉이라는 개념을 정밀하게 다루고자 하는 사회학자의 눈에는 그러한, 운동의 인플레이션이 수치스러울 따름이다. 반면 경험적 입장을 중시하는 영미권 연구자들은 까다로운 운동 이론가들이 세워 놓은 기준 목록에 맞춰 구체적 현실을 본다면, 〈환경 운동〉이라는 말에 속하는 게 거의 없다고 투덜대기 일쑤다.

도대체 뭐가 〈운동〉일까? 이 문제에서 나는 워싱턴의 〈독일 역사 연구소〉 소장 크리스토프 마우흐**에게 구원의 조언을 얻었다. 마우흐는 환경 역사에서 독일과 미국의 관계가 어떻게 이루어졌는지 누구보다도

---

* 여기서 〈갈색〉이라는 표현은 나치스가 입은 제복의 색깔을 가리킨다.
** Christoph Mauch: 독일의 역사학자로 국제 환경 운동 역사의 전문가다. 현재는 독일 뮌헨 대학교 교수로 있다.

잘 아는 산 증인이다. 그의 충고에 따르면, 〈사회 운동〉이라는 말에 필사적으로 매달리지 말고, 〈환경 운동〉의 가장 활발한 특징에 주목하는 게 좋다고 했다. 어떻게 해서 특정 동기가 그룹과 나라의 경계를 뛰어넘으며, 다른 동기와 맞물려 새로운 동기를 만들어 내는지 주목해 보라는 지적이다. 인도의 환경 운동 역사학자 란잔 차크라바르티*는 나에게 다음과 같이 경고했다. 인도의 환경 운동 단체만 놓고 보더라도 워낙 많은 지역 단체가 있어, 그 이름과 주소로만 500면을 훌쩍 넘기는 두툼한 책이 만들어질 것이라면서,[4] 이를 일목요연하게 파악하는 것은 불가능에 가깝다고 환기시켰다. 따라서 이런 접근이 어쨌거나 시도라도 될 수 있다면, 오로지 주제, 곧 주된 동기에서만 가능하리라는 지적이었다.

루만이 〈생태 소통〉을 하부 체계를 중심으로 한바탕 익살을 떠는 춤판으로 이해했다고 할지라도, 한 가지만큼은 인정해 줘야 한다. 즉 환경 운동에는 일종의 체계 논리가 없다. 적어도 전체적으로 보면 그렇다. 살아가는 사람들을 눈앞에서 보지 못한다면, 그들을 이해할 수 없다. 사람들은 〈환경 운동〉이라는 게 어디 있냐고 아리송한 표정을 짓는다. 독자들은 조직 이론가들의 매끄러운 추상적 담론을 읽으며 실제 사람들의 이야기를 갈망한다. 운동이 무엇을 중심으로 이루어지는지, 추상화하는데만 집중하거나, 운동을 오로지 고정된 특성이 있는 일반적인 운동 모델의 사례로만 받아들인다면, 사람들은 사회 운동이 도대체 무엇인지 이해하지 못한다. 역사는 운동의 움직임을 드러내야만 한다. 물론 이런 사정은 〈트렌드〉의 정체를 밝히는 것 못지않게 난망한 일이다. 언젠가부터 〈내레이터〉를 쓰는 일은 일종의 유행이 되었다. 말하자면 역사를 이야기처럼 꾸며 들려주는 해설자를 초빙하는 일이 앞다투어 벌어지는 셈이다. 물론 여기서 역사를 지어낸 이야기로 만든다는 지적은 일정 부분 타당하다. 그러나 〈내레이터 원칙〉을 받아들인다고 해서 반

---

* Ranjan Chakrabarti: 1959년생의 인도 역사학자. 콜카타의 비디아사가르 대학교 역사학 교수다.

드시 훌륭한 이야기꾼이 나오는 게 아니듯, 구성주의를 인정한다고 해서 이야기를 꾸며 내거나 역사의 특정 장들을 사실과 전혀 다르게 들려주는 것은 아니다. 이런저런 이야기들을 듣고 나서 〈진짜 역사〉는 어디 있느냐고 고민할 필요는 없지 않을까? 나는 바로 이런 이야기들을 시도하고자 한다. 이 책의 묘사가 그때그때 중요한 장면만 드러낼 뿐, 역사를 두루 관통하는 게 아니고, 연대기에 숭숭 구멍이 뚫린다고 해도, 환경 운동의 자료와 씨름한 사람이라면 누구나 사정을 이해하리라. 이와 같이 놀라운 사실과 역사적 새로움을 드러내고 문제가 정확히 무엇인지 밝혀내는 동시에 풀리지 않는 물음은 그대로 놓아둠으로써 추가적인 연구를 자극하는 일은 심심찮게 이뤄져 왔다.

지금까지 환경 운동의 역사를 유일하게 글로벌한 차원에서, 그것도 상당히 포괄적이면서 유려하게 다룬 책은 2000년에 인도의 역사가 라마찬드라 구하*가 펴낸 것이다(『환경 보호주의: 글로벌 역사 *Environmentalism: A Global History*』). 구하는 1992년 생태학자 마다브 갓길**과 함께 『인도의 생태학 역사』(영문판 제목: 『갈라진 땅*This Fissured Land*』)를 편찬하기도 했다. 『환경 보호주의: 글로벌 역사』는 150면의 실팍한 부피로 생태주의 역사를 폭넓게 다루면서도 쉽게 읽히는 책이다. 비슷한 작업을 시도했던 사람이라면, 누구나 저자의 솜씨와 대담함에 경의를 표하리라. 그러나 이야기의 구성은 과감하고도 자의적이다. 이런 과감성과 자의성은 문외한의 눈에도 고스란히 읽힌다. 독일 독자는 구하가 독일 환경 의식의 정신적 시조로 누구보다도 라이너 마리아 릴케***를 꼽는 것을 발견하고 깜짝 놀랄 것이다. 인도의 역사학자는 간디에게 장 하나를 통째로 할애했다. 더 나아가 색인을 보면 〈간디〉라는 이

---

   * Ramachandra Guha: 1958년생의 인도 저술가. 환경, 사회, 정치 등의 분야에 관심을 갖고 역사 책들을 써 왔다.
   ** Madhav Gadgil: 1942년생의 인도 생태학자. 인도 생태학 연구소 소장이다.
   *** Rainer Maria Rilke: 1875~1926. 보헤미아 태생의 독일 시인. 인상주의와 신비주의를 결합한 근대 언어 예술의 거장으로 꼽히는 인물이다.

름이 등장하는 대목이 18곳이나 된다. 도대체 간디가 어떤 방식으로 환경 보호주의의 역사에 속하는지는 분명하지 않다.[5] 반면 〈그린피스Green Peace〉는 색인에서 빠져 있다.

구하는 환경 보호주의 이전의 시대를 〈생태 무지의 시대〉라 부른다. 무지한 탓에 용서해 줄 수밖에 없는 이 시대는 제2차 세계 대전부터 레이철 카슨*이 『침묵의 봄Silent Spring』을 출간한 1962년까지 이르는 시기에 해당한다. 그러나 좀 더 자세히 들여다보면 당시의 〈무지함〉을 의심할 이유는 많기만 하다. 게다가 여러 이야기가 서로 아귀가 맞지 않는다. 이야기의 흐름은 듬성듬성 끊긴 곳을 간신히 숨긴다. 시대순으로 나란히 늘어놓은 것은 현실에서 서로 팽팽한 긴장감을 자랑하며 어깨를 겨누고 마주 서 있는 모습에 지나지 않는다. 그래서 말이지만 내가 보기에는 연대순에 집착하지 말고 여러 이야기를 들려주면서, 다양한 환경 운동 참여 형태들이 갖는 내적 긴장 관계를 그려 주는 게 훨씬 더 현실에 가까운 그림이 될 듯싶다.

독일 출생으로 미국에서 활약한 바 있는 문학사가 요스트 헤르만트**는 20년 전 『생태 의식의 역사Geschichte des ökologischen Bewusstseins』[6]를 썼다. 당시만 하더라도 사람들은 자신들이 이 역사의 정점에 있다고 믿었다. 헤겔에 충실해 말하자면, 생태 정신의 자기 발현이 이뤄지는 절정이었다. 이 책은 상당히 많이 읽혔으며, 오늘날 잊힌 많은 것을 기억 속에 잡아 두기는 했다. 그러나 헤르만트는 역사의 현실과 충돌하는 괴리된 여러 가지를 하나의 흐름 속으로 끌어다 붙여 놓았다. 루소에서 시작해 〈혈연과 지연 이데올로기〉까지, 개를 사랑하는 일에서 태양열 발전 설비까지, 의식은 일정한 방향으로 흐르며 발전했다는 주장이다. 바로 이런 억지를 이 책은 피해야만 한다. 이 책 역시 다른 많은 책을 참고했지

---

* Rachel Carson: 1907~1964. 미국의 해양 생물학자이자 저술가. 『침묵의 봄』으로 미국 환경 운동의 출발점을 놓았다고 평가받는 인물이다.

** Jost Hermand: 1930년생으로 독일과 미국을 넘나들며 여러 대학교에서 문학과 문화사를 가르치는 교수다.

만, 목표는 어디까지나 현실의 역사여야 하기 때문이다. 다소 지어낸 이미지일 수 있는 의식의 역사가 목표일 수는 없다. 곧 보게 되겠지만, 의식의 역사는 잊힌 역사에 많이 매달리기도 했다.

〈환경〉을 주제로 다룬 책들은 이미 오래전부터 바다를 이룰 정도로 많다. 그럼에도 역사적으로 접근한 문헌은 턱없이 부족하다. 개별적 사항에 치중한 책과 총괄적 입장을 다룬 책 사이에, 이론 모델과 저널리즘의 르포 사이에, 현재의 현실을 다룬 책과 앞으로 그려져야 할 이상을 다룬 책 사이에, 상당히 광활한 불모의 땅이 펼쳐진 셈이다. 〈운동〉은 수줍음을 타는 야성이다. 운동을 연구할 수 있는 자료는 종종 이미 어느 정도 정형화된 상태의 운동만 비로소 밝혀낼 뿐이다.[7] 사실에 기초한 경험적 연구보다 이론이 훨씬 더 많다는 사실은 절대 놀랍지 않다. 물론 지난 40년 동안 〈글로벌하게 생각하고 로컬하게 행동하자!〉는 말을 금과옥조처럼 되풀이해 왔으나, 국가 간의 경계를 뛰어넘어 비교하는 책은 찾아보기 힘들다. 기존 책들을 전집 판으로 묶어 낸 것만 수두룩하다. 환경 운동과 환경 정책은 그 사이에 둑이 없는 주제다. 게다가 끝을 알 수 없이 얽혀 있다. 우리가 역사의 끝을 알지 못하기 때문이다.

단 하나의 유일한 역사를 고집하는 것은 어떤 전망도 기대할 수 없게 하는 노릇이다. 더욱이 이런 고집은 환경 정책을 위해 노력하는 사람까지 혼란에 빠뜨릴 위험을 안고 있다. 활동가는 무릇 자신의 행동에 의미를 부여하는 이야기의 틀 안에서만 생각하게 마련이다. 그러나 다른 이야기가 있을 가능성도 염두에 두어야만 하지 않을까? 제발 이랬으면 하는 희망 사항에 빠지지 말고, 함께 길을 가야만 할 사람들의 다른 이야기에 귀 기울여야 한다. 이렇게 하면 혼란이 극에 달할까? 이야기를 들려주는 일을 진지하게 여기면서 반대편은 어떤 이야기를 할지 헤아릴 줄 아는 사람이라면, 믿음이 가는 이야기가 무한하게 많지 않다는 사실을 확인할 수 있다. 긴 호흡으로 보면 언제나 꾸준히 한결같은 모습으로 나타나는 중심 동기와 늘 되풀이되는 전형적인 긴장 관계가 있게 마련이다.

더 나아가 이 모든 이야기를 하나의 〈매스터 스토리master story〉, 곧 모든 것을 아우르는 종합판으로 정리하겠다는 야심은 품지 않는 게 좋다. 누구보다도 1972년 스톡홀름 환경 회의에 결정적인 영감을 준 르네 뒤보*는 환경 종말론자들과 거리를 두면서, 환경 문제에는 미래에 대한 근심과 희망이라는 양면이 공존한다는 솔직한 생각을 밝혔다.[8] 가능한 이야기가 많다는 바로 이 복수성이 뭔가 해낼 수 있다는 확신의 바탕이 된다. 〈그는 낙관주의자가 아니다, 염세주의자도 아니다, 그는 《현실을 아는 개혁주의자》이다.〉 1988년 12월 9일 이른바 〈대안 노벨상〉**을 수여하는 자리에서 야코브 폰 웍스쿨이 브라질의 환경 운동가 호세 루첸베르거***에게 한 말이다.

---

* René Dubos: 1901~1982. 프랑스 출신으로 미국에서 활약한 의학자이자 환경 운동가. 본문에서 언급한 환경 회의는 유엔이 〈오직 하나뿐인 지구Only one Earth〉라는 주제를 내걸고 주최한 회의다.

** 〈대안 노벨상〉(제2의 노벨상)의 정식 명칭은 〈바른생활상The Right Livelihood Award〉이다. 1980년 독일계 스웨덴 작가 야코브 폰 웍스쿨Jakob von Uexküll(1944년생)이 소장한 우표를 매각해 그 기금으로 설립한 상이다. 민주주의와 인권보호를 위해 힘써 온 사람에게 수여한다.

*** José Lutzenberger: 1926~2002. 독일 브라질 출신의 정치가이자 환경 운동가.

차례

서론

생태 정글에서 역사 단서 찾기

역사학자는 자신들이 그린 역사가

어떤 방향으로 발달했는지 보여 주려,

원인과 결과의 관계를 암묵적으로 전제한다.

먼지가 가득 쌓인 도서관 깊숙한 곳에 숨겨진 이런 가정은

어처구니가 없어 놀라울 정도이며,

대개 무의식적이고 유치하다."

― 헨리 애덤스, 『헨리 애덤스의 교육 *The Education of Henry Adams*』(유고 출간)[*1]

---

* Henry Adams: 1838~1918, 미국의 역사학자이자 문화철학자. 『헨리 애덤스의 교육』은 1919년 퓰리처상을 받은 책이다. 이 책에서 애덤스는 인간의 행동으로 역사를 왜곡하고 조작할 가능성을 걱정한다.

〈환경 보호〉라는 이름의 카멜레온

녹색당의 무역사성

1986년 4월 22일 독일 녹색당에서 비상 회의가 열렸다. 체르노빌 원전 사고가 벌어지기 나흘 전의 일이다. 그러나 회의 안건은 환경 문제가 아니라, 반유대인주의였다. 이에 울리히 피셔*는 익히 알려진 사실이라고 하면서, 〈녹색당에는 역사가 없다〉고 발언했다. 이런 식으로 역사를 동원한 공격에 녹색당은 속수무책으로 당할 수밖에 없다며, 심각한 정치적 약점이 아닐 수 없다고 강조하기도 했다.[2] 울리히 린제** 역시 자신이 쓴 책『생태 평화와 무정부주의. 독일의 생태 운동 역사』(1986)의 서두를 다음과 같은 확인으로 장식했다. 〈역사가 없다는 것이야말로 독일에서 새로운 사회 운동이 갖는 두드러진 특징이다.〉[3] 혹자는 체르노빌이야말로 녹색당에게 최고의 기회를 선사하리라는 의견을 보이기도 했다. 녹색당의 역사적 뿌리가 반反원자력 운동에 있음을 상기시킬 수 있는 최고의 기회였다. 그러나 당시에는 모든 사람이 원자력에 반대했다. 체르노빌이라는 뿌리는 정치적 정체성 확보에 더는 쓸모없는 게 되

---

 * Ulrich Fischer: 1942년생의 독일 정치가. 녹색당 의원으로 활약하고 있다.
 ** Ulrich Linse: 1939년생의 독일 역사학자. 현대사 전공으로 무정부주의, 청소년운동, 신종교, 환경 운동 등을 중점적으로 연구한 학자다.

고 말았다. 그래서 묻지 않을 수 없다. 실제 뿌리를 찾아 더 거슬러 올라갈 수는 없는 것일까?[4] 그러나 어디로? 녹색당이 역사를 끌어대지 못하는 게 역사를 공부하지 않은 게으름 때문은 아니다. 여기에는 그럴 수밖에 없는 충분한 이유가 있다. 아무리 불철주야 연구하는 역사학자라 할지라도 당시 녹색당에게는 별 도움을 줄 수 없었다. 오늘날까지도 환경 운동의 역사가 무엇이고, 그 뿌리는 어디에 있는지 하는 물음을 놓고 온갖 주장이 횡행할 따름이다. 심지어 어떤 〈역사의 가르침〉이 정말 있을까 하는 물음은 애매하기 짝이 없는 것으로 덩그러니 남는다.

환경 운동의 반대편에서 환경 운동의 발생을 두고 말도 안 되는 헛소문을 퍼뜨리는 일은 바로 이런 상황을 악용하기 때문에 벌어진다. 혹자는 나치스에 가까운 반동적 낭만주의가 환경 운동의 온상이라 을러댔으며, 또 다른 이는 공산주의의 전체주의가 다른 수단을 동원해 연명하려는 꼼수가 환경 운동이라고 힐난했다. 공산주의 운운하는 주장은 특히 미국의 과격한 〈안티 환경 보호주의자〉의 입에서 나왔다. 미국이라는 나라가 어떤 나라인가? 유럽의 환경 운동에 정말 많은 영향을 끼칠 수 있지 않은가.[5] 그런데 체코의 대통령 바츨라프 클라우스*도 책 『녹색 사슬에 묶인 푸른 별Blauer Planet in grünen Fesseln』(2007)에서 아주 기묘한 드라마를 선보인다. 어떻게 해서 국가의 최고 수반이, 그것도 평소 더할 나위 없이 진지한 인품을 자랑하는 사람이 그처럼 말도 안 되는 선동을 할 수 있을까? 마이클 크라이튼**의 공상과학소설 『공포의 제국State of Fear』을 곧이곧대로 받아들인 대통령께서는 전 세계적으로 강력한 힘을 발휘하는 〈생태 당파〉라는 괴기한 그림을 그려 내기에 이르렀다. 이 생태 당파는 몰락한 소비에트제국을 대신해 우리가 새롭게 획득한 자유를 위협할 거라나.[6] 대통령은 원자력 로비의 박수갈채를 받느라 넋이

---

* Václav Klaus: 1941년생의 체코 정치인. 2003년부터 체코의 제2대 대통령으로 재임 중이다.

** Michael Crichton: 1942~2008. 미국의 작가이자 영화 프로듀서. 영화 「쥬라기 공원」(1991)의 원작을 썼다.

나간 나머지, 환경 운동의 다양함과 분열을, 민주주의의 기초 원리에 충실한 자세를, 또한 기후 온난화가 환경 운동계에 커다란 혼란을 불러일으켰다는 사실은 전혀 몰랐던 모양이다. 이런 종류의 책이 나왔던 이유는 간단하다. 일반 대중이 환경 운동의 역사를 전혀 모르기 때문이다. 이런 총체적 무지가 각양각색으로 요리되는 것이다.

도대체 각종 관련 단체의 잡탕이 아닌 일관된 맥락을 갖는 운동이라는 것은 무엇을 뜻할까? 〈새로운 사회 운동〉의 이론가들은 정당의 설립이, 곧 의회 정치에 참여하는 게 이 운동의 본질과 충돌한다고 가르치지 않았던가? 녹색당원들은 운동의 뿌리가 어디 있는지 그 역사적 고찰을 해보는 즉시, 그들이 벌이는 정당 프로젝트의 무의미함을 깨달아야만 하지 않을까? 실제로 그 의미를 두고 많은 사람은 고민을 거듭한다. 그리고 역사의 뿌리를 찾아 더욱 과거로 거슬러 올라간다면, 결국 나치스의 혈연과 지연 이데올로기에 빠지는 게 아닐까?

이런 물음을 살펴보면 역사를 제대로 보지 못하게 하는 생각의 벽이 있다는 사실이 그리 놀랍지도 않다. 그러나 동시에 역사의 유령이 곳곳에서 떠도는 것도 부인할 수 없는 사실이다. 맹목적인 향토애랄지 자연 사랑 또는 고목 숭배 같은 지역 농민의 전통 의식은 일종의 고정 관념으로 언제나 나치스의 색채로 오염되기 마련이다. 앞서 언급한 비상 회의의 말미에서 요아힘 뮐러*라는 의원은 자신의 〈경악스러웠던 경험〉을 털어놓았다. 〈농민 대회에 내걸린 녹색 플래카드를 처음으로 보았을 때였다. 독일 참나무가 남근(이 무슨 상징인가!)처럼 플래카드를 가로지르며 우뚝 서 있는 것을 보는 순간, 가슴이 철렁 내려앉는 것만 같았다〉.[7] 이런 공포는 정당한 것일까? 아니면 왜곡된 역사관이 녹색당 정치가로 하여금 환경 의식의 생생한 뿌리를 뽑아내게 했을까?

환경 운동에서 역사의식의 결여는 독일만의 문제가 아니다. 미국의 〈도회지 서식지 프로그램Urban Habitat Program〉의 공동 발기인인 칼 앤서

---

* Joachim Müller: 1947년생의 독일 정치가. 녹색당 의원이며 출판업자다.

니*는 2005년 〈오늘날의 환경 정의 운동Environmental-Justice-Movement〉을 두고 〈역사적 맥락의 결여〉에 시달렸다고 진단했다. 그에 따르면 오늘날 미국의 환경 운동은 옛날에 미국 도시에서 약자들의 더 나은 생활 환경을 위해 싸운 투사들을 전혀 모른다. 더 나아가 현재의 〈주류 환경 보호주의〉의 영향 아래 〈환경〉이라는 개념은 오로지 우리가 살아가는 〈주변 환경〉만을 뜻할 뿐, 천연자원의 문제는 담아내지 못하는 너무 좁은 게 되고 말았다는 주장이다.[8] 하필 미국의 환경 운동에서 역사의식의 결여를 비난하는 목소리가 나오는 것은 일단 놀라운 일이다. 미국 환경 운동은 헨리 소로**에서 존 뮤어***와 앨도 레오폴드****를 거쳐 레이철 카슨까지 존경을 한 몸에 받는 위대한 선인의 갤러리에 한껏 자부심을 갖지 않았던가? 드러내놓고 자랑할 만한 위인의 갤러리는 독일의 환경 투쟁에서 찾아볼 수 없다. 그러나 〈환경 정의 운동〉을 위해 이런 우상이 반드시 필요한 것은 아니다. 운동을 위해서는 다른 종류의 환경 의식이 요구된다. 그리고 이 갤러리가 1970년의 〈생태 혁명〉에서 끊기는 것은 우연이 아니다.[9] 당시 〈환경 보호주의〉가 계속 여러 갈래로 갈라지면서 환경 운동의 정체성을 이끌어 낼 수 있는 우상이 누구인지를 묻는 격렬한 공방이 벌어진 게 그 혁명의 내용이다.

〈자연〉과 〈환경〉: 두 애매한 개념의 놀라울 정도로 끈질긴 생명력

그런데 도대체 〈환경 의식〉이라는 말은 무엇을 뜻할까? 〈환경〉이라

---

* Carl Anthony: 1939년생의 미국 건축가이자 사회정의 운동가. 〈도회지 서식 프로그램〉이라는 운동을 창시하고 이끌었다.

** Henry Thoreau: 1817~1862. 미국의 수필가이자 사상가다. 순수한 자연생활을 예찬한 글을 썼다.

*** John Muir: 1838~1914. 스코틀랜드 출신의 미국 이주민으로, 자연 과학자이자 탐험가, 작가, 발명가, 지리학자로 활동한 인물. 일찍부터 미국의 야생을 보호할 것을 주장했으며, 자연 탐사를 벌이다가 환경 보호 운동가로 변신했다.

**** Aldo Leopold: 1887~1948. 『모래땅의 사계A Sand County Almanac』라는 베스트셀러로 유명한 환경 운동 개척자다.

는 말이 우리의 일상 언어로 자리 잡은 것은 1970년 이후의 일이다. 물론 이 개념은 그보다 훨씬 오래전부터 누구나 당연한 것처럼 써왔다. 그러니까 비판적으로 보자면 〈환경〉이라는 개념은 구성주의자들이 오랫동안 우리가 자연스럽게 쓰던 말에서 그 자연스러움을 떼어 버리고 특정 맥락과 결부해야만 독특한 의미가 살아나도록 지어낸 다음, 그 의미로만 쓰게 고집하는 것에 지나지 않는다. 1970년 이전의 시절로 거슬러 올라가 본 사람은 〈환경〉이라는 말이 갖는 당연함을 돌연 다시 깨닫는다. 누천년에 걸쳐 인류는 오늘날의 환경 개념이 없이도 그럭저럭 살아왔다. 그러니까 〈환경〉이라는 신조어는 지금껏 갈라져 있었으며, 아주 다양한 이름으로 불린 구체적 실천 영역을 싸잡아 밀랍 인형처럼 굳혀 놓은 것에 지나지 않는다. 그리고 대개 〈보호〉라는 단어와 맞물려 합성어를 만들어 낸다. 이를테면 수자원 보호, 산림 보호, 자연 보호, 동물 보호, 자연 경관 보호, 토양 보호, 노동 보호, 산업 시설의 주변 보호 등이다. 그러니까 적어도 부분적으로는 사실상 전혀 다른 영역이 〈보호〉라는 이름으로 싸잡아진다. 여기서 공통점은 단지 〈보호〉가 공공이 함께 해결해야 할 과제가 되어 버렸다는 점에 있을 뿐이다.

혹은 실제로 〈환경〉과 〈보호〉에 연결 고리가 있는 걸까? 역사의 발전을 새롭게 돌아보면서 자잘했던 문제가 함께 엉켜 커지기라도 한 것일까? 하필이면 1970년 이후 환경 개념이 돌연 널리 퍼진 데는 그럴 만한 충분한 이유가 있음에 틀림없다. 지금까지 몇십 년을 두고 끈질긴 생명력을 자랑하면서 세계 도처에서 환경 개념이 쓰이는 이유는 무엇일까? 〈환경〉이라는 말 앞에 쓰였던 〈자연〉이라는 커다란 개념은 서구 전통에서 다의적인 애매함에도 누천년을 살아남지 않았던가.[10] 1993년 6월 슈투트가르트에서 열린 〈머릿속의 자연Natur im Kopf〉이라는 환경 운동 회의는 〈자연〉이라는 개념을 향한 구성주의자들의 첫 번째 일대 공격을 이끌어 냈다. 그럼에도 회의가 진행되는 동안 거듭 확인된 사실은 자연이 우리의 머릿속에서만 떠도는 게 아니라는 사실이었다.[11] 어느 모로 보나 분명한 점은 자연 개념 안에 아주 다양한 경험이 담겼다는 사실이다. 그리고 이 모든 경험은 어떤 식으로든 함께 맞물려 인간이란 자신을 둘러싼 주변의 기본 생활 환경이 손상을 입지 않을 때 성장할 수 있는 생명체라는 점을 연상하게 한다. 〈환경〉과 〈자연〉은 엄밀하게 정의할 수 있는 개념이 아니다. 노르베르트 엘리아스*는 〈자연〉을 일컬어 〈매우 높은 차원의 종합을 대표하는 상징〉이라고 했다. 물론 그렇게도 말할 수 있으리라. 〈환경〉을 두고도 비슷한 말을 할 수 있다.[12]

그러나 여러 뜻을 갖는 단어의 애매함은 간계와 술책에 휘둘릴 위험에 고스란히 노출된다. 당연한 일이 아닐까? 보호해야만 하는 자연? 아주 구체적으로 말하자면 그런 자연은 어떤 자연인가? 다음은 독일 메클렌부르크 지방의 한 여성 자연 보호 담당관이 들려준 일화다. 어느 환경부 장관이 세 명의 자연 보호 운동가와 함께 서서 들판을 바라보았다. 장관은 세 운동가에게 들판을 보호해야 하는 필요성을 판단해 달라고 요청했다. 돌아온 답은 제각각이다. 한 명은 황새를, 다른 한 명은 두꺼비를, 세 번째 운동가는 나비와 난초를 중점적으로 보호해야 한다며 저마다 목청을 높였다. 오랜 세월에 걸쳐 들판의 다양한 상태를 익히 알았던 한 늙은 농부는 이 광경을 보며 속으로 쓴웃음을 지었다. 자연 보호의 허상을 상징하는 일화다![13] 〈생물 다양성〉은 자연 보호의 마법 주문이 되어 버린 개념이다. 그러나 사실 〈자연 사랑〉의 배후에는 대개 하나의 아주 특정한 자연을 향한 사랑이 숨어 있을 뿐이다. 시사 주간지 『슈피겔Spiegel』의 기자 요헨 뵐쉐Jochen Bölsche는 다음과 같이 신랄하게 꼬집었다. 〈조류 보호 운동가와 고양이 애호가는 분명 그 보호 활동의 공통분모를 찾기가 어려우리라.〉[14] 이 촌평은 1983년에 나온 것이다. 하지만 그런 신랄함은 여전히 현재 진행형이다.

생태학자 요제프 H. 라이히홀프**는 생물 다양성이라는 게 이른바

---

* Norbert Elias: 1897~1990. 유대계 독일인 사회학자로 『문명화 과정Über den Prozeß der Zivilisation』이라는 걸출한 대작을 남긴 인물이다.

** Josef H. Reichholf: 1945년생의 독일 동물학자이자 진화생물학자이며 생태학자. 뮌헨 공대의 명예 교수로 환경 보호에 이바지한 공로를 인정받아 많은 상을 받았다.

〈자연 풍경〉보다는 현대의 대도시에서 훨씬 높게 나타난다고 조롱하
듯 말하곤 했다. 아무래도 생태학 이전의 시대에서 비롯된 〈자연 보호〉
는 생물 다양성 그 이상의 것에 관심을 갖는 모양이다. 역사, 곧 시대의
흐름을 바라보면서 그처럼 유동적 개념들로 정말 올바른 소통이 가능
할지 고민해야 한다. 자연 보호와 환경 보호라는 경계를 넘나드는 정
책 분야가 결국 다시금 저마다의 원초적 관심사로 쪼개질 가능성을 항
상 염두에 두어야 한다. 보호 운동이 공통분모를 잃어버리고 만다면, 성
공적인 실천 운동은 어차피 더욱 구체적인 목표가 필요하지 않을까? 이
것 역시 역사에 묻는 말이다. 〈환경〉이라는 구호 아래 조직된 연맹이 대
체 무슨 일을 했는가? 대다수 자연 보호 운동가는 1970년부터 〈환경 보
호〉라는 말에 질릴 지경이라고 실토한다.

분과 학문의 논쟁에 빠진 환경 보호

사회학자 가운데 체계를 중시하는 이들과 몇몇 분과 전공 학자는 환
경 운동의 흐름을 파악하는 데 있어 저널리즘의 르포를 따라잡기가 쉽
지 않았다. 그들의 전문화가 역사적으로 새로운 현상의 특수성을 파악
하는 일을 방해했기 때문이다. 이마누엘 칸트는 자신의 저서 ─『학부
들의 논쟁*Streit der Fakultäten*』(1794) ─ 에서 분명히 감지할 수 있는 조롱
투로 전공 학자들이 공장의 모범에 따라 연구 작업을 분업했다가 서로
머리끄덩이를 쥐고 드잡이를 벌일 것이라고 예언했다. 환경 의식, 환경
운동, 환경 정책, 환경 문제 등에 관해 그동안 엄청나게 쏟아져 나온 책
들은 여기서 전문화라는 게 공장의 컨베이어 벨트처럼 깔끔한 완제품
을 생산하기는커녕 서로 충돌하는 입장이 일대 혼란을 빚는 것을 보여
주는 가장 좋은 예다. 이런 입장 차이들이 논의를 통해 조정되는 일은
오늘날 극히 보기 드물게 일어난다. 게다가 이런 전문화는 분과 학문이
서로를 무시할 정도로까지 심화하고 말았다.
먼저 사회학부터 살펴보자. 사회학은 〈사회 운동〉을 총애해 거기에

집중력을 쏟으며, 국가의 행정부와 거리를 두고 될 수 있는 한, 제도로 굳어지지 않은 모든 것을 선호한다. 그러나 이런 〈운동〉에서 하나의 전형을 만들어 이를 바탕으로 나름대로 독자적인 논리를 갖고 체계적으로 펼쳐지는 이론을 세운다는 것은 어느 순간만 찍은 스냅 사진을 보면서 구조로 잘못 해석하는 일과 마찬가지다. 막스 베버*는 이미 새로운 운동이 열광이라는 초기의 〈카리스마〉 국면을 지나 어떻게 일상화되고 필연적으로 고정화하는지 명확히 묘사한 바 있다. 〈생태 시대〉의 역사 전체에는 이런 사례가 차고 넘쳐 난다. 베버의 말을 염두에 두고 우리는 이런 과정을 일단 일체의 가치 판단 없이 악의가 없는 정상적인 것으로 파악해야 한다.

유럽에서는 〈운동〉 하면 가장 먼저 가슴에 현수막을 들고 머리에 띠를 두른 시위대를 떠올린다. 그러나 운동은 전혀 다른 모습을 보일 수도 있다. 환경 〈운동〉을 다룬 대부분 저서는 미국에서 나왔다. 〈환경 운동〉의 큰 줄기 역시 미국에서 뻗어 나왔다. 그런데 자동차가 도로를 장악한 미국에서 환경 운동을 하며 거리 시위를 하는 경우는 비교적 드문 편이다. 발 빠르게 운동이라는 흐름을 만들어 낸 것은 다름 아닌 미국의 책들이다. 〈환경 운동〉 전체뿐만 아니라, 〈환경 정의 운동〉, 〈종교적 환경 보호주의 운동〉, 〈독극물 반대 운동〉, 〈산림 운동〉, 놀랍게도 〈인증 운동〉을 거쳐 심지어 〈안티 환경 운동〉까지 주도하고 있다. 가장 빠르게 이른바 〈NGO〉, 곧 비정부 조직Non-government organization이라는 엘리트가 형성된 곳도 미국이다. 국가 기관과 통상적인 소통을 이룰 정도로 조직화된 NGO는 드물지 않게 성공적인 로비 활동을 펼쳐 왔다. 〈미국 환경 운동의 변신〉을 가장 철저하게 다룬 걸작을 쓴 로버트 고트리브**는 〈주류 환경 운동 단체의 임원과 정부 및 산업계 요직 사이에 회전문〉이 있다고 간파했다.[15] 그러니까 처음에 자발적인 모습을 보였던 운동

---

* Max Weber: 1864~1920. 독일의 경제학자이자 사회학자. 실증에 기초한 사회과학의 방법론을 만들어 낸 것으로 유명한 인물이다.

** Robert Gottlieb: 로스앤젤레스 옥시덴탈Occidental 칼리지 환경 정책학 교수.

은 국가, 심지어 산업의 지도층과 유사하거나 친화성을 보이는 방향으로 그 역사를 써 온 셈이다.

독일을 비롯한 다른 국가의 환경 운동이야말로 좀 더 장기적인 시점에서 바라 볼 때 정치계와 행정부의 자극 그리고 재정적 지원이 없이는 성립할 수 없다. 여기에는 보다 깊은 이유가 있다. 대부분 환경 문제는 국가의 통제와 개입 없이는 해결하기 힘들기 때문이다. 운동을 위한 운동은 오히려 정치적으로 영향력을 발휘할 수 없게 할 뿐이다. 이렇게 볼 때 국가에 방향을 맞추는 것은 환경 운동의 본질이다. 다시 말해서 정치적 고려와 계산이 있는 환경 운동이 지금까지 가시적 성과를 올려 왔다. 지나치게 편파적으로 〈시민 사회〉와 〈풀뿌리 운동〉을 고집하는 사람은 환경 운동이라는 현상 전체를 바라보지 못하고 만다.[16] 관리가 혁명가를 자처하고 나서거나, 거꾸로 환경 운동 단체의 대변인이 관청으로 자리를 옮기는 일도 심심찮게 벌어졌다. 많은 경우 환경 운동이 국가와 〈시민 사회〉의 혼혈아로 받아들여질 수밖에 없는 이유는 여기에 있다. 동시에 환경 운동의 핵심 주제인 물과 숲은 수백 년이라는 세월에 걸쳐 권력 투쟁의 치열한 싸움판이었다. 치수와 정권, 숲 보호와 권력 사이에는 아주 오랜 관계가 성립해 있는 셈이다. 제방과 성벽은 아주 비슷한 꼴이지 않은가. 정권 확보의 핵심은 일종의 지속성이다. 다시 말해서 될 수 있는 한 장구한 세월에도 흔들림이 없는 정권을 세우는 일이다.

환경 보호를 주제로 다룬 학문 서적이 홍수를 이루는 가운데 〈정치학〉 논문이 갈수록 늘어나는 이유는 여기에 있다. 무엇보다도 이런 논문들은 그 자체로 완결된 이론을 목표로 하기 때문에 일반적으로 정치 제도와 행동 전략에 집중하기 마련이다. 시민운동은 자발적으로 거의 일어나지 않는다. 설혹 일어난다고 하더라도 주변에만 머물 뿐이다. 다시 말해서 이론적으로 별반 관심을 끌지 못한다. 그러나 이런 이론적 관점 역시 현실을 비껴간다. 정치는 체제의 내적 논리에 충실하므로 새로운 영역으로 치고 나가 자발적으로 활동하는 일이 거의 없다. 그래서 특정 단계에서는 외부로부터 자극이 필요하다. 이를테면 시민 저항이나 미디어의 보도로 자극이 주어져야 정치 주체가 움직이기 시작한다. 독일이 그 대표적인 사례다.[17] 이는 물론 일본 같은 나라에도 적용된다. 미란다 슈로이스*는 미국의 환경 보호와 일본의 그것을 전형적인 대립으로 손꼽는다. 미국에서는 NGO가 환경 운동의 주인공이라면, 일본은 국가 행정 조직이 그 역할을 떠맡는다는 주장이다.[18] 물론 이런 현상은 일정 기간에서만 들어맞는다. 더욱 긴 시점에서 볼 때 운동의 구조는 변화한다.[19] 실제 환경 운동은 다양한 영역, 학문에 의해 세분화된 차원들을 이리저리 오간다. 정치, 행정, 시민운동, NGO, 사상가, 미디어, 자연 치유 등의 분야가 그 차원들이다. 1983년 토마스 엘바인**은 이런 사정을 다음과 같이 정리했다. 환경 운동을 기존의 서랍 어디에 넣어야 좋을지 당혹스러울 수 있겠으나, 〈그래도 환경 운동은 있다〉.[20]

철학과 종교 역시 환경 운동에 적잖은 영향을 행사해 왔다. 이상에 따르는 동기, 이념과 영성에 뿌리를 둔 동기의 역할도 앞으로 이 책에서, 가능한 한 정밀하게 묘사할 예정이다. 그럼에도 미리 지적하고 싶은 점은 있다. 철학과 종교라고 해서 무조건 심오한 의미를 갖지는 않는다. 오히려 새로운 생각, 신풍조 따위에 병적일 정도로 집착하는 현상이 심심찮게 나타났다. 역사를 돌이켜보면 자연 사랑, 인간과 자연의 조화, 인간에 의한 자연 파괴를 둘러싼 분노 등은 늦어도 18세기 이후 서구 사상의 주류에 속했지만, 그 같은 사상을 실천으로 옮기려는 구체적 목표, 도구, 제도 및 행동 능력을 갖춘 운동가들의 연합은 턱없이 부족했다.[21]

아니, 사정은 더 심각하다. 자연과 환경을 들먹이는 거창한 말은 어떤 실천도 하지 않은 채 스스로 만족하는 도취적 분위기를 자아내기 일쑤였다. 실천을 겨눈 고민은 종종 사소하게 받아들여지고, 선동을 일삼는 과격함은 뭔가 많은 일이 일어난 것만 같은 착시를 일으킨다. 새로운

---

* Miranda Schreurs: 1963년에 미국에서 출생한 여성 정치학자로 현재 베를린 자유대학교 교수다.

** Thomas Ellwein: 1927~1998. 독일의 정치학자. 행정학 분야의 최고 학자로 꼽히는 인물이다.

세상의 새 인간으로 거듭나고자 한다는 거창한 말을 읊조리지만 구체적이고 현실적인 목표는 보잘것없었다. 말은 곧바로 행동으로 옮겨지지 않았으며, 심지어 종종 엉뚱한 탈을 뒤집어쓰곤 했다.[22] 논의와 실천은 서로 따로 노는 세계에 지나지 않았다. 미국의 환경 관청의 책임자로 활동했던 윌리엄 러클스하우스*는 로널드 레이건Ronald Reagan 아래에서 이 가시방석을 떠맡으면서 여론에 그리 두각을 나타내지는 않았지만, 사실상 앨 고어**보다 훨씬 더 많은 일을 이루어 냈다. 화려한 수사로 언론의 주목을 받은 고어와 묵묵히 실천한 러클하우스는 이론과 실천에서 극명한 대비를 보여 준다. 독일의 환경 정책에서 1970년대는 미국의 그것과 마찬가지로 주로 거창한 말들이 지배한 〈생태의 10년〉이었다. 이에 반해 1980년대는 실천이 훨씬 더 강조된 시대였다.[23]

라틴 아메리카 환경 역사의 저자는 정치인들이 환경 정책에 자신을 바치겠다고 거창하게 말하지만 실제로 헌신하는 경우는 극히 드물다고 꼬집는다. 이들의 환경 선언에는 언제나 위선이 끼어들게 마련이다.[24] 존 R. 맥닐***은 자신이 쓴 20세기의 환경 역사 말미에서 다음과 같이 결론짓는다. 〈환경 정책을 최우선으로 표방한 시대에서조차 현실의 환경 정책은 거의 언제나 다른 염려에 끌려다닌다.〉 입으로는 환경 보호 운운하면서도 예나 지금이나 〈전통적 정책〉이 주도한다는 지적이다.[25]

그러나 사회학, 정치학, 철학 외에 전혀 다른 접근도 적지 않다. 보통 지금껏 언급한 것들과 분리되어 진행되었지만, 결코 덜 중요하다고 볼 수 없는 접근이다. 그것은 곧 생태학적 접근, 기술-경제적 접근, 법적 접근이다. 대중이 이해하는 생태학은 환경 보호에 자극과 신호가 되는 말들을 제공한 학문이다. 그러나 야생을 이상으로 떠받드는 생태학 연구

---

  * William Ruckelshaus: 1932년생의 미국 정치인이자 법조인이며 경영인. 환경 보호국과 FBI의 수장을 역임했다.
  ** Albert Gore: 1948년생의 미국 정치인. 제45대 미국 부통령(1993~2001)을 역임했다. 2007년 기후 변화의 문제를 둘러싼 대중의 의식을 환기한 공로로 노벨평화상을 받았다.
  *** John R. McNeill: 1954년생의 미국 환경 역사학자. 조지타운 대학교 교수다.

는 오로지 〈자연을 있는 그대로 두는 방향〉만을 진전으로 여길 따름이다. 이런 생태학의 견지에서 지속적인 산림 경제는 문제 삼을 가치조차 없는 것이 되고 만다. 반면 동시에 환경 정책은 〈지속성〉이라는 마법의 주문 주위만을 맴돌 뿐이다.

생태 시대는 재생 에너지 문제를 기술적으로 다룬 생태학 서적들을 엄청나게 양산해 냈다. 그만큼 실천적으로 생각하는 환경 운동가들에게 〈재생 에너지〉는 핵심 주제로 부상했다. 그러나 사회학자들은 위로부터의 접근 방식, 곧 〈테크노크라시technocracy〉라 불리는 기술관료적 접근 방식을 선호한다. 찰스 P. 스노*가 말하는 〈두 문화〉, 곧 문학적이고 지성적인 문화와 기술적이고 자연과학적인 문화 사이에 입을 벌리는 틈새는 생태 서적도 그대로 갈라놓았다. 환경 운동이야말로 이 틈새를 메워 줄 특히 유망한 전망을 담았음에도 말이다.[26] 또 생각할 수 있는 것은 〈환경법〉을 다룬 책들이다. 환경 보호 역사의 핵심은 특정한 환경 문제를 더욱 드높은 법적 가치를 갖는 것으로 인정하고 특별한 법률 원칙, 이를테면 예방과 오염자 부담 원칙을 법률의 근본 원리로 세우려는 노력이다. 첨예한 갈등 상황에 빠진 환경 운동가는 누구나 많은 게 법적 뒷받침에 달려 있다는 사실을 빠르고도 뼈저리게 깨달아야만 했다. 환경 운동 단체 〈그린피스〉에서 법적 정당화는 모든 것에 우선하는 주제다. 그러나 안전한 거리를 두고 환경 보호를 생각하는 사람은, 자신이 법률가가 아닌 이상 해당 법률 서적을 거들떠보지도 않는다.

어느 모로 보나 환경 보호는 정글 서식지에 적응하려고 안간힘을 쓰는 카멜레온처럼 다양한 모습을 자랑한다. 환경 보호는 저항 운동의 투쟁 구호로, 때로는 관료주의의 규제를 이끌어 내는 지렛대이자 가득 쌓인 서류철의 분류 기호로, 또한 자연과학의 특수 분과인 생태학이 연구하는 대상인 동시에 영성적 체험을 길어올리는 명상의 원천으로 우리

* Charles P. Snow: 1905~1980. 영국의 물리학자이자 소설가. 영국 정부의 주요 요직을 두루 맡기도 한 인물이다. 1959년 과학과 문학적 지성 사이의 격차를 강조한 강연을 책으로 펴낸 『두 문화Two Cultures』가 그의 대표작이다.

에게 다가선다. 인도에서 환경 운동은 숲에서 살아온 전통적 권리를 잃지 않으려는 이른바 〈칩코 여인〉*의 투쟁인 동시에 호랑이의 멸종을 막으려는 자연 보호 운동가들의 노력으로 여겨진다. 그러나 호랑이는 마을 주민들을 위협하지 않는가. 이런 식으로 모순을 일으키는 환경 보호의 변신은 끝을 헤아릴 수 없을 지경이다.

역사 파악의 기회

그러나 이러한 상황은 다양한 전망을 조합할 역사적 접근이라는 특별한 기회를 담은 것이기도 하다. 생태주의의 다양한 형태는 그 어떤 이론이 아니라 현실에서, 그리고 장기적 관점에서 서로 맞물린다. 환경 운동의 독특함은 사회학이 운동이나 조직을 분석하는 일반적 모델 아래로 끌어들이지 〈않을〉 때, 비로소 파악된다. 환경 운동의 진정한 〈운동〉은 〈장기 지속longue durée〉적인 관점에서 바라볼 때에야 가까스로 알아볼 수 있다. 지금 막 활발하게 생동하는 개별 환경 조직을 분석한다고 그 운동의 참모습이 드러나지 않는다. 세월과 더불어 운동도 변하기 때문이다. 특수한 관점으로 순간만 포착하는 데 만족한다면, 환경 운동은 특정 집단의 이해나 논의의 산물로만 보일 뿐이다. 반대로 전 세계적인 운동 양상을 주목하며 몇십 년에 걸쳐 추적한다면, 순간의 모습으로 전체를 이해한다는 것이 얼마나 짧은 생각인지 절실하게 깨닫는다. 그 모든 설왕설래 끝에 결국 도저히 묵과할 수 없는 현실이 드러난다. 무엇이 환경 문제의 진짜 속살이었는지 알게 된다는 뜻이다. 물론 그 진상을 이끌어 내는 방식 역시 시대 상황과 맞물릴 수 있다. 그럼에도 역사적 접근은 결국 사태 자체로 이끈다.

* 칩코 운동Chipko movement은 1973년 히말라야에서 시작된 벌목 반대 운동이다. 벌목공들이 전기톱을 사정없이 휘두르자 여인들을 주축으로 한 지역 주민들이 나무에 그들의 몸을 묶고 베려면 우리도 함께 베어라 하고 저항하고 나선 운동이다. 〈Chipko〉는 〈껴안다〉라는 뜻의 인도어다.

생태 시대에 대한 역사적 접근은 이를테면 다음과 같다. 환경 운동의 개별 형태를 시간이라는 맥락에 넣어 살펴볼 것! 그 운동들을 하나하나 떼어 고립된 것으로 바라보지 말 것! 또한 운동을 오로지 그 정치적 목표에만 맞춰 평가하지 말아야 한다. 요아힘 라슈케*의 960면에 이르는 대작 『녹색당Die Grünen』에서 「생태학」이라는 이름의 장은 고작 12면에 지나지 않는다.[27] 또 『독일 의회의 녹색당 1983~1987Grünen im Bundestag 1983~1987』이라는 1,130면에 이르는 방대한 기록 역시 환경 문제에는 지극히 적은 부분을 할애했을 뿐이다. 그래서 당시 녹색당이 정말 얼마나 녹색이었느냐 하는 물음이 생겨난다. 물론 라슈케가 확인했던 대로 〈녹색당의 근본 문제〉는 〈정당성과 효율성을 함께 묶어 내는 일〉에 성공하지 못했다는 데 있다.[28] 그러나 우리는 여기에서 무엇보다도 책의 출간 연도에 주목해야만 한다. 이 방대한 기록은 1993년에 나왔다. 그러니까 독일 통일 직후 녹색당이 정치적 좌절을 맛보던 시기다. 통일의 축제 분위기에 휩말린 독일 국민은 당시 녹색당에 눈길조차 주지 않았다. 이처럼 모든 관련 서적에서 가장 먼저 살펴봐야 할 것은 책의 정확한 출간 연도다. 정말 많은 진리가 시대와 맞물려 있기 때문이다.

전 세계 차원으로 시야를 옮겨 보면 환경 운동이 오로지 환경에만 관심을 가진 것은 아니라는 사실을 분명히 알아볼 수 있다. 많은 경우 지역의 자율권을 확보하려는 투쟁이 끼어드는데, 제3세계에서만 그런 것은 아니다. 심지어 이 싸움은 자연 보호 프로젝트를 거부하는 쪽으로 흐르기도 한다. 〈환경 정의 운동〉은 그 중심에서 볼 때 사회적 평등을 노리는 것이지, 생태 목표를 위하는 게 아니다. 그래서 〈진짜〉 환경 운동을 〈진정성이 없는〉 환경 운동과 엄밀하게 구분하려는 야심은 품지 않는 게 좋다. 〈자연 그 자체〉를 위한 운동만 인정한다면, 별로 남는 게 없는 위험을 끌어안게 된다. 개인은 자연을 위해 자신을 바친다는 쪽으로

* Joachim Raschke: 1938년생의 독일 정치학자이자 정당 연구가.

행동할 수 있다. 적어도 특정 순간에는 그럴 수 있다. 그러나 가까이서 오랜 시간에 걸쳐 폭넓게 바라보면 운동에 흔히 아주 인간적인 면모가 끼어드는 모습을 볼 수 있다. 가장 자주 볼 수 있는 것으로는 건강과 삶의 질을 둘러싼 걱정이다. 이보다 인간적인 게 또 있을까. 〈아름다움, 건강, 장수〉는 생태 시대에 앞선 환경 의식부터 미국의 환경 보호주의까지 아주 날카롭게 분석한 사람 가운데 한 명인 새뮤얼 P. 헤이스*가 미국 환경 정책의 역사에 붙여 놓은 제목이다.[29]

　　예전 저자들은 흔히 환경 운동과 반핵 운동을 구분하곤 했다. 반핵 운동의 초점은 환경이라기보다는 건강과 기술 안전성에 맞추어졌기 때문이다. 그러나 이런 구별은 현실을 몰라도 너무 모르는 것이다. 원자력 프로젝트에 대한 저항을 통해 독일은 물론이고 다른 여러 나라에서도 환경 운동이 대중의 저항 운동으로 발돋움했기 때문이다. 시민 단체가 오로지 지역의 이해관계만 우선시한다고 해서 모든 시민운동을 두고 〈님비 운동〉**이라고 비웃는 태도도 신중해야만 한다. 운동에서 일말의 이기주의, 그게 개인이든 집단이든 이기적 관점이 끼어드는 것은 지극히 정상적인 일이다. 그래서 말이지만 물질적 곤궁에서 비롯된 제3세계의 환경 운동과, 선진국의 자칭 〈탈물질주의Post-materialism〉를 내세운 환경 운동을 지나치게 대립시키는 것은 옳지 않다. 선진국이라고 해도 오늘날 〈탈물질주의 포스트모던〉은 남은 게 별로 없다. 오히려 물질에 더욱 탐닉할 뿐이다. 이런 마당에 생존 위협에 내몰린 나머지 정말 진지하게 살아남는 것을 목표로 삼는 최근의 많은 새로운 〈환경 정의 운동가〉에게 〈님비〉 딱지를 붙여서야 되겠는가.[30] 이들은 환경뿐만 아니라 분배 공평성이라는 정의를 매우 소중히 여기기 때문에, 이들을 환경 운동의 본류에서 따돌려야 할 이유는 없다. 환경 단체를 생태라는 맥락 바깥의 관점으로 바라보는 게 역사의 현실에 들어맞는다. 더 나아가 환경

---

　　*　Samuel P. Hays: 미국 피츠버그 대학교의 역사학 교수.
　　**　NIMBY: 〈Not In My Backyard(내 뜰만 아니면 돼)〉의 준말로 공공의 이익에는 부합하지만, 자신이 속한 지역에는 이롭지 않은 일을 반대하는 이기적인 행동을 이르는 말.

운동계의 일부에서 늘 되풀이되는 편 가르기에 제동을 건다는 점에서 실용적 의미도 있다.

용어를 꼼꼼히 따지기를 좋아하는 모든 이에게 〈자연〉, 〈환경〉, 〈생태〉라는 개념이 일상에서 마구 뒤섞여 쓰이는 것은 분석의 해부용 메스를 요구하게 만드는 일종의 스캔들이리라. 그러나 〈환경 보호주의〉를 역사의 현상으로 받아들인다면, 이 폭넓고 중복되는 일상 언어를 피할 수 없이 받아들여야 한다. 〈생태학〉은 바로 이 일상 언어로 역사를 써왔기 때문이다. 그리고 역사적으로 볼 때 용어가 이렇게 겹치는 데는 다 그만한 이유가 있다.[31] 자연과학적으로 엄밀하고 좁은 의미에서 생태학은 그 자체만으로는 정치적 실천을 이끌어 낼 자극적인 요소가 없다. 자연 안에서는 결국 모든 게 모든 것과 맞물려 돌아가기 때문에 우리가 행하는 모든 일에 예상치 못한 부작용을 각오해야만 한다는 지당한 이야기는 오히려 일련의 실천을 가로막는 장애물이 된다. 생태학을 정치 권력으로 이해하면서 〈도시 생태〉를 빠뜨리는 것은 중대한 실수다. 다시 말해서 〈사회라는 서식지〉를 보존하려고 투쟁하는 것이야말로 정치적 실천으로서의 환경 운동이다. 이를테면 역사를 그대로 보존하며 성장한 도시 구역에 공항 같은 시설이 들어서는 것을 반대하는 운동 역시 반대의 논리적 근거를 생태학에서 구한다. 물론 공항 건설 반대 운동이 주민의 생활을 지옥으로 만드는 소음의 공포에서 비롯되기는 했다. 환경 운동을 대중화하고 환경 운동에 투쟁 능력을 불어넣어 주는 것은 바로 그처럼 기본적인 삶의 질을 지키려는 싸움이다. 박쥐 서식지를 지키자는 자연 보호 운동보다 훨씬 더 강력한 호소력을 갖기 때문이다.

〈환경 운동〉이라는 현상을 너무 좁게 바라보지 말라는 것이 곧 환경 운운하는 모든 주장을 곧이곧대로 받아들이라는 뜻은 아니다. 〈환경〉이라는 개념에는 워낙 여러 뜻이 담겨 있다 보니 많은 환경 단체를 첫눈에 보고 정체를 가늠하기는 쉽지 않다. 어떤 정치 영역보다도 거창한 말들, 그럴싸한 몸짓이 들끓는 곳이 바로 환경 정치다. 좀 더 고급스럽게 표현하자면 〈상징 정치〉라고나 할까.[32] 독일 환경 정책의 시조 가운데 한 사람인 게르하르트 바움*은 〈말을 돌려쓰는 일〉**에 유혹당하지 않고 말과 현실을 혼동하지 않는 게 어디보다도 환경 운동에서 중요한 일이라고 힘주어 강조했다.[33] 그 자체로는 올바른 점을 포함하는 논리라 할지라도 특정 상황에서는 주의를 흐리게 하는 역기능을 낳을 수 있다. 그럴수록 노련한 역사학자는 새롭고도 강력한 자료를 찾아 나서게 마련이다. 입에서 입으로 건네진 정보를 불신하고 원본 기록을 찾으려 안간힘을 쓴다. 암호 풀이를 하듯 원전을 비판적으로 검토하며 행간을 읽어 낸다. 악마는 디테일 속에 숨어 있으며 정작 중요한 동기는 종종 은폐되었거나 반쯤 가려졌다는 감각을 바탕에 깔고 맥락을 재구성하려 노력한다.[34] 물론 이 모든 것은 환경 운동의 적대자도 구사하는 방법이다. 오늘날에는 이 적대자조차 생태학에서 끌어온 논리를 쓸 정도다.

에다 뮐러***는 오랫동안 노르트라인베스트팔렌 주 정부를 위해 일하며 얻은 내부 정보로 다음과 같이 장담한다. 〈대기 정화 정책에서 항상 우선시된 것은 노르트라인베스트팔렌 탄광의 이해관계였다.〉[35] 항상! 아무튼 이해득실을 우선시하는 점에서 중국, 인도, 미국 등 각국의 환경 정책은 조금도 다를 바 없다. 석탄 자원이 조만간 바닥나리라는 전망이 나온 곳이 아니라면, 어디나 이런 예측이 정책에 영향을 주기 마련이다. 그것을 두고 큰소리로 떠들지 않더라도 말이다. 아주 많은 환경 주제가 이미 오래전부터 더는 순수하지 않다. 수년에 걸친 논란, 자기만 옳다는 독선, 수십억에 달하는 투자 등으로 불순한 때가 묻을 수밖에 없다. 그리고 현대 미디어의 조작은 극에 달할 정도다. 언론 매체는 논란을 부추기며, 완전히 대립된 정보가 서로 네트워크를 구성하기도 한다. 무한히 커져만 가는 정보의 홍수 속에서 미디어와 현실 사이에는 도저히 뛰

* Gerhart Baum: 1932년생의 독일 정치가. 1978년에서 1982년까지 독일의 내무부 장관을 역임하며 환경 정책에 힘쓴 인물이다.

** linguistic turn: 본래는 〈언어론적 회전〉이라는 뜻으로 이른바 분석 철학에서 언어 비판을 위해 쓰던 용어다. 그러나 본문에서는 문맥에 맞게 풀었음을 밝혀 둔다.

*** Edda Müller: 1942년생의 독일 여성 정치학자이면서 주 정부 각료를 지냈다. 지금도 무소속의 정치인으로 활동하고 있다.

어넘을 수 없는 것처럼 보이는 장벽이 가로막혀 있기도 하다. 인터넷의 가상 세계가 얼마나 현실에 충실한지, 환경 단체가 온라인상에만 존재하는 게 아니라 실제로 무슨 활동을 하는지, 이런 문제들은 현장에서만 확인할 수 있을 뿐이다. 진짜 정보의 탐색은 미디어 시대에 이르러 어느 때보다도 더 탐정 노릇을 닮아 간다. 겹겹이 처진 장막을 헤치고 들어가는 수고를 아끼지 않아야 진실을 확인할 수 있다. 그래서 이 연구 분야가 홍미로워진다.

세계 역사 속 생태의 시대

영국 출신으로 국제 무대에서 명성을 날린 생태학의 대가 맥스 니컬 슨*은 1970년 『환경 혁명: 세상의 새로운 주인이 되기 위한 가이드*The Environmental Revolution: A Guide for the New Masters of the World*』라는 사뭇 거창한 제목의 책을 썼다. 그로부터 40년 뒤 요하네스버그에서 열린 환경 정상 회담에 맞추어 『타임*Time*』은 〈녹색 세기의 영웅들〉을 선정했다. 가이드를 통해 실제 영웅이 탄생하기까지 40년이라는 세월이 걸린 셈이다. 심지어 레이건과 부시라는 대통령들을 겪고 난 다음인 1992년 미국의 환경 운동 역사학자 필립 쉐이브코프**는 승리를 확신한 어조로 다음과 같이 말했다. 〈우리 인생의 거의 모든 측면, 먹는 것에서 포장까지, 차를 운전하는 방식부터 우리 후손의 미래에 대한 염려까지, 아무튼 우리 인생 전반은 환경 보호주의로 확연히 변화했다.〉[36] 정말 그럴까? 혹시 환경 운동계에서만 활동하면서 자기만의 가상 세계를 만들어 낸 탓에 착시를 일으키는 것은 아닐까? 인터넷 덕분에 심지어 글로벌한 차원으로?

---

* Max Nicholson: 1904~2003. 영국의 환경 운동가이자 조류학자. 〈세계 자연 기금 WWF〉의 공동설립자 가운데 한 명이다.

** Philip Shabecoff: 미국 『뉴욕 타임스』 기자 출신으로 환경 문제 전문가다.

고대사 연구가 카를빌헬름 베에버*는 고대 세계에서 벌어졌을 환경 공해를 고찰한 책에 『아티카를 뒤덮은 스모그Smog über Attika』라는 제목을 붙였다.[37] 이 책은 무자비할 정도로 땅을 파헤쳐 가며 채광하는 사람들을 겨눈 가이우스 플리니우스 세쿤두스** 심판의 구절을 인용하는 것으로 시작한다. 〈그들은 승리를 자신하고 자연이 무너져 내리는 것을 지켜보았네Spectant victores ruinam naturae.〉 이 책은 우리가 현대의 것으로 여기는 환경 문제가 이미 2,000년 전에도 있었다는 것을 전제로 쓰였다. 물론 저자는 고대와 현대의 이런 동일시를 정말 진지하게 생각하지 않았다. 그렇지만 고대에도 불을 피웠던 것만큼은 확실하다. 그리고 대장간에서 지피는 불은 특히 불편한 연기를 피웠다. 그러나 고대 원전이 〈안티 스모그 운동〉을 언급하지 않는 데는 다 그만한 이유가 있다. 당시 사람들의 고민은 전혀 달랐기 때문이다. 고대의 경제는 석탄과 중공업에 기반을 두지 않았다. 이 문제에서 획기적인 연구 성과를 낸 막스 베버는 고대 경제의 전반을 떠받든 물물 경제를 강조하면서, 테오도어 몸젠*** 이후 계속 유행의 물결을 타던 현대 개념을 고대에 투사하는 경향을 비판했다.[38] 세계 대부분의 지역은 19세기까지만 하더라도 농업을 기반한 지역 자급자족을 토대로 먹고살았다. 물론 주류 경제사학자들이 역사 연구에서 현대를 연상하게 하는 측면에 거듭 관심을 가지기는 했다. 〈매연〉은 석탄에 기초한 산업화가 가속화하면서 비로소 공공의 문제가 되었다. 이후에도, 그러니까 20세기 중반까지만 하더라도 매연은 인구가 밀집한 도시와 그 주변의 문제로만 여겨졌다.[39]

〈역사에서 배우자!〉라는 말이 있다. 역사에서 정말 배울 게 있다고 믿는다면, 이는 흔히 현재에서 과거와 유사한 점을 찾는다거나, 그 반대

---

* Karl-Wilhelm Weeber: 1950년생의 독일 고대 문헌 학자이자 역사학자.
** Gaius Plinius Secundus Major: 23~79. 이른바 〈대 플리니우스〉라 불리는 고대 로마의 학자. 베수비오 화산 폭발 때 함대 사령관으로 근무하다가 화산이 뿜어낸 유독 가스에 질식사했다.
*** Theodor Mommsen: 1817~1903. 독일의 역사학자로 19세기가 낳은 가장 중요한 고대 연구가다. 1902년 역사학자로서는 전무후무하게 노벨 문학상을 받았다.

의 경우를 뜻하리라. 또 이런 방식으로 접근할 때 역사학자는 그 지식을 가장 잘 뽐내며, 충격 효과를 이끌어 낼 수 있다. 그러나 역사에는 변화도 속한다. 과거를 돌이켜보는 일은 현재만의 새로움이 무엇인지 확인함으로써 특히 의미가 있지 않을까? 또 이런 식으로 할 때 새로움이 나타나는 상황에서 거듭 나타나는 반동 작용을 피할 수 있다. 역사에서 새로운 것을 거부하는 보수적 반동 현상은 일종의 전형처럼 굳어져 있기 때문이다. 존 R. 맥닐은 20세기의 글로벌 환경 역사를 다룬 자신의 책에 『태양 아래 새로운 것Something New Under the Sun』이라는 제목을 붙였다. 이는 『구약성경』의 「전도서」 1장 9절에 나오는 〈해 아래에는 새것이 없나니〉라는 말씀을 넌지시 빗댄 것이다. 맥닐은 거의 2,500년이 넘는 생명력을 자랑한 이 말씀이 오늘날에는 더 이상 들어맞지 않는다고 주장하며, 수많은 사례를 들어 이를 입증하려고 했다. 맥닐은 무엇보다도 문제의 차원이 새로워졌음을 강조한다. 물론 문제를 바라보는 사람들의 감각도 새로우며, 이를 거부하는 반동 역시 부분적으로 새로운 점이 있다. 환경 운동 단체들을 다룬 에세이 「새로운 사회라는 언급은 얼마나 새로운가?」를 쓴 프랑크 위쾨터Frank Uekötter는 환경 운동의 역사를 역추적할 때마다 〈새로운 운동이라는 게 놀라울 정도로 빠르게 아주 낡아 보인다!〉는 말에 강조를 두며 글을 맺는다.[40] 그러나 위쾨터 역시 매연을 상대로 한 100년에 걸친 투쟁을 다룬 자신의 대작을 1970년의 〈생태 혁명〉으로 마무리한다.

아무튼 새로운 것이 무엇인지 하는 의문은 쉽사리 해결되지 않는다. 〈뉴에이지〉* 열풍을 두고 종종 비난의 목소리가 거세지는 것도 진지한 역사학자가 새로운 시대의 선포를 신중히 여기게 하는 근거다. 맥닐은 〈환경 정책〉이라는 간판 아래 추진되는 것은 관행적 정책일 뿐이라고 냉정하게 꼬집는다. 바로 그래서 환경 운동 역사학자는 새로움이라

---

* New Age: 현대 서구의 가치를 거부하고 영적 사상이나 점성술 등 신비주의를 추구하는 생활 방식을 가리키는 말.

는 주제만 나오면 갈팡질팡하는 모습을 보여 준다. 오늘날 〈환경 보호〉라고 불리는 요소 대부분은 이미 다른 이름으로 오래전부터 쓰였던 것이며, 일부 대단히 오랜 역사를 자랑하기도 한다. 역사학자가 집중적으로 캐고 들수록 그 역사는 더욱 길어지기도 한다. 그럼에도 한 가지만큼은 단언할 수 있다. 다소 정도의 차이는 있지만 확실히 새로운 것은 1970년을 기준으로 나타났다. 그것은 곧 네트워크화이며 그에 따른 대중적 파급 효과의 극대화다. 한마디로 글로벌한 지평이 열렸다. 1960년대 테크노크라트 관료들이 툭하면 계획 운운하며 희희낙락하던 것을 떠올려본다면,[41] 1970년이라는 시점은 〈글로벌 정신〉의 분수령이다.

도널드 워스터*는 환경 역사의 기초를 닦은 자신의 책『자연의 경제. 생태 이념의 역사 Nature's Economy. A History of Ecological Ideas』에서 이 역사를 결국 〈생태학의 시대〉에 이르게 유도한다. 그의 주장에 따르면 이 시대의 도래는 궁극적으로 명백한 사실이다. 워스터는 생태 이념의 역사가 출발한 시점을 1945년 7월 16일로 잡는다. 이날 뉴멕시코의 사막 앨라모고도Alamogordo에서 첫 번째 원자 폭탄이 터졌다. 이제 우리가 물어야 할 물음은 다음과 같다. 이 원자 폭탄의 폭발은 물리적 현실을 바꿔 놓은 전환점일까, 아니면 인간 의식의 시대 전환일까? 일단 폭탄만 놓고 이야기하자면 그것은 잔혹한 현실임이 틀림없다. 원폭 실험이 성공했다는 소식이 알려졌을 때, 미국 여론은 승리감으로 들끓었다. 단지 소수의 사람만 불안과 걱정의 시선으로 사고방식의 전환을 요구했을 뿐이다. 워스터가 확인하듯, 〈방사능 낙진이 생태에 미칠 영향은 1958년 이전에는 미국 과학자들이 크게 걱정하는 문제가 아니었다〉.[42] 이 문제를 바라보는 국민의 의식은 1960년대에 들어서야 비로소 변화를 보이기 시작했다. 그리고 1970년대는 〈생태의 10년〉이라 불려 마땅

* Donald Worster: 1941년생의 미국 역사학자. 미국 환경사의 창시자로 알려진 인물이다.

한 시기다.

생태학을 당시 막이 올라간 새로운 시대의 상징으로 삼는 것은 너무 멀리 나간 이야기일까? 사실 우리가 현재 살아가는 시대를 규정하는 것처럼 위험한 일도 따로 없다. 우리가 오늘날 익히 아는 저 역사의 시대들은 보통 나중에 되짚어 보면서 그 이름을 얻었을 뿐이다. 더욱이 역사학자야말로 가장 최근에 일어난 일에 이름을 붙이는 일을 조심해야 한다. 현재 일어나는 일은 시시각각 변하기 때문이다. 최근 몇십 년 동안 벌어진 일들을 돌이켜보라. 정말 다양한 이름이 앞다투어 등장하지 않았던가. 글로벌화의 시대, 냉전 이후 세계의 동반 성장, 전 세계적인 경제 자유화, 새로운 정보 통신 기술의 발달과 맞물린 전자 혁명, 혹은 대규모 이주민의 시대 등 온갖 진단이 등장했지만, 어떤 것도 통일된 의미를 부여하는 지평을 제시하지 못했다. 막스 베버에 따른다면, 세계사에서 획기적인 새로움에는 늘 카리스마가 중요하게 작용했다. 바로 두려움과 열광이 뒤섞인 감정을 다스리는 카리스마, 강한 정신적 추구와 물질적 충동을 함께 묶어 내는 카리스마다. 모든 장벽을 제거한 세계 경제가 전 세계적으로 풍요함을 가져다주며 빈부 격차를 줄여 주리라는 짧은 꿈은 이미 오래전에 허망하게 깨져 버렸다. 세계적으로 자유화된 경제가 자기 조절과 자율 통제를 통해 민족 단위의 국가들을 불필요하게 만들 것이라던 기대 역시 늦어도 2008년의 금융 위기로 산산조각 나고 말았다.

거창한 이데올로기의 시대가 막을 내리자, 새로운 글로벌 지평의 내용을 채우며 새롭게 직면한 도전에 반응할 수 있는 정신적 힘으로는 대중의 인기를 끄는 생태학이 유일하게 남았다. 환경 운동이 운동 주역들의 불만에도 지속적으로 시대의 주류 안으로 녹아들어 흔적을 찾기 어려워진 것이야말로 〈환경 보호주의〉가 갖는 획기적 성격을 잘 보여 준다. 환경 운동은 많은 환경 보호 운동가가 인정하고 싶은 것보다 훨씬 더 강하게 시대와 맞물려 있다.[43] 앞서 묘사한 생태 운동의 카멜레온 같은 성격은 이 운동이 얼마나 생동감에 넘치는지 여실히 보여 준다. 환경 운동은 인생철학이자 지배 권력의 정당화 수단이며, 과학이자 저항 운동의 투쟁 구호로도 나타난다. 동시에 환경 운동은 전반적으로 볼 때 역사에서 예전에는 볼 수 없던 전혀 새로운 것이다. 과거의 운동들을 돌이켜보면, 사회주의, 공산주의, 민족주의, 파시즘 같은 〈운동〉이 얼마나 급속하게 하나의 고정된 틀 안에 묶여 버렸으며, 고착된 목표와 이념에만 매달렸는지 쉽게 알아볼 수 있다. 이들 운동을 환경 운동과 비교하면 그 차이는 엄청나다.

2006년 독일 환경부의 창설 20주년 기념일을 맞아 『슈피겔』의 기자 가보르 슈타인가르트Gabor Steingart는 환경 운동 활동가들이 〈거대한 성공〉을 거두었으며, 환경 단체의 성공이야말로 전후에 성공의 역사 그 자체라는 칭송의 글을 썼다. 그렇다면 틀림없이 〈생태 시대〉를 언급할 충분한 근거가 있으리라. 2000년이라는 새천년의 전환기를 맞이하기 직전, 『슈피겔』은 요헨 뵐쉐 기자의 명의로 장문의 기사를 게재했다. 기자는 지난 세기의 자연과 환경 보호를 되돌아보며 〈녹색의 세계 권력〉이라는 제목 아래, 〈산업의 대부분이 실제로 환경 운동의 일부가 되었다〉는 과감한 주장을 펼쳤다.[44]

다만 문제는 뵐쉐가 예전에는 전혀 다른 기사를 썼다는 사실에 있다.[45] 〈산업의 대부분이 실제로 환경 운동의 일부가 되었다〉는 논제에는 수많은 반론이 고개를 든다. 〈생태 시대〉에서는 자동차들이 누비는 도로와 항공 교통에서 발생하는 유해 물질로 인해 대기권의 오염이 줄어들 줄 모르고 늘어만 간다. 농업의 화학화로 말미암은 토양과 지하수의 오염은 전 세계 어디에서나 무섭게 진행되고 있다. 지속적인 환경 보호 운운하는 입에 발린 소리와 달리 거대 기업들은 어느 때보다도 단기적인 이윤 극대화에 집중한다. 이동성이 갈수록 늘어만 가는 이 시대에 기업이 입지에 얽매이지 않을수록, 환경을 다루는 그들의 방식은 사실상 더욱 무자비해진다. 지구 생물종의 다양성은, 해당 생태학자들의 예측을 믿는다면, 꾸준히 불안할 정도로 감소하는 추세다. 그리고 이런 현상의 심각성은 아프리카가 본격적으로 확인해 준다. 유엔 환경 계획

United Nations Environment Program, UNEP*의 연구 보고서 「지오 2000 GEO 2000」**이 보여 주듯, 1970년대 이후 퇴화한 아프리카의 환경은 더없이 열악하다. 1960년대까지만 하더라도 아프리카가 농업 수출 지역이었음을 상기하면 충격적인 이야기가 아닐 수 없다.[46] 전체적으로 종합하면 명확한 그림이 나온다. 생태학은 현재 현실로 나타나는 많은 문제가 변증법적 긴장 관계를 이룬다고 파악한다. 지금까지 환경 문제의 유일한 해결책이 생태학인 셈이다. 최소한 자유화와 글로벌화를 포함한 모든 약속보다도 훨씬 더 큰 차원의 해결책 말이다. 이런 의미에서 〈생태 시대〉를 말하는 것은 무리가 없어 보인다.

그럼에도 돌출하는 문제는 해결의 방도가 명확히 떠오르지 않으며, 일거에 모든 것을 직접적이고도 깔끔하게 풀어 낼 방법이 없다는 점이다. 20년 전 요스트 헤르만트는 〈세계의 생태적 몰락을 둘러싼 벌거벗은 진실〉이 있다고 주장했다.[47] 동시에 그는 세계를 구원할 방법은 어느 정도 분명하지만, 오늘날 누구도 이 이야기를 입에 올리지 않으려 한다고 보았다. 환경 운동의 이처럼 갈팡질팡하는 행보는 사안의 성격상 어쩔 수 없이 실험 정책을 펴도록 강제하지만, 그럼에도 너무 많은 운동가가 고정된 목표와 방법에만 집착한다는 게 헤르만트의 진단이다. 〈진리는 전체다〉라는 헤겔의 말은 여기서 아주 특별한 의미를 얻는다. 생태 시대의 본질은 공간과 시간의 지평을 활짝 열어 놓을 때 가장 잘 드러난다. 또 그렇게 해야만 운동의 새로움을 극명하게 깨달을 수 있다. 환경 서적이 봇물 터지듯 쏟아져 나오지만, 여전히 새로운 시대는 대부분이 〈미지의 땅〉일 뿐이다. 이곳에서는 물결에 쓸려오는 개념이 이해되지 않으며, 심지어 새로움에 주목하고 이에 감탄하는 것조차 방해받는다. 그러나 바로 이런 새로움이야말로 손에 땀을 쥐는 긴장감을 선물한다. 이런 깨달음에 김을 빼는 일은 〈환경 보호주의〉를 보다 일반적인 표

---

* UNEP는 환경 문제를 둘러싼 국제적 협력을 촉진하는 유엔기구다.
** GEO는 〈글로벌 환경 전망Global Environment Outlook〉의 약자다.

제 아래 잡아 가두려고 야욕을 부릴 때 벌어진다.

과거의 경험으로 미루어 보자면 환경 운동은 원래 불가능한 현상이다. 미국 사회학자 윌리엄 T. 마크햄*이 독일의 환경 단체들을 주제로 최근 출간한 대작은 이런 종류에서는 지금까지 이뤄진 가장 폭넓은 연구서다. 이 책이 진단하는 환경 운동은 결국 빠져나갈 길이 없는 문제의 복마전으로 정점을 찍는다. 딜레마가 꼬리에 꼬리를 물고 이어진다. 중앙 집권화와 전문화가 풀뿌리 단체라는 성격과 충돌하며 빚어지는 조직 내부 구조의 딜레마, 다른 환경 단체와 후원금을 놓고 경쟁을 벌이며 국가 재정이나 강력한 스폰서에게 매달리게 되는 활동 자금 마련의 딜레마, 환경 문제가 흔히 그러하듯 모든 게 맞물리는 통에 도대체 어디서 어떻게 시작해야 좋을지 몰라 벌어지는 목적과 전략의 딜레마 등이 그것이다. 물론 마크햄은 책을 쓰는 단계마다 이론의 도움을 받았다고 강조하지만, 이런 딜레마가 역사의 실제 사건 때문이라기보다는 미리부터 굳혀 놓은 이론 모델 탓에 벌어진다고 지적한다.[48]

요컨대 환경 운동은 이론상으로는 도저히 있을 수 없는 일이다. 환경 운동은 처음부터 거듭 곧 끝장을 맞을 거라는 예언에 시달려 왔다. 미국에서는 1970년 4월 22일 〈지구의 날〉 직후부터 그런 예언이 쏟아졌다. 독일 통일 이후 녹색당이 선거에서 참패했을 때 곧바로 나온 책의 제목은 『녹색당이 아직도 목숨을 건질 수 있을까? *Sind die Grünen noch zu retten?*』였다. 또 그보다 앞서 유명한 녹색당 〈레알로〉**가 쓴 책은 『녹색당의 부상과 몰락 *Aufstieg und Fall der Grünen*』이라는 제목을 달았다.[49] 그러나 8년이라는 세월이 흐른 뒤 녹색당은 독일 연립 정권의 한 축으로 의회에 당당히 입성했다. 녹색당이 써온 지금까지의 역사는 〈죽은 사람이 더 오래 산다〉는 속담의 실례다. 마크햄은 자신의 연구 말미에서 다음과 같이 요약한다. 〈독일《환경 보호주의》의 가장 두드러진 특징은 그 집요한

---

* William T. Markham: 노스캐롤라이나 대학교의 사회학 교수. 환경 문제 전문가다.
** Realo: 녹색당에서 현실적 입장을 취하는 계파를 부르는 이름. 〈real〉에서 만들어 낸 말이다.

인내력이다.〉

그럴수록 우리는 독일의 현대사를 조망하는 글마다 환경 운동을 변방 취급하는 데 놀라지 않을 수 없다. 한스 귄터 호커르츠*는 최근 독일 역사를 과거의 극복에만 초점을 맞출 게 아니라, 더 나아가 미래 문제를 진단하는 방향으로 정리할 필요가 있다는 정당한 호소를 했다.[50] 많은 이가 생각하듯, 엄밀하게 봐서 자연 보호와 환경 운동에서 독일이 이미 오래전부터 모범으로 여겨지지 않을지라도,[51] 환경 운동만큼 세계가 바라보는 독일의 이미지를 바꾸어 놓은 것도 따로 없다. 환경 운동 덕분에 독일의 정치색은 칙칙한 회색에서 녹색으로 바뀌지 않았던가. 역사학자야말로 현재에서 바라보는 과거뿐만 아니라, 시대의 변혁도 읽어 내야 하는 게 아닐까.

물론 미래의 커다란 문제를 곧바로 〈환경 문제〉로 정의해도 좋은지 하는 물음이 여전히 남는다는 점은 인정한다. 시대의 징표는 한 세기 전 제국주의가 절정에 달했을 때처럼, 갈수록 부족해져만 가는 천연자원을 둘러싼 투쟁의 신호로도 읽을 수 있다. 아마 천연자원의 문제가 미래를 결정할 것이며, 생태의 시대는 단지 미래를 예견하며 그저 스쳐 지나가는 단계에 지나지 않을 수도 있다. 그러나 어느 모로 보나 천연자원의 문제는 곧 환경 문제였으며, 앞으로도 그러하리라. 예전에 볼테르는 역사의 연구가 오로지 인류의 귀중한 성과에 집중할 때만 의미 있다는 주장을 대변한 적이 있다. 정말 그럴까? 여러모로 의혹의 여지가 있는 주장이다. 그리고 볼테르 자신도 그가 요구하는 역사 기술에 성공하지 못했다.[52] 그러나 역사 연구가 진정으로 의미 있기를 원한다면, 볼테르의 요구를 충족해 줄 기회를 찾아보는 것도 나쁘지 않다. 그리고 실제로 생태 시대는 일종의 새로운 계몽으로 볼 수 있다. 역사적 접근의 의미야말로, 많은 것을 시작하게 하는 각성의 체험이 무엇인지 되짚어 보는 데

---

* Hans Günter Hockerts: 1944년생의 독일 역사학자. 2009년까지 뮌헨 대학교에서 현대사를 가르쳤다.

있으리라. 〈아, 그게 문제였구나〉하고 깨닫는 순간의 희열은 이루 말할 수 없이 크다. 확실히 계몽도 그것의 고유한 변증법을 가졌다. 눈가리개를 떨쳐 버리는 테제에서 권력을 추구하는 안티테제로 나아갔다가 오만함이라는 〈진테제〉로 정점을 찍는 변증법을! 그러나 많은 환경 운동 반대자가 주장하는 것처럼, 여기서 명백하게 불합리한 두려움에서 비롯된 군중심리가 문제되는 것은 아니다. 그렇게 보일 수 있는 특정 상황이 없는 것은 아니나, 긴 안목으로 보면 군중심리로 환경 운동을 깎아내리는 것은 어디까지나 잘못된 해석이다. 이 점 역시 이 책은 보여 주고자 한다.

여러 긴장 시나리오의 앙상블

여러 다양한 개별 분과의 특수한 접근이 생태주의Ökologismus(아쉽게도 독일어에는 〈환경 보호주의environmentalism〉 같은 특허권을 지닌 단어가 없다)를 하나의 전체 현상으로 파악하지 못하고 한 다발의 근사치만 내놓을지라도, 이런 상황은 역사적 접근에 더 없이 좋은 기회다. 그럼에도 역사를 쓰는 일은 여전히 어렵다. 이 경우 열려 있는 미래는 작업을 더욱더 어렵게 한다. 역사는 시작과 끝이 있어야만 가장 잘 기술할 수 있다. 시작과 끝은 두드러질수록 좋다. 환경 운동과 환경 보호의 역사적 시초가 어디에 있는지 하는 문제만 놓고도 관련 서적의 생각은 판이하게 갈린다. 멀리는 1770년에서 가까이는 1970년 사이를 분주히 오갈 따름이다. 게다가 끝은 완전히 열려 있다. 이런 열려 있음을 거듭 상기하는 것은 중요하다. 역사학자는 끝이라는 것을 제멋대로 지어 내 써먹기 때문이다. 끝을 만들어 놓으면 사건을 차분히 관찰할 여유가 생기니까.

누구나 단정적인 역사, 이를테면 주된 역사를 선보이고 싶은 마음이 굴뚝같으리라. 그러나 이 경우 야심을 버리는 편이 훨씬 좋다. 역사의 다양함을 무시하고 일렬로 세워 정리하려는 생각은 꿈도 꾸지 말아야 한다. 잠정적으로라도 명확한 시작과 끝을 갖는 유일한 주된 역사는 절대 있을 수 없다. 특정한 주연 배우와 줄거리, 장소를 명시한 시나리오로 이어지는 행동들로 결정적 포인트를 강조하는 그런 역사는 기대하지 말아야 한다. 자료를 깊이 파고 들어가면 갈수록, 관점을 다양하게 가질수록, 여러 이름과 사건이 더욱 중요해진다는 점을 날카롭게 깨달으면 깨달을수록, 하나의 역사를 모색하는 일은 무망해진다. 널리 볼 줄 아는 안목을 갖추지 못한 사람이 하나의 주된 역사를 쓸 수 있다는 망상을 품는다. 어떤 역사 이전의 역사를 알아 갈수록, 적어도 오늘 돌이켜 본다면, 전체 맥락은 더욱 분명하게 드러난다. 그러나 이런 맥락에도 다양한 변수가 존재하며, 서로 충돌하는 해석 모델이 있다는 점도 곧 보여 줄 생각이다.

그러나 역사를 쓴다는 것 자체가 역사 기술의 의미가 아닐까. 독자가 즐겨 읽은 차원을 넘어서서, 실천하는 활동가가 방향을 잡아갈 수 있게 안내하는 게 중요하다. 『침묵의 봄』(1962)이 거둔 엄청난 성공 그리고 이 책이 점화한 정치적 추진력은 특히 레이철 카슨이 역사를 한 편의 이야기로 풀어 주었다는 점에서 그 원인을 찾을 수 있다. 물론 이 이야기는 현실을 바탕으로 약간의 상상력을 가미하기는 했다. 그것은 곧 〈DDT〉*를 비롯한 독극물이 먹이 사슬을 타고 번져 나가며 생명 파괴를 불러일으킨다는 이야기였다. 장소와 시간을 전혀 고려하지 않은 일반적인 자연 관찰이 아니라, 지금 여기에서 구체적인 역사 상황을 기획함으로써 자연 사랑은 정치적 실천력을 얻어낸 셈이다.

1982년 〈숲 황폐화〉를 경고하자 50명의 그린피스 분리주의자들은 지역의 풀뿌리 운동에 더 집중할 것을 요구하며 그린피스에서 나와 환경 운동 그룹 〈로빈 우드Robin Wood〉를 발족했다. 반전설적인 영웅 〈로빈 후드Robin Hood〉에 착안해 이름을 지은 이 단체는 역사를 돌이켜보는 일 따위에는 관심조차 가지려 하지 않았다. 관심은커녕 한사코 손사래를 쳤다. 역사적 뿌리라는 것을 두고 운운하는 일은 생각의 혼란만 불러

* Dichloro-Diphenyl-Trichloroethane: 살충제 가운데 하나. 1874년 오스트리아 화학자 오트마르 차이들러Othmar Zeidler가 처음으로 합성해 냈다. 독성이 강해 생태계를 파괴하며, 사람에게는 암을 유발하는 것으로 알려졌다. 『침묵의 봄』이 불러일으킨 대규모 항의로 1972년에 사용이 전면 중단된 물질이다.

일으킨다는 게 이들의 주장이었다. 〈세기 전환기에 나타난 무정부주의적인 영농 공동체나 1920년대의 자연운동 혹은 최근의 친환경 농업 열풍 따위는 전혀 우리 단체의 관심사가 아니다.〉[53] 아마도 요란하기 짝이 없는 독일 숲 낭만주의를 떠올리다 보니 〈뿌리로 돌아가자〉는 말에 경기를 일으킨 모양이다. 그러나 세월이 흐르면서 숲 황폐화를 둘러싼 흥분의 물결이 잦아들면서, 운동가들이 〈잎 떨어진 나무들의 복수〉라는 특별 이벤트로 굴뚝에 올라가는 상징적 저항 행위가 언론의 눈에 시답지 않은 개그로 비치고, 제3세계 열대림 보이콧 운동이 반식민주의로 받아들여질지, 아니면 신新식민주의로 오해되는 것은 아닐지 자신할 수 없게 되자, 〈로빈 우드〉는 스스로 설정한 전제와 그 변화를 다시금 살펴볼 수밖에 없었다.

기후 문제로 경종을 울리는 사람들 역시 역사를 내세운다. 더 정확히 말하자면 이들의 역사는 두 편의 이야기가 서로 뒤섞여 있다. 한편의 이야기는 인간이 일으킨 대기 오염으로 온실 효과가 갈수록 커진다는 내용을, 다른 이야기는 전 세계 온난화가 인간 생활에 미치는 영향을 다룬다. 적어도 두 번째 이야기에는 역사학자도 얼마든지 참여해 발언할 수 있다. 우리가 알듯이, 환경 운동의 이면에는 그동안 기후와 생태 문제를 지휘하는 지도층이 전 세계적으로 권력을 추구한다는 이야기도 있다. 끝을 알 수 없이 복잡한 기후 컴퓨터 모델을 검증할 수 없는 사람이라면, 역사를 돌이켜봄으로써 양쪽 주장의 진실성을 서로 비교할 몇 가지 논거를 얻어 낼 수 있다.

역사에서 내레이터와 나중에 덧붙여진 연출이 복권될 수 있었던 것은 특히 미국 역사 이론가 헤이든 화이트*의 공로다. 그의 획기적인 책 『메타역사Metahistory』(1973)는 역사 기술이 위대한 문학의 스타일을 따라야 한다는 논지를 펼쳤다. 서사시, 드라마, 비극, 계시록, 성장 소설 등

---

* Hayden White: 1928년생의 미국 역사학자. 문학 비판의 전통을 역사에 접목한 것으로 유명한 인물이다. 캘리포니아 대학교와 스탠퍼드 대학교의 교수를 역임했다.

의 형식을 빌려오는 게 유익하다는 주장이다. 물론 이 모든 형태는 역사가 진실에만 충실해야 하지 않을까 하는 문제는 무시한다. 생태 문헌에 대부분 비극과 계시록의 근본 모델이 깔려 있음을 알아보기는 어렵지 않은 일이다. 심지어 추악한 범죄에는 반드시 정의로운 심판이 따른다는 식의 범죄 소설류도 심심찮게 찾아볼 수 있다. 이처럼 다소 과장과 부풀림이 있을지라도 인간은 의식하든 의식하지 않든 자신의 고유한 생활 지혜로 무엇이 근본 문제인지 꿰뚫어 볼 줄 안다.

이런 문학 유형의 역사는 청중에게 분명 호소력을 갖는다. 제러드 다이아몬드*의 『문명의 붕괴Collapse』(2005)는 환경 역사를 문학적으로 다룬 것 가운데 가장 성공적인 책이다.[54] 이 책을 읽노라면 세계의 거의 모든 역사가 파국의 심연을 향해 치닫는 일방통행로인 것 같은 인상을 지울 수 없다. 여기서 저자는 마치 우리가 고대 문명의 몰락 원인을 정확히 알았던 것만 같은 혼란스러운 느낌을 심어 준다.[55] 곧 고대 문명들은 일종의 생태적 자살을 감행하는 바람에 붕괴하고 말았다는 설정이다. 책의 맨 끝에서 다이아몬드는 미국 특유의 낙관주의를 해결책으로 제시한다. 그러나 그의 전체 묘사는 근본적으로 단 하나의 결말만 남겨놓는다. 즉 커다란 환경 문제는 해소될 수 없으며, 인류는 구원의 방도가 없이 파국을 향해 치닫는다. 인터넷 백과사전 〈위키피디아〉를 믿어도 좋다면, 〈가이아 가설〉의 창시자로 2008년 당시 79세의 제임스 러브록**은 『가디언Guardian』과 인터뷰에서 다음과 같은 충고만 되뇌었다. 〈할 수 있는 한, 너희 인생을 즐겨라. 만약 운이 좋다면, 수레가 벽을 들

---

* Jared Diamond: 1937년생의 미국 과학자이자 논픽션 작가. 현재 UCLA 대학교 의과대학 생리학 교수로 활동한다. 그의 또 다른 책 『총, 균, 쇠Guns, Germs and Steel』(1997)는 1978년 퓰리처상을 받았다.

** James Lovelock: 1919년생의 영국 과학자. 〈가이아 가설Gaia-hypothesis〉을 주장했다. 〈가이아〉는 고대 그리스가 대지의 여신을 부른 이름으로 지구를 은유하는 표현이다. 이에 따르면 생물, 대기권, 대양, 토양을 포함한 지구 전체는 하나의 신성하고 지성적인 존재, 곧 능동적으로 살아 있는 지구다. 그러니까 지구는 생물과 무생물이 상호 작용하며 스스로 진화하고 변화해 가는 하나의 생명체라는 주장이다. 그러나 일각에서는 과학이 무슨 시 쓰듯 하는 연구냐는 반박이 만만치 않다.

이받기까지 20년 정도가 걸리리라.) 이런 상황에서 핵폐기물 저장소 문제를 두고 머리가 깨질 정도로 고민해 봐야 아무 소용이 없다는 것이다. 그래서 러브록은 그동안 핵에너지 사용을 찬성하는 쪽으로 돌아섰다. 핵에너지는 속수무책으로 처형의 순간만을 기다려야 하는 초조함을 약간이나마 누그러뜨려 줄 뿐만 아니라, 생활을 조금이라도 더 편안하게 만들어 주기 때문이란다. 〈그린피스〉는 그럼에도 두 편의 홍보 영화를 제작했다. 하나는 사람들이 방독면을 쓰고 다니는 미래 세계를 보여 주는 것이며, 다른 하나는 이른바 〈무지개 전사Rainbow Warrior〉*의 성공사를 담은 것이다.

물론 요제프 H. 라이히홀프의 책이 거둔 성공이 보여 주듯, 코미디의 요소를 갖는 생태 서적도 심심찮게 팔려 간다.[56] 실제로 환경과 환경 보호의 역사는 놀라운 사실로 가득 차 있다. 이미 오래전부터 죄와 참회라는 도덕의 수준을 벗어났으며, 종종 경악스러운 결과를 보여 주기도 하고, 심지어 성공 스토리를 자랑하는 것도 적지 않다. 그래서 문학적 감성을 자랑하는 생태주의 역사학자에게 비극과 희극을 적절히 섞는 셰익스피어를 모범으로 삼을 것을 추천하고 싶다. 물론 셰익스피어는 순수문학을 옹호하는 이들에게 나중에 비판받기는 했다. 뭐 까짓 비판 좀 받은들 어떠랴. 괴테 같은 거물이 나타나 셰익스피어를 변호해 준 역사의 선례도 있지 않은가. 그러나 20세기의 문학이 대개 그러하듯 〈끝을 열어 두는 스토리Open-End-Story〉가 좋다. 그래야 관점이 바뀌는 것에도 대비할 수 있지 않은가.

현대 역사학자들은 역사의 이야기를 들려주는 일을 어딘지 모르게 낡고 진부한 것으로 여긴다. 지난 역사의 주제를 두고 글을 쓰려는 역사학자에게 가장 간단한 방법은 문학 원전들을 뒤져 보는 것이다. 거기에는 으레 적절히 다듬어진 이야기들이 등장하게 마련이다. 뭔가 새로운 것을 선보이고 싶은 사람이라면, 이 이야기를 해체해 버리면 된다. 그러

---

* 그린피스가 친환경 감시를 위해 제작한 배의 이름.

나 생태 역사의 경우는 사정이 완전히 다르다. 여기에는 역사로 보기 어려운 문학류가 판을 치며, 본래의 역사를 가려보기까지 힘들게 파고 들어가야만 한다. 아무튼 긴 호흡을 가져야 한다. 어쨌거나 해프닝에만 치중하는 르포를 넘어서야 한다. 〈가공되지 않은 엄연한 사실〉을 찾아낸다는 일은 절대 간단치 않다.

생태 시대의 역사를 〈~했다면, 이랬으리라〉 하는 투로 쓰는 것은 아무런 의미가 없다. 구체적 사건을 이론의 단순한 사례로 나열하지 않는다고 해도 이론을 어떻게 체계적으로 구성할지 하는 고민 없이는 이루어질 것이 없다. 어떤 주제, 무슨 사건들, 어느 활동가들이 중요한지, 어디에서 운동이 일어나고 있으며, 그 동력은 어디서 오는지, 먼저 시나리오를 잘 짜고 거기에 담을 내용을 충분히 취재해야 한다. 마크햄이 묘사했던 환경 단체의 몇 가지 딜레마(그는 전부 일곱 개를 꼽았다)는 환경 운동의 역사를 그려 보이는 다양한 드라마 구상에서 긴박감을 자아낼 요소로 더없이 안성맞춤이다. 그러나 주의하자. 그런 딜레마가 여러 개가 있는 것처럼 보일지라도, 임의로 부풀려서는 곤란하다.

환경 운동에서 가장 최초의 운동은 무언가 변화를 일으켜야만 한다는 결단으로 결성된 단체가 하나의 특정한 목표에 집중해야만 한다는 기본 조건이 충족될 때 일어난다. 그러나 환경 문제는 다양하며 서로 맞물려 있다. 예전, 그러니까 생태 시대 이전에 환경 단체는 〈원 포인트One Point 운동〉으로 남을 수 있었다. 즉 한 가지 특정 목표에만 집중할 수 있었다. 그러나 새로운 지평은 언제나 초기의 고정 목표를 넘어가게 하는 불안 요소를 하나 이상 담게 마련이다. 동력의 〈두 번째 원천〉은 자기 자신을 온전히 바쳐 환경 보호에 투신하겠다는 고결한 정신이다. 그러나 이런 순수한 동기는 이내 단체의 자기 보존이라는 이해관계와 맞물린다. 두려움과 분노 또는 열광에서 비롯된 단체는 제도화 과정을 거치면서 조직의 자기 보존 욕구에 사로잡히며, 갈수록 국가 기관과 친밀해진다. 막스 베버가 말한 카리스마 원리가 작동하는 것이랄까. 그리고 기부금을 잃지 않기 위해서라도 초창기의 투쟁적이고 열광적인 분위기로 되돌아가는 일이 잦다. 자신을 바치는 헌신이 조직의 생존 본능과 충돌하는 딜레마가 빚어지는 셈이다. 동력의 세 번째 기반은 갈등과 합의 사이에 일어나는 끊임없는 긴장 관계다. 이런 긴장 관계는 절대 해소될 수 없다. 환경의 전체 참상을 부풀리는 바람에 카를 슈미트*가 쓰는 정치 개념에 충실하게 친구 아니면 적이라는 도식적 사고에 빠질 위험이 있다. 그러나 〈환경〉이 공공 안녕을 위한 새로운 개념임을 숙지하고 이런 공공성을 널리 알리는 쪽으로 노력한다면, 환경 정책 역시 위르겐 하버마스가 말하는 〈소통에 기반을 둔 실천〉의 이상적인 영역으로 삼을 수 있다.

갈등과 합의가 맞물려 돌아가는 뫼비우스의 띠는 자연 보호를 둘러싸고 형성된 긴장 관계를 하나의 전체로 묶을 정도다. 인간을 위한 자연 보호와 인간에 반하는 자연 보호 사이의 긴장, 자연 보호와 사냥, 자연 보호와 관광 산업 사이의 긴장 등을 말이다. 심지어 환경 운동 내부에서 생태를 위하려는 동기와 사회를 우선하려는 동기 사이에도 긴장 관계가 벌어진다. 이처럼 아주 폭넓어서 전체를 조망하기가 힘든 게 갈등과 합의라는 긴장 관계다. 이런 모순은 결국 환경 운동 초기에서 오늘날까지 눈에 확 띄는 긴장의 곡선을 그린다. 〈풀뿌리 운동〉과 글로벌 지평 사이에 빚어지는 갈등은 〈글로벌하게 생각하고 로컬하게 행동하자!〉는 구호로만 풀 수 있을 뿐, 현실에서는 절대 해소되지 않는다.

이것이 바로 결정적인 점이다. 끝까지 밀고 가도 확실하게 해결할 수 없는 긴장이 모든 경우에 도사리기 때문이다. 아무튼 지금까지 확실한 해결책은 단 한 번도 나오지 않았으며, 짐작건대 미래에도 찾아볼 수 없으리라. 환경 운동에는 예전보다 더 나아지는 진화만이 있는 게 아니다. 갈팡질팡 좌고우면하는 일이 숱하게 벌어지며, 똑같은 말을 끝없이 되풀이하는 순환과 시계추의 무한 반복 운동도 있다. 물론 여기에는 희망

---

* Carl Schmitt: 1888~1985. 독일의 법학자이자 정치철학자. 국가의 주권을 날카롭게 정의한 저작으로 유명하다.

의 요소도 있다. 말하자면 기적처럼 소생할 기회를 잡을 수도 있다. 개별 운동을 제한된 시점에서만 바라본다면, 관료화는 돌이킬 수 없는 사건처럼 보일 수 있다. 막스 베버가 암울했던 시절에 생각했던 것처럼 말이다. 그러나 시야를 전 세계로 잡고 장기적 안목으로 바라본다면, 역사는 일직선으로 진행되지 않는다는 사실이 분명하게 드러난다.

낙관주의자는 기꺼이 생태 시대의 역사를 뒷북치는 근심이 아니라 앞서 예방하는 대비로 발전한 역사라 묘사하고 싶으리라.[57] 그러나 솔직해야만 한다. 예방을 원칙이라고 입이 닳도록 강조함에도, 뒤에서 절뚝거리며 따라다니며 구멍 난 환경 보호를 막으려고 안간힘을 쓰는 게 얼마나 허망한 노릇인지 거듭 깨달으면서도, 대비하고 준비하는 예방을 강조하는 진보는 지금까지 저 너른 전선 어디에서도 승리를 이끌어 내지 못했다. 곳곳에서 혼란스러운 싸움판이 벌어지는 것만 확인할 뿐이다. 또 미래의 위기를 가정해 두고 예방하는 일 역시 당장 눈앞에서 벌어지는 파국을 가리려는 꼼수로 등장하기도 한다. 핵이나 유전자, 숲의 황폐화나 기후 변화를 핑계 삼아 현재의 정치 상황을 바꾸어 보려는 의도가 그런 꼼수로 나타난다. 반대편의 왁자한 비웃음만 사는 과장된 경종이 늘 되풀이해서 등장하는 게 놀라운 일이 아니다.[58] 이런 관점에서 좀 더 명확하게 보자면 과거의 생태 현상들을 오늘날의 시점에서 재검토한 책들을 읽어야만 한다. 생태 시대의 역사에 많은 주제 변화가 일어나는 데는 다 그만한 이유가 있다.

앞으로 거듭 확인하게 되겠지만, 지금까지 환경 운동에 분열과 카멜레온식의 다채로운 색 변화만 있었던 게 아니다. 한결같은 기조는 물론이고 주된 동기도 흔들림이 없었다. 성장에 한계를 두어야 하지 않을까 하는 고민, 에너지와 오염 문제, 새로운 건강 위험 요소를 둘러싼 두려움, 생명으로 넘쳐나는 자연을 애타게 그리는 갈망, 깨끗한 물과 공기 그리고 편안한 잠이라는 지극히 기본적인 욕구 등은 언제나 환경 운동의 바탕에서 일관되고 주된 동기였다. 이 모든 동기를 포괄하는 체계는 없다. 그렇지만 이 동기들이 서로 맞물리는 데는 그만한 이유가 있다.

역사적으로 생각할 줄 아는 사람은 오늘날 인류가 100만 년에 걸쳐 형성된 화석 자원을 단 한 해에 소비한다는 사실에 깊은 불안감을 떨치지 못한다. 이를 두고도 여러 스토리를 지어낼 수는 있겠지만, 위의 기본 사실에 충실하지 않은 스토리는 독자의 믿음을 전혀 끌어낼 수 없다. 에너지와 자원을 둘러싼 근심은 그동안 진부한 이야기로 치부되는 경향이 있지만, 장기적으로 볼 때 거듭 불거질 주제다. 하나의 일관된 흐름으로 생태 시대를 바라보는 것은 결코 허상이 아니다. 물론 오늘날의 환경 문제가 혁명과 세계 대전의 시대에서 보았던 환경 문제와 전혀 다른 특징을 가지기는 한다.

1부

환경 운동의 태동

1

환경 운동 이전의 환경 운동

루소에서 낭만주의까지: 자연 숭배와 〈나무 부족〉

자연이라는 좋은 어머니

환경 운동의 역사는 어디서 시작할까? 문학과 예술 등 인문 역사에 밝은 사람들은, 대서양의 이쪽이든 저쪽이든, 이 물음에 기꺼이 다음과 같이 답한다. 그거야 당연히 18세기 후반이라고! 자연에 열광하며 자연을 숭배하던 시절, 루소의 시대, 〈질풍노도 운동〉*과 초기 낭만주의의 시대가 18세기 후반이다. 그러나 〈동독 자연 보호의 초석〉을 놓은 라이마르 길젠바흐**는 자연 보호를 더 넓은 역사의 지평에서 바라봐야 한다는 논제를 대변한다. 그래야 자연 보호는 그 영원한 약점인 〈좁음〉을 극복할 수 있다는 주장이다. 여기서 그가 말하는 〈좁음〉이란 자연 보호의 출발 시점을 후고 콘벤츠***와 그의 〈천연기념물 보호 운동〉으로 잡는 것을 뜻한다. 아니다, 우리는 훨씬 더 이전으로 거슬러 올라가야 한다.

---

　*　Strum und Drang: 슈트름 운트 드랑. 18세기 후반 독일에서 젊은 작가들이 주도해 일어난 문학 운동. 이성을 강조하는 계몽주의에 반대해 자연, 감정, 개성 등을 중요시했다.

　**　Reimar Gilsenbach: 1925~2001. 동독의 작가이자 환경 운동 및 인권 운동가. 동독의 환경 운동과 평화 운동에 결정적으로 기여한 인물이다.

　***　Hugo Conwentz: 1855~1922. 독일의 식물학자. 독일과 유럽의 자연 보호 운동의 창설자로 여겨지는 인물이다. 1904년 프로이센 정부는 천연기념물 보호국이라는 정부 기관을 신설하고 콘벤츠를 그 책임자로 임명했다.

100년 전 알렉산더 폰 훔볼트*와 에른스트 모리츠 아른트**를 기억해야 하며, 1848년 저 용감한 행동을 보여 준 에밀 아돌프 로스메슬러***를 잊어서는 안 된다. 길젠바흐는 로스메슬러를 특히 좋아했다.[1]

역사에서 루소로부터 낭만주의에 이르는 시대만큼 자연을 두고 많은 이야기를 했던 때도 없다. 당시 자연은 그야말로 유행의 열풍을 탔다. 그만큼 자연은 여러 가지를 뜻하는 애매한 단어다. 고대에서 르네상스까지 〈자연〉이라는 개념의 역사에 그럭저럭 정리된 질서를 불어넣었던 철학사가조차 이 시기를 놓고는 두 손을 들어버릴 정도다.[2] 몽테스키외****는 자신의 책『프랑스를 위한 성찰Considérations sur la France』에서 〈자연은, 최근 들어 누구나 은밀한 관계를 가졌다고 자랑하는 통에 평판이 엉망으로 망가져 버린 숙녀다〉라고 조롱했다. 그럼에도 〈자연〉을 둘러싼 열풍이 식지 않은 것은 더욱 주목할 만한 사실이다. 심지어 혁명을 경험한 직후인 1800년, 〈자연〉은 〈프랑스어의 가장 위험한 단어〉로 등극했을 정도다.[3] 당시 철학의 저자들조차 아예 〈자연〉이라는 말을 직관적으로 알아듣는 것을 당연하게 여기는 글을 썼다. 그 자연이 정말 다양한 면모를 가졌음에도. 〈자연〉은 낡은 사회의 강제에서 벗어나려는 자유의 구호가 되었다. 열대 지방과 아메리카에서 사람들은 풍성한 야생의 자연을 발견했다. 유럽이라는 〈구舊세계〉는 이런 자연을 알지 못했다. 여기에 야생의 〈자연인〉까지 등장했다. 그리고 자연 과학자들이 이 자연에서 법칙과 질서를 발견하는 일은 폭풍적 발전을 이뤄 냈다.

〈우리는 자연의 법칙에 순종해야 한다. 그게 못마땅할지라도. 우리

---

* Alexander von Humboldt: 1769~1859. 독일의 박물학자이자 탐험가. 근대 지리학의 창시자이며, 중남미와 중앙아시아를 직접 답사해 화산과 지진을 연구했다.

** Ernst Moritz Arndt: 1769~1860. 독일의 작가이자 정치가. 자연 친화적인 시를 많이 썼다.

*** Emil Adolf Roßmäßler: 1806~1867. 독일의 자연 과학자이자 정치가이며 작가. 물고기와 식물을 가꾸고 돌보는 일에 관심이 많았다. 본문에서 말하는 1848년은 로스메슬러가 참여했던 민주 혁명을 가리키는 표현이다.

**** Charles Louis de Secondut Montesquieu: 1689~1755. 프랑스의 계몽주의 사상가. 정치철학으로 근대 민주주의의 틀을 닦았다.

는 자연과 함께 작용해야 한다. 설혹 자연과 반대로 작용하고 싶을지라도.〉 자연을 두고 32세의 괴테가 한 이 말은 1781년 스위스의 젊은이 토블러Tobler가 바이마르를 방문했을 때 받아 적은 것이다.[4] 〈달콤하고 은혜로운 자연이여/나로 하여금 네 흔적을 쫓게 해주려무나./네 손으로 나를 이끌어주렴/마치 걸음마를 하는 아기를 끌어주듯.〉 이렇게 시작하는 시 「자연에게An die Natur」(1775)는 젊은 백작 프리드리히 레오폴트 추 슈톨베르크*의 작품이다. 그는 젊은 괴테와 함께 스위스의 호수에서 실오라기 하나 걸치지 않은 알몸으로 수영을 즐겨 고지식한 스위스 사람들의 얼굴을 벌겋게 달아오르게 했다. 나중에 카를 마르크스는 이 걸음마 배우는 즐거움을 두고 〈자연이라는 가부장에게 어리광부리는 허튼짓〉이라고 조롱했다.[5] 그러나 동시에 이런 자연 열광에는 역설적이게도 완전한 해방을 누리는 것 같은 자유의 감정이 숨어 있다. 이런 역설 속에 잠재된 긴장은 그로부터 200년 뒤 환경 운동에서 툭툭 불거져 나왔다. 자발성을 만끽하자는 구호로서 〈자연〉을 외치는가 하면, 인간이 자유롭게 치고나가는 돌진에도 한계가 있음을 알아야 한다는 경고의 의미로 〈자연〉을 이야기하기도 했다. 〈자연〉은 동시에 걱정이라는 감정에 사로잡힌 개념이기도 하다. 사랑과 열광을 불러일으키는가 하면, 극한 공포의 대명사이기도 하다. 그러면서 동시에 〈자연〉은 새로운 학문에 이름을 붙여 주기도 했다. 감정과 이성을 두루 대표하는 단어가 〈자연〉인 셈이다. 괴테에게도 두 가지 요소는 공존했다. 그의 작품 『마왕Erlkönig』은 자연 정령의 마법을 다루지만, 살아남은 사람은 이성의 계몽 세례를 받은 아버지다.**

루소와 질풍노도 운동, 그리고 초기 낭만주의를 환경 운동의 출발점

---

* Friedrich Leopold zu Stolberg: 1750~1819. 독일의 시인이자 번역가이며 법률가.
** 『마왕』은 괴테가 1782년에 쓴 발라드풍의 시다. 내용을 보면 요정들의 왕인 마왕을 두려워하는 아이를 말에 태우고 달리던 아버지는 거듭 마왕이 아닌 자연을 강조한다. 결말에서 아이는 죽고 아버지만 살아남는다. 그래서 이성과 계몽을 강조했다는 해석이 있다. 이 시는 프란츠 슈베르트가 곡을 붙여 가곡으로도 만들어졌다.

으로 잡는다면, 이는 특정한 역사 철학을 끌어다 붙이는 일이다. 태초에는 이념이나 비전이 있었다는 식의 역사 철학을. 여기에는 영적 동기도 있다. 18세기에 숭배받는 자연에는 세속화한 여신이라는 분위기가 물씬 풍겼다. 당시 자연 숭배는 일종의 범신론적 특색을 자랑한 셈이다. 볼프강 리델*에 따르면 바뤼흐 스피노자의 〈자연이 곧 신이다〉는 〈19세기에 가장 널리 퍼진 자연철학의 공리〉가 되었다.[6] 그러나 과연 이런 출발에서 곧장 자연을 둘러싼 현대의 근심으로 건너올 수 있을까? 자연이 전지전능하다면, 자연 파괴란 생각할 수 없는 게 아닐까? 인식 비판을 통해 자연을 보는 믿음을 굳건히 다졌던 이마누엘 칸트는 자신의 책 『영구 평화론 Zum ewigen Frieden』(1795)에서 자연은 인간을 나무로 부양하며, 심지어 북극 지방 변두리에서도 이런 부양이 이뤄진다는 사실을 명백한 것으로 여겼다.[7] 〈가장 큰 놀라움을 자아내는 것은 자연이 물 위에 떠서 흘러가는 나무로 필요한 목재를 조달해 주는 섬세한 배려. 대체 뭐가 이 식물 없는 지역에 나무들을 가져다주는 것일까?(나무가 어디서 오는 것인지 누구도 정확히 모른다.) 이렇게 얻은 목재가 없이는 그곳 주민들은 탈 것과 무기는 물론이고 몸을 쉴 오두막도 지을 수 없다.〉[8]

나무 부족을 둘러싼 커다란 두려움

그런데 묘한 점은 바로 이 1790년대에 숲의 파괴와 〈경악으로 가슴을 찢는 나무 부족〉을 두고 경종을 울리는 외침이 유럽 전역을 뒤덮었다는 사실이다.[9] 이런 현상은 1972년 〈로마 클럽〉이 발표해 전 세계를 경악의 도가니에 빠뜨린 연구 결과 『성장의 한계』와 직접 견줄 수 있을 정도로 닮았다.** 그러나 1790년대 당시 자연 개념과 자연 문학에서 떨어져 나와

---

* Wolfgang Riedel: 1952년생의 독일 문학 비평가. 뷔르츠부르크 대학교 교수다.
** Club of Rome: 1968년 이탈리아의 사업가 아우렐리오 페체이Aurelio Peccei의 제창으로 천연자원의 고갈, 환경 오염 등 인류의 위기를 경고하고 그 극복을 위해 노력하고자 만들어진 회의 이름.

야만 자연 파괴의 현대 경고를 빚어낸 그 이전 역사에 이를 수 있다. 나무 부족의 경고는 문학과는 전혀 다른 기록에서 나타난다. 산림청 기록 파일, 임업 법령, 목재 절약을 위한 발명을 선전하기 위한 간행물, 크고 작은 상업적 목재 소비자들의 불평 등이 그것이며, 심지어 프랑스 정부에 올린 〈진정서Cahiers des doléances〉에도 나무 부족의 경고가 담겨 있다. 이 진정서를 읽어 보면 프랑스 혁명이 어떻게 발생했는지 추적할 수 있다. 여기에는 날카로운 경고의 목소리가 가득하다. 1789년 삼부회의가 소집되었을 때 나무 부족을 다룬 진정서는 심지어 최우선 순위의 안건이었다. 당시 나무 부족을 둘러싼 불안과 공포는, 프랑스 임업 역사학자들의 평가에 따르면, 주기적으로 되풀이해서 나타나는 말라리아 같았다.[10]

나무 부족을 둘러싼 독일의 두려움은 하인리히 루브너*의 계산에 따르면, 1800년 당시 독일에서 인구 한 명당 프랑스보다 세 배나 더 많은 목재를 확보했음에도 프랑스보다 조금도 덜하지 않았다.[11] 칸트의 『영구 평화론』이 출간된 1795년 바로 그해에 라이프치히에서는 한 권의 책이 다음과 같은 예언을 한 공로를 인정받아 상을 받았다. 숲의 황폐화로 말미암아 〈우리 후손의 생활 기반과 활동이 송두리째 흔들리고 말리라. 우리가 저지른 황폐화는 후손이 조상 생각만 해도 치가 떨리게 할 것이 분명하다〉. 땔감인 나무를 절약할 수 있는 오븐을 발명한 사람은 1797년 다음과 같은 말을 했다. 〈향후 20년 동안 나무 부족 사태가 지난 20년 동안의 규모 그대로만 진행된다고 하더라도 이는 신의 축복이리라.〉 당시 대다수 사람은 수입을 대부분 나무를 사는 데 지출해야만 했다. 〈나무 부족! 나무 가격 급등! 이 문제는 독일의 거의 모든 지역에서 볼 수 있는 보편적인 불만이 되었다〉며 1798년 한 산림 감독관의 〈나무 부족을 둘러싼 솔직한 술회〉가 시작되었다.[12]

아무튼 문제의 핵심은 햇살처럼 분명하다. 우리는 애초부터 환경 의

---

* Heinrich Rubner: 1925년생의 독일 역사학자. 임업 역사가 전공이다. 산업 혁명과 나치스 시대의 임업 역사를 다룬 대작을 써서 유명해졌다.

식의 뿌리를 엉뚱한 곳에서 찾으려고 했다. 다시 말해서 환경 의식은 철학자와 시인이 아니라, 현장의 활동가들, 곧 일상의 곤궁함에서 비롯된 게 아닐까? 그러나 전체는 그리 간단하지 않다. 나무 부족을 둘러싼 불평만 하더라도, 그게 당장 겪는 것이든 미래의 것이든, 주저 없이 곧이곧대로 받아들일 수는 없다. 이 불평이 얼마나 현실적인 내용을 담았는지 하는 물음은 독일이든 어디든 끝없는 논란의 대상일 뿐이다.[13]

1800년 직후만 하더라도 자원 부족을 두고 경고하는 사람들은 임업의 지도자들로부터 비웃음과 경멸을 뒤집어써야만 했다. 바이에른의 임업 개혁 운동가 요제프 하치*는 1804년 〈이제 막 시작된 나무 부족을 둘러싼 역겨운 소동〉은 정부와 여론의 눈길을 끌려고 〈임업 사기꾼〉이 벌이는 일종의 사기에 지나지 않는다며, 이들은 한때나마 무의미한 히스테리를 일으키는 데 성공할 정도로 뻔뻔했다고 비웃었다. 프로이센의 임학 교수 빌헬름 파일**역시 같은 비웃음을 터뜨린다. 〈갈수록 가까이 다가온다는《나무 부족》이라는 끔찍하기 짝이 없는 괴물〉은 〈아프리카 남자들이 여인에게 겁을 주려고 써먹는 허튼소리와 같은 것으로 업자와 작가들이 우리를 주눅 들게 하려는 꼼수다〉. 그러면서 빌헬름 파일은 나뭇값이 비싸져서 높은 가격을 받으면 모든 지주가, 〈옳다구나, 이거야말로 업계가 잘 나간다는 신호구나〉라고 여기며, 그들의 숲을 최고의 상태로 유지하게 할 강한 자극을 받겠다고 일갈했다.[14]

요컨대 〈숲 황폐화〉를 둘러싼 찬반 논쟁은 척 보기에도 대단히 현대적으로 들린다. 그러나 위의 인용문들이 담았던 맥락을 읽어 본다면, 많은 경우 당시 가장 뜨거웠던 논쟁, 곧 자유주의가 중상주의, 절대 왕정 시대의 지주 기득권 보호를 공격했다는 사실을 확인할 수 있다. 말하자면 지주 편에 선 국가 통제주의자는 나무가 성장하기까지 오랜 시간이 걸

---

* Joseph Hazzi: 1768~1845. 독일 출신의 법률가이자 관료. 측량술과 통계학에도 뛰어났으며, 임업과 농업을 다룬 저술을 쓰기도 한 인물이다.
** Wilhelm Pfeil: 1783~1859. 독일의 임학 학자. 이른바 〈임학 고전학파〉로 국제적 명성을 얻은 인물이다.

린다는 논리로 국가 권력이 앞장서서 숲을 보호해야 한다는 새로운 무기를 휘둘러댔다. 이에 맞서 자유주의자는 나무 가격의 상승이야말로 조림 사업을 이끌 가장 강력한 동력이라고 주장했다. 국가의 보호는 모든 나무 곁에 경찰관을 한 명씩 세워둘 수 없는 노릇이거니와, 많은 산림 감시원이 어차피 부패한 마당에 아무 쓸모 없다는 논리였다. 숲 보호는 목재 활용에 뜨거운 관심을 갖는 사람들에게 눈엣가시였다. 오늘날까지도 세계 대부분 지역에서 맹렬한 논쟁이며, 더욱이 어느 편이 옳은지 결정적 판단을 할 수 없는 논란이다.[15] 탈규제라는 유혹에 이끌린 러시아가 2007년 국가의 산림 관리를 폐기했을 때, 단기간 이익에 눈이 먼 나머지 숲 방화는 무서울 정도로 번지고 말았다. 지주의 산림 감독관이 종종 의심스러운 행보를 보이므로 현대에 들어 환경 정책이 성공하려면 능력 있고 효율적인 관리 체계가 필수적인 것으로 요구된다.

1800년만 하더라도 이런 사정은 분명히 드러나지 않았다. 더욱이 나무 부족을 둘러싼 논쟁에 두 개의 다른 논점들이 끼어들면서 상황은 아주 복잡해졌다. 이런 논란은 대체 전선이 어디인지조차 확인할 수 없을 정도로 꼬였다. 지역의 땔감을 원하는 주민과 건축용 목재 상인의 이해관계가 충돌했으며, 다른 한쪽에서는 오랜 역사를 자랑하는 농업 공유지를 둘러싸고 싸움이 벌어졌다. 모든 해양 국가에서 함대에 목재를 공급하는 일은 최우선 순위를 갖는 정책 과제였다. 목재 조달에 조금만 어려움이 있어도 정치인들은 함대를 의식해 나무 부족이라며 경종을 울리곤 했다. 〈프랑스는 나무 부족으로 몰락하리라!〉라는 장 바티스트 콜베르*의 경고는 이런 맥락에서 이해되어야 한다. 〈큰 키 나무숲의 숭배는 앙시앵 레짐ancien régime의 국교였다.〉 앙드레 코르볼Andrée Corvol은 이렇게 촌평하며, 〈벌목을 큰 키 나무숲의 조림 사업으로 정당화하는 전설〉의 속내를 풀어 주었다.[16]

---

* Jean-Baptiste Colbert: 1619~1683. 루이 14세 치하의 프랑스에서 재무장관을 역임한 인물이다. 이른바 〈중상주의Colbertism〉의 창시자로 꼽힌다.

큰 키 나무숲이 조금 줄어들더라도 숲 이용자들에게는 별 의미가 없었다. 나무의 90퍼센트는 땔감으로 사용했는데, 땔감으로는 낮은 키의 관목림으로 충분했기 때문이다. 그리고 이런 관목림은 산지기와 인공 조림 없이도 새로 움터 나오는 가지로 저절로 계속 자라난다. 관목림을 두고 지속적이고 안정적인 숲을 운운할 필요는 없다. 이런 종류의 지속성은 관목림의 고유한 특징이기 때문이다. 숲 파괴 사례들을 다룬 역사는 종종 큰 키 나무숲만 주목한 나머지 관목림을 까맣게 잊는 실수를 종종 저지른다. 18세기 말엽에 들어서면서 실제로 숲 경제의 위기가 한번 찾아왔다. 그러나 이 위기는 생태적이라기보다는 제도상 빚어진 위기였다. 나무를 분배하는 일을 담당한 관청의 낡은 관행이 하루가 다르게 커지는 목재 수요의 다양성을 따라가지 못한 탓에 벌어진 위기였다. 18세기 중반 프랑크푸르트에서 열린 의회에서 시민 계급을 대표하는 의원들은 〈형언하기 어려울 정도의 무질서에 빠진 목재 문제〉를 두고 불평하면서, 산림청에 〈갈가리 찢겨 무어라 표현하기 힘든 커다란 혼란〉을 지적했다.[17] 실제 나무 부족은 대개 여론과 관청에 하소연 폭탄을 쏟아부을 수 없는 사람들이 겪었다. 이들은 물론 자유 시장에서 치솟는 목재 값을 지불할 수도 없었다. 가난한 사람의 관습법은 숲에서 뭉텅뭉텅 빠른 속도로 잘려나간 셈이다. 자유 시장에서 나무를 사야 하는 사람이 나무 부족을 두고 큰소리로 불평할 이유는 없었다. 그렇게 해봐야 가격만 천정부지로 치솟기 때문이다.

시대의 갈림길이 된 공유지 종말

이로써 우리는 나무 부족 경고의 배경에 깔린 사회사적으로 가장 중요한 논쟁, 곧 옛 공유지를 둘러싼 다툼에 이른다. 여기서 말하는 공유지는 숲과 목초지를 마을이 공유하는 것을 뜻한다(영어로 공유지는 〈코먼스Commons〉다).[18] 개혁주의자들은 공유지야말로 타성과 부실이 엉킨 늪과 같다고 목청을 높였다. 공동의 숲과 목초지는 누구나 이용하면서도 아무도 자기 것처럼 여기고 책임감 있게 돌보지 않아 타락해 버린 천박한 창녀와 다를 바가 없다는 주장이다. 생물학자 개릿 하딘*은 자신의 에세이 『공유지의 비극The Tragedy of the Commons』(1968)으로 미국의 환경 논쟁을 촉발해 전 세계적으로 커다란 반향을 이끌어 냈다. 68 학생 세대의 코뮌 운동**과 날카로운 대립을 보인 하딘은 이 해묵은 공유지 논쟁을 다시 다듬어 이제 〈글로벌 코먼스〉***를 지향하자고 촉구했다. 물론 〈글로벌 코먼스〉라는 개념은 저 옛 공유지를 다루던 식의 사회적 통제와 규제를 버리자는 요구를 담았다.[19] 다시 말해서 공유지 문제에서 개인의 자발적 절제를 기대하는 대신, 공유지 사용에 따른 의무를 강제해야 한다는 주장이다. 반대로 엘리너 오스트롬****은 외부인을 차단하고 조합을 기초로 삼으면 천연자원의 지속적 활용과 보호가 얼마든지 가능하다는 점을 이론상으로는 물론이고 경험적으로도 입증해 보였다.[20] 이 공로를 인정받아 오스트롬은 여성으로는 처음으로 2009년 노벨 경제학상을 받았다.

오스트롬의 모델이 공유지 역사에 얼마나 적용될 수 있는가 하는 문제는 역사 원전만으로 완전히 밝혀낼 수 없다. 그러나 마을 주민들이 그 자원의 터무니없이 과도한 소비를 재빨리 감지함으로써 눈앞에 놓인 천연자원과 이루어 가는 공생 관계가 어느 정도 안정성을 이룬다는 점

---

* Garrett Hardin: 1915~2003. 미국의 유명한 미생물학자이자 생태학자. 〈공유지의 비극〉이라는 주제로 통섭 학문 연구를 주도함으로써 세계적인 명성을 얻었다.

** Commune: 원래 11~13세기에 걸쳐 프랑스에서 발달한 도시 자치 단체를 뜻하는 말이었으나, 1871년 프로이센과 프랑스의 전쟁에서 프랑스가 지면서 파리에서 일어난 민중봉기를 가리키는 말로 바뀌었다. 본문에서 말하는 68세대의 코뮌 운동은 운동권 학생들이 생활 공동체를 만들어 자유롭게 살아가는 것을 가리킨다.

*** global commons: 국제 환경법의 핵심이 되는 개념. 기상, 오존층, 삼림 등 지구 환경을 포괄한다. 이런 환경을 인류 전체의 재산으로 보고, 이를 이용하고 개발하는 사람에게 일정의 의무를 부과한다.

**** Elinor Ostrom: 1933년생의 미국 여성 정치학자이자 경제학자. 현재 인디애나 대학교 정치학과 석좌 교수로 재직하고 있다. 2009년 〈경제 거버넌스 분석을 통해 공공의 자산이 다수의 경제 주체들에 의해 어떻게 성공적으로 활용될 수 있는지 보여 주었다〉는 선정 이유로 노벨상을 받았다.

을 웅변해 주는 요소는 많기만 하다. 이 안정성을 깨뜨리는 쪽은 누구보다도 저 성벽을 쌓고 전쟁을 벌이며 끝없는 탐욕을 자랑하던 지방 영주들이었다. 물론 자원 활용을 요구하며 커져만 가는 백성의 압력과 상업 및 화폐 경제의 유혹도 한몫 거들었다. 〈공유지의 비극〉은 특히 다음과 같은 경우에 일어난다. 즉 당사자들이 이 비극이 일어나리라 믿는 순간에! 다시 말해서 공유지가 가까운 미래에 해체될 것으로 예상되며, 그래서 저마다 달려들어 할 수 있는 데까지 많은 것을 빼돌리는 작태를 벌일 때, 〈공유지의 비극〉이 벌어진다.

이런 상황은 18세기 후반에 실제 일어났다. 공유지가 양쪽에서 집중포화를 맞은 것이다. 한쪽에는 영주의 산지기와 토지 개혁가들이, 다른 쪽에서는 사유화를 주장하는 자유주의의 선구자들이 저마다 앞장서서 공유지의 해체를 몰아붙였다. 이런 식으로 공유지를 폐기하고 해체하는 것은 당시 유럽 전역을 뒤덮으면서 정신적으로도 깊고 넓게 영향을 준 가장 철저한 변화 과정이었다. 스위스의 법률 역사학자 베른트 마르쿠바르트*는 공공재의 이런 분할이 곧 〈옛 유럽 환경 지배의 몰락〉을 가져왔다고 해석한다.[21]

한때 공유지 경제는 심지어 경제학자 빌헬름 로셔**에게조차 〈자선을 행하는 것만 같은 인상〉을 불러일으켰다. 로셔는 공유지 경제의 〈자유성은 형편이 그렇게 어렵지 않은 국민의 경우, 엄밀히 말해서 아무런 권리를 갖지 못한 사람들에게도 공동 목초지의 이용을 허락해 주는 일을 거의 어디서나 볼 수 있게 해주었다〉라고 주장한다.[22] 그러나 공유지를 둘러싸고 빚어지는 국민 사이의 갈등은 이렇게 오래된 나눔의 관습, 불평하면서도 지켜 온 관행을 이내 뿌리부터 뒤흔들어 놓았다. 그래서 결국 사유화가 촉진되며, 농업 자본주의가 전면적으로 치고 나오는 현상

* Bernd Marquardt: 스위스 장크트갈렌 대학교의 역사학과 교수.
** Wilhelm Roscher: 1817~1894. 독일의 역사학자이자 경제학자. 이른바 〈역사 경제학파〉의 창설자로 보수적 성향으로 카를 마르크스에게 통속 경제학자라는 비판을 받은 인물이다.

이 빚어졌다. 이 분야를 가장 철저히 꿰는 인물 가운데 한 명인 영국의 농업 역사학자 조앤 서스크*는 사유지에 울타리를 치게 된 결과, 〈사물을 이웃과 공정하게 나누어 쓰던 덕목이 눈에 띄게 줄어들면서 각 가정은 일종의 섬처럼 단절되었다〉고 지적한다. 이것이야말로 〈인간 생활에 일대 변혁을 일으킨 혁명이며, 이런 변화는 울타리를 치게 된 이후 벌어진 모든 경제 변화보다도 훨씬 더 큰 혁명이다〉.[23]**

농촌 생활이 예전보다 불편해졌다고 해서 반드시 농촌이 경제적으로 낙후되었다는 뜻은 아니다. 오히려 반대로 18세기 후반 유럽에서 전방위적으로 밀어붙이기 시작한 전통적인 형태의 농업 개혁은 어느 모로 보나 토양 생태를 개선하는 결과를 낳았다고 가정할 수 있다. 동물의 배설물을 더 잘 활용하고 콩과 식물이 질소를 잡아 두는 효과를 통해 토양은 개선된다. 울타리는 바람막이 역할을 해서 토양의 부식을 막아 주었으며, 새들이 번식할 보금자리를 제공했다. 그러나 목재 시장이 저절로 울창한 숲을 이루게 할 것이라던 자유주의 임업 개혁가의 희망은 허망하게 깨질 때가 많았다. 특히 〈좋은 숲〉이 무엇을 뜻하는지 하는 물음을 둘러싸고 항상 논쟁이 끊이질 않았다.[24] 그리고 공유지가 순전히 경제적 관점에서 볼 때 별로 잘 운영되지 못했다 할지라도, 공유지의 생태가 회복할 수 없을 정도로 파괴되었다는 것을 뜻하지는 않는다. 개혁 이전의 공유지 풍경은 다양한 종으로 인해 오늘날에도 자연 보호 운동가들의 엘도라도가 되었다.[25]

나무 부족 경고를 둘러싼 당시의 혼란과, 시장의 자율 기능이 숲 이용을 조절하리라는 자유주의 주장은, 요점만 간추려 본다면, 오늘날의 논쟁에 견주어 다음과 같은 인상을 받을 수 있다. 〈모든 게 다 옛날에 이

---

* Joan Thirsk: 1922년생의 영국 역사학자이자 경제학자. 농업사가 전공이다.
** 본문의 〈울타리 치기〉는 〈인클로저enclosure〉를 풀어쓴 표현이다. 근세 초기 유럽, 특히 영국에서는 영주나 대지주가 미개간지나 공동 방목장 같은 공유지에 울타리를 쳐서 사유지로 만든 것을 〈인클로저〉라 한다. 이로써 중소 농민들은 농업 노동자 또는 공업 노동자로 전락했다.

미 벌어졌던 일이구나!〉 그러나 200년 전 풍경을 좀 더 자세히 들여다 본다면, 몇몇 결정적인 점에서 오늘날과 전혀 다르다. 숲의 경우 근대 초 이후 유럽 대부분 지역에서 이 자원이 제한되었다는 사실을 의심하는 사람은 없었다. 족히 100년은 자란 나무를 얼마나 빠른 속도로 베어 가는지 모두가 두 눈으로 똑똑히 보았다. 그리고 이렇게 베어진 나무는 성장하는 데 필요한 시간과는 비교할 수 없을 정도로 빠르게 난로에서 불타 사라진다. 한마디로 숲의 존립이 위협받았다는 것은 흘려볼 수 없는 너무도 명확한 이야기다. 한 그루의 나무가 쿵 소리와 함께 한순간에 쓰러지지만, 나무는 육안으로 확인할 수 없이 천천히 아무 소리도 없이 자란다. 오늘날처럼 침엽수의 수를 컴퓨터로 계산할 수 있는 시대에도, 활용할 수 있는 목재가 숲에 얼마나 있는지 임업 전문가들조차 가늠할 수 없다.[26] 그래서 언제나 거듭 목재 조달의 상황을 현실보다 훨씬 더 극적으로 꾸며 보이려는 경향이 나타난다. 종이 풍부한 초원을 한사코 고집한 근대 자연 보호주의자들은 조림 사업을 벌이지 않아도 숲이 쉽게, 물론 느리기는 하지만 꾸준히 성장하며, 열대 지역의 벌목이 되돌리기 어려운 파국까지 낳는 것은 아니라는 사실을 경험한 뒤 할 말을 잃고 궁색해지기 일쑤였다.

18세기에 숲의 과도한 이용이라는 비난과 더불어 나무 부족을 경고하는 목소리가 전혀 다른 계층에서 앞다투어 터져 나오고, 그 책임을 둘러싼 공방이 치열했던 것은 그런 비난과 경고의 목소리가 확실한 신뢰를 담았다는 점에서만 설명할 수 있다. 숲을 두고 온전히 상상에만 의지한 이야기는 신뢰를 얻을 수 없다. 그러기에는 숲의 현재 모습이 매우 분명하다. 실제로 꾸준하게 성장하는 숲을 눈앞에 두는 한, 〈성장의 한계〉 운운하는 것은 하나마나 한 소리일 뿐이다. 울창한 숲을 보며 뿌듯해하는 사람에게 슈퍼 컴퓨터로 계산한 숲의 성장 한계 데이터를 들이댄들 그게 무슨 반응을 불러일으키겠는가? 이런 관점에서 볼 때 오늘날 고갈 위기에 처한 자원, 곧 석유, 천연가스, 해양, 대기 등의 상황은 근본부터 다르다. 더는 풍요하지 않으며 바닥이 조금씩 실체를 드러내는 상황에서는 이전과는 다른 대응 전략이 요구된다. 물론 여기서 환경 운동 가들은 훨씬 더 폭넓은 연합 전선을 구축해야 한다.

1800년의 나무 부족 경고는 여러 가지 중첩된 관점에서 오늘날 새로운 긴박감을 얻는다. 1980년대의 숲 황폐화 경고와 비슷하게 1800년의 그것은 현재와 같은 무분별한 남획이 계속될 때 미래에 예상되는 위기에 대응하기보다는 당장 닥친 눈앞의 절박한 파국에 더 화들짝 반응했다. 따라서 정치 차원에서 관철할 수 있는 힘을 얻으려면, 미래의 예방은 현재의 위기관리를 자처하고 나서야만 한다. 자연적 성장을 염두에 두고 성장의 한계를 다루는 법과 재생 자원을 지속적으로 활용하는 법을 배워야만 한다. 이렇게 볼 때 1800년이라는 시점은 명확한 통찰을 얻어 내고 생태의 계몽을 완성한 역사적 순간이다. 이후 이런 역사적 순간은, 폴커 하우프*가 확인하듯, 석탄의 승승장구로 〈깊은 잠에 빠져 있다가 200년 만에 깨어난 것〉이다.[27]

1800년 녹색 대연합의 불가능성

그렇지만 1800년 자연 보호와 환경 보호의 폭넓은 연대는 이루어지지 않았다. 또 이루어질 수도 없었다. 오늘날의 관점에서 〈생태 동기〉로 보이는 것은 당시 다양한, 부분적으로 서로 상충하는 정치 사상의 조류로 흩어져 있었다. 앙시앵 레짐은 큰 키 나무숲을, 혁명은 자유의 나무를 각각 신줏단지처럼 떠받들었다(물론 자유의 나무는 숭배 목적을 위해 뿌리째 뽑은 다음, 새로 심어야만 했다). 자연 열광, 언제나 인간 안의 자연적 면모에 열광하는 것이기도 한 자연 열광은 거의 예외 없이 자유를, 탈규제화를 향한 외침과 맞물려 있었다. 반면 나무 부족을 경고하는 목소리는 전형적으로 국가 가부장주의 입장을 담아 울려 퍼졌다.

---

* Volker Hauff: 1940년생의 독일 정치인으로 연방 정부의 과학 기술부 장관 및 교통부 장관을 역임했다.

〈좋은 경찰〉의 필요성을 역설했으며, 예로부터 전해진 권위주의적 규제를 옹호하기에 바빴다. 자연을 애인이나 여신으로 여기든 어머니로 섬기든 낡은 울타리를 허물어 버리자는 자유의 외침과, 자연이 인간관계와 경제 관계 등 모든 것을 알아서 조절해 주리라는 믿음이 항상 작용했다. 그러나 인간과 자연 사이에 균형을 실질적으로 잡아 줄 힘은 대개 낡은 체제와 통제 기관의 유지를 옹호하는 반대편이 갖고 있었다.[28] 토머스 맬서스*는 1800년경 성장의 한계, 특히 인구 증가의 한계를 상기한 위대한 경제학자다. 그러나 그의 이론은 피임의 방법이 아직 불완전했던 시절, 일종의 인간 적대적인 분위기를 풍겼다.

앙드레 코르볼이 썼듯, 1800년의 프랑스에서 〈복고의 급진파〉는 충격적인 숲 황폐화가 일어났다고 주장했다.[29] 자코뱅파의 지배 아래 〈빈민들의 암소〉이자 숲에는 최악의 적인 염소가 아무런 방해를 받지 않고 숲으로 몰려가 잎들을 다 뜯어 먹지 않았는가? 프랑스의 엔지니어 프랑수아 앙투안 로슈**는 자신의 책『식물의 재생Régénération de la nature vegetale』을 1818년에 개정해 펴내면서, 그가 열정적으로 주장한 숲의 복원이 정치의 복고와 밀접하게 관련되었다고 썼다.[30] 그러나 로슈는 혁명이 나름의 방식으로, 비록 의도하지는 않았다 할지라도, 숲에 좋은 일을 해주었다는 점을 간과했다. 농민들에게 자유로운 사냥을 허락해 줌으로써 야생 동물의 개체 수를 확 줄였기 때문에 활엽수림의 자연적 재생을 장려하는 결과를 낳았기 때문이다.

혁명 이전 시대의 조건 아래서 숲은 산림 관리법뿐만 아니라, 부분적으로는 이 법의 위반을 통해서도 보호되었다. 이를테면 농부들이 죽은 나무를 숲에 그대로 버려 둔다거나, 떡갈나무 숲과 너도밤나무 숲에 돼지를 풀어 그 배설물이 토양에 거름으로 쓰이게 하는 식이다. 이는 나

---

* Thomas Malthus: 1766~1834. 영국의 고전파 경제학자. 1789년 유명한 『인구론An Essay on the Principle of Population』을 발표해 인구의 자연 증가를 억제해야 한다고 주장했다.
  ** François Antoine Rauch: 1762~1837. 프랑스의 기술자로 환경 사상의 효시로 여겨지는 인물이다.

중에 〈숲 요양Waldkur〉이라고 널리 인정받은 실제 처방이다. 전체적으로 볼 때 결국 문제가 무엇인지 명확히 알아보지 못했기 때문에 환경 정책을 두고 오늘날 같은 폭넓은 운동가 연합이 이루어지지 않았으리라는 인상은 지울 수 없다. 오늘날 인간의 게으름이 환경 파괴에 일조했지만, 근대 이전의 사회에서 최고의 환경 보호는 바로 인간의 게으름 덕에 이루어졌다. 길도 낼 수 없는 깊은 숲으로 들어가 나무를 베고 옮긴다는 것은 상당히 어려운 일이었기 때문이다. 시냇물과 강에서는 다양한 이해관계가 얽혀 서로 방해를 일삼는 동안 뜻밖의 효과가 나타났다. 선주와 벌부, 물레방앗간 주인, 밭에 댈 물을 걱정하는 농부 등의 이해가 서로 충돌면서 오히려 물이 깨끗하게 지켜진 것이다. 그러나 열정에 찬 개혁주의자는 바로 이 게으름과 관성을 극복하려고 했다. 이런 탓에 환경 보호는 폭넓은 응집력을 갖는 대규모 운동의 목표가 될 수 없었다.

〈자연〉이라는 개념에만 너무 초점을 맞추다 보면, 현대 환경 의식을 낳은 실제 이전 역사를 놓치고 만다. 당시 〈자연〉을 마법의 주문처럼 외우는 일은 일반적으로 성장의 한계를 상기하는 게 아니라, 오히려 성장을 향한 열광의 표현이었다. 정치가와 경제학자가 자연 운운하는 것은 그 나라가 가진 〈자연이라는 보물〉, 곧 천연자원의 전면적인 개척을 노리는 성장 전략의 일환일 때가 많다. 그리고 당시는 처음으로 국토 전역을 담은 정확하고 상세한 지도가 곳곳에서 완성된 시절이다. 이 점 역시 환경 의식의 역사에서 대단히 중요한 전환점이다. 덧붙이자면 당시 〈자연스러운 것〉은 자유의 정신이었다. 영주가 명령한 서로 다른 계층 사이의 혼인 금지, 길드 단위로 묶인 영업 활동 제한에 저항하는 자유의 정신이야말로 자연스러운 흐름이었다는 뜻이다. 이런 저항은 강물의 자연스러운 흐름에 따른 자유로운 무역을 방해하는 모든 세관과 특정 상인에게만 영업을 허락하는 법을 겨냥하기도 했다. 반대로 〈부자연스러운 것〉은 피임을 하는 성생활이었다. 바로 18세기에 시작되어 루소에 이르러 정점을 찍은 것[31]은 자위 행위를 혐오스럽게 바라보는 히스테리에 가까운 계몽 운동이었다. 자위 행위는 〈자연을 속이는 짓〉이라나.

근대 전체는 베이컨 시대 이후부터 자연과의 관계에서 깊은 변증법에 이끌렸다.* 자연을 체계적으로 착취하면서 사람들은 자연을 더 정확하게 알게 되었으며, 자연의 독특한 법칙을 파악해 냈다. 임업의 〈지속 가능한 발전〉이라는 구상은 바로 18세기의 알프스 암염 산업과 작센의 광업 및 요업에서 나왔다.[32] 자신의 운명을 숲 자원에 걸었던 당시 대규모 나무 소비자들은 숲을 최대한 이용할 길을 찾았기 때문에, 바로 이런 자신의 이해관계에 충실하게 이 최대치를 정확히 계산하려고 안간힘을 썼다. 흔히 임업 역사학자들이 내린 결론은 이런 관점에서 볼 때 분명 잘못되었다. 숲을 이론적으로 잘 알지 못했던 시절의 사람들은 지속성이라는 원리를 생각지도 못했으리라는 결론은 착각이다. 오히려 거꾸로 보아야 진실이 아닐까. 농민들에게 지속성이라는 율법은 당연히 지켜야만 하는 것이다. 돼지우리나 집을 짓기 위해 나무 한 그루를 베어낼 때면, 당연히 알맞을 때 새로운 나무가 자라나야 한다는 정도는 누구나 아는 이야기다. 이런 당연한 진실을 알자고 리우의 〈지속 가능한 발전〉이라는 선포가 필요한 것은 아니다.** 〈대규모 나무 소비자〉에게 지속 가능한 산림 경제는 결코 사소한 문제가 아니다.

1800년을 기점으로 볼 때 독일 지역들은 국제적으로 조림 산업의 선구였으며, 동시에 독일은 숲 낭만주의의 나라였다. 사람들은 의당 둘 사이에 무슨 연관이 있지 않을지 의혹의 시선을 보낸다. 그러나 이런 연관성을 입증하기란 놀라울 정도로 어렵다. 얼핏 보기에는 직접적인 인과 관계보다는 변증법이 작용하는 듯하다. 숲 낭만주의는 앞서 거세게 일었던 숲 파괴 경고의 물결을 그 바탕에 깔고 있는 반영으로 보인다. 그러나 보다 더 확실하게 말할 수 있는 것은 숲 낭만주의에 숲의 무한함이

---

* 이 문장에서 베이컨은 프랜시스 베이컨Francis Bacon(1561~1626)을 뜻한다. 관찰과 실험을 중시하며 근대 과학의 방법론에 커다란 영향을 준 영국 철학자다.

** 〈지속 가능한 발전sustainable development〉은 1987년 〈세계환경 개발위원회〉가 발표한 브룬틀란 보고서에서 처음 제시되었으며, 1992년 6월 브라질에서 열린 〈리우 회담〉에서 다시 등장했다. 자연자원의 공급보다는 수요를 철저히 관리할 것을 요구하는 개념이다.

라는 생각이 반영되었다는 점이다.

숲 낭만주의와 숲 보호 운동을 가장 빨리 한 몸으로 결합해 선보인 인물은 독일 민족주의의 개척자인 에른스트 모리츠 아른트다. 1820년 아른트는 다음과 같이 경고했다. 〈나무를 향해 겨누어진 도끼는 민족 전체를 겨눈 도끼가 될 위험이 있다.〉 본래 이 말을 들은 임업 종사자들은 화를 냈어야 마땅했다. 나무를 베는 일이야말로 그들에게는 생존의 기반이기 때문이다. 그러나 아른트는 민족 중심적 관점에서 숲을 높게 평가하고 매물로 나온 숲을 〈어떤 대가를 치러서라도〉 국유림으로 전환해야 한다고 역설한 덕에 숲지기의 마음을 사로잡았다. 그리고 일체의 영업 행위를 숲에서 몰아내야 한다는 주장도 커다란 호소력을 가졌다. 〈숲을 황폐하게 하는 공장을 몰아내자! 중턱과 정상에서 벌어지는 상업적 활동을 치워 버려야 한다!〉[33] 숲은 온전한 숲 자체로만 두어야 한다는 낭만주의의 이상이 숲에서 자신만이 유일한 결정권을 가져야 한다는 임업 종사자의 목적과 절묘하게 맞아떨어졌다. 그러니까 숯을 굽고 유리를 만들며 수지를 채취하는 사람들에게 통상 인정되었던 권리를 깨끗이 무시하고 싶었던 숲지기의 속내는 아른트의 낭만적 요구로 힘을 얻었다.

그렇지만 낭만주의자들이 그토록 사랑한 저 마디 굵고 늙은 참나무는 숲을 기반으로 먹고사는 이들에게 〈달갑지 않은 녀석〉이었을 뿐이다. 참나무는 키가 별로 크지 않게 자라거니와 가지에는 온통 구멍투성이여서 목재로서 상업적 가치가 떨어졌기 때문이다. 빌헬름 하인리히 릴*은 독일 숲 낭만주의가 낳은 위대한 사상가 가운데 한 명으로, 임학 교수직의 신설을 찬성했다. 그는 1850년 독일에서 〈최근 들어 인공적으로 저 자랑스러웠던 키 큰 활엽수 나무숲을 수명이 짧은 침엽수 숲으로 변화시킨 것은 최소한 막대한 숲 개간만큼이나 숲의 본래 특징을 망가뜨려 놓았다〉고 불평했다.[34]

* Wilhelm Heinrich Riehl: 1823~1897. 독일 출신의 기자이자 작가이며 문화역사학자. 19세기 민속학의 발달에 커다란 영향을 주어 민속학의 창시자로 여겨지는 인물이다.

아무튼 조림과 숲 낭만주의의 연관은 분명하다. 18세기 산림 감독이 야말로 모든 국가 관료 가운데 농촌 사람들에게 가장 큰 미움을 받았지만,[35] 19세기 들어서서 삼림관은 독일인들이 꿈꾸는 직업으로 부상했다. 다른 나라에서도 볼 수 없었던 이런 현상은 상당 부분 낭만주의가 이룩한 성과다. 그러나 원래 낭만주의자들이 사랑한 산림 감독은 현대의 철저히 경제적 사고에 물든 그런 삼림관이 아니었다. 산림지기를 오페라 주인공으로 만들어 즉각 일대 성공을 거두며 독일 숲 낭만주의가 인기를 얻는 데 가장 크게 공헌한 카를 마리아 폰 베버의 오페라 「마탄의 사수」(1821)는 아무런 거리낌 없이 전도유망한 산림관의 기본 조건을 걸출한 사격술과 야생 동물 보호 능력이라고 강조한다.* 그러나 바로 이런 유형의 산림관이야말로 임업 개혁 운동이 폐지하고 싶어 했던 전형이다. 〈나무에 알맞은 숲지기〉가 〈사슴을 아끼는 숲지기〉를 대신해야 한다. 그렇지만 결론적으로 말해서 이 개혁은 오늘날까지도 이뤄지지 못했다. 여전히 많은 숲지기는 진심으로 〈사슴을 아낀다〉. 야생 동물보다 나무를 훨씬 중히 여기는 이들은 그런 숲지기를 보며 분통을 터뜨린다. 그러나 숲지기의 눈에는 숲에서 사는 야생 동물이 피해를 보는 것이야말로 최악의 스캔들일 뿐이다.

돌이켜볼 때 두드러지는 점은 18세기 숲 경고에서 모든 논의의 중심에 나무가 있었다는 사실이다. 숲의 다른 가치는 몰랐던 것일까? 숲 낭만주의는 그런 가치들을 차고 넘칠 정도로 알았다. 숲 낭만주의는 〈나무 부족이라는 유령〉[36]이 슬그머니 자취를 감춘 뒤에야 비로소 절정에 달했다. 19세기를 지나는 동안 숲 보호와 조림의 변론은 북아메리카에서 영국령 인도 제국까지 생태 논리의 주류로 내세워지는 추세가 강해졌다. 숲의 가치는 토양 보호와 땅의 충분한 수분 확보에 있으며, 더 나아가 숲은 기후에 결정적인 영향을 미친다는 주장(추정된 주장)이 그런

* 카를 마리아 폰 베버Carl Maria von Weber(1786~1826)는 국민 가극과 낭만파 음악을 대표하는 독일의 작곡가다. 「마탄의 사수Der Freischütz」는 〈마법의 탄환을 쏘는 사람〉이라는 뜻으로, 보헤미아 숲을 배경으로 사랑을 위해 영혼을 거는 사냥꾼의 이야기다.

원형의 논리였다. 여기서 우리는 처음으로 현대 생태학자들이 요구한 〈네트워크화한 생각〉을 만난다. 또한 인간이 기후 변화를 불러일으켰다는 주장을 처음 접하는 곳도 이 지점이다.

앞서 벌어진 나무 부족 경고를 배경으로 해서 볼 때 이 나무 부족이라는 문제로 정부와 여론을 움직이려고 했던 개혁 운동의 첫 세대에게 이 원형의 논리는 약간 임시방편처럼 여겨질 뿐이었다. 그러나 역사는 생태의 생태학에도 빛을 비춘다. 독일 땅은 숲의 유무와 상관없이 비가 많이 왔기 때문에 수분이 풍부했다. 수분을 조절하는 데 있어 숲의 역할은 스위스의 알프스와 프랑스 남부에서 처음으로 발견되었거나 또 그렇게 주장되었다. 프랑스 남부는 언제나 범람의 피해에 시달렸고, 스위스 알프스는 가뭄 이후의 시기가 문제였다. 19세기 후반부에 벌어진 미국의 조림 운동에서 핵심적인 역할을 한 것은 물 논리다. 레이첼 카슨이 쓴 『침묵의 봄』(1962)에 앞서 환경 파괴를 경고한 가장 유명한 미국의 책 『인간과 자연 *Man and Nature*』을 피렌체에서 1864년에 발표한 미국 대사 조지 퍼킨스 마시*는 지중해 주변의 말라 버린 민둥산을 보고 난 후 모든 논의의 초점을 숲과 물에 맞추었다. 그가 보기에 숲과 물은 밀접하게 맞물린 주제였다. 마시는 독일을 임업의 모범 국가로 꼽았다. 이런 관점 때문에 프랑스는 숲과 물 사이의 연관을 주도면밀하게 연구했다.[37]

일본: 지속적인 임업의 비서구권 선구 국가

서구권 바깥에서 특별히 유념할 만한 사례를 보여 주는 나라는 일본이다. 일본은 일찍부터 숲 보호와 조림의 체계적인 정책을 펼친 비서구권의 유일한 국가다. 전 세계를 조망할 때 경제 에너지와 생태 에너지 사이에는 연관성이 있다. 그래서 일찍부터 숲 보호를 제도화한 나라는

---

* George Perkins Marsh: 1801~1882. 미국의 정치가이자 작가. 미국 환경 보호의 효시로 여겨지는 인물이다.

1970년부터 환경 보호에서도 앞서가는 전형을 보여 준다. 일본의 좁다란 국토에서는 가파른 산이 시야를 가리기 일쑤다. 그래서 짐작하기로 이런 땅에서 숲과 수자원 사이의 관계를 비교적 일찍 깨우친 모양이다. 아무튼 거대한 강의 발원지가 어디인지 알 수도 없을 정도로 광활한 중국보다는 일본이 숲과 수자원의 연관을 일찍 알아보았다. 그렇지만 일본에서 출간된 관련 서적들은 근대 초까지만 하더라도 숲과 강을 각기 다른 주제로 다루었다. 그러나 숲의 벌목으로 산사태가 빚어지자 이런 연관은 거의 확실한 것으로 다루어진다. 산사태로 강물이 진창으로 변하고, 이 강에서 물을 끌어대던 논이 쑥대밭이 되자 화들짝 놀란 셈이랄까. 아무튼 17세기 말엽 에도(훗날 도쿄)에서 쇼군將軍들은 이런 참상을 주목하고 산사태를 관리하는 관청을 세웠다. 이 관청은 숲 보호는 물론이고 강을 돌보는 일도 맡았다.[38]

그럼에도 일본의 비교적 성공적인 숲 보호의 비결을 중앙 정부가 아닌 지역 활동가[39]와 농부들의 임업 조합에서 찾아야 한다는 점을 역설하는 중요한 정황들이 있다. 이런 활동가와 조합의 활동을 엘리너 오스트롬은 격찬해 마지 않았다.[40] 오늘날까지도 숲 보호는 지척에서 돌볼 때 가장 잘 이루어진다. 더욱이 전근대의 교통 조건 아래서는 특히 그러하리라. 이런 관점에서 산맥으로 수많은 작은 영토로 나뉜 일본과 지역적 분할이 뚜렷한 독일 사이의 유사성이 두드러진다. 양쪽 모두 마을 단위로 공동 숲을 돌보았기 때문이다. 숲 보호 법령을 공포한 바쿠후幕府라는 쇼군의 중앙 정부는 동시에 대규모 목재 소비자들의 이해관계와 맞물리지 않을 수 없었다. 이런 사정은 유럽의 중앙 행정도 마찬가지다. 서구인으로서 일본 임업 역사를 가장 잘 아는 전문가인 콘래드 토트먼Conrad Totman은 다음과 같이 신랄하게 촌평했다. 〈벌채 문제의 핵심은 불법 벌목이 아니라, 상부의 권위주의에 있다. 보호 대책이라는 것은 숲을 보호하기 위해서가 아니라, 최고위의 숲 도적놈들이 자신의 목재 확보권을 지키려는 꼼수였을 뿐이다.〉[41] 1868년 이후 이뤄진 메이지 유신의 와중에서 지역 자율권의 취약에 잇따른 벌채 열풍은 돌이켜볼 때, 그 이전 시

대의 숲 관리가 보여 준 공적이 얼마나 소중한지 새삼 깨닫게 해준다.[42]

　이것이 오늘날까지도 전 세계 각처에서 똑같이 볼 수 있는 임업 역사의 문제다. 숲 보호를 언제나 가장 잘 기록한 곳은 국가 최고위 행정 조직이었다. 그러나 국가가 주도하는 숲 보호가 지극히 효율적이었는지는 여전히 의문으로 남을 뿐이다. 전체적으로 볼 때 환경 정책의 사정도 다소 정도의 차이가 있을 뿐, 크게 다르지 않았다. 이것이 또한 1992년 리우의 〈지속 가능한 발전〉이라는 구호를 내건 환경 정책이 가진 근본 딜레마였다. 개발 보조와 맞물려 이루어지는 환경 보호는 각 정부 간의 협력이라는 외양만 거창했지, 그 효율성은 의심스러웠기 때문이다. 엘리너 오스트롬이 확인하듯, 기회가 있을 때마다 숲 황폐화의 위험을 들먹인 숲의 국유화는 사실상 〈자원에 자유롭게 접근할 통로를 활짝 열어 놓은 것일 뿐이다〉. 예전에는 〈자원을 공동 재산으로 여기며 그 접근에 제한을 두지 않았던가〉.[43] 중요한 것은 바로 이런 접근 제한이 아닐까. 그리고 이 제한을 관리하는 국가 기관은 비효율적이며 종종 부패의 온상이기도 하다. 어떤 게 숲 보호에 최선인지 하는 물음을 둘러싼 오랜 독일의 논쟁은 이처럼 전형적인 특징을 가지며, 오늘날 세계의 대부분 지역에 그대로 적용된다.[44]

숲 경고와 기후 경고의 새로운 결합

　프랑스의 엔지니어 프랑수아 앙투안 로슈가 숲의 〈재생〉을 역설한 책의 1802년 초판은 『수생식물과 기후의 조화*Harmonie hydro-végétale et météorologique*』라는 제목을 달았다.[45] 거기서 우리는 벌써 숲이 기후에 갖는 새롭고 미래 지향적이면서 애매한 의미를 발견한다. 원래 유럽에서는 숲이 울창한 국가들, 이를테면 스칸디나비아와 러시아는 물론이고 타키투스가 목도했던 게르만족의 땅을 포함한 국가들은 기후가 너무 혹독하다는 의견이 지배적이었다. 그래서 숲의 나무들을 쳐내는 게 사람들에게 더욱 온화하고 친근한 기후를 선사해 준다는 주장이 팽배했다. 어쨌거나 대부분 시내와 강은 숲에서 발원했다. 이는 곧 숲이 물을 저장해 두고 심지어 비구름까지 잡아 둔다는 분명한 징후다. 아무튼 비가 풍부하게 내리는 유럽의 중서부 지역은 저 옛날에 오늘날보다 훨씬 더 습했기 때문에 개간을 위해서는 숲의 벌목뿐만 아니라, 저지대의 배수에도 신경 써야만 했다. 이런 상황으로 미루어볼 때, 숲이 비를 선물한다는 것은 반드시 듣기 좋은 이야기만은 아니었다. 1800년을 전후한 시기에는 의학과 기후를 연관시킨 이른바 〈의학적 기상도〉라고 하는 유형의 책들이 유행했다. 이는 이런저런 풍토가 건강과 질병에 미치는 영향(주로 추정에 기반을 둔 것)을 다룬 글이다. 말하자면 당시의 환경 의식이 어떤 것인지 알아볼 수 있는 보고인 셈이다. 물론 당시든 오늘날이든 사람들이 얼마나 건강에 신경 쓰는지 하는 의문도 풀 수 있는 보고이기도 하다. 아무튼 축축한 풍토는 일반적으로 건강에 좋지 않은 것으로, 벌목은 치유의 효과를 갖는 것으로 여겨졌다.[46]

그러나 이런 사고방식은 19세기 들어서면서 갈수록 뒤집어지며 물구나무를 섰다. 길젠바흐가 생태 운동의 시조로 추켜세운 에른스트 모리츠 아른트는 1820년에 다음과 같이 썼다. 〈잎을 풍성하게 단 나무는 충분한 수분을 증발시켜, 경험이 가르치듯, 인간과 주변 들판에 유용한 요소들을 발산한다.〉 그래서 아른트는 〈나무를 향해 겨누어진 도끼〉가 아주 빈번하게 〈민족 전체를 겨눈 도끼〉가 될 것이라고 일갈했으리라.[47] 유럽 북구의 나라들이 목가적인 공원과 정원의 낙원을 열망한 지중해 권역은 농업과 임업 개혁가의 이론으로 채워진 비판적 안목의 여행객이 볼 때 갈수록 숲이 황폐화하고 말라비틀어진 자연이 되었다.[48] 심지어 조지 퍼킨스 마시는 결국 숲이 비를 선사하는 효과를 숲 보호의 가장 중요한 논거로 삼았다. 이를 두고 미국의 임업 역사학자 마이클 윌리엄스*는 다음과 같은 신랄한 촌평을 했다. 〈하필이면 『인간과 자연』이 남

---

*   Michael Williams: 1935~2009. 역사 지리학자인 그는 옥스포드 대학교 교수로 있었다.

북전쟁 이후 문학적으로 비를 부르는 주술사의 열풍을 끌어내는 진정한 촉매제가 된 것이야말로 변태적이라 하지 않을 수 없다.)[49] 비구름을 잡아 주는 게 숲이라는 고정 관념이 얼마나 끈질겼던지 서부의 대초원을 농경지로 바꾸려는 야심을 갖게 할 정도였다. 기후 정책으로 표방된 그런 프로젝트의 무의미함을 사람들은 놀라울 정도로 느리게 깨달았다. 기후 관리라는 착상이 그만큼 매혹적이었기 때문이다.

영국령 인도의 숲 관리 역시 그 엄격한 지배를 목재 조달보다는 기후 보호로 정당화했다.[50] 실제로는 당시 뜨거운 인기 품목인 티크 목재를 노렸지만, 기후를 앞세운 논리는 숲 보호에 공공이익을 우선시한다는 이미지를 심어 주는 전매특허였다. 물론 이런 선동은 인도의 삼림 주인들에게 아무런 인상을 심어 주지 못했다. 오히려 거꾸로 제국의 숲 보호가 원주민의 눈에는 의심스럽게 보이는 일을 부추겼을 뿐이다. 그러나 토양의 수분 보호에 숲이 맡는 역할과 가치를 바라보는 시각은 달랐다. 숲이 수분을 저장해 둔다는 것은 제3세계의 가뭄으로 위협받는 지역 농민들에게 너무도 분명한 이야기였다. 그래서 이런 논리가 외국의 목재 기업에 저항 운동을 벌이는 바탕이 되는 경우가 거듭 벌어졌다.[51]

〈자연의 복수〉라는 이름의 생태 운동

이런 맥락에서 〈자연의 복수〉라는 패러다임이 전파되는 과정을 추적해 보는 게 바람직하다. 〈자연의 복수〉는 현대 환경 운동에서 아주 중요한 역할을 하는 개념이기 때문이다. 특히 인간의 본성을 겨냥한 이런 사고방식은 저 먼 고대까지 거슬러 올라간다. 〈네가 자연을 쇠스랑으로 몰아내려 할지라도, 자연은 반드시 돌아온다Naturam expelles furca, tamen usque recurret.〉 호라티우스*가 읊조린 시구로, 최근 들어 날개를 단 표현

---

* Horatius: 정확한 이름은 퀸투스 호라티우스 플라쿠스Quintus Horatius Flaccus다. 기원전 65~기원전 8. 고대 로마가 낳은 걸출한 시인이다.

이다. 〈고대 후기의 전지전능한 여신 나투라Natura는 개념의 인격화가
아니다.〉 에른스트 로베르트 쿠르티우스*의 설명이다. 〈여신 나투라는
이교도 세계 말기의 마지막 종교 체험 가운데 하나다.〉[52] 중세에서 자
연은 거듭 탄식하며 고발하는 여인으로 등장한다. 알랭 드 릴**의 『자연
의 비탄Planctus Naturae』에서 자연은 자신을 속이고 생명의 탄생을 방해
하는 남색이 판을 친다며 한탄한다.[53] 15세기 말엽 올림포스의 신들이
인간의 채광으로 상처받은 지구의 문제를 다루기 위해 재판을 벌인다
는 상상을 작품화한 파울루스 니아비스***의 『신들의 법정 Iudicium Jovis』
에서, 어머니 지구는 메르쿠리우스가 기소하는 말을 통해 〈온몸에 상처
투성이이며 피를 뒤집어쓴 모습〉으로 등장한다.[54] 그러나 중세의 자연
은 한탄만 할 수 있었을 뿐, 처벌은 하지 못했다. 니아비스의 작품에서
도 자연의 호소는 받아들여지지 않았다.

그러나 근대에 접어들면서 자연은 힘을 얻기 시작했다. 이제는 자연
스스로 복수를 감행했다. 1852년 『날아다니는 전단들Fliegenden Blätter』****
에는 나무가 잔인한 미소를 지으며 한 남자를 톱으로 자르는 삽화가 등
장했다. 그림 아래에는 다음과 같은 구절이 보인다. 〈톱과 도끼로 폭력
이 빚어지니/신선하고 명랑하며 자유로운 숲이여/마침내 나무가 복수
를 하다니 이 무슨 기적인가/나무는 그 살해자를 토막내 버리네.〉 마시
의 『인간과 자연』(1864)은 자연이 복수할 것이라는 두려움을 일관되
게 담았다. 미국에서 벌어진 대규모 벌목, 더 나아가 새롭게 형성된 산
업 밀집 지역에서 피어오르는 연기와 검댕은 평소 발전을 중시했던 관
찰자에게서조차 과연 이런 식으로 발전이 이루어져도 좋은지 하는 의

* Ernst Robert Curtius: 1886~1956. 독일 출신의 라틴어 문학 전문가.
** Alan de Lille: 1128~1202. 프랑스의 스콜라 철학자이며 작가. 시토 교단 소속의 수도
사다.
*** Paulus Niavis: 1460~1514. 본명은 파울 슈네포겔Paul Schneevogel. 독일의 인문주
의자로 교사이자 작가이며 관리였다.
**** 독일에서 1845년에 창간해 1944년까지 발간된 주간지의 이름. 익살스러운 만평과 삽
화를 주로 담았다.

구심을 불러일으켰다. 프리드리히 엥겔스조차 프롤레타리아의 복수뿐만 아니라 자연의 복수도 일어날 것이라 주장했다. 생산력 발달을 희망한 마르크스의 생각에서 보자면 논리적이지는 않았다. 〈우리 인간이 자연을 정복하고 승리했다고 너무 으스대지 맙시다.〉 엥겔스는 자신의 책 『자연의 변증법Dialektik der Natur』(1871년부터 집필되었으나 미완으로 남음)에서 이렇게 썼다. 〈우리가 거두었다고 하는 모든 승리에 자연은 일일이 복수할 거요.〉[55] 본래 종교적이고 도덕적인 뿌리를 가졌던 이런 사고방식[56]은 갈수록 짙은 생태의 색채를 띠기 시작했다. 19세기에 들어서면서 이미 이런 사고방식은 종교와 도덕을 떨쳐 버리고 세속화한 형식으로 누구나 공유하게 되었다. 그러나 당시에는 그저 일종의 관점이었을 뿐, 실제 행동을 이끌어 내는 자극은 되지 못했다. 메리 셸리*의 소설 『프랑켄슈타인. 혹은 현대 프로메테우스Frankenstein; or, The Modern Prometheus』(1819)에 담긴 생각, 곧 인간은 자신이 발명한 기술 때문에 자멸할 것이라는 생각에도 마찬가지 이야기를 할 수 있다. 기술로 무장한 세계 전쟁과 원자 폭탄의 시대보다 100년 앞선 시기에 〈자연의 복수〉는 순전한 판타지였을 뿐, 행동을 요구하는 현실은 아니었기 때문이다.

어쨌거나 옛 시절의 자연 숭배는 한 가지 관점에서만큼은 현대의 자연 보호에 앞선다. 〈자연〉이라는 말을 들으면 당연히 〈인간의 자연〉을 떠올리던 시절, 〈자연법〉으로부터 모든 인간이 타고나면서부터, 곧 〈자연〉에서 선물 받은 인권을 갖는다는 사상이 자연스레 생겨났다고 보는 관점이 그것이다.[57] 당시 사람들은 자연법에 많은 것을 집어넣을 수 있었다. 설사 백보 양보한다고 하더라도 한 가지만큼은 확실하게 내세울 수 있었다. 그것은 곧 인간 몸에 대한 기본적인 존중이다. 자연법의 영향 아래 〈18세기 초부터 천천히 화형의 장작더미에서 피어오르던 불길

---

* Mary Shelley: 1797~1851. 영국 출신의 여성 작가. 낭만주의 시인이자 철학자인 남편 퍼시 비시 셸리Percy Bysshe Shelley(1792~1822)의 작품을 편집하기도 했다.

이 잦아들었으며, 고문당하는 사람이나 처참하게 처형당하는 사람의 신음도 잦아들었다〉고 프란츠 비악커*는 썼다.[58] 18세기의 자연 숭배에는 자연 사랑과 인간 사랑을 넘나드는 흐름이 있었다. 인간 안에 자리한 인공의 요소가 없는 자연적 면모를 사랑하는 것이랄까. 1765년 숱한 박해를 피해 스위스 비엘호수의 섬에서 피신처를 찾은 루소에게서도 물론 〈한적한 자연〉을 그리는 갈망을 발견할 수 있다. 〈오, 자연이여, 오 나의 어머니여, 저는 오로지 당신의 보호 아래 있으니, 아무리 교활하고 사람일지라도 당신과 나 사이를 갈라놓을 수는 없습니다.〉[59] 낭만주의에서 이런 종류의 자연 사랑은 더욱 격정적으로 되었다. 그러나 자연 사랑과 인간 사랑 사이의 긴장 관계는 잠복한 채로 남았다.

---

   * Franz Wieacker: 1908~1994. 독일의 법률가이자 법 역사 전문가.

첫 번째 연표
자연 보호와 생활 개선 운동

1875   영국, 공중위생법. 도시에서 위생에 알맞은 쓰레기 처리의 개선을
위해 발효됨.

1876   영국, 〈동물 학대 방지법〉을 통한 동물 생체 해부의 폭넓은 금지.
영국 여성 운동과 여왕 빅토리아의 지원을 받음. 이미 1824년에
〈왕립 동물 학대 방지 협회Royal Society for the Prevention of Cruelty to
Animals, RSPCA〉가 설립됨.

1876   베를린에 왕립 보건청 설립. 이는 로베르트 코흐*가 장차 활약하
게 될 무대임.

1877   강과 토양 그리고 공기의 오염을 반대하는 국제 단체가 설립됨.

1877   프로이센 국가는 정화되지 않은 하수를 강물로 방류하는 것을 금
지함(이후 도시들의 압력으로 금지령이 완화됨).

1878   조류의 보호를 위한 독일 단체가 설립됨.

1879   고타Gotha에서 독일 동물 보호 회의 열림. 에른스트 폰 베버**,『과

---

* Robert Koch: 1843~1910. 독일의 의사이자 미생물학자. 탄저균, 결핵균, 콜레라균을
발견한 공로로 유명하다. 1905년 결핵균의 발견으로 노벨 생리학 및 의학상을 받았다.
** Ernst von Weber: 1830~1902. 독일의 여행기 작가로 동물 실험 반대에 앞장섰던 인
물이다.

학의 고문실*Folterkammern der Wissenschaft*』 출간(독일 반생체 해부
운동의 필독서).

1880 에른스트 루도르프*:『현대 생활이 자연에 갖는 관계*Über das
Verhältnis des modernen Lebens zur Natur*』 출간(독일 자연 보호의 초석
을 놓은 책).

1880 독일 농업 자문 위원회, 도시의 배설물을 농업의 비료로 재활용할
방안을 연구하는 상설 위원회 설립.

1880 조지 M. 버드**:『신경 소진을 다룬 실증 논문(신경 쇠약증)*A
Practical Treatise on Nervous Exhaustion(Neurasthenia)*』(현대 신경증 이론
을 다룬 대작).

1881 런던에서「매연 감소 전시회Smoke Abatement Exhibition」열림.

1884 빈에서 제1차 국제 조류 학회 열림. 조류 보호 대책의 기초로 관측
소의 국제적 네트워크를 이룩하기로 합의.

1886 미국, 조류 보호를 위해 최초의 오듀본 협회*** 설립.

1888 영국, 미술 공예 전시 협회 설립.

1888 파리에 파스퇴르 연구소 개원, 이후 미생물학 연구소의 모범이 됨.

1888 하인리히 라만****이 드레스덴에 〈흰 사슴〉이라는 이름의 채식 자연
치유원을 열다. 같은 해에 에두아르트 빌츠*****는『새로운 자연 요법
치료*Das neue Naturheilverfahren*』라는 책을 펴냄. 이 책은 전부 350만

---

  * Ernst Rudorff: 1840~1916. 독일의 작곡가이자 교육자이며 자연 보호 운동가.
  ** George M. Beard: 1839~1883. 미국의 신경학자. 신경 쇠약증이라는 개념을 도입한
인물.
  *** Audubon Society: 조류 연구가이자 화가인 존 오듀본John Audubon(1785~1851)의
이름을 따서 설립된 자연 보호 단체. 현재는 국립 오듀본 협회National Audubon Society라는
미국의 대표적인 환경 단체로 100여 개의 지부가 있다.
  **** Heinrich Lahmann: 1860~1905. 독일의 의사이며 자연 요법 전문가.
  ***** Eduard Bilz: 8142~1922. 독일의 자연 요법 전문가. 민간요법을 체계적으로 정리해
모두 12개 국어로 번역된 베스트셀러를 펴냈다.

부가 팔려 당대 최고의 자연 요법 베스트셀러가 되었다.

1889   〈건강 관리와 약물 없는 치유 독일 연맹〉 설립(1990년부터 〈자연
        에 따른 생활과 치유 독일 연맹〉으로 개칭).

1890   미국, 요세미티 국립 공원Yosemite National Park 개원.

1890   윌리엄 모리스*, 『유토피아에서 온 뉴스News from Nowhere』 출간
        (자연과 조화를 재건하자는 메시지를 담은 최초의 〈에코토피아
        ecotopia 뉴스〉).

1890   심리학자 아우구스테 포렐**의 주도로 스위스에 〈음주 퇴치를 위
        한 협회〉가 설립됨. 1895년 이 단체는 독일의 〈음주 반대자 연맹〉
        과 합병해 〈음주 퇴치를 위한 국제 협회〉로 개칭됨.

1892   함부르크에 콜레라 전염병 발병. 식수를 얻기 위해 하수 처리가
        필요하다는 궁극적 근거로 인정됨.

1892   미국, 존 뮤어를 회장으로 〈시에라 클럽〉*** 발족.

1893   프레더릭 잭슨 터너****: 『미국 역사에서 프런티어의 의의The
        Significance of the Frontier in American History』(야생과 투쟁이 미국의 성
        격을 특정했다는 〈터너 의제Turner-These〉를 담은 책).

1893   채식주의자들이 과일 주말농장 〈에덴Eden〉 설립(베를린 북부의
        오라니엔부르크).

1895   영국에 자연 보호와 문화 자산 보존을 위한 〈역사 명승, 자연 경승
        지를 위한 내셔널 트러스트National Trust for Places of Historic Interest
        or National Beauty〉라는 이름의 민간 단체 설립(오늘날까지 주도적
        역할을 하는 천연기념물 및 역사 명승지 보호 단체).

* William Morris: 1834~1896. 영국의 작가이자 건축가.
** Auguste Forel: 1848~1931. 스위스 출신의 심리학자이자 두뇌연구자이며 사회 개혁
운동가. 스위스 금주 운동을 대표하는 인물이다.
*** Sierra Club: 미국의 세계적인 민간 환경 운동 단체다.
**** Frederick Jackson Turner: 1861~1932. 미국의 역사학자. 이른바 〈프런티어 학설〉의
기초를 쌓은 인물이다.

1895	스반테 아레니우스*. 나중에 노벨상을 받은 스웨덴 출신의 이 과학자는 이산화탄소가 대기 중에 온실 효과를 불러일으킨다는 가설을 처음으로 제시했다.
1897	일본, 처음으로 산림 보호법 제정. 같은 해 불교 사찰 보존을 위한 법령도 발표.
1897	뮤즐리의 발명자인 막스 비르허베너**가 취리히에 자연 치유 요양원을 설립.
1898	3월, 빌헬름 베테캄프***가 프로이센 의회에서 자연공원의 필요성을 역설.
1898	리나 헨레****를 회장으로 조류 보호 연맹 설립.
1898	남아프리카 대통령 폴 크루거*****, 〈사비Sabie 자연 보호 구역〉을 세움(1926년부터 〈크뤼거 국립 공원〉으로 개칭됨).
1898	에버니저 하워드******, 『내일. 실제 개혁으로 이르는 평화로운 길 Tomorrow. A Peaceful Path to Real Reform』(전원도시 운동에 가장 큰 영향을 준 책.)
1898	빌헬름 뵐쉐*******, 『자연의 성생활』.
1900	영국과 독일의 〈아프리카 야생 동물, 조류, 물고기의 보존을 위한

* Svante Arrhenius: 1859~1927. 1903년에 노벨 화학상을 받은 스웨덴의 화학자이자 물리학자.

** Max Bircher-Benner: 1867~1939. 스위스 의사이자 식품영양학자. 뮤즐리Muesli는 곡식, 견과류, 말린 과일 등을 섞어 우유에 타 먹는 것을 말한다.

*** Wilhelm Wetekamp: 1859~1945. 독일의 교육자이자 정치가. 프로이센 의회 의원을 역임했다. 프로이센의 자연 보호 운동에서 선구자로 여겨지는 인물이다.

**** Lina Hähnle: 1851~1941. 40년이 넘도록 회장을 맡으며 조류 보호에 힘써 〈새들의 어머니〉로 불리는 인물이다.

***** Paul Kruger: 1825~1904. 남아프리카의 정치가. 1882년에서 1902년까지 대통령 역임.

****** Ebenezer Howard: 1850~1928. 영국의 도시 계획가. 전원도시 운동의 창시자로 불리는 인물이다.

******* Wilhelm Bölsche: 1861~1939. 독일의 작가.

런던 협약〉조인.

1900 동물 생체 해부 반대를 위한 세계 연맹 설립.

1900 에두아르트 베르츠*:『자전거의 철학*Philosophie des Fahrrads*』.

1900 〈시카고 위생과 해운 운하Chicago Sanitary and Ship Canal〉 개통. 그
전까지 미시간 호수로 흘러들던 시카고의 하수를 이 운하를 통해
미시시피강으로 돌림.

1901 독일 제국, 〈수자원, 토양, 공기 위생연구소Institut fur Wasser-,
Boden-und Lufthygiene, WaBoLu〉 설립.

1901 일리노이주가 시카고의 하수를 미시시피강으로 돌리려고 계획한
것에 미주리주가 반대하고 나섬.

1901 스위스 아스코나의 몬테 베리타Monte Verità(진실의 산)에 자연 치
유 요양소 설립. 이곳은 당시 생활 개혁 운동가들의 집결지가 됨.

1901 베를린 슈테글리츠구에 〈반더포겔〉** 단체 창단.

1902 파리, 〈이론새〉 보호를 위한 국제 협약 체결.

1902 코펜하겐에 본부를 둔 〈국제 해양 개발위원회International Council
for the Exploration of the Sea, ICES〉 발족. 북해의 어류 정보를 수집
하고 분석해 북해 수산업 유지와 발전을 목표로 함.

1902 독일 전원도시 협회 창설.

1902 독일 바이에른 이자르Isar강 계곡 보호 단체 설립. 독일 최초의 환
경 보호 시민운동 단체.

1902 독일 헤센주에서 기념물 보호법 발령. 이 법은 천연기념물의 보호
도 목표로 함.

---

* Eduard Bertz: 1853~1931. 독일의 작가이자 철학자이며 번역가.
** Wandervogel: 독일 청년들이 자연 사랑과 조국애를 외치며 설립된 도보 여행 단체의
이름. 원래는 〈철새〉라는 뜻이다.

1903	시어도어 루스벨트Theodore Roosevelt(미국 대통령. 재임기간: 1901~1909)와 존 뮤어, 요세미티 국립 공원 방문.
1904	조류 보호를 위한 국제 여성 연맹 창설.
1904	지역 향토 보호 단체들의 상부 기관으로 〈독일 향토 보호 연맹〉 결성.
1904	엠스Ems강 조합 설립. 루르의 정화를 위해 루르 지역의 하수를 엠스강으로 돌려 처리하려는 목적으로 세워진 조합.
1904	업튼 싱클레어*, 『정글The Jungle』(공장 규모로 운영되는 도살장의 폐해 폭로 소설).
1905	미국, 기포드 핀쇼**의 주도로 산림청 신설.
1905	〈반反매연 연맹〉이 볼티모어에서 결성됨. 동시에 미국의 다른 도시에서도 비슷한 단체가 속속 생겨남(1908년에는 시카고에서 〈반매연 연맹〉이 여성 단체로 결성되어 철도의 전철화를 부르짖었다).
1905	독일 바이에른, 자연 보호를 위한 주 정부 위원회 창설.
1906	독일 프로이센, 후고 콘벤츠를 중심으로 천연기념물 보호 국가 관직을 신설.
1906	독일 베를린에 나체 문화를 위한 〈독일 공기욕 협회〉가 설립됨.
1906	독일 드레스덴에 최초의 전원도시 헬러라우Hellerau 조성. 이곳은 이내 예술과 디자인 개혁의 중심지로 자리 잡았다.
1906	미국, 〈순식량 약품 조례Pure Food and Drug Act〉 발표.
1907	로버트 베이든파월***, 〈보이스카우트Boy Scout〉 창설.

---

* Upton Sinclair: 1878~1968. 미국의 소설가. 부정과 비리를 폭로하는 소설을 주로 썼다.
** Gifford Pinchot: 1865~1946. 미국의 정치가. 초대 산림청장을 지냈다.
*** Robert Baden-Powell: 1857~1941. 영국의 군인이자 작가.

1908	철학자 테오도어 레싱*, 『반反왁자지껄Der Anti-Rüpel』이라는 기관지를 발행하는 〈소음 방지 연맹〉을 창설.
1908	독일 베를린의 샤를로텐부르크구에서 〈거리 매연 방어 센터〉가 설립됨.
1908	구스타프 말러**, 「대지의 노래Das Lied von der Erde」 발표.
1909	스웨덴, 〈자연보호법〉을 제정한 최초의 국가.
1909	파리에서 〈향토 보호 국제회의〉 열림.
1909	런던에서 〈동물 생체 해부 반대 캠페인〉을 주제로 국제 동물 보호회의 열림.
1909	슈투트가르트에서 〈자연 보호 공원 협회〉가 설립됨. 이 단체는 1910년 나중에 자연 보호 구역으로 지정된 〈뤼네부르크 하이데〉***의 핵심을 이루는 빌제더Wilseder산을 구입했다.
1910	스위스에서 1909년에 창설된 〈자연 보호 연맹〉의 회장 파울 사라신****은 그라츠에서 열린 제8회 동물학 대회에서 〈세계 자연 보호〉라는 제목으로 기조연설을 했다. 여기서 그는 멸종 위기에 처한 동물을 보살피는 〈세계 자연 보호 위원회〉의 창설을 요구했다.
1910	기포드 핀쇼, 『보호를 위한 투쟁The Fight for Conservation』.
1910	독일 바트 튈츠Bad Tölz에서 〈발켄Walchen 호수 수력 발전소〉 건립을 반대하는 집회 열림. 이 저항 운동은 성공을 끌어내지 못한 환경 운동의 정점을 찍었다.

* Theodor Lessing: 1872~1933. 유대인 혈통의 독일 철학자이자 정치 비평가.
** Gustav Mahler: 1860~1911. 오스트리아의 작곡가. 대표작에 교향곡 〈부활〉과 가곡 〈대지의 노래〉가 있다.
*** Lüneburger Heide: 독일 북부 니더작센주의 상당 부분을 차지하는 광활한 초원. 자연 보호를 목적으로 숲을 가꾸고 초지를 이루어 대규모 국립 공원으로 지정된 지역이다.
**** Paul Sarasin: 1856~1929. 스위스 자연 연구가. 스위스 국립 공원의 창설자 가운데 한 명이다.

첫 번째 연표 97

1911	조류 보호와 첫 번째 자연 보호 구역 지정을 위한 프랑스 연맹 설립.
1911	헤르만 뢴스*는 콘벤츠의 자연 보호를 두고 〈프리첼** 식의 잡화상〉이라고 비난했다.
1911	독일 드레스덴에서 국제 위생 전시회 열림(500만 방문객!).
1912	알테나 고성***에 독일 최초의 유스호스텔이 문을 열다.
1913	베른에서 세계 자연 보호 회의 열림.
1913	영국 생태학 협회 설립. 1914년에는 미국의 생태학 협회도 세워짐.
1913	호허 마이스너Hoher Meißner라는 고지대에서 첫 번째 〈자유 독일 청소년 대회〉 열림. 여기서 루트비히 클라게스****가 「인간과 대지 Mensch und Erde」라는 제목의 환영사를 함.
1913	독일 바이에른에 〈자연 보호 연맹〉 설립. 이 단체는 나중에 〈독일 환경·자연 보호 연맹Bund für Umwelt und Naturschutz Deutschland, BUND〉의 설립을 주도함.
1913	미국, 철새 보호법 발령.
1913	〈시에라 클럽〉, 샌프란시스코의 상수원 확보를 위해 헤츠헤치 계곡Hetch Hetchy Valley을 요세미티 국립 공원에서 제외하려는 움직임을 막으려 했으나 패소당함.
1914	3월에 스위스는 엥가딘Engadin에 유럽 최초의 국립 공원을 세움.

* Hermann Löns: 1866~1914. 독일 출신의 기자이자 작가. 광야를 자연의 이상으로 여기고 이를 노래한 많은 작품을 썼다.
** 게오르크 아우구스트 프리첼Georg August Pritzel: 1816~1874. 독일의 식물학자. 식물을 백과사전식으로 분류했다.
*** Altena: 독일 노르트라인베스트팔렌의 소도시. 이 도시에는 12세기에 세워진 성이 있다.
**** Ludwig Klages: 1872~1956. 독일의 철학자이자 심리학자. 생철학을 통해 자연 친화적 삶을 강조했으며, 연보에 언급된 환영사를 통해 자연 파괴를 신랄하게 비판했다.

개혁을 꿈꾸는 사람들의 환경 운동

환경 의식 역사의 〈벨에포크〉*

역사학자는 단순한 연대기가 무엇을 암시하는지 원래 대단한 호기심을 가진다. 동시에 일어난 사건과 비동시적인 사건, 시대순으로 배열할 수 있는 사건, 특정 시기에 집중하는 사건, 여기에 어떤 맥락이 숨어 있을까 눈을 크게 뜨고 살피는 사람이 곧 역사학자다. 현대 환경 운동의 역사적 뿌리를 찾고자 하면, 자료들은 1900년을 중심으로 집결한다. 일종의 〈오래 걸리는 세기 전환기〉가 나타나는 것이랄까. 아무튼 현대적인 에코(생태)에 이르는 인상 깊은 〈세기 변환기〉가 아닐 수 없다. 이는 당시 대부분 산업 국가에서 분명하게 볼 수 있는 현상이다. 미국은 물론이고 심지어 최소한 독일과 영국에서도 두드러지게 나타났다. 다시 말해서 현대 환경 운동을 이루는 많은 요소가 당시 처음 공개적으로 모습을 드러냈다. 수많은 동시적 사건이 놀라울 정도로 빠르고도 촘촘하게 이어졌다.

어떤 것이 우선순위인지 알아보기 위해 연구자들은 역사의 바다에

* Belle Époque: 〈좋은 시대〉라는 뜻의 프랑스어. 19세기 말엽에서 20세기 초반에 걸쳐 누린 풍요와 평화의 시대를 이른다. 정확한 시기를 확정하기는 어려우나, 대략 1884년에서 1차 세계 대전이 터진 1914년까지로 잡는다.

서 숱한 항해를 거듭하며, 태초에는 위생 운동이 있었던 게 아닐까 하는 물음을 가진다. 스스로 만들어 낸 쓰레기와 매연으로 질식할 것만 같던 대도시 시민이 청소하려고 팔을 걷어붙이고 나선 게 환경 운동의 출발점이 되지 않았을까 보는 관점이다. 또는 늘 대중의 쓰라린 분노와 공감을 이끌어 낼 수 있었던 동물과 조류 보호 운동이 그 출발점은 아니었을까? 환경 운동의 뿌리는 자신의 건강을 둘러싼 염려였을까, 아니면 자신의 모든 것을 내던지고 자연에 헌신하려는 열정이었을까? 아니면 두 가지가 모두 합쳐져 나타난 현상? 건강 걱정과 자연 배려가 결합한 게 환경 운동의 출발점일까? 아무튼 역사 철학은 물론이고 자연 철학적으로도 깊은 함의가 담긴 물음이다! 연도가 집중된 것은 일종의 연쇄 반응과 상호 영향의 흐름을 찾게 자극한다. 그러나 신중해야 한다. 너무 성급하게 수치와 자료를 갖고 한 편의 완결된 역사를 만들어 내려 덤벼서는 안 된다. 우선 자료를 나란히 늘어놓고 순서대로 정리할 필요가 있다. 오늘날의 관점으로 돌이켜보면서 이 수치들을 뽑고 세계 역사의 나머지 부분을 버려 둔다면, 우리는 시각적 착각에 빠질 수 있다. 1970년 이전 이런 자료들을 보며 우리는 부분적으로만 그 맥락을 알아보았다. 또 그렇게 알아본 맥락도 생태 시대와는 사뭇 다른 배경에서 바라본 것일 뿐이다.

처음으로 천연자원의 국가 보호를 선언하는 데 역점을 두며 미국의 〈진보 시대〉*를 설명한 새뮤얼 P. 헤이스는 『보호 그리고 효율성이라는 복음Conservation and the Gospel of Efficiency』(1959)이라는 책을 펴냈다. 이 제목은 1908년 대통령 시어도어 루스벨트가 주지사들을 상대로 천연자원의 보호를 호소한 연설에서 말미에 격정적으로 토로한 것에 빗댄 표현이다. 〈마지막으로 천연자원의 보호가 오늘날 심각한 문제이지만, 이는 다른, 더 큰 문제의 일부라는 점을 기억합시다. 이 나라는 아직

* Progressive Era: 정치 부패 척결에 중점을 두고 1890년에서 1920년대에 걸쳐 일어난 사회 개혁 운동. 과거 체제를 과학, 의학, 기술 등으로 현대화하여 효율성을 극대화하는 것을 목표로 했다.

문제를 깨닫지 못하고 있으나 때가 되면 깨닫게 될 것이며, 향후 그 문제의식이 생생하다면 그 해결을 위해 적극적으로 싸워 가야만 합니다. 그것은 곧 국가적 효율성의 문제입니다. 국가의 안전과 지속을 확보해야 하는 애국적 과제입니다.)[60] 대통령의 연설에 주지사들은 기립박수를 보냈다. 〈효율성〉은 당시 미국에서 가장 인기 있는 단어였으며, 애국심에 호소하는 것과 곧잘 맞물렸다. 루스벨트의 연설에서 이 효율성은 100년 뒤 〈지속성〉이라는 개념이 가져다준 의미를 이미 담고 있었다.

〈생태 혁명〉을 얼마 남겨 놓지 않은 시점의 〈진보 시대〉를 설명한 로버트 위브*는 자신의 책에 『질서 탐색The Search of Order』(1967)이라는 제목을 붙여 놓았다. 오늘날의 관점에서 놀라운 제목이 아닐 수 없다. 그의 책에 지속성의 질서를 강조한 탁월한 언변을 지닌 전설적 인물 기포드 핀쇼가 등장하지만, 국립 공원으로 야생을 보호하자는 존 뮤어의 이름이 다루어지지 않은 것은 조금도 놀라운 일이 아니다. 위브가 보기에 당시 시대정신을 가장 잘 구현한 것은 에드워드 벨러미가 1887년에 발표한 공상과학소설 『뒤를 돌아보면서Looking Backward』다. 〈이 작품은 미국 사회가 공공의 안녕을 위해 군대의 규율을 모범으로 삼은 2000년이라는 미래에서 1887년이라는 혼란스러운 현재를 몸서리치며 되돌아보는 작품으로 미국 역사에서 가장 큰 인기를 누린 유토피아 소설이다.)[61]** 2년 뒤인 1890년에는 얀 홀름***이 〈에코토피아의 원형〉[62]으로 간주한 윌리엄 모리스의 유토피아 소설 『유토피아에서 온 뉴스News from Nowhere』가 나왔다. 이런 원형은 위브에게는 등장하지 않는 것으로, 『뒤를 돌아보면서』의 중앙 집권적 비전을 겨누며 조합주의적 사고에 바탕을 두고 탄생한 안티테제다. 당대의 전체 흐름을 파노라마처럼 굽어본

---

* Robert H. Wiebe: 1930~2000. 노스웨스턴 대학교 역사학 교수로 있었다.
** Edward Bellamy: 1850~1898. 미국의 작가이자 사회주의자. 본문에서 언급한 소설의 정확한 제목은 *Looking Backward: 2000-1887*이다. 에리히 프롬은 이 책을 두고 미국에서 출간된 책들 가운데 가장 주목할 만한 것이라고 격찬했다.
*** Jan Holm: 1964년생의 독일 역사학자로 베를린 공대에서 연구 활동을 한 인물이다.

다면, 모리스는 벨러미 못지않게 당시 사람들이 꿈꾸던 미래를 대변한 셈이다. 이런 모리스를 두고 쇼는 당대 최고의 정신이라고 표현했다.[63]* 어떤 지배적인 국가 관료주의도 허락하지 않는, 스스로 자생하는 〈자연적〉 공동체를 꿈꾸는 갈망은 1900년을 전후해 숱한 꽃을 피우면서, 국가의 경계를 뛰어넘으며 〈벨에포크〉를 이끈 주된 동력이 되었다.

독일 역사를 살펴보면 1900년을 전후해서 수많은 개혁 운동을 발견할 수 있다. 오늘날의 관점에서도 미래 지향적인 운동을 두고 역사가들은 어떤 하나의 개념으로 통칭해야 좋을지 아직도 합의하지 못했다. 역사에서 이런 운동은 대개 서로 분리해서 다루어졌다. 그때그때 표제어로는 〈생활 개혁〉, 〈교육 개혁〉, 〈청소년 운동〉, 〈유겐트슈틸〉** 또는 그저 간단하게 〈개혁 운동〉이라는 게 등장하곤 한다. 1차 세계 대전이 끝난 뒤 10년 동안은 특히 국가사회주의로 향하는 노선이 두드러진다. 이런 흐름은 현실에서 평화주의, 민족 간 소통의 갈망, 작은 단위의 자유로운 단체로 운동을 이끌려는 열망 등이 쇼비니즘과 당시 싹을 보이던 파시즘보다 훨씬 더 전형적이다. 〈국제적〉이라는 말은 개혁을 꿈꾸는 사람들에게 상당히 긍정적인 울림을 주었다. 실제로는 지역이라는 한계에 갇혀 있으면서도 자신을 두고 국제적이라고 부르기 좋아했다.[64] 자연 치유 단체의 상위 조직인 〈자연에 따른 생활과 치유 독일 연맹Deutsche Bund der Vereine fur naturgemaße Lebens-und Heilweise〉은 1900년부터 이 이름을 쓰며 〈의료 체계의 민주화〉를 위해 헌신해 온 바, 어떤 쇼비니즘과 인종 차별적 성향에서도 자유로웠다.[65] 당시 서구 세계에서 제국주의 색채를 띤 민족주의가 비등점을 향해 치닫던 점을 생각한다면 더욱 주목할 만한 현상이다.

그러나 당시는 세계 대전들의 직전 역사였을 뿐만 아니라, 전혀 다른 역사를 포함했던 시절이기도 했다. 생태 시대의 관점에서 바라볼 때 많

* 이 문장에서 쇼Shaw는 누구를 가리키는지 정확하지 않다. 아마도 미국의 작가 어윈 쇼 Irwin Shaw(1913~1984)를 염두에 둔 것으로 보인다.
** Jugendstil: 19세기 말에서 20세기 초에 걸쳐 독일에서 유행한 미술 양식을 이르는 말.

은 것이 다시금 새삼스레 발견된다. 육식의 포기가 인간을 더욱더 평화롭게 한다는 이야기는 당시 누구나 입에 올리던 통설이었음을 민속학자들은 앞다투어 증명한다. 생활 개혁을 추구하는 데 공통분모인 채식주의는 흔히 평화주의와 맞물리기 일쑤였다.[66] 1913년 10월 호허 마이스너에서 열린 전설적인 〈제1회 자유 독일 청소년 대회〉는 1813년 라이프치히 전투*를 추모하는 공식적인 기념 행사에 반대하는 시위로 조직된 운동이다. 여기서 구스타프 비네켄**, 곧 당시 주도적인 교육 개혁 운동가이자 니체 문화의 추종자인 비네켄이 한 연설은 〈무한한 아름다움이 불러오는 전율〉로 체험되면서, 이런 종류의 호소로는 아주 특별한 기억으로 남았다. 〈우리 발아래 펼쳐진 우리 조국의 빛나는 계곡을 볼 때, 나는 다음과 같은 강력한 희망을 가집니다. 전쟁의 군홧발이 저 계곡을 짓밟는 날은 절대 오지 말아야 합니다. 또 다른 민족의 계곡에서 전쟁을 치르게 강제 받는 날도 결코 와서는 안 됩니다.〉[67]

자연 사랑에는 여러 종류가 있는데, 그 가운데서 사냥 열정과 투쟁적 야성이라는 요소를 담은 자연 리비도도 두드러진다. 이는 특히 미국 서부에서 볼 수 있었던 현상이다. 미국 대통령 시어도어 루스벨트의 회상 가운데 하이라이트인 이른바 〈곰 사냥꾼들과의 만찬〉이다. 이는 대통령이 손수 곰 사냥꾼들을 백악관으로 초청해 벌인 만찬이다. 사냥꾼은 루스벨트에게 〈미국인이라는 자부심을 갖게 하는〉[68] 멋진 사나이였다. 그렇지만 자연을 바라보는 사랑은 대개 평화를 향한 갈망과 결합했다. 자연 보호의 기본 음색은 방어적이지, 공격적인 게 아니었다. 자연 사랑은 투쟁을 생존의 비결로 여기는 사회다윈주의와 결코 동일시할 수 없다. 당시 가장 찬란한 자연 사랑 고백으로 최고의 유명세를 자랑한 것은 호

* Völkerschlacht bei Leipzig: 이 전투는 1813년 10월 16일부터 19일까지 나폴레옹 보나파르트가 벌였던 것으로, 프로이센-오스트리아 연합군에게 참패한 싸움이다. 연합군은 물론이고 프랑스 쪽 병력에도 독일 사람들이 징발되었기 때문에 동족 학살이라는 표현도 따라붙는다.
** Gustav Wynecken: 1875~1964. 독일의 교육자. 교육 개혁 운동에 힘쓴 인물이다. 워낙 개방적인 성 관념을 가졌던 탓에 제자를 성추행했다는 혐의로 불행한 말년을 맞았다.

허 마이스너에서 루트비히 클라게스가 보낸 〈인간과 대지〉라는 메시지다. 전쟁을 혐오했기에 1914년 스위스로 이민 간 클라게스는 다윈주의를 날카롭게 질책했다. 〈자연은《생존 투쟁》이라는 것을 알지 못한다. 자연은 오로지 생명을 배려하는 법만 알 따름이다.〉클라게스의 메시지는 우주의 에로스를 통한 지구의 구출이라는 비전에까지 이른다. 우주의 에로스, 그것은 곧 〈모든 것을 결합해 주는 사랑이 우주를 창조하며 실을 짜는 힘이다〉.[69] 〈실을 짜는 힘〉이라······? 〈네트워크〉라는 말이 아직 없던 시절, 이렇게 표현할 수 있다는 통찰이 놀랍게 다가온다. 야성을 자랑한 여인 프란치스카 그레핀 추 레벤트로브*의 애인으로도 유명했던 클라게스에게 자연 사랑은 감각적 에로스와 통일을 이루는 것이었다. 자연 사랑과 인간 사랑 사이의 연결 고리는 아직 끊어지지 않았던 셈이다. 그러나 〈인간이 자랑하는 내밀한 격정은 남김없이 비워져 버렸다〉. 클라게스는 이런 비워짐이 자연 파괴로 빚어진 결과라고 불평한다.[70] 그 밖에 독일에서 다윈주의의 가장 성공적인 대중 전파에 앞장선 인물들, 이를테면 에른스트 헤켈**과 빌헬름 뵐쉐 역시 생존 투쟁을 찬미하는 것과는 거리가 멀었다. 오히려 그 정반대였다. 뵐쉐는 자연을 사랑의 스승으로 보았으며, 노동자들도 즐겨 읽은 그의 베스트셀러 『자연의 성생활 Das Liebesleben in der Natur』(1898)에서 동물과 식물 세계의 다양한 성애 기법들을 즐거움을 숨기지 않고 묘사했다.[71] 섹스를 두고 〈부자연스럽다〉고 호들갑 떠는 온갖 위선과 기만을 통렬하게 비웃은 기념비적 책이 뵐쉐의 작품이다. 롤프 페터 지에페를레***는 〈거의 모든 사회

---

　　* Franziska Gräfin zu Reventlow: 1871~1918. 독일의 여성 작가. 본명은 파니 리아네 Fanny Liane였다가, 백작 가문 남자와 결혼해 이런 이름을 얻었다(Graf zu Reventlow). 그러나 이 결혼 생활은 오래가지 못했으며, 뮌헨에서 예술가들과 어울려 자유분방한 성생활을 즐긴 탓에, 〈스캔들 여 백작〉이라는 별명을 얻었다. 이 경험을 담은 실화소설 『부인이 겪은 남자들 Herrn Dames Aufzeichnungen』(1913)이 대표작이다.

　　** Ernst Haeckel: 1834~1919. 독일의 생물학자이자 철학자. 개체 발생은 계통 발생을 반복한다는 생물의 발생 법칙을 주장했다.

　　*** Rolf Peter Sieferle: 1949년생의 독일 역사학자. 여러 대학교의 교수를 역임했으며, 현재는 스위스 장크트갈렌 대학교에서 주로 환경 운동 역사를 가르친다.

다원주의자〉가 적어도 1914년까지는 전쟁을 거부했다고 지적한다. 원칙적 신념에서 비롯된 거부는 아니었다 할지라도 이들은 기술에 의존한 현대의 전쟁이 절대로 최고의 선택, 말하자면 다원주의의 적자생존에 이르지 못하게 만든다는 점을 깨달았기 때문이다.[72]

국경을 모르는 철새의 보호는 그 자체로 국제 협약을 맺게 하는 계기가 되었다. 물론 저 초창기 환경 운동의 목적론이 파시즘에 이르고 만 것을 성급하게 〈생태 평화〉를 이루려던 운동이었다고 착각해서는 안된다. 오늘날 환경 운동 단체의 네트워크를 곧장 당시 시대에 적용하는 것은 곤란하다. 1877년에 창설된 〈강, 토양, 공기 오염 반대 국제 단체〉는 그 거창한 이름에서 벌써 글로벌하고 네트워크화한 사고방식이 있었다는 착각을 불러일으킨다. 그러나 사실상 이 단체는 〈원래 하수관 오염을 퇴치하려는 독일 단체에 지나지 않았으며, 아무리 늦게 잡아도 세기 전환기 이후 여전히 1인 기업에 지나지 않았다〉(프랑크 위쾨터).[73] 그럼에도 생태 시대는 〈벨에포크〉가 이루었던 네트워크를 새롭게 발견할 시각을 열어 준다. 불행히도 이 네트워크는 이후 이어진 세계 전쟁의 시대 때문에 부분적으로 찢기고 말았다. 시야를 넓게 잡고 바라보면 1970년대에 모습을 드러낸 저 환경 운동과 비슷한 것이 이미 1900년 이후 발달한 것 같은 인상을 받는다. 당시 이런 단초는 전쟁과 전후의 곤궁함으로 깨어진 게 아니다. 미국에서 이런 단초는 무한정한 자원이라는 환상을 다시 불러일으킨 경제 활황으로 망가졌을 뿐이다. 물론 오늘날 관점에서 바라본 1900년을 전후한 지구 생태계가 받은 위협이라는 것은 별로 대수롭지 않게 보일 수 있다. 그러나 클라게스를 비롯한 자연 애호가들은 당시에 이미 오늘날 예언주의자들과 비슷한 정도로 충격을 받았다. 1913년에 벌써 클라게스는 〈파우나 게르마니아Fauna Germaniens(게르만 동물 생태계)〉가 거의 완전히 파괴되었다고 보았다. 〈누군들 해를 거듭할수록 빠르게 줄어드는 우리의 사랑스러운 가수들, 곧 철새의 감소를 두려운 시선으로 알아보지 않으랴?〉〈사람의 평균 수명에 해당하는 세월 전만 보더라도 여름날 도시의 짙푸른 하늘을 어지러이 날며 지저귀는 제비들을 숱하게 볼 수 있었다.〉 그러나 지금은 심지어 농촌에서조차 〈무서울 정도로 조용해졌다〉.[74]

미국 여론에 경고한 레이철 카슨의 『침묵의 봄』이라는 충격 버전이 나온 것은 그로부터 50여 년 뒤의 일이다. 물론 냉철하게 관찰할 때 이런저런 경고는 과장된 것처럼 비칠 수도 있다. 실제로 전 세계적인 동물 개체 수의 감소는 그 어떤 방식으로도 계산할 수 없었다. 오로지 특정 종을 지역적으로만 그 감소 추세를 확인할 수 있었을 따름이다.[75] 그러나 100년 전 〈자연〉은 오늘날보다 훨씬 더 인간 안의 자연을 뜻했다. 그리고 당시 사람들은 이런 자연이 위협받는다는 것을 현대인보다 더욱 충격적으로 받아들였다. 당시는 현대의 속도, 도시 환경, 앉아 생활하는 방식 등에 오늘날처럼 익숙지 않았다. 그래서인지 여가 시간에 문명의 폐해로 입은 손상을 바로잡는 활동도 오늘날 건강을 최우선으로 삼는 의식보다 훨씬 뒤처졌다. 이런 배경을 염두에 두고 보아야 당시 생활 개혁 운동이 왜 그렇게 폭넓은 형태로 나타났는지 이해할 수 있다. 1800년을 중심으로 한 시대와 비교할 때 전체 그림이 명확한 모습을 드러낸다. 전능해서 한때 시퍼런 서슬을 자랑할 정도로 위협적이었던 자연은 이제 위협받는 자연이 되었다.

도시 환경 위기와 위생 운동

오감을 통해 아주 민감하게 감지할 수 있는 실제 환경 위기는 당시 주로 대도시에 집중되었다. 산업화가 이뤄지는 과정에서 하루가 다르게 지역의 낡은 경계가 무너지고 도시가 커지면서 대도시는 쓰레기와 매연에 질식당할 것만 같았다. 환경 운동 역사학자의 완전한 한 세대는 이 위기를 당시 쏟아져 나온 불평불만의 홍수와 더불어 재발견하곤 한다.[76] 19세기 말에서 20세기 초에 무엇이 오늘날의 환경 정책과 어울릴 만한지 찾고자 한다면, 〈자연〉이라는 개념에 너무 매달려서는 안 된다. 당시에는 주로 〈위생〉, 〈국민 건강〉, 〈공공 보건〉, 〈도시 보건소〉, 〈위생 운동〉이라는 개념 아래서 아주 많은 일이 이뤄졌다. 의심할 바 없이 여기서 우리는 국가 단위를 초월하는 아주 강력한 개혁 운동과 마주친다. 당시 이런 개혁 운동은 산업 국가에서 한 시대를 이루는 획기적인 것이었다.[77] 위생을 앞세우고 지역의 개혁 정치가, 의사, 엔지니어를 통일하며 하나의 정신과 에너지로 묶은 네트워크가 유럽 전역에 걸쳐 형성되었다. 이런 운동은 심지어 광신의 경지까지 치달아 반대하는 사람이면 무조건 영아 살해범 헤롯왕*과 동일시할 정도였다. 위생이라는 의미에서 청결함은 도덕적 순결함을 추구한 빅토리아 시대의 이상과 가장 잘 맞아떨어졌다. 그러나 위생 운동은 사회 개혁가와 사회주의자에게 결정적으로 자극을 받았다. 이런 운동은 관련 문학을 홍수처럼 쏟아 냈으며, 실천 능력을 과시한 지역 정치가들로 이뤄진 인상 깊은 갤러리를 이루어 냈다.[78]

그러나 바로 이 위생 운동에서 특히 날카로운 물음이 고개를 든다. 위생 운동이 정말 실제로 자연 보호, 자연 치료, 생활 개혁 운동과 관련 있을까? 아니면 위생 운동은 전혀 다른 방향, 심지어 역방향으로 흘러간 것은 아닐까? 오히려 당시 위생 운동은 오늘날 〈환경 보호〉라는 이름으로 진행된 모든 것에 서로 어울리며 함께 속하는 게 아니었으며, 각각 정반대의 방향으로 치닫는 분리된 이야기를 가졌다는 것을 뒷받침하는 결정적 증거는 아닐까? 이런 물음은 현재의 연구 단계에서 일부 여전히 답할 수 없는 것으로 남는다. 그러나 전체적으로 볼 때 상당히 분명해지는 점은 오늘날 생태 시대의 출발점을 완전하게 1900년을 전후한 시점으로 거슬러 올라가 잡을 수 없다는 사실이다. 당시 주로 대도시 시민이었던 자연 보호 활동가와 〈반더포겔〉 등은 될 수 있는 한 도시에서 멀리 벗어나려고 노력했다. 마침 대도시는 위생학자와 보건의의

* Herodes: 영어로는 〈Herod〉이다. 기원전 73?~기원전 4. 로마 제국이 유대인을 간접 지배하려고 내세운 왕이다. 『성경』 「마태복음」 2장에 나오는 동방박사와 아기 예수의 탄생 이야기에서 어린아이들을 모두 죽이라고 명령한 왕으로 묘사된다(개역 한글판: 헤롯왕, 공동번역: 헤로데 대왕). 그런 탓에 종종 악의 화신으로 불리는 인물이다.

활동 무대였다. 이들은 어디서나 기술에 열광하는 전형적인 테크노크라트였으며, 앞다투어 개인 회사를 차리면서 국토 전역을 덮는 기술 체계를 개척하는 선구자 노릇을 했다. 도시 지하에 상하수도관을 깔았으며, 가스와 전기를 공급하는 연결망 구축에 앞장섰다. 이런 것이야말로 자연에 빠진 몽상가의 세계와는 정반대가 아닌가.

현대 환경 문제는 19세기에서 비롯된 위생 운동으로 더 심각해진 게 대부분이다. 위생 운동의 차원에서 이루어진 도시 개량의 핵심은 대개 일종의 대규모 문제 떠넘기기였다. 지역의 환경 정책은 언제나 도시의 문제를 인근 지역을 희생해 해결하려는 유혹을 받았다. 또는 하층민의 주거 지역을 갈아엎어 산업 시설이 전혀 없는 〈고급 주택 지구〉를 조성하는 데 혈안이 되기도 했다. 원칙적으로 볼 때 이런 문제는 조기에 알아볼 수 있었다. 그러나 전체 지역을 포괄하는 환경 보호를 추진할 능력을 갖춘 제도가 없었다. 현대 생태학자들이 요구하는 〈네트워크화한 사고방식〉은 이미 19세기에 그 싹을 틔웠지만, 실질적인 성과를 끌어내지 못하고 정체해 버리고 만 셈이다.

〈네트워크 사고방식〉 시대와 결부된 한계

어쨌거나 비료가 아직 비쌌던 시절 사람들은 영양소의 순환이 이상적이라는 사실을 이후 무기질 비료 시대의 사람들보다 더욱더 잘 알았다. 영양소의 순환은 구체적으로 말해서 도시 배출물을 농업에 재활용한다는 뜻이다. 19세기에 쓰레기 문제에서 여론의 관심은, 보기만 해도 구역질 나지만 그럼에도 비료로서 가치가 있는 배설물에 집중됐다. 당시 산업 쓰레기는 아직 커다란 문제로 여겨지지 않았다. 빅토리아 시대의 영국 출신으로 〈위생 교황〉이라 불린 에드윈 채드윅*은 적대자에게 〈보

---

* Edwin Chadwick: 1800~1890. 영국의 관료로 19세기 공공 보건 문제에서 결정적인 영향을 끼친 인물이다.

건 독재자〉라고 비난받으면서도 꿋꿋하게 사회 문제는 결국 도시 위생의 문제라고 선포하며, 재활용을 일종의 철학으로 떠받들었다.[79] 채드윅이 이끌며 공기, 물, 영양소 같은 문제를 다룬 영국 〈위생 학파〉는 〈적체 대신 순환을!〉이라는 구호를 내세웠다. 그래서 하수를 비료 삼아 논밭으로 끌어다 댔다. 이렇게 해서 정화한 물이 자연적이 수환 과정으로 되돌려진다는 주장이었다. 채드윅은 이런 체계로 〈우리는 완전한 순환을 완성하면서 뱀이 꼬리를 입에 무는 이집트식의 영원함을 실현했다〉고 말했다.[80] 자연적 순환이 방해받으면 받을수록, 기술을 이용한 순환 프로젝트의 야망은 커져만 갔다.[81] 19세기 말엽 유럽 전역에서는 도시 쓰레기의 유용한 활용이라는 문제를 두고 격론이 일었다.[82] 빅토리아 시대의 영국은 한때 쓰레기 재활용을 이념처럼 떠받들었다고 팀 쿠퍼*는 썼다.[83] 반면 평소 영국에 우호적이던 〈화학 교황〉 유스투스 리비히**는 영국인들을 향해 수세식 변소로 〈모든 땅에 비옥함의 조건〉을 훔쳤다고 비난했다. 이는 곧 〈세계 질서의 악질적 간섭〉이며, 〈아무런 처벌도 없이〉 놓아 둔다는 것은 말이 되지 않는 소리라고도 덧붙였다. 영국은 〈유럽, 더 나아가 세계라고 말할 수도 있겠는데, 아무튼 유럽의 목덜미에 들러붙어 피를 빨아먹는 뱀파이어와 같다〉고 주장했다.[84]

독일 제국의 수도는 훨씬 더 잘하고 싶어 했다. 많은 거름을 포함한 마르크의 토사로 둘러싸인 베를린은 1900년을 전후해 세계에서 가장 큰 논밭을 자랑했으며, 사막 언저리에 위치한 카이로의 모범이었다.*** 그러나 도시 쓰레기 처리 문제는 갈수록 복잡해지고 불투명해졌다. 산업이 쏟아낸 유해 물질은 생활 하수의 비료 가치를 계속 떨어뜨렸다. 처음에 〈최고의 문화유산〉[85]으로 축복받은 베를린 논밭은 자연 보호 운

---

* Tim Cooper: 미국의 환경 운동 역사학자. 정확한 이름은 티모시 쿠퍼Timothy Cooper다. 더 자세한 인물 정보는 알 길이 없다.

** Justus Liebig: 1803~1873. 독일의 화학자. 기센과 뮌헨 대학교에서 화학 교수를 역임했으며, 이른바 〈리비히 냉각기〉를 발명해 화학의 교황이라 불리울 정도로 명성을 누렸다.

*** 본문에서 마르크Mark는 마르크 브란덴부르크Mark Brandenburg를 말한다. 베를린이 속한 주의 명칭이다.

동가의 눈에 하늘까지 악취를 풍기는 〈돼지우리〉[86]로 전락하고 말았다. 도시와 교외 사이의 생태 조화는 이런 방식으로 더는 구제할 수 없을 정도로 깨지고 말았다. 완벽한 정화 시설과 거기서 나오는 찌꺼기의 완전한 처리로 이르는 길 역시 도무지 끝날 것 같지 않은 험로로 입증되었다. 장소에 따라 바뀌며 시대와 더불어 변화하는 쓰레기의 복합적 성분은 쓰레기 처리 문제를 영원히 해결할 특허 모델, 어디에나 적용할 수 있는 특허 모델을 구축하는 것을 방해했다. 수세식 변기와 합류식 하수도에 자유로운 길을 열어 준 순환 모델은 단편적으로만 실현되었을 뿐이다. 순환은 제대로 이뤄지지 않았으며, 폐수 처리 문제를 더욱더 어렵게 했다. 도달할 수 없는 순환의 추구는 이내 다른 야망에 자리를 내주었다. 그 야망은 미국의 환경 역사학자 조엘 타르가 〈궁극적 처리의 탐색〉이라고 부른 것이다. 다시 말해서 폐수를 순환하게 하지 않고, 완전히 처리해 없애 버리자는 제안이다. 이 같은 목표의 이동은 1900년에서 100년 뒤에 원자력 기술의 역사에서도 일어났다. 처음에는 될 수 있는 한 완벽한 〈핵연료 순환〉, 곧 증식형 원자로와 재처리를 통해 순환시키고자 했다. 그러나 이 순환이 불가능하다고 밝혀지자, 핵폐기물을 지하 깊숙이 묻을 수밖에 없었다. 매립은 문제가 많은 방식이었지만, 다른 방법이 없었다.

루르 지역에서 1900년대에 이뤄진 획기적인 대규모 재개발 사업은 하수를 〈희생 구간〉으로 선포된 엠스강으로 집중함으로써 최소한 루르강을 절반 정도라도 다시 깨끗하게 되살리는 것이었다. 1904년 이 목적으로 설립된 〈엠스강 조합〉은 나중에 〈수리 사업의 어머니〉[87]라는 명성을 얻으면서, 오랫동안 시급한 환경 문제를 지역 통합의 관점에서 해결하려고 노력한 국제적 차원의 원형으로 칭송받았다.[88] 이 단체는 〈루르 계곡 출입금지 구역 선포 단체〉와 나중에 생겨난 〈루르 지역 연맹〉과 협력해 루르 지역에 깨끗한 식수를 공급하는 데 힘썼다. 물론 루르 지역의 하수는 결국 정화되지 않은 채 라인강으로 흘러들었다. 그 합류 지점은 네덜란드의 국경과 별로 떨어지지 않은 곳이다. 아무튼 당시 〈독일강)은 오물투성이로 변하기 일보 직전이었다. 새로운 생태 시대의 출발점인 1991년부터야 비로소 이 더럽혀진 강이 〈복원〉되기 시작했다. 그러나 이 복원 사업의 실제 속내는 달랐다. 사업은 옛날에 결코 볼 수 없었던 엠스강 풍광을 창조해 냈다. 이는 곧 엄청난 규모의 예산을 투입해 루르 지역이 갖고 있던 〈탄전 지대〉라는 이미지를 털어 내려는 일종의 전시 행정 사업이었다.[89]

1900년에 이미 첫 번째 쓰레기 소각 시설도 있었다. 말하자면 쓰레기 문제를 공기 가운데로 옮겨 놓은 것에 지나지 않는 게 소각 시설이다. 그러나 전쟁 기간과 이후 시절 석탄이 턱없이 부족했던 데다가 쓰레기에 탈 수 있는 것도 거의 없어서 공기로의 회피는 일단 가로막혔다.[90] 그러나 공장은 이 처리 방법을 앞다투어 써먹었다. 높다란 굴뚝은 좋은 이웃 관계를 위해 노력한다는 전략의 상징이었다. 굴뚝은 공장 주변의 매연을 줄여 주었기 때문이다. 1970년대에 이르러 높은 굴뚝 정책은 최후의 정점을 찍었다. 그러나 기압계로 기압을 측정하면서 사람들은 대기권이 무한하지 않으며 아무리 굴뚝을 높이 올려도 절대 우주 공간으로 사라지지 않는다는 사실을 분명하게 깨달았다.[91] 무엇보다도 오두막에서 올라가는 연기가 제법 멀리 떨어진 곳의 식물에 심각한 손상을 입힌다는 사실은 이미 오래전에 입증되었다. 그러나 광산업은 별다른 주목을 받지 않았고 재판도 피해 가면서 손해 배상을 해주는 쪽으로 문제를 틀어막았다. 그래서 수많은 〈매연 피해 농부〉[92]는 그 피해를 막기보다는 차라리 손쉽게 돈을 받는 데 만족하곤 했다.

공통분모, 건강

무엇보다도 당시 사람들은 〈위생〉과 〈자연〉으로 나뉜 개혁 운동 세력의 직접적인 결합을 거의 알아보지 못했다. 물과 공기의 오염을 겨냥한 투쟁은 〈반더포겔〉과 자연 치유사, 또는 자연과 조류와 농촌 보호 운동가가 북적이던 녹색의 들판과는 전혀 다른 곳, 곧 대도시를 주요 활동

무대로 삼았다. 그럼에도 〈하나〉의 커다란 공통분모는 있었다. 바로 〈건강〉이다. 〈건강은 어떤 재화보다도 더 소중하다〉는 아르투어 쇼펜하우어의 인생 지혜[93]는 부가 늘어나던 시절에 공통의 지혜로 자리 잡았다. 물론 여기서는 그때그때 드러난 차이와 국면이 서로 겹쳤다는 점에 주목할 필요가 있다. 도시 개혁과 위생적인 식수 공급과 하수 처리의 중앙 관리에 처음으로 커다란 추진력을 실어 준 것은 무엇보다도 전염병 공포였다. 특히 콜레라와 티푸스는 완만하게 진행되는 결핵보다 훨씬 더 큰 충격을 불러일으켰다. 당시 가장 많은 인명을 앗아간 병이 결핵이었음에도 시민들은 콜레라와 티푸스에 더 몸을 떨었다. 1892년에 발병한 함부르크 콜레라가 알토나*의 성문 앞에서 그 진격을 멈추어 버린 것은 로베르트 코흐가 이끈 미생물 학파의 최종 승리로 간주되었으며, 동시에 하수 정화가 필요했음을 웅변했다. 알토나는 이미 하수 처리 시설을 갖추었지만, 함부르크는 그렇지 않았기 때문이다.[94] 그러나 역병의 발생을 토양의 늪지화와 오염을 통해 설명하려 했던 전염병 학자들을 상대로 미생물학이 승리를 거둔 것은 대중이 환경 문제에서 눈길을 돌리게 했다. 엄격하게 미생물학에 기초한 〈새로운 공공 보건〉을 주창한 미국의 히버트 윈슬로 힐**은 1916년 다음과 같이 선포했다. 〈낡은 공공 보건은 환경에 관심을 갖지만, 새것은 개인에 집중한다.〉[95] 심지어 미생물학의 지배 아래 그토록 민감하게 받아들여지던 〈매연〉의 건강 위해 요소는 완전히 무시되었다.

1890년 로베르트 코흐는 마침내 대중에게 투베르쿨린을 선보였다. 그가 손수 개발한 이 약품은 마침내 결핵의 완전 정복을 약속해 줌으로써 숭배자의 눈에 코흐를 〈모든 시대를 통틀어 가장 큰 공훈을 세우

---

* Altona: 함부르크의 북서 지역 지명. 원래는 작은 어촌이었다가 1938년에 함부르크로 합병되었다.

** Hibbert Winslow Hill: 1871~1935. 캐나다 출신의 병리학자. 토론토 종합병원에서 임상실험을 맡아 공공 보건의 새로운 비전을 제시한 인물이다. 나중에 활동 무대를 미국으로 넓혀 미생물학 연구를 주도했다.

며 최고의 성공을 거둔 위대한 연구자〉로 급부상시켰다.[96] 그러나 실제로는 이른바 기적의 약은 얼마 가지 않아 제약 역사의 가장 큰 실패 가운데 하나로 망신당했다. 빛과 공기라는 자연 치유 복음을 앞세운 산속의 결핵 요양원은 어느 때도 볼 수 없던 활황을 누렸지만, 〈투베르쿨린을 둘러싼 흥분〉은 〈심리적 유행병〉이라는 쓸쓸한 기억으로 남았다. 바로 의학 진단 기술의 발전은 종종 〈치료의 허무주의〉로 이끄는 결과를 자아내곤 했다. 진단은 했으나 치료를 위해 의사가 할 수 있는 게 많지 않다는 헛헛한 깨달음 때문이다. 전염병 예방은 지역 정치가와 엔지니어의 일이거나, 다시금 〈자연의 치유력vis medicatrix naturae〉에 의존할 수밖에 없었다. 이는 곧 빛과 공기와 물에 의존하는 자연 요양을 뜻한다. 즉 건강한 식생활을 하면서 〈안정과 운동〉의 조화로운 균형을 꾀하는 게 자연 요법이다. 의사 협회는 〈무면허 돌팔이〉를 막으려고 안간힘을 썼지만, 자연 치유 철학을 내세운 치료 행위는 곳곳에서 자행되었다. 1900년을 전후해 약품 산업이 꾸준히 발달했지만, 사람들은 좀체 약품의 효능을 인정하지 않았다. 오히려 정반대로 약물 치료는 현대적인 게 아니라 옛 〈만병통치약〉의 잔재로만 여겨졌을 뿐이다.[97] 특히 이것이 〈신경 쇠약〉의 고통을 낳은 사례다. 여기에는 그럴 만한 충분한 근거가 있다. 1880년대 이후 신경 쇠약은 당대에 심리적 전염병으로 여겨질 정도였다. 뉴욕의 신경의학 의사 조지 M. 버드가 1880년 의학 교과서에 선보인 〈신경 쇠약증〉은 독일 제국에서도 빠른 속도로 퍼져 나갔다.[98] 흔히 유럽에서 대서양을 넘어 미국으로 의학이 전파되던 시절, 정반대의 흐름이 일어났다. 1914년 직전만 하더라도 신경 쇠약증은 가장 자주 내려진 진단이었다.[99]

신경 쇠약에 걸린 자연 사랑

세기 전환기에 가장 활발하게 신경병에 관한 책을 썼으며, 한때 신경증으로 고통받는 막스 베버의 상담을 맡았던 신경과 전문의 빌리 헬

파흐*는 버드의 〈신경 쇠약증〉이 거둔 결정적 성공을 당시 독일이 겪은 거대한 변혁과 결부해 설명했다. 여기서 말하는 거대한 변혁이란 광풍을 불러왔던 〈창업 시대〉**의 몰락과 자유 무역의 포기 이후, 사람들이 곱씹어야만 했던 쓸쓸함을 뜻한다. 말하자면 1880년을 전후해 산업 자유주의는 〈신경 탈진〉이라는 충격을 겪었다.[100] 미국에서 남북전쟁 이후 이어진 〈재건의 시대〉에 일어난 산업화의 폭풍에서도 비슷한 경험을 확인할 수 있다. 〈신경증 시대〉는 부동의 개념이 된 셈이다. 1900년을 전후해 위생 문제를 다룬 문헌에는 〈신경 위생〉이라는 개념이 등장한다.[101]

몸소 겪은 〈신경 쇠약〉과 자연 치유 열풍 사이에는 밀접한 연관이 있다. 비 온 뒤의 땅에서 버섯이 솟아나듯 앞다투어 생겨난 자연 치유원, 신경 요양원 등은 그 철학과 치료법으로 꾸준히 인기를 얻었다. 그동안 에디슨과 함께 일하기도 한 버드는 신경 쇠약증을 전기 치료법으로 다룰 수 있으리라는 믿음을 가졌다. 그러나 독일에서 처음으로 이 새로운 신경병을 다룬 파울 율리우스 뫼비우스***는 전기 치료를 말도 안 되는 헛소리로 취급했다. 오로지 생활 방식의 변화를 통해서만 신경병을 극복할 수 있다는 주장이다.[102] 1908년 신경학자 빌헬름 히스****는 베를린 의사 협회에서 한 연설에서 다음과 같이 확인했다. 〈신경병이 국민병이 되고 난 이후 자연 치유 방법은 그 가장 중요한 특징과 경험상 효력을 인정받았다.〉[103]

직접적인 횡적 결합이 불분명해 보일지라도 적어도 여기서 자연 보호와 환경 보호 운동의 내적 통일을 찾아볼 수 있음을 이야기해 주는 요

---

* Willy Hellpach: 1877~1955. 독일의 의사이자 정치가. 1925년에는 독일 제국 대통령 후보로 나서기도 했다.

** Gründerzeit: 〈창업 시대〉란 19세기 유럽에서 산업화와 더불어 일어난 자본 투자 붐을 말한다. 이 시기는 1873년 주식 시장의 대폭락으로 마감했다.

*** Paul Julius Möbius: 1853~1907. 독일의 신경병 학자이자 정신과 의사. 과학을 쉽게 풀어 쓴 책을 많이 썼다.

**** Wilhelm His: 1863~1934. 독일 출신의 의사.

소는 적지 않다. 사람들은 자연에서 도시의 바쁜 생활로 지친 신경을 달 랠 휴식을 구했다. 처음에는 낭만주의자와 루소의 제자들만 추구했던 것이 교통 기술의 발달과 더불어 현대의 대중 운동이 되었다. 〈상인과 변호사는 거리의 소음과 벅적거림으로부터 도망갔다.〉 1836년 랠프 월 도 에머슨*이 자신의 에세이집 『자연Nature』에서 쓴 글이다. 〈숲과 툭 터 진 하늘을 보자마자 그들은 다시금 인간이 되었다.〉[104] 국립 공원과 야 생의 미국 선지자 존 뮤어는 자신의 이웃이 신경 쇠약에 걸려 있음을 보 았다. 1898년 뮤어는 다음과 같이 주장했다. 〈지치고 신경 쇠약에 걸렸 으며 문명의 과도한 세례를 받은 수많은 사람은 산으로 오르는 길이 곧 편안히 쉴 가정으로 가는 길이라는 것, 야생은 반드시 필요한 것이며, 국립 공원과 보호 구역은 나무와 물의 원천일 뿐만 아니라, 생명의 원 천이기도 하다는 점을 깨달았다.〉[105]** 시어도어 루스벨트가 1903년 요 세미티 국립 공원에서 존 뮤어와 만난 것(〈내 인생 최고의 날〉)은 야생 의 자연 안에서 다시 얻은 건강한 신경의 힘을 보여 주려는 일종의 시위 와 같았다. 두 사람이 함께 찍은 사진은 미국 자연 보호 운동을 상징하 는 아이콘이 되었으며, 『미국의 신경과민American Nervousness』[106]이라는 책의 표지를 장식했다. 자신을 언제나 힘이 넘치는 사나이로 선보였던 대통령 역시 한때 신경 쇠약에 고통받았기 때문에 그런 시위를 연출했 다.[107] 자신의 자서전으로 당시 미국의 신경 쇠약을 문학으로 증언한 샬 럿 퍼킨스 길먼[108]은 동시에 페미니즘의 관점으로는 최초의 생태 관련 유토피아 소설로 명성을 얻었다.[109] 1900년을 기점으로 봤을 때 독일과 미국이 신경 쇠약증[110]의 중심지인 동시에 자연 보호의 아성이었던 데 는 다 그만한 이유가 있다. 이른바 〈광야 소설〉이라는 장르의 창시자로 여겨지는 헤르만 뢴스의 경우 〈끝을 모르는 우울증의 상태가……극도

* Ralph Waldo Emerson: 1803~1882. 미국의 시인이자 사상가. 청교도주의 및 독일의 이상주의를 강조한 작품을 주로 썼다.
** Charlotte Perkins Gilman: 1860~1935. 미국의 여성 작가이며 여성 인권 운동가로 유명한 인물. 여성들만의 가상 세계 〈허랜드Herland〉를 창조한 소설로 인기를 끌었다.

의 예민함으로 변덕을 부렸다〉라고 그의 아내는 증언했다.[111] 옥타비아 힐* 역시 〈내셔널 트러스트〉**라는 단체의 창설을 주도하기 전에 심각한 신경병을 앓았다.[112]

국가별 차이와 일치점

당시든 오늘이든 국가 사이의 차이를 대략 비교하면, 생태주의의 생태를 알아볼 수 있다. 다시 말해서 나라와 나라의 풍토적 차이가 분명하게 드러난다. 1885년 날이 갈수록 늘어나는 이른바 〈보건 의료 관리〉 가운데 한 명인 밸러드Ballard라는 의사는 다음과 같이 주장했다. 〈위생학은 영국인의 심리가 만들어 낸 학문이다.〉〈보건 의료 관리〉***는 영국의 공공 보건 운동을 이끌던 주체를 말한다.[113] 이 운동은 이미 1830년 대와 1840년대에 출발했다. 위생 문제와 사회의 불평등은 그만큼 밀접하게 맞물려 있었다. 프리드리히 엥겔스가 쓴 『영국 노동 계급의 상황Lage der arbeitenden Klasse in England』(1845)은 당시의 도발적인 위생 리포트를 토대로 한 책이다. 그러나 〈보건 의료 관리〉는 오랫동안 박봉에 시달린 보잘것없는 관직이었다. 위생 운동이 일종의 권력으로 자리 잡은 것은 무엇보다도 1880년대 이후의 일이다. 전염병의 공포가 확산하면서 도시 개혁가와 기술자가 앞다투어 나서며 위생 운동을 벌였기 때문이다.[114] 당시 위생 운동은 다른 서구 산업 국가로 전파되며 야심 찬 실천가들을 사로잡았다. 여기서 독일은 지방 자치가 비교적 강하게 자리 잡아 상당한 강점을 누렸다. 실효성 있는 대책은 지방 자치의 차원에서만 내려질 수 있기 때문이다. 물론 도시의 유지들은 위로부터 자극

---

* Octavia Hill: 1838~1912. 영국의 여성 사회 개혁 운동가. 도시의 빈민층을 위해 사회 보장 주택의 건설을 주도한 인물이다.

** National Trust: 역사적 의미가 있거나 자연미가 뛰어난 곳을 소유하고 관리하며 일반인에게 개방하는 일을 하는 민간 단체다.

*** Medical Officer for Health: 지방 자치제 차원에서 보건 기구를 맡은 수장에게 주어지는 직함. 영국에서는 주로 선거를 통해 선출했다.

이 있어야만 움직이는 일이 잦기는 했다. 동물 학대를 반대하는 투쟁 역시 영국이 훨씬 더 오래된 뿌리를 자랑한다. 이 투쟁은 청교도와 쾌이커 파에 의해 일찍부터 강력한 영향력을 자랑하는 사회 운동의 요소가 되었다.[115] 그러나 아르투어 쇼펜하우어와 리하르트 바그너 같은 독일 지도자들 역시 의학의 해부 실험을 비롯한 동물 학대에 공개적으로 혐오를 천명했으며, 1881년에 이미 〈독일 제국 동물 보호 단체 협회Verband der Tierschutzvereine des Deutschen Reiches〉는 150여 개의 회원 단체를 자랑했다.[116] 조직적인 동물 보호는 조직적인 자연 보호보다 역사적으로 앞선 운동이다.

국립 공원과 더불어 야생의 숭배는 기념비적 자연, 곧 웅장한 협곡 Canyon과 거대한 세쿼이아에 새로운 국가적 자부심을 건 미국에서 비롯되었다. 하긴 달리 어쩔 수 있으랴? 구대륙의 기념비적인 건축물에 미국이 맞설 수 있는 것은 달리 마땅치 않았다. 독일의 프로이센에서 1906년부터 천연기념물을 보호하는 국가 기관의 수장으로 활약한 콘벤츠는 일단 꼼꼼하고 정확한 〈천연기념물〉 보호와 관리에 만족해야만 했다. 이 점에서 콘벤츠는 유럽에서 획기적 성과를 거두기도 했다. 그러나 유럽에서도 미국의 거대한 국립 공원에 찬탄하고 질투하며 자신의 조국에도 비슷한 것을 애타게 희망한 자연 애호가가 많았다. 브레슬라우의 고등학교 교사 빌헬름 베테캄프는 이미 1898년 프로이센 의사당에서 자연 보호를 위한 격정적인 연설을 하며 미국의 국립 공원이야말로 위대한 모범이라고 격찬했다.[117] 광야의 광활함에 열광한 헤르만 뢴스는 1911년 〈콘벤츠 식〉의 자연 보호를 두고 〈프리첼 식의 잡화상〉이라고 폄하했다. 〈오히려 자연 훼손이야말로 거꾸로 자연 보호를 일깨운다는 점에서 천재적인 통 큰 전략이라고 인정하지 않을 수 없다.〉[118] 사실 콘벤츠는 자신을 자연에 열광하는 팬보다는 자연과학자로 내세웠다.[119] 이는 더 정확히 이야기하자면 자연 보호를 국가 기관 안에 뿌리내리게 하려는 목적이었다. 물론 이게 〈천연기념물〉만을 따로 떼어 보호하는 것만으로 충분치 않다는 점은 그도 잘 알았다. 그러나 행정 기구

안에서 자신의 입지를 확보하려면 농업 분야와 갈등을 일으키지 않는 명확히 분리된 책임 영역을 끌어내는 게 필요했다. 콘벤츠의 뒤에는 과학 정책의 강력한 실력자 프리드리히 알트호프*가 서 있었다.[120] 그러니까 자연 보호는 〈운동〉뿐만 아니라 국가와 과학의 관계에서도 기원했던 셈이다. 이는 미국과 독일 제국에 공히 적용되는 이야기다. 새뮤얼 P. 헤이스는 시어도어 루스벨트 시대의 〈천연자원〉 보호가 겉으로는 기꺼이 〈풀뿌리 이미지〉를 제공하고자 했지만, 사실상 국가 중앙 기관의 구축이라는 맥락에서 이뤄졌음을 입증해 냈다. 이는 한 세대 이후 프랭클린 루스벨트 시기까지 이어진 흐름이다. 당시 이미 환경 보호가 품은 근본적인 긴장 관계가 드러난 셈이다.[121]

1909년 뮌헨의 〈예술가 클럽Künstlerklause〉에서 미국을 모범으로 삼아 대형 공원을 요구하며 〈자연 보호 공원 협회Verein Naturschutzpark〉라는 이름의 단체가 결성되었다. 이 단체는 〈조류학과 조류 보호 오스트리아 제국 연맹Österreichischer Reichsbund für Vogelkunde und Vogelschutz〉과 〈뒤러 협회〉** 의 지원을 받기도 했다. 처음에 34명의 인물이 모였던 〈자연 보호 공원 협회〉는 1913년까지 1만 6,000명에 달하는 회원 수를 자랑할 정도로 성장했으며, 직접 협회 일을 돌보는 회원만 해도 600명이 넘었다. 예전만 하더라도 독일에서는 미국의 국립 공원 운동을 바라보며 꿈만 꿀 수 있던 차원이 현실로 나타난 셈이다. 협회는 〈뤼네부르크 하이데〉에서 가장 활발한 성과를 거두었다. 그곳에서 협회는 심지어 카이저 빌헬름 2세***의 후원 약속을 얻어 냈으며, 1912년에는 공용 보호 권리를 인정받아 자연을 훼손하는 개간 작업을 막았으며, 사냥을 제한하기도 했다.[122] 당시만 하더라도 사람들은 〈뤼네베르크 하이데〉를 기꺼이 〈원시 자연〉으로 보

---

* Friedrich Althoff: 1839~1908. 프로이센의 정치가로 주로 문화 분야를 담당했다. 특히 19세기 말에서 20세기 초에 이르는 시기에 대학 정책에 결정적인 영향을 주었다.

** Dürerbund: 1902년에서 1935년까지 활동했던 단체로 화가 알브레히트 뒤러Albrecht Dürer의 이름을 따서 결성된 문화정책 모색 단체다.

*** Wilhelm II: 1859~1941. 독일 제국의 마지막 황제. 재임 기간은 1888년에서 1918년까지다.

고 싶어 했다. 그러나 나중에 토양과 꽃가루 전문가가 이곳의 숲은 원래 조림되었다는 점을 입증하자, 실제로는 양을 방목하고 뤼네부르크 염전의 목재 사용으로 파괴된 자연을 야생의 자연으로 오해했다는 비웃음에 뤼네베르크 하이데 낭만주의자들은 시달려야만 했다.[123]

미국 서부의 〈야생〉이라 할지라도, 오늘날 우리가 아는 것처럼, 그 신도가 생각하듯 인간의 손길이 닿지 않은 게 아니다. 오히려 그림처럼 꾸며진 풍경은 특히 인디언의 화전 영농으로 생겨났다.[124] 미국인의 야생 사랑도 실제로는 가꾸어진 풍경을 향한 애정이었을 뿐이다. 다만 그들은 이런 사실을 의식하지 못했을 뿐이다. 풍경의 아름다움을 즐기려는 동기를 갖는 당시 자연 보호의 단순함은 오늘날의 관점에서 볼 때, 특히 아름답다고 여겨지는 풍경을 그림처럼 보존하고자 하는 데서 잘 나타난다. 그러나 이미 다윈의 진화론으로도 확실하게 알 수 있듯, 그 자체로 버려둔 자연 역시 끊임없이 변화하며 숲과 덤불을 자랑하는 〈목가적〉 풍경은 도저히 어찌 손을 볼 수 없을 지경으로 폭발적으로 성장한다는 점이다. 오늘날까지도 자연 보호는 이런 관점으로 빚어진 결과물과 힘겨운 싸움을 벌인다.

당시 생활 개혁의 핵심 가운데 하나인 금주 운동이 가장 강한 정치 운동으로 자리 잡은 곳은 미국이다. 금주 운동의 추종자들은 그들에 앞선 노예해방론자, 곧 노예주의의 폐지를 역설한 사람들 못지않은 도덕적 열정으로 싸웠다. 그러나 두 경우 모두 그 성공은 나중에 밝혀졌듯, 너무 많은 희생을 치르고 얻어낸 〈피루스 승리〉*에 지나지 않았다. 술에 취하는 게 반자연적인가? 물론 이 물음을 두고 논쟁은 얼마든지 벌어질 수 있다. 그러나 당시 익히 알려진 사실은 이른바 〈원주민〉이 현대의 서구 문명과 접촉하면서, 증류주로 말미암아 최악의 파탄 상태를 맛보았다는 점이다. 금주 운동은 음주 문화가 대학생과 군인의 사교에서

---

* Pyrrhic victory: 고대 에피루스의 왕 피루스Pyrrhus가 로마를 상대로 싸워 상처뿐인 승리를 이끌어낸 것을 이르는 표현. 기원전 279년 로마에 맞서 싸운 피루스 왕은 다음과 같은 말을 남겼다. 〈한 번 더 이런 식으로 이긴다면, 그것은 패배나 다름없네.〉

필수로 자리 잡은 독일에서 미국보다 더 강렬하게 일어났다. 말하자면 자연을 표방한 생활 개혁의 핵심이 독일의 금주 운동이었다. 당시의 주도적인 정신과 의사들, 이를테면 아우구스테 포렐과 에밀 크레펠린*에게 알코올이 정신 건강을 해치는 가장 나쁜 적이라는 깨달음은 일종의 계시처럼 다가왔다.[125] 술과 담배를 끊는 일은 당시 독일에서 일종의 문화 혁명처럼 여겨졌다. 취리히에서 건강 치료소를 연 막스 비르허베너가 개발한 〈뮈즐리Muesli〉는 오늘날까지 채식주의의 대명사로 알려져 있다. 그러나 대서양을 사이에 두고 더욱 광신적인 채식주의자의 사례를 찾아볼 수도 있다. 미국의 존 하비 켈로그**가 〈뮈즐리〉와 비슷한 대안을 만들었다. 그는 동생과 함께 자신의 이름을 딴 콘플레이크를 발명했으며, 미시간의 배틀 크리크Battle Creek라는 곳에 요양원을 만들어 채식주의 음식에 웃음 연습, 스웨덴식 체조와 배변을 돕는 거의 모든 방법을 결합해 선보였다.[126]

이 장이 다루는 운동은 대체로 유럽의 게르만족 나라에서 특징적이다. 여기서는 개신교의 청교도 도덕이 산업화로 갈수록 강해지는 경쟁의 압력과 더불어 육류와 술의 과도한 소비와 정면으로 충돌했다. 소득의 증대와 더불어 육류 및 술의 소비는 더욱 늘어났다. 신경 쇠약 역시 심지어 파올로 만테가자***도 인정하듯, 게르만의 개신교 유럽이 앓는 전형적인 질병이었다. 이탈리아 출신의 만테가자는 신경 쇠약이라는 주제로 책을 쓴 저자 중 가장 유명하다.[127] 특히 조류 보호를 둘러싸고 게르만과 로만어족****사이에 본격적인 대결이 빚어졌다. 이탈리아에

---

* Emil Kraepelin: 1856~1926. 독일의 심리학자. 정신의학의 과학적 발달에 크게 공헌한 인물이다.

** John Harvey Kellogg: 1852~1943. 미국의 의사로 동생 윌 케이스 켈로그Will Keith Kellogg와 함께 콘플레이크와 땅콩 버터를 발명했다. 건강과 섭생에 관한 많은 책을 썼으며, 회사를 설립 〈켈로그〉라는 브랜드의 콘플레이크를 1897년부터 생산했다.

*** Paolo Mantegazza: 1831~1910. 이탈리아의 신경학자이자 생리학자이며 인류학자. 인간의 정신에 영향을 미치는 식물들을 연구한 많은 책과 다수의 소설을 썼다.

**** 여기서 로만어는 이탈리아, 에스파냐, 프랑스, 포르투갈, 루마니아 등에서 쓰이는 방언을 뜻한다.

서 새 사냥은 대중의 커다란 인기를 누리는 국민 스포츠였다. 새 사냥이 한때 알프스를 중심으로 북부 지역에서도 대중적 인기를 자랑했다는 사실은 모차르트의 「마적」이라는 오페라에 등장하는 파파게노가 부르는 아리아를 들어 봐도 알 수 있다. 심지어 프로이센의 베스트팔렌에서는 1904년까지 누구나 원하는 대로 철새를 사냥할 수 있었다.[128] 그러나 세기 전환기에 일반의 의식에 전환점이 생겨난다. 이때부터 영국과 독일의 자연 애호가와 조류 보호 운동가는 새 사냥은 물론이고 벌채로 속살을 드러낸 산들을 유럽 남부 국가의 자연 파괴로 보기 시작했다.[129] 반대로 오스트리아 국회에서 자신의 고향 트렌토를 대변하고 어려서부터 〈먹을거리〉를 위한 새 잡이 풍속을 즐겨 온 목사 조반니 살바도리[*]는 1884년에 열린 제1회 국제 조류학 학술 대회를 자신의 논쟁적 주장 〈곤충을 보호하고 새 잡이를 자유롭게 하라!〉로 발칵 뒤집어 놓았다.[130] 당시 조류 보호 운동은 이른바 〈익조〉, 다시 말해서 곤충을 잡아먹는 새를 특히 지켜 줘야 한다고 목소리를 높였다. 바로 이 점을 노리고 살바도리는 비웃듯 반문했다. 〈이《익조》도 많은 경우 해를 끼치지 않느냐? 이 새들이 잡아먹는 곤충이라고 해서 모두 유해한 것은 아니지 않은가? 오히려 전체로 보면 곤충도 보호받아야 할 자연의 일부가 아닌가?〉 이로써 살바도리는 오늘날까지도 풀리지 않은 동물 보호의 근본 문제를 건드린 셈이다.

자연 보호와 향토 보호

빌헬름 2세 시절의 독일에서 자연 보호는 무엇보다도 향토 보호의 일환으로 더욱 폭넓은 운동이었다. 당시 보호받아야 하는 자연이란 예로부터 농부들이 농사를 지어 오던 농토였다. 이런 관점에서 볼 때 당대

---

[*] Giovanni Salvadori: 1836~1900. 이탈리아의 목사이자 정치가. 조류학자로도 활발하게 활동했다.

의 자연 보호는 심지어 이후 생태화한 자연 보호보다 상당히 앞섰다. 생태에 초점을 맞춘 자연 보호는 그 시야를 작은 야생 동물 보호 구역에 가두어 둠으로써 더욱 광활한 땅을 외면하고 말았기 때문이다. 향토 보호는 이처럼 시야를 넓혀 주는 지평을 가지면서 여러모로 볼 때 심지어 현대의 환경 의식에 더욱 가까이 서 있었다.[131] 19세기까지 농민의 생활 방식은 저 하천 정비의 요란한 시대 이전에 동물과 식물의 종 다양성을 장려했기 때문에, 전통적인 농촌 전경을 보존하는 일은 오늘날의 생태적 관점에서 보아도 의미가 있다. 그리고 여기서 그치는 것만이 아니다. 옛 시절 도처에 범재하는 자연이라는 이름의 여신과 달리 보호받아야 하는 자연은 일단 그게 어디를 말하는지 정해야만 했다. 자연 보호의 정신적 아버지인 에른스트 루도르프는 향토 보호를 계획하고 추진한 사람이기도 하다. 그리고 루도르프에게 자연 보호와 환경 보호는 서로 밀접하게 맞물렸다.[132] 학교에서 향토의 지리와 역사 수업이 신설되도록 노력한 후고 콘벤츠를 두고도 같은 말을 할 수 있다. 특히 이 향토 수업은 농촌으로 소풍과 탐사를 다니면서 학생들이 향토 자연을 사랑하고 이해하도록 북돋웠다. 그 좋은 본보기로 콘벤츠는 빌제더 산에서 열린 교사 연수 대회를 칭찬해 마지 않았다.[133]

당시 에른스트 헤켈이 창설한 〈생태학〉보다 프리드리히 융게*의 책 『생명공동체로서 마을 저수지Der Dorfteich als Lebensgemeinschaft』(1885) 같은 향토와 자연 학습의 복음서가 나중의 생태 운동에 더 가까웠다. 헤켈의 생태학은 당시만 하더라도 구체적 연구가 없는 일종의 프로그램에 지나지 않았다. 초등학교에서 향토의 지리와 역사를 가르치는 일은 독일에서 자연 보호의 선구적 단계로 그다지 인정과 주목을 받지 못한 점이 안타까울 뿐이다. 더욱이 하필이면 〈생태 혁명〉의 시대에 향토 수업은 나치스에게 악용된 사례가 많다는 주장으로 오욕을 뒤집어쓰며,[134]

---

* Friedrich Junge: 1832~1905. 독일의 생물학자이자 교사. 생물학 교과서를 썼으며, 생태계 연구의 선구자로 여겨지는 인물이다.

생동감이라고는 없는 〈실과 수업〉으로 대체되었다.[135] 이런 사실 역시 녹색 운동이 역사를 모른다는 점을 나타내는 지표이기도 하다. 1848년 급진파로 몰려 임업 전문대학 타란트Thrandt의 교수직을 잃은 에밀 아돌프 로스메슬러만 하더라도 향토 보호와 자연 보호의 연결 고리는 분명했다. 적어도 1853년 그가 창간한 신문 『자연으로부터Aus der Natur』를 본다면.[136] 19세기에 번성한 지역 중심의 자연 관련 단체들 역시 사정은 비슷하다. 현지의 이른바 〈환경 미화 단체〉를 포함해 이런 자연 관련 단체들은 자연 보호 운동의 기원으로 별다른 인정을 받지 못했다.

이 모든 게 독일의 저 악명 높은 나 홀로식의 특수 사례일까? 늘 완벽을 추구하는 독일의 유별난 자세에서 비롯된? 전쟁의 마지막 국면에서 나치스 지도부는 향토 보호라는 구호로 국민의 전의를 되살리려 안간힘을 썼으나 허사였다. 이후 많은 사람의 머릿속에 〈향토〉는 나치스의 개념이라는 고정 관념이 자리 잡았다.[137] 비록 조금만 자세히 읽어봐도 향토나 고향이라는 개념은 아돌프 히틀러보다 호메로스의 『오디세이』나 요하나 슈피리*의 『하이디』에 훨씬 더 가깝다는 점을 쉽사리 알아볼 수 있다. 〈고향〉은 그 자체로 주관적 개념이며, 〈인종〉과 달리 존재론적으로 그 대상을 확정지을 수 없는 단어다. 다시 말해서 고향은 그 자체로 팽창하지 않고, 밀접하게 제한되고 한눈으로 살필 수 있는 공간이다. 독일의 향토 보호는 그 기본 성향에서 반反중앙 집권적이며, 1871년 이후 통일의 열망과는 은근한 거리를 두었다.[138] 향토 보호를 주제로 출간된 책들에서 민족주의적 색채는 거의 찾아볼 수 없었으며, 설혹 있다고 해도 핵심 논제는 전혀 아니었다. 오히려 다른 나라를 모범으로 제시하면서 국제적 접촉에 힘썼다.[139] 독일 제국과 프랑스는 1914년까지 갈수록 첨예해지는 정치적 갈등에도 향토 보호 운동에서 아주 밀접한 협력을 자랑했다.[140] 심지어 1909년 10월 파리에서 열린 향토 보호 국제 대

---

* Johanna Spyri: 1827~1901. 스위스의 여성 소설가. 〈알프스의 소녀〉로 널리 알려진 향토색 짙은 『하이디Heidi』를 쓴 작가다.

회의 개막식에서 의장 자리를 콘벤츠가 맡은 것을 보라![141] 그의 국제적 명성은 그만큼 높았다! 프로이센의 관료로는 왜소하기 짝이 없던 그가 국제 자연 보호 운동에서만큼은 거인이었던 셈이다. 〈효율적이면서도 간결한 자연 보호 관제를 조직함으로써 그는 유럽에 열풍을 불러일으켰다.〉[142] 그의 영향력은 스칸디나비아와 러시아까지 미쳤으며, 심지어 러시아 자연 보호 운동가들을 적극 지원함으로써 자신의 구상이 독일 제국과 다른 나라에서도 펼쳐질 수 있게 했다.[143] 국제 자연 보호 운동을 이끈 또 다른 선구자는 스위스의 파울 사라신Paul Sarasin이다. 콘벤츠와 달리 그는 언변이 뛰어난 위대한 연설가였다. 세계의 구원을 역설하는 사라신의 열정은 자연 보호를 의미 창출의 선두주자로 부상하게끔 활력을 불어 넣었다.

1895년에 창립된 영국의 〈역사 명승·자연 경승지를 위한 내셔널 트러스트〉 역시 자연 보호와 향토 보호를 결합해 탄생했다. 이 단체는 오늘날까지도 영국에서 자연 및 기념물 보호의 선도적인 역할을 수행하며, 독일에는 이와 비견할 만한 조직이 없다. 물론 〈내셔널 트러스트〉가 주목하는 전통 모델은 목골조木骨造 건물이나 농촌의 숲이 아니라, 모범적인 정원 풍경을 자랑하는 영국의 전형적인 귀족 저택일 뿐이다. 나중에 이를 두고 빚더미에 내몰린 귀족의 재산이 〈내셔널 트러스트〉에 넘겨졌을 뿐이라는 조롱이 퍼졌다. 물론 〈내셔널 트러스트〉에 앞서 1865년 〈공유지 보존 협회〉라는 단체가 설립된 바 있다. 이 단체는 독일과 비슷하게 자연 애호가가 아끼는 정경이 된 옛 공유지를 다루었다.[144]

전혀 다른 형태이지만, 조금도 덜하지 않은 특색을 자랑한 자연 보호와 향토 보호의 결합은 미국에서 찾아볼 수 있다. 바로 야생의 서부라는 낭만이다. 여기서도 결국 자연공원을 일부라도 보존하려고 할 때, 그 요구를 감당해야 하는 쪽은 국가였다. 독일의 향토 보호는 지역 주민의 애향심에 호소해 어느 정도 성공할 수 있었지만, 야생의 숭배는 〈풀뿌리 운동〉에 알맞지 않은 사고방식이었다. 야생을 지키고 보존하는 일은 지역 농장주와 벌목 사업가의 이해와 정면으로 충돌했기 때문이다. 오히려 미국에서는 이른바 〈안티 스모그〉를 내세운 단체들이 독일의 유사 단체보다 훨씬 더 활발하게 활동했다. 이는 무엇보다도 미국 〈시민 사회〉의 생동감 덕택이다. 프랑크 위쾨터는 20세기 초의 상황을 두고 다음과 같이 간결하게 촌평하지 않았던가. 〈관청에 탄원을 내는 것을 미국 시민은 조금도 주저하지 않았다. 이유는 그런 관청이라는 게 도대체 존재하지 않았기 때문이다.〉[145]

자연 보호와 도시 위생은 겉으로 보기에 전혀 관계가 없는 두 세상이다. 그러나 밑바탕에는 고도의 산업화로 말미암아 빚어진 어두운 측면과 대결하는 운동이라는 점에서 서로 맞물린다. 그뿐만 아니다. 많은 자연 보호의 개척자가 대중의 관광 산업에서 그 주된 적을 보았다고 할지라도, 이 관광이야말로 자연 보호가 정치력을 갖도록 추동해 준 새로운 자연 갈망의 배면에 숨은 가장 강한 힘이었다. 이런 내적 긴장 관계가 전 세계 도처에서 처음부터 오늘날까지 자연 보호의 역사를 관통한다. 루도르프는 1880년에 이미 자신의 논문 「현대 생활이 자연과 갖는 관계Über das Verhältnis des modernen Lebens zur Natur」에서 오늘날처럼 〈자연 향유〉가 공공연히 거론된 적은 없었다며 한숨지었다. 이 글은 자연 보호 운동의 지침서가 되었다. 그러나 자연을 누리려는 욕구는 여행으로 극성을 부렸다. 〈인간은 자연을 칭송하나, 자연에게 매춘을 강요함으로써 칭송한다. …… 자연을 향유하게 한다는 미명으로 자연을 뿌리째 흔들어 놓고 파괴하는 진정한 광기가 세계를 사로잡았다.〉[146] 이것은 자연에서 고독을 구하던 사람의 불평이다. 현실적으로 관광이 자연과 환경의 보호에 끼친 영향이 부정적이었던 것만은 아니다. 휴양지야말로 환경 보호에서 선도적 역할을 했다. 휴양지는 연기를 피우고 악취를 풍기는 산업 시설을 가차 없이 몰아내고 깨끗한 물과 공기를 확보할 수 있게 하는 최초의 성과를 올렸다. 일반적으로 당시 영국과 프랑스에서 자연 보호와 관광의 관계는 독일보다 한결 더 자유로웠다.[147] 독일에서 엘리트 의식에 넘치는 운동가들은 그 대중적 기초가 그들이 그토록 혐오한 관광객들이라는 사실을 한사코 인정하려 들지 않았다.

〈참회하는 도살자〉: 사냥과 자연 보호

처음부터 지금까지 지속되는 또 다른 매우 까다로운 긴장 관계는 더욱 첨예해졌다. 그것은 곧 자연 보호와 사냥 사이의 긴장이다. 야생의 사랑은 근본적으로 야생을 겨눈 것으로 그 역사적 뿌리는 열정적인 사냥 취미에 있다. 강한 영향력을 자랑하는 어떤 그룹도 사냥과 같은 야생 자연과의 친밀한 관계를 자랑하지 못한다. 사냥 취미를 즐기는 사람들의 정상에는 언제나 그 사회의 최고위층 인물이 있다. 그리고 사냥 귀족이 자연과 갖는 관계는 적극적이고 활발한 것이지 결코 자연을 그림처럼 구경하는 관조적인 게 아니다. 많은 사냥꾼은 자신이야말로 자연을 가장 잘 아는 애호가라고 믿었으며, 오늘날까지도 그렇게 믿는다. 열정적으로 사냥을 즐긴 사람 가운데는 시어도어 루스벨트와 헤르만 뢴스 같은 저명인사를 심심찮게 찾아볼 수 있다. 영국과 독일의 사냥 단체들은 1900년 런던에서 아프리카의 야수를 보존하기 위한 첫 번째 국제회의를 열었다. 마침 보어전쟁으로 영국과 독일의 관계가 적의로 들끓었음에도 양쪽은 적절한 합의를 끌어내는 데 성공했다. 심지어 야수 사냥꾼들은 〈제국의 동물상動物相 보존을 위한 협회Society for the Preservation of the Fauna of the Empire〉라는 희한한 이름으로 야생 보호 연합을 아프리카 밀렵자들의 강력한 반대를 물리치고 결성했다. 영국 언론은 이 단체에 〈참회하는 도살자 클럽Penitent Butchers Club〉이라는 별명을 지어 줬다.[148] 바로 여기에 아프리카 국립 공원의 역사적 기원이 있는 셈이다. 동시에 그 공원이 안은 문제의 뿌리까지도![149]

전체적으로 볼 때 당시 자연 보호와 환경 보호 단체와, 시대의 대세 흐름 사이에는 자랑스럽게 드러내 놓을 공통점뿐만 아니라, 부끄러워 숨긴 공통점도 있다. 여기서 많은 개혁 운동가를 하나로 묶어 준 것은 〈자연〉이라는 마법의 주문이었다. 비록 말로만 그칠 때가 허다했지만. 《자연으로 돌아가자!》와 《자연적인 생활 방식》 같은 구호들은 모든 개혁 운동의 상징처럼 여겨졌다.)[150] 동물 보호와 생체 해부 반대 그리고 채식주의는 서로 직접 맞물려 있었다. 여기에 드물지 않게 자연 치유 운동과 자연 보호가 횡으로 결합했다. 비록 조류 보호 운동가 대다수가 아직 깃털 달린 친구들에게만 고정되어 있었고, 조류 보호는 한참 뒤에야 비로소 생태 시대에 이르러 서식지 보호로 확장되었지만 말이다.[151] 〈서식지〉라는 개념은 없었지만, 조류는 농업의 하천 정비로 생존에 심각한 위협을 받는다는 견해가 이미 1900년을 전후해서 등장했다.[152] 그리고 자연 친화는 자연 보호의 문제일 뿐만 아니라, 생활 양식의 문제이기도 하다는 확신은 당시에도 오늘날 못지않게 생생했다.

환경 의식과 라이프스타일

무정부주의자이자 사회주의자인 에리히 뮈잠*은 물론 자신의 제자들이 채식주의를 두고 〈인류 해방의 이념〉이라며 부풀리는 것을 드러내 놓고 비웃었다. 시금치와 샐러드에 열광하는 사람들은 자연 보호에 빠진 나머지 편협한 섹스 취향을 고집하는 사람과 다를 바 없다나. 그의 「채식주의자 노래」를 들어 보자. 〈우리는 고기를 싫어한다네, 그래 우리는 고기를 증오해./그리고 우유와 달걀을 즐기며 자신은 오로지 처녀만 사랑한다고 하네./죽은 고깃덩어리를 먹는 인간들은 어리석고 거칠어,/집에서 키운 돼지도 마찬가지라 하네.〉[153] 특히 한 조각 맛난 소시지조차 극상의 사치로 여기는 노동자의 눈에 채식주의라는 복음을 들고 나타난 생활 개혁 운동가들은 가소롭기 짝이 없었다. 당시 채식주의는 도덕으로 무장했으나 〈소의 제국〉을 지구 생태를 위한다는 명분으로 문제 삼기에는 아직 때가 너무 멀었던 셈이다. 〈목가적인 초원〉을 유지하려면, 육식을 두고 무어라 할 수는 없는 노릇이었다.

그럼에도 당시 채식주의가 뮈잠이 믿었던 것처럼 그렇게 아무 내용

* Erich Mühsam: 1878~1934. 독일 출신의 작가이자 시인. 제국주의와 나치즘을 반대하는 활발한 정치 활동으로 나치스 친위대에게 살해당했다.

없이 진부하기만 했던 것은 아니었던 모양이다. 오늘날보다 훨씬 더 날카롭게 채식주의는 자연을 지배하는 생활 방식과 단절을 요구했다. 말하자면 채식주의는 〈생활 개혁 운동의 핵〉이었다.[154] 동물 보호 운동가들은 1909년에 심지어 다음과 같이 주장했다. 〈거의 모든 진보주의 사상가들, 그러니까 모든 자유사상가들은 자연 치유 운동의, 대개 채식주의의 추종자다.〉[155] 물론 과장된 측면이 없는 것은 아니지만, 나중에 현대화에 앞장선 사람들이 자연 보호를 두고 〈발전을 가로막는 반동적 무리라며 몰아세운 비난〉[156]은 총체적으로 볼 때 완전히 잘못되었다.[157] 마법의 단어 〈개혁〉, 〈생활 개혁〉은 사람들을 진보의 정신세계로 자연스럽게 이끌었다. 물론 이 진보에는 발달의 의미도 함께 들어 있었다. 또 자연 보호에는 쉽사리 반자본주의라는 강조점을 실어 줄 수도 있다. 이런 취지로 심지어 카를 리프크네히트*까지 열정적으로 자연 보호를 변호했다.[158] 역사를 조망하면 자연 보호가 현대의 전형적 현상이며, 이를테면 근대의 유물이 아니라는 사실에는 조금도 의심이 가지 않는다. 미국에서 자원 보호 운동에 실린 첫 번째 추동력이 〈진보의 시대〉라는 특징적 요소를 갖는 데는 다 그럴 만한 까닭이 있는 셈이다.

뮈잠이 「채식주의자 노래」의 운을 맞추었으며, 당시 헤르만 헤세**와 막스 베버도 머물렀던 아스코나의 〈몬테 베리타Monte Verità〉는 1900년 그곳에 자연 요법 요양원이 설립된 이래 당대의 여러 대안 운동이 모여 다채롭고도 화려한 스펙트럼을 이루던 장소였다. 옷을 새롭게 입자는 개혁 운동, 나체 문화, 자유 사랑과 자유로운 춤, 무정부주의, 오컬티즘*** 등 그 면면은 정말 다양했다.[159] 물론 이런 운동이 한자리에 모이다 보니 당연히 긴장이 빚어질 수밖에 없었다. 이 모든 흐름이 어느 정도 서로

---

* Karl Liebknecht: 1871~1919. 독일을 대표하는 공산주의자. 반군국주의의 선봉에 서서 로자 룩셈부르크Rosa Luxemburg와 함께 〈인터내셔널 그룹〉의 노선을 주도했다.

** Hermann Hesse: 1877~1962. 독일의 소설가이자 시인. 현대 문명을 비판하며 인간 내부에 숨은 지성과 감성의 이중성을 파헤치는 작품들을 썼다. 1946년에 노벨문학상 수상.

*** Occultism: 현상 배후의 초월적인 힘을 추구하거나 연구하는 신비주의를 이르는 말. 점성술, 강령술 따위가 여기에 속한다.

결속했으며, 또 당대 〈주류〉와는 어떤 관계를 가졌는지 하는 물음은 아직 연구의 소지를 많이 남겨 두었다. 이런 주제를 다루는 연구들은 흔히 하나의 유일한 방향을 선호하게 마련이며, 이를 될 수 있는 한 독특하게 묘사하려 든다. 바로 그래서 각 흐름의 관련자들은 서로 자신의 독특함을 내세우며, 기존 고정 관념을 깬 용감함을 강조하고 나선다. 그러니까 현대의 운동이 기꺼이 〈총체적 네트워크〉를 이루려는 열망과는 너무도 거리가 멀다. 그럼에도 〈진리의 산〉에 세워진 자연 요법 요양원이 이른바 〈바그너 숭배자들〉에 의해 세워졌으며, 그곳에서 〈자연인〉은 벌거벗은 채 〈파르지팔 초원〉에서 춤을 추며 〈발퀴레 암벽〉에서 세상을 널리 굽어본다는 말을 듣는다면, 이곳에 모인 여러 대안 운동이 당대를 지배하던 빌헬름 2세 시대의 문화*에 노골적으로 드러내지는 않았지만 반쯤 친밀감을 흘렸다는 사실을 감지할 수 있다.** 그도 그럴 것이 빌헬름 2세 시대의 문화 역시 반전통적인 잠재력은 가졌기 때문이다.[160]

기이함에 집중하는 개혁 운동 비평이 마치 희귀한 골동품 전시실 관람 이야기처럼 들릴지 모르나, 전체를 조망하면 이런 인상은 잘못된 것임을 잘 알 수 있다. 위생 운동이 서구 세계 전체에서 하나의 제도화한 권력으로 자리 잡은 것은 분명한 사실이지만, 자연 보호를 두고도 어느 정도는 같은 말을 할 수 있다. 그럼에도 자연 보호는 주로 실패의 기억들을 가꾸고 꾸민다. 미국의 〈헤츠헤치 계곡을 기억하자〉는 운동이 좋은 예다. 그러나 이 실패의 기억은 좀 더 냉철하게 관찰하면, 샌프란시스코의 식수 공급을 위해 계곡을 요세미티 국립 공원에서 분리한 것으로, 전혀 이해할 수 없는 조치였다고 보기는 힘들다. 그럼에도 존 뮤어는 시 당국에게 저주의 비난을 퍼부었다.[161] 또는 라인강 상류에서 수력 발전소를 짓는 바람에 라우펜부르크Laufenburg가 급류에 휘말리는 물난

---

* 빌헬름 2세 시대의 문화는 〈벨에포크〉에 상응하는 독일어로, 비스마르크 퇴임부터 1차 세계 대전까지 시민의 자부심을 앞세워 거대 담론을 추구하던 시기의 문화를 말한다.
** 이 문장이 언급한 〈파르지팔Parsifal〉과 〈발퀴레Walküre〉는 모두 바그너의 오페라들에 등장하는 인명과 지명이다.

리를 겪은 것을 두고 발전소 철폐 운동을 벌였으나 수포로 돌아간 기억도 여기에 해당한다.[162] 그러나 이를 두고 프리데만 슈몰*은 다음과 같이 정리한다. 〈흔히 꾸며진 자화상과는 반대로 지극히 성공적인 사회 운동인 경우가 많다. 이런 운동의 관심사는 거의 아주 빠른 시간 안에 공공복지와 공익의 문제로 국가로부터도 인정을 받게 마련이다. …… 여기서는 놀라울 정도로 오랜 생명력을 자랑하는 민간 단체 및 국가 제도가 형성되곤 한다.〉[163]

〈뤼네부르크 하이데〉의 자연 보호는 빌헬름 2세의 전폭적 지원을 받았다. 페르디난트 폰 볼프메테르니히 남작**이 제국의회에서 올가미로 새를 잡는 것을 변호했을 때, 반대 연사는 〈우레와 같은 박수갈채〉를 받았다. 그는 험악한 표정으로 다음과 같이 으름장을 놓았다. 〈새 사냥을 변호하는 신사들을 일단 다리에 올가미를 걸어 15분 동안 걸어 둡시다. 그럼 아픔을 자신의 몸으로 직접 느낄 수 있겠지요.〉[164] 심지어 이런 주제를 다루는 카이저 치하의 제국의회에서는 극단적인 의견까지 심심찮게 터져 나왔다. 잉글랜드에서 동물 보호 운동가는 위생학자 못지않게 빅토리아 여왕의 호감을 샀다. 일각에서는 동물을 실험의 재료로 쓰지 못하게 규제하려고 1876년에 발효된 영국의 〈동물 학대 조례Cruelty to Animals Act〉가 의학자들의 반발을 상대로 여왕이 압력을 행사하지 않았더라면, 이루어질 수 없었으리라는 견해를 제기하기까지 한다.[165] 영국 개혁 운동의 일부는 틀림없이 빅토리아 시대의 분위기를, 독일에서는 빌헬름 2세 시대의 특징을 담고 있는 게 확실하며, 미국도 마찬가지로 대통령 시어도어 루스벨트가 열정적으로 관심을 가진 흔적을 고스란히 보여 준다.

* Friedemann Schmoll: 1962년생으로 독일의 문화사학자. 아우크스부르크 대학교 교수다.
** Ferdinand von Wolff-Metternich: 1855~1919. 독일의 유서 깊은 귀족 가문의 후손으로 남작 지위를 누렸으며, 광활한 영지를 소유하고 사냥을 즐겼다. 독일 제국의회 의원을 역임했다.

도시 위생과 자연 열광을 이어주는 연결 고리는 이른바 〈정원 도시〉였다. 영국에서 출발한 이 〈정원 도시〉 역시 1900년을 전후해 생활 개혁과 사회 문화가 꿈꾸던 유토피아의 세포핵이었다. 물론 〈정원 도시〉는 무엇보다도 대도시의 인간화와 자연화를 이미 포기했던 사람들이 간절히 원했던 프로젝트였다. 이런 이상이 오히려 정원 도시의 통속화와 도시 계획의 횡포로 차라리 반사회적이라 할 수 있는 〈주거 공간을 근교 내지는 외곽으로 내모는 결과〉를 낳은 것이야말로 역사의 아이러니였다. 자동차의 대량 생산과 맞물린 이런 변화는 도시의 인구 밀집이 그랬던 것 이상으로 도시 풍경을 툭툭 끊어 놓았다.

역사를 너무 성급하게 〈선과 악〉으로 가르는 대신, 환경 운동의 역사를 다루려는 사람은 역사의 아이러니를 읽어 낼 줄 아는 감각을 갖추어야만 한다. 그것도 인간 행동의 의도하지 않은 결과를 다루는 다른 동료들보다 더욱더 예리하게 아이러니를 감지할 줄 알아야 한다. 이를테면 자전거의 초기 역사에서 그런 종류의 아이러니를 발견할 수 있다. 이제와서 보니 자전거가 자동차의 산뜻한 대안으로 보일 뿐이다. 초기의 자전거는 새롭게 등장한 산업의 템포 중독에 발맞추어 탄생한 것에 지나지 않는다. 이 템포 중독은 곧이어 등장한 자동차라는 강력한 마약을 얻었다. 1900년을 전후해 자전거에 열광하는 물결은 나중의 생태 시대와 마찬가지로 거의 찾아볼 수 없다. 많은 경우 자전거는 감정적으로 자연 향유와 동떨어졌을 뿐만 아니라, 오히려 새로이 생겨난 힘을 느껴 보며 속도의 환각을 누리려는 열망 덕에 사랑을 받았을 뿐이다.[166] 여기에 초기 자동차 산업은 심지어 편안함까지 과시했다.[167]

미국에서 야생의 애호가와 지속적인 임업 경제를 외치는 옹호자 사이의 잠복한 갈등, 말하자면 〈보존〉과 〈관리〉 사이의, 구체적으로 존 뮤어와 기포드 핀쇼 사이의 갈등은 많은 경우 언제 폭발할지 모를 정도로 심각했다. 그 좋은 예가 〈헤츠헤치 프로젝트〉를 둘러싼 논쟁이다.[168] 독일 남부에서는 〈발켄호 발전소 프로젝트〉를 두고 격론이 빚어지면서 풍광을 있는 그대로 보존하자는 쪽과 매연을 뿜어 내는 굴뚝이 없는 깨끗한 에너지 생산을 옹호하는 사람들이 정면으로 충돌했다.[169] 오늘날 되돌아보면 1900년을 전후한 〈녹색 운동〉은 활동가들은 연합하고 연대할 많은 기회를 제대로 살리지 못했음이 두드러진다. 물론 최근의 녹색 운동을 두고도 같은 말은 할 수 있다. 루트비히 클라게스는 〈호허 마이스너〉에게 보내는 〈인간과 대지〉라는 메시지로 감동적인 자연 사랑을 선보였다. 그러나 그는 구체적으로 무엇을 원했는가? 어떤 실천을 호소했던가? 촘촘한 네트워크와 비약적으로 발전한 실천 능력에서 현대의 환경 운동은 1900년대 선배들보다 그야말로 엄청나게 앞서 있다.

그러나 어떤 관점에서 보더라도 지난 세기의 발달 방향은 분명하지 않다. 지난 일을 돌이켜봐도 현재를 좀 더 날카롭게 바라보는 데 거의 도움이 되지 않는다. 여기서도 포괄적인 〈환경 운동〉은 실제보다는 미디어에서만 요란했을 뿐이며, 거창한 말만 횡행하면서 그 실제 효과가 무엇인지 잘 가늠하지 못하게 했다. 1900년을 전후한 개혁 운동은 상당 부분 환경보다는 인간의 건강 문제에 치중했을 뿐이다. 그럼에도 같은 동기, 곧 건강을 둘러싼 염려는 오늘날 〈환경〉이라는 단어 뒤에 숨어 여전히 위력을 발휘한다. 1900년을 전후한 개혁의 추구는 독일의 경우 〈유겐트스틸〉과, 영국에서는 〈예술과 공예 운동〉과 맞물려 사치스러울 정도로 미학적 측면을 자랑했다. 그러나 오늘날의 환경 운동 역시 그 인기와 정치적 파급력을 이미 오래전에 부정한 아름다움을 재발견하거나, 옛 도시 구조의 보존을 위해 투쟁하는 일에서 얻어 내는 경우가 드물지 않다. 생태의 측면에서 보자면 환경 운동은 그 고유한 역사의 일부를 망각하고 말았다. 바로 그래서 역사를 돌이켜보면 우리가 가진 환경 의식이 역사의 흐름을 고스란히 담아내지 못했다는 점이 분명하게 드러난다.

생존 문제에 대한 대응: 〈뉴딜〉과 나치스 독일

〈건조 지대〉의 획기적 영향력

환경을 두고 근심을 일삼는 것은 날씨가 좋아 걱정거리가 없을 때나 그러는 것이라고 이야기하곤 한다. 위중한 위기에는 달리 걱정할 게 많아 그렇단다. 그렇다면 〈벨에포크〉와 2차 세계 대전 이후 오래 이어진 경제 부흥에서 많은 중산층 사람은 일부라도 〈물질의 걱정에서 벗어난 생각〉을 했어야 마땅하다. 다시 말해서 자연 보호와 환경 운동의 호시기였어야 했다는 뜻이다. 그러나 이미 오래전부터 제3세계에서도 환경을 바라보는 근심은 팽배해 왔다. 또 위기 시대와 지역에서도 환경 의식이 없었던 게 아니다. 환경 위협은 자신의 생존 문제와 직접 결부되었을 때 특히 강하게 느껴졌다.

1930년대를 두고 〈환경 운동 이전의 환경 운동〉 시대라고 부르는 것은 아직 일반적인 통념은 아니다. 그러나 그런 시대로 보아야 한다는 증표는 아주 많다. 이때 추동력은 유럽이 아니라 미국에서 비롯되었다. 이른바 〈건조 지대Dust Bowl〉 문제, 곧 1934년 미국의 중서부를 휩쓸어 버린 먼지 폭풍은 예민한 토양을 무차별적으로 착취한 것에 대한 〈자연의 복수〉로 여겨지면서, 미국을 넘어서서 전 세계적으로 토양 문제를 둘러싼 근심의 물결을 빚어냈다.[170] 당시 이 문제가 가졌던 화급함은

1930년대의 환경 의식을 2000년대를 맞는 세기 전환기의 환경 의식뿐만 아니라 오늘날의 환경 의식보다도 한층 앞선 것으로 만들었다. 예나 지금이나 환경 의식과 정책은 세 가지 중요한 공유지 문제, 곧 물과 숲과 초원에 집중되기 때문이다.[171] 바로 그래서 개인의 가정 경제 수준을 넘어서는 토양 관리의 필요성이 대두되었으며, 그 결과 환경 문제를 다룬 숱한 기록이 나왔고, 정치가는 해결 방안을 모색하는 데 급급하지 않을 수 없었다. 그러나 오늘날 환경 운동은 글로벌 차원에서 대기권 문제와 해양에 더 집중한다. 여기서 토양과 그 경작은 개인의 문제이거나 기껏해야 지역 차원에서 다루어야 할 사안으로 치부되어 별 주목을 받지 못할 뿐이다. 더욱이 유럽에서 토양 침식은 그다지 심각하지 않았기 때문이다.[172] 토양을 더욱 면밀하게 연구하면 할수록, 그만큼 문제의 복잡성은 무한하게 커졌다.[173] 장소에 따라 토양은 판이했으며, 또 저마다 다른 역사를 지녔다. 바로 그래서 토양은 세계 여론을 움직일 만한 커다란 주제가 되지 못했다. 환경 문제를 둘러싼 논의에서 토양 문제가 그다지 주목받지 못했다는 사실은 놀랍지 않다. 우리는 흙에서 생명력을 얻으며, 온갖 독물의 침하가 돌이킬 수 없는 폐해를 낳는다는 점을 알기는 했다. 토양 파괴를 다룬 통계는 어떤 홍보보다도 충격적이어서 본래 가장 시급하게 다룰 주제였음에도 외면당하기 일쑤였다.[174] 그러나 1930년대는 바로 이 문제를 심각하게 의식했다.

〈건조 지대〉는 미국에서 토양 보호를 정치가 다루어야 할 가장 시급한 문제로 만들었다. 보통 국가의 간섭이 개인의 사적 이해와 첨예하게 갈등하는 미국에서 말이다. 미국의 환경 역사를 대표하는 학자이자 〈건조 지대〉에 직접 피해를 본 가족의 후손인 도널드 워스터가 보기에 〈생태라는 개념〉의 역사가 18세기 후반까지 거슬러 올라가지만, 그래도 1930년대에 이르러서야 〈상당 부분 《건조 지대》 경험의 직접적인 결과〉로 자리 잡았다. 그래서 이때부터 환경 보호는 〈더욱 포괄적이며, 서로 협력해야 해결책을 찾을 수 있는 생태 문제〉라는 방향으로 발달했다는 게 그의 관점이다. 대형 먼지 폭풍은 예전에도 있기는 했다. 그러나 세계 경제 위기 그리고 산업 자본주의 발달을 둘러싼 믿음의 흔들림은 〈건조 지대〉가 획기적인 영향력을 발휘하게 했다. 정확히 말해 당시 중서부에서 캘리포니아로 몰려든 가난한 농부들은 생태 위기라기보다는 경제 위기의 희생자였다. 여기에 먼지 폭풍이라는 자연재해는 위대한 전설을 빚어낼 재료를 제공했다.[175]

이제 돌연 폭발적으로 세계의 다른 지역에서도 토양 침식의 위험은 심각하게 받아들여졌다. 1935년 〈건조 지대〉의 중심지인 오클라호마 대학교는 식물학자 폴 시어스*의 각성을 일깨우는 책 『행진하는 사막 Deserts on the March』을 출간했다. 이 책은 〈당대 최고의 대중 생태 서적〉(워스터)이 되었다. 이는 이미 세계적 지평에서 다뤄지는 문제였으며, 먼지 폭풍 재해는 무자비한 토양 착취에 기초한 문명의 근본적 위기의 신호로 받아들여졌다.[176] 그로부터 20년 뒤 오클라호마 대학교 출판부는 토양 보존 사무국Soil Conservation Service, SCS의 국장을 역임한 바 있는 휴 베네트**에게 영감을 받아 『표토와 문명Top-Soil and Civilization』을 펴냈다. 이 책은 〈건조 지대〉 경험을 미국 역사, 아니 세계 역사의 새로운 해석을 강제하는 것으로 이해했다. 다시 말해서 문명의 역사는 상당 부분 토양의 약탈로 슬금슬금 이뤄지는 생태 자살의 역사라고 주장한다.[177]

권력 다툼의 수단이 된 자원 보호

미국 환경 운동의 역사를 연구한 리처드 앤드루스***는 프랭클린 D. 루스벨트 치하의 개혁기가 갖는 획기적 의미를 강조한다. 〈뉴딜의 시대는 미국의 환경 정책에 그때까지 찾아볼 수 없던 환경 보호의 성취라는 유산을 남겨 주었다. 미국 역사의 어떤 시기도 그처럼 독특한 환경의 복구

* Paul Sears: 1891~1990. 미국의 생태학자.
** Hugh Bennett: 1881~1960. 미국 토양 보존 문제의 선구자.
*** Richard Andrews: 미국의 역사학자이며 공공정책 분야의 전문가로, 노스캐롤라이나 대학교 명예 교수다.

와 개선을 끌어내지 못했으며, 어떤 다른 시대도 인간 공동체와 그 환경 사이의 조화를 바라보는 감각을 키우는 데 기여하지 못했다.〉[178] 많은 것이 시어도어 루스벨트의 옛 〈진보 시대〉를 연상케 했다. 그러나 그때보다도 프랭클린 D. 루스벨트의 새 정부는 더욱 화급한 환경 문제와 맞닥뜨려야만 했다. 예전 어떤 정부보다도 환경 문제에 국가적 총력을 기울여야만 했다. 새로운 대통령의 〈강력한 남자〉 해럴드 아이크스Harold Ickes는 내무장관을 맡아 부처의 역량을 상당히 키울 묘안을 자원 보호에서 찾았다.[179] 〈뉴딜〉은 하나의 공직에 몰려든 지성인들, 하나의 세대라 불러도 손색이 없을 지성인들이 적극적으로 지지하면서 단순히 하나의 정책에 그치지 않고 독자적인 동력을 자랑하는 〈운동〉으로 발전했다. 따라서 〈뉴딜〉은 정책일 뿐만 아니라, 〈운동〉이라는 이름을 누려 마땅한 차원에 올라섰다. 예전에는 전혀 볼 수 없던 전문가 카르텔이 활발한 정치 활동을 벌이면서 체계와 조직과 경영에 혁신이 이루어졌다.

물론 오늘날 관점에서 보면 이 새 전문가 그룹은 순진하다 싶을 정도로 기술을 맹신했다. 루이스 멈퍼드*는 나중에 생태 시대가 막을 올릴 즈음 인류를 살해하는 〈메가머신Megamachine〉의 출현을 경고했지만, 1934년만 하더라도 이른바 〈네오테크닉〉의 아름다운 신세계를 선포할 정도였다. 그는 독일이 선구 역할을 한 〈네오테크닉〉은 경제와 자연의 〈이오테크닉에 따른 공생 관계〉를 환상적인 새로운 방식으로 재현할 수 있다고 주장했다. 멈퍼드는 〈뉴딜〉의 정신에 충실하게 특히 수력 발전소에 열광했다. 〈안개처럼 자욱하게 덮여 있던 《팔레오테크닉》의 수의가 마침내 벗겨졌다. 전기와 함께 《이오테크닉 시대》의 맑은 하늘과 깨끗한 물이 돌아왔다. 흠결 하나 없는 터빈을 통해 흐르는 물이 깨끗한

---

* Lewis Mumford: 1895~1990. 미국의 문명 비평가. 스탠퍼드와 펜실베이니아 대학교의 교수를 역임했다. 그는 자신의 저서 『기술과 문명Technics and Civilization』에서 기술의 발달이 세 가지 중첩된 단계들, 곧 시계로 대변되는 〈이오테크닉eotechnic〉, 쇠와 같은 물질을 이용하는 〈팔레오테크닉paleotechnic〉, 전기가 대표하는 〈네오테크닉neotechnic〉의 혼합으로 이뤄진다고 주장했다.

상태로 쏟아져 나온다.〉[180] 흠결 하나 없는 수태, 곧 원죄 없는 수태라는 신비가 수력 발전소에서 현실로 나타난 셈이다.

대량 실업의 시대에 국가의 간섭은 사람들에게 일자리를 많이 만들어 줄수록 정당화하기가 쉬워진다. 이를 위해 전 국토를 망라하는 토양 보호 대책은 더없이 알맞았다. 〈민간 자원 보존단Civilian Conservation Corps, CCC〉은 일자리가 없는 젊은이들을 토양 보호 작업이나 댐 건설 그리고 나무 심는 일에 투입했다.[181] 1935년 〈건조 지대〉라는 문제에 충격을 받은 의회는 휴 베네트가 이끄는 〈토양 보존 사무국〉의 운용을 승인했다. 이는 역사에서 처음으로 등장한 토양 보호 관청이다. 〈빅 휴〉라는 별명의 베네트는 〈SCS〉와 협력하는 〈테네시강 유역 개발 공사Tennessee Valley Authority, TVA〉의 책임자 데이비드 릴리엔솔*과 마찬가지로 구원자 역할을 감당하기에 부족함이 없는 강인한 사명감을 자랑하는 남자였다.[182] 그는 〈토양 침식의 결과로 우리는 매일 40에이커의 농장 200개를 잃고 있다〉고 일갈했다. 〈매년 30억 톤의 토사가 물에 쓸려 내려가거나 바람에 날아간다. 이 정도 양이라면 적도를 18번이나 감싸고도 남을 화물 열차의 칸들을 채울 수 있다.〉[183] 1935년부터 미국의 거의 모든 연방 주들은 토양 보호법을 선포했다. 1935년에 『포천Fortune』은 이런 기사를 썼다. 〈우리 세대의 역사를 100년 뒤의 관점에서 쓴다면, 파괴된 토양의 보호와 복구야말로 우리 시대의 가장 위대하고 지속적인 성과로 여겨지리라.〉[184]

이런 모든 활동은 〈뉴딜 정책〉과 토양 보호의 근간을 이루는 풀뿌리 민주주의의 실현이라는 열정으로 이루어졌다. 여기서 특히 명확하게 강조된 점은 토양 보호라는 의지를 전국적 규모로 실천하는 일의 핵심 주체는 어디까지나 농부가 되어야 한다는 논리였다.[185] 〈SCS〉는 농부가 직접 관할하는 지역 구획을 총괄하는 역할을 맡았다. 이런 구획은

---

* David Lilienthal: 1899~1981. 미국의 관료로 〈TVA〉와 〈원자력 에너지 위원회〉를 이끈 것으로 잘 알려진 인물이다.

1947년까지 전부 1,760여 곳이 생겨났다.[186] 의도는 물론 나중에 뉴딜에서 강한 영감을 얻은 제3세계 개발 지원 정책과 마찬가지로 좋은 뜻을 가지기는 했다. 그러나 전문가가 주도하는 거대 조직이 그러하듯, 본질적으로 〈위에서 아래로 내려오는〉 관료주의를 키우기에 유리한 여건만 조성되었을 뿐이다. 뉴딜은 전반적으로 미국사에서 행정 편의의 중앙 집권 체제 구축에 가장 큰 추동력이 되었다. 〈1940년을 전후한 시기에 미국 농부는 거대한 공공 조직과 개인들이 주도하는 각종 단체가 서로 공을 주고받는 게 지배적인 체계에서 홀로 외로이 농사만 지을 뿐이었다.〉[187]

이런 정치 분위기에서는 〈토양 보호〉 전략가들이 계획한 계단식 논이나 방풍 숲을 조성하기보다는 댐을 짓고 수력 발전소를 세우는 게 훨씬 더 쉬웠다.[188] 〈뉴딜의 보호 띠 프로젝트가 선정한 지역 가운데 단지 몇몇 곳에만 실제로 나무를 심었으며, 그 가운데 살아남은 것도 얼마 되지 않았다.〉 지역 조건과 필요에 맞는 방풍 숲은 대개 농부들이 직접 나서서 만들었을 뿐이다.[189] 뉴딜의 주력 조직인 〈TVA〉는 그 힘을 여론의 관심을 쉽게 자극할 수 있는 댐과 수력 발전소 건설이라는 대형 프로젝트에만 집중했다. 반면 임야 사업처럼 모든 게 소규모 작업으로 처리될 수밖에 없는 토양 보호는 무시될 뿐이었다.[190] 물을 댄 땅은 촉촉해져 바람에 날려가지 않았다. 이로써 물을 대는 관개 작업은 〈건조 지대〉라는 공포를 막아 줄 전매특허 방안으로 각광받았다. 중서부에서 뉴딜 프로젝트가 지하수를 남용했다는 사실은 훨씬 더 나중에 가서야 밝혀졌다.[191]

어쨌거나 뉴딜은 토양 생태는 물론이고 그 실질적 개선 방안을 둘러싼 우리의 지식을 상당한 수준으로 발전시켰다.[192] 뉴딜의 획기적 의미는 〈댐 건설이라는 위대한 시기〉를 열어 주었다는 점이다(캐롤린 머천트*).[193] 처음에는 미국 내부에서, 그다음 전 세계 각지에서 일어난 댐

* Carolyn Merchant: 1936년생의 미국 에코페미니스트 철학자이며 과학사 전공 교수다. UC 버클리 대학교에서 교편을 잡고 있다.

건설 열풍은 환경 문제를 대규모 차원에서 철저하게 해결하려는 시도의 대표적 사례로 여겨졌다. 상황을 더욱 복잡하게 한 새로운 환경 문제가 드물지 않게 생겨난다는 점은 애써 무시되었다. 댐 건설 반대 운동은 지난 몇십 년간 제3세계에서 환경 운동을 이끄는 주된 동력이었다. 〈TVA〉의 대표로 명성을 얻은 릴리엔솔은 전쟁이 끝나고 〈원자력 위원회〉*의 위원장이 되었다. 나중에 〈TVA〉는 원자력 발전소 사업을 차례로 추진했다.[194] 〈평화적 원자력〉이라는 구호는 원자로 덕분에 무한히 얻어 쓸 수 있으며, 무엇보다도 공기 오염 물질을 배출하지 않는 에너지원을 누릴 것만 같은 희망을 심어 주면서, 나중에 환경 운동이 제공하는 것과 비슷한 전망을 제시하는 시늉을 했다. 더 세월이 흐르고 달라진 게 없는 똑같은 인물 릴리엔솔은 원자력 이용에 의심의 눈길을 보내는 첫 명사 가운데 한 명이 되었다.[195]

도널드 워스터가 재구성한 〈생태 사상의 역사〉는 실제 역사와 엇갈리는 부분을 드러낸다. 1920, 1930년대에 프레더릭 클레멘츠**는 자신이 자라고 연구해 온 네브래스카 초원에 깊은 인상을 받아 어떤 풍경의 〈자연적인 클라이맥스〉, 그러니까 자연 그대로 최고 상태가 가장 좋다는 이론을 내세웠으며, 생태학계에 이른바 〈클라이맥스 공동체〉를 설립했다. 자연은 참으로 다양한 운동을 자랑하지만, 그럼에도 어떤 풍토에만 맞는 자연적 균형 상태가 있으며, 이를 인간은 아무런 해를 주지 않고 변화시킬 수 없다는 게 클레멘츠의 관점이다. 그러니까 그가 바라보는 생태학의 기본은 〈자연으로 돌아가자!〉다.[196] 심지어 휴 베네트는 대평원의 일부에서라도 농사를 중단하게 하고 예전의 초원을 다시 풀에게 되돌려 주는 게 원칙적으로 더 낫다고 여겼다. 그러나 한때 현장의 활동가였으며 프로젝트를 추진했던 베네트는 그런 진리를 알면서도 전

---

* Atomic Energy Commission: 미국 대통령 해리 트루먼이 1946년에 서명한 법령으로 설립된 위원회. 릴리엔솔은 1950년까지 위원장을 맡았다. 이 위원회는 1976년에 해체되었다.
** Frederic Clements: 1874~1945. 미국의 식물 생태학자. 네브래스카 대학교에서 생태학을 전공하고 미네소타 대학교 교수 및 카네기 연구소 연구원을 지낸 인물이다.

혀 실행에 옮길 줄 몰랐다.[197] 베네트가 초원을 되살리자는 결론을 내리게 한 것은 야성의 서부를 향한 향수뿐만 아니라, 건조한 지역의 농업이 가져다주는 득과 실을 냉정하게 계산한 결과였다. 건조한 지역에 물을 대는 관개 사업의 비용은 농업 생산이 가져다주는 이득을 압도했기 때문이다. 농업이든 사업이든 그 기초는 〈프리 엔터프라이즈Free enterprise〉, 곧 자유가 그 바탕이라는 걸 입만 열면 강조하면서도 정부는 농부들에게 막대한 지원금을 제공하지 않을 수 없었다. 지원금 없이 농부는 생계를 유지할 수 없었기 때문이다.[198] 더 나중에, 그러니까 생태 시대에 이르러 과학으로서 생태학과 대중적 생태학은 다시 한번 엇갈린다. 그러나 앞의 경우와는 다른 정반대의 충돌이다. 생태 과학은 이미 오래전부터 〈클라이맥스 이론〉과 거리를 두었다. 생태 과학은 자연에 안정적 균형 상태는 없다고 보았기 때문이다. 반대로 환경 보호 운동은 허구로라도 자연의 균형 상태가 필요하다. 그래야 어떤 것을 보호해야 할지 가려 볼 기준을 만들 수 있기 때문이다.[199] 오늘날까지도 이 허구와 작별하는 일은 대단히 힘들다.

환경 정책의 과학화

뉴딜 시대의 토양 보호는 무엇보다도 쟁기를 공격하는 것으로 농업 역사를 써내려 갔다. 전통 농업이 그토록 자랑스러워하는 쟁기가 공격의 과녁이 되었다. 대인大人 카토*만 하더라도 로마 농부들에게 무어라 외쳤던가. 〈쟁기질하라, 쟁기질하라, 쟁기질하라!〉 플리니우스는 〈온 힘을 다해 쟁기질하라!〉고 덧붙이기도 했다.[200] 그러나 당시 쟁기는 나무로 만든 것에 지나지 않았다. 오늘날의 기준으로 보자면 그런 나무 쟁기는 땅에 고작해야 생채기를 낼 뿐이다. 철강과 트랙터의 시대인 오

---

* Cato the Elder: 기원전 234~기원전 149. 로마의 정치가이자 문인. 중소 농민을 보호하고 반反카르타고 정책을 펼 것을 주장했다. 많은 글을 써서 라틴어 산문 문학에도 크게 기여한 인물이다. 증손자 카토와 구분하기 위해 〈대인〉이라는 표현이 붙었다.

늘날 토양은 더욱 신중하게 다루어야만 한다. 1937년 미국 농무부US-Department of Agriculture, USDA는 「평야를 파괴하는 쟁기Plow That Broke the Plains」라는 교육 영화를 만들었다. 제목에서 이미 〈건조 지대Dust Bowl〉가 생겨난 잘못의 주범으로 쟁기가 지목되었다. 이 영화는 당시 농업 로비의 강력한 저항으로 철회되고 말았다.[201] 1943년 에드워드 H. 폴크너는 토양 침식의 위협을 받는 오하이오 지역의 농업 문제를 다룬 책을 펴내면서 쟁기를 총공격하는『쟁기 끄는 남자의 어리석음The Plowman's Folly』이라는 도발적 제목을 달았다. 책에서 폴크너는 섬약한 토양을 깊게 갈아엎는 것뿐만 아니라 쟁기 사용 자체를 어리석은 일이라 몰아붙이고 토양의 본성에 대한 〈사보타주〉라고 선포했다.[202] 미국의 중서부에서 실제로 쟁기는 계속해서 써레로 대체되었다. 농화학도 경작의 산뜻한 혁명을 지원했다. 그때부터 잡초를 더는 갈아엎지 않으면서 제초제의 수요는 급등하고 말았다. 이런 식으로 뉴딜 시대의 토양 보호는 이른바 〈생태 시대〉 후기까지 일관되었다. 이 생태 시대의 초기에 레이첼 카슨은 살충제의 남용을 반대하는 경종을 울렸다.

천연자원에 새롭게 주목하면서 뉴딜 시대의 전형적인 〈과학적 관리〉라는 정신과 운동은 환경 정책의 다른 중요한 분야에서도 두드러지게 나타났다. 1933년에 출간된 임학자 앨도 레오폴드의 『게임 매니지먼트Game Management』는 이른바 〈야생 보호의 성경〉(도널드 워스터)이 되었다.[203] 이 책 덕분에 저자는 사후 〈환경 보호주의〉를 선도한 미국 사상가의 반열에 올랐다.[204] 〈산처럼 생각하자!〉 레오폴드의 이 구호는 비록 의미가 조금 애매하지만 즐겨 인용된다.[205] 1935년 레오폴드는 〈야생 협회Wilderness Society〉의 공동 창설자가 되었다. 이 협회는 1892년에 설립된 〈시에라 클럽〉과 더불어 옛 생태주의와 최신의 생태주의를 연결해 주는 고리였다. 그의 전기를 쓴 수잔 플레이더Susan Flader는 1935년이 그의 생각에 반전을 이루어 준 시점이라고 묘사했다. 〈야생을 그 역사적 가치와 휴양이라는 관점에서 정당화한 것에서 벗어나 생태적이고 윤리적으로 기초를 다지려 했다.〉[206] 그러니까 보호해 주어야만 하는 야생은 그림과도 같은 협곡과 폭포만이 아니라는 지적이다.

　레오폴드에게 결정적 영향을 준 경험은 이른바 〈카이바브 사건〉이다. 1906년 미국 그랜드캐니언의 카이바브 국유림은 야생 보호 구역으로 선포되었다. 사슴을 보호한다는 명분으로 늑대와 코요테와 퓨마는 눈에 띄는 대로 사살되었다. 그 결과 4,000마리였던 사슴은 18년 만에 거의 10만 마리까지 늘어났다. 이런 증가는 게임 매니지먼트의 관점에서 가히 기록이라 할 만하다. 20배가 넘게 늘어난 사슴 개체 수는 숲에 심각한 해를 입혔으며, 결국 굶주림으로 다시 확 줄어들었다. 이 사건은 레오폴드가 보기에 맹수도 숲의 생태 균형에 중요하다는 가르침이었다.[207] 레오폴드의 야생에 대한 관심에는 생태뿐만 아니라 향수도 한몫 거들었다. 당시 독일을 여행한 그는 임학자의 안목으로는 모범과도 같은 숲에 맹수를 찾아볼 수 없다고 아쉬워했다. 〈곰 한 마리가 있다는 사실만으로도 그 지역은 특별한 분위기를 풍긴다. 독일의 산에서는 이런 향기가 사라졌다. 가축업자와 야생 동물 수렵관의 잘못된 관점에 희생되고 만 것이다.〉[208]

　그런데 인구 밀도가 높아 벌써 수백 년째 맹수가 거의 멸종되다시피 한 유럽 중부에서 야생 보호는 낡은 주제였을 뿐 거의 주목받지 못했다. 독일에서 늑대와 곰을 다시금 숲의 주민으로 받아들이는 일은 토론의 대상이 되지 못했다. 그리고 사냥꾼이 숲에 느끼는 매력은 노루와 사슴일 뿐이었다.[209] 앨도 레오폴드가 『게임 매니지먼트』를 집필할 때와 같은 시기에 독일의 나치스 정권에서 헤르만 괴링*은 제국 사냥법령 (1934년)을 관철했다. 이 법은 사냥 자격증 취득을 제한해 숲이 해를 입을 정도까지 야생 동물의 개체 수가 늘어나게 하는 목적이 있었다.[210] 괴링은 자국 자원을 최대한 활용하는 데 집착하는 나치스의 자급자족 정책을 위해 자신의 사냥 열정을 일정 정도 포기한 셈이다. 동시에 레오폴

---

　*　Hermann Göring: 1893~1946. 나치스의 2인자로 공군 총사령관과 프로이센 총리를 지냈다. 전쟁이 끝나고 전범으로 사형을 선고받았으나, 집행 전날 자살했다.

드는 숲과 야생 동물의 보호가 얼마든지 서로 합치할 수 있음을 보여 주었다. 그렇다고 해서 레오폴드가 어느 관점에서나 뉴딜 시대의 정신에 충실했다는 뜻은 아니다. 그는 〈민간 자원 보존단CCC〉의 사람들이 산불을 통제한답시고 〈보호 구역〉의 경계를 무너뜨리며 야생 동물을 거칠게 잡아 죽이는 것을 암울한 표정으로 바라보기만 했다.[211] 야생의 숲에서는 자연스레 불이 일어날 수도 있지 않을까? 레오폴드는 불을 핑계 삼아 보호 구역을 무시하는 뉴딜의 〈CCC〉가 못마땅했을 것이다. 그런데 레오폴드는 1948년 4월 21일 초원에서 일어난 불길을 잡으려다가 목숨을 잃었다. 전통적인 미국 임업에서 보자면, 레오폴드는 숲에서 일어난 불을 상대로 싸우며 맞은 지극히 영웅적인 죽음으로 생을 마감했다.

독물학에서 생태학으로: 환경 의식의 근원은 직업병 의학이다

미국 환경 운동의 역사학자 로버트 고트리브Robert Gottlieb가 보기에 생태 영웅의 갤러리는 레이철 카슨 훨씬 이전에 앨리스 해밀턴*에서 시작한다. 유해 물질과 직업병의 연구에서 선구자적 업적으로 유명해진 앨리스 해밀턴은 무엇보다도 이미 오래전부터 잘 알려진 직업병인 납 중독의 연구로 명성을 얻었다.[212] 현대 환경 운동의 뿌리에는 생태학뿐만 아니라 독물학 역시 적지 않은 영향을 미쳤다. 많은 환경 독물의 병리적 영향력은 일찌감치 직업병 의학에서 입증되었다. 직업병 의학은 1930년대 산업과 자본주의에 비판적 분위기 덕에 순풍을 타 공장을 넘어서까지 시야를 넓혀 갔다. 역사를 되짚어 보면 당시를 직업병 의학이 환경 운동의 전환을 이끌어 낸 시기라 기록할 수 있다.[213] 연구는 유해 물질이 노동자에게 미치는 영향에만 국한되지 않았으며, 환경으로 확장되었다. 이렇게 해서 처음으로 이 독성 물질은 정치적 의제에 올랐다.

---

* Alice Hamilton: 1869~1970. 은 미국의 여성 병리학자로 직업병의 위험을 알려 사회 개혁을 선도한 인물이다. 하버드 대학교 최초의 여성 교수이기도 하다.

직업병 의학이 관심을 끌지 못하던 음지에서 빠져나온 순간이다.

나중에 레이철 카슨은 빌헬름 휘퍼*에게 〈DDT〉로 발병할 암 위협의 중요한 정보를 얻었다. 휘퍼는 국립암연구소에서 환경 관련 암 분야를 책임진 인물이다.[214] 직업병 의학과 환경 운동 사이의 관계는 매우 중요한 의미가 있음에도 체계적 연구가 거의 이뤄지지 않았다. 이 관계는 긴장 없는 관계가 아니었다. 공장 건물에서 유해 물질이 걸러져 주변으로 배출되었다면, 순전한 직업병 의학의 관점에서 문제는 해결된 것이나 마찬가지다. 한때 매우 투쟁적인 행보를 보였던 앨리스 해밀턴은 은퇴 생활을 하던 1948년에 미국 산업이 건강 문제를 의식하게 되었다며 만족스럽게 회고했다.[215] 반대로 환경 운동은 그런 유해 물질 배출이 문제의 시작이라고 보았다. 이런 방식으로 환경 운동은 그동안 직업병 의학과 거대 산업 사이에 자리 잡은 유화적 태도를 흔들었다.[216] 그저 개인적 인과 관계와 원인 제공자의 책임만 문제 삼았던 직업병 의학은 다양한 유해 물질로 환경이 폭넓게 부담을 받는다는 주장을 반생산적이라고 여겼다. 그럼에도 직업병 의학과 환경 연구는 전반적으로 보아 서로 영향을 주고받으며 세를 키웠다.

뉴딜 시대에 새로운 추동력은 〈매연 퇴치 운동〉이라는 이름으로도 얻어졌다. 〈매연 퇴치 운동〉은 서부의 전설적인 보안관을 연상케 하는 영웅을 레이먼드 터커**라는 이름에서 찾아냈다. 그는 1937년 세인트루이스의 〈스모그 통제관〉으로 임명되어 어떤 〈스모그 조사관〉도 누려 보지 못한 전권을 위임받았다. 세인트루이스시는 1939년 가을 역사상 최악의 스모그 공포에 충격을 받아 레이먼드 터커에게 더욱 강한 힘을 실어 줬다. 1940년 시 의회는 도시의 모든 매연 배출을 통제하는 법령을 통과시켰다. 이런 법은 그때까지 전혀 볼 수 없었다. 〈미국의 대기 정화에서 단 한 명의 엔지니어가 그 같은 권력을 행사한 것은 예전에 유례를

---

* Wilhelm Hueper: 1894~1978. 직업병 의학을 선도한 의학자. 카슨에게 많은 영감을 준 인물로 잘 알려졌다.

** Raymond Tucker: 1896~1970. 세인트루이스의 38대 시장을 지낸 인물.

알지 못한다. 그리고 앞으로 보여 주겠지만 이후에도 없었다〉(프랑크 위쾨터).[217]

터커 시대 이전만 하더라도 세인트루이스의 매연 퇴치 운동은 실망의 역사만 써왔다. 그런데 이제 돌연 확연한 전기를 맞았다.[218] 세인트루이스의 사례는 모범이 되었다. 1940년 그때까지 두말할 나위 없는 스모그 도시였던 피츠버그가 매연 퇴치 운동에 앞장섰다. 조엘 타르는 이 강철의 도시를 두고 본격적인 〈스모그 통제 운동〉의 기수가 되었다고 말한다.[219] 오늘날의 관점에서 기묘하기만 한 사실은 반세기를 넘게 이뤄진 모든 매연 퇴치 운동에서 그 해악이 굴뚝 연기를 훨씬 뛰어넘는 담배 연기는 결코 문제 삼지 않았다는 점이다. 당시 담배는 진보적 지성인의 피할 수 없는 습관이라서였을까? 이런 지성인 유형을 거의 뿌리 뽑다시피 한 나치스 정권만이 유일하게 담배 연기를 반대하는 운동을 펼쳤다.[220] 이 금연 운동은 독자적으로 이뤄진 게 아니다. 당시 독일은 석면과 폐암 사이의 인과 관계 연구에서 선도적이었다. 독일은 1943년에 처음으로 석면이 원인인 폐암을 손해 배상의 의무가 있는 직업병으로 인정해 주었다.[221] 방사능 노출이 원인인 건강상의 위해도 나치스 독일은 다른 서구 국가보다 더 활발하게 연구했다. 이런 점에서 보면 나치스 독일의 유전자 숭배는 생산적 측면이 있다.

건조 지대 경고, 세계를 휩쓸다

뉴딜 시대의 자세한 평가는 반드시 해봐야 할 충분한 가치가 있다. 미국이 세계의 산업에서 주도권을 쥐기 시작한 게 1920년대이며, 이렇게 해서 1930년대에 미국의 주도권은 나중에 환경 정책으로 포괄되는 분야를 장악했기 때문이다. 〈건조 지대〉를 다룬 전문가들의 노력 덕에 세계의 다른 지역도 토양 침식을 가장 중요한 문제로 인식했다. 특히 호주는 즉각적인 반응을 보였다. 미국 서부와 마찬가지로 호주도 사막을 자연적으로 생겨난 것으로 그저 손 놓고 바라볼지, 아니면 관개를 통해 농경지로 바꿔야 옳은지 하는 문제를 놓고 격론을 벌였다. 바로 이런 비전을 에드윈 브레이디*는 1918년 1,000면이 넘는 대작『무제한의 호주*Australia Unlimited*』에서 강력히 주장했다. 그러나 이 비전은 호주 사막 밑의 지하수가 무한할 것이라는 잘못된 전제 위에 세워졌다. 물을 끊임없이 대량으로 대준다는 게 뜬금없는 이야기일 뿐만 아니라, 경작으로 식물의 뿌리가 갈아엎어지면서 토양이 망가져 초원이 사막으로 바뀌고 거기서 비롯되는 모래바람 탓에 호주의 농경지 전체가 치명적인 피해를 볼 수 있었다. 이런 근심은 건조 지대를 보는 감정으로 더욱더 깊어졌다.[222] 그리고 테네시 계곡과 달리 호주는 거대한 인공 댐을 세워 대규모 관개를 해줄 수 있는 형편이 아니었다.

미국에서 〈건조 지대〉라는 문제는 어떤 지속적인 트라우마를 남기지 않았으며, 오히려 1940년대 전쟁으로 맞은 활황과 더욱 습해진 기후, 관개, 농화학 같은 새로운 낙관주의에 무시된 반면, 호주의 건조 지대 문제는 끊임없는 골칫거리였다. 영국령 인도에서 태어난 생태학자 프랜시스 래트클리프**는 〈건조 지대〉 문제를 고민한 끝에 호주의 토양 침식을 다룬 책(『날아다니는 여우와 휘몰아치는 먼지: 어떤 생물학자의 호주 모험*Flying Fox and Drifting Sand: The Adventures of a Biologist in Australia*』(1938)을 썼다. 그는 이 책으로 1938년과 1940년에 〈뉴사우스웨일스New South Wales〉와 〈빅토리아Victoria〉 같은 주에 각각 토양 보호 관청이 설립되는 데 기여했다.[223] 그리고 그는 1950년대에 호주에서 교사로 활동했다. 래트클리프는 토양의 생태뿐만 아니라 지난 반세기 기후 변화의 경험을 지적하며 농경지의 팽창만이 아니라, 유럽 스타일의 목초지 경작을 건조한 호주 지대에 그대로 적용하는 것도 위험하다고 간곡히 경고했다. 그는 이런 식의 농업은 장기적 안목에서 호주라는 터전을 반드시 망가뜨리게 할 것이라고 주장했다.[224]

---

* Edwin Brady: 1869~1952. 호주 출신의 시인. 손수 농사를 지었으며 저널리스트로도 활동했다.
** Francis Ratcliffe: 1904~1970. 호주의 동물학자이자 환경 보존 운동가.

〈건조 지대〉의 경험을 읽는 독법은 매우 다양하다. 혹자는 성장에 근본적 한계가 있음을 상기한다.[225] 다른 쪽은 토양 위기를 대형 관개 시설 프로젝트에 도전할 호기로 본다. 전후 시기의 전 세계적인 개발 정책에서 〈개발〉이란 대형 댐 건설 사업과 동의어였다. 이런 낙관적이고 적극적인 〈뉴딜 경험〉을 말 그대로 육화한 인물은 월터 클레이 로우더밀크*다. 루스벨트의 유명한 농림부 장관 헨리 A. 월리스의 비서로 활동하며 장관의 경탄을 받은 이 역동적인 사람 로우더밀크는 〈토양 보존 사무국SCS〉의 책임자인 동시에 〈미국 지구물리 학회American Geophysical Union〉의 회장이었다. 그는 북아프리카에서 중국까지 전 세계를 누비며 토양 보전 문제의 자문관을 자처했다.[226] 월리스의 표현을 그대로 빌린다면, 로우더밀크는 비록 유대 혈통을 타고나지는 않았지만, 우리가 떠올릴 수 있는 한 가장 완벽한 시온주의 개종자였다. 1939년 팔레스타인을 찾은 그는 예루살렘에서 라디오 방송을 통해 자신의 〈열한 번째 계명〉을 선포했다. 〈너는 거룩한 땅을 신실히 보전하여 그 자원과 생산성을 대대손손 물려주어야 한다. 너는 네 땅이 침식하지 않도록 지키며, 생명의 물이 말라붙지 않게 하고, 산림이 황폐해지지 않도록 돌보며, 가축을 과도히 방목해 초원을 훼손하지 말아야 한다. 그래야 너의 후손이 그 풍요함을 영원히 누리리라.〉 그는 방송에서 〈테네시강 유역 개발 공사TVA〉와 유사하게 〈요르단강 유역 개발 공사〉를 세우자고 제안했다. 요르단강의 수량은 테네시강과 비교도 할 수 없을 정도로 조촐했음에도.

로우더밀크는 시온의 주민이 턱없이 부족한 수자원에도 관개 시설로 척박한 땅에 오아시스를 창조한 힘을 높이 추켜세웠다. 그리고 시온주의자들에게 강력한 생태주의 이데올로기를 제공했다. 곧 베두인족과 이집트 농부 같은 아랍의 침략자는 젖과 꿀이 흐르던 약속의 땅을 황폐한 사막으로 만들어 버렸다는 주장이다. 반면 시온주의자들은 관개 시설을 만들고 식목을 하며 〈등고선 농경〉, 즉 등고선에 따라 농사를 짓는

* Walter Clay Lowdermilk: 1888~1974. 미국 출신의 토양 보전 운동가.

방법을 통해 사막을 다시금 에덴동산으로 바꾸어 놓았다고 로우더밀크는 장담했다.[227] 심지어 로우더밀크는 본래 단 한 번도 풀이 자라본 적이 없는 네게브사막을 두고도 같은 말을 할 수 있다고 큰소리쳤다. 베두인족이 사막을 차지했을 때는 모든 노력이 허사였다고 했다. 베두인족은 관개 시설 따위에 조금도 신경 쓰지 않았으며, 오히려 낙타를 풀어 땅을 더욱 황폐하게 만들어 버렸다는 주장이다. 〈건지 농법과 댐 건설로 강물과 빗물을 이용할 줄 아는 과학적 방법으로 무장한 강력한 민족만이 네게브 사막을 비옥하게 만들 수 있다.〉[228] 말하자면 로우더밀크는 프랑스 식민지 지배자들이 이미 북아프리카에서 선동해 온 역사관을 고스란히 받아들였다. 옛 〈로마의 곡창〉은 유목민 탓에 사막이 되어 버렸다. 이 사막을 녹색의 엘도라도로 바꾸어 줄 수 있는 것은 현대식 관개 시설뿐이다.[229] 베두인족은 단기적 안목으로 〈건조 지대〉를 빚어낸 저 양키 농부의 역할을 고스란히 뒤집어쓴 셈이다. 그러나 광범위한 목초지 관리가 토양을 지켜줄 뿐, 관개 시설은 생태적으로 매우 취약하다는 사실은 나중에 생태학의 시대에 이르러서야 다시 주목을 받았다.

사안의 본성을 따진다면 본래 소비에트연방이 토양 논란의 중심에 서야만 한다. 우크라이나의 〈체르노젬 토±〉*야말로 비옥하기로 유명했지만, 동시에 오래전부터 바람으로 침식될 위험에 처해 있었기 때문이다. 1928년 그곳에서 흙먼지 폭풍이 일어나 커다란 피해를 입혔으며, 계속해서 폭풍이 끊이질 않았다.[230] 당시 러시아 과학자들은 토양 연구에서 미국보다 국제적으로 훨씬 더 앞서 있었다. 러시아 과학자들은 특히 토양 생태학과 침식 연구에서 괄목할 만한 성과를 자랑했다.[231] 많은 종류의 토양이 러시아어 명칭을 단 이유다. 적어도 독일의 〈피와 흙 사상〉**과 매우 흡사하게 러시아에서도 땅을 애국적 숭배의 대상으로 삼은 표현

---

  * Chernozem. 냉랭한 기후에서 석회화 작용으로 생성된 흑토를 말한다.
  ** Blut-und-Boden-Ideologie: 〈피와 흙 사상〉은 민족마다 그 고유한 농토를 가진다는 인종주의적 편견을 담은 나치스 정권의 선전선동 구호다. 이처럼 조국의 땅을 자신의 피처럼 여기자는 주장을 담은 문학도 활발히 발표되었는데, 이를 불러 〈피와 흙 문학〉이라 부른다.

을 심심찮게 찾을 수 있다. 물론 이런 표현에는 초원 토양이 위협을 받는다는 의식도 함께 반영되었다.[232] 한때는 숲이 토양을 열악하게 만든다는 이론도 있었지만, 1930년대에 접어들어 토양의 보호를 위해 새로 조림하자는 사람들의 주장이 힘을 얻었다. 심지어 1936년에는 소련의 유럽 지역에서 강이 발원하는 지역에 수분을 저장하는 숲을 지키려는 자연보호법이 등장했다.[233] 같은 해에 모스크바의 토양학 연구소는 토양 침식을 막는 싸움을 주제로 범 소련 회의를 개최했다.[234]

그러나 스탈린 시대의 러시아는 자부심에 넘치는 시민 사회를 갖지 못한 탓에 토양 문제를 둘러싼 공개적이고도 생동감 있는 논의를 전혀 펼치지 못했다. 보호림이 제 역할을 하려면 지역적 조건에 적응해야만 한다. 이런 사실을 소련도 잘 알았다. 하지만 소련의 계획 경제는 〈뉴딜〉 계획보다 많이 부족했다. 철강 산업의 콤비나트*와 더불어 거대한 댐 건설은 소련에서도 발전의 상징이었다. 서구의 관점에서 볼 때 거대한 면적에 관개 시설을 마련할 장소로 소련 남부의 광활한 지역만큼 매력적인 곳이 따로 없었다.[235] 건조한 지역의 생태 조건을 고려하지 않은 무자비할 정도의 관개 프로젝트는 우크라이나 출신이면서 소련 농업에 불행하게도 자신이 농업 전문가라고 자처한 니키타 세르게예비치 흐루쇼프** 치하에서 절정을 맞았다.[236]

〈피와 흙〉이라는 사상의 토양 의식: 알빈 자이페르트 현상

토양과 환경 정책의 관점에서 기묘하면서도 모순된 모습을 보여 주는 것은 다름 아니라 〈나치스 독일〉이다. 나치스의 이데올로기는 흔히 〈피와 흙〉이라는 수식어로 표현되었다. 물론 이때 〈흙〉이라는 표현이

* Kombinat(러시아어: Комбинат): 생산 과정에서 상호 보완적인 공장이나 기업을 한 지역에 모아 놓은 기업 집단.
** Nikita Sergeyevich Khrushchyov: 1894~1971. 스탈린의 사망 이후 소련을 이끈 정치 지도자. 반 스탈린 노선을 천명하며 긴장 완화에 노력했으나 1964년에 실각했다.

단순한 비유 그 이상의 의미를 담았는지는 불투명하기만 하다. 히틀러의 책 『나의 투쟁*Mein Kampf*』에 붙은 색인에서 〈흙〉이라는 표제어는 나오지 않는다. 비가 많이 내리고 점토가 풍부한 독일의 토양 문제는 미국 중서부와는 사뭇 다른 양상을 보여 준다. 비료의 부족은 전쟁을 치르는 동안 골치 아픈 문제였다. 이후 농화학이 처음으로 기세를 올리면서 독일 농업은 이미 화학 비료의 과도한 사용으로 부정적인 경험을 했다.[237] 물론 독일이든 미국이든 화학 비료의 폐해는 지나칠 정도로 몰아붙인 배수 작업으로 더욱 커졌다. 이런 점에서 독일 농업은 미국의 그것과 유사했다. 〈우리는 지금까지 무의식적으로 물을 두려워하며 살았다. 지나친 습기가 경제를 해친다는 생각에 사로잡혔기 때문이다.〉 1926년 헤센의 어떤 농업 고문이 한 말이다. 물론 그는 농부보다는 농업 정책에 더 비판의 중점을 두었다. 당시 농부는 초지의 관개가 유용하다는 점을 깨우치기 시작했기 때문이다.[238] 이에 반해 농업 정책은 농업에 필요하지 않은 물을 되도록 수로를 일직선으로 정리한 시내와 강으로 빠르고 남김없이 바다로 흘려보내는 일에 역점을 두었을 뿐이다. 독일이 이런 식으로 배수 작업을 계속한다면 머지않아 〈토양의 최상층이 말라 버리는 위기〉에 직면해 그 전체 문명을 위험에 빠뜨리리라.[239]

10년 뒤 〈건조 지대〉라는 신선한 충격을 받아 알빈 자이페르트*는 예언자의 수사를 동원해 가며 같은 경고를 보냈다. 나치스 시대의 환경 정책에서 자이페르트는 매우 강력한 힘을 자랑하는 인물, 흔히 보는 관점에서 대단한 카리스마를 자랑하는 인물이었지만, 일부의 시각으로는 일종의 〈궁정 광대와 카산드라의 혼합〉(토마스 첼러Thomas Zeller)**으로

* Alwin Seifert: 1890~1972. 독일의 농학자로 초기 생태 운동을 이끈 선구자. 친환경의 역동적 농업을 주장했다. 생전에 대단한 영향력을 자랑했으며, 나치스 정권에서도 활발히 활동했다.
** 카산드라는 그리스 신화에 등장하는 예언의 여신이다. 트로이의 프리아모스 왕과 헤카베의 딸로 대단한 미모를 자랑해 아폴론에게 예언의 능력을 선물 받았다. 그러나 아폴론의 유혹을 거절해 누구도 그녀의 예언을 귀담아듣지 않는 저주까지 함께 받았다. 〈궁정 광대와 카산드라〉라는 표현은 나치스 정권에 이용당한 광대로 누구도 그의 예언을 믿지 않았다는 뜻이다.

펌하되기도 했다.[240] 자이페르트는 자기 연출에 대단히 출중한 인물이라 그의 현실적인 비중은 무척 과장되었다. 그는 생태와 관련한 논의에서 더욱더 명성을 떨쳤다. 이런 대단한 명성으로 그때까지 뮌헨 공대의 정원 건설과 공동묘지 정비 분야의 강사였던 자이페르트는 1933년부터 아우토반의 〈제국 국토 법률 고문〉이라는 직책에 올라서는 데 성공했다. 독일 도로의 총책임자인 프리츠 토트*의 조력자로 자이페르트는 아우토반이 풍경에 맞춰 부드러운 곡선 형태를 갖게 하면서, 고속 도로의 양 측면을 골로 파지 않고 다채로운 토종 식물을 심은 경사면으로 꾸미는 데 노력을 기울였다. 그래서 그를 숭배한 어떤 사람은 〈독일 전체가 그의 정원〉이라며 환호했다. 자연 친화적인 정원 건설의 열정적 옹호자가 꾸며낸 정원이 독일의 아우토반이라는 주장이다. 그러나 냉철하게 볼 때 자이페르트가 아우토반 건설에 자문 역할을 맡은 것은 헤르만 뢴스의 표현을 빌리자면 〈프리첼 식의 잡화상〉이었을 뿐이다. 강력한 권력을 자랑한 토트와 자이페르트 사이에는 〈상놈은 싸움도 잘하지만, 화해도 빠르다〉는 속담처럼 남자끼리 거친 우정이 생겨났다.[241] 아우토반 건설과 친환경 조경이라는 불행한 만남은 1926년부터 오랜 세월에 걸쳐 뉴욕에 거대한 녹지대 조성 프로젝트를 벌이는 동시에 누구도 따를 수 없는 저돌성으로 뉴욕을 도시 순환 고속 도로로 재단하며 녹지대에 자동차로 빠르게 접근할 수 있게 한 로버트 모지스Robert Moses 현상을 떠올리게 한다.[242] 자이페르트가 독일 국민의 기억에 계속 남을 수 있었던 것은 1945년 이후 화학이 없는, 대신 정성 들여 퇴비로 만든 친자연적인 정원 건설의 주역으로 활동했기 때문이다.[243]

우리의 맥락에서 가장 흥미를 끄는 사실은, 아우토반 건설에서 직선 모양을 버리게 했던 자이페르트가 여전히 직선 모양을 선호하는 독일 치수 산업에 1935년부터 대대적인 공세를 펼쳤다는 점이다. 그는 자연

---

* Fritz Todt: 1891~1942. 나치스 정권에서 건설 부문을 책임진 인물. 친위대 출신으로 정부 요직을 두루 거쳤다.

과 물에 끊임없이 따라다니던 세간의 미신을 깨뜨렸다. 미시적이든 거시적이든 자연은 〈그 자체로 완결된 살아 있는 생명체〉이기 때문에, 시멘트로 그 역동적인 생명을 오만하게 왜곡하는 일은 절대 허용되어서는 안 된다고 자이페르트는 강조했다.[244] 그의 주장은 본질에서 합리적이었으며, 헤센의 농업 정책이 비난받은 〈물 두려움〉이 잘못된 근거를 가졌음을 보여 주었다. 물을 되도록 빠르고도 철저하게 바다로 흘려 버리려는 전통적인 강압은 유럽 중부가 습도 높은 기후를 가졌던 시기에 생겨났다. 그러나 1880년대 이후 독일 기후는 온난해지고 건조해졌다. 이제야말로 살기 좋은 시절이 찾아왔다고 할까. 그러나 이런 기회는 축축했던 시절의 치수 정책을 고집한다면 깨끗이 사라지고 만다.[245] 더욱이 〈건조 지대〉 문제는 말 그대로 불운의 조짐이었다. 그때까지 해왔듯 물을 계속 바다로 흘려보내기만 한다면, 독일의 흙은 먼지가 되어 바람을 타고 〈러시아로 날아가리라〉. 그럼 독일 국민은 슬라브족과 마찬가지 운명이 될 수밖에 없다.[246] 그래서 말이지만 독일인에게 치수 문제는 〈존재냐, 멸망이냐〉 하는 절박함 그 자체였다.[247]

자이페르트가 민족주의 이데올로기에 추파를 보내는 것은 일종의 전술로 이해된다. 그는 동시에 독일 국민을 자연에 민감한 문제인 수력 댐과 도로 건설을 부끄러워할 줄 아는 모범으로 추켜세우는 양면 전략을 구사했기 때문이다. 그는 또한 미국의 〈토양 보존 사무국〉을 모범으로 꼽기도 했다. 역설적으로 미국에서는 독일의 토양 보호를 모범으로 인정했다.[248] 미국에서는 수력 댐 건설과 토양 보호가 손에 손을 맞잡고 이뤄졌다. 그러니까 자이페르트가 촉발한 논란은 상황을 정반대로 그린 셈이다. 그는 자신의 유목민 주장을 단지 몇몇 논점으로만 입증했을 뿐이다.[249] 거리를 두고 보면 1980년대에 이르면 〈숲이 완전히 고사할 것〉이라는 경종도 비슷한 인상을 준다. 점차 완만하게 진행되는 위험을 당장 닥칠 파국으로 포장한 것이 그런 경종이다. 이런 위험이 실제로 존재한다는 점은 20년 뒤인 1950년대에 독일 연방 농림부 장관 하인리히 뤼브케*가 인정했다.[250]

나치스 시대에 자이페르트의 공격은 효과가 있었을까? 물론 그의 공격은 수력 댐 건설 엔지니어들의 분노를 샀다. 그러나 이 논쟁에서 토트는 자이페르트 편에 섰다. 전문가들도 자이페르트의 공격에 동의하면서, 아우토반 건설을 하천 정비 사업의 긍정적인 본보기로 삼으라고 입을 모아 말했다. 〈도로 건설이 자연 친화적이기를 배운 반면, 수력 댐은 시멘트와 직선의 지배를 받았다……〉(토트).[251] 그럼에도 자이페르트의 논쟁은 나치스 정책의 핵심을 건드리지는 못했다. 데이비드 블랙번의 책 『자연의 정복The Conquest of Nature: Water, Landscape, and the Making of Modern Germany』, 곧 독일 자연을 수력 댐이 정복했다는 의미에서 이런 제목을 붙인 책이 지적하듯, 나치스 독재에서 수력 댐 건설은 정점에 달한 것처럼 보인다.** 그래서 사정을 잘 모르고 피상적으로만 문제를 보는 독자는 나치스가 수력 지배의 정점에 있었다는 인상을 받곤 했다. 그러나 이런 인상은 절대 현실과 맞아떨어지지 않는다. 라이프치히의 루페Luppe 강이나 베스트팔렌의 엠스강을 직선으로 바로잡은 나치스 시대의 하천 정비는 테네시 계곡을 정비한 뉴딜이라는 대형 프로젝트에 비하면 정말 하찮은 규모에 지나지 않는다. 더욱이 이런 정비 사업은 지역의 자연 보호, 향토 보호와 모순을 불러일으켰다.[252] 어쨌거나 당시 독일 댐 건설 전문가 오토 인체Otto Intze의 지휘 아래 계곡을 막아 댐을 세우던 독일의 위대한 시절은 이미 오래전에 지나가 버린 과거의 이야기였다. 블랙번 자신도 1936년에 완성된 후버Hoover 댐이 1914년에 지어진 계곡을 막아 생긴 독일 최대의 댐 에더제Edersee보다 200배나 더 많은 물을 저장한다고 언급한다.[253]

물론 〈제국 노동 봉사단〉***의 과제에는 배수 시설과 하천 정비가 속

* Heinrich Lübke: 1894~1972. 독일의 정치가로 1953년부터 1959년까지 농림부 장관을 역임했으며, 1959년부터 1969년까지 서독의 대통령을 역임했다.

** David Blackbourn: 1949년생의 영국 역사학자. 현대 유럽사와 독일 역사에 정통한 인물이다. 본문에서 언급된 책 『자연의 정복』은 2006년에 출간되었다.

*** Reichsarbeitsdienst: 나치스 독일이 군복무 이전의 청년들을 소집해 6개월 동안 국가를 위해 노동으로 봉사하도록 만든 조직.

하기는 했다. 그러나 히틀러는 『나의 투쟁』에서 〈국내 개척〉이라는 생각이 외부로의 팽창에 집중할 수 없게 하기 때문에 못마땅하다며 거침없이 속내를 드러낸다.[254] 바로 그래서 프로이센 천연기념물 보호를 책임진 부서를 이끌었으며, 1933년부터 나치스 이데올로기에 맞게끔 자연 보호를 가장 강력하게 선전한 발터 쇠니켄*은 〈제국 노동 봉사단〉에 〈독일 농업이 보내는 비판적 호소〉를 히틀러의 눈치를 보지 않고 공공연하게 드러내는 일이 가능했던 것으로 보인다.[255] 쇠니켄의 후계자가 된 한스 클로제(그는 나치스 당원도 아니었다)**는 심지어 1936년 베를린에서 처음으로 열린 자연 보호 제국 회의에서 자연 보호 담당관들을 상대로 하천 정비 문제를 공론화하려고 했을 정도다.[256] 클로제는 1935년에 발효된 제국 자연 보호법을 등에 업고 목청을 높였다. 〈이 땅의 농경 문화와 노동 봉사가 흔들림 없이 하천 정비를 몰아붙임으로써 이제 머지않아 우리 조국이 물이라는 소중한 자연 자원을 잃게 될 것이라는 생각에 이 홀에 모이신 여러분 가운데 서늘한 전율을 느끼지 않을 사람은 아무도 없을 겁니다.〉[257]

나치즘과 자연 보호

히틀러는 개인적으로 자연 보호에 별로 관심을 갖지 않았다. 그는 〈국토 개발〉이 독일의 식량난 해결이라는 좋은 대책을 제시해 준다는 논리로 자연 보호를 언급했을 법한데도, 『나의 투쟁』에서 전혀 거론하지 않는다. 그는 자연을 〈모든 지혜의 잔혹한 여왕〉이라 불렀다.[258] 이런 자연은 보호할 필요가 없었다. 반대로 자이페르트는 클라게스와 마찬가지로, 자연이란 〈만인 대 만인의 무자비한 싸움〉이라는 다윈주의자의 발상

* Walther Schoenichen: 1876~1956. 독일의 생물학자로 최초의 자연 보호 운동가 가운데 한 명이다. 자연 보호라는 생각을 나치스 이데올로기와 결합하려 했다.
** Hans Klose: 1880~1963. 나치스 정권과 초기 독일 연방 정부에서 자연 보호 고위 관리를 지낸 인물.

을 거부했다. 그는 이런 〈통설〉(다원주의)은 〈모든 것을 편 가르고 분열시키며 개체만을 강조하는 어제의 정신〉과 다르지 않다고 생각했다.[259]

자연 보호와 나치즘 사이의 관계는 거듭 논란의 대상이 되었다.[260] 이 물음은 총체적으로 볼 때 잘못 제기되었다. 자연 보호와 국토 보호가 같다고 간주하고, 나치즘이 자연 문제에서 일관되게 지킨 이데올로기라는 전제에서 이런 물음이 제기되었기 때문이다. 그러나 나치즘 이데올로기는 이것저것 편리한 대로 끌어낸 짜깁기에 지나지 않는다. 〈전형적인 나치〉라는 것도 나치스의 선동과 반나치스 만평에나 등장할 뿐이다. 현실에서 나치즘은 자연낭만주의자뿐만 아니라 극히 일부이지만 매우 열정적인 테크노크라트까지 포함하는 다양한 인간 군상을 자랑했다. 어쨌거나 자연과 결합했지만 물론 자연 보호를 대변하지는 않는 사냥꾼이 나치즘의 원형 인간 가운데 하나이기는 했다. 이런 사실을 우리는 헤르만 괴링이라는 인물에서, 그리고 그가 쇼르프하이데*에서 몇몇 나치스 실세와 함께 연출한 숲의 사냥에서 확연히 알아볼 수 있다. 괴링은 기꺼이 쇼르프하이데를 미국 차원의 국립 공원과 같은 것으로 만들고 싶어 했다. 그러나 제국의 숲과 사냥의 우두머리인 괴링조차 이런 희망을 다른 분야의 이해관계를 누르고 관철할 수는 없었다.[261]

나치스는 〈공동의 이득이 개인의 이득에 앞선다!〉라는 말을 구호로 삼았다. 많은 경우 자연 보호 운동가들은 공동의 이득을 자신의 뜻에 맞게 해석해 밀어붙였지만,[262] 공동의 이득이 무엇인지 결정하는 쪽은 어디까지나 군대와 경제였다. 자연이라는 문제에서 나치스의 고정된 노선은 없었다. 이 문제를 두고, 물론 넘어서지 못할 경계가 없지는 않았지만, 공개적 토론은 얼마든지 가능했다. 그래서 나치스 지도부의 구체적 지시가 없이도 운동의 성격을 갖는 자연 보호 세력이 곧잘 형성되었다. 이렇게 해서 나치스 시대에 독일 애향 연맹 내부에서는 활엽수림

---

* Schorfheide: 독일 브란덴부르크주의 북쪽에 위치한 숲 지대를 이르는 지명. 전체 면적이 666.4제곱킬로미터에 달하는 숲과 호수의 광활한 지역이다.

의 구원을 위한 위원회가 결성되어 심지어 전쟁 발발 이후에도 그 활동을 강화해 1941년에는 여론 환기를 위한 공개 서한을 채택하기도 했다. 어떤 아마추어 시인은 이런 시를 썼다. 〈오 독일의 숲이여, 오 너도밤나무 숲의 푸름이여/그리고 강한 떡갈나무의 힘이여/오 독일의 숲이여, 너는 허망하게 가라앉는구나./네 교살자의 손아귀로!〉 주목할 점은 숲의 목을 조르는 〈교살자〉라는 표현이 지목하는 대상이다. 〈교살자〉는 전쟁 경제의 와중에서 숲을 마구잡이로 벌채하는 사람을 일컫는다. 공개적 건의서는 폭넓은 긍정적 반응을 끌어냈다. 도처에서 답지한 많은 격려의 편지를 보면, 애국을 강조하는 목소리가 생태와 수자원 보호를 우선시하는 논리에 완전히 뒤처지는 것을 알 수 있다. 이게 심지어 전쟁이 한창이던 1941년의 일이다.[263]

당시 자연 보호를 오로지 나치스 정권의 지배 수단으로만 파악하는 것은 올바른 관점이 아니다. 오히려 거꾸로 자연 보호 운동가들이 나치스 정권을 자신의 목적을 실현하려는 수단으로 끌어들이려는 시도가 심심찮게 성공했다. 헤가우의 애향 시인 루트비히 핑크는 25년이 넘도록 〈슈토플리오!〉라는 전투 구호를 외치며 〈거룩한 산〉 호헨슈토펠른, 곧 헤가우의 현무암 구릉이 호른슈타인Hornstein 남작이 만들게 한 돌다리로 경관을 침해받는 것을 막으려는 운동을 벌였다.* 결국 그는 자신의 목적을 위해 하인리히 힘러**와 괴링을 끌어들이는 데 성공했다. 그는 목적을 실현하려고 쇠니켄보다도 더 거침없이 민중의 감정을 사로잡는 표현, 심지어 유대인 차별주의적인 언동[264]을 서슴지 않았다. 헤르만 헤세의 친구이면서 평소 자신의 사명을 〈억압받는 사람, 강간당한 피해자, 가난한 사람을 위해 헌신하는 것〉[265]이라 여겼던 핑크가 보인

---

　*　Ludwig Finckh: 1876~1964. 독일 출신의 의사이자 작가로 헤르만 헤세와 오랫동안 우정을 나눈 것으로 알려진 인물이다. 헤가우Hegau는 독일 바덴뷔르템베르크주의 소도시로 화산 폭발로 이뤄진 풍경을 자랑하는 곳이다. 〈슈토플리오Stofflio〉는 호헨슈토펠른Hohenstoffeln을 구하자는 뜻의 구호다.

　**　Heinrich Himmler: 1900~1945. 나치스 정권에서 내무 장관을 지냈으며 유대인 학살을 지휘한 최고 책임자다. 연합군에게 붙잡히자 자살했다.

참으로 놀라운 행태다. 그만큼 그는 자연 보호를 절실히 여겼다. 핑크의 사례는 나치스 시대의 자연 보호 운동이 가진 이중성을 여실히 보여 준다. 나치즘 성향으로 진정성을 의심하게 하는 사람이 특히 집요하게 자연 보호 운동에 매달리는 경우가 드물지 않았다는 것을 보여 준다.[266] 아무튼 안정적 지위를 누린 사람이라면, 이렇게 행동할 필요가 없었으리라. 자연 보호 운동가의 명예를 위해 말하자면, 자연 보호와 관련이 없는 경우 이들은 유대인 차별주의 같은 비겁한 공격을, 당시 분위기로는 그런 공격이 아주 손쉬웠음에도, 거의 하지 않았다. 유대인 차별주의자는 물론이고 시온주의자 역시 유대 민족이 거의 2,000년이라는 세월 동안 고향을 잃고 떠돌아 자연과 땅과 연결되는 고리를 전혀 갖지 않았음을 잘 알았기 때문이다.[267]

자연 보호와 환경 보호의 역사에서 나치스 시대는 아무 의미가 없는 하찮은 시기였던 것은 아니다. 물론 단 하나가 아닌, 여러 역사가 공존하기는 한다. 되돌아보면 특히 이중적 면모를 보여 준 사람은 한스 클로제다. 그는 1938년에서 1945년까지 제국 자연 보호 관리청을 이끌었으며, 이전에도 강력한 발언권을 가졌던 사람이다. 1935년에서 1939년까지의 시기는 〈의심의 여지 없이 독일 자연 보호 50년 역사에서 절정을 이뤘던 때〉인데, 그럼에도 1933년부터 〈자연을 파괴하는 힘은 측정을 허락하지 않을 정도〉로 커져 갔다.[268] 수많은 영역에서 부단히 활발한 활동을 전시 행정의 재료로 삼고자 했던 나치스 정부는 처음에는 녹색 영역에서도 인정받고 싶어 안달했다. 그래서 1933년에서 1935년까지 괴링은 힘으로 밀어붙이며 생체 해부 금지법과 산탄총을 쓰지 않고 〈동물의 생태를 지키는 사냥〉을 의무화한 제국 동물보호법, 숲의 황폐화를 막는 제국 자연보호법을 잇달아 통과시켰다.[269] 1934년 엘베강 동쪽 지역에 대규모 토지를 소유한 지주 발터 폰 코이델*은 새로 창설된

---

* Walter von Keudell: 1884~1973. 막대한 영토를 물려받은 귀족 출신으로 제3제국의 임업을 관장했던 정치가.

제국 산림청의 수장이 되었다. 평소 벌채를 강력히 반대하고, 가문비나무 단일 조림에 비판의 목소리를 높였던 그는 자신이 꿈꿔 온 〈지속적인 생태를 자랑하는 숲〉이라는 모범을 무모할 정도의 과감함으로 밀어붙였다. 이런 과감함은 새로운 시대의 스타일과 잘 맞아떨어졌다.[270]

제국 농업 장관 리하르트 발터 다레*는 농업에 화학을 이용하려는 〈시험적 발상〉에 반대 의사를 분명히 밝히고, 농업을 장악하려는 〈자본주의의 악마적 미소〉에 맞서려고 나중에 등장한 이른바 〈유기 농업〉과 비슷한 대책을 발표했다.[271] 비료 수입에 들어가는 외화를 절약하고자 정부는 기초 자치 단체에 1935, 1936년에 하수를 농업에 이용할 수 있는지 그 가능성을 시험하게 했으며, 불가능하다는 판정이 나오자 정화 시설을 짓게 했다.[272] 당시로는 전 세계에서 유일했으며, 옛 〈천연기념물 보호법〉보다 상당히 확장된 1935년의 제국 자연보호법은 모든 토지 변경 계획안에 자연 보호를 최우선으로 고려하게 했다. 심지어 자연 보호 목적으로 토지를 강제 수용할 수 있음을 규정함으로써 자연 보호 운동가들의 환호를 자아냈다. 수용이 지극히 예외적 경우에만 이뤄질 수 있게 여러 제한을 두었지만, 단순한 위협 조항만으로도 지주들은 땅을 팔 생각부터 했다. 〈그처럼 단시간 내에 엄청나게 많은 자연 보호 구역이 설정된 것은 독일 역사에서 유례를 찾아볼 수 없는 일이다〉(프랑크 위쾨터).[273]

그러나 자연 보호는 국토 활용 계획에 결정적인 영향을 줄 도구도, 실행 능력도 갖추지 못했다. 나치스 정권은 자연과 환경 보호 문제에서는 전쟁과 인종 정책에서 보여 준 것과 같은 철저함과 무자비함과는 거리가 먼 태도를 취했다. 경제와 군사의 중요한 이해관계와 상충할 때, 환경 문제는 깨끗이 무시될 뿐이었다. 물론 이런 상황은 나치스 독일만 그런 게 아니기는 했다. 코이델은 그가 주장한 4년 계획의 활엽수림 혼

---

* Richard Walther Darré: 1895~1953. 나치스의 친위대 대장을 지냈으며, 〈피와 흙〉이라는 이데올로기의 주창자. 1933년에서 1942년까지 농업 장관을 지냈다.

합림 조림이 신속하고도 최대한의 목재를 얻어 내려는 요구와 충돌하면서 관직을 잃었다. 정권 내부에서 화학을 쓰지 않는 농업을 좋게 보는 관점은 전쟁을 치르는 동안 히틀러의 최측근인 힘러와 마르틴 보어만* 까지 사로잡기는 했다.[274] 그러나 현실을 지배한 쪽은 〈IG – 파르벤〉**이 라는 화학 기업의 전문가 카르텔이었다. 농업의 〈생산 전쟁〉에서 최대한의 수확이 요구되자, 다레의 〈유기농 철학〉을 비웃기라도 하듯 옥수수 재배가 강요되었다.[275] 숲에는 심지어 외래종의 총아인! 유칼립투스마저 심어졌다.[276] 삼림학 연구는 그 역사에서 유례를 찾을 수 없는 번영을 누렸다. 임업 종사자들은 마침내 국산 목재가 금속과 동일한 대접을 받게 되었다며 승리의 노래를 불렀다. 1939년 7월 베를린의 〈크롤 Kroll 오페라 하우스〉에서는 독일 삼림 연맹의 대회가 〈전대미문의 화려함과 호사스러움〉으로 열렸다. 괴링의 호들갑스러운 스타일에 꼭 맞는 대회였다.[277] 그러나 자급자족 정책의 일환으로 선택된 〈목재 시대〉라는 새로운 노선은 결국 산림업 존재의 자율성을 위협하는 결과를 낳았다. 어떤 것이 미래의 지속 가능한 숲 정책인가 하는 문제를 놓고 벌어진 갈등을 피할 수 없었다.

어떤 것이 바람직한 녹색 정책의 목표인가 하는 문제를 둘러싼 갈등은 오늘날에도 흔히 보는 것이다. 서로 다른 정책의 충돌은 자연의 본성상 피할 수 없는 노릇이다. 자연과 환경 보호의 문제를 둘러싸고 공개적 토론이 가능했다 할지라도, 그런 갈등을 노출하고 토론이라는 방식을 통해 해결하는 일은 민주주의와 거리가 먼 나치스 전체주의 정권에서는 쉽지 않았다. 나치스 정권은 공개적 토론을 그 핵심 관심사에 영향을 미치지 않는 범위에서만 허용했을 뿐이다. 어쨌거나 자연과 환경의

---

* Martin Bormann: 1900~1945. 히틀러의 부관이었으며, 내부의 권력 다툼에서 괴링과 힘러를 견제한 끝에 히틀러로부터 후계자로 지목받았다. 전후 연합군의 추적을 피해 탈출했으나, 결국 1972년에 유골로 발견되었다. 어떻게 죽었는지는 아직도 밝혀지지 않았다.

** I.G. Farben(Interessen-Gemeinschaft Farbenindustrie): 1925년에 다수의 화학 기업들이 연합해 세운, 당시로서는 세계 최대의 화학회사. 2차 세계 대전이 끝나고 나치 정권에 부역했다는 혐의를 받아 연합군의 결정으로 해체되었다.

보호를 포괄하는 녹색 연합은 나치스 독일에서 실현되지 않았다. 거듭 경쟁 세력이 서로 견제하며 방해했을 뿐이다. 괴링은 나치스 정권의 초기에 녹색 정책을 대표하는 인물이기는 했다.[278] 그러나 괴링에게 녹색 영역은 어디까지나 그의 사냥 열정을 불태울 도구에 지나지 않았다. 하릴없이 빈둥거리지 않는 한에서, 그가 주로 하는 활동은 비행과 숲 조성 4개년 계획이었다. 자이페르트와 다레는 거의 같은 자연 철학을 가졌음에도, 갈수록 적대적 경쟁 관계를 키웠다. 자이페르트는 쓰레기 재활용이 미관을 해치고 악취를 풍긴다며 질색했다. 많은 목재 업자는 〈지속적인 생태를 자랑하는 숲〉이라는 코이델의 계획 경제에 〈분통만 터뜨렸다〉.[279] 물론 사람들은 〈독일의 숲〉에 열광하기는 했다. 그러나 임업과 목재 업계는 이 숲이 구체적으로 어떤 모습이어야 하는지를 합의하지 못했다. 이런 마당에 자연 보호는 거론조차 할 수 없었다.

그러나 전체 그림이 부정적이기만 했던 것은 아니다. 제국 자연보호법이 토지의 강제 수용이라는 갈등 요인을 품었지만, 자연 보호와 농부 사이의 관계는 60년 뒤 유럽 연합의 자연 보호 법령 아래에서보다 훨씬 더 평화로웠다. 아직 화학 살충제가 없던 1930년대에 농부들은 해충을 잡아먹는 새가 필요했다. 물론 힘들여 초원을 경작할 수 있는 밭으로 일궈 놓은 마당에 자연 보호의 초원 복구 요구에 농부는 분통을 터뜨렸다. 그러나 〈뤼네부르크 초원〉*을 군대가 주둔 지역으로 넓혀 가자, 농부와 자연 보호 운동가는 함께 손을 잡았다. 나치스 정권은 될 수 있는 한, 농부의 환심을 사고자 했기 때문에 군대 주둔 반대 데모를 벌이는 농부를 처벌하지 않고 지켜보기만 했다. 그러나 자연 보호 운동가는 강제 수용소로 끌려갈 각오를 해야만 했다.[280]

2차 세계 대전 종전 이후 독일의 땔감 부족은 숲의 나무뿐만 아니라, 방풍 울타리의 나무마저 뽑아 버리게 했다. 이로써 독일의 북부 지역

---

* Lüneburger Heide: 독일 북동부 지역의 넓은 초원지대를 이르는 이름. 함부르크와 브레멘과 하노버 사이에 걸친 이 광활한 초원은 그 중심에 있는 소도시 뤼네부르크의 이름을 땄다.

은 18세기 이후에는 걱정하지 않았던 바다에서 불어오는 강풍에 고스란히 노출되고 말았다. 미국의 〈건조 지대〉 시나리오가 독일도 위협하게 되었다. 자이페르트의 경고는 10년 전보다 훨씬 더 큰 설득력을 가졌다. 〈땅이 말라 버리고 황폐해져 독일의 황무지화는 실제로 빠른 속도로 이루어지리라.〉[281] 1947년에는 저널리스트 안톤 메테르니히가 쓴 『위협하는 사막Die Wüste droht』이 출간되었다. 이 책은 자이페르트의 경고를 새삼 새기는 것으로, 미국의 〈건조 지대 문헌〉과 마찬가지로 글로벌 차원에서 세계의 토양 역사를 되짚어 본다. 책의 내용은 대부분 현대의 생태 종말론에 할애되었다. 그러나 이 책이 담은 생태 반성에는 당시 구상되던 구조 계획의 영향도 반영되었다. 「합성 소시지」와 「인공 단백질 농장」이라는 제목의 장은 독일이 화학 비료 없이 농사를 지으면서 굶주리던 시절의 고민을 고스란히 담아 낸다.[282] 이처럼 곤궁한 상황에서 생태를 우선시하는 생각은 날개가 꺾이게 마련이다. 나중에 형편이 나아지면서 자연 보호는 다시금 천천히 숨통이 트였다. 어려운 시절에는 어떻게든 쓸 수 있으면 거의 아무것도 버리지 않는 게 당연하게 여겨지게 마련이다. 그러나 이후 역사에서 유례를 찾을 수 없는 경제 성장을 누리자 사정은 확 바뀌었다. 새로운 환경 의식이 움틀 더없이 좋은 조건이었다. 그렇지만 단순히 먹고살 만해져 이런 변화가 찾아왔다고 보기는 어렵다. 오히려 자연 보호 문제의 이런 변화는 변증법적 긴장 관계 속에서 운동해 온 현실을 고스란히 반영했다고 봐야 한다.

세계 구원의 벅찬 감동과 국제 영향력 경쟁

전후 시대의 망각과 재발견

유엔과 유네스코 차원에서 논의된 초기의 환경 정치, 1948년에 창설된 〈국제 자연 보전 연맹International Union for the Conservation of Nature, IUCN〉과 1961년에 생겨난 〈세계 야생 동물 기금World Wildlife Fund, WWF〉, 그리고 줄리언 헉슬리Julian Huxley(1887~1975), 맥스 니컬슨Max Nicholson(1904~2003)과 이들이 엄선해 강력한 영향력을 자랑한 세력권은 〈환경 운동〉이 대중의 저항 운동으로 여겨지는 시절에 이르자 거의 잊히고 말았다.* 최근 들어서야 비로소 안나 뵙제가 생태 시대를 선도한 이전 역사를 재발견하면서, 〈자연〉이 전후 시대에 말 그대로 〈새로운 의미 확장의 폭발〉을 경험했음을 알아냈다.[283] 이런 망각과 재발견이 세계 역사의 단순한 장난일까? 지금 되돌아보는 눈길은 그렇지 않음을 확인한다. 현대 환경 의식을 빚어 준 결정적 요소야말로 세계적 차원이기 때문이다. 세계를 구원하기 위해 무엇인가 했다는 벅찬 감정은, 비록 이 행동이 어떤 실질적 의미를 갖는지 알아보기가 언제나 어려웠다 할

---

* 세계 야생 동물 기금은 1986년에 〈세계 자연 기금World Wide Fund for Nature, WWF〉으로 개명하고 현재까지 활동하고 있다. 줄리언 헉슬리는 영국의 생물학자이자 작가로, 유네스코의 초대 사무총장을 지낸 인물이다.

지라도 많은 환경 운동가를 지탱해 준 강력한 동기 부여였다. 우리가 이미 보았듯 자연 보호에서 〈국제적〉이라는 개념은 이미 1900년도를 전후해 긍정적 의미를 가졌다. 그러나 이 국제성이 제도로 꾸준하게 팽창할 수 있었던 원동력은 1945년 이후에야 확보되었다. 양차 세계 대전 사이 시기에 국가 연합 차원에서 이뤄진 이런 결코 무시할 수 없는 초기 환경 운동을 염두에 둬야만,[284] 1945년 이후 유네스코를 중심으로 자연 보호가 어느 정도 새로운 활력과 속도를 얻게 되었는지 분명하게 알아볼 수 있다.[285]

평화는 인류가 함께 풀어야 할 공동의 문제가 무엇인지 가려볼 수 있는 시선을 열어 주었다. 아니, 그 이상으로 평화는 지속적인 평화를 원하는 사람들이 인류를 결집해 국제적 협력을 위한 과제를 모색하게 했다. 언제나 어디서나 그랬던 것은 아닐지라도, 전체적으로 볼 때 현대의 환경 의식은 환경 문제의 국경을 초월하는 성격에서 범국가적 소통과 협력을 추동했다. 환경 의식은 환경 문제뿐만 아니라, 국제 정치의 조류와도 상관관계를 이룬다. 환경 의식의 확대가 국제적인 탈긴장의 시대와 맞아떨어지는 것은 우연이 아니다. 중요한 자원에 접근해야 하는 경우 환경 문제는 특히 수많은 갈등 요인을 제공했다. 그러나 이데올로기 대립과 국가적 특권을 넘어서서 환경 문제는 이성적 규제의 분위기를 빚어냈다. 적어도 지금까지는 그렇다.

세계적인 환경 문제는 실제로 일어나는 문제도 있지만, 꾸며진 문제도 만만찮다는 이중의 측면을 가진다. 세계는 원대해서 그 전모를 가늠하기가 쉽지 않기 때문이다. 환경의 세계적 위험은 그게 어떤 명확한 의미가 있는지 가려보기가 지난한 문제다. 더욱이 〈생태 체계 지구〉는 두서너 세대 이전만 하더라도 오늘날보다 훨씬 더 불투명했다. 또 오늘날처럼 통계로 파악되지도 않았다. 산업 지대가 빚어내는 환경 오염과 달리, 세계적인 환경 문제는 그 자체로 좀체 드러나지 않는다. 이런 문제에 지속적인 관심을 갖는 인물 그룹과 제도가 있어야만 세계적 차원에서 환경 문제에 접근할 수 있다.

양차 세계 대전 사이에 국제주의가 처한 딜레마:
국제 연맹의 환경 운동

양차 세계 대전 사이의 시기에서 국제 연맹의 종사자들은 환경 문제를 국가 사이의 이해 다툼을 덮을 수 있는 활동 영역으로 발견했다. 무엇보다도 선박이 잔류 석유를 그대로 바다에 버림으로써 빚어지는 심각한 해양 오염과 무차별적으로 자행되는 고래잡이 문제는 국제적 차원에서만 해결할 수 있다. 고래잡이는 기선의 시대에 들어서면서 역사적으로 완전히 새로운 차원으로 올라섰다. 특히 1차 세계 대전 이후 바다를 항해하는 공장이나 다름없는 포경선은 북쪽의 고래 개체 수가 격감하자 남극 주변의 바다로까지 진출했다. 1920년대에 고래기름을 마가린 생산을 위해 정제하는 방법, 많은 소비자가 짐작조차 못하는 방법이 고안되면서 고래잡이 업계는 산업화의 강력한 충동에 이끌렸다.[286] 그때부터 아르헨티나의 외교관 호세 레온 수아레스*는 10년가량 고래 보호 운동에 온통 열정을 쏟았다. 숲과 야생의 보호와 마찬가지로 사냥꾼과 소비자가 독자적인 이해관계를 갖는 고래 보호의 문제에서도 아무런 감상적 접근 없이 지속성의 원칙은 얼마든지 강조될 수 있다. 그러나 허용 어획량을 어떻게 각 국가에 공평하게 분배할 것이며, 무슨 방법으로 이 원칙을 준수하게 통제할 것인가?

이 문제들은 풀리지 않았다. 무엇보다도 전통적인 고래잡이 국가인 영국과 노르웨이는 1931년에 제네바 고래잡이 협약을 관철했다. 이 협약의 내용을 기준으로 삼는다면, 영국과 노르웨이가 가장 많은 어획량을 차지한다. 그러나 새롭게 부상하는 고래잡이 국가들, 그 선두를 달리던 일본과 1933년부터 나치스 정권의 독일도 포함해 고래잡이 국가들은 제네바 협약을 무시했다.[287] 갈수록 험악해지는 적대감의 분위기

---

* José León Suárez: 1872~1927. 아르헨티나 출신의 법률가로 국제 연맹 창설에 참여했던 외교관이다.

는 국제적인 고래 보호를 불가능하게 했다. 결국 전쟁이 유일하게 효율적인 고래 보호의 방법으로 입증되었다. 영국과 일본의 공장과도 같은 포경선, 또 노르웨이의 대부분 포경선까지 어뢰를 맞고 침몰했기 때문이다.[288]

평화 시에 다시금 포경 문제를 논의하는 국제적 회의가 열렸지만, 사실상 무자비한 사냥은 새롭게 박차를 가했다. 1946년에 들어서자마자 워싱턴에서 국제 포경 회의가 열렸다. 이 회의의 결정으로 1949년 〈국제 포경 위원회International Whaling Commission, IWC〉가 설립되었다. 그러나 이 위원회는 단기적 이해관계에 눈이 먼 포경 국가들의 포로가 되었을 뿐이다. 〈IWC〉를 비웃기라도 하듯 전후 시대의 가장 요란한 갑부 아리스토텔레스 오나시스Aristoteles Onassis는 1949년 자신의 상선 〈올림픽 챌린저Olympic Challenger〉에 여러 깃발을 바꿔 달아 가면서 고래잡이를 벌였다. 오나시스의 이런 과시적 냉소주의는 타의 추종을 불허할 정도였다. 자신의 요트 〈크리스티나Christina〉의 바 의자를 고래의 페니스 가죽으로 씌우게 한 오나시스는 고래 떼를 비행기로 탐색해 임신한 암컷이든 새끼 고래든 가리지 않고 포획했다.[289] 그때부터 〈그린피스〉가 대대적인 보호 활동을 벌였고, 그 전까지 국제 사회는 고래보다는 코끼리 보호에 더 집중했다. 최대 해양 동물보다는 육상의 최대 동물을, 세계 해양보다는 아프리카를 더 중시했다.

그때그때 보호 동물의 대표적인 아이콘 선택에는 그만한 배경이 숨어 있다. 고래와 코끼리의 보호는 오로지 국제적 차원에서만 조직될 수 있다. 다시 말해서 이런 식의 자연 보호에는 지역의 〈풀뿌리 운동〉이라는 하부 구조가 결여될 수밖에 없다. 더 나아가 아프리카 야생의 보호는 식민주의라는 인상을 불러일으키기 쉽다. 토착민이 사파리 관광으로 이득을 보지 못하는 한, 이들의 이해관계가 무시될 수 있기 때문이다. 이에 반해 철새 보호 운동은 그 자체로 범국가적 차원의 성격을 갖기 때문에 글로벌 지평을 지역의 풀뿌리 운동과 결합하는 데 더욱더 좋은 기회다.

이런 관점에서 특히 모범적인 사례는 1950년대에 벌어졌던 베저Weser강 하구 삼각지 〈크네히트잔트Knechtsand〉를 둘러싼 싸움이다. 문제는 그곳에 있는, 사람이 살지 않는 섬이었다. 이 섬은 영국 점령군이 독일에 되돌려 준 헬골란트Helgoland섬을 대신해 받은 것으로, 1953년부터 폭격 훈련장으로 쓰였다. 인근 지역 어부들의 반발은 거셌지만, 성공하지 못했다. 그런데 1954년에 조류 보호를 기치로 내건 저항 운동세력이 속속 이 섬에 결집했다. 〈크네히트잔트〉는 늦여름에 혹부리오리 약 7만 5,000마리가 모여 털갈이하는 섬이었기 때문이다. 1957년 9월 8일 〈크네히트잔트〉 앞에는 300여 명의 시위대가 20척의 멋들어지게 치장한 범선에 올라타 조류 보호 의지를 과시했다. 언론이 이런 장관을 놓칠 리 없었다. 광경만 보면 마치 이미 〈그린피스〉의 시대로 접어든 것만 같은 인상이 들 정도다. 가까이서 보면, 조류 보호는 시위대의 일부가 구실로 내세웠을 뿐이다. 그럼에도 시위는 영국 조류 보호 운동가들의 커다란 반향을 이끌어 냈다. 그리고 이 운동가들의 영향력은 군대까지 미쳐 시위를 성공으로 이끌었다. 저항 운동을 선도한 초등학교 교사 베른하르트 프리만Bernhard Freemann은 영국 매체의 주목을 받는 인기를 누렸다. 독일 연방 정부는 유보적 반응을 보였지만, 영국은 1958년 자발적으로 폭격 훈련을 중지했다. 〈영국의 문화적인 자기 이해가 자신을《동물 애호 국가》로 추켜세우는 것이 허튼소리인 것만은 아니어서, 영국은 전통적인 동물과 조류 보호 운동의 의식이 높은 핵심 국가로 여겨졌다〉(안나 뷥제).[290] 결국 자연 보호를 곤경에 빠뜨린 것은 자연 그 자체다. 구출된 〈크네히트잔트〉는 세월이 흐르면서 단순한 사주, 곧 모래톱이 되고 말았다. 어쨌거나 당시 유례를 찾아볼 수 없었던 유일한 운동으로 1970년대부터 네덜란드와 덴마크가 협력해 니더작센의 개펄 국립 공원을 만들려는 주도적 움직임이, 물론 제방과 새우잡이 어업을 걱정하는 토착 어부들과 격렬한 갈등을 빚으면서[291] 시작되었다.[292]

유네스코와 국제 자연 보전 연맹 ─ 줄리언 헉슬리와 그의 친구들

자연 보호는 전후 첫 20년 동안 국제적 소통이 그나마 잘 이루어지는 경험을 했다. 유네스코의 초대 사무총장인 생물학자 줄리언 헉슬리와 스위스 자연 보호 연맹이 그런 움직임을 주도했다. 1947년 멕시코시티에서 열린 유네스코 총회에서 헉슬리는 이름 그대로 교육과 과학과 문화를 책임져야 하는 이 국제기구가 일관되게 자연도 돌봐야 한다는 점을 설득하는 데 성공했다. 자연의 향유야말로 문화의 일부이며, 〈희귀하고 흥미로운 동물과 식물〉의 보존은 과학의 의무라며 불꽃 같은 연설을 펼친 덕이다.[293] 같은 해에 국제 자연 보호 회의도 스위스의 브룬넨Brunnen에서 열렸다. 자연 보호를 위해 새로운 국제 조직이 필요하다는 논리에 결정적 힘을 실어 준 것은 찰스 베르나르트Charles Bernard가 이끄는 스위스 자연 보호 연맹이다. 이 연맹은 스위스가 엥가딘Engadin에 유럽에서 가장 오래된 국립 공원을 가졌다며 자부심을 내비치기도 했다.

때에 따라서는 혼란한 국면이 빚어지기도 했다. 유럽 대륙 국민과 영미인 사이의 시기와 질투로 점철된 경쟁 양상이 그것이다. 그러나 또한 영미인 사이에서도 분열상이 노출되었다. 서구 국가는 거의 모든 점에서 합의하기는 했다. 주된 쟁점은 새로운 조직이 독자적이어야 하느냐, 아니면 유네스코의 산하 조직이 되어야 하느냐는 것이었다. 대륙은 최소한 형식적으로 독립적이면서 재정을 최소로 갖춘 조직을 관철했다. 아무래도 나중의 관점에서 보면 이는 잘못된 결정일 수 있다. 장차 유엔과 유네스코가 국제 환경 정치의 무대에서 주요 역할을 맡으리라는 점이 고려되었어야 하지 않았을까.[294] 당시 사람들은 미국이 유네스코의 주도권을 장악하지 않을까 걱정했다. 나중에 가서야 비로소 역할은 뒤바뀌었다. 미국에서는 오늘날까지도 국제기구에 적의를 갖는 분위기가 지배적이다. 〈혼란스럽기는 했지만, 그만큼 행복에 도취한 창설 시절〉[295]의 논란은 어쨌거나 이 문제에서 멋진 말만 오가는 것이 아니라, 중요한 접점이 만들어져야 한다는 의식의 각성이 나타남을 보여 주는 방증이다.

〈국제 자연 보전 연맹IUCN〉은 본래 〈국제 자연 유지 연맹International Union for Preservation of Nature and Natural Resources, IUPN〉으로 출발했다. 그러나 영미인의 관점에서 〈유지〉라는 단어는 어쩐지 퇴행적이고 충분히 활동적이지 못한 느낌이었다.[296] 〈보전〉은 미국에서 시어도어 루스벨트와 기포드 핀쇼 이래 강력한 울림을 주는 단어였다. 자연 보호를 넘어서서 중요한 자원의 지속적인 경제적 관리라는 측면이 중시되었기 때문이다. 이런 관점이 나중에 〈환경 정책〉으로 넘어가는 결정적 접점이 되었다. 비록 조직이 사실상 자연 보호에만 활동을 한정했음에도 이런 의미의 결정은 처음부터 있었다.[297] 특히 미국 회원들이 1956년 〈IUCN〉이라는 이름을 관철했다. 당시 연맹은 적은 예산에 시달렸지만, 그마저도 절반은 미국에서 제공되었다.[298]

1949년 8월과 9월에 걸쳐 유엔의 임시 본부인 뉴욕주의 〈레이크석세스Lake Success〉에서는 전 세계적인 자연과 환경 보호를 기치로 내건 두 개의 대규모 국제회의가 개최되는 진풍경이 연출되었다. 하나는 전 세계에서 4,000명의 전문가를 초대한 〈자원의 보존과 이용을 위한 국제연합 과학 회의United Nations Scientific Conference on the Conservation and Utilization of Resources, UNSCCUR〉였으며, 다른 하나는 자연 보호를 주제로 열린 〈IUPN〉-유네스코 회의였다. 이 평행 행사들이 협력을 위한 것인지, 아니면 경쟁의 무대였는지는 참가자마다 다르게 느꼈다. 영국 자연 보호 협의회와 영국 조류 협회British Trust for Ornithology의 공동 창설자 가운데 한 명으로 막강한 영향력을 자랑하며 고집스러운 성격으로 조류 보호에서 환경 보호에 이른 맥스 니컬슨은 이 모든 사업이 시기상조라고 보았다.[299] 유엔은 환경 보호를 전혀 이해하지 못했으며, 〈광대한 국제적 모험〉을 시도하기 전에 먼저 기초부터 다져야 한다는 것이 니컬슨의 입장이었다. 기초, 다시 말해서 국가적 차원의 자연 보호 조직, 곧 영국부터 신경 써야 한다는 주장이다.[300] 그러나 동시에 그는 〈우리〉가 미국인과 마찬가지로 〈국제 감각〉을 가졌다고 강조하기도 했다.[301] 냉전이 이미 시작되었고, 소련이 〈UNSCCUR〉와 거리를 두었으며, 중국은 그저 임업학자만 파견했음에도 분위기는 여전히 전후 시대 초기의 정신, 곧 하나의 세계라는 비전이 지배적이었다. 유네스코의 임원인 지미 G. 크라우터Jimmy G. Crowther는 심지어 진지하게 지구 전역을 하나의 〈세계 공원〉으로 만들자는 프로젝트를 밀어붙이기도 했다. 미국의 국립 공원 관리를 공부한 그는 이 세계 공원의 통제라는 기술적 문제를 얼마든지 해결할 수 있다는 자신감을 보였다. 프랑스의 〈IUPN〉 중심인물인 로제 하임*은 유럽 철새의 엘도라도인 카마르그**를 국제 공원으로 만드는 프로젝트에 뜻을 같이하는 사람들을 규합해 열정적으로 활동하기도 했다.[302]

〈IUPN〉은 창설 당시 역사적 선례를 찾아볼 수 없는 독특한 조직이었다. 〈정부 기구와 비정부 기구의 혼합체〉(존 맥코믹)[303]인 〈IUPN〉는 어떤 의미에서는 최초의 〈공고GONGO〉,[304] 곧 〈정부가 조직한 NGO Governmental-Organized Non-Governmental Organization〉로 이런 관점에서는 나중에 등장하는 조직 형태, 정부 주도적 성격과 자생 조직을 결합한 형태의 모델이다. 유네스코의 뒷받침이 없었다면, 〈IUPN〉은 존립하기 어려웠다. 또 이 영역에서 널리 퍼진 좋은 의지의 분위기, 곧 국제적으로 자연과 자원의 보호를 위해 무슨 일이든 일어나야만 한다는 분위기가 없어도 마찬가지였다. 이 조직의 성립에 결정적 역할을 한 사람은 줄리언 헉슬리다. 그는 〈IUPN〉의 초창기에 이 조직을 유네스코와 하나로 묶은 화신과도 같은 존재였다. 그의 헌신적 노력은 학문적 권위를 바탕으로 하면서 동시에 생태학을 인류에 봉사하는 실용적 과학으로 정립하겠다는 열정적 비전과 확신으로 무장했다.[305] 그는 잊을 만하면 찾아오는 우울증에 시달렸지만, 풍부한 생물학과 동물학 지식에도 딜레탕트의 열정으로 그때까지 정치와는 거리가 먼 특별 분과 학문인 생

* Roger Heim: 1900~1979. 프랑스의 식물학자다.
** Camargue: 프랑스 남부의 론강과 지중해에 둘러싸인 삼각주 지대의 지명이다.

태학을 대중이 알기 쉽게 풀어 준 인물이다.

초창기 유네스코와 〈IUPN〉을 떠받든 것은 어떤 기구가 아니라, 인터넷 시대보다도 훨씬 앞서 구축된 엘리트 인맥이다.[306] 엄선된 학자들로 구성된 이 인맥은 서로 입장과 견해가 적지 않은 차이를 드러냈지만, 무엇보다도 섬뜩한 전쟁을 치르며 터무니없는 쇼비니즘과 인종 차별주의가 몰락하는 과정을 목도하며 이제야말로 더 나은 세상을 건설할 기초를 놓아야 한다는 공통된 관심을 키웠다. 더 나은 세상, 곧 평화적이고 더불어 살 줄 아는 자세를 갖추었으며 자연 보존에 적극적인 세상의 건설이 이들이 꿈꾼 목표다. 이런 세상에 이르는 길은 선도적인 과학자가 열어 가야 한다. 과학은 곧 미래이며, 올바로 이해된 과학은 세계를 개선하는 데 힘쓰는 실천을 이끌어야 하기 때문이다. 나중에 환경 정책의 일상이 흔히 잊은 것은 바로 이 초기의 열정적 깨달음이다.[307] 〈IUPN〉은 통계 작업이라는 세심한 잔일에서도 그 가치를 입증했다. 1966년에 세계 여론에 처음으로 선보인 〈적색 목록Red list〉, 곧 〈천연 종 보호의 가장 성공적이며 유명한 도구〉가 바로 〈IUPN〉의 작품이다.[308]

1972년 스톡홀름에서 개최된 유엔 환경 회의에서 행한 강연에서 이 저명한 엘리트 가운데 한 명인 경제학자 군나르 뮈르달*은 책과 자연과학이 가진 힘을 믿는다고 말하며, 지구라는 생태계를 돌보는 일은 대중의 폭넓은 운동이 아니라, 책임감을 가진 자연과학자가 담당하는 것이 당연하다고 보았다.[309] 이 영역의 주도적 인물, 이를테면 과학사와 기술 역사학자인 데즈먼드 버널**과 나중에 『중국의 과학과 문명Science and Civilisation in China』이라는 대작을 쓴 조지프 니덤***은 독립적 정신의 소유자가 그러하듯 공산주의자였거나 적어도 소련과 의사소통에 관심을 가

---

* Gunnar Myrdal: 1898~1987. 스웨덴의 경제학자이자 사회학자. 1974년에 노벨상을 받았다.
** Desmond Bernal: 1901~1971. 영국의 물리학자이자 과학사가다.
*** Joseph Needham: 1900~1995. 영국 케임브리지 대학교 교수로 과학 사회학자다.

진 인물이었으며, 미국 자본주의의 세계 지배를 바라보는 반감으로 의기투합했다.

1950년대에 하나의 세계라는 비전은 냉전으로 찬물을 뒤집어썼다. 그러나 이 시대에도 비전을 굳게 지키는 사람이 없지는 않았다. 냉전 속에서도 탈脫긴장의 중간 단계는 얼마든지 있었기 때문이다. 전쟁의 상처를 생생히 기억하는 유럽인은 냉전이 실제 전쟁으로 치닫는 것이 위험하다는 사실을 미국인보다 더 잘 의식했다. 그래서 동서 갈등이 절정에 이른 때도 갈등을 해소하려는 물밑 움직임은 멈추지 않았다. 국제적인 자연 보호 운동이 이런 맥락에서 자유롭지 못했을지라도, 사람들은 갈등을 더욱 키우지 않으려고 조심했다. 환경 보호가 호경기를 맞았던 1970년대와 1990년대 역시 이런 탈긴장의 시기에 해당한다. 그래서 독일의 녹색당은 1989, 1990년에 걸쳐 이뤄진 통일을 일단 좌절로 경험할 수밖에 없었다. 원자 폭탄을 앞세워 서로 위협하는 고통스러운 치킨 게임이 지속할 때 사람들의 일차적 관심은 자신의 생존이었을 뿐, 미래 세대를 위한 배려에 크게 힘쓰기는 어려웠다.

하나의 세계라는 정신을 잘 보여 주는 것은 1955년 1월 24일 뉴욕 근대 미술 박물관에서 막을 올린 「인간 가족The Family of Man」이라는 사진 전시회다. 에드워드 스타이켄*이 개최한 이 전시회는 나중에 사진 역사에서 가장 성공적인 전시회로 명성을 얻었다.

68개국의 사진 작가 273명이 출품한 503점의 작품으로 스타이켄은 〈전 세계에 걸쳐 인류가 본질적으로 하나임〉을 보여 주고자 했다. 두려움과 기쁨, 눈물과 웃음, 사랑과 죽음 같은 인간 실존의 근본 현상은 세계 도처에서 다르지 않음을 누구라도 한눈에 이해할 수 있게 보여 준 것이 이 전시회다. 판에 박힌 비판은 전시회의 작품이 인간을 오로지 본능적 존재로만 다룰 뿐, 문화의 주인으로 드러내지 않는다고 헐뜯었다. 어떤 비평가는 「인간 가족」이 근대 미술 박물관에 있기보다는 자연 역사

* Edward Steichen: 1879~1973. 룩셈부르크 출신으로 미국에서 활동한 사진작가.

박물관으로 이관되는 것이 좋겠다고 이죽거렸다.[310] 실제로 당시 자연 보호 문제를 둘러싼 국제적 소통은 흔히 인간 본성을 함께 고려했음을 이 비평가는 염두에 두어야 한다.

체체파리, 대단히 효과적인 자연 보호: 주된 위험으로서의 과밀 인구

자연은 무엇으로 심각한 위협을 받을까? 국제 자연 보전 연맹IUCN 측은 산업의 폐해를 가장 큰 위협으로 여기지 않았다. 오히려 과밀 인 구를 위험 그래프의 정상 자리에 놓았다.[311] 전후 시대에서 이런 관점은 충격적이었다. 당시 유럽인의 관점에서는 인구 과잉이 아니라 전쟁 때 문에 생겨난 엄청난 인명 손실이 문제였기 때문이다. 인구 과잉을 문제 삼는 태도에서 잘 드러나는 것은 아프리카 자연공원을 주장하던 사람 들이 가진 관점이다. 이들은 아프리카 야생이 그 이주민에게 심각한 위 험을 받는다고 보았다.[312] 이렇게 해서 평소에는 휴머니즘을 견지한 줄 리언 헉슬리조차 체체파리에 높은 관심을 보였다. 그는 인간과 동물에 게 수면병이라는 치명적인 병원균을 옮기는 체체파리를 〈아프리카의 재앙〉으로 여기는 것은 부당하다고 주장했다. 이 병원균은 길든 동물 만 위협할 뿐, 야생 동물은 면역 능력을 갖추었기 때문에, 오히려 체체 파리는 〈야생이라는 생태계가 갖는 커다란 위계질서를 온전히 지켜 준 다〉는 것이다. 〈체체파리 덕분에 광활한 땅이 인간의 거주지로 활용될 수 없어서 오히려 자연은 보호된다. 이 곤충을 온전한 아프리카와 그 독 특한 생태계를 구원하는 기념비로 삼자는 것이 엉뚱하기만 한 제안일 까?〉[313]

체체파리를 둘러싼 찬반 논란의 뿌리는 아프리카 동부의 대부분 지 역을 수면병이 초토화한 1900년대까지 거슬러 올라간다. 그러나 맹수 사냥꾼은 이로써 빚어진 야생의 복원을 만족스러운 미소로 바라보았 다.[314] 1950, 1960년대에 이 곤충을 헉슬리만 유일하게 옹호한 것은 아니다. 베른하르트 그르치메크* 역시 체체파리로 〈아프리카의 습한 열대 지역의 대부분〉이 보호된다고 여겼다.[315] 그러나 헉슬리는 인구 증가를 막으려고 인간에게 적대적인 방법을 선호하지 않았으며, 오히려 피임을 적극적으로 옹호하면서 1950년대의 〈경구 피임약〉[316] 개발을 후원했던 마거릿 생어**를 높이 평가했으며 그와 개인적 친분도 나누었다. 이때부터 산아 제한의 요구는 거기에 묻어 있던 해묵은 맬서스주의적 인간 혐오의 분위기와 청교도적인 씁쓸한 뒷맛을 씻어 냈다. 야생 자연의 보호는 인간 내면의 야성을 억누르는 것과 더는 맞물리지 않았다. 이는 의심의 여지가 없이 인간과 자연 관계 역사에 획기적 반전이 이루어졌다는 뜻이다.

원자력에 열광한 시대: 얼음 사막을 녹색으로 바꾸자는 비전

여러 면에서 환경 운동의 기틀을 닦은 아버지로 여겨지는 줄리언 헉슬리가 동시에 원자력 에너지의 열광적 지지자였다는 사실은 오늘날의 관점에서 보면 선뜻 이해하기 힘들다. 헉슬리의 원자력 지지 이유는 1950년대 당시 원자력 지지자들[317]이 보인 전형적 태도와 마찬가지로 원자력 발전에만 국한하지 않는다. 민간의 원자력 에너지가 현실적으로 전혀 존재하지 않던 시절에 사람들은 그만큼 거칠 것 없이 자신의 꿈을 원자력에 투사할 수 있었다. 역사 전반을 아우르는 조망으로 유명해진 『역사 속의 과학 Science in History』(1954)을 쓴 물리학자 데즈먼드 버널과 함께 헉슬리는 〈원자력의 평화적 이용〉이 다양한 이익을 줄 수 있다는 데 의견의 일치를 보았다. 나중에 이뤄진 시대 변화를 대략적으로나마 파악하는 데 그가 제시한 목록을 읽는 것은 도움이 된다. 〈댐을 폭파하고, 새로운 관개 시설을 만들어 내기 위해 토지를 개간하며, 새로운

* Bernhard Grzimek: 1909~1987. 독일의 동물학자이자 동물 다큐멘터리 제작자.
** Margaret Sanger: 1879~1966. 미국의 간호사 출신 여성 인권 운동가다. 산아 제한과 낙태 필요성을 강조하며 〈계획된 부모Planned Parenthood〉라는 단체를 세웠다.

토지의 확보를 위해 극지방의 얼음을 녹이고, 기후를 온화하게 만드는 것(비록 이런 방법은 해수면의 높이를 30미터 이상 끌어올려 인도 북동부와 같은 지역을 범람하게 만들며 수많은 해안 지대를 유실하는 약점이 있기는 하다), 그리고 무엇보다도 전력 생산에…….)[318]

이런 희망을 헉슬리는 히로시마를 생생하게 경험한 1945년 가을 〈뉴욕 매디슨 스퀘어 가든에 운집한 거대한 군중〉을 상대로 선포했다. 군중은 본래 그가 원자력 무기의 미래가 어떤 모습일지 일깨워 주기를 기대했다. 그리고 원자력의 이용이 이미 오래전에 망상으로 드러난 1970년에도 여전히 그는 자신의 회고록에서 전혀 비판적인 거리를 두지 않고 이런 입장을 되풀이했다. 오늘날 지구 온난화와 맞물린 충격적 실상은 부담스러운 것으로 인정할 수밖에 없지만, 북반구의 기온이 사람이 살기 좋은 수준으로 올라가는 근본적인 축복에 피할 수 없이 따라오는 부수적 현상일 뿐이라는 게 그의 관점이다. 이른바 〈싱크 빅Think Big!〉이라는 구호가 가진 허구가 잘 드러나는 대목이다. 물론 스웨덴의 게오르크 보르크슈트롬*은 우리가 이미 1970년대의 〈생태 혁명〉에 근접했다고 밝힌 자신의 책『굶주린 별Der hungrige Planet』(1965)의 서두를 이처럼 간결한 촌평으로 시작했다. 〈원자력 에너지로 북극과 남극이 거대한 온실〉로 변해 그 녹은 물이 〈인류를 거의 다 익사시키리라.〉[319]

〈원자력은 1950년대 사람들의 눈에 리하르트 바그너의《라인골트》**와 다르지 않았다. 평화로운 선량한 사람에게는 행복을, 권력을 탐하는 사악한 사람에게는 반대로 몰락을 가져다주는 것이 바로 원자력이다.〉[320] 원자 폭탄의 경고를 〈원자력의 평화적 이용〉의 호소와 같이 묶는 것은 전후 시대 첫 10년이 보인 전형적인 태도다. 이런 태도는 독일 연방의

---

* Georg Borgstrom: 1912~1990. 스웨덴의 식품 과학자로 미국 미시간 주립대학교의 교수를 지낸 인물이다. 무자비한 자연 착취와 글로벌 식량 위기를 경고해 세계적인 명성을 얻었다.
** Rheingold: 리하르트 바그너의 〈니벨룽겐의 반지〉 첫 번째 악장의 제목이다. 〈라인골트〉는 라인강에서 채취하는 황금이라는 뜻이다.

원자물리학자들이 주도한 〈괴팅겐 선언〉(1957)은 물론이고 당시 프랑스의 〈원자력 교황〉 프레데리크 졸리오퀴리*에서도 고스란히 드러난다.[321] 최고로 환상적인 익살은 예언자이자 철학자인 에른스트 블로흐 Ernst Bloch의 주저 『희망의 원리Prinzip Hoffnung』(1959)에서 펼쳐진다.** 블로흐는 원자 에너지를 태양 에너지와 같은 반열에 올려 놓는다(아무래도 이 광신자께서는 잘못된 정보를 가진 나머지 장차 등장할 핵융합을 생각했던 모양이다[322]). 〈태양에서 일어나는 연쇄 반응이 우리에게 온기와 빛과 생명을 가져다주듯, 폭탄을 만드는 기계와는 다른 기계 장치로 만들어지는 원자력 에너지는 평화의 푸른 분위기 속에서 사막을 비옥한 땅으로, 얼음을 봄으로 만들어 주리라. 몇백 파운드의 우라늄과 토륨이면 사하라와 고비 사막을 사라지게 하고, 시베리아와 캐나다 북부, 그린란드와 남극을 이탈리아의 아름다운 해변 리비에라로 바꾸기에 충분하다.〉[323] 헉슬리와 다르게 이 순진함에 사로잡힌 철학자는 해수면 상승도 언급할 가치조차 없다고 본 모양이다. 그와 함께 미국에서 망명 생활을 했던 한스 요나스***가 나중에 자신의 생태 철학을 다룬 책에 『책임의 원칙Das Prinzip Verantwortung』(1979)이라는 제목을 붙여 주어 반대되는 기념비를 세운 이유가 십분 이해되고도 남는다.

에른스트 블로흐는 줄리언 헉슬리의 동생 올더스 헉슬리****가 쓴 디스토피아 소설 『멋진 신세계Brave New World』(1931)를 〈허튼소리〉로 여겼다.[324] 1950년대에는 여전히 생태 비전과 과학 기술을 전능하다고 믿는 꿈이 흔들림 없이 맞물려 있었다. 물론 이런 경향을 회의적으로 바라보는 시각도 없지는 않았다. 히로시마 이후 민간의 핵기술도 오용될 수 있다는 의심은 끊이지 않고 제기되었다. 대다수 사람은 항상 핵기술을 폭

---

* Fréderic Joliot-Curie: 1900~1958. 프랑스의 원자물리학자로 마리 퀴리의 사위다.

** Ernst Bloch: 1885~1977. 독일의 마르크스주의 철학자. 『희망의 원리』는 헤겔과 마르크스에게 영향을 받아 〈구체적 유토피아〉를 포괄적으로 그려낸 책이다.

*** Hans Jonas: 1903~1993. 독일 태생의 유대인 철학자로 미국 뉴욕의 뉴스쿨 대학교 교수를 지낸 인물이다. 윤리학을 최고의 경지에 올려 놓았다는 평가를 듣는다.

**** Aldous Huxley: 1894~1963. 영국의 소설가이자 에세이스트

탄과 맞물려 떠올렸다. 다른 누구도 아닌 전설적인 〈원자 폭탄의 아버지〉 로버트 오펜하이머*는 1945년 처음으로 개최된 〈원자력 에너지 심포지엄〉에서 이미 원자로와 폭탄 사이에는 기술적으로 밀접하게 연관되었으며, 모든 원자로는 동시에 폭탄의 재료가 되는 핵분열 물질을 생산한다고 지적했다. 그러나 히로시마를 목도하고도 〈원자력의 무제한적 활용이라는 유토피아적 희망〉은 식을 줄 몰랐다. 많은 사람의 눈에 〈평화적 원자력〉은 〈혁신된 세계의 빛나는 중심〉으로 보였다(프리드리히 바그너).[325]** 그리고 이런 비전은 줄리언 헉슬리와 데스몬드 버널을 중심으로 한 과학자 엘리트가 선의로 꿈꾼 권력 야망에 고스란히 반영되었다.

헉슬리는 〈경구 피임약〉의 발명가인 그레고리 핀커스와 마찬가지로 시바 재단이 펴낸, 명성과 악명을 동시에 떨친 연구 토론집 『인류와 그 미래 Man and His Future』(1963)에 저자로 참여했다.*** 〈전 세계적 반향〉[326]을 불러일으킨 이 책에서 유전학자 J. B. S. 홀데인은 그의 독특한 영국식 유머를 뽐내며 저 무시무시한 탈리도마이드(콘터간) 사건 직후 이와 비슷한 약물로 다리가 짧은 미래의 우주인을 배양한다면, 불필요한 무게를 줄여 〈알파 센타우리〉까지 무난히 비행할 수 있지 않을까 하는 농담을 늘어놓았다. 또는 짧은 네 개의 다리를 가진 인간이 높은 중력을 자랑하는 목성에서 살 수도 있지 않을까 하는 객담까지.[327]**** 이 책의 독일어 판

---

* Robert Oppenheimer: 1904~1967. 미국의 이론 물리학자. 원자 폭탄을 만들기 위한 맨해튼 프로젝트를 주도했던 인물이다. 말년에 원자 폭탄을 반대하는 활동을 적극적으로 벌였다.

** Friedrich Wagner: 독일의 사회학자. 본 대학교 사회학 교수다.

*** Gregory Pincus: 1903~1967. 미국의 생물학자로 경구 피임약의 개발에 결정적인 공헌을 한 인물이다. 〈시바 재단CIBA Foundation〉은 스위스의 기업 〈시바CIBA〉가 의학 연구 목적으로 운영하는 재단이다.

**** J. B. S. Haldane: 1892~1964. 영국 태생의 유전학자로 신다윈주의를 주장한 인물이다. 본문에서 언급한 탈리노마이드Thalidomide는 1950년대에 임산부의 입덧 방지용으로 판매된 약물로, 기형아를 낳는 부작용으로 일대 충격을 몰고 왔다. 콘터간Contergan은 독일의 상품명이다.

본을 편집한 로베르트 융크*는 나중에 핵에너지를 단호히 반대하는 투사가 되었으며, 원자물리학자, 특히 독일의 원자물리학자야말로 새로운 책임감으로 무장한 과학의 전령이 되어야 한다고 선포했다.[328]

이 책에서 76세의 줄리언 헉슬리는 인간 진화의 조종을 열정적으로 찬성하는 변론을 펼친다. 〈세계 인구의 일반적 품격이 그다지 높지 않다는 것, 오히려 열등해지기 시작했지만, 개선될 수 있고 또 그래야 마땅하다는 점은 명확하다.〉 인류 자체의 조화로운 더불어 삶 그리고 자연과 공존을 위해서도 진화의 의도적 조종은 필요하다는 주장이다. 지금까지 인류는 진화하며 〈위기에서 위기로 허청거려 왔다〉. 지금의 진화는 자기 파괴의 궤도로 접어들었다. 그래서 그는 과학의 과제는 인류의 진화를 스스로 조종하는 사이버네틱스 과정으로 꾸리는 것이라고 강변한다.[329] 사이버네틱스는 1960년대에 유행한 과학이었다. 〈시바 학술대회〉**에서 다뤄진 사이버네틱스 관련 보고서는 그로부터 10, 20년 뒤 과학의 과대망상이 어디까지 부풀려질 수 있는지 보여 주는 충격적인 사례다. 이처럼 과거를 돌아보는 게 의미 있는 이유는 당시에 자신 있게 부풀려진 것이 오늘날 너무나 터무니없는 과장으로 밝혀졌기 때문이다. 나중에 본격적인 생태 시대에서도 그때그때 주장이 과대망상의 요소를 행간에 숨긴 것은 아닌지 이 과거 기억에 맞추어 시험해 볼 수 있다. 인간 유전자의 조작으로 지금까지 인간이 가졌던 가능성을 초월하려는 망상은 오늘날에도 심심찮게 나타난다. 당시든 오늘날이든 인간은 자연을 생각하면서 초월과 내재가 맞물린 탓에 혼란에 빠지게 마련이다. 그렇지만 본래 자연주의는 형이상학적 초월론과 분명히 대척점을 이루는 입장이다. 그리고 생물학은 인간의 존재 바탕이 유기적 자연에 뿌리를 두었다는 확신을 가진다. 이런 근본적 확신을 무너뜨리는 것은 망상이라고밖에는 달리 부를 수 없다. 「인간 가족」이라는 전시

---

* Robert Jungk: 1913~1994. 독일의 미래학자.
** 〈시바CIBA〉는 1884년에 스위스 바젤에서 창설된 화학 기업이다. 이 기업의 후원으로 정기적인 학술대회가 열렸다. 지금은 〈노바티스Novartis〉라는 기업에 합병되었다.

회가 보여 주듯, 인간 실존이 자연에 바탕을 두었다는 확신은 1950년
대가 추구했던 하나의 세계라는 사상이 남겨 준 자산이다.

유네스코와 IUCN을 중심으로 형성된 정신적 엘리트의 인맥을 모순
이라고는 없이 깔끔하게 기능하는 사유 체계와 동일시해서는 안 된다.
심지어 서로 관심이 같은 부분이 많았고 평생 밀접한 관계를 유지했던
유명한 형제 줄리언과 올더스 헉슬리조차 적잖은 의견 차이와 다른 사
고방식을 보여 주었다. 올더스는 그의 유명한 기술 회의적인 디스토피
아적 세계관을 가졌던 반면, 줄리언은 주기적으로 폭발하는 테크노크
라시 유토피아 열정을 보여 주었다.[330] 그렇지만 올더스 헉슬리도 죽음
을 맞이하기 얼마 전 긍정적인 유토피아, 곧 생태 유토피아를 그린 소설
『섬Island』(1962)을 썼다. 나중에 어니스트 캘런바크*는 이 소설을 읽지
않았더라면 자신의 소설 『에코토피아Ecotopia』(1975)를 쓰지 못했을 것
이라고 말했다.[331] 『섬』은 『침묵의 봄』과 같은 해에 발표되었다. 당시 올
더스 헉슬리는 레이철 카슨과 마찬가지로 불치의 암을 앓았다. 헉슬리
가 허구로 그려낸 섬 〈팔라Pala〉에 펼쳐지는 생태의 정경이 빚어지는 결
정적 원인은 인구 증가의 억제, 심지어 인공 수정이라는 우생학적 간섭
이다.[332] 『멋진 신세계』에서는 자연적 번식에 간섭하는 것을 희화화했
던 반면, 올더스는 형 줄리언과 비슷하게 인구 증가 억제가 반드시 필요
하다고 보았던 모양이다. 그러나 줄리언 헉슬리는 자신의 회고록에서
동생의 소설 『섬』을 지나가듯 언급할 뿐,[333] 아무런 촌평도 남기지 않아
이 남태평양의 꿈에 영감을 얻은 생태 천국을 어떻게 여겼는지 알 길이
없다. 헉슬리 형제의 공통점은 그저 소박한 자연을 꿈꿀 뿐 토론 논리
따위는 안중에도 없다는 점이다. 줄리언은 『침묵의 봄』 영국판의 서문
을 썼지만, 자신의 회고록에서 카슨은 단 한 번도 언급하지 않았다. 물
론 올더스 헉슬리는 카슨이 묘사한 〈DDT〉의 독성을 떠올리며 형에게
아름답게 지저귀는 새들과 더불어 〈우리는 영국 시의 기반을 절반은 잃

* Ernest Callenbach: 1929~2012. 미국의 작가이자 영화 평론가.

었다〉고 불평했다고 한다.[334]

　1950년대 사람들에게 귀감이 되어 준 인물은 알베르트 슈바이처였다. 평화, 인본주의, 자연과 화합 그리고 제3세계를 위한 지원을 요구한 많은 동시대인의 눈에 슈바이처는 사랑을 베푸는 신의 옆자리에 선 인물이었다. 카슨은 『침묵의 봄』을 슈바이처에게 헌정하면서 자신의 책 서두에 이 원시림 의사가 〈구원의 유일한 방법은, 이런 방법이 도대체 존재한다면, 오로지 본래적인 인간의 모습으로 되돌아가는 것〉이라고 한 말을 인용했다. 〈인간은 앞을 내다보고 미리 대비할 줄 아는 능력을 잃어버렸다. 인간은 결국 지구를 파괴할 것이다.〉 헉슬리 형제도 알베르트 슈바이처를 찾아갔지만, 줄리언은 슈바이처에게 적잖이 실망했다. 개인적 의견을 좀체 드러내지 않던 줄리언은 자신의 회고록에서 이렇게 썼다. 〈그가 하는 말은 과학적 분석이라기보다는 선언에 가깝다. 그리고 모든 생명이 똑같이 존중되어야 한다는 그의 지론은 공허하게만 들린다.〉[335] 줄리언 헉슬리가 이 말을 못마땅하게 받아들인 것은 놀라운 일이 아니다. 그의 눈에 모든 생명은 결코 동등한 가치를 갖지 않았기 때문이다. 심각한 인구 과잉의 문제를 고려할 때, 이 선교사를 자처하는 열대림 의사는 아프리카 참상을 해결할 실마리를 전혀 엉뚱한 곳에서 찾은 셈이다.[336] 더욱이 줄리언은 자신의 관점을 슈바이처가 진지하게 받아들이지 않으리라는 점을 잘 알았다. 그러나 줄리언의 관점은 단호하기만 했다. 생명 전체를 돌본다는 것은 말이 안 되는 이야기다. 인간은 오로지 특정한 생명을 돌볼 수 있을 뿐이다. 그리고 헉슬리가 아프리카에서 본 구체적 특정 생명은 개체 수가 갈수록 줄어드는 맹수다. 반대로 아프리카를 비행기에서 내려다보지 않고 랑바레네 현장에서 몸소 체험한 슈바이처는 야생 자연의 강력한 힘이 두렵기만 했으며, 원시림을 개간하는 일에서 〈환희〉를 느꼈고, 식물을 파괴하는 야생 코끼리의 사살을 인정했다.[337] 슈바이처는 자신의 경험에 비추어 달리 어쩔 수 없었다. 1960년 9월 14일 자 『슈피겔』 표지에 베른하르트 그르치메크의 사진을 실어 보도했듯, 심지어 슈바이처는 그르치메크가 주장한 코끼리 보호를 단호히 거부했다. 〈코끼리로 숲이 갈수록 더 황폐해지게 내버려 두는 것은 파국이다.〉[338]

정상 외교와 열정 부추기기로 거둔 성공

헉슬리의 회고록을 읽으면서 이런 성공도 가능하겠다는 인상을 받았다. 조직이나 끈질긴 로비나 정치적 투쟁이 아니라, 사회 정상급 엘리트와 대화하면서 그들이 잠재적으로 가진 자연 사랑을 일깨워 주는 전략이 주효해서 거둔 성공이다. 헉슬리는 1930년 사회학자이자 당시 영국 정부의 식민 통치 장관이었던 시드니 웨브*를 찾아가 야생 보호의 중요성을 역설했다. 웨브는 즉각적으로 거부 반응을 보였다. 〈사회주의적 성향을 가진 그에게《야생》은 부유한 지주가 사냥하는 것이며, 보호란 포유동물과 조류를 부자들 즐기라고 가두어 두는 우리에 지나지 않았다. 그렇지만 나는 진짜 상황이 어떤지 설명해 주었고……, 불과 몇 년 만에 아프리카 동부의 세 지역에 국립 공원이 설립되었다.〉[339]

그의 말을 믿는다면 일은 이처럼 간단했다. 적어도 식민지 시대에서는. 또는 아프리카의 앙시앵 레짐에서도. 33년 뒤 아디스아바바에서는 IUCN 총회가 열렸다. 각국 대표들은 〈아름다운 야생〉을 관람하고 그에 열광한 나머지 〈즉흥적으로〉 야생을 〈국립 공원으로 선포하라고〉 열변을 토했다. 〈필요한 모든 것이 완비되었다. 구릉이 아름다운 풍경, 풍성한 나무들, 다양한 새들, 그 가운데 몇몇 종은 오로지 에티오피아에서만 볼 수 있다.〉[340] 얼핏 보기로 생태학은 즉흥적이고 직관적으로 느낀 것을 확인해 주기 위해서만 존재하는 것 같았다. 중앙아프리카의 자연을 두고 헉슬리가 쓰는 글에는 언제나 감격의 기본 톤이 깔렸다.

안나 뵙제가 썼듯, 아프리카는 자연 보호의 엘리트들에게 〈생태의 놀

---

* Sydney Webb: 1859~1947. 영국의 사회학자이자 경제학자이며 정치가로 노동조합법 제정에 힘쓴 인물이다.

이터〉인 동시에 자신의 정체성을 키우는 엘도라도였다.[341] 헉슬리와 그의 친구가 인종 차별을 혐오했다 할지라도, 이들이 아프리카를 보는 관점은 어디까지나 서구의 것이지, 아프리카 사람의 관점은 아니다. 아프리카 국립 공원의 출발은 이처럼 식민지 점령국의 맹수 사냥꾼이 관철한 야생 보존이었을 뿐이다. 그러나 자연 보호 운동가는 그동안 사냥꾼과 거리를 두는 데 성공했다. 그르치메크는 방송이라는 새로운 세계 권력, 그 효과에서 그때까지 모든 홍보 수단을 뛰어넘는 권력을 이용한 자신의 국립 공원 광고로 맹수 사냥꾼과 일대 격전을 벌였다.[342] 물론 야생 동물의 개체 수를 격감시킨다는 그르치메크의 경고[343]가 지나치며 날조되었다는 사냥꾼의 주장이 전혀 틀린 것만은 아니었다.[344] 그럴수록 그르치메크는 관광 수입에 큰 관심을 가진 아프리카 국가에 더욱더 간절히 호소했다. 식량 농업 기구FAO와 유네스코의 후원으로 1961년 아루샤Arusha(탄자니아)에서 열린 IUCN 총회에서 그는 탄자니아 정부 수반 줄리어스 니에레레Julius Nyerere에게 풍경만으로는 알프스와 로키산맥과 경쟁할 수 없다고 설득했다. 〈관광객이 이곳을 찾는 이유는 쉽고도 확실하게 코끼리, 사자, 기린 그리고 코뿔소를 볼 수 있기 때문이다. 이처럼 풍성한 야생 동물은 다른 어느 곳에도 없는 것이다.〉 니에레레는 자신은 동물에 별다른 관심이 없으며, 온종일 악어를 구경하는 자신을 떠올릴 수는 없다고 말했다. 그러나 유럽인과 미국인이 동물을 보며 즐거워하는 것은 안다고도 말했다. 야생 동물은 사이잘Sisal과 다이아몬드 다음으로 탄자니아의 세 번째 큰 수입원이기에 기꺼이 보호할 용의가 있다고도 했다.[345]

니에레레는 아프리카의 새롭게 선출된 정부 수장 가운데 가장 청렴하고 사려 깊은 인물로 꼽혔다. 그렇지만 그르치메크는 우간다의 피에 굶주린 독재자 이디 아민Idi Amin이 자신의 권력을 동원해 국립 공원을 보호하겠다고 하자 거리낌 없이 비위를 맞추어 주었다.[346] 그르치메크는 마사이족을 그들이 사랑하는 세렝게티에서 퇴거당하게 했다. 그러나 이런 시도는 이른바 〈야생〉이 실제로는 그곳 원주민이 지켜 왔다는 사실을 조금도 고려하지 않은 행위였다.[347] 심지어 미국인의 관점에서도 그르치메크는 야생을 지나치게 부풀려 홍보해 역사에서 유례를 찾아볼 수 없을 정도로 많은 기금을 끌어모았다는 의심을 샀다. 아무튼 이런 유형의 자연 보호는 이후 모범처럼 떠받들어지기는 했지만, 나중에 WWF의 아프리카 전문가는 치명적인 막장이었다고 평가한다. 원주민을 강제로 몰아냈을 뿐만 아니라, 생태계 전체를 고려하기보다는 맹수에만 고정된 자연 보호였기 때문이다.[348] 심지어 정통한 생물학자이자 생태학자인 줄리언 헉슬리조차 국립 공원에 열광한 나머지 그르치메크 식의 홍보 전략이 갖는 반反생태적이고 관광 위주의 특성을 인지하지 못했으며, 세렝게티와 그곳의 연구소를 두고 〈세계 최대의 생태학 실험실〉이라고 추켜세웠다.[349]

야생의 열정에는 인간 경시가 숨어 있을 수 있다. 줄리언 헉슬리는 자신의 회고록에서 전쟁이 발발하기 직전인 1939년 처칠과 만났던 이야기를 들려준다. 당시 줄리언은 런던 동물원 협회의 사무총장이었다. 처칠은 줄리언에게 전쟁이 일어나면 동물원은 어떤 대책을 세우냐고 물었다. 줄리언은 공습을 받을 때 동물원에서 빠져나갈 위험이 있는 맹수를 모두 사살할 계획이라고 밝혔다. 그러자 처칠은 한동안 멍하니 앞만 바라보다가 돌연 이렇게 말했다. 〈참 안타깝구려.〉 그러더니 이 늙은 투사의 입에서 이런 말이 튀어나왔다. 〈우리 대도시에 일대 공습이 벌어진다고 상상해 봅시다. 적국의 폭격기 편대가 런던에 폭탄을 쏟아붓겠죠. 집들이 무너져 내리고 곳곳에서 불길이 치솟을 겁니다. 자욱한 연기가 피어오르는 잿더미 속에 시체가 즐비하겠죠. 그리고 폐허 속에서 사자와 호랑이가 시체를 찾아 어슬렁거리겠죠. 그래서 사살하시겠다는 거군요! 안타깝습니다!〉 곧이어 줄리언은 처칠에게 판다 곰을 보여 주었다. 야생 동물을 끔찍이도 좋아하던 처칠은 눈빛을 빛내며 이렇게 말했다. 〈판다는 제가 품었던 기대 이상이군요. 무척 큰 기대였음에도 그 이상으로 저 녀석은 멋집니다.〉[350] WWF의 로고가 어떻게 해서 생겨났는지 충분히 짐작하고도 남는 대목이다.

〈IUCN〉에서 〈WWF〉로: 야생 비전의 구체화

줄리언 헉슬리와 그 추종자들이 당시 활동한 방식은 지역의 자연 보호 단체 활동과는 하늘과 땅만큼이나 달랐다. 국제 자연 보전 연맹IUCN이 모든 취약함에도 버틸 수 있었던 것은 드문 이미지 덕이었다. 단체의 연간 예산은 1950년대 중반에 고작 3만 3,000달러였다.[351] 이는 곧 IUCN이 조직으로 전혀 존재하지 않았음을 뜻한다. 회원국의 고정 출연금 같은 것은 전혀 없었다.[352] 국제 자연 유지 연맹IUCN은 기부금으로 연명했다. 이 단체는 본질적으로 그럴싸한 울림을 주는 이름과 우수한 인맥만 갖추었을 뿐이다. IUCN은 어차피 유행을 탄 자연 보호 프로젝트만 추진할 수 있었다. 저항을 이겨내고 새로운 활동을 펼칠 여력은 조금도 없었다. IUPN은 창설과 거의 동시인 1948년에 처음으로 멸종 위기에 처한 희귀종의 〈적색 목록〉를 발행했다.[353] 그러나 이 리스트는 전 세계를 포괄하는 최소한의 자료조차 갖추지 못해, 갈등이 빚어질 경우 확실하게 반박할 만한 자료가 되지 못했다.[354] 경고는 이미 심정적 동조를 보이는 사람에게만 인상적일 뿐이다.

1950년대의 관점에서 보면 IUCN은 확실한 자료만 중시하는 역사학자에게 세계사의 각주조차 달 가치가 없는 조직이었다. 과거를 돌아보는 눈길로만 우리는 어떻게 국제적인 자연 보호 운동이 처음에는 눈에도 띄지 않다가 틈새를 비집고 부상했는지, 그 이미지를 굳혀 가며 마침내 구체적 실체를 다지게 되었는지 알아볼 수 있다. 이 과정에 결정적으로 기여한 것은 그르치메크가 능수능란하게 다룰 줄 알았던 새로운 시각 미디어라는 권력이다. IUCN 인사들이 1961년 마침내 〈세계 야생 동물 기금WWF〉을 창설하게 된 배경도 분명 시각 미디어 덕분이다.[355] WWF도 초대 회장 에든버러 공작 필립*을 필두로 엘리트 단체라

---

* The Duke of Edinburgh Philip: 1921년생의 영국과 그리스 왕족으로 영국 여왕 엘리자베스 2세의 남편이다.

는 자신감을 내비쳤으며, 스스로 〈풀뿌리 운동〉으로 치장할 야심을 전혀 보이지 않았다. 무엇보다도 IUCN이 재정적으로 항상 허덕였던 반면, WWF에는 마침내 돈, 돈, 돈이 차고 넘쳤다![356]

처음부터 WWF는 아프리카의 사냥꾼을 퇴치해야 할 뿐만 아니라, 동물의 서식지를 보존하는 것이 훨씬 더 중요함을 의식했다. 이를 위한 가장 간단한 방법은 해당 지역을 사들이는 것이다. 그럼 더는 아프리카의 지역 우두머리와 씨름할 필요가 없지 않은가. 이 간단한 아이디어는 영국의 사업가 빅터 스톨란*에게서 나왔다. 어려울 게 없다, 〈대부호〉에게 매달리면 되지 않는가. 스톨란의 말을 들어보자. 〈양심, 심장, 자부심 그리고 부호의 허영심에 이르는 길은 반드시 있다. 이 길은 부자가 지갑을 활짝 열게 만들어 줄 것이다.〉 아프리카의 웅장한 야생이 〈빛나는 역사적 기념비〉를 세우자는 데 부자는 거부하지 않으리라. 그리고 이 길은 실제로 있었다. 더욱이 놀라울 정도로 탁 트인 대로였다. 특히 맥스 니컬슨이 〈자연 보호는 돈이 필요하다〉는 구호를 앞세워 이 프로젝트에 전력을 쏟아붓자 길은 활짝 열렸다.[357] WWF 독일 지부의 회장은 폴크스바겐 회장을 역임한 쿠르트 로츠**가 맡았다. WWF는 그 보호 구역을 올리브 녹색의 제복을 입고 같은 색의 지프를 탄 경비 대원이 지키게 했다.[358] 이 경비대원은 옛 유형의 자연 보호 운동가 눈에 새로운 종족이었다. 이 시기는 마침 레이첼 카슨의 『침묵의 봄』이 주목받던 때다. 국제적인 자연과 환경 보호 운동에 분명한 새바람이 불기 시작했다.

원폭 실험 반대 운동에서 〈평화적 원자력〉을 의심하기까지

그런데 전혀 다른 측면에서 환경 운동의 새로운 동력이 생겼다. 노벨

---

　　* Victor Stolan: 1893~1973. 체코 태생으로 영국으로 이주한 사업가. 〈WWF〉의 창설에 참여했다.
　　** Kurt Lotz: 1912~2005. 독일군 장교 출신으로 여러 기업의 회장을 역임한 인물이다.

상 수상자 라이너스 폴링*을 포함한 저명한 과학자들이 원폭 실험에 반대하는 운동의 선봉에 선 것이다. 이런 반대 분위기로 결국 미국과 소련은 1963년에 원폭 실험 중지 협약을 맺었다. 도널드 워스터는 〈생태 시대〉의 출발을 앨러머고도Alamogordo에서 최초의 원폭 실험을 한 1945년 7월 16일로 잡기는 했지만, 그는 동시에 방사능 낙진의 위험이 1958년부터 비로소 미국 과학자들을 일대 동요하게 했다고 언급한다.[359] 이 시점은 초창기의 〈평화적 원자력〉을 둘러싼 열광이 처음으로 식기 시작한 때와 같다.[360] 이제 자연 보호 운동은 그 기초가 되는 합의를 이루려 노력해야 했을 뿐만 아니라, 가열한 시위로도 발전했다. 국가적이고 국제적인 차원에서 이런 반대 운동의 기초를 이룬 세력은 지역의 운동가들이다. 원폭 실험 반대의 중심지가 된 곳은 세인트루이스다. 이 도시는 이미 레이먼드 터커 시장 시절 산업 공해와 싸움에서 선도적 역할을 했으며, 특히 낙진이 심한 지역이었다. 이 도시에서 과학자들과 일반 시민은 1958년에 〈핵 정보 위원회Committee for Nuclear Information〉를 설립하고 각종 행사와 출판으로 대중의 주의를 환기했다. 정보라는 새로운 무기가 등장한 것이다. 이 위원회가 발간한 자료 가운데 경종을 울리는 『세인트루이스의 핵전쟁Nuclear War in St. Louis』은 몇 년 동안 상당한 주목을 받았다.

여론이 원폭 실험뿐만 아니라 저준위 방사선으로도 위험하다는 사실을 발견하면서 민간의 핵기술도 의심의 대상이 되었다. 세인트루이스 같은 곳에서 원폭 실험을 반대하는 시위는 곧장 민간 핵기술을 겨눈 경고로 넘어갔다. 세인트루이스에서 배리 코머너**는 이런 반대 활동으로 정치적 비중이 큰 인물로 급부상했으며, 나중에 〈생태 혁명〉을 이끈 선도적인 두뇌가 되었다.[361] 직접 원폭 실험의 피해를 보지 않은 유럽에서 이런 관심의 전환은 미국처럼 직접적이지는 않았지만, 그래도

* Linus Pauling: 1901~1994. 미국의 화학자로 노벨 화학상과 평화상을 받은 인물이다.
** Barry Commoner: 1917~2012. 미국의 생물학자이자 생태학자. 미국 환경 운동을 대변하는 인물이다.

1958년 〈세계 생명 보호 연맹Weltbund zum Schutze des Lebens, WSL(영: World Union for Protection of Life)〉이 창립되었다. 이 단체는 정확히 말해서 오스트리아와 독일이 통합된 것이다. 단체는 오스트리아의 임업 전문가이자 나중에 작가로 변신한 권터 슈밥*이 쓴 소설 『내일이면 악마가 너를 데리러 온다Morgen holt dich der Teufel』(1958)가 그린 생태의 종말에 영감을 받아 설립되었으며, 초기 반핵 운동의 시발점이 되었다. 그러나 WSL이 펼친 것과 같은 핵 반대 활동은 1970년대에 주로 지역적 차원에 머물렀으며, 여전히 원자력에 열광하면서도 자신은 진보적이라고 생각하는 지성인, 말하자면 세상 물정 모르는 먹물을 위한 운동일 뿐이다. 어쨌거나 독일어로 나온, 과학적 근거에 기초한 최초의 대형 환경 위험 편람, 의사인 보도 만슈타인**이 쓴 600면의 책 『목을 죄는 발전Im Würgegriff des Fortschritts』(1961)은 냉전에서 중립적 중개자의 역할을 한 인도의 총리 네루에게 헌정한 것으로 방사능 문제, 폭탄뿐만이 아닌 방사능 문제를 인간의 생존 문제로 선포해[362] 〈거칠 것 없이 이뤄지던 민간 핵기술의 확충〉이 얼마나 위험한지 그 잠재적 위험 요소를 상세히 다루었다. 물론 확실한 과학적 평가까지 담지는 못했다.[363]

레이첼 카슨

1960년 레이첼 카슨이 『침묵의 봄』을 한창 집필하던 무렵, 그녀의 책을 출간하기로 한 출판업자 폴 브룩스Paul Brooks(출판사 호튼 미플린 Houghton Mifflin)는 카슨이 알아낸 살충제와 방사능의 위험 사이의 유사성에 깜짝 놀랐다.[364] 브룩스는 카슨에게 두 잠재적 위험 사이의 유사성은 〈너무도 극적이어서 사람들이 이에 주목하지 않을 수 없을 것〉이라

* Günther Schwab: 1904~2006. 오스트리아의 작가로 작품을 통해 적극적인 환경 보호 운동을 펼친 인물이다.
** Bodo Manstein: 1911~1977. 독일의 의사로 환경 문제를 다룬 많은 책을 썼으며, 〈독일 환경·자연 보호 연맹BUND〉의 창설자이자 초대 회장을 지낸 인물이다.

고 썼다. 〈그래서 낙진 문제를 다룬 선생님의 출판물이 사람들에게 화학 물질의 위험성을 일깨우는 데 탁월한 역할을 할 것으로 보입니다.〉[365] 이런 배경을 염두에 둘 때 『침묵의 봄』 색인에 〈낙진〉, 〈원자 폭탄〉, 〈방사능〉 같은 표제어가 없는 것은 의아하기만 하다. 이런 연관 관계를 읽어 내는 것은 독자의 몫이다. 저자는 살충제, 특히 DDT를 경고하는 데

레이철 카슨은 미국 어류 및 야생 동물 관리국US Fish and Wildlife Service, FWS에서 해양생물학자로 처음 직업 활동을 시작했다.

만 집중했을 뿐이다. 그녀는 원자력 무장을 둘러싼 정치적 논란에 거리를 두었지만, 사람들에게 가장 실질적인 영향을 줄 수 있는 단 하나의 목적에만 주력했다는 점에서 정치적 전략을 구사하는 면모를 보였다. 살충제 문제에 집중한 것은 그녀의 정치적 선택이라는 뜻이다. 처음부터 오늘날까지 환경 운동을 따라다니는 긴장은 실질적으로 문제의 우선순위를 정해야 하지만, 나중에 더 위중할 수도 있는 다른 문제를 소홀히 다루게 된다는 것이다.

『침묵의 봄』은 화학 산업의 격렬한 공격을 무릅쓰고(혹은 바로 이 공격 때문에)[366] 즉각적인 성공을 거두었다.[367] 『뉴요커New Yorker』에 연속 기사로 책의 내용이 미리 공개된 이후 1962년 9월 말 책의 배본이 이루어지던 날 이미 4만여 건의 주문이 폭주했다. 어떤 상원 의원은 재빨리 이 책을 노예제 반대 운동의 경전 노릇을 한 『톰 아저씨의 오두막』과 어깨를 나란히 하는 것으로 추켜세웠다. 심지어 『타임』은 이 책을 다윈이 쓴 『종의 기원』과 견주어도 된다고 격찬했다. 사람들은 이 책을 문학 작

품인 동시에 충실한 과학 안내서로도 읽을 수 있었다. 바로 이런 과학적 계몽과 시적 문체의 시너지가 이 책이 지닌 매력이었으며, 이 매력 덕에 많은 생태 책들이 베스트셀러가 될 수 있었다. 이런 갑작스러운 성공은 무엇보다도 생태 메시지를 소화할 토양을 아주 든든하게 다져 놓았다. IUPN/IUCN은 제초제와 살충제의 위험을 처음부터 의심했다.[368] 물론 이 위험은 인간보다는 자연에 더욱 심각했다. 반대로 카슨은 DDT가 생명체의 먹이 사슬에 농축되며, 이 먹이 사슬의 끝에는 인간이 있기에, 인간 자체에 가장 큰 위험을 준다는 논리를 펼쳤다.

이처럼 DDT가 인간의 건강을 위협한다는 경종은 1960년대에 이르러서야 주효하기 시작했다. 1950년대에 DDT는 오랜 세월 남쪽의 습지대를 초토화하던 말라리아를 마침내 물리치게 해준 기적의 약제로 추앙받았기 때문이다. 전 세계적 차원에서 자신에게 알맞은 과제를 찾던 〈세계 보건 기구World Health Organization, WHO〉는 DDT를 홍보하는 작업에 열을 올렸다. 반대로 말라리아의 두려움이 사라지자 자연 애호가들은 자연 보호의 새로운 엘도라도로 습지대 풍경에 더욱 순전한 기쁨을 느끼면서 살충제를 비난의 과녁으로 삼았다. 이제부터 암은 산업 국가의 커다란 골칫거리grande peur가 되었기 때문이다. 암을 보는 이런 의식 변화야말로 현대 환경 운동의 뿌리다. 미국 대통령 리처드 닉슨Richard Nixon이 〈생태 혁명〉의 정점에 자신을 세우고자 〈암과의 전쟁〉을 선포한 것이 우연한 일은 아니다.[369] 카슨은 본래 자연 사랑을 호소하고자 했다. 그러나 그녀가 기존의 자연 보호가 갖는 한계를 넘어설 수 있었던 것은 인간이 받는 위협을 설득력 있게 묘사할 줄 아는 능력이 있었기 때문이다. 환경 운동이 거대 권력으로 자라날 수 있게 해준 것은 몰아적인 자연 사랑뿐만이 아니라, 바로 이런 건강 염려였다. 레이철 카슨이 『침묵의 봄』을 집필하는 동안 암을 두려워하는 걱정은 커지기만 했다. 바로 그래서 암의 위협을 다룬 그녀의 묘사는 갈수록 더 길어져만 갔다.[370]

베트남 전쟁 동안 해럴드 아이크스의 보호 아래 설립된 뉴딜 관청 가운데 하나인 〈미국 어류 및 야생 동물 관리국FWS〉에서 경력을 쌓던 카슨은 이미 1951년에 『우리를 둘러싼 바다The Sea Around Us』라는 베스트셀러를 써서 〈올해의 여성 작가〉로 선정되는 기쁨을 누리기도 했다. 돌이켜보면 그녀가 바다를 환경 손상의 새로운 차원으로 주목하지 않은 것이 의아스럽게 보인다. 그렇지만 그녀는 당시에도 바다를 향한 순수한 열정으로 가득했다. 그래서 심지어 해저의 원유를 이용하려는 엔지니어들이 어떤 술수까지 동원하는지 카슨은 자세히 묘사하기도 했다. 1960년에 그녀는 『우리를 둘러싼 바다』를 새롭게 펴낸 서문에서 방사능 오염으로 바다가 심각한 위협을 받는다고 언급했다.[371] 카슨은 『침묵의 봄』을 집필하면서도 베스트셀러의 야심을 품으며 겉보기로 냉철한 분석과 충격 요법을 적절히 구사하는 섬세한 균형 감각을 자랑했다. 지적 엘리트에 호소하는 자연 보호와 대중적 효과를 노린 환경 경고 사이를 절묘하게 넘나드는 솜씨를 구사했다. 과학과 개혁에 개방성을 기꺼이 과시하고자 했던 대통령 케네디는 물론 베트남 전쟁에서 생화학을 이용한 새로운 전쟁 수행 방식에 더욱 개방적인 태도를 보였다. 그렇지만 케네디는 카슨의 경고에 즉각적으로 관심을 표명하며 그녀를 참모로 불러들였다. 하지만 그녀의 참모진 참여가 어떤 실질적인 결과를 낳지는 못했다. 그로부터 10여 년이 지나서야 DDT의 금지령이 선포되었다. 이런 성과는 산업이 DDT에 가진 관심이, 특히 DDT에 내성을 가진 해충이 현격히 늘어나는 바람에 급격히 줄어들었기 때문에 이루어졌다.[372] 1968년 독일 연방 차원의 원예 중앙 연맹은 『식물 보호를 두려워 말라Keine Angst vor Pflanzenschutz』는 제목의 소책자를 펴냈다. 이는 곧 그런 두려움이 이미(혹은 여전히?) 있다는 반증이다.[373] 1972년에 스톡홀름에서 열린 환경 회의에서 DDT를 둘러싼 의견은 첨예하게 갈렸다.[374] 심지어 초창기에 대단히 공격적인 모습을 보였던 미국의 〈환경보호청Environmental Protection Agency, EPA〉조차 살충제 문제에서는 환경 운동가들을 혼란에 빠뜨릴 정도로 입을 다물었다.[375]

원래 해양생물학자인 카슨은 특히 연어에 연민을 품었다. 그녀는 자양분이 풍부한 바다에서 빠져나와 갖은 위험과 고초를 겪으며 다시 강을 거슬러 오르고 온갖 장애물을 뛰어넘으며 고향으로 되돌아오는 연어에 감동했다. 유럽이든 미국이든 적지 않은 스포츠 낚시꾼들은 이미 19세기부터 연어의 개체 수가 감소하는 것에 하천 오염의 위험을 깨닫고 민감하게 반응했다.[376] 이와 반대로 카슨의 연어 사랑은 어떤 이해관계도 없이 헌신적이었다. 『침묵의 봄』은 일단 무엇보다도 새들을 사랑하는 사람에게 호소하며, 조류 보호가, 곧 예로부터 자연 보호의 정예군인 조류 보호 활동가를 움직이려고 노력했다. 또 카슨은 사람들이 새들의 먹이인 곤충에도 관심을 갖게 했다. 자신의 작품 활동 외에도 곤충 연구에 열광적이었던 작가 에른스트 윙거*가 카슨을 흠모한다고 공개적으로 밝힌 점은 놀라운 일이 아니다.[377] 그만큼 그녀의 자연 사랑은 다채로운 면모를 자랑했다. 바로 그 때문에 그녀는 많은 다른 자연 애호가를 앞서가면서 이들을 통합하는 상징성을 구축할 수 있었다. 그녀의 이런 상징성은 생태로 넘어갈 든든한 다리를 놓아주었다. 오로지 한 가지 종에만 고착된 사람은 다른 종을 희생해도 좋다는 태도를 보이기에 자연 전체를 바라볼 안목을 스스로 가려 버린다.

『침묵의 봄』은 특히 두 달 전에 탈리도마이드 사건이 불거지면서 즉각 폭발적 반향을 끌어냈다.[378] 독일의 상황은 미국보다 더 열악했다. 독일의 보건 당국은 이 사건에 대서양 건너편보다 미온적인 반응만 보였기 때문이다. 독일의 화학은 유구한 전통을 자랑해 왔다. 미국과 달리 독일 국민은 화학과 제약 업계의 자기 통제 능력을 굳게 믿었다. 1960년대까지 독일은 이런 관점에서 〈무제한의 신뢰라는 문화〉(빌리발트 슈타인메츠**)[379]를 가꾸어 왔다. 이런 신뢰는 인내심을 〈훌륭한 화학자의 가장 중요한 덕목〉으로 여긴 시대의 산물이다.[380] 탈리도마이드로 비롯된 구체적 해악은 이후 생태 시대의 모든 독일 스캔들을 합친 것

* Ernst Jünger: 1895~1998. 독일의 보수주의를 대표하는 작가.
** Willibald Steinmetz: 독일의 역사학자. 빌레펠트 대학교 교수로 정치사 전공자다.

보다도 훨씬 더 심각했다. 정치와 여론의 놀라울 정도로 미적지근한 반응은 〈알약〉이 아름다운 신세계의 총화였으며 자연 치료라는 새로운 열광이 아직 먼 미래의 일이었던 시절, 독일의 철면피함을 속속들이 드러냈다. 이 문제에서 미국은 당시 상당히 앞서 있었다. 새로운 환경 운동이 특히 미국에서 시작된 이유가 달리 있는 것이 아니다.

그러나 카슨은 아직 저항 운동의 대변인을 자처하지는 않았다. 1960년대의 전개 상황이 보여 주듯 미국 농부들을 움직일 힘이 그녀에게 충분히 있었음에도 카슨은 이 힘을 활용하지 않았다. 당시 농부들이야말로 살충제 투입의 폭발적 증가를 가장 예민하게 받아들였기 때문이다.[381] 그러나 카슨은 노동자를 이끄는 지도자는 아니었다. 그녀는 체질적으로 고상했다. 라디오와 텔레비전 인터뷰 초대에 응했지만, 그녀가 마이크에 대고 날카로운 경종을 울리는 모습은 상상하기 어려웠다. 나중의 환경 관료와 달리 카슨은 무엇보다도 사유 재산의 보호를 중시했다. 사유지를 고려하지 않고 무차별적으로 비행기에서 DDT를 살포하는 것을 그녀는 사유 재산권의 침해라고 보았다. 종말론적 시나리오나 적대적 태도에 그녀는 유보적인 거리를 두었다. 이런 관점에서 『침묵의 봄』을 〈세계 생명 보호 연맹WSL〉의 공동 창설자인 귄터 슈밥이 악마의 공포 스토리로 꾸며낸 『악마와의 춤을Der Tanz mit dem Teufel』(1958)이라는 선동적인 소설과 비교해 보는 것은 매우 흥미롭다. 슈밥은 카슨보다 몇 년 앞서 DDT의 위험을 발견한 바 있다.[382] 그의 책은 당시 우수한 정보를 갖추었지만, 지성인들은 인용할 만한 가치가 있다고 보지 않았다. 슈밥은 자신의 작품을 위대한 정신의 엘리트에 헌정했지만, 그 자신이 엘리트에 속하지는 못했다.

반대로 카슨은 엄선된 친구들에 둘러싸여 지냈다. 그녀의 전기를 쓴 여성 작가는 심지어 이 엄선된 친구 사이에도 핵심층이 따로 있었다고 증언한다.[383] 많은 전문가와 교류하면서도 그녀는 자신의 책만큼은 혼자 힘으로 썼다. 그 태도는 말하자면 과학적 사설탐정과도 같았다. 카슨은 어려서부터 전통을 자랑하는 조류 보호 협회인 〈오듀본 협회〉와 밀접한 관계를 유지해 왔다. 〈시에라 클럽〉의 논쟁적인 상임 이사이면서 이 전통의 단체를 1952년부터 더욱더 공격적인 환경 정책 노선으로 이끌고자 했던 데이비드 브라워*와는 『침묵의 봄』이 출간되고 나서야 비로소 연결되었다.[384] *『침묵의 봄』은 1970년을 전후한 〈생태 혁명〉의 과정에서 운동의 경전이 되었다. 생태의 시간이 도래하려면 먼저 냉전의 저주가 풀려야만 했다.[385] 그리고 20년이 더 지나 동유럽에 해방이 찾아오면서 환경 문제를 바라보는 전 세계적인 관점이 새롭게 열렸다.

『침묵의 봄』은 공개적 담론을 통해서가 아니라, 매우 은밀한 분위기 속에서 쓰였다. 그것은 곧 카슨이 자신보다 다섯 살 많은 도로시 프리먼과 가꾼 격정적인 사랑의 관계였다. 도로시는 어떤 농업 기업의 최고 경영자와 결혼한 유부녀였다. 두 친구가 주고받은 편지들을 읽노라면 마치 낭만주의 시대로 되돌아간 것 같은 기분이 든다. 도로시는 1964년 죽어 가는 레이철에게 쓴 길고 애틋한 편지에서 그 둘의 영혼은 파울 힌데미트보다는 오페라 「탄호이저Tanhäuser」의 비너스 동산 노래와 더 잘 어울린다고 했다.[386]** 바로 이런 점도 『침묵의 봄』을 고전으로 만들었다. 귄터 슈밥이 묘사한 인류의 멸망을 획책하며 비웃음 짓는 악마와 다르게 『침묵의 봄』은 그 바탕에 사랑과 아름다움의 갈망을 담아 노래한다. 에로스와 자연 사랑이라는 오래된 통일은 카슨에게서 다시금 생명력을 얻는다.

* David Brower: 1912~2000. 미국의 저명한 환경 운동가. 많은 환경 운동 단체를 설립했으며 〈시에라 클럽〉의 상임 이사를 세 차례나 역임했다.
** Paul Hindemith: 1895~1963. 독일의 신고전주의 음악을 대표하는 작곡가. 비너스 동산(베누스베르크Venusberg)은 오페라 「탄호이저」에서 에로스를 상징하는 무대다. 그러니까 본문의 표현은 엄격하고 중후한 신고전주의와 낭만적이고 에로스에 가득 찬 분위기의 대비를 뜻한다.

2

1970년을 전후한 〈생태 혁명〉

두 번째 연표
〈생태 혁명〉의 시대

1965 세 권의 책이 출간되다. 머레이 북친, 루이스 헤르버의 『도시의 위기 The Crisis of the Cities』, 알렉산더 미철리히의 『우리 도시의 비경제성 Die Unwirtlichkeit unserer Städte』, 그리고 게오르크 보르크슈트롬의 『굶주린 별』이다.

1965~70 미국 공군은 베트남의 숲과 논밭에 〈에이전트 오렌지 Agent Orange〉, 〈에이전트 화이트 Agent White〉 그리고 〈에이전트 블루 Agent Blue〉라는 제초제 4100만 리터를 살포했다. 그 결과 〈에코사이드 Ecocide〉와 〈생태 아우슈비츠〉라는 개념이 등장했다.

1965. 2. 올레그 폴코프 Oleg Volkov(1900~1996), 〈투만 나드 바이칼롬 Tumannad Baikalom(바이칼을 뒤덮은 안개)〉, 바이칼호가 산업 폐수로 오염되는 것을 소련 언론에서 처음으로 공격하다.

1965 유엔 미국 대사(그리고 대통령 후보로 출마한 바 있음) 애들레이 스티븐슨 Adlai Stevenson은 이런 말을 했다. 〈우리는 작은 우주선을 타고 함께 여행하는 여행객이며, 이 우주선은 오로지 돌봄과 노력을 통해서만 망가지지 않게 보호된다. 나는 우리의 섬약한 우주선에 사랑을 주어야만 한다고 말하고 싶다.〉

1965.11. 부에노스아이레스에서 공기의 청정한 보존을 위한 제1차 세계대회 열림. 미국 공해 통제 연맹의 추진으로 〈공해 방지 연맹 국제 연

합International Union of Air Pollution Prevention Associations, IUAPPA〉설립.

1965 독일 자연 보호 협회, 「위기의 자연」이라는 제목의 선언문 발표. 콘라트 아데나워Konrad Adenauer, 프란츠 요제프 슈트라우스Franz Josef Strauß 그리고 연방 대통령 하인리히 뤼브케의 지지 서한 동봉.

1966 원폭 실험과 미국 베트남 전쟁을 반대하는 운동을 이끌었던 생물학자 배리 코머너는 〈자연 체계 생물학 센터Center for the Biology of Natural Systems〉를 설립하고, 산업 공해에 반대하는 운동을 펼쳤다.

1966 크로톤빌Crotonville(뉴욕)에 로버트 케네디Robert Kennedy의 주도로 허드슨강의 갈수록 심해지는 오염과 수력 발전소 프로젝트를 반대하는 시위대가 운집했다.

1966 애버판Aberfan 재해. 무너져 내린 석탄 더미가 마을의 일부를 덮쳤다. 환경 문제의 심각성을 각성하는 계기가 됨.

1966 〈IUPN〉, 『레드 데이터 북The Red Data Book』 발표, 멸종 위기에 처한 종을 다룬 최초의 〈적색 목록〉임.

1966. 7. 15. 지도적인 자연 보호 운동가들과 합의해 바이에른주 정부는 최초의 독일 국립 공원인 〈바이에른 발트Der bayerischer Wald〉를 설립할 계획을 세움. 여론의 격렬한 토론 끝에 1969년 7월 22일 해당 법안이 공표됨.

1966. 10. 05. 디트로이트의 실험용 원자로 〈엔리코 페르미Enrico Fermi〉가 대형 사고로 파괴됨. 존 G. 풀러John G. Fuller가 이를 폭로한 책『우리는 디트로이트를 거의 잃을 뻔했다We Almost Lost Detroit』가 1975년에 출간됨.

1966 성탄절 중세 연구가 린 화이트가 〈우리 생태 위기의 역사적 근원〉이라는 제목의 강연을 함(환경 역사의 초석이 된 텍스트!).

1966 성탄절 〈카트만두에서 크리스마스를〉이라는 구호로 히피들이 네팔의 수도이자 대마초의 도시인 카트만두로 결집함.

1966/67 〈그로메트 프로젝트Gromet-Project〉, 미국은 인도를 동맹으로 확보하려고 그곳에서 요오드화은을 비구름에 뿌려 비가 내리게 하는 실험을 했다. 이 실험은 별 성공을 거두지 못했으며, 파키스탄의 저항에 직면했다.

1967 뉴욕에서 〈환경 방호Environmental Defense, ED〉가 설립됨. 이 단체는 미국 최대의 비정부 기구 가운데 하나로, 부분적으로 화학 기업, 특히 새로운 종류의 독성 물질에 반대하는 화학 기업과 협력했다.

1967 영국, 1895년에 설립된 〈역사 명승, 자연 경승지를 위한 내셔널 트러스트〉의 비상 총회에서 집행 위원회의 엘리트적 태도를 두고 〈불만의 화산〉이 폭발했다. 트러스트 소유의 지역에 자동차 전용 도로를 건설하게 한 것을 둘러싼 갈등이다. 임원 콘래드 론슬리 Conrad Rawnsley는 트러스트가 〈아이디어 파산, 리더십 파산, 대중 친화력 파산 상태〉라고 비난했다.

1967 스웨덴 과학자 스반테 오덴Svante Oden은 산성비가 숲과 하천과 곡물 수확에 미치는 악영향을 처음으로 광범위하게 논의한 연구를 발표했다.

1967 스웨덴, 환경 보호를 위한 관청 신설.

1967.3.18. 잉글랜드 남부 해안에 유조선 〈토리 캐니언Torrey Canyon〉호의 조난으로 빚어진 심각한 해양 오염으로 여론이 분노로 들끓었다.

1967 도미니카공화국의 대통령 호아킨 발라게르Joaquín Balaguer는 전격적인 숲 보호 정책을 시작했다. 이 정책에 환경 보호 정책이 계속 이어졌다.

1967 기근의 영향 아래 인도 정부는 처음으로 세 명 이상의 자녀를 가진 부부에게 강제 불임을 실시하기로 했다.

1967 탄자니아의 차기 대통령 줄리어스 니에레레는 식민지 시대 이후의 아프리카 자연 보호를 위한 기본 조건을 확정한 「아루샤Arusha 선언」을 선포했다.

1967	로더릭 프레이저 내슈Roderick Frazier Nash, 『야생과 미국 정신 *Wilderness and the American Mind*』.
1967.6.2.	대학생 벤노 오네조르크Benno Ohnesorg가 페르시아 왕 방문 반대 시위를 벌이던 도중 경찰에게 피살됨. 독일 대학생 운동을 격화한 사건.
1968	유럽 평의회는 원인 제공자 부담 원칙을 골조로 한 〈물 헌장〉과 〈공기 청정 유지를 위한 유럽 헌장〉을 선포했다. 납세자가 아니라 원인 제공자가 부담해야 한다는 원칙이다. 또 유럽 평의회는 1970년을 유럽 자연 보호의 해로 지정했다.
1968	스웨덴, 환경 문제를 다룰 유엔 회의를 제안하다. 이 제안은 제 23차 유엔 총회에서 받아들여졌다.
1968	미국, 핵의 위험 연구를 다루는 공개 청문회를 조직할 〈참여 과학자 모임Union of Concerned Scientists, UCS〉을 창설.
1968	폴 에얼릭, 『인구 폭탄*The Population Bomb*』. 개릿 하딘, 『공유지의 비극*The Tragedy of the Commons*』.
1968	배리 코머너, 「거대한 호수 죽이기*The Killing of a Great Lake*」(이리호를 위협하는 생물학적 죽음을 경고하는 글).
1968	미국 국방부 장관 로버트 맥나마라Robert McNamara는 그동안 베트남 전쟁이 무망하다고 여겨 세계은행 총재로 자리를 옮겼다.
1968	르네 뒤보, 『인간은 동물이다*So Human an Animal*』(항생제를 반대한 환경 윤리의 근본 대작). 그가 바바라 워드Barbara Ward와 함께 쓴 리포트 「오직 하나뿐인 지구*Only One Earth*」는 1972년에 열린 스톡홀름 환경 회의의 근본 토대가 되었다.
1968	프랑스 과학자들과 자연 보호 운동가들이 〈프랑스 자연 보호 단체 연맹French Federation of nature conservation societies, FFNS〉을 설립함. 1969년 첫 번째 심각한 갈등은 프랑스 정부가 1963년에야 세워진 바누아즈Vanoise 국립 공원을 스키 센터로 개축하게 허락해

주면서 빚어졌다.

1968.3.1. 뉴욕, 44년 동안 도시 계획을 장악해 온 로버트 모지스는 그의 잔혹한 도시 재개발에 반대하는 제인 제이콥스가 오랫동안 이끈 저항 운동에 실권하고 말았다.

1968.4. 로마의 〈아카데미아 다이 린세이Accademia dei Lincei〉에서 〈로마 클럽〉 창설됨.

1968.5.10~11. 파리, 〈바리케이드의 밤〉, 학생 운동의 절정.

1968.7. 막스오토 브루커Max-Otto Bruker, 「민주주의의 위기: 원자력 발전소 뷔르가센에서 나타난 양상Der Notstand der Demokratie: aufgezeigt am Kernkraftwerk Würgassen」(민간 핵기술을 처음으로 전국적 차원에서 경고한 독일 신문 기사).

1968.9. 파리에서 〈생물권 회의Biosphere Conference〉(유네스코) 개최. 1972년 스톡홀름 회의의 가장 중요한 전 단계. 이 회의가 기초가 되어 유엔은 1970년에 〈인간과 생물권Man and Biosphere〉 프로그램과 〈생물권 보전 지역〉 모델을 수립함. 국립 공원 모델의 대안.

1968.10.28. DDT의 해악을 경고한 레이철 카슨의 주장, 화학 산업과 독립적으로 실행된 테스트의 결함을 폭로한 주장을 다룬 미국 청문회가 시작됨.

1969~1973 사헬Sahel 지역의 극심한 가뭄.

1969 미국에서 〈핵을 둘러싼 논란〉이 갈수록 격심해짐. 원폭 실험을 반대하는 운동이 민간 원자력 기술도 겨냥하기 시작함.

1969 〈미국 역사에서 최대의 원유 공급망〉을 확보하려고 기획된 〈미국 역사의 가장 야심 찬 건설 프로젝트〉인 알래스카 횡단 석유 수송관망의 건설을 두고 격론이 빚어짐. 이 계획은 1973년의 석유 위기를 겪고 나서야 실행됨.

1969 쉘던 노빅Sheldon Novick, 『부주의한 원자*The Careless Atom*』(민간 핵기술의 위험을 다룬 획기적인 대작).

1969	일본의 여성 작가 이시무레 미치코, 화학 기업 〈칫소ちっそ, Chisso〉가 유기 수은을 처리하는 과정에서 발생한 〈미나마타병〉을 다룬 소설을 발표해 대중의 주목을 끔(『고해정토苦海淨土』).*
1969	미국, 〈국가 환경 정책법National Environmental Policy Act, NEPA〉. 이 법으로 1970년 〈국가 환경 보호청National Environmental Protection Agency, NEPA〉이 설립됨. 대통령(당시 닉슨) 직속의 이 기관 수장은 윌리엄 D. 러클하우스가 맡음. 1988년 의회는 이 기관에 경찰 수사권을 부여함. 단지 국가적 환경 표준을 세우는 데 그치지 않고 계속 효율적으로 관철함.
1969	미국, 〈절멸 위기 종 보호법Endangered Species Act〉.
1969	캐나다, 토론토 대학교에 〈공해 탐사Pollution Probe〉라는 조직이 설립됨. 이 조직은 캐나다 환경 단체를 선도하는 역할을 함.
1969	잉글랜드, 〈왕립 환경 오염 위원회Royal Commission on Environmental Pollution〉가 설립됨.
1969	유네스코, 환경 영향의 복합 작용으로 베네치아가 받는 위험을 다룬 포괄적 보고서 발표(Rapporto su Venezia, 프랑스어: Sauver Venise).
1969.1.	랠프 네이더의 협력으로 대대적으로 탄광 노동자와 그 가족이 〈웨스트버지니아 검은 폐 협회West Virginia Black Lung Association〉를 설립함.
1969.3.	코펜하겐, 요란한 이벤트와 함께 환경 보호 단체 〈NOAH〉** 설립됨.
1969. 6. 7.	버클리의 〈생태 행동Ecology-Action〉 그룹이 자동차를 파괴하고 잔재로 조각상을 만들다. 이 해프닝은 갓 생겨난 환경 운동의 상징이 되었다.

* 우리나라에서는 『슬픈 미나마타』로 번역됨.
** 〈NOAH〉는 〈지구의 벗〉이라는 국제 단체의 덴마크 지부다.

1969. 7. 19.	닐 암스트롱Neil Armstrong, 인간 최초로 달 착륙에 성공하다.
1969. 8. 15 ~17.	우드스톡Woodstock, 〈3일의 평화와 음악〉 축제에 약 40만 명이 참가했다. 이 축제는 히피와 록 음악 운동의 정점을 찍은 사건이다.
1969. 9.	미국, 데이비드 브라워의 주도 아래 〈지구의 벗Friends of the Earth, FoE〉 결성됨. 이 단체는 1892년에 창설된 〈시에라 클럽〉에서 갈라져 나왔다. 이렇게 분리된 이유는 〈시에라 클럽〉이 원자력 이용을 거부하자는 제안을 받아들이지 않았기 때문이다. 브라워는 새로운 조직을 이후 환경 운동의 대표적 슬로건이 된 구호로 이끌었다. 〈글로벌하게 생각하고 로컬하게 행동하라!〉.
1969	미시시피주의 몬티셀로Monticello에 두 개의 원자력 발전소를 세우기로 한 계획에 저항 운동이 벌어짐.
1969. 11.	국제 자연 보전 연맹IUCN의 제10차 총회가 델리에서 열림. 자연 보호를 넘어서서 〈양질의 인생〉이 새롭고 포괄적인 목표로 선포되었다(〈새로운 전략적 접근이 필요한 때가 왔다〉).
1969. 11.	1968년 3월 16일에 미군이 자행한 〈미라이 학살〉의 충격적 사진이 전 세계를 떠돌다.
1969. 11. 7.	독일, 내무부 장관 한스디트리히 겐셔Hans-Dietrich Genscher와 대담에서 그의 정책 자문관 페터 멘케글뤼커르트는 미국의 선례에 따라 〈환경〉을 내무부가 담당할 새로운 총괄 개념으로 승격하는 데 성공했다. 이에 따라 무엇보다도 휘발유 납 첨가물 규제법, 쓰레기 처리법, 연방 환경 오염 규제법, 항공기 소음과 환경 통계 법 등이 속속 실효를 발하기 시작했다. 이로써 독일은 유럽에서 환경 입법에 선도적 위치에 올라섰다.
1969	빌리 브란트는 베른하르트 그르치메크를 자연 보호 문제 책임 담당관으로 임명했다. 그르치메크는 자신의 업무가 너무 과소평가된다고 주장하며 1973년에 퇴임했다.
1970. 1. 1.	미국 닉슨 대통령, 국가 환경 정책법에 서명하다. 이 법은 연방 정부가 모든 활동이 환경 문제에 어떤 영향을 미치는지 검토하는 것

을 의무로 삼게 규정했다.

1970.1.1.	스웨덴, DDT 사용을 포괄적으로 규제하다. 일단 2년의 시한을 설정함.
1970	미국, 〈천연자원 보호 위원회NRDC〉가 포드 재단의 지원으로 설립되다.
1970	미국, 〈산업안전보건법Occupational Safety and Health Administration Act, OSHA〉.
1970	루이스 멈퍼드, 『권력의 펜타곤The Pentagon of Power』. 아서 탬플린-존 고프먼, 『핵 공해를 통한 〈인구 통제〉'Population Control' Through Nuclear Pollution』. 찰스 A. 라이히Charles A. Reich, 『미국의 녹화The Greening of America』, 디 브라운Dee Brown, 『나를 운디드니에 묻어주오Bury My Heart at Wounded Knee』.
1970.2.7.	배리 코머너, 『타임』의 표지를 장식하다.
1970.2.16.	케네스 한, 로스앤젤레스 감리 위원회 위원은 미국 연방 검찰에 자동차 산업과 석유 산업 사이에 유해 물질을 배출하지 않는 자동차 생산을 가로막는 음모가 성립한다는 근거 있는 의혹을 제기했다.
1970.3.12.	「도쿄 결의안」(환경 보호 문제를 다루는 사회학 국제 심포지엄): 〈인간은 누구나 자신의 건강이나 행복을 해치지 않고, 아름다운 자연을 망가뜨리지 않는 환경을 누릴 권리를 가진다〉. 1970년 7월 도쿄에서는 어린아이들이 광화학 스모그 탓에 죽었다. 일본 여론은 이 문제로 시끌벅적했다. 11월에 일본 정부는 환경 오염을 막을 14개의 법안을 제출했다. 이 법안은 모두 의회에서 승인받았다. 1971년 7월 1일에 일본 환경청이 설립되었다.
1970.3.24.	시에라 클럽과 〈지구의 벗〉 대변인들은 다른 환경 운동가와 의원과 함께 〈음속 폭음을 반대하는 시민 연대Citizens League against the Sonic Boom〉를 결성했다. 이 단체는 4월 22일 지구의 날에 운집한 군중과 함께 초음속 여객기 프로젝트SST를 반대하는 운동을 성공적으로 펼쳤다. 초음속 여객기는 수익성이 좋지 않을 뿐만 아니

라, 지구의 오존층을 파괴하기 때문에 같은 해 의회는 이 프로젝트를 폐기했다.

1970 히말라야 산맥의 남쪽 가장자리에 홍수가 일어나 막대한 피해가 발생했다. 〈지역 생태 역사의 전환점〉(라마찬드라 구하) 마을의 전통적 권리를 무시하는 무분별한 벌목에 저항하는 운동으로 칩코 운동이 생겨났다. 주로 여성과 간디 추종자가 이끈 이 운동은 제3세계 환경 운동의 가장 유명한 사례다.

1970 〈녹색 혁명의 아버지〉 노먼 볼로그, 노벨 평화상 수상.

1970. 4. 22. 〈지구의 날〉, 미국 국회 의원 게이로드 넬슨이 워싱턴에서 주도한 행사에는 약 1만여 명이 참가했다. 주최 측은 전 세계적으로 2000만 명이 넘는다고 발표했다.

1970 매사추세츠공과대학MIT이 세계 기후 회의 개최.

1970 〈캘리포니아 환경 품질법California Environmental Quality Act〉, 당시 캘리포니아 주지사 로널드 레이건은 내심 환경주의를 반대했지만, 캘리포니아주를 환경 정책의 선두주자로 꾸미려고 이 법안을 채택했다.

1970. 5. 동독, 〈영토 문화 법령〉(자연경관보호, 자연보호, 그리고 환경 보호, 리사이클링, 토지 개량 등). 동독 정부는 1972년 1월 1일에 환경 보호와 치수 경제 담당 부서를 신설함.

1970 유럽 자연 보호의 해.

1970 1968년부터 환경 보호 연구와 대책 수립에 앞장섰으며, 이 점에서 EWG(유럽 경제 공동체)보다 선도적이었던 OECD는 〈환경 위원회Environment Committee〉를 신설했다.

1970 국립 공원 〈바이에른 발트〉 설립, 독일의 최초 국립 공원으로 미국의 선례에 따른 것.

1970 주로 조류 보호, 어류보호, 하이킹 클럽으로 결성된 〈자연 보호 보덴호 동쪽과 서쪽〉이라는 이름의 단체는 정화되지 않은 하수의

유입과 보덴호 연안의 무분별한 개발에 반대하는 〈공격적 홍보 활동〉을 벌였다.

1970.9.	프랑스의 자크이브스 쿠스토, 자신의 해저 탐사 영화로 전 세계적 명성을 얻은 이 생태학자는 바다의 오염을 공개적으로 경고하기 시작했다.
1970.9.19.	프랑크푸르트 암 마인에서 처음으로 주택 점유가 벌어지다. 1971년 가을에 〈프랑크푸르트 주택 투쟁〉이 시작되다.
1970.10.5.	『슈피겔』이 처음으로 환경 문제를 표지 기사로 실었다(〈독살된 환경〉). 당시 독일에서 이 주제는 완전히 새로운 것이었다.
1970.11.20.	『쥐트도이체차이퉁』은 〈뷔르가셴에서 벌어지는 원자력 싸움〉이 라는 헤드라인을 뽑았다.
1970	미국, 〈자원 보존과 회복 법령Resource Conservation and Recovery Act〉. 이 법으로 〈환경 보호청EPA〉은 쓰레기, 특히 독극물 쓰레기 와 리사이클링 문제를 감독할 권한을 얻었다.
1970 말	〈대기 오염 방지법Clean Air Act〉을 미국 의회가 제정하다. 이 법은 1967년에 이미 정해졌던 관련 법안을 강화한 것이다. 처음으로 구속력을 가지는 공기 정화 품질의 국가적 목표가 설정되다(영국 은 이미 1956년에 이 법을 실행했다!).
1970.12.7.	빌리 브란트, 바르샤바의 전쟁 희생자 기념비 앞에 무릎을 꿇다. 〈새로운 동방 정책〉의 가장 인상적인 절정.
1970.12.24.	호르스트 슈테른Horst Stern, 「붉은 사슴의 관찰Bemerkungen über den Rothirsch」이라는 텔레비전 방송으로 주목을 끔. 이 방송은 사 냥 로비와 이들이 추진하는 지나친 야생 방목을 날카롭게 공격함. 야생 동물의 개체 수 증가로 빚어지는 숲 파괴를 경고함.
1971	독일 연방 정부, 환경 문제의 전문가 협의회를 신설함.
1971	독일 〈항공기 소음 법〉, 모든 공항에 소음을 규제할 위원회 설치를 규정함.

1971. 3.	아이슬란드와 영국, 〈대구 전쟁〉의 시작. 아이슬란드가 대구 개체 수의 격감으로 어획 구역을 50해리로 확장한 것이 계기가 됨.
1971. 4.12.	페셴하임Fessenheim(알자스), 약 1,500명의 시위대가 원자력 발전 소 건설에 반대하는 행진을 벌였다. 유럽 최초의 대형 시위다. 7월 에는 약 1만 5,000명의 시위대가 론강의 뷔제Bugey 원자력 발전 소 건설에 반대했다.
1971	〈그린피스〉, 밴쿠버(캐나다)에서 설립되다. 단체는 우선 남태평 양의 무루로아 환초Mururoa-Atoll에서 프랑스가 벌인 원폭 실험에 반대하는 행동으로 여론의 주목을 끌었다(그곳의 투쟁 구호 〈방 사능 활성화보다는 운동 활성화를!〉은 나중에 〈평화로운 원자력 기술〉도 반대하는 상징이 되었다).
1971	주지사 톰 맥콜의 추진으로 오리건주는 환경 보호의 모범적인 입 법을 시작했다.
1971	〈지구의 벗〉 영국 지부는 스웹스Schweppes의 회사 정문 앞에 1,500개의 일회용병을 쌓아 두는 이벤트를 벌였다.
1971	일본의 미쓰이三井 기업은 이타이이타이병 희생자를 상대로 한 재판에서 패소했다. 카드뮴 중독으로 생겨나는 이 병은 1955년에 처음으로 알려졌다.
1971	프랑스, 환경청 신설.
1971	〈월드뱅크〉, 처음으로 환경 고문직 신설.
1971	EPA는 석면을 건강을 위협하는 공해 요인으로 선포했다. 석면을 대체하는 작업은 실질적인 환경 정책의 첫 번째 중점 사안이 되 었다.
1971	미국, 방송의 모든 담배 광고를 금지시킴. 닉슨은 〈암과의 전쟁〉을 선포함.
1971	일본 니가타 스캔들. 수은이 함유된 폐수를 하천에 방출해 중독 증상을 일으킨 화학 기업을 상대로 강력한 시위가 벌어졌다.

| 1971 | 바바라 워드Barbara Ward, 〈국제 환경 및 개발 연구소International Institute for Environment and Development, IIED〉 설립. |

1971 바바라 워드, 르네 뒤보,『오직 하나뿐인 지구*Only One Earth*』. 이 책은 1972년 스톡홀름 환경 회의의 초석이 되었다.

1971 람사르(이란) 협약, 〈국제적으로 중요한 습지 협약Convention on Wetlands of International Importance〉.

1971 배리 코머너,『원은 닫혀야 한다*The Closing Circle*』.

1971 보 군나르손Bo Gunnarsson,『일본의 생태 할복*Japans okologisches Harakiri*』.

1971 콘라트 로렌츠Konrad Lorenz,『현대 문명이 범한 여덟 가지 최악의 죄악*Die acht Todsünden der zivilisierten Menschheit*』. 첫 번째와 두 번째 죄로 과잉 인구와 〈생활 공간의 황폐화〉를 꼽았다.

1971 앨빈 와인버그, 미국 핵 연구의 중심인 〈오크리지Oak Ridge〉를 오랫동안 이끌었던 그는 공개 강연에서 이런 말을 했다. 〈우리 핵 연구자들은 사회와 파우스트식 거래를 했다.〉

1972. 2. 닉슨, 중국 방문.

1972 데니스 L. 메도우Dennis L. Meadow 외,『성장의 한계*The Limits to Growth*』, 로마 클럽 보고서.

1972 프랑스, 브리스 라롱데의 주도 아래 〈지구의 벗Les Amis de la Terre〉 프랑스 지부가 조직됨. 그 첫 대형 시위 〈라 벨로루션Vélorution(자전거 혁명)〉에는 2만 명의 자전거 동호인들이 참여했다.

1972 한스 돌링거Hans Dollinger,『총체적인 자동차 사회*Die totale Autogesellschaft*』(증가하는 자동차의 직간접적인 해악의 자세한 증거들).

1972. 6. 스톡홀름에서 유엔 환경 회의 열림. 동구권 국가 가운데는 루마니아만 유일하게 참석함. 그러나 이 회의에는 같은 해에 유엔에 가

입한 중국도 참석. 회의는 아마존 원시림의 벌목을 〈생태계의 히로시마〉로 표현했다. 이 회의에는 400개가 넘는 NGO가 참가함. 유엔은 NGO가 공식적으로 인정된 단체가 되도록 도움. 〈유엔 환경 프로그램〉 신설. 초대 책임자 모리스 스트롱 선임.

1972   인도, 마하라시트라주의 가뭄이 사탕수수 농장의 많은 물 소비로 더욱 나빠지자 그 반응으로 물의 사용권을 모든 주민이 함께 가진다는 〈파니판차야트Pani-Panchayat 운동〉이 일어남.

1972   유네스코, 세계유산 협약.

1972   인디언 추장 시애틀의 연설을 허구적으로 가미해 만든 영화 「홈 Home」*이 텔레비전에서 방영됨. 이후 생태학 문헌은 이 연설을 인디언이 자연과의 조화를 중시한 진짜 사례처럼 다루곤 했다.

1972   독일, 〈시민 주도 환경 보호 전국 연합BBU〉이라는 전국 차원의 상부 단체 결성.

1972.7.20.   후베르트 바인치얼**과 콘라트 로렌츠를 중심으로 한 〈그룹 생태학Gruppe Ökologie〉, 「생태 선언문」 발표.

1972.10.   유럽 연합 환경부 장관들 본에서 처음으로 회동. 장차 환경 보호를 공동체의 과제로 삼기로 합의함. 물론 이 합의는 1980년대 후반까지 구체적 성과를 끌어내지 못했다.

1972   미국의 주도로 〈런던 덤핑 협약London Dumping Convention〉이 체결됨. 바다에 투기를 엄격히 금지하거나 조건부 투기만 허용하는 물질의 목록이 만들어졌다. 감시는 참가 국가들이 각각 맡기로 했다. 구체적인 처벌 규정은 마련되지 않았다.

1972   미국, 〈수질 오염 방지법Clean Water Act〉(〈대기 오염 방지법〉와 쌍을 이루는 것) 발효됨. 처음으로 물의 화학적 순수함의 국가 기준

---

* 시나리오 작가 테드 페리Ted Perry가 대본을 쓴 생태학 기록 영화다. 전설적인 추장 시애틀Seattle(1786~1866)은 백인에게 자연을 파괴한다고 비난했다는 인물이다.

** Hubert Weinzierl: 1936년생의 독일 자연 보호와 환경 보호 운동가. 독일의 고전적인 환경 정책을 상징하는 인물이다.

이 마련됨. 나중에는 생물학적 순수함의 기준도 따라붙음.

1972   미국, 〈연방 환경 살충제 통제법Federal Environmental Pesticides Control Act, FEPCA〉 발효됨(레이철 카슨, 『침묵의 봄』이 1962년에 나왔다!). 이 법은 DDT뿐만 아니라 다른 모든 살충제(약 5만여 종!)도 검사하게 했다. 마찬가지로 1972년에 스위스에서도 DDT 가 금지되었다(1968년 미국은 스위스 산 치즈가 너무 많은 DDT 를 함유했다는 이유로 수입을 금지했다).

1972   미국, 〈기술 평가국Office of Technology Assessment, OTA〉 설립.

1972   미국, 〈유해 물질 규제법Toxic Substances Control Act, TSCA〉 발효. 이 법은 EPA가 화학 물질의 건강 손상 여부를 통제할 권한을 부여 했다.

1972   일본, 이타이이타이병. 하수로 방출된 카드뮴과 납에 중독된 희생 자들이 강력한 미쓰이 기업을 상대로 승소했다.

1972   독일 연방 행정 법원의 이른바 〈뷔르가센 판결〉은 원자력법을 해 석하면서, 핵에너지의 장려보다 안전이 우선시된다고 판시했다.

1972   영국의 생체 해부에 반대하는 여성 올리브 패러Olive Parry, 분신자 살함.

1972   멕시코의 심리학자이자 환경 보호 운동가인 페르난도 세사르만 Fernando Césarman은 베트남 전쟁을 반대하는 시위 운동에서 비 롯된 개념인 〈에코사이드〉를 자연을 다루는 민간 영역으로 확장 했다. 『에코사이드: 환경 파괴의 정신분석학적 연구Ecocido: Estudio psicoanalitico de la destruccion del medio ambiente』.

1972   그레고리 베이트슨Gregory Bateson, 『마음의 생태학으로 나아가기 Steps to an Ecology of Mind』.

1972   전 세계적인 인구 증가의 전환점(〈인구 통계적 과도기〉), 인구 증 가 추세가 둔화했다.

일대 연쇄 반응:
푸른 별과 지구의 날, 베트남 전쟁과 인구 폭탄

승리의 해

이미 앞서 살펴보았듯 몇십 년에 걸쳐 영국 자연 보호와 국제 자연 보호 운동을 선도했던 인물인 맥스 니컬슨은 1970년 『환경 혁명』이라는 제목의 책을 발표했다. 이 책의 부제는 전 세계적 차원에서 권력의 열광에 젖은 분위기를 자아내는 〈세상의 새로운 주인이 되기 위한 가이드〉다. 이런 열광은 후대의 자연 보호 주역에도 그대로 엄습한 모양이다. 마틴 홀드게이트*, 1988년에서 1994년까지 국제 자연 보전 연맹 IUCN의 사무총장을 지낸 이 인물은 자연 보호와 환경 보호 역사의 폭넓은 지식을 자랑하며 1966년에서 1975년까지의 시기를 두고 〈환경 운동의 폭발〉이라는 표현을 썼다.[1] 당시 그러니까 1969년 7월 19일에 달 착륙에 성공한 지 불과 몇 달 지나지 않은 1970년에 니컬슨은 의기양양해서 외쳤다. 〈달에 도착했다는 자부심은 우리의 고향 별을 슬럼으로 만들고 말았다는 한심한 깨달음 앞에서 흐물흐물 녹아 버린다. 돌연 자연 보호를 위한 소수의 투쟁이 더욱 폭넓은 대중의 경각심으로 확장되기 시작했다. (……) 낡은 가치관, 틀에 박힌 사고방식, 굳어진 실행 등

---

* Martin Holdgate: 1931년생의 영국 생물학자이자 환경 운동가.

이 전 세계에서 비난의 표적이 되고 있다.) 요컨대 바로 〈혁명〉, 곧 〈환경 혁명〉이 일어났다는 외침이다.

그러나 어딘지 모르게 기괴하기만 하다. 환경 보호 운동의 역사를 가장 잘 아는 니컬슨은 어째서 자신에게도 갑작스럽기만 한 이런 반전이 찾아왔는지 전혀 설명하지 못한다. 그는 심지어 이런 고백을 서슴지 않는다. 〈불행하게도 혁명은 혁명가조차 놀라게 하는 방식으로 찾아왔다.〉 그래서 혁명가께서는 전체를 조망하고 통제할 능력을 잃었음을 자백하는 꼴이다.[2] 그는 지롱드파의 베르니오가 했다고 하는, 날개 돋친 듯 회자되는 〈혁명은 사투르누스와 같아서 자신의 친자식들을 잡아먹는다〉라는 말을 피하고 싶었겠지만, 바로 자신이 친자식의 운명을 감수해야만 했다.* 그의 이름은 심지어 생태학계에서조차 잊히고 말았으며, 1970년 출간 당시만 해도 많은 외국어로 번역되었던 그의 『환경 혁명』은 40여 년이 지난 지금 인터넷에서 1센트라는 상징적인 가격으로 투매되는 지경에 이르고 말았다. 실제 〈환경 혁명〉이 일어나기는 한 것일까? 아니면 이런 망각은 대중 의식의 지평이 이동했음을 보여 주는 지표일까? 1987년 니컬슨은 또 한 권의 책을 펴내면서 이번에는 작은 글씨로 『새로운 환경의 시대 *The New Environmental Age*』라는 제목을 달았다. 이 책의 서문을 쓴 사람은 엘리자베스 여왕의 남편 에든버러 공작이다. 환경 보호는 WWF와 마찬가지로 여전히 엘리트 계층이 노니는 독무대다. 이 책은 1970년을 전후한 〈혁명〉은 언급조차 하지 않았으며, 당시를 설명하는 글에는 〈상호 작용〉이라는 얌전한 제목을 달았다.[3] 〈보존의 선구자들〉이라는 명예의 전당에 니컬슨은 1970년보다 훨씬 더 이전의 인물, 후대에 누구도 이름을 알지 못하는 인물을 줄줄이 나열했다. 그래서 말이지만 1970년을 전후한 시점이 실제로 역사의 전환점인지,

---

* Pierre Vergniaud: 1753~1793. 프랑스 혁명 당시 지롱드파를 이끈 지도자 가운데 한 명이다. 그가 로마 신화에 등장하는 사투르누스에 빗대 했다는 말은 친자식의 손에 권력을 잃을 것이라는 예언에 아들들을 모두 잡아먹었다는 전설을 염두에 둔 것이다. 과격한 자코뱅파에게 희생당할 것을 예감한 베르니오의 술회다.

또는 그저 언론이 앞다투어 다룬 새로운 유행어 〈환경〉에 현혹된 것은 아닌지, 좀 더 냉철하게 검토할 필요가 있다.

1970년 4월 22일 워싱턴을 비롯한 수많은 다른 도시에서 〈지구의 날〉을 자축한 수만 명의 젊은 열광적 생태주의자들은 자신이야말로 자연이 받는 시급한 위협을 최초로 발견했다고 믿었다. 오랫동안 활동했던 자연 보호 운동가마저 정말 그런 게 아닐까 착각에 빠질 정도였다. 그만큼 젊은 세대는 유구히 이어져 온 선배의 전통을 전혀 알지 못했다.[4] 그래서 많은 환경 역사학자는 환경 보호 운동이야말로 1970년에 원점에서 시작되었다는 생각이 역사적으로 얼마나 무지하고 건방진 것인지 입증하려고 애써 왔다. 실제 뿌리는 훨씬 더 오래전으로 거슬러 올라간다. 가장 처음의 시점부터 훑기 시작한 역사학자가 1970년에 이르면 지쳐 나가떨어질 정도로 환경 보호 운동의 뿌리는 깊다.[5] 그럼에도 분명히 말할 수 있는 점은 40여 년이 지난 지금 1970년이라는 전환점을 사소하게 다루는 것은 근본적으로 잘못된 태도라는 사실이다.

19세기까지 독일과 미국의 도시들에서 이뤄진 〈공해 고통〉과의 싸움을 가장 자세하게 추적한 사람은 프랑크 위쾨터다. 그는 이미 1960년을 전후한 시기에 독일에서 〈조용한 혁명〉이 일어났으며, 두드러져 보이지는 않았지만 그래도 꾸준히 제기된 〈미래 대비 원칙의 부상〉을 이야기한다.[6] 이에 반해 1970년대 초에는, 어떤 효과적인 대책이 있었는지 살펴 볼 때, 새로운 많은 것이 일어나지는 않았으며, 오히려 행정적 실무 차원에서 입법을 서두르려는 태도가 〈엄청난 카오스〉를 초래했다는 것이 위쾨터의 지적이다.[7] 그럼에도 위쾨터는 〈생태 혁명〉을, 심지어 〈생태적 빅뱅〉을 이야기한다.[8] 물론 이런 표현은 독일보다는 미국의 사례를 이르는 것이다. 많은 자연 보호 운동가는 새로운 〈환경 보호 운동가〉에게 요란하게 추월당했다고 느꼈다. 새로운 세력은 같은 일일지라도 떠들썩하게 추진하는 것 같다는 인상이 이 느낌이다. 오랫동안 바이에른의 자연 보호 운동을 이끌어 온 후베르트 바인치얼은 지난 30년이 넘는 세월을 돌아보며 그런 분위기를 인정한다. 〈1960년대 말의 정치 사회적 분위기 급변이야말로 새로운 사회 운동, 특히 생산적인 생태 운동의 토양을 마련해 주었다. 1970년이라는 유럽 자연 보호 운동의 해는 지구를 생명을 가진 모든 것이 함께 누려야 할 공동의 집으로 알아보는 자연 보호의 전체적인 관점을 일깨워 주었다.〉[9]

여러 차례 거듭 살펴보아도 전반적으로 1970년을 전후한 〈생태 혁명〉은 그저 지어낸 가짜 사건이 아니라, 실질적인 반전 포인트였음을 보여 주는 방증은 많기만 하다. 〈혁명〉이라는 개념은 마치 무슨 극적인 사건 이야기가 숨은 것처럼 유혹한다. 그러나 우리는 너무 성급하게 이야기를 즐기려는 유혹에 빠져서는 안 된다. 이야기의 기다란 목록에 마음이 사로잡힌다고 해도, 이 경우에는 우선 많은 사실과 데이터부터 주목하는 것이 많은 도움을 준다. 이런 사실과 데이터는 지금까지 대부분 역사 책에서는 찾아볼 수 없다. 이런 많은 자료가 시기적으로만 맞아떨어진다는 것만 해도 대단히 흥미로운 대목이다. 어떤 특정한 이야기에만 집착하면, 이런 사실의 지극히 작은 단면만 보일 뿐이다. 정확한 데이터와 시기적 순서를 아는 것만으로도 많은 경우 맥락을 짚는 데 큰 도움이 된다. 어쨌거나 이렇게 살펴야 무엇이 원인이고 결과인지 가늠할 첫 준거를 얻을 수 있다. 그럼에도 결정적인 것은 인과 관계가 아니라, 상호 작용과 이에 따른 시너지 효과라는 사실을 분명하게 말할 수 있다. 이런 모든 데이터를 나란히 그리고 순차적으로 살피는 것이 중요하다. 미리부터 뭐가 주된 사건이고 누가 중심적 활동가인지, 무엇이 핵심이고 어떤 것이 주변인지 고정해 두어서는 안 된다.

순전히 데이터만 담은 목록은 많은 물음을 열어 놓는다. 그럼에도 목록은 전형적으로 긍정하거나 부정하기에 어딘지 모르게 부족한 여운을 남긴다 할지라도 몇 가지 기본 문제에는 분명한 답을 준다. 우선 명확하게 드러나는 사실은 새로운 환경 운동의 가장 강력한 충동은 미국이 제공했다는 점이다. 사소해 보일지라도 많은 유럽 환경 운동의 활동가는 나중에 이런 사실을 잊곤 했다. 특히 미국이 레이건과 아들 부시의 치하에서 환경 정책이 퇴행적 모습을 보였을 때, 사람들은 이전에 미국이 주도했던 때를 잊었다. 1970년을 전후해 미국이 이처럼 선도적 역할을 했던 것은 미국 시민 사회의 투쟁적 잠재력이 강해서 그랬던 것만은 아니다. 미국이 자연이라는 자원을 다루는 무분별한 태도는 예로부터 매우 거칠었기에 환경 문제의 심각성이 더욱 크게 부각될 수밖에 없었다. 비행기로 DDT를 살포하는 것은 독일에서는 동독에서만 벌어졌던 일이다. 1970년을 전후해 미국의 시신에 독일의 시신보다도 훨씬 더 많은 양의 DDT가 농축되었던 것이 밝혀졌다.[10]

어쨌거나 이렇게 해서 환경 보호라는 사안에서는 미국과 유럽 사이에 대서양을 뛰어넘는 연대가 생겨났다. 국가의 개입을 요구했다고 해서 반대편에게 위장 공산주의자라는 비난[11]을 들은 미국 환경 보호 운동가들은 공동의 안녕을 미리 대비하는 정부의 노력은 서구 사회의 오래된 좋은 전통이라며 유럽을 그 본보기로 꼽았다. 환경과 기술이라는 문제에서 선도적 역할을 한 사상가 제러미 리프킨*처럼 영향력 있는 미국 사상가에게 유럽이 환경 의식이 뛰어나다는 그 같은 평가를 받은 것은 매우 드문 일이다.[12] 유럽 내부에서 독일은 매우 빠른 속도로 선도적 역할을 점해 나갔다. 특히 독일은 미국과 거의 같은 속도로 환경 정책을 실천했다. 그때까지는 풍경, 자연, 조류 보호라는 〈녹색 주제〉에서 영국이 주도하는 분위기였다. 이런 주도적 위치에 영국의 자연 보호 운동가들은 대단한 자부심을 가졌다. 전통적 분야에서 영국의 환경 보호 운동은 조직의 우위와 함께 계속해서 강력함을 자랑했다.[13] 그러나 핵에너지, 공해, 산성비와의 싸움이라는 새로운 주제에서 영국은 뒷전에 내밀렸으며, 유럽의 새로운 녹색 동력이 섬나라에 영향력을 미치기까지 유럽 대륙의 관점에서 외려 제동이나 거는 훼방꾼처럼 보였다.[14]

---

* Jeremy Rifkin: 1946년생의 미국 경제학자이자 사회학자. 자본주의 체제 및 현대 과학 기술의 폐해를 날카롭게 비판했던 세계적인 행동주의 철학자.

동아시아에서의 생태 전환

　얼핏 보기에도 순전한 사실은 1970년을 전후한 〈생태 혁명〉은 주로 서구 사회의 사건이었다는 점이다. 그렇지만 동시에 산업화에서 그때까지 서구와 가장 성공적으로 보조를 맞춘 나라인 일본에서도 생태 혁명의 조짐은 나타났다. 그때까지 일본의 침묵 문화는 환경 스캔들도 묵과하기만 했다. 이제 일본의 일부 엘리트, 언론과 행정 관료는 최소한 심각한 환경 오염에서만큼은 극적 전환을 모색하면서 일본을 국제적으로 환경 정책의 선두주자로 꾸며 보이려는 조짐을 보이기 시작했다. 이미 1956년 화학 기업 칫소의 유기 수은 무단 방출로 생겨난 〈미나마타병〉이 지역 여론에 알려졌지만, 누구도 이 문제를 거론하지 않고 침묵만 지켰다. 이에 반해 1969년 여성 작가 이시무레 미치코가 쓴『고해정토』는 적대적인 화학 로비의 치열한 공격에도 베스트셀러에 오르는 기염을 토했다. 소설 형식의 이 기록은 그 반향에서『침묵의 봄』과 마찬가지로『톰 아저씨의 오두막』과 견줄 만큼 반향을 불러일으켰다.[15]

　그럼에도 어떤 차이는 있다. 레이철 카슨이 그린 죽은 새들의 봄은 상상인 반면, 이시무레 미치코가 그린 인간의 고통은 현실이다. 나중에 독일에서 터져 나온 〈숲이 죽어 간다〉, 곧 〈먼저 숲이 죽고, 그다음에 인간이 죽는다〉와 같은 공포의 비명이 종말론적 허구의 표현이었다면, 미나마타에서는 먼저 고양이가, 그다음에 인간이 실제로 죽었다. 그렇지만 수은 중독의 문제는 일본 환경 보호 운동가만의 문제는 아니었다. 1970년 2월 7일『타임』의 표지를 장식한 생물학자 배리 코머너는[16] 당시 수은 중독의 위험에 맞춘 환경 운동에 집중했다. 이것 역시 생태적 전환의 신호였다. 수은 중독의 위험은 고대부터 잘 알려졌지만, 이제 합성 화학의 급속한 성장으로 역사적으로 완전히 새로운 차원의 문제가 되었다.[17]

　소련과 그 위성 국가들이 1972년 스톡홀름 환경 회의를 보이콧했고, 모스크바와 갈등하는 중화인민공화국은 참석했다. 겉보기에 중국은 매우 비판적인 참가국 행세를 하며 〈신식민주의〉를 환경의 주된 위협으로 낙인찍었지만, 산아 제한과 원폭 실험 금지는 한사코 모른 척했다. 그러나 스톡홀름 회의에서 제공된 넘쳐나는 환경 위험의 정보는 중국 대표단의 많은 사람에게 깊은 인상을 남겼다. 중국 대표단의 한 사람이며 1973년부터 중국이 새롭게 설립한 환경보호총국의 국장인 취거핑曲格平은 10년 뒤 이 최초의 세계 환경 정상 회담을 두고 매우 긍정적으로 평가했다. 그는 1972년 스톡홀름 회의는 세계 역사의 〈전환점〉이며 이후 〈중국 환경 보호는 새로운 발달 단계로 접어들었다〉라고 말한다. 중국은 이 회의를 적극적으로 지원했으며, 그곳에서 매우 많은 것을 배웠다고도 했다. 취거핑은 스톡홀름에 영감을 받아 중국은 1973년 첫 번째 국가 환경 회의를 개최했다고 했다.[18] 마오쩌둥의 정부가 산아 제한을 반동적인 맬서스주의라며 저주했다면, 1980년부터의 중국은 인구 증가의 억제를 엄격하게 밀어붙여 서구 인권 운동가들을 놀라게 했다. 취거핑은 1994년에 인구 증가가 밀레니엄 시대에 조국을 저주하며 그 토양을 황폐하게 하리라는 진단을 담은 중국의 환경 역사책을 펴냈다.[19]

유네스코와 우주 비행: 국제적 차원의 현실과 허구

1972년의 스톡홀름과 더불어 우리는 핵심적인 주제 하나에 이른다. 국제회의, 곧 범국가적인 소통이 어떤 의미를 갖는가 하는 것이다. 현실적이고도 구체적 효과를 중시하는 사람, 곧 거창한 말이 아니라 뭔가 가시적 효과를 원하는 많은 환경 운동가에게 국제적 차원은 실체가 없는 이미지였을 뿐이다. 그리고 국제적 로비는 결국 일종의 관광 진흥의 의도를 품었다는 의심은 좀체 사라지지 않았다. 환경주의를 다룬 대부분 미국 문헌에서 스톡홀름은 거의 등장하지 않는다. 설혹 다루어진다고 할지라도 그저 지나가듯 언급될 뿐이다. 문헌은 미국 운동의 진정성을 연출하는 데 훨씬 더 강력한 관심을 가졌다. 반대로 유럽의 환경 단체에

이 환경 정상 회담은 1968년 유엔 총회가 내린 결정 이래 일종의 격려이자 도전의 장이었다.[20] 스톡홀름을 바라보며 프랑스에서 동독까지 많은 국가는 환경 정책의 모범을 보인다는 인정을 받고 싶어 했다.[21] 동독은 심지어 1972년도 초에 환경부를 신설했다. 이는 서독보다 14년이나 앞섰다. 물론 동독 환경부가 정확히 어떤 일을 했는지에 대한 정보는 오늘날 턱없이 부족하다. 어처구니없게도 동독은 1960년대 말부터 탄산칼륨 산업의 소금을 함유한 폐수를 베라Werra강에 그대로 흘려보냈다. 1913년에 이해 당사자 사이에 폐수를 강에 버리지 않기로 합의하고 1968년까지 지켜 왔음에도 이를 무너뜨린 것이다. 과연 동독의 환경부는 무슨 일을 했을까?[22] 정치의 상징과 현실은 이미 오래전에 서로 맞지 않았다.

하나의 세계를 이루자는 열정은 처음부터 새로운 환경 운동, 곧 1960년대 후반부터 두각을 나타낸 환경 운동의 본질이었다. 우주선이 찍은 〈푸른 별〉 사진은 얇아 보이는 대기권과 함께 책상 위에 놓인 지구본과는 완전히 다른 감각적 현실을 제공해 주었다. 비록 당시의 생태학이 〈생태계 지구〉에 과학적 실체를 주기에는 너무 멀리 떨어져 있기는 했지만, 그래도 〈푸른 별〉 사진은 하나의 세계라는 감격 그 이상이었다. 우주 비행이 1960년대에 거둔 성공으로 오히려 우주의 신비함을 깨뜨린 것이야말로 역사의 아이러니다. 〈미국 항공우주국NASA〉이 화성에는 생명체가 존재할 수 없다고 마지못해 인정한 것은 놀라운 일이 아니다.[23] 1950년대 상상력이 넘치는 사람들이 만약 지구가 너무 협소해져 다른 별로 이주할 것이라고 믿었다면, 우주 비행은 인간에게 우주 공간이라는 곳이 얼마나 텅 비었으며 생명이라고는 찾아볼 수 없는지 일깨워 주었다. 그리고 우리가 단 하나의 지구를 가졌다는 것도!

어떤 의미에서 〈코페르니쿠스적 전회〉는 거꾸로 작용하는 것 같다. 지구가 코페르니쿠스 이후 많은 별 가운데 하나에 지나지 않았다면, 이제 지구는 다시 우주에서 유일무이한 것이 되었다. 아름다우면서 동시에 섬약한 지구.[24] 스톡홀름 회의를 선도했으며 1976년 영국 여왕에게 남작 작위를 받은 바바라 워드는 1966년 『우주선 지구Spaceship Earth』, 1971년 미생물학자 르네 뒤보와 함께 『오직 하나뿐인 지구: 작은 별의 돌봄과 유지Only One Earth: The Care and Maintenance of a Small Planet』를 펴냈다. 특히 후자는 엄청난 시간의 압박을 받으면서 58개국의 전문가들과 함께 의견을 나누며 쓴 책으로 스톡홀름 회의의 바탕이 되었다. 이 회의로 열린 새로운 글로벌 지평이 어떤 가치를 갖는지 평가하려면, 1911년 헤르만 뢴스가 당시 자연 보호를 두고 〈프리첼 식의 잡화상〉 같다고 비꼰 것을 떠올려볼 필요가 있다. 이제 글로벌 지평의 확장으로 그런 비난이 더는 가능하지 않다. 시냇물의 오염을 막으려고 싸우는 사람은 이제 자랑스럽게 세계의 구원을 위해 작은 부분이나마 기여할 수 있게 되었다고 말할 수 있기 때문이다.

일방적으로 풀뿌리 운동에만 집착한 나머지 〈위에서 아래로의 자극〉과 새로운 환경 행동주의의 엘리트적 특성을 무시한다면, 역사를 반쯤만 아니 심지어 반도 파악하지 못하고 만다. 이런 점을 알아보자면 그저 단순한 사실만 살필 필요가 있다. 1970, 1980년대 서독 언론은 생태 운동가들을 오랫동안 장발의 히피와 아웃사이더라는 이미지로 묘사했다. 특히 보수층의 시각이 그랬는데, 이런 인상은 특정 장소와 시간과 결부되었을 뿐이다. 이른바 하부 문화라고 포장된 것은 실제로는 새로운 고급 문화의 일부였다. 전반적으로 볼 때 환경 운동은 처음부터 사회 최고 계층의 몫이었다. 그렇다고 오로지 이상주의만을 추구하는 계층만은 아니었다. 오히려 지도자급에는 속세의 눈부신 경력을 자랑하는 인물이 즐비했다. 캐나다의 사업가 모리스 스트롱*은 스톡홀름 회의의 사무총장을 맡았으며, 20년 뒤에 열린 리우데자네이루의 환경 정상 회담에서도 사무총장직을 수행했다. 〈로마 클럽〉의 〈강력한 사람〉이자 〈성장의 한계〉를 배후에서 추진했던 아우렐리오 페체이는 〈피아트Fiat〉의 라

---

* Maurice Strong: 1929~2015. 캐나다의 사업가로 유엔 환경프로그램의 수장을 맡았던 인물이다.

틴 아메리카 지부 책임자이자 〈올리베티Olivetti〉의 사장이었다.* 68 학생 운동 세대의 네오마르크스주의자 눈에 환경 운동의 주인공들은, 부드럽게 말하자면, 낯설기만 했다.[25]

정치의 선도적 역할

1970년대 중반 이후 서독의 환경 운동은, 원자력을 둘러싼 갈등으로 찬반 진영이 첨예하게 대립하면서 대중의 무장 투쟁, 특히 많은 68세대 운동가의 무장 투쟁에 휘말린 것처럼 보인다. 그러나 단순한 데이터를 확인하면 서독의 환경 운동을 선도한 쪽은 정치임이 분명하게 드러난다. 1969년의 선거전만 하더라도 〈환경〉이라는 주제는 별 의미를 갖지 못했다. 1969년 11월 7일 서독의 새로운 내무부 장관 겐셔는 대담에서 〈환경 보호〉가 미국의 본보기에 따라 급조되었다고 털어놓았다.[26] 그러니까 이미 오래전부터 있었던 행정 부서들을 얼기설기 묶어 낸 것이 환경 보호의 실체였다. 나중에 반대 진영은 특종에 굶주린 언론이 환경 히스테리를 불러일으켰다는 말을 자주 했다. 그러나 사실은 정반대를 이야기해 준다.

심지어 흔히 언론에서 선구적 역할을 감당했다고 회자되는 『슈피겔』은 환경 문제를 1970년 10월 5일 자에서 처음으로 다루었다. 이 주간지는 환경이라는 주제가 당시 독일에서 완전히 새로운 것이라고 썼다. 우리에게 요구되는 것은 〈사고방식의 철저한 변화이며, 독일에서는 미국과 일본, 스웨덴에서 보이는 의식의 맹아가 지극히 미미할 정도로도 나타나지 않는다〉고 해당 기사는 썼다.[27] 오늘날 새로운 〈환경 의식〉의 개별적 요소가 최소한 100년은 거슬러 올라가는 전통을 가졌다는 사실을 보여 주는 환경 역사의 연구 자료는 차고 넘쳐 난다. 그럼에도 『슈피

---

* Aurelio Peccei: 1908~1984. 이탈리아의 사업가이자 〈로마 클럽〉의 공동 창설자. 〈성장의 한계The Limits to Growth〉는 로마 클럽이 세계 경제를 위해 연 심포지엄의 이름이다. 피아트와 올리베티는 이탈리아의 기업이다.

겔』기사가 새롭다고 강조한 이유는 무엇일까? 그만큼 일반 대중이 이 문제를 신선하게 받아들였음을 강조하기 위해서다. 이 시사 주간지의 기자들과 주요 독자층은 당시만 하더라도 비판적이고 개혁적인 성향의 지성인이었다. 기사는 일반 대중에게 경각심을 불러일으키고자 새롭다는 표현을 의도적으로 썼다. 이런 맥락은 당시 대중이 환경 문제를 어느 정도 심각하게 받아들였는지 보여 준다는 점에서 매우 흥미롭게 지켜볼 대목이다.

당시 독일 내무부 공무원들이 자신감에 넘쳐 〈우리가 환경 운동을 만들었다〉고 자랑하는 말은 일련의 자료로 사실인 것으로 확인된다.[28] 그렇지만 더욱 정밀하게 살펴보면 사정은 전혀 다르다. 내무부 내부에서 주도적으로 해당 업무를 처리한 사람은 페터 멘케글뤼커르트*다. 전적으로 반관료적 분위기를 자랑한 이 관료, 관리라기보다는 정책 자문관에 더 가까운 멘케글뤼커르트는 자신의 동료들을 〈책상머리 파시스트〉라고 욕하기를 서슴지 않으면서 경계를 넘나들어야 하는 환경 정책으로 틀에 박힌 행정 업무를 뒤흔들어 놓았다. 물론 이런 시도는 별다른 성공을 거두지 못해, 적대자들은 그에게 〈멘케클뤼클로스〉라는 별명으로 부르며 놀리곤 했다.** 그가 나타나는 곳마다 사람들은 관리인지 아니면 자발적인 시민으로 발언하는 것인지 알 수 없어 혼란스러워했다. 그는 성장 만능주의를 맹목적 광신이라 비판하면서도 1960년대의 계획 열풍, 이를테면 경제 개발 계획처럼 계획만 세우면 이뤄진다는 낙관적 태도에 그 자신이 물들어 있음을 보여 줬다. 이 점에서도 새로운 유형의 환경 보호주의자의 전형적인 모습을 그는 나타냈다.[29] 게다가 당시의 유행 학문인 미래학에 사로잡혔으며, 당시의 전형적인 야심으로 정치에 과학과 〈체계〉를 도입하려는 열정을 보이기도 했다. 그가 왜 〈환경 정책〉에 그토록 열광했는지 잘 보여 주는 배경이다.[30] 그는 이런 새

---

* Peter Menke-Glückert: 1929~2016. 독일의 행정 관료.
** Menke-Glückert라는 이름에 들어가는 Glück(행운, 행복)에 빗대 붙인 별명. 재수 없다glücklos는 뜻이다.

로운 유행을 미국에서 가져왔으며, 서독의 내무부 관리들보다는 국제 관계에 더 많은 관심을 가져 OECD의 〈과학 자원 분과Science Resource Division〉의 책임자가 되었다. 이 분과는 〈유럽 경제 공동체EWS〉와 달리 환경 문제의 선구자들이 주를 이루었다. 그는 이런 직책으로 1968년 파리에서 열린 유네스코 생물권 회의에 참가했다. 그는 미국에서는 〈강철같은 물류 지배의 의미〉를, OECD로부터는 〈드높은 자유 의식〉을 가져 왔노라는 말을 했다.[31]

이런 식으로 멘케글뤽커르트는 빌리 브란트 시대 초기의 새로운 양식을 아주 탁월하게 대변했다. 브란트는 자신의 연설에서 새롭게 주목받는 단어 〈삶의 질〉을 즐겨 썼다. 이 말을 쓰지 않았다면, 사람들은 브란트가 환경 운동이라는 새로운 흐름에 최소한 겉으로는 아무 반응을 보이지 않는다는 인상을 받았으리라.[32] 브란트는 그때까지 지배적이었던 근대성에 사로잡혔을 뿐이다. 그래서 브란트는 자연의 새로운 강조보다는 68세대의 혁명적 낭만주의를 훨씬 더 잘 이해했다. 서베를린 시장 브란트는 외부 세계와는 단절된 도시의 전력 공급을 위해 반제Wannsee의 파우엔섬Pfaueninsel에 원자력 발전소를 세웠으면 하는 마음이 굴뚝같았다.* 공개적으로 단 한 번도 논의되지 않은 이 프로젝트는 서독 정부의 거부로 좌절되었다. 만약 원자력 발전소에 사고가 일어난다면, 서베를린 시민이 동독으로 대피해야만 한다는 것이 결정적 반론으로 작용했기 때문이다. 장벽이 세워진 지 불과 몇 년 지나지 않은 시점의 일이다! 1970년대 초만 하더라도 브란트는 대도시에 인접한 원자력 발전소를 세우자는 〈바스프〉** 프로젝트를 내부적으로 지원했다. 그러나 이 프로젝트는 심지어 핵 〈공동체〉 회원들조차 위험하다고 여겨 반대했다. 바스프가 만약에 빚어질 〈대형 사고〉를 막을 목적으로 엄청난

---

* Wannsee는 베를린의 서쪽 지역을 휘감는 엄청난 크기의 호수 이름이다.

** BASF: 〈Badische Anilin & Soda Fabrik〉의 약어. 독일에 본부를 둔 글로벌 화학 기업이다. 1865년에 창설되어 플라스틱, 농화학, 정밀화학, 석유화학, 발전 설비 등의 사업을 벌였다.

재원이 들어가는 방호벽을 쌓겠다고 했음에도 결국 서독 정부의 반대로 프로젝트는 무산되었다.[33] 어쨌든 브란트의 새로운 동방 정책은 환경 정책이 번성할 온화한 분위기를 조성하는 데 기여하면서, 워싱턴과 비슷한 〈질풍노도의 시절〉[34]을 경험하게 했다. 그렇지만 결정적 추동력은 아래에서 왔다. 1970년을 전후한 시기 이래 시민 단체는 어디서나 우후죽순처럼 생겨났으며, 결국 1972년에 이르러 〈시민 주도 환경 보호 전국 연합Bundesverband der Bürgerinitiativen Umweltschutz, BBU〉이라는 이름의 상부 단체가 결성되었다. 이런 운동에서 많은 경우 니클라스 루만이 기획한 〈생태 소통〉이라는 시나리오는 전혀 들어맞지 않았다. 오히려 단체들은 그 호소를 공허한 곳, 루만이 비웃었듯 주소도 전화번호도 가지지 않은 〈사회〉로 쏟아내지 않았으며, 해당 관청을 향했을 뿐이다. 비록 이런 새로운 환경 정책이 직접적으로 무슨 구체적 효과를 일으키지는 않았다 할지라도, 새로운 환경 운동은 그 수신자를 얻었지, 공허하게 흩어져 버리게 하지 않은 공훈을 이루어 냈다. 그리고 시민 운동이 없었다면 환경 정책은 그저 한때의 유행에 지나지 않았으며, 브란트의 후계 헬무트 슈미트 정부에 이르러 잊히고 말았으리라. 본의 환경 정치가들은 미국의 동료와 마찬가지로 시민 운동이 없다면 실패할 처지임을 충분히 의식했다.[35]

정치보다 〈운동〉이 우선시된 쪽은 독일보다는 환경 정책의 뿌리라 할 수 있는 미국이다. 물론 미국에서는 아래로부터 저항보다는 공직과 쉽사리 접촉할 수 있는 사회 엘리트의 단체가 더 중시되기는 했다. 그렇지만 1960년대 후반에 이르러 오랜 전통을 자랑하며, 이미 오래전에 타협의 관행에 젖은 〈시에라 클럽〉과 〈오듀본 협회〉와 〈야생 협회〉를 상대로 새롭게 도전하는 세력이 그 힘을 과시했다. 이런 사정은 시대의 분위기와 맞아떨어졌기 때문이다. 아프리카계 미국인의 시민 인권 운동, 베트남 전쟁 반대 운동이 그런 분위기를 빚어냈다. 더욱이 바로 인근에서 일어나는 공해와 하천 오염을 막고자 하는 지역의 해묵은 규제 방법이 더는 통하지 않는 상황이 아래로부터의 저항에 힘을 실어 주었다.[36]

자동차 배기가스, 낙진, 비행기가 살포하는 DDT, 갈수록 점증하는 새로운 종류의 산업 공해가 눈에 보이지 않고 코로 냄새 맡을 수 없으며 광범위한 지역에 걸쳐 있어 기존의 합의 절차로는 전혀 해결될 수 없다는 점도 이런 분위기를 한몫 거들었다.

다양한 방향으로 이끈 지도자: 데이비드 브라워와 배리 코머너

1952년부터 시에라 클럽의 상임 이사를 맡았던 데이비드 브라워는 카리스마가 넘치는 매우 활력적인 사람이었다. 어떤 역사학자는 그를 〈비스마르크〉로, 다른 역사학자는 야생 애호가들의 〈대제사장〉이라고 불렀다.[37] 그랬던 그가 선전과 활동에서 지나치게 타협적이며 너무 용기가 부족하다는 이유로 시에라 클럽과 결별하고, 〈지구의 벗FoE〉이라는 국제 조직을 설립한 것은 시대의 흐름을 고스란히 반영한 결과다.[38] 그를 숭배하는 사람들의 눈에 브라워는 〈글로벌하게 생각하고 로컬하게 행동하라!〉라는 전 세계적으로 큰 호응을 얻은 구호를 만든 사람이자, 〈현대 미국 환경 행동주의의 창시자〉다. 물론 브라워는 이런 명예로운 호칭을 누릴 유일한 후보가 아니었다. 그는 정말로 대단한 열정을 자랑하는 야생 애호가였다.[39] 야생을 위해서라면 수력 발전소를 만들 댐을 건설하자고 주장하는 〈산림청Forest Service〉과 〈개발 사무국Bureau of Reclamation〉과 일전도 불사할 각오였다. 그는 더 나아가 1960년대 말에 핵에너지를 반대하는 싸움에 적극적으로 참여했다. 그리고 이 싸움에서도 시에라 클럽이 돕지 않는다고 불평했다.[40] 클럽은 서부의 협곡에 수력 발전소를 세우는 것을 막을 유일한 대안이 핵에너지라고 찬성했다. 스위스와 바이에른 남부 지방의 자연 보호 운동가 구세대의 대다수는 마찬가지로 핵에 찬성하는 입장을 보였다. 반대로 〈지구의 벗〉은 최초로 범국가적인 핵 반대 정보망을 구축했다. 1973년 처음으로 반핵 논증 자료들을 독일어로 소개한 홀거 슈트롬*은 당시 〈지구의 벗〉 독일 지부의 책임자였다.[41]

많은 미국인,『타임』의 편집진 역시 1970년을 전후해 새로운 투쟁적 환경 운동을 이끈 지도자로 배리 코머너(1917~2012)를 꼽았다. 본래 미생물학자였으나 장기적으로 이 학문에 만족하지 못한 그는 1960년대 말에 어떤 과학자보다도 더 철저하게 〈비판적 과학자〉라는 새로운 유형을 대변했다.[42] 코머너는 이미 1950년대 말에 원폭 실험과 베트남 전쟁에 반대하는 투쟁을 벌이며, 브라워와 달리 새로운 좌파의 대변인이 되었다. 그는 야생이라는 옛 낭만과는 거리가 멀었으며, 애초부터 새로운 유형의 환경 보호, 특히 핵 무장을 반대하는 운동에서 민간 핵기술의 비판으로 직접 넘어간 세력을 대표했다.[43] 〈모든 것은 모든 것과 맞물린다〉는 것이 그가 말하는 〈생태의 제1법칙〉이다. 이에 따라 그는 단 하나의 위험에만 집중하는 것을 피했으며, 오랫동안 산업의 수은 배출을 추적하고 세제에 포함된 인산염으로 하천이 오염된다고 여론에 경고했다. 새로운 환경 보호 운동을 동료들보다 의심하는 눈길로 보았던 과학사학자 도널드 플레밍에 따르면, 코머너가 1968년 요란하게 문제 삼은 인산염으로 말미암은 〈이리호의 《타살》이라는 주장〉이야말로 그때까지(1972년까지) 〈새로운 보존 운동이 보여 준 가장 유명한 공포 이야기〉다.[44]

다만 묘한 것은 브라워와 코머너 두 사람 모두 1970년을 전후해 원자력에 반대하는 투쟁을 벌였음에도, 서로 다소 무시한 것처럼 보인다는 점이다. 브라워가 쓴 550면 두께의 회고록에 코머너는 단 한 번도 언급되지 않는다. 마이클 이건**이 쓴 코머너의 전기에서 브라워는 꼭 한 번 폴 에얼릭***에게『인구 폭탄』을 쓸 계기를 제공해 준 사람으로 등장할 뿐이다. 영국에서는 맥스 니컬슨과 당시 생태 보호 활동가 사이에서 경제와 철학적 사고를 주도한 가장 중요한 인물로『작은 것이 아름답다 *Small is Beautiful*』(1973)라는 큰 인기를 누린 기념비적인 책을 쓴 에른스

---

* Holger Strohm: 1942년생의 독일 반핵 문제 전문가.

** Michael Egan: 1941년생의 미국 영문학자이자 정치학자.

*** Paul Ehrlich: 1932년생의 미국 생물학자. 스탠퍼드 대학교 생물학과 석좌 교수다.

트 F. 슈마허*가 서로를 무시했다.

이런 사실은 지금까지 거의 주목받지 못한 결정적인 점을 암시해 준다. 미국의 다양한 환경 운동은 자체적으로 하나의 거대한 운동으로 통합되지 못했다. 오히려 이들 사이에는 공개적이든 은밀하든 경쟁이 치열했다. 특히 〈모금 활동〉, 기부자 구하기와 대중 홍보의 경쟁에서 한 치의 양보도 없었다. 환경 단체가 네트워크를 이루려면 언제나 정치에서 동인이 주어져야만 했다. 특혜라는 긍정적 자극이나 도전 과제 같은 것이 정치계에서 제시될 때, 단체들은 서로 손잡을 생각을 했다. 이처럼 정치는 환경 단체에 공동의 경연장을 마련해 주거나, 원심분리적 힘이 강한 녹색 운동이 중심을 갖게 할 공동의 적을 제시해 주어야만 했다.

지구의 날

1970년 4월 22일을 기점으로 매년 미국의 많은 도시에서 기념하는 〈지구의 날〉은 대중이 보기에 새로운 생태 시대를 여는 장엄한 전주곡이었다. 이 행사를 전국적으로 조직한 데니스 헤이즈**의 표현을 빌리자면 〈인류 역사상 최대의 조직된 시위〉[45]다. 〈지구의 날〉을 제창한 사람은 위스콘신주의 민주당 상원 의원 게이로드 넬슨***이다. 〈환경 운동〉 역사에서 매우 큰 아이러니 가운데 하나는 환경 정책이 하필이면, 개혁적인 지성인이 보기에 정치 악동인 닉슨에게서 추동력을 얻었다는 사실이다. 닉슨 치하에서 환경 보호청EPA이 창설되었으며, 환경 보호의 근간이 되는 법이 속속 제정되었다. 닉슨 자신은 절대 이런 생각을 하지 않았고 자신의 정부가 이뤄 낸 이런 성과에 자부심을 갖지도 않았으

---

* Ernst F. Schumacher: 1911~1977. 독일 태생으로 영국에서 활동한 경제학자.

** Denis Hayes: 1944년생의 미국 환경 운동가. 〈지구의 날〉 행사를 주관해 명성을 얻었다.

*** Gaylord Nelson: 1916~2005. 미국의 정치가. 환경 보호 운동의 새 물결을 열었다고 자임한 인물이다.

며, 심지어 냉소적인 비아냥거림도 서슴지 않았다. 그러나 닉슨은 갈수록 심각해지는 베트남 전쟁의 패착으로 인한 빗발치는 비난을 벗어나기 위해 대중적이며 진보적으로 비치는 대안을 시급하게 마련해야 했다. 때마침 호황을 맞은 환경 보호야말로 적절한 대안이었다.[46] 당시 나온 『침묵의 봄』 문고본은 심지어 닉슨의 말을 표지에 썼다.[47] 그러나 이미 1972년 닉슨은 공화당에 우호적인 비즈니스 세계가 이 실험을 못마땅하게 생각하자 환경 운동에 등을 돌렸다.[48] 폭넓은 운동이 일어나지 않는다면, 환경 보호는 워싱턴이든 본이든 얼마 가지 못할 운명이었다.

나중에, 환경 운동의 새로운 특징은 사욕이라고는 없는 〈탈물질주의〉, 곧 물질 중심의 사고에서 벗어났다는 점이라는 주장이 흔히 등장했다.[49] 이 말이 맞다면, 당시 환경 보호 운동의 전망은 어두웠다고 할 수밖에 없다. 경제 위기로 생존의 물질적 기반을 확보하는 것이 가장 큰 걱정거리였기 때문이다. 그렇지만 역사는 정반대의 사실을 이야기해 준다. 자연을 향한 (겉보기로는) 헌신적인 사랑, 야생을 아끼는 열정은 1970년을 전후로 전혀 새롭게 등장한 것이 아니었다. 이런 사랑과 열정은 이미 오래전에 구축된 자연 보호 제도를 이끈 주된 동기였다. 그런데 이제 이 자연 보호는 새로운 환경 투사들에게 무시당했다고 여겼다. 스톡홀름 회의의 결정은 1968년 파리에서 열린 유네스코 생물권 회의를 참조했으며, 이렇게 등장한 새로운 중요한 단어 〈생물권〉은 옛 이상인 야생을 뜻하지 않고, 생명이 보장되는 인간 친화적인 자연을 의미했다. 아프리카와 아시아 일부 지역이 기근에 위협받는 바람에 유엔 회원국은 다른 주제는 토론할 수 없다고 여겼다. 자연을 위한 자연이 아니라, 인류의 행복이나 심지어 생존이 문제로 떠오름으로써 비로소 환경 보호는 정치적 주제로, 심지어 국제 무대의 정치적 주제로 떠올랐다. 〈삶의 질〉이야말로 새롭게 문을 연 생태 시대의 특징적 이상이었다. 예전에 〈도시 위생〉이나 〈대중 위생〉 또는 〈공공 보건〉으로 논의되던 많은 것이 새로운 환경주의로 집약되어 이 환경 보호에 정치적 추동력을 주었다.[50] 1971년 미국의 방송에서 담배 광고가 금지된 것도 이 시대의 특징 가운데 하나다.[51] 예전의 금연 운동은 담배 연기를 직접 공격할 생각은 전혀 하지 못했다. 1970년을 전후한 시절은 나중과 마찬가지로 건강을 위협하는 독성 공해를 가장 효과적으로 환경 의식을 제고하는 소재로 여겼다.

그렇지만 환경 단체는 동시에 옛 위생 운동의 유산인 도시 재개발이라는 형태를 반대하는 움직임도 보였다. 환경 운동이라는 순전한 생태적 관점에서 본다면 재개발은 오히려 생태계의 파괴였기 때문이다. 이미 자리 잡은 도시 구조를 파괴하는 것을 반대하는 저항 운동은 많은 곳에서 환경 운동의 핵심이었음을 역사의 현실은 보여 준다. 레이철 카슨의 『침묵의 봄』에 상응하는 책을 독일에서는 찾아볼 수 없다. 비견할 만한 의미를 가진 책으로 알렉산더 미철리히*의 『우리 도시의 비경제성Die Unwirtlichkeit unserer Städte』(1965)이라는 논쟁적인 책이 있을 뿐이다. 갈수록 늘어만 가는 자동차로 많은 도시가 공포에 사로잡혔다며 1960년대 언론이 앞다투어 환경 문제를 다룬 것은 독일에서만 나타난 현상이 아니다. 물론 당시 사람들은 자동차 전용 도로의 건설을 대안으로 보았다. 고속 도로 한복판에 집을 세우고 「주거 공간의 폭리」라는 제목을 단 『슈피겔』 1969년 제21호 표지 기사는 고속 도로 건설에 유리하도록 토지 수용 권한을 엄격하게 확장해야 한다고 암시했다. 그러나 1971년 제27호의 표지 기사는 다르다. 사진에는 관이 고속 도로를 막고 있다. 곧 질주를 끝내자는 새로운 메시지가 기사의 주제였다.

태초에 재난 경험과 두려움이 있었다?

새로운 환경 의식의 시초는 두려움, 트라우마를 불러일으킨 경험, 또는 비판자의 말을 빌리자면 히스테리였다는 주장이 심심찮게 사람들의

---

* Alexander Mitscherlich: 1908~1982. 독일의 의사이자 작가. 환경 문제를 다룬 책을 다수 썼다.

입을 오르내렸다. 오늘날에야 환경 손상의 정보가 충분해서 사람들에게 익숙하지만, 당시에 이런 주제는 많은 사람에게 새로운 것이었다. 그래서 충격적 소식에 벌벌 떨며 공포에 사로잡힐 이유가 충분했다. 그러나 연대기를 살폈을 때 드러나는 분명한 점은 이 새로운 〈환경 붐〉에 앞서 어떤 환경 재해도 일어나지 않았다는 사실이다. 기록을 보면 새로운 환경 의식에 결정적으로 작용한 재난은 없었다. 상원 의원 게이로드 넬슨은 〈지구의 날〉을 발상한 계기는 로스앤젤레스의 산타바바라 해변에서 일어난 석유 유출 사건이었다고 밝혔다.[52] 그러나 〈유니온 오일 컴퍼니Union Oil Company〉의 시추선이 일으킨 이 사건[53]은 이내 잊혔으며, 생태 운동가들의 의식에 남지 않았다. 영국 여론은 유조선 〈토리 캐니언Torrey Canyon〉의 난파로 일어난 석유 오염에 한동안 분노를 삭이지 못했다. 맥스 니컬슨의 『환경 혁명』 역시 특히 이 환경 재해에 관심을 가졌다.[54] 그러나 이 사건 역시 영국 외부에서는 기념비적인 것으로 기억에 남지 않았다. 비록 정체불명의 해운업체가 수상한 깃발을 단 유조선으로 세계 해양 곳곳에서 늘 새로운 재난을 일으켜 아주 이상적인 공격 목표를 제공했음에도 대중의 관심은 시들하기만 했다.

스웨덴이 제1회 국제 환경 회의를 개최하기로 결심한 결정적 동기는 영국의 공해 탓에 생겨난 산성비로 스웨덴 숲이 심각한 손상을 입었기 때문이다.[55] 그러나 이로써 제기된 경고의 목소리를 당시 국제 여론은 심각하게 받아들이지 않았다.[56] 그로부터 10년이 지나서야 독일은 〈산림의 고사Waldsterben〉라는 문제로 골치를 앓았다. 스톡홀름 회의에서 스웨덴은 〈산성비〉라는 주제에 특별한 무게를 실어 주는 데 실패했다. 과학의 진단이 너무 세세하고 전문적이어서 대중에게 별 인상을 주지 못했기 때문이다.[57] 하필이면 연기를 내뿜는 공장 굴뚝이 고도로 산업화한 국가 도시에서 갈수록 사라진 탓에 사람들은 문제의 심각성을 깨닫지 못했다. 10~20년 전보다 경각심이 떨어진 시점에서 일어난 생태적 각성은 그만큼 극적 효과가 떨어졌다. 그것 참 역설적인 일이 아닐 수 없다. 독일과 다른 나라에서 격렬한 저항을 불러일으킨 위험의 잠재력을 인간은 감각만으로는 알아볼 수 없었다. 눈에 보이지도 귀로 들을 수도 코로 냄새 맡을 수도 없는 방사선이 특히 그랬다. 요컨대 제레미 리프킨이 환경 운동의 호황을 두려움보다는 위대한 계몽 덕이라고 본 관점이 옳았음을 보여 주는 방증은 많기만 하다. 이런 확인은 환경 의식도 정치 권력과 맞물릴 때야 〈계몽의 변증법〉을 작동시키지 않을까 하는 짐작을 굳히게 한다.[58]

요스트 헤르만트는 〈로마 클럽〉의 연구 〈성장의 한계〉 가운데 하나인 〈1972년 최후의 심판일 충격〉이 바로 새로운 환경 의식의 빅뱅을 담았다고 보고 싶어 했다.[59] 그러나 이런 주장은 사건의 연대기로 반박된다. 환경 의식이 일깨워진 것은 분명히 그보다 앞선 시점의 일이다. 다만 새로운 흐름의 감격으로 이 연구가 세계적인 베스트셀러가 되었을 뿐이다. 20년 전에 〈성장의 한계〉는 대다수 세계 주민에게 대수롭지 않은 이야기였다. 페터 멘케글뤼커르트는 물론이고 마찬가지로 1969년부터 본에서 환경 문제를 담당한 차관 권터 하르트코프[60]*는 비관주의보다는 낙관주의에 더 무게를 두어 〈성장의 한계〉의 기초가 부실하며, 부분적으로는 반생산적이어서 사회를 마비시킨다고 보았다. 그는 〈로마 클럽〉을 〈정치가를 꿈꾸는 야심가의 엘리트 클럽〉이며, 인류에게 비관적 세계관을 〈강제한다〉고 비웃었다.[61] 배리 코머너는 〈성장의 한계〉를 두고 〈일보 후퇴〉라고 일갈했다. 이런 코머너를 보고 폴 에얼릭는 생태를 바라보는 능력이 부족하다고 진단했다.[62] 〈로마 클럽〉의 연구는 나오자마자 서구 세계 전체 엘리트 지식인 사이에 격렬한 찬반 논쟁을 불러일으켰다.[63] 연구는 그만큼 지적 수준이 뛰어났지만, 너무 어려워 대중에게 충격을 주지 못했다. 어렵다는 점을 도외시하더라도 새로운 환경 의식이 성장의 한계를 바라보는 근심, 곧 제동이 걸리지 않은 성장이 환경에 원치 않은 부작용을 일으킴으로써 삶의 질을 떨어뜨리지 않을까 하는 근심은 일반 대중의 생각과 너무 거리가 멀었다. 당시 예언된 성장

* Günter Hartkopf: 1923~1989. 독일의 법률가로 환경부 차관을 지낸 인물이다.

한계를 믿었다면, 오히려 대중은 환경에 덜 신경 썼을 것이 틀림없다.

기묘하게도 『슈피겔』이 1970년 10월 5일에 발간한 제41호의 환경 문제 표지 사진은 네 등분으로 나뉘었다. 이 시사 주간지의 로고가 선명한 것에 비하면 얼핏 혼란스러워 보이는 구도다. 네 장의 사진은 붉게 피어오르는 연기, 산처럼 쌓인 쓰레기, 나뭇조각과 인형이 지저분하게 흩어진 말라붙은 하천 그리고 자동차 배기가스를 담았다. 참으로 우유부단했다. 편집진은 어떤 문제가 가장 시급한지 합의할 수 없었던 모양이다. 표지 기사 「인간이 지구를 파괴한다」는 직접적으로 화학 폐수 문제를 언급한다. 그러나 이내 기사는 네 종류의 환경 파괴를 뒤죽박죽 섞는 난맥상을 연출한다. 자연스레 고개를 드는 의문은 편집진이 이런 참상을 어째서 이제야 주목했을까 하는 것이다. 어떤 특정한 재난이 두려움의 연쇄 반응을 일으킨 것은 아니다. 동시다발적으로 터져 나온 환경 문제가 가장 큰 주목을 받았던 곳은 일본이다. 문명국가가 그 주민의 생활 조건을 무시하고[64] 유례를 찾아볼 수 없을 정도의 잔혹함으로 산업 정책을 밀어붙인 끝에 생태 시대 초기에 네 개의 대형 환경 스캔들이 터져 나온 곳이 일본이다.[65] 그러나 일본에서도 자극과 반응이라는 도식을 설명하기에만 급급했을 뿐이다. 미나마타만의 수은 중독은 이미 1956년부터 지역 사회에 잘 알려져 있었다. 생태 시대에 접어들어서야 비로소 그때까지 침묵으로만 일관되던 환경 재해 문제는 정치가 시급히 행동에 나설 수밖에 없는 공개적 스캔들이 되었다.[66]

원자력 기술의 위험성은 미국에서 이미 1970년을 전후로 〈생태 혁명〉이 다룬 주제였다. 당시 독일, 장차 원자력 반대 세력의 아성이 될 독일에서 원자력의 위험은 보통 지역 언론조차 숨기던 문제였으며, 대다수 지성인의 눈에 세상과는 동떨어진 것이었다.[67] 미국에서 핵 문제의 비판에 앞장선 사람은 바로 원자력 체제에서 빠져나온 전문가들이었다. 당시 독일에 이런 유형의 전문가는 찾아보기 어려웠다. 심지어 1960년대 후반부터는 〈원자로 안전 자문 위원회Advisory Committee on Reactor Safeguards, ACRS〉 내부에서 갈수록 더 많은 정보가 밖으로 흘러나

왔다. 기존의 안전 대책으로는 막을 수 없으며, 지역 전체의 주민 대피가 요구되는 원자로 사고가 얼마든지 일어날 수 있다는 것이 그런 정보의 주된 내용이었다.[68] 이런 사정 때문에 원자력 발전소를 오로지 인구 밀도가 희박한 지역에만 짓게 하는 비공식적인 규칙이 생겨났다.[69] 반면 독일에서 원자력 발전소 건설은 프랑크푸르트 암 마인[70]과 만하임-루트비히스하펜[71] 같은 대도시 지역에 계획되었다.

미국 원자력 연구를 주도한 인물 가운데 한 명이면서 오크리지의 핵 연구 센터를 오랫동안 이끌었던 앨빈 와인버그*는 심지어 1971년 크리스마스에 필라델피아에서 〈미국 과학 진흥 협회American Association for the Advancement of Science〉의 초청을 받아 행한 강연에서 이후 사람들이 즐겨 인용한 말을 했다. 〈우리 핵 연구자들은 사회와 파우스트식 거래를 했다.〉[72] 파우스트를 아는 사람에게 이 말은 참으로 아리송한 표현이다. 여기서 누가 파우스트이며, 악마는 누구인가? 사람들은 대개 파우스트를 원자력 연구자라고 여기리라. 그러나 실제로 원자력 연구자는 악마가 아닌가? 어쨌거나 핵 문제를 비판하는 진영은 가정된 위험을 이야기할 뿐, 실제로 일어난 사고를 다루지는 않았다. 1957년 10월 8일 영국의 윈즈케일Windscale에서 일어난 원자로 사고의 후유증은 당시 대중에게 거의 알려지지 않았다. 1966년 10월 5일 디트로이트에서 30마일 떨어진 곳의 실험용 원자로 〈엔리코 페르미〉에서 일어난 사고의 불안한 측면도 마찬가지였다. 그러나 이 사건은 대형 사고가 빚어질 경우 이에 확실히 대처할 수 있을까 하는 의구심을 키우기에 충분했다. 1975년에 『우리는 디트로이트를 거의 잃을 뻔했다We Almost Lost Detroit』(실험에 참여했던 엔지니어가 한 말)라는 제목의 폭로 책이 나오고 나서야 대중은 충격에 빠졌다. 나중에 독일에서 원자력을 둘러싼 갈등으로 생겨난 내전과 같은 상황에 비하면, 미국의 〈핵 논쟁〉은 여론의 담론 수준이었다.

요컨대 생태 시대의 개막은 이래서는 안 된다는 감정보다는 차분한

* Alvin Weinberg: 1915~2006. 미국 원자력 물리학자이자 연구 조직가.

지성의 영향을 더 많이 받았다.[73] 이런 지적 성격은 무엇보다도 과학자들의 선도적 역할이 입증한다. 아니면 이런 운동을 이끈 것은 암묵적으로 사회의 밑바닥에 깔린 두려움이었을까? 〈지구의 날〉 행사 전날, 이 행사를 준비하면서 배리 코머너는 하버드의 대학생들에게 이런 말을 했다. 〈너희는 인류 역사상 뼈에 스트론튬90을, 지방에는 DDT를 축적한 첫 세대다. 너희 몸은 예전의 환경 파괴가 인간에게 미친 영향을 고스란히 담았다.〉[74] 워싱턴에서 열린 DDT 청문회에서는 식인종 추장이 미국인은 너무 많은 DDT를 갖고 있어서 잡아먹지 말라고 부족민에게 지시했다는 주장이 제기되었다.[75] 해충 감염이라는 해묵은 두려움이 사라지고 획기적으로 새롭게 나타난 암에 걸릴까 하는 두려움이 새로운 환경 의식을 이끈 암묵적인 힘이며, 다양한 근심, 특히 방사선 공포를 포함한 다양한 근심의 공통분모였다는 방증은 많다.[76] 암은 환경 위험을 상징하는 비유가 되었다. 〈성장을 위한 성장은 암세포의 이데올로기다〉는 말이 미국 생태 운동의 구호였다. 〈지구를 향한 우리의 근심을 일깨우는 모든 환경 데마고그의 15번째 조력자가 암의 공포인가?〉 이렇게 묻는 제임스 러브록의 목소리에는 원자력을 포기할 수 없는 것으로 여기는 그의 아이러니가 고스란히 묻어났다.[77] 암을 바라보는 공포가 워낙 커서 누구도 될 수 있으면 이 이야기는 하지 않으려고 했다. 레이철 카슨도 자신의 암 고통을 여론에 숨겼다. 오로지 행간을 해석해야만 이 공포가 드러나곤 했다. 바로 이런 사정이 정확한 증명을 어렵게 만든다. 예전의 흡연 논란에서 암이 직접 거론된 적은 없었다. 그렇지만 1950년대 이후부터 공해가 암의 위험을 높인다는 언급은 많아져만 갔다.[78] 공해 문제는 지역에서 국가 차원의 화두가 되었다. 1960년대에는 자동차 배기가스가 발암물질을 담았다는 의심이 굳어져만 갔다. 로스앤젤레스 감리 위원회Board of Supervisors 위원인 케네스 한*은 유해 가스

---

* Kenneth Hahn: 1920~1997. 미국의 인권 운동가로 로스앤젤레스 감리 위원회 위원을 40년 동안 역임했다.

가 없는 자동차와 연료의 생산을 방해하는 자동차 업계와 정유 업계의 음모가 의심된다는 고발장을 1970년 2월 16일 연방 검찰에 제출했다.[79] EPA는 암과 싸움에서 조직을 부각하려고 노력했지만, 별다른 성과는 없었다. 그러기에는 능력이 턱없이 부족했다.[80]

베트남의 에코사이드

혹 1970년을 전후해 〈생태 혁명〉을 촉발한 것은 인간이 자행한 환경 파괴가 아니었을까? 1965년 이후 미국 공군은 베트남에서 생화학전을 치렀다. 고엽제를 사용해 숲을 대규모로 황폐하게 한 이 최악의 작전은 공중에서 4000만 리터 이상을 살포한 저 악명 높은 〈에이전트 오렌지〉다.[81] 예일 대학교의 식물생물학 교수 아서 갤스턴은 당시 이런 전쟁 수행을 두고 집단 살해Genocide에서 유추한 개념인 에코사이드ecocide로 표현하면서, 이런 만행은 나치스의 학살과 마찬가지로 법정에 세워져야만 한다고 요구했다.[82] 고엽제로 치러진 베트남 전쟁에서 몇 년 전 출간된 『침묵의 봄』이 경고한 악몽은 현실이 되고 말았다. 베트남 정부가 나중에 조사한 바에 따르면, 100만 명 이상의 사람들이 세 세대에 걸쳐 그 후유증으로 고통을 받았다. 수천 명에 달하는 미국 군인도 피해를 봤다고 밝혀졌다. 1970년을 전후해 여론의 반향을 이끌어 낼 규모와 폭발력에서 베트남의 에코사이드와 멀리서나마 견줄 수 있는 자연의 생태 재해는 일어나지 않았다.

이런 사실 관계를 목도하며 놀라운 점은 당시의 생태 변혁을 해석하면서, 베트남의 역할을 얼마나 과소평가했는가 하는 것이다. 데이비드 브라워의 두툼한 회고록에서 베트남이라는 주제는 단 한 번도 언급되지 않는다. 반대로 브라워는 1964년 9월 3일 대통령 존슨이 〈야생 법 Wilderness Act〉에 서명한 것을 자신이 이룩한 최대 업적 가운데 하나로 꼽았다.[83] 환경 운동은 베트남 전쟁을 반대한 저항 운동에 곧바로 뒤이어 일어난 것이 아니다. 오히려 환경 운동은 분열된 사회에서 새로운 합의를 찾으려는 상황의 결과였다. 말하자면 전열을 이겨내고 통합할 새로운 커다란 과제를 추구하다 눈에 띈 것이 환경 운동이다. 에코사이드라는 주제는 철 지난 과거의 구호라며 무시되었다. 전쟁이라는 문제가 시대에서 가장 시급한 문제로 새롭게 인식되고, 의도치 않게 평화가 진전되면서 비켜서야만 했다. 아무튼 대통령 닉슨은 1970년 그때까지 베트남에서 치러 온 전쟁에 거리를 두기로 작심하고 1925년에 맺어진 제네바 협약, 곧 생화학 무기를 추방하기로 한 협약을 지지하겠다고 선언했다. 이 협약을 맺을 당시 미국은 가입하지 않았다. 〈에이전트 오렌지〉에 포함된 다이옥신은 그로부터 10년이 지난 뒤에야 〈러브캐널Love Canal〉의 독성 화학 폐기물 사건으로 환경 운동의 발단이 되었다. 그러나 이 스캔들은 베트남의 에코사이드에 비하면, 그야말로 새 발의 피였을 뿐이다. 이 스캔들이 터지고 나서야 비로소 랠프 네이더*는 경고했다. 〈3온스의 다이옥신은 100만 명 이상의 목숨을 앗아갈 수 있다!〉[84]

배리 코머너를 선두에 내세운 베트남 전쟁 반대 운동가들은 1970년 4월 22일 〈지구의 날〉 행사에 참가했으며, 이미 주최 측 행세를 했다.[85] 그러나 베트남의 에코사이드에 반대하는 구호는 행사의 분위기를 장악하지 못했다. 새로운 좌파의 많은 추종자는 이 행사에 여러 가지 뒤섞인 감정으로 참가했다.[86] 미국 언론은 〈지구의 날〉을 최고의 역사적 사건으로 추켜세웠다. 당시 관찰자의 육성을 들어 보자. 〈일본이 진주만을 공습한 이래 지역적으로든 국가적으로든 이처럼 언론의 지대한 관심을 받은 공개적 행사는 처음이다.〉[87] 생태를 반대하는 보수 극우파는 형성되지 않았다. 〈지구의 날〉은 투쟁의 장이 아니라, 국가적 자긍심을 뽐내는 무대였다. 행사를 관찰했던 기자들의 말에 따르면, 비록 시위대가 죽은 생선을 들고 뉴욕의 5번가를 행진하며 허드슨강의 오염을 비난하기는 했지만, 행사는 〈놀라울 정도로 가벼운 마음으로〉 진행되었다.[88] 행

---

* Ralph Nader: 1934년생의 미국 변호사이자 정치인이다. 소비자 보호 운동을 주도해 명성을 얻어 네 차례 대통령 선거에 출마했다.

사 다음 날 『뉴욕 타임스』는 이런 기사를 썼다. 〈보수가 찬성한다. 진보가 찬성한다. 민주주의자, 공화주의자 그리고 독립을 외치는 사람도 찬성한다. 인사이더와 아웃사이더, 행정부, 입법부 모두가 찬성했다.〉[89]

새로운 깨달음으로 얻은 위대한 통합, 기존의 복잡한 충돌을 한동안 덮어 준 통합[90]을 열광적으로 자축한 행사인 〈지구의 날〉은 여덟 달 전에 있었던 〈히피〉의 우드스톡 페스티벌을 연상케 한다. 중세 연구가 린 화이트*는 1966년 성탄절에 행한 「우리 생태 위기의 역사적 뿌리」라는 제목의 강연에서 히피의 전신인 비트족을 아시시의 프란체스코와 같은 반열에 올려놓으며 인류와 자연의 화해에 힘쓴 선구자라고 추켜세웠다. 이 강연은 환경 역사의 근본을 닦은 기록으로 간주된다.[91] 히피족은 역사학자의 찬사에 화답했다.[92] 700면에 이르는 히피 문화의 백과사전은 환경 운동과 관련된 표제어로 넘쳐난다. 정확히 〈환경 운동〉이라는 표제어에는 이런 주장이 붙었다. 환경 운동은 〈히피의《지구로 돌아가자back-to-the-earth》는 운동에서 발전했다〉.[93] 아무튼 환경 운동과 히피 사이에 서로 연관되었던 것만큼은 분명하다. 그러나 물론 이런 연관성은 거의 연구되지 않았으며, 경험적으로 파악하기 쉽지 않다.[94]

그러나 〈지구의 날〉과 관련한 많은 행사에서 히피는 찾아보기 힘들었다. 이런 행사에는 진지한 사람들이 주를 이루었다. 워싱턴에서 효과적인 로비를 펼친 새로운 환경 NGO 가운데 하나인 〈천연자원 보호 위원회National Resources Defense Council, NRDC〉는 미국의 최우수 법대 가운데 하나인 예일 법학대학원 학생들이 포드 재단의 지원을 받아 허드슨강에 계획된 수력 발전소를 반대하는 운동가들과 함께 세운 것이다.[95] 새로운 환경 시대의 초기를 살펴보면 도처에서 예일 법학대학원 졸업생을 만난다.[96] 〈지구의 날〉을 조직한 데니스 헤이즈가 그곳 출신이다. 1970년에 베스트셀러 『미국의 녹화』를 펴낸 찰스 A. 라이히는 예일 법학대학원에서 가르쳤다. 독일과 다른 나라들과는 달리 미국의 환

---

* Lynn White: 1907~1987. 미국의 역사학자. 프린스턴 대학교 교수를 역임했다.

경 운동은 처음부터 전문화의 길을 걸었다. 독일의 경험에서 보는 〈자발적인 운동가의 전문화〉라는 모범은 미국에는 해당하지 않는다. 미국은 차근차근 나아가는 역사의 진화를 보이지 않았으며, 아마추어와 전문가가 뒤섞인 양상을 보였다. 라이히는 우드스톡의 지평에서 다가오는 〈혁명〉의 서광을 보았다고 믿었다.[97] 이런 분위기는 굳어진 〈법인형 국가Corporate State〉에 저항하는 새로운 의식으로 무장한 청년 세대가 주도했다. 라이히는 『미국의 녹화』에서 청년 세대의 구호로 우디 거스리의 〈이 땅은 너의 땅이다This land is your land〉와 청춘의 혈기를 〈함께 모으자Get together〉를 내세웠다. 당시 젊은이들이 즐겨 읽던 잡지 『롤링스톤Rolling Stone』에 따르면 이 노래는 1960년대 말의 비공식적인 송가였다.[98] 1979년 독일의 고르레벤* 저항가들은 신년의 냉기 속에서 〈이 땅은 너의 땅이다〉를 부르고 춤을 추며 추위를 이겨냈다.[99]

미국에서는 환경 문제를 중심으로 처음부터 자신감에 넘치게 충분한 정보로 무장하고 지역적 지지 기반이 탄탄한 새로운 엘리트가 결집했다. 물론 이들이 학계 지도층에서 차지하는 위치는 불확실했다.[100] 이들이 표방하는 〈생태〉는 그때까지 비정치적이었으며 지역에 국한한 특별 분과 학문인 생태학과 무조건 동일하지는 않았다.[101] 당시 지구라는 생태계가 위협받는다는 경고의 목소리는 컸지만, 정확한 과학적 토대가 부족했기 때문이다.[102] 그렇지만 예전의 대규모 운동과 비교해 분명한 점은 과학이나 세계여행을 통해 얻은 정보가 이처럼 운동의 핵심을 이루었던 사례는 처음이라는 사실이다. 새뮤얼 P. 헤이스는 환경 보호의 초기 역사를 회상하며 1970년을 전후해 시작된 새로운 환경 정책을 〈과학의 정치〉라 표현했다.[103] MIT의 대형 컴퓨터에 의존한 계산을 주된 근거로 내세운 〈성장의 한계〉라는 요란한 경고의 목소리도, 컴퓨터 자체는 아니라 할지라도, 컴퓨터에 대한 믿음 덕분에 역사를 썼다. 지속적 성장이라는 것이 아주 간단한 수학 논리만으로도 말이 되지 않는 주

* Gorleben: 독일 니더작센 북동부 지역의 지명. 이곳에 핵폐기물 저장소가 있다.

장임이 분명히 드러남에도 말이다.[104] 이미 19세기에 자연과 관련한 단체가 생겨난 이래, 자연 보호와 과학 대중화 사이에는 밀접한 연관이 성립했다.[105] 과학이 문외한이 보기에 이해하기 어렵고 전문적일수록, 그 대중화는 미디어 업계가 선호하는 소재가 되었다. 특히 지도적 위치의 과학자가 대중화에 힘쓰기도 했다. 바로 이런 차원에서 환경 운동은 과학 사회학의 무대가 되었다.

요컨대 우드스톡과 달리 〈지구의 날〉은 대중문화의 과시적 행사가 아니라, 대중문화와 고급문화의 통합이자, 베트남 전쟁을 둘러싼 치열한 찬반 논란의 양 진영을 하나로 묶어 낸 통합이었다. 그러나 이 통합의 축제는 역사의 끝이 아니다. 우드스톡과는 반대로 〈지구의 날〉은 비록 오래가지 않아 열광의 분위기가 식기는 했지만, 일종의 시작이었다. 환경 운동의 저항 잠재력과 대항문화적 성격은 미국과 다른 나라들에서 생생하게 남았으며, 반대 전선이 형성되기만 하면 그 힘을 유감없이 발휘했다. 그처럼 대단히 민첩하고 두드러진 성공 가운데 하나를 환경 운동가들은 1970년 정부와 산업이 함께 추진한 〈초음속 여객기 프로젝트Supersonic Transport, SST〉에 반대하는 시위에서 합리적 경제를 강조하며 이끌어 냈다. 당시 경제계는 이미 오래전부터 초음속 여객기가 내는 굉음이 주민의 격렬한 저항을 불러일으킬 것이며, 수익성의 전망도 좋지 않음을 간파했기 때문이다. 그래서 당시 주공급자로 낙점된 보잉사마저 프로젝트에 거리를 두었다. 운동가들이 이 소동을 생태 스캔들로 꾸며냄으로써 여론에 생태의 승리로 비치도록 했지만, 이는 사실상 경제의 승리로 보아야 마땅하다. 미국 항공우주국NASA조차 우주 비행의 위기에 직면해 그때까지 함께 추진했던 SST 프로젝트에 거리를 두었으며, 초음속 비행이 지구의 오존층을 파괴하는 위험을 밝힘으로써 오히려 생태를 고려한다는 인상을 심어 주려고 노력했다.[106] 경제와 학술 기관의 의견 수렴은 오늘날까지도, 공개적으로나 은밀하게나, 환경 운동의 성공 조건으로 남았다.

1968년과 1970년

환경 단체가 1960년대의 학생 운동, 대중문화와 어떤 관계가 있는지 하는 문제는 놀랍게도 별로 연구되지 않았다. 관계는 분명 존재한다. 그 관계는 양면성과 다양한 면모를 보인다. 무엇보다도 행동 방식에서 환경 운동은, 철저하지 않고 어디서나 그런 것은 아닐지라도, 단계적으로는 68세대의 유산을 물려받았다. 연좌 농성, 토론회, 해프닝, 데모 그리고 공공장소 점거에서 경찰과 충돌까지 물려받은 요소는 많기만 하다. 〈지구의 날〉만 하더라도 일종의 토론회, 그것도 그때까지 결코 볼 수 없던 차원의 토론회였다. 1960년대와 1970년대의 운동 사이에는 꾸준히 활동한 인물도 많다. 프랑스 학생 운동 지도자 다니엘 콩방디*와 독일 학생 운동 지도자 루디 두취케**는 나중에 녹색당에 입당했다.

그러나 이념이 일관되었다는 결론이 나오지는 않는다. 어쨌거나 테크노크라시에 의존한 발전과 소비사회에 대한 혐오는 이미 1968년 운동을 이끈 주된 동기였다.[107] 다른 측면에서 보면 초창기의 환경 운동은 많은 경우 반자본주의적 성향을 보였다. 환경 운동의 표현을 보면 〈착취당한 프롤레타리아〉라는 말을 〈착취당한 자연〉이라는 말로 대체한다는 인상을 줄 때가 많았다. 당시 공산주의 국가의 무서운 환경 파괴는 거의 알려지지 않았다. 또 알려진 경우라도 환경 운동은 거의 신경 쓰지 않았다. 그런 이야기가 나오면 곧바로 다른 주제로 넘어가는 장면이 연출되곤 했다. 비교적 독립적인 사상가, 이를테면 한스마그누스 엔첸스베르거***는 자신이 표방했던 철저한 사회주의가 당시 쿠바에서 찬물을 뒤집어쓰자 환경 운동으로 방향을 바꾸면서, 그가 펴내던 신문으

---

* Daniel Cohn-Bendit: 1949년생으로 프랑스 학생 운동을 주도했으며, 독일 녹색당에 참여해 유럽 의회 의원을 지낸 인물이다.
** Rudi Dutschke: 1940~1979. 독일의 사회주의자로 저항 운동을 상징하는 인물이다.
*** Hans Magnus Enzensberger: 1929년생의 독일 작가로 왕성한 작품 활동으로 국민 작가로 추앙받는 인물이다.

로 새로운 좌파 이념의 토론장으로 활용되던 『쿠르스부흐*Kursbuch*』*에 1973년 이런 글을 썼다. 〈인류가 생태적으로 생존할 최고의 기회는 분명 중국 사회가 제공한다. 자연 자원을 아끼는 태도는 중국 문화의 중요한 부분이다.〉 중국 정부는 〈세계에서 유일하게 파국을 막을 일관된 전술을 개발해 왔다〉.[108] 그렇지만 자연은 프롤레타리아와는 매우 달랐다. 환경 문제를 파고들수록 이런 차이를 흘려 볼 수 없었다. 두취케의 정신적 스승 가운데에는 에른스트 블로흐가 있었다. 두취케를 비롯한 많은 68세대 출신은 정치적 실망과 인생의 위기를 거치고 나서야 새로운 자연 의식에 도달했다. 68세대에게 자연은 주제가 아니었다.[109] 환경 운동가들은 68세대가 동요를 흉내 내 즐겨 부르던 노래 〈준설기 기사 빌리발트*Baggerführer Willibald*〉의 준설기 연료 탱크에 기꺼이 물을 채워 넣고 싶은 모양이다. 자신들의 주장을 정당화하려고 있지도 않은 사실을 끌어다 붙인 것이 환경 운동가의 자연이다.

때마침 독일의 환경 운동은 68세대의 일부와 2차적으로 합병을 이루어 냈다. 그 동력을 제공한 것은 무엇보다도 68세대 운동의 과녁이며 반자본주의 입장에 힘을 실어 준 반핵 저항이다. 환경 운동이 독일보다 훨씬 더 시끄럽게 이뤄진 곳은 덴마크다. 평소 그다지 혼란스럽지 않았던 덴마크에서는 1969년 3월 역겨움을 유발하는 해프닝이 벌어졌다. 당시 독일에서 벌어진 어떤 해프닝도 이보다 더 요란하지는 않았다. 당시 코펜하겐 대학교에서는 저명인사들이 참가한 가운데 자연 역사 협회 Naturhistoriske Onsdags Aftener, NOA**의 모임이 열렸다. 돌연 일군의 대학생들이 강당에 몰려와 문을 잠갔다. 그리고 대학생 한 명이 당시를 이렇게 증언했다.

---

 * 직역하면 〈노선 책〉이다. 환경 운동이 나아가야 할 방향을 제시한다는 뜻에서 붙인 제목,
 ** 1911년에 창립된 자연사 연구 학회로, 이후 더욱 커져 〈생물학 연구 협회〉가 된 단체다.

우리는 그들을 가두었다. 우리는 약 20명이었다. 문을 잠근 뒤 우리는 환풍기를 끄고 가스를 살포하기 시작했다. 한바탕 난장판이 벌어졌다. 우리는 연단으로 올라가 공기 오염을 이야기했다. 많은 양의 쓰레기와 담배를 태웠다. 가까운 공장에서 가져온 폐수를 금붕어가 담긴 어항에 부었다. 금붕어는 천천히 죽어 갔다. 벽에는 암과 환경 오염을 다룬 영화를 투사하면서 스피커에 시끄러운 교통 소음을 틀었다. 구정물을 강당 안에 뿌리기도 했다. 그리고 우리는 기름을 뒤집어쓴 야생오리를 한 마리 가져왔다. 〈이 오리를 구해 보시죠.〉 우리는 이렇게 외쳤다. 〈여러분은 환경 오염을 이야기하면서 왜 이를 막을 행동을 아무것도 하지 않나요?〉 마지막으로 우리는 오리의 고통을 끝내 주기 위해 목을 잘랐다. 우리는 맨 앞 열을 따라 걸으며 오리 피를 거기 앉은 사람들에게 뿌렸다. 한 시간 뒤 우리는 문을 열고 환경 운동을 시작하고자 옆 강의실에서 창립총회를 할 것이라고 선포했다. 이것이 NOAH의 시작이다.[110]

1970년을 전후한 〈생태 혁명〉의 와중에서 이런 해프닝은 유일했다. 어쨌거나 이런 행동은 시선을 끄는 데 성공했다. 결국 혼란의 연출이 아니라, 조직의 출발점이 되었다. 이런 점이 당시 독일 해프닝과의 차이점이다. NOAH는 마침내 옛 NOA의 목표를 진지하게 받아들여 운동으로 펼쳤으며, 같은 해에 창설된 〈지구의 날〉에 가입했다.

인구 폭탄

미국 안팎으로 이제 막 생겨나는 환경 운동의 공통분모는, 전 세계적으로 제동이 걸리지 않고 늘어만 가는 인구였다. 오늘날의 관점에서 보면 놀라운 일이 아닐 수 없다. 많은 환경 운동가를 불안에 빠뜨린 것은 원자 폭탄보다도 〈인구 폭탄〉이라는 문제였다. 단숨에 대중의 화두로 떠오른 〈인구 폭탄〉은 생물학자 폴 에얼릭가 1968년에 펴낸 베스트셀러의 제목이기도 하다. 유명한 로렌스 방사선 실험소의 연구원이었다가 반핵으로 돌아선 존 고프먼*과 아서 탬플린**은 원자력을 겨눈 총 공세의 과녁으로 원자 폭탄이 아니라 인구 폭탄을 빈정대는 『핵 공해를 통한 〈인구 통제〉』*Population Control' Through Nuclear Pollution*(1970)라는 책을 펴냈다. 『성장의 한계』가 세간의 이목을 끌기 전에 이미 천연자원의 부족으로 피할 수 없는, 그럼에도 인간의 맹목성 때문에 한사코 무시된 인구 성장의 한계가 현대 환경 의식의 기초를 이루었다. 데이비드 브라워와 절친한 친구인 생물학자 개릿 하딘의 세계적으로 유명한 에세이 『공유지의 비극』도 1968년에 출간되었으며, 이 책도 마찬가지로 모든 환경 문제의 핵심이 인구 증가라는 논리를 펼쳤다.[111] 야생, 특히 아프리카 야생의 변호인들에게 인구 문제는, 이미 앞서 살펴보았듯이 해묵은 주제였다. 1960년대에는 무엇보다도 기근이 동반한 인도의 〈인구 폭발〉이 신문의 전면을 장식했다.[112] 에얼릭는 통계뿐만 아니라 자신의 체험으로도 호소했다. 1966년 그는 〈델리의 뜨겁고 악취가 풍기는 밤〉에서 〈지옥과도 같은 진리의 순간〉을 체험했다고 털어놓았다. 택시를 타던 그는 엄청난 군중 한가운데서 익사하는 게 아닐까 하는 두려움에 사로잡혔다고 한다.[113] 그는 1970년대에 〈수억 명의 인간〉이 아사하리라고 예언했다.[114] 1970년 배리 코머너는 제3세계의 위기가 인구라는 문제로 더욱 열악해지리라는 것을 결코 부정하지 않았음에도 과연 인구 증가가 시급한 생태 문제인가 하는 의혹을 표했다가 숱한 비판적인 편지에 시달려야만 했다.[115]

1970년에는 또 다른 사건도 일어났다. 노먼 볼로그***가 곡물을 성공적으로 개량한 성과를 인정받아 노벨 평화상을 받았다. 그는 〈녹색 혁명의 아버지〉로 추앙받았다. 당시 〈녹색〉은 10년 뒤보다 더 다양한 뜻을

---

* John Gofman: 1918~2007. 미국의 핵물리학자이자 분자생물학자로 핵에너지의 위험을 줄기차게 경고했다.

** Arthur Tamplin: 고프먼의 동료다.

*** Norman Borlaugh: 1914~2009. 미국의 농학자이자 식물병리학자. 병충해에 강한 밀을 개량해 식량 문제 해결에 공을 세웠다.

240   1부 환경 운동의 태동

가진 단어였다. 볼로그는 DDT가 없었다면, 자신의 성공은 가능하지 않았다고 주장했다. 그는 〈강하고 히스테리에 쉽게 사로잡히는 이해관계 그룹〉이 화학 비료의 사용을 〈무의미한 법으로 금지〉하도록 밀어붙인다면 세계는 아사의 운명에서 벗어날 수 없다고 일갈했다.[116] 그러니까 화학이 목청을 높여 레이철 카슨을 공격한 셈이다. 개량된 곡물로 1970년대 인도의 식량 상황은 상당히 개선되었다. 이런 결과는 10년 전만 하더라도 전혀 예상하지 못했다. 폴 에얼릭은 숱한 비웃음을 감당해야만 했다. 그렇지만 1996년 에얼릭은 자신을 비난하는 사람들을 상대로 나름대로 근거를 갖고 이미 1972년 스톡홀름 회의에서 〈녹색 혁명〉은 계속되는 인구 증가를 감당할 수 없으며 물과 제초제를 너무 많이 소비함으로써 장기적으로 환경 위기를 심화할 뿐이라고 응대했다.[117] 심지어 에얼릭은 볼로그의 이론을 근거로 내세우기도 했다.[118] 1968년 인도의 급격한 인구 증가에 대한 비판은 서구의 오만함으로 치부되었지만, 엄격한 출산 통제는 1990년대에 들어 인도의 공식 정책이 되었다.

〈인구 폭탄〉 논리는 서구 산업 국가를 책임으로부터 벗어나게 하고,[119] 개발 지원을 무의미하고 유해한 것으로 규정한다는 점에서 비판받았다. 그러나 누구도 아닌 인도의 총리 네루는 이미 1950년대 초부터 〈가족계획〉의 단호한 신봉자였으며,[120] 개발 지원을 강력히 지지했다. 스칸디나비아 복지 국가를 선도한 사상가이면서 국제적으로 존경을 받던 군나르 뮈르달 역시 1972년 스톡홀름 회의에서 〈인구 증가가 환경 문제의 핵심 요소〉라고 볼 〈근거가 충분하다〉고 설명했다.[121] 바바라 워드*와 르네 뒤보는 『오직 하나뿐인 지구』에서 〈인구 폭발〉이라는 단어를 큰따옴표 없이 썼다.[122] 당시 독일 개혁을 선도한 사상가인 게오르크 피히트는 1970년 자신의 책 『유토피아를 찾을 용기*Mut zur Utopie*』에서 〈체계적인 산아 제한〉을 즉각 도입하자고 단호히 주장했다.[123] 휠

---

* Barbara Ward: 1914~1981. 영국의 경제학자로 개발 도상국 문제를 다룬 책을 주로 썼다.

썬 더 나중에 녹색당은 환경 파괴와 과잉 인구 사이에 인과적 연관 관계
가 있다는 주장을 〈허튼소리〉로 낙인찍었다.[124]

〈인구 폭탄〉은 그 자체로 운동의 적당한 대상이 아니었다. 그럼에도
1970년 미국에서는 〈제로 인구 성장Zero Population Growth〉이라는 이름의
여성 단체가 결성되었다. 물론 이 단체는 페미니즘과 긴장 관계가 전혀
없었다.[125] 심지어 피임의 홍보는 피임약이 가져다준 새로운 자유를 즐
기는 〈피스 & 러브Peace-and-Love〉 추종자의 일부도 사로잡을 수 있었다.
〈피스 & 러브〉에서는 〈피임약〉을 도덕적으로 용인할 수 없다고 저주하
는 보수적인 상류층에 대항하는 세력이 형성되었기 때문에 얻을 수 있
는 게 있었다.[126] 당시 생태 운동가들은 인디언을 모범으로 삼아야 한다
고 주장하기도 했다. 인디언은 출산을 의도적으로 낮추는 태도를 보여
주었기 때문이다. 당시 떠돈 풍문에 따르면 존 포드의 서부 영화로 유
명해진 샤이엔족의 어떤 남자는 첫아들을 출산한 아내의 손을 잡고 앞
으로 7년 또는 심지어 14년까지 더는 아이를 갖지 않겠다고 맹세했다
고 한다.[127] 물론 에얼릭의 〈인구 폭탄〉 논리에서 산아 제한의 강제는 정
당했다. 그러나 당시 서구 사회에서는 때마침 〈경구용 피임약 복용으로
출산율 저하〉가 나타나기 시작했다. 그래서 장차 산아 제한의 강제는
불필요해질 것이며, 출산율 저하는 부부의 사랑과 배려를 통해 이뤄질
것이라는 짐작이 얼마든지 가능해졌다.

거위와 함께 생활한 것으로 인기를 누렸으며, 생전에 세계에서 가장
유명한 행태 연구가였던 콘라트 로렌츠는 독일어 문화권의 환경 의식
에 기초를 닦은 책 『현대 문명이 범한 여덟 가지 최악의 죄악』(1971)을
썼으며, 이때부터 오스트리아의 환경 운동을 열정적으로 지원했다.[128]
그는 첫 번째 죄악으로 과잉 인구를 꼽았다. 로렌츠가 생태라는 근거로
만 이런 선택을 한 것은 아니다. 인간이 옴치고 뛸 수도 없이 촘촘히 모
여 살면 〈사람을 향한 따뜻한 마음과 사랑〉은 시들어 죽고 만다는 것이
더욱더 결정적인 근거였다. 인간의 사랑은 사람이 너무 많지 않고, 각자
자신의 자유 공간을 누릴 수 있어야 꽃필 수 있다는 것이 그의 관점이

다.[129] 1973년 로렌츠는 노벨 생리·의학상을 받았다.

그러나 환경 운동가가 제3세계의 인구 증가라는 문제에서 무엇을 할수 있는가? 고민은 〈인구 폭발〉을 둘러싼 불평에 환경 운동의 어떤 실질적 과제가 담겨 있지 않다는 점이었다. 그래서 인구 폭발은 운동의 공통분모로는 적당치 않았다.[130] 당시 서구 사회는 이미 인구 증가보다는 감소가 더 걱정거리였다. 전반적으로 볼 때 인구 문제를 둘러싼 담론에서 새로운 환경 의식은 생겨날 수 없었다. 바로 이 점 때문에 1970년의 〈생태 혁명〉을 그 어떤 인과 관계로도 설명할 수 없다. 그에 앞선 환경 재해도, 특정 논란도, 사회 계층의 이해관계 대립도 〈생태 혁명〉의 시작을 설명하지 못한다. 시간과 공간을 특정할 수 있는 사건 사이에 인과 관계가 나타나기는 한다. 그러나 이런 확인은 시공간의 지평을 더 확장하면 흐물흐물 녹아 버린다. 심지어 독일에서 정치가 환경 운동을 선도했다고 강조하는 에다 뮐러조차 본Bonn의 환경 정책 입안자들이 〈환경 문제의 정치적 파급력과 그 시급함을 1969년 당시에 아직 의식하지 못했다〉는 의심을 떨치지 못한다. 오히려 그녀는 어떤 것이 당시 결정적인 동력이었는지 〈항상 불분명하다〉고 인정한다.[131] 프랑스의 환경 운동이 어떻게 생겨났는지 하는 연구 역시 원인의 진단에서 〈답을 알 수 없는 물음〉만 늘어놓는다.[132] 심지어 코머너는 1971년 이런 말을 했다. 〈끊임없이 감각적으로 확인할 수 있는 일상 경험, 이를테면 더러워진 공기, 오염된 물, 쓰레기 더미를 주목해도 환경 위기는 뭔가 비현실적 요소를 가진다.〉[133]

충분한 근거를 찾을 수 없다는 점은 무엇을 증명하는가

사회학의 기틀을 닦은 대작 『자살론Le Suicide』(1897)에서 에밀 뒤르켐*은 배제 진단diagnosis per exclusionem이라는 방법을 쓴다. 특정 국가와

---

* Émile Durkheim: 1858~1917. 프랑스의 사회학자로 사회학과 인류학의 기초를 닦았다.

시대에 자살이 자주 일어나는 원인의 후보들, 이를테면 광기, 성향, 유전적 요소, 기후, 모방 등을 차례로 살피며 적절치 않은 것을 배제해 가며 핵심 원인에 접근하는 방법이다. 뒤르켐이 이렇게 찾은 원인은 〈사회〉다. 더 정확히 말하자면 사회의 아노미가 자살의 원인이다. 비슷하게 현대 환경 의식이 어떻게 생성되었는가 하는 어려운 물음의 해답 역시 당시 갓 생겨난 〈세계 사회〉에서 찾으려는 시도가 가능하다. 오늘날 〈글로벌〉이라는 통용어의 주된 뿌리는 1960년대에 흔히 쓰던 표현 〈우주선 지구〉나 우리의 위협받는 〈푸른 별〉에서 찾을 수 있지 않을까? 그러나 신중해야 할 필요가 있다. 〈세계 사회〉란 지금까지 그런 것이 정말 존재하는지 알 수 없는 허상일 뿐이다. 예전에 흔히 쓰던 설명인 〈탈물질주의 사회〉도 마찬가지다. 전체적으로 볼 때 1970년 이후로 자원을 흥청망청 쓰는 소비 탐욕은 전혀 줄어들지 않았다. 심지어 비관주의자는 지금처럼 탐욕이 심했던 때가 또 있었던가 하고 한숨짓는다. 범죄 행위에서 범인을 찾는 방법으로 배제 진단은 얼마든지 착오를 빚어낼 수 있다는 점을 잊지 말아야 한다. 정말 모든 가능성을 찾아 배제했는지 어찌 알 수 있을까.

특히 환경 의식의 경우, 결정적 근거는 환경 문제 자체에 있으며, 이른바 역사의 논리라는 것이 정말 있는 것이 아닌지 하는 생각은 순진한 것으로 치부되어서는 안 된다. 분명 환경 운동은 일종의 산만한 현상이다. 문제 자체가 산만하며, 40년 전에는 오늘날보다 더욱 불투명했다. 바로 이런 사정이 환경 운동에 고스란히 반영될 수 있다. 모든 개별적 문제의 배후에 엄청난, 전혀 새로운 차원의 거대한 문제의 복합체가 고개를 든다는 점은 너무도 분명하다. 이미 19세기 말의 첫 번째 산업화 붐의 과정에서 이런 복합체가 시야에 들어왔다. 그러나 전쟁이 이런 시야를 가려 버렸다. 세계 대전 시대의 종말과 몇십 년에 걸쳐 냉전이라는 세계 역사상 유래 없던 성장을 겪으며 인류가 공통으로 갖는 문제가 무엇인지 새로운 시야가 열렸다. 인구의 성장, 경제 성장, 공해 성장, 화석 연료 소비 성장은 정말 복잡한 문제를 속속 이끌어 왔다. 그런 점에서 크리스티안 피스터*가 말하는 〈50년대 신드롬〉이라는 논제는 의미 심장하다. 이 논제에 따르면 역사적으로 인간이 불러일으킨 새로운 차원의 환경 변화는 1950년대에 시작되었다. 이 차원을 기준으로 이전의 모든 것은 말 그대로 구시대에 속한다.[134]

의미로는 다른 측면도 언급될 수 있다. 환경을 다루는 인간의 선천적인 능숙함이 빠르게 사라지는 시대에 환경 보호는 유례를 찾아볼 수 없을 정도로 돋보적인 과제가 되었다. 인간의 역사를 떠받들어 온 가장 강력한 법칙은 관성의 법칙이다. 인간은 환경을 소비할 때 말 그대로 관성에 사로잡혔다. 현대 기술은 숲의 남벌과 지하 심층부의 석탄 채굴, 해양의 무차별적 어획을 가능하게 했고, 소비를 더욱 몰아붙인다. 철도 시대만 하더라도 세계의 광활한 지역은 개발되지 않았으며, 천연자원도 그대로 보존되었다. 그러나 이런 상황은 20세기 중반에 들어서며 극적으로 변화했다. 관성의 법칙은 그야말로 모든 것을 갈아엎었다. 소비를 그대로 내버려 둔다면, 자연 착취는 한계를 무시하고 자행될 게 분명하다.

또는 농업의 기술 혁명을 생각해 보자. 기술은 1950년대 이후 모든 농업 개혁의 노력을 무색하게 했다. 그 이전 시대의 농부는 자신의 이해관계를 위해서라도 생태계를 훼손하지 않으려고 노력했다. 농사와 가축 사육을 조화시키고, 가축의 분뇨를 부식토에 활용해 순환시키는 데 힘쓰면서 토양을 보호해 주는 나무를 심어 그 가지에 새들이 둥지를 틀어 해충을 잡아먹게 하는 옛 지혜를 농부는 고스란히 지켜 왔다. 그러나 이런 농업의 생래적인 생태 안정성은 화학 비료, 살충제, 공장형 축사가 등장하면서 대부분 소실되었다. 그리고 한 세대 전만 하더라도 기술 낙관주의자들은 모든 쓰레기 문제가 화학의 발명 정신으로 저절로 해결되리라 희망했다. 시간이 문제일 뿐, 문제는 저절로 풀리리라는 이런 희망은 말 그대로 환상임이 밝혀졌다. 희망과는 완전히 반대로 전후 시대에 쓰레기 문제는 폭발적으로 늘어났으며, 재활용이 가능하지 않은 플

* Christian Pfister: 1944년생의 스위스 역사학자. 기후 역사 분야의 전문가로 알려졌다.

라스틱 쓰레기로 더욱더 심각해지기만 했다. 〈생태 혁명〉의 인과 관계는 아무리 꼼꼼하게 탐색해 보아도 결국 물고 물리는 문제만 남는다. 그야말로 문제가 꼬리에 꼬리를 무는 난맥상이랄까.

그러나 실질적인 권력을 가지고 실천에 나서야만 하는 환경 운동은 무엇부터 해결할지 문제의 우선순위를 정하고, 그 구체적인 해결책을 결정해야만 한다. 〈네트워크 사고방식〉으로 모든 것을 맞물려 살필 줄 알고 멀리 내다보려는 생태학자에게 그런 결정은 언제나 잠정적이고 불만스러웠다. 의식적이든 아니든, 이런 내적 긴장이 오늘날까지 환경 운동을 지배한다. 그리고 이런 결정과 더불어 갈등이 시작된다. 1970년부터 빠른 속도로 차례로 등장한 미국 환경법은 허용할 수 있는 환경 부담의 상한선만 정한 것이 아니라, 기술적 해결 방안도 규정했다. 자동차 배기가스 정화 장치, 하수관을 위한 필터, 발전소가 배출하는 공해 물질의 정화 장치 등. 이처럼 구체적 기술로 문제를 해결하는 실천적 감각에서 미국은 종종 유럽보다 우월함을 보였다. 그러나 이로써 〈지구의 날〉에 보였던 통합은 흔적도 없이 사라졌으며, 환경 당국과 산업 사이의 충돌이 시작되었다.[135] 그렇지만 미국의 환경 운동가들은 유럽의 동지와는 달리 처음부터 법률가의 도움을 충분히 받았다. 그리고 새로운 환경법에서 무궁무진한 활동 영역을 발견한 법률가는 많기만 했다. 일단 환경 입법에 시동이 걸리면 이를 완벽하게 다듬기까지 전혀 제동이 걸리지 않았다. 심지어 레이건 정부 치하에서도 그랬다.[136]

새로운 〈환경 정책〉은 1970년부터 지극히 이질적이고 다양한 노선, 저마다 독특한 역사를 가진 노선을 하나로 묶어 내는 통일성을 추구해 왔다. 그러나 이런 통합은 필연적으로 내적 긴장을 각오해야만 했다. 바로 이 내적 긴장이 오늘날까지 생태 시대를 우여곡절의 드라마로 빚어 낸다. 이 긴장의 일부는 드러나 있으며, 일부는 잠복해 있다. 1972년 스톡홀름 회의를 이끈 사상가 르네 뒤보만 하더라도 데이비드 브라워의 구호를 선호했다. 〈글로벌하게 생각하고, 로컬하게 행동하자!〉[137] 마치 생각과 행동이 이제 막 시작되는 것처럼 멋들어지게 들리는 탁월한 구호지만, 역설적이게도 현실은 달랐다. 개혁 시대와 뉴딜 시대에도 여전히 지역 차원의 풀뿌리 운동과 최고 차원의 계획 수립은 안정적으로 조화를 이루지 못했다. 스톡홀름의 가시적 성과는 무엇보다도 〈유엔 환경 계획UNEP〉의 설립이지만, 이것이 실천 능력을 갖춘 기구가 되지는 못했다. 나중에 사람들은 UNEP를 두고 〈주스 상점〉이라고 조롱해 댔다.[138] 중앙의 계획과 지역의 자율 사이의 긴장은 오늘날까지 세계의 많은 지역에서 환경 보호를 어렵게 한다. 〈환경 보호〉라는 개념은 자연 보호와 공중위생이라는 해묵은 이원론을 그저 겉으로만 감쌌을 뿐이다. 자연 보호와 공중위생은 서로 다른 열정으로 지탱되며, 서로 다른 유형의 인간이 추구하는 탓에 끊임없이 분열했다. 자연을 외치는 구호는 이미 오래전부터 일부는 인간 사랑에 대한 호소에서, 일부는 엄청난 인구를 바라보는 공포에서 비롯되었다. 자연 사랑은 오늘날까지 이런 상반된 감정에 시달린다. 1970년경 그동안 잠복해 있던 긴장이 폭발하며 환경 보호는 하나의 주류가 아닌 수많은 지류를 만들어 냈다. 생태 계몽은 계몽의 변증법에 따라 권력 투쟁을 벌인다.

2부

환경 운동이라는 대하드라마

3

토론과 실천 사이의 영원한 공방

환경 운동의 다양한 관점

미국 항공우주국NASA에서 연구하면서 글로벌한 차원의 시각에 익숙했던 제임스 러브록은 1970년을 전후해 그 무기물 부분까지 포함한 지구 전체를 하나의 거대한 생명체, 그 안의 모든 것이 생동하는 연관을 갖는 생명체로 파악해야만 한다는 깨달음을 얻었다. 그의 이런 〈가이아〉 이론은 가설, 더 정확히 말하자면 일종의 비전이다. 오늘날까지 이 가설은 경험적으로 검증하기가 어렵다. 본래 이 가설은 인간에게 많은 행동을 할 기회를 주지 않는다. 가설은 그 내용을 입증해 줄 운동가로 신, 곧 은혜로운 하느님을 필요로 한다. 모든 것은 모든 것과 맞물린다. 그것도 우주적 차원에서! 이 가이아가 병에 걸리는 불안한 증상을 발견한다고 해도, 인간이 무얼 어디서부터 시작할 수 있을까? 러브록은 많은 환경 운동가가 핵기술 반대에 골몰하는 것을 못마땅하게 바라보았다. 마치 핵 위험이 가이아의 생명에는 별 지장이 없다는 듯! 그러나 그에게는 자신이 특별히 선호하는 것이 따로 있었다. 그것은 영국의 전통적인 숲이다. 러브록은 어린 시절 보고 자랐던 숲을 사랑했다. 숲은 토양을 보호한다. 숲에는 새들이 깃든다. 그래서 러브록은 원자력 발전소에 반대하는 시위를 벌이는 환경 운동가들이 경지 정리와 농업 기계화에 반대하는 싸움을 잊어버리는 것을 용서할 수 없는 일이라고 여겼다. 이런 것이 응용된 가이아 이론일까? 숲의 보호가 생태적 근거를 갖는 것은 확실하다. 그렇지만 러브록이 공개적으로 드러내는 자신의 선호는 생태의 관점이라기보다는 어린 시절의 사랑과 미적 감각의 산물이다.[1] 우선순위가 정해지는 방식은 환경 운동의 역사에서 가장 어려운 문제 가운데 하나다.

제러드 다이아몬드는 자신의 책 『문명의 붕괴』 말미에 이렇게 썼다. 〈흔히 듣는 물음은 《오늘날 어떤 것이 환경과 인구와 관련해 가장 중요한 개별 문제인가?》 하는 것이다.〉 아주 무례하게 답해 보자. 〈가장 어려운 개별 문제는 어떤 것이 가장 어려운 개별 문제인가 하는 물음에 고착된 우리의 태도다!)[2] 그렇지만 묻는 사람을 이처럼 위에서 굽어보듯 설교하는 방식은 올바르지 않다. 자연이라는 거대한 전체를 관조적으로 즐기거나, 다가올 종말을 관념적으로 그리며 전율하는 사람이라면 그렇게 반응할 수 있다. 그러나 다가올 종말을 되도록 늦추기 위해 실질적으로 무엇인가 하고 싶은 사람은 이런 질문을 던질 권리가 있다. 우리는 한꺼번에 모든 것을 해결하고자 한다면, 아무것도 되는 일이 없다는 사실을 일상의 경험으로 잘 안다. 이런 간단한 사정에서 환경 운동을 처음부터 오늘날까지 시끌벅적하게 하는 지속적 긴장이 생겨난다. 그리고 누구도 〈이것이 답이다〉라고 확정할 수 없다. 생태 자체는 분명하고도 구체적인 명령을 내리지 않는다. 비록 그런 구체적 명령이 주어질 것만 같은 인상을 지울 수는 없지만.

어떤 저자보다도 미국의 환경 정책을 운동가의 관점에서, 그리고 내부 사정에 정통해서 글을 쓰는 대니얼 J. 피오리노*는 힘주어 말한다.[3] 〈환경 정책이 도전해야 하는 점은 고전적인 정치와 행정의 필연성, 곧 우선순위를 정하는 것이다. …… 환경 정책은 그런 결정들로 가득하다. 어떻게 우리는 습지 손실이라는 생태의 위험을 화학 공장 인근에서 폐암이 자주 발생하는 건강상의 위험과 비교할 수 있을까?)[4] 독일 환경 정책의 입안자들 역시 〈우선순위를 정하자〉, 〈중요한 것과 그렇지 않은 것

---

* Daniel J. Fiorino: 아메리카 대학교의 환경 정책 교수다.

을 구별하자〉, 바로 이런 것이 시급하다고 강조했다.[5] 환경 투사는 이런 반론을 제기하리라. 어째서 산적한 문제 가운데 어느 하나에만 집중하는가? 습지 보존과 화학 공장 유해 물질 배출 금지 사이에 무슨 모순이 생겨나는가? 피오리노는 이런 운동가를 두고 전략적 사고를 하지 않는다고 응답하리라. 두 경우 모두(습지가 경제적 이용에 매혹적이라고 전제한다면) 강력한 경제적 이해관계와 충돌하는데, 동시에 전선을 다발적으로 열어 두고 싸우는 것은 현명치 않다. 역사의 모든 전략적 경험은 힘을 결집해 하나의 초점에 집중해야 한다는 것을 일깨워 준다. 특히 목표가 갈등으로 얼룩질수록 전략적 접근이 절실히 필요하다. 에른스트 울리히 폰 바이츠제커*는 1989년 분명한 〈현실적 생태 정책〉을 요구했다. 〈우리는 과장되고 히스테리에 사로잡힌 요구를 멀리해야만 한다. 이런 요구는 우선순위를 가려볼 줄 아는 시선을 비틀 뿐만 아니라, 생태 정책의 도약에 꼭 필요한 행보의 기초를 무너뜨린다.〉[6] 오로지 끝없이 토론을 벌이려는 사람은 생태가 열어 놓은 무한한 상호 작용에 쓸려가 버리고 만다. 반면 무엇인가 관철하고자 하는 실천가는 〈네트워크 사고방식〉을 사안을 흐리는 기만으로 여길 뿐이다.

올슨 패러독스와 환경 보호

이제 이런 말을 하는 사람도 있으리라. 환경 보호는 다소 정도의 차이는 있을지라도 모든 사람의 이익에 일조하는 것이지 않느냐 하고. 초창기 환경 운동의 목표는 이미 전통적인 자연 보호, 곧 특정 습지의 특정 조류를 보호하려는 좁은 생각을 극복하는 것이었다.[7] 동물종 보호에서 특정 종에 집착하는 것은 어떤 사람은 황새를, 다른 사람은 개구리를 황새로부터 보호해 주어야 한다는 식의 농담 소재가 되었다. 그렇지

---

* Ernst Ulrich von Weizsäcker: 1939년생의 독일 과학자이자 정치가. 2012년부터 〈로마 클럽〉의 공동회장을 맡고 있다.

만 특정 종의 동물이나 식물에 대한 사랑에서는 열정적 투쟁 욕구가 생겨나는 반면, 대상을 특정하지 않은 자연 사랑은 어딘지 모르게 산만한 게 사실이다. 바로 그래서 생겨나는 것이 〈올슨 패러독스Olson-Paradox〉*다. 이 역설은 특별한 공동 이해관계로 묶인 소규모 그룹이 얼굴과 얼굴을 맞대고 단호히 일을 추진할 때, 대단히 애매한 일반적 이해를 가진 익명의 대그룹보다(무어라 이름 붙이기도 힘든 대규모 집단보다) 훨씬 더 뛰어난 추진력을 보인다는 것이다. 이런 역설대로 소규모 그룹에는 로비할 좋은 기회가 주어지며, 마찬가지로 특정 사안을 반대하는 지역 저항 운동이 성공을 거둔다. 그렇기 때문에 포괄적 의미에서 환경 정책이 아주 까다로워진다. 프랑크 위쾨터는 이 역설을 간명하게 표현했다. 〈그룹의 규모가 클수록 이 그룹의 이해관계를 대변하려는 개인적 욕구는 작아진다.〉[8]

환경 운동의 핵심은 일단 〈올슨 패러독스〉를 이용하고, 장기적으로는 이 역설을 와해시키는 것이다. 무조건적인 타당성을 갖는 환경법을 요구하는 환경 정책, 이런 이름으로 불려 마땅한 정책은 애초부터 좌절할 수밖에 없다.[9] 비록 나라와 문화마다 정도가 매우 다르기는 하지만, 현대화 과정에서 족벌에 대한 충성심을 넘어서서 다른 가치를 더욱 중시하는 충성심이 발달했다. 환경 정책은 이 과정에서 중요한 기회를 얻는다. 이기적 이해관계를 넘어서서 환경 전체를 바라보는 안목이 현대화 과정에서 발달했기 때문이다. 동시에 물론 자신의 직접적인 생활 환경을 지키려는 각오도 환경 정책에 결정적 영향을 미친다. 이처럼 환경 운동은 완전히 보편적인 방향, 곧 모든 〈님비〉 동기를 떨쳐 버리는 보편적 방향으로 발달하기는 힘들다. 우선 자신의 이해관계부터 생각하는 인간의 본성 탓에 근본적 긴장은 항상 사라지지 않기 때문이다. 독일이 오랫동안 믿어 왔던 것과는 반대로 종을 보존하려는 집단 본능이란 없

* 만커 올슨Mancur Olson: 1932~1998. 미국의 경제학자로 사회학과 정치학을 접목한 통섭 학문적 연구에 밝은 인물이다.

다. 오로지 개인적 생존과 번식 본능, 자신의 〈지속성〉만 도모하려는 이기적 본능만 있을 뿐이다.[10] 허드슨강의 오염에 맞서 싸우는 〈강을 지키는 사람들Riverkeeper〉의 선봉에 섰던 케네디 대통령의 조카 로버트 케네디 주니어Robert Kennedy Jr.는 심지어 자신의 동지들이 본래 경멸적인 어조를 가진 〈님비〉라는 말을 명예로운 호칭으로 바꾸어 쓰더라는 이야기를 대수롭지 않게 들려줬다.[11]

〈모든 것은 모든 것과 연결된다〉, 그래도 많은 것은 독특하기만 하다

1970년을 전후해 네트워크 사고방식과 우선순위의 결정을 위한 실천적 필연성 사이의 긴장은 특히 인상 깊게 배리 코머너라는 인물로 구체화했다. 〈모든 것은 모든 것과 연결된다〉[12]는 그가 말하는 〈생태학의 제1법칙〉이다. 이 법칙은 코머너가 본래 특정 목표를 필요로 하는 투사라는 점에서 더욱 주목할 만하다. 1970년 4월 22일 〈지구의 날〉 행사 진행에 그는 만족하지 못했다. 자신이 오래전부터 씨름했던 주제에 대중이 돌연 〈폭발〉 같은 반응을 보이자 코머너는 솔직히 〈놀라웠다〉고 털어놓았다. 그러나 그것은 결코 기분 좋은 놀라움이 아니었다. 〈나를 가장 놀라게 한 것은 위기의 원인과 탈출 방안을 두고 수도 없이 쏟아져 나온 자신감 넘치는 설명이었다.〉 코머너의 관점에서 원인과 해결 방법을 정확히 안다는 것은 말이 되지 않는 허튼수작이었을 뿐이다. 게다가 저마다 다른 소리를 늘어놓았다.[13] 코머너는 폴 에얼릭와 개릿 하딘의 과잉 인구 논제를 포함해 다양한 책임 떠넘기기에 대해 5면에 걸쳐 냉소적으로 지적했다. 이 모든 것은 곧 현대 환경 문제가 그만큼 다양한 측면을 가진다는 것을 반영한다. 그러나 개인들은 이 다양함을 의식하지 못했다. 그리고 의도하지 않았다고 해도 문제가 빚어지는 진짜 원인이 무엇인지 자신만 안다는 고집은 환경 운동계를 극심하게 분열시켰다.

그래서 에얼릭의 〈인구 폭탄〉을 두고 코머너가 왜 못마땅해했는지 이해된다. 그는 인구 증가가 환경의 부담을 가중했다는 점을 논박할 생각은 하지 않았다. 다만 그는 인구 증가에 초점을 맞추는 것이 문제의 본질을 호도하며, 이를 두고 호들갑 떠는 것이 실천적으로 아무 소용이 없다고 여겼을 뿐이다. 지극히 현실적으로 코머너는 인구 문제를 두고 입씨름만 벌인다면 환경 운동이 마비될 수 있다고 보았다. 그리고 인구 문제에 집착하느라 주의가 흐려져 지금 당장 요구되는 행동을 하지 못하게 될 수 있다고 우려했다. 코머너는 1946년에서 1968년까지의 인구 증가가 같은 기간 미국의 생산량 증가에 비해 3분의 1 정도 낮다고 계산했다. 반면 이와 맞물린 환경 오염은 대략 인구 증가의 200퍼센트 수준이었던 것이 2,000퍼센트까지 더 심해졌다. 열 배나 나빠진 이런 수치는 〈대개의 오염 문제가 2차 세계 대전 이후에 생겨났거나, 이후 아주 심각하게 나빠졌음을 보여 주는 결정적 증거다〉.[14]

코머너의 이런 계산은 『침묵의 봄』이 보여 준 기본 경향과 맞아떨어진다. DDT는 2차 세계 대전이 끝날 무렵 급속하게 보급되었기 때문이다. 이처럼 역사적 상황을 규명하는 것은 환경 문제의 혼란 속에서 행동에 나설 근거를 제공해 준다. 시간과 공간을 특정하지 않고, 곧 역사적 상황을 고려하지 않고 자연만 관찰하는 것은 아무 소용이 없다. 레이철 카슨은 정확히 이런 이치를 깨달았다. 카슨과 마찬가지로 코머너 역시 자신의 능력을 과시하려는 욕심 없이 역사적 상황의 규명에 충실했다. 카슨이 제초제와 살충제가 없는 대안 농업을 제시하지 않았듯, 코머너는 특히 위험한 유해 물질을 피하는 산업 기술이라는 대안을 보여 주려고 하지 않았다. 화학 물질로 해충 퇴치를 하지 않는 대안을 이야기하는 카슨의 결론 장은 「가지 않은 길」이라는 제목을 달았다. 그러나 가지 않은 길이 어느 방향인지는 불분명하다. 〈병충해 집중 관리Integrated Pest Management, IPM〉는 당시 카슨과 무관하게 개발되었다.[15] 코머너는 비판적 과학과 민주적 통제, 그러나 또한 환경 친화적 기술의 개발에 중점을 두었음이 그의 책을 읽어 보면 드러난다. 〈정치적 해결 대 테크노크라시 해결〉이라는 전선에서 그는 멀찌감치 떨어져 있었다.

코머너는 모든 생각을 하나의 원인과 하나의 해결책에 집중하는 〈네트워크 사고방식〉을 거부했지만, 환경 위험을 구체적으로 특정해 놓고 우선순위를 정했다. (1) 원폭 실험의 방사능 낙진, 또한 원자력 발전소의 폐기 물질, (2) 자동차 배기가스, 로스앤젤레스의 스모그로 이미 구체화함, (3) 화학 비료, 특히 질산염이 토양과 지하수에 끼치는 해악, (4) 습지 생태계 파괴, 이리Erie호가 그 두드러진 예, (5) 새로운 산업 분야가 배출하는 유해 물질, (6) 지구 대기권의 보호 문제, 당시에는 초음속 비행기로 실제 심각한 갈등을 빚었음.[16] 이런 우선순위에서 〈야생〉이라는 주제는 없다. 이후 코머너는, 독일의 환경 운동과 비슷하게, 주로 에너지 생산의 문제와 그 대안에 집중했다(『파워의 빈곤The Poverty of Power』, 1976). 당시 코머너는 태양 에너지를 핵기술의 대안으로 발견했다.[17] 그때부터 에너지 문제는 공격 대상에 그치지 않고, 함께 노력할 수 있는 긍정적인 프로젝트가 되었다. 물론 당시 태양 에너지의 잠재력과 그 이용을 위한 최적의 기술적 방안이 아직은 불분명했지만, 그래도 코머너는 태양 에너지에서 구원의 빛을 보았다.

우선순위의 탄생: 비밀로 가득한 과정

우선순위는 어떤 방식으로 정해질까? 이것이야말로 어려운 물음이다! 흔히 이 물음의 답은 문헌을 집중적으로 분석해야 얻어진다. 저항 운동의 목표는 누가 봐도 중요함을 알 수 있는 것이 선택되기 때문이다. 그러나 1970년의 〈생태 혁명〉은 그에 앞서 이것이 분명한 우선순위라고 여겨지는 대형 환경 재해를 겪지 않았다. 우선순위를 정하는 과정은 〈합리적 선택〉이라는 모델을 따를까? 그러나 〈합리적〉이란 무엇을 뜻하는가? 정확히 이것이 핵심 물음이다. 합리성이란 추상적 차원, 인간의 경제와 생활 방식이 환경과 충돌하지 않는 범위에서 조화를 이룸으로써 성립한다. 그러나 이 목표를 구체적 과제로 옮기는 순간, 합리성은 사라진다. 〈현대 환경 정책의 중요한 우선순위를 알아내려는 노력은 눈에 보이지 않는, 끊임없는 녹색의 소란만 이어진다.〉서독 환경 정책의 입안자인 페터 멘케글뤼커르트가 1969년 말에 불평한 말이다. 종전 이후 20년이 지난 시점으로 이미 해당 결정 과정에 충분한 시간이 흘렀음에도 이런 불평이 나왔다.[18]

분명 이런 결점에는 근본적 문제가 숨어 있다. 고위 공무원에게 〈중요한 우선순위〉는 처리되어야 하는 환경 문제가 담당 부서의 능력에 걸맞거나, 부서의 관할권을 확장해 주어 정치적 이득을 볼 기회를 줄 때 정하기가 가장 쉽다. 바로 그래서 1970년대 서독 내무부의 환경 정책 전문가에게 원자력 갈등은 정말 곤혹스러웠다. 이 문제에서 내무부가 할 수 있는 일이 없었기 때문이다. 당시 에너지 정책은 경제부 또는 기술과학부의 몫이었다. 1986년 체르노빌 사고가 터지고 나서야 당시 설립된 연방 정부 환경부는 원자로 안전을 담당할 권한을 얻었다. 귄터 하르트코프를 필두로 한 내무부의 관료들은 시민 운동을 정치적 로비의 발판으로 삼고자 했다.[19] 관료들은 괴테의 〈마법사의 제자Zauberlehrling〉처럼 넋 나간 표정을 지어야만 했다. 〈내가 불렀다, 유령들을/이제 나는 유령들을 떨칠 수 없구나.〉시민 운동의 관점에서 합리적 목표는 되도록 많은 동조자와 기부자를 끌어모으는 것이다. 과학자에게 합리적 목표는 우선시되는 환경 문제를 자신의 전문 지식을 뽐낼 수 있게끔 정의하는 것이다. 언론계가 노리는 합리적 목표는 사회에 경종을 울리며, 문제의 성격을 감각적으로 드러내는 것이다. 이상적인 경우 이런 모든 측면이 함께 맞물릴 수 있다. 그러나 그 과정은 보통 논리에 따라 깔끔하게 이뤄지지 않는다.

피오리노는 비관적 전제로 다음과 같은 미래 시나리오를 그린다. 〈국가는 피해가 분명하며 행동에 나서라는 압박이 정치계를 압도하는 문제에 초점을 맞출 때만 합의를 끌어낼 수 있는 함정에 빠질 것이다. 정치 기관들은 서로 극과 극의 대립을 이루어 마치 조각보처럼 각각의 주장을 이어붙인 해결책만 내어놓을 것이다. 몇몇 문제는 엄격한 규칙을 적용받는 반면, 다른 문제는 못지않게 위험함에도 아무런 규제를 받지 않는 어처구니없는 상황은 이렇게 해서 생겨난다.)[20] 지금까지의 경험으로 미루어 우선순위 문제가 만족스럽게 해결되리라는 보증은 어디에도 없다. 물론 피오리노는 과학이 중개 역할을 맡아 요구되는 우선순위 문제에 조금이라도 근접한 해결 방안을 제시해 주기를 희망한다.

환경 운동의 여덟 가지 근원

1970년의 〈생태 혁명〉에서 새로운 〈네트워크 사고방식〉은 기존의 정치와 행정 분야들을 네트워크로 엮어 내는 데 성공했다. 그때까지만 해도 이런 분야들은 저마다 고유한 역사를 가졌다. 특히 유럽 국가들에서 이 분야들은 오랜 재정 독립의 전통으로 미국보다 훨씬 더 제각각이었다. 부분적으로 오랜 전통을 가지는 이런 규제 영역은 적어도 여덟 가지로 구분할 수 있다.

(1) 〈숲 보호〉는 독일을 비롯해 유럽의 중부와 서부 국가들에서 가장 오랜 전통을 자랑한다. 미국처럼 야생을 보호하는 것이 아니라, 지속적으로 산림을 관리하거나 고산 지대의 보호림을 보존하는 것을 말한다.

(2) 〈수자원 보호〉는 항상 효과적인 것은 아니었지만 부분적으로 오래 지속되는 전통이 있다. 식수와 용수를 확보하고 우물과 하천을 깨끗이 보존하려는 노력이 수자원 보호다. 옛날에는 단순히 물을 확보하는 것이 문제였지만, 19세기의 역병 이후 물의 깨끗함, 특히 위생적으로 아무 문제가 없는 하수 처리가 중요해졌다.

(3) 공기 청정. 구체적으로는 연기와의 싸움. 이 싸움 역시 이미 19세기 말에 시작되었다. 공기 문제는 오랫동안 물 위생에 뒤처지기는 했다. 공기의 경우 보호에 자극을 주는 역병의 두려움이 약했기 때문이다. 암의 두려움은 훨씬 더 뒤에야 나타났다. 그리고 공기 정화 문제는 법적으로나 기술적으로나 물의 경우보다 훨씬 다루기 까다로웠다.

(4) 동물 보호. 특히 조류 보호는 영국에서 시작되어 19세기 후반에

이르자 유럽의 북서부 지역 국가들에서 대중적 인기가 높은 운동이 되었다.

(5) 풍경 보호라는 의미의 〈자연 보호〉는 프로이센에서 1906년에 제도로 자리 잡았으며, 흔히 독일뿐만 아니라 다른 나라들에서도 〈향토 보호〉, 조류 보호와 맞물렸다. 물론 앞서 언급된 분야들과 비교해서 이 분야는 상대적으로 후발 주자다.

(6) 의학적 전문 지식을 갖춘 〈산업 보건 및 안전〉도 19세기까지 거슬러 올라가며, 심지어 직업병을 다룬 베나르디노 라마치니*의 대작 (1700)에 뿌리를 둔 전통을 가졌다. 많은 환경 독물은 노동 의학이 정립되고 나서야 입증되었다.

(7) 소비자 보호는 1970년대 이후, 특히 미국에서, 환경 보호의 강력한 동맹이다. 19세기의 위생 운동과 맥을 같이해 왔으며, 불결하거나 변질된 식품을 둘러싼 걱정은 산업 시대 이전의 시대까지 거슬러 올라간다. 랠프 네이더는 소비자 보호에 앞장서 미국의 슈퍼스타가 된 인물로, 연구원들로 조직된 스태프까지 거느렸다. 1960년 자동차의 안전 결함을 겨눈 공격으로 주목받았으며, 유해한 물질의 배출로까지 공격을 확장했다. 그는 브라워와 코머너 같은 환경 운동의 지도자는 아니지만, 1970년을 전후해 소비자 보호를 열성적으로 주도한 인물로 많은 사람에게 인정받는다.[21]

(8) 〈자연 요법〉은 빛과 공기와 물의 치유력을 믿는 이론으로 〈자연과 합치한 생활 방식〉을 주장한다. 일각에서는 환경 운동의 가장 강한 추동력이 자연 요법인 것으로 추정하기도 한다. 자연 요법은 1900년을 전후해 첫 열풍을, 독일 제국에서 미국에 이르기까지 강력하게 겪었다.

이 오래된 분야가 〈네트워크 사고방식〉을 한다고 해서 자동으로 서

---

* Bernardino Ramazzini: 1633~1714. 이탈리아의 의사다. 『장인의 질병*De morbis artificum*』이라는 책을 1700년에 발표했다. 50개가 넘는 직업군의 중요한 질병과 그에 따른 예방을 요구한 이 책으로 라마치니는 노동 의학의 선구자로 불린다.

로 맞물려 통합되는 것은 결코 아니다. 각 분야가 이미 제도로서 독자적인 생명력을 강하게 키울수록, 그만큼 통합은 더 힘들어진다. 일반적으로 이 분야들은 1970년 이후에도 독자적 생명력을 유지했다. 각 분야를 〈환경 보호〉라는 표제어로 묶으려는 시도는 경쟁에 불을 붙였다. 미국에서는 야생의 추종자와 지속적인 산림 경제의 투사 사이에, 독일에서는 자연 보호 운동가와 환경 보호 운동가 사이에 치열한 경쟁이 벌어졌다. 안나 뵙제가 언급했듯, 자연 보호는 보호 구역을 따로 지정하는 데 집중하는 바람에 〈세계의 양분화〉, 보호되어야 하는 구역과 안타깝게도 훨씬 더 큰, 보호 없는 구역의 분화를 이끌고 말았다.[22] 새로운 환경 보호는 이런 배경을 염두에 두고 세계의 재통일을 시도했다. 물론 통일이 이뤄지기까지 길은 멀었다. 많은 환경 보호 운동가의 관점에서, 자연 보호는 오늘날까지도 정치와는 거리가 먼 〈새끼 새 보호자〉다.[23] 자연 보호 운동가의 눈에, 환경 정책 입안자는 재생 에너지를 위해서라면 어떤 풍력 발전 단지도 좋아할 냉혹한 테크노크라트일 뿐이다. 1970년 이후 많은 자연 보호 운동가는 새로운 환경 운동에 추월당했다고 느꼈다.[24] 그리고 이런 관점이 전혀 틀린 것만은 아니다. 자연 보호는 환경 보호의 새로운 정치 스타일을 따라가지 못하고, 새롭게 생겨난 네트워크 바깥에서 서성댈 뿐이다.[25] 그렇지만 자연 보호는, 옛 세계든 새로운 세계든, 환경 보호의 가장 즐거운 측면이다. 우리의 심장이 배기가스 배출 허용 기준으로 뜨겁게 달아오르던가.[26]

여러 해당 부서가 각자 맡은 일을 하는 한에서 우선순위 문제는 없다. 단순히 해오던 그대로 일했다면, 1970년 이후 이 문제는 생겨나지 않았으리라. 기존의 관할 부서 내에서 환경 측면을 사안의 특성에 비추어, 이를테면 에너지 정책, 교통 정책, 농업 정책으로 각기 나누어 다루는 것이 가장 바람직하다는 주장도 얼마든지 가능했다. 굳이 이를 모두 묶어 하나의 연맹으로 통합할 필요가 무엇이냐는 반론이다.[27] 거창한 네트워크화가 구체적으로 어떤 성과를 올렸는지는 경우에 따라 비판적으로 검토할 필요가 있다. 환경 개념의 돌연한 유행은 정치 논의에서 부풀려진 개념이 늘어나던 시대의 맥락과 맞아떨어진다. 당시는 사이버 네틱스, 체계 이론, 미래학 등의 유행 학문이 거창한 웅변으로 정치의 〈과학화〉를 선점하던 때였다. 〈환경〉 역시 단순히 부풀려진 개념이 될 위험에 빠져 있었다.

환경 개념의 구체화 필요성과 확장 잠재력

헤겔의 세계정신[28]과 마찬가지로 〈환경〉이라는 글로벌 개념은 생동 감을 유지하기 위해 구체적 사례가 끊임없이 필요했다. 영국과 인도 언론의 환경 문제 보도를 비교한 연구는 〈글로벌 환경 이슈〉 자체가 대다수 인도인에게 아무것도 아니며, 심지어 정신적 식민주의라는 느낌을 불러일으킨다는 결론에 이르렀다. 반대로 위생과 건강 위협, 쓰레기 처리 및 수자원 관리 같은 구체적이고 지역적인 문제에 사람들은 즉각적 반응을 보였다.[29] 인도의 환경 역사학자 라마찬드라 구하는 인도가 〈비서구 세계에서 가장 강력한 환경 운동을 하는 나라인 것이 분명하다〉고 자랑스럽게 말했다.[30] 항상 글로벌 차원의 포괄적인 환경 개념만 고집하는 것은 오히려 글로벌 소통을 가로막는다. 일부 제3세계 국가들에서 〈환경〉은 선진국에서나 하는 한가로운 이야기라는 인상을 불러일으킨다. 당사자에게 직접적인 이해관계가 걸렸다는 점을 깨닫게 해주려면 아무래도 구체적인 토양 문제를 이야기해 주는 것이 더 낫다. 이런 관점에서 보면 문화 사이의 소통 문제와 세대 사이의 소통 문제는 놀라울 정도로 닮았다. 부모 세대의 생태 운동을 두고 학생들은 흔히 〈환경은 벌써 끝났다〉고 이야기한다. 그러나 구체적으로 환경 훼손이 문제가 될 때 젊은이들은 예나 지금이나 행동에 나선다. 1990년대의 사정을 다룬 언론 연구는 심지어 영국과 인도의 공통점도 가려볼 수 있게 해준다. 〈사람들이 환경 문제에 전혀 신경 쓰지 않는 것은 아니다. 다만 너무 오랫동안 환경 문제는 최우선 순위가 아니었기 때문에 지역 차원에서 문제의 비중을 실감하지 못할 뿐이다.〉[31]

그런 한에서 〈환경〉이라는 초대형 개념은 부풀려지기 쉬운 확장성을 가졌을 뿐만 아니라, 내재적 긴장을 갖기도 한다. 그러나 이런 측면이 환경 운동을 운동으로 유지해 주는 역동성의 요소다. 바이에른의 환경 정책을 다루었던 알로이스 글뤽*은 환경 정책이 〈대략 1976, 1977년부터 상당히 고된 작업이었다〉고 회상했다. 말인즉 〈전체를 고려하는 생태라는 방향〉으로 일을 꾸미는 것이 힘들었다는 술회다. 특정 동물종을 보호하는 데 그치지 않고, 그 서식지가 파괴되지 않는 것까지 신경써야 했으니 일이 힘들어지는 것은 당연했다. 어쨌거나 네트워크 사고방식으로 일을 추진한 이런 노고는 결국 생산적이었다. 이때부터 환경 정책은 〈새로운 정치적 동력〉을 얻었다.[32]

프랑스의 초대 환경부 장관 로베르 푸자드**는 〈환경〉이라는 단순한 개념이 갈수록 더 광범위한 개입을 요구한다는 점에서 〈제국주의적 특성〉을 갖는다고 털어놓았다.[33] 그는 이 제국적인 잠재력을 그의 왜소한 〈환경부〉에서 최소한도 실현할 수 없었다. 환경부는 〈불가능함의 부서〉였다. 명확히 구분되지 않은 권한 영역이라는 결함이 무엇보다도 심각한 약점이었다. 오늘날에도 환경 보호의 다양한 면모는 관료들에게 책임의 소재를 묻기 어렵게 한다. 많은 것이 결합하지 않은 채 나란히, 또는 심지어 서로 충돌하는 방향으로 진행될 위험이 상존한다. 특히 통합해 줄 싱크탱크가 없을 때 위험은 커진다.

---

* Alois Glück: 1940년생의 독일 정치가. 바이에른주 의회의 의장을 역임했다.
** Robert Poujade: 1928년생의 프랑스 정치가. 1971년에서 2001년까지 디종의 시장을 역임했다.

생태주의의 세계 지형

    국제적 환경의 관점은 훨씬 더 다채로우며, 그만큼 과제는 복잡해진다. 특히 공동의 우선순위 등급에 합의하고자 할 때가 그렇다. 바바라 워드와 르네 뒤보는, 1972년 스톡홀름 회의를 준비하는 과정에서 전 세계의 전문가들과 의견을 나누어가며 『오직 하나뿐인 지구』를 썼을 때 아시아 쪽 사람들이 다음과 같이 말하는 것을 들었다고 한다. 일단 각 나라는 〈자신의 생태계를 스스로 지킬 줄 알아야 한다〉. 〈우리의 하나인 세계〉에는 〈무수히 많은 다른 세계〉가 존재한다. 〈물리적 구조와 경제 구조만 다른 게 아니라, 훨씬 더 중요한 사실은 그 문화적 전통과 사고 방식이 큰 차이를 드러낸다는 점이다.〉[34] 세계 도처를 찾아다니며 다소 정도의 차이는 있을지라도, 늘 같은 환경 논의를 체험하는 환경 회의 관광객에게 이런 다름은 늘 놀라운 발견이다.

    이런 다름의 상태는 통찰을 키워 가면 극복될 일종의 과도기일 뿐일까? 완전히 그 반대일 거라고 호주의 동물학자 팀 플래너리*는 말한다. 동물학자로서 기후 문제를 다룬 베스트셀러 『날씨 메이커*The Weather Makers*』(2005)를 펴낸 그는 경제적으로든 생태적으로든 지역적 편차

---

    * Tim Flannery: 1956년생의 호주 생물학자이자 환경 운동가이며 지구 온난화의 경고에 힘썼다.

가 심지어 미국 내부에서조차 커질 것이라고 진단한다. 〈미국 중서부의 사람들은 아마도 뉴욕과 이처럼 멀리 떨어졌나 하고 새삼스레 놀랄 것이며, 캘리포니아 사람들은 어느 때보다도 독자적인 법에 따라 산다고 느끼리라. 이런 차이는 현대의 미국을 분열시키려 위협한다.《미국 혁명》의 결과물인 소통 기술은 소통을 방해하려는 시대의 흐름에 맞서 싸워야 한다.〉[35] 유럽의 나라들, 영국에서 그리스까지, 스웨덴에서 에스파냐까지 각국의 환경 운동을 다룬 이미 많은 경험적 연구는 국가들을 엮어 주는 네트워크가 촘촘해져도 유럽 내부의 환경 운동이라는 전체 그림은 조금도 동질화되지 않다는 결론에 이르렀다. 흔히 말하는 〈환경 운동의 유럽화〉라는 전제에 비추어 볼 때, 이런 결론은 놀라운 진단이다.[36]

국가마다 다르다는 사실은 이미 잘 알려져 있다. 그러나 유독 환경 보호에서 이 차이를 어떻게 설명해야 좋을지 하는 문제는 기묘하게도 거의 연구되지 않았다. 오늘날까지 유일한 계량적 통계 조사로, 볼프강 뤼디히*는 1990년 원자력을 반대하는 저항 운동을 전 세계적으로 조망하면서 1974년, 곧 저항 운동의 초기 단계에 원자력 프로젝트가 다양한 나라들에서 얼마나 실현되었으며, 심지어 반대를 억누른 경우는 얼마나 되는지 퍼센트 수치로 정리했다. 이 조사에서 각 나라의 프로젝트 성공률 사이에 아무런 상관관계가 성립하지 않는 것처럼 보이는 점은 놀랍기만 했다.[37] 그러나 각 나라의 환경 단체 수와 그 참여자 수를 보면 자연스레 실마리가 보인다. 실력 행사의 비율은 아마도 반대편이 어떤 식으로 나오는지에 따라 달라졌을 것이다. 그러니까 환경 운동으로만 뭉뚱그려 보면 우리는 각각의 운동을 이해할 수 없다.

사회학은 이런 차이를 제도와 사회 문화라는 조건으로 설명하는 쪽을 가장 좋아한다. 그러나 자연이 문제가 되는 경우, 자연적 요소를 무

---

* Wolfgang Rüdig: 스코틀랜드 스트래스클라이드 대학교 교수로 환경 문제를 집중적으로 연구한다.

시해서는 안 된다. 생태 운동이 그 독특한 생태를 갖지 않는다는 것은 불합리하다. 마찬가지로 세계 각 지역의 서로 다른 환경의 우선순위를 처음부터 하나의 척도로 평가하며, 해당 국가가 자국의 기준을 충족하지 못한다고 해서 환경 정책을 펴지 않는다고 하는 것 역시 불합리하다. 뭐 그리 대단한 확인은 아니지만, 환경 문제는 산업이 고도로 발달한 나라와 그렇지 않은 나라가 서로 다를 수밖에 없다. 인구 밀도가 높은 곳과 낮은 곳이, 아열대와 열대가, 건조 지대와 물이 많은 지역이 각각 다르다. 인구 밀도가 높을수록 쓰레기 문제는 심각하다. 건조 지대에서 물을 둘러싼 경쟁은 말할 수 없이 치열하다. 〈라이벌rival〉이라는 단어의 본래 의미가 〈강에 사는 이웃〉인 데는 다 그만한 이유가 있다. 〈물 전쟁guerras del agua〉이 에스파냐의 환경 갈등, 특히 가뭄이 심할 때 갈등의 정점에 서는 것이 놀라운 일은 아니다.[38] 에스파냐처럼 상대적으로 인구 밀도가 낮은 나라는 유럽 내부에서 종의 다양성이 가장 크다는 점을 자랑할 수 있다. 이를 위해 별다른 노력을 기울이지 않고도.[39] 반면 인구 밀도가 높으며 오랫동안 집중적으로 국토를 개간했던 나라는 종이 풍부한 보호 구역을 갖기 어렵다. 이탈리아 같은 나라는 오로지 오랜 역사를 자랑하는 문화 유적을 보호할 뿐이다. 이탈리아의 생태에서 야생은 전혀 주제가 될 수 없다. 독일의 숲 역사도 더 자세히 연구할수록 원시림이란 낭만적 상상에 지나지 않음을 자인할 수밖에 없다. 그런 원시림이란 식민지 시대에서나 현실로 찾아볼 수 있을 뿐이다.[40] 미국과 호주에서 일어난 것과 같은 야생 보호 운동은 독일에서 있을 수 없다.[41] 1836년 독일 자연 보호 운동의 탄생지로 알려진 드라헨펠스*는 미국 서부의 그림처럼 아름다운 캐니언과 엄청나게 큰 세쿼이아, 그리고 호주의 기적과도 같은 자연과 비교될 수 있을까? 현대 미디어가 아름다운 풍경으로 시각적 자극을 주는 능수능란한 솜씨는 이런 자연

---

* Drachenfels: 독일 노르트라인베스트팔렌주의 라인 강변에 위치한 산의 이름. 〈용의 절벽〉이라는 뜻으로 1836년 프로이센 정부가 이곳의 개발 계획을 중지한 바 있다.

을 보호해야 한다는 느낌을 엄청나게 키워 준다. 물론 이런 시각적 자극 탓에 미국 서부의 대부분이 상당히 단조롭다는 점은 쉽사리 잊히고 만다.

분명 문화적 배경은 반드시 함께 고려해야 하는 대상이다. 미국과 호주에 옛 신전과 고딕 양식의 대성당은 없다. 그런 나라에 국가적 기념물은 오로지 천연기념물일 뿐이다. 러시아는 항상 광활한 숲을 자랑했다. 러시아 역사는 숲으로 점철되었다고 해도 과언이 아니다. 그러나 러시아에서 낭만적 숲은 대중의 인기를 전혀 끌지 못했다.[42] 러시아 국민은 숲 때문에 너무 많은 고생을 했기 때문이다. 위대한 역사학자 바실리 클류체프스키*는 〈러시아인이 숲을 대하는 불편해하거나 하찮게 여기는 태도〉를 두고 이런 말을 했다. 〈그는 숲을 전혀 사랑하지 않았다. 숲의 어두컴컴한 그늘에 들어설 때마다 그는 무어라 설명해야 좋을지 모르는 두려움에 사로잡혔다.〉 그렇지만 강은 전혀 달랐다. 〈러시아인은 강에서 생기를 북돋우며, 심장과 영혼으로 강과 하나가 되었다. 그는 강을 사랑해 자신이 구사할 수 있는 가장 애틋한 말로 노래를 불렀다. 그럴 만한 이유는 충분했다.〉[43] 러시아 환경 운동이 바이칼호의 오염과 시베리아강을 러시아가 아닌 중앙아시아 지역으로 우회하기로 한 계획에 격렬히 저항한 것은 당연한 일이다.[44]

히말라야의 거대한 산을 바라볼 때 어쨌거나 토착민의 야생 보호 운동은 생겨나지 않았다. 말이 나온 김에 덧붙이자면 현대의 환경 역사학자들은 〈야생〉이라는 신화의 뿌리를 미국 서부에서 찾아내, 이른바 〈야생〉 자연이 인디언의 땔감 때문에 생겨났음을 입증했다.[45] 그리고 자연 사랑의 국가적 차이를 만드는 것이 통속적 감정을 무시해서는 안 된다. 그랜드캐니언은 슈바르츠발트의 계곡과는 다른 감정을 빚어낸다. 그렇지만 계곡 역시 웅장한 그랜드캐니언 못지않게 소중한 자연이다. 사랑

---

* Vasily Klyuchevsky: 1841~1911. 사회학적 접근으로 러시아 역사를 생동감 넘치게 연구한 역사학자다.

하는 자연을 보존하는 방법도 다르다. 물론 이런 차이는 어느 정도 자연적 근거를 갖는다. 호주와 뉴질랜드는 외래종과의 싸움을 환경 운동의 최우선 순위에 놓는다. 몇백만 년이나 격리되었던 생태계에서 외래종은 세계의 다른 어느 곳에서보다도 더 잘 번식하기 때문이다. 〈뉴질랜드의 자연 보호는 일차적으로 죽이는 것을 뜻한다.〉 뉴질랜드의 〈마운틴 브루스 내셔널 와일드라이프 센터Mt. Bruce National Wildlife Centre〉의 더그 멘데Doug Mende가 냉혹하게 한 말이다.[46]

유혹적인 생태 결정주의: 일본의 사례

서구의 자연 애호가가 처음으로 일본을 찾으면, 국립 공원이 있기는 하지만 자연 사랑으로 유명한 이 나라에서 그다지 큰 의미가 없다는 점을 보고 실망할 수 있다. 미국인이 국립 공원을 예찬하는 문화(〈미국이 지금껏 가졌던 것 중에 최고의 아이디어다!〉)와는 비교할 수 없는 것이 일본의 분위기다. 일본에 정통한 사람은 이런 사정을 아주 쉽게 설명할 수 있다고 가르치려 들리라. 일본에서 자연 사랑은 〈야생 자연이 아니라, 무엇보다도 문화와 사회를 위해 기능하는 자연〉을 대상으로 삼는다는 것이 그런 가르침이다.[47] 일본을 다룬 서구의 문헌은 마치 손님에게 차를 대접하는 다례가 일본의 본질을 고스란히 보여 주는 것처럼 서구와 대비한다. 그러나 일본 사회뿐만 아니라 미국 사회도 나름의 독특한 의식이 있다. 또 자유롭게 뛰놀 수 있는 틈새 공간을 사랑하는 것은 서구인뿐만 아니라, 일본인에게도 적용되는 이야기다. 일본에는 반듯하게 가꾸어진 정원 자연만 있는 것이 아니라, 많은 사찰의 숲이 보여 주듯 울창한, 겉보기로는 야생과 다름없는 자연도 가꾼다.

그러나 공간이 협소하고 인구 밀도가 높은 일본에서 미국과 같은 국립 공원은 생각할 수 없다. 그리고 목재 이용이 너무 비싸지면서, 일본의 가파른 산에는 몇십 년 전부터 숲이 울창하기만 하다. 야생 보호 없이 조성된 숲을 임업에 종사하는 사람들은 안타까운 마음으로 바라볼 뿐이다.[48] 대중적 인기를 누리는 〈야생 협회〉가 없는 것이 당연하다. 그 대신 숲 지역의 인구 감소로 인한 산골 마을의 몰락이라는 환경 문제에 대해 향토 보호 운동가들이 해결 방안을 찾고자 노력하고 있다.[49] 이 문제 역시 일본만의 특수한 상황은 결코 아니다. 프랑스의 많은 환경 운동가도 마찬가지로 전통적인 농촌 풍경을 사랑하며, 1945년 이후 극적으로 심각해진 〈농촌 이탈〉을 걱정한다.[50] 이처럼 의도하지 않게 생겨난 새로운 야생은 옛 농촌에 비해 종이 적을 뿐만 아니라, 풍경도 덜 아름답다. 이는 비단 프랑스만의 문제가 아니다.

분명 생태 결정론은 신중하게 다뤄야만 한다. 특히 문화적 배경을 잘 모르는 나라의 경우 섣불리 생태 결정론을 거론하는 것은 잘못이다. 일본 국토의 3분의 2가 숲인 것을 두고 사람들은 흔히 그 국토의 3분의 2가 가파른 산등성이어서 개간하기가 힘들기 때문이라고 분석한다. 그러나 중국 북부를 비롯한 많은 지역에서 산을 개간해 계단식 농사를 성공적으로 짓는 것은 어떻게 설명할 것인가? 일본도 예전에는 이런 방식으로 농사를 지었다. 콘래드 토트먼은 심지어 이런 논제를 과감하게 시도한다. 〈지리와 역사의 특별한 상호 작용으로 일본은 (생태적으로) 파괴된 나라가 될 수밖에 없었다.〉[51] 18세기부터 일본이 숲을 어떻게 비교적 지속적인 방식으로 다루고 있는지는 지도를 들여다보는 것만으로는 설명되지 않는다. 그렇지만 일본이 환경을 다루는 방식을 바로 이 환경 없이 설명하려는 것 또한 잘못이다.

유럽 국가의 차이

다소 정도의 차이는 있지만, 마찬가지 이야기를 다른 많은 나라를 두고도 할 수 있다. 알프스 지방에서 유기농은 자연과 정치의 지원을 모두 받는다. 고도로 기계화한 농업은 알프스 지형에서 어차피 활용할 수 없다. 그리고 알프스 경제가 의존하는 관광객은 고산 지대의 농부가 사라지고 숲만 눈에 들어오는 풍경에 매력을 느끼지 못할 것이 분명하다.

잉글랜드와 프랑스에서도 많은 환경 운동가는 전통적인 농촌 풍경을 보호할 가치가 있는 자산으로 여긴다. 〈잉글랜드 시골 보호 자문위원회Council for the Protection of Rural England〉는 영국 환경 운동의 특징적인 부분이다.[52] 프랑스 자연 보호 운동가의 눈에 전통적인 농촌 세계는 〈파트리몽patrimoine〉, 곧 보존 가치가 있는 국가적 문화유산이다. 독일의 다양한 환경 운동에는 이런 요소가 없다. 독일에서 〈자연〉은 주로 농토 저편에 있는, 농부로부터 보호되어야 하는 세계일 뿐이다. 그리고 실제로 농토에서는 갈수록 좋이 줄어든다. 이런 관점에서 현대 독일 환경 운동의 감각은 유럽보다는 미국에 더 가깝다. 예전, 곧 자연 보호와 향토 보호가 동맹을 이루었을 때는 사정이 달랐다. 그러나 〈피와 흙〉이라는 이데올로기 때문에 독일의 지성인에게 농촌의 향수는 듣기만 해도 몸서리치는 것이 되고 말았다. 사회자유주의의 대모로 등극한 힐데가르트 함브뤼허*는 1960년대에 〈3월이면 농부가 망아지 고삐를 잡아채네〉 하는 동요를 비롯해 독일 교과서에 등장하는 농촌 향수의 유물에 반대하는 캠페인을 이끌었다.

　네덜란드가 알프스보다 더 나은 자전거 나라라는 점은 누구나 수긍하는 사실이다. 그렇지만 이 전통적인 풍차의 나라가 덴마크와 달리 현대 풍력 발전의 선구자가 아니라는 점은 이해하기 어렵다.[53] 그것은 바람이 부족해서가 아니라, 정치 쪽에서 불어 줘야 할 지원의 바람이 없었기 때문이다.[54] 작고, 산이 많지 않으며, 외화가 부족했던 동독은 본래 자전거 천국이 될 만한 운명이었다. 세간의 비웃음을 산 발터 울브리히트**의 구호, 〈따라잡지 말고 추월하자Überholen, ohne einzuholen〉는 결국 서독에 추월당하는 미래를 예언하는 꼴이 되었다. 어쨌거나 동독은 자전거 천국이 되기에 좋은 환경이었음에도 자전거 도로의 건설을 무작정

---

　*　Hildegard Hamm-Brücher: 1921년생의 독일 여성 정치가. 1976년에서 1982년까지 독일 외무부 장관을 지냈다. 독일 〈자유민주당FDP〉이 원로로 떠받드는 인물이다.
　**　Walter Ulbricht: 1893~1973. 1971년 실각하기까지 동독에서 가장 영향력이 컸던 정치가다.

무시했다. 〈동베를린을 위한 자전거 도로를!〉은 통일의 구호가 되었다. 자전거는 서독보다도 동독에서 환경 운동의 소품으로 더 환영받았다. 그런데 역설적이게도 많은 동독 국민의 눈에 핵에너지는 서독에서보다도 더 오래 매력적으로 비쳐졌다.[55] 항상 갈탄의 매캐한 냄새가 코를 찌르는 나라였기에 놀라운 일은 아니다. 독일이 태양 에너지에서 국제적으로 선두의 자리를 지키는 것은 독일인이 특히 햇빛의 축복을 누렸다는 말로 설명되지 않는다. 물론 독일에서 바이에른이 최근 태양 에너지의 선두주자로 나선 것은 자연적 이유로 설명되기는 한다. 바이에른은 북부보다 더 풍부한 햇살의 덕을 보기 때문이다. 그러나 더 결정적인 이유는 바이에른이 루르 지방의 석탄 지배에 오랫동안 시달려 왔기 때문이다. 또한 바이에른은 자연 보호에서도 오랫동안 선도적인 위치에 있었다. 독일 북부의 관점에서 보면 놀라운 일이다.[56] 보수적 분위기가 짙은 바이에른에서 〈생태〉는 아주 오랫동안 〈좌파〉와 결부되었기 때문이다. 바이에른이 자연 보호에 적극적이었던 것은 부분적으로 관광을 위해서였지만, 무엇보다도 자연 보호와 향토 보호의 줄기찬 결합에서 그 원인을 찾아야 한다. BUND는 제국 시절까지 거슬러 올라가 바이에른에 뿌리를 두고 있다. 1990년대만 하더라도 BUND 회원의 절반 이상이 바이에른 출신이었다.[57]

교통 정책의 서로 다른 길

20여 개 국가의 전문가들을 상대로 환경 보호에 가장 큰 장애가 되는 분야를 묻는 최근의 설문 조사는 다음과 같은 순위를 이끌어 냈다. (1) 에너지 분야, (2) 도로 교통, (3) 농업, (4) 건축업.[58] 이 조사 결과에서 모두 국가적이고 지역적인 성격이 강한 분야가 문제되었다는 점이 우리의 시선을 사로잡는다. 그래서 말이지만 〈생태 운동의 생태〉를 거론할 합리적 근거는 충분하다. 환경 정책의 요체인 교통 정책은 주어진 지리적 여건에 강한 영향을 받을 수밖에 없다. 유럽에서 가장 좋은 예는 스위스다. 소리 소문도 없이 스위스는 〈1등 철도 국가〉(하이너 몬하임*)로 올라섰으며, 화물차에 높은 통행료를 물려 화물차 통행량에 제동을 걸었다.[59] 알프스의 좁은 계곡은 교통을 철도에 집중하는 것을 애국적 의무로 받아들이기 쉽게 했다. 대부분 도로 교통이 외국의 화물 무역에 이용되고 있었다는 점도 이런 상황에 유리하게 작용했다. 스위스의 칸톤 우리Uri는 몇백 년 동안 고트하르트패스**를 통제해 교통의 요지로 스위스의 칸톤 우리는 몇백 년 동안 코트하르트패스를 통제해 교통의 요지로 자리 잡은 곳이다. 이 구간에 철도와 고속 도로가 건설되자 처음에 사람들은 완벽한 교통망이 구축된 것에 반색했다. 폭발적인 화물 수송의 증가로 엄청난 소음 공해에 시달리면서 기피 지역을 자초했다는 것을 깨달았지만, 때는 이미 너무 늦었다.[60]

지리는 교통 정책에서 오로지 전제 조건일 뿐이다. 결정적인 요인이 아니다. 어떻게 해석하느냐에 따라 활용 방법은 얼마든지 찾아낼 수 있다. 독일의 기술 정책은 1970년대 초반에 자기부상열차 〈트랜스래피드 Transrapid〉의 개발에 눈독을 들였다. 어니스트 캘런바크의 『에코토피아』(1975)에서, 주민들은 이 열차를 타고 덜커덩거리는 소리 없이 시속 360킬로미터로 부드럽게 벌판을 가로지른다. 그러나 현실은 상상과 달랐다. 많은 〈새로운 기술〉이 그렇듯 이 자기부상열차에도 악마가 예기치 못한 곳에 숨어 있었다. 첫 번째 실험 구간에서, 이 〈속삭이듯 날아다니는 화살〉이 최고 속도에서 저공비행하는 항공기에 맞먹는 소음을 낸다는 사실이 밝혀졌다. 그러나 영토가 그리 크지 않은 독일에서 자기부상열차는 어차피 최고 속도로 달릴 일이 드물다. 어쨌거나 이 프로젝트는 수포로 돌아갔다. 요구되는 새로운 인프라에 들어가는 비용이 엄청났기 때문이다.[61] 게다가 이 새 기술은 단지 특정 전제 조건에서만 환경

* Heiner Monheim: 1946년생의 독일 교통 학자이자 지리학자. 트리어 대학교 명예 교수다.

** Gotthardpass: 스위스 중심부에서 남과 북을 이어주는 고갯길로 유럽의 중요한 교통축이다.

친화적이다. 그리고 이미 촘촘한 선로망을 갖추었거나 인구 밀도가 높은 나라에는 맞지 않는 것이 〈트랜스래피드〉다.

독일의 지리적 조건에 비슷한 모순을 보이는 것은 1970년대부터 자동차 업계를 지배하는 고정 관념, 곧 독일이 성공할 수 있었던 비결은 강력한 스피드를 자랑하는 자동차 제조라는 고정 관념이다. 또 업계는 다른 나라가 당연하게 여기는 속도 제한이야말로 독일 경제를 이끄는 자동차 산업의 등에 비수를 꽂는 것이라고 주장해댔다. 독일이 세계적으로 환경 정책을 주도한다는 평판을 즐기던 시절에 독일의 환경 보호 운동가들은 하필 이 나라에서 자꾸 방해를 받는 속도 제한 도입 때문에 부끄러워 몸 둘 바를 몰랐다. 심지어 자동차의 배기가스 정화 장치 도입에서도 독일의 업계는 미국과 일본에 10년 정도 뒤처져 겨우 따라갔을 뿐이다. 결국 배기가스 정화 장치가 유럽의 경쟁 업체에 비해 우위를 가져올 수 있음을 발견하고서야 독일 업계는 이 장치를 서둘러 개선했다.[62] 평소 왕성한 투쟁 의지를 자랑하는 독일의 환경 운동은 자동차로 야기된 심각한 환경 손상의 문제에서만큼은 1970년대 내내 주저하는 태도를 보였다.[63] 미국인이 전통적으로 개인의 자유를 제한하는 데 독일인보다 더 민감하게 반응하는 반면, 속도 제한에서는 반대의 현상이 나타난다. 속도 제한을 찬성하는 모든 합리적 논증에도 자동차 업계는 로비를 하며 그 고객과 함께 속도 제한을 도입하지 않아야 한다고 고집을 피운다. 이런 태도는 미국의 환경 운동 반대자들의 모습에 가깝다.

자동차의 계속되는 증가와 도로망 건설에 반대하는 영국의 전투적 저항 운동, 이를테면 〈카마게돈Carmageddon〉 캠페인이나, 〈거리를 되찾자〉, 〈로드블록 경고Roadblock-Alert〉 또는 〈로드 경고Road-Alert!〉 등 1990년대에 절정에 달한 저항 운동[64]을 바라보면, 상대적으로 독일 환경 운동의 행동 공간이 자동차 로비의 권력에 얼마나 잠식당했는지 잘 알 수 있다.[65] 전원적인 후광을 자랑하는 영국의 전형적인 공원 풍경은 그 환경 보호 운동가에게 중요한 가치였다.[66] 영국의 환경 정책은 자국의 지리적 상황을 흔히 다르게 해석한다. 영국은 유럽 중부의 국가들과 달리 화물 수송으로 크게 부담을 받지 않기 때문에, 상당한 통행료로 재갈을 물리려고 하지 않는다.[67] 배기가스 배출 기준 강화 조치에서도 영국은 유럽 공동체EC 내에서 제동을 거는 쪽이다. 영국은 유럽 북서부의 섬이라 서풍이 배기가스를 대륙 쪽으로 빠르게 날려 버려서 배출 기준을 완화하는 쪽에 더 큰 관심을 갖기 때문이다.[68]

영국에서는 19세기부터 특별히 스코틀랜드의 환경 의식이 두각을 드러냈다. 이런 환경 의식은 최근 들어 새로운 스코틀랜드 지역주의와 맞물려 되살아나고 있다. 스코틀랜드의 경제학자들이 영국의 경제사상을 주도했다면, 스코틀랜드의 의학자들은 영국제국의 환경 의식을 선도했다. 당시 영국의 산들은 나무를 찾아보기 힘든 민둥산이었다. 남아프리카에서 뉴질랜드까지 영국의 식민지들에서 본격적으로 〈식목 열기〉가 달아오른 것은 숲에 대한 영국의 문제의식 부족을 스코틀랜드 출신 의사가 날카롭게 비판했기 때문이다.[69] 1858년부터 인도 마드라스Madras의 숲 관리 위원을 맡은 스코틀랜드 혈통의 의사 휴 클렉혼*은 숲의 가치를 목재 수익으로만 보지 않고 더 나아가 기후와 인간 건강에 좋은 영향을 준다는 점에서 찾았다. 그는 유럽의 모든 국가 가운데 영국이 숲의 가치를 알아보는 감각이 가장 형편없다고 비판했다. 이런 사려 없음이 미국에서 계속되어 이주자들이 숲을 마구 파괴했다고 클렉혼은 꼬집었다.[70] 스코틀랜드의 환경 역사의식은 오늘날 혼란스럽기만 하다. 18세기의 〈산악 정리〉**는 스코틀랜드 국민에게 깊은 트라우마로 남았다.[71] 그러나 동시에 자연 애호가들은 나무라고는 없지만, 독특한 식물과 동물이 있는 아름다운 산을 나름대로 사랑하는 법을 배우기 시작했다. 이들은 WWF의 지원을 받아 가며 국가가 상당한 지원을 하는 침엽수림의 재조림에 반대하는 운동을 펼쳤다. 당시는 독일에서 숲이 죽어

---

* Hugh Cleghorn: 1820~1895. 마드라스에서 태어난 스코틀랜드 외과의사로 인도의 과학적 임학의 아버지로 불린다.

** 산악 정리Highland clearances는 18세기 말에서 19세기 초 사이에 스코틀랜드에서 영주들이 양을 사육하기 위해 산악 지방의 주민들을 강제로 내몬 일을 이르는 표현이다.

간다는 경고의 목소리가 터져 나오던 때다. 이런 반대 운동에는 관광객 유치라는 이해관계도 거들었다. 〈모든 거리가 소나무로 어두컴컴한 터널이 된 스코틀랜드에서 누가 휴가를 보내겠는가?〉[72]

허드슨에서 콜로라도까지: 미국 내부의 대비

환경 의식의 지역적 차이는 미국에서 두드러지게 나타난다. 물론 이런 차이는 자연적으로 주어진 차이에만 그치지 않는다. 미국 환경 운동의 〈탄생지〉로 여겨지는 곳은 허드슨 계곡이다.[73] 〈허드슨 리버파Hudson River School〉가 19세기에 이 계곡을 미화한 것은 독일의 라인강 낭만주의를 연상케 한다. 허드슨 계곡의 〈강을 지키는 사람들Riverkeeper〉, 로버트 케네디 주니어도 활동했는데, 일찍부터 정치, 출판, 법률 분야에서 활발히 운동을 벌인 이 집단은 갓 태동하기 시작한 〈환경 운동〉의 모델이 되었다.[74] 그러나 아무래도 뉴욕과 가까운 위치가 환경 운동에는 허드슨 강의 아름다움과 이 강이 받는 위협보다도 더 중요했으리라. 미국 환경 운동의 핵심 지역은 무엇보다도 북동부다. 이곳은 미국에서 아주 일찍부터 인구가 가장 많은 지역이며, 지성인이 가장 많이 있는 곳이다.

정치의 전체적 분위기뿐만 아니라 환경 의식에서도 남부 주들과의 대비가 두드러지기에, 청교도적이고 개신교적인 윤리와 자본주의 사이의 연관을 다룬 유명한 〈베버 논제〉와 비슷하게 바로 이 윤리와 환경 보호 사이의 연관도 성립하지 않을까 생각하는 역사학자가 적지 않다. 더욱이 유럽의 환경 운동과도 비견할 만한 남북 대비가 관찰된다. 크리스티네 케른*은 〈아무래도 자유주의 성향의 유권자가 도덕으로 무장한 정치 문화와 결합해 특히 혁신적인 환경 정책을 최고로 잘 지지해 주는 것이 아닐까?〉 하고 이런 남북 대비의 원인을 진단한다.[75] 미국의 남부와 중서부는 토양의 고갈과 침식이 가장 심각함에도 환경 정책이 취약

---

* Kristine Kern: 독일 포츠담 대학교의 〈도시 인프라와 글로벌 변화〉 석좌 교수다.

하다는 사실[76]이 이런 심증을 굳힌다.[77] 이처럼 환경 운동의 탄생은 객관적인 생태 문제의 압력만으로 설명되지 않는다.

미국 환경 운동에서는 다른 지역적 거점 두 곳이 주목받는데, 둘 다 서부 해안에 있으면서도 서로 극명한 대비를 이루는 오리건과 캘리포니아다. 크리스티네 케른은 오리건이 이미 1970년대부터 〈국가의 환경 모델〉로 인정받으려 노력해 온 〈미국의 환경 정책에서 가장 혁신적인 주〉라고 평가했다.[78] 댐 건설을 둘러싼 최초의 생태적 갈등 사건인 시츠헤치 논란(1906~1913) 탓에 야생 애호가들에게 범죄자 취급(〈헤츠헤치를 기억하라!〉)을 받았던 캘리포니아주는 그동안 생태의 모범인 북쪽 이웃 주 오리건을 추월하려고 모든 노력을 쏟아부었다. 이미 1975년 어니스트 캘런바크는 자신의 작품 『에코토피아』의 무대를 당시 히피와 대학생 대항 문화의 아성인 캘리포니아로 설정했다.[79]

오리건은 1970년부터 환경 운동에서만큼은 주 정부와 국민이 혼연일체의 모습을 보인다. 주지사 톰 맥콜*은 갓 생겨난 환경 운동을 이끄는 강력한 지도자가 되었다. 또한 하위 문화 출신의 대학생 단체 〈자연의 음모Nature's Conspiracy〉는 베트남 전쟁 반대 운동의 구호 〈전쟁 말고 사랑을 하자Make Love, Not War〉에 빗댄 〈벌목 말고 사랑을 하자Make Love, Not Lumber〉라는 구호를 앞세워 오리건 원시림의 벌목을 막는 운동을 벌였다.[80] 오리건의 환경 의식은 비교적 온전한 환경에 대한 자부심과 결합해 있다. 오리건주 절반 정도는 숲으로 덮여 있으며, 이 숲의 60퍼센트는 공공 자산이다. 그러니까 주의 숲 보호는 사유 재산 시비를 불러일으키지 않는다. 멸종 위기에 처한 점박이올빼미Northern Spotted Owl는 위협받는 자연을 대표하는 아이콘인 동시에 야생 보호 운동가와 목재 기업 사이에서 몇십 년에 걸친 논쟁의 대상으로 부상했다.[81] 이 올빼미의 고향이 바로 오리건이며, 바로 이곳에서 서식지 보호를 목표로 하는 최

* Tom McCall: 1913~1983. 미국의 저널리스트 출신으로 오리건주 제30대 주지사 (1967~1975)를 역임했다.

초의 단체가 결성되었다. 미국이 아닌 지역에서는 거의 알려지지 않은 이 부엉이 종만큼 미국의 생태 시대에 논란을 불러일으킨 동물은 없다. 오리건의 환경 의식은 또 금 채굴꾼의 땅 캘리포니아와는 반대로 우직하고 성실한 전통에 큰 자부심과 결합해 있다.[82] 자본주의 정신을 생태의 정신으로 대체할 수 있다는 베버 논제의 새로운 버전은 오리건의 경우에 딱 들어맞는다.

캘리포니아의 경우는 더 복잡하다. 이 주 역시 자연에 자부심을 가지고 있다. 이 지역에는 웅장한 세쿼이아가 자그마치 숲의 99퍼센트에 달한다. 이 나무도 존 뮤어의 시대 이후 야생의 아이콘이다.[83] 그러나 캘리포니아의 환경 의식은 더 나아가, 마이크 데이비스*처럼 이야기하자면, 일정 정도 〈두려움의 생태〉를 가진다.[84] 두려움이란 산불과 지진 탓에 생겨나는 것이다.[85] 게다가 로스앤젤레스는 자동차와 스모그의 대도시로 배기가스의 공포에 시달리는 도시다. 1960년대 초기에 샌프란시스코 북부에 처음으로 세계의 반핵 운동가들이 결집했다. 히치콕의 공포 영화 「새The Bird」로 유명해진 보데가만에 계획된 원자력 발전소 건설을 막고자 하는 것이 시위의 목적이었다. 이 시위는 발전소 건설을 반대하는 결정적 근거로 지진 위험을 내세웠다.[86] 일찌감치 자동차 배기가스를 원인으로 지목한 스모그와의 싸움은 심지어 1943년까지 그 뿌리가 거슬러 올라가며, 1960년대에 절정을 이루었다. 미국 전역에서 이 싸움보다 더 대중의 시선을 끈 공해 물질 갈등이 따로 없을 정도로 치열했던 스모그 반대 운동은 미국이 배기가스 정화 장치의 도입을 국제적으로 선도하게 했다.[87] 그 결과 캘리포니아 북부는 미국에서 태양 에너지의 선구자가 되었다. 그러나 동시에 규소 처리 작업이 생태적으로 깨끗한 수작업이 아니라는 사실을 경험해야만 했다. 이 문제로 이른바 〈실리콘 밸리 독물 연맹Silicon Valley Toxics Coalition, SVTC〉이라는 단체가 결성되어

---

* Mike Davis: 1946년생의 미국 작가이자 도시 이론가이며 역사학자. 캘리포니아 남부의 사회 계급 연구로 유명하다.

전국적으로 〈책임 있는 기술 캠페인Campaign for Responsible Technology, RT〉을 시작했다.[88]

1966년의 로널드 레이건처럼 2003년 영화배우에서 캘리포니아 주지사가 된 아널드 슈워제네거는 레이건과는 반대로 환경 보호를 반대하지 않고, 오히려 적극적으로 찬성했다. 캘리포니아는 나이 든 히피의 놀이터일 뿐 아니라,[89] 이미 오래전부터 환경 보호 실천가들의 경연장이었다. 비교적 동질적인 인구를 가진 오리건과는 달리 캘리포니아는 보수적 중산층과 대항 문화, 부자의 낙원과 슬럼 그리고 다양한 인종의 하위 문화 사이에 발생하는 갈등으로 얼룩진 주였다. 새천년을 맞을 무렵 캘리포니아의 백인 비율은 50퍼센트 이하로 떨어졌다.[90] 캘리포니아의 환경 운동은 1965년을 전후해 〈느린 성장을 위한 저항 운동 slow-growth rebellion〉, 구체적으로는 부유층 주거 지역의 집주인들이 깨끗한 공기를 마시고 주변의 자연을 조망할 권리를 걱정한 나머지 결성한 단체로 시작되었다.[91] 그럼에도 캘리포니아는 1999년 〈환경 정의 법 Environmental Justice Act〉을 제정해 미국에서 환경 운동을 선도하는 위치에 올라섰다.[92] 환경 보호가 사회적 관점에서 분열을 초래할지, 아니면 통합의 잠재력을 발휘할지 하는 문제는 캘리포니아에서 매우 흥미로운 물음이다.

생태를 중심으로 나타나는 미국과 유럽의 새로운 대비

환경 정책에서는 지역적 차이뿐만 아니라, 대단위의 공간적 차이도 중요하다. 최근 10년 동안 미국과 유럽 공동체의 근본적 차이가 윤곽을 드러냈다. 본래 환경 운동은 미국이 이루어 낸 성과로 보였다. 그러나 이런 전통은 레이건 시대 이후 갈수록 잊혀졌다. 오늘날 미국의 반환경주의자들은 유럽을 사유 재산의 신성함과 사유 재산을 무제한으로 활용할 자유를 무시하는 환경 테크노크라시라고 몰아세우기에 급급하다.[93] 반대로 제러미 리프킨처럼 환경 보호를 선도한 사상가는 유럽을 푹 익은 지혜의 고향으로 이상화한다. 숱한 전쟁을 치르며 대비할 줄 아는 신중함을 배우고 지혜로워졌으며, 개인 혼자만 세상에 사는 것이 아니며 행동의 자유가 최고로 떠받들어야 할 가치가 아님을 유럽은 깨우쳤다고 리프킨은 강조한다.[94] 대다수 미국인에게 2001년 9월 11일의 테러는 엄청난 충격이자 역사적으로 새로운 시대의 시작이었다. 유럽인은 두 번의 세계 대전을 치른 뒤에야 자신이 얼마나 섬약한 존재인지 깨달았다. 이런 근본적인 느낌이 환경 의식을 주도했다. 미국은 오랫동안 못할 것이 없는 가능성의 나라로 자화자찬해 왔다. 반면 유럽은 전후 시대의 경제 활황으로 〈성장의 한계〉를 일시적으로 잊을 수 있었을 뿐이다. 미국은 자유를 원주민을 배려하는 일 없이 땅을 개척하는 것으로 이해하는 전통을 가졌다.[95] 그러나 유럽은 오래전부터 사회적 배려 없이는 사회가 지속할 수 없다는 점을 명확히 깨달았다.

그러나 이런 대비에도 미국의 환경 정책은 1970년을 전후해 세계의 어떤 나라보다도 비약적으로 발전했다. 당시 워싱턴이 초음속 여객기 프로젝트SST를 머뭇거리지 않고 폐기했지만, 프랑스와 영국은 경제적으로나 생태적으로나 무의미한 〈콩코드Concorde〉 프로젝트를 10년이 넘게 밀어붙였다. 〈미국이 유럽의 초음속 비행기 개발을 원하지 않는다는 바로 그 사실이 프랑스에 프로젝트를 밀어붙일 힘을 주었다.〉[96] 경우에 따라서는 유럽보다 더 큰 힘을 발휘하는 미국의 경제적 합리성이 환경에 유리하게 작용했다. 애국적 전통을 가진 유럽과 달리 환경을 오염시키는 사람들이 당국의 감독을 피하기 어려운 미국적 조건 아래서 〈오염자 부담〉 원칙은 그만큼 강력하게 관철될 수 있었다. 미국의 적대적인 법체계가 손해의 규모 정도를 규명하는 것을 원고의 의무로 규정한 탓에, 변호사는 그만큼 수익을 올릴 기회가 커졌다. 미국에서는 변호사가 열심히 환경 오염의 피해를 추적하기 때문에 같은 환경 문제라도 검찰에게만 맡겨 둔 유럽의 법체계에서보다 더 잘 풀릴 수 있다. 유럽의 검찰은 과중한 업무 부담 탓에 환경 문제에 능력을 발휘하기가 어려웠다. 환경 문제를 다루는 재판은 미국의 대중이 언제나 흥미진진하게 지켜

보는 싸움의 무대였다.

그렇지만 손해의 정도를 입증할 수 없는 가설적 위협의 경우는 전혀 다르다. 이 경우에는 미국의 법체계도 힘을 쓰지 못한다. 예방 원칙은 미국에서 오늘날까지도 자리 잡지 못했지만, 유럽에서 예방은 최소한 원칙으로 지켜진다.[97] 물론 현장에서 이 원칙이 어디에서나 지켜진 것은 아니라 할지라도, 원칙을 중시하는 태도는 분명 존재한다. 근본 태도에서 유럽과 미국의 차이는 특히 유전 공학과 기후 변화를 다루는 문제에서 분명히 나타난다. 유럽 공동체 내부에서 지금껏 체르노빌 같은 유전 공학적인 문제가 일어나지 않았음에도, 유전 공학의 활용을 제한해야 한다는 광범위한 합의가 성립한 점은 주목할 만한 가치가 있다.

본질적으로 중요한 문제는 기술의 유·무해 여부를 입증해야만 하는 증명의 부담이다. 가설적으로 높은 위험을 가진 새 기술은 유럽에서는 기본적으로 철저한 검증을 받아야 한다. 그러나 검증했다고 해서 실질적 결론이 나오는 것은 아니다. 자잘한 것까지 챙겨야 하는 행정 업무는 원칙을 따지는 담론과는 전혀 다른 세계다.[98] 그렇지만 독특한 직업군을 형성한 환경 문제 전문 법률가는 예방 원칙을 구체적으로 다듬어 내려는 생산적 과제에 도전한다. 그 좋은 예가 유전 공학을 제한하는 규제 정책이다. 이 정책은 유전 공학 없이도 이미 오래전부터 과잉 생산에 시달려온 유럽 농업의 이해관계와 부분적으로 일치해 성공을 거두었다. 이로써 세계 무역 기구WTO가 감독하는 자유 무역의 원칙을 위배하지 않고도 유전자 변형 농산물 수입을 금지하는 생태적 근거를 갖는 법안이 효력을 발휘한다.

옛 세계와 새로운 세계의 차이는 극복될 수 없는 것이 아니다. 지구 대기권의 오염을 〈시장에 기초한 도구〉로 막고자 하는 탄소 배출권 발상은 이미 1970년대 초에 EPA의 〈대기 오염 방지법〉으로 나타났다. 이 법은 매우 미국적으로 디자인되었기 때문에 유럽에서 처음에는 반발을 불러일으켰으며,[99] 특히 비도덕적 요소를 가졌다.[100] 세계에서 강력한 재력을 자랑하는 기업들은 좋은 선례를 보이는 대신 계속해서 온실가스를 배출하고 가난한 나라에서 탄소 배출권을 사들이는 꼼수를 쓴다. 가난한 나라는 더 비싼 값에 배출권을 팔고자 더욱더 배출가스를 줄이려는 자극을 받는다. 이 전략은 배출의 대가가 아주 높아서 감축 시행을 강력하게 자극해야 성공할 수 있다. 또 배출권 거래를 엄격하게 제한해야 한다. 그러나 지금까지 두 방법 중 어느 것도 통하지 않았다. 유럽 공동체가 이 거래를 규제하는 것은 예나 지금이나 정당해 보인다. 그럼에도 배출권 거래는 탈규제화의 바람 속에서 유럽에서도 갈수록 더 몸집을 불렸으며, 끊이지 않는 비판에도 교토 의정서를 빌미 삼아 유럽 연합의 공식 정책이 되었다. 반면 공교롭게도 미국에서 이 거래는 퇴조했다.[101]

선진국과 제3세계 사이의 질곡

지금까지 우리는 일본과 서구 세계를 주로 살펴보았다. 의심할 바 없이 현대 환경 운동의 진원지는 서구다. 더 정확히 말하자면 서구에서도 북반구다. 서구 바깥의 많은 환경 단체가 서구의 영향을 받는다. 그러나 1972년의 스톡홀름 회의 이래 국제 환경 정책의 가장 까다로운 문제는 선진국과 제3세계 사이에 공통점이 있는지, 아니면 극복할 수 없는 질곡이 존재하는지 하는 것이다. 환경 의식이 부유한 나라의 사치라는 비판은 처음부터 좀체 고개를 숙일 줄 몰랐다. 오랫동안 풍요한 경제 성장을 누리고 나서 이제 〈성장의 한계〉에 부딪히자 가난한 나라의 추격을 막고자 한다는 것이 비난의 골자다. 천연자원이 소진될 조짐이 보이자 제3세계에 야생의 자연을 보존하라고 요구하는 것도 자국의 자연 애호가를 대변하는 것일 뿐이며, 이것이 선진국 환경 의식의 정체라는 비판의 목소리가 높았다. 사실 이런 모순은 분노에 불을 지를 충분한 재료다.

그러나 다른 측면에서 환경 문제는 국가의 빈부 격차를 가리지 않고 수많은 사람의 삶을 뒤흔드는 심각한 위협임이 밝혀졌다. 더 나아가 환경 문제는 선진 산업국보다 제3세계에서 더욱 열악하다. 아프리카든 아시아든 제3세계의 수많은 국가에서 환경 문제의 심각성을 새롭게 인식해야 한다는 각성의 목소리는 끝없이 이어졌다. 이런 목소리가 요구하는 환경 의식은 선진국의 그것과 아무 상관이 없는, 심지어 정면으로 충돌하는 위기의식이다. 이 위기의식은 인간의 파괴적 행동으로부터 자연을 보호하자는 차원을 넘어서서 아예 인간의 생존 자체가 위험하다고 보기 때문이다.

호주의 환경 운동가 티모시 도일*은 지금까지 전 세계 환경 단체들의 차이점을 아주 인상적인 파노라마로 보여 준 바 있다(2005년). 도일은 이런 차이를 전체적으로 아우르는 여섯 개의 주된 동기와 운동 형태를 무엇보다도 여섯 개 국가에 맞춰 정리했다. 미국의 〈산림 운동Forest Movements〉, 필리핀의 광산 개발 반대 운동, 호주의 야생 보호 운동, 영국의 도로 반대 운동, 인도의 〈강 운동River Movements〉 그리고 마지막으로 독일의 반핵 운동이다. 전 세계의 환경 운동에 어떤 평균적인 구조를 집어넣어 이해하려고 씨름해 본 사람은 이런 구조화를 거부하는 힘의 작용에 경탄을 금치 못하리라. 도일은 필리핀의 섬 민다나오의 한 교회에서 의자에 앉아 생각하다가 책을 쓸 영감을 얻었다고 고백한다. 그는 부유한 나라와 가난한 나라의 환경 운동 사이에는 〈엄청난 심연〉이 가로놓여 있으며, 이 질곡을 환경 운운하는 수식어로 덮으려는 것은 근본적인 잘못이라는 깨달음을 얻었다고 했다. 도일은 각국의 환경 정책 경험이 갖는 근본적 차이를 밝혀내려는 목표에 충실했다. 〈이 책은 유사함보다는 차이를 더욱 중시한다. 명백한 사실은 전 세계에 단《하나》의 환경 운동이 아니라, 무수한 운동이 있다는 점이다. 그리고 전 세계의 환경 운동은 다양함을 환영하면서, 환경 운동을 전 세계적으로 동질화하려는 강력한 욕구, 단 하나의 운동으로 만들어 내고자 하는 강제에 맞서 싸워야 한다.〉[102]

* Timothy Doyle: 호주 애들레이드 대학교의 정치학 교수로 글로벌 환경 정책을 집중적으로 연구한다.

이렇게 볼 때 정상 회의에서 환경 보호 문제의 우선순위를 확정하려는 것은 근본적으로 잘못된 방향이다. 그런 단초가 항상 거듭 좌절하고 말았다는 점을 우리는 다행으로 여겨야만 한다. 도일은 1992년 리우의 환경 정상 회의에서 마법의 주문처럼 등장한 〈환경 친화적 개발〉을 두고도 부정적으로 이야기한다. 〈환경 친화〉나 〈지속 가능성〉 운운하는 것은 〈거대 비즈니스 이해관계를 위해 일하는 홍보 산업〉의 산물이라는 지적이다. 실상 〈환경 친화적 개발〉은 선진국과 제3세계가 적당히 타협한 것에 지나지 않는다. 이런 구상이 구체적 실체와 통합적 잠재력을 가졌는지는 오늘날까지도 답을 알기 어려운 애매한 물음이다.[103] 도일이 보기에 〈지속적 발달〉이 갖는 실질적 의미는 사업가들이 생태 이미지를 홍보에 이용해 천연자원을 착취하는 것과 다르지 않다.[104] 도일은 〈환경 친화적 개발〉은 전 세계 환경 운동의 공통분모가 될 수 없다고 강조한다. 공통분모가 있어야 한다면 그것은 오로지 다양함과 서로 다름을 상호 인정하는 태도일 뿐이다. 도일이 보기에 유일하게 좋은 의미는 〈환경 운동〉이라는 집합 개념 아래서 모든 운동을 큰 맥락에서 포괄하는 것일 뿐이다.

사실 바로 이 지점이 생태 시대의 세계사가 갖는 실질적 가치이기도 하다. 그렇지만 이것이 전부는 아니다. 도일은 개인적으로 자신의 고향 호주의 야생 운동을 선진국과 제3세계 사이의 화해로 인정해 주었으면 하는 바람을 품었다. 호주의 야생 운동은 그 원주민을 〈자연적 동맹〉으로 여기고 싶어 하기 때문이다.[105] 아마도 호주 사람은 그렇게 여기리라. 전체적으로 보면 야생 컬트는 두 세계를 결정적으로 떼어놓는 것이다. 도대체 〈야생〉이라는 것이 있다 하더라도, 제3세계의 주민 대다수는 야생이 아니기 때문이다. 선진국과 제3세계의 갈등을 일방적으로 강조하는 논리에는 세 가지 반론이 성립한다.

(1) 〈제3세계〉가 곤궁함과 희망을 연상하는 어떤 사실인 양 이야기해 온 것이 벌써 반세기가 넘었지만, 사실 〈제3세계〉는 지극히 허구적

인 이미지임을 우리는 쉽사리 잊는다. 〈제3세계〉는 서구 사회가 지어
낸 허구이며, 그 세계의 대변인이 개발 지원금을 얻어 내려고 받아들인
것에 지나지 않는다. 그럼에도 이 세계를 어떤 동질적인 것으로 여기고
〈발전〉 운운하는 것은 사실을 호도하는 암시다.[106] 실제로 브라질과 방
글라데시는 전혀 다른 세계다. 아프리카는 제3세계 안의 제3세계가 되
었다. 〈제3세계〉는 애초부터 의문스러운 선입견을 빚어내는 지나치게
포괄적인 개념이며, 오늘날 시대착오적 개념에 불과하다.[107]

제3세계를 대표하는 사람들은 배고픔에 시달리지 않으며, 가난한 사
람의 이해관계를 대변하지도 않는다. 정상 회의라는 집단 동력은 거듭
선진국과 제3세계를 대비시켰다. 그러나 〈생태 운동의 실제 생태〉는 그
런 이원론으로 포착되지 않을 정도로 다양하다. 제3세계의 대표자를 자
처하는 사람이 〈우리는 선진국과는 전혀 다른 가치를 추구한다〉는 주
장, 특히 환경 문제에서 그런 주장을 흔히 내세운다. 그러나 이런 장담
은 신중하게 받아들여야 한다. 그 배후에는 특정 이해관계가 숨어 있는
경우가 태반이다. 레이철 카슨이 미국의 환경 의식을 자극한 첫 번째 소
재였던 살충제 위험은 그의 시대에 막을 올린 녹색 혁명 덕에 제3세계
의 많은 국가에서도 시급히 해결해야 할 문제가 되었다.[108]

(2) 도일이 특정 국가를 특정 유형의 환경 운동과 동일시한다면, 이
런 묘사는 그 핵심에서 너무 이상적이다. 현실에서 각 국가 내부에서조
차 동기의 다양함은 훨씬 더 편차가 크며, 주된 동기도 시대의 흐름에
따라 달라진다. 1970년을 전후해 폭발적인 연쇄 반응으로 퍼져 나간
미국의 환경 운동은 이전에 〈시에라 클럽〉과 〈야생 협회〉가 추진한, 서
부의 거대한 미국삼나무 컬트와 전혀 성격이 달랐다. 환경 운동은 바로
이런 동기의 역동성이 잘 드러난다. 독일의 환경 운동 역시 10년이 넘
게 다양한 목표를 내세웠지, 원자력 발전소에만 집중하는 원 포인트 운
동은 아니었다. 그리고 이런 원 포인트 운동은 역사를 쓰지 못한다.

(3) 도일이 다룬 여섯 가지 주된 동기는 이미 오래전부터 어떤 한 나
라에만 국한되지 않는, 국경을 넘나드는 주제였다. 도일은 이런 동기를

각국의 차이를 부각하는 데 이용했지만, 이로써 국가를 초월하는 결속을 흐리게 하고 말았다. 전 세계적으로 〈환경 운동〉이 전체 현상으로 보기에는 너무 차이가 두드러지고 어떤 사회적 여건으로도 결속되지 않을 것처럼 보인다고 할지라도, 조금만 더 자세히 들여다보면 공통된 동기의 전체 네트워크가 형성되어 있음이 드러난다. 더 날카롭게 말하자면, 시간의 길이를 길게 잡고 전 세계적으로 관찰할 때 집단 이해관계가 아니라 실질적 문제가 생태 시대를 이끄는 주역이다.

주제의 비약

영국뿐만 아니라 독일에서도 지역을 초월하는 결속이나 공통의 철학이 없음에도, 자동차 전용 도로를 반대하는 단체는 왕성하게 활동한다. 원자력에 반대하는 저항 운동은, 독일이 다른 곳보다 더 강하기는 했어도, 원자력 로비에 독일인이 특유의 히스테리를 보인다고 묘사하는 것만큼 독일만의 특수함은 전혀 아니다. 숲을 보호하자는 운동은 미국뿐만 아니라, 전 세계적으로 가장 활발한 환경 보호 운동 유형이다. 강을 깨끗이 보존하자는 운동 역시 도나우에서 콜로라도에 이르기까지 전 세계 많은 지역에서 활발하다. 1988년 〈일본에서 자유롭게 흐르는 마지막 강〉인 나가라강의 댐 건설에 반대하며 일어난 저항 운동은 나르마다 댐의 건설을 반대한 인도 운동가들에게 힘을 실어 주었다.[109] 광산으로 빚어지는 환경 피해를 둘러싼 불평은 필리핀뿐만 아니라, 파울루스 니아비스의 『자연의 불평*Klage der Natur*』이 보여 주듯, 독일에서 이미 15세기에 일어났던 일이다.

동남아시아의 환경 정책과 보호 운동의 자료들을 취합한 책(1998)은 국가가 아니라 주된 동기별로 자료를 정리했다.[110] 이를테면 대형 댐 건설 반대, 숲 보호, 광산, 건강에 유해한 오염, 관광 프로젝트 반대 등이 그 동기의 면면이다. 관광 문제는 태국과 발리에서 일어났다. 이 동기들 가운데 야생 보호를 찾아볼 수 없다는 점은 놀라운 일이 아니다. 외국 기업이 대규모로 벌목을 하는 것을 반대한 운동에서 중시한 것은 지역의 숲 소유권이다. 서구의 생태 운동과는 반대로 동기의 전체 스펙트럼이 대단히 이국적으로 보이기는 한다. 그러나 분명한 점은 서구든 동남아시아든 동기가 서로 중첩한다는 사실이다. 그때그때 특정 문제가 부각되는 상황이 계속 바뀌기는 하지만, 역사의 두 가지 위대한 전통적 공유 재산인 물과 공기는 변함없는 주제다. 도나우에서 메콩강까지 댐 건설을 둘러싼 갈등, 늘 불거지는 광산 개발 문제, 건강에 유해한 물과 공기 오염은 지역을 가리지 않고 문제의 중심에 선다. 고도로 산업화한 나라에서는 특히 자동차 전용 도로 건설로 말미암은 국토 파괴에 반대하는 저항, 새로운 기술, 무엇보다도 핵기술과 화학의 위험을 경고하는 목소리가 컸다. 또 동남아시아에서도 동물과 야생 보호 운동은 일어났다. 모든 점에서 그런 것은 아니지만, 그래도 이런 문제 영역은 선진국과 제3세계에서 서로 겹쳤다. 운동은 사안의 논리를 따라 이 영역에서 저 영역으로 넘어갈 뿐이다. 시내와 강의 치수 문제와 숲 보호가 서로 연관된다는 깨달음은 〈네트워크 사고방식〉의 뿌리를 이룬다. 수질과 공기 오염을 막으려는 싸움은 환경 보호의 고전적 경연장이다. 이런 싸움을 통해 우리는 다양한 공해 물질에 눈뜨며 최신 기술이 품은 위험을 토론하게 된다.

피란델로와 함께 글로벌 환경 운동의 역사로

전 세계적으로 보면 문제는 운동가처럼 다양하지 않다. 문제는 특정 에피소드 안에서 확인할 수 있을 뿐, 어떤 집단 이해관계와 담론 때문에 생겨나지 않는다. 오히려 같은 문제가 나라와 시대마다 다른 운동가를 만났다고 봐야 한다. 루이지 피란델로*는 1920년대에 자신의 희곡 「작가를 찾는 여섯 명의 등장인물 *Sei personaggi in cerca d'autore*」로 세간의 주목을 받았다. 환경 운동의 역사를 연극으로 만든다면, 이런 제목이 가능

---

* Luigi Pirandello: 1867~1936. 이탈리아의 극작가로 1934년에 노벨상을 받았다.

하지 않을까. 〈운동가를 찾는 여섯 개의 문제들〉. 좀 더 세부적으로 정리한다면 문제는 아홉 가지, 혹은 심지어 열두 가지로 늘어난다. 이 연극은 시간과 공간을 특정할 수 없는 현대극, 확정된 주인공이 없고, 확실한 결론도 없는 현대극이 되리라.

전 세계의 환경 운동이 공통으로 갖는 주제 가운데 첫 번째 것은, 티모시 도일이 빠뜨렸던 주제로 환경 보호를 직업 환경 의학으로 이끈 것, 곧 〈독극물〉이다. 『슈피겔』이 지난 세월 동안 환경 문제를 보도했던 기사들을 검토하면, 언제나 위협적인 중독이 환경 운동을 이끈 주된 동기였음을 확인할 수 있다. 해당 기사는 해골이 그려진 약물통으로 그 위험을 경고한다.[111] 1969년에서 1983년까지 독일의 내무부 차관을 지냈으며, 본 환경 정책의 강인한 남자 귄터 하르트코프는 환경 정책 토론에 〈독극물 희생〉이라는 주제를 즐겨 다뤘다. 그가 중시한 것은 인간의 희생이다. 〈하르트코프는 대기 오염과 관련한 대책 수립 토론에 등장하는 글라디올러스는 워낙 민감한 식물이라 오염이 심한 곳에서는 잘 자랄 수 없다며, 글라디올러스가 자랄 수 없는 곳에서 인간의 건강이 온전할 수 있겠냐고 물었다.〉[112] 건강이 위협받는다면 환경 보호는 정책으로 힘을 관철한다. 이런 이치는 선진국이든 제3세계든 똑같다.

다시금 강조하자면 1970년을 전후로 환경 운동의 새로운 점은 자연 그 자체가 아닌, 인간의 안위 문제였다. 건강을 해치는 공해 물질은 관청의 개입을 정당화할 뿐만 아니라, 저항 운동에 적절한 표적이 된다. 특히 기업 활동을 효과적으로 감독하지 못한 나라가 그렇다. 명확한 목표와 분명한 정당화 그리고 동시에 실질적인 해결책이 두루 겸비되면, 그만큼 피해 당사자들은 운동 세력으로 쉽게 결집한다. 일본의 환경 운동은 독극물 스캔들로 촉발되었다. 즉각 정치가 화답했다. 이것이 일본에만 국한된 사례일까? 캐롤린 머천트의 『미국 환경 역사의 컬럼비아 가이드The Columbia Guide to American Environmental History』(2002)는 심지어 〈독극물 반대 운동〉을 현대 환경 운동의 유일한 구체적 사례로 다룬다.[113]

사회적으로 열악한 계층이 일반적으로 유해 물질에 가장 잘 노출되기 때문에, 〈환경 정의 운동〉은 독극물 문제를 생태 시대의 근본적인 동기로 새롭게 되살려 제3세계의 지역적 환경 운동과 연결 고리로 삼았다. 보통 독극물 쓰레기에 반대하는 저항 운동은 지역적 성격을 띤다. 가난한 제3세계 국가들이 선진국에 쓰레기 하적장을 제공해 돈벌이를 하기 때문이다. 그렇기 때문에 독극물 반대 운동 단체들은 많은 경우 국경을 초월해 활동한다. 〈그린피스〉가 과시적 행위를 할 때 이상적인 지역으로 바다를 활용하는 것을 보라.[114] 특히 독극물 쓰레기 문제에서 환경 보호 운동은 제3세계와의 연대를 과시한다.

독극물 반대 운동의 주역은 그때그때 바뀐다. 환경 보호의 전형적 동기로 이 문제는 상층부와 하층부가 동시에 관심을 갖기 때문이다.[115] 본래 보수적인 반근대주의자의 동기였던 원자력 비판은 1970년대에 들어와 네오마르크스주의자의 단골 메뉴가 되었다. 유전 공학을 거부하는 입장에서 에코페미니스트와 전통적인 농부가 만난다. 야생을 보며 열정적인 사냥꾼과 격정적인 사냥 반대자가 똑같이 열광한다. 자연 보호는 인간을 혐오하는 사람은 물론이고 범성애주의자(모든 것을 섹스 어필로 해석하는 범凡에로티시즘)에게도 매력을 발산한다.

환경 문제가 그에 어울리는 운동가를 항상 찾아내지는 않는다. 작금의 현실에 분노를 느끼는 사람은 때마침 벌어지는 저항 운동을 그 분출구로 삼는다. 1970년 이후 자주 분출구 노릇을 해준 것은 환경 운동이다. 모든 저항 운동과 마찬가지로 환경 운동 역시 싸움 중독에 걸린 사람이 참여해 그 분노를 동료에게도 거침없이 터뜨리는 바람에 힘이 빠지고 만다. 환경 운동은 고향과 가족으로 동질감을 갖고, 후세에 대한 의무감을 느끼며, 특정 가치와 규칙을 지킬 줄 알고, 필요하다면 국가를 공권력으로 인정하는 운동가를 이상적으로 여긴다. 그러나 1970년 이후 68세대로 저항 운동을 벌였던 사람들이 목표를 잃고 환경 스캔들에 저항하는 운동가로 변신했다. 고향, 가족, 규범, 법 등을 하찮게 여기는 자녀 없는 독신은 환경 스캔들에 즉흥적 충동을 느끼고 세계 곳곳을 떠돌아다니기를 무척 좋아했다. 물론 그렇다고 해서 이들이 환경 보호에 기여한 점이 아예 없다는 뜻은 아니다. 생태 시대의 역사는 성공 사례뿐만 아니라, 비극의 소재 또한 충분히 제공했다. 그에 못지않게 희극의 소재도 이 역사에는 풍부히 담겨 있다.

주요 동기: 물과 원자력

환경 정책의 가장 오래된 경연장

물, 이 흐르는 원소는 숲과 토양보다도 더 환경 보호 운동을 이끌며 네트워크가 이뤄지게 만들었다. 동시에 물은 〈생태 운동의 생태〉, 곧 지리와 문화의 차이를 부각한다. 오늘날 우리가 〈환경 의식〉이라고 부르는 것은, 우리가 지금껏 아는 한, 물과 관련해 가장 먼저 발달했다.[116] 물을 통제하고 장악하려는 전통은 역사가 기록되기 시작한 저 먼 옛날의 하천河川 문화, 곧 강을 중심으로 발달한 문화를 뿌리로 가진다. 근대에 들어와서야 비로소 강력해진 숲 이용의 규제보다 물 규제는 누천년을 앞선다. 역사의 관점에서 보면 세계 곳곳에서 물 문제가 우선순위가 된 것은 당연한 일이다. 생태 논리의 관점에서도 물의 우선순위는 마찬가지다. 강에 제방을 쌓거나 수로의 방향을 다른 곳으로 돌리면, 언제나 강 하류의 주민과 갈등을 피할 수 없었다. 하류 주민은 즉시 들고일어나 납득할 수 있는 체계로 물을 관리하고 규제해 달라고 요구했다. 물은 생태의 관점에서 더욱더 의미심장하다. 환경 정책은 물 문제에서 일찌감치 〈균형〉을 중시해야 하는 신중한 전략, 네트워크 사고방식이 중요함을 배웠다. 베네치아는 일찍부터 이런 균형을 이뤄내는 기술 개발에서 선구적 역할을 했다. 베네치아는 만조를 방어해야 했으며, 동시에 그 석호가 진창으로 뒤덮이는 것도 막아야만 했다. 물을 막으려고 일방적으로 배수에 매달리다 보니 물이 부족해 건조해지는 지역이 속속 나타나 장기적으로 위기를 초래하고 만다. 결국 이 건조 지역에 다시 관개를 해주어야만 하기 때문이다.

베네치아 사람들처럼 사려 깊은 행동을 보이지 않은 쪽은 에스파냐의 콩키스타도르(정복자)다. 코르테스가 이끈 기마병들은 멕시코를 정복하면서 호수의 섬에 위치한 아스텍의 수도 테노치티틀란, 〈서쪽의 베네치아〉로 불린 이 도시에서 악전고투를 치러야만 했다. 고약한 함정이라며 치를 떤 콩키스타도르는 승리를 거둔 다음 아스텍의 생태계를 무너뜨리기로 작정하고 쓰레기와 분뇨를 호수에 버려 이 도시가 똥구덩이가 되어 망가지게 했다. 이로써 역병이 발생할 위험뿐만 아니라, 호수의 저수량이 줄어드는 바람에 장마의 위험도 커졌다. 그래서 멕시코는 오랜 세월 동안 오로지 물을 빼는 배수Desagüe에만 매달리는 바람에 멕시코 계곡에 소금벌이 커지면서 소금 폭풍으로 대도시가 초토화하는 피해를 자초하고 말았다.[117]

알렉산더 폰 훔볼트는 배수에만 매달리는 편집증이야말로 〈어리석음〉이라는 것을 일찌감치 간파했다. 〈그러나 콩키스타도르는 물을 적으로 간주했다. 이들은 새로운 에스파냐이 고향 에스파냐의 내륙 지역처럼 건조하기를 바랐던 모양이다. 말하자면 자연을 자신의 풍습에 맞게 바꾸려 한 콩키스타도르의 시도는 그런대로 성공했다.〉[118] 어쨌거나 이런 사례는 역사에서 유일한 것이 아니다. 나중에 양키는 멕시코를 정복하고 그 건조한 지역을 어떤 대가를 치러서든 관개를 해서 농경지로 만들려는 야심을 과시했다. 이에 비하면 에스파냐 출신 이주민은 상대적으로 이성적이었다. 건조한 지역 출신의 이주민은 멕시코의 건조한 지역을 그대로 받아들이고 그것에 맞게 경작했다.[119]

태초부터 오늘날까지 물은 환경 갈등을 일으키는 주된 원인이며, 환경 정책의 주요 동기다. 19세기 후반 유럽의 도시는 상수도와 하수관 체계를 위생의 측면에서 최우선 과제로 이해했다. 이때부터 계속해서 유럽 중부와 서부의 도시 행정은 물이 최악으로 오염되는 것을 막는 데 온 힘을 집중했다. 덕분에 물 문제는 새로운 환경 운동의 중심으로 부상하지 않았다. 그러나 물이 부족하며, 지역 자치에서 후진적인 유럽 남부는 19세기 후반부의 개혁을 겪지 못했다. 이 지역에서 예나 지금이나 도시 위생을 요구하는 목소리가 큰 이유가 달리 있는 것이 아니다.[120] 제3세계에서 물이 부족한 국가들은 유럽 서부와 중부에서 보는 유형의 위생적인 〈하이드로폴리스Hydropolis〉, 곧 잘 정비된 상하수도 체계를 대도시의 부유층 지역에서만 실현할 수 있을 뿐이다. 이런 위생 모델에 고착된 환경 정책은 거의 자동으로 빈부 차별이라는 반발을 부른다.[121]

수자원 정책의 새로운 폭발력

전 세계적으로 물 문제가 갈수록 심각해지면서 우선순위가 높아진다는 점을 보여 주는 방증은 아주 많다. 지구 온난화가 계속된다면 세계의 많은 지역에서 식수 공급은 특히 민감한 문제다. 현대 기술은 먼 거리에서 물을 끌어오는 것을 가능하게 해준다. 정치 권력이 강한 지역이 정치 권력이 약한 지역의 물을 빼앗아오는 일은 이런 기술 때문에 일어난다. 그래서 예전에 다른 천연자원을 탈취했듯, 대도시는 부족한 줄 모르고 물을 소비한다. 1990년대에 미국 기업 〈선 벨트 워터Sun Belt Water〉는 캐나다의 물을 항상 갈증에 시달리는 캘리포니아로 수입하려 했으며, 이를 거부한 캐나다 정부를 상대로 100억 달러의 손해 배상을 청구하는 소송을 벌였다.[122] 베이징을 중심으로 메마른 지역에 물 공급을 확보하려는 것이 양쯔강에 거대한 싼샤三峽 댐을 세운 이유다.[123] 이 댐 건설은 중국에서 지금까지 가장 격렬한 환경 논란을 촉발했다. 이런 종류의 갈등은 앞으로도 그치지 않을 것으로 보인다. 중국 북부가 메말라 버렸을 때 남쪽의 물을 끌어오는 기술이 그동안 가능해졌다.

생태 논리로 도덕적 명령이 만들어질 수는 있다. 물의 가치를 인식하고 아껴 쓰도록 사람들을 교육하려면, 물은 이용자가 부담을 느낄 만한 가격에 거래되어야 한다. 이런 상황은 200년 전 독일에서 일어난 목재 공급을 둘러싼 갈등과 놀라울 정도로 닮았다. 〈살림에 필요한 것〉을 거의 공짜이다시피 한 나무로 해결하는 데 익숙했던 사람들은 임업 개혁으로 숲과 목재 경제를 위해서는 나무에 합당한 가격이 매겨져야 한다는 사실을 배워야만 했다. 그러나 물이 부족해서 가장 비싼 지역에서 살아가는 사람은 극심한 가난에 시달린다. 환경 정책과 사회 정책의 조화로운 종합이 물 문제만큼 중요하고 까다로운 영역은 따로 없다. 또 환경 폐해와 이윤 추구라는 시너지가 가장 추악한 것도 물 문제다. 물의 오염이 심해질수록 인간은 물을 슈퍼마켓에서 사야 하기에 가격은 그만큼 비싸진다.

물 프로젝트는 세계은행의 차관 지원을 선호해 이루어진다. 그러나 이 돈을 상환할 수 있으려면, 물은 그만큼 비싸질 수밖에 없다. 이렇게 물값으로 빚어진 갈등에서 전 세계적으로 가장 유명한 사례는 〈코차밤바의 물 전쟁〉이다. 1999년에서 2000년 사이에 볼리비아의 도시 코차밤바는 세계은행의 권고를 받아들여 식수 공급을 민영화했다. 물값은 폭등했으며 빈민은 임금의 상당 부분을 물값으로 치러야만 했다. 볼리비아 대중의 분노가 폭발하면서 시위가 벌어졌다. 대다수 국민, 심지어 백만 단위의 사람들이 참가했다고도 하는데, 아무튼 흥분한 시위대가 코차밤바 거리를 휩쓸었다. 저항은 유혈 충돌을 빚은 끝에 성공했다. 민영화는 철회되었다. 저항 운동의 지도부는 물에 대한 권리가 인권에 포함된다는 〈코차밤바 선언〉을 채택했다. 갈등을 빚는 자원 가운데 물만큼 생명 유지에 꼭 필요한 것은 따로 없다. 그래서 물을 쓸 자연권은 쉽사리 인정받는다. 코차밤바의 이 저항 운동에서 그동안 세계적으로 유명해진 〈물과 생명 방어의 코디네이터Coordinadora de Defensa del Agua y de la Vida〉라는 이름의 단체가 결성되었다.[124]

독일인은 오늘날까지 지역의 상수도가 식수로 손색 없는 품질을 자랑해야 한다는 점을 당연한 사실로 여긴다. 그러나 세계적으로 독일이 자부하는 이런 품질은 찾아보기 힘들고 귀하기만 하다. 물은 공기와 마찬가지로 세계와 모든 생명을 이루는 근본이다. 〈자연권〉이라는 개념은 물과 공기의 경우에는 의미가 자명해진다. 그러나 인간이 얼마나 많은 물을 누릴 권리를 가졌는지, 또 물은 어떤 품질이어야 하는지 누가 정할까? 물을 식수와 용수로 구분하는 것이 온당할까? 아니다, 이런 구분은 근본적으로 잘못되었다. 물의 대부분은 어느 정도 오염되었으며, 세계에는 아직도 많은 사람이 용수를 마시기 때문이다. 물 문제의 포괄적인 해결 방안을 찾는 것은 무망한 노릇이다. 그래서 물 문제는 환경 보호의 까다로움을 잘 보여 주는 본보기다. 하천 정비도 여러 문제가 복잡하게 얽히기는 마찬가지다.

저항 운동의 목표인 대형 댐

인도의 여성 작가 아룬다티 로이*는 1999년 대형 댐이 일으키는 광범위한 파괴력을 원자 폭탄에 견주었다.[125] 댐과 원자력 발전소는 전 세계에서 극렬한 저항을 불러일으킨 대형 기술 프로젝트다. 이렇게 일어난 저항 운동은 국가와 문화의 경계를 넘어섰다. 환경 친화적 〈신기술〉, 특히 수력 발전소를 이 기술의 구체적 산물이라며 열광했던 멈퍼드를 떠올린다면, 댐과 원자력 발전소를 겨눈 저항 운동은 역사의 아이러니라 하겠다. 수력과 원자력은 출현 초기만 하더라도 사람들의 희망과 기대를 불러일으켰다. 그러나 세월이 흐른 지금 사람들은 수력과 원자력을 반대하는 환경 운동에 희망을 건다. 환경 친화적이며 고갈되지 않을 에너지원, 연기를 뿜어 내는 굴뚝이 없으며 언젠가는 바닥이 날 화석 연료의 마구잡이 개발도 필요하지 않은 에너지원을 사람들은 희망한다.

오늘날까지 적어도 수력 발전을 둘러싼 국제 환경 운동의 의견은 분분하기만 하다. 이런 의견 차이는 사안 그 자체 탓에 빚어진다. 댐을 어

---

* Arundhati Roy: 1961년생의 인도 작가로 1997년의 첫 소설 『작은 것들의 신 The God of Small Things』으로 부커 상을 받았다. 사회 문제에 적극적으로 목소리를 내는 운동가이기도 하다.

디에 짓느냐에 따라 사람들의 반응은 달라진다. 독일 중부의 산악 지대인 자우어란트의 경우 댐을 쌓아 생겨난 인공 호수를 자연 보호 운동가들은 그런대로 인정한다. 호수 주변의 자연이 모습을 되찾으면 아름다운 풍경이 생겨나며 새들도 깃들기 때문이다. 그러나 알프스 지역에서 자연 보호 운동가들은 댐 건설로 생겨날 인공 호수의 대항마로 원자력 에너지를 내세운다. 반면 물이 쉽게 증발하는 유럽 남쪽 지역은 또 이야기가 달라진다. 호수 때문에 흐르지 못하고 정체된 물은 병원균의 온상지가 되며, 머지않아 진창이 되어 버리는 탓에 이 지역은 댐의 건설에 한사코 반대한다. 더욱이 댐으로 소중한 농경지가 사라져 버리는 것도 충분히 반대할 만한 근거가 된다. 아무튼 대형 댐은 순전히 경제적으로 불합리함에도 속속 지어진 것은 〈테네시강 유역 개발 공사TVA〉의 사례가 분명히 보여 주듯, 오랫동안 기술 〈발전〉의 상징이었기 때문이다. 네루는 댐을 〈인도의 현대 신전〉이라 불렀다.[126] 이 말은 날개 돋친 듯 대중에 회자되었다. 반대로 〈칩코 운동〉의 지도자인 선더랄 바후구나*는 대형 댐을 두고 〈20세기 어리석음의 기념비〉라고 꼬집었다.[127] 반다나 시바**는 댐 건설이 독립 이후 인도의 〈전염병〉이 되었다고 고발한다.[128] 아무튼 댐 건설을 어떻게 바라보느냐 하는 태도가 부분적으로 지리적 위치의 문제라는 점은 놀랍지 않은 사실이다. 강과 가까운 곳에 살지 않는 사람은 댐 건설로 자신이 이득을 본다고 믿는다.

생태의 국제 소통에서 새로운 차원을 연 책은 1984년 〈시에라 클럽〉이 펴냈으며, 영국의 매거진 『더 에콜로지스트The Ecologist』의 편집자 두 명이 집필한 400여 면의 대작 『대형 댐의 사회와 환경 효과The Social and Environmental Effects of Large Dams』다. 이 책은 다양한 관점에서 주목할 만하다. 앞서 살펴보았듯 식수 공급의 상업화라는 문제에서 생태와 사회적 정의를 조화롭게 일치하기는 쉽지 않다. 이 책의 두 저자 에드워드

---

* Sunderlal Bahaguna: 1927년생의 인도 환경 보호 운동가.
** Vandana Shiva: 1952년생의 인도 여성 철학자이자 환경 보호 운동가.

골드스미스*와 니콜라스 힐드야드**가 보기에 대형 댐의 문제는 분명하고도 간단하다. 대형 댐은 생태학의 입장에서 볼 때 치명적이다. 물을 가두어 두는 바람에 토양에 소금이 축적되는 염류화와 수질 악화로 인공 호수는 생태계를 망가뜨릴 뿐만 아니라, 인간에게도 해를 끼치는 반사회적인 것이다. 대개 대형 댐 건설은 권력자가 대도시 유권자의 환심을 사려고 추진하는 정권 홍보용 프로젝트로 무엇보다도 가난한 농부의 터전을 짓밟는다. 댐을 반대하는 저항 운동은 환경은 물론이고 사회적 정의를 바로 세우기 위해 싸워야 한다. 물론 이 수력 발전소로 전기를 공급받는 대도시 시민은 〈정의〉를 다르게 이해한다. 아무튼 저항 운동의 관점에서도 명백히 문제가 되는 것은 오로지 〈대형〉 댐이다. 그렇지만 〈대형〉이라는 것이 과연 무얼 뜻하는가? 골드스미스와 힐드야드는 대형이라는 개념을 수량이 아닌 질적 관점에서만 규정할 수 있다고 본다. 질적 규정이란 댐이 대단위 공간에 미치는 환경 영향을 뜻한다. 그럼 대안으로 무엇을 생각할 수 있을까? 소규모 저수지가 일반적인 대안이 될 수는 없다. 그러나 구체적 역사의 사례는 다양한 해법을 제시한다. 그 가운데서도 특히 우리의 눈길을 사로잡는 것은 고대 이란의 〈카나트Qanat〉다. 물길을 지하로 판 이 관개망은 수분 증발뿐만 아니라 수질의 악화도 막아 준다.[129] 두 저자는 지역의 필요에 따른 작은 차원의 해법을 과거 역사에서 찾아 보여 주는 데 충분한 지면을 할애한다. 이처럼 풍부한 지식을 자랑하는 역사의식을 보여 주는 환경 운동의 선구적인 책은 따로 찾아보기 힘들다.

제3세계의 사례를 지켜보면서 미국 여론의 환경 의식은 서부의 대형 댐과 관개 시설의 불합리함을 깨달았다. 자유 경제의 모범을 자처한 미국이 〈아시아〉처럼 실수를 저질렀다는 사실에 미국인들은 뜨악해지

---

  * Edward Goldsmith: 1928~2009. 영국 출신의 환경 운동가이자 철학자이며 출판인이다.
  ** Nicholas Hildyard: 인권과 환경과 개발 문제를 집중적으로 다루는 단체 〈코머 하우스 Comer House〉의 대표다.

고 말았다.[130] 미국의 야생 애호가들이 헤츠헤치 댐과 콜로라도 댐에 보였던 해묵은 증오가 현대적인 논리로 되살아났다. 〈생태 투사의 가장 즐거운 상상은 댐의 파괴이며 콜로라도강의 해방이다.〉 데이브 포먼*이 그 특유의 거친 솔직함으로 떨어놓은 말이다.[131] 〈지구가 먼저다Earth First!〉의 이 지도자가 이미 지어진 댐들을 허물라며 집요한 투쟁을 벌였음에도 무위로 그치기는 했지만, 1990년대에 들어서자 세계 도처에서 댐이 미래의 기념비로 여겨지던 시절은 벌써 과거가 되었다.[132]

댐 건설은 흔히 농부를 상대로 홍수를 막아주고 논과 밭을 관개한다는 구실을 내세워 이루어진다. 〈관개에 저항하는 모든 사람은 국가의 적이다.〉 인도 정치가 티루넬라이 N. 세스한**이 아주 날카롭게 일갈한 말이다. 한때 환경부 차관을 지낸 세스한은 평소 흠결 없고 독립적인 이미지를 자랑하는 정치가로 댐 건설의 생태적 위협을 잘 알았으며, 대형 프로젝트를 추구하는 정치가들을 비웃은 인물이기에 이 발언은 그만큼 놀라웠다.[133] 사실상 댐 건설을 주도하는 것은, 인도든 다른 어느 곳이든, 전기 산업이다. 전기의 필요성이 다른 이해관계를 누르기 때문에 댐 건설이 관철된다. 정치가든 엔지니어든 댐에서 열광하는 것은 수력 발전의 엄청난 잠재력이다.[134]

제3세계의 최초 대형 댐 프로젝트이자 10년을 넘기는 건설로 엄청난 우여곡절을 빚은 아스완 댐은 농민을 도운 것이 아니라, 오히려 5,000년이 넘는 세월 동안 나일강이 범람하며 그 진창으로 비옥한 옥토를 만들어 주던 것을 철저히 〈망가뜨렸다〉. 역사에 정통한 윌리엄 윌콕스 경***[135]의 계획에 따라 1900년을 전후해 건설된 아스완 댐은 그나마 본래 수문을 달아 그 진창의 대부분을 그대로 흘려보내는 구조였

---

* Dave Foreman: 1947년생의 미국 환경 운동가로 급진적인 환경 운동 〈지구가 먼저다!〉의 공동 창설자다.

** Tirunellai N. Seshan: 1932년생의 인도 정치가. 오랫동안 선거관리위원회 위원장을 맡아 인도의 선거를 공정하게 관리한 정치가로 잘 알려졌다.

*** William Willcocks: 1852~1932. 영국의 건축학자. 아스완 댐의 건설자로 유명하다.

다.[136] 존 R. 맥닐이 정리한 바에 따르면, 1971년 소련 엔지니어들의 주도로 새롭게 세워진 아스완하이 댐은 세계사에서 가장 지속적이고 꾸준히 이어져 온 농업을 철저히 파괴하고 말았다.[137] 그것도 1971년, 〈생태 혁명〉의 시대에! 당시 분노의 외침이 터져 나오지 않은 것이 불가사의해 보이기는 한다. 그러나 이 불가사의함은 지금 우리의 시선에서 보는 것이다. 지속적 농업이라는 문제는 시간이 더 흐르고 나서야 발견되었다. 오히려 당시 아스완 댐은 〈발달〉의 상징 그 자체였다. 그리고 대부분 이슬람권 지역은 오늘날까지도 환경 운동의 세계지도에서 공란으로 남아 있다. 녹색이 이슬람의 색임에도 이런 사정은 어떻게 설명할 수 있을까? 전통적인 이슬람 율법 샤리아는 물 이용의 정확한 규제와 관개 체계의 공동 관리를 명시하면서도 농부를 사회 위계질서에서 최하위에 둔다.[138] 이집트에서는 1988년에 아랍권에서는 최초로 녹색당이 창당되었다. 그러나 이집트 녹색당은 〈아스완 댐〉이라는 주제를 건드릴 엄두조차 내지 않는다. 도시 지성인이라는 출신에 걸맞게 이집트 녹색당은 도시 위생의 문제에만 집중했을 뿐이다.[139]

〈인도 현대 신전〉을 겨눈 저항

수리학자들은 인도를 전통적으로 〈동화와도 같은 관개의 나라〉로 여긴다. 인도는 〈그 관개 방식의 다양함에서 심지어 중국조차 능가한다〉. 〈이 다양함이 다채로운 지역 조건에 고스란히 반영되었다.〉[140] 19세기의 영국 엔지니어들은 작은 저수지에서 거대한 인공 호수에 이르기까지 인도에 남아 있는 무굴 제국의 관개 시설을 보고 경탄을 금치 못했다. 이런 배경에서 볼 때 인도가 독립한 뒤 수리 문제에 특별한 야심을 드러낸 것은 충분히 이해되는 일이다. 조사 결과 1947년에서 1982년까지 인도 정부는 전체 예산의 15퍼센트를 댐 건설에 쏟아부었다. 그러나 하필이면 이처럼 관개 문화가 발달한 나라에서 댐 건설에 알맞은 폭넓은 계곡이 있는 지역은 인구 밀도가 높았다. 통계에 따르면 댐 건설 프로젝트로 1947년에서 1992년까지 고향 땅을 떠나야만 했던 사람들이 2000만 명에 이르는 것으로 확인된다.[141] 산업 국가보다 중앙 집권적 관료 체제가 더 강한 제3세계의 국가는 이런 개발 계획을 짜면서도 토착민이 얼마나 되는지는 아예 무시할 때가 많다. 1960년대에는 댐을 건설해 생겨난 인공호수의 수면이 높아지면서 주민들이 삶의 터전을 잃는 사태가 발생하고 나서야 당국은 문제의 심각성을 깨달았다.[142]

한때 〈동화 같은 관개를 자랑하던 나라〉가 1980년대에 들어서 대형 댐 반대 투쟁의 중심이 되어, 다른 국가의 저항 운동에 모범이 된 사정은 이렇게 설명된다. 특히 치열했던 저항 운동은 나르마다강의 뭄바이 북쪽에 당시 〈세계 최대의 댐 프로젝트〉인 사르다르 사로바르 댐Sardar Sarovar Dam 건설 반대다.[143] 이 댐 건설은 〈나르마다 계곡 개발 프로젝트 Narmada Valley Development Project〉를 완결하는 것으로 계획되었다. 이 프로젝트는 1970년대까지만 하더라도 자연 그대로였던 강에 대형 30개, 중형 135개 그리고 소형 3,000개의 댐을 짓는 야심 찬 것이다.[144] 사르다르 사로바르 댐을 둘러싼 갈등을 종교적 영성의 분위기에서 접근한 책들은 조약돌이 〈시바 신의 상징인 남근〉[145]처럼 보이는 나르마다강을 갠지스강 못지않은 성스러운 강이라고 강조한다. 그러나 이런 강의 거룩함은 주민이 강물을 마구 쓰며 오염시키는 것을 막지 못했다.[146] 종교 전통을 저항 운동이 막을 수는 없다. 강물을 끌어다가 농사를 짓는 일은 인도에서 원칙적으로 당연하게 여겨졌다. 나르마다강의 경우 인접한 주들은 오랫동안 물 사용권을 두고 다툼을 벌여 왔다. 댐 건설은 이런 갈등 때문에 계속 지연되었다.[147] 강을 신성하게 보는 것보다 더 중요한 배경이 갈등의 진짜 원인이다. 저항 운동에서 자신감의 바탕은 무엇보다도 인도의 풍부한 경험을 자랑하는 수리 전통이다. 마을 주민들은 스스로 하천을 정비할 능력을 갖추었으며, 오랜 세월에 걸쳐 축적된 경험으로 직접 식수를 조달한다. 이들에게 대형 프로젝트는 필요하지 않다. 오히려 프로젝트는 주민 고유의 관개 수로망을 위협할 뿐이다. 인디라 간디와 그녀의 뒤를 이은 라지브 간디는 대형 댐으로 생겨난 인간의 피해에 큰 충격을 받았다.[148] 그러나 심지어 정부 수반조차 자신은 일단 시작된 프로젝트를 막을 능력이 없다고 보았다.

갈등은 사회적인가, 생태적인가?

분명 대다수 저항 운동가는 생태 자체보다는 토착민의 위협받는 권리를 더 중시한다. 반다나 시바는 모든 대형 댐 건설 프로젝트가 갖는 결정적 함정을 이렇게 정리한다. 〈댐은 잠재적으로 많은 사람에게 유용하지만 전통적인 농촌 주민의 권리를 짓밟고 수장해 버린다. 이로 인해 토착민은 삶의 터전에서 내몰리는 일이 벌어진다.〉[149] 이 문제는 세계 도처에서 찾아볼 수 있는 환경 정책의 간계다. 중앙 정부는 환경 정책이라는 구실을 내세워 〈지속 가능한 개발〉이라는 구호를 외치며 결과적으로 자신의 권력만 키울 뿐이다. 그래서 피할 수 없이 이런 의문이 고개를 든다. 우리가 마주하는 것이 정말 환경 갈등일까? 생태는 그저 겉보기일 뿐이지 않을까? 핵심은 사회적 갈등이며 현대의 권력 기구가 옛 농부 세계를 철저히 무너뜨리려 하는 게 아닐까? 그것도 전 세계적으로.

그러나 농부의 옛 작은 세계는 생태로 현대의 권력 기구에 맞서는 최신식 무기를 손에 쥘 수도 있다. 기술의 발전이라는 고정 관념을 무너뜨리고 의도하지 않은 부작용을 날카롭게 감시하며 〈작은 것이 아름답다〉라는 구호를 앞세워 〈네트워크 사고방식〉을 요구하는 태도가 이런 신무기다. 이 모든 것은 댐을 반대하는 저항 운동에 힘과 카리스마를 실어 준다. 사건을 단순히 연대기적으로 살펴봐도 대형 댐에 반대하는 저항 운동은 생태 시대에 들어서야 성공의 기회를 얻었음을 알 수 있다. 저항 운동은 무법자 같은 폭력을 행사하는 단계에 매몰되지 않고, 자신감을 갖고 동맹을 찾아 정치력을 키울 때 비로소 성공의 기회를 얻는다.

특히 체르노빌과 리우 사이의 시기, 곧 1986년에서 1992년까지 환경 운동은 국제적으로 호황을 맞았다. 1980년대에는 대형 댐에 반대하는 저항 세력이 오스트리아에서 인도네시아까지 결집했다. 1989년

9월 28일에 나르마다 댐을 반대하는 첫 번째 대규모 시위가 열렸다. 이 시위는 〈나르마다 바차오 안도란Narmada Bachao Andolan(나르마다 구하기 운동)〉이라고 스스로 불렀다.[150] 세계은행이 나르마다 프로젝트에 참여한 것을 주목한 미국 국회 의원은 1989년 인도의 저항 운동 지도자들을 초청해 청문회를 열었다. 일본도 이 프로젝트에 재정적으로 거들었기 때문에, 일본의 NGO들은 1990년 국제 나르마다 심포지엄을 개최했다. 이에 일본 정부는 프로젝트 참여를 철회했다. 1990년 말에 댐 건설 현장에는 엄청난 규모의 군중이 운집해 연좌 농성을 벌였다.[151] 농성은 마하트마 간디의 지휘 아래 벌어졌던 유명한 〈소금 행진〉을 연상할 정도로 장관을 연출했다.

이후 수년에 걸쳐 NGO는 세계은행을 향해 프로젝트 지원을 철회하라고 공격했다. 그런 압박 속에서 세계은행의 위탁을 받아 1992년 나르마다 프로젝트의 보고서가 작성되었다. 결과는 참혹했다. 프로젝트 계획 전체가 전문성이라고는 없는 날림이었다. 심지어 댐 건설로 이주해야만 하는 토착민이 몇 명인지 정확히 알아보려는 시늉조차 하지 않았다. 그저 건성으로 9만 명 운운했던 것이 댐의 원거리 영향까지 고려하면 24만 명의 주민이 노숙자가 되는 것으로 보고서는 밝혀냈다.[152] 이후 빚어진 〈사회와 생태의 의식 전환〉에 이 사건처럼 강력하게 작용한 것은 따로 없다. 나르마다 스캔들은 세계은행의 이미지를 심각하게 훼손해 은행을 폐쇄하라는 요구의 목소리를 커지게 했다.[153] 결국 은행은 프로젝트에서 철수했다.[154] 그럼에도 사르다르 사로바르 댐의 완공을 저항 운동은 막지 못했다. 또 나르마다 계곡에는 일련의 댐 건설이 계획되어 있다.[155] 앞으로도 댐 건설을 둘러싸고 논란은 끊이지 않으리라. 〈이 싸움은 진다고 하더라도, 전투의 최종적 승자는 결국 우리가 될 겁니다.〉 저항 운동의 대변인으로 국제적 명성을 얻은 메드하 파트카르*가 한 예언이다.[156]

---

* Medha Patkar: 1954년생의 인도 여성 생태학자이며 인권 운동가.

〈양쯔강이여, 양쯔강이여!〉

대형 댐 건설 반대 운동은 전 세계적으로 다양한 문화 배경과 운동가들을 하나로 묶어 준 동기다. 생태 시대의 네트워크 사고방식과 마찬가지로 댐 건설 반대 운동은 환경 문제를 바라보는 새로운 생각에 눈을 뜨게 해주었다. 나르마다 프로젝트를 둘러싼 싸움을 양쯔강 주변의 인구밀도가 높은 지역에 계획된 싼샤 프로젝트와 대비해 보는 것은 우리에게 많은 통찰을 준다. 싼샤 프로젝트 문제는 마찬가지로 1989년 여성 저널리스트 다이칭*의 기록으로 세계 여론에 알려졌다. 이 용감한 여성은 이 사건으로 10개월의 징역형을 선고받았다.[157] 이 인물은 조금 뒤에 더 자세히 알아보기로 하자. 싼샤 프로젝트의 엄청난 규모는 나르마다 프로젝트를 무색하게 할 정도였다. 계획된 인공 호수의 길이만 600킬로미터가 넘었다. 이렇게 만들어진 수력 발전소는 16개의 대형 원자력 발전소를 합친 것만큼의 전력을 생산한다는 것이 계획 당국의 설명이다. 프로젝트 초기에 200만 명의 주민이 강제 이주되어야만 한다고 했다. 그동안 이 숫자는 몇백만이 더 늘어났다.[158]

중국의 갈등 양상은 수많은 지역 단체들로 생동감을 자랑하는 시민 사회인 인도와는 전혀 달랐다. 공산주의 독재는 농촌 주민의 자율권을 상당 부분 짓밟았다. 농촌 주민은 저항할 엄두를 내지 못했다. 다이칭은 전문가들과의 토론에 사무적 분위기로 임했다. 매우 신중한 접근이었음에도 이 토론은 중국에서 누천년에 걸친 수리 경험과 숱한 홍수 피해로 다져진, 강의 힘을 바라보는 경외감을 느끼게 해주는 환상적 수준을 자랑했다. 중국 내부에서 싼샤 프로젝트는 이미 30년째 논란의 대상이었다. 그러나 어마어마한 규모 때문에 심지어 마오쩌둥도 망설이지 않을 수 없었다. 그런 대형 댐은 중국의 군사적 민감함을 끌어올릴 뿐만

---

* **戴晴**: 1941년생의 중국 반체제 운동가. 언론인 출신으로 수필가이자 정치가로 활동했다.

아니라, 농부와 지역 인민을 공산주의 지배의 바탕이라고 꾸며대던 마오쩌둥의 수사적 표현에도 위배되었기 때문이다. 다이칭은 한때 마오쩌둥의 산업 문제 비서였으며, 수자원과 전력을 담당한 부총리 리루이*의 지원을 받았다. 리루이는 〈자연의 법칙〉에 순응하자고 하면서, 댐 열광주의자들을 공산당의 전문 용어를 써서 극우적 감상주의이며 자의적인 주관주의라고 비난했다.[159]

〈자연의 법칙〉은 이미 1957년 용기 있는 수리학자 후앙완리**가 싼샤 댐을 비판하면서 내세운 논리다. 한때 미국의 테네시강 유역 개발 공사 TVA에도 참여했던 수리학자 후앙완리는 〈황하〉를 막아 생겨난 인공 호수가, 이 강의 진흙, 본래 노란 강물이라는 뜻을 가진 〈황하〉의 탁한 강물을 만들어 내는 진흙 탓에 결국 엄청난 재앙을 부를 것이라고 염려했다. 당시 80세의 후앙완리는 중국 정부의 수장 장쩌민과 미국 대통령 클린턴에게 편지를 보내 싼샤 댐 프로젝트의 위험을 알렸다. 그는 자신이 수리학자로 댐 건설 자체를 반대하지는 않는다는 완곡한 논리를 펼쳤다. 그는 과거 중국이 소련 기술자가 중국 땅을 잘 알지 못하면서도 밀어붙인 공사 때문에 겪었던 쓰라린 경험을 거론하기도 했다.[160] 다이칭은 양쯔강에만 관심을 가진 것이 아니라, 조국의 민주화에 갈수록 더 몰두했다.[161] 그러나 프로젝트가 정치적 힘겨루기의 장이 되면서 중국 정부는 프로젝트를 고집하게 되었다. 그렇지만 유서 깊은 중국의 문화 유적지가 물에 잠긴다는 사실을 바라보는 불편함은 오늘날 중국에서 여전히 논란의 불씨가 되고 있다. 류샤오둥***이 그린 「싼샤의 새로운 이주민」이라는 제목의 거대한 그림은 2007년 베이징의 어떤 레스토랑 체인을 창업한 여주인이 경매를 통해 200만 유로에 사들였다.[162]

나르마다와 싼샤 프로젝트를 둘러싼 논란은 단발성 사건이 결코 아

---

* 李锐: 1917년생의 중국 정치가. 정계에서 은퇴하고 작가로 활동하며 중국의 민주주의 개혁을 지지했다.
** 黃萬里: 1911~2001. 중국의 수리학자로 칭화 대학교 교수를 지냈다.
*** 劉小東: 1963년생의 중국 화가.

니며, 환경 운동의 전형이다. 대형 댐 건설을 반대하는 저항 운동은 무엇보다도 동아시아와 남아시아 그리고 동남아시아에서 본격적인 운동으로 자리 잡았다. 중국 남부의 윈난성에서 발원해 동남아시아의 여러 나라를 관통하며 흐르는 메콩강이라든지, 인도네시아 자바섬의 〈끄둥 옴보Kedung Ombo〉 호수를 비롯해 그동안 댐 건설 프로젝트는 많이 생겨났기 때문이다.[163] 국경을 가로지르며 흐르는 강의 경우 논란은 부분적으로 국가 사이의 갈등으로 비화했다.

국내 갈등의 경우 인구 밀도가 높은 수변 지역에서 주민을 이주하는 문제가 가장 중요했다. 또 댐은 양쪽 진영에서 각각 대단히 상징적인 의미를 가진다는 점에서 갈등을 빚는다. 찬성하는 사람들에게 댐은 〈발전〉을 상징하는 마력적인 개념이다. 반대하는 쪽은 댐을 리바이어던이라는 괴물로 변한 공권력의 상징으로 보았다.[164] 댐 건설의 주역들은 사회적 정의를 내세우기 일쑤다. 이들은 대형 댐이야말로 〈개발의 혜택을 지역에 고르게 분배하는 정의의 상징〉이라는 논리를 펼친다.[165] 국가의 개입을 획일적인 정의로 정당화하는 또 다른 사례는 이미 공산주의의 전체 역사가 여실히 보여 준 바 있다. 그러나 생태 역시, 정치의 권력 다툼에서 바라보자면, 추상적 원칙으로 이중의 면모를 보여 준다. 생태는 저항 운동가의 무기일 뿐만 아니라, 지배 세력의 도구이기도 하기 때문이다. 인도네시아의 〈재정착 프로젝트〉는 〈세계의 가장 야심 찬 이주 계획〉으로 자바섬의 수백만 명에 달하는 빈민을 인도네시아 외곽 섬들로 옮기기 위한 구실을 생태에서 찾았다. 자바섬이 생태적으로 감당할 수 없을 정도의 과잉 인구에 시달린다는 것이다.

고향 땅을 누릴 권리를 뒷받침하는 새로운 생태 논리

그러나 생태를 구체적으로 살피며 얻은 통찰은 정반대의 논리를 제공한다. 미래를 좀 더 멀리 내다보면 생태는 고향 땅을 누릴 권리가 정당함을 일깨워 준다. 물론 여전히 발전과 이주를 옹호하는 쪽은 고향 땅에 대한 고집을 관성의 법칙처럼 볼 것이다. 그러나 인도네시아의 〈재정착 프로젝트〉는 빈민을 더욱 곤궁하게 했을 뿐만 아니라, 거대한 규모의 생태 파국도 불러왔다. 이주민이 새로운 환경에 적응하면서 그곳의 생태 조건을 무너뜨렸기 때문이다.[166] 심지어 인도네시아 군대의 일부 세력조차 댐에 반대하는 운동에 호감을 보이며, 시위대를 제압하지 않으려고 했다.[167]

이미 작가 발렌틴 라스푸틴*, 러시아 환경 운동의 정신적 아버지라는 평가를 받는 라스푸틴은 자신의 대표 작품 『마툐라와의 이별Прощание с Матёрой(Farewell to Matyora』(1976)에서 댐에 맞서 싸우는 향토애를 그렸다. 이 작품은 영화로도 만들어져 성공을 거뒀다. 라스푸틴의 여주인공은 활달하며 고향을 끔찍이 아끼는 러시아 농촌의 전형적인 할머니다. 그녀는 댐으로 생겨난 인공호에 수몰될 예정인 마을을 떠나지 않는다.[168] 라스푸틴 자신은 러시아 정부 수반에게 보낸 편지에서 시베리아의 강들을 중앙아시아로 돌리는 계획이 실현된다면, 붉은 광장 한복판에서 자살하겠다고 위협했다.[169] 메드하 파트카르 역시 1989년 세계은행 총재에게 보낸 편지에서 자신과 동료들은 나르마다 계곡이 수몰될지라도 떠나지 않겠다고 선포했다.[170] 라스푸틴의 문학적 상상력이 현실로 옮겨진 것이다.

도나우 강의 생태가 가지는 다의성

하인부르크Hainburg, 빈Wien에서 도나우 하류 쪽으로 60킬로미터 떨어진 이곳에 계획된 수력 발전소에 반대하는 오스트리아 저항 운동은 전혀 다른 분위기를 자아냈다. 이곳에서 자연 애호가들은 무엇보다도 자신이 사랑하는 강과 호수의 풍경이 수몰될 것을 두려워했다. 프로젝

* Valentin Rasputin: 1937~2015. 러시아의 소설가로 이른바 〈향토 작가〉로 불리는 인물이다.

트는 대독일 제국 시절에 생겨난 것으로 이미 40년이 넘은 주제였다. 1980년대 초에 이르러 상황은 심각해졌다. WWF는 〈습지대를 구하자〉는 캠페인에 시동을 걸었다. 1984년 강변의 숲이 개간되기 시작하자 자연 보호 운동가들이 지역을 점유했다. 경찰의 무자비한 진압이 여론의 공분을 불러일으키자 개간 사업은 1985년 1월 2일에 잠정적으로 중단되었다. 저항 운동을 선두에서 이끈 인물은 당시 국제적으로 가장 유명한 오스트리아인, 곧 1973년의 노벨상 수상자이자 환경 운동의 발족 선언문이라 할 수 있는 『현대 문명이 범한 여덟 가지 최악의 죄악』을 쓴 콘라트 로렌츠다. 다른 학자들과 환경 운동가들과 함께 그는 하인부르크 프로젝트를 두고 국민 투표를 하라고 요구했다.[171] 단체의 대변인은 1984년 5월 7일에 언론에 효과적인 해프닝, 〈동물들의 기자 회견〉을 열었다. 이 회견에는 붉은 사슴, 먹황새, 흰눈썹울새, 무당개구리 등으로 분장한 운동가가 기자들의 질문을 받았다. 이 경우 인간의 향토를 중시한 나르마다 반대 운동과는 달리, 생물종이 풍부한 자연이 문제의 핵심이기는 했지만, 로렌츠와 그 친구들은 대다수 오스트리아 국민이 도나우강 주변의 풍광을 고향의 일부로 보존할 가치가 있다고 느끼리라 확신했다. 빈 정부는 시간 끌기로 대응하기로 하고 프로젝트를 유예했다.

로렌츠는 이미 츠벤텐도르프Zwentendorf에 계획된 원자력 발전소를 반대하는 운동을 성공적으로 이끌며, 자신의 존재감을 과시한 바 있다. 이제 로렌츠는 오랜 친구인 오토 쾨니히*와 다툼을 벌였다. 로렌츠의 수염까지 똑같이 흉내 내 〈로렌출루스Lorenzulus〉라는 별명으로 불리기까지 했던 쾨니히는 마찬가지로 명망 높은 행태 연구가이자 오스트리아 자연 보호를 이끈 인물이다. 그러나 쾨니히는 그동안 더 넓은 시야로 환경 정책의 차원에서 생각했다. 에너지는 어떤 방식으로든 확보되어야만 한다. 원자력이나 석탄으로도 안 된다면, 남는 것은 수력 발전뿐이

---

* Otto Koenig: 1914~1992. 오스트리아의 비교행태학자이며 출판인.

다. 이미 1970년부터 쾨니히는 빈에서 도나우 상류 쪽으로 차례로 댐들을 지은 〈도나우 수력 발전 주식회사〉에 환경 친화적 발전 시설을 짓도록 자문 역을 맡았다. 이 회사의 지원을 받아 쾨니히는 생태 풍속학 연구소를 설립했다.[172] 도나우강은 나일강도 황허강도 아니다. 댐 건설로 도나우강에 생겨난 인공 호수는 생태적 파국을 의미하지 않았다. 자연스럽게 물이 넘쳐흐르는 호수는 새들의 멋진 안식처가 되지 않을까? 온대 지역의 수력 발전소가 생태학에 무엇을 뜻하는지는 분명하지 않다.

쾨니히가 보기에 수력 발전을 둘러싼 갈등은 생태 시대에 이르러 자연 보호를 그 근본부터 다르게 생각해야 한다는 조짐이었다. 그는 단순히 익숙한 풍광을 보존하는 데서 벗어나 전체를 가늠하는 시각으로 적극적 전략을 구사하면서 환경 친화적인 경제를 만들어 가는 것이 진정한 자연 보호라고 주장했다. 〈오늘날 자연 보호는 엉뚱한 전선에서 싸운다〉며 하인부르크 프로젝트 반대 운동을 보며 말했다. 오늘날 〈전혀 흐트러짐 없이 보호할 만한 풍광〉은 남아 있지 않으며, 서식지 보호는 〈오로지 특정 지역을 확정해 다시 생기를 불어넣어 주는 인공적 방법으로만 가능하다〉. 이런 자연 보호는 〈인위적인 생명 공간〉을 창조해 낸다. 그러면서 쾨니히는 더 나아가 로렌츠의 개념을 차용한다. 그는 역사를 아는 사람이라면 자연 보호 운동가들이 그토록 사랑하는 노이지들러호*의 자연 낙원이 실제로는 운하 건설의 결과로 생겨난 〈인위적인 생명 공간〉임을 알아야 한다고 역설했다. 어쨌거나 자연 보호는 〈일차적으로 환경을 오염시킨 독극물을 해독해 줘야 한다〉고 강조했다. 다시금 〈독물〉이라는 주동기가 등장한다. 〈진정한 자연 보호주의자는 이런 미친 시대에 전체를 가늠하며 생각하고 계획하고 실천해야만 한다.〉 〈자연 보호 운동의 진정한 전선은 실제로 생존이 문제가 되는 곳이어야지, 언론에 호들갑이나 떠는 행사장일 수는 없다.〉 바로 그래서 수력 발

---

* Neusiedler See: 오스트리아와 헝가리(페르퇴 호: Fertő tó)에 걸쳐 있는 유럽 대륙에서 두 번째로 큰 내륙호. 전체 면적은 315제곱킬로미터이며, 이 가운데 240제곱킬로미터는 오스트리아에, 나머지는 헝가리에 속한다.

전은 올바른 방향으로의 〈진정한 발달〉이라고 그는 강조했다. 〈나는 특정 나무와 웅덩이의 몇몇 애벌레가 배기가스에 고통받는 주민보다 더 중요하다고 여기는 동물학자와 식물학자가 있음을 안다. 그들이야말로 강과 호수 주변의 풍광을 보호하자며 자동차를 타고 가 점령하는 인간이다.〉[173] 지도적 위치의 환경 운동가가 우선순위 문제를 놓고 이처럼 구체적이며 도발적으로 발언한 경우는 찾아보기 어렵다.

자연 보호와 엇나가다: 초기의 반핵 운동

이탈리아의 자연 보호 운동가들은 수력 발전에 반대해 싸우는 것을 이해하지 못했다. 이탈리아의 댐 건설은 아주 오랜 전통을 자랑하기 때문이다. 반대로 오스트리아와 스위스 같은 알프스 국가의 자연 보호 운동가들은 댐으로 계곡을 막아 망쳐 놓느니 차라리 원자력 발전소를 수용하겠다는 입장을 보였다. 그렇지만 오토 쾨니히는 원자력을 반대하는 싸움을 최우선 순위로 여겼다. 비록 그의 눈에 반핵 운동 동지들의 〈호들갑스러운 혁명 운운과 인디언 놀이〉가 마땅치 않기는 했지만.[174] 이로써 우리는 〈원자력 갈등〉의 한복판에 들어섰다. 1979년 독일의 원자력 발전소 반대 운동은 3월 31일의 시위로 10만 명의 운동가들이 하노버에 결집하면서 절정에 달했다. 이 시위가 열리는 데 큰 영향력을 발휘한 사건은 1978년 11월 5일 오스트리아의 국민 투표에서 과반이 넘는 사람들이 원자력을 거부하는 표를 던진 것이다. 이 시위에서 로베르트 융크는 스칸디나비아에서 호주까지 저항의 〈비공식 국제 연대〉가 이뤄졌다고 선포했다.[175]

사실 기존의 자연 보호 전통과 맥을 달리하는 새로운 환경 운동이 가장 중시한 문제는 바로 원자력 발전소 반대 운동이다. 이 운동은 유럽 중부에서 특히 뜨거웠지만, 그곳만 그런 것은 아니다. 반핵 운동은 처음부터 시민 운동이었기에, 정치 쪽에서는 관여하지 않았다. 시민 단체에서 로비하고 싶어 했던 환경 문제 정치가들은 이 저항 때문에 난처한 지경에 처했다. 에너지 정책은 환경 문제 정치가가 손댈 수 없는 분야였기 때문이다. 나중에 가서야 반핵 운동은 생태적 근거에도 눈떴다. 세계의 근본인 원자를 분열하는 것은 창조의 뜻을 거스르는 죄악이라는 식의 근거였다. 일단 처음에는 자연이 아니라, 기술적 안전과 인간의 건강이 주요 쟁점이었다. 이렇게 본다면 새로운 저항 운동은 전 세계적인 독극물 반대 운동 중 하나다.

핵기술의 〈개척자 역할〉: 가설적 위험과 직면하다

반핵 운동은 크게 보아 독극물 반대 운동과 맥을 같이한다고 하더라도 미래를 지향하는 특징을 가졌다. 반핵 운동은 당시 신문지면을 장식하던 거의 모든 다른 환경 문제와 달리 가시적 위험이 아니라 눈으로 볼 수 없는 잠재적 위험을 다룬다. 반핵 운동은 이미 알려지고 입증된 폐해가 아니라 발생할 수 있는 가설적 위험을 주제로 삼는다. 이런 특성은 예전의 운동에서 볼 수 없던 새로운 점이며, 현재보다는 미래를 중시한다. 유전 공학의 위험이라든지 기후 온난화나 세계 바다의 생태계 문제 또는 특히 가설적 위험인 〈전자파〉 등도 마찬가지다. 이런 가설적 위험을 다루려면 새로운 유형의 정치가 요구된다. 이를테면 사회가 용인할 수 있는 수준의 가설적 위험이 어느 정도인지 시민과 대화한다거나, 여러 조건을 섞어서 시험해 본다거나, 실제 위험이 빚어질 경우를 대비해 전략을 수립하는 것이 새로운 유형의 정치다. 다른 누구도 아닌 볼프 헤펠레*, 칼스루에 원자력 연구 센터에서 고속 증식로의 창시자로 불리며, 그 자신도 기꺼이 〈증식로 교황〉이라는 별명으로 불리기 원하는 볼프 헤펠레는 1973년 〈개척자 역할을 하는 원자력 에너지〉라는 표현을 썼다.[176] 그는 분명 당시 세를 불려 가는 반대 세력을 의식하고 핵의 위

---

* Wolf Häfele: 1927~2013. 독일의 물리학자로 고속 증식로 개발에 결정적인 공헌을 했다.

험이 새로운 기술의 위험성 문제에서 결코 유일하지 않다고 말하고 싶었던 것이리라.

그렇지만 반핵 운동의 초기에 이미 히로시마, 곧 두 눈으로 확인한 가장 끔찍한 파국이 있지 않았는가? 그러나 당시 지성인과 오피니언리더는 〈원자력의 평화로운 이용〉은 원자 폭탄과 엄격히 구분해야만 한다는 점을 확고한 사실로 받아들였다. 독일의 원자물리학자들이 1957년에 발표한 「괴팅겐 선언」을 보라. 1970년대만 해도 독일 반핵 운동가들은 〈원자 폭탄〉이라는 주제가 문제의 초점을 흐렸다고 보았다. 〈원자 폭탄〉을 들먹이는 것은 원자력 로비스트가 흔히 써먹는 수법, 곧 진짜 위험한 것은 원자 폭탄이지, 민간 핵기술이 아니라는 식의 초점 흐리기다. 원자력 로비스트는 평화로운 원자력 이용이 원자 폭탄 대신 억울한 누명을 뒤집어쓴다는 논리를 펼치곤 했다.

처음부터 반핵 운동이 더 폭넓은 환경 운동의 촉매였던 것은 아니다. 많은 경우 반핵 운동은 오로지 원자라는 하나의 문제에 집착해야만 했다. 원자력을 연구하는 데 시간이 오래 걸릴 뿐만 아니라, 동시에 대단히 흥미롭기도 해서 다른 문제에 신경 쓸 수 없었기 때문이다. 그래서 어떻게 이처럼 하나의 문제에만 집중하던 반핵 운동이 시야를 넓히며 환경 위험의 더 폭넓은 스펙트럼을 주목하게 되었는지는 우선순위의 발생만큼이나 대단히 중요하다. 이 과정을 특히 잘 보여 주는 곳은 독일이다.

독일은 독보적이다: 설명이 필요하지 않을까?

원자력 로비가 흔히 주장했고 심지어 많은 반대 당사자가 믿었던 것처럼 원자력을 반대하는 시위가 독일만의 특별함은 아니다. 그러나 원자력 반대 운동을 전 세계적 차원에서 체계적으로 비교해 볼 때 이 운동에서 독일이 차지하는 위치가 독보적이며 경쟁을 허락하지 않을 정도의 정상급 위치를 자랑한다는 점은 사실이다. 원자력 반대 시위에 12만 명이 참가한 것은 오늘날 연구된 바로 전 세계에서 독일이 유일하다.[177]

이 운동은 몇십 년이 넘도록 세대가 바뀌고 언론의 관심이 줄어듦에도 집요함을 잃지 않았다. 이는 분명 독일인이 가진 다른 정상급 위치와 관련이 있다. 원자력 반대 운동에 뿌리를 두고 있는 독일 녹색당이 전 세계적으로 지금껏 유일하게 성공했다는 점이 바로 그 정상급 위치를 의미한다. 1970년대 말 녹색당이 생겨났을 때 원자력의 찬반 문제는 피아 진영을 가르는 결정적 물음이었다. 환경 문제의 혼란스러울 정도로 다양한 스펙트럼에서 원자력 반대는 최우선시되는 목표로 적어도 독일에서는 든든한 토대다.

그러나 묘한 점은 어째서 독일이 이런 특별함을 보였는지 납득할 만한 설명을 지금도 찾아볼 수 없다는 사실이다.[178] 이 복잡한 문제를 따져 보면 볼수록, 그만큼 이 주제가 근본적 성찰을 위한 많은 계기를 준다는 사실을 알 수 있다. 즉 어떤 방식으로 역사의 인과 관계를 증명해야만 하며, 인과적이지 않은 역사적 연관은 얼마나 있는지 반성하는 것이다. 우연과 모순, 특정 인물과의 관계망이 역사학자가 인정하고 싶은 것보다 더 중요한 역할을 하는 게 아닐까? 혹시 현대의 사회와 구조를 다루는 역사학자는 역사를 지나치게 결정주의로 몰아붙이려는 야심을 보이는 것은 아닐까?

독일 원자력 반대 운동가의 관점에서 문제는 간단하다. 원자력 기술은 대단히 위험하다. 이토록 위험한 일에 격렬하게 반대하는 사람들이 모이는 것은 지극히 당연하다. 굳이 설명하지 않아도 분명한 이야기 아닌가. 오히려 다른 나라에서는 왜 독일보다 저항이 약한지를 설명해야 한다. 실제로 독일에만 국한해서 사안을 살펴보면, 특히 독일의 원자력 기술 개발의 과정에서 논란이 빚어질 수밖에 없었다는 결론이 나온다. 이런 결론을 논증할 논리는 세 가지를 꼽을 수 있다.

(1) 독일의 원자력 경제는 독자적으로 원자로를 개발할 것을 선호했으며, 처음부터 높은 인구 밀도 탓에 미국보다 훨씬 더 안전한 원자로가 필요하다는 의식이 강했다. 미국은 늦어도 1967년부터 경수로를 표준

으로 삼았다. 그렇지만 경수로는 심지어 미국 원자로 안전 전문가가 보기에도 〈잔여 위험도〉가 너무 높았기 때문에, 오로지 인구 밀도가 희박한 지역에서만 가능했다. 독일에는 이런 지역이 없다.[179] 이렇게 볼 때 독일 저항의 격렬함은 〈생태 운동의 생태학〉으로 자연스럽게 이해된다.

(2) 1960년대까지만 하더라도 해당 전문가들은 원자력의 위험을 특이할 정도로 솔직히 이야기했다. 그렇지만 경수로 개발에 막대한 돈이 투자되면서 말조심하는 분위기가 팽배해졌다. 최악의 위험이 무엇일지 하는 토론은 자연스레 억제되었다. 전문가들이 활발하게 논의하지 않자, 이 논의는 반대 세력에게 넘어갔다.[180]

(3) 원자력이 미래 비전이었던 한에서 사람들은 많은 희망을 원자력에 투사했다. 실제로 1950년대만 해도 독일은 다른 나라와 마찬가지로 원자력에 열광했다. 이 열광은 원자력 발전소가 꼼짝할 수 없이 현실이 된 순간에 깨졌다. 현실은 냉철했다. 원자력 발전소가 바로 인근에 계획되자마자 사람들은 이전에는 볼 수 없던 조바심으로 최악의 경우 과연 안전 대책을 믿을 수 있는지 물었다.[181]

원자력 기술을 둘러싼 논란은 분명 그때까지 독일 역사에서 찾아볼 수 있는 최대의 공개적 논란이었다. 빌*(1975년)에서 논란은 현재까지 계속되고 있다. 이런 지속성은 오늘날 언론이 다루는 시사 쟁점이 이내 수그러드는 것과 확연한 대비를 이룬다. 또 격렬함에서도 원자력 반대 운동은 최대의 시위를 연출하며 1968년 학생 운동의 모든 시위를 능가했다. 참가자의 다양함과 규모 그리고 수준 높은 논리도 독일 원자력 반대 운동의 특징이다. 저항 운동은 위로부터의 지시를 함께 막아냈다는 성취에 열광했을 뿐만 아니라, 사회학과 자연과학 사이의 간극을 극복하려는 시도로 지적 면모를 과시하기도 했다.

* Wyhl: 독일 바덴뷔르템베르크주의 소도시로 프랑스 국경과 맞닿아 있는 곳이다. 이곳에 원자력 발전소를 세우기로 한 계획이 발표되면서 반핵 운동의 성지가 되었다. 결국 계획은 철회되었다.

이 모든 것은 독일뿐만 아니라 세계의 다른 나라들에서도 볼 수 있는 특징이다. 그럼에도 독일은 이런 관점에서 확실히 특별하다. 독일의 특별한 조건을 더 자세히 알아보려면 원자력을 둘러싼 논란이 일어난 국가와 그렇지 않은 국가, 곧 프랑스, 미국, 일본과 차례로 비교해 보는 것이 필요하다.

프랑스와의 비교

유럽에서 원자력 발전소 설립 계획에 대항한 최초의 대형 시위가 독일이 아닌 프랑스에서 일어났다는 사실을 오늘날 아는 사람은 별로 많지 않다. 이 시위는 1971년 4월 12일 알자스의 페센하임Fessenheim에서 일어났다. 며칠 뒤 열 배는 더 많은, 약 1만 5,000명에 가까운 군중이 원자로 건설 현장인 론Rhone의 뷔제Bugey에 운집했다. 시위는 1971년 7월에 열린 〈반핵 축제〉에서 절정을 이루었다.[182] 이런 행동은 성공하지 못했다. 이에 반해 성공적이었던 것은 마콜스하임Marckolsheim에 계획된 납화학 공장 건립을 반대하며 1974년 알자스에서 일어난 저항이다. 〈직접 행동하라Action directe〉와 농부의 저항, 1960년대 대학생 운동의 저항 문화 해프닝 같은 프랑스 전통, 또 지역주의의 점증하는 자신감 역시 저항 운동의 스타일을 이루었다.

생태 시대를 맞아 알자스 주민들은 불과 10년 전만 하더라도 국가를 배신하는 것으로 여겨졌을 새로운 자신감을 과시했다. 1971년 12월 28일 스트라스부르에서 세계 각국의 약 50여 개 원자력 반대 운동 단체가 만났다. 당시 이미 관찰자들은 〈개인들이 《자발적》으로 행동했던 시기가 지나고 이제 조직의 단계, 통합을 협의할 시기로 넘어간다〉고 믿었다. 프랑스의 이런 모범은 1975년 2월 18일에 독일의 빌에서 이뤄진 점거, 곧 계획된 원자력 발전소 건설 현장의 점거에서 중요한 의미가 있다. 그 조직화의 선례에 따라 독일의 원자력 반대 운동은 처음으로 무장 대중 운동으로 변신하면서 단숨에 언론의 집중 조명을 받았다.

1974년만 하더라도 바텔 연구소*는 독일 언론에서 원자력 문제를 다룬 약 1만여 개 기사 가운데 비판적 입장을 취한 것은 극히 적었다고 연구 결과를 밝히기도 했다. 나중에 흔히 듣는 주장처럼 언론이 반대 운동에서 일차적 자극을 준 것은 사실이 아니었다.[183]

프랑스가 원자력 발전의 아성이 된 나중에야 비로소 독일과 프랑스 사이의 차이를 부각하려는 이야기가 인기를 끌었다. 프랑스가 합리성을 앞세운 발전을 신봉하는 국가라고 한다면, 독일은 현대를 불편하게 여기는 낭만주의 국가라는 식의 대비다. 특히 독일의 원자력 로비는 기술에 반감을 갖는 독일의 낭만주의 전통을 들먹여 가며 이어졌다. 이런 식의 논리가 씨알 하나만큼의 진리를 가질 수는 있다. 그러나 이런 그림에 맞지 않는 많은 사실을 끌어모으기는 어려운 일이 아니다. 독일의 기술 역사는 기술에 반감을 갖는 독일인을 전혀 알지 못한다. 흔히 듣는 선입견과는 반대로 〈원자 만세!Vive l'atome〉는 프랑스에서만 지배적인 분위기가 전혀 아니었다.[184] 오히려 많은 시위와 설문 조사 결과가 보여주듯, 핵기술을 바라보는 불편함은 독일 못지않게 프랑스에서도 널리 퍼져 있었다.[185]

독일과 프랑스의 차이는 생태 논리로 바라보면 어느 정도 이해가 된다. 프랑스와 독일 사이에 나타나는 명백한 세 가지 차이는 왜 프랑스의 반대 운동이 독일보다 덜 효과적이었는지 그 이유를 잘 설명해 준다. 우선 프랑스는 당시 서독보다 인구 밀도가 훨씬 더 낮았다. 둘째, 프랑스는 석탄 매장량이 독일에 견주지 못할 정도로 적었다. 1950년대 이후 파리의 정치가들은 프랑스가 석탄 부족으로 산업에서 영국과 독일에 뒤처질 수밖에 없었지만, 이제 원자력으로 이를 만회할 좋은 기회를 얻었다는 말을 되뇌었다.[186] 그렇지만 프랑스는 석탄 없이도 이미 오래전에 이 뒤처짐을 따라잡았다. 1960년대에 피레네산맥의 태양광 발전 프

---

* Battelle Memorial Institute: 미국 오하이오에 위치한 비영리 연구소. 주로 특허권과 관련해 위탁받은 연구를 진행하는 곳으로 1929년 고든 바텔Gordon Battelle이라는 사업가가 설립했다.

로젝트와 대서양의 조력 발전 프로젝트가 대중의 주목을 받았다. 그러나 이런 프로젝트는 현실에서는 그저 상징적 의미만 있을 뿐이다. 셋째, 프랑스는 원자력 강국이다. 프랑스의 핵기술은 이미 폭넓은 관련 조직을 활용할 수 있었다. 독일의 원자력 위원회CEA는 이에 비교될 수준이 전혀 아니었다. 그리고 특히 프랑스의 드골파 정치인들은 핵기술을 민족주의와 연결했다. 물론 독일에도 은밀하게 그런 성향의 인물들이 있었지만, 누구도 공개적으로 드러낼 엄두를 내지 못했다.

원자 폭탄 제조는 〈평화로운 원자력 이용〉의 출발에 유리했지만, 동시에 부담이기도 하다. 원폭 제조 기술은 원자력 발전에 필요한 원자로 개발을 든든하게 뒷받침해 주었지만, 이런 뒷받침은 에너지 경제의 요구와는 충돌했다. 드골 정부 치하에서 원자력 위원회는 민족주의를 앞세우며 프랑스를 미국의 기술에서 독립시켜 줄 가스 흑연 원자로의 개발을 고집했지만, 프랑스 전력공사Electricité de France, EdF는 비용이 적게 들어가는 미국의 경수로를 받아들이고 싶어 했다. 경수로는 당시 독일도 채택한 방식이다. 이런 상황에서 드골 시대에 혼연일체를 이룬 핵 커뮤니티는 결성될 수 없었다. 이런 상황은 프랑스 핵기술 비판자들에게 한동안 유리하게 작용했다. 그러나 드골의 후계자 퐁피두가 경수로로 노선을 바꾸자, 핵기술과 전력 생산 경제의 이해관계가 맞아떨어지면서 원자력 발전소 프로젝트는 급물살을 타기 시작했다. 1973년 가을의 석유 위기가 지나가자 프랑스 정부는 나날이 커지는 비판의 목소리에도 흔들림 없이 모든 권력 수단을 동원해 프랑스의 전체 전기 생산의 기반을 원자력으로 닦으려고 했다. 〈숨 가쁠 정도의 단호한 대담함〉(마이클 베스Michael Bess)[187]으로 프랑스는 세계적인 핵기술 강국으로 올라섰다.[188]

1970년대 후반에 프랑스에서 원자력을 반대하는 저항은 한때 독일보다 더 과격했다. 그랬던 저항이 결국 지지부진하게 된 결정적 원인은 프랑스의 중앙 집권주의다. 저항이 확산되려면 분노를 불러일으킬 근거는 물론이고 성공의 기회도 읽어 낼 줄 아는 자세가 필요하다.[189] 이런 전략적 태도는 분명 독일이 프랑스보다 더 나았다. 1960년대에 독일의 원자력 산업은 프랑스의 관료주의와 체계적인 계획을 두려워했다. 이런 두려움의 결과가 〈유럽 원자력 공동체EURopean ATOMic Energy Community, EURATOM〉를 바라보는 철저한 불신이다. 〈EURATOM〉은 처음부터 〈프랑스 원자 폭탄의 평화적 생산을 위한 유럽 공동체〉라는 조롱을 받았다. 심지어 산업의 편을 들던 신문 『인두스트리쿠리어』*조차이 〈국민 농담〉을 퍼뜨렸다.[190] 그러나 1970년대에 들어서자 독일 원자력 산업은 프랑스의 중앙 집권주의를 부러워하기 시작했다.

독일의 원자력 발전소 건설 허가 절차는 최소한 형식적으로는 탈중심적인 요소를 가졌다. 해당 지역의 주민들을 상대로 공청회를 열게 한 것이다. 공청회는 바로 이웃에 원자력 발전소를 두고 살아야 하는 비판자들에게 토론의 장을 마련해 주었다. 물론 지역의 공청회는 원자력 발전소 건설이 이미 지역 정부와 조율을 끝낸 상태라 그저 겉치레일 때가 많기는 했다. 그러나 이런 쇼를 경험한 비판자들은 자신들이 진지하게 받아들여지지 않았다는 점에서 본격적으로 분노했으며, 허가 절차의 합법성을 철저히 불신했다. 그리고 경찰과의 경험도 한몫 거들었다! 68 저항 세대의 독일 대학생들은 일반적으로 독일 경찰이 특히 잔인하다고 믿었다. 경찰 안에 나치 출신이 여전히 많다고 보았기 때문이다. 그러나 프랑스에서 말빌Malville의 원자로 프로젝트에 반대하는 시위에 참여한 독일 68세대는 눈이 번쩍 뜨이는 경험을 해야만 했다.「원자력 국가에 반대한다」라는 팸플릿에서 볼프 비어만, 클라우스 트라우베 그리고 귄터 발라프가 쓴 글에는 이런 표현이 나온다.** 〈말빌과 비교하면 브로크도르프Brokdorf는 산보하는 것이나 다름없다. 프랑스 경찰은 연막탄과 최루탄 같은 공격 무기를 전쟁처럼 쏘아댔다.〉[191] 고통을 각오한 원

---

* *Industriekurier:* 1948년에서 1970년까지 독일 뒤셀도르프에서 발행되던 경제 신문이다. 주로 산업의 이해를 대변한 이 신문은 경쟁을 이기지 못하고 다른 신문에 합병되었다.
** Wolf Biermann은 1936년생의 독일 음유시인이며 동독 치하에서 반체제 저항 운동을 벌였다. Klaus Traube(1928~2016)는 원자력 발전소 경영자에서 반대 운동가로 변신한 상징적 인물이다. Günter Wallraf는 1942년생의 독일 탐사 전문 기자이자 작가다.

자력 반대 운동가에게 이런 사정은 영웅이 될 기회를 의미했다. 그만큼 프랑스는 독일보다 더 분명하게 적의 그림을 그릴 수 있었다. 그러나 1970년대 후반에 체 게바라 숭배의 시기는 지나갔다. 환경 운동은 〈생명〉의 보호라는 새로운 열정으로 충만했지, 더는 순교에 큰 의미를 두지 않았다.

미국과의 비교

원자력을 반대하는 대다수 독일인은 원자력 논란을 촉발한 첫 자극이 미국에서 왔다는 점을 잊어버렸다. 원자력 반대 논증을 처음 포괄적으로 다룬 독일 책 『평화롭게 파국으로Friedlich in die Katastrophe』(1973년 초판 출간)를 집필한 홀거 슈트롬은 〈지구의 벗〉 독일 지부 회장이었다. 그가 관련 정보에 밝았던 것은 미국의 인맥 덕분이다. 기묘한 것은 원자력 논란의 뿌리가 어디인지 하는 문제는 미국 환경 역사학자들 사이에서조차 이미 오래전에 잊히고 말았다는 점이다. 세 권의 두꺼운 책으로 이뤄진 『세계 환경 역사 백과사전Encyclopedia of World Environmental History』(2004)에서 핵기술과 원자력 반대 운동은 그저 슬쩍 훑고 지나가는 주제일 뿐이다. 심지어 독일 환경 운동권이 세계사적인 변곡점으로 보는 체르노빌 원자로 사건조차 이 백과사전에서는 독자적인 항목으로 다루지 않았다.[192] 원자력 문제를 가장 중요한 주제로 다루는 환경 역사학자에게 이런 상황은 참으로 알 수 없는 수수께끼다. 더욱이 미국의 환경 운동은 타의 추종을 불허할 정도의 뛰어난 역사의식을 자랑하지 않던가.

미국의 원자력 갈등과 독일의 그것 사이에 시차가 있다는 점이 이 수수께끼를 부분적으로나마 풀어 볼 열쇠를 제공한다. 미국에서 갈등은 이미 1960년대에 절정을 이루었다. 미국은 원폭 실험 반대 운동에서 민간 원자력 발전소 반대 운동으로 곧바로 넘어갔다. 두 운동을 이어 주는 연결 고리는 이른바 〈쟁기 프로젝트Plowshare-Project〉를 반대하는 저항이다. 이 프로젝트 이름에 〈쟁기〉를 붙인 것은 〈칼날을 쟁기 날로!〉*라는 평화 운동의 구호에 빗댄 것이다. 쟁기 프로젝트는 파나마 지협을 원자 폭탄으로 폭파해 갑문이 없는, 해수면 높이의 새로운 파나마 운하를 뚫고자 하는 민간 사업이다.[193] 원자력 발전소를 겨눈 비판은 심각한 위협이 있을 경우 비상 냉각 시스템을 믿기 어렵다는 실험 결과가 나온 1960년대 후반에 들어 거세졌다. 명확히 풀어 이야기하자면 어마어마한 파국이 실제 현실로 나타날 수 있다는 점이 확인되자 〈평화로운 원자력〉은 원자 폭탄과 어깨를 나란히 하게 되었다.[194]

독일에서 원자력 갈등이 정점을 찍은 1970년대에 미국은 이미 조용해졌다. 물론 그렇다고 미국이 원자력의 원칙적 탈피를 선언한 것은 아니다. 그렇지만 새로운 원자력 발전소 건립은 계획되지 않았다. 주된 이유는 원자력 발전의 너무 높은 비용 때문이다. 미국의 환경 운동가들은 폭탄 제조에 쓰일 핵물질의 수출을 금지하는 것을 활동의 중심에 두었다.[195] 지미 카터 대통령 시절 미국 정부는 무엇보다도 확산 방지를 위해, 곧 핵무기의 독점권을 지키려는 의도에서 고속 증식로와 핵연료 재처리 작업WAA을 막으려 했다. 핵연료 폐기물 처리 문제는 마침 당시 독일에서, 칼카르Kalkar와 고르레벤의 사례가 보여 주듯, 특히 격렬한 저항의 과녁이었다.[196] 이런 정황 아래서 미국에서는 대규모의 저항 운동이 일어날 계기가 별로 없었다. 심지어 1979년 3월 해리스버그(스리마일섬)에서 심각한 사고가 일어났음에도 저항은 잠잠하기만 했다. 정확히 그때 독일 하노버에서는 카를 프리드리히 폰 바이츠제커Carl Friedrich von Weizsäcker가 의장을 맡은 가운데 국제 고르레벤 심포지엄이 열렸다.[197] 이 심포지엄은 니더작센의 기독교민주연합(기민당)CDU 정부가 핵연료 폐기물 처리 프로젝트WAA에서 탈퇴하는 것으로 끝났다. 원자력 산업의 대변인에게 이 심포지엄은 독일 원자력 정책이 패배한 〈칸나이 전

---

* Schwerter zu Pflugscharen: 성경에 등장하는 표현으로 세계적인 군비 축소를 촉구한 평화 운동의 구호다. 원자 폭탄이라는 칼을 민간 사업의 쟁기로 쓴다는 뜻에서 〈쟁기 프로젝트〉가 생겨났다.

투)*였다. 만약 독일에서 해리스버그 사고가 일어났다면 미국보다 훨씬 더 큰 영향을 미쳤으리라.[198]

불과 몇 년 전까지만 하더라도 원자력 산업은 원자력 발전소의 건설을 넘어서서 이른바 〈핵연료 주기의 완결〉, 구체적으로 증식로와 핵연료 재처리 시설의 건설을 요구하며 원자력이 재생 가능 에너지의 반열에 올라설 수 있다고 과시했다. 〈핵연료 주기의 완결〉은 재처리를 포기한 미국의 폐기 경제를 비꼬며 심지어 생태적이라는 분위기까지 자아냈다. 그러나 재처리가 핵기술에서 최악의 위험 요소로 판명되고, 더욱이 경제성이 전혀 없다는 사실이 드러나자, 원자력은 결국 환경 친화적이며 재생 가능한 〈네오테크닉〉이라는 매력을 송두리째 잃고 말았다.[199] 원자력을 항상 냉철하고 사업가적인 관점에서 보아 온 미국에서 〈네오테크닉〉은 이미 오래전에 관심의 대상이 아니었다.

미국과 독일의 또 다른 차이가 이런 맥락에서 시선을 끈다. 미국에서는 처음부터 유명한 과학자들이 핵 프로젝트를 비판하는 데 선봉에 섰다. 비판자들은 과학이 자신들을 홀로 버려 두지 않는다고 보았다. 다른 누구도 아닌 데이비드 릴리엔솔, 곧 1945년 이후 〈원자력 위원회AEC〉의 초대 위원장을 맡았으며, 그전에는 뉴딜의 카리스마 넘치는 책임자였던 릴리엔솔은 1960년을 전후에 원자력 회의론자로 선회했다.[200] 핵무기의 비판으로 생겨난 〈참여 과학자 모임〉**의 일부 회원은 원자력 발전소 비판의 전문 위원으로 활동하기도 했다. AEC를 비판하는 데 앞장섰던 고프먼과 탬플린은 핵기술을 선도하던 전문가였다(AEC는 이 비판의 결과로 해체되었다). 이제 이들은 입을 모아 AEC에게 거짓말을 일삼는 사기꾼 집단으로 잘못을 저지르고도 배우는 것이 없으며, 〈민중 학살을 꾀하는 교활한 사디스트〉라고 공격해댔다. 거리 투사라 할지라

---

　*　Battle of Cannae: 기원전 216년에 벌어졌던 로마와 한니발이 이끈 카르타고와의 결전을 말함. 이 전쟁으로 로마 제국은 치명타를 입었다.
　**　Union of Concerned Scientists: 1969년에 결성된 비영리 단체로 환경 문제를 걱정하는 자발적인 과학자들의 모임이다. 일반 시민에게도 문호가 열려 있다.

도 이보다 더 과격한 표현은 하지 못했을 것이다.[201] 1970년 2월에 환경 문제를 다룬 『타임』의 표지를 장식한 배리 코머너도 마찬가지다. 아니 그는 심지어 모든 것을 합친 인물이다. 원폭 실험 반대, 베트남전 반대, 민간 원자력 발전소 반대 등 이 모든 것은 코머너가 가진 폭넓은 기술과 생태 지식을 기반으로 이루어졌다.

독일의 원자력 반대 운동에는 비견할 만한 학자적 평판을 자랑하는 권위가 없었다. 1957년 4월 〈괴팅겐 선언〉에서 독일군의 핵무장 반대를 천명했던 독일 원자물리학자들은 동시에 〈평화적인 원자력 이용〉에 이루 말할 수 없이 호의적이었으며, 이후에도 같은 입장을 견지했다.[202] 바로 미국과의 비교에서 독일 저항 운동이 발생한 조건의 의미가 드러난다. 미국 여론은 전문가 가운데 신뢰할 만한 비판적 두뇌가 충분하다고 보았다. 그렇기 때문에 미국에서는 핵 문제를 비판적으로 다룬 문헌은 많았지만, 대규모 시위는 거의 일어나지 않았던 것이 아닐까. 반대로 독일 국민은 과학과 경제와 정치가 은밀하게 결탁해 원자력을 강행하려고 한다고 믿는 분위기였다. 국민이 직접 나서야만 하겠다는 분노가 들끓을 수밖에 없었다. 이런 상황은 학술적 평판 따위는 전혀 고려하지 않는 무장 봉기가 일어날 여지를 열어 놓았다.

미국은 민간 원자력 비판과 핵무장 비판 사이의 역사적 연관이 독일보다 훨씬 더 분명하다. 이 맥락은 환경 운동이 가진 평화주의적인 근본 경향과 일치하는 모습을 보여 준다. 1980년을 전후해 군비 확장이 이뤄지면서 새로운 평화 운동이 일어나자 독일 녹색당도 이른바 〈에코팍스Ecopax〉라는 평화주의 경향을 중요한 동기로 받아들였다. 아무튼 반핵 운동이 1980년 심지어 미국 대선 후보로 나선 배리 코머너 같은 카리스마가 넘치는 인물이 있었음에도 미국 환경 운동의 근본 요소로 자리 잡지 못한 것은 묘한 현상이다. 마이클 이건은 1970년대 미국의 주류 환경 운동이 코머너의 반자본주의적이고 사회 비판적인 세계관과 결별했다는 분석을 선보인다.[203] 이 분석이 맞다면 미국의 반핵 운동은 환경 운동이 정점에 이르렀을 때, 이미 과거의 문제였다는 뜻이다. 이처럼 세계 각국의 환경 운동, 원자력 반대 운동을 포함한 환경 운동의 분석에서 해당 국가의 맥락과 시간 차이를 주목하는 것이 중요하다.

일본과의 비교

이 비교는 특히 복잡하다. 독일과 일본의 전후 역사는 매우 비슷하며, 두 역사의 비교는 드물지 않게 밝은 깨달음을 준다. 두 나라는 비슷한 운명을 겪었기 때문이다. 독일과 일본은 과대망상에 가까운 쇼비니즘과 제국주의 탓에 나락으로 떨어지는 아픔을 맛보았으며, 비참함과 무기력함을 이겨내고 대단한 경제 부흥을 이루었다. 이 두 나라는 자연을 숭배하는 오랜 전통을 자랑했으며, 1970년대 이후의 생태 시대에서 한때나마 환경 정책의 모범을 보인 국가였다. 물론 이런 모범적 성격이 철저하지는 않았으며, 모든 경우에 들어맞지는 않았다.

어쨌거나 일본에서는 원자력을 둘러싼 논란이 없었다. 여러 이유에서 참 기묘한 일이다. 일본은 최초이자 지금껏 유일한 원자 폭탄 피해국이지 않은가. 1954년 일본의 참치잡이 어선 〈행복한 용〉이 미국 수소폭탄 실험의 낙진에 노출되어 23명의 선원이 방사능에 오염되는 병에 걸렸을 때, 이 스캔들은 원폭 실험을 반대하는 국제 저항 운동에 힘을 실어 주었다.[204] 그럼에도 정작 일본은 조용하기만 했다. 게다가 일본은 독일보다 훨씬 더 높은 인구 밀도를 자랑했다. 그만큼 원자력의 잠재적 위험은 높기만 하다. 더구나 일본은 지구상에서 가장 지진이 자주 일어나는 나라 가운데 하나다. 미국에서 지진 위험은 원자력 발전을 반대하는 운동이 내세운 1차적 원인이다. 그 때문에 캘리포니아의 보데가만에 계획된 원자력 발전소 건설은 실패로 돌아갔다.

전혀 다른 이유에서도 일본에서 원자력 반대 운동의 조건은 유리하기만 했다. 일본의 전기 산업은 독일보다 더 뛰어난 예견으로 일찌감치 핵기술이 아니라 전자 공학에 집중했기 때문에 원자력은 일본을 대표하는 상품일 수 없었다. 오히려 사정은 그 반대여서 일본은 미국에서 원자로를 수입해야만 했다. 그럼에도 일본 정부는 1977년 미국과 협력하기로 결정하고 심지어 핵연료 폐기물 저장 시설(도카이무라東海村)을 건설했다.[205] 미국과 독일이 증식로 건설을 이미 중단했을 때 일본은 고속 증식로를 운영했다.

왜 이 모든 상황에도 일본에서는 대규모 저항 운동이 일어나지 않았는지는 연구해야 할 과제다. 일본의 이런 기이한 행태는 국제적으로 비교해 봐야만 비로소 눈에 띈다. 오로지 일본만 연구하는 역사학자는 이런 기묘함에 아예 주목하지 못한다.[206] 아마도 일본의 원자력 반대 운동이 잠잠했던 주된 이유는 일본이 처음부터 원자력의 대안이 없다고 보았기 때문인 듯하다. 일본의 석탄 매장량은 풍부하지 않았으며, 중국 석탄에 의존한다는 것은 악몽에 가까운 일이었다. 지구의 석유 자원은 일본이 유럽보다 훨씬 더 먼 거리에 떨어져 있었다. 이 태풍의 나라에서는 풍력도 신뢰할 만한 에너지원이 아니다. 에너지 절약이 단기적으로 가장 효과적인 에너지원이라는 사실을 일본의 자동차 산업은 독일보다 훨씬 더 일찍 간파한 것은 당연했다. 일본산 자동차가 연비가 좋았던 이유는 여기에 있다. 더욱이 일본의 공간 난방은 〈땔감을 쓰던 시대〉 후기인 1960년을 전후한 시점에서 주로 전기를 쓰는 난방 기구로 이루어졌다. 에너지 절약에 힘쓰는 전략가에게 이런 난방은 스캔들이나 다름없었다.

그럼 히로시마는? 도쿄에는 원폭 희생자를 기리는 작은 기념비가, 그것도 사람의 눈에 잘 띄지 않는 곳에 단 하나 있을 뿐이다. 1976년 일본을 찾은 페트라 켈리*는 핵 위험을 무심하게 여기는 일본인의 태도에 놀라 분노를 터뜨렸다.[207] 일본인은 이 문제를 애써 외면하려고만 했다. 희생자들은 억압과 배척에 시달렸다. 일본에서 〈기억 문화〉는 생겨나지 않았다.[208] 유럽의 일본통은 이런 사실을 일본인이 불행과 고통을 이야기하는 것을 꺼리며, 되도록 조신한 태도를 보이려는 문화적 풍토로 설

---

* Petra Kelly: 1947~1992. 독일의 여성 정치인으로 평화 운동을 하다가 녹색당을 창립했다.

명한다.[209] 이런 판단을 전반적으로 적용할 수 있는지 의구심은 지울 수 없다. 일본 문학을 보면 반대의 분위기도 나타나기 때문이다. 그러나 문화 풍토는 도전에 대한 응답, 위기에 대처하는 자세에서 생겨나며, 아무래도 이 도전이 너무 약하지 않았을까 하고 바라본 역사학자 아널드 토인비*의 관점이 옳은 것으로 보인다. 독일은 나치스 정권과 2차 세계 대전 같은 참혹한 파탄을 사람들이 어느 정도 시간이 지나야 비로소 창의적으로 소화할 수 있다는 경험을 가졌다. 러시아의 경우는 아름다운 풍광으로 유명한 바이칼호가 독물로 오염된 것이 체르노빌 원전 사고보다 훨씬 더 강한 자극을 주었다는 사실을 확인해 준다. 스푸트니크 같은 정상급 기술로 생겨난 러시아의 국가적 자존심이 체르노빌 사건으로 치명타를 입었기 때문이라는 것이다. 아무래도 히로시마와 나가사키에 떨어진 원자 폭탄의 충격이 너무도 커서 일본인들은 창의적으로 소화하지 못하는 모양이다. 이런 이야기만 나오면 한사코 외면하는 일본인의 태도가 그런 심증을 굳히게 한다.

　일본에서 다른 환경 재해의 경우는 결코 그런 태도를 볼 수 없다. 적어도 장기적으로는 그에 상응하는 저항 운동이 일어나게 마련이다. 미나마타의 비극이 특히 그렇다. 이 사건은 어떤 화학 공장이 배출한 수은으로 그때까지 낙원과도 같은 모습을 자랑한 규슈섬 주민이 치명적인 건강의 손상을 입은 것이다. 여성 작가 이시무레 미치코가 이 사건을 그린 작품(『고해정토』, 초판 1969)은 일본 환경 운동에 레이철 카슨의 『침묵의 봄』이 미국 환경 운동에 가진 것과 비견할 만한 의미를 자랑했다. 아마도 이 문제에서 우리는 환경 운동의 또 다른 중요한 측면을 읽어야 하지 않을까. 왜 어떤 나라에 대규모 원자력 갈등이 일어나지 않았는지 묻는다면, 우리는 당시 그곳 여론을 지배한 다른 대형 갈등은 없었는지를 먼저 살펴야만 한다. 원자력 논란에 참여한 모든 사람은 누구나

---

* Arnold Toynbee: 1889~1975. 영국의 역사학자이자 문명 비평가. 결정론적 사관에 반대해 인간의 자유의지가 역사와 문화를 만들어 가는 것으로 보았다.

이 문제가 많은 시간과 에너지를 요구한다는 것을 몸소 경험해서 안다. 동시에 여러 다른 환경 투쟁에 참여하기란 불가능에 가까운 일이다. 설혹 시간이 있다고 하더라도 열의는 생겨나기 힘들다.

결국 우리는 다시금 환경 운동의 근본적 딜레마를 생각하지 않을 수 없다. 환경 문제의 스펙트럼은 폭이 엄청나게 넓다. 많은 것이 서로 맞물려 있지만, 우리의 힘은 한정되어 있다. 환경 운동을 하려는 사람은 어떤 특정 목표 하나에 집중해야만 한다. 영국에서는 왜 대규모 원자력 반대 운동이 일어나지 않았을까?[210] 1957년 10월 8일 영국의 윈즈케일Windscale에서 첫 번째 대형 원자로 사고가 터졌음에도. 물론 이 사고를 당국은 오랫동안 애써 과소평가했다. 아마도 영국의 자연 보호와 환경 보호 운동가들은 전혀 다른 목표, 전통적으로 중시하던 목표, 이를테면 조류 보호, 동물의 권리를 위한 투쟁, 사냥 반대 그리고 나중에는 〈거리를 되찾자Reclaim the Streets〉라는 자동차 전용 도로 반대 등에 치중하느라 원자력 반대 운동에 쏟을 힘이 분산되었기 때문이었을 것이다. 동독에서는 심지어 체르노빌 사건 이후에도 원자력 문제에 과민하게 반응하는 서독을 보며 혼란스러워하는 지성인이 적지 않았다. 동독은 갈탄을 때는 연기로 질식할 지경이라 더 많은 원자력 발전소를 가졌으면 하는 마음이 굴뚝같은데, 서독에서 벌어지는 저항 운동이 보여 주는 호들갑은 먹고사는 데 부족함이 없는 부자들의 투정처럼 보였을 것이다.

요컨대 원자력과의 대결을 이해하려면 원자력 발전소만 주목할 게 아니라, 해당 국가의 전체 운동 상황을 염두에 두는 자세가 꼭 필요하다. 그리고 이 전체 상황은 부동의 것이 아니다. 일본의 상황도 변화하는 모습을 보여 주었다. 독일과 마찬가지로 일본도 체르노빌 사건 이후 특히 여성들이 반대 운동에 나섰다. 독일보다 20년 뒤늦은 시차를 보이기는 했지만, 일본에서도 증식로와 핵폐기물 저장 시설, 한때 〈화석 연료 순환의 완결〉이라며 안심시켰던 이 시설들이 원자력 문제의 급소가 되었다. 1995년 몬주もんじゅ의 고속 증식로 사고, 1997년 도카이무라의 폐기물 저장 시설 사고는 일본 국민이 전혀 예상하지 못했던 아마추

어 같은 관리 실상을 고스란히 드러내며 대형 재해로 번질 조짐을 보이자 대중의 분노는 폭발했다. 이런 분노의 물결은 그때까지 일본에서 전혀 볼 수 없던 것이다.[211] 비록 저항 운동이 지역적 차원에 머물렀지만, 새로운 분노의 물결을 불러일으킨 것은 2004년 미하마美浜町 원자력 발전소에서 벌어진 치명적 사고다.[212] 결국 문제의 심각성은 국가적 경계를 넘어 반대 운동의 동지를 찾게 했다.

최근 일본의 반핵 운동은 높은 방사성의 원자력 폐기물 처리 문제에 집중된다.[213] 한국도 비슷한 추세를 보인다. 한국에서는 1990년 안면도에 핵폐기물 저장 시설이 비밀리에 추진되었다는 사실이 밝혀져 본격적인 저항 운동이 일어났다.[214] 이 문제는 독일의 반핵 운동 발달 방향과 유사성을 보인다. 반핵 운동에는 나름의 논리가 있다. 원자력 발전소가 일단 들어서면 쓰고 난 연료봉의 수송이 저항 운동가의 과녁이 될 뿐이다. 물론 폐기물을 발전소 자체에 그냥 두거나, 어딘가 저항 운동이 일어나지 않는 은밀한 곳에 쌓아 두는 것은 해결책이 아니다.[215] 반감기가 10년 단위를 넘어가는 플루토늄에서 만족스러운 해결책은 어차피 불가능하다. 이런 원자력 기술의 딜레마는 처음부터 익히 알려졌다. 결국 저항 운동은 이 문제에 집중하기 때문에 지루한 공방이 이어질 수밖에 없다는 약점이 바로 이 딜레마다. 폐기물 처리장이 되리라는 전망은 특히 자극적이어서 상대적으로 쉽게 저항 운동이 일어난다. 그러나 지역에 국한된 저항 운동은 거듭 원칙적 딜레마를 드러낼 뿐이다.

독일의 원자력 갈등이 가장 심한 이유는 무엇일까?

앞서도 언급했듯, 독일 원자력 산업은 반대자들이 나쁜 전통에 사로잡혀 반대를 일삼는다며, 독일의 특히 격렬한 저항은 독일인의 전형적인 두려움과 기술을 적대시하는 낭만주의의 결과라고 주장하곤 했다. 이런 주장은 터무니없는 일반화라 쉽게 반박할 수 있다. 독일에는 신중함이라는 전통이 존재한다. 기술을 반대하든 옹호하든 양쪽 모두 신중함을 자랑한다.[216] 독일의 엔지니어와 감독 당국 관료는 전통적으로 대다수 다른 나라의 동료보다 모험을 훨씬 덜 즐긴다. 그러나 전체적으로 볼 때 이런 신중함은 기술 발달을 가로막는 장애나 방해가 결코 아니다.

1950년대에 원자로 건설 문제를 다룬 독일의 대표적 저서 『원자력 Atomkraft』을 쓴 프리드리히 뮌칭거Friedrich Münzinger는 입에 침이 마르도록 원자력 기술의 위험을 경고했다. 그의 경고는 20년 뒤 원자력 반대 운동가의 글에서 고스란히 되풀이된다. 뮌칭거에게 1950년대 사람들이 보여 준 원자력 열광은 〈이후 세계를 괴롭힌 정신적 혼란〉에서 비롯된 일종의 〈원자력 정신병〉이다. 〈원자력이 키 작은 남자의 운명을 전대미문의 방식으로 개선해 준다〉는 따위의 공약은 〈실질적 현장 경험으로 볼 때 더할 수 없는 허풍〉일 뿐이다. 뮌칭거는 대다수 독일인이 원자력 발전소를 〈예를 들어 미국인〉보다 더 강렬한 의심의 눈으로 바라보는 것은 그나마 다행이라고 썼다.[217] 말이 나온 김에 분명히 짚어 두자면 뮌칭거는 기술을 반대하지 않았다. 오히려 대형 발전소 건설을 현장에서 진두지휘한 건설 감독이었던 그는 실험실의 물리학자는 짐작조차 할 수 없는 위험의 차원이 있음을 직감했다. 이미 자신의 책 『엔지니어 Ingenieure』(1942)에서 뮌칭거는 위험을 정확히 직시하는 것이야말로 훌륭한 엔지니어의 자질이며, 문외한과 구별해 주는 특징이라고 썼다.

그렇다면 독일의 원자력 갈등을 최고조에 달하게 한 근본 원인으로 거론되는 낭만주의는 어떨까? 독일의 환경 저항 운동이 세월이 흐르는 동안 옛 독일 숲 낭만주의와 어떻게 연결되는지 추적하는 것은 흥미로운 문제이기는 하다. 그러나 이런 연결은 애초부터 성립하지 않았다. 물론 알자스의 환경 운동이 고향과 숲의 사랑을 최우선 과제로 천명한 것은 사실이다. 프랑스 녹색당을 이끈 지도가 가운데 한 사람인 앙투안 배히터Antoine Waechter는 생태의 시대를 맞아 이런 고향과 숲 사랑이 독일에 대한 호감에서 비롯되었음을 숨기지 않았다.[218] 독일에서 숲은 지속적인 경제의 오랜 전통에 특히 자부심을 갖는 산림관의 영역이다. 아무튼 초창기에 환경 운동은 숲을 염려했던 것으로 보이지는 않는다. 원자력 반대 운동과 숲 낭만주의를 처음으로 결합하게 해준 것은 고르레벤이다. 이곳에서 저항 운동가들은 〈자유 공화국 벤트란트Wendland〉를 세우고 농촌 사람과 똑같이 살면서 나무를 포용하고, 경찰이 지역을 강제 진압하려고 하면 나무를 타고 올라갔다. 당시 〈나무 여인〉 가운데 한 명인 레베카 하름스Rebekka Harms는 30년 뒤 녹색당의 유럽 의회 의원이 되었다.[219]

환경 운동과 숲 낭만주의의 연합은 1981년 11월 16일 『슈피겔』의 표지를 장식한 기사 「숲이 죽어 간다」로 촉발된 〈숲 고사〉 경고로 폭넓은 흐름이 되었다. 그러나 오늘날 관점에서 볼 때 이처럼 과장된 경고는 전선을 뒤죽박죽으로 섞어 놓았으며, 환경 운동의 행보를 환경 담론의 논리로 결정하려고 했던 모든 사람을 궁지에 빠뜨렸다. 이제 돌연 화력 발전소가 비판의 과녁이 되었기 때문이다. 이런 경향은 기후 변화로 나중에 더 강해졌다. 원자력을 옹호하던 사람들은 내심 환호성을 질렀다. 물론 이런 승리의 도취감은 몇 년 뒤 일어난 체르노빌 사고로 찬물을 뒤집어썼다.

경고: 너무 깊이 뿌리까지 파내지 말라!

1970년대에 원자력의 찬반 토론회에 참석한 사람은 첫눈에 연사가 어느 쪽인지 알아보았다. 그만큼 경쟁자들의 전체 아비투스는 확연히 갈렸다. 원자력을 찬성하는 쪽은 언제나 잿빛 양복과 넥타이로 반듯하게 차려입었으며, 두발이 단정했고 잘 절제된 몸짓 언어를 구사했다. 반대파는 일반적으로 훨씬 더 젊었으며, 주로 알록달록한 장발을 자랑했고 자유분방한 복장에 몸짓 언어도 거침이 없었다. 한마디로 피에르 부르디외Pierre Bourdieu의 아비투스 개념에 딱 들어맞는 모범을 양 진영은 보여 주었다. 그리고 이런 외적 인상은 그 이상의 결론을 내리게 한다. 즉 근본적으로 서로 다른 문화, 서로 다른 세계관, 전혀 다른 인간 유형이 원자력 문제에서 충돌한다는 결론이다. 오늘날 원자력의 찬반 진영은 더는 외모로 확인되지 않는다. 반대하는 사람이 찬성자보다 나이가 더 많은 경우도 드물지 않다. 옛 원자력 반대 세력은 이제 부모 세대가 된 것이다.

그러나 30년 이전을 살펴도 원자력을 둘러싼 논란이 독일 역사에 깊게 뿌리내린 문화 갈등의 표현이 아니라는 점은 분명히 알 수 있다. 1960년대만 하더라도 찬반 논쟁의 전선은 전혀 달랐기 때문이다. 당시 원자력은 〈비판적〉 지성인에게 추구할 가치가 있는 발전의 총화였다. 오히려 설문 조사 결과가 보여 주듯 일반 대중이 원자력에 회의를 품었다. 자신이 〈진보적〉이며 〈좌파〉라고 느끼는 사람은 독일 정부를 향해 보수적이며 관성에 젖어 과학을 도외시하고 자유 경제라는 독단주의로 원자력 에너지의 미래를 추구하려는 충분한 노력을 기울이지 않는다고 비난하곤 했다.[220]

물론 회의적인 목소리가 전혀 없었던 것은 아니다. 그러나 회의적인 목소리는 지금의 관점에서 보면 전혀 뜻밖의 곳에서 나온다. 루트비히 에르하르트Ludwig Erhard의 〈사회적 시장 경제〉를 선도했던 사상가들, 경험 많은 엔지니어(프리드리히 뮌칭거를 보라), 혹은 독일에서 두 번째로 큰 전력 생산업체인 RWE*의 수뇌부가 원자력을 회의적으로 보았다. RWE는 1950년대와 1960년대에 막대한 비용을 들여 거대한 갈탄 채석장을 개발했다. 갈탄이야말로 이 회사의 승리였다. 원자력은 오히려 방해 요소에 지나지 않았다. 그저 잠재적 경쟁력을 가진 후보쯤으로 취급했을 뿐이다. RWE 회장 하인리히 쉴러Heinrich Schöller는 1959년 당시의 원자력 열광을 〈원자력 히스테리〉라고 표현하면서, 그처럼 무리하게 밀어붙이는 원자로 건설 속도로 독일은 〈엄청난 실망〉에 빠질 수 있다고 경고했다.[221] 그 같은 회의를 RWE 수뇌부는 1960년대 후반까지도 견지했다. 1970년대에 접어들어 RWE는 오히려 최전선에 서서 거센 저항에 맞서 원자력을 방어해야만 했다. RWE의 이 싸움은 결국 준

---

* 라인-베스트팔렌 전력생산 주식회사Rheinisch-Westfälisches Elektrizitätswerk AG 의 약어. 1898년에 창설된 전력 생산 업체다.

비된 것이 전혀 아니었다.

68 학생 운동과 원자력 반대 운동의 발생

이것은 특히 긴장감이 끊이지 않는 문제다! 미국의 운동은 그 끊이지 않는 연속성을 배리 코머너라는 지도자로 대변했다. 독일도 비슷한 인물은 많기만 하다. 그러나 일반적으로 68세대는 1975년의 빌 이후, 곧 폭넓은 대중 운동의 선포 이후에야 원자력 비판에 관심을 갖기 시작했다. 반핵 운동에 자발적이고 감정적인 호감으로 시작한 이 운동을 이론적으로 뒷받침하려고 68세대는 진땀을 흘렸다. 새로운 좌파인 네오마르크주의자는 생산력의 발달이 사회의 발전을 장려하며, 이런 발전은 생산력을 갈수록 과학화하려는 경향을 보이는데, 그것의 분명한 예가 원자력이라고 믿었다. 또 이런 입장은 네오마르크주의자에게만 국한된 것도 아니었다. 서독과 동독의 지성인은 이런 이론 덕에 우쭐한 선구자 노릇을 할 수 있어 특히 좋아했다.

우리는 앞서 1968년을 전후해 학생 운동을 이끌었던 지도자 루디 두취케의 멘토였던 철학자 에른스트 블로흐가 원자력의 축복에 어린애처럼 열광하면서 미래로의 도약을 지연하는 〈시민 사회의 후진적인 기술 적대감〉(블로흐의 주장)을 어떻게 공격했는지 살펴본 바 있다. 이처럼 과거를 뒤돌아보면 〈진보를 자처하는 지식인〉 사이에서 원자력 열광이 얼마나 뜨거웠는지 알게 해주는 사건은 매우 많다. 막스 베버의 카리스마 개념은 이런 현상을 설명하는 데 매우 유용하다. 원자력은 그때까지 카리스마를 자랑하는 미래 비전이었다. 이런 열광에 사로잡힌 사람은 원자력을 바라보는 모든 의심과 걱정을 소심한 정신의 자잘한 근심으로 쓸어 버렸다. 그렇지만 카리스마는 그 본성상 허망하다. 카리스마는 원자력이라는 비전이 콘크리트 같은 현실로 변모하자 금세 사라졌다. 그리고 카리스마는 원자력의 대안이 될 수 있는 분야로 넘어갔다.[222] 카리스마는 어디까지나 사안에서 비롯될 뿐, 인물에서 생겨나는 것이 아님을 우리는 유념해야만 한다. 세계의 다른 환경 운동과 비교해 볼 때 원자력을 반대하는 독일 저항 운동은 대단히 혼란스럽게 출발했으며, 어떤 지도적 인물을 내세우지도 않았다.

새로운 좌파가 큰 흐름으로 자리 잡은 것은 1968년 이후의 일이다. 학생 운동은 공개적 담론의 과정을 거쳐 직접 원자력 반대 운동으로 넘어가지 않았다. 이런 정황은 대화론에 지나치게 의지할 필요가 없음을 말해 주는 것일 수 있다.* 다른 차원에서는 분명 몇 가지 일관성이 있었기 때문이다. 참여한 인물과 그 행동 스타일은 학생 운동과 원자력 반대 운동에서 일관되게 나타났다. 대규모 시위를 벌이는 방식, 경찰과의 충돌을 의식한 점거는 두드러진 진영 논리와 적을 대자본, 정부 관료주의, 학문적 권위로 규정하는 것과 마찬가지로 1968년의 스타일이다. 그럼에도 좌파가 원자력을 반대하기로 노선을 선회하는 것은 간단하지 않았다. 이런 노선 선회에는 1970년을 전후한 국제 분위기가 중요하게 작용한 것으로 보인다. 자연과 환경 보호는, 비록 〈환경〉이라는 명시적 개념이 없었다 할지라도, 독일에서 그 자체로 오랜 전통을 자랑했다. 그러나 그때까지만 해도 좌파 지식인은 이 전통을 다소 의심스러운 것으로 간주했다. 이런 태도는 자연 보호가 나치즘에 물들었다는 관점에서 비롯되었다. 원자력을 반대하는 독일어로 쓰인 첫 성명서는 〈세계 생명 보호 연맹WSL〉의 창설자인 오스트리아의 임학자 귄터 슈밥이 쓴 것이다. 그런데 슈밥은 나치스의 당원이었다.[223]

그러나 1970년을 전후해 좌파의 모습은 극적으로 변화했다. 미국의 〈지구의 날〉과 환경 정책, 1972년 스톡홀름의 환경 정상 회담, 유럽 자연 보호의 해로 지정된 1972년 등 동시다발적으로 벌어진 많은 사건으로 자연과 환경 보호는 국제적으로 〈진보적〉이라는 색채를 얻었다. 본래 해묵은 문제가 신선한 모습으로 새롭게 등장했다. 이로써 새로운 좌

---

* 대화론Diskurstheorie: 독일 철학자 위르겐 하버마스가 주창한 이론. 사회의 모든 문제는 소통을 통한 담론으로 정리된다는 점을 강조한다.

파가 환경 운동에 자연스레 녹아들 수 있었다. 좌파의 가세로 환경 보호는 갈등을 노리는 운동이 되었다. 공격적인 대규모 시위는 원자력 발전소를 목표로 삼아 활활 불타올랐다. 68세대와 반핵 운동을 이처럼 극적으로 묶어 낸 다른 환경 문제는 없다. 환경을 둘러싸고 나중에 제기된 논제는 원자력처럼 이상적인 공격 목표를 제공하지 못했다.

원자력 반대 투쟁은 마르크스-레닌주의의 관점에서 그 근거를 찾기 힘들었다. 당시 소련은 이 문제에서 절대 모범이 아니었기 때문이다. 반대로 마오쩌둥을 추종하는 새로운 좌파는 농민 보호를 앞세워 원자력 반대 운동에 적극적으로 가담했다. 이후 몇 년 동안 경찰과 충돌을 주도한 쪽은 이른바 〈K 그룹〉이다.* 물론 마오쩌둥의 어록에 원자력을 반대하는 말은 수록되지 않았다. 그러나 농부와의 연대를 강조하며 행동에 나서라는 마오의 표현은 원자력 발전소 반대를 선동하는 데 딱 맞아떨어졌다. 원자력 발전소는 주로 외딴 농촌 지역을 골라 건설되었기 때문이다. 마오주의자 니나 글라디츠Nina Gladitz는 빌 지역의 포도 재배 농민과 어부와 함께 원자력 발전소의 폐해를 종합적으로 다룬 다큐멘터리를 제작했다. 그러자 독일 공산당DKP은 그녀에게 피와 땅 낭만주의를 되살리려 한다며 〈새로운 레니 리펜슈탈Leni Riefenstahl〉**이라는 비방을 서슴지 않았다.[224]

엘리트는 무엇을 했나

1968년 당시 저항하는 대학생들은 〈기득권〉에 맞서 싸웠으며, 이 싸움은 독일의 기득권이 특히 견고하고 강력하며 두 번에 걸친 세계 대

---

* K-Gruppen: 독일 학생 운동이 쇠퇴하면서 수많은 파로 분열한 좌파를 싸잡아 이르는 표현. 〈경쟁하는 좌파 그룹들konkurrierenden linken Gruppierung〉이라는 뜻으로 언론이 만들어 낸 표현이다.

** Leni Riefenstahl: 1902~2003. 독일의 여배우이자 감독이며 제작자로도 활동한 인물로 영화사에서 혁신적 기술을 선보였다는 평가를 받는다. 그러나 나치스 선동 영화 제작에 부역했다는 비난을 받고 영화를 포기하고 사진 작가로 일했다.

전과 나치스 독재에서 잔혹하고도 그 특별한 능력을 과시했다는 생각을 대변했다. 물론 국제적 비교에서 독일 기득권층의 특별함이 무엇인지는 쉽게 답을 찾을 수 없다. 더 오래된 민주 국가들도 자세히 관찰하면 기득권층이 지배했다. 또 사회 엘리트는 정권이 바뀌어도 그 지배력을 꾸준히 유지했다. 그러나 국제적으로 비교해 보면 전반적으로 독일은 수백 년에 걸친 소공국 체제를 이어받았으며 동질적인 기득권층이 훨씬 더 적었다는 인상을 준다. 이런 사실에는 물론 장단점이 공존한다. 동질적 엘리트를 가진 국가에서는 아돌프 히틀러처럼 모든 것을 지배하는 독재자 같이 미심쩍으며 예측 불가능한 인물의 부상은 생각할 수 없다. 상대적으로 이질적인 독일 엘리트는 오히려 원자력을 둘러싼 논란을 다른 어느 곳보다도 더 오래 그리고 더 격렬하게 벌어지게 한 요인이었다. 또 이런 바탕 위에서 녹색 운동이 활발히 일어나기도 했다.

오스트리아, 스위스,[225] 네덜란드, 스칸디나비아 국가들[226] 그리고 이탈리아[227]의 정치 엘리트는 원자력 프로젝트가 대중적 인기를 끌지 못하는 것이 분명해지자 이를 포기했다. 반대로 당시 서독은 오랫동안 강한 열광으로 원자력 〈공동체〉가 형성되어 쉽게 원자력을 포기하지 않았다. 그렇지만 원자력 강국들이 가진 강력하고, 엄선된 장비를 중앙에서 통제하는 군사·과학·산업의 복합체 같은 것을 서독은 갖추지 않았다. 원자력 반대 운동은 〈독일 원자력 위원회Deutsche Atomkommission, DAtK〉를 두고 〈국가독점자본주의〉의 악귀라고 비난했다. 그러나 당시 관련 서류를 검토해 보면 이런 비난은 완전히 잘못되었다. DAtK는 전반적으로 조직 수준이 열악했으며, 심지어 빈곤한 정보력을 갖춘 위원회들이 얽히고설킨 난맥상을 보여 주었을 뿐이다. 거의 명예직인 위원들은 원자력 발달의 수준을 따라갈 수 없었다.

원자력 문제를 담당하는 법원의 판결 일부는 원자력에 제동을 걸어 법원의 잠재력을 드러냈다. 그러나 원자력 반대 운동은 이런 잠재력을 올바로 평가하지 못했다. 1972년 독일 연방행정법원이 경제성보다 안전이 우선시된다고 해석한 〈뷔르가센 판결〉 이후 이런 잠재적 제동력은 계속 향상되었다.[228] 독일 연방주의는 본 정부의 친원자력 정책이 효과를 발휘할 수 없게 막았다. 원자력 공동체는 이런 정책을 여론의 압박에도 간절히 요구했지만 소용이 없었다. 자신의 이름을 딴 고온가스로 HTGR를 발명한 루돌프 슐텐Rudolf Schulten은 1987년 빌레펠트 대학교에서 열린 공개 토론회에서 깊은 한숨을 쉬며 독일의 원자력 발달은 〈만인 대 만인의 투쟁〉이 되었다고 털어놓았다. 다양한 이해관계가 전혀 조정되지 않고 함께 뒤섞여 작용하는 바람에 누구도 원하지 않은 상황이 초래되었다며 개탄했다.

사실상 에너지 경제에는 원자력 발전의 시급한 수요가 전혀 없었다. 오히려 마지못해 비교적 값이 싸고 효과가 입증된 미국 경수로를 에너지 산업 쪽에서 주문하는 바람에 서독 정부의 원자력 계획은 돌이킬 수 없이 꼬이고 말았다. RWE는 칼카르Kalkar에 증식로를 짓기는 했지만, 비용 문제로 효과를 온전히 활용하지는 않았다. 그러면서도 RWE는 경쟁에는 뒤처질 수 없다는 이유로 대도시 가까운 곳에 바스프의 원자력 발전소 건설을 은밀히 추진했다. 원자력 반대 운동에 참여한 많은 사람은 심각한 갈등 속에서 도대체 누구를 상대로 싸워야 할지 몰라 혼란에 빠질 수밖에 없었다. 이들은 에너지 경제가 증식로와 폐기물 처리에 관심을 갖지 않는다는 점을 부각하려고 안간힘을 썼다. 〈생태 대 경제〉라는 싸움에서 잊지 말아야 할 점은 환경 운동이 승리를 거두려면 경제적 조건을 반드시 수렴해야 한다는 사실이다. 비록 이런 경제적 조건이 잠복해 있어 좀체 정체를 드러내지 않을지라도, 이를 적시해 싸움에서 활용해야만 한다. 그러나 또 갈등을 키울 소재도 꼭 필요하다. 갈등이 분명해야만 언론의 효과를 기대할 수 있기 때문이다.

미디어가 비추는 환경 운동:
숲 고사에서 다이옥신 경고까지

새로운 소통 기술과 환경 운동의 운동성

이제 미디어의 역할과 환경 운동이 미디어 홍보의 효과를 누릴 수 있는 법칙에 어떤 것이 있는지 점검해 보자. 배리 코머너는 1971년 자신의 〈생태학 제1법칙〉을 선보였다. 〈모든 것은 모든 것과 맞물린다〉는 응용 사이버네틱스[229]와 이후 프레드릭 베스터Frederic Vester가 〈네트워크 사고방식〉[230]이라고 정리한 것이 제1법칙이다. 사이버네틱스는 당시의 유행 학문이어서 사람들은 이 학문에 많은 것을 접목하려고 했다. 1972년『성장의 한계』는 대형 컴퓨터를 이용한 계산 결과를 선보였다는 이유 하나로 열풍을 일으켰다. 성장이 장기적으로 볼 때 말이 되지 않는 환상이라는 점은 굳이 컴퓨터에 기대지 않고도 충분히 예측될 수 있는 사실이었음에도, 사이버네틱스에 대한 기대 때문에 대중의 이목을 끌었다. 오늘날의 관점에서 보면, 정보 통신 기술의 혁명적 발달이 아직 시작도 하지 않은 시점에 환경 의식을 고취하는 데 미디어 기술이 어떤 역할을 할 수 있는지를 미리 경험한 셈이다. 그러나 이런 효과가 정확히 어떤 것이었으며, 세월의 흐름과 함께 어떻게 변화했는지는 거의 연구되지 않았다. 미디어 기술이라는 전체 영역에서, 연구자들은 성급한 평가에 대한 큰 부담에 시달렸으며, 이해 당사자들은 서로 사안에 대해 과장된 책임을 떠넘기기에 급급했다.

1976년 말 빌레펠트에서 열린 〈기후 연구와 미디어〉라는 제목의 학술 대회에서 학자와 언론인은 서로 책임을 전가하기에 바빴다. 어떤 기후 학자는 미디어는 〈종말론에 빠진 사람이 주는 먹이를 받아먹으며 길들여진 개〉라고 비아냥거렸다. 언론은 학자야말로 미디어를 통해 뜨려는 갈망에 사로잡힌 나머지 파국이라는 시나리오를 미끼 삼아 기자들을 유혹한다고 반격했다. 그러자 어떤 연구자는 이런 불평을 했다. 〈상아탑에서 연구만 하는 사람은 돈을 벌 수 없다!〉[231] 환경 운동이 인간과 자연의 상호 작용뿐만 아니라, 과학과 정치와 미디어 여론이라는 긴장감 넘치는 삼각 관계에 끊임없이 영향을 받는다는 것은 의문의 여지가 없는 사실이다. 이런 긴장 관계는 생태 시대의 핵심적 현상으로, 미리부터 싸잡아 비난할 필요가 없는, 대단히 창의적인 잠재력을 지닌 역동성을 자랑한다.

다만 잊지 말아야 할 점은 정교한 측정법으로 무장한 정보 통신 기술의 발달은 환경 보호의 행정적인 실천 가능성을 결정적으로 확장해 준다는 사실이다. 이미 19세기 말에 제안된 배출가스 제한이라는 전략은, 배출가스를 정확히 측정하는 방법을 걷어 내면 그저 상징적인 정책에 지나지 않았다. 반대로 1970년대 중반 대중의 인기 따위에는 아랑곳하지 않는 차관 하르트코프는 완전 자동 공기 위생 감시 체계의 설치를 밀어붙였다.[232] 특히 오늘날 글로벌 기후 정책의 효율성은 초국가적인 모니터링이 해당 국가의 반대를 무릅쓰고 각국의 배기가스를 어느 정도 측정할 수 있는지에 달렸다.

미디어의 영향은 자연 보호의 초기까지 거슬러 올라간다. 이 역사는 자연 보호와 함께 시작되었다. 자연 보호는 환경 보호의 가장 감각적인 측면, 말하자면 환경 보호의 가장 민감한 성감대와 같음에도,[233] 자연 보호 구역의 지정에 정당성을 실어 주는 근거는 대다수 사람에게 오로지 컬러 사진이나 컬러 동영상으로만 전달될 뿐이다. 〈멸종 위기에 처한 종〉을 보호해야 한다고 설득하기에 색채 영상보다 더 강력한 것은 없지 않은가. 그러나 평범한 등산객이 그런 희귀 동물이나 식물을 직접 보는 일은 없어야만 한다. 그렇지 않다면 이런 희귀종은 오히려 자연 보호 때문에 위험에 처한다![234] 〈사진 자료가 자연 보호 운동에 미치는 영향을 지나치게 긍정적으로 평가하는 것은 곤란하다.〉 많은 자연 보호 운동가가 이 문제를 전혀 의식하지 못했을 때 맥스 니컬슨이 1970년에 출간된 자신의 책 『환경 혁명』에서 쓴 글이다.[235] 시각적 효과를 활용하는 기법은 자연 보호에 뿌리를 두었으며, 오늘날까지도 이런 기법은 그대로 쓰인다. 오늘날 동물 영화와 사진은 한두 세대 전에는 상상조차 할 수 없던 효과를 낸다. 이를테면 야생 보호 단체가 기부금을 호소하는 플래카드에서는 호랑이와 고릴라가 우리를 굽어본다. 그러나 토양에 밝은 사람이라면 누구나, 우리 세계의 생태에서 지렁이가 훨씬 더 중요하다는 점을 잘 안다. 그러나 우리 인간은 지렁이라는 미물에게 별 감흥을 느끼지 않는다.

생태에 주목하는 자연 보호는 본래 직접적으로 확인할 수 있는 것보다는 미시 세계에 더 주목하는 경향을 보인다. 〈카리스마를 자랑하는 동물군에 집중했던 전통과 달리 이제 미세 식물군과 미세 동물군의 의미가 강조된다〉(안나 뵙제).[236] 어쨌거나 현대의 사진 기술은 시각적 효과를 주어 육안으로 보기 어려운 것을 눈에 띄도록 하거나 콜라주 기법으로 마치 육안으로 보는 것처럼 대상에 생생함을 불어넣어 준다. 특히 새로운 종류의 환경 운동이 이런 기술을 요구한다. 방사능에서 기후 위험까지 직접적인 감각으로 포착할 수 없는 것을, 굴뚝에서 피어오르는 검거나 녹갈색의 연기처럼, 꾸며 보일 때 대중의 반응은 즉각적이기 때문이다. 이런 기술은 미디어 종사자의 상상력을 자극하는 일대 도전이다. 그리고 적지 않은 미디어 종사자가 이런 도전을 이미 받아들였다.[237] 국립 공원이면서 최근에는 심지어 세계 자연 유산으로 선정된 북해의 개펄 〈바텐메어Wattenmeer〉는 관광객의 눈에 그저 황량함 그 자체이지만, 항공 사진과 미세함을 살린 사진으로 시각적 매력을 얻는다. 생태 관련 서적에 넘쳐 나는 사진을 보노라면, 〈환경〉이라는 말 아래 포괄되는 전체가 얼마나 추상적인지 우리는 쉽게 잊게 마련이다. 환경 운동의 범국 가적인 심포지엄을 계속해서 조직해 온 크리스 루츠Chris Rootes는 전반 적으로 〈환경 운동가는 그들이 맞서 싸우는 기업보다 이 새로운 기술을 더 창의적이고 더욱 효과적으로 보다 더 빈번하게 활용한다〉는 인상을 받았다고 썼다.[238]

이런 상황은 환경 운동의 전체 성격에 영향을 미친다. 〈그린피스〉를 필두로 한 환경 운동은 일차적으로 미디어를 통한 자기 연출에 열을 올 린다. 운동을 함께하는 사람들과 연대하거나, 로비를 통해 정치가들에 게 해결책을 제시함으로써 직접적 영향을 주려는 시도는 이로써 뒷전 으로 내몰린다.[239] 〈그린피스 캐나다〉의 캠페인 팀장인 데이비드 크래프 트David Kraft는 미디어 효과를 의식하며 운동의 초점을 육지보다는 바다 에 두어야 한다고 강조했다. 〈육지에서 벌이는 그린피스 운동 스물다섯 번의 효과는 바다에서 기자들이 지켜보는 가운데 벌이는 단 한 번의 떠 들썩한 행사만 못하다.〉[240] 그린피스와 경쟁하며 고래잡이를 사냥하는 폴 왓슨Paul Watson은 커뮤니케이션 전공자답게 육지로 갈 생각을 하지 않는다. 〈미디어 사회에서 생존한다는 것은 특정한 전략 목표를 이루기 위해 미디어계를 잘 살피고 다룰 줄 알아야 한다는 것을 뜻한다.〉[241]

68 학생 운동 세대는 이미 합리적인 개혁 제안을 구체적으로 제시해 도 아무것도 움직이지 않다가, 미디어에 효과적인 소란을 피우면 당장 운동이 일어난다는 것을 경험으로 알았다. 많은 환경 운동가는 이 경험 을 소중히 새겼다. 옛날 전체주의 체제에서 운동의 힘은 감추어진 골방 에서 비롯되었지만, 이제 사정은 달라졌다. 〈보도되지 않는 운동은 일 어나지 않는다.〉 〈운동〉의 이런 새로운 정의는 미디어의 전능함을 의식 한 것이다.

물론 미디어의 의미를 과장하는 풍조는 지금이나 예전이나 마찬가 지다. 바로 원자력 갈등이 그런 경우다. 원자력 갈등의 초기에 미디어는 보이지 않았다. 오로지 시민 단체가 있었을 뿐이다. 원자력을 거부하는 분위기는 미디어가 이 주제를 지루하게 여기던 시절에도 지속되었다.

한때 미디어 학자는 기후 경고는 이미 자극을 잃어 〈아웃Out〉이라고 공언하기까지 했다. 그러나 미디어 법칙이 환경 의식을 전적으로 지배하는 것은 아니다. 환경 문제는 순전히 미디어에 의해 빚어지는 것이 아니기 때문이다. 미디어가 꾸며 내는 아이콘은 대개 유명세에 의지할 뿐, 직관에서 생겨 나지 않는다. 환경 운동은 기독교와 달리 어떤 특정한 아이콘에만 집착하지 않았다.[242] 직관과 감각적 경험은 환경 의식에서 절대 지워지지 않는다. 바로 그래서 환경 운동 내부에서 운동이 생겨난다.

환경 운동이 특정 우선순위에 매달렸다가 어느 정도 시간이 지나면 주제를 바꾸었는데, 그 시기는 일정 정도 미디어와 정치의 법칙을 따랐다. 〈사안〉의 본성상 환경 문제 그 자체는 항상 다양한 주제를 소화해야만 했다. 그러나 이런 주제 변화는 각 환경 단체의 정체성과 부딪힐 수밖에 없었다. 시간을 길게 잡아 본다면 생태 시대의 역동성이 미디어의 동력에 따라 흔들리기만 한 것은 절대 아니다. 또 사회적 변화에 따랐다고만 볼 수도 없다. 결국 이런 설왕설래에도 환경 문제라는 사안 자체에 본질적 동력이 있음을 우리는 알 수 있다. 모든 환경 문제는 그 자체로 카멜레온처럼 색깔을 바꾸는 놀이를 즐길 뿐이다.

미디어가 환경 운동에 제공하는 전형적 기회, 예전의 운동과 다른 새로운 환경 운동의 특징을 빚어 준 기회는 지난 40년 동안 꾸준히 그 모습을 바꾸어 왔다. 1960년대, 텔레비전이 새로운 미디어로 등장해 대중의 눈을 사로잡은 때부터 운동을 아름다운 그림처럼 꾸며 보이려는 강력한 욕구가 생겨났다. 이후 사진과 영화의 색감이 갈수록 섬세해지면서, 이국적 취향의 동물 세계를 멋들어지게 꾸며 보이는 경향은 계속 강해졌다. 바로 전 세대만 하더라도 포경선을 상대로 싸우는 구명보트도 아프리카 열대림의 고릴라도 대중의 관심을 그처럼 사로잡지 못했다. 이런 변화를 불러일으킨 것은 새로운 영상 기술이다. 그린피스의 고전적인 무지개 전사는 해양병에 걸리지 않을 면역력을 가져야만 했으며, 〈로빈 우드〉의 운동가는 굴뚝을 기어 올라가는 해프닝에도 현기증을 느끼지 않아야만 했다. 그러나 이제 환경 운동은 옛 전쟁 영웅을 혐오하는 분위기 속에서 평화주의적인 새로운 유형의 영웅을 만들어 내어, 예견과 대비의 생태 철학이 개인적인 소심함에서 비롯된 것이 아니라고 홍보하기에 열을 올렸다.

대중 미디어의 효과에 대한 집착에는 당연히 그에 상응하는 대가가 있었다. 효과를 최대한으로 끌어올리려는 경쟁에서 비롯된 순전한 선정성 보도 혹은 감상적 통속으로 인해, 지속적인 경우는 드물지만, 일정 기간 동안 진정한 자연 보호가 억눌리는 일이 벌어졌다.[243] 언론 활동으로 높은 대중적 인기를 누리는 사람은 인기를 개인적인 목적으로 활용하고 싶어 한다. 기부금 모금을 위해 미디어 효과를 계산하면서 운동가와 환경 단체들 사이에서 격심한 경쟁이 촉발되었다. 프랑스의 가장 유명한 환경 운동가이자 심해의 그르치메크인 자크이브즈 쿠스토*는 1968년 프랑스 텔레비전을 통해 방송된 고래 영화로 선풍적인 인기를 누렸다. 그린피스와 함께 일하기에 이보다 더 적절한 인물은 따로 없었으리라. 그러나 쿠스토는 자신의 쇼를 택했다. 그리고 원자력을 찬성하는 자국 여론에 거슬리지 않도록, 1987년 태평양의 섬 무루로아에서 벌어진 원폭 실험에 반대하는 운동에는 등을 돌렸다.[244] 그렇지만 구명보트와 굴뚝 기어오르기 행동은 장기적인 효과로 이어지지 못하고 사그라졌다.[245] 많은 환경 단체는 이 문제를 놀랍도록 일찌감치[246] 의식하고 방향을 새롭게 모색하기 시작했다.

미국의 선도적인 환경 단체들은 이미 1980년대에 국회 의원과 다른 잠재적 동조자에게 메일을 보내기 시작했다. 그러나 이내 이 단체들은 대량으로 보내는 메일이 별 효과가 없음을 경험했다.[247] 1990년대 후반에 널리 보급된 인터넷은 환경 운동의 욕구에 잘 어울렸다. 환경 운동이야말로 정보와 네트워크화가 결정적으로 필요했기 때문이다. 그러나 동시에 인터넷은 환경 운동이 구축한 조직과 정보의 독점권을 무너뜨

---

* Jacques-Ives Cousteau: 1910~1997. 프랑스의 해군 장교 출신으로 탐험가이자 생태학자이며 영화 제작자로, 바다에 사는 거의 모든 생물을 연구했다. 스쿠버다이빙의 창시자이기도 하다.

리기도 했다. 〈이메일과 인터넷은 환경 논의를 사이버스페이스 전쟁으로 바꿔놓았다.〉 2007년에 나온 미국 환경 운동 역사를 다룬 책에 나오는 구절이다.[248] 그렇지만 인터넷에서 벌어지는 시각적으로 요란한 운동은 텔레비전의 효과를 따라잡을 수 없었다. 동시에 어느 때보다도 전자 네트워크가 기존의 전래된 단체 문화, 말하자면 저녁에 모임을 갖고 토론을 벌이는 문화를 대체했다. 인터넷이라는 공간은 정보와 행동에 목마른 많은 젊은 운동가들에게 활력과 생기를 불어넣었기 때문이다. 《조직》에서《네트워크》로! 이는 독일 녹색당을 포함한 〈환경 운동〉이 보이는 최신 유행이다. 그리고 이런 유행은 경제생활에서도 고스란히 관찰된다.[249]

그렇지만 이런 변화의 바람이 불어온 근본적 원인을 짚어 보는 일은 신중함을 요구한다. 인간이 함께 살아가는 일의 근본 법칙은 커뮤니케이션 기술의 혁명이 일어났다고 해서 바뀌지 않기 때문이다. 전자 접촉만으로 신뢰는 생겨나지 않는다. 인터넷으로만 기능하는 네트워크를 통해 실천력을 갖춘 운동 연합이 성립할 수 있을지는 의문스럽다. 새로운 기술 덕분에 폭발적으로 증가한 소통은 오히려 반대로 소통의 차원과 행동의 차원을 서로 멀어지게 할 수 있다. 그리고 소통 없이 독자적으로 이뤄지는 행동은 과격해질 수밖에 없다. 공동 행동에 꼭 필요한 상호 신뢰의 형성에는 여전히 〈대면 접촉〉이 결정적으로 작용한다. 정치적 영향력을 행사할 수 있는 운동이 주로 지역적 성격을 띠는 이유다. 소통의 차원과 행동의 차원 사이에는 언제나 긴장 관계가 성립한다. 그리고 이런 긴장 관계가 환경 운동을 운동으로 유지할 수 있게 해준다. 〈글로벌하게 생각하고, 로컬하게 행동하자〉라는 역설적 구호를 단순하게 조화롭다고 이해해서는 안 된다. 환경 비정부 기구들의 국제적 결속을 다룬 미국의 대규모 연구는 1998년 다음과 같은 결론을 이끌어냈다. 〈대부분 국제 관계는 깨지기 쉬운 팩스와 사이버공간 골격을 가질 뿐이다. 강력한 관계는 제도적 결속보다는 문화의 차이를 아우를 수 있는 핵심 인물에 더 의존한다. …… 가장 폭넓은 지지층을 갖는 저항 운동은 이미 지역적으로 구축된, 모세혈관 같은 섬세한 사회적 네트워크에 기반을 둔다. 이런 네트워크에 참여한 사람들은 대개 컴퓨터는 말할 필요도 없고 전화조차 갖지 않았다.)[250] 기술 네트워크는 결코 자동으로 사회적 네트워크를 만들어 내지 않으며, 운동 연합은 더더구나 이끌어 내지 못한다. 인간 존재의 근본 법칙을 무시하는 〈정보 사회〉는 인간 본성을 알지 못하는 허구일 뿐이다.

원자력 갈등에서 〈숲 고사〉로: 혼란스러운 전환

1980년 이후 독일 환경 담론을 오랫동안 이끈 주된 동기이자, 생태 시대에서 독일의 특별한 경로를 보여 준 주제는 〈숲 고사〉, 즉 죽어 가는 숲이라는 문제다! 예전의 원자력과 마찬가지로 이런 문제에서 언론의 역할은 특히 우리의 시선을 끈다. 산성비 피해 문제는 스칸디나비아에서 북아메리카까지 광범위하게 논의되었다. 심지어 1983년 이후부터 이 문제는 윌리엄 러클스하우스의 귀환으로 다시 활력을 얻은 EPA가 가장 중시한 주제였다.[251] 그러나 〈숲 고사〉라는 표제어는 독일이 독자적으로 빚어낸 작품이다. 〈열정적인 숲 애호가〉인 미디어 학자 루디 홀츠베르거Rudi Holzberger는 숲의 죽음이라는 그처럼 편집광적인 고정 관념은 숲에는 가 본 적도 없으면서 오로지 상투적 표현에나 매달리는 저널리스트나 갖는 것이라고 비웃었다.[252]

논란의 시작을 알리는 신호탄은 1981년 11월 16일 「숲이 죽어 간다: 독일을 뒤덮은 산성비」라는 제목을 단 『슈피겔』의 표지 기사였다. 사진의 위쪽에는 유황색 짙은 연기를 쏟아 내는 굴뚝들의 숲이, 그 아래에는 이미 윗가지가 삭아 가지가 듬성듬성한 황폐한 나무들의 모습이 각각 묘사되었다. 이후 약간 갈팡질팡하던 논란은 1983년에 들어서며 절정에 달했다. 독일 언론은 한목소리로 경고를 쏟아냈다. 간판으로 내걸 직접적이고도 충격적인 사건이 없었음에도, 1983년 2월 14일 자의 『슈피겔』은 〈생태의 히로시마〉라는 헤드라인을 뽑았다. 더는 올라갈 곳이 없는 클라이맥스였다. 〈먼저 숲이 죽고, 다음에 인간이 죽는다〉는 생태 운동의 새로운 구호가 되었다. 1984년 독일의 일간지 『차이트*Die Zeit*』는 심지어 이런 주장을 했다. 〈숲이 죽어 가는 규모는 오늘날 저 믿음이 없는 도마*일지라도 의심할 수 없으리라. 이런 의심은 병적인 무식자나 할 수 있는 것이다.〉[253] 그러나 이런 주장은 〈숲 고사〉가 합리적인 분석의 주제가 아니라, 믿음의 문제임을 실토할 뿐이다.

1970년대의 독일 환경 담론이 전혀 준비하지 못한 이런 일대 경종을 어떻게 설명해야 좋을까? 아니, 혹시 이미 준비되었을까? 기묘한 점은 이미 1979년에 매우 인상적이며 언론의 반응도 끌어낸 대작 『숲을 구하라*Rettet den Wald*』가 출간되었다는 사실이다.[254] 정확히 누가 이 책의 출간을 주도했는지는 표지만 봐서는 분명하지 않다. 저자 가운데 이름이 진하게 인쇄된 사람은 저널리스트인 호르스트 슈테른Horst Stern이다. 자연 친화적인 조림을 선도한 투사 헤르만 그라프 하츠펠트Hermann Graf Hatzfeld는 슈테른을 두고 〈환경 운동가 가운데 로빈 후드〉라고 불렀다.[255] 그러나 슈테른은 『숲을 구하라』의 20분의 1도 쓰지 않았다. 독일 임학자들이 일치단결한 대오를 보여 주는 이 책은 독일 숲 소유자 연맹의 지원을 받았다. 놀라운 점은 이 책의 방대한 색인에 〈산성비〉라는 표제어는 등장하지 않는다는 사실이다. 이산화황의 피해도 단 하나의 문장으로만 언급되었을 뿐이다(해당 책 345면). 그 대신 논쟁은 전통적인 주제 〈혼합림이냐 침엽수 단작이냐〉 하는 것, 더 거슬러 올라가서는 1800년대에 추진된 숲 개혁에서 〈나무 중심이냐, 사슴 중심이냐〉 하는 문제에 집중했을 뿐이다.

이런 논란은 슈테른에게 일종의 전통이다. 이미 1971년 성탄절에 그는 「붉은 사슴의 문제」라는 텔레비전 방송으로 대중의 폭발적 반응을 끌어냈다. 이 방송에서 그는 사냥 로비 탓에 사슴의 개체 수가 늘어

---

* 여기서 도마는 『신약성경』 「요한복음」에 등장하는 예수의 제자를 가리킨다. 예수가 부활했다는 말을 듣고 믿지 못한 나머지 손의 못 자국을 만져 보고 창에 찔린 옆구리 상처에 손을 넣어 보아야 믿을 수 있겠다고 말한 인물이다.

나 독일 숲이 황폐해지고 있다고 한탄했다. 〈독일 숲은 병든 나머지 죽을 지경이다.〉 감상적인 사슴 사랑과의 싸움으로 슈테른은 어떤 의미에서는 안티 그르치메크라 할 수 있다. 이 논란은 1929년 앨도 레오폴드가 충격적으로 경험한 미국의 카이바브Kaibab 스캔들을 연상한다. 미국의 카이바브 국유림 역시 사슴 문제로 일대 격론을 겪었기 때문이다. 그러나 야생 사슴이 더는 자연적 천적을 갖지 않는 유럽에서 사슴 때문에 숲이 망가지는 문제는 이미 오래전부터 잘 알려진 것이다.[256] 하지만 이 문제를 거론하는 것은 전형적인 산림 감시인이 사냥을 무척 즐겼던 탓에 금기시되는 분위기였다.[257] 방송이 불러일으킨 격렬한 반응은 〈오랫동안 자연 보호의 연대라는 포장 아래 가려져 있던 이해관계의 대립, 곧 임업과 사냥과 자연 보호 사이의 이해관계 대립을 적나라하게 드러냈다〉(옌스 이보 엥겔스Jens Ivo Engels).[258] 이는 결국 숲 애호가들이 갈라서는 결과를 불러왔다. 1970년대 내내 숲은 환경 보호를 통합해 주는 주제가 아니었다.

새로운 〈숲 고사〉 문제는 전혀 달랐다. 이 경종으로 일단 사냥꾼과 전형적인 산림 감시인은 비난의 과녁에서 벗어날 수 있었다. 숲을 둘러싼 새로운 걱정은 심지어 자연 보호와 환경 보호를 함께 묶는 효과를 이끌고 왔다.[259] 본래 〈산성비〉는 생태 시대 초기에 이미 주제로 떠올랐다. 그러나 1972년 스웨덴은 스톡홀름 회의에서 이 문제를 함께 다루도록 독일과 다른 국가들의 관심을 끌어내는 데 실패했다. 그러자 스웨덴 정부는 독일과 같은 피해 발생의 원인을 제공한 국가에 손해 배상을 청구하겠다고 위협했다. 독일 정부 내각은 서둘러 이산화황이 스웨덴까지 멀리 날아가지는 않는다는 〈방어적 입장〉을 내놨다.[260] 그러나 이제 독일 숲이 문제가 되자 산성비는 돌연 최고의 우선순위를 갖는 주제가 되었다. 이 주제는 환경 운동이 제기한 것이 아니다.[261] 또 시민 단체도 산성비라는 문제를 그리 중시하지 않았다. 다만 언론 효과를 노린 〈로빈 우드〉만이 굴뚝을 기어 올라갔을 뿐이다. 그러나 언론이 호들갑 떨기 시작하면서 독일 환경 운동은 그 근본부터 바뀌었으며, 전선은 뒤죽박죽으로 섞여 버렸다. 주적은 이제 원자력이 아니라, 석탄이 되었다. 루르 지역 동지들과의 연대를 성스러운 전통 가치로 여겼던 사회민주주의에는 참으로 뼈아픈 전환이었다. 사회민주주의 정치가들은 서둘러 독일 숲 낭만주의의 주류에 줄을 대는 것으로 손해를 만회하려 했다.

독일 국민 운동이 된 환경 보호

〈숲이 문제라면 우리는 국민 운동에 직면할 겁니다.〉 뮌헨의 시장 한스요헨 포겔Hans-Jochen Vogel의 예언이다.[262] 1985년에 카를 아메리Carl Amery는 이렇게 썼다. 〈죽어 가는 숲은 전 국민을 충격에 빠뜨린 첫 생태체험이었다.〉[263] 그리고 나중에 두 명의 환경 역사학자는 이 시기를 되돌아보며 이렇게 촌평했다. 《녹색당》이 1983년 3월 5.6퍼센트의 득표율로 독일 의회에 처음으로 진출한 것은 숲 고사 논란이 없었더라면 불가능했다.〉[264] 이때 숲 논란은 녹색당을 출현하게 한 원자력 갈등에서 처음으로 눈을 돌리게 했다. 〈K 그룹〉과 경찰이 원자력 발전소의 건설 현장에서 서로 치고받는 싸움을 벌이는 것에 놀랐던 보수 진영조차 이제 환경 운동에 정신적 소속감을 느꼈다. 시민 운동이 숲 고사 문제에서 별로 할 것이 없었던 반면, 기민당이 이끄는 헬무트 콜의 새로운 정부는 출발부터 환경 정책으로 정치적 우위를 점하는 톡톡한 이득을 보았다. 이런 의제 선점은 전임자인 헬무트 슈미트의 사회민주당(사민당) SPD 정부에 비해 확연히 두드러진 강점이었다. 1983년에 원자력 발전소의 배연 탈황 시설의 의무 설비를 규정한 대형 연소 시설 법령이 바로 콜 정부의 작품이다. 이 법으로 수십억 마르크의 막대한 예산이 투입되는 프로젝트가 가동했다. 이 프로젝트는 그때까지 세워진 독일 환경 보호의 최대 대책이다.

이런 프로젝트의 요구는 이미 오래전부터 있었다. 이산화황이 식물에 유해하다는 것은 이미 19세기에 알려진 사실이다. 그러나 1983년 이전까지 시장의 주요 에너지 공급 기업은 언제나 그런 시설은 〈기술의 표준〉과 맞지 않는다는 변명만 되풀이해 왔다. 독일의 〈기술 정기 검사 협회Technischer Überwachungsverein, TÜV〉는 이미 1974년 일본에서 그런 시설은 이미 성공적으로 운용되었다고 일침을 놓았다.[265] 1980년에 만하임의 대형 발전소는 민간 에너지 기업을 상대로 보란 듯이 배연 탈황 시설을 도입해 더는 부정할 수 없는 기술 표준을 만들어 내는 데 성공했다. 콜 정부는 바로 이 성공을 기반으로 정책을 세울 수 있었다.[266] 유황 물질 배출의 대폭적인 격감은 숲이 죽어 간다는 경고가 자기 충족적 예언이 아니라, 자기 검증적 예언이 될 수 있게 했다. 이로써 숲의 황폐화를 막을 수 있는 대책을 세울 계기가 생겼다. 더 나아가 숲 고사 경고는 환경 문제에 관심을 갖는 많은 이에게 숲 피해를 넘어서서 숲 생태의 문제에 입문하는 결정적 동기를 마련해 주었다.[267]

그럼에도 생태 운동계의 일부는 〈숲 고사〉를 여전히 믿음의 문제로 여겼다. 또 1990년대부터 숲이 죽어 간다는 경고의 목소리를 두고 호들갑 떨지 말라는 조롱이 빗발쳤다. 조사 결과 독일의 숲은 죽어 가기는커녕 어느 때보다도 더 왕성하게 성장했다. 물론 그 원인이 목재 사용의 감소냐, 아니면 대기 중 이산화탄소 증가냐 하는 논란은 그치지 않았다.[268] 밀레니엄을 맞으며 독일 숲은 예언과는 반대로 죽지 않고, 유럽 공동체 안에서 가장 풍요로움을 자랑했다. 이런 경험은 모든 생태 경고를 불신의 늪에 빠뜨릴 지경까지 몰아갔다. 〈늑대와 양치기 소년〉은 환경 논의가 유념해야 할 교훈이 되었다(숲 논란이 일어나는 동안 야생 애호가들은 늑대를 복원하자는 운동을 펼쳤다). 다시 말해서 너무 자주 맹목적인 경종을 울려대면 정작 나쁜 늑대가 실제로 나타났을 때, 속절없이 당할 수밖에 없다는 사실을 환경 운동은 새삼 새겨야만 했다.

무슨 일이 일어났던 것일까? 숲이 죽어 간다는 경고의 뿌리가 언론만은 아니다. 오히려 언론과 학계가 상호 작용을 일으킨 것이 경고의 진정한 원인이다. 사진이 넘쳐나는 현대 사회에서 하필이면, 숲이 죽어 가는 자극적인 사진은 거의 찾아보기 힘들었다. 그럼에도 경고 저널리즘은 〈사진이 기만한다〉라거나 〈기만적인 목가적 풍경〉이라는 제목을 달기에 바빴다.[269] 물론 기자가 죽어 가는 숲을 만들어 낼 수는 없는 노릇이었다. 기자는 과학의 권위에 기댔다. 당시 이 문제에서 최고의 권위를 자랑한 인물은 괴팅겐 대학교의 토양학 및 조림 연구소 소장 베른하르트 울리히Bernhard Ulrich다. 그는 1980년 숲이, 그때까지 학계가 추정해 왔던 것과는 반대로, 대기 중의 〈산성 강하물〉*로 인해 〈불안정화 단계〉에 접어들었다고 믿었다.[270] 경고의 목소리는 항상 이런 숲 황폐화의 새로운 점을 강조했다. 비록 이 새로운 점이 모든 경우에서 확인된 것은 아니었음에도.

그러나 오늘날의 관점에서 볼 때도 당시의 근심이 전혀 근거가 없지는 않았다. 갈수록 심해지는 토양 산성화는 어차피 산성 토양에서 자라는 나무들을 실제로 위협했다. 그때까지는 산성비 대책으로 석회를 살포하는 〈라이밍Liming〉이라는 방법으로 대처해 왔으나, 이 방법이 계속 통할지는 의문스러웠다. 많은 문제가 공개적으로 제기되었지만, 그래도 만약의 경우를 대비한 집중적 논의와 대책 수립은 생태 시대가 표방한 예방 원칙에 충실하게 이루어졌다.[271] 그럼에도 울리히를 비롯한 연구자들은 정치에 변화를 불러일으키고 숲 황폐화를 불러오는 배기가스를 효과적으로 줄이기 위해 경고의 목소리가 꼭 필요하다고 확신했다. 그래서 숲의 피해는 숲의 죽음으로 비화했다. 만성적이고 고질적인 위험이 당장 시급한 파국으로, 가설적인 위험이 명확히 입증된 실패로 꾸며졌다. 이 사건은 학계와 여론과 정치 사이에 심각한 소통 문제가 있음을 전형적으로 보여 준다. 특히 새로운 종류의 환경 위험이 도래할 때 이런 소통 부족은 보통 심각한 문제가 아니다. 직접적인 실제 효과, 곧 배연 탈황 시설의 도입은 오늘날의 관점에서 보아도 칭찬받아 마땅하다. 그러나 소통의 문제는 여전히 갈등의 불씨로 해결되지 않고 남았다.

---

* acid deposition: 일반적인 뜻으로는 산성비이나, 과학의 전문 용어로 〈산성 강하물〉이라고 한다.

독일 숲에서 열대림으로

1982년 〈그린피스〉에서 갈라져 나온 〈로빈 우드〉는 〈무지개 전사〉가 고래와 해양 문제에 치중하느라 숲을 등한시한다고 여기고 1987년 봄부터 열대림 보호 운동에 집중하기 시작했다. 그린피스 독일 지부가 1981년 6월 굴뚝(함부르크의 화학 공장 〈뵈링거Boehringer〉)을 기어 올라가 데뷔한 것을 생각하면 비교적 뒤늦은 행보다. 〈죽어 가는 숲〉에서 열대림 보호로 운동의 초점을 바꾼 것은 더욱더 면밀히 관찰해야 할 문제다. 숲이라는 커다란 연결 고리로 두 논의가 이어지기는 한다. 그러나 당시 두드러진 것은 환경 운동 전체 분위기의 변화다. 숲 문제에서 나중에 잊힌 점은 이렇다. 처음에 열대림에 주목한 데는 위에서 아래로의 영향 못지않게 아래로부터의 자극도 결정적으로 작용했다. 우선 생각할 수 있는 것은 목재 업계의 경고다. 1985년 목재 거래의 장려뿐만 아니라, 더 나은 열대림의 임업 관리를 위해 〈국제 열대 목재 기구International Tropical Timber Organization, ITTO〉가 설립되었다. 유엔의 〈식량 농업 기구 FAO〉는 1985년을 〈산림의 국제 연도〉로 선포하고 「열대림: 행동을 위한 요청」이라는 제목의 보고서를 준비하게 했다.[272] 열대림을 지키자는 운동은 이제 죽어 가는 숲이 아니라, 1986년에 처음으로 불거진 기후 문제에 초점을 맞췄다. 이제는 이산화황이 아니라, 그때까지 거의 주목을 받지 못했던 탄소가 환경 문제의 주제로 급부상했다. 탄소는 특히 숲의 성장을 장려하기에 그동안 관심의 대상이 아니었다. 그러나 숲을 남벌하고 불태우면서 탄소는 무방비로 대기에 배출되었다. 〈열대림의 보호로 우리는 기후를 지킨다.〉 이런 결합은 오늘날까지도 유효하며, 이후 20년 동안 갈수록 더 강력하게 강조된 기후 경고로 늘 새로운 활력을 얻었다. 〈열대림의 생태계 보호로 우리는 기후를 보호한다〉라는 구호가 적힌 플래카드에는 고릴라가 구경꾼들을 굽어본다. 보호되어야 하는 기후는 이런 방식으로 피와 살을 얻었다.

20년 전만 하더라도 기후 변화를 염려하는 사람들은 무엇보다도 높아만 가는 해수면을 두려워했다. 1986년 8월 11일에 나온 『슈피겔』의 「기후 파국」이라는 악명 높은 제목의 표지 기사는 반쯤 물에 잠긴 쾰른 대성당을 연출한 사진으로 대중의 눈을 단숨에 사로잡았다. 로빈 우드 는 〈북부 독일이 바다에 잠겨서는 안 된다〉고 열대림 보호 캠페인을 펼 치며 구호를 외쳤다.[273] 그러나 열대림 보호 운동에는 두려움뿐만 아니 라, 낙원의 꿈도 한몫 단단히 거들었다. 많은 생태 낭만주의자들은 독일 숲보다도 열대림에 더 열광했다. 비록 현실의 원시림이 상당히 단조롭 기는 했지만, 미디어가 중개해 주는 열대림의 모습은 판타지를 투사할 이상적인 스크린이었다. 그리고 이제 무엇보다도 사람들은 글로벌하게 생각한다는 것이 무엇인지 구체적으로 떠올릴 수 있게 되었다.

숲이 죽어 간다는 경고와 달리 열대림 경종은 독일만의 외길이 아니 었다. 로빈 우드는 비록 이국적 분위기를 풍기는 이름이지만, 본래 독일 에서 결성된 단체다. 이 단체는 열대림 캠페인을 벌이면서 영국에서 호 주에까지 이르는 국제적 연대망을 형성할 수 있었다. 영국에서는 급진 적 운동 〈지구가 먼저다!〉가 열대림 보호의 싸움에서 최전선에 섰다.[274] 이미 1972년의 스톡홀름 회의에서 아마존의 열대림 남벌은 〈생태의 히 로시마〉, 곧 히로시마에 빗댄 은유로 낙인찍힌 바 있다! 〈원시림〉을 꿈 꾸는 사람들은 무엇보다도 아마존을 떠올렸지, 더는 아프리카를 생각 하지 않았다.

몰락 위기에 처한 원주민 문화를 바라보는 슬픔으로 가득한 『슬픈 열 대Tranrigen Tropen』(1955)로 이미 세계적 명성을 얻은 20세기의 가장 유 명한 인류학자 클로드 레비스트로스Clande Révi-Strauss(1908~2009)는 열대림을 지켜야만 하는 이유를 오로지 그곳 원주민의 생태계 보존에 만 그치지 않고, 대기권의 보호에서도 찾았다. 이런 그의 선견지명은 이 산화탄소 논증을 끌어대지 않고도 빛을 발했다. 〈열대림이 일단 파괴되 면 더는 복구되지 않는다는 점을 잊어버린다면, 전체 인류가 위험에 처 할 것이다. …… 열대림은 다시는 되돌릴 수 없다. 내가 아는 한 대기권 산소의 상당 부분은 아마존의 원시림이 만들어 낸다. 이런 원시림이 뿌

리 뽑힌다면, 전체 인류의 산소 공급은 심각한 위협을 받을 것이다.〉[275]

반反식민주의냐 은밀한 식민주의냐

자연 보호의 동기로 야생 보호는 생태 시대보다 훨씬 더 오래되었다. 1981년 말, 정확히 독일에서 숲이 죽어 간다는 경고의 목소리가 울려 퍼지던 그때, 세계 야생 동물 기금WWF과 국제 자연 보전 연맹IUCN, 곧 생태 시대 이전의 두 조직은 열대림을 구출하기 위해 전 세계적으로 캠페인을 벌이기 시작했다.[276] 이 캠페인에 언론도 뜨거운 반응을 보였다. 나중에는 그린피스도 이 운동에 참여했다. 캠페인 전체는 반식민주의를 표방했지만, 캠페인에 식민주의가 숨겨진 것은 아닐까 하는 의심을 받았다. 운동은 레비스트로스의 정신에 그리치메크의 분위기가 가세해 일어났으며, 1950년대와 1960년대의 국립 공원 추진 노력을 승계했다. 국립 공원은 식민지 시대의 거대 야생 보존에서 시작되었다. 열대림 보호 운동가들은 열대림에서 채취한 목재를 쓰지 말자고 호소했다. 그러나 과거를 배경으로 해서 제3세계의 정치가들은 이런 호소를 식민주의적 간섭으로 경솔하게 낙인찍었다. 생물 다양성과 기후 보호를 내세운 논리는 숲의 보호가 원주민의 이해관계를 위한 것이라고 설득하기에 적당하지 않았다. 생태를 바라보는 지역의 시선이 문화의 차이를 뛰어넘는 소통을 가로막을 때가 많다.[277] 이 딜레마는 당시 고안된 〈자연을 위한 채무 거래〉 문제와 관련해 뒤에서 다시 만날 것이다.

〈고결한 야생〉은 생태 시대를 맞아 다시금 되살아났다. 그러나 레비스트로스가 보여 주었듯, 이른바 〈야생〉도 사실 복잡한 문화 체계가 어우러진 것이다. 좌파의 반식민주의 환경 운동가들은 열대림으로 고릴라의 생태계뿐만 아니라, 원주민의 생태계도 지켜 주고 싶어 했다. 그러나 도처에서 원주민의 문화는 쇠락 위기에 직면했다. 루소에 열광해 선교의 길을 떠났던 시대와 마찬가지로 〈원주민〉의 친구들은 원주민이 화폐 경제와 접촉해 돈맛을 알기 시작하면 너무도 쉽사리 자연을 착취하는 부패 양상을 보인다는 것을 경험했다. 원주민에게 보장된 보존할 권리는 오히려 거리낌 없는 남벌을 허용하는 꼴이 됐다.[278]

반대로 아마존 원시림을 위해 싸운 사람들의 영웅이자 이내 순교자가 된 인물은 1988년 12월 22일에 살해된 세렝구에리우Seringueiro(고무나무 수액 채취자) 치코 멘데스*다. 지역 노동자 조합의 회장이었던 멘데스는 열대림에서 살아가는 직업 노동자들인 세렝구에리우를 위해 농장주들의 숲 개간에 맞서 싸웠다. 농장주들은 초지를 확보하려고 무차별적으로 숲을 갈아엎었다. 멘데스는 자연 그 자체를 보호하기보다 자연을 이용하고자 했지만(하기야 그곳 상황에서 달리 어쩔 수 있으랴), 전 세계적으로 생태 신화를 쓴 인물이 되었다. 멘데스가 살해당하고 몇 년 동안 세렝구에리우는 숲을 활용할 특별 권리를 부여받았다. 그러나 이들 가운데 많은 사람은 장기적으로 가축 사육이 더 수익이 많다고 여겼다.[279]

자연은 장기적 관점에서 오로지 지속적 이용이라는 형태로만 보호될 수 있을 뿐, 모든 경제적 이용을 막으려는 시도로는 보호되지 않는다. 국제적인 생태 논의가 1990년대부터 〈지속 가능성〉이라는 목표에 주력하는 이유가 달리 있는 게 아니다. 〈야생〉이라는 해묵은 마법의 주문은 갈수록 허상임이 증명될 뿐이다.[280] 그렇지만 열대림의 경우 지속적인 관리가 어떤 모습이어야 하는가 하는 물음은 아직도 답을 찾지 못하고 있으며, 하나의 보편타당한 답은 있을 수 없어 보인다. 〈혼농임업agroforestry〉의 형태, 곧 농업과 임업을 지역적으로 다르게 결합하는 형태가 여러모로 최고의 해결책이다.[281] 〈지속 가능한 개발sustainable development〉이라는 성공 사례가 특히 제3세계에서 두드러지게 지역적 특성을 가진다는 점은 주목해 볼 만하다.[282] 글로벌 사고방식은 성공을 약속해 주는 지역의 행동을 가려 볼 시선을 흐리게 할 위험이 있다.

* Chico Mendes: 1944~1988. 브라질의 노동운동 지도자. 농토를 빼앗길 위험에 처한 농부들을 위해 싸우다가 살해당한 인물이다.

환경 운동의 경직과 역동성

벌써 오래전부터 환경 논란이 늘 같은 논증 무기로 틀에 박힌 공방을 주고받는 탓에 좀체 앞으로 나아가지 못한다는 불평은 어디서나 들려온다. 서로 다른 세계관과 인생관으로 생겨나는 차이가 분명함에도, 이런 차이를 극복하지 못했다는 지적이다. 특히 원자력에서 기후까지 거대 담론에서 진영이 갈리며 전선이 형성되곤 한다.

독일에서 원자력 갈등이 일어나고 2년 뒤인 1977년에 이미 저널리스트 위르겐 달Jürgen Dahl은 「원자력 생산의 형이상학」이라는 에세이에서 원자력을 둘러싼 여론의 논의가 〈의례로 굳어졌다〉고 썼다. 〈논증과 반론은 이미 익히 아는 것이다. 유명 인사의 말을 인용하는 것은 마치 싸움 규칙에 따라 익숙하게 휘둘러대는 곤봉 같다. 이미 오래전부터 익숙해진 프로그램대로 공방을 주고받는다.〉[283] 사민당의 원내 대표를 지낸 정치가 헤르베르트 베너Herbert Wehner는 당시 〈이른바 청문회〉가 〈고양이를 상대로 하는 것〉 같다고 일갈했다. 그런 식의 토론은 이내 내던지고 말 유행 같은 것이라는 주장이다. 베너의 표현은 자신의 당 동료 한스 마트회퍼Hans Matthöfer가 빌 원자력 발전소 공사 현장에서 시위대와 경찰이 충돌한 뒤인 1975년 7월에 개설한 〈시민 대화 원자력〉을 겨눈 비꼼이다. 이런 제목으로 찬반 논쟁을 담아 발행된 소책자는 대량으로 팔렸다.[284] 그러나 이것이 진짜 대화일까? 서로 상대의 말을 귀담아 듣는? 정말 대화는 이루어졌을까?

생태 시대에 쏟아져 나온 각종 문서가 서로 끌어다 쓰는 진부한 표현으로 가득한 것은 의심의 여지가 없는 사실이다. 정밀하지 못하며 구체적 실체가 없는 표현에 절로 한숨이 나오기도 한다. 환경 운동은 이런 식으로 실질적 성과를 낼 기회를 잃었다. 대다수 참여자는 결국 지루함에 사로잡혔다. 그렇지만 진부하다는 인상은 단위, 시간, 공간, 주제의 지속 단위를 짧게 잡아 볼 때만 우세할 뿐이다. 시간의 길이를 길게 잡고 다양한 국가, 지역, 단체를 조망해 보면 그림은 달라진다. 1977년에 이런 점을 위르겐 달은 알아볼 수 없었을 뿐이다. 원자력을 둘러싼 논란만 하더라도 장기적으로 정밀히 관찰해 보면 달이 주장하는 것처럼 그렇게 경직되지 않았다. 〈시민 대화 원자력〉의 공로는 찬성이나 반대 진영 어느 쪽에도 치우치지 않았다.[285] 논의의 중점을 원자력 발전소의 정상 운영에서 최악의 사고로, 증식로와 재처리 문제로, 핵확산 위험과 폐연료 처리 문제로 옮겨서 생각한 것만 해도 대단한 성과다. 독일의 환경 단체를 미국에서 분석한 가장 포괄적인 최신의 연구는 이런 결론에 이르렀다. 〈독일 환경 운동의 아마도 가장 중요한 특징은 그 순전한 관철 능력〉인 동시에 주요 주제를 〈능수능란하게 바꾸어 가는 인상적인 능력〉이다.[286]

〈네트워크 사고방식〉은 놀라운 일은 아니지만, 매 순간 개인의 두뇌에서 작동하지는 않는다. 그러나 지난 40년의 생태 시대를 국제적으로 조망하면, 참으로 많은 것이 네트워크로 묶였다. 그리고 틀에 박힌 진부한 사고방식은 많이 무너졌다. 무엇보다도 이런 변화가 생태 시대의 세계사에 의미를 부여해 준다. 이 세계사는 제한된 공간에만 주목하면 어쩔 수 없이 단편적이라 할지라도, 분명 현상들의 파놉티콘을 넘어서는 의미를 갖는다. 시간을 길게 잡아 본 안목으로 전체를 살필 때 비로소 모든 환경 단체와 환경 정책은 단어의 진정한 의미에서 환경 운동이 된다. 물 흐르듯 변화하는 다양성과 거듭 새롭게 엮이는 동기의 네트워크가 환경 운동을 역사에서 찾아볼 수 있는 예전의 모든 커다란 운동과 구분해 준다. 개별 일화로만 보면 환경 운동과 특정 집단과 집단 이해는 그만의 고정 관념과 정체성을 갖는다. 그러나 전체를 장기적인 안목에서 살피면 환경 운동의 역동성이 고스란히 드러난다. 때마다 새로운 단어가 등장해 혼란스럽기만 한 것 같지만, 환경 운동이라는 사안 자체는 굳건하게 일관되었다.

늘 새로운 장면 변화

환경 운동이 카멜레온처럼 그때그때 색을 바꿔 온 것은 환경 단체의
역사를 길게 잡아볼 때만 우리 눈에 드러난다! 독일이 1980년대에 원
자력 문제에서 숲 고사 문제로 넘어온 것만 해도 그렇다. 이처럼 장면은
늘 바뀌었으며, 전선들이 뒤섞여 혼란스러웠다. 물론 저변을 이루는 회
원의 호감도도 이리저리 움직였다. 그런 다음 〈숲 고사〉 문제는 열대림
보호 캠페인으로 발전했다. 고향에서 외국으로 시선을 돌린 것은 운동
의 국제화를 끌어냈다. 그리고 다시 환경 운동은 기후 문제와 대형 축산
업이 열대림과 기후에 주는 위협에 주목했다. 이로써 돌연 오래된 채식
주의가 글로벌 생태라는 새로운 차원의 의미를 얻어 옛 시대와 새 시대
를 이어 주는 가교가 되었다. 스위스 알프스 산등성이에서 한가로이 풀
을 뜯어 먹는 소만 보았다면, 생태계 지구가 하필이면 소 때문에 위협을
받으리라는 생각은 꿈에도 하지 못했으리라. 1992년 미국에서 제러미
리프킨은 전 세계적으로 빠르게 팽창하는 축산업을 공격하는 책을 펴
냈다. 1994년에 이 책은 독일어 판본으로 나왔으며, 〈부퍼탈 기후·환
경·에너지 연구소〉 소장 에른스트 울리히 폰 바이츠제커가 서문을 썼
다.[287] 미국과 영국보다는 스테이크를 덜 중요하게 여기는 음식 문화 덕
에 유럽 대륙은 육우와 관련한 이 새로운 경고에 더 쉽게 반응했다. 역
사의 아이러니는 하필이면 체르노빌 사고가 벌어진 1986년에 지구 온
난화의 위험을 알리는 첫 번째 경고의 목소리가 터져 나왔다는 점이다.
이런 새로운 주제의 등장은 핵 위험에 쏠린 시선을 전혀 다른 위험으로
돌려 오히려 원자력을 구원했다고 여기게 만들 수 있었다. 이는 곧 환경
의식의 발달이 특정 논의의 논리에 한동안 지배되기는 하지만, 장기적
으로는 그렇지 않음을 보여 주는 좋은 예다.

원자력 갈등의 바통을 이어받다: 유전 공학을 둘러싼 논란

환경 운동에 특히 많은 교훈을 주는 사례는 유전 공학을 반대하는 캠페인이다. 학습 과정은 물론이고 정보 교환 문제에서도 유전 공학 반대 캠페인은 유익하다. 유전 공학 논란은 또 환경 의식에 옛 세계와 새 세계의 특징적 차이가 잘 드러나는 전형적인 사례이기도 하다. 유전 공학을 찬성하는 사람이든 비판하는 사람이든 원자력 갈등에서 문제 해결의 방법을 배우고자 했다. 물론 저마다 각기 다른 방식으로.[288] 무엇보다도 유전 공학의 초기에 사람들은 원자력 기술과의 유사점에 놀랐다. 원자력 기술이 무기적 자연의 근본 요소를 바꾸었다면, 유전 공학은 유기적 자연의 근본 요소를 건드렸다. 두 기술 모두 연쇄 반응을 일으킨다. 한쪽은 물리적 연쇄 반응을, 다른 쪽은 생태적 연쇄 반응을. 또 두 기술 모두 찬성자의 관점이든 반대자의 관점이든 무소불위의 전능함이라는 비전과 연결된다. 유기체는 번식하며, 변형된 유전자는 다른 유기체로 전달될 수 있다는 점에서 많은 비판자에게 유전 공학의 가설적 위험은 원자력의 위험보다 훨씬 더 심각했다. 유전적으로 변형된 유기체는 자연적인 천적이 없기 때문에 예전에는 결코 볼 수 없던 방식으로 도입종이라는 심각한 문제를 야기한다. 다시 말해서 새롭게 유전자가 조합된 종은 아무런 방해를 받지 않고 증식하며 기존의 자연을 위협할 수 있다. 서로 다른 유전자가 결합하면서 암 유전자가 옮겨질 수도 있다. 반면 찬성하는 쪽은 새롭게 조합된 종은 다윈의 적자생존 과정을 거치지 않아 실험실 바깥의 자연에서 생존하기 어려울 것이라고 주장했다. 그러나 자연법칙 문제에 관해, 유전 공학자는 바로 자신의 작품이 자연에서도 자유롭게 생존할 방법을 연구할 것이라는 반론을 제기했다.

⟨나는 원자 폭탄과 그 비슷한 문제의 용어로 생각하기 시작했다.⟩ 미국의 여성 분자생물학자 재닛 머츠Janet Mertz의 회상이다. 그녀는 미국의 유전 공학 논란을 처음으로 촉발한 장본인이다. 미국의 유전 공학 논란은 이미 1970년대에 정점에 달했다. 그때 독일의 생태 운동은 여

전히 원자력과 씨름했다. 〈나는 앞서 나간 연구로 괴물을 창조해 수백만 명의 사람을 죽이게 하고 싶지 않았다.〉 이런 슈퍼 프랑켄슈타인 공포 버전은 미국이든 독일이든 유전 공학을 둘러싼 논란이 뜨거울 때마다 항상 등장했다. 그러나 한밤중의 토론 방송에서 즐겨 써먹던 이런 공포는 유전 공학의 실질적 위험을 놓치게 했다. 몇몇 기업이 특허를 받은 새로운 조합을 표준으로 만들어 전 세계 농업을 독점하는 것이야말로 심각한 위협이 아닌가. 그런 점에서 핵의 연쇄 반응에서 영감을 받아 유전 공학을 비판한 것이야말로 문제의 핵심을 제대로 짚었다고 봐야 한다. 그때까지 산업은 오로지 동물과 식물 배양에만 관심을 가졌지, 인체 배양은 경제적으로 그다지 매력적이지 않다고 여겼다. 태아를 대상으로 한 실험은 주로 학자만 관심을 가졌지, 경제계는 시큰둥한 반응을 보였을 뿐이다. 원자력 기술을 다루는 학자도 오늘날의 관점에서 보면 경제적 권력의 독점과 인간 유전자에 끼칠 위험, 생태적 위험을 함께 고민했다고 판단된다.

미국과 독일이 원자력 갈등에 대처하며 보여 주는 자세의 차이는 유전 공학을 둘러싼 논란에서도 고스란히 드러난다. 미국의 분자생물학자들은 무엇보다도 원자력 갈등에서 배워 문제의 해결 단초를 찾으려고 노력하면서, 유전 공학의 위험성을 둘러싼 논의를 애초부터 자신들의 공동체 안에 국한하려고 했다. 이미 1974년 7월 미국의 지도적인 연구자들은 전염병을 다스릴 목적으로 진행 중인 유전 공학 실험을 일단 중지할 것을 요구하는 편지를 공개했다. 이처럼 일단 유예를 요구하는 이른바 〈모라토리엄〉은 미국 유전 공학 논의의 출발을 알리는 문서로 자리 잡았다. 나중에 이 문서를 두고 연구자들의 책임 의식과 자기 통제 능력을 잘 보여 준 역사적 문서라는 칭송이 자자했다. 1975년 2월 캘리포니아의 애실로마Asilomar에서는 유전 공학의 위험을 주제로 국제회의가 열렸다. 이 회의에 참석한 140명의 학자는 장차 연구를 안전하게 관리할 대책을 논의했다. 그러나 유전 공학을 반대하는 주요 인물은 초청받지 못했다. 처음부터 〈역사적 사건〉으로 연출된 애실로마 회의는 비판자들이 요구하는 외부로부터의 통제를 거부하려 들었다.

이 계산은 일단 엇나간 것으로 보였다. 미국 여론은 그야말로 들끓었다. 한때는 애실로마가 잠자는 개를 깨운 것처럼 보일 지경이었다. 그러나 1970년대 말에 이르자 미국의 반대 여론은 잠잠해졌다. 지역의 〈생물학 위험〉 위원회들은 〈생물 안전성〉 위원회로 이름을 바꾸었다. 애실로마는 예방을 위주로 한 안전성 철학을 선보였다는 평가를 받았다. 그러나 이후 다시금 무해함보다는 유해성을 증명해야 한다는 예전의 태도가 득세했다. 물론 유해성 증명은 비판자가 해야 할 몫이었다. 1962년 DNA의 이중 나선형 구조를 발견한 공로로 노벨상을 받은 제임스 왓슨은 정확히 규명되지 않은 위험을 거론하는 모든 사람을 〈당나귀 무리〉라고 불렀다.[289] 물론 1980년 국가의 규제가 오랜 미룸 끝에 실효성을 얻기는 했지만, 그 규정은 처음에 계획했던 것보다 온건했으며 이후 계속 약해졌다. 마치 우후죽순처럼 생겨난 유전 공학 기업의 주가는 천정부지로 치솟았다.[290]

이후 몇 년 동안 독일에서 유전 공학을 둘러싼 논란은 본격적으로 불타올랐다. 독일의 유전 공학 논란은 기존의 연구자 단체가 주도하지 않았다. 독일은 합성 화학이 우세한 탓에 유전 공학의 연구 수준은 아직 본격적인 궤도에 오르지 않았기 때문이다.[291] 그럼에도 독일은 유럽의 다른 나라와 마찬가지로, 물론 유럽의 모든 나라가 그런 것은 아니었지만, 미국보다도 더 지속해서 유전 공학을 비판했다. 원자력 갈등과 마찬가지로 유전 공학을 둘러싼 새로운 논란은 숱한 문헌과 논증을 이끌어 냈다. 워낙 논란의 열기가 뜨거워 이 문제로 비판을 받은 사람은 집안에 틀어박혀 숨어 지내야만 했다. 그러나 유전 공학의 경우 경험적으로 입증된 피해와 가설적 위험 사이의 간극은 원자력보다 훨씬 더 크기만 했다. 유전 공학은 히로시마라는 부담을 갖지 않았다. 물론 심각한 역병과 도입종 문제가 새로운 위험의 전조일 수는 있다. 2차 세계 대전에서 앵글로아메리카가 탄저균을 투입하기로 한 계획은 생화학의 히로시마가 얼마든지 가능했음을 숨김없이 드러낸다. 주지하듯 당시 생화학 폭탄의 투입을 막은 것은 도덕적 가책이 아니라 군사적 계산이었다. 그러나 현대 유전 공학은 아군이 아니라 적에게만 피해를 보게 프로그래밍하는 것을 가능하게 해준다. 물론 적이 다른 인종일 경우에![292]

그러나 이런 소름 끼치는 주제는 독일에서는 먼 이야기였다. 어쨌거나 유전 공학의 위험은 가설적 성격을 가졌다. 대부분 환경 운동이 원자력 갈등에 사로잡힌 한, 유전 공학이라는 좀 이국적인 문제를 다루기에 독일은 시간과 힘이 부족했다. 원자력의 경우와는 달리 유전 공학에는 대형 시위를 벌일 목표가 마땅치 않았다. 유전 공학 문제는 원자력보다 훨씬 더 전문적인 문제였다. 유전 공학 논란이 절정에 이른 때는 에이즈 공포가 극심하던 1980년대 중반이다. 몇몇 문외한은 이 새로운 종류의 성병, 〈피임약〉으로 열린 자유로운 성관계에 제동을 건 이 성병이 유전 공학의 실험실에서 비롯되지 않았는지 의혹을 제기했다. 이 의혹은 독일 의회가 자문을 구한 전문가조차 깨끗이 불식하지 못했다.[293] 그러나 이런 애매한 의혹만으로 경종을 울릴 수 없었다는 점이야말로 이 논란이 실질적 근거로 이루어졌음을 보여 주는 특징이다.

독일 의회는 내전을 방불케 하는 충돌이 빚어진 직후인 1979/1980 회기에 〈미래의 원자력 정책〉이라는 이름의 조사 위원회를 가동했지만, 유전 공학을 둘러싼 새로운 논란의 경우에는 비교적 이른 단계인 1984년에 〈유전 공학의 기회와 위험〉 위원회를 구성했다. 이 위원회는 산더미처럼 쌓인 서류를 양산해서 문외한은 방향을 따라잡기조차 힘들었다. 생태 운동계의 일부는 유전 공학이 생태를 배려하는 감독 아래 개발된다면, 농업에 에너지와 화학의 투입을 줄여 주는 〈녹색 기술〉이 될 가능성을 이론적으로 배제할 수 없다는 이유로 어정쩡한 태도를 보였다. 원자력 갈등에 오랫동안 불을 지펴온 『슈피겔』은 탐색전에서 「유전 공학:《히틀러보다 1,000배는 더 나쁘다》」는 제목의 기사[294]를 냈다가 전문가에게 조롱거리가 된 뒤 유전 공학의 문제에서 유보적 태도를 견지했다. 유전 공학을 둘러싼 논란이 원자력 갈등과 유전적 관계에 있기는 했지만, 유전 공학을 바라보는 각각의 입장은 시간이 갈수록 차이를 분명하게 드러냈다. 유전 공학의 위험이 갖는 가설적 성격은 새로운 정치 스타일을 요구했으며, 많은 사람들에게 선명한 입장으로 지구전을 펼치게 했다.

선택의 어려움: 화학 정책의 우선순위 문제

비록 유전 공학은 갈수록 화학 산업에 접수되었지만, 화학의 대안으로 포장되었다. 이런 포장 때문에 상황은 혼란스럽기만 했다. 레이첼 카슨의 『침묵의 봄』과 배리 코머너가 벌인 캠페인에서 보듯 화학은 어떤 산업 분야보다도 환경 운동이 노리기 좋은 투쟁 상대였다. 그러나 화학처럼 전모를 가늠하기 힘들고 불투명한 업계에서 우선순위를 정하고 여론에 홍보하기는 정말 어려운 일이다. 어려움은 공격 대상으로 삼을 물질을 정의하는 데서 시작된다. 전체 합성 화학을 문제 삼을 것인가, 아니면 DDT나 다이옥신 같은 특정 물질에 집중하는 것이 더 나을까? 염소 화학 전체, 아니면 염소화한 탄화수소? 아니면 그 가운데 하나인 DDT에 한정할 것인가?[295] 또는 물질 자체가 아니라, 특정한 개발 과정?[296]

1988년 서독에서 두 명의 화학 전문가가 깊은 한숨을 내쉬며 생태적으로 방향을 맞춘 화학 정책이 10년이 넘게 요구된 바를 전혀 충족하지 못한 것을 반성했다. 〈다양한 단위 생산품을 서로 뒤섞는 화학 공장의 파이프라인 체계처럼《화학》의 내부 구조 역시 매우 복잡하게 서로 얽힌 체계를 보여 준다. 그 시작과 끝이 어디인지 확인하기는 무척 어렵다.〉[297] 레이철 카슨의 성공은 무엇보다도 폭넓은 문제의 파노라마 가운데 단 하나의 목표, 곧 DDT에 집중한 덕이다. 이후 30년 동안 그런 우선순위 문제는 지속해서 효력을 유지할 수 없음이 명백해졌다. 1992년 미국 부통령으로 내정된 앨 고어는 미국의 화학이 카슨의 시대에 비해 1만 3,000배 더 많은 살충제를 생산한다고 밝혔다![298] 화학에 대안 물질을 생산하라고 요구하는 것은 알려진 위험을 아직 알려지지

않은 훨씬 더 끔찍할 수 있는 위험으로 대체한다는 뜻일 수 있다.[299]

석면 비상

화학을 노린 초기 환경 운동 단체는 그 잠재적 위험이 익히 알려진 물질을 주로 겨누었다. 대표적인 것은 납, 수은, 염소 혹은 유황 화합물이다. 살충제의 경우 그 작용이 박멸해야 하는 잡초와 해충에만 국한하지 않으리라는 혐의는 처음부터 논리적 설득력을 가졌다. 당시 잘 알려지지 않은 물질은 현대의 단열재이자 방화 소재로 이른바 〈매직 미네랄〉이라는 명성을 누린 〈기적의 물질〉이자 그 자원을 두고 국제적인 권력 다툼이 극심했던 석면이었다.[300] 암을 유발하는 석면의 위험은 새로 창설된 EPA가 1971년부터 주목하기 시작했다. 노동 의학계 내부에서 직업병으로서의 석면증은 이미 1920년대에 알려졌다. 그러나 석면의 위험이 일반 대중에까지 알려지지는 않았다. 생태 시대에 접어들면서 비로소 전기가 마련되었다. 독일은 미국보다 10년 더 지나서 석면 위험에 주목했다. 석면증은 〈가장 유명한 현대 산업 질환〉 가운데 하나가 되었다.[301]

1970년대에 EPA가 발령한 석면 금지령이 1991년 미국 연방 법원의 판결로 부분적으로 다시 폐기되었지만, 1970년대에 석면을 활발하게 사용했던 독일은 1993년에 전면적으로 석면을 금지했다. 2005년에는 유럽 연합 회원국 전체가 이에 동참했다. 미국에서 석면 반대 캠페인은 미디어의 영향으로 한때 집단 히스테리의 경향을 보였다. 《〈한 올의 석면이 사람을 죽일 수 있다〉는 말은 언론이 계속 되풀이함에 따라 대중의 의식에 각인되었다.〉[302] 학교 건물 벽의 석면을 뜯어 내고 다른 물질로 대체하려고 막대한 비용의 예산이 건설 회사, 부분적으로 능력이 의심스러운 건설 회사의 배를 불렸다. 그러나 많은 경우 벽 안쪽의 석면은 무해했으며, 오히려 뜯어냄으로써 석면 입자가 방출되었다. 나중에 미국의 석면 반대 캠페인은 심지어 환경 운동가에게서도 과잉 규제의 사례로 여겨졌으며, 지나친 편집증으로 기억에 남았다. 생태 문제를 달갑

지 않게 생각하는 사람들에게 이런 히스테리는 좋은 먹잇감이었다.[303]
그러나 석면 문제의 심각성은 2002년에 새롭게 주목받았다. 광산 지역
리비Libby(몬태나)의 공기는 석면 가루로 가득했으며, 그곳 주민의 5분
의 1은 석면 탓에 폐 질환을 앓았으며, 이미 200명이 넘는 사람들이 석
면증으로 사망했다. 광산 주변에 사는 사람들의 건강 손상은 이미 가
장 오래된 환경 스캔들로 이미 16세기에 주목을 받았던 문제다. 새로운
〈환경 운동〉은 이 해묵은 주제를 처음에는 그다지 중시하지 않았다. 그
러나 이제 광산 피해자들의 저항 운동은 〈환경 정의 운동〉으로 새로운
활력을 얻었다.[304]

〈농부가 우리를 중독 시킨다?〉

독일에서 화학은 100년이 넘게 〈과학화한 산업〉의 본보기 사례로 여
겨져 왔다. 물론 국민이 화학을 달갑게 바라본 것은 아니었지만, 골탄
제조에서 남은 물질뿐만 아니라, 점차 거의 모든 쓰레기를 귀중한 자원
으로 재활용할 수 있게 해준 화학은 산업 사회의 어두운 측면을 생산적
이고 깔끔하게 해주었다. 다만 화학에는 외부 통제가 없었다. 스스로 규
제하는 자율 통제만 있었을 뿐이다. 1970년대까지 화학에서 논란이 빚
어질 때마다 전문가 카르텔이 내부에서 쉬쉬하며 덮어 버렸다. 첫 번째
중요한 변화는 농업의 화학화가 이루어지던 1978년에 일어났다. 그때
까지 넓은 의미에서 자연 보호의 한 부분으로 여겨졌던 농업은 화학 비
료의 사용으로 환경 피해를 빚어내며 여론에서 비판의 표적이 되었다.
서독 정부의 환경 정책은 즉각 반응했다. 1978년 10월 30일 자의 『슈
피겔』 표지 기사는 「농부가 우리를 중독시킨다? 농업의 화학」이라는 제
목을 달았다. 표지 사진은 가스 마스크를 쓰고 독극물 표시가 된 빨간
통을 등에 지고 씨를 뿌리는 농부를 보여 주었다. 그렇지만 본격적으로
논란에 시동을 건 쪽은 시사 주간지가 아니라, 서독의 환경 정책을 이끈
차관 귄터 하르트코프다. 그는 오랫동안 화학 산업계와 관련 법규를 두

고 협상을 벌여 왔으며, 1978년 화학에 〈공개적인 도전장〉(에다 뮐러)을 보냄으로써 사회적 담론에 불을 지폈다.[305] 이런 반전의 분위기는 환경 정책과 농림부 장관이 담당하는 자연 보호 사이의 협력 가능성을 열어 주었다. 당시 헬무트 슈미트가 주도한 회담에서 기각된 환경 정책은 이로써 새로운 동력을 얻었다. 1979년 평소 거창한 말을 꺼리던 하르트코프는 이렇게 일갈했다. 〈생태적 전환의 시간이 찾아왔다.〉[306]

다이옥신 경고에서 독일의 〈듀얼 시스템〉으로

이미 1976년 7월 10일에 이탈리아의 세베소Seveso에서 대형 화학 사고가 일어났다. 이 사건은 국가의 경계를 넘어서는 환경 운동의 발단을 마련해 주었다. 그래서 화학 위험에는 이런 이름이 붙었다. 〈다이옥신!〉 1978년에는 『세베소는 도처에 있다: 화학의 치명적 위험Seveso ist überall: Die tödlichen Risiken der Chemie』이라는 제목을 단 고발 책자가 출간되었다.[307] 내용이 아주 충실한 이 책의 공동 저자 가운데 한 명인 프리츠 파렌홀트Fritz Vahrenholt는 1976년부터 독일 연방 정부 환경청에서 〈화학 산업〉이라는 전문 분야를 이끌었던 책임자다. 그는 이 책을 출간함으로써 화학 정책을 이끈 선구적 사상가로 막강한 영향력을 얻었다. 『슈피겔』은 독일의 쓰레기 하적장에 다이옥신 통이 무방비로 노출된 것이 밝혀진 1983년 5월 30일에야 비로소 「세베소는 도처에 있다」라는 제목의 표지 기사를 뽑았다. 이때부터 다이옥신은 독일 환경 문제의 최대 화두가 되었다. 1984년 9월 24일 네 명의 환경 운동가는 빌레펠트의 쓰레기 소각장 시설의 굴뚝을 기어 올라가 12시간 동안 점거했다. 이 시설은 얼마 전만 해도 유럽에서 가장 발달했다는 칭송을 들은 곳이었다. 심지어 재판관조차 불법 점거로 기소된 네 명에게 호감을 보이며 판결을 유보하는 결정을 내렸다.[308] 다른 곳에서도 환경 운동의 투사들은 괴물 같은 소각장을 새로운 공격 목표로 삼았다. 이때 이미 환경 정책은 쓰레기가 눈에 띄지 않는 곳에 버려지는 것을 막을 첫 대책을 세웠다.

그러나 도처의 쓰레기 하적장은 이미 포화 상태로 터질 지경이었다.

다시 변화가 찾아온 것은 1990년이다. 개선된 기술은 유해한 배기가스를 줄여 주었으며, 비판하는 쪽과 비판받는 쪽 사이의 협력을 이끌어 냈다. 이로써 도입된 〈쓰레기 분리수거〉는 독일은 물론이고 다른 나라에서도 일상의 환경 보호 실천의 모범이 되었다. 초등학교의 환경 교육은 교실에서 쓰레기통, 물론 너무 더럽지 않은 쓰레기만 담은 통을 뒤집어엎어 놓고 어떤 게 무엇에 속하는지 솜씨 있게 분류하는 것부터 시작했다. 이제 환경 보호는 비난에 가득한 목소리로 사회에 호소하는 것이 아니라, 스스로 실천에 옮기는 것을 뜻했다. 독일이 학교와 직장에서 교육의 일환으로 구상했던 〈듀얼 시스템Duales System〉은 쓰레기 분리수거를 목표로 했다(물론 학생과 직장인은 이런 시스템을 새삼스럽게 여기지 않고 당연하게 받아들였다). 1990년 9월 28일, 곧 통일 일주일 전에 〈DSDDuales System Deutschland〉는 정부-민간 합작의 대규모 기업으로 활동을 시작했다. 이 기업은 당시 독일의 생태적 자부심의 상징으로 여겨졌다. 녹색당 출신의 환경부 장관 위르겐 트리틴Jürgen Trittin은 독일이 DSD로 〈세계적인 부러움〉을 산다고 주장했다.[309]

그러나 쓰레기 처리 문제의 이런 해피엔딩한 분위기는 오래가지 않았다. DSD가 창설되고 10년이 지나자 헌법 재판소 재판관으로 지명된 게르트루데 뤼베볼프Gertrude Lübbe-Wolff는 쓰레기 재활용 정책은 〈개념이 마구 뒤섞인 난장판〉으로 전락했다고 비판했다.[310] 애써 분리한 쓰레기가 결국에는 다시 한 뭉텅이로 소각 시설에서 태워지는 행태가 도처에서 발견되었다. 쓰레기가 발생하는 과정은 그대로 두고 오로지 마지막 처리 단계에서 그 해악을 줄인다는 이른바 〈사후처리기술End-of-the-Pipe〉 해결책은 국제 사회가 공통적으로 떠안은 환경 논란이 되었다. 소각 시설과 정화 시설은 쓰레기와 하수가 항상 변하는 탓에 언제나 임시 해결책에 지나지 않았다. 〈리사이클링〉은 불완전했으며, 막대한 에너지를 잡아먹어 수익성이 떨어졌을 뿐만 아니라, 그 자체로 환경 문제를 낳았다.[311] 프리츠 파렌홀트는 1996년 〈썩은 요구르트 통들이 분류 벨트

컨베이어 위를 지나 파기되는 것〉은 본래의 중요한 문제를 가려 버린다고 지적했다.[312] 결국 DSD는 문제 해결이라기보다 문제를 다른 쪽에 떠넘겨 온 100년이 넘는 역사를 그대로 답습한 꼴이 되어 버렸다. 예전에 시도된 하수를 이용한 밭의 문제라든지 〈재처리를 통한 핵연료의 완결된 순환〉에서 분명하게 드러나듯, 완벽한 〈리사이클링〉은 실현 불가능한 이상일 뿐이다. 애초에 생산 과정에서 이미 재활용 물질의 처리를 고려한다고 해도 완벽한 〈리사이클링〉은 공염불에 불과하다.[313] 〈화학의 공해 물질은 바로 그 상품 자체다.〉 이런 통찰은 화학 정책의 논의를 새로운 차원으로 끌어올렸다.[314] 오늘날 듣는 최신의 나쁜 소식은 해저가 갈수록 플라스틱 쓰레기로 뒤덮인다는 사실이다. 바다 밑이 플라스틱 쓰레기의 〈궁극적인 종착지〉가 된다는 사실이야말로 〈세베소는 도처에 있다〉의 증명이 아닐 수 없다. 이렇게 해서 『세베소는 도처에 있다』는 책자는 당시 미국 EPA의 전략에 영향을 받아, 〈화학 쓰레기의 제거〉, 특히 독극물의 제거에 집중했다.[315]

혼란과 해명

그러나 환경 정책에 대해 쉽게 과장해 비판하는 것은 피하기로 하자. 일반적으로 환경 정책의 대책은 잠정적일 뿐, 확정적 해결이 아니다. 많은 법령이 그 자체로는 별 효력이 없을지라도, 산업은 더 날카로운 법령을 두려워하는 탓에 이에 상응하는 움직임을 보이게 마련이다.[316] 화학 정책 토론이 미치는 영향은 겉으로 드러나지 않게 은밀하다.[317] 물론 이런 행태는 밖에서 문제로 보인다. 아무튼 모든 설왕설래에도 환경 단체가 지금까지 감당해 온 운명은 심오한 의미라고는 없는 혼란한 희비극인 것만은 아니다. 환경 운동은 그때그때 고착된 모든 논점을 넘어서며, 결국에는 늘 다시 운동성을 보여 줬다. 그리고 이 운동은 방향 감각을 잃고 갈 길을 더듬는 방황이 아니라, 항상 주된 동기와의 씨름이었으며, 이 씨름으로 많은 것을 해명했다. 19세기 후반의 위생 운동 이후 환경 단체는 비록 이전과 부분적으로 서로 다른 측면이 있기는 했지만, 항상 다시 공기와 물이라는 주제로 되돌아왔다. 기후가 받는 위협은 1980년대부터 끊임없이 주제를 바꾸어 대는 언론의 속성 때문에 우여곡절은 있었지만 늘 주된 동기였다. 공해 물질 감소라는 해묵은 동기는 늘 새로운 시의성을 얻었다. 세계의 건조한 지대에서 온난화는 무엇보다도 물 부족으로 나타났다. 〈성장의 한계〉는 마찬가지로 서로 다른 측면에서 접근했을지라도, 항상 새롭게 문제 중의 문제로 부각되었다. 이런 논란을 거치며 인구 증가는 결국 문제의 진정한 핵심이 아닌 것으로 밝혀졌다. 오히려 성장에 초점을 맞춘 기존 경제 체계가 핵심이었을 뿐이다. 2008년의 금융 위기 이후 성장 경제의 포기를 과감하게 제안하는 사람들이 나타나기 시작했다.

환경 주제의 전체 스펙트럼은 결코 흐릿하지 않으며, 서로 연결되지 않은 것도 아니다. 헤겔의 말을 새겨 보자. 〈진리는 전체다.〉 개별적인 환경 단체들은 그 전체의 모습에서, 운동성과 네트워크에서, 그 오랜 세월의 활동에서 온전한 의미의 환경 운동이 된다. 생태적으로 지속성을 갖는 에너지 조달이라는 문제는 처음부터 오늘날까지 항상 최우선에 있다. 1970년 〈지구의 날〉을 기획했으며, 나중에 『타임』에서 〈지구의 영웅〉으로 선정된 데니스 헤이즈는 태양 에너지의 개척자가 되었다. 〈대체 에너지〉라는 말은 1970년대 후반 생태 운동의 마법 주문으로 자리 잡았다. 체르노빌 사고가 나던 1986년 『로빈 우드』 매거진은 이렇게 썼다. 《《죽은 개》인 원자력은 꼭 필요하거나 또 할 수 있는 정도까지만 돌보고, 우리는 무엇보다도 새로운 에너지 공급 체계를 출현시키는 과제에 헌신해야 한다.》[318] 이런 모든 과정을 두고 학습 과정이라고 말해야 할까? 신중히 접근하는 것이 더 낫다. 세계 역사는 학교 교실이 아니라, 치열한 권력 다툼과 이해관계 충돌의 경연장이기 때문이다. 그리고 모든 배움에도 은밀한 망각의 과정이 뒤따르게 마련이다. 역사가 다시 처음부터 시작하지 않으리라고 확신할 근거는 없다. 원자력이든 기후 문제든 다른 어떤 환경 주제에서도 이런 이치는 마찬가지다.

4

카리스마 넘치는 인물과 전략적인 환경 행정가

종교적 특성과 카리스마적 요소들

재앙은 예언자를 요구한다

흔히 이야기하듯 인류에게 임박한 생태적 자살이라는 환상은 기독교 종말론의 오랜 전통을 닮았다. 베스트팔렌 출신의 성직자로 1406년에서 1418년까지 『세계의 진행Cosmidromius』이라는 제목의 책을 쓴 고벨리누스 페르존Gobelinus Person(1358~1421)에게 세계 역사는 가파른 내리막길을 치닫다가 이내 종말을 맞을 것이 분명해 보였다. 그는 세계 멸망을 1426년으로 예상했는데, 마침 운 좋게도 1421년에 죽었다. 그가 품은 기본 생각은 이렇다. 〈알파는 이미 오메가를 품었다.〉 낙원의 원죄가 이미 세계 종말을 품었다는 뜻이다. 바로 이런 의미에서 녹색 세계사에는, 클라이브 폰팅Clive Ponting(1991)에서 제러드 다이아몬드(2005)까지, 맹목적 탐욕으로 마지막 나무까지 베어 버린 이스터섬 주민의 생태적 자살(그렇게 꾸며진 주장)은 두려워할 수밖에 없는 인류의 생태적 자살을 보여 주는 모범이라는 주장이 끊이지 않았다.[1] 이스터섬에서 일어난 것이 생태적 자살이 아니라, 살인, 곧 식민지 지배자와 노예 상인이 자행한 살인[2]이었다는 분명한 방증이 있었음에도 환경 운동가는 이런 버전을 훨씬 더 적절하다고 여겼다.

대서양을 사이에 둔 양쪽 진영에서 생태 종말론의 첫 번째 열풍이 일어난 것은 1970년을 전후한 시점이다.[3] 마이클 이건은 자신이 쓴 배리 코머너의 전기에서 그의 영웅 코머너가 환경 운동가로 성장하는 과정을 묘사한 장에 〈새로운 예레미야〉*라는 제목을 달고 그 아래에 코머너의 발언을 인용했다. 〈터널의 끝에 이르면 빛을 본다고 생각한다면, 너는 엉뚱한 방향을 보는 것이다.〉[4] 동시에 이건은 코머너를 〈놀라운 카리스마의 소유자〉로 묘사했다. 물론 코머너는 그를 지속해서 따르는 제자의 무리를 보지 못한 불행한 예언자였을 뿐이다. 이건은 이에 덧붙여 사회학자 데보라 린 구버Deborah Lynn Guber가 한 말을 인용한다. 구버는 미국의 〈녹색 혁명〉을 설문 조사를 통해 추적해 온 인물이다. 〈환경 운동이 환경 보호의 발전을 애써 깎아내리고 여론의 의식을 환기하고자 과장된 세계 멸망 경고를 남발함으로써 오히려 자신의 신뢰를 잃고 말았다. 이것은 병아리 정치를 답습한 결과다.〉[5] 이 인용문에 등장하는 〈병아리 정치〉란 〈늑대가 나타났다고 외치던 거짓말쟁이 목동〉의 다른 버전이다. 미국 아동 동화에 등장하는 겁에 질린 병아리는 쿵 하는 소리에 하늘이 무너졌다며 다른 동물들을 공포에 빠뜨려 결국 조롱거리가 된다. 예레미야의 역할을 자임하고 나서는 것은 위험 부담이 크다. 이미 마키아벨리는 모세와 지롤라모 사보나롤라**를 비교하면서 카리스마 외에 다른 권력 수단을 갖지 않은 예언자는 패배한다고 그의 『군주론』 제6장에 등장하는 유명한 대목에서 설파한 바 있다. 이런 통찰은 카리스마를 자랑한 환경 운동가의 운명을 추적하면 상당한 설득력을 얻는다. 그래도 잊지 말아야 할 점은 우리 문명이 생태 파국을 피하고자 한다면, 생태 종말을 주장한 사람을 장차 예언자로 인정해야만 한다는 것이다.[6]

---

* 예레미야는 성경에 나오는 예언자로 〈눈물의 선지자〉로도 불린다.

** Girolamo Savonarola: 1452~1498. 이탈리아의 종교개혁자로 교회의 부패를 공격해 민심을 사로잡았으나, 결국 교황에게 파문당해 화형에 처해졌다. 대단한 카리스마를 자랑했지만 결국 실효적인 권력 수단을 갖지 못해 패배한 사례로 마키아벨리가 꼽은 인물이다.

대단한 카리스마를 자랑한 기인, 막스 베버

세계 종말은 메시아를 요구한다. 메시아의 메시지가 없는 종말은 그저 우리를 무력감에 빠뜨릴 뿐이다.[7] 용기와 풍부한 표현력을 지닌 지도자상에 대한 갈망은 환경 문제의 혼란스러움 탓에 자연스레 생겨난다. 논란이 끊이지 않는 문제에서 사람들은 무얼 어디서부터 시작해야 좋을지 알지 못하기 때문이다.[8] 그러나 바로 이런 갈망 탓에 환경 운동에 근본적인 긴장이 빚어진다. 환경 운동은 문제를 끊임없이 제기하고 계몽해야만 하기 때문이다. 나타나는 현상을 보면 종말론의 두려움은 실제 그렇게 느꼈다기보다 언론에서 연출된 성격이 더 강했다.[9] 최신의 종말론, 곧 기후 파국, 글로벌 온난화를 두고도 우리는 같은 말을 할 수 있다.

이건은 코머너를 분석하며 근대 카리스마 개념의 창시자인 막스 베버를 떠올린다. 베버의 아내 마리안네Marianne는 1차 세계 대전 동안 남편이 예레미야를 이야기할 때마다 자기 자신을 두고 말하는 게 아닐까 하는 느낌이 들었다고 한다.[10] 〈카리스마〉는 본래 〈은총의 선물〉을 의미한다.* 그러나 베버의 카리스마는 음울한 종말론적 성격을 갖는다. 이런 카리스마는 대중을 그 단조로운 일상에서 끌어내 움직이게 한다. 카리스마를 가진 사람은 영감이 번뜩일 때마다 광인처럼 행동한다. 〈예레미야는 만취한 사람처럼 사지를 비틀었다.〉 〈작열하는 열기에 그는 사로잡혔다.〉 그는 마치 〈목에 멍에를 단 것처럼 달렸다〉.[11] 베버가 말하는 의미의 카리스마는 미디어를 의식하고 젊고 승리의 자신감에 찬 모습을 연출하는 미국 대통령 케네디와 오바마가 보여 주는 스마트한 카리스마와 전혀 다르다. 베버가 보여 주는 카리스마는 생태 종말론에는 아주 잘 어울린다. 환경 운동의 역사에서 베버의 본래적인 카리스마 구

---

* 〈Charisma〉는 고대 그리스어의 〈χάρισμα(khárisma)〉가 어원이며, 본래의 뜻은 〈은총의 선물〉이다.

상을 떠올리게 하는 태도를 보여 준 인물이 적지 않은 것은 놀라운 일이 아니다.

물론 한 가지 맞지 않는 점은 있다. 막스 베버가 보기에 카리스마를 자랑하는 지도자의 시간은 대중이 의심과 불신을 가질 때 끝난다. 아시리아의 잔혹함과 강력한 힘에 〈엄청난 두려움〉을 느낀 이스라엘 사람들은 종말론의 분위기에 사로잡혀 예언자의 말에 귀 기울였다. 반면 1970년을 전후해 막을 올린 생태의 위대한 시간은 원자 폭탄 전쟁이라는 종말론적 악몽이 새벽잠을 설치게 하던 1990년대에 들어서 시들해지고 말았다. 이런 배경을 염두에 둘 때 카리스마를 자랑하는 예언자가 이런 역사적 상황에 맞는지 의심은 지울 수 없다. 사회적 현상으로서의 카리스마는 예언자만으로는 부족하다. 예언자를 따르는 제자들이 나타나야 카리스마는 진정한 힘을 얻는다. 생태 시대의 역사에서 제자가 없어 좌절한 카리스마의 사례를 언제나 확인할 수 있는 이유는 이런 사정에 있다. 특히 독일 녹색당은, 수많은 지도자 후보 가운데 처음으로 낙마의 고배를 마신 헤르베르트 그룰Herbert Gruhl이 뼈아프게 경험해야 했듯, 〈카리스마를 자랑하는 지도자〉를 극도로 경계했다.[12] 환경 운동은 예언자와 제자라는 추종 관계보다는 토론을 훨씬 더 좋아한다. 전체적으로 볼 때 환경 운동은 천년왕국설의 운동보다는 계몽의 전통에 더 잘 어울린다.

그럼에도 환경 운동이 갖는 영성적 요소,[13] 곧 신의 은총을 정신적으로 깨우치려는 요소를 진지하게 받아들이지 않는다면, 환경 운동의 전체적 면모는 올바로 이해되지 않는다. 생태의 아이콘, 이를테면 카리스마를 뽐내는 동물이나 풍경의 사진은 대중적인 생태주의의 근본에 낙원이라는 오랜 꿈이 살아 있음을 생태주의자의 계몽서보다 더욱더 잘 보여 준다.[14] 아무튼 이 〈잃어버린 낙원〉이 문제다. 철학자 한스 요나스가 블로흐의 『희망의 원리』에 대항해 『책임의 원칙』에서 일깨우듯, 생태주의 사고방식은 분명한 반反유토피아적 요소를 갖는다.[15] 이런 사고방식은 냉철하고 현실적이지만, 나름대로 종말론을 담고 있기도 하다.

막스 베버는 자주 인용되는 자신의 강연 〈직업으로서의 정치〉(1917)에서 목적 윤리와 책임 윤리를 대비시켰다. 그러나 환경을 위한 새로운 책임 의식을 강조하는 요나스를 비롯한 많은 다른 선구적 사상가는 두 윤리를 하나로 보면서, 목적 윤리를 온전히 강조하는 책임 윤리를 요구한다. 환경의 파국이라는 종말을 피하려면, 목적과 책임을 동시에 생각해야 한다는 사고방식이다.

녹색 영성: 프로테스탄트 윤리와 환경 운동의 정신?

환경 운동의 동기가 영성적 분위기에 있다면, 그것은 어떤 종류의 것일까? 종교를 내심 멀리하는 사람은 모든 종교를 하나의 냄비 안에 넣어 요리하려는 경향이 있다.[16] 그러나 베버는 차이가 중요함을 의식했다. 종교는 합리적인 것과 황홀경에 취한 것, 고독한 것과 공동체의 것이 있다. 카리스마는 또 하나의 독특한 특성이다. 카리스마 있는 종교는 구원과 해탈을 갈망하며, 이에 도달하려고 아픔도 마다하지 않고 참회할 각오를 보인다.

중세 연구학자 린 화이트는 1966년에 행한 그의 유명한 성탄절 축사 〈우리 생태 위기의 역사적 뿌리〉에서 근대의 환경 문제가 품은 종교적 핵심을 이야기한다. 그는 유대교와 기독교 전통이 인간을 그 자체로 영혼을 가진 자연이라는 전체로부터 떼어 내어 자연을 지배와 착취의 대상으로 삼았다고 인식한다. 그는 인간을 자연의 일부로 바라보는 동방의 종교가 더 현명하다고 말한다. 〈우리 시대의 진정한 혁명가인 비트족은 선불교에 끌리는 경향으로 건강한 본능을 보여 준다.〉[17] 환경 위기는 과학과 기술이 아니라 영성의 회복으로만 극복할 수 있다는 진단이다.

린 화이트의 이런 주장에 세계 역사학자 아널드 토인비는 전적으로 동의한다.[18] 이에 반해 1972년 스톡홀름 환경 회의에 영감을 불어넣어 준 르네 뒤보는 좀 애매한 반응을 보였다. 뒤보도 환경 문제에 종교적 측면이 있다는 점은 부정하지 않았다. 그러나 그는 기독교의 역사적 역할과 현재 발휘될 수 있는 잠재력을 화이트보다 더 긍정적으로 평가했다. 충분한 고려를 거친 이용은 자연에 해를 입히지 않으며, 정원 가꾸기를 통해서도 천국에 가까이 갈 수 있다나.[19] 동시에 중국 출신의 지리학자 투안이푸段義孚는 동양이 자연과의 조화를 중시한다는 신화를 여지없이 깨뜨렸다. 투안은 은둔한 철학자가 소망하는 꿈을 그와 상반되는 현실과 혼동한 것이 그런 신화라고 일갈했다.[20] 환경을 개인의 이기적 사용으로부터 보호해야 하는 공동 자산으로 바라본 오랜 전통에서 기독교라는 사회적 요소는 세계의 다른 지역과 비교해 환경 운동에 긍정적인 잠재력이 있다는 주장이다. 세계의 다른 어떤 지역보다 유럽 중부와 서부는 근대 초부터 자연을 지배함으로써 숲의 남벌을 막고 숲을 보호하기 위해 노력하는 전통을 가꾸어 왔다.[21] 지속성이라는 개념이 임업에서 비롯되었음을 유념한다면, 환경 정책이 서구의 작품이며, 그저 서류로만 이뤄진 것이 아니라 실천에 옮겨져 왔음은 우연이 아니다.

프로테스탄트 국가들에 환경 운동의 근원이 있다는 사실은 프로테스탄티즘과 자본주의가 맞물려 있는 역사적 연관보다 더욱 두드러져 보인다. 자본주의는 중세 가톨릭에도 뿌리를 두었기 때문이다. 우리는 〈프로테스탄트 윤리와 자본주의 정신〉 사이의 〈친밀한 관계〉라는 막스 베버의 논제를 프로테스탄티즘과 생태주의의 연관이라는 새로운 논제로 대체해 볼 수 있다. 환경 의식은 프로테스탄트의 원죄 의식에 물들어 있다. 이런 원죄 의식은 고해하거나 다른 핑계를 댄다고 누그러들지 않는다. 자연의 복수라는 생각이 세속화한 신학이라는 점은 쉽게 알아볼 수 있다. 자연이 곧 율법을 지키지 않는 행위를 처벌하는 엄격한 신이라는 발상이다. 물론 이는 일종의 합리적이며 계산적인 종교라고 하겠다. 말하자면 카리스마가 필요하지 않은, 은총과 구원의 빛이 없는 관점이다. 베버의 〈프로테스탄트 윤리〉에서 카리스마의 이상을 찾을 수 없는 이유다.

그러나 베버가 묘사하는 환경 의식에 청교도 윤리와 〈속세의 금욕〉

을 떠올리게 하는 우울하고 죄의식에 젖은 요소만 있는 게 아니다. 로더릭 내쉬는 미국의 〈컬트 북〉이 된 『야생과 미국 정신Wilderness and the American Mind』(1967)에서 야생에 열광하는 태도를 뉴잉글랜드의 청교도 전통을 거역하고 반항하는 것으로 묘사한다.[22] 그러나 내쉬의 이런 묘사, 포효하는 1960년대를 반항의 상징처럼 그리는 묘사는 지나치게 단순하다. 미국의 프로테스탄티즘은 신대륙의 야생을 신의 창조물로만 해석하지는 않기 때문이다.[23] 노르웨이의 등산가이자 철학자로 피오르에서 밧줄에 매달려 그곳에 계획된 댐 건설 프로젝트가 취소될 때까지 포기하지 않았던 아르네 네스Arne Næss(1912~2009)는 1973년 범신론적인 자연 종교의 성격을 갖는 〈심층 생태주의Deep Ecology〉를 주창하면서, 이것이야말로 이승의 삶을 완전히 누리는 기쁨의 철학이라고 묘사했다. 그는 생태 근본주의자가 요구하는 무조건적이고 헌신적인 자연 사랑이 오히려 위선자나 심지어 괴팍한 적대자를 불러올 수 있다는 문제를 익히 알았다. 인간이 그처럼 무조건적이고 희생적인 경우는 드물기 때문이다. 네스가 제시한 해결책은 인간의 본래적 자아를 〈욕심에 물든 이기주의와 혼동하지 말라〉는 요구였다. 그는 오히려 우리 몸의 한계를 넘어서는 자아의 포괄적 느낌, 자연 전체를 포괄하며 자신의 내면을 자연의 무한함과 통합하는 느낌이 필요하다고 주장했다.[24] 자연과 혼연일체를 이룬 이런 자아 감정이야말로 죽음의 두려움을 이겨내게 해주어 모든 슬픔의 근본을 극복할 수 있게 해준다는 의미다.

생태 시대의 초기에 강력한 언변으로 독일의 자연 보호와 환경 보호를 대변한 인물인 후베르트 바인치얼은 자연 보호가 갖는 영성적 특징을 절대 부정하지는 않았다. 하지만 살쾡이 한 마리가 숲을 신성하게 만드느냐고 반문하면서, 〈생태〉와 〈바이오〉 같은 개념을 〈더는 도덕과 금욕과 같이 묶지 말고, 생명의 기쁨으로 이해해야 한다〉고 선포했다. 〈바로 그래서 지속성은 컬트가 되어야만 한다. 그래야 재미에 목을 매는 사회도 따라온다. 즐거운 마음으로 자연과 합치하는 인생을 사는 것보다 더 재미있는 일이 또 있는가?〉[25] 여기서 〈컬트〉는 성스러운 의미의 숭배나 예배가 아니라, 재미있는 사회의 것이다! 이러한 관점의 전환으로 인해 생태 운동을 벌이는 인간 유형이 달라졌다. 이는 환경 운동에서 가장 중요한 변화 과정이다. 초창기 환경 운동이 청교도의 특성을 숨김없이 가졌다 할지라도 이런 변화 과정을 통해 종교적 분위기는 점차 사라졌다.

이런 변화는 동시에 자연 보호의 역사적 뿌리로 돌아가는 것이다. 원래 자연 보호는 초창기에 근심뿐만 아니라 들뜬 분위기를 자랑했다. 만개하는 야성의 자연을 바라보는 열광은 절정까지 치달았다. 라인강에서 허드슨강까지 낭만적 분위기로 담아낸 풍경화는 있는 그대로의 자연이 아니라, 천국의 빛으로 치장된 자연에서 정점을 찍었다. 바로 이런 야생 컬트에서 영성적 특징은 흘려 볼 수 없이 나타난다. 야생의 보호는 순전히 생태적으로만 설명되지 않는다. 많은 정원은 야생보다 더 풍부한 종을 자랑하기 때문이다. 특정 지역을 인간의 발길이 닿지 않게 막아버리는 자연 보호는, 그 덕에 이런저런 새들이 안식처를 얻는 생태적 의미와는 별개로, 성스러운 것을 떠받드는 전통과 맞닿아 있다.

이처럼 영성적 동기는 무엇보다도 자연 보호에서 분명하게 드러난다. 〈자연〉을 이상으로 떠받드는 것은 종교적 태도의 세속화 버전이다. 기독교 전통은 원죄로 더럽혀진 자연만 보는 데 그치지 않고, 더 나아가 자연을 신의 창조물로 섬겼다. 바로 이런 사실을 린 화이트는 간과했다. 범신론은 기독교 역사를 관통하는 흐름이다. 이 흐름은 비록 눈에 드러나지는 않았다 해도 중세에 이미 있었으며, 18세기의 물리 신학 Physikotheologie 이후 분명히 모습을 드러냈다.[26] 문학이 즐겨 쓰는 〈자연이라는 책〉이라는 표현은 성경 못지않게 신의 지혜를 담았다는 뜻으로 이미 13세기에 등장했다.[27]

자연 보호의 영성적 추동력은, 생태 시대를 맞아 자연 보호가 생태를 주목하기 이전에는, 그 속내를 노골적으로 드러내기 일쑤였다. 미국 환경 운동에서 그와 같은 예언자적 풍모를 자랑한 인물로 존 뮤어만한 사람은 없다. 야생과 국립 공원을 위한 투사였던 뮤어에게 야생 숲 보호를 위한 투쟁은 〈선과 악 사이에 벌어지는 영원한 투쟁의 일부였다〉.[28] 1957년 데이비드 브라워는 야생을 위한 헌신은 그 힘을 〈양심의 압력, 우리가 타고난 앎의 압력에서 얻어 우리가 윤리적 이유로 지구라는 유일한 세계의 소중한 자연을 해쳐서는 안 된다〉는 확신으로 이루어진다고 말했다.[29] 베스트팔렌의 자연 보호 운동을 이끈 인물로 대단한 카리스마를 자랑한 빌헬름 리니엔켐퍼Wilhelm Lienenkämper는 자연 보호 감독관으로 자우어란트Sauerland에서만 1936년에서 1938년까지 19곳의 자연 보호 구역 지정을 관철했다.[30] 그가 죽은 지 40년이 지난 뒤에도 자연 보호 운동가들은 리니엔켐퍼가 좋아했던 초원을 순례한다. 이런 리니엔켐퍼는 자신이 자연 보호에 헌신하기로 한 결정적 계기로 1926년 봄에 경험한 〈숨은 낙원〉을 꼽았다.[31] 나중에 이른바 〈적색 목록〉 시절에, 그는 자연 보호를 주제로 삼은 책들이 〈관청이 규정한 목록이라는 골조〉에만 매달릴 게 아니라, 〈사랑의 불꽃〉으로도 타올라야만 한다고 일갈했다.[32] 1930년대에 열광적인 나치 추종자로 변신한 리니엔켐퍼는 자연 보호와 마찬가지로 나치즘 역시 〈총체적인 헌신과 희생〉을 요구한다고 주장했다.[33] 그는 결국 교회에서 〈소중한 조력자〉를 얻을 수 있음을 깨닫고 『구약성경』의 〈도미니움 테라에Dominium terrae 율법〉(〈흙을 다스려라〉)을 무기 삼아 지구 보호의 의무를 강조했다.[34] 물론 이런 주장은 신학적으로 얼마든지 할 수 있다. 이렇게 해서 노아의 방주는 생태 시대의 아이콘이 되었다. 이는 곧 지구에 대한 책임의 상징이며, 여기서 환경 운동가는 신에게 점지를 받은 가장의 역할을 맡는다.

꽃과 동물 종교, 〈카리스마를 자랑하는 거대 동물〉

자연 사랑의 종류가 다양하듯 자연 종교도 다양하기만 하다. 사냥을 좋아하던 시어도어 루스벨트는 1903년 존 뮤어와 함께 요세미티 계곡을 누비며 뮤어가 새와 그 노랫소리를 알아보는 감각이 없는 것에 깜짝 놀랐다고 한다. 〈그는 갈색지빠귀는 외면하고 오로지 나무와 절벽에만 관심을 가졌다.〉[35] 헤겔은 〈자연 종교〉를 두고 그 안에는 평화적이고 헌신적인 〈순수한 꽃 종교〉와 동물적이고 공격적인 〈동물 종교〉가 나뉜다고 구분했다. 〈동물 종교〉는 〈평온하고 다양한 식물 사이에서 적대적인 운동을 일으킨다〉.[36] 그러나 논리 비약으로 보이는 이런 생각은 사냥꾼을 상대해야 했던 동물 보호 운동이 많은 경우 식물 보호 운동보다 훨씬 더 공격적이었다는 점에서 설득력을 자랑한다.

동물 보호 운동가뿐만 아니라 동물도 카리스마를 갖는다. 카리스마 개념에 동물적 요소를 가미했던 막스 베버는 인도의 전투 코끼리가 울부짖는 소리에서 〈영웅의 환희〉를 읽어 냈다.[37] 〈카리스마를 자랑하는 거대 동물〉, 이를테면 사자, 호랑이, 코끼리, 코뿔소, 판다, 백곰, 또 오랫동안 지나치게 악평을 받아 오다 최근 새롭게 부상한 늑대[38] 등의 이미지는 이미 대중에게 익숙했다. 물론 이런 이미지에 생태적으로나 사회 정치적으로 의구심이 아주 없지는 않다. 야생 보호가 이런 카리스마 동물에 편집증적으로 집착한 것은 분명 언론 홍보와 이로써 얻어지는 기부금 효과를 노린 측면이 있기 때문이다.[39] 이런 사실은 호랑이와 코끼리 때문에 고통받는 원주민에게는 순전한 인간 경시로 비칠 수 있다. 또 환경 운동의 초점을 흐리는 결과를 낳을 수도 있다. 그럼에도 중국의 〈판다 정치〉는 대중의 주목을 한 몸에 받았다. 1980년 WWF가 중국과 판다 구출을 위해 맺은 협약은 중국이 마오쩌둥주의에서 벗어나 체제를 서방에 개방하는 역사의 일대 사건이 되었다.[40]

그러나 작은 동물에도 얼마든지 카리스마를 부여할 수 있다. 에스파냐의 이스트레마두라주 사람들이 길조로 여기는 두루미뿐만 아니라, 지금껏 뱀파이어를 연상케 했던 박쥐도 마찬가지다. 현대 사진 기술의 발달은 이 야행성 동물의 얼굴을 보여 주었다. 1990년대에는 유럽 전역에 박쥐 프로젝트가 생겨났다(〈유럽 배트나이트 프로젝트European Batnight Project〉). 이 프로젝트에는 많은 목사가 기꺼이 참여했다. 박쥐는 교회 탑에 살기 좋아해서 박쥐 보호는 교회에 생태 지킴이라는 확실한 인상을 심어 주었기 때문이다.

생태를 진지하게 생각하는 자연 보호 운동가는 카리스마 동물을 둘러싼 언론의 요란 법석을 착잡한 감정으로 지켜본다. 헨리 마코프스키Henry Makowski는 1988년 북해 바다표범 대량사 사건을 두고 여론이 들끓자 실제로는 북해의 오염이 아니라 바이러스 탓에 이런 일이 벌어졌다고 꼬집었다. 〈자연 보호 역사에서 죽어 가는 바다표범을 앞세워 그 요구를 대중에게 전달하고 관철한 예를 따로 찾아보기 힘들다.〉[41] 책망하는 듯한 슬픈 눈길로 인간을 바라보는 바다표범의 사진이 소동을 불러왔다는 에두른 지적이다. 독일의 생물학자인 볼프강 하버Wolfgang Haber는 〈카리스마 동물〉에만 초점을 맞춘 종 보호가 결국에는 자연을 거대한 동물원으로 만드는 효과를 자아낼 것이라고 꼬집었다.[42] 1945년 이후의 고래 보호 역사는 시사해 주는 바가 많다. 고래 보호 운동은 망망대해에서 이뤄지는 자원 착취를 어떻게 통제할 것이냐 하는 문제에 눈뜨게 해주기는 했다. 당시만 하더라도 해저에서 처음으로 유전이 발견되었기 때문이다. 그렇지만 고래라는 이 거대한 카리스마 동물에만 초점을 맞추는 태도는 복잡다단한 전체 문제를 알아보지 못하게 할 뿐이다. 결국 이 문제는 세계 바다를 통제할 글로벌 정권 없이는 해결될 수 없다.

〈지구가 먼저다!〉의 창설자이면서 생태 사보타주인 〈에코타지〉*를 지지한 데이브 포먼의 『환경 투사의 고백Confessions of an Eco-Warrior』(이 투사는 단순한 〈싸움꾼〉이 아니다)은 특히 환경 문제를 위험한 회색곰(우르수스 아르크토스 호리빌리스Ursus arctos horribilis)과 동일시한다. 〈옐로스톤 국립 공원에서 두 마리의 새끼를 데리고 펠리컨 크리크Pelican Creek강을 따라 어슬렁거리는 암컷 회색곰도 모든 인간 못지않은 생명권이 있으며, 생태적으로는 훨씬 더 중요하다.〉 존 뮤어는 말했다. 〈언젠가 인류와 곰 사이에 전쟁이 벌어진다면, 나는 곰 편을 들겠노라고. 드디어 이날이 왔다.〉 포먼은 자신의 좌우명으로 위대한 야생 예언자 앨

---

* Ecotage: 환경 파괴를 막기 위해서는 실력 행사도 불사하겠다는 공해 반대 운동을 이르는 명칭.

도 레오폴드의 말을 꼽았다. 〈회색곰을 알래스카로 추방하는 것은 행복을 하늘로 추방하는 것과 같다. 절대 그런 짓은 할 수 없다.〉 그리고 결론 부분에서 포먼은 〈심층 생태주의〉의 정신으로 구호를 제시한다. 〈강을 따라 달리고, 산에 올라, 회색곰을 만나자. 그리고 개발자의 무덤에 오줌을 누자.〉 〈개발자〉는 최악의 욕이다! 그리고 또 이런 대목도 나온다. 〈말도 안 되는 정치적 중립성에 오줌을 누어라. 그래야 성스러운 일을 한다.〉 〈우리는 우리 일을 하게 할 절대적 신화가 필요하다.〉[43] 주목할 점은 포먼이 청교도의 자연 적대적인 전통을 혐오하는 뜻으로도 성스럽다는 표현을 쓴다는 사실이다.[44] 야생을 바라보는 거친 열광은 전혀 다른 종교적 특징이다.

〈작은 것이 아름답다〉: 불교를 새롭게 지어낸 생태 운동

생태 운동이 보여 준 전형적 특성은 살아 있는 모든 생명의 평화로운 조화를 강조하는 불교에 가깝다. 생태 운동의 이런 특성은 힌두교의 요소와 간디 그리고 알베르트 슈바이처의 가르침과 맞물린다. 이보다 앞서 흐름을 주도한 인물은 에른스트 F. 슈마허다. 본 출신의 경제학자로 1936년 영국으로 이주한 슈마허는 영국 〈국립 석탄청National Coal Board〉의 통계부서 책임자가 되었으며, 석탄 업계의 로비스트로 활동하며 원자력에 비판적 태도를 견지했다. 그의 개인적인 안타까움은 베르너 하이젠베르크가 여동생의 남편이었다는 사실이다. 독일 원자물리학계가 신처럼 떠받들던 하이젠베르크는 1950년대에 초창기 독일 원자력 산업에서 정신적 지도자로 꼽혔던 인물이다. 물론 하이젠베르크는 이론물리학자일 뿐 원자력 발전을 이끄는 데 필요한 기술 능력은 없었다.[45] 평소 친척과도 무장 혁명을 주장하는 극좌파를 두고 토론을 서슴지 않던 하이젠베르크는 자신의 영국 손위 처남과는 의도적으로 대화를 피했다. 하이젠베르크는 슈마허를 선동가로 여겼기 때문이다.[46] 더욱이 슈마허는 하이젠베르크가 평생 일구어 온 업적을 전면으로 비판했다. 그렇지만 슈마허 자신은 평생 밝은 성격의 온화한 예언자였다. 그는 임박한 종말을 선포하지는 않았으며(물론 종말이 얼마든지 가능하다고 보기는 했다) 희망을 줄 수 있는 실질적인 제안을 하려고 노력했다. 그가 말하는 실질적 제안이란 신세계의 새로운 사람이 없이도 지금 당장 실천에 옮길 수 있는 것이다.

슈마허는 이미 1950년대 초, 곧 서구에서 불교가 선풍적 인기를 끌고 달라이 라마가 〈개신교의 비밀 교황〉으로 부상하기 훨씬 이전인 1950년대 초 불교에 끌렸다. 그를 불교로 인도한 인물은 버마(지금의 미얀마)에 체류하는 동안 알게 된 에드워드 콘즈Edward Conze(1904~1979)다.[47] 슈마허처럼 독일 혈통으로 영국 국적을 취득한 콘즈는 해박한 지식을 자랑하는 불교 스승이다. 콘즈는 자신의 제자들에게 무엇보다도 〈정신의 밝은 평안〉에 몰입할 것을 추천했다.[48] 콘즈가 강조한 것은 중도를 강조하는 친근하고 따뜻한 불교다. 이 불교는 일본의 냉철한 선불교와는 확연히 다르다.[49] 선불교는 오히려 현대의 경영자에게 알맞은 종교로 밝혀졌으며, 또 히말라야 불교에 영향을 미친 탄트라의 섹스 신비주의 경향을 보이기도 했다. 나중에 히피는 이 탄트라에 열광했다. 물론 히피만 그런 것은 아니지만. 〈국립 석탄청〉의 통계학자인 슈마허는 당시 버마와 인도에서 옛 방식 그대로 일하는 수공업자를 보고 깊은 깨달음을 얻었다.[50] 이 노동자들은 서구인이 보기에 가진 것이라고는 없는 빈민이었지만, 그런 가난함에도 명랑함을 잃지 않았으며, 기술적 능력에서 서구의 컨베이어벨트 노동자와 사무직원보다 훨씬 더 뛰어났다. 슈마허는 이런 경험을 자신의 〈유기적 농업〉에 담으며 삶의 질, 생태 농업, 대체 기술이라는 마법적인 삼각형을 이루는 새로운 세계관을 빚어냈다.

1960년대 초 이후 슈마허는 불교가 이야기하는 중도 개념을 실질적이고 기술적으로 활용할 길을 열어 갔다. 〈중간 기술Intermediate Technology〉[51]이라는 그의 구상은 처음에는 그저 추상적 표어에 지나지 않았지만, 갈수록 구체적 형태를 취했다. 이 구상은 본래 인도 같은 제

3세계 국가를 위해 고안되었지만, 동시에 서구에서 대안 기술을 찾으려는 생각에 영감을 주기도 했다. 슈마허의 관점에서 불교 윤리는 한 가지점에서만큼은 막스 베버의 프로테스탄트 윤리와 일치한다. 이 일치점은 곧 인간의 자아실현은 노동을 통해 이뤄진다는 것이다. 그러나 바로이 노동을 통한 자아실현은 인간을 기계의 톱니바퀴로 만들거나 아니면 실직 상태로 내모는 현대의 기술 발달 경향으로 어려워지고 말았다. 중간 기술, 곧 인간의 자아실현을 중개해 주는 기술은, 슈마허가 이해한바에 따른다면, 현대 기술 발전의 성과를 품으면서도 동시에 노동자가다양한 능력을 키우게 하고 너무 많은 노동력을 요구하지 않는 수공업의 성격을 그대로 지키는 것이다. 이런 중간 기술은 저렴해서 제3세계국가의 작은 작업장도 누릴 수 있어야 한다. 불교를 참으로 독특하게 바라본 매우 개인적인 해석이 아닐 수 없다. 수많은 불교의 스승은 오히려불교가 말하는 중도를 세계를 있는 그대로 바라보는 지혜로, 세계를 바꾸려 헛되이 노력하지 않는 태도로 이해했기 때문이다.

슈마허의 실천적 불교는 동물을 사랑하는 불교, 저 전설의 부처가 뻐꾸기로 변했다고 숭배하는 불교와는 성격이 다르다. 동물 사랑의 불교는 새들이 모여 있는 것을 보고 주님의 재림을 예언했다는 아시시의 성프란체스코 전설을 능가할 정도다. 또 슈마허의 실천적 불교는 나중에페트라 켈리가 심각한 갈등을 해결하는 방안으로 제안한 날카로운 불교 해석과도 거리가 멀다. 켈리의 불교는 자족함이라는 중도는 전혀 알지 못했다. 1960년대 후반에 들어 슈마허의 사상은 경제학자들의 비웃음을 샀다. 그러나 그는 1973년 자신의 책 『작은 것이 아름답다』로 돌연 구루(종교 스승)로 급부상했다. 미국에서는 그가 강연하는 곳마다청중이 미어터질 정도로 모였으며, 전 세계 각지에서 강연 요청이 쇄도하는 바람에 그의 건강은 급격히 나빠졌다. 아무래도 이런 폭발적 반응을 끌어낸 최대의 요인은 책 제목이리라. 그러나 사실 『작은 것이 아름답다』는 슈마허가 독창적으로 지어낸 것도 아니다.[52] 천재적일 정도로간단하면서도 의미심장한 이 제목은 마오쩌둥의 어록인 『붉은 보서』에 등장한다(슈마허는 이 책을 읽고 깊은 감명을 받았다고 한다).[53] 슈마허는 이 표현을 읽고 적절한 구호라며 빌려 쓴 것이다. 이후 몇 년 동안 슈마허의 근본 사상은 모르는 사람이 없을 정도로 인기를 끌었다. 그런 탓에 슈마허의 책은 마치 상투적 표현의 집합으로 여겨졌다.[54]

순전히 신학의 측면에서 사람들은, 성경의 창조 설화를 곧이곧대로 받아들이며 다윈에 반대하는, 미국의 종교 근본주의자도 독일의 창조 신학자와 마찬가지로 생태 메시지를 환영할 것으로 기대했다. 그러나 놀랍게도 현실은 정반대였다.[55] 신학이 아니라 역사의 관점에서 본다면, 이런 역설적 반응은 놀라운 일이 아니다. 생태 운동권의 종교적 영성은 폭넓은 대중을 포섭하려는 노력이지, 교리에 충실한 것이 아니기 때문이다. 생태 운동은 개방성을 추구했지, 정통을 원하지 않았다. 신학이 아니라 정신이 중요했을 뿐이다. 독단적인 창조 설화가 아니라 평화적인 퀘이커 전통이 미국 〈그린피스〉의 초창기에 영감을 주었다.[56] 퀘이커 교도들은 1956년 미국이 비키니 환초에서 벌인 원자 폭탄 실험에 저항해 배를 운항하는 운동을 조직했다.[57] 기묘하게도 형제애와 평화를 강조한 자유 교회의 이런 운동은 환경 운동의 영성 탐색에서 거의 주목받지 못했다.

영성의 방랑자: 루돌프 바로

생태 운동에서 카리스마와 영성은 다행히도 어떤 새로운 정통파를 구축하지 못했다. 적어도 장기적 관점에서는 그렇다. 오히려 카리스마와 영성은 운동의 한 요소로 남았을 뿐이다. 방랑하는 영성을 대표적으로 보여 준 인물은 루돌프 바로*다. 그는 한때 사막의 예언자로 불렸는데, 동독 출신으로 서독에 건너와 좌파의 녹색 운동에 힘을 보탰다. 그

---

* Rudolf Bahro: 1935~1997. 독일의 철학자이자 정치가이며, 사회 생태학자. 동독의 가장 유명한 반체제 인사였다.

는 좌파 인물이자 오랜 세월 투옥되었던 동독의 반체제 인사로 1970년 대 말 녹색당의 모든 다른 창설자보다 더 유명했다.[58] 그는 독일은 물론이고 미국에서도 페트라 켈리와 더불어 녹색 운동 초창기를 이끈 카리스마 넘치는 인물로 인정받았다. 그러나 켈리처럼 루돌프 바로 역시 얼마 가지 않아 녹색당의 정치 일상에서 주변 역할만 맡았다. 그는 1985년에 당을 탈당해, 구루 오쇼 라즈니시*의 현세적이며 탄트라 영감을 받은 구원 운동에 참여했다.[59]

바로의 책 『대안: 현실로 존재하는 사회주의 비판Die Alternative: Zur Kritik des real existierenden Sozialismus』(1977)은 그가 아직 정치적 죄수로 바우첸Bautzen에 수감 중일 당시 원고를 몰래 서독으로 밀반입해 출간되었다. 이 책은 국제 좌파 지성인에게 역동적인 반응을 끌어냈다. 〈현실로 존재하는 사회주의〉는 미래의 이상적 사회주의와 대비를 이루는 개념으로 자리 잡았다. 바로의 정치적 자산이 되어 준 것이 바로 이 책이다. 그러나 묘한 것은 그가 같은 논리로 이 책에 담긴 생각을 더욱 발전시키지 않았다는 점이다. 바로는 현재의 흐름이 몇십 년 동안 그대로 지속한다면 〈미래의 세대〉는 〈대기권에 산소를, 하천에 물을, 극지방에 냉기를 만들어 주어야만 할 것〉이라며 오히려 생태 종말론을 주장하는 듯한 인상을 주었다.[60] 물론 이 책이 준 정신적 번뜩임은 여전히 사람들의 기억에 남아 있다. 그러나 그가 나중에 낸 책들은 녹색당에 호감을 갖는 사람에게조차 갈수록 더 난해해졌다. 바로는 당시 많은 좌파 지성인과 마찬가지로 마르크스주의라는 코르셋을 벗어던지자마자 지적 기반을 잃고 그때그때 변화하는 유행을 따라가기에 급급했다.

기민당 출신으로 녹색당을 창설하는 데 힘을 보탠 가치 보수주의자 헤르베르트 그룰은 얼마 가지 못해 녹색당에서 배제당하고 말았다. 그는 바로를 두고 녹색당에서 좌파가 실권을 잡게 했다며 죽을 때까지 바

---

  * Osho Rajneesh: 1931~1990. 바그완 슈리 라즈니시Bhagwan Shree Rajneesh라는 이름으로도 알려진 인도의 철학자이자 영성 지도자.

루돌프 바로는 동독 출신의 가장 유명한 반체제 인사로 추방당하고 곧 당시 새롭게 창당된 〈녹색당〉
에 가담했다. 이 사진은 사망 1년 전인 1996년에 촬영한 것이다.

로에게 깊은 원한을 품었다.[61] 한편 좌파 성향으로 당의 기초와는 거리
가 먼 관료주의가 자연 보호에서 나타났다고 비판한 외르크 베르크슈
테트Jörg Bergstedt는 〈루돌프 바로를 중심으로 한 회색분자들〉이라는 표
현을 썼다.[62] 아무튼 바로는 카리스마를 자랑할 위인이 될 재능이 충분
했지만, 결국 한꺼번에 여러 마리의 토끼를 노리다가 다 놓치고 말았
다. 그의 적수 그룹도 마찬가지다. 1983년 바로가 녹색 가치 보수주의
로 변신하는 반전을 보이며 향토애와 영성의 연합을 찬양하자, 녹색당
출신으로 나중에 외무장관에 오른 요슈카 피셔Joschka Fischer는 이런 말로
바로를 비웃었다. 〈이제 우리는 보수를 상징하는 바이에른 가죽바지와
전통 의상을 입고 향을 피우며, 원자력 발전소 건설 현장으로 행진해야
만 한다.〉[63] 1980년 1월 12일 녹색당의 카를스루에 창설 전당 대회장에
서 바로는 이미 예언자의 소질을 자랑하는 생태 농부 발두르 슈프링만
Baldur Springmann을 연단에서 포옹했다. 그러나 이 농부는 극우적 성향의
피와 토양 신비주의자로 낙인찍혀 68세대에게 출당 조치를 받았다.[64]

녹색당을 대표하는 대다수 인물과 달리 바로는 1990년 새로운 독일 민족 감정에 휩쓸린 나머지, 녹색당이 〈민족적 요소〉를 이용하지 않는다고 비판하며 많은 녹색당원을 경악하게 하는 발언도 서슴지 않았다. 〈본래 민족 감정의 저 깊은 곳에서는 녹색의 아돌프를 요구하는 외침이 울리고 있다. 그리고 좌파는 이런 외침이 두려운 나머지 녹색의 아돌프가 우리가 아는 아돌프와는 완전히 다른 인물이라는 점을 깨닫지 못하고 있다.〉[65] 바로는 녹색당이 새롭게 생명력을 얻은 민족의식을 모욕하는 대신 독일 민족의 향토애와 자연 사랑에 거리낌 없이 기댄다면, 더 많은 유권자의 마음을 사로잡으리라는 정치 감각을 자랑하기는 했다. 그러나 당시의 바로를 표현하자면 하인리히 폰 트라이츠케*가 체조의 아버지 프리드리히 루트비히 얀**을 두고 쓴 글에 딱 들어맞았다. 〈저 기적을 만드는 성자라 할지라도 …… 합리적인 일은 바보처럼 할 뿐이로구나.〉[66] 바로는 남은 지지자들마저 혼란에 빠뜨리는 행동을 서슴지 않았다. 한때 바우첸에서 수감 생활을 했던 그는 1992년 죄수 에리히 호네커에게 변호를 맡아 주겠다고 제안했으며, 동독의 몰락 이후에는 독일 사회주의통일당Sozialistische Einheitspartei Deutschlands, SED의 독재가 유망한 미래를 만들어 줄 충분한 비전을 제시했다는 망언을 하기도 했다.[67]

미국의 환경 운동가 샬린 스프레트낙***은 1984년 녹색당을 다룬 첫 책을 쓰면서 페트라 켈리와 루돌프 바로와 나눈 대화에 큰 영향을 받았다. 그런데 이 대화에서 그녀는 녹색당이 마치 종교 운동처럼 보인다는 인상을 받았다. 오늘날의 관점에서 보면 상당히 기이하며 거의 이해되지 않는 말이다. 바로는 전당 대회에서 예언자처럼 행세했다. 1984년

* Heinrich von Treitschke: 1834~1896. 독일의 역사학자로 제국의회 의원을 지낸 인물이다. 신랄한 비판으로 유명했다.

** Friedrich Ludwig Jahn: 1778~1852. 독일의 교육자로 국민 체조 운동을 이끈 사람이다.

*** Charlene Spretnak: 1946년생의 미국 환경 운동가로 이른바 〈에코페미니스트〉로 유명하다.

12월 함부르크에서 열린 녹색당 전당 대회에서 그는 이렇게 말했다. 〈종말론과 시합은 오로지 굳건한 신앙의 시간, 되도록 모두에게 똑같이 맞춰진 성령강림의 시간이 될 때만 이겨낼 수 있다.〉 이 말은 목사 출신의 안톄 폴머*가 듣기에도 너무했다. 그녀는 신학의 밝은 지식으로 매우 적절하게 반론했다. 바로는 〈정말이지 중요한 사실 하나를 잊었다. 인간은 자신이 노력한다고 예언자가 되는 것이 아니다. 오히려 사람들이 자신이 하는 말에 신뢰를 갖게 할 때, 인간은 예언자로 만들어진다.〉[68]

실제로 폴머의 비판은 핵심을 건드렸다. 예언자는 정신적으로나 인간적으로 제자들의 신뢰를 얻어 내야만 한다. 이런 신뢰는 자폐증에 빠질 정도로 나르시시즘에 사로잡힌 바로에게는 결여되어 있었다. 유명해지기 전에 그 둥그런 얼굴로 여인들의 호감을 사지 못했던 동독 반체제 인사 바로는 자유로운 서독에서 쉴 새 없이 이런 열등감을 만회하려고 노력했다. 지성과 영성 그리고 성적 끌림이 그 수단이었다. 심지어 바로는 그때까지 정신적 동지로 가깝게 지냈던 켈리와도 녹색당이 의회 입성(1983)에 성공한 직후 관계가 틀어지고 말았다. 바로가 어떤 관료주의에도 공포에 가까울 정도의 반응을 보이며, 혼란스럽기만 한 녹색당 사무 운영을 더욱더 효과적으로 조직하려는 일체의 시도를 어긋나게 만들어 버렸기 때문이다.[69] 1983년 말 녹색당 운영위원회 회의록에는 이런 대목이 나온다. 〈일반적으로 루돌프 바로에게 쏟아진 비난은 그가 세계 멸망의 분위기를 지어냈다는 것이다.〉[70]

독일 의회의 녹색당 원내 교섭 단체는 이 예언적 종말론자에게 대중의 반응을 끌어낼 기회를 제공하지 않았다. 그러나 종교적 감각을 가진 사람들에게도 바로는 갈수록 구제 불능의 허풍선이가 되었다. 동독의 반체제 인사로서 그는 〈루터를 대단히 존경한다〉고 했다가,[71] 이내 마이스터 에크하르트, 스피노자, 부처, 노자 등 다른 위대한 사상가들에

---

* Antje Vollmer: 1943년생의 독일 여성 정치가로 개신교 목사였다가 환경 운동에 투신한 인물이다. 1994년에서 2005년까지 독일 의회의 부의장을 역임했다.

빠졌으며,[72] 결국에는 언론이 오랫동안 탄트라와 성생활 지침으로 호들 갑을 떨며 섬겨 온 오쇼 라즈니시를 발견했다. 바로는 자신의 남녀 제 자들에게 오쇼를 섬기자고 호소했다. 그러나 그 자신이 녹색당의 구루 가 되지는 못했다. 그의 카리스마는 반체제 인사라는 역사적 요소에 국 한됐을 뿐이다. 모든 기벽을 볼 때 바로는 생태 운동의 지도자 차원보다 는 일선 활동가에 더 어울리는 유형이었다. 그 자신은 언제나 〈영성의 모색〉에 나섰다고 주장했지만, 외부의 비판적 관점에서 그는 서늘한 일 본의 선 명상에서 인디언 무당의 무더운 찜질방까지 서로 모순된 영성 유행을 무작위로 끌어다 붙이는 일종의 영성 자판기였다. 그가 말하는 〈비교祕敎〉는 노출증에 지나지 않았으며, 〈영성〉이라는 단어는 그저 자 극을 주려는 수단에 불과했던 때가 많다.

녹색당의 순교자 숭배

녹색 운동에서 중요한 것은 조직과 운동 구조만이 아니다. 이 운동을 벌이는 사람들이 어떤 유형인지, 얼마나 열정을 자랑하며 고통을 감내 할 각오가 되었는지 역시 중요하다. 오랜 세월 동안 막스 베버와 친숙한 대화를 나누었던 로베르트 미헬스*는 베버가 생각하는 의미에서 카리 스마의 가장 중요한 특성 가운데 하나는 〈목숨이라도 버릴 각오〉라고 했다.[73] 녹색 운동을 이끈 영성적 지도자가 정확히 어떤 다양한 활동을 펼쳐 왔는지 더욱 자세히 알고자 한다면, 기독교의 순교자 숭배와 어떤 유사성이 있는지, 있다면 그것은 무엇인지 살피는 것이 필요하다. 다시 말해서 환경 운동을 하다가 사고나 폭력으로 목숨을 잃었다거나 자살 을 감행한 사람을 추모하고 그 희생의 의미를 기리는 것을 살아남은 자 의 의무로 여기는 문화를 살펴보는 것이 필요하다. 이런 조명 작업은 녹

---

* Robert Michels: 1876~1936. 독일 출신으로 이탈리아에서 활약한 사회학자. 현대 정 치학의 창설자로 여겨지는 인물이다.

색 운동이 어떤 특별한 종교적 특성을 가졌는지 밝혀낸다. 순교자 숭배는 종교 전반의 특징이 아니라, 기독교에서 가장 두드러지게 나타나는 것이다. 특히 가톨릭교회, 또 마카베오* 시대 이후의 유대교와 이슬람 내부에서 시아파가 순교자 숭배를 중시했다. 〈순교자〉라는 단어의 어원은 고대 그리스어 〈마르티스mártys〉로 본래의 뜻은 〈증인〉이다. 그러나 기독교의 순교자가 무엇을 증언하는지 하는 물음을 두고 신학자 사이의 논란은 그치지 않는다.[74]

생태 운동이 일찌감치 많은 호감을 보인 불교는 순교라는 것을 알지 못하며, 심지어 자신의 생명을 훼손하는 것을 싫어한다. 나치스가 1923년의 히틀러 쿠데타에서 사망한 자기편 희생자들을 섬긴 숭배 행태가 보여 주듯, 정치적인(그리고 또 종교적인) 순교자 숭배는 확연히 폭력 성향과 맞물린다. 순교자(드물지 않게 지어낸 순교자)의 운명을 빌미 삼아 적에게 똑같이 보복하겠다는 것이 그런 폭력 성향이다. 그러나 간디가 설파한 비폭력 저항, 곧 〈그린피스〉에 이르기까지 전 세계적으로 환경 운동의 공유 자산이 된 비폭력 저항이라 할지라도 특정 상황에서는 순교할 각오를 요구한다. 이를테면 1930년에 일어난 저 유명한 소금 행진에서 간디의 추종자들은 경찰이 무분별하게 휘두르는 곤봉에 저항 없이 폭행당해야만 했다. 또 〈그린피스〉의 무지개 전사들 역시 무력행사를 자제하고 〈고래를 구할 수만 있다면 목숨을 버릴〉(모니카 그리판**)[75] 각오를 보여 줌으로써 세계 여론을 열광시켰다. 물론 무지개 전사들은 해상 시위를 벌이면서도 혹시라도 사망자가 나오지 않게 잘 계획을 세워 실행했으며 여론의 홍보 효과를 최대로 이용하는 전략을 구사했다.

---

* Maccabeus: 고대 이스라엘의 마지막 독립 왕조 이름. 유대 민족의 독립을 위해 투쟁했던 왕조다.
** Monika Griefahn: 1954년생의 독일 여성 정치가이며 독일 〈그린피스〉의 창립 멤버 가운데 한 명이다.

가장 유명한 순교자: 치코 멘데스

　전 세계의 이목을 집중시킨 사건은 1988년 12월 22일에 벌어진 치코 멘데스 살해다. 이 시점은 아마존강 주변의 열대림 파괴를 둘러싼 경종의 목소리가 최고조에 달했을 때다. 지역의 고무나무 수액 채취 노조 회장이었던 멘데스는 엄밀하게 말하면 원주민, 곧 서구의 생태 운동가들이 열정적으로 선호하는 원주민은 아니었지만, 열대림과 관련한 직업 종사자라는 이해관계에 충실하게 숲의 보존을 위해 투쟁했다. 그는 살아 있을 때 이미 언론을 통해 환경 투사로 유명해졌다. 그러나 그 자신은 언론이 붙여 준 기후 구원자 이미지를 전혀 좋아하지 않았다. 방송에 출연한 그는 이렇게 호소했다. 〈나는 20년 뒤의 세계 기후를 걱정해서 숲을 보호하려는 것이 아니다. 내가 걱정하는 것은 숲에 의존해서 살아가며 매일 위험을 겪는 수천 명의 사람이다.〉[76] 그는 죽은 뒤 지역적으로나 국제적으로 생태 추모 문화에서 섬기는 대상이 되었다. 그는 자신이 가축 업계의 거물을 상대로 저항하면서 노조의 지원을 받기는 하지만, 살인 청부업자에게 살해당할 수 있다는 점을 잘 알았다.[77] 이 사건은 환경 운동가에게 자행된 어떤 살인보다 더 대중의 기억에 더 깊이 각인되었다. 멘데스와 그의 동료들은 지역 가톨릭교회의 지원을 받았다. 바로 이 교회는 순교자를 섬기는 장소였다.[78]

　이후에도 해방신학의 영향 아래 남아메리카에서 필리핀까지 가톨릭 성직자들은 외국 기업의 자원 착취에 맞선 지역 저항 운동을 지원하는 일에 매진했다. 그렇지만 라틴 아메리카의 광활한 지역은 너무도 위험해 그린피스조차 활동을 포기할 정도였다. 중앙아메리카 그린피스의 지부장이었던 마시 머스키Marcie Mersky는 이렇게 말했다. 〈여기서는 그냥 툭하면 총에 맞아요!〉[79] 그런 측면에서 공분을 자아낸 멘데스의 죽음은 살해당한 주인공의 작업을 그치지 말고 이어가야 한다는 경고이자 격려였다. 2001년 6월 2일 콜롬비아에서는 수자원 권리를 기업에 파는 것을 막으려던 지역 저항 운동의 지도자 키미 페르니아 도미코Kimy

Pernia Domico가 일종의 사병 조직에 납치되어 실종당하는 일이 벌어졌다. 2001년 7월 캐나다의 브리티시컬럼비아에서 열린 국제회의 〈인간과 자연을 위한 물Water for People and Nature〉은 이 운동가를 추모하는 시간을 가졌다.[80]

잊힌 순교자: 켄 사로위와

1995년 11월 10일 나이지리아의 작가이자 인권 운동가인 켄 사로위와Ken Saro-Wiwa(1941년생)는 군사 독

브라질의 치코 멘데스는 열대림의 보존을 위해 싸운 첫 번째 유명한 투사다. 사진은 1988년 자택에서 찍은 모습이다. 같은 해 그는 두 명의 농부에게 살해당했다.

재자 사니 아바차Sani Abacha의 명령으로 여덟 명의 투사들과 함께 교수형에 처해졌다. 국제 사회가 거세게 항의했지만 아무 소용이 없었다. 그가 교수형 판결을 받은 바로 그전 해에 사로위와는 자신이 1989년에 설립한 단체 〈오고니족 생존권 운동Movement for the Survival of the Ogoni People, MOSOP〉과 함께 대안 노벨상을 받았다. 심지어 당시 영국 총리 존 메이저John Major도 이 처형을 〈사법 살인〉이라고 불렀다. 영국의 정유사 〈쉘Shell〉이 이 희대의 스캔들 한복판에 서 있었기 때문에 영국 정부는 특히 곤혹스러웠다. 처형 이틀 뒤에 영연방 국가들은 뉴질랜드의 오클랜드에서 회동을 가졌다. 이 회동은 즉각적인 효력을 가진다는 선언과 함께 나이지리아를 영연방에서 탈퇴시켰다. 회동에서 낭독된 고발장은 쉘 기업이 네 명의 정적을 살해하도록 청소년들을 선동했다고 비난했다. 그러나 당시 증인으로 나섰던 사람들은 나중에 나이지리아 정부로부터 거짓된 진술을 하도록 뇌물을 받았다고 시인했다.[81]

오고니족의 일원이자 27권의 책을 쓴 저자인 사로위와는 아프리카에서 가장 인구가 많은 나라 가운데 하나인 나이지리아에서 자신의 입장을 열정적이고도 핵심적으로 대변할 줄 알았다.[82] 다수의 정부 요인도 잘 알았던 그는 나이저강 삼각주를 중심으로 인구가 밀집한 오고니 지역에서 파이프라인이 고장나 기름이 새면서 대규모 환경 파괴가 발생하자, 이에 항의하는 운동을 벌였다. 그가 쓴 시 한 편은 이런 첫 구절로 시작된다. 〈쉘의 불꽃은 지옥의 불길이네The flares of Shell are flames of hell.〉[83] 그의 입장은 석유 개발을 막자는 것이 아니고, 오고니족이 석유로 벌어들이는 수입을 적절히 나누어 가졌으면 하는 것이었다. 그럼에도 나이지리아 정부는 그를 대단히 위험한 인물로 여겼다. 정부는 예산의 절반 이상을 이 석유 채굴에서 충당했기 때문이다. 또 쉘이 합작투자로 참여한 이 석유 사업에서 외환 수익의 10분의 9를 얻기도 했다. 1993년 1월 30만 명이 참가한 대규모 시위가 벌어지자 쉘은 1994년 잠정적으로 석유 채굴을 중단했다. 그러나 이 경우 환경 보호 문제는 석유 채굴 기술의 완벽화로 얼마든지 풀 수 있었음에도, 오랜 세월 동안 나이지리아 권력 엘리트와 결탁한 기업은 안이한 태도만 보였다.[84]

비아프라 전쟁(1967~1970)에서 사로위와는 나이지리아의 통일을 변호했다.[85] 국가가 종족의 연합으로 분열하는 것이 그의 목표는 아니었다. 그는 심지어 1987년에서 1988년에 걸쳐 〈자립과 사회 정의와 경제 회복을 위한 대중 결집Mass Mobilisation for Self-Reliance, Social Justice and Economic Recovery, MAMSER〉 집행 위원회의 지도자 역할을 잠깐 동안이나마 맡았다. 이 운동의 과제는 나이지리아 국민에게 〈애국심을 키우고 국가적 문제의 적극적 참여를 독려하는 것〉이다.[86] 분명 그는 제3세계 국가가 겪는 수많은 문제의 핵심이 무엇인지 파악했다. 그것은 곧 국가를 향한 충성심의 부족이다. 특히 나이지리아처럼 지극히 이질적인 인종들이 모여 있으며, 영국의 식민 권력으로 지탱된 통일의 경우, 국민의 국가관은 취약하기만 했다. 그러나 사로위와의 인생을 더 따라가 보면 결국 그도 자신의 정치적 고향을 동족인 오고니에서 찾았음이 분명하게 드러난다. 그는 1990년 공개적으로 나이지리아 국가를 〈300여 인종 그룹의 연합〉으로 헌법을 새롭게 규정하자고 요구했다.[87] 그의 지도 아래 MOSOP는 석유 오염을 반대하는 저항 운동을 지역의 자율권과 석유 수익 공유 요구와 함께 묶어 냈다. 세계의 다른 지역에서도 얼마든지 볼 수 있던 환경 보호와 새로운 지역 자치의 전형적 결합이다. 당시 나이지리아의 군사 정권에 MOSOP는 그만큼 더 위험한 존재였다. 군사 정권의 보복으로 수천 명의 사람이 목숨을 잃었다.[88] 비폭력을 설파했던 사로위와는 민중 학살을 벌였다며 정부를 비난했다.[89] 환경 운동의 추모를 받아 마땅한 인물은 그를 비롯해 극소수에 지나지 않는다. 그러나 피로 물든 비아프라 전쟁을 치른 나이지리아 같은 나라에서 사람들은 이미 살해 위협에 익숙해져 있었다.[90] 아프리카의 대부분 지역은 법치 국가를 꾸릴 수 있다는 희망을 이미 오래전에 포기했으며, 나이저강 삼각주는 자연 애호가들이 꾸는 낙원의 꿈에서 아마존강의 열대림처럼 중시되지 못했을 뿐이다. 나이저강 삼각주는 세계에서 세 번째로 큰 홍수림紅樹林을 갖고 있었음에도.[91] 어쨌거나 이렇게 해서 〈켄 사로위와〉라는 이름은 치코 멘데스와는 달리 일시적이나마 국제적으로 주목을 받았다.

같은 해인 1995년 그린피스는 셸을 상대로 저항 운동을 벌였다. 그러나 그린피스는 나이지리아 정부의 말도 안 되는 사형선고를 반대하지 않고, 〈브렌트 스파〉라는 원유 저장 탱크를 북해에 가라앉히려는 것을 막으려는 운동을 벌였을 뿐이다. 이 사건은 결국 무지개 전사들에게 절반의 도덕적 패배로 끝나고 말았다. 탱크를 가라앉히는 것은 막았지만, 이 과정에서 이들이 통계 수치를 과장되게 조작했던 것이 밝혀졌기 때문이다. 사로위와의 지지자들은 환경의 국제 권력 그린피스가 다른 사건에 비교도 할 수 없으리만큼 매우 추악한 나이지리아 스캔들에 관심을 가져 주기를 호소했지만 허사였다. 이 환경 운동 단체가 미디어 효과에 얼마나 집착하는지 잘 보여 주는 사례다. 그린피스는 이런 교훈을 잊지 말아야 했다. 〈운동을 할 때는 현지인을 동원하라.〉 그린피스의 홍보 담당 책임자는 나이지리아 문제에서 대략 400통의 응원 편지를 받았지만, 〈브렌트 스파〉 문제에서는 무려 1만 6,000여 통을 헤아렸다고 밝혔다. 이런 불균형에 그린피스도 반성이 깊어질 수밖에 없었다.[92] 그러나 여론은 이런 기형적인 비대칭성을 곧바로 잊고 말았다.

태국: 야생과 농촌 숲의 순교자

태국의 자연 보호 운동이 순교자로 기억하는 이름은 수에브 나카사티엔Sueb Nakasathien이다. 그는 국왕 산하 산림 보호청의 오랜 관리이자 〈후아이 카 케앙Huai Kha Kheang 야생 보호 구역〉의 책임자로 태국 자연 보호 운동에서 저명한 인물이다. 그가 사망한 1990년 8월, 곧 태국의 숲 대부분이 이미 벌목된 뒤에도 국립 공원마저 목재 업체의 위협을 받았다. 그는 있는 힘을 다해 침입 세력에 저항했으나, 오래가지 않아 자신의 노력이 헛수고임을 깨달았다. 풀리지 않은 문제는 그의 죽음을 둘러싸고 두 가지 서로 충돌하는 소문이 떠돈다는 점이다. 그 하나는 저항의 횃불을 들라고 스스로 목숨을 끊었다는 것이다.[93] 다른 소문은 그가 목재 업체가 고용한 살해 청부업자에게 살해당했다는 것이다.[94]

그의 죽음을 두고 대다수의 환경 역사학자는 〈태국 환경 역사의 전환점〉이라고 강조했다.[95] 실제로 산림청은 그의 죽음 이후 숲 보호에 적극적으로 나섰으며, 불법으로 벌채하는 자를 엄격하게 처벌했고, 조림 계획을 실천에 옮겼다. 새로운 양식의 숲 보호는 국립 공원에 그때까지 살던 주민에게 불법 남벌의 혐의를 씌워 그들을 다른 지역으로 강제 이주시켰으며, 보호 구역 밖에서는 다시금 농촌의 전래적인 숲 이용 방식을 무시하며 부분적으로 성장 속도가 빠른 유칼립투스나무를 심기에만 바빴다. 아무튼 환경 보호와 정치 권력과 상업이 서로 맞물리는 곳마다 판에 박은 것 같은 일이 되풀이되었다. 대도시의 권력층이 가난한 농촌을 상대로 지속적인 산림 경제를 밀어붙이면서, 산림 경제는 기업처럼 대규모로 숲을 이용하는 쪽이 빈민을 찍어 누르는 지배 수단이 되고 말았다. 이런 권력 게임은 벌써 몇 세기에 걸쳐 전 세계에서 정말이지 판에 박은 것처럼 반복되었다.

태국의 환경 운동을 다룬 것으로 1996년에 나온 300면이 넘는 책은 나카사티엔을 언급조차 하지 않았다. 태국의 관련 서적에서 영웅이자 순교자로 추앙받는 인물은 불교 승려 프라 프라자크 쿠타지토Phra Prajak Khuttajitto다. 그는 1990년부터 남벌꾼에 비폭력으로 저항하는 운동을 이끌었으며, 이후 군대와도 맞서 수차례 투옥과 폭행을 당했다. 1994년 초 그는 승려복을 벗고 사라졌다. 떠도는 소문에 따르면 그전에 그는 자살할 생각을 했다고 한다. 그는 머지않아 나라가 〈피로 물들 것〉이라고 말했다고 한다. 오늘날(2010) 돌이켜보면 정확한 예언처럼 들리는 이야기다.[96] 나카스티엔과는 달리 이 승려의 주된 관심은 숲의 보호가 아니라, 토착민의 권리 보호였다. 상업적 목적으로 심은 유칼립투스 때문에 농부는 터전을 잃고 쫓겨나야만 했기 때문이다. 당시 사람들은 유칼립투스를 심은 배경에 일본 기업이 숨어 있다고 수군거렸다.[97] 프라 프라자크의 지도 아래 수백 명의 농촌 주민은 1991년 위협받는 숲을 신에게 바치는 끈으로 묶었다. 가장 크고 오래된 나무들은 불교 승려가 입는 선황색 승복을 입었다.[98] 프라 프라자크는 방랑하는 승려의 전통 그대로 숲을 명상을 위한 장소로 찾았다. 숲에서 호랑이를 만나는 것이야말로 흔들림 없는 평정을 훈련할 최적의 학교로 여겨졌기 때문이다.[99]

불교에서 생태가 새롭게 발견된 것은 서구에서만 일어난 게 아니다. 프라자크는 전국적인 인지도를 자랑했지만, 지역의 종교 지도자들에게 지원받지 못했으며, 일부 국민도 그를 반대했다. 정부 정책의 반사 이익을 기대한 국민이 특히 그를 반대했다. 그럼에도 프라자크의 저항 운동이 시선을 끈 것은 그의 운동이 근본적으로 정책의 공식적 방향 전환과 맞아떨어졌기 때문이다. 그때까지 숲의 개간은 세계의 여러 지역과 마찬가지로 원칙적으로 좋은 일로 여겨졌다. 숲을 개간하면 농토를 얻을 수 있을 뿐만 아니라, 숲이 게릴라와 원시 부족에게 숨을 곳을 제공한다는 염려를 지울 수 있었기 때문이다. 그러나 1989년에 태국 정부는 파괴적인 홍수를 겪으며 황급히 벌목 금지령을 내렸다.[100] 숲과 하천의 수자원 관리야말로 환경 의식의 뿌리라는 점은 전 세계에서 공통적으로 확인하는 사실이다. 그러나 태국 정부는 프라자크에게 환경 관련법을 적용해 사찰의 건설을 위해 나무를 베었다는 죄목으로 그를 고소했다.[101] 이런 행태 역시 전형적이다. 환경 보호는 저항의 신호일 뿐만 아니라, 오히려 정치적 반대 세력을 찍어 누르는 수단으로도 작용했다.

카렌 실크우드의 미스터리한 죽음

법치 국가의 정부가 환경을 의식하는 여론을 고려하지 않아 비극적인 죽음이 생겨났을 때 충격은 크기만 하다. 1974년 11월 13일 당시 28세의 카렌 실크우드Karen Silkwood의 죽음은 여론을 경악시켰을 뿐만 아니라, 실질적 변화를 끌어내기도 했다. 물론 그녀가 단순한 교통사고로 죽은 것이 아니라, 원자력 산업의 로비가 기획한 공격으로 사망했는지는 증명되지 않았다. 사망 원인을 둘러싼 추측은 오늘날까지도 끊이지 않는다. 의심의 근거는 실제로 존재한다. 그녀의 죽음은 사건이 일어나기 전까지 무슨 일이 있었는지와 더불어 방사선 노출이 심한 물질을 다루는 작업장의 건강 위험이 얼마나 높은지 일깨워 주었다. 동시에 환경 운동은 노동 의학의 중요성을 새롭게 의식했다. 해당 경영진의 직업 윤리 역시 수면 위로 떠올라 적어도 일부 미국 여론은 그녀의 죽음이 계획된 살인이라고 믿었다.

화학을 전공한 기술자이면서 노조 활동을 활발하게 벌인 실크우드는 미국 크레센트Crescent(오클라호마)에 있는 기업 〈커어멕기Kerr-McGee〉의 원자력 연료봉 생산 설비에서 일했다. 작업 현장에서 그녀는 방사성 물질 취급에 대한 안전 대책을 지키지 않는 기업의 행태를 주목했으며, 이를 입증할 자료를 체계적으로 수집했다. 또 그녀는 자신의 몸에서도 극히 위험한 플루토늄이 검출된 사실을 확인했다. 바로 이런 자료를 공개하려고 기자들과 노조원들을 만나러 가는 길에서 교통사고를 당했다. 그녀가 지녔던 증거 자료, 이내 갈색 봉투로 유명해진 이 자료는 사고 현장에서 발견되지 않았다. 경찰의 공식적인 사망 원인 발표는 〈과로〉였다. 그러나 실크우드가 하필 이런 상황에서 운전대를 잡고 잠들었다는 주장은 별로 설득력 있게 들리지 않는다.

여론의 흥분은 엄청났으며, 미국 바깥으로까지 퍼져 나갔다. 『슈피겔』이 이 사건을 다룬 1975년 2월 24일 자의 기사는 원자력 기술의 위험한 측면을 다룬 첫 보도다. 아이러니한 것은 이 시사 주간지가 1975년 2월 18일 자국 독일의 빌에서 원자력 발전소 건설 현장을 시위대가 점거한 사건에는 전혀 주목하지 않았다는 점이다. 사고 원인의 포괄적 조사는 현장의 충격적 실태를 고스란히 확인해 주었다. 이미 1975년에 〈커어멕기〉는 작업장을 완전히 폐쇄한다고 발표했다. 이 사건을 소재로 한 영화 「실크우드Silkwood」(1983)에서 메릴 스트립이 주연을 맡아 열연했다. 사건이 워낙 범죄 스릴러의 요건을 완벽히 갖추었고 대중을 계몽하기에도 충분했지만, 영화는 통속의 수준을 넘어서는 성공을 거두지 못했다.[102] 미국 환경 운동을 다룬 학술 서적의 색인에서 〈카렌 실크우드〉라는 이름은 좀체 찾을 수 없다. 물론 사회학이라는 학문이 현장의 사람들을 만나기 꺼리는 것이 그 원인이기도 하지만, 어쨌거나 씁쓸한 현실이 아닐 수 없다.

무지개 전사의 죽음

특히 지속적인 후폭풍을 몰고 온 것은 1985년 7월 10일에 벌어진 페르난도 페레이라Fernando Pereira의 죽음이다. 포르투갈 출신으로 네덜란드 국적의 이 사진작가는 뉴질랜드 해안에서 물에 빠져 죽었다. 그린피스 소속의 배 〈무지개 전사〉는 나중에 밝혀지기로 프랑스 비밀 정보부가 설치한 두 개의 수뢰로 침몰하고 말았다. 그때 무지개 전사들은 무루로아Mururoa 환초에서 프랑스가 벌인 원자 폭탄 실험을 반대하는 최대 규모의 시위를 연출할 예정이었다. 일단 갈등의 뿌리로 거슬러 올라가 보면, 그린피스는 1971년 무로루아에서 벌어지는 원자 폭탄 실험을 반대하는 목숨을 건 대담한 시위를 기획하며 〈방사능 활성화보다는 운동 활성화를!Better Active than Radioactive!〉이라는 전도유망한 구호를 내걸어 세계 언론의 주목을 받았다. 원자 폭탄 반대자였던 뉴질랜드의 노동당 출신 총리는 자국의 주권을 침해한 이 사건을 철저하게 수사할 것을 지시했다. 평화 시에 그런 전쟁 행위를 벌인 바가 전혀 없다던 파리의 주장은 이내 거짓으로 밝혀졌다. 이 사건은 범죄 영화 수준으로 대중을 자극했다.[103]

물론 그린피스는 이 공격에 세계 여론과 마찬가지로 경악을 금치 못했다. 그러나 사건 이후 무지개 전사들은 전 세계 각지에서 쇄도하는 기부금에 내심 더욱더 흥분했다. 이 비극으로 빚어진 홍보 효과는 무로루아 시위가 성공했더라도 이처럼 크지 않았으리라. 오로지 프랑스에서만 그린피스는 한동안 인기를 잃고 후원이 끊기는 시련을 겪었다. 결국 모든 환경 단체 가운데 가장 유명한 그린피스는 1987년 프랑스 지부를 잠정적으로 폐쇄하는 결정을 내릴 수밖에 없었다. 설문 조사 결과는 프랑스 국민의 78퍼센트가 비밀 정보부의 작전이 잘못되었다고 밝혔지만, 이것은 그저 형식적인 〈인사치레〉였을 뿐이다. 프랑스 국민의 압도적 다수는 원자 폭탄 실험의 속개를 찬성했으며, 환경 운동가의 방해를 막을 〈강력한 대책〉을 요구하기도 했다.[104] 이 경험으로 그린피스는 깊은 내홍에 시달리며 시끌벅적한 효과를 노린 갈등 촉발 노선이 장기적으로 얼마나 지혜로운지 하는 논란에 직면했다. 당시 그린피스의 간부였던 모니카 그리판은 이른바 국익과 충돌을 벌이는 시위는 거부 반응을 불러일으킬 뿐이며, 본래적인 환경 문제를 가려 버리는 우를 범한다고 지적했다. 프랑스 국민은 〈국가적 자부심에 상처를 입었다〉고 느꼈고, 스위스의 프랑스어 사용 지역에서 그린피스는 〈본격적인 증오에 시달렸다〉며, 〈이런 경험은 내가 그린피스에서 겪은 최악의 것이다〉라고 그녀는 강조했다.[105] 뉴질랜드에서 공격을 받은 이래 그린피스 내부에서는 파손된 배를 전 세계의 바다로 끌고 다니며 자원봉사자가 수리하게 할지, 아니면 바다 밑에 가라앉힐지 하는 문제를 놓고 격론이 벌어졌다. 결국 가라앉히는 것이 더 강한 상징적 가치가 있다고 주장한 쪽이 우세했다. 다른 쪽은 배를 방기하는 것이야말로 그린피스 최대의 실수가 될 것이라고 항변했지만, 설득에 실패했다.[106] 그러나 상징의 계산은 빗나가지 않았다. 나중에 전 세계 각지에서 배가 침몰한 곳과 페레이라의 무덤을 찾는 순례의 발길은 끊이지 않았다.

페트리키르헤 앞에서의 분신자살

환경 운동에서 기독교 전래적 의미의 순교자에 가장 근접한 사람은 하르트무트 그륀들러Hartmut Gründler다. 1977년 11월 21일 함부르크의 페트리키르헤Petrikirche(베드로 교회)의 계단 앞에서 당시 47세의 튀빙겐 교사는 자신의 몸에 기름을 붓고 불을 질렀다. 때마침 〈단식과 기도의 날〉*이었고 사민당의 전당 대회가 열렸던 날이라 그의 분신은 더욱 의미심장했다. 그는 핵 위험을 독일 연방 정부가 집요할 정도로 숨긴다고 비난하며 분신했다. 그의 분신이 특히 주목받아 마땅한 것은 독일 환경 운동의 역사에서 전혀 예상하지 못했던 사건이기 때문이다. 살아온 발자취로 미루어 볼 때 그는 광신적이지도 않았고 정신병자도 아니었으며, 오히려 최후의 순간까지 일관성을 잃지 않은 올곧은 이상주의자의 원형 같은 인물이었다. 그의 분신은 충동적으로 저질러진 것이 아니라, 오랜 고민 끝의 결단이었다.

그륀들러는 1세대 환경 운동가로 잠깐 〈K 그룹〉에 몸을 담았다가, 무장 혁명을 주장하는 좌파의 태도에 결별을 선언하고 간디의 추종자로 변신했다. 1972년 그는 〈작업 그룹 생명 보호 비폭력 환경 운동〉이라는 조직을 만들었으며, 튀빙겐에서 활발하게 전단지 배포 활동을 벌였

---

* Buß - und Bettag: 독일 개신교가 섬기는 기일. 성탄절을 맞기 4주 전부터 섬기는 대림절이 시작되기 열하루 전을 보통 이날로 섬긴다. 대개는 11월 23일 이전의 수요일이다.

다. 다른 조직들과 연계하며 네트워크를 구축하려고 했으나, 그의 그룹은 반反원자력 운동의 중심에서 밀려나 주변을 겉돌았을 뿐이다. 물론 그는 역사를 쓸 기회를 잡기는 했다. 1975년 3주에 걸친 단식 투쟁을 벌인 끝에 그는 여론의 호응을 끌어내면서, 기술연구부 장관 한스 마트회퍼는 반원자력 운동 단체들을 대화 상대로 인정하고 〈핵에너지 시민 대화〉라는 공론의 장을 만들어 가게 유도했다. 장관은 내키지 않았지만 대화를 거부할 수는 없었다. 그륀들러는 분신하기 얼마 전에 마트회퍼에게 보낸 편지에서 〈장관이 토론에서 보여 준 예의 바른 태도〉에 감사한다고 썼다.[107]

분명 그는 자기희생, 곧 독일 역사에서 결코 볼 수 없었던 분신이라는 행위로 일대 충격을 줄 수 있으리라 예상했다. 서독 정부의 원자력에 기댄 장밋빛 전망을 깨뜨리고 원자력 정책의 사고전환을 끌어낼 수 있는 충격은 분신자살이라는 행동으로 충분히 가능하다고 본 것이 그의 입장이다. 총리와 정부, 기자들에게 자신이 계획한 분신을 미리 통보한 터라 그륀들러는 치명적이게도 누구도 진지하게 받아들이지 않은 분신을 실제 행동에 옮겨야만 한다는 압박감에 시달렸다. 가뜩이나 서독의 정치 지형에서 분신은 입에 올릴 수조차 없는 금기였으며, 더욱이 여론은 1977년 〈독일의 가을〉을 겪고 다른 사람들을 공격 목표로 삼을 뿐, 자기희생은 염두에도 두지 않는 〈적군파〉에게 반감을 보였다. 독일 여론이 그동안 핵기술의 위험에 대단히 예민해져 있던 터라, 그륀들러의 소름 끼치는 행동은 대단히 시대착오적인 인상을 주었다. 많은 원자력 반대자들은 그륀들러의 분신을 오히려 난처하게 받아들여 그의 이름은 환경 운동 내부에서조차 무시되고 말았다.[108]

이처럼 반응이 뜨뜻미지근했던 이유는 그륀들러에 앞서 분신했던 인물들과 비교해 보면 드러난다. 1976년 8월 18일 목사 오스카 브뤼제비츠Oskar Brüsewitz는 차이츠Zeitz에 있는 자신의 교회 앞에서 분신을 감행했다. 동독 정부에 대항한 그의 행동은 기독교계를 넘어서는 저항의 신호탄이 되었으며, 같은 달에 루돌프 바로가 체포되고 볼프 비어만이 추방되는 사건과 더불어 그때까지 동독에 우호적이었던 서독 지성인들의 분위기를 뒤집어 놓는 데 기여했다.[109] 체코의 대학생 얀 팔라흐Jan Palach는 1969년 1월 17일 언론 탄압에 맞서 분신을 감행해 〈새로운 얀 후스〉*로 독재 저항 운동의 상징적 인물이 되었다.[110] 1963년 5월에 남베트남에서 석가탄신일에 행진하다가 경찰의 폭력에 저항해 불교 승려들이 분신한 사건은 디엠 정부가 미국의 지원을 잃게 한 결정적 요인이었다.[111]

이런 배경을 염두에 두면 불운한 그륀들러가 자기희생이 가져다줄 효과를 두고 환상을 품었다는 점이 충분히 이해된다. 그리고 동시에 그의 분신이 왜 이처럼 관심을 끌지 못했는지 하는 이유도 알 수 있다. 1977년 〈독일의 가을〉과 함께 목숨을 걸던 〈K 그룹〉의 시간은 지나갔다. 〈고르레벤은 살아야 한다〉처럼 생명을 강조하는 것이 환경 운동의 구호가 되었다. 녹색당은 생명을 특히 강조하는 표현을 썼다. 고르레벤을 둘러싼 황량한 숲, 서독 지역이 동독으로 파고든 끄트머리 같은 이 땅에서 원자력 반대 운동은 포괄적 의미에서 평화를 강조하는 환경 운동이 되었다. 결국 원자력의 위협에 대항하는 싸움은 동시에 숲을 지키려는 운동이 되었다. 이 경우에 영성적 흐름이 있다면 그것은 범신론적 자연이다. 이런 자연에 음울한 순교자 숭배는 맞지 않았다.

1995년 7월 3일 당시 49세의 알렉산더 랑거Alexander Langer가 스스로 목숨을 끊었다. 이탈리아와 오스트리아의 국경 지방인 볼차노현 출신으로 독일어를 모어로 쓴 그는 처음에 〈새로운 좌파Nuova Sinistra〉에, 그다음에는 이탈리아의 녹색당에서 활동했으며, 녹색당을 대표해 1989년부터 1995년까지 유럽 의회 의원을 지냈다. 그는 루돌프 바로와 절친한 친구였다. 바로가 볼차노현의 작은 산상 교회에서 자신의 위대한 사랑 크리스티네 슈뢰터Christine Schröter와 결혼식을 올렸을 때 랑

---

* Jan Hus: 1372~1415. 체코의 신학자로 가톨릭교회 지도자들의 부패를 비판하다가 파문당한 인물이다.

거는 증인을 서기도 했다. 바로와 슈뢰터는 한 몸처럼 〈바그너의 구원 갈망〉을 채우기를 희망했으나, 두 사람의 부부생활은 오래가지 못했다. 바로는 새롭게 발견한 사랑 베아트리체 잉거만Beatrice Ingermann과 재혼했으나, 다시금 그에게 충분한 사랑을 받지 못했다고 여긴 잉거만은 1993년 9월 4일에 베를린 전승 기념탑 위에서 몸을 던졌다. 그녀의 죽음과 함께 바로의 정신적 창의성도 죽었다.[112] 랑거는 볼차노현의 독일어 사용 주민과 이탈리아어 사용 주민 사이의 관계 개선을 위해 노력했으며, 자신이 어느 한쪽을 선택해야만 한다는 요구를 완강히 거부했다. 그런 탓에 1995년 봄 볼차노시 시장선거에 출마했던 그는 낙선의 고배를 마셨다.[113] 그는 볼차노시의 독일어권 명망가들을 자신의 편으로 끌어들이면서도 이탈리아 녹색당의 과격할 정도로 다문화 일색의 구호 〈우리의 지구, 생명, 환경, 연대정신〉를 외치며 이주민에게 관대한 정치를 위해 노력했다.[114] 그의 자살은 어느 모로 보나 하르트무트 그륀들러의 분신처럼 정치적 의도의 천명은 아니었으며, 오히려 모든 진영 사이에 끼어 어찌하면 좋을지 전망을 찾지 못해 절망한 끝에 택한 행동이었다. 그를 기념하기 위해 1997년부터 〈알렉산더 랑거 재단〉이 세워져 활동했으며, 2007년 볼차노에서는 그를 주인공으로 다룬 영화 「우리 가운데 한 명Uno di noi」이 개봉되었다.

순교자들의 운명과 그들이 남긴 영향으로 미루어 판단할 때 죽음을 불사할 각오와 순교자 숭배가 녹색 카리스마와 영성의 결정적 특징이라는 결론은 분명 잘못되었다. 오히려 많은 경우 죽음은 잊히거나 그저 희미하게 남은 기억에 사람들은 의아해할 따름이다. 하르트무트 그륀들러와 알렉산더 랑거의 기억은 완전히 희미해졌다. 목사 브뤼제비츠의 기독교 추종자들과 달리 대다수 녹색 운동가는 순교에 별 의미를 두지 않는다. 유럽 내부에서 유일한 예외는 1972년 동물의 생체 해부에 반대하며 분신한 영국의 동물 보호 활동가 올리브 패리Olive Parry다. 그를 추모하는 활동은 지금도 활발하다.[115] 그러나 동물 권리 보호 운동은 환경 운동 내부에서조차 일종의 일탈일 뿐이다. 이런 운동에서 영성적 흐름을 찾고자 한다면 우리가 발견하는 것은 생명의 신비일 뿐, 죽음의 신비가 아니다. 그리고 잊지 말아야 할 점은 역사 속 다른 많은 운동과 비교해 볼 때 환경 운동이야말로 피를 적게 흘렸다는 사실이다. 갈등 요소는 차고 넘쳐 났고 지구 구출이라는 명분이 폭력을 정당화할 수 있었음에도 환경 운동은 상당히 평화적으로 이뤄져 왔다. 그리고 비폭력 저항을 정당화하기 위해서라도 순교자는 필요하지 않았다.

새로운 여성 영웅들

에코페미니즘

녹색 순교자 숭배를 탐색하며 의미심장한 어긋남을 발견했지만, 그
래도 생태 운동에는 새로운 종류의 영웅을 갈망하는 분명한 흐름이 있
다. 그리고 영웅은 잠재적 순교자다. 환경 운동의 문헌은 이런 주제를
체계적으로 무시해 왔다. 그 좋은 예가 수많은 여성 영웅이다. 이들은
대단한 추동력과 함께 독특한 특성을 자랑하면서 동시에 환경 운동의
내적 긴장을 구체적으로 체현해 보여 준다. 이 긴장은 환경 운동의 본래
적인 동기와 제도화 과정 사이의 긴장, 또 환경 운동의 지역 차원과 국
제적 지평 사이의 긴장이기도 하다. 이 여걸들의 인생 역정은 전 세계
다양한 지역의 환경 운동이 갖는 서로 다른 내면 생활이 어떤 것인지 잘
보여 준다.

〈생태 혁명〉과 새로운 여성 운동 사이의 결합은 일찌감치 이루어졌
다. 프랑수아즈 드본Françoise d'Eaubonne은 1974년 프랑스에서 〈생태 페
미니즘〉이라는 개념을 선보였다. 이 개념은 빠르게 미국으로 번져, 오
히려 프랑스에서보다 더욱 인기를 끌었다.[116] 에코페미니즘의 근본 발
상은 여성의 억압과 자연 착취가 서로 밀접하게 맞물려 있다는 것이다.
페미니스트 사이에서는 여성이 특히 자연을 체현하며, 여성에게는 자

식과 자손이 살아갈 만한 환경을 지켜 주려는 특별한 책임감이 있다는
〈여성적 본성〉이라는 에코페미니즘과 맞물리는 생각을 두고 격론이 벌
어졌다. 한스 요나스는 아이들을 돌보는 책임감이야말로 〈모든 책임 있
는 행동의 원형〉이며 〈최소한 인류를 잉태하는 부분〉이자 〈자연이 강력
하게 심어 준 것〉이라고 보았다.[117] 이 지점이야말로 페미니즘의 깊은
분열을 낳는다. 많은 페미니스트는 모성애야말로 여성성의 본질적 특
징이라는 주장을 여성 차별적 생물주의라고 강력히 비난한다.

그러나 〈여성적 본성〉이라는 생각과는 별개로, 환경 의식에 특별히
여성적 성향이 있으며, 기술에 대한 관심은 남성이 여성보다 더 강하고
정원 가꾸기는 전통적으로 여성의 왕국이라는 통념은 일종의 정설처럼
널리 퍼져 있다. 이미 야코프 폰 윅스퀼Jakob von Uexküll(1864~1944),
곧 현대 환경 개념의 창시자 가운데 한 명이지만 〈환경〉을 오로지 복수
로만 이야기할 뿐, 글로벌 환경이라는 단수는 모르는 윅스퀼은 〈여성
과 환경〉이라는 주제에 특히 관심을 쏟았다. 자신에 찬 그의 표어는 이
렇다. 〈자연이라는 왕국은 환경들로 그 신전을 짓는다.〉 또 그는 이렇게
덧붙인다. 〈가장 기묘한 점은 자연과 환경을 강조하기 위한 거창한 단
어는 오로지 남자에게만 쓸 필요가 있다는 사실이다.〉 그래서 이런 결
론이 나온다. 〈여성에게는 환경 이론이 필요하지 않다. 환경은 여성에
게 굳이 가르치지 않아도 아는 당연한 것이다.〉[118] 여성이 적극적으로
참여하는 칩코 운동의 지도자인 선더랄 바후구나*를 윅스퀼은 〈지속성
의 과학〉에 초석을 놓은 현자 가운데 한 명이라고 추켜세웠다.[119]

국제적으로 영향력 있는 엘리트와 환경 운동의 프로그램 책을 쓴 사
람을 생각한다면 레이철 카슨이 떠오르지만, 환경 운동은 역사의 다른
커다란 운동과 마찬가지로 남성이 주도했다. 여성이 주도한 가장 유명
한 예외는 일찌감치 조직을 갖춘 조류 보호 운동이다. 독일에서 이 운
동은 황제의 제국에서 나치스 시대 사이의 시기에 리나 헨레라는 부유

---

* 히말라야 숲 보존을 위한 칩코 운동은 바후구나의 아내가 낸 아이디어다.

한 여성 공장주를 카리스마 넘치는 지도자로 찾아냈다. 영국도 마찬가지로 포틀랜드의 여 공작이 1891년에서 1954년까지(!) 〈조류 보호 왕립 협회〉를 이끌었다.[120] 그렇지만 초기 조류 보호의 적수도 여성이었다. 깃이 달린 모자를 즐겨 쓰던 여성은 조류 보호를 반대했다. 전반적으로 볼 때 조류 보호는 결코 여성 운동이 아니다. 히말라야 남부의 에코페미니즘이라는 신화[121]로 치장된 칩코 운동도 마찬가지다. 이 운동의 핵심은 농촌의 전통적인 숲 이용권을 지키려는 농민이다. 이 운동에 여성이 적극적으로 참여한 이유는 농업이 그녀들의 생업이었기 때문이다.[122]

신화로 덧칠된 부분을 지우고 볼 때 환경 운동에서 여성이 맡은 역할이 무엇인지에 대한 물음의 답은 쉽게 찾을 수 없다. 윅스퀼의 주장이 그냥 멋대로 꾸며낸 것은 아니기 때문이다. 환경 운동을 가까이서 관찰하고 프로그램 책자나 국제적 명사에만 주목하지 않는다면, 환경 운동 단체에 여성이 활발하게 참여했다는 점은 쉽사리 알아볼 수 있다. 마리루이제 벡오버도르프Marieluise Beck-Oberdorf와 엘케 킬츠Elke Kiltz는 1991년 현장의 환경 운동에서 드러나는 사소하지만 중요한 특징을 언급했다. 〈여성이 움직이는 방식은 다르다. 여성은 주로 걷거나, 대중교통이나 자전거를 타고 다니며, 흔히 이런저런 쇼핑백 또는 유모차 혹은 둘 다 같이 가지고 움직인다.〉 이런 관점에서 보면 〈보행자 친화적 도시〉, 잘 구축된 대중교통망으로 저렴한 비용으로 움직일 수 있으며 자전거 도로가 완비된 도시는 남성보다 여성에게 더욱 생동적인 의미가 있다.[123] 환경 문제에서 여성의 특별한 관계를 강조하려고 여성적 본성이 특히 자연 친화적이라는 점은 따로 강조하기가 무색할 정도다. 실제로 환경 운동은 역사상 다른 대규모 운동보다 여성의 활발한 참여를 자랑한다. 그래서 더욱 중요한 점은 단순히 조직 구조만 살필 게 아니라 인간을 주목해야 한다는 사실이다.

〈세계에서 가장 유명한 녹색 여성〉[124]
온갖 긴장 분야를 한 묶음으로 체현하다: 페트라 켈리

페트라 켈리만큼 환경 운동의 긴장 관계를 종합적인 동시에 실질적으로 체현한 인물이 또 있을까? 운동과 조직 사이의 긴장, 영성적 지도자와 현실 사이의 긴장, 카리스마와 일체의 위계질서를 바라보는 공포 사이의 긴장, 국제적 차원과 풀뿌리 근원 사이의 긴장, 목표를 추구하는 행동과 혼란하게 분산된 불안 사이의 긴장, 이 모든 것은 페트라 켈리 자체라 해도 과언이 아니다.[125] 1959년부터 1970년까지, 곧 열두 살에서 스물세 살까지 미국에서 생활하면서 정치 감각을 익힌 켈리는 도전적인 여성 자의식과 더불어 탁월한 정치 감각과 영성적 카리스마로 독일은 물론이고 미국의 에코페미니즘에 결정적 영향을 주었다. 그녀는 퇴역 장군으로 함께 동거하던 애인 게르트 바스티안Gert Bastian이 쏜 권총에 맞아 사망했다. 독일의 역사에서 이보다 더 셰익스피어의 비극에 잘 어울리는 죽음이 또 있을까. 바스티안은 그녀를 쏜 직후 자신의 머리를 쏘아 자살했다. 말하자면 그는 오셀로의 역을 맡은 셈이다.

서독 녹색당의 초창기 시절 페트라 켈리는 미국의 관점에서든 독일의 관점에서든[126] 탁월한 카리스마를 자랑한 지도자로, 새로운 생태 시대의 잔 다르크라 불렸다.[127] 그러나 바스티안이 1992년 10월 1일 밤본인의 집에서 먼저 켈리를 그리고 곧 자신을 권총으로 쏘았고, 3주가 지나서야 비로소 시신들은 발견되었다. 이 3주 동안 그녀는 여전히 전세계로부터 답지하는 편지들을 받았다. 항상 녹색당의 국제성을 키우려고 노력했던 켈리는 인터넷 시대의 운명을 선취한 셈이다. 다시 말해서 수없이 많은 사람이 그녀와 의견을 주고받고자 했지만, 그녀를 꾸준히 돌봐 준 사람은 아무도 없었다.

이미 1980년대 중반부터 페트라 켈리의 카리스마는 비현실적인 면모를 보였다. 이 카리스마는 멀리서 볼 때만 빛을 발했지, 가까이서 보면 흔적도 없이 사라졌다. 막스 베버가 이상적인 카리스마를 가까운 사

페트라 켈리는 1979년에 사민당을 탈당해 〈녹색당〉의 창당 멤버가 되었다. 사진은 1984년에 촬영한 것이다.

람들과 관계, 곧 친숙한 개인적 관계에 뿌리를 두고 추종자들에게 발휘되는 것이라고 했던 말을 떠올려 보면 켈리의 카리스마는 전혀 성격이 달랐다. 그녀는 오랫동안 녹색당 내부에서조차 고립되어 힘겨워했다. 그녀는 녹색당과 전혀 뜻이 통하지 않는다고 불평할 정도로 불화에 시달렸다. 이미 1984년 녹색당에서 〈여성 위원회〉가 실권을 차지하고 여섯 명의 여성 대표가 선발되었을 때 켈리는 이름조차 올리지 못했다. 안톄 폴머는 켈리에게 〈숨이 막힐 정도로 서둘러 당 기초의 결정과 일상생활에서 멀어지려 한다〉고 비난했다.[128] 이런 비난에 켈리는 불같이 화를 냈다. 켈리는 늘 부글부글 끓어오르며 무슨 일이든 자기 혼자서만 해결하려 법석을 떠는 유아독존의 전형으로 기초 당원의 검소하고 수수한 모습과 극명한 대비를 보였다. 켈리는 행위 예술의 우상이었던 요제프 보이스*를 운명의 동지로 여겼다. 켈리와 마찬가지로 녹색당의 초창기를 대변한 보이스는 그녀의 표현을 그대로 빌리자면, 〈근원적인 선구자〉로 카리스마를 뽐냈던 남자다. 그러나 보이스 역시 〈노르트라인베스트팔렌주의 녹색당 지부 대표 선거에서 열 번이나 후보로 나서고도 고배를 마셨다〉.[129] 보이스는 켈리에게 화답해 그녀를 예술 작품이라고 추켜세웠다.[130] 그러나 보이스 역시 간판으로만 쓰였을 뿐, 정치 일상에는 필요 없는 인물로 여겨졌다.

---

* Joseph Beuys: 1921~1986. 독일의 예술가로 행위 예술과 설치 미술로 다양한 활동을 벌인 인물이다. 백남준과 절친했던 친구다.

페트라 켈리는 갈수록 오로지 자신의 뜻과 맞는 사람들하고만 어울렸다. 〈나를 좋아하지 않는 사람은 나의 적이다.〉 그녀는 〈자신의 의지대로 되지 않으면 소리를 지르며 화를 내고 문을 쾅 닫고는 틀어박혀 지내는 모습을 보이곤 했다〉(알리스 슈바르처*).[131] 결국 애인조차 그녀를 감당할 수 없었다. 알리스 슈바르처는 단어 신중하게 선택하는 언론인이 주장하듯, 〈이중 자살〉이 절대 아니며 명백한 살인 사건으로 명확하게 정리했다. 슈바르처는 켈리의 애정 관계를 취재해 들어갈수록 장군이 마침내 자제력을 잃어버리고 절망에 사로잡혀 권총을 쐈다는 것을 더욱더 잘 알 수 있었다고 썼다.[132]

〈나의 녹색당 활동은 처음부터 깊은 종교와 영성의 관심과 매우 긴밀하게 맞물려 있었다.〉 페트라 켈리가 강조한 말이다. 〈나는 진정성을 가진 녹색의 국제 운동이 정치만이 아니라, 영성 운동이 되어야 한다고 굳게 믿었다.〉[133] 그녀는 〈녹색당 내부의 일부 세력〉이 〈영성이라는 표현을 격렬히 거부한다〉는 사실을 잘 알았다. 그러니까 그녀의 발언이 함축한 의미는 그런 녹색당 당원은 〈진정성〉을 갖지 않는다는 것이다. 동시에 그녀가 국제성을 항상 영성과 맞물린 것으로 생각했다는 점도 잘 알 수 있다. 켈리는 대다수 다른 정치가보다 더 용감하게 통일 이전에 동독의 인권 운동가들과 접촉했다. 그러나 〈독일은 하나의 조국으로 통일되어야 한다〉는 구호에 그녀는 녹색당의 지도부와 마찬가지로 시큰둥한 반응만 보였다. 켈리에게 민족은 현세의 문제였을 뿐이다. 그녀가 중시한 것은 국경을 넘어서는 초월성, 민족이라는 현세를 넘어서는 국제성이었다. 이런 태도는 생태 운동의 지성인에게서 볼 수 있던 전형적인 이국적 정취였다. 고향의 숲보다는 열대림의 보호에 더 관심을 갖는 이런 국제 지향적 정취는 정치적으로 이해하기 힘든 비합리적 정신이다. 켈리는 원자력의 경우에만 공격적이었을 뿐, 통일이라는 민족의 문

* Alice Schwarzer: 1943년생으로 독일의 대표적인 페미니스트다. 양성 평등을 위해 노력한 공로를 인정받아 독일 정부로부터 훈장을 받았다. 1977년 여성주의를 표방하는 잡지 『엠마*Emma*』를 창간했다.

제에는 관심이 없었다.[134] 〈그녀는 이 세상 사람이 아니었죠, 참으로 믿기 어려울 정도로 영성의 차원을 자랑했습니다.〉 켈리와 한때 연인 관계였던 루카스 베크만Lukas Beckmann이 그녀의 사후에 한 말이다.[135]

그러나 〈영성〉이라니, 너무 폭넓은 개념이다. 켈리에게 영성이란 도대체 어떤 종류의 것일까? 기자들은 그녀가 사망하기 오래전부터 그녀에게서 〈순교자적 후광〉을 감지했다고 믿었다.[136] 이런 느낌은 그녀가 많은 사진에서 아직은 빛나는 눈을 보였던 시기의 종말론적 분위기 탓이다.[137] 그렇다면 의회 정치는 무슨 의미를 가질까. 그저 순교자처럼 시대의 〈증언〉만 남겨 놓으면 되지 않을까. 때때로 켈리는 〈진정한 종교의 에로틱한 특징〉을 말하곤 했다. 그 사례로 그녀는 〈탄트라 요가〉뿐만 아니라 중국의 〈도교〉도 꼽았다.[138] 그러나 이런 예들은 당시 유행하던 영성의 자극적 단어를 무작위로 나열한 것에 지나지 않는다. 그녀 자신은 사랑을 베풀 줄 몰랐고, 명상할 능력도 없었다. 다른 한편으로 그녀는 개신교 아카데미를 찾은 자리에서는 자신을 가톨릭 좌파라고 하면서 유명한 해방신학자인 돔 헬더 카마라*를 추종한다고 천명했다.[139] 돔 헬더 카마라 대주교는 1983년 녹색당 대변인 하인츠 수르Heinz Suhr가 녹색당의 의회 입성을 기념하는 의미에서 기꺼이 초대하고 싶어 했던 인물이다.[140] 다시 한번 베크만을 인용해 보자. 〈페트라는 모든 것을 빨아들여 말하자면 육화했다. 그녀는 일종의 미디어였다.〉[141] 우리는 이미 루돌프 바로에게서 보았던 여기저기 기웃거리며 방랑하는 영성을 켈리에게서 다시 보는 듯하다. 바로 자신은 켈리에게 처음에는 호감을 가졌다가 이내 짜증스러워했다.

페트라 켈리가 진정으로 섬긴 성자는 결국 달라이 라마다. 1987년 본에서 달라이 라마를 처음으로 만난 켈리는 이후 거리낌 없이 그를 숭배했다.[142] 켈리는 종교를 믿지 않는 녹색당원의 불편한 느낌 따위는 아랑곳하지 않고 거침없이 〈성하 달라이 라마〉라는 표현을 썼다.[143] 그러

* Dom Hélder Câmara: 1909~1999. 브라질의 가톨릭교회 대주교이자 해방신학자.

나 끊임없는 불안과 만성적 자극 추구에 매달렸던 켈리에게 평정과 중도를 추구하는 불교는 너무나 멀기만 했다. 그녀는 시골 가톨릭교회를 다니면서 철저히 권선징악 사고방식에 사로잡혔으며, 이런 고정 관념에서 전혀 벗어나지 못했다. 그녀는 갈수록 목청을 높여 가며 티베트 국민의 완전한 독립과 자유를 요구했다. 그러나 근본적으로 이런 독립은 중국의 손에 달렸으며, 퇴역 장군인 바스티안은 중국을 상대로 전쟁을 벌이지 않는 한 이런 독립은 불가능하다는 사실을 잘 알았다. 켈리는 이런 입장을 고집하며 당시 녹색당원으로서는 정말 기이하게도 의회에서 집권 여당의 박수갈채를 받았다.[144] 티베트가 중국 내부에 남으면서 제한적인 자유를 누리도록 하는 상대적으로 실질적인 해결책을 켈리는 욕지기 나오는 헛소리라 밀어붙였으며, 1차 걸프전쟁이 끝난 뒤인 1991년 함부르크 국제회의장에서 열린 티베트의 날 행사에서 옆에 앉은 바스티안이 노골적으로 불편해하는데도 마이크에 대고 날카롭게 외쳤다. 〈티베트가 석유를 갖지 않은 것이 안타깝다!〉 당시 이 말은 다른 뜻을 가질 수 없었다. 〈미국이 티베트를 위해 중국을 공격하지 않아 안타깝다!〉[145]

분명 페트라 켈리는 자신의 이런 전투적 태도가 오히려 달라이 라마를 곤란하게 했다는 점을 의식하지 못했다. 달라이 라마는 기회가 있을 때마다 이탈리아 내부에서 자치권을 갖는 볼차노현을 티베트의 모범으로 삼아야 한다고 주장하면서, 동시에 자살을 무기로 중국을 공격하는 과격파를 막으려고 안간힘을 썼다. 유타 디트푸르트*는 동양에서 온 이〈항상 미소를 머금고 비폭력을 주장하는 노란 모자의 추장[달라이 라마]〉에 매달리는 녹색당의 숭배에 절레절레 고개를 저었다.*켈리와 마찬가지로 녹색당 초창기 시절 언론으로부터 카리스마를 인정받았던 디트푸르트는 영원한 모택동주의자들의 반 달라이 라마 구호를 받아들

---

* Jutta Ditfurth: 1951년생의 독일 여성 사회학자이자 정치가다. 독일의 페미니즘 운동을 대표하는 인물이다.

여 티베트의 종교 수장을 따르는 서구 추종자들을 멍청한 바보라고 싸잡아 공격했다. 열반의 설법을 듣고도 〈그 공허함을 깨닫지 못하는 바보〉라나.[146] 디트푸르트가 페트라 켈리라는 이름을 직접 거명하지는 않았지만, 어느 모로 보나 자신의 경쟁자에 대한 공격이 분명했다. 켈리의 〈성하〉 숭배 못지않게 디트푸르트의 달라이 라마와 그 추종자들을 겨냥한 증오 역시 일종의 강박관념이 되고 말았다.[147]

1959년부터 망명 생활을 했던 달라이 라마는 1989년 노벨 평화상을 받으면서 전 세계의 이목을 끌며 불교를 생태적으로 새롭게 꾸미는 작업에 박차를 가했다. 이런 측면에서 달라이 라마는 영성과 생태를 결합한 이상적인 모범을 제시했다. 다만 이런 불교와 생태의 결합은 이국적인 상상 세계의 조합에 지나지 않았으며, 당장 중요한 서독의 환경 정책에 집중하지 못하게 했다. 그러나 페트라 켈리가 달라이 라마의 불교와 무슨 관계가 있을까? 실제로 켈리가 달라이 라마와 접촉했다면, 그동안의 경력으로 미뤄볼 때 대단히 화려한 기회를 잡았으리라. 사람들이 쉽게 잊어버린 사실은 이렇다. 켈리는 1972년에서 1982년까지 브뤼셀의 유럽 공동체에서 사회 문제, 환경 보호, 보건 그리고 소비를 관장하는 전문 그룹의 비서실에서 행정관으로 근무했다는 것이다. 그뿐만이 아니다. 1971년부터 당시 24세의 그녀는 브뤼셀 유럽 공동체 본부의 실권자로 자신보다 마흔이나 더 많은 시코 만스홀트Sicco Mansholt와 관계를 갖기 시작했다. 1968년부터 이른바 〈만스홀트 플랜〉은 유럽 공동체의 기금으로 농업의 현대화를 강력하게 밀어붙이며, 전통적으로 소규모 농사를 지어 오던 농부들의 삶을 뒤집어 놓았다. 유럽 전역에서 농부들은 분노의 시위를 벌였다(대규모 농업의 수혜자만 빼고). 슐레스비히홀슈타인에서 바이에른까지 〈반만스홀트 시위〉가 그치지 않았다. 그러나 만스홀트 자신은 그저 미소만 지으며 우월감으로 시위에 반응했다.[148]

〈만스홀트 플랜〉은 〈작은 것이 아름답다〉의 정반대다. 때마침 녹색당의 창립 시기와 맞물려 서독에서는 화학화한 농업의 생태 공포가 엄

습했다. 미국에서는 이미 레이첼 카슨이 이런 공포를 십분 활용했다. 브
뤼셀의 농업 정책은 이런 공포심에 불을 지르는 데 결정적 역할을 했다.
이 정책에 반대하는 시위를 주도해야 하는 녹색당의 입장에서 브뤼셀
의 유럽 공동체 본부를 잘 아는 페트라 켈리만큼 지도자를 맡기에 더 적
당한 인물은 따로 없었다. 게다가 그녀는 정통한 내부 경험으로 유럽 공
동체의 관료주의를 혐오하지 않았던가.[149] 내부 사정에 밝은 켈리이기
에 환경 보호라는 핵심 주제에서 논의의 주도권은 얼마든지 녹색당의
차지가 될 수 있었다. 그러나 기대는 물거품이 되었다.[150] 그녀가 살아온
인생을 깊이 파고들면 들수록 생태라는 주제는 흔적을 찾기가 어려워
진다. 단 하나 예외가 있다면 그것은 〈원자력과 암〉이다. 켈리의 여동생
은 10세의 나이에 암으로 죽었다. 켈리는 평생 이 죽음을 잊지 못했으
며, 자신이 정치 활동을 하게 된 결정적 동기라고 말했다. 그녀는 의사
가 너무 자주 자신의 뢴트겐 사진을 찍어 건강한 아이를 출산할 수 없을
거라고 믿었다. 심지어 임신하자 곧바로 낙태 시술을 받기도 했다.[151] 그
녀는 군비 확산 경쟁 반대 운동을 통해 녹색당에 가담했다. 1970년대
에 반짝했던 원자력 반대 운동과 달리 켈리에게 원자 폭탄과 민간 원자
력은 항시적인 문제였다. 이 두 가지를 그녀가 그토록 증오했던 이유는
암을 바라보는 공포심이었다. 그녀는 자신이 했던 많은 연설에서 〈인류
가 암으로 고통받는다〉고 경고하곤 했다.[152]

　평생 성급하고 황망하기만 했던 페트라 켈리는 환경 정책의 어떤 분
야에서도 제대로 능력을 발휘하지 못했다. 1985년 초 녹색당의 순환
원칙에 따라 의원직을 내려놓아야 했을 때 그녀는 세 가지 이유를 대며
거부했다. 암에 걸린 아동의 복지를 지원하고 동서양의 인권 침해 그리
고 〈유럽 공동체의 군사화〉를 막기 위해 아직은 물러설 수 없다고 주장
했다.[153] 당시 훨씬 더 시급했던 브뤼셀 농업 정책 스캔들은 단 한마디
도 언급되지 않았다. 그녀가 특히 관심을 쏟는 문제에서 〈녹색〉이라는
주제는 찾아볼 수 없었다. 당시에는 군비 확산을 반대하는 투쟁이 한창
이어서 바스티안은 자신의 전문적 능력을 마음껏 발휘했다. 냉전의 마

지막 국면에서 체르노빌과 기후 경종은 전 세계적으로 환경 운동에 이보다 더 좋을 수 없는 기회를 제공했다. 그러나 세계에서 가장 강력한 독일 녹색당은 이런 호기를 전혀 활용하지 못했다.

이런 무기력함은 당시 독일 녹색당 지도층이 시달린 고질병이었다. 녹색당은 정치적 동력을 끌어낼 어떤 의제도 제시하지 못했다. 이런 사실은 녹색당이 국회에 입성한 첫 임기인 1983년에서 1987년까지 녹색당의 당 운영 속기록을 보면 흘려 볼 수 없이 드러난다. 당시 유권자들은 〈숲 고사〉의 경종으로 자연과 환경을 위해 무엇인가 해야만 하겠다는 의지를 보여 줬다. 이런 의지 덕분에 녹색당은 의회에 들어갈 수 있었다. 환경 보호를 위해 더 많은 노력을 기울여야만 한다는 기본 분위기는 당시 정치적으로 보수적인 유권자들에게도 널리 퍼져 있었다. 이 유권자들을 제대로 파고들었더라면 녹색당은 선거에서 더 큰 성과를 올릴 수도 있었다. 그러나 녹색당은 날이면 날마다 동성애 처벌 금지 또는 미혼모의 권리 보장과 같은 문제로 입씨름만 하는 혼란한 태도를 버리지 못했다. 루돌프 바로는 잠재적인 보수적 유권자들에 호소하려고 1983년 하노버 전당 대회에서 당의 역량을 집중해 달라고 호소했다. 그러나 현실 정치를 표방하며 급부상한 스타 요슈카 피셔조차 바로의 호소에 코웃음만 쳤다.[154]

녹색당의 원내 총무였던 미하엘 베스퍼Michael Vesper가 밤새도록 컴퓨터 앞에 앉아 당시 녹색당 내부에서 뜨겁게 벌어진 논쟁, 곧 새로운 전자 기술을 어디까지 허용해야 하는가라는 물음을 놓고 벌인 논쟁의 해결 방안을 찾기 위해 골머리를 앓는 동안, 1985년에 당의 순환 원칙에 따라 의원직을 승계한 의원들은 일간지를 상대로 이상만 외치지 않고 골수 현실 정치인이 되겠다고 선포했다. 〈의원은 원내에서 활동해야 한다. 필요하다면 음모를 써서라도 선동하고 빌붙어가면서라도 유권자의 마음을 사로잡아야 한다. 분노와 경악과 열정과 인간적 애정을 과시할 줄 알아야 한다.〉[155] 그런데 분노와 경악을 그럴듯하게 과시할 줄 아는 녹색당 의원은 페트라 켈리뿐이었다. 그녀의 격정에 찬 선동은 긴 목록을 만들 정도다. 그러나 켈리는 이런 식으로 끊임없이 분쟁에 휘말리며 당에 얼마나 많은 손실을 끼쳤던가. 그녀는 전형적인 정당 정치가가 절대 아니었으며, 오히려 영원한 운동을 체현한 인물이었다.

페트라 켈리는 사망하기 바로 전해에 분노와 절망으로 말 그대로 폭발했다. 녹색당의 정치는 〈무엇보다도 인간적으로 실패했다〉. 의회에서 보낸 지난 8년은 〈8년에 걸친 자해 행위였다〉. 〈아무런 결실도 끌어내지 못하는 끝없는 계파 싸움은 불신과 질투로 얼룩진 도저히 참을 수 없는 분위기만 빚어냈다.〉[156] 그녀가 말하는 것은 이른바 〈원칙파〉와 〈현실파〉 사이에서 1980년대 내내 계속된 드잡이다. 1968년 미국에 있었으며, 마르크스주의와 〈K 그룹〉을 겪지 못한 켈리는 이런 싸움의 성격을 이해하지 못했으며, 할 수도 없었다. 그래서 항상 논쟁에서 멀찌감치 떨어져 자신의 관심에만 충실했을 뿐, 오히려 이런 식으로 당내에 적을 만들고 말았다.

녹색당의 인간적 분위기가 다른 정당의 분위기보다 더 냉혹했을까? 자극과 흥분으로 점철된 분위기는 무엇보다도 녹색당이 초기에 정치를 대학생들의 주거 공동체 같이 은밀하고도 비공식적인 공간에서 벌이는 것으로 이해한 탓에 생겨났다. 운동권 대학생들은 이런 공간에서 끝없이 노선 투쟁을 벌이는 것을 당연히 여겼다. 게다가 페트라 켈리는 다른 많은 당원과 마찬가지로 정치와 사생활의 분리를 원하지 않았다. 그녀와 애인 장군은 의회에서 연인 관계임을 노골적으로 드러냈다. 의회에서 이런 애정 행각은 예나 지금이나 볼 수 없는 것이다. 창피하지도 않은지 대단히 개인적인 위기, 이를테면 두 사람이 싸웠다든지 하는 일도 켈리는 서슴지 않고 공개했다. 그녀는 무엇보다도 〈관료와 테크노크라트〉를 혐오했기 때문이다.[157] 그러나 녹색당은 의회 입성 초창기의 경험을 통해 실리적 정치에 눈떴을 뿐만 아니라, 인간적 가치에 충실하면서 규칙과 질서에 적응하는 여유로움을 키워 낼 수 있었다. 그리고 당 내부의 이런 싸움은 독일에서만 일어나는 현상도 아니다. 세계 어느 나라에서나 생태 운동은 풀뿌리 지역을 존중하는 민주적 가치를 중시했음에도 수완이 좋은 인물이 운동의 실권을 장악하는 관료주의적 행태를 보였다.

고속 증식로의 승리자: 도미니크 부아네

이제 독일에서 프랑스로 건너뛰어 페트라 켈리와 비견할 수 있는 프랑스 녹색당 여성 지도자로 가장 인정받은 도미니크 부아네*를 살펴보자. 마이클 베스는 그녀를 두고 〈갈리아의 페트라 켈리〉라 불렀다.[158] 그러나 두 여성 사이에는 하나 이상의 관점에서 전형적으로 대비된다. 흔히 사람들은 이런 대비를 《갈리아의 투명성과 이성》대《게르만의 낭만주의와 상상력》이라고 표현하곤 한다. 마치 프랑스와 독일 사이에 다른 많은 대비점이 없는 것처럼 여기는 이런 관점, 특히 켈리의 튀는 영성과 국제 무대 지향성에서 독일보다는 미국에 더 치우치는 성향을 인정하지 않으려는 이런 관점에 나는 흔쾌히 동의하기 어렵다. 또 켈리가 열정적인 웅변 솜씨에서 부아네를 훨씬 능가한다는 점도 통상적인 독일과 프랑스의 대비와 맞아떨어지지 않는다.

도미니크 부아네가 지금껏 걸어 온 이력은 혼란스러울 것이 전혀 없는 삶이다. 23세에 의학 공부를 마쳤으며, 두 딸의 어머니로 지역 차원에서 정치 활동을 벌이다가 1989년에서 1991년까지 유럽 의회 의원을 지낸 부아네는 전 세계를 누비던 켈리와 확연히 다른 삶을 살았다. 그녀는 1984년에 앙투안 베처Antoine Waechter와 함께 프랑스 녹색당을 창당했다. 1991년에 유럽 의회 의원을 포기한 것은 녹색당 대변인이 되기 위한 선택이었다. 1997년에 부아네는 리오넬 조스팽Lionel Jospin 총리의 내각에 녹색당 출신으로 입각했다. 물론 1988년에 녹색당 초창기의 스타 정치인 브리스 라롱데Brice Lalonde가 환경부 장관을 맡기는 했다.

---

* Dominique Voynet: 1958년생. 프랑스의 여성 정치가로 환경부 장관을 역임했으며, 지금은 몽트뢰유 시장으로 활동하는 인물이다.

그러나 라롱데는 무루로아 환초에서 실행된 원자 폭탄 실험에 반론을 제기하지 않음으로써 오히려 녹색당과 거리가 벌어지고 말았다.[159] 라롱데는 카리스마가 있다는 평판을 들었지만, 프랑스 녹색당을 장악할 정도는 아니었다.[160] 장관이었던 라롱데는 1990년 자신의 독자적인 정당 〈생태 세대 Génération écologie〉를 창당했다.[161] 이에 반해 부아네는 장관에서 물러난 2001년에 녹색당의 대표를 맡았다. 2008년 그녀는 프랑스 북부

도미니크 부아네는 1997년에서 2001년까지 프랑스 정부의 환경과 조경 장관을 지냈다. 2008년부터 그녀는 몽트뢰유시의 시장으로 활동하고 있다.

의 중심 도시 몽트뢰유에서 1984년부터 시장을 맡아 오던 공산주의자 장 피에르 브라르Jean Pierre Brard를 누르고 시장이 되었다.

도미니크 부아네는 카리스마를 자랑하려는 야심을 품지 않았다. 그녀는 페트라 켈리와 달리 분열을 일으키지 않고 통합을 이루려고 노력했다. 특히 그녀는 당시 녹색당을 분열로 몰아넣으며 정치적 무력감에 빠뜨린[162] 〈파리의 멋쟁이〉[163] 라롱데와 지역 차원에서 오로지 생태에만 충실할 것을 요구하며 내각에 들어가는 것은 녹색당의 영혼을 파는 일이라고 고집하던 앙투안 베처의 다툼을 중재하려고 노력했다. 그녀는 녹색당이 연정을 이룰 능력을 키우는 데만 가치를 두고, 녹색의 정체성을 잃는 일이 없이 환경 목표를 넘어서서 녹색당의 프로그램을 확장하는 일에 주력했다. 그녀의 이런 지도력은 녹색 운동이 아닌 장관을 지낸 경험 덕에 키워졌다. 그 전까지 그녀는 녹색 운동에서 그저 운동가 가운데 한 명이었다.[164] 부아네는 장관을 지내면서 녹색당과 성향을 달리하는 동료 장관들보다 돋보이려는 야심을 보이지 않았으며, 되도록 자신의 관직에서 전문성을 갖고 업무를 수행하려고 노력하면서, 그때까지

프랑스 환경 운동을 괴롭혔던 행정 중앙 집권주의를 부분적으로나마 친환경 노선으로 이끄는 수완을 보여 주었다. 장관으로 재임하는 동안 부아네는 환경부 예산을 30퍼센트, 자연 보호 운동에 주어지는 지원금을 80퍼센트 늘리는 성과를 끌어냈다.[165]

다시금 페트라 켈리와 확연한 대비를 이루는 점은 도미니크 부아네가 상징적으로든 실질적으로든 환경 정책에서 최고의 성과를 끌어냈다는 사실이다. 부아네가 장관으로 벌인 첫 활동은 이른바 〈슈퍼 피닉스Super-Phénix〉, 곧 원자력 발전소 〈크라이스말빌Creys-Malville〉의 고속 증식로 운용을 중지시킨 일이다. 20년 전만 하더라도 이 원자력 발전소의 건설을 둘러싸고 피를 흘리는 격전이 벌어졌다.[166] 부아네는 이 결정을 별 힘들이지 않고, 대중이 진지하게 받아들이게 정당화할 수 있었다. 그동안 고속 증식로는 거의 전 세계에서 유례를 볼 수 없는 것이 되었다. 고속 증식로는 수익성은커녕 그렇지 않아도 과도한 원자력 발전 용량 탓에 한숨짓는 에너지 경제에 손실을 높여 놓았다. 이미 원자력 발전소의 운용으로 플루토늄 소비 과잉이 빚어져, 안전 문제는 별도로 하더라도, 고속 증식로를 계속 가동하는 일은 경제적으로도 불합리했다.[167] 부아네는 더 나아가 오래전부터 환경 운동가들이 요구해 온 〈라인-론 운하 프로젝트〉의 중단을 관철했다.[168] 이 프로젝트 역시 〈마인-도나우 운하〉와 비슷하게 생태뿐만 아니라 경제적으로도 문제가 많았다. 부아네가 정계에 입문한 계기는 바로 이 프로젝트를 반대하는 운동이었다. 1997년 말 교토에서 열린 기후 정상 회의에서 부아네는 유럽을 대표해 미국의 지연 전략에 반대 입장을 분명히 밝히면서 정치가로서 입지를 다졌다.[169] 마이클 베스가 정리했듯 부아네가 성공하지 못했다면, 환경 운동의 주된 동기는 프랑스 사상의 주류로 올라서지 못했을 것이 분명하다. 그녀가 장관으로 보낸 시간은 〈녹색 비전〉이 〈프랑스 현대성의 통합적 요소〉로 발돋움한 역사적 순간이다.[170]

2007년 5월 18일 당시 프랑스 환경부 장관은 폭넓은 합의를 기초로 장기적인 환경 정책의 노선 변화를 일구어 내고자 소집된 다양한 정치 세력의 대표자 포럼인 〈그레넬 환경Grenelle Environment〉의 소집을 선포했다. 실제로 2007년 10월 24일 니콜라스 사르코지가 회의를 주재하고 두 명의 노벨 평화상 수상자 앨 고어와 왕가리 마타이*가 참석한 가운데 〈그레넬 원탁회의table ronde du Grenelle〉가 열렸다. 회의는 이미 마련된 환경 정책 전략 보고서를 채택했다. 역사적으로 중요한 의미를 갖도록 설계된 이 보고서는 규제 완화를 주장하는 세력에게 〈녹색 독재〉를 분명히 하고, 내각과 〈징으로 무장한 직업 생태 운동가〉 사이의 연합, 어찌 보면 위태로운 동거를 알리는 목적이 있었다.[171] 〈그레넬〉은 1968년 5월 25일 파리의 거리 〈뤼 두 그레넬Rue du Grenelle〉에서 바리케이드를 쌓고 저항하던 대학생들과 파업 노동자들의 압력 아래서 정부와 노조 지도부 사이에 맺은 타협안을 상징하는 표현이다.[172] 이후 〈그레넬〉은 역사적 타협을 나타내는 개념으로 자리 잡았다. 그러나 1968년의 〈그레넬〉이 끝이 아니었듯, 최근의 경제 위기에서도 나타나듯, 〈그레넬 환경〉 역시 역사의 마지막 사례는 아니리라.

미국으로 고개를 돌려 보면 논란의 여지가 없이 모든 측면에서 섬김을 받는 환경 운동의 여성 영웅은 레이철 카슨뿐이다. 그러나 1964년에 사망한 카슨은 어떤 시민 단체의 대변인 노릇을 한 적이 없다. 사망 이후에야 비로소 그녀는 폭넓은 운동의 우상이 되었다. 그 대신 카슨은 옛 환경 운동과 새로운 환경 운동의 다양한 경향, 드물지 않게 서로 상관없이 나란히 흐르거나, 심지어 긴장 관계를 빚은 다양한 경향을 하나로 아우른 인물이었다. 야생 보호와 인간 건강의 보호, 자연 사랑을 중시하는 환경 보호와 생태적 순환을 중시하는 환경 보호가 그 다양한 경향의 면면이다. 우리는 카슨을 이미 「환경 운동 이전의 환경 운동」에서 만나 본 바 있다. 미국 환경 운동이 섬기는 우상의 갤러리는 카슨으로 끝난다. 이제 나는 국제적으로 거의 알려지지 않은 여성 환경 운동가 트리오를

---

* Wangari Maathai: 1940~2011. 케냐의 환경 운동가로 지속 가능한 발전과 평화에 기여한 공로로 2004년 노벨 평화상을 받은 여성이다.

소개하고자 한다. 이 세 명은 전혀 다른 환경 운동의 흐름, 부분적으로
는 논란의 여지가 많은 흐름을 각각 대변하며 카슨과 비견할 만한 추종
자를 거느렸으나, 일반 대중은 거의 모르는 인물들[173]로 마저리 스톤맨
더글러스와 셀리아 헌터 그리고 제인 제이콥스다.

습지의 레이철 카슨: 마저리 스톤맨 더글러스

여성 작가이자 페미니스트이며 환경 운동가인 마저리 스톤맨 더글
러스Marjory Stoneman Douglas(1890~1998)는 성경에서나 볼 법한 108세
라는 장수를 누리며 생애의 마지막 순간까지 플로리다 〈에버글레이즈
국립 공원Everglades National Park〉의 보존을 위해 글로 투쟁한 여인이다.[174]
이미 1934년에 미국 의회는 〈에버글레이즈 국립 공원〉 법안을 추인했
지만, 10년이 넘도록 이 공원은 오로지 서류에만 존재했다. 1947년에
야 비로소 관련 실행 법안이 효력을 얻었다.[175] 그해에 더글러스는 『에
버글레이즈: 풀의 강 The Everglades: River of Grass』이라는 책으로 전혀 예상
치 못한 성공을 거두면서, 세상에 이름을 알렸다. 이 책은 나중에 『침묵
의 봄』에 견줄 만하다는 평가를 받았다. 이 책에서 더글러스는 국립 공
원으로 선포된 〈에버글레이즈〉가 어떻게 계속 위협을 받으며 파괴되는
지 실감 나게 묘사했다. 건설 회사가 택지 확보라는 명목으로 습지대의
경사면을 시멘트로 덮고, 대규모 사탕수수 농장을 노리는 농업 기업이
습지대의 물을 빼거나 각종 화학 물질로 물이 말라 버리게 하는 것 등이
그 예다. 더글러스는 생명의 물이 흐르는 습지대 생태계를 감동적으로
묘사하면서, 이 자연 낙원의 건조화로 말미암아 플로리다 전체가 위협
을 받는다고 경고했다. 그때까지 습지대는 국립 공원에 열광하는 사람
들에게서조차 별로 주목받지 못했다. 습지대에는 미국 서부의 그림처
럼 아름다운 풍경이 없었기 때문이다. 웅장한 협곡도, 우뚝 솟은 산도,
거대한 나무나 폭포도 습지대에는 없다. 습지대는 어찌 보면 단조로운
풍경으로 오늘날의 세련된 사진 기술로도 멋지게 포장하기 힘들다.[176]

『풀의 강』은 미국 여론이 벅찬 감정으로 습지대를 주목하게 하는 데 결정적으로 기여했다.

〈에버글레이즈〉를 국립 공원으로 지정한 것은 19세기를 주도했던 낭만적 미학, 곧 인간이 여행하고 즐길 수 있는 야생을 섬기던 미학에서 벗어나 자연을 생태적 관점

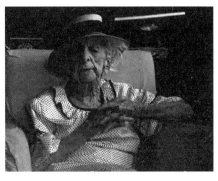

마저리 더글러스는 플로리다의 〈에버글레이즈 국립 공원〉을 위해 출판물로 투쟁한 〈에버글레이즈의 어머니〉로 유명하다. 그녀는 108세라는 장수를 누렸다. 사진은 1994년 106세에 다큐멘터리 「대양의 카나리아Canary of the Ocean」에서 인터뷰하는 모습이다.

에서 볼 수 있도록 전환점을 마련한 사건이다.[177] 〈에버글레이즈〉는 산책하며 즐길 수 있는 지역이 아니며, 관광객을 끌어모을 매력도 크지 않아, 처음으로 총체적인 자연 보호 프로그램의 대상이 된 곳이다.[178] 습지대의 보기 드문 생물종 다양성과 생태계의 특이함은 그 자체만으로 충분한 보호 가치를 가졌다. 〈세상에 다른 에버글레이즈는 없다.〉『풀의 강』서두에 나오는 문장이다. 이 문장은 날개 돋친 듯 사람들에게 회자되었다. 나중에 주목받은 독일 북해의 개펄 〈바텐메어Wattenmeer〉와 마찬가지로 사람들은 생태를 바라보는 지평의 확장으로서 이런 지역의 유일함과 소중함을 깨달았다. 그러나 습지대를 겨눈 위협은 그칠 줄 몰랐다. 이에 저항해 마저리 더글러스는 생애의 말년까지 왕성한 투쟁 의지를 자랑했다. 79세가 되던 해인 1969년에 그녀는 습지대에 공항을 짓기로 한 계획을 막기 위해 〈에버글레이즈의 친구들Friends of the Everglades〉이라는 이름의 저항 운동을 조직했다.

19세기에 태어난 마저리 더글러스는 젊은 시절 여성의 시민 평등을 위해 싸웠으며, 그런 점에서 에코페미니즘이라는 새로운 여성 운동, 비록 이런 운동을 펼치기에는 너무 늙고 구식이었다 할지라도, 이런 운동을 할 운명을 타고난 셈이다. 그녀는 102세에 솔직하게 사기꾼 같은 남

자에게 속아 짧게 불행한 결혼 생활을 한 이후 다시는 성관계를 하지 않았다고 털어놓았다. 〈나는 야성적인 여인이 아니야.〉 또 이런 발언도 했다. 〈환경에 관심을 갖는 것은 여인의 일이야. 살림의 연장된 형태랄까.〉[179] 이런 발언에 페미니스트와 환경 운동가, 지역에 국한해 활동을 벌이는 환경 운동가까지 못마땅한 반응을 보였다. 사망 이후 더글러스는 영웅을 기리는 미국 문화에 따라 처음에는 〈국가 야생 연합 명예 전당National Wildlife Federation Hall of Fame〉에, 그러나 나중에는 결국 〈국가 여성 명예 전당National Women's Hall of Fame〉에 이름을 올렸다. 그녀 자신은 〈시민 명예 전당Citizen's Hall of Fame〉에 이름을 올려 영원의 반열에 드는 것을 더 선호했지만. 1948년 마이애미의 빈민가에 맑은 물을 공급하도록 위원회를 만들어 활동한 것은 여러모로 더글러스가 〈환경 정의 운동〉을 반세기 앞서 추진한 선구적 성과다. 그러나 빈민가의 모든 주민이 그녀를 좋아했던 것은 아니다. 1983년 당시 93세였던 그녀는 주민의 집회에 참석해 그곳에서 진행되던 배수로 건설 공사에 유일하게 반대의 목소리를 내 쏟아지는 야유에 시달렸다. 그녀가 목청껏 대꾸하자 주민들은 왜 더 큰 소리로 말하지 못하느냐고 조롱하다가 뒤늦게 고령의 할머니임을 알아보고 실소를 터뜨리며 미안해했다. 이처럼 흔들림 없는 자신감으로 더글러스는 환경을 위해 투쟁했다. 바로 이런 헌신적 노력을 기울일 때 환경 운동가는 대중의 인정을 받게 마련이다. 물론 이로써 개인적인 성공도 얻을 수 있다. 더글러스는 그 생생한 사례다. 그녀가 반대한 문제 많은 배수로 공사는 취소되었다.

폭격기 여 조종사, 알래스카의 야생을 위해 투쟁하다: 셀리아 헌터

자기희생도 불사할 각오로 〈어머니 지구를 지키는 일에 타협이란 없다!〉(이는 곧 〈지구가 먼저다!〉의 구호이기도 하다)고 외치며 투쟁하면서, 1980년대에 독특한 카리스마를 쟁취한 데이브 포먼은 1991년 미국 환경 운동에 얼굴을 알아볼 수 없는 아류만 넘쳐난다고 불평했

셀리아 헌터는 미국에서 환경 단체의 회장을 맡은 최초의 여성이다. 사진은 그녀가 만든 관광지 데날리Denali의 초창기 시절 물을 길어 오는 모습을 찍은 것이다. 데날리는 나중에 국립 공원의 중심이 되었다.

다. 그만큼 사람들은 헛되이 존 뮤어를, 앨도 레오폴드를, 레이철 카슨을 애타게 찾았지만 허사였다. 그렇다면 〈대체 우리는 살아 있는 상속자 데이비드 브라워나 셀리아 헌터를 어떻게 한 것일까〉?[180] 데이비드 브라워는 우리가 이미 아는 이름이다. 그러나 셀리아 헌터Celia Hunte(1919~2001)는 미국 환경 운동 역사를 훑으며 좀체 볼 수 없는 이름이다.[181] 헌터는 1976년에 막강한 영향력을 자랑한 〈야생 협회〉의 회장이 되었던 인물이다. 나중에는 집행 이사로도 활동했다. 그녀는 선도적인 미국 환경 단체를 이끈 최초의 여성이다. 그러나 아주 특별하고 논란의 여지가 많은 야생, 곧 〈에버글레이즈〉를 다뤘던 마저리 더글러스처럼 헌터 역시 알래스카의 야생 자연 보호라는 독특한 활동 분야로 대중의 주목을 거의 받지 못했다.

존 뮤어는 이미 1879년, 그러니까 미국이 알래스카를 자국 영토로 확보한 지 12년이 지난 시점에 알래스카의 야생을 찾아 순례하면서 인간의 모습이라고는 찾아볼 수 없는 무한한 황량함 속에서 일종의 초월적 경험을 했다.[182] 그러나 이런 경험은 생태와는 별 관계가 없는 영성의 체험이었을 뿐이다. 알래스카의 생태는 더욱 자세히 들여다볼 것을 요구한다. 〈에버글레이즈 국립 공원〉이 야생 보호 운동의 생태적 반전을 나타냈지만, 알래스카라는 〈태고의 낙원〉에 열광하는 것은 근본적으로 기념물 보호라는 옛 행태로 퇴행을 의미한다.[183] 실제로 단조로운 침엽수림과 만년설을 뒤집어쓴 산봉우리를 배경으로 나무라고는 볼 수 없는 툰드라가 펼쳐진 황량한 알래스카지만 그래도 〈에버글레이즈〉보다는 멋진 파노라마를, 현대의 사진 기술과 항공 촬영을 활용한다면, 더 멋진 파노라마를 제공한다. 그러나 오늘날까지 그 최북단의 연방주를 〈자연 그대로〉 체험한 미국인은 극소수다. 심지어 알래스카에서 관광객이 가장 많이 찾는 〈데날리 국립 공원〉, 곧 셀리아 헌터가 처음으로 세운 이 공원은 2002년 〈고작〉 28만 911명의 방문객이 다녀갔을 뿐이다. 이는 노스캐롤라이나주와 테네시주 사이에 자리 잡은 교통 환경이 유리한 〈그레이트스모키 산악 국립 공원Great Smoky Mountains National Park〉 방문객의 3퍼센트에도 미치지 못하는 수준이다.[184] 알래스카의 야생을 충분히 알아보지 않고 독자적으로 이곳을 찾는 일은 매우 위험했다. 알래스카는 미국인이 이상적으로 그리는 야생과는 전혀 달랐다. 이를테면 콩코드시에서 가까운 숲속에서 홀로 외롭게 인생을 반추했던 헨리 소로를 떠올려 보면, 미국인이 생각하는 야생이 근접하게나마 그려진다. 1996년 미국 작가 존 크라카워Jon Kracauer는 『야생 속으로Into the Wild』라는 책으로 세간의 주목을 받았다. 이 책에서 젊은 주인공 크리스 맥캔들리스Chris McCandless는 소로의 『월든Walden』을 배낭에 넣고 〈영성의 순례〉를 하겠다고 알래스카를 찾았다가 비참하게 굶어 죽는다.[185] 알래스카의 야생은 위협받는 것이 아니라, 여전히 위협적이다. 말하자면 희소해져야 비로소 가치를 얻는 것의 모범적 사례가 알래스카다.

〈지난 20년 동안 미국 여론이 가장 큰 상징적 가치를 갖는 환경 주제로 꼽은 것은 북극 지방의 오지를 사람의 손길이 닿지 않은 모습 그대로 보존하는 일이다.〉 2004년 시에라 클럽의 집행 이사가 한 주장이다.[186] 이미 1970년대 말에 미국 대통령 카터는 당시 석유 위기의 압력으로 에너지 정책에서 곤란한 지경에 빠진 〈환경 운동가〉에게 흔들림 없는 지원으로 알래스카의 야생 보호를 돕겠다고 공언했다.[187] 그러나 영성을 갈망하는 초월적 꿈은 가까운 곳보다는 먼 곳에서 전이된다. 미국 서부에서 자취를 감춘 〈프론티어Frontier〉, 곧 개척자라는 신화는 북극의 알래스카 팬에게 고스란히 옮겨졌다. 그러나 이 〈뉴프런티어New Frontier〉는 옛 서부처럼 활기찬 삶을 누리기가 어려웠다. 『야생과 미국 정신 Wilderness and the American Mind』이라는 제목으로 야생 팬의 필독서를 쓴 로더릭 내시Roderick Nash조차 나중에 증보판에서 알래스카를 상세히 다루었음에도, 알래스카를 두고 선전되는 야생 보호에 유보적인 태도를 보이면서, 이 쓸모없고 차가운 땅이 자신에게는 심드렁하게만 여겨진다고 노골적으로 말할 정도였다. 그는 알래스카를 꿈꾸는 사람이야말로 그곳에 전혀 가 보지 않았거나, 가려고도 하지 않는 인간일 뿐이라고 코웃음 쳤다. 그는 오로지 단 한 번, 그것도 지나가는 투로 셀리아 헌터를 언급한다.[188] 그 대신 내시는 국립 공원 지정에 따른 엄격한 규정을 말이 되지 않는 헛소리로 여기는 알래스카 원주민 대다수에 이해와 공감을 표한다. 그는 〈알래스카 독립당〉의 조 보글러Joe Vogler의 말을 인용한다. 〈[알래스카의] 생태가 섬약하다고 주장하는 사람은 그가 누구든 무식하거나, 신의 저주를 받을 거짓말쟁이다.〉[189]

미국의 생태 운동가들이 셀리아 헌터가 정말 위인에 속하는지, 아니면 반대로 정작 중요한 주제를 주목하지 못하게 상황을 호도하면서 환경 운동을 막다른 골목으로 끌어들인 인물인지 하는 논란을 벌인 것은 놀라운 일이 아니다. 결국 헌터와 그 동조자들은 최소한 지도 위에서 요란 뻑적지근한 성공을 거두었기 때문이다. 1980년 12월 2일 카터 대통령은 알래스카 전체 면적의 4분의 1을 자연 보호 구역으로 선포했다. 이 구역은 캘리포니아보다도 더 크다. 면적으로 따진다면 〈세계 역사상 야생 보호를 위한 최대 단일 법령〉이다.[190] 다만 이런 종류의 야생이 정말 보호할 가치가 있을까 하는 의문은 피할 수 없이 남는다. 보통 위협받는 생물종과 그 서식지 그리고 관광 목적으로 가치를 갖는 풍경의 조합으로 야생 보호를 정당화하지만, 이 세계 최대 규모의 자연 보호 구역에서 그 근거를 찾기가 힘들다. 더욱이 그곳 주민의 대다수, 양키든 원주민이든, 주민 대다수는 이런 보호를 행정 당국의 농간쯤으로 여겼다.

야생 보호라는 최우선 가치는 하필이면 생태 시대의 초기에 다른, 완전히 대척점에 선 최우선 가치와 충돌했다. 1968년 알래스카 북부의 해변인 프루도만Prudhoe Bay에서 당시 북아메리카 대륙 역사상 최대 규모의 유전이 발견되었다. 당장 추진된 파이프라인 건설 계획은 〈미국 역사상 가장 야심 찬 건설 프로젝트〉였다. 그때는 〈지구의 날〉 시절이었다. 새롭게 각성한 생태 의식은 공격 목표를 찾기에 바빴다. 석유를 둘러싸고 벌어진 사건과 사고의 기억은 생생하기만 했다. 〈북극 국립 야생 보호 구역〉을 관통하는 〈알래스카 횡단 석유 수송관망〉은 미국 자연 보호 운동 역사에서 그때까지 볼 수 없던 규모의 논란을 촉발했다. 그러나 1973년 가을 석유 위기가 터졌다. 이로써 중동 석유에서 최대한 독립하려는 노력은 최우선적인 국가적 정책 사항이 되었다. 이런 상황에서 파이프라인 건설을 막는 것은 생각할 수 없었다.[191] 더욱이 예나 지금이나 가장 쓸모가 많으며, 갈수록 귀해지는 광물인 구리가 하필이면 알래스카에 풍부하게 매장된 것으로 밝혀지면서, 이 지역을 야생 보호 구역으로 지정하기를 요구했던 운동가들은 수세에 몰렸다.[192] 〈알래스카를 둘러싼 투쟁〉이 국립 공원 선포로 끝나지 않은 것은 놀라운 일이 아니다.[193] 1989년 알래스카 해안에서 벌어진 유조선 〈액슨 발데스Exxon Valdez〉 좌초 사건은 엄청난 양의 원유 유출로 환경 논란에 새롭게 불을 지폈다. 미국 여론은 체르노빌의 원자력 발전소 사건에 못지않은 반응을 보였다. 나중에 알래스카 주지사를 지낸 제이 해먼드Jay Hammond가 이미 1960년대에 신랄한 풍자를 담아 쓴 시 「알래스카 1984?Alaska 1984?」는 예언을 한 것처럼 읽힌다. 그 첫 구절은 이렇다. 〈얼마나 엉망인

지 옛날을 기억하는가? 우리가 기름을 갖기 전에 바다에는 물고기들이 뛰어놀았지.⟩[194]

셀리아 헌터로 되돌아가 보자. 마저리 더글러스와의 유사한 점은 물론이고 서로 대비되는 점을 주목해 보는 일은 흥미롭다. 알래스카의 야생을 위해 투쟁한 헌터는 본래 책상물림이 전혀 아니었으며, 야외에서 활동하기를 즐기는 여성이었다. 헌터는 출판물이라고는 거의 내지 않았다. 더글러스가 제1차 세계 대전에서 해군 비서로 일한 경력으로 적십자에서 활동한 반면, 헌터는 미국 공군의 조종사로 기회만 주어지면 폭탄 투하를 위해 기꺼이 출격했다. 전통적인 여성의 역할을 이보다 더 강렬하게 거부한 사례는 찾아보기 어렵다. 그녀는 비행기 없이는 멀리 이동하기 어려운 알래스카에 자연 보호라는 포부 없이 그저 조종사로 왔다.[195] 1947년 1월 1일 헌터는 폭설로 페어뱅크스에 착륙했다. 이 도시에서 그녀는 첫 번째 알래스카 단체 관광객을 위해 비행 가이드로 일했으며, 중간에 전쟁으로 파괴된 유럽을 열 달에 걸쳐 자전거로 돌아보았고, 유조선에 편승해 미국으로 돌아왔다. 1952년에 친구들과 함께 나중에 국립 공원의 중심지가 된 데날리에 텐트를 치고 관광객을 위한 숙소를 마련했다. 데날리는 해발 4,000미터가 넘는 알래스카 산맥의 전망을 감상할 수 있는 곳이다. 그러니까 야생 보호의 시작은 본래 관광 사업이었던 셈이다.

1956년 셀리아 헌터를 비롯한 야생 팬들은 모임을 갖고 토종 동물종의 보호를 위해 광활한 지역을 보호 구역으로 지정하는 운동을 벌이기로 의기투합했다. 처음에는 인간의 모습이라고는 찾아보기 힘든 곳이라 이런 운동은 어렵지 않아 보였다. 그러나 소수이기는 했지만 주민은 땅을 원하는 대로 쓸 자유를 제한하는 일체의 조치에 강한 거부감을 보였다. 헌터는 1960년에 설립된 〈알래스카 보존 협회Alaska Conservation Society, ACS〉의 사무총장으로 12년 동안 일하면서 지원은 거의 알래스카 외부에서 받았다. 알래스카의 야생 보호가 직면한 이런 딜레마는 오랫동안 풀리지 않았다. ACS의 최초 공격 목표는 1959년부터 추진된 〈램

파트 댐Rampart Dam〉건설 계획이다. 이 댐은 총 연장 480킬로미터에 달하는 인공 호수를 만들고 유콘강에 수력 발전소를 세워 알루미늄 공장에 전기를 공급하기로 설계되었다. 현장에서의 투쟁은 오히려 주민의 반감을 샀다. 알래스카 주민은 이 댐으로 값싼 전력을 얻고, 더욱이 〈세계 최대의 인공 호수〉를 얻을 것이라는 기대에 부풀어 있었기 때문이다. 로더릭 내시가 적확하게 짚었듯, 알래스카 주민은 〈식민지의 오랜 암흑기〉에 종지부를 찍고, 마침내 알래스카를 미국의 온전한 연방주로 만들어 주기 위해 워싱턴 정부가 선물로 내놓는 것이 〈램파트 댐〉이라고 보았다.[196] 1967년 미국 정부는 〈램파트 댐 프로젝트〉를 결국 포기하고 말았다. 미국 여론은 생태 시대의 시작과 더불어 댐 건설에 반대하는 운동에 갈수록 커가는 호감을 보였기 때문이다. 이런 자연 보호 운동의 승리는 알래스카 주민에게 깊은 원한을 새겼다.[197]

대중의 인기를 얻을 더 나은 기회는 두 번째 투쟁이 제공했다. 이 투쟁은 1961년에 발표된 〈프로젝트 채리어트Project Chariot〉를 반대한 저항 운동이다. 이 프로젝트는 알래스카 해변에 인공 항구를 만들어 놓고 원자 폭탄의 위력을 실험해 보려는 계획이다. 알래스카를 핵실험장으로 전락시키려는 계획이라는 주민의 분노를 주목한 운동가들은 원자력을 민간 목적으로 이용하는 〈플라우셰어Plowshare〉 계획에 반대하는 저항 운동에 합세해 활동을 벌였다. 〈프로젝트 채리어트〉는 공식적으로는 전혀 철회되지 않았지만, 실현되지도 못했다. 셀리아 헌터는 체르노빌을 기억하라며, 알래스카에 또 다른 체르노빌을 선물하려는 원자력 위원회에 맞서 싸워야 한다고 목청을 높였다.

당시 ACS는 인적·물적 자원의 부족으로 이미 해체된 상태였다(1980). 또 이 조직은 더는 필요하지 않았다. 이미 1971년부터 이른바 〈알래스카 연합Alaska Coalition〉이 북극의 야생 보호를 위해 활동했기 때문이다. 〈알래스카 연합〉은 미국의 선도적인 다섯 개 환경 운동 비정부 단체가 참여한 것으로 〈미국 역사상 최대이자 가장 강력한 환경 보호 시민 조직〉(로더릭 내시)이다.[198] 그동안 셀리아 헌터는 한 명의 동료와 함께 〈알래스카 보존 재단Alaska Conservation Foundation〉을 설립했으며, 사망하기 직전까지 이 재단에서 일했다. 그 외에도 자연 보호를 표방한 여러 단체에서 숱한 요직을 맡았다. 아무튼 현장 활동가가 사무직까지 거친 보기 드문 경력을 그녀는 자랑했다.

1970년대부터 야생의 팬들은 1974년에 알래스카 주지사로 선출된, 일정 정도 거리감이 있는 제이 해먼드라는 동지를 찾아냈다. 그는 야생의 향기를 내뿜는 곰과 같은 사람이었다. 예전에 새 주지사의 동지들은 앨도 레오폴드가 〈산처럼 생각하자〉는 구호를 외쳤던 것을 떠올리며 기대감을 품었다. 〈해먼드는 알래스카야. 그는 저 빌어먹을 알래스카 산맥처럼 생겼다니까.〉 실제로 해먼드는 나름의 방식대로 야생을 좋아했으며, 무엇보다도 생태 시대에 환경 운동가들과 충돌하는 것은 지혜롭지 못함을 이해하고, 알래스카 생태 신화를 이용해 더 많은 관광객과 대도시 생활에 지친 미국인들을 끌어모으려는 노력을 아끼지 않았다. 〈환경Environment은 외설적인 육두문자가 아니다. 그것은《개발development》과 마찬가지로 11개의 철자를 가진 단어다.〉[199] 그가 주변 사람들을 설득하려고 한 말이다. 실제로 광활한 알래스카에는 〈환경〉과 〈개발〉을 결합할 공간이 차고 넘쳐 났다. 해먼드는 이런 기회를 이용해 되도록 갈등을 피하는 전략을 취했다.

고전적 근대의 도시 유토피아에 대항해
지역 공동체를 위해 투쟁한 여인: 제인 제이콥스

전혀 다른, 곧 다채롭고 사람들로 넘쳐나는 도시 세계를 우리에게 선보이는 인물은 제인 제이콥스Jane Jacobs(1916~2006)다. 이 전투적인 뉴욕 여성은 미국 역사상 가장 큰 권력을 자랑했던 도시 설계 및 개발 전문가 로버트 모지스Robert Moses(1888~1981)를 상대로 용기 있게 맞서며 자신이 살던 〈그리니치빌리지Greenwich Village〉를 뛰어난 수완으로 지켜 냈다. 이 다윗과 골리앗 싸움으로 제이콥스는 전설의 반열에 오르면서, 대서양 건너까지 연쇄 반응을 불러일으켜 다채로운 도시 공동체 보존에 큰 공헌을 했다.[200] 그렇지만 제이콥스가 환경 운동의 역사를 장식했다고까지 말할 수 있을까? 생물학적 의미의 생태와 그녀는 전혀 관련이 없다. 그럼에도 그녀가 그때까지 도시 계획을 생명에 적대적인 〈사이비 과학〉으로 공격하면서, 〈생명 과학〉으로 넘어갈 다리를 고민하는 새로운 도시 학파에 지평을 열어 준 것만큼은 확실하다. 도시는 생명처럼 〈유기적인 복잡성〉을 갖는 것이어서, 〈타불라라사Tabula rasa〉, 곧 〈백지〉에 그림을 그려 넣듯, 도식에 따라 설계할 수 있는 것이 아니다.[201] 마찬가지로 제이콥스에게서 영감을 얻어 획기적 논쟁서『우리 도시의 비경제성Die Unwirtlichkeit unserer Städte』(1965)을 쓴[202] 알렉산더 미철리히 역시 〈인간이 100년은 살아야 하는 도시〉(제인 제이콥스는 뉴욕에서 그보다 적은 세월을 살기는 했다)를 〈서로 다른 생명이 균형을 이루며 그 안에서 보존되는《비오토프Biotope》〉라고 불렀다.[203] 분명 제이콥스가 이론으로 무장한 이상적인 환경 운동가는 아니지만, 그럼에도 역사적 현실을 볼 때 환경 단체가 도시의 오래된 건물을 보존하려는 운동과 밀접하게 연관되어 있다는 점에는 의심의 여지가 없다. 미국이든, 독일이든, 다른 나라든 사정은 마찬가지다. 프랑크푸르트의 주택 점거 투쟁이 녹색 운동의 기폭제가 된 것은 우연이 아니다. 동독 말기에 환경 운동가들이 〈도시 생태〉 문제로 정권과 갈등을 빚은 것은 충분한 근거가 있다. 자연과 향토 보호라는 옛 독일의 연합, 많은 녹색 운동가가 독일의 기묘한 특수 노선이라고 여겼던 이런 연합은 제이콥스에게서 전 세계적인 맥락을 발견한다.

제인 제이콥스는 1947년부터 뉴욕의 그리니치빌리지에서 살았다. 이 구역은 이른바 〈벨 에포크〉와 〈광란의 1920년대〉를 거치며 많은 문인과 전위 예술가가 보금자리로 삼은 곳이다. 물론 그동안 그 구역은 쇠락해 현재는 관점에 따라 자유분방한 보헤미안의 거리나, 그저 그런 빈민가로 보인다. 모지스를 중심으로 한 도시 설계가의 눈에 이 구역은 시급히 재개발이 필요한 곳이었다. 이들의 설득 끝에 뉴욕 시장 로버트 와그너Robert F. Wagner 는 1961년 2월 20일 그 리니치빌리지를 빈민가 로 선포하고 재개발의 일환으로 구역 건물의 80퍼센트를 철거하겠다 고 결정했다.[204] 바로 그 해에 제인 제이콥스는 국제적으로 큰 반향을 불러일으킨 자신의 논

1961년에 출간한 『미국 대도시의 죽음과 삶』으로 제인 제이콥스는 당시의 도시 계획에 저항했다.

쟁서 『미국 대도시의 죽음과 삶The Death and Life of Great American Cities』을 펴냈다. 마치 부활을 노리는 것만 같은 제목의 비유를 주목해 보라! 이 책은 도시 설계 및 조경 전문가가 현대의 이상으로 내세우는 모든 것을 겨눈 전면적인 선전포고다. 제이콥스는 이 책에서 갈수록 커지는 대도 시의 범죄에 대한 두려움을 두고도 아주 솜씨 있게 접근한다.

무엇이 건설되는지 그냥 둘러보라. 저소득 가구를 위한 집단 주택지는 범죄와 반달리즘과 널리 퍼진 사회적 무력감의 온상이 되어, 이 주택지가 대체하려 했던 빈민가보다 더 열악해졌다. 좋은 서점 하나 없는 문화 센 터, 빈둥거리는 건달만 빼고는 …… 누구나 피하는 주민 편의 시설, …… 그 어딘가에서 무의미하게 시작해 어디로도 이어지지 않으며 사람이라 고는 찾아볼 수 없는 산책로가 왜 필요한가? 사방은 우리의 대도시를 이 리저리 갈라놓는 자동차 전용 도로일 뿐이다. 이것은 도시 혁신이 아니 라, 과잉 개발, 도시 해체다.[205]

제인 제이콥스는 유토피아적인 미래 비전만 좇는 도시 설계 공학자 의 스타일이 아니라, 실제 도시 생활을 옆에서 지켜보는 친근한 스타일 로 글을 썼다. 그녀의 관심은 자연 보호 운동가처럼 보존에 있었지, 설

계가 아니었다. 사람들이 정겹게 어울리는 이웃과 자동차가 질주하지 않는 거리가 그녀가 꿈꾸는 이상적인 도시였다. 이런 이상을 실현하려는 그녀의 노력 덕에 뉴욕의 낡은 건물 시가지(유럽인의 눈에는 여전히 새롭고 혼란스럽기만 했지만)는 저절로 질서와 아름다움을 뽐내는 일종의 만개한 자연이 되었다.

> 구시가지는 겉보기로는 무질서해 보이지만 …… 도로에서 안전하고도 자유롭게 움직일 기적과도 같은 질서를 자랑한다. 매우 복잡한 질서이기는 하지만 …… 운동과 변화로 이뤄진 질서는 …… 춤을 추는 것과 비교될 수 있으며 …… 보도 위에서 펼쳐지는 발레는 장소마다 달라지며, 절대 같은 춤이 반복되지 않으면서 …… 항상 즉흥적 영감으로 풍부해진다.

모지스는 자신의 적수인 제인 제이콥스를 〈가정주부〉라고 비웃으며, 도시 계획이 무엇인지 전혀 알지 못한다고 혀를 찼다. 그러나 제이콥스는 건축가의 아내였으며, 『건축 포럼Architectural Forum』이라는 잡지의 편집장이어서 자신이 무슨 이야기를 하는지 정확히 알았다. 뉴욕 지성인들의 미적 감각 변화는 제이콥스의 손을 들어 준 셈이었다. 같은 해인 1961년 〈펜실베이니아 철도Pennsylvania Railroad〉는 고전주의의 기념비적 건축물인 〈펜 역Penn Station〉을 철거하고 지하 역사로 대체하기로 한 계획을 발표했다. 오늘날 보는 지하 역사는 바로 이때 세워진 것이다. 1904년에서 1910년에 걸쳐 건설된 〈펜 역〉은 사실 대도시를 대표하는 역사를 기대한 시민의 기대를 충족해 주지 못했다.[206] 불도저가 역사의 기둥들을 밀어붙이기 시작하자, 비로소 시민은 이 역의 소중함을 깨닫기 시작했다. 처음부터 건축가와, 그 작품의 역사를 의식한 뉴욕 시민은 철거 계획에 반대의 목소리를 높였다. 근대 고전주의의 종말은 옛 아름다움을 다시 발견하게 이끌었다. 처음에 반대는 그리 큰 호응을 끌어내지 못했다. 그러나 실제로 철거가 시작되자, 심지어 그때까지 모지스를 지지했던 『뉴욕 타임스』조차 부글부글 끓었다.[207] 〈시대를 대표하는 최대의 기적적인 상징물을 겨눈 믿기 힘든 반달리즘〉은 역사적 상징의 자리에 〈사기 행각에만 골몰하는 우리 사회의 사기 건축물〉을 지으려고 한다. 로버트 와그너는 반전의 분위기를 감지하고 1965년 4월 19일 지역 차원의 기념물 보호 위원회를 소집했다. 이 위원회는 미국에서 최초의 것이다.

그러나 〈펜 역〉은 구제되지 못했다. 대신 〈그리니치빌리지〉는 살아남았으며, 그 덕에 제인 제이콥스는 〈빌리지〉 차원을 넘어서는 유명 인사가 되었다. 이 세 아이의 어머니는 모지스를 상대로 도시 여성과 모성에서 비롯된 요구 사항을 관철했다. 그녀는 이웃이 있는 도시, 다채로움을 자랑하는 도시 생활, 멀리 장을 보러 가지 않아도 되고 아이들을 안전하게 거리에서 뛰어놀 수 있게 하는 쾌적한 생활 공간을 주장했다. 거의 40년 동안 뉴욕의 도시 계획을 지배해 온, 곧 80세가 되는 모지스는 돌연 더는 현대를 대변하지 못하는, 심지어 젊은 지역 정치가의 눈에 〈까다롭고 고집이나 피우는 노인〉이 되고 말았다.[208] 그러나 모지스 역시 자신의 방식대로 자연을 갈망하는 도시인을 대변했다는 점을 잊어서는 안 된다. 그는 뉴욕 시민에게, 더 정확히 말하자면 자동차를 가진 뉴욕 시민에게 빨리 녹지대와 바다로 갈 수 있는 도시 고속 도로를 만들어 주고, 협소한 구시가지 구역을 재개발해 새로운 고층 빌딩 사이로 넓은 녹지대를 선물하고자 노력했다. 그의 이런 관점은 19세기 말에 생겨난 도시 개혁 이상, 〈빛과 공기〉라는 구호 아래 협소함을 해소하고, 소음과 매연을 만드는 산업 시설을 되도록 주거 지역과 분리하려는 이상을 충실히 따른 것이다. 건축물의 높이가 올라갈수록 건축물 사이에 더 넓은 녹지대를 조성할 수 있다. 〈로버트 모지스는 도시 사막을 꽃들이 만개한 초원으로 바꿔 놓았다.〉 1934년 『뉴욕 월드 텔레그램New York World-Telegram』이 특히 모지스가 창출한 어린이 놀이터를 보며 격찬한 말이다. 심지어 루이스 멈퍼드도 당시 모지스가 추진한 도시 재개발을 두고 〈센트럴파크의 개장 이후 최고의 대형 도시 계획〉이라고 썼다.[209]

제인 제이콥스와 로버트 모지스가 벌인 논쟁은 선과 악의 싸움이 아니다. 이 논쟁이 더욱 독특했던 것은 제이콥스가 멈퍼드와도 충돌했다는 사실이다. 멈퍼드는 우리가 이미 미국 환경 운동의 창시자로 만나 본 바 있는 인물이다. 도시와 관련해 〈자연〉은 매우 다의적인 이상이다. 1895년생인 멈퍼드는 모지스와 같은 세대로 마찬가지로 〈빛과 공기〉라는 도시 이념을 중시했으며, 〈초기 기술〉*의 삭막한 시대에 지어진 촘촘한 주거 구역을 별로 탐탁지 않게 여겼다. 그는 제이콥스보다 훨씬 더 오래 그런 좁은 주거 구역에서 살았으며, 대도시를 벗어나 그늘이 시원한 가로수와 다듬지 않은 자연석으로 지은 교회가 있는 소도시를 찾는 것을 좋아했다. 그는 적수 제이콥스보다 뉴욕의 현실을 더 잘 안다고 자신했다. 반면 그녀는 멈퍼드를 뼛속부터 소도시 시민이라고 여겼다.[210] 19세기에서 20세기로 바뀌던 시기에 주거 환경 유토피아에 사로잡힌 멈퍼드는 특히 전원도시를 좋아했지만, 이런 전원도시를 제이콥스는 사회적으로 고립된 중산층의 삭막한 피난처로 경멸했다. 모지스가 불도저로 뉴욕에 세우고 싶어 하는 르코르뷔지에** 식의 유토피아란 전원도시를 인구 밀도가 높은 대도시에 적용하는 것에 불과하다고 제이콥스가 비판한 것은 전혀 틀린 이야기라고 보기 어렵다.[211]

『미국 대도시의 죽음과 삶』이 출간된 해인 1961년 멈퍼드도 자신의 인생을 집약했다고 할 수 있는 대표작 『역사 속의 도시City in History』를 발표했다. 이 책 역시 제인 제이콥스가 호소하고자 했던 개혁적이며 자유주의를 신봉하는 지성인을 상대로 쓰였다. 경쟁 여성을 상대로 한 비판에서 독자는 분노에 불타는 질투를 감지할 수 있다.[212] 이런 질투심에는 그녀에 비해 자신이 돌연 늙어 보인다는 회한도 섞였으리라. 멈퍼

---

* 루이스 멈퍼드는 기술을 〈초기 기술Eotechnic〉, 〈고대 기술Paleotechnic〉 그리고 〈신기술Neotechnic〉로 구분한다. 〈초기 기술〉은 시계를 처음 만들던 때를 가리키며, 〈고대 기술〉은 1700년에서 1900년 사이를 지칭한다.

** Le Corbusier: 1887~1965. 스위스 태생의 프랑스 건축가. 인구 밀집 도시의 주거 환경을 개선하는 데 노력했다.

드도 제이콥스와 마찬가지로 갈수록 심해지는 주거지 교외 이주를 두렵게 바라보며 이웃 상실의 고통을 토로했다. 그러나 멈퍼드는 이런 이웃 상실을 이미 19세기에서도 보았던 현상으로 치부했다.[213] 멈퍼드가 보기에 〈유기적 도시〉는 이미 오래전에, 최소한 미국에서는 상실된 것에 지나지 않았다. 〈유기적 도시〉는 보존될 수 없으며, 오로지 새로 만들어질 수 있을 뿐이었다. 멈퍼드 역시 그동안 모지스의 감독 아래 세워진 14층 혹은 18층의 고층 임대 주택을 〈삭막하며〉 또 〈비인간적〉이라고 비난하며, 도시 한복판을 무자비하게 가로지르는 〈하이웨이〉가 〈메갈로폴리스Megalopolis〉, 곧 〈거대 도시〉에서 〈네크로폴리스Nekropolis〉, 바로 〈죽음의 도시〉에 이르는 첩경이라며 혐오했음에도(또는 바로 그래서?), 제이콥스를 두고 분을 삭일 수 없었다.[214] 도시의 죽음을 똑같이 진단했지만 그사이에 드러난 입장 차이는 질투라고밖에는 달리 설명할 수 없다. 아무튼 그해 내내 멈퍼드는 『뉴요커』에서 제이콥스를 상대로 논쟁을 벌였다.

실제로 『미국 대도시의 죽음과 삶』은 모지스는 물론이고 멈퍼드를 겨냥한 논쟁서다. 제인 제이콥스는 멈퍼드가 빈민가라고 여기는 지역의 주민이 아주 즐겁게 살았다는 점을 그냥 외면하려 든다고 비웃는다.[215] 그러나 모지스를 상대로 벌어진 결전에서 두 사람은 함께 힘을 모았다. 이 결전은 뉴욕시의 구중심지인 남부 맨해튼을 가로지르는 고속 도로 건설 프로젝트인 이른바 〈로멕스 프로젝트Lower Manhattan Expressway, LOMEX〉를 저지하기 위한 싸움이다.[216] 이 싸움은 〈환경 운동가〉와 〈개발자〉 사이의 긴박감 넘치는 논쟁이었을 뿐만 아니라, 환경 운동 내부를 뒤흔든 격론이기도 하다. 애증으로 얼룩져 극한까지 치달은 이 격론은 오늘날 관점에서 볼 때 누가 옳았는지 전혀 판가름이 되지 않을 정도로 치열했다. 재개발에서 낡고 허름한 가옥들로 촘촘하게 들어찬 할렘 지역, 특히 흑인이 주로 살던 지역이 제외된 것은 이 지역이 범죄로부터 안전해서였을까?[217] 1960년대를 거치면서 뉴욕의 범죄율은 급증했다. 이는 모지스 시대의 종말 이후 도시가 쇠퇴했다는 명백한 증

명이다. 뉴욕의 모든 구시가지가 그리니치빌리지처럼 매력적이었던 것
은 아니다. 미국의 많은 다른 도시에서도 보행자가 누비는 생동적인 구
시가지는 거의 남지 않았다.

역사의 아이러니랄까. 〈빌리지〉는 재개발에서 제외되는 구원을 받
아 전국적으로 호감을 사는 명소로 발돋움해 다채로운 도시 생활을 선
호하는 고소득층이 매력적으로 여기는 주거지가 되었다. 이후 전 세계
의 비슷한 주거 지역에서 거의 전형이 될 정도로 공통적인 현상이 뒤
따랐다. 많은 비용을 들여 건물을 개축하고 급증한 임대료로 가난한 주
민을 쫓아내는 이른바 〈젠트리피케이션Gentrification〉, 곧 고급 주택화가
그것이다. 제인 제이콥스조차 1969년에 〈빌리지〉를 떠나 토론토로 이
주했다. 그녀가 자신의 책에서 한 지적은 정당하다. 〈도시는 시행착오
를 일삼는 거대한 실험실이다.〉[218] 도시 계획에 대안은 있지만 어디에
나 적용할 수 있는 항상 좋은 모델이란 있을 수 없다. 보스턴의 시장 토
머스 메니노Thomas Menino는 이웃 지역에 시행되는 모든 건설을 거부할
수 있는 시민의 권리는 결국 바나나BANANA 원칙에 이를 것이라고 비
관했다. 〈어디든 가까이에 절대 아무것도 짓지 말라Build Absolutely Nothing
Anywhere Near Anything.〉[219]

도시 재개발이든 구시가지 보존이든 건설 계획만으로 사회 문제는
해결되지 않는다. 멈퍼드와 제인 제이콥스 사이에서 벌어진 논쟁은 환
경 운동의 안팎에 어떤 근본적인 긴장 관계가 성립하는지 보여 준다. 그
만큼 인간의 내면은 복잡하기만 하다. 쿠르트 투콜스키*가 이런 논쟁을
들었다면 한숨을 쉬었을 게 틀림없다. 투콜스키가 이상적으로 여긴 주
택은 한편으로는 쿠담**이, 다른 한편으로는 바다가 보이는 건물이었기

---

* Kurt Tucholsky: 1890~1935. 독일의 저널리스트이자 작가로 사회주의의 편에서 신
랄한 비판 활동을 벌인 인물이다. 급진적인 평화주의자로 〈모든 군인은 살인자다〉라는 명언을
남겼다. 나치스 정권에 저항해 스웨덴으로 망명했다.

** Ku-Damm: 〈제후의 거리Kurfürstendamm〉라는 도로명의 약칭. 서베를린의 중심가
로 고급 레스토랑, 극장, 호텔, 명품 상가가 즐비한 곳이다.

때문이다.

고릴라의 친구이자 인간의 적: 다이앤 포시

이제 아프리카로 넘어가 보자. 자연과 환경 보호에서 전 세계적으로 유명한 두 명의 여성을 대비해 보는 일은 흥미롭고도 여러모로 새길 점이 많다. 그 한 명은 비극적 종말로 영화(「안개 속의 고릴라Gorillas in the Mist」, 1988)까지 만들어진 다이앤 포시Dian Fossey(1932~1985)이며, 다른 한 명은 2004년 아프리카 여인으로는 최초로 노벨 평화상을 받은 왕가리 마타이다. 마타이를 수상자로 정한 노벨상 위원회는 온전한 환경 없이 지속적인 평화는 가능하지 않기 때문에 평화라는 개념을 확장해 준 공로를 수상 이유로 꼽았다.[220] 막스 베버는 이상형Idealtypus, 그가 보기에 사회학의 인식을 얻어 낼 수 있는 근본 요소인 이상형이란 실제 현상의 평균이 아니라, 〈하나 또는 몇몇 관점을 두드러지게 드러내는 인물〉이라고 주장한 바 있다.[221] 그의 주장대로라면 포시의 운명은 여러 관점에서 정말 이상적이다. 우선 그녀는 너무나도 쉽게 인간에 적대적인 태도, 심지어 인간에게 폭력도 마다하지 않을 유별나고도 맹목적일 정도로 편집광적인 동물 사랑을 보여 주었다. 〈나는 친구가 없어요.〉 그녀가 조금의 망설임도 없이 한 말이다. 〈고릴라의 진가를 알아갈수록, 그만큼 더 사람들을 피하게 되더군요.〉[222] 그녀는 해묵은 19세기에서 전래한 생물종 보호를 육화한 인물이다. 오로지 특정 종의 동물 보호를 목적으로 하는 포시의 활동에 생물종의 보호를 통해 환경 보호로 넘어가는 학습 과정은 아예 없었다. 이런 식의 생물종 보호는 오로지 서식지 보호에 매달릴 뿐이다.[223] 또 다른 측면에서 그녀의 활동은 아프리카의 야생 자연을 지키려는 투쟁이 식민지 시대 이후에도 너무도 당연하게 식민지 지배자가 거칠게 군림하는 방식으로 이루어졌다는 점을 극단적으로 보여 주는 사례다. 포시의 연구소 〈카리소케Karisoke〉는 이미 1925년에 벨기에령 콩고에 세워진 〈앨버트 국립 공원〉의 르완다 쪽 부분에 자리 잡았다. 아프리카 최초의 이 국립 공원에서는 무장한 벨기에 관리원이 고릴라를 보호했으며, 이들의 무자비한 방식은 독일의 싸구려 잡지에 등장할 정도였다.[224] 포시는 화가 나면 아프리카 원주민을 두고 〈원숭이〉[225]라 부를 정도로 이런 군림의 전통을 이어갔다.

세 번째 기묘한 측면은 다이앤 포시의 사례가 지극히 개인적인 열정으로 행동하는 외톨이 투사와 경제적 이해관계 및 제도 사이의 긴장 관계를 더할 수 없이 극명하게 보여 준다는 점이다. 아프리카의 한복판에서 야생 보호를 위한 노력은 이런 경제적 이해관계와 제도를 고려하지 않고는 무망할 수밖에 없다. 포시는 단체 관광으로 맞물린 원주민과 정부 부서 사이의 이해관계를 조율해야 하는 것은 말할 것도 없고, 각종 비정부 환경 단체와 학술 연구 단체로부터 기술적 지원과 재정 도움을 받지 않는다면 고릴라 연구가 불가능하다는 점을 잘 알면서도 걸핏하면 충돌을 일삼았다. 포시와 고릴라의 관계는 틈을 찾아볼 수 없을 정도로 밀접했다. 그럼에도 18년 이상이 걸린 그녀의 학문적 성과는 거의 없다시피 하다.[226] 포시는 고릴라를 자신과 같은 존재로 체험하기를 원했을 뿐, 독자적인 본질을 가진 동물, 인간과는 전혀 다른 동물로 분석하려고 들지 않았다. 동물학자들은 포시가 고릴라를 의인화한다고 비난했다. 르완다의 수도 키갈리의 유럽인들은 그녀의 영장류 사랑을 두고 아마도 좋아하는 고릴라와 결혼할 수 있게 교황의 특별 허가를 신청할 생각인 것 같다고 농담하곤 했다.[227] 물론 포시 자신도 고릴라 관광에 협력해야 가난한 르완다 정부가 수익원으로 열광할 거라는 사실을 충분히 의식하기는 했다.[228] 그러나 혹시 관광객이 고릴라에게 질병을 옮길까 두려워한 포시가 공포탄을 쏘는 사고가 발생했다.[229] 포시는 고릴라와 함께 살면서 이따금 사진을 찍어 언론의 떠들썩한 홍보 효과를 누리면서도 세계 야생 기금WWF이나 〈내셔널 지오그래픽 협회National Geographic Society〉 또는 〈아프리카 야생 재단African Wildlife Foundation〉과 껄끄러운 관계를 지속했다. 그녀의 연구소가 이런 단체의 지원금이 필요했음에도 이런 사정은 변하지 않았다.[230] 포시는 자신을 찾아온 대학생들을 어린애 다루듯 하며 명령을 서슴지 않았다. 대학생은 거의 모두 그녀와 함께 일한다는 것이 불가능했다고 털어놓았다.[231]

그녀가 고릴라와 함께 생활한 방식은 야생 거위와 공생한 콘라트 로렌츠의 유명한 사례를 연상케 한다. 물론 아프리카 내륙에서 거대한 영장류와 함께 지낸다는 것이 훨씬 더 큰 용기가 필요하기는 하다. 그러나 근본적으로 성향이 평화로운 이 동물은 자신을 아껴 주는 여인을 받아들였다. 아무튼 다이앤 포시는 불가사의한 현상이다. 포시는 끊임없이 잔병치레하는 허약한 체질이었지만 고릴라에 대한 집착으로 무척이나 힘든 아프리카 원시림에서의 생활을 이겨냈다. 많은 술과 담배에 의존하고 게다가 신체적 약점이 있음에도 살해당하기까지 20년 가까이 이런 생활을 할 수 있었던 것은 산악 지방의 온화한 기후 덕이었다. 고릴라 사랑이 첫 번째 동기였지만, 그녀의 아프리카 생활은 싸움으로 얼룩질 수밖에 없었다. 사냥을 주된 생업으로 하는 원주민은 포시를 침입자로 여겼다. 그런 싸움 속에서 그녀의 고릴라 사랑은 거의 맹목적인 집착이 되었다. 포시는 자신이 경비원으로 고용한 원주민 경비원과 함께 포시는 사냥꾼이 파놓은 함정을 망가뜨렸으며, 밀렵꾼을 사로잡아 감금해 고문하기도 했다. 심지어 어떤 밀렵꾼의 아이를 납치해 잡혀 간 고릴라 새끼와 교환을 시도하기도 했다.[232] 그녀가 원주민의 미움을 사게 된 것은 당연했다. 원주민이 그녀가 사랑한 고릴라 〈디지트Digit〉, 이미 〈내셔널 지오그래픽〉 방송으로 스타가 된 〈디지트〉를 죽인 것을 발견했을 때 포시는 르완다 대통령에게 편지를 써 밀렵꾼을 죽일 권한을 달라고 간청했다.[233]

아무튼 다이앤 포시의 스토리는 자세히 들여다볼수록 더 기괴해진다. 오늘날 밝혀진 바로는 그곳 원주민 대다수, 특히 트와Twa족이라는 피그미족의 대다수는 고릴라 사냥을 한 적이 없다고 거의 믿을 만하게 입장을 밝혔다(그럼에도 이 종족 가운데 1,700명이 국립 공원에서 쫓겨났다).[234] 반면 주로 포시가 아끼던 고릴라들이 죽임을 당했다. 어느 모로 보나 복수 행위가 분명했다. 원주민과 충돌하며 촉발된 갈등이 갈수록 심해지면서 고릴라 사냥 사건이 빚어졌다.[235] 이는 환경 운동의 전형적인 현상이기도 하다. 외부에서 강제된 자연 보호가 원주민의 반발을 불러오는 것은 전 세계에서 흔히 보는 일이다. 결국 1985년 12월 27일 포시는 자신의 오두막에서 둔기에 맞아 사망한 채 발견되었다. 이 살인 사건은 완벽하게 해명되지 않았다. 일각에서는 즉각적으로 원주민의 복수라고 짐작했다. 그러나 원주민은 그녀를 숲에서 살해해 흔적도 찾을 수 없게 처리할 충분한 기회가 있었다. 더 짙은 혐의는 고릴라 관광이라는 짭짤한 돈벌이를 포시가 방해한다고 본 관광 업계의 청부로 살인이 일어났다는 것이다.

다이앤 포시의 스토리는 비극적이지만 반전을 불러왔다. 바로 그녀의 죽음으로 효과적인 고릴라 보호가 가능해졌다. 이런 보호는 관광으로 덕을 보는 원주민 일부까지 포함하는 세련됨까지 갖추었다. 포시는 자신이 죽는다면, 10년 내로 산악 고릴라가 멸종할 것이라고 예언했다. 그러나 현실에서 그녀의 죽음은 고릴라를 살렸다. 그녀가 죽은 지 20년이 지난 시점에서 고릴라는 그녀가 살아 있었을 때보다 더 많아졌다.[236] 아무튼 그녀의 인생 자체가 순전히 기괴했다고만 볼 필요는 없다. 그녀는 대중이 고릴라 보호에 관심을 갖게끔 기여했다. 아마도 그녀가 없었다면 이런 관심은 일어나지 않았으리라. 오늘날 야생 보호를 위한 기금 후원을 광고하는 플래카드에서 고릴라가 카리스마를 뽐낼 수 있는 것도 그녀 덕이다. 그리고 학자처럼 냉철하게 기후 보호 또는 멸종 위기에 처한 생물종 목록으로만 자연 보호의 정당성을 주장하는 데서 더 나아가 열정이라는 분위기가 생겨난 것 역시 그녀 덕이다. 이렇게 볼 때 포시는 그저 하나의 극단적 사례일 뿐이다. 베버가 말한 이상형의 모습이 고릴라 사랑의 다이앤 포시다. 이 여인을 순교자로 숭배하는 일은 그저 초기 단계에만 머물렀다. 순교자로 섬기기에는 그녀의 개인적인 사랑이 너무 컸다고 할까.

〈나무들의 어머니〉, 왕가리 마타이

〈나무들의 어머니〉 왕가리 마타이의 인생 이력을 자세히 살피다 보면, 야생이나 국립 공원 같은 주제를 우리는 자연스레 잊어버린다. 그녀는 현장 사람들을 위해 나무를 심는 일을 중시했다. 나무를 심어 땔감을 얻고 낙엽을 모아 퇴비를 만들며 토양이 메마르거나 침식하는 것을 막아 주는 것이 그녀의 최대 관심사였다. 반면 윌리엄 올레 느티마마William ole Ntimama, 케냐 의회에서 마사이족을 대변하면서 〈마사이 마라Massai Mara 야생 보호 구역〉의 얼룩말과 누와 영양의 관광으로 막대한 이득을 본 그는 오랫동안 마타이를 괴롭히며 그녀의 일을 사사건건 방해했다. 많은 케냐 국민은 야생 보호를 농부가 감당해야만 하는 문제로만 바라볼 뿐이었다. 특히 야생의 붕괴로 피해를 보는 쪽이 관광업 수혜자가 아닌 한, 야생 보호는 간단하게 무시되었다.[237]

왕가리 마타이는 독일과 미국에서 식물학을 공부했으며, 1971년 동부 아프리카 출신의 여인으로는 첫 번째로 식물학 박사 학위를 받았다. 같은 해에 그녀는 나이로비 대학교에서 수의학 해부학 교수, 특히 케냐 농업의 근본인 소를 다루는 해부학 교수가 되었다.[238] 1982년 그녀는 국회 의원 후보 지명을 받으려다가 실패하면서 대학 당국에서 해고 통지를 받았다. 노벨상을 받은 직후인 2005년 같은 대학교는 그녀에게 명예박사 학위를 수여했다.[239] 케냐는 고집스러운 종족 위계질서와 갈수록 불어나는 인구에도 기독교가 성공적으로 선교 활동을 펼치고, 주를 이루는 농업 인구에 대한 교육을 중시한 결과(여성 교육을 중시한 것은 아니었다 할지라도), 아프리카에서 비교적 모범적인 국가로 꼽혔다.

국제적으로 환경 운동이 본격적인 궤도에 오르면서 케냐 정부는 환경 정책에서도 자국을 모범으로 꾸미는 일에 가치를 두었다.[240] 갈수록 독재자로서 자신의 지위를 굳히기에 몰두하면서 나중에 왕가리 마타이에게 조국을 뒤덮은 〈검은 구름〉[241]이라는 비난까지 받았던 대통령 다니엘 아랍 모이Daniel arap Moi는 1989년 언론의 카메라가 지켜보는 앞에서 밀렵꾼에게 압수한 상아들을 공개적으로 불태우는 행사를 벌였다. 박수갈채를 보내는 기자들 앞에서 연출된 이 행사는 자신을 코끼리 보호자로 만방에 과시하려는 대통령의 계산을 반영했다.[242] 심지어 대통령은 마타이가 이끈 식목 운동을 초기에 지원하기도 했다.[243]

왕가리 마타이의 인생에서 일어난 많은 일은 아프리카의 일상이 얼마나 폭력으로 얼룩졌는지 충격적인 실상을 밝혀 준다. 새로운 권력 엘리트는 그만큼 거리낌이 없었다. 그러나 케냐는 나이지리아가 아니다. 나이지리아였더라면 그녀는 살아남을 수 없었으리라. 그나마 그녀가 완전한 무법천지에 내몰리지 않았던 것은 원칙적으로 환경 보호가 정책 노선으로 채택되었으며, 법관들도 이를 존중했기 때문이다. 그럼에도 그녀의 상황은 녹록지 않았다. 아예 환경 보호 운동이 그녀를 반대하는 목소리를 내거나, 친정부 성향 단체의 대변인이 공격을 서슴지 않았다. 마타이는 이런 질시와 탄압을 케냐 여성 대다수가 참여한, 애초에 〈걸스카우트〉 운동으로 출발한 〈여성 인권 단체Maendeleo Ya Wanawake〉로부터 특히 힘겹게 받아야만 했다.[244]

물결무늬의 다채로운 색상을 자랑하는 전통 복장을 한 왕가리 마타이는 서구인의 눈에 아프리카의 영혼처럼 보였다. 그 때문에 그녀는 아프리카 농촌 여인의 대변인으로 세계 언론의 주목을 받았다. 그렇지만 그녀의 사고방식은 국제 생태 공동체와 대동소이하다. 그러나 왕가이 마타이는 다이앤 포시와는 반대로 오로지 원주민에게 봉사하는 것을 생태 보호의 최우선 원칙으로 꼽았다. 그녀 역시 이런 방식으로 이상형의 특징을 보여 준다. 아프리카를 비롯한 제3세계에서 특히 여성이 감당해야만 하는 일은 밭일과 땔감 모으기였기 때문에 여성 운동과 환경 보호의 결합, 곧 〈사회의 발전〉이라는 문제는 세계 어느 곳보다도 아프리카에서 물질적 이유가 더 분명했다.[245] 여성이 나무 부족을 특히 심각하게 느꼈기 때문에 나중의 노벨상 수상자 마타이는 식목 운동을 환경 보호의 출발점으로 삼았다.[246] 1985년 마타이의 주도로 수백 명의 케냐 농촌 여성은 커다란 목재 더미를 들고 당시 국제 여성 대회가 열리던 나

이로비 심장부의 웅장한 국제회의
장에 입장했다.[247]

　왕가리 마타이는 우선 나무 학교
부터 세웠지만, 성공을 거두지는 못
했다. 별다른 성과가 없자 그녀는
1977년 6월 5일, 세계 환경의 날에
국가 여성 위원의 자격으로 〈그린
벨트 운동Green Belt Movement, GBM〉을
조직했다. 같은 해 나이로비에서 개
최된 유엔 사막화 회의UN Conference
on Desertification, UNCOD, 사헬 지대의
극심한 가뭄으로 열린 이 회의[248]는
마타이의 새로운 운동에 처음부터
지원을 확보해 주었다. 그리고 나이

케냐 여성 왕가리 마타이는 여성의 보호
와 그 권리 신장에서 최고의 환경 정책을
보았다. 그녀는 2004년 〈지속 가능한
발달과 평화와 민주주의〉에 헌신한 공
로를 인정받아 노벨 평화상을 받았다.

로비에 본부를 둔 〈유엔 환경 계획〉이, 마타이 자신이 감사한 마음으로
강조하듯, 거듭해서 운동에 필요한 자금을 조달해 주었다.[249] GBM은
1980년대까지 말 그대로 극심한 부침을 겪었다. 처음에 노르웨이 임
업 협회의 도움으로 GBM은 비정부 단체가 되어 직원을 채용할 수 있
었다. 이런 점에서 볼 때 마타이는 근본적으로 야외 활동보다는 제도를
통해 활약하는 유형의 운동가였다. 그녀 자신도 이런 말을 했다. 〈사무
실에 들어서기만 하면 나는 다시금 목표를 분명히 본다는 느낌이 들어
요.〉[250] 그러나 경찰에게 괴롭힘을 당하던 시절, 그녀의 〈사무실〉은 물
론이고 집조차 서류들을 구제할 수 없는 난장판이었다.[251] 박해는 그만
큼 그녀의 운동이 직업적 관리로 효율성을 얻는 것을 방해했다. 그리고
마타이 자신도 운동을 너무 수도의 사무실로 집중하면 농촌과의 친밀
함을 잃을 위험을 자각했다.[252] 국가를 상대로 운동이 자율적으로 갈등
을 일으킬 수 있었던 것은 바로 이런 제도화의 결여 덕분이다. 제도가
갖춰지지 않은 시기에 이처럼 운동이 지속할 수 있었던 것은 다시금 경

쟁을 불허할 정도로 탁월한 마타이의 지도력으로 설명된다.[253] 그렇지만 GBM의 상징으로 남은 것은 마타이가 아니라, 나무 심는 농촌 여성이다.[254]

얼핏 보기에 왕가리 마타이는 인도의 반다나 시바와 상당히 비슷해보이지만, 둘은 향토에 뿌리를 내리려 노력했다는 점에서는 같아도 마타이는 조국의 문화적 전통에 크게 신경 쓰지 않았다는 점에서 다르다.[255] 케냐에서 마타이는 막강한 권력을 자랑한 정부 여당 〈카누〉(케냐 아프리카 민족 연합Kenyan African National Union, KANU)의 당원이었음에도, 오랫동안 정치적 세력 기반이 전혀 없이 극도로 고립되었다. 〈점차나는 내 조국에서조차 추방당한 자가 되어 갔다.〉 그녀의 탄식이다.[256] 그 대신 마타이는 GBM과 함께 1984년 대안 노벨상을 받았으며, 20년 뒤에 대안을 뗀 진짜 노벨상까지 받았다. 외국의 지원이 없었다면, 그녀는 좌절의 늪에서 헤어나지 못했을 것이다. 오늘날 아프리카의 조건 아래, 곧 정비되지 못한 법치 국가와 시민 사회의 허약함 아래서 순수한 〈풀뿌리 운동〉은 너무 어렵다. 왕가리 마타이라는 여성은 지역과 국제 차원의 추진력이 맞물려 작용한 본보기다. 〈항상 언론 매체가 우리를 동행하며 우리에게 벌어지는 모든 일을 케냐는 물론이고 국제 사회에 보도해 준 것에 나는 깊은 감사를 느낀다〉. 그녀가 농촌을 돌아다니며 벌인 활동을 두고 한 말이다.[257]

세월이 흐르면서 〈그린벨트 운동〉은 아프리카의 다른 나라로 확산되었다. 보편적으로 녹지대의 소중함을 인식한 생태의 시대에 나무를 심는 여인들은 강한 전파력을 상징했다. 여인들의 활동은 저항의 성격을 띠지 않았으며, 오히려 케냐의 공식적인 정치 규범과 맞아떨어졌다. 다만 케냐 정부는 혹시 나무 심는 운동이 여성의 자율성을 요구하는 운동과 맞물려 있는 것은 아닌지 의심했을 뿐이다. 이런 상황은 동독의 경우를 떠올리게 한다. 얼핏 보기에 이런 지리적 비약은 기묘해 보일지 모르나 충분히 비교해 봄직한 근거가 있다. 1980년대 동안 동독의 환경 운동은 사실 민주화 운동의 속내를 가지고, 친정부 성향의 환경 운동 단체와 경쟁하면서 이루어졌다. 동독의 친정부 단체는 〈자연과 환경 보호 협회Gesellschaft für Natur und Umweltschutz, GNU〉였으며, 케냐의 친정부 단체 는 〈여성 인권 단체〉였다.[258] 동독이든 케냐든 환경 보호는 국가의 공식 적 목표였다. 더욱이 나무 심는 것을 위법한 행위로 문제 삼는 것은 어 려웠다. 다만 나무를 심는 데 그치지 않고 벌목과 환경 파괴의 원인을 따지거나, 더 나아가 자연 보호라는 틈새 운동에서 벗어나 〈도시 생태〉 로 넘어가 환경을 파괴하는 도시의 특권층을 비판하면, 정부가 개입하 는 위기의 상황이 연출되었다.

왕가리 마타이도 1989년 나이로비의 도시공원에 모이 대통령의 조 각상을 포함해 아프리카 최고 높이인 60층의 거대한 고층 건물을 짓 는 프로젝트에 반대하는 운동의 선봉에 서며 위기의 상황을 맞았다.[259] 1992년 이 프로젝트는 은근슬쩍 폐기되었다. 대통령의 특권을 문제 삼은 이 투쟁에서 그녀는 점점 더 심한 박해를 받았다. 여러 차례 투옥 되었으며, 심지어 추행까지 당했다. 아무튼 그녀의 인생은 기괴하게 도 명성과 박해의 교차로 얼룩졌다. 교도소에 갇혔을 때 외국의 개입 덕분에 그녀는 모이 대통령과 함께 1992년 리우데자네이루에서 열린 환경 정상 회담에 참여해 그곳에서 앨 고어와 만났다.[260] 정권이 교체 된 2002년에 그녀는 환경부 장관 서리를 맡았다. 이 직책을 수행하던 2004년 그녀는 노벨 평화상을, 같은 해에 〈하인리히 뵐 재단〉이 주는 〈페트라 켈리 상〉을 받았다. 그러나 그녀가 노벨상 수상자로 발표된 바 로 그 주에 케냐 국회는 그녀가 제안한 숲 관련 법안을 폐기했다.[261] 마 타이는 나무를 절약하기 위해 앞으로 사망자를 플라스틱 관에 매장할 것을 주장했는데, 그녀는 200년 전 신성 로마 제국의 황제 요제프 2세 Joseph II가 계몽에 대한 지나친 열정으로 나무를 절약한 관을 쓸 것을 고 집하다가 인기를 잃은 것과 같은 신세가 되고 말았다.

아프리카의 조건 아래서 단 한 명의 여인이 환경 보호 운동을 어느 정도까지 움직일 수 있는지, 또는 국제 여성 운동과 환경 운동이 그들이 원했던 영웅이 나타났을 때 그를 얼마나 높이 끌어올릴 수 있는지, 왕가리 마타이의 사례만으로는 평가하기 힘들다. 물론 케냐의 나무 문화를 오로지 그녀 한 사람만으로 압축하는 것은 잘못이다. 케냐에서 아카시 아를 중심으로 농촌 여성이 심은 나무가 얼마나 되는지 조사한 1997년 의 보고서에 왕가리 마타이의 이름은 등장하지 않는다.[262] 그녀는 노벨 상을 받기 전에는 이웃 국가에 거의 알려지지 않았으며, 세계 언론의 적 지 않은 평론가들은 그녀의 수상에 고개를 갸웃거리며 수상자 가운데 〈여성 비율〉을 맞추려 한 것이 아니냐고 수군거렸다.[263]

나무 심기 운동은 왕가리 마타이가 너무 상징적 행위에만 치중한 것 은 아닌지 의심하게 한다. 그녀 자신은 도시 출신이며, 더욱이 대도시의 지성인이다. 그녀는 자서전에서 나이로비의 도시 숲인 〈카루라Karura〉 가 온전히 보존될 수 있게 투쟁한 경험을 열정적으로 묘사했다.[264] 농촌 의 숲은 그저 곁가지로 다루어질 뿐이다. 농촌에서 나무를 심는 일이 지 역의 관심과 맞아떨어지지 않거나, 묘목을 벌채나 풀을 뜯어 먹는 가축 으로부터 보호해 주지 않는다면, 나무 심기는 언론과 개발 지원 심사관 을 위해 연출되는 단순한 코미디에 지나지 않는다. 그리고 이런 코미디 는 너무 자주 연출되었다. 나무를 심는 것은 가장 기본적인 일이다. 중 요한 일은 이후 이 나무를 어떻게 돌보는지에 달렸다.

초기에 농촌의 나무 문화를 잘 몰랐던 왕가리 마타이는 몇 번의 쓰 라린 경험 끝에 나무를 심는 것보다 돌보는 것이 더 중요하다는 사실을 깨달았다. 〈차츰 나는 공동체에 의무감을 갖고 나무를 심고 돌보는 원 주민이 필요하다는 사실을 깨우쳤다. 그렇지 않으면 나무는 죽는다.〉[265] 이미 케냐가 독립하고 첫 총리를 맡은 조모 케냐타Jomo Kenyatta는 가는 곳마다 나무를 심게 했다. 그러나 케냐는 독립 이후 그 숲의 10분의 9를 잃었다.[266] 같은 시기에 인구는 800만 명에서 3200만 명으로 네 배나 늘었다.[267] 〈인구 폭발〉이라는 비유는 전혀 과장되지 않았다. 인구 증가 와 환경 파괴의 연관은 더할 수 없이 분명했다.

그럼에도 왕가리 마타이는 피임을 거부하는 입장을 보였다.[268] 그녀 는 거부 이유로 자신의 가톨릭 신앙을 꼽았다.[269] 게다가 여성 인권 운동가로서 국가가 임신을 통제하는 데 반감을 보이기도 했다. 그러나 피임은 여성의 자율권 신장에 보탬이 되며, 실제로 많은 경우 도움을 주었다. 이 모순 역시 전형적인 요소를 가진다. 가톨릭의 개발 지원은 도덕의 문제를 지나치게 꼼꼼하게 따지는 바람에 이러지도 저러지도 못하는 궁지에 몰리곤 한다. 마타이의 활동은 현실보다는 상징의 차원에서 더 강한 영향력을 자랑한다. 바로 이 사실로도 그녀는 환경 운동에서 이상적인 인물이다. 대부분 환경 정책은 세계 어느 곳이든 상징에 의존하기 때문이다.[270] 그렇지만 상징적 정치는 장기적 관점에서 집요하게 추진되어야만 현실적 실체를 얻는다.[271] 이런 과정을 추적할 때 비로소 역사를 장기적으로 봐야 한다는 설득이 힘을 얻는다. 케냐에서 상징이 현실에 뿌리를 내릴 수 있을지 하는 문제는 미래가 그 답을 보여 주리라.

왕가리 마타이와 마찬가지로 영웅의 반열에 오른 환경 운동가는 한 가지 공통된 특징을 보여 준다. 본래 국제적 차원의 소통 네트워크로 얻어진 유명세는 아프리카의 농촌에서 큰 영향력을 행사하기 어렵다. 항상 개인에게만 조명을 비추며 스타를 갈망하는 미디어의 본성이 이런 현상을 만들어 낸다. 언론은 이런 식으로 스타를 활용할 뿐, 현장에서 묵묵히 일하는 많은 진정한 활동가는 까맣게 잊어버린다. 오늘날 많은 사회학자는 그 연구 대상인 〈사회〉를 오로지 소통 네트워크로 한정했으면 하는 편한 생각을 한다. 니클라스 루만이 무어라 꼬집었던가. 하천에서 물고기가 하수로 죽어 가는지에 대해서 사회학자는 아무런 관심도 없다. 사회학자가 중시하는 것은 죽은 물고기를 두고 소통이 어떻게 이뤄지는지 하는 문제일 뿐이다. 이렇게 해서 기묘하게도 실체라고는 찾아볼 수 없는 사회 개념이 생겨난다. 상아탑의 학술 토론처럼 오로지 장광설만 난무하는 것이 이런 사회 개념이다. 환경 정책의 핵심 문제는 말과 행동 사이에 빚어지는 모순이다. 이런 간극은 상징이라는 고차원으로 올라갈수록 더욱 커진다. 글로벌 소통의 거창한 말에 현혹되는 사람은 그만큼 환상에 사로잡힐 위험이 커진다.

간디의 전통에서, 인도 농촌의 자율권을 위해 세계와
지역 차원에서 투쟁한 두 여인: 반다나 시바와 메드하 파트카르

두 인물을 대비하면서 비슷한 점은 무엇이고 서로 충돌하는 특징은 어떤 것인지 살펴보는 일은 새겨 볼 충분한 의미가 있다.[272] 임학자의 딸로 태어난 반다나 시바(1952년생)는 히말라야 발치에 있는 데라둔Dehradun의 유명한 임학 칼리지와 가까운 곳에서 살며 성장했으며, 1993년 대안 노벨상을 필두로 수차례 상을 받은 끝에 2002년 요하네스버그에서 열린 환경 정상 회담을 계기로 『타임』이 선정한 〈녹색 세기의 다섯 영웅〉 가운데 한 명으로 꼽혔다.[273] 풍부한 지식과 폭넓은 주제로 독자들을 사로잡는 일련의 책들을 쓴 저자인 반다나 시바는 서구 사회에 메드하 파트카르보다 훨씬 더 잘 알려졌다. 파트카르는 우리가 이미 나르마다 댐을 반대한 저항 운동의 대변인으로 만나 본 바 있는 인물이다. 하리프리야 란잔Haripriya Rangan은 반다나 시바를 비판적으로 보면서도 그녀를 두고 이렇게 표현했다. 〈그녀는 제3세계까지 포함해 오늘날 세계에서 가장 유명한 인도 에코페미니스트다.〉[274] 인도 내부에서는 사정이 다르다. 인도의 선도적인 환경 역사학자 라마찬드라 구하는 반다나 시바와 함께 〈칩코 운동〉을 다룬 책을 써서 그녀를 아주 잘 알았음에도 인도의 환경 운동을 조망하는 글에서 그녀를 전혀 언급하지 않았다. 반면 그는 파트카르를 〈현재 인도의 가장 유명한 환경 운동가〉라고 추켜세운다.[275]

반다나 시바는 정부 부처의 자문을 맡았고, 연구소에서 활발한 연구 활동을 벌이며 구축한 국제적 인맥과 책 출간 그리고 대중 행사에서 기회가 있을 때마다 선보인 불꽃 같은 연설로 인도를 넘어서서 서구까지 명성을 자랑했지만, 신체적인 위험을 겪은 적은 거의 없다. 반면 메드하 파트카르는 노동운동 지도자의 딸로 태어나 밑바닥에서부터 싸움을 지켜보며 두려움을 모르는 여성 투사로 성장했다. 그렇지만 마찬가지로 책을 썼고, 사회학 〈타타Tata〉 연구소에서 강사로 활동했음에도 그녀의 이름은 거의 알려지지 않았다.[276] 파트카르는 나르마다 댐을 반대하는 운동으로 세계은행의 전략을 비틀어 놓는 성과를 거뒀다. 그녀는 세계은행과 원할 때마다 만날 수 있는 기성 비정부 기구의 임원이라기보다는 풀뿌리 운동가에 더 가까웠다.[277] 비폭력 저항이라는 간디의 전통으로 자기희생의 각오가 드높은 덕망으로 떠받들어지는 인도에서 파트카르는 1989년 세계은행 총재에게 편지를 보내 댐으로 생겨난 인공 호수에 뛰어들 것이라고 하면서 장소는 비밀에 부쳐 대중에게 깊은 인상을 남겼다. 물론 그녀는 제때 발견되어 구조되었다. 어쨌거나 이 사건으로 인도 정부는 독립적인 전문가가 나르마다 댐 프로젝트를 조사하도록 하겠다고 약속했다.[278] 세계은행과 맞물린 행동으로 그녀는 이제 전 세계에 자신의 존재를 알렸다.[279] 그녀는 1993년에 다시금 런던의 일간지 『가디언』을 상대로 홍수가 발생하면 자신과 동료는 수몰 지역에서 꼼짝도 하지 않겠다고 선포했다. 이것은 자살 행위가 아니다. 〈우리는 젖먹이 아기가 어머니에게 매달리듯, 우리 땅에 매달릴 뿐이다.〉[280] 심지어 인공 관개 시설을 반대하는 모든 사람을 국가의 공적이라고 본 환경부 차관 티루넬라이 세스한마저도 댐 건설을 막으려는 투사 파트카르에게 드높은 존경심을 표했다. 그녀는 여성 문제의 차원을 넘어서서, 그럼에도 여성의 강인함을 갖고 〈자신의 안전과 건강을 돌보지 않고 혼신의 힘을 다해〉 빈곤층의 권리를 위해 투쟁했다.[281]

사르다르 사로바르 댐을 둘러싼 투쟁은 오늘날까지도 계속되고 있다. 수몰 지역에서 강제로 〈이주당한 사람들〉을 위해 메드하 파트카르가 이끄는 저항 운동은 외부인이 보기에는 속내를 알기 어려운 인접 주들의 이권 갈등 탓에 힘겹기만 하다. 댐이 위치한 구자라트주는 댐을 최대한 키울 것을 강력히 주장한다.[282] 나르마다 인공 호수의 대부분이 위치한 마디야 프라데시주는 수몰된 마을이 많아 댐 축소를 외친다. 새로운 쟁점은 댐의 높이다. 2006년 기존 110미터였던 것을 122미터로 높이는 계획이 추진되었을 때, 파트카르는 단식 투쟁을 벌이다가 체포되어 강제로 영양을 공급받았다.[283] 그녀는 다시금 패배를 감수해야만 했다. 그러나 대형 댐을 〈현대 인도의 신전〉으로 섬기던 시절은 지나갔다. 일련의 다른 댐 건설 계획들은 중지된 상태다. 댐 건설을 막으려는 저항도 약해졌다. 이는 곧 그만큼 인도 지방의 정치력이 도시의 그것에 비해 줄어들었음을 뜻하기도 한다.

반다나 시바 역시 인도의 농촌을 위해 투쟁했다. 그러나 그녀는 메드하 파트카르와는 다른 방식으로 싸웠다. 그녀는 서구의 대중 행사에서 마이크를 잡으면 이렇게 외쳤다. 〈자연이 무엇이냐고 물으셨나요? 제가 바로 자연입니다!〉 이런 연설을 들은 에코페미니스트들은 눈물을 흘렸다.[284] 서구의 에코페미니스트 눈에 반다나 시바는 인도 여성의 혼이자, 영성적으로 고양된 자연의 화신으로 보였다. 일각에서 불교를 생태적으로 새롭게 지어낼 때, 반다나 시바는 힌두교를 에코페미니즘의 관점에서 새롭게 정의했다. 힌두교는 모든 생명의 근원을 〈프라크르티 Prakṛti〉, 곧 자연이 여성의 육신으로 나타난 것으로 본다.[285] 이런 관점은 서구의 현대 과학을 반대하는 인도 농부, 더 적절하게는 농촌 여성의 전통적 지혜를, 다국적 기업에 맞서 농촌의 자율권을 강조하는 인도 전통의 요소를 강조하는 것이다.

2014년 8월 인도의 에코페미니스트 반다나 시바. 2009년 레넌 오노 평화상, 2010년 시드니평화상, 2012년 후쿠오카 문화대상 등을 받았다.

글로벌화를 반대하는 운동이 일어나기 이전에, 또 1992년 리우데자네이루 환경 정상 회담 시기에 〈글로벌 사고방식〉이 생태 운동을 제3세계와 묶어 내는 올바른 의식으로 인정하기 이전에, 반다나 시바는 이런 경고를 했다. 《글로벌 환경 문제》에 집중하는 것은 운동의 시야를 넓히기보다 오히려 좁혀 놓는다.〉[286]

인도의 생태 운동가 메드하 파트카르는 2006년 사르다르 사로바르 댐 건설을 반대하는 단식 투쟁을 벌인 지 20일 만에 대법원이 강제 이주시킨 주민의 권리를 보상해 주기로 결정하자 투쟁을 끝냈다.

자신이 무슨 이야기를 하는지 충분히 의식한 발언이다. 〈글로벌 사고방식〉이란 현장에서 아주 구체적인 지역의 문제에 맞춰 활동하기보다 유엔과 세계은행에서 로비나 벌이는 것에 지나지 않는다. 그러나 반다나 시바가 인도 여성이라는 점에만 주목하다 보면, 활동 이력으로는 전형적인 인도인과 달랐다는 점을 간과하기 쉽다. 그녀는 국제적 면모를 자랑했으며 심지어 〈독일인의 전형성〉까지 보여 준다. 이런 관점에서 본다면 그녀는 남북 혹은 동서의 대립을 넘어서서 생태의 〈세계 역사〉가 실제로 존재한다는, 적어도 소통 네트워크상으로 존재한다는 사실을 보여 주는 살아 있는 사례다.

그녀는 숲을 지키기 위한 투쟁으로 환경 운동에 입문했다. 그녀가 성장한 히말라야 남쪽 기슭의 외국 목재 산업에 맞서 농촌의 옛 숲 그리고 농촌의 숲 이용권을 지키려는 투쟁이었다. 전 세계적으로 환경 운동이 새로운 추동력을 얻은 체르노빌 사고가 일어난 1986년 그녀가 환경을 주제로 펴낸 책들은 〈칩코 운동〉(〈나무 포옹하기〉)의 일환이었다. 그녀의 환경 의식은 이미 그전에, 그녀 자신도 썼듯, 원자력 기술의 위험을 간파함으로써 각성되었다. 그녀는 1970년대 초에 원자물리학을 공부했으며, 〈바바 원자력 센터Bhabha Atomic Center〉에서 가속기 프로젝트에 참여했다.[287] 반다나 시바는 메드하 파트카르보다 훨씬 더 풍부한 생태 논증을 갖추고 이를 인상적으로 활용할 줄 알았다. 그녀가 나중에 펴낸 책들은 광범위한 스펙트럼의 주제를 포괄한다.

그러나 그녀가 집중적으로 관심을 가진 것은 원자력의 위험도, 숲과 물을 둘러싼 대결도 아니었다. 그녀는 무엇보다도 인도가 위협적인 기근의 해결책이라며 쌍수를 들어 반겼던 〈녹색 혁명〉의 결과로 빚어진 전통 농업의 사회 및 생태 붕괴에 관심을 쏟았다. 그녀는 20년이 넘게 국가의 농업 정책과 국제 금융 그리고 다국적 기업이 농부들로 하여금 전통 농업과 그 경험을 포기하게 유혹하고 강제하며, 고소득 작물의 종자를 빚을 져 구입하게 하고, 대량의 화학 비료와 식물 보호제를 사용하게 해 각종 오염을 유발시키는 것은 물론, 지하수를 과도하게 사용해 농촌의 생태 기반을 송두리째 무너뜨리는 것을 두고 강력한 저항의 목소리를 내왔다. 당시만 하더라도 생태의 위험을 막아 줄 희망을 유전 공학에서 보았음에도, 그녀는 이 투쟁에서 서구의 유전 공학 논란을 훨씬 더 능숙하게 이끌며 녹색 혁명이 더욱더 분명한 사회 정책의 스캔들로 이어질 것이라고 경고했다. 그녀가 쓴 〈자살 전염병〉 보고서는 특히 충격적이다. 정부의 농업 정책 탓에 과도한 빚을 진 인도 농부들이 이런 부채를 자신의 도덕적 부끄러움으로 여기고 줄줄이 자살이라는 극단적 방법을 택했다. 오늘날의 채무자 가운데 보기 힘든 도덕적 양심이 아닐 수 없다.[288] 반다나 시바는 레이철 카슨의 농화학 비판이라는 주된 동기에 충실했다. 그러나 그녀는 우선순위를 설정하는 데 있어서는 어디까지나 인도의 조건을 따랐다. 인도의 환경 문제를 그린 시나리오에서 농화학이 산업의 배기가스보다 더 심각해질 것이라고 진단한 그녀의 관점은 충분한 근거가 있다. 나중에 그녀는 세계 여론이 인도 서남부의 주케랄라 주민이 벌이는 대형 시위를 주목하도록 유도했다. 그곳에서 〈코카콜라 지사〉가 매일 150만 리터의 지하수를 뽑아 올려 쓴 것을 두고 주민이 시위를 벌였다. 이런 지하수의 남용, 특히 녹색 혁명의 결과로 빚어진 이런 남용은 메드하 파트카르의 투쟁이 집중한 대형 댐의 파괴적인 영향보다 훨씬 더 심각한 문제다.

〈숲과 땅은 누구의 것인가? 그 주인은 바로 우리지.〉 댐 반대 운동가들이 부르는 노래는 이렇게 시작한다.[289] 다만 문제는 이 〈우리〉가 누구이며, 여기서 제외되는 사람은 누구일까 하는 것이다. 노래를 부르는 사람들은 대답한다. 〈우리〉란 농촌 주민이다. 반다나 시바는 농촌 공동체의 쇠락을 막을 방법은 농촌의 자율, 화목함, 땅과 물과 숲을 다루는 전통적 지혜를 지켜 주는 것이라는 점에서 메드하 파트카르와 일치된 의견을 내놓았다. 두 여인은 농촌을 특히 〈아디바시adivasi(부족)〉로 이해했다. 곧 현대화라는 큰 흐름에서 소외된 소수 부족을 이들은 농촌이라고 보았다. 그렇지만 이런 관점은 농촌을 바라보는 일종의 낭만주의, 멀리서 볼 때만 그럴싸한 낭만주의를 드러낸다. 간디가 그렸던 옛 인도에 영향을 받은 서구인이 인도라는 잘 알지 못하는 나라를 바라볼 때나 갖는 감상이 바로 이런 낭만주의다. 그러나 현대의 인도 국민은 이런 낭만주의를 그리 좋아하지 않는다.[290] 그리고 인도의 환경 단체는 그 조직원을 주로 현대 교육을 받은 도시의 중산층에서 구하고 있다.[291]

인도라는 광활한 국토를 가진 나라에서 농촌 사회가 여성이 해줄 것으로 기대하는 활동에서 비롯되는 생명력을 필요로 하는지는 쉽게 답할 수 없는 물음이다.[292] 특히 인도 전체에서 숲과 물의 이용권을 농촌에 주로 허용하려고 하면 도시와 농촌 사이의 갈등은 폭발 지경까지 갔다. 메드하 파트카르가 세계은행 총재에게 보낸 편지에서 강조했던 〈하천 부근 주민 권리riparian rights〉[293], 곧 하천 부근에서 사는 주민이 수자원 이용권을 갖는다는 개념은 하천에서 멀리 떨어진 지역 주민의 희생을 요구할 수밖에 없다. 파트카르라는 댐 건설 반대 운동가가 인도에서 인기는커녕 증오의 대상이 된 것은 당연한 일이다.[294] 도시의 시민들은 잦은 정전을 두고 메드하 파트카르에게 욕을 해댔다.[295] 게다가 댐 건설 문제는 환경 운동의 기본 입장으로 정하기 좀 모호하다. 순전히 기술적으로 얼마든지 타협할 수 있기 때문이다. 저항 그룹을 달래려고 물 이용권을 대폭 허용하고, 수몰 지역의 강제 이주 주민에게 더 높은 보상금을 주는 방식으로 댐의 높이는 얼마든지 달라진다.[296]

옛 농촌 공동체라는 이상은 19세기의 사회 낭만주의로부터 영향을 받은 간디의 전통에 맞춘 것이다. 그러나 네루는 1932년 감옥에서 딸 인디라Indira에게 보낸 편지에서 이런 이상에 비판적인 입장을 토로했다. 노골적으로 말하지는 않았지만 간디를 겨눈 우회적 비판이다. 이런 농촌 공동체는 〈상당히 원시적이며 퇴행적이다〉. 〈갈수록 규모가 커져 가는 공동체가 협력할 때만 성장과 발전이 가능하다. 개인이나 집단이 격리될수록, 자기중심적이며 아집이 강하고 융통성을 잃을 위험이 커진다.〉 인도의 농촌화는 영국의 식민 지배 세력이 영국의 산업 상품에 유리하도록 인도 도시 산업을 파괴로 내몬 작품이다. 한때 번성했던 도시를 희생하고 농촌을 확산하는 것은 인도의 불행이라는 것이 네루의 입장이다.[297]

네루의 편지를 읽고 나면 우리는 얼핏 인도의 문화 민족주의라는 이름으로 제국주의[298]에 맞서 싸우는 빛나는 투사 반다나 시바가 사실은 현대 인도를 지배하는 이데올로기를 상대로 투쟁한다는 점을 알게 된다.[299] 게다가 그녀는 인도는 물론이고 거의 모든 〈개발 도상국〉이 마법의 주문처럼 떠받드는 〈발전〉을 악마의 유혹이라고 저주한다! 마치 간디와 그녀는 하나의 심장과 영혼을 가진 것 같다. 오늘날 인도의 민족의식이 갖는 역설은 간디를 〈현대 인도의 아버지〉로서 어떤 비판도 허락지 않는 인물로 섬기면서도, 독립 인도의 현대화 정책은 애초부터 간디의 이상과는 정면으로 맞서면서 이뤄져 왔다는 사실이다. 이런 배경을 염두에 두고 볼 때, 반다나 시바와 메드하 파트카르 그리고 간디에게 영감을 받은 〈칩코 운동〉의 정신적 지도자 선더랄 바후구나는 인도 민족의식이 가진 혁명적 잠재력을 일깨웠다고 할 수 있다.

〈양쯔강이여, 양쯔강이여!〉, 다이칭

싼샤 댐을 반대한 여성 투사로 우리가 이미 만나 본 바 있는 다이칭 (1941년생)은 전혀 다른 세계를 펼쳐 보인다. 이 책이 소개한 세계의 모든 여성 환경 운동가 가운데서도 그녀는 매우 보기 드문 독특한 인물 이다. 무엇보다도 그녀는 여전히 전체주의적인 체제 안에서 투쟁하기 때문이다. 물론 그동안 마오쩌둥 치하에서는 생각도 할 수 없었던 공개 적 논의가 상당 부분 가능해지기는 했다. 그러나 이 여인이 자신의 안위 를 전혀 생각하지 않는 용기로 중국 정부를 공개적으로 공격했음에도 즉석에서 체포당하지 않고 입에 재갈을 물리지도 않은 것을 보면, 마치 중국에서 의사 표현의 자유가 이미 실현된 것만 같다. 그렇지만 다이칭 은 어디까지나 특수 사례다. 다양한 관점에서 모범적이라 할지라도 그 녀의 사례만으로 중국이 보편적 자유를 누리는 나라라고 결론 내릴 수 는 없다.

다이칭의 특별함은 앞서 우리가 살펴본 다른 여성 운동가들과 비교 할 때, 비로소 드러난다. 그녀에게서 에코페미니즘과 영성은 찾아볼 수 없다. 다이칭은 댐을 반대할 때, 냉철한 이성적 논리, 곧 감상이라고는 없는 논리를 펼칠 뿐이다. 그녀가 펴낸 출판물의 제목 『양쯔강이여, 양 쯔강이여!揚子!揚子!』가 마치 절규와 같은 울림을 줄지언정, 다이칭은 대형 댐과 인공 호수로 위기에 처한 싼샤 협곡의 낭만을 거의 노래하 지 않는다. 심지어 강제 이주를 당하는 주민의 애환도 다이칭에게는, 메 드하 파트카르와는 확연히 다르게, 여러 반대 이유 가운데 하나였을 뿐 이다.[300] 그리고 인구 밀도가 높은 이 계곡에서 강제 이주를 당하는 주 민이 나르마다 계곡보다 훨씬 더 많으리라는 것은 처음부터 분명한 사 실이었다. 최소한 100만 명은 삶의 터전을 떠나야만 했다. 다이칭은 댐 건설과 관련한 전 세계의 갈등을 조망한 책을 쓴 패트릭 맥컬리Patrick McCully와의 인터뷰에서 중국 전역에서 댐과 관련해 삶의 터전을 잃은 사람이 4000만에서 6000만 명 사이일 것으로 추정했다.[301] 비옥한 농토가 있어 인구 밀도가 높은 이 지역의 많은 철거민이 본래 살던 곳과 같은 가치의 땅을 얻는다는 것은 애초부터 불가능했다. 그럼에도 다이 칭은 〈철거민〉의 슬픔을 파트카르처럼 중시하지는 않았다.[302] 하천 주변 주민의 생존권을 보장해 주어야 한다는 논리는 양날의 검이었다. 반대편도 강 하류의 주민을 범람의 위험으로부터 보호하기 위해서는 댐이 필요하다는 논리를 펼쳤기 때문이다. 심지어 이런 논리는 샨샤 댐 건설의 근본 동기였다. 『양쯔강이여, 양쯔강이여!』 역시 1954년에 벌어진 세기의 홍수로 양쯔강의 중하류에서 3만여 명이 목숨을 잃은 사실을 흘리지 않고 언급했다.[303]

다이칭은 풀뿌리 운동가 출신이 아니며, 틀림없이 있었을 농부의 저항을 조직화하거나 이끌려는 생각은 하지 않았다.[304] 이런 생각과 행동은 중화인민공화국이 범죄시하는 것이며, 또 여론의 반향도 기대할 수 없다. 오히려 다이칭은 중국 엘리트층 내부에서 비판적인 목소리가 나올 수 있도록 논리를 펼치며, 자유로우면서도 전문가 수준의 토론 분위기가 조성되도록 노력을 집중했다. 그녀는 중국 공산당원의 딸로 태어나 대다수 중국 국민보다 훨씬 더 좋은 출세 조건을 갖추었다. 유명한 공산주의자였던 그녀의 아버지는 일본 점령군에게 처형당해 〈혁명 순교자〉로 순국 선열에 이름을 올렸다.[305] 이후 다이칭은 육군 원수 예젠잉葉劍英에게 입양되었다. 마오쩌둥의 군대를 지휘한 예젠잉은 1973년부터 이른바 〈사인방〉*의 추락을 주도하면서 덩샤오핑이 권력을 잡을 수 있는 길을 열어 준 인물이다.[306] 이런 성장 배경은 그녀의 활동 이력을 살필 때 잊어서는 안 되는 대목이다.

나중의 반정부 운동가들과 마찬가지로 다이칭 역시 문화 대혁명 시기에 열정적인 홍위병이었으며, 심지어 마오쩌둥이 오래 장수할 수 있게 젊은이들이 그들의 젊음을 선물할 수 있는 묘안을 찾길 바라는 간절

---

* 四人幇: 중국의 문화 대혁명을 주도했던 네 명의 권력자들을 부르는 명칭. 마오쩌둥의 부인이었던 장칭江青을 비롯해 왕홍원王洪文, 장춘차오張春橋, 야오원위안姚文元이다.

한 소망을 담은 글을 쓰기도
했다. 다이칭을 잘 아는 미국
의 중국학자 이안 부루마Ian
Buruma는 그녀가 말하는 묘안
을 두고 이렇게 촌평했다. 〈아
마도 그것은 젊은 처녀와 자
주 섹스하면 노인의 수명이
연장될 수 있다는 도교 이론,
위대한 지도자가 직접 이야기
하기도 한 이론의 무의식적인
변형일 것이다.〉[307] 그러나 다
이칭은 자신의 어머니가 홍위
병에게 반쯤 죽을 정도로 고
문당했으며, 홍위병이 괴롭힌
〈계급의 적〉 외에는 아무도
어머니를 도우려 하지 않았다

중국의 반체제 여성 다이칭은 샨샤 댐을 반대하
는 운동과 책들로 이름을 알렸다. 그녀는 중국 정
부의 방해를 무릅쓰고 2009년 프랑크푸르트 도
서전 개최에 앞서 열린 심포지엄에 참석했다.

는 것과, 양아버지 역시 잔혹한 고문 끝에 정신병에 걸려 정신 병원에
서 사망했다는 사실을 알고난 뒤,[308] 사고방식을 완전히 바꾸는 고통스
러운 과정을 거쳤다. 그녀 자신의 묘사에 따르면, 이 과정은 흔히 사람
들이 이런 충격적인 경험에 비추어 예상하듯, 급속하거나 과격하지 않
았다. 오히려 다이칭은 문화 대혁명의 경험으로 모든 종류의 과격함에
깊은 불신을 갖게 된 것으로 보인다. 말하자면 자기도취에 빠진 나머지
분노로 모든 질서를 파괴하는 과격함에 다이칭은 몸서리쳤던 모양이
다. 〈나는 조국의 안정을 소중히 여기며, 장기적 관점에서 안정이야말
로 가장 중요하다고 믿는다. 안정이라는 조건 아래서만 우리는 부유함
과 교육과 문명을 이룩할 수 있기 때문이다.〉 다이칭이 감옥에 갇혔을
때 쓴 글이다. 반면 그녀는 〈민주주의〉를 무슨 마법의 주문으로 여기지
않았다.[309]

1989년의 학생 운동도 여러모로 문화 대혁명을 연상시킨다. 적어도 다이칭은 그렇게 경험했다.[310] 다이칭은 1989년 5월 천안문 광장에서 벌어진 대학생들의 대형 시위, 결국 6월 4일 군대의 투입으로 피바다가 되고 만 시위의 결과를 인맥을 통한 정보로 미리 예측하고 당시 시위 현장에서 대학생들에게 더는 도발하지 말라고 촉구하는 연설을 했다. 그녀는 위대한 승리는 이미 이룩했으며, 이제는 타협해야 할 때라고 말했다. 도발을 계속한다면 정치를 최소한 20년은 후퇴시킬 위험을 자초할 것이라고도 했다. 나중에 다이칭은 부루마에게 과격한 전복이 〈기존 정치 질서를 고집하는 것보다 훨씬 더 불행한 결과를 불러올 것〉을 걱정했다고 설명했다.[311] 당시 그녀는 이쪽저쪽의 눈치를 보느라 정신이 없었다. 시위대도 정부도 타협을 원하지 않았기 때문이다. 중국에서 『양쯔강이여, 양쯔강이여!』는 하필 그때 출간되었으며, 정부로부터 시위와 관련이 있을 것이라는 터무니없는 의심을 사서 결국 다이칭은 1989년 7월 14일에 체포되어 10개월 실형을 선고받았다.

이후 서구 언론은 다이칭을 중국에서 가장 유명한 반체제 인사로 거듭 추켜세웠다. 2009년 프랑크푸르트 도서전 주최 당국은 다이칭을 초청해 프랑크푸르트와 베이징 사이의 힘겨루기를 연출했다. 그러나 다이칭 자신은 서구에서 상표처럼 붙여 준 〈반체제 인사〉라는 칭호를 별로 탐탁지 않게 여겼다.[312] 더욱이 망명한 반체제 인사 사이에서 서로 자신이 시위를 주도했다는 낯 뜨거운 싸움이 그치지 않았다.[313] 오히려 다이칭은 중국을 벗어나 프랑크푸르트에서 〈인간과 자연 사이의 질서와 균형〉[314]을 중시하는 중국의 전통을 대표하고 싶어 했다. 그리고 조국의 정신적 엘리트, 시위를 주도하는 반체제 인사보다 훨씬 더 유능하지만, 좀체 발언하는 일 없이 정부에 비판적 입장을 취하는 정신적 엘리트의 대변인을 자처했다. 다이칭은 다른 어떤 비판자보다도 더 내부 사정에 밝았다. 예전에 다이칭은 중국의 국가안전부 감시 부서의 전문가로 일했으며, 이후 1982년까지 군대의 보안부대에서도 일한 경력이 있다.[315] 이런 배경을 염두에 두면 다이칭이 1988년 가을에서야 비로소 홍콩 언론의 보도를 통해 싼샤 댐 문제를 알게 되었다는 주장은 귀를 의심하게 한다. 그녀 자신의 고백을 그대로 빌리자면, 민족의 생사 문제가 달린 이처럼 고도로 위험한 프로젝트를 두고 엘리트들이 침묵했다는 사실이 너무도 부끄럽다고 했다.[316] 그녀는 이력 측면에서 수리水利 문제는 전혀 몰라 다른 사람에게 배워야만 했다. 양쯔강을 다룬 책에서 그녀는 단독으로 싸우는 투사가 아니라, 유능한 전문가 집단의 중재자로 자신을 소개한다.

다이칭이 보기에 중국에 필요한 것은 무엇보다도 계몽이었다. 민주화는 여러모로 후진적인 이 거대 제국에서 강요한다고 되지 않는, 오랜 시간을 요구하는 과정이다. 중국과 외국 언론이 자신을 〈환경 운동가〉라고 불러 주는 것은 〈정말 기분 좋은 일〉이라고 그녀는, 짐작하기로는 분명 가벼운 미소를 짓고서, 말했다. 싼샤 댐을 둘러싼 투쟁에서 그녀와 동료들은 자신들을 환경 운동가라고 보지 않았다. 〈우리의 목표는 중국 정부가 정책을 입안하고 결정을 내리는 과정에서 자유로운 의사 표현을 조금이라도 더 보장하도록 하는 것이다.〉[317] 다이칭은 새로운 생태 세계관을 선포하려는 생각은 하지 못했다. 기계 공학을 전공한 그녀는 댐 건설 반대 운동을 확실한 기술적 능력으로 신중하게 펼쳐 가는 것을 중시했을 뿐이다. 그녀와 동료들은 댐 건설 프로젝트 담당자들의 전문성 부족을 비판했다. 다이칭은 건설에 들어가는 비용 대비 효과는 어느 정도인지, 저수지 바닥에 침전물이 쌓이는 것은 어떻게 막을지, 주민의 강제 이주 비용은 어떻게 해결할지 하는 문제들을 집중적으로 파고들었다. 그러나 어느 것 하나 명쾌하지 않을 정도로 계획의 수립과 계산은 허술하기만 했다.

다이칭은 대형 댐은 경제적으로 절대 이성적 선택이 아니며, 오로지 정치적 특권이 거래되는 문제라고 지적했다. 그녀의 지적은 사정을 정확히 꿰고 하는 말이었다. 〈시공업체를 선정하고, 주민의 이주 비용을 담당하는 관리들에게 돈을 챙길 좋은 기회가 생기는 거죠.〉[318] 부패한 관리를 색출해 죄인으로 낙인찍는 것은 중국에서 가장 좋은 전통이다.

마오쩌둥도 부패한 관리에게 욕설을 퍼부어 대중적 인기를 얻었다. 다이칭과 그 동료들이 모든 댐 건설을 반대한 것은 아니었다. 이들은 다만 양쯔강 지류들에 작은 규모의 댐을 더 많이 건설하는 것이 대형 댐보다 유리하다고 여겼을 뿐이다. 실제로 그렇게 볼 근거는 충분했다. 또 대형 프로젝트로 위세를 과시하는 것을 즐겼던 스탈린의 소비에트와 차별화된 산업화를 강조한 것이 마오쩌둥의 전통이기도 했다. 네루는 대형 댐을 〈현대 인도의 신전〉이라고 불렀다. 반대로 마오쩌둥은, 어차피 신전을 존중하지 않기는 했지만, 시안시가 싼먼샤三门峡 댐 탓에 범람 위기에 처했을 때 저우언라이周恩来에게 이렇게 말했다고 한다. 〈달리 방법이 없다면 댐을 폭파시키게!〉(폭파는 너무 위험해서 댐은 개축되었다.) 다이칭의 동료는 위대한 지도자의 이 말을 기억했다.[319] 그럼에도 싼샤 댐은 건설되었다. 그렇지만 다이칭과 그 동료들의 계몽 작업이 효과가 없지는 않았다. 1992년에 열린 전국 인민 대표 대회는 댐 건설을 두고 투표에 부친 결과, 위원의 3분의 1이 반대표를 던졌다. 이런 공개적 거부는 중국 역사에서 그때까지 유례를 찾아볼 수 없는 것이었다.[320]

반다나 시바와 왕가리 마타이가 〈인구 과잉〉이라는 문제에 분노의 반응을 보였지만, 다이칭은 물론이고 마오쩌둥 이후 중국 지도부 역시 마오쩌둥이 새롭게 장려했던 인구 증가 정책이 중국에 치명적으로 작용할 것임을 분명히 인지했다.[321] 인구 문제에서만큼은 중국 환경 운동가 사이에 일종의 근본적인 합의가 성립했다. 인구 증가를 현실로 받아들이는 관점을 의심할 이유는 없다고 보았기 때문이다. 인구 증가를 문제 삼는 것이 인기가 없는 만큼, 중국 환경 운동가들은 인구 문제를 언급하지 않으려고 했다. 그러나 대형 댐 건설 반대 투쟁이 어느 정도 중국 환경 의식의 핵심이었는지 하는 판단은 내리기 힘들다. 댐으로 하천 바닥에 누적되는 침전물이 심각한 문제라는 점에는 누구나 동의했다. 이로써 중국인들은 토양 침식과 숲 파괴, 그리고 옛 농촌 사회의 몰락으로 계단식 농법이라는 옛 기술이 사라진 점에 주목하게 되었다. 그러나 수력 발전의 대안은 원자력을 제외한다면 화력 발전이었으며, 이에 따라 석탄 개발을 강제하는 것뿐이었다. 석탄 문제 역시 중국 환경 상황의 가장 암울한 장 가운데 하나다. 헤 보후안He Bochuan*이라는 작가가 쓴『가장자리의 중국China on the Edge』은 많은 경우 레이철 카슨의 책『침묵의 봄』과 같은 울림을 주는 것으로 간주되어 널리 읽힌 탓에,『양쯔강이여, 양쯔강이여!』와 마찬가지로 1989년 6월 4일 이후 금지되었다. 이 저자는 수력 발전에 투자하는 것이 비용 면에서 더 저렴하다며, 여전히 석탄을 연료로 쓰는 화력 발전이 수력 발전보다 우선시되는 것을 한탄했다. 그는 다이칭과 마찬가지로 대형 수력 발전의 비전문적 경영을 비판한다.[322] 누천년에 걸친 수자원 관리의 전통을 자랑하는 중국이 이런 결함을 보인다니 놀라운 일이다. 〈중국이 에너지 부족에 시달리면서도 …… 잦은 홍수로 신음하는 것은 누구나 아는 이야기다.〉 다이칭이 1998년에 쓴 글이다. 그녀의 입장은 댐을 무조건 막으려는 것이 아니라, 양쯔강 지류에 규모가 작은 댐들을 짓는 것이 대형 댐보다 더 유리하지 않느냐는 것이다. 그녀는 중국 정부가 대안을 찾으려고 하지 않는 태도가 문제의 핵심이라고 지적했다.[323] 이런 진단은 중국에만 해당하지 않는다.

일본의 레이철 카슨: 이시무레 미치코

일본에서 레이철 카슨과 비견할 수 있는 인물로 누가 있는지 묻는다면, 주로 거론되는 이름은 이시무레 미치코石牟礼道子(1927년생)다. 실제로 우리가 지금까지 살펴본 여성 운동가 가운데 이 여성 작가처럼 강하게 레이철 카슨을 떠올리게 하는 인물은 따로 없다. 그녀가 1969년에 출간한 책『고해정토』는『침묵의 봄』과 비슷하게 전문적 지식과 시적 감성, 높은 수준의 논쟁을 버무려 낸 걸작이다. 일본의 화학 기업 〈칫소〉의 유기 수은 취급 부서가 폐수를 미나마타만에 그대로 흘려보내면

---

  * 당시, 광저우에 있는 중산대학교 과학철학과 교수.

서 중독된 어패류를 먹은 사람에게 질병이 나타났다. 이 질병은 늦게 잡아도 이미 1956년부터 최소한 알고자 노력했던 사람들에게 알려져 있었다. 세월이 흐르면서 수천 명의 미나마타 주민이 이 질병으로 고통스럽게 죽어 갔지만 이 유례가 없는 환경 재해는 한사코 침묵에 붙여졌다. 1967년에서야 비로소 언론의 폭로가 시작되었다. 그러나 대중이 문제의 심각성을 깨닫게 된 것은 이 질병으로 신음하는 사람들의 고통이 어느 정도인지 알린 이시무레 미치코의 작품을 통해서였다. 독자를 사로잡는 강력한 언어의 힘과 고도의 상징성이 어울려 빚어낸 호소력이 큰 울림을 주었기 때문이다.

『침묵의 봄』과 마찬가지로 『고해정토』는 독자의 마음을 사로잡는 감동으로 『톰 아저씨의 오두막』과 비교된다.[324] 작가는 최대한 감정을 억제하며 묘사함에도 어부들이 당하는 고통은 독자의 경악과 분노를 자아낸다. 레이철 카슨의 책 『침묵의 봄』이 미래를 전망했다면, 『고해정토』는 현실 그 자체다. 이시무레 미치코는 가상의 공간을 다루지 않고, 자신의 고향 도시를, 한때 낙원으로 여겨졌던 해변을 묘사한다. 『침묵의 봄』이 경고하는 〈DDT〉가 인간에게 미치는 위험은 부분적으로 가설의 성격을 가졌다. 반면 유기 수은의 독극성은 이미 오래전부터 잘 알려져 있었다. 원칙적으로 수은의 위험은 새로운 유형의 것이 아니다. 그렇지만 오랜 기간 산업화에만 야심적으로 매달렸던 일본은 한사코 이런 위험을 외면했다. 일본은 19세기 말에 서구에서 일어난 위생 운동의 바람을 거의 받아들이지 않았다.[325] 미나마타병은 일본의 환경 운동을 촉발하고, 환경 정책에 전기를 마련해 준 네 가지 대형 스캔들 가운데 하나다.

그렇지만 이시무레 미치코와 레이철 카슨의 운명에는 주목할 만한 차이가 있다. 평론가들이 『고해정토』를 두고 제2차 세계 대전 이후 일본의 가장 중요한 문학 작품이라고 평가할 정도로[326] 이시무레 미치코는 큰 성공을 거두었음에도, 인간으로서 그녀는 충격적일 정도로 고립되었다. 물론 카슨도 화학 산업의 공격을 받기는 했다. 그러나 그녀는 처음부터 사람들의 폭넓고 압도적인 지지를 받았다. 반대로 이시무레 미치코는 철저히 혼자였다. 일본의 다른 지성인은 기회만 있으면 대도시로 향했지만, 그녀는 고향 미나마타에 그대로 남았다. 육중한 시멘트 건물로 시각적으로도 이 소도시를 장악한 칫소 기업은 말 그대로 지배 권력의 상징이었다.[327] 이 기업의 권위를 존중해 주는 것은 지당했고, 일본의 언론은 그녀가 촉발한 세간의 주목을 더없이 부당한 일로 취급했다. 심지어 친척마저 그녀를 가문의 오점으로 여겼다.[328]

그럼에도 왜 그녀는 그곳에 남았을까? 그녀에게 향토 사랑은, 일종의 〈애증〉이라 할지라도,[329] 인간다움의 뿌리였기 때문이다. 환경 의식의 감정적 기초를 형성하는 향토애는 전 세계 도처에서 확인할 수 있다. 독일인이 이런 향토애를 독일의 시선에서 악명 높은 특수함으로 여기는 것은 대단히 잘못된 편견이다. 현대 일본에서 갈수록 고향이 사라지는 현실은 이시무레 미치코를 괴롭혔다. 그녀는 자살이 급증한 원인이 이런 상실감과 맞물려 있음을 깨달았다. 그녀는 일본의 전통에 대한 나름의 자부심을 숨기지 않는다. 동시에 자신의 책은 시대의 기록일 뿐만 아니라, 상상의 투영이기도 하다고 설명한다. 〈『고해정토』에 등장하는 인물은 야나카 마을의 농부가 환생한 것이자, 우리 자신을 과거로 투영한 모습, 곧 삶의 특정한 가치와 철학을 가졌던 우리 조상의 화신이기도 하다. 그녀는 이런 가치와 철학을 우리가 오랫동안 잊고 살았다고 말한다. 이 책의 등장인물은 우리의 생각이 뿌리를 내린 모태를 상징한다.〉[330] 제목의 〈정토〉는 〈순수한 땅이라는 낙원〉, 곧 정토교라는 불교가 그리는 이상향을 의미한다.[331] 이 책을 읽는 독자는 1968년에 사람들이 자본주의에 품었던 반감을 고스란히 감지한다. 당시 일본 대학생들은 독일 동료 못지않게 격렬한 반감을 표출했다. 그러나 이시무레 미치코는 정치와는 분명하게 선을 그으며, 어떤 과격한 이데올로기도 거부했다.

그녀가 보기에 미나마타의 비극은 산업 기술을 위생적으로 최적화해야 할 도전 과제를 의미하지 않으며, 근본적으로 파괴적인 현대 문명의 성격을 드러낸 상징적 사건일 뿐이다. 이시무레 미치코의 이런 관점은 그녀가 편지를 주고받았던 이반 일리치*의 철저한 반反현대주의와 종말론적 분위기와 맞아떨어진다.[332] 그러나 바로 이런 특성은 이시무레 미치코를 환경 운동의 주류와 떼어 놓는 지점이다. 그녀의 작품은 불교와 정령 신앙의 분위기를 자랑한다. 다시 말해서 자연은 근본적으로 영혼을 지닌다는 믿음이 작품의 주조를 이룬다. 이시무레 미치코는 이 영혼을 현대 문명이 망가뜨린다고 본다.[333] 서구의 생태 문헌도 이런 분위기를 모르지는 않는다. 다만 서구의 자연 애호가에게서 쉽게 볼 수 없는 종교적 진지함을 드러내 보이는 것이 이시무레 미치코의 작품이다. 나중에 그녀는 뜻을 같이하는 사람들과 함께 불교 공동체를 세워, 승려처럼 정갈한 삶을 살았다.

모든 환경 스캔들 가운데 인간의 건강을 위협하는 독극물 문제야말로 특히 격심한 분노를 불러일으킨다. 동시에 바로 그래서 환경 정책은 이 문제에서 비교적 쉽게 가시적인 성과를 보여 준다. 일본의 주요 기업들 역시 여론이 악화하자 태도를 바꾸어 환경 의식을 과시할 기회를 찾았다. 〈닛폰 칫소Nippon Chisso〉의 회장은 수은 중독 피해자들 앞에서 무릎을 꿇고 자신의 회사가 안긴 고통에 사죄했다. 그의 공개적 사죄는 방송으로 전국에 중계되었다. 독일 언론은 이런 사죄를 독일 화학 기업 〈그뤼넨탈Grünenthal〉이 〈콘터간〉 스캔들**에서 보여 준 철면피 같은 태도와 비교하며 참담하다는 표현을 썼다.[334] 물론 이시무레 미치코가 보기에 회장의 사과는 〈호수 표면에서 보글거리다가 터지는 기포〉에 불과했다.[335] 그녀는 국민을 상대로 대기업이 보이는 거만한 태도에 전혀 변화가 없다며, 사과를 공허한 시늉으로 치부했다. 문제를 일으킨 몇몇 원인이 제거되기는 했다. 그렇지만 독극물을 다루는 일반적인 규제는 더할 수 없이 허술했다.[336] 일본은 한때나마 환경 스캔들에 단호한 태도를

* Ivan Illich: 1926~2002. 오스트리아의 철학자이자 신학자로 현대 문명을 집중적으로 비판했다.
** Contergan-Skandal: 1961년에 불거진 독일의 의약품 부작용 스캔들. 〈콘터간〉이라는 상표의 진정제를 복용한 임산부가 기형아를 출산하면서 벌어진 사건이다.

보임으로써 국제 환경 정책에서 선도적 위치를 차지하기는 했다. 그러나 이런 우위는 오래가지 않았다. 이시무레 미치코 역시 승리감은커녕 씁쓸한 환멸을 감추지 못했다.

1970년을 전후해 일본의 산업 정책이 보여 준 생태적 전환, 어쨌거나 부분적인 전환에 이시무레 미치코는 어떤 의미를 가질까? 당시 일본의 관료는 매우 빠른 속도로 환경 보호를 선점했다. 그 세계는 이 여성 작가가 얼굴을 들이밀 수 있는 곳이 아니었다. 일본의 환경 보호가 어떻게 발생했는지 조망한 글에서 이시무레 미치코라는 이름은 거론조차 되지 않는다.[337] 그녀는 정치에 직접적으로 영향을 미치지 않은 것으로 보인다. 정치적으로 결정적인 반전은 기업의 편에 서서 어부들의 항의를 묵살하기만 하던 지역 화학 노조가 1967년부터 피해자 편으로 선회하면서 이루어졌다.[338] 가난한 어부들의 저항은 그저 무기력하기만 했다. 오히려 반전을 주도한 쪽은 일본 법원이다. 법원은 독물 중독 현상의 원인 조사에서 통계적으로 인과 관계가 성립한다고 인정함으로써 피해자들이 높은 보상을 받을 기회를 높여 주었다. 그때까지 피해자는 산업의 잘못으로 사건이 빚어졌다는 증거를 제시하기 어려운 탓에 법적으로 불리한 정황에 내몰렸다.[339]

이시무레 미치코는 일본의 환경 보호 운동의 발달에 자신이 갖는 의미를 강조하려는 야심을 전혀 보이지 않았다. 이 책에서 다룬 다른 여성 환경 운동가와 비교하면 그녀처럼 여론에 자신을 드러내는 것을 꺼린 경우는 없다. 이른바 〈일본의 레이철 카슨〉이라 불리는 이 여인의 인생 이력을 소개하는 글은 〈위키피디아(2010년 현재)〉에조차 나오지 않는다. 국내든 국외든 대중 행사에 그녀는 모습을 드러낸 일도 없다. 자국에서 영향력을 행사하는 것은 물론이고 국제적 반응을 추구하기 바빴던 다른 여성과 달리, 고향과 한 몸인 이 여성은 타인의 시선을 사로잡으려고 노력한 일이 없다. 그녀는 자신의 각별했던 고향 사랑으로 미나마타 사투리를 자신의 시에 그대로 쓰는 바람에 일본인들마저 그녀에게 거부감을 가졌다.[340] 그녀는 고향 파괴라는 주제를 『고해정토』에 이어 『천호天湖』(1997)(영어판 제목: *Lake of Heaven*)라는 소설에서도 다루었다. 이 작품은 규슈 지방의 어떤 농촌이 댐 건설로 수몰되는 과정을 그린다. 대형 댐 건설이 얼마나 파괴적인지 보여 주는 새로운 증명이다! 그러니까 국제 차원을 찾은 일이 없는 환경 운동가 역시 세계적 맥락에서는 호흡을 같이하는 모양이다.

바다의 여인: 국제 사회라는 마의 산에 오른 엘리자베트 만 보르게제

우리의 여성 영웅 갤러리의 마지막을 장식할 인물은 온전히 국제 차원에서 활동한 엘리자베트 만 보르제세Elisabeth Mann Borgese (1918~2002)다. 그녀는 토마스 만의 딸로 그의 여섯 자녀 가운데 다섯째로 오랫동안 별로 눈에 띄지 않았으나, 결국 가장 행복했으며 미래 지향적인 삶을 살았다. 1938년 부모를 따라 미국에 이민을 간 그녀는 1939년부터 시카고에서 〈세계 헌법 제정 위원회〉에 참여했다. 처음에는 비서이자 조수로 활동했던 그녀는 1931년 파시즘 치하의 이탈리아를 피해 미국으로 건너와 위원회 위원장을 맡은 주세페 안토니오 보르제세Giuseppe Antonio Borgese의 아내가 되어 힘을 합쳤다. 당시는 특히 제2차 세계 대전이 막바지에 치달을 때라 미래의 세계 정부를 계획하는 사람들은 한껏 고무되었다. 엘리자베트 만 보르제세는 냉전의 시대에 몹시 혐오했던 매카시즘의 압박 아래 1952년 이탈리아로 돌아왔음에도 이런 꿈을 놓지 않았다. 이탈리아로 돌아온 뒤 얼마 안 되어 그녀의 남편은 사망했다.

세계 정부라는 이상은 그녀가 어려서부터 사랑했던 바다에서 필생의 과업을 찾도록 이끌었다. 그녀가 보기에 바다는 역사가 거부할 수 없도록 설정한 세계 국가의 실현이라는 목표를 이뤄 낼 수 있음을 강력하게 암시하는 영역이었다. 그러나 바다는 경계를 그을 수 없기에 역사에서 줄곧 강대국의 격전장이지 않았는가? 강대국의 이해관계가 첨예하게 충돌하는 바다를 중심으로 어떻게 평화적인 세계 국가가 가능할까?

이런 물음의 답을 찾기 어려웠던 엘리자베트 만 보르제세는 해양 자원의 남용으로 빚어지는 위험, 곧 환경 문제를 주목했다. 바다라는 천혜의 환경 자원을 지키는 것이야말로 세계 정부의 설립에 힘을 실어 주는 논리라는 점을 그녀는 특히 1970년, 곧 위대한 생태적 각성의 시기에 깨달았다.[341]

바다가 국제 사회를 하나로 묶어 준다는 발상은 〈그린피스〉를 떠올리게 한다. 그러나 엘리자베트 만 보르제세가 걸었던 길은 무지개 전사와 전혀 달랐다. 그녀는 미국에서 활동할 때 구축했던 인맥, 특히 유엔과 유네스코를 중심으로 알게 된 지성인의 인맥을 바탕으로 전적으로 〈보르제세 위원회〉의 정신에 충실했다. 그녀의 이런 인맥은 자연스럽게 〈로마 클럽〉으로 이어졌다. 오랫동안 괴팍스러운 자매의 그늘 아래서 주눅이 들었던 토마스 만의 딸은 국제 인맥이라는 무대에서만큼은 나래를 활짝 펼 수 있었다. 그녀의 정선된 인맥은 아버지의 작품 『마의 산』을 연상하게 한다. 1970년 그녀는 몰타에서 열린 〈바다의 평화Pacem in Maribus, PIM〉라는 국제회의에서 자신이 구상한 해양법을 소개했다. 그리고 1972년에는 친구들과 함께 몰타에 〈국제 해양 협회International Ocean Institute〉를 설립해, 그곳과 세계 각지에서 20회에 걸쳐 국제 해양법 회의를 개최했다.

엘리자베트 만 보르제세가 생각하는 바다에는 물론 어부도 포함된다. 바다에서 남획하는 것은 분명 막아야 한다. 그러나 그녀는 세계의 대양을 손끝도 대지 않아야 하는 신성한 자연공원으로 만들 생각은 하지 않았다. 전혀 그 반대다. 그녀는 심지어 인공적인 〈아쿠아컬처〉*에 특히 열광했다. 바다에서 인공적으로 양식을 하는 이 〈아쿠아컬처〉가 가진 생태적 위험, 곧 해당 해양 지역의 과도한 부영양화로 빚어지는 위험은 나중에야 점차 발견되었지만, 그녀는 아직 이런 위험을 의식하지

---

* Aquaculture: 본래는 〈수경 재배〉를 뜻하는 단어이나 엘리자베트 만 보르제세는 바다를 염두에 두었기 때문에 이런 차이를 부각하려고 원어를 그대로 쓴다.

못했다.[342] 1980년 그녀는 풍부한 사진을 담은 책 『해양 농장: 아쿠아컬처 스토리Seafarm: The Story of Aquaculture』를 펴냈다. 이 책은 농업Agriculture의 바다 대응물인 〈아쿠아컬처〉를 고대 중국 지혜의 유산인 동시에 인류의 위대한 미래 희망으로 선포한다. 바다는 굶주림을 마침내 극복할 승리를 선물해 준다. 자연적으로 주어진 것에, 과학 기술의 잠재력만 활용한다면, 바다가 선사하는 영양 자원은 무한하다.[343] 그녀는 책의 서두에 『성경』 「창세기」에 나오는 하느님 말씀을 달았다. 〈물들은 생물을 번성하게 하라〉(「창세기」 1장 20절). 〈아쿠아컬처〉를 추진하는 인간은 신의 창조를 완성할지니.

〈아쿠아컬처〉는 해변 앞에서 운영되며, 어차피 어획의 대부분 역시 해변과 가까운 곳, 바다에서 가장 생선이 풍부한 지역에서 이뤄지기 때문에, 각 국가의 주권 영역은 해변의 대륙붕 지역으로 정하는 것이 가장 좋다. 바로 이런 규정을 1994년의 해양법 협약이 정하기로 했다.[344] 그러나 정확히 이런 규정을 엘리자베트 만 보르제세는 막으려고 했다. 바다는 전 세계의 〈공유 재산〉이 되어야 마땅하다. 이 〈공유 재산〉을 관리하기 위해 세계 정부가 필요하다는 것이 그녀의 논리다. 실제로 심해 자원의 착취는 민족 국가들이 평화적으로 해결할 수 없다. 그러나 〈바다 여인〉, 사람들이 이런 별명으로 불러 주기를 좋아한 엘리자베트 만 보르제세는 해양의 소유권이라는 이 막대한 문제를 철두철미하게 분석할 줄 몰랐다. 그녀의 말과 글은 언제나 명랑한 순진함만 보였다. 그녀가 평생에 걸쳐 작업한 세계 정부라는 계획 역시 순진하기만 했다. 기존 강대국의 집요한 이해관계를 고려하지 않은, 말하자면 허공 위에 지은 궁전과 같은 것이 그녀가 말하는 세계 정부다.

한때 이민자로 살았던 미국을 상대로 그녀는 깨진 사랑의 분노를 터뜨리곤 했다. 본래 세계 정부라는 이상을 현실로 만들기 위해 노력해야 하는 이 초강대국이 거꾸로 이런 노력을 가로막는 제국 이기주의와 〈부끄러운 줄 모르는 고집〉[345]을 부리는 것에 그녀는 폭발할 지경으로 분노했다. 1991년 당시 73세의 그녀는 리우데자네이루 정상 회담을 앞

두고 어떤 언론과 인터뷰하면서, 다시금 환경 문제를 다룰 세계 정부의 의욕을 불태웠다(물론 결과는 다시금 환멸이었다).[346] 평소 〈그린피스〉의 활동이 자신의 길과는 다르다고 강조했던 그녀는 해양법 회의에서 동료들에게 이렇게 을러댔다. 〈예를 들어 미국이 국제법을 무시하고 심해 약탈을 감행한다면, 나는 《그린피스》와 함께 배를 타고 가서 공격하리라. 거듭 강조하지만, 해양법 협상이 잘못된다면 내 다음 직업은 이미 확실하다. 나는 바다 테러리스트가 될 것이다.〉[347]

정부 기관을 대하는 환경 단체의 자세

연구의 문제

이제 익명의 환경 운동 프로세스를 살펴보기로 하자. 인물의 이력을 대략 스케치하는 것만으로는 언제나 한계를 드러내게 마련이다. 개인에게 어떤 의미를 부여할지는 언제나 관점의 문제다. 어떤 관점에서 보면 영웅이라 하더라도 똑같은 환경 운동 역사의 다른 관점에서 보면 두드러져 보이지 않을 때가 허다하다. 언론은 개인을 조명하는 일을 선호하게 마련이다. 조명을 받지 못하는 운동가의 입장에서 보면 참으로 부당하다. 여성의 이야기는 남성의 그것에 비해 환경 운동 내부의 특징적인 긴장 관계를 더 잘 드러낸다. 〈환경 보호〉라는 표제어 아래 나타나는 다양한 추진 세력 사이의 긴장은 개인의 감정과, 개인 차원을 넘어서는 흐름 및 역동성 사이의 긴장이기도 하다.

개인이 아닌 집단의 역사를 쓰고자 한다면, 시민운동이든 국가 행정기관 내부에서 추진되는 환경 관련 운동이든, 그 연구가 불확실한 경험이라는 기초 위에서 이뤄진다는 점을 우리는 잊지 말아야 한다. 운동을 설명하려는 이런저런 이론 모델은 부족하지 않다. 그러나 확실한 경험을 바탕으로 한 연구는 초라하기만 하다. 〈환경 운동〉을 형성하는 시민단체는 전 세계적으로 엄청나게 많아서, 이를 근접하게라도 조망할 수 있는 사람은 아무도 없다. 대다수 단체는 정리된 기록 보관 설비를 갖추지 못했다. 심지어 외부인이 내부 자료를 열람할 수 있게 허락해 주는 곳은 더더욱 없다. 그들은 그렇게 하는 이유를 빠짐없이 제시한다. 가장 쉬운 일은 이런 단체의 정관을 알아보는 것이다. 가장 어려운 일은 이런 단체가 실제로 무엇을 하는지, 무슨 동기로 하는지, 어떤 특정 우선순위를 정하는지 알아내는 것이다. 그래서 어쩔 수 없이 연구는 인터뷰와 신문 기사에 의존한다.[348] 정보 취득의 어려움은 심지어 깔끔한 질서를 자랑하는 독일에서도 마찬가지다. 인도와 중국에는 수천 개도 넘는 환경 단체가 등록되어 있다. 그처럼 어마어마한 단체들 뒤에 뭐가 숨어 있는지 가려 보고 꿰뚫어 볼 수 있는 사람은 아무도 없다. 어쨌거나 분명한 점은 생태 시대의 〈환경 운동가〉는 공공의 안녕과 공동선의 함양을 위해 일한다는 일종의 품질 보증으로 받아들여진다는 사실이다.

독일의 원자력 반대 운동이나 그린피스조차 학문적 요구를 충족하는 자료를 갖고 있지 않다. 유구한 역사를 자랑하는 미국의 환경 단체 시에라 클럽의 역사를 다룬 마이클 코헨Michael Cohen의 500면에 달하는 책은 1970년에서 끝난다. 정확히 환경 운동의 긴장이 최고조에 달했던 바로 그해다. 국가 행정의 환경 관련 기록은 엄청나게 많다. 오늘날 이런 기록은 너무 많아 뭐가 뭔지 모를 정도이지만, 생태 시대를 다룬 대부분 기록은 여전히 공개 제한 기간에 걸려 있다. 정부 측의 환경 정책 역사 역시 세계적으로 역사학자가 기대하는 것만큼 정리되고 분석되지 않았다. 결국 우리는 일종의 모델을 설정하고, 이런 모델이 현실과 얼마나 맞아떨어지는지 검증하는 방식으로 접근할 수밖에 없다.

다시금 막스 베버로

우선 익히 알려졌지만 그다지 유쾌하지 않은 이야기부터 시작해 보자. 카리스마에서 일상으로, 운동에서 경직으로, 자발성에서 규제와 격식화로, 시민 주도에서 관료화로 넘어간 것이 그동안 환경 운동이 보여 준 일면이다. 물론 이런 이행과 변화는 환경 운동만의 특수함은 아니다. 〈미래란 곧 관료화의 것이다.〉 막스 베버가 『경제와 사회Wirtschaft und Gesellschaft』에서 했던 유명한 예언 가운데 이것은 현실과 그대로 맞아떨어졌다. 근대화의 다른 과정에 비해 관료화는 〈훨씬 더 피하기 어렵다〉는 특징이 있다. 관료화는 국가 행정뿐만 아니라, 민간 경제, 정당, 그리고 기업에서도 고스란히 나타났다. 베버는 관료화가 지배적이 된 곳이면 어디나 다시는 사라지지 않는다고 진단했다. 문명 전체가 몰락한다면 모를까 하는 단서를 달기는 했지만.[349] 관료화가 불가피한 이유는 관료 체제가 기술적으로 우월하기 때문이다. 〈관료 체제의 기술적 우월함은, 수작업에 비해 기계가 갖는 기술적 우위처럼 확고하다.〉 베버가 염두에 둔 것은 특히 자신의 시대를 장악한 프로이센의 관료주의였지만, 사회민주주의 체제의 정당과 그 운영도 다르지 않을 것이라고 보았다. 이런저런 관료 조직은 적어도 베버의 시대에는 저마다 나름의 방식으로 대단히 효율적이었다. 그러나 베버는 1909년 빈Wien에서 열린 사회 정치학회 학술 대회에서 열정적으로 토로했듯 〈관료화를 위한 열정〉, 특히 프로이센이 주도하는 독일의 관료화 열정이 너무 부족해 〈의심스럽다〉고 진단했다.[350] 아무래도 베버는 자신이 학문의 가치 중립성을 강조했던 것을 잊어버린 모양이다. 가치 중립성이야말로 베버학파의 굳은 신조였지 않은가. 그러나 베버는 역사를 보며 무엇보다도 카리스마적인 순간, 의심과 회의가 절정의 환희로 바뀌며, 모든 일상의 틀을 깨고 역사에 새로운 시작을 마련해 주는 카리스마적인 순간에 열광했다.

얼핏 보면 환경 운동의 역사를 베버의 모델에 따라 그려 보는 것은 그럴싸할 것 같다. 카리스마를 가진 인물의 출현으로 제도화와 관료화가 이루어졌기 때문이다. 환경 보호는 〈운동을 관리하고 지도하는 일이 되었다〉고 경관생태학자 울리히 아이젤Ulrich Eisel은 2001년 어째 좀 서글픈 어조로 말했다.[351] 또 니클라스 루만도 예의 그 신랄한 어조로 이렇게 말했다. 〈사그라진 사회 운동의 앙금으로 한편으로는 조직적으로 계획을 수립하고 집행하는 결정권을 가진 관료가 나타나고, 다른 한편으로는 잠복한 저항 잠재력이 마치 서로 화해라도 하려는 듯 향수를 자극하는 공인의 봉사심이 나타난다.)[352]

베버처럼 관료화를 피할 수 없는 과정으로 받아들인다면, 우리는 관료화를 거부감 없이 묘사해야만 하리라. 실제로 관료화는 독일처럼 질서에 집착하기로 유명한 나라에서만 볼 수 있는 현상이 아니다. 이미 보았듯, 〈나무의 어머니〉 왕가리 마타이는 사무실을 가장 편안하게 느꼈다. 심지어 멕시코의 〈제도혁명당Partido Revolucionario Institucional, PRI〉은 60년이 넘는 세월 동안 권력을 누리며 혁명보다 제도에 집착하면서, 1980년대에는 권력 유지를 위해 당과 정부가 결합한 환경 운동을 창안하기도 했다.[353] 멕시코 대통령 카를로스 살리나스 데 고르타리Carlos Salinas de Gortari는 1982년 환경 운동의 개념인 〈에코사이드〉, 곧 생태계 파괴라는 말을 전가의 보도처럼 썼다.[354] 도미니카공화국에서 호아킨 발라게르Joaquín Balaguer는 이미 1967년부터, 다시금 권좌에 오른 1986년부터는 더욱 강력한 생태 독재로, 세계가 아이티섬에 주목하게 했다.[355]

환경 보호는 전부 그런 것은 아니라 할지라도 많은 측면에서 국가의 권력 기구가 일찌감치 매력적으로 발견한 주제다. 임야와 관련한 각종 법규로 지방의 토호를 장악하는 것은 유럽 중부와 서부, 특히 16세기 이후 독일의 공국들이 흔히 쓰던 권력 행사 기법이다. 이런 기법은 오늘날 전 세계에 퍼져 있다. 이미 1972년, 생태 시대가 열리던 시점에 기니 정부는, 식민지 시대 전통을 더욱 강화하면서, 산간 지대에 불을 질러 밭을 일구는 화전 농업을 사형이라는 극형으로 처벌했다.[356] 방화와 다를 게 없는 고약한 화전농은 예로부터 전 세계에서 널리 퍼져 있었다.[357] 본래 사회 운동 연구 영역에 해당하는 환경 운동은 갈수록 조직사회학과 정치학의 전문 분야로 변모했다. 1970년대와 1980년대에 〈새로운 사회 운동New Social Movements, NSM〉[358]이 환경 운동을 학문 연구 대상으로 만들려 하던 사람들의 핵심 주제였다면, 1992년의 리우데자네이루 정상 회담 이후 핵심 주제는 〈비정부 기구NGO〉다.[359] 1980년대의 감각으로 보면 〈NSM〉과 〈NGO〉는 무슨 차이가 있는지 모를 정도로 혼란스럽다.[360] 그러나 오늘날 NGO는 풀뿌리 운동과는 확연한 차이를 가진 조직, 곧 엄연한 정관을 갖추고 사무실 직원을 고용하는 조직이다.

풀뿌리 운동, ⟨NGO⟩, ⟨BINGO⟩, ⟨GONGO⟩
─중국만의 현상이 아니다

개별적으로 운동이 발전해 가는 양태는 유동적이었으며, 항상 변화를 보였다. 풀뿌리 운동은 NGO로 성장한 것도, 그렇지 못한 것도 있었다. ⟨시민 단체⟩와 ⟨협회⟩ 같은 개념은 독일에서 오래된 것이기는 하지만, 오늘날 케케묵은 구식이라는 인상을 준다. 그렇지만 ⟨시민 주도 환경 보호 전국 연합Bundesverband der Bürgerinitiativen Umweltschutz, BBU⟩이라는 독일 연방 차원의 단체는 이미 1972년에 결성되었다. 회원 수로만 보면 오랫동안 이 단체는 환경 단체 가운데 가장 규모가 크다. 그렇지만 이 단체의 회원은 임의 탈퇴를 자유롭게 결정할 수 있는 자율권을 보장받는다. 그래서 항상 BBU는 언제라도 와해될 위험에 시달리며, ⟨독일 환경·자연 보호 연맹BUND⟩처럼 정치적 영향력을 행사하지 못하고, 주로 요 라이넨Jo Leinen과 만프레트 뷔스텐하겐Manfred Wüstenhagen과 같은 임원의 정치적 인맥에 기대곤 했다.[361]

그동안 NGO라는 개념과 나란히 ⟨대형 국제 NGOBig International NGO, BINGO⟩뿐만 아니라, ⟨정부가 조직한 NGOGONGO⟩까지 등장했다. 그 자체로 모순인 ⟨GONGO⟩는 정말 진지하게 생각한 개념이냐는 신랄한 조롱까지 받는다.[362] 네팔에서는 1984년 왕이 몸소 자연 보호 NGO를 세웠다. ⟨로열 네팔 항공Royal Nepal Airlines⟩이 이제 네팔은 불교와 힌두교 외에도 세 번째 종교, 곧 관광을 가진다는 광고를 내걸었다. 이는 관광이 그만큼 네팔 국민에게 중요한 의미를 가진다는 사실을 반영한다. 또 독일의 선도적인 많은 환경 단체 역시 그동안 국가에서 재정 보조금을 받으며, 정부 부처와 협력하기 때문에 ⟨GONGO⟩의 유형과 가까워졌다.[363] 독일의 단체가 당국과 협력하는 전통은 미국과는 큰 차이를 갖는 특징이다.

GONGO의 지배적 지위를 잘 보여 주는 사례는 마오쩌둥 이후의 중국이다. 중국의 엘리트 계층은 물론이고 일반 국민도 역시 적어도 원칙적으로는 획기적인 경제 부흥을 위협하는 요인은 환경 파괴라는 점을 주지했다.[364] 환경 보호는 중국에서 중앙 정부가 우선시하는 것이다. 중앙 정부는 사기업과 각종 이해관계로 얽힌 지방 단체장에게 환경 보호를 강요하다시피 한다. 이런 정책이 강력한 수단으로 꼽는 것은 GONGO다.[365] 그래서 GONGO를 존재하지도 않는 환경 의식을 대중에게 꾸며 보이는 일종의 장난질로만 바라보는 것은 잘못이다. 특히 대중의 인기를 끈 것은 개념이 되다시피 한 〈판다 정치〉, 이 카리스마를 자랑하는 동물과 유명한 자연환경의 보호를 표방한 정치다. 대형 댐 건설과는 확연히 다르게 이 〈판다 정치〉에는 국민적 합의를 끌어낼 잠재력이 풍부하다. 중국 출신의 환경 운동가 탕시양唐錫陽, 문화 혁명 당시 그의 아내가 홍위병에게 린치를 당해 죽었으며, 나중에 미국의 환경 운동가(마르시아 블리스 마크스Marcia Bliss Marks)와 결혼했던 탕시양은 1980년대부터 〈베이징 자연사 박물관Beijing Museum of Natural History〉이 발행하는 기관지 『네이처Nature』의 편집장으로 활동하면서 새롭게 활력을 얻은 자연 보호 운동의 대변인 노릇을 했다. 이 운동이 원칙적으로 정치와는 거리를 두었기 때문에, 그는 거리낌 없이 중국의 최대 환경 문제는 민주주의의 결여라고 주장할 수 있었다.[366] 그때까지 중국에서 가장 유명한 환경 NGO는 1994년에 창립된 자연 보호 단체로 〈자연의 친구〉라는 이름을 가졌다. 그리고 1994년부터 중국에서 환경 단체는 폭발적으로 늘어났다. 〈자연의 친구〉는 중국의 저명한 역사학자이자 정부 자문위원인 량충제梁从诫의 〈강하고도 카리스마적인 지도〉를 받아 상당히 폭넓은 정치적 자유를 누렸다.

다른 대다수 중국 NGO와 GONGO가 어느 정도 행동의 자유를 누리며, 갈등 해결 능력을 갖추었는지 하는 문제에 대해서는 외부에서 볼 수밖에 없는 우리로서는 쉽게 답을 알 수 없다. 그동안 중국에 생겨난 많은 NGO는 형식적으로는 독립을 누리는 모양새를 취했으나, 매사 정부의 입장을 먼저 살핀다. 정부 기관을 상대로 하며 NGO는 항상 다음과 같은 원칙을 중시한다. 〈도와줘라, 그러나 시비를 가리지 말자. 참여하되 간섭하지 말자. 행동하되, 상처를 주는 일은 없는지 조심하자.〉 많은 중국 환경 단체는 살아남기 위해 카리스마를 자랑하는 지도자는 물론이고 외국 NGO의 재정적 지원이 꼭 필요하다.[367] 이런 NGO가 단순히 정부가 주도하는 행사에 그치는 것은 아니다. 중국 환경 운동도 독자적 동력을 가진다는 점은 부정할 수 없는 사실이다. 환경 운동의 독자적 동력은 특히 중국 도처에서 환경 문제를 심각하게 여기는 의식 덕분이다.

미국의 〈빅 텐〉

전통적으로 강력한 시민 단체를 자랑하는 미국은 정확히 중국의 반대 모델이다. 그러나 미국에서도 환경 단체가 워싱턴에 로비를 벌이고, 의원들과 정부 기관에 특혜를 얻어야 확실한 뿌리를 내릴 수 있다는 점은 잘 알려진 사실이다. 특히 야생 보호와 관련한 단체가 그랬다. 다른 국가들과 마찬가지로 미국에서도 환경 NGO는 몇십 년째 안정을 누린다. 〈빅 텐Big Ten〉은 비록 항상 정확하게 〈10〉은 아니라 할지라도, 관련 문헌이 기정사실처럼 다룬다. 많은 경우 그 수는 〈12〉까지 불어나기도 한다. 그 면면은 〈시에라 클럽〉, 〈야생 협회〉, 〈국립 오듀본 협회〉, 〈지구의 벗〉, 〈천연자원 보호 위원회NRDC〉, 〈환경 보호 기금Environmental Defense Fund, EDF〉, 〈국립 공원 보존 협회National Parks Conservation Association〉, 〈국립 야생 동물 연맹National Wildlife Federation, NWF〉, 〈자연 보존 협회 The Nature Conservancy, TNC〉에 국제 조직인 〈그린피스〉와 〈WWF〉가 꼽힌다. 여기에 경우에 따라 〈미국 삼림 협회American Forestry Association〉나 〈미국 강 보존 위원회American Rivers Conservation Council〉 또는 〈제로 인구 성장〉[368]이 추가된다. 사실 이런 목록의 끝을 어떤 단체가 장식하는지는 누구도 명확하게 답할 수 없다.

〈빅 텐〉의 정상급 인물들은 서로 알고 지내며 연락을 주고받는다. 이들은 경쟁하기도 하지만, 서로 협력해 분업 관계를 이루기도 한다. 〈시에라 클럽〉의 회장을 맡아 서로 경쟁하는 환경 운동가들을 상대로 공정성을 지키려 노력했던 마이클 맥클로스키Michael McCloskey는 1992년 환경 단체들은 〈저마다 강점이 있는 독특한 분야를 자랑한다〉고 말했다. 〈시에라 클럽은 폭넓은 풀뿌리 운동가들을 동원하는 능력〉(시에라 클럽은 풀뿌리 운동이라는 멋진 매력을 가졌다)에, 〈야생 협회는 연구와 홍보에, 자연 보존 협회는 서식지 관리에, 국립 야생 동물 연맹은 중산층과 하층민에게 환경 메시지를 전파해 주는 일에, 천연자원 보호 위원회는 연방 차원의 복잡한 자연 보호 프로그램을 다루는 일에, 오듀본 협회는 보호 구역 관리에, 그리고 다시금 시에라 클럽은 법정 소송을 벌이는 경우에 들어가는 법적 방어 기금 조성에 각각 뛰어나다〉.[369]

미국 환경 운동의 역사학자 로버트 고트리브Robert Gottlieb는 초기 환경 운동을 겨눈 레이건 1기 행정부의 역공이 끝나갈 즈음인 1993년, 〈주류 환경 단체와 정부와 경제계 사이의 주요 직책에 회전문 인사가 이뤄지는 것〉을 알아냈다.[370] 그렇지만 이런 사실로부터 미국에서는 독일식의 정부와 민간 협력이 전혀 이뤄지지 않았다는 결론은 나오지 않는다. 환경 보호청EPA과 환경 단체들 사이의 긴장은 여전했다. EPA 소속의 공무원 관점에서 좀 더 밀접한 협력 관계는 아쉽기만 했다. 〈불행하게도 EPA는 NGO를 자연적 동맹으로 보지 않고 적수로 취급하는 일이 너무 잦았다. 협력의 좋은 예가 없지는 않았지만, 서로 충돌하고 적대적인 경우가 너무 많았다.〉[371] 〈빅 텐〉은 환경 운동가를 겨눈 레이건 행정부의 총공격에 맞서 1981년 녹색 연합을 구축한 것으로 보인다.[372]

〈주류〉라는 단어는 욕설이다

이 세상의 조직이 대개 그러하듯, 대규모 환경 NGO는 내부에서 보는 모습과 바깥에서 보는 모습은 판이하게 다르다. 환경 운동의 기성

〈주류〉는 새롭게 출현하는 투쟁적인 운동가에게 욕을 퍼부어도 시원찮은 대상이다. 새로운 운동가들은 〈주류〉를 향해 정부와 산업과 공생하며 금전적 이득이나 노리는 기득권층, 거만하고 기초와는 거리가 먼 관료적 태도를 보이는 기득권층이라고 비난한다.[373] 제3세계의 풀뿌리 운동가를 연구한 호주의 티모시 도일은 환경 보호 기금을 비롯한 〈빅 텐〉의 정상급 인사들을 두고 그들은 〈지구를 하나의 거대한 기업으로 보고 《최상의 경영 해법》으로 운용할 때만 현재의 생태 위기를 이겨낼 수 있다〉고 본다고 묘사했다.[374]

요컨대 어제의 성공한 운동가와 새로 등장한 투사 사이에 빚어지는 충돌은 거의 일상에 가깝다. 이런 전선은 선진국뿐만 아니라 세계 도처에서 있었고, 지금도 있는 것이다. 〈칩코 운동〉의 정신적 지주 선더랄 바후구나는 변화의 힘은 국민에게서 나와야 한다고 강조했다. 이 말의 구체적 의미를 그는 이렇게 풀었다. 〈정부의 입맛에 맞춰 주는 기득권층의 일부인 NGO가 아니라, 지역의 작은 단체, 작은 규모의 자발적 그룹에서 변화의 힘이 나와야 한다.〉[375] 독일에서는 청소년 세계 운동을 주창하는 데 힘을 보탠 외르크 베르크슈테트Jörg Bergstedt가 논쟁을 벌일 의도로 지배적인 환경 단체가 정부와 산업과 어떤 관계를 가졌는지 자료를 수집한 바 있다. 그는 1990년대에 〈두 가지 환경 운동〉이 있었다고 진단했다. 한편에는 위로부터의 간섭에 굴하지 않은 원자력 반대 운동과 유전 공학 반대 운동이, 다른 한편에는 〈정치와 경제에 친화적인 노선을 강조하는 대규모 환경 단체〉가 있었다.[376] 미국과 달리 1970년에서 오늘날까지 독일 정부는 전체 환경 운동과 충돌한 일이 전혀 없었다. 독일의 환경 운동 단체들이 정부를 상대로 연맹을 형성해 싸울 만한 외부 압력이 없었기 때문이다. 베르크슈테트의 눈에 정부와 산업을 상대로 자율성을 갖는 것은 소중했으며, 권력과의 협력이 특정 환경 목표 실현에 도움이 된다고 할지라도, 갈등을 벌이는 것은 언제나 좋았다.[377] 자신이 속한 단체의 자율성보다 환경이 더 중요하다고 여기는 사람은 베르크슈테트의 입장을 거부하리라.

1980년대부터 많은 NGO, 특히 제3세계의 NGO는 어떻게든 세계 은행[378]에 연줄을 대려고 한다. 베네수엘라 출신의 총재는 자기 혼자라도 너끈히 NGO를 할 수 있겠다고 말할 정도로 NGO를 그다지 진지하게 받아들이지 않은 인물로, NGO를 두고 이렇게 평가한다. 〈크게 NGO는 세 가지 유형으로 분류할 수 있다. 진지하고 올곧게 활동하는 NGO, 오로지 금전적 이해관계에만 밝은 NGO(개발 지원금 외에도 좋은 사업과 컨설팅 기회는 많기만 하다) 그리고 마지막으로 하릴없이 빈둥거리면서 짜릿한 스릴을 누릴 기회만 엿보는 NGO, 이렇게 세 가지다.〉 〈개발 도상국의 많은 NGO는 선진국의 고도로 전문적인(세련된) NGO에 완전히 지배당한다. 나는 이런 사실이 매우 서글프다.〉[379]

관료화는 자연법칙?

요컨대 환경 단체의 정부 기관과 밀착 관계 그리고 환경 단체 내부의 관료적 구조를 보여 주는 증거는 전 세계에 차고도 넘쳐난다. 그 자신도 환경 단체에서 부퍼탈 연구소로 자리를 옮긴 볼프강 작스Wolfgang Sachs는 리우데자네이루 정상 회담 이후 〈상승하는 생태 관료주의〉의 경향을 확인했다.[380] 그렇지만 이런 사실에서 자발적인 시민 운동이, 카리스마적인 영감을 받았든 아니든, 제도화나 규제화로 넘어가는 것이 피할 수 없는 자연법칙이라는 결론이 나올지는 의문스럽다. 시기를 특정하지 않고 보면 곳곳에서 이런 진화가 나타나는 것은 사실이다. 그러나 이것을 두고 전체 역사라고 볼 수는 없다. 1970년 4월 22일 〈지구의 날〉이라는 대형 행사, 〈우드스톡 페스티벌〉 분위기를 연상케 한 대형 행사를 환경 운동의 출발점이라고 할 수 없는 것과 마찬가지다. 〈지구의 날〉은 최소한 100년을 거슬러 올라가는 〈환경 운동 이전의 환경 운동〉을 함께 고려해야만 이해할 수 있는 현상이다. 정부와의 밀착 관계와 제도화 경향은, 미국의 기포드 핀쇼든 프로이센 독일의 후고 콘벤츠든, 초기 환경 운동에서 나타난 현상이다. 〈에코 전사〉이면서 야생의 보호를 위해서라면 법마저 크게 신경 쓰지 않아야 한다는 〈에코타지〉를 찬성하는 데이브 포먼은 틀렸다고 볼 수 없는 말을 했다(물론 그는 경멸의 분위기를 담았다). 〈미국의 초기 환경 보호(보존) 운동은 기득권층의 자식, 사생아까지는 아니라 할지라도, 자식이다. 《시에라 클럽》,《오듀본 협회》,《야생 협회》 그리고 야생 보호 단체의 창설자들은 대개 미국 사회를 떠받들던 기둥 가문 출신이다.〉[381] 더욱이 당시 천연자원 보호의 요구는 정부 기능의 확장, 각 주가 아닌 워싱턴 연방 정부 기능의 확장을 목소리 높여 주장했다.

독일의 자연과 환경 보호는 연방 정부의 구조적 성격을 그대로 반영한다. 그러나 독일에서도 자연 보호는 처음부터 조직화의 경향을, 오랫동안 독일 단체 전통에 따라 효율성만 노리지 않는 조직화의 경향을 보여 주었다. 1910년을 전후해 독일의 향토 보호 단체들은 서로 통합해 대표성이 있는 상부 조직을 만들기로 의견을 모으고 끊임없는 탁상공론을 벌였다. 독일 자연 보호의 정신적 아버지인 음악가 에른스트 루도르프Ernst Rudorff는 지친 표정으로 한숨 지으며 말했다. 〈아마도 우리는 연맹을 죽을 때까지 조직하려나 봐.〉[382] 사심이 없다는(적어도 겉으로는) 자연과 고향 사랑은 사심 가득한 단체 조직화로 넘어가기 일쑤다. 전국 단위의 상부 조직은 정치 로비를 통해서만 의미를 얻는다. 미국과 흡사하게 독일에서도 초창기 환경 운동가와 정부 부처 사이에 밀접한 관계가 있었다. 바이에른 자연 보호의 강력한 남자 오토 크라우스Otto Kraus는 제2차 세계 대전이 끝난 뒤 1949년부터 1967년까지 바이에른 주 정부의 자연 보호 담당 관청의 수장으로 있었다. 그는 관리 신분으로 활동하면서 이기적인 편협함에 맞서 공동의 선을 강조하는 연설을 많이 했다. 아무튼 정부와 시민 사회를 따로 떼어서 바라보는 관점은 사안의 본질을 호도할 수 있다.[383]

독일의 환경 정책에서 1990년 〈독일 자연 보호 연맹Naturschutzbund Deutschland, NABU〉이 급부상하기 전까지 가장 강한 위세를 과시한 단체는 〈독일 환경·자연 보호 연맹BUND〉이다.[384] BUND의 회원 단체 가운데 〈가장 강력한 영향력〉을 자랑하는 쪽은 바로 BUND의 모태였던 바이에른의 〈자연 보호 연맹Bund Naturschutz, BN〉이다. BN은 1913년 6월 26일에 창설되었다.[385] BN은 회원을 주로 보수적인 〈기독교사회연합CSU〉이라는 정당의 지지자 가운데 끌어모았지만, BUND는 노르트라인베스트팔렌에서 1970년대 중반에 진보 쪽에 가까운 사민당 지지자로 회원을 꾸렸다. 이처럼 각 주의 정부 색깔에 충실했다는 점에서 BUND와 BN은 정부 기관과 가깝다는 공통점이 있다.[386] 독일 내무부에서 환경 정책을 창시한 인물인 페터 멘케글뤼커르트는 그 독특한 꾸밈 없는 말투로 차관 하르트코프의 〈환경 정책 성과 가운데 하나는 다양한 장려 수단과 대화를 통해 환경 단체들을 연방 정부의 편으로 끌어들이고 《도구화》한 것〉(원문 그대로임!)이라고 했다.[387] 그러나 도구화는 정부의 전유물이 아니었다. 환경 단체도 정부를 도구로 썼기 때문이다. 요헨 플라스바르트Jochen Flasbarth는 1992년에서 2003년까지 NABU의 회장으로 이 평온한 조류 보호 단체를 투쟁적인 환경 단체로 탈바꿈하는 역동성을 유감없이 과시한 인물이다.[388] 그는 2009년 9월 1일 연방 정부의 환경청 수장이 되자 관리에게서 듣기 어려운 과격한 운동가 말투로 선언했다. 〈전 세계 어선 선단의 절반은 고기잡이를 하지 못하게 만들어야만 한다.〉[389]

이 모든 사실에서 정부와 환경 단체 사이에 조화로운 분위기가 성립했다는 결론은 나오지 않는다. BUND와 NABU는 정부 부처와 협력하면서도 회원들에게 체면을 잃지 않기 위해 때때로 투쟁 능력을 증명해야만 했다.[390] 이를테면 BUND의 노르트라인베스트팔렌 지부는 산악 지방을 통과하는 아우토반 건설 계획, 주 정부가 강력하게 지지한 건설 계획을 저지하려 격렬한 투쟁을 벌였다. BUND 회장 미하엘 하렌게르트Michael Harengerd(1992~1998)는 당시 주 정부의 집권 여당인 사민당을 두고 〈마피아〉라고 불렀다. 1990년대 초에 BUND 회의를 담은 녹음 테이프를 들어 보면 사민당 출신의 주지사 요하네스 라우Johannes Rau를 〈환경 범죄자〉라 부르는 대목이 나온다.[391] 1969년부터 새롭게 역동적으로 일어난 〈생태 혁명〉에 고무된 BN 회장 후베르트 바인치얼은 정부에서 받는 많은 지원금은 조금도 고려하지 않고 공격적인 투로, 〈오늘날의 자연 보호는 환경 단체의 관리를 받아야만 기회를 가진다〉고 일갈했다.[392] 카리스마 있는 지도력과 합리적 경영이 반드시 대립하는 것은 아니다. 독일 정부는 1970년 이후 환경 단체에 로비를 시도했다. 그러나 정부는 유령에게 마술을 배우려던 제자가 더는 유령을 떨치지 못하는 신세가 되고 말았다.[393]

　미국에서 시에라 클럽은 1970년의 〈생태 혁명〉으로 돌연 클럽이 고리타분하게 보이는 것은 아닐지 걱정한 나머지 서둘러 공격적인 태도를 취했다. 때마침 〈지구의 날〉 행사가 열린 1970년 4월, 클럽은 『생태 전략Ecotactics』이라는 제목의 〈환경 운동가를 위한 핸드북〉을 문고판으로 펴냈다. 〈정말이지 혁명이 필요하다.〉 책은 이 말로 포문을 연다(정확한 속내는 이 말이리라. 〈우리의 가치, 전망, 경제 조직이 지속할 수 있기 위해서〉). 비록 구체적인 경우 법을 어겨도 좋다고 선동하지는 않지만, 항상 지구의 적을 막는 싸움과 혁명과 〈행동〉이 강조된다. 그러나 이 책의 여성 편집자가 어떤 소녀가 한 것이라며 인용한 〈제너럴 모터스General Motors가 우리를 죽인다!〉(자동차 배기가스로)[394]라는 말이 함축하듯, 지구의 적을 무찌르기 위해서는 본래 모든 것이 허용된다.

　환경 운동에 신선한 열정을 더해 줄 청소년이 매력을 느끼지 못할 규제화, 제도화, 관료화는 대체 어떻게 이뤄진 것일까? 아니, 이런 물음 자체가 어리석을까? 막스 베버의 설명을 그대로 믿는다면, 이런 과정은 자연스럽게 일어나는 것이다. 카리스마가 빛을 발하는 열광적 상태는 본성상 스쳐 지나가는 것이지 지속적이지 않다. 피할 수 없이 일상화가 따른다. 관리의 행정과 제도가 지배하는 현대 사회, 특히 재정 문제가 중시될 수밖에 없는 현대 사회는 시간의 흐름에 따라 일종의 강제처럼 일상화에 사로잡힌다. 사회 운동의 일상화를 설명하는 것은 이른바 〈자연 역사 모델〉이다. 이 모델은 초기의 활기가 수그러들었음에도 제도화에 성공하지 못한다면, 운동은 몰락할 확률이 높아지는 것을 보여 준다.[395] 록 음악 그룹을 보라. 성공한 그룹은 다소 시간적 차이는 있지만 머지않아 연예 산업의 법칙을 따르는 도구가 될 뿐이다.

환경 운동의 경우에 제도화의 경향은 〈자연 역사 모델〉을 넘어서는 특별한 이유를 갖는다. 환경 보호의 많은 목표는, 특히 넓은 지역을 포괄해야 하는 목표는 정부의 간섭이 없이는 전혀 이뤄질 수 없기 때문이다. 정부에 의존하지 않을 수 없다는 점이야말로 환경 운동이 초기부터 오늘날까지 안고 있는 근본 모순이다. 집단은 무엇보다도 어떤 특정한 목표에 집중할 때 응집력과 돌진하는 투쟁력을 얻는다. 그러나 〈환경〉이라는 커다란 개념, 집단의 이해관계를 뛰어넘어 전체를 고려하며 네트워크 사고방식으로 접근해야만 하는 개념은 어떤 하나의 목표에만 집중할 수 없게 한다. 바로 그래서 환경 운동은 국가라는 차원이 필요하다. 환경 운동에 박차를 가하기 위해 정부 부처에 로비를 하며 협상하는 일은 피할 수 없는 노릇이다. 이런 로비와 협상에서 운동가는 관료와 코드를 맞추며 그 전문 능력을 고려해 주어야만 한다. 그린피스처럼 시끌벅적한 캠페인으로 언론을 움직여야 하는 경우, 위험을 최대한 줄이고 성공 확률을 높이려면 일사불란한 조직이 꼭 필요하다. 운동의 우선순위를 놓고 벌어지는 자유로운 공개 토론은 끝없이 이어지는 말잔치일 공산이 크다. 뒤늦은 행동은 운동의 효과를 반감할 뿐이다. 그래서 운동은 항상 앞으로 빚어질 법정 다툼을 염두에 두고 준비하며, 반대파에 대응 가능한 전략을 전문적으로 계산할 줄 아는 능력을 키운다.

미국이라는 조건에서 환경 NGO의 주 무기는 법정 소송이다. 동시에 수백 건의 재판을 치러야 할 때가 허다하다.[396] 소송에는 당연히 변호사가 필요하다. 그러나 혼란스러운데다가 환경 관련법이 폭발적으로 늘어나 흥미롭고도 자극적인 도전 과제가 넘쳐나자 변호사들은 앞다투어 단체에 가입했다. 이미 1967년 시에라 클럽의 어떤 직원은 바로 그 전 해에 뉴욕의 변호사들이 클럽에 다수 가입하자 회장 데이비드 브라워에게 이러다가 클럽이 〈뉴욕 변호사 협회New York Bar Association〉가 되는 것이 아니냐며 투덜댔다.[397] 미국에서 논쟁할 가치가 높은 재판을 하려면 강력한 재정적 뒷받침이 필수적이다. 이런 재원을 조달할 가장 좋은 방법은 기업가를 스폰서로 확보하는 것이다. 후원을 받으려면 단체 자체가 실력 있는 변호사와 정관, 사무실을 갖춘 법인이 되는 것이 중요했다.

유럽 연합, 유엔, 세계은행:
초국가적인 로비와 NGO 기득권층의 형성

다양한 환경 단체가 거두는 성공의 정도가 다르고 단지 소수의 단체만이 정부 고위층에 줄을 댈 수 있었던 탓에, 피할 수 없이 환경 운동 내부에서는 기득권층이 형성되었다. 환경 운동이 성공적일수록 이런 경향은 더 심해졌다. 차원이 높아질수록 함께 어깨를 견줄 NGO는 그만큼 더 줄어들었다. 유엔과 유네스코는 일찍부터 환경 운동의 형성에 영향을 미쳤다. 특히 유엔과 유네스코에서 NGO는 가치를 인정받는 상표였다. 유럽 내부에서 유럽 연합은 특히 1990년대부터 환경 운동의 주도권을 쥐려고 하면서 그만큼 환경 운동에 행사하는 영향력을 급속도로 키웠다. 그때까지 생태 운동계는 유럽 연합이 산업 성장과 농업의 기술화에만 치중한다며 유럽 연합을 의심의 눈길로 보아왔으나, 1992년부터 발효된 〈FFH 지침〉*은 자연 보호 운동가들을 승리의 감정에 도취하게 했다. 〈자연 보호가 그 역사에서 이처럼 포괄적으로 국가 차원의 간섭과 규제라는 권력 수단을 누려본 적은 결코 없다!〉(프랑크 위쾨터)[398]

환경 운동의 전 세계적인 형성에 결정적 역할을 한 것은 워싱턴의 〈세계은행〉이다. 대형 댐과 다른 거대한 개발 프로젝트의 재원 마련에 참여한 세계은행은 환경 운동이 투쟁해야 할 적인 동시에 공동선에 의무를 가진 제도로서 세계 여론을 고려해야만 했다. 그래서 세계은행은

---

* Fauna-Flora-Habitat-Richtlinie: 자연 생태계와 동식물 서식지 보호 지침. 유럽 연합이 1992년 자연 보호의 기준으로 제정하였다.

여론에서 환경 문제가 차지하는 비중에 영향을 받았다. 특히 환경 문제가 새로운 호황을 맞았던 1980년대 말 이후 세계은행은 갈수록 더 환경 단체가 즐겨 찾는 자금줄이자 장려자가 되었다. 1990년대에 세계은행은 일종의 생태적 전환을 겪어야 했다. 이런 노선 전환의 결정적 동기는 나르마다 댐 건설에 갈수록 커지는 비판이었다. 이 비판은 이전의 어떤 논란보다도 더 세계은행을 난처한 지경에 몰아넣었다. 반다나 시바는 세계은행이 추진하는 수자원의 상업화 때문에 세계은행을 적으로 보았지만,[399] 메드하 파트카르는 1989년에 세계은행의 새 총재 루이스 프레스턴Lewis Preston에게 공개 서한을 보내 댐 건설 지원 중단을 애타게 호소했다. 이 서한은 그녀가 발표한 것 가운데 가장 인상적인 편지다.[400] 분명 그녀는 델리나 심지어 뭄바이보다 워싱턴에서 더 잘 이해해 줄 것으로 기대한 모양이다. 그리고 이런 기대는 그녀를 실망하게 하지 않았다. 우리가 이미 앞에서 살펴보았듯, 파트카르는 풀뿌리 운동가로서 기성 NGO를 등에 업지 않고도 세계은행의 수뇌부에 깊은 인상을 심어주어 마침내 사업 철회를 끌어낼 수 있었다. 필리핀의 환경 운동가들은 세계은행에 공포를 느꼈다. 이 은행과 협력하는 것은 〈적과의 동침〉과 다르지 않았다.[401] 그러나 결국 필리핀 환경 운동가들은 활화산인 아포산Mount Apo의 지열 에너지를 이용하려는 〈필리핀 국영 석유 기업〉의 대형 프로젝트를 막으려는 싸움에서 세계은행의 지원을 받아낼 수 있었다.

워싱턴의 세계은행은 몇 안 되는 기성 NGO가 로비스트를 내세워 독점적 지위를 차지한 것을 보며 상황의 심각성을 깨달았다. 그래서 세계은행은 전 세계의 풀뿌리 운동을 장려하기 시작했다.[402] 로마 클럽의 사무총장이 1986년에 작성한 보고서(「맨발의 혁명Die Revolution der Barfüßigen」) 역시 풀뿌리 운동을 장려해야 한다는 요구를 담았다.[403] 이런 노선 변화의 조짐은 1989년부터 두드러지게 나타났다.[404] 1990년대 〈글로벌 환경 단체〉를 세계은행이 장려하기로 한 프로젝트를 다룬 2001년의 보고서[405]는 마치 전 세계의 환경 단체와 프로젝트를 망라한 목록처럼 읽힌다. 관련 문헌에 이름조차 올리지 못한 단체와 프로젝트가 태반이다. 중국 26개, 인도 16개, 인도네시아 14개, 페루 14개, 필리핀 13개, 두 콩고공화국(콩고공화국, 콩고민주공화국) 10개, 세네갈과 세이셸에 각각 7개 등이다. 보고서만 보아도 워싱턴이 전 세계의 환경 운동을, 비록 운동이 지역적 토대를 갖는다고 할지라도, 어느 정도 장려하고 조종했는지 충분히 짐작된다.

아룬 III을 둘러싼 논란: 글로벌 소통과 네팔 내부의 소통

세계은행의 수뇌부가 생태를 바라보는 관점 전환은 1990년대 중반 네팔 동쪽의 이른바 〈아룬 IIIArun III〉 댐 건설 프로젝트를 둘러싼 논란이 결정적이었다.[406] 오래전부터 인도의 수리 전문가들은 히말라야의 거대한 수력 발전 잠재력을 흥미진진하게 지켜보았다. 히말라야에 비하면 네르마다 댐도 초라해질 뿐이다. 또 가난한 네팔 역시 수력 발전이 가져다줄 엄청난 경제적 잠재력에 부푼 기대를 품었다. 그러나 세계에서 가장 높은 이 산악 지방의 정치적 분열과 불안정한 상황 그리고 무엇보다도 전문적인 관리 능력의 결여는 그때까지 모든 대형 댐 건설 프로젝트를 엄두도 내지 못하게 했다. 환경 운동가의 반대도 이처럼 댐 건설을 효과적으로 막지는 못했으리라.[407] 순전히 기술적으로만 따지면 아룬 프로젝트는 매력적으로 보였다. 아룬이라는 고산 지대 계곡에서는 인구 밀도가 높은 나르마다 계곡에서보다 훨씬 더 적은 수의 주민만이 주하면 되었다. 그러나 그 대신, 다시금 나르마다 댐과 다르게, 아룬 프로젝트는 현대 문명의 손길이 거의 닿지 않은 자연과 그 본래의 원시 부족을 위협했기 때문에 전 세계 야생 애호가의 분노를 샀다.[408] 자연 애호가와 원주민은 이런 분노에 의기투합했다. 이들은 워싱턴에서 만나 새로운 단일 대오를 형성했다. 당시 마침 호주 출신의 은행가 제임스 울펀슨James Wolfensohn이 세계은행의 총재를 맡아 은행이 가진 자본주의의 아성이라는 이미지를 털어 버리고 가난한 사람들을 돕겠다는 의지를 표명했다.[409] 울펀슨의 자문역인 모리스 스트롱은 스톡홀름 환경 회의의 사무총장을 맡았던 인물이다. 세계은행의 새로운 수뇌부는 아룬 프로젝트의 지원을 철회하기로 결정했다. 네팔은 인도와 달리 자력으로 댐 건설 비용을 조달할 수 없었기 때문에, 이로써 프로젝트는 사망선고를 받았다. 국제 차원에서 〈아룬 Ⅲ〉를 둘러싼 논란은 환경 갈등으로 비춰졌다. 네팔 내부에서도 갈등은 극에 달했다. 그러나 이 경우의 문제는 누가 댐으로 이득을 보며, 뇌물이 어디로 흘러가는지 하는 다툼이었다.[410] 인도가 자금을 댄 네팔의 다른 댐 건설도 히말라야 주변 국가들의 원성을 샀다. 자국의 계곡이 인도의 이해관계에 희생될 뿐만 아니라, 자국이 이웃 강국의 단순한 위성 국가로 전락할 위험이 컸기 때문이다.[411] 이런 식으로 글로벌 네트워크를 자랑하는 〈생태 소통〉이란 현지의 이해 다툼을 가리는 위장막이었을 뿐이다. 물론 네팔만 그랬던 것은 아니다.

가치 판단 자유로부터의 해방

모든 환경 운동에서 항상 고개를 드는 의문은 이것이다. 〈무엇을 어떻게 평가할까?〉 환경이라는 주제를 다룬 문헌에는 가치 판단이 넘쳐난다. 노골적인 것은 물론이고, 숨겨진 가치관은 더욱더 많다. 당연한 것처럼 슬그머니 끼어든 것도 드물지 않다. 아예 글을 쓴 저자 자신이 전혀 의식하지 못할 때도 많다. 서로 충돌하는 가치가 어깨를 나란히 하기도 한다. 자연과 환경 보호의 근원에서 충돌은 시작된다. 자유롭게 만개하는 자연을 보는 기쁨은 무정부주의의 냄새를 풍긴다. 반대로 자연을 불도저와 시멘트로 밀어붙이고 덮어 버리는 〈자유 경제〉를 바라보는 분노는 자연의 풍경을 지켜 줄 정부의 개입을 요구한다.

자율을 최고의 가치로 여기는 사람의 눈에 환경 운동 단체와 정부 기관의 협력은 그 자체로 배신이다. 원칙적으로 오로지 정부만이 효과적 환경 보호를 할 능력을 갖추었다고 보는 사람은 민간 단체의 활동을 미덥지 않게 여긴다. 이들은 정부가 민간 단체에 협력하도록 강제해야 한다고 주장한다. 국가의 관료 체제를 무능하며 부패하기 쉽다고 보는 사람은 비정부 기구를 해답으로 간주한다. 자연 보호가 항상 대중이 원하는 것과 충돌한다고 믿는 사람은 환경 단체의 투쟁 능력을 중시한다. 모든 성공적인 자연 보호는 주민과의 합의에 기초할 때만 이뤄진다고 보는 사람은 〈소통 능력〉을 우선시한다. 현대의 모든 환경 정책의 기초를 과학이라고 여기는 사람은 환경 보호에 끼어드는 감정에 혐오를 가진다. 사랑과 열정을 중시하는 사람은 동물과 풍경에 품는 애정이라고는 없이 서류 더미 속에서 이성적으로 접근하는 환경 보호를 피도 눈물도 없는 생태 환관으로 멸시한다. 헌신적인 자연 사랑을 진정한 환경 운동이라고 여기는 사람은 멸종 위기에 처한 박쥐를 보호하겠다며 벌이는 건설 반대 투쟁이 실제로는 땅값을 올리려는 속내를 가진 경우를 냉소적인 눈길로 바라본다. 모든 환경 단체를 〈글로벌하게 생각하고, 로컬하게 행동하자〉는 구호에 얼마나 충실한지로 평가하는 사람은 향토나 특정 도시 구역에만 치중하는 운동을 고루하고 이기적인 〈님비 현상〉으로 폄하한다. 진정한 환경 운동은 환경 전체를 고려해야 한다고 생각하는 사람에게 어떤 하나의 주제만 집중하는 운동은 우매할 뿐이다.

이런 모든 것으로 미루어볼 때 일면적이거나 과장된 평가 기준은 환경 운동의 가치 평가를 불가능하게 만든다.[412] 한때 지나칠 정도로 떠받들어졌던 막스 베버의 요구, 곧 학문은 가치 중립적이어야 한다는 요구는 오늘날 사회학자들에게 하품만 쏟아내게 한다. 특히 환경 정책과 환경 운동의 연구에서 가치 중립적이라는 말은 그 자체로 성립할 수 없다. 무엇보다도 환경 문제의 해결에 하나의 특효약, 하나의 효과적 방법, 하나의 최적화한 제도와 단체가 있어야만 한다는 역사에 관한 무지한 발상에서 우리는 자유롭게 풀려나야만 한다. 특정 공간과 시간을, 특정 상황과 운동가를 가지지 않는 객관적 진리란 없다. 모든 가치 판단은 상대적이고, 시대와 맞물리며, 특정 조건과 떼어 생각할 수 없다.

환경 운동의 근본 모순

저명한 헌법학자 에른스트 포르스트호프Ernst Forsthoff(1902~1974)는 국가가 해결해야 할 가장 중요한 과제로 〈공공 서비스〉를 꼽았다. 그의 이런 관점은 국가를 상대로 환경 운동이 지원을 요구할 가장 좋은 법철학적 토대를 제공해 주었다. 그럼에도 많은 환경 운동가가 포르스트호프가 권위를 강조하는 독일 국가 사상의 전통을 대변하는 것이 아닌지 의심했다. 실제로 그는 시민 단체를 그다지 존중하지 않았다. 그는 1971년 시민 단체의 형태로 이루어지는 환경 보호는 이 운동의 개별적 성격과 환경 보호라는 보편적인, 곧 개별적이지 않은 본질 사이의 모순 탓에 실효를 거두기 힘들 것이라고 주장했다. 정부가 시행하는 공공 서비스는 개개인의 이익보다 공동체를 우선해야 하기 때문이다.[413]

그러나 포르스트호프의 이런 환경 운동 평가는 1971년이라는 상황에 국한되었을 뿐이다. 그 뒤로 20년 동안 전개된 운동의 양상을 보며 포르스트호프는 달리 판단했을 것이 틀림없다. 그는 〈국가〉가 단순한 공동체가 아니며, 관료주의는 책임을 분산하려는 경향이 있다는 점, 바로 그래서 국가 기관은 그 자체로 공동의 이익에 봉사하는 것이 아니라, 항상 외부에서 주어지는 자극을 받아야 한다는 점을 간과했다. 환경 운동의 역사는 이런 외부적 자극이 필요하다는 증거를 차고도 넘치게 보여 준다. 사실 이런 인식은 새로운 것이 아니다. 이미 1872년 유명한 법학자 루돌프 폰 예링Rudolf von Jhering(1818~1892), 포르스트호프가 즐겨 공격했던 예링은 자신의 책『권리를 위한 투쟁Kampf um's Recht』을 가지고 빈에서 했던 강연에서, 〈추상적 권리〉는 개인이 이 권리를 얻어 내려 싸우지 않는 한 〈종이 위에만 존재하는 단순한 헛것〉이라고 설명했다.[414] 예링이 염두에 둔 것은 개인의 권리이지만, 환경 보호의 권리에도 마찬가지로 적용된다. 공동의 이익은 개인들의 다양한 이해관계를 통해 비로소 성립한다. 다만 개인은 자신의 환경권을 실현하기 위해 투쟁하지 않기 때문에 개인의 환경권은 종이 위에 찍힌 글자로 남을 수밖에

없다.[415]

그러나 개인이든 집단이든 개별적 이해관계는 나름 집착하는 성격을 갖기 때문에 다른 정당한 권리를 침해하는 경우가 드물지 않다. 역사는 이런 침해의 사례를 얼마든지 보여 준다. 그런 점에서 포르스트호프의 비판이 전혀 틀렸다고만은 할 수 없다. 환경 단체 사이의 갈등은 개별성과 보편성 사이의 모순을 분명히 드러낸다. 모든 조직과 마찬가지로 환경 단체도 나름대로 조직 이기주의를 키운다. 기부금 모금과 정부 장려금을 놓고 환경 단체들은 치열한 경쟁을 벌인다. 홍보전도 마찬가지다. 언론은 모든 주제와 운동을 똑같이 신경 쓰지 않는다. 환경 보호에서 정말 중요한 것은 모든 단체가 결속하는 것이다. 물론 각 조직의 자기 보존 본능으로 이런 결속은 어렵기만 하다. 현장의 자원봉사자들을 중시해야 하는 이유는 바로 이것이다. 자원봉사는 각 단체의 경계를 넘어서는 협력을 가능하게 해준다.

이미 1970년대에 미국은 우후죽순처럼 생겨나는 환경 단체와 각종 시민 단체가 강점만 가진 것이 아니라, 위험도 내포했음을 깨달았다. 그 위험은 생태라는 커다란 맥락에서 봐야 할 문제가 산만해지는 것이다.[416] 오늘날 미국이야말로 포르스트호프가 언급한 딜레마의 가장 좋은 예다. 미국은 40년째 세계에서 가장 강력한 시민 단체 주도의 환경 운동을 펼치며 산업의 특정 독성 물질을 규제하고 제한하는 일련의 성공을 거두었음에도, 인류의 공통 관심사인 이산화탄소 감축 문제에서는 가장 큰 훼방꾼이다.

세계 각국에서 정부 기관이 주도하는 개발 지원이 얼마나 지지부진했는지 하는 쓰라린 경험과 1990년대 이후 탈규제화의 흐름 속에서, NGO는 〈단체〉라는 단어보다 더 매혹적인 울림을 내는 마법의 주문이 되었다. 〈비정부〉라는 표현이 아예 품질 보증이 되었다. 그러나 NGO는 민주적 정당성을 갖지 못한다. 정당성은 단체의 회원들이 끊임없는 토론을 통해 이상을 공유할 때 성립한다. 그러나 이런 공유가 언제나 확실하게 이뤄지지 않는 것이 문제다. 잘 정비된 대형 NGO는 임원이 높은 연봉과 든든한 보장을 받지 않음에도 관료의 관성 법칙에 그대로 사로잡힌다. 요컨대 환경 보호는 최소한의 직업윤리와 통합성, 비판적 여론이 관여할 수 있는 투명성 그리고 역동적 능력을 갖춘 관리 체계를 가질 때 성공의 확률이 높아진다. 그러나 세계 각국의 상황은 저마다 다르기 때문에 두툼한 책 한 권을 너끈히 채우고도 남을 그 수많은 환경 단체에 모두 같은 효과를 기대하기란 어렵다.

행정부가 환경 운동에 관심을 갖는 것이 중요하다면, 의회 역시 관심을 보여야 한다. 그러나 관련 자료는 의회가 환경 운동에 거의 관심을 가지지 않았음을 확인해 준다. 〈새로운 사회 운동〉이라는 모델이 유행이었던 시절, 환경을 간판으로 내건 정당은 그 자체로 모순이기에 독일 녹색당을 두고 내부에서조차 얼마 가지 못해 문을 닫을 것이라는 예언이 팽배했다. 그러나 오늘날까지 거의 30년을 넘기면서 독일 녹색당은 세계에서 가장 유명한 생태 정당으로 남았다. 그동안 독일 녹색당을 다룬 문헌도 적지 않게 출간되었다. 그러나 이런 문헌은 놀랍게도 녹색당의 초기 시절에만 집중할 뿐이다.[417] 녹색당은 초기에 원칙파와 현실파 사이에 극심한 노선 투쟁을 벌였으며, 의회 안에서 정당 역할에 충실할지, 아니면 기성 정치에 반기를 드는 안티 정당 노릇을 할지 끝없이 논쟁을 벌였다. 당시 녹색당은 심지어 괴이하다는 이미지로 곤욕을 치르기도 했다.

항상 새롭게: 질서 탐색

2008년에 그 첫 임기인 1983년에서 1987년까지 의정 활동을 기록한 1,100면이 넘는 녹색당의 보고서는 그 솔직한 개방성에서 유례를 찾아볼 수 없는 전 세계에서 유일한 문건이다. 기록은 당원 사이의 감정 폭발은 물론이고 기록자의 부정확한 촌평 등으로 흥미진진하게 읽힌다. 1983년 11월 20일에 열렸던 회의의 기록은 군대의 재무장 문제를 둘러싼 의회 토론에서 녹색당이 의회의 연설 관례를 깨고 〈침묵할 것〉을 두고 벌어진 열띤 토론을 중계한다. 〈자비네 바르트Sabine Bard는 침묵이라는 인간적인 제스처가 국회와 같은 비인간적이고 야비한 장소에서 어울리지 않는다고 보았다. …… 요슈카 피셔가 질문을 던졌다. 누가 침묵할 것인가? 그러자 누가, 언제, 어떻게, 어디서, 무엇을 하는지 따위로 따지는 혼란이 연출되었다. 이어진 표결에서 여덟 명은 침묵하기로, 나머지는 연설에 나서기로 결정되었다.〉 회의가 끝나갈 즈음에 다시금 〈작은 소동〉이 벌어졌다. 〈그러다가 회의는 슬그머니 끝나 버렸다.〉[418] 말 그대로 의회주의와 안티 의회주의의 뒤죽박죽이다. 더 나아가 당시 녹색당의 정치를 다룬 자세한 연구는 녹색당이 얼마나 환경 단체, 시민 단체, 생태 연구소 등에 의존했는지 밝혀 준다. 의정 활동의 과도한 업무로 지친 녹색당 소속 의원들은 원자력이나 화력 발전의 대안을 개발하지 못했을 뿐만 아니라, 새로운 환경 문제를 확인하는 데도 실패했다.

기록은 또 다른 사실도 확인해 준다. 녹색당의 의사 결정 과정은 초기에 형식적 규칙을 지키는 데 소홀했기에 전혀 투명하지 않았다. 녹색당의 적지 않은 문건은 암시와 은유 그리고 자기네끼리 쓰는 전문 용어 탓에 비스마르크 시대의 제국 의회 속기록보다도 더 이해하기 어렵다. 결정은 어찌어찌 내려졌다. 낮에 회의에서 결론을 내리지 못하면, 저녁에 술집에서 의원들은 술잔을 주고받으며 결정을 내렸다. 이런 비형식적 태도는 내부자 정보를 키웠다. 몇십 년이 지난 지금 젊은 환경 운동가들은 뭐가 뭔지 모를 전문 용어의 뒤죽박죽에 얼이 나간 표정을 짓는다. 게다가 늙어가는 신좌파의 은어까지 뒤섞여 젊은 세대는 더욱 혼란스럽기만 하다(물론 비교祕敎 모임이나 페미니스트 단체의 경우도 상황이 더 나은 것은 아니다[419]). 동독 생태 운동의 숨겨진 스승으로 산전수전을 다 겪은 라이마르 길젠바흐도 통일 이후 서독의 자연 보호 운동가들과 만나 비슷한 경험을 했다고 털어놓았다.[420] 독특한 전문 용어와 은어는 비공식적인 모임은 물론이고 공식적인 제도에서도 통용됐다.

〈그린피스〉 대 〈쉘〉: 환경 운동의 자기반성

인간은 조롱이나 비꼼을 받은 일을 결코 잊지 못한다. 환경 운동은 너무나도 인간적이어서 단체 안에서 임원 선정 문제와 돈의 용처를 둘러싸고 다툼이 잦다는 것은 조롱하기에도 진부한 이야기일 뿐이다. 환경 운동이 인간과 마찬가지로 틀에 박힌 일상화를 벗어나지 못하며, 늙어간다는 점도 마찬가지다. 이런 이야기를 듣고 충격을 받는 사람은 애초부터 생태의 기적을 믿었기 때문이리라. 그러나 이런 프레임에 맞지 않는 모든 것은 주목할 만하다. 환경 정책의 새로운 시기를 연 1990년을 전후한 세계 역사의 전환 이래 많은 환경 운동가가 사회주의와 공산주의 운동의 운명을 일종의 경고로 받아들였다. 한때 힘없는 민중의 분노로 시작된 운동이 권위를 강조하는 관료적 중앙 집권주의, 최악의 권력 집중으로 추락한 역사적 사건은 숱한 조롱과 비꼼의 대상이 되었다. 환경 운동은 이런 수모만큼은 당하지 않아야 한다며 결의를 다졌다.

환경 운동에서 놀랄 일은 아주 다양하기만 하다. 애초 거친 반항아로 기득권층에 반기를 들었던 환경 운동가 가운데 적지 않은 이가 참으로 빠른 속도로 권력이라는 도구를 전문적인 솜씨로 다루는 인물로 변신했다. 또 이런 변화의 과정을 비판적으로 추적하며 방종을 예방하려 노력한 환경 운동가도 적지 않았다. 심지어 환경 문제를 담당하는 독일 정부의 관료들 내부에서 좀체 사무실을 벗어나는 일이 없는 고위직 관료가 이따금 〈전선으로 나가서〉(은어: 〈피난 아동 살피기〉) 농촌의 마을 회관에서 농부들과 함께 새로운 자연 보호 규정과 씨름하는 모습을 보이곤 했다. 상당히 오랫동안 유지된 이런 관행은 〈위에서 아래로〉 자연 보호 정책이 이루어졌음을 보여 주는 사례다. 이런 관행은 독일이 〈적록 연정〉* 시대를 맞아서야 비로소 폐지되었다.[421]

---

* Rot-grüne Koalition: 독일의 사민당(적색)과 녹색당이 연합한 정부 형태. 1998년에서 2005년까지 실권을 잡았던 연정이다. 당시 사민당의 게르하르트 슈뢰더 총리는 녹색당의 요슈카 피셔를 외무장관으로 지명했다.

환경 운동의 이런 변증법적 변신을 전형처럼 보여 준 단체는 그린피스다. 40년째 전 세계의 가장 유명한 환경 단체로 활약하면서, 그린피스의 무지개 전사들은 〈생태〉라는 까다롭고 항상 한탄을 자아내는 주제에 끌려다니기보다 오히려 주도권을 잡는 새로운 녹색 영웅의 모습을 유감없이 과시했다. 세계 대양에서 고래잡이 어선과 원자 폭탄 실험에 맞서 무모할 정도로 과감하게 투쟁한 무지개 전사는 〈생태 혁명〉에 처음부터 대담한 자신감을 심어 주면서 〈글로벌 지평〉을 열어 주었다. 그린피스의 이런 활동은 헤르만 뢴스가 질타했던 〈잡화상〉 같은 분위기와 거리가 멀었다. 그러나 그린피스의 활동은 군사 작전을 방불케 하는 계획을 요구했다. 엄격한 위계질서를 강조하는 구조와 갈수록 넘쳐나는 기부금으로 키워진 자기중심적 태도는 다른 환경 단체들의 원성을 사기에 충분했다. 그늘에 가려진 다른 환경 단체들은 그린피스를 〈제국〉이라 부르며 비아냥댔다.

그린피스의 전략가 하랄트 친들러Harald Zindler는 거리낌 없이 속내를 드러낸다. 〈나는 총회가 결정했다고 해서 누구를 고무보트에 태우지는 않을 거요.〉 〈독일 녹색당의 현실파와 원칙파 사이에 밤새워 끝없이 논쟁을 벌이며 서로 녹초가 되는 일은 그린피스에서는 없소.〉[422] 그린피스의 다른 참모 마티 우오리Matti Wuori는 이렇게 말한다. 〈세상을 바꾸고 싶다면 당신에게는 권력이 필요합니다. 분위기는 좋지만 아무 성과를 내지 못하는 끝없는 토론을 계속할지, 효율적인 변화를 밀어붙일지 당신은 결정해야만 합니다. 단호한 추진력을 위해서는 위계질서가 중요하죠. 이런 모순은 피할 수 없습니다.〉[423] 토론이 무조건 성과가 없는 것은 아니다. 그러나 그의 발언에서는 생태계의 특유한 끝없는 논쟁의 경험이 고스란히 묻어난다. 그의 발언은 경직된 조직이라 할지라도 기적을 일으킬 수 있다는 선언처럼 들린다.

『슈피겔』은 1982년 9월 6일 처음으로 그린피스의 두 무지개 전사가 고무보트를 타고 붉게 빛나는 거대한 핵폭발 버섯구름을 배경으로 승리의 자세를 취한 사진으로 표지를 장식하며 이 생태 영웅을 찬양했다.

그런데 9년 뒤인 1991년 9월 16일 같은 시사 주간지는 큼지막하게 뽑은 제목 「지폐 제조기 《그린피스》」로 이 환경 스타를 공격하는 기사를 썼다. 그동안 생태 운동계가 그린피스에 느낀 질투를 그대로 담은 이 기사는 그린피스가 『슈피겔』을 〈환경 킬러 신문 용지〉라 부르며 조롱한 데서 비롯됐다. 다시금 표지 사진에는 고무보트를 탄 무지개 전사가 강력하고 밝게 빛나는 구름 앞에서 미소를 지었다. 그러나 이번에는 배경이 핵폭발 버섯구름이 아니라, 100마르크 지폐의 쓰나미였다. 기사에서는 〈다윗이 에코 골리앗이 되었다〉라고 묘사하며, 〈세계 기근 지원 기금〉*보다 두 배 가까운 기부금을 모았으면서도 그린피스는 이미 계좌에 쌓인 6000만 마르크라는 거금을 어디에 써야 좋을지조차 모른다고 비아냥거렸다. 이 〈환경 운동계의 《맥도널드》〉는 자신이 벌이는 운동의 목표가 실제 얼마나 중요한지는 개의치 않고, 오로지 언론의 홍보 효과에만 매달린다고 『슈피겔』은 지적했다. 오랫동안 자동차 비판이 대중적 인기가 없다는 이유로 조심스러워했던 그린피스가 최근 들어 자동차를 환경 파괴의 주범이라고 새삼스럽게 몰아세우는 것은 홍보 효과를 노린 것이라고도 기사는 꼬집었다.[424] 기사가 나가고 나서 그린피스는 〈에코 자동차〉를 개발하기 시작했다.

4년 뒤 그린피스는 〈브렌트 스파〉 원유 저장 탱크를 북해 밑으로 가라앉히려는 것을 막으려는 운동을 벌였는데, 이는 언론의 홍보 효과를 계산하고 노린 이벤트였다. 다시금 고무보트에 탄 무지개 전사 앞에 이번에는 버섯구름 대신 악마의 상징이 되다시피 한 〈쉘〉 로고와 〈브렌트 스파 플랫폼〉이 자리한 사진이 표지를 장식했다. 그린피스가 골리앗처럼 큰 세력이 되었어도 고무보트는 〈고전적인 다윗과 골리앗 싸움의 없어서는 안 될 필수 요소〉(안나 뵙제)가 되었다. 무지개 전사들이 플랫폼에 진입했을 때 물대포가 그들을 맞았다. 이 모든 일이 방송의 중계 카

---

* Welthungerhilfe(World Hunger Aid): 독일에서 1962년에 창설된 비정부 구호 단체다.

메라 앞에서 벌어졌다. 그야말로 언론 홍보 효과의 절정을 찍은 이 사건은 폭탄이 터진 것 같은 반응을 끌어냈다. 유럽 전역에서 〈쉘〉 주유소는 불매 운동의 대상이 되었다. 그때까지 어떤 환경 운동보다도 더 큰 인기를 끈 이 불매 캠페인은 독일 총리 헬무트 콜도 지지했다.

그린피스가 여론의 홍보전에서 거둔 이 최대의 성공은 사실 캠페인을 벌이기에 앞서 조직 내부에서 쉽게 볼 수 없는 큰 논란을 배경으로 한다. 1991년 4월 7일 그린피스는 노르웨이가 〈바텐메어〉 개펄에 파이프라인을 놓으려는 것을 막으려 했으나 별다른 성공을 거두지 못했다.[425] 바닷속에서 벌어지는 일이라 시각적 효과가 너무 작았던 것일까? 아니면, 바다에서 활약하는 생태 해적이 언론의 눈에 더는 매력적이지 않았던 것일까? 그동안 숱한 전문가들은 무지개 전사에게 달려들어 단순히 다윗 대 골리앗이라는 상징에 의존하는 고무보트 작전은 철지난 것이며, 다가오는 21세기의 지식 사회와는 걸맞지 않다고 공격해 댔다. 이 전문가들은 옛 투사들을 버리고 싶어 했다. 그러나 옛 투사의 눈에 이 전문가들은 〈먹물 오줌싸개〉, 곧 책만 읽는 책상물림일 뿐이었다. 《브렌트 스파》 작전은 《그린피스》를 운동가의 조직으로 되살리고 싶어 하는 옛 전사의 반항이었다.〉 작전을 지휘했던 울리히 위르겐스 Ulrich Jürgens는 속내를 솔직히 털어놓았다. 〈과학적으로 접근한다면, 생태 운동은 늘 패배다. 《브렌트 스파》 안에 독극물 찌꺼기가 10톤이 들었든 1,000톤이 들었든 나한테는 상관없다. 문제는 고도로 발전한 사회가 쓰레기를 다루는 방식이니까.〉[426] 아무튼 〈브렌트 스파〉 작전은 모든 예상을 뛰어넘는 성공을 거두었다. 인간을 각성시키려면 단순하면서도 감각적으로 인상 깊은 장면이 필요하다는 새로운 증명이었다. 2010년 멕시코만에서 벌어진 석유 유출 사고 역시 그동안 해결되었다고 생각했던 사소한 기술의 결함이 언제라도 다시 문제가 될 수 있음을 상기해 준다.

그린피스는 쉘을 퇴각시키는 데 성공했다. 환경 단체가 거둔 가장 놀라운 성공이다. 몇 년 전만 해도 암스테르담의 그린피스 본부는 저조한 기부금 실적으로 90여 곳의 지부를 폐쇄해야 했는데, 이제 기부금의 새로운 기록이 달성되었다.[427] 그러나 공교롭게도 낯뜨겁게 하는 후속 사건이 터졌다. 그린피스는 그 주장대로,[428] 의도적인 것이 아니라 측정 오류 탓이었다고는 했지만, 〈브렌트 스파〉 안에 5,000톤이 될 것이라던 석유 슬러지가 고작 100톤인 것으로 밝혀지면서 수모를 당하고 말았다.[429] 처음에 더할 나위 없이 통쾌하게 보였던 승리는 심지어 그린피스 팬 대다수가 보기에도 결국 실익이라고는 없는 피로스의 승리Pyrrhic victory로 전락하고 말았다. 〈브렌트 스파〉를 거침없이 문제 삼았던 방식은 오히려 나일강 삼각주의 훨씬 더 심각한 셸 스캔들을 주목하지 못하게 하지 않았는가? 그린피스는 나일강에는 고무보트를 띄울 생각을 전혀 하지 않았다. 그럼에도 이벤트의 상징적 가치는 남았다. 바다를 쓰레기 처리장으로 만드는 스캔들은 현재에도 매년 심각성을 더해 가기 때문이다. 나중에 이 이벤트의 정당성을 강조한 어떤 그린피스 운동가는 석유 굴착용 플랫폼을 바다에 그대로 가라앉히는 것이야말로 최악의 선례를 남기는 것이라고 말했다. 《브렌트 스파》는 훨씬 더 큰 규모의 420개 다른 플랫폼과 시추선을 향후 몇 년 동안 북해에 가라앉혀 처리하려는 시범 프로젝트였다. 《브렌트 스파》의 허가 이후 다른 플랫폼의 처리를 막으려는 자유 재량적 결정은 더는 가능하지 않았으리라.〉[430]

그린피스는 1997년 단체에 악의적인 보도 기사까지 담은 부분적으로 자기비판적인 기록을 발표했다. 가장 주목할 만한 기사는 『프랑크푸르트 알게마이네 차이퉁』이 1996년 6월 24일 자에 (완전히 정확하지 않은) 헤드라인 아래 소개한 영국의 늙은 좌파 역사학자 에릭 홉스봄Eric Hobsbawm(1917~2012)과 인터뷰다. 《그린피스, 그것은 부자의 혁명이다.〉[431] 셸은 신문 광고를 통해 이런 다짐을 하기는 했다. 〈우리는 변할 겁니다.〉 이런 마당에 숙적 그린피스가 자기비판을 하는 신중한 신호를 보낸 것이다. 그린피스는 이제 기부금 수입의 일부를 대중에게 별 인기가 없는, 덜 요란한 프로젝트에 쓰겠다고 공언했다. 그 대표적인 예는 독일 경제 연구소가 위촉한 연구 〈생태 세금 개혁〉이다.[432] 1996년

5월 그린피스는 어류 가공 산업이 추진하는 〈어류 폐기물 처리〉, 곧 가공하고 남은 쓰레기를 바다에 버리는 작업에 반대하는 캠페인을 시작했다. 이 캠페인의 직접적인 이해 당사자가 덴마크였기 때문에 그린피스는 덴마크 지부와 격심한 갈등에 빠졌다.[433] 결국 〈브렌트 스파〉는 성공을 약속해 주는 묘수가 아니었다. 결국 부유한 선진국의 이해관계 때문에 운동이 성공할 수 없다는 점에서 비판자들은 옳았다.

〈브렌트 스파〉를 둘러싼 반성은 독일 환경 운동의 역사에 많은 생각할 거리를 제공해 주는 경험이다. 물론 이 경험은 환경 운동의 주제로 폭넓게 논의되지 않았다. 그러나 늦어도 〈브렌트 스파〉 경험 이후 그린피스의 안팎에서는 언론의 홍보 효과를 노린 이벤트에 매달리지 않고 지구 생태계의 핵심에 집중해야만 한다는 요구가 들끓었다. 이 사건을 계기로, 이후 기후와 관련한 주제들은 대중에게 자극을 주지 않는 방식으로 논의되었는데, 이때의 경험이 없었다면 그런 변화를 생각하기 힘들었을 것이다. 1990년대에 들어 언론이 기후와 관련해 울리는 경종의 목소리는 한때나마 그 자극을 잃어버린 것으로 간주했을 정도다. 쾰른 대성당이 반쯤 물에 잠긴 사진을 표지에 게재했던 1986년 8월 11일 자 『슈피겔』 보도는 너무 과장이 심하다고 혹평받으면서, 이 주간지는 오히려 기후 걱정을 조롱한 꼴이 되고 말았다.[434] 아무튼 언론의 홍보 효과만이 전부는 아니다. 생태 운동계는 온갖 부침을 겪으면서 자기반성 능력을 키워야만 지속 가능한 효과를 낼 수 있음을 깨달았다. 상징성에만 매달리면서 초래된 의미 위기를 계기로 그린피스는 물론 조직을 더욱 든든히 다지기도 했다.[435]

과격파의 르네상스

앞서 언급했듯, 선도적인 환경 단체의 기득권은 몇십 년에 걸쳐 전반적으로 매우 안정적이었다. 그렇지만 같은 NGO 내부에서 운동가들은 여러 단체를 오가며 빠른 속도로 변화했다.[436] 기성 NGO의 이런 이합

집산은 격심한 경쟁을 불러왔다. 기성 NGO는 새로운 단체를 상대로 경쟁을 벌이며 혹시 구태의연하게 보이는 것은 아닌지 노심초사해야만 했다. 그린피스 독일이 결성된 1982년에 이미 〈로빈 우드〉가 갈라져 나왔다. 고무보트 운동이 숲 문제를 외면한다고 본 〈로빈 우드〉는, 《그린피스》는 화학 산업의 바다 오염 행위를 막으려는 장기적인 캠페인을 펼친답시고 바다표범의 새끼들[437]로 감성을 자극하는 마케팅을 벌일 뿐이다〉라고 비난했다.[438] 이미 1977년부터 그린피스는 조직을 탈퇴하고 바다에서 과격한 투쟁을 벌인 폴 왓슨Paul Watson과 그의 〈시 셰퍼드Sea Shepherd〉를 심각한 경쟁 세력으로 여겼다. 왓슨은 선수에 시멘트 덩어리를 단 배로 포경선을 들이받아 가며 투쟁을 벌인 인물로, 그린피스의 옛 동료들을 〈사무실이나 지키는 망아지〉라고 조롱했다.[439]

시에라 클럽의 회장 데이비드 브라우어는 자신의 재임 기간에 5,000명이던 회원을 7만 명으로 늘리는 카리스마를 자랑했음에도 1969년 노선 투쟁 때문에 회장에서 물러나, 〈지구의 벗〉을 결성했다.[440] 이 엘리트 클럽은 〈지구의 날〉 시기에 될 수 있는 한 과격하게 운동을 벌여야만 할 충분한 근거를 가졌다. 클럽이 펴낸 핸드북 『생태 전략』은 그 과격한 양상을 과장해서 그려냈다. 1980년 데이브 포먼은 야생 협회를 탈퇴해 〈지구가 먼저다!〉를 결성했다. 그는 레이건 정부의 공세에 맞서 사보타주를 외칠 정도로 과격한 투쟁을 벌였다. 한때나마 그는 미국 야생 보호 운동의 카리스마 넘치는 지도자로 군림했다. 심지어 엘리트 대학교들은 앞다투어 그를 초빙해 강연을 들으며 기립박수를 보냈다.

이런 과격함은 〈빅 텐〉이 정부 기관과 노골적일 정도로 밀월 관계를 유지하는 것을 막아 주는 효과를 냈다. 심지어 시에라 클럽의 회장조차 1992년 〈과격한 그룹과 주류 그룹 사이의 건강한 상호 관계〉를 이뤄갈 것을 천명하고, 환경 운동의 주된 결함을 〈주류〉가 과격파보다 투명성이 부족하다는 점에서 찾았다. 관리와 경영만으로는 성공할 수 없다고 회장은 강조했다. 〈역사는 문제를 해결하려는 자세로 서로 결합하기 힘든 요소를 화합할 방법을 찾는 단체가 가장 성공적이었음을 보여 준다.

열정적으로 환경 메시지를 전파하겠다는 각오로, 재무와 인사 관리를 처리할 줄 아는 단체가 성공한다.)[441] 〈역사의 교훈〉으로 떠받들어야 할 깨달음이다!

오랫동안 비교적 지역 중심으로 합의를 이루는 환경 보호 운동을 중시해 왔던 영국은, 동물 보호 운동은 예외로 한다면,[442] 1990년대에 들어서 도로 건설 계획에 반대하는 〈거리를 되찾자〉[443] 하는 운동으로 과격한 세력의 출현을 경험했다. 불도저는 나타나는 곳마다 짜릿한 공격 목표가 되었다. 같은 시기 미국에서는 그렇지 않아도 낙후된 주거 지역에 독극물 쓰레기를 처리하는 것을 막으려는 싸움인 〈환경 정의 운동〉이 〈빅 텐〉이나 〈빅 트웰브〉의 지배적 위치를 무시하고 풀뿌리 운동에 새로운 활력을 불어넣었다.[444] 특히 독극물과의 싸움에서 EPA는 첫 전성기를 누렸다. 이제 〈독극물 반대 운동〉은 아래로부터 활력을 얻은 것이다. 중국에서조차 GONGO와 다른 〈친정부 성향의 NGO〉 역시 환경 운동을 독점할 수 없었다. 독일 저널리스트 프란츠 알트Franz Alt에 따르면 중국에서 2008년에만 지역 주민의 건강을 위협하는 환경 스캔들이 계기가 되어 8만 6,000여 건의 전투적 저항이 일어난 것이 공식 확인되었다.[445] 어떤 중국 관찰자는 2000년에 들어설 무렵 마오쩌둥 시대의 종말 이후 환경과 관련한 사회 저항이 급속도로 증가했다고 썼다. 대개 사람들이 모여 합법적으로 감정을 집단 분출할 수 있는 장례식장이 저항의 장으로 바뀌었다.[446]

요컨대 환경 운동의 제도화는 피할 수 없이 조직을 경직시키고 뼈대만 남긴다는, 일부 우울한, 일부 악의적인 문제 제기는 지금까지 전체적으로 볼 때 전혀 입증되지 않았다. 유럽 중부와 서부의 폭넓게 실시된 계량적 연구[447]는 물론이고, 심지어 시에라 클럽의 회장이 1980년대 이후 〈새로운 급진주의〉를 표방한 미국을 살펴봐도 제도화가 곧 경직화라는 논제는 성립하지 않는다.[448] 중국이나 필리핀 등 아시아의 상황도 마찬가지다. 역사의 흐름은 이론의 모델로 설명하려 안간힘을 쓰는 사회 과학자를 언제나 바보로 만들 뿐이다.

〈과두정치라는 철칙〉과 소수의 법칙

경직화라는 주장의 바탕에 깔린 전제를 가장 날카롭게 다듬어 놓은 표현은 로베르트 미헬스의 〈과두정치라는 철칙〉이다. 1911년 당시 미헬스는 독일의 사회민주주의를 생생한 사례로 꼽았다. 모든 조직은 관료화와 집중화의 과정을 거쳐 소수의 엘리트가 지배하는 과두제를 낳는다는 〈철칙〉은 미헬스가 쉽게 파시즘으로 넘어가게 해주었다. 미헬스는 민주적 사회주의가 민주적 자유와 관료제의 결합으로 철칙과 모순되는 허구라고 보았기 때문이다. 그러나 이 〈철칙〉의 바탕을 이루는 것은 미헬스의 스승인 막스 베버의 확신이다. 베버는 역사에서 새로운 것은 대중 단체가 아니라, 강한 열정을 자랑하는 소수 그룹에서 생겨난다고 확신했다. 베버가 당파에 특별한 관심을 기울인 이유가 달리 있는 것이 아니다.[449]

그러나 소수 그룹이라고 해서 강력한 엘리트가 중요하다는 말은 아니다. 그룹이 생겨난 초기에도 강력한 엘리트가 결정적인 역할을 하지는 않는다. 베버가 말하는 소수의 법칙은 변두리 그룹에도 기회를 준다. 앞서 살펴보았던 〈올슨 패러독스〉 같은 결론을 내리는 것이 베버의 소수 법칙이다. 오스트리아의 문화 행동학자 오토 쾨니히는 다년간에 걸친 동물 행태 연구 및 환경 운동의 경험을 통해 이런 결론을 내렸다.〈인간은 12~20명 정도의 그룹을 이룰 때 가장 강력한 힘을 발휘하는 소집단 존재다. …… 회비나 납부하는 회원들로 이뤄진 대규모 집단은 위기의 순간에 항상 반응할 태세를 갖추고 방어의 각오를 다지는 소집단보다 훨씬 더 취약하다. 유명한《침묵하는 다수》, 곧 의견 일치를 보기는 하지만 아무것도 하지 않는 다수에 비해 소규모 운동가 집단은 그래서 강점을 갖는다.〉[450] 바로 그래서 지역 운동가 그룹으로부터 활력을 얻는 환경 운동은 항상 새로운 기회를 얻는다. 아직 태어나지 않은 생명까지 포함한 전체 인류의 이해관계를 대변하려는 환경 운동은 이런 집단의 역동성에 주목해야만 한다. 인터넷 포럼이 많은 소규모 그룹의 강점을

얼마나 강화해 주는지, 아니면 소통 능력을 허비하는 것은 아닌지 하는
물음은 미래를 지켜봐야 할 가장 흥미로운 문제다.

충만한 시간

키르케고르에게 〈카이로스kairos〉(고대그리스어로 〈유리한 순간〉을
뜻함)는 〈주님의 재림과 심판의 순간을 중시하는 기독교의 핵심 개념〉,
곧 〈충만한 시간〉이다.[451] 이 개념을 환경 운동의 이해에도 적용해 보는
것은 충분히 매혹적이다. 신학자가 아닌 사람은 〈역사의 순간〉을 말하
리라. 체계론을 주장하는 사람은 부딪히는 문제마다 체계를 구성해 보
는 것으로 〈카이로스〉를 설명하려고 안간힘을 쓰리라. 그 대신 1990년
대에는 〈정치 기회 구조political opportunity structure〉라는 개념을 지어 내 다
양한 현실을 설명하려는 시도가 있었다. 운동이 풍부한 자원을 자랑하
면서도 전혀 성공적이지 않다가, 특정 상황에서는 단번에 성공을 거두
는 현상을 〈정치 기회 구조〉는 설명해 냈다고 믿었다.[452] 카이로스 현상
은 때때로 환경 운동의 경직화를 깨고 새로운 주제로 새로운 단체가 기
회를 얻을 때도 분명 작용한다. 숲 고사 경종은 1980년대 초 독일의 생
태 운동을 발칵 뒤집어 놓았다. 체르노빌 사건 이후 아이들을 정원에서
뛰어놀지 못하게 한 이른바 〈어머니 운동〉, 옛 반원자력 전사들이 〈베
크렐 운동〉이라 조롱했던 〈어머니 운동〉은 자녀를 걱정하는 마음이 특
정 조건의 환경 운동을 만들어 낸다는 점을 분명히 보여 주었다. 녹색당
내부에서 반원자력 전사들과 어머니들이 벌여 〈자매 논쟁〉이라고도 불
린 〈어머니 갈등〉이 새로운 녹색 운동을 촉발했다.[453] 당시 부유층은 자
녀를 더는 정원에서 뛰어놀 수 있게 하면 안 된다는 생각에 노심초사했
다.[454] 레이건 행정부의 반생태적 정책은 결과적으로 미국 환경 운동을
〈다시 젊게 만드는 효과〉를 가져왔다.[455] 아들 부시 행정부도 미국 환경
운동에 다시 이상적인 적수로 등장했다.[456] 독일의 녹색당이 오랫동안
간절히 기다려 온 바로 그런 적을! 제동을 걸기 힘든 대형 댐 건설 프로

젝트도 환경 운동가에게는 기분 좋은 먹잇감이었다. 전 세계적인 생태 네트워크가 늘 다시 활력을 재충전할 수 있게 해준 것은 지역의 단체다. 늘 자신의 힘을 어머니 지구와 접촉할 때 얻은 신화의 거인 안타이오스가 자연스레 떠오른다. 흙에 발이 닿지 않게 안타이오스를 들어 올려 목졸라 죽인 헤라클레스의 싸움을 생각해 보면, 환경 운동 역시 지역의 풀뿌리 운동과 멀어질 때 그 생명력을 잃을 수밖에 없다.

환경 운동에 늘 새로운 활력을 불어넣어 준 것은 소집단, 개인들, 개별적 사건이다. 바로 그래서 역사의 일화들을 자세히 살피는 일은 중요하다. 일화를 비중 있게 살펴야 할 근거는 충분하다. 무한하기만 한 환경 운동의 문제들, 궁극적 해결책의 불가능함, 항상 새로운 면모로 참여하는 운동가들은 사안을 새롭게 볼 시각을 요구하기 때문이다. 이런 새로운 시각만이 기회를 제공한다. 역사학자가 떠맡아야 할 진정한 과제는 〈카이로스〉, 역사적 순간, 역사적 상황을 현재에도 분명히 가려볼 수 있는 안목을 키워 주는 일이다. 비록 새로운 것을 포착할 기회를 앞서 예견하기는 힘들다 할지라도, 우리는 새로움을 포착할 안목을 키우는 일에 소홀하지 말아야 한다. 역사는 너무 자주 현실을 고압적으로 규정하는 데 악용되었다. 특히 성공적으로 간주되는 역사학자는 언제나 현재 상황이 그럴 수밖에 없었다고 그럴싸한 근거를 암시해 왔다. 그러나 어떤 선입견이나 편견이 없이 현실에 충실할수록, 역사의 사건에 담긴 잠재력의 다양한 의미를 그만큼 더 분명하게 알아볼 줄 아는 안목이 키워진다. 숙명론에 사로잡히기 쉬운 환경 운동이 이로부터 탈피해 첫길을 열어 가려면 이런 통찰을 꼭 새겨야 한다.

5

아군 대 적 또는 윈윈 전략

찬반 논쟁의 생산성: 원자력부터 광우병까지

투쟁으로 — 그러나 어떤 무기로?

브레멘의 원자물리학 교수 옌스 쉐르Jens Scheer(1935~1994)는 뮌스터 대학생들을 상대로 〈원자력 기술의 위험〉이라는 제목의 강연을 마무리하면서, 물리학자가 쓰는 사무적인 말투로 다음의 질문을 던졌다. 〈그럼 이제 우리는 무슨 결론을 내려야 할까요?〉 그리고 그는 다음의 외침으로 답을 내놓았다. 〈투쟁으로!〉 냉철하기만 한 자연과학자는 비제의 「카르멘」에 나올 법한 톤으로 청중을 놀라게 했다. 1970년대만 해도 〈브레멘의 가장 거친 공산주의자〉라고 불렸던 쉐르는 원자력 로비뿐만 아니라, 자신의 동료 교수 디터 폰 에렌슈타인Dieter von Ehrenstein처럼 원자력 비판을 평화적 소통으로 풀어 보자고 주장하는 사람들까지 투쟁의 상대로 보았다. 지금 돌이켜보면 〈공산주의자〉라는 평판은, 그게 무슨 뜻이든 간에 당시 브레멘은 좌파의 아성이었는데, 이처럼 원자력에 반대하는 투쟁을 주장하면서 중국의 원자 폭탄 실험으로 생겨난 방사능 문제는 피할 수 없는 것으로 쉐르가 변호했기에 생겨났다. 그는 〈K그룹〉의 폭력성을 지원한 탓에 1975년에서 1980년까지 교수 자격을 박탈당하기도 했다. 그럼에도 굴하지 않고 원자력 찬성론자의 모든 표준 논증에 대항할, 당시로서는 탁월한 반대 논리를 모은 편람을 발행하면서(1975) 원자력 반대의 물리적 실력뿐만 아니라, 말발까지 강력하게 키웠다. 이 편람은 다른 어떤 원자력 반대론 서적보다도 더 유용했다. 지역 차원에서 찬성론과 반대론이 첨예하게 충돌할 때 편람이 제공하는 논리는 이른바 〈핵 전문가〉마저 머쓱하게 만들었다.[1]

원자력 발전소의 공사장 울타리 앞에서 벌어진 난투를 보며 우리는 원자력 갈등이 처음부터 정신의 싸움이었음을 흘려 보아서는 안 된다. 갈등을 둘러싸고 끝없이 쏟아져 나온 관련 문헌이 정신의 싸움이라는 증거다. 어쨌거나 싸움은 싸움이다. 이 싸움은 68세대의 전투적 시위보다 훨씬 더 길었으며, 더욱 많은 인원을 움직였다. 본래 환경 정책은 워싱턴과 마찬가지로 본에서도 타협의 장으로 기획되었다. 그리고 이런 분위기는 모든 측면에서 환영을 받았다.[2] 〈환경〉은 모든 이의 관심사인 공유 재산이라는 점에서 보존되어야 한다는 인식이 이런 환영의 바탕이었다. 그러나 이런 분위기는 원자력을 둘러싼 갈등으로 완전히 새로운 충돌의 양상으로 변모했다. 이로써 환경 문제라는 전체 스펙트럼은 도발적이고 호전적인 울림을 바탕에 깔았다.

자연 보호 운동권에서 투쟁이라는 단어는 전혀 새롭지 않다. 그러나 〈투쟁〉은 아주 오랜 세월 동안 단순한 비유였으며, 저항이라는 분위기를 담은 수사였을 뿐이다. 존 뮤어에게 야생을 위한 투쟁은 선과 악 사이의 싸움이었다. 우리가 이미 베스트팔렌 자연 보호의 영예로운 인물로 만나본 바 있는 빌헬름 리니엔켐퍼는 1963년 자연 보호의 변론을 투쟁 구호로 마무리했다. 〈정부 각료와 의회와 경제계에 결연히 외치자. 권력자의 집무실에 들어서며 이렇게 말하자.《백작, 거칠게 나가야 합니다!》》 참으로 보수의 분위기가 물씬 풍기는 투쟁 구호다! 그런 다음 방랑 가곡에 빗대 이렇게 읊조렸다. 〈거친 친구들이여, 폭풍우처럼 돌진하자꾸나.〉 〈사람들이 너희에게 침을 뱉으며 조롱하거든, 너희는 선의로 가득한 각오를 다지며 침묵하면서 이렇게 생각하자. 저들은 더 나은 앎을 무시할 뿐이다.〉[3] 분명 리니엔켐퍼는, 말미에 알베르트 슈바이처를 기린 것으로 미루어 볼 때, 경찰을 상대로 폭력을 쓸 생각은 하지 않았다. 오히려 그는 경제의 이기주의에 맞서 국가 권력이 움직여 주었으면 하는 바람을 품었다. 또 투쟁은 위에서도 이끌 수 있다. 다른 자연 보호 운동가들이 이미 패배한 채 허망하게 망루를 지키는 마지막 모히칸처럼 느꼈다면, 리니엔켐퍼의 송가에는 승리의 자신감이 넘쳐 난다. 인간에게는 자연이 필요하기 때문에, 자연을 지키는 전사는 결국 승자다. 투쟁 정신은, 무법자를 제외한다면, 일정 정도 낙관주의를 요구한다. 그리고 투쟁의 보람을 느끼게 해줄 적을 두 눈으로 보아야만 하는 것이 투쟁 정신이다.

투쟁 욕구의 근본 분위기는 풍부한 경험을 자랑하는 자연 보호 운동가 헨리 마코브스키Henry Makowski(1927년생)의 『독일의 국립 공원Nationalparke in Deutscland』에서 드러난다. 〈자연 보호의 격전장〉이라는 부제가 붙은 이 책은 「독일의 야생 동물」이라는 방송 시리즈의 독본으로 출간되었다. 이 책이 거듭 강조하는 주제는 이렇다. 〈오로지 투쟁만이 국립 공원을 관철할 수 있다.〉 그렇지만 이런 투쟁은 과도기 현상, 〈탄생의 아픔〉, 〈물잔 속의 태풍〉으로 새롭게 발현하는 자연이 갈수록 사람들의 마음을 사로잡아 관광 명소로 자리 잡을 때까지만 지속한다. 독일의 국립 공원 하르츠Harz가 지정될 당시 〈국립 공원 관련 피해자〉의 동맹 결성을 두고 마코브스키는 블록스베르크Blocksberg(하르츠에 우뚝 솟은 봉우리)의 멍청한 마녀라고 비유한다. 악마의 꾐에 넘어가 그 엉덩이에 입을 맞추는 마녀가 피해 운운하는 국립 공원 반대 세력이라는 신랄한 비꼼이다. 그는 국립 공원으로 계획된 엘바우에Elbaue에 있는 그림처럼 아름다운 목조 교회 사진을 보여 준다. 이 계획에 농부들은 〈국립 공원 엘바우에 — 때려 부술 거다!〉라는 플래카드를 들고 시위를 벌였다. 〈이 교회 안에서 목사는 국립 공원을 반대하는 기도를 올린다. 목사는 늪지대와 제방으로 이뤄진 좁고 긴 땅을 국립 공원으로 만드는 것을 바벨탑 짓는 일에 비유한다. 목사는 국립 공원이 생명을 짓밟는다고 표현한다. 성경에서 무어라 했던가.《아버지 저들을 사하여 주옵소서 자기들이 하는 것을 할지 못함이니이다》하지 않던가!〉[4]

엘베강가의 자전거 도로에서 자전거를 타는 사람은 엘바우에의 아름다움에 경탄을 금치 못한다. 물론 그 풍경에는 풀을 뜯는 말과 소도 보인다. 또 목조 교회도. 풍경을 감상하노라면 자연스레 이런 의문이 고개를 든다. 정작 문제는 운하 로비로 위협을 받는 이 지역을 보호하려는 것이 국립 공원 계획이지 않은가? 그렇다면 자연 보호 운동과 농부는 왜 손을 맞잡고 투쟁하기보다 반목하는가? 마코브스키는 이런 반목이 인간은 본래 자연을 사랑하기에 장기적으로 저절로 해결될 수 있다고 낙관했다. 그러나 다른 자연 보호 운동가들이 가진 자연 사랑은 인간을 적대적으로 보는 근본 바탕을 가진다. 근본적으로 인류 전체가 적이라는, 말하자면 인류는 〈지구의 암〉이라는 것이 이들의 견해다. 그러나 이런 식으로 적을 만들어 가면 끝이 없다. 오히려 투쟁의 의지가 꺾일 뿐이다. 인류를 상대로 싸울 수야 없지 않은가.

환경 운동에 적이 필요할까?

〈투쟁〉은 스포츠 경기에서 정신적 싸움과 물리적 폭력에 이르기까지 매우 다양한 의미를 담은 개념이다. 정치, 경제, 학문 등은 서로 의견 차이를 보이며 대결할지라도 결국에는 어떻게든 융화한 결과를 만들어 내려는 목표가 있다. 그러나 오로지 적을 무너뜨리고 짓밟으려는 목표를 가진 싸움도 있다. 20세기에 벌어졌던 두 번의 세계 대전이 그런 투쟁이다. 이런 관점을 잘 드러내는 것은 저 악명 높은 카를 슈미트의 〈정치적이라는 개념〉이다. 슈미트의 관점에서 정치적 행동의 핵심은 〈피아의 구분〉, 곧 적과 친구를 구별하는 일이다. 슈미트에게 이런 구분은 〈다른 어떤 기준〉이 필요한 것이 아니라, 정치라는 개념에 이미 공리적으로 포함되어 있다. 다시 말해서 도덕적으로 악하거나 못마땅한 적이 없어도 정치는 적과 친구를 구별한다.[5] 슈미트의 이런 관점은 정치 경험과 성찰을 통해 얻어 낸 필연적 결론이 아니라, 전후 시대의 증오로 얼룩진 분위기 그리고 슈미트 자신이 선호한 단호함이 맞물려 빚어진 것이다.

얼핏 보면 슈미트는 막스 베버의 생각이 갖는 출발점을 급진적으로 밀어붙인 것 같은 인상을 준다. 전자책으로 만들어진 베버의 전집에서 검색해 보면 〈투쟁〉이라는 단어가 785회 등장한다. 1895년 프라이부르크 교수 취임 강연에서 세계 대전 동안의 정치 관련 논문까지 베버의 주된 관심사는 〈정치는 투쟁이다〉라는 점이다.[6] 베버가 특히 중시한 것은 정치와 행정의 구분, 정치가와 관료의 구분이다. 관료가 법을 집행하는 것, 환경 관련 법에서 일상적으로 볼 수 있는 현상인 법 집행의 문제는 특히 강한 투쟁 정신을 요구한다. 물론 베버는 환경법을 별로 경험하지는 못했다. 그럼에도 그는 분명 투쟁적인 환경 관료에게 존중하는 자세를 보였을 것이 틀림없다. 그 시대의 프로이센 독일 관료를 보며 베버는 행정부의 능력에 큰 기대를 품었다. 모든 일을 순전히 기술적인 합리성으로 처리할 줄 아는 관료라는 기대는 오늘날의 관점에서 보면 너무 높기만 하다. 베버가 바라본 투쟁은 〈다양한 가치를 지켜 가는 일종의 다신교〉의 분위기를 풍긴다. 그리고 베버는 이런 다신교가 힘을 발현한다고 평가했다. 그러니까 베버의 개념에 적은 없다. 역사가 흐르며 적과 동맹은 수시로 바뀌었다. 오늘날 베버가 살아 있었더라면, 그는 투쟁하려고 적을 만들지는 않았으리라.

녹색당이 기존의 전선들을 허물고자 소통의 자리로 마련한 마이나우Mainau섬의 1982년 심포지엄에서 베버 학파의 호르스트 바이어Horst Baier는 당시 일반의 해석과는 다르게 슈미트의 〈정치적〉이라는 개념을 젊은 녹색당원을 통합할 수단으로 사용했다.[7] 〈누가 녹색당원입니까? 우리는 녹색당원을 친구로 봐야 할까요, 아니면 적으로 간주해야 할까요? 우리는 슈미트의 이론에 따라 피아를 항상 정확히 구분해야 하지 않을까요?〉 분명 바이어는 녹색당의 적이 어느 쪽인지 편 가르기를 하고 싶었던 모양이다. 그러나 그의 이런 전략은 당원들의 격렬한 반발을 부르고 말았다.[8]

다른 한편으로 녹색당은 적을 고정해 바라보는 일각의 태도로 어려움을 겪었다. 그러나 투쟁의 분위기와 화해 기조는 늘 서로 맞물리며 바뀌었다. 이런 긴장 역시 독일이든 다른 곳이든 환경 운동의 전체 역사에서 볼 수 있는 현상이다. 싸워야 할지, 화해하는 쪽이 좋을지 하는 문제는 언제나 상대방에 달린 것이다. 또 환경 문제의 본질을 어떻게 해석하느냐에 따라 달라지기도 하는 문제다. 자연을 신처럼 떠받들어야 할까? 그렇다면 모든 타협은 허약함, 곧 배신이다. 프랑스의 역사학자 페르낭 브로델Fernand Braudel(1902~1985)은 계몽주의가 끊임없이 충성을 맹세하는 자연(아이러니를 담은 표현)[9]을 두고 이렇게 썼다. 〈자연은 그 어떤 반론도 허용하지 않는다〉.[10] 자연을 신처럼 떠받들지 않는다면 환경 보호는 견해, 이해관계, 취향에 따라 그때그때 운동 범위를 따로 정해야 할까? 그래서 해결책도 일반적으로 임시적인 성격을 가질까? 그렇다면 섣불리 적을 정했다가, 빠져나올 수 없는 막다른 골목에 몰리는 것이 아닐까? 그저 참호 안에서 꼼짝도 하지 못하는?

환경 운동이 모든 인간의 관심사이며, 먼저 인간의 진정한 관심을 알아내는 것이 중요하다고 해도 상황은 달라지지 않는다. 그런 통찰의 과정, 결국 자기 성찰일 수밖에 없는 통찰의 과정이 견고한 투쟁 전선으로 방해를 받기 때문이다. 〈소통〉은 1970년대 유행어가 되었으며, 이후 공고한 유행어로 자리 잡았다. 소통은 상황에 따라 격론이나 의사 교환의 분위기를 띤다. 전체 환경 문제는 항상 소통의 난장판을 빚어 놓는다. 많은 녹색당원이 당의 설립 초기부터 운동가들을 짜증나게 할 정도로 무한한 토론을 벌일 수 있었던 것은, 그 바탕에 소통의 무한한 힘을 전제하는 믿음이 깔려 있었기 때문이다. 울리히 벡Ulrich Beck은 이런 유명한 말을 남겼다. 〈빈곤은 토론을 허용하지 않는 권위로만 풀리며, 스모그는 민주적이다.〉[11] 면밀히 말해서 이 표현은 진리를 반만 담았다. 모든 환경 피해는 다양한 계층이 서로 다르게 받아들인다. 다시 말해서 환경 문제에는 갈등의 요소가 차고 넘친다. 이런 갈등은 단순한 소통으로 해결되지 않는다.

원자력 갈등: 아군 대 적군이라는 근본 틀, 그 시대 종속성

독일의 녹색당은 애초부터 원자력 로비라는 분명한 적이 있었다. 1983년 의회에 입성한 녹색당은 이런 적을 상대로 할 일이 많지 않았다. 당시 원자력 문제는 거의 논의되지 않았기 때문이다. 새로운 원자력 발전소를 지으려는 계획도 없었다. 10년 전 1차 석유 위기로 인해 결정된 야심 찬 원자력 프로그램은 거의 잊혔다. 당시 환경 의식을 지배한 것은 숲 고사 경종이다. 정권을 잃고 야당이 된 사민당은 루르 지역의 석탄 로비의 지원을 받았던 터라 원자력 문제에는 거의 신경 쓰지 않았다. 원자력 문제는 녹색당이 독점한 것이 아니었으며, 누가 아군이고 누가 적인지 구분할 든든한 기준도 아니었다.

1970년대의 대규모 투쟁은 무엇보다도 빌 원자력 발전소 건설 반대 운동과 방사성 폐기물 재처리 시설 고르레벤 반대 운동으로 기억에 남았다. 두 번의 투쟁 모두 결국 성공했다. 프로젝트의 중단은 반대 운동 때문도, 생태적 고려를 한 것 때문도 아니었다.[12] 다만 두 번의 투쟁은 환경 운동가와 현지 농부들이 동맹을 맺어 이뤄졌으며 비폭력적이었다.[13] 반대편은 〈원자력 반대 관광객〉이라는 조롱을 서슴지 않았다. 그러나 이 저항 운동은 풀뿌리 운동과 맞닿았다는 점에서 큰 의미가 있다. 이에 반해 브로크도르프Brokdorf와 그론데Grohnde의 원자력 발전소 건설 현장에서는 경찰과 무력 충돌이 빚어졌다. 당시 이 저항 운동에 참여했던 사람들은 지금도 트라우마에 시달린다. 당시 건설 현장의 내전 분위기와 〈K 그룹〉이 싸움을 유도하는 상황은 다큐멘터리와 전단지를 보면 얼마든지 알 수 있다. 녹색당의 많은 추종자에게 이 기억은 고통스러운 것으로 남았다.[14]

고르레벤 반대 운동도 초기에는 증오가 지배했다. 당시를 생생하게 담은 기록은 작가이자 〈로볼트Rowohlt〉 출판사 편집자인 한스 크리스토프 부흐Hans Christoph Buch(1944년생)가 쓴 『고르레벤의 일기Gorlebener Tagebuch』다. 그는 아직 재처리 시설이 정확히 무엇인지 아무도 몰랐을

1977년 1월 12일에 이렇게 썼다. 〈정말 두려운 것은 이 시설이 원자력 발전소보다 몇천 배는 더 위험하다는 것이다. 이는 모두 아는 사실이다.〉[15] 2년 뒤 고르레벤 프로젝트를 〈정치적으로 관철할 수 없다〉며 중지한 니더작센의 주지사 에른스트 알브레히트Ernst Albrecht는 나쁜 적이 되었다(도덕적으로 사악할 필요는 없는 카를 슈미트의 적보다 훨씬 더 나쁜 적). 〈알브레히트 같은 작자는 무슨 짓, 그게 추행일지라도 저지를 것으로 나는 이미 알았다.〉 〈나는 분노로 욕지기가 나온다, 이 최악의 사기꾼 알브레히트에게 한 방 날리고 싶다.〉 1979년 2월에는 이렇게 썼다. 〈공사장에 지뢰를 심어 굴삭기를 하늘로 날려 보내자.〉 그리고 거듭해서 적을 나치스와 동일시했다. 68세대의 전통 그대로다. 〈최종 처리, 완전 제거 등 쓰는 용어만 해도 유대인의 최종 처리를 연상하게 한다〉.

그러나 상황이 재처리 시설 반대자들에게 갈수록 유리해지고, 심지어 워싱턴까지 지원한다는 사실을 알았을 때인 1979년 3월, 부흐는 일기에서 돌연 비폭력을 주장하며 자신을 〈간디 마니아〉로 불러도 좋다고 호언장담한다. 〈위험은 경찰은 물론이고 데모대에도 있는 몇몇 선동가 탓에 생겨나지 않는다. 위험의 진원지는 양측 모두에 잠재된 공격성과 선입견이다. 저마다 다른 쪽에서 적을 본다. 양측은 이런 적대감을 누그러뜨리기는커녕 그론데의 폭력 행위를 정당화하려고 하면서 오히려 키운다.〉 부흐는 현장에 투입되었던 젊은 경찰관과 이야기를 나누어 보니, 사전에 〈그론데의 폭력 충돌을 담은 비디오를 보면서 다가올 대결에 전의를 키웠다〉는 말을 들었다고 했다. 〈그론데에서 시위대는 쇠구슬을 새총으로 경찰에게 쏘았다.〉[16]

노동 운동가 하인츠 브란트Heinz Brandt와 함께 한스 크리스토프 부흐는 이미 1977년 「고르레벤은 살아야 한다Gorleben soll leben」는 선언서를 발표했다. 원자력 반대 운동의 고전적 문건인 이 선언서의 제목은 투쟁의 구호가 되었다. 그러나 그 중심에는 투쟁이 아니라, 긍정적 프로그램이 섰다. 〈재처리 대신 재조림을〉, 〈원자력 대신 재생 가능한 에너지 장려를〉 하는 것이 그 면면이다.[17] 「고르레벤은 살아야 한다」를 멀리 떨어지지 않은 지금 시점에 되돌아볼 때 그것은 〈생명의 욕구에 충실하자는 공세〉를 벌이자는 신호로 읽힌다. 당시 K 그룹의 폭력적 시도가 무위로 그치자 나온 반성의 목소리였다.[18] 1977년 〈독일의 가을〉 이래 좌파의 전반적 분위기 전환이 이런 변화를 끌어내는 데 기여했다. 1977년 사순절에 하르트무트 그륀들러의 분신자살이 기묘할 정도로 주목받지 못한 이유도 이렇게 설명된다. 이제 환경 운동은 죽음이 아니라, 생명의 신호를 원했다. 1979년 3월 말 하노버에서 미국 스리마일섬 원자력 발전소 사고를 계기로 국제 재처리 시설 심포지엄이 카를 프리드리히 폰 바이츠제커의 주도로 열렸을 때, 하노버로 진군한 거대한 시위대가 운집한 장면은 독일 원자력 반대 운동의 가장 위대한 역사적 순간이다. 알브레히트는 〈고르레벤 프로젝트〉를 책임지고 사퇴했으며, 원자력 〈공동체〉는 〈칸나이 전투〉의 패배를 곱씹어야만 했다.

이런 배경을 염두에 두고 볼 때 오버팔츠의 박커스도르프에서 진행된 재처리 시설 건설을 둘러싼 투쟁이 1985~1986년에 걸쳐 공사장 점거와 경찰의 무력 진압으로 절정에 달한 것은 일종의 에필로그인 셈이다.[19] 세계 최대 규모의 재처리 시설이 될 예정이었던 고르레벤에 비하면 박커스도르프는 상당히 축소된 것이었지만, 그래도 〈독일의 역사에서 그때까지 최대의 산업 투자〉에 해당했다.[20] 박커스도르프 재처리 시설을 반대하는 저항은 갈수록 전투적 성격을 띠었음에도 주민의 환영을 받았다. 뮌헨에 비해 중앙 정부의 홀대를 받는다고 여겼던 오버팔츠의 주민은 벤트란트Wendland와 고르레벤의 농부들에게 강요하지 못했던 일이 자신들에게 일어나리라고 여기지 않았던 터였다. 그런 만큼 주민의 반감은 크기만 했다.

저항은 새로운 평화 운동과 〈재무장〉을 반대하는 투쟁의 분위기 아래서 이루어졌다. 고르레벤 운동과 달리 박커스도르프의 저항은 핵폐기물에서 얻어낸 플루토늄으로 원자 폭탄을 만들려는 것이 아닐까 하는 의심으로 날카로워졌다.[21] 당시 재처리는 기존의 경수로로는 가능하지 않으며, 고속 증식로를 가져야만 의미를 갖는다는 점은 전문가들이 충분히 예측했다는 소문이 파다했다. 칼카르에 세워진 고속 증식로가 체르노빌 사건 탓에 운영 반대에 부딪혔을 때, 원자력을 찬성하는 사람들도 이제는 핵 발전 기술을 〈과도기 기술〉, 곧 재생 가능한 에너지가 시장성을 가질 때까지만 적용할 기술이라는 말을 공공연히 하기 시작했다. 이런 분위기로 박커스도르프 프로젝트는 저절로 무너지고 말았다. 1989년 5월 31일 공사장에서 인부들이 철수했다. 1988년만 하더라도 부분적으로 건설 허가를 내주려는 정부의 시도에 88만 1,000건의 시민 반대 청원이 답지했다. 원자력 갈등의 역사에서 새로운 기록이 만들어졌다.

시민 대화 원자력: 단순한 쇼?

빌의 공사장이 점거당한 분위기 아래서, 하르트무트 그륀들러의 단식 투쟁이 직접적인 계기가 되어 독일 연구부 장관 한스 마트회퍼는 〈시민 대화 원자력〉이라는 행사를 시작했다. 과거 전력으로 볼 때 장관은 저항 운동, 특히 라틴 아메리카의 저항 운동을 높게 평가했던 인물이다. 그는 원자력 기술의 문제를 다룬 공개 토론회를 열어, 반대 입장을 천명한 사람들도 초대했다. 그리고 많은 부수의 회의록을 찍게 해 신청하는 사람에게 싼값에 우송해 주었다. 첫 여섯 주 동안에만 7만 부가 발송되었다.[22] 각급 학교와 대학교의 세미나는 1970년대부터 〈토론〉을 중시했다. 그리고 시민 대화 회의록은 완전히 새로운 지식 세계의 문을 열어 주는 아주 흥미로운 자료였다. 저항 운동의 강경론자에게 〈시민 대화〉는, 자명한 일이지만, 순전한 사기 행각이었다. 장관은 이런 식으로 원자력 기술을 〈용인〉할 〈합의〉를 도출하려는 의도를 가졌다는 것이 이런 평가의 근거다. 〈합의〉 역시 소통의 시대를 나타내는 새로운 유행어였다. 토론회 현장에만 국한해 보면 〈대화〉는 틀에 박힌 공방전에 지나지 않았다. 그러나 장기적 관점에서 〈대화〉는 단순한 쇼가 아니라, 이 문제에 관심을 가진 많은 일반인이 유용하게 참조할 귀중한 자료가 되었다. 이 자료는

1959년 영국의 물리학자이자 소설가인 찰스 퍼시 P. 스노가 불평한 〈두 문화〉 사이의 간극,[23] 곧 한편으로는 문학과 인문학의 세계와, 다른 한편으로는 자연과학과 기술의 세계 사이의 틈새를 그때껏 역사에서 경험하지 못한 정도로 메워 주었다. 1968년의 대학생 저항만 하더라도 이런 대립을 오히려 키웠을 뿐이다. 그러나 1970년대부터의 생태 시대를 독일 작가이자 환경 운동가인 카를 아메리Carl Amery(1922~2005)는 이렇게 진단했다. 〈이제 두 문화의 경계선은 더는 전선을 이루지 않고, 오히려 생동적인 교류로 서로 융화한다.〉[24]

마트회퍼가 연출하고 출간한 〈시민 대화〉 가운데 가장 흥미진진한 것은 1977년 5월 19일 원자력 기술을 재생 가능한 에너지원으로 만들 수 있다고 알려진 고속 증식로를 두고 벌어진 찬반 토론이다. 일각에서는 제동을 걸지 않은 중성자로 작동하는 이 원자로가 속도 조절기로 연쇄 반응을 제동하는 기존의 원자로에 비해 훨씬 더 위험하다는 주장이 대두되었다. 더욱이 증식로를 다뤄 본 경험이 많지 않았고, 고무적이지 않았다. 미국의 카터 행정부는 당시 핵확산을 막기 위해 원자 폭탄을 만들 재료가 추출될 수 있는 증식로나 재처리 설비 계획을 철회했다. 이런 결정의 이론적 토대를 제공한 포드 재단의 보고서는 독일의 원자력 반대 운동가만 했던 주장을 고스란히 담았다. 원자력 〈공동체〉가 무식하다고 무시했던 반대 운동가의 논리가 정책에 반영되었다는 것은 놀라운 변화다.[25]

독일의 원자력 찬성 세력은 언제나 모든 문제에서 미국을 모범으로 삼았다. 그런데 이제 미국의 논리가 비판자의 논거를 제공했다. 이런 사실은 토론에 영향을 미쳤다. 전문가들은 증식로를 두고 1977년 〈잔여 위험도Residual risk〉 문제를 집중적으로 논의했다. 이 〈잔여 위험도〉는 그동안 원자력 산업의 운명이 달린 경수로에서 너무 높게 나타났기 때문이다. 심지어 카를스루에 증식로 프로젝트를 카리스마로 이끈 볼프 헤펠레조차 증식로 효과는 〈2030년 이후〉에야 비로소 나타나기 시작할 것이라고 인정했다. 그러니까 가까운 미래에 증식로는 아무 소용이 없는 셈이다.[26] 오로지 남는 결론은 증식로는 시간이 필요하다는 점이다. 이런 통찰은 이후 정책에 큰 영향을 주었다.[27]

통합적인 합의 전략이라는 모델: 독일 앙케트 위원회의 〈미래의 원자력 정책〉

칼카르의 건설 현장에서 분노에 찬 대규모 시위가 벌어진 뒤인 1978년 12월 14일 독일 의회는 기념비적인 타협안을 의결했다. 곧 고속 증식로 〈SNR-300〉의 건설은 계속하되, 증식로의 운용 여부는 또 다른 결정 과정을 거쳐야만 한다는 것이 당시 의결된 내용이다. 이 결정의 전문적이고도 철저한 준비를 위해 앙케트 위원회 〈미래의 원자력 정책〉의 설립이 이루어졌다. 당파를 초월한 위원회 구성에는 전문가도 참여했다. 이 위원회는 1979년 3월 29일에 소집되었다. 때는 해리스버그 (스리마일섬)에서 심각한 사고가 벌어지고, 하노버에서 국제 고르레벤 심포지엄이 열린 역사적 순간이다. 이 심포지엄이 폐막했을 때 니더작센의 주지사 알브레히트는 고르레벤 계획의 취소를 선포했다.

위원회 구성에서부터 팽팽한 대치 상태를 낳은 방식, 즉 곧바로 본론으로 들어가 통상적인 찬반 논쟁에 매달리는 방식 대신, 새로운 앙케트 위원회는 에너지 정책의 다양한 경로를 모두 저울 위에 올려놓고 과학의 자문을 받아 에너지 정책의 기준을 정하기로 결정했다. 이런 논의를 거치는 과정에서 자연스럽게 대두된 입장은 원자력이 없는 경로도 토론할 수 있어야 한다는 것이었다.[28] 이런 경로는 더욱 면밀하게 검토한다면, 에너지 절약을 일관되게 밀어붙이는 한, 얼마든지 수용될 수 있는 것이다. 화력, 수력, 원자력, 재생 가능한 에너지라는 네 가지 경로 가운데 두 가지의 조합을 향후 몇십 년 동안 시험할 인내심을 가진다면, 〈지금 여기hic et nunc〉에서 어느 한쪽만을 고집하는 노선을 결정할 필요는 없었다. 에너지 절약과 재생 가능한 에너지의 잠재력은 1980년을 전후해 근접하게나마 평가하는 것이 어려웠지만, 10년 뒤에는 더 낮게 평가할 수 있지 않을까 하는 희망은 비현실적인 것이 아니었다. 물론 전제 조건은 이 기한을 충분히 활용해 연구가 이뤄져야 한다는 점이다. 그러나 1986년의 체르노빌 사고까지 기한은 충분히 활용되지 못했다.

에너지 정책이라는 새로운 영역에서 소통으로 합의를 도출한다는 새로운 정치 유형은, 물론 원자력 찬반 양측의 입장 차이를 보다 더 정확하게 확인하는 데 그쳤다 할지라도, 이 앙케트 위원회로 절정에 달했다. 독일 내부에서만이 아니라 국제적 차원에서도 이 위원회는 환경 운동과 환경 정책 그리고 서로 충돌하는 입장들의 합의 잠재력이 서로 맞물려 이뤄진 괄목할 만한 성과다.[29] 이 위원회의 업적은 원자력 발전소 건설을 둘러싸고 벌어졌던 내전을 방불케 하는 장면에 비추어 그만큼 더 의미심장하게 다가온다. 또 구체적인 제안을 담은 간결하고도 분명한 결산 보고서 역시 위원회를 돋보이게 한다. 이후 계속 이어졌던 다른 앙케트 위원회와 대비되는 확연한 차이도 주목할 만하다. 이후의 위원회들은 대개 과학의 자문에 지나치게 의존한 나머지 전문 용어로 넘쳐나는 서류만 양산했을 뿐이다. 정치가들은 이 서류 더미로 무엇을 어찌해야 좋을지 몰라 난감해하기만 했다.[30]

사민당의 젊은 정치인 라인하르트 위버호르스트Reinhard Ueberhorst의 이름으로 즐겨 불린 1차 원자력 앙케트 위원회는 특이할 정도로 짧은 시간 안에 일목요연한 정책 권고안을 도출했다. 2차 위원회의 그것보다도 더 나은 성과다. 1차 위원회는 원자력 정책이 극심한 긴장에 빠진 어려운 시기에 모든 이해 당사자가 이해할 만한 합의를 끌어냈다. 일부 언론은 이런 성과를 두고 심지어 〈역사적 타협〉이라고 추켜세웠다. 나중에 위원회의 활동을 연구한 어떤 논문은 에너지 문제를 정치적으로 다루는 방식에 〈작은 혁명〉(코르넬리아 알텐부르크Cornelia Altenburg)을 일으켰다고까지 인정했다.[31] 위원회는 그때까지 주로 의회 바깥에서 이루어진 논란을 의회 안으로 끌어들여 정치 의제로 만듦으로써 극단으로 대립한 상황에 합리적 소통이라는 모델을 만들어 냈다. 이전의 원자력 정책이 흔히 사안의 불가피성에 강제를 받는 것으로 이해되었다면, 이제 다양한 선택지를 투명하게 공개하고 결정하는 정치의 차원으로 올라섰다.

이 책은 환경 운동의 다양한 일화를 살피는 기본 골격을 갖는다. 이런 일화를 가장 풍부하게 담아낸 것이 바로 이 앙케트 위원회다. 이 일화들을 읽는 독법에는 두 가지 서로 대비된 것이 있다. 그 하나는 하버마스 버전이며, 다른 하나는 루만 버전이다. 하버마스의 것은 성공한 소통을 기반으로 하는 실천의 예로 읽는 독법이다. 루만의 것은 서로 다른 코드를 고집하는 두 개의 하위체계가 서로 소통하는 양 꾸미는 코미디로 읽는 독법이다. 두 버전을 자세히 살피는 것은 우리의 목적에 상당히 유익하다.

우선 하버마스의 버전으로 읽어 보자. 1차 에너지 앙케트 위원회는 나무랄 데 없는 지적 능력을 갖춘 사람들이 칸트가 내린 계몽의 정의에 맞게 자율적 이성을 활용해 소통하는 것이 실제 성공할 수 있다는 본보기다. 이런 소통은 희망이라고는 없어 보이며, 서로 증오로 얼룩진 상황에서도 얼마든지 이뤄질 수 있다는 것이 하버마스의 입장이다. 합리적으로 상대방의 입장을 헤아리는 소통은 이성의 승리를 낳는다. 자신의 〈입장〉만 고집하는 사고방식을 벗어날 때, 다양한 정치적 선택지를 읽어 낼 통찰이 얻어진다.

에너지 정책 전반, 특히 원자력은 아직 모르는 수많은 문제점의 복합체다. 정확하게 말해서 에너지 정책은 불확실함과 불안을 다루는 일이다. 정치가는 이런 사안의 본질을 정확히 파악하고 이에 맞춰 생각하고 행동해야만 한다. 이렇게 해서 다양한 정치 노선을 확인할 수 있으며, 이 노선들을 실험과 〈논증〉으로 저울질해 최선의 조합을 찾으려는 자세는 꼭 필요하다. 그저 특정 입장에만 함몰된 정치는 참호를 벗어나지 못하는 교착된 진지전으로서 인적·물적 자원을 소모할 뿐이다. 실험과 논증과 합의, 이 모든 것을 위버호르스트 위원회는 모범적으로 처리했다. 정치의 새로운 세대를 대표하는 젊은 위원장의 탁월한 중재 능력이 빛을 발한 결과다.[32] 덕분에 위원들은 긴장감 넘치는 주제를 다루는 토론의 지적 자극에 푹 빠져 〈정당〉이나 〈단체〉와 무관하게 자유로운 활동을 펼쳤다. 위버호르스트는 〈입장에 사로잡힌 정치〉에서 벗어나 〈토론 중심의 정치〉를 펼치자는 구호를 외쳤다. 당시 모델이 되어 준 것은 시민의 폭넓은 참여 가운데 에너지 정책을 추진한 스웨덴이다.[33] 스웨덴은 성생활뿐만 아니라 에너지 정치에서도 남성이 특정 입장을 고집하지 않는 새로운 여유의 모범이었다. 위버호르스트가 펼친 전략은 노선 관찰이다. 곧바로 찬반 논쟁을 고집하지 않고, 다양한 노선을 미래에 투사해 보며 그 가능성을 저울질하는 것이 이런 전략이다. 증식로 같은 〈거대 에너지 정책〉을 놓고 장기적으로 빚어질 결과를 꼼꼼히 따지면서, 이런 방식으로 세계를 증식로로 뒤덮는 것이 얼마나 어처구니없는 일인지 깨달은 대다수 위원은 마침내 실소를 터뜨리고 말았다.

〈합의〉와 〈선택 사항〉은 마법의 주문이 되었다. 위원회의 결산 보고서는 위험이 어느 정도인지 계산하는 데 이용되는 이른바 〈산출 공식〉을 포기하자는 함의를 담았다.[34] 그때까지 매우 높은 〈잔여 위험도〉를 거의 제로에 가깝게 낮춰 계산한 〈산출 공식〉의 포기는 위험도 계산의 획기적 전환을 뜻했다. 원자력 탈피를 선언하지 않는다면 애초부터 상당히 높은 안전성을 가진 새로운 원자로를 선택해야만 한다는 뜻이었다. 다른 많은 영웅 스토리와 마찬가지로 1차 앙케트 위원회는 이런 성공적 업적에도 결국 비극으로 끝났다. 무엇보다도 이런 성공이 장기적으로 지속하지 못했을 뿐만 아니라, 후계 위원회는 다시금 고속 증식로라는 문제에서 아무런 결실을 끌어내지 못하는 지루한 찬반 논쟁만 벌였기 때문이다. 사민당 정권에서 헬무트 콜 시대로 넘어간 지각 변동은 결국 앙케트 위원회의 성과를 모두 쓸어 버렸다.

이제 루만의 독법으로 위원회 활동을 읽어 보자. 앙케트 위원회는 오로지 과학의 자문을 받아 가며 정치와 대중에게 꾸며 보여 주는 연극 무대였을 뿐이다. 〈고대 비극에서 배후의 합창대 역할〉을 연기한 것이 위원회다(코르넬리아 알텐부르크).[35] 위원회는 맡겨진 역할에만 충실했다.[36] 그 역할은 곧 다양한 정치 선택 방안을 정리하고, 이런 방안을 과학의 권위로 치장해 주는 일이다. 감정서를 중심으로 이뤄진 토론은 정치적 창의력을 키우지 못했다. 과학과 정치는 서로 다른 하부 체계를 가지며, 상이한 코드와 논리를 따른다. 과학은 진리를, 정치는 권력 게임을 추구한다. 진지하게 진리 탐구에 몰두하는 과학자는 정치에 별 쓸모가 없다. 정치 논리를 따르는 전문가는 감정서에 진리가 아니라, 당파적 이해관계를 끌어들인다. 돈이 되는 정치적 자문 계약을 따내는 〈전문가〉는 대개 이미 제도권에 속한다. 그 때문에 불편부당한 감정서는 기대할 수 없다. 전문가의 감정은 어차피 그리 진지하게 받아들일 수 없다. 전문가는 자신의 감정서가 불러올 결과에 책임지지 않기 때문이다. 그 밖에도 전문가 차원에는 정치판과 같은 당파가 형성되는 탓에 높은 수준의 이성은 애초부터 기대할 수 없다.

위버호르스트 위원회의 〈성공〉은 이런 냉소적 관점에서 볼 때 소통에 기초한 것이 아니다. 성공은 정치 차원의 타협이었을 뿐이며, 원자력 이용을 대표하는 인물, 이를테면 볼프 헤펠레(〈증식로를 내전을 통해서만 얻을 수 있다면, 나는 더는 증식로를 원하지 않겠다〉) 같은 인물이 격렬한 저항에 위축되었기에 가능했다. 저 유명한 〈역사적 순간〉은 이성적 소통으로 이뤄진 것이 아니라, 그에 앞서 일어난 투쟁이 앞으로도 벌어지지 않을까 염려한 결과였다. 헤펠레 같은 인물에게 증식로 건설은 인류 문명의 생존을 가름하는 것으로, 이를 포기한다는 것은 불합리한 선택이었다. 더욱이 이 앙케트 위원회의 성공은 이른바 〈올드 보이 네트워크old boys network〉에 힘입은 바가 크다.[37] 양측의 가장 유명한 두 대변인 헤펠레와 독일의 물리학자이자 자연철학자인 클라우스 마이어아비히Klaus Meyer-Abich는 둘 다 카를 프리드리히 폰 바이츠제커와 함께 일했던 경험을 가졌으며, 누구도 자신에게 유리하게 상대방의 속내를 대중에게 폭로하지 않으리라는 신뢰를 자랑했다.[38] 당시 바이츠제커는 확실한 안전 대책을 마련할 수 없는 예측 불가의 테러 위험 때문에 원자력에 신중하게 거리를 두는 입장을 취했다. 이로써 그를 거의 신처럼 떠받들던 〈원자력 공동체〉는 심각하게 동요했다. 마지막으로 꼽아야 할 중요한 점은, 위원회의 〈성공〉은 원자력 문제 해결의 미봉책이었다는 사실이다. 위원회는 유보적인 태도를 보이면서 증식로 건설이라는 결정의 부담을 후계 위원회를 떠넘겼으며, 후계 위원회는 이 문제를 떠안자마자 난파하고 말았다. 또 에너지 절약이라는 선언도 의미 없는 합의에 불과하다. 에너지 낭비를 찬성할 사람은, 더욱이 독일 여론에서 아무도 없었기 때문이다.

그럼에도 단순하게 〈하버마스 버전〉을 희망의 산물이라고 할 수는 없다. 사회적 합의라는 것이 정치 세력의 밀실 야합으로 이루어졌다면, 전문적 영역을 넘어서는 소통은 불가능하다. 그러나 위원회의 활동은 소통을 일정 정도 이루어 냈다. 1차 앙케트 위원회의 토론이 그 좋은 예다. 문제를 섬세하게 다듬는 공동의 노력은 최소한 일부 위원들에게 지적 자극을 주었다. 그 좋은 사례가 이후 10년이 넘게 지속한 엘름스호른Elmshorn 대담이다. 위버호르스트 위원회의 제안으로 이뤄진 이 대담은 양측에게 소통의 장을 마련해 주었다. 2차 앙케트 위원회는 그런 대화 분위기를 만들어 내지 못했다. 그리고 1차 위원회의 성공이 오로지 책임을 전가하는 합의라 할지라도, 이 결과는 유용했다. 1980년대가 지나는 동안 증식로와 재처리 시설 프로젝트는 세월의 흐름과 함께 많은 문제가 저절로 해결되듯 스스로 무너져 내렸기 때문이다. 물론 〈루만 버전〉에도 일말의 진실은 있다. 정치는 예나 지금이나 그 핵심에서 세미나나 끝없는 토론이 아니라, 권력 게임이다. 결정을 내리고 이 결정을 밀어붙이는 게임이 곧 정치다.

그렇지만 권력자의 〈외로운 결정〉이라는 흔히 이야기되는 전설은 말이 되지 않는 이야기다. 서독의 초대 총리 콘라트 아데나워가 내렸다는 많은 〈외로운 결정〉은 사실과 다르다. 성공을 거둔 지혜로운 정치가는 주먹으로 책상을 두드리며, 〈내가 하는 말이 곧 법이야!〉 하는 따위의 어리석은 소리는 하지 않는다. 먼저 주의 깊게 관련 정보를 취합하고 상황을 읽어 가며 기회를 노리는 감각이 지혜로운 정치가의 덕목이다. 지식과 실천이 서로 다른 세계라 할지라도, 특정 지식이 구체적인 행동에 매우 유용하다는 점이 부정되는 것은 아니다(역으로 현장의 생생한 목소리는 지식의 생산에 큰 도움을 준다). 정치는 대개 〈투쟁〉도, 〈두꺼운 널빤지를 뚫는 일〉도 아니다. 슬기로운 정치는 지식을 기초로 〈선택지〉를 가늠해 보는 게임이다. 심지어 전문가의 독립성이 의심받는 경우, 전문가는 평판을 잃을까 두려워 자신의 독립성을 과시하려 안간힘을 쓰기도 한다. 바로 헤펠레가 그랬다. 항상 특정 입장만 대변하는 전문가는 장기적으로 전문가의 자격을 잃을 뿐이다. 〈증식로 교황〉이 바로 이런 위험에 처했다.[39]

당시 사회학 교황 헬무트 쉘스키Helmut Schelsky는, 물론 68세대의 경험으로 깊은 환멸에 빠지기 전이기는 했지만, 〈유토피아적인 것〉을 감행하려고 하지 않고 개혁을 원하는 모든 사람은 개혁을 하자는 것이 아니라, 자신의 무력감을 감추는 것일 뿐이라고 질타했다.[40] 많은 68세대 출신은 이 교훈을 곱씹었다. 그러나 혁명을 두려워하는 것이야말로 근본 문제다. 강력한 혁명이 인간 친화적인 상황을 만드는 일이 드문 것은 사실이다. 하지만 지배 계급이 혁명을 두려워하는 태도야말로 대화와 타협을 가능하게 해주는 바탕이다.

갈등의 비용

대단히 격렬했던 원자력 갈등은 엄청날 정도로 생산적이었다. 독일의 지성인이 기술의 세부적인 점까지 파고들어 철저히 공부하고 연구한 끝에, 현대가 가진 생태의 근본 문제를 가려 볼 줄 아는 혜안을 키운 일은 전례를 찾을 수 없다. 모든 관련 당사자는 원자력이라는 새로운 종류의 위험, 가설적인 성격의 위험을 신중하게 탐색해 들어가며 너무 성급하게 입장을 정하지 않는 이성적 태도로 다루었다. 이런 식으로 에너지 산업과 관련한 지식을 축적한 것은 대체 에너지를 찾으려는 개척자에게 대단히 유용했다. 독일 전력 산업을 선도했던 베른트 슈토이Bernd Stoy조차 태양광 발전을 두고 원자력을 둘러싼 갈등이 큰 도움을 주었다고 칭찬했을 정도다.[41] 물론 갈등의 초기에 이런 생산성은 잘 드러나지 않았다. 원자력 반대 운동이 성공을 거둔 비밀은 최소한 증식로와 재처리 시설에서만큼은 이 극도로 비싼 기술에 별 관심을 갖지 않은 에너지 산업의 이해관계에 은밀하게 맞춰 주는 전략적 선택을 한 것이다. 그러나 대다수 투사는 이런 비밀을 잘 몰랐다. 찬성이든 반대든 사람들은 참호에 숨어 진지전을 벌이는 태도를 보였다. 자기편의 입장을 지지하는 데 조금이라도 소홀히 하면 배신자로 낙인찍히는 게 아닐까 두려워했다. 싸움이 본격화하면서 양측은 서로 자기가 옳다는 주장에 도취되었다. 미지의 것을 다뤄야만 하는 많은 환경 문제에서 이런 식의 사고방식과 토론 태도는 전혀 어울리지 않는다.

아집에 빠지는 독선적 태도는 길거리 투쟁뿐만 아니라, 법정의 투쟁에도 적절치 않다. 프랑크 위쾨터는 거의 100년에 가까운 독일과 미국의 공기 정화 정책을 복기하면서 〈법정 대결의 길은 …… 너무도 반생산적인 것으로 입증되는 경우가 잦았다〉는 결론을 내렸다. 〈법정 대결은 전선을 고착화할 뿐이다. 전문가의 감정서와 이에 반대되는 입장의 감정서가 끊임없이 이어지는 재판 진행은 아무 결실을 얻어 내지 못한다. 이처럼 모순되는 전문가의 의견이 난무하는 바람에 법관은 모든 다른 문외한과 똑같이 혼란스러워할 뿐이다. 그런 재판이 오래 걸리며 복잡하기로 악명이 높다는 점은 거의 자명한 이야기로 들린다.〉[42] 물론 공장의 굴뚝이 뿜어 내는 연기는 원자력 발전의 가설적 위험과 마찬가지로 얼마든지 법정의 시빗거리로 만들 수는 있다. 그래서 생각해 볼 수 있는 또 다른 결론은 이렇다. 재판 자체는 반생산적이라 할지라도, 소송을 두려워하는 분위기를 만들어 내는 것은 여러모로 유익하다. 원자력을 둘러싼 갈등의 역사에서도 소송을 두려워해 원자력 개발이 지연된 사례는 드물지 않다.

원자력 업계 내부에는 1960년대 말에 전 세계적으로 승리를 구가한

경수로보다 훨씬 더 안전한 일련의 대안 원자로 구상이 존재했다. 그러
나 이런 구상들은 찬반 투쟁의 열기 속에서 깨끗이 잊혔다.[43] 그러나 이
런 대안의 폐기는 미래에 원자력이 르네상스라도 일으키는 날에는 치
명적 불행이 아닐 수 없다. 경수로를 대체할 모든 대안이 사라져 버리
고 말았기 때문이다. 특히 원자로 건설 현장에서 벌어진 폭력 투쟁의 대
가는 너무 컸다. 폭력 투쟁 때문에 원자력을 비판적으로 보았던 많은 사
람이 충격을 받아 적극적으로 자신의 목소리를 내지 않았기 때문이다.
1980년대에 녹색당이 온건한 운동을 벌이면서 대중의 호감을 산 것을
1970년대의 강경파는 짐작조차 하지 못했으리라. 프랑스에서도 〈직접
적 행동〉, 이를테면 1970년대 후반에 전투적 반대 투쟁가가 화염병으
로 공권력 전체를 공격하려 한 전략 역시 환경 운동에는 결정적 타격을
안겼다.[44] 프랑스의 투쟁 장면이 혁명의 향수[45]를 자극했을지는 모르나,
어떤 정치적 연맹 세력도 확보하지는 못했다.

원자력 산업이 그 정당성을 가장 강력하게 내세운 주장은 당시 마찬
가지로 환경 운동의 공격 대상이었던 대형 수력 발전소를 제외하면 화
석 연료 외에 에너지 생산에서 마땅한 대안이 없다는 것이다. 그러나 에
너지 생산의 중심이 따로 없는 재생 가능한 에너지 개발을 위해서는 전
세계적인 동맹이 필요했다. 원자력을 주장하는 사람들은 거대 에너지
기업의 수뇌부만 설득하면 되었다. 그러나 지역에 뿌리를 두는 태양열,
풍력, 수력 그리고 바이오 에너지의 생산은 지역 행정 당국과 소비자들
과 광범위하게 결속해야만 했다. 이런 결속을 방해하고 분열을 획책하
며, 대립을 조장하는 전략은 재생 가능한 에너지 개발을 효과적으로 방
해했다.

원자력 문제와 씨름하면서 환경 운동은 엄청나게 많은 것을 배웠다.
그렇지만 녹색 운동은 핵 위험에만 집중하는 바람에 적잖은 대가를 치
러야 했다. 다른 많은 환경 위험에 주목하지 못하게 돼 환경 보호를 위
한 투쟁에 잠재적인 우군을 확보하는 데 실패했다. 1983년 의회에 입
성한 독일 녹색당이 몇 년째 환경 문제에서 갈피를 잡지 못한 것은 당연

한 일이었다. 투쟁을 오로지 재무장 반대에만 집중함으로써 빚어진 자연스러운 현상이었다. 1986년 4월 26일 체르노빌 사고 이후 돌연 다시금 핵 위험은 다른 모든 것을 뛰어넘은 주제가 되었다. 그러나 독일에서 원자력을 반대하는 분위기는 예나 지금이나 여전하다. 오로지 여론의 폭넓은 공감대가 전투적 투쟁으로 훼손되었을 뿐이다.

1986년 6월 28~29일에 걸쳐 프랑크푸르트에서는 원자력 반대 대회가 열렸다. 주최 측은 기자 회견에서 〈들끓는 폭력으로 오히려 원자력 시설과《원자력 국가》의 위험성을 여론이 주목하지 못하게 하는 지난 주의 폭력적 시위를 강력하게 반대한다〉고 목소리를 높였다. 주최 측의 이런 입장 표명은 페트라 켈리와 게르트 바스티안을 필두로 한 녹색당의 지도급 인사들, 그 자리에 모인 당시 좌파 지성을 대표하는 일급 인사들의 격한 반발을 불렀다. 프랑크푸르트의 선언에 〈K 그룹〉의 옛 투사를 겨냥한 경고의 의미가 담긴 데는 다 그만한 이유가 있었다. 당시 반대 운동의 주류는 이 옛 전사들이 다시금 무차별적인 공격에 나섬으로써 위대한 녹색 합의를 이룩할 역사적 기회를 그르치는 것은 아닐까 두려워했기 때문이다. 주최 측의 선포에는 분노가 그대로 묻어나왔다. 〈우리 가운데 폭력을 쓰는 사람은 오늘날 우리에게 전혀 도움이 되지 않으며, 오히려 의도적이든 아니든 적의 사업에 기여한다는 사실을 알아야만 한다. 폭력은 저들의 원자력 로비를 돕는 지원군과 다르지 않다.〉 이보다 더 강력한 선포는 없다.

그러나 녹색당의 원자력 전문가 마티아스 퀸첼Matthias Küntzel[46]은 마찬가지로 주류 측의 선포에 격한 반응을 보였다. 그는 지난 10년 동안 자신이 경험한 것을 언급했다. 그가 중시한 점은 폭력 문제를 둘러싼 논쟁이 공개적으로 이뤄져서는 안 된다는 것이었다. 공개적 논쟁은 운동을 분열시키며, 급진파를 범죄 집단으로 내몰 수 있다는 것이 그의 논지다. 〈의견 차이를 내부적으로 해결하고 원자력 정부를 상대로 단결을 과시하는 것이야말로 지난 10년 동안 원자력 반대 운동을 예측 불가능하게 한 힘이다. 순수한《비폭력》이 아니라, 예측을 불허하는 혼합된 저항 방식만이 원자력 개발의 정치적 비용을 지금껏 그랬듯 높게 끌어올린다.) 한스 크리스토프이 쓴 『고르레벤의 일기』의 행간에서 읽었듯, 퀸첼의 독법이야말로 그때까지 원자력 반대 운동의 역사를 정확히 읽어낸 것이다. 그리고 퀸첼은 켈리보다 원자력 반대 운동의 속내를 더 잘 알았다. 그러나 바스티안은 퀸첼에게 긴 편지를 써서 폭력과의 야합이 갖는 무의미함을 설득하려 들었다.[47] 군인 출신인 바스티안은 공권력을 상대로 하는 폭력 투쟁이 애초부터 기회를 갖지 못할 뿐만 아니라, 여론의 호감도 살 수 없음을 너무도 잘 알았다. 좀체 편지를 쓰는 일이 없는 바스티안이었기에 편지의 설득력은 더욱 강했다.

1980년대의 독일에서 원자력 갈등 외에도 특히 강력한 저항을 불러온 것은 프랑크푸르트 공항의 서부 활주로 건설이다. 비행 소음의 공포로 촉발된 저항 운동은 숲을 보호하자는 주장까지 호감을 얻는 생태 시대에 폭넓은 공감대를 형성했다. 공항 주변의 주민은 활주로 탓에 삶의 질이 추락할 것을 민감하게 받아들였다. 이런 민감함은 전투적 태세를 정당하게 여기게 했다. 그러나 1987년 11월 2일, 곧 활주로를 점거한 시위대의 천막들이 철거당한 6년 차 기념일은 〈암흑의 날〉이 되고 말았다. 한밤중에 시위대와 경찰이 충돌하면서, 두 명의 경찰이 시위대가 쏜 총에 맞았다. 〈활주로 반대 운동은 이 사건을 이겨 낼 수 없었다. 시민이 반대 운동에 보내던 지지가 급속히 줄어들었다.〉[48]

적이라는 고정된 이미지와 싸우는 환경 투사의 문제

〈주여, 이 어려움에서 저희를 구하소서, 적이 우리를 위협하나이다!〉 예언자 수염을 기르고 제복을 차려입은 목사가 독일의 원자력 반대 시위 현장에서 했다는 기도다. 그러나 누가 적인가? 아주 구체적으로 떠올린 적은 어떤 모습일까? 68세대 출신의 마르크스주의자, 저항 운동의 주류를 이루며 비교적 빠른 속도로 관련 책들을 써낸 마르크스주의자에게 적은 분명하다.[49] 적은 자본, 더 정확히는 대자본, 독점자본이다.

그러나 공산주의 국가도 원자력 발전소를 짓지 않는가? 더욱이 원자력 문제에서 국가가 핵심적 역할을 하는 것은 아니다. 시위대가 원자로 건설 현장에서 공권력, 구체적으로는 경찰과 격투를 벌여야만 할까?

이 딜레마를 해결해 준 것은 동독에서 수입된 〈국가독점자본주의〉 이론이다. 독일에 지역 차원의 대형 에너지 공급 업체가 많은 것은 사실이다. 이런 업체가 국가에서 그 생존 기반을 보장받는 공기업 형태라 정부와 복잡하게 얽혀 있는 것도 부정할 수 없는 사실이다. 그러나 역사는 독일 최대의 전력 공급 업체 〈RWE〉가 1960년대 후반까지 원자력 개발에 오히려 제동을 걸어 정부와 불편한 관계를 지속해 왔음을 보여 준다.[50] 역사적으로 볼 때 원자력 개발의 물꼬를 튼 쪽은 과학이지, 에너지 산업이 아니다. 경험이 많은 원자력 엔지니어는 오랫동안 원자물리학 이론가들에 비해 원자력에 더 유보적인 태도를 보였다. 이론가야 책임질 일이 없지 않은가. 1970년대에서 원자력 개발의 주축이 된 〈공동체〉는 산업과 과학과 정부의 인사들이 맞물려 이뤄졌다.

독일 원자력 반대 운동이 펴낸 가장 유명한 베스트셀러는 로베르트 융크라는 저널리스트가 쓴 『원자력 국가Atomstaat』(1977)다. 이 책은 〈공동체〉를 범죄 마피아라고 몰아붙이며 최악의 적으로 선포한다. 68세대가 나치스를 적으로 보던 태도를 고스란히 드러내는 것이 이런 관점이다. 〈히틀러에게 경제 자문을 해주던 인간들〉의 조언을 받아들인 본 정부는 플루토늄 경제에 사로잡혔다.[51] 그러나 역사를 아는 사람은 흔쾌히 동의하기 어려운 관점이다. 역사학자는 조금만 부지런하게 움직이면 원자력을 비판하는 사람 중에서도 나치스에 부역했던 인물을 쉽사리 찾아낼 수 있다. 또 나치스 정권을 피해 망명했던 사람 가운데 몇몇은 최초의 원자 폭탄을 만들도록 자극하지 않았던가? 다른 사람도 아닌 융크 자신은 『원자력 국가』를 쓰기 20년 전에 〈원자력 연구자의 운명〉을 다룬 다른 책에서 〈유대인 출신의 원자물리학자〉에게 거부감을 가졌던 독일 물리학자의 나치스 관련성을 강조하면서, 2차 세계 대전 동안 독일 물리학자들이 일종의 〈수동적 저항〉을 했다고 썼

다. 그러나 이런 주장 역시 오늘날 우리가 아는 바에 따르면 진실이 아니다.[52]

융크 자신이야말로 〈원자력 국가〉라는 종류의 핵 공동체를 근본부터 나쁜 권력으로 몰아세우는 것이 사실을 호도할 가능성이 크다는 점을 충분히 알고도 남았다. 그리고 1950년대의 원자력 열광이 그 동기에서 이후의 환경 운동과 크게 다르지 않다는 점도. 배기가스를 배출하지 않으며, 재생 가능하고, 최소한의 수송 비용으로 어디서나 쓸 수 있는 에너지원의 탐색이 원자력에 열광한 동기였다.[53] 이렇게 본다면 원자력 기술은, 특정 측면에서는 환경에 이상적으로 작용할 것처럼 여겨진 것이 결국에는 그 정반대의 결과를 낳는다는 교훈을 주었다. 애초에 가려 보지 못한 측면이 나중에 피할 수 없는 폐해를 불러온다는! 최근 우리는 메탄으로 같은 경험을 했다. 몇십 년째 환경에 친화적인 것으로 여겨져 온 천연가스[54]는 이산화탄소보다 대략 20배는 더 나쁜 영향을 대기에 주는 것으로 밝혀졌기 때문이다.[55] 한때 팬이었던 융크가 나중에 묘사하는 것처럼 원자력 공동체가 그처럼 악마적일까? 원자력 갈등 이후 자동차 산업 또는 화학 산업의 로비를 경험한 많은 환경 운동가는 돌이켜볼 때 원자력 로비가 그처럼 심각하지는 않았다고 술회했다.

사민당 소속의 어떤 젊은 의원은 1982년 페트라 켈리를 정점으로 한 녹색당은 공격성으로 부글부글 끓은 운동가 집단이라고 평가했다. 〈녹색당 수뇌부의 모든 인사는 그때그때 상황에 맞게 쓸 공격적인 표현들로 무장했다.〉 또 다르게 생각하는 사람은 누구든 곧장 적으로 몰아붙인다고도 했다.[56] 그럼에도 켈리는 자신의 투쟁에 집중할 구체적인 적수를 명확히 정의하는 것을 어렵게만 여겼다. 그녀가 벌인 혼란스러운 정치 활동은 증오와 피해망상으로 얼룩진 공포에도 고스란히 반영되었다. 〈페트라 켈리는 우리가 거대한, 익명의 거미줄에 사로잡힌 파리 신세라고 말했다. 거미는 우리를 배불리 잡아먹으면서 몸집을 불려 가며 더욱더 강력해진다. 이 무서운 괴물을 국가 또는 행정부 혹은 관

료주의라 부르든 결과는 항상 똑같다. 우리는 무력하며, 금치산 선고를 받았다.〉[57]

유럽 연합 관료가 적일까?

페트라 켈리가 그리는 적의 그림은 불명료한 분노로 얼룩졌다. 그리고 이 분노는 소속 당원들을 겨누기도 했다. 반대로 『생태에 제동을 거는 사람들. 환경 유럽 블랙 북*Die Öko-Bremser. Schwarzbuch Umwelt Europa*』(1993)이라는 책은 상당히 구체적으로 적을 명시한다.[58] BUND와 NABU를 필두로 다수의 환경 운동 단체가 설립한 유럽 자연 유산 기금*의 요직을 차지한 사람들이 함께 공동 저자로 이 책을 저술했다. 이처럼 환경 단체들은 유럽의 정치에 영향력을 행사할 길을 모색하며, 재계로부터 기부금을 모금하기도 하고, 또 유럽의 동부와 남부에 중점을 두어 현지의 자연 보호 운동을 지원했다.[59] 이 〈블랙리스트〉는 유럽 전역에 어떤 환경 스캔들이 벌어지는지 일목요연하게 정리해 보여 준다. 그리스의 아켈로스강의 물줄기 방향 전환 사업에서 에스파냐의 떡갈나무 숲이 양돈가 때문에 〈소리 없이 죽어 가는 것〉까지, 그때껏 볼 수 없던 조망을 제시해 주는 이 책은 동시에 어디에 항의하면 좋은지 그 담당 관청의 주소와 연락처까지 담아 놓았다.

제목인 〈생태에 제동을 거는 사람들〉은 총공격 대상으로 삼을 수 있는 특정 인물과 기관에만 한정하는 것이 아니라, 개인 내면의 양심과 같은 추상적인 것까지 포함해 매우 다양하게 적시되었다. 책이 지적한 모든 스캔들에 대항하려면 최소한 열두 개 정도의 시민 단체가 필요하다. 그러나 집중 공격 목표도 존재한다. 유럽 차원에서 활동하는 이 환경 상부 조직이 주된 과녁으로 삼는 것은 브뤼셀의 유럽 관료, 곧 〈분노 더미

---

* EuroNatur(Stiftung Europäisches Naturerbe): 독일의 양대 환경 단체 BUND와 NABU가 주도해 1987년에 세운 환경 보호 재단.

에 꼬이는 파리처럼 범죄자를 유혹하는〉지원 프로그램이다.[60] 〈블랙리스트〉는 영문을 모르는 도시 시민이 꾸며진 자연에 현혹당하지 않고 두 눈을 부릅뜨고 감시한다는 취지를 담았다. 〈어떤 해에는 때 이른 봄에 유채꽃이 그 샛노란 색을 자랑하는가 싶더니, 다른 해에는 한여름이 눈길이 닿는 곳마다 해바라기가 만개했다. 이 모든 것은 우연이 아니다. 브뤼셀이 사령탑이 되어 조종하는 농업 정책의 결과가 이런 풍광이다. 농부는 이미 오래전부터 지원금과 각종 상금을 받아 가며 관료가 요구하는 농업만 하는 의존의 악순환에 사로잡혔다.〉[61]

책의 내용은 전반적으로 제목이 짐작하게 하는 것보다 훨씬 더 다양하다. 책에서는 유럽 연합이 추구하는 자연을 공격하기보다 그 실용적 관점에 맞춰 주려는 전략도 선보인다. 브뤼셀 관료가 환경을 해치는 데 세금을 낭비한다는 비난[62]은 유럽 회계 감사원의 자료에 입각한 것[63]으로, 얼핏 보고 짐작해서 유럽 연합에 적대적 태도를 드러낸 것은 아니다. 오히려 반대로 저자들은 유럽 연합이 환경 친화성 시험과 조류 보호 법령을 도입함으로써 〈환경법에 부동의 척도〉를 제시했음을 인정했다.[64] 그러니까 〈FFH 지침〉은 전혀 문제 삼지 않았다. 당시 브뤼셀은 환경 정책을 유럽 연합의 새로운 포괄적인 활동 영역으로 개척하면서, 새로운 유럽이 원자력 공동체Euratom[65]에 기원을 두었다는 사실을 과거의 것으로 돌리려고 안간힘을 썼다. 유럽의 관료들이 관리하는 자연을 둘러싼 논쟁은 어차피 진행 중인 환경 정책에 제동을 걸지 않고, 더 힘을 실어 주려는 노력이었을 뿐이다. 일찌감치 저자들은 〈유럽 연합 관료의 규제 열풍이라는 비난〉[66]이 거꾸로 브뤼셀의 환경 정책을 망가뜨려, 겉만 그럴싸한 환경 운동, 결국 자연에는 아무 도움을 주지 못하는 운동을 낳을 수 있다는 점을 간파했다. 겉만 그럴싸한 환경 사기극의 충격적 사례는 유럽 연합이 75퍼센트의 자금을 지원한 스포라데스 제도의 알론니소스Alonnisos섬에 세워진 〈생태 스테이션〉이다. 멸종 위기에 처한 몽크물범Monk seal을 보호한다는 명목으로 건설된 이 시설은 실제로는 폐허와 다를 바 없는 난장판이었다.[67]

〈납 성분이 함유된 휘발유와의 전쟁〉에서 〈독일 합의 모델〉까지

심지어 독일 정치가조차 환경 문제에서 투쟁 분위기에 사로잡혔다. 공권력이 폭력에 시달리지 않는 현실에서 이런 분위기 변화는 무엇을 뜻할까? 한스 디트리히 겐셔는 1972년의 스톡홀름 환경 정상 회담에서 〈환경을 위한 작전〉을 선포했다. 그로부터 30년 뒤 페터 멘케글뤼커르트는 자랑스럽게 이런 말을 했다. 〈작전이라는 단어와 전략은 내가 제안했다. 나는 기자들과 함께 학교를 찾아다니며 캠페인을 벌이기도 했다. 환경을 위한 작전이라는 생각을 학생들이 조금이라도 더 친밀하게 느낄 수 있게 해주려는 노력이었다. 구호는 이랬다. 자연을 짓밟는 전쟁은 환경에 유해한 상품을 보이콧하는 국민 저항으로 종식되어야만 한다.〉[68] 그러나 시위대가 원자로 건설 현장으로 돌격하기 이전의 시점인 당시에 〈국민 저항〉이라는 말은 비유였을 뿐이다.

다시금 멘케글뤼커르트의 말을 빌려 보자면, 구체적으로 작전은 이른바 〈납 성분이 함유된 휘발유와의 전쟁〉에 나서는 정부의 자세를 의미했다. 휘발유에 함유된 납 성분을 단계적으로 낮추려는 결정 때문에 내무부는 〈독일 산업 연맹Bundesverband der Deutschen Industrie, BDI〉과 정면으로 충돌했다. 초기에 내무부는 신속한 공세를 취했다. 이미 1971년 8월 5일 〈납 휘발유 법〉이 제정되었으며, 사흘 뒤 효력을 발휘했다. 〈범독일 자동차 클럽Allgemeine Deutsche Automobil-Club, ADAC〉과 정유 산업은 1973년에 가서야 반기를 들었다. 법이 정한 대로 납의 함유량을 계속해서 낮춘다면, 수백만 대의 자동차가 운행을 중지해야만 한다는 것이 반기를 든 근거다. 〈다이믈러 벤츠〉가 발행하는 사내 신문은 의원들이 기술 문제를 이해하지 못하면서 그런 법을 밀어붙여서는 안 된다고 강조했다. 반면 당시 야당인 기민당은 정부에게 너무 미적거리는 행보를 보인다고 비난했다. 그러자 겐셔는 평소 볼 수 없던 날카로운 반응을 보였다. 〈우리는 법을 정하고도 이를 준수하지 않는 것을 그저 지켜만 보는 바나나 공화국이 아니다.〉[69] 멘케글뤼커르트는 〈납 성분이 함유된 휘발유와 전쟁〉을 〈산업이 처음으로 대패한 환경 전쟁〉이라고 불렀다. 그러나 이미 1975년 산업은 반격을 시작했다. 1975년 6월 3일 당시 독일 총리 헬무트 슈미트는 산업과 노조의 대표를 불러 회의를 열고 관련 법을 두고 격론을 벌인 끝에 납 함량을 규제하는 법을 철회하기로 했다. 슈미트 정부 초기의 비약적인 환경 정책이 불길한 반전을 이룬 순간이다.[70] 철회 결정을 두고 멘케글뤼커르트는 이렇게 말했다. 〈이때부터 나는 산업이 하는 말은, 최소한 열 번 정도 시험해 보지 않고는 절대 믿지 않기로 했다.〉[71]

자동차 업계의 로비가 흔히 쓰던 표현인 〈독일 합의 모델〉[72]은 배기가스 정화 장치에서 속도 제한까지 환경 친화적인 교통 정책에서 미국보다 한참 뒤처지게 했다.[73] 1988년 2월에 들어서야 납 성분을 가미한 휘발유의 전면적인 사용 금지 조처가 내려졌다. 그러나 이 결정도 정유업계와 협의해 완전한 판매 금지의 시기를 1996년으로 유예했다. 헨리 포드가 이미 1911년에 컨베이어벨트 시스템으로 〈T 모델〉을 생산했던 미국과 달리 독일인의 자동차 사랑은 아직 풋풋했다. 심지어 대다수 환경 운동가조차 자동차 문제를 과감하게 제기하지 않았다. 최소한 자신의 주거 지역에서만큼은 조용함과 좋은 공기를 누리고 싶어 한 지역의 시민 단체만이 반기를 들었을 뿐이다. 갈등을 두려워하지 않는 자세의 결여는 정부 정책의 이런 지속성 부족에서 여실히 드러났다. 산업의 막대한 이해관계가 끼어드는 한, 투쟁 없이 이뤄지는 일은 없었다. 그러나 이 투쟁은 법과 행정의 힘이 필요했다. 이 힘은 정작 중요한 순간에 슬그머니 자취를 감추었다. 이런 식으로는 배기가스 절감은 물론이고 대중교통이라는 수단으로 자가용 운행 역시 줄어들지 않았다. 절실하게 필요한 것은 특정 문제에서 보안관처럼 강력하게 밀어붙이는 〈미국식 생활 방식〉이다. 그러나 업계의 로비에 흔들리는 독일에서 문제의 핵심은 전혀 풀리지 않았다.

미국 환경 보호청: 옷장 속의 고릴라에서 사자 먹이로

　법적으로 시비를 가리는 투쟁으로 미국의 사법 제도는 몸살을 앓았다. 사실을 조사하는 단계에서부터 원고와 피고의 논쟁은 치열하게 달아올랐다.[74] 〈환경의 10년〉인 1970년대에 미국의 환경 보호청EPA이 그 역동적인 창설자 윌리엄 러클스하우스 아래서 키운 것도 이런 투쟁 정신이다. 그때까지 미국의 환경 정책 역사를 다룬 가장 포괄적인 대작을 쓴 리처드 앤드루스는 당시를 회고하며 이렇게 썼다. 〈초창기부터 《EPA》는 공격적으로 표준을 정하고, 협상과 지원책을 펴기보다 강제하는 방식을 택했다.〉 인디애나주에서 법 집행관으로 공기와 물의 오염을 막기 위해 싸운 러클스하우스는 자신의 경험에 미루어 이런 공격적 방식이 꼭 필요하다고 확신했다. 〈반항적인 오염원인 제공자를 제재하고 환경 보호에 신경 쓰도록 하려면, 연방 정부의 강한 강제가 꼭 필요하다.〉 이처럼 지역 차원에서 일어나는 환경 갈등을 중앙 정부 차원으로 끌어올리는 일은 1970년대라는 새로운 환경 시대의 전형적 특징이다. 중앙 정부 차원에서는 지역보다 비판적 여론의 반향을 이끌어 내는 일이 더욱 쉽다. 더욱이 지역의 자원 이용에 집착하는 산업 로비와 분명한 거리를 두는 것도 가능하다.

　미국 여론은 〈지구의 날〉에 여전히 신선한 느낌을 가졌다. 러클스하우스는 언론이 환경 파괴범의 사냥을 저 전설적인 보안관이 무법자를 퇴치할 때처럼 박수갈채를 보내 주리라는 기대를 품었다. 공화당 소속이었던 그는 대기업에 맞서 싸우는 자신의 용기에 민주당이 더욱 감동하리라고 계산했다. 그가 구사한 전략의 핵심은 언론에 보여 주는 연출을 통해 EPA의 권력과 신뢰도를 다짐으로써 환경을 오염시키는 대기업의 횡포에 맞설 무기를 확보하는 것이었다. 그는 자신을 지원해 줄 지원군을 기존의 권력 기구 내부가 아니라, 더 나은 환경 보호를 갈망하는 대중에게서 찾았다.

　EPA는 공공 위생을 다루던 기존의 기관들을 합병해서 탄생했다. 그러나 이 새 관청은 처음 두 달 동안 전임 기관을 비교 기준으로 삼았을 때 기간보다 다섯 배가 더 많은 〈시행령〉을 집행했다. 심지어 러클스하우스는 법적 강제 수단이 마땅치 않은 경우에는 여론전을 통해 대기업과 맞서기를 주저하지 않았다. 예를 들어 그는 정부 당국의 모든 경고에도 꿈쩍도 하지 않고 옛 방식 그대로 검은 매연을 뿜어 내던 강력한 〈유니언카바이드Union Carbide〉를 상대로 처음부터 맹렬한 공세를 취했다. 아무런 법적 근거가 없이 러클스하우스는 이 기업에 10일 기한의 최후통첩을 보내고, 이런 사실을 언론에 알렸다. 유니언카바이드는 어쩔 수 없이 굴복했다.[75] 이 기업은 인도의 보팔에 위치한 자회사가 1984년 12월 2일 그때까지 역사상 최악의 화학 사고를 일으켰을 때도 러클스하우스에게 제재를 당할 때처럼 양심적으로 대처하지 않았다.

1970년 EPA가 창설되기 전까지만 하더라도 산업과 정부 당국은 공해 물질 문제를 다루면서 친밀하고도 협력적인 관계를 유지했다.[76] 이제 러클스하우스는 강한 톤으로 자신의 EPA를 최소한 상당한 기간 대중의 영웅으로 만들었다. 대중의 이런 호응을 등에 업고 미국의 많은 주도 대기와 수자원을 오염시키는 기업에 공세를 취했다. 산업의 로비와 충돌할 경우 주 정부들은 EPA에 책임을 떠넘겼다. 물론 주 정부들은 EPA의 새로운 많은 표준을 환영했다. 〈EPA는 주 정부들의《옷장 속의 고릴라gorilla in the closet》, 곧 강력한 기업에 새로운 규제를 부과할 때 모든 책임을 떠넘길 수 있는 희생양이었다.〉[77]

EPA를 두고 〈옷장 속에 숨겨 둔 고릴라〉라고 부른 표현은 날개 돋친 듯 대중에 회자되었다. 아주 구체적으로 말해 〈고릴라〉는 환경 침해 사범을 상대로 하루에 2만 5000미화달러의 과태료를 부과하겠다고 위협했다. 러클스하우스와 그의 투쟁적인 동료 머리 스타인Murray Stein은 EPA가 이런 위협을 얼마든지 현실로 만들 수 있다면서 충격 요법을 썼다.[78] 그러나 미국의 이런 투쟁적 분위기는 그만큼 격렬한 저항을 불렀다. 1980년부터 레이건의 주도 아래 저항이 시작되었다. 저항은 유럽이 (그때까지) 전혀 경험하지 못한 강력함을 자랑했다. 심지어 나중에 많은 환경 운동가가 보기에도 1970년대의 EPA는 너무 멀리 나갔으며, 과잉 규제를 미국적이지 않은 정치라며 공격하는 〈자유 기업〉의 상대하기 쉬운 적이 되었다.[79] 미국이라는 정치 상황에서 환경청이라는 기관이 갖는 비중은 제한적이었으며, 대통령의 지원 여부에 따라 극심한 변동을 보였다. 환경 운동이 다시금 절정을 구가한 1989년에는 심지어 공화당 출신의 대통령 부시조차 자신은 〈환경 대통령〉이 되고 싶다고 강조했다.[80] 이때 EPA는 다시금 〈옷장 속의 고릴라〉로 위세를 떨치며 파산의 위험에 처한 뉴욕시 당국에 식수의 품질 개선을 강력히 요구했다. 이런 요구에 맞는 정화 시설의 건설은 60억에서 80억 미화달러라는 막대한 재원이 필요했다. 그러자 〈유역 보호watershed protection〉라는 구호 아래 2,000제곱마일 면적의 숲을 보호하자는 대안이 대두되었다.[81] 덕분에 뉴욕은 최악의 도시라는 오명을 벗고 질 좋은 식수로 유명해졌다. 이 사례는 경제와 생태의 환상적인 결합으로 평가되었다. 식수 보호는 이제 환경 보호의 특허 무기로 곳곳에서 주목받았기 때문이다. 그럼에도 아들 부시는 자신의 첫 예산을 짜면서 EPA 공무원 223명 일자리를 삭감했다. 살충제 업계의 공화당 성향 로비스트는 클린턴 행정부의 EPA를 〈게슈타포〉라고 공격했다. 당시 어떤 만평은 한때의 〈고릴라〉를 〈비즈니스 이익〉이라는 입을 쩍 벌린 거대한 사자 앞에서 벌벌 떠는 처량한 모습으로 묘사했다. 이 원형 극장에서 황제의 자리에 앉은 〈카이사르〉는 엄지를 아래로 가리키며 외쳤다. 〈잡아먹어라!〉[82]

생태 시대의 삼위일체:
예방과 원인 제공자 부담과 협력이라는 세 가지 원칙

독일의 환경 정책은 1970년대부터 환경법의 세 가지 근본 원칙, 곧 예방과 원인 제공자 부담과 협력이라는 원칙을 주장해 왔다. 프랑스 혁명의 〈자유, 평등, 박애〉라는 세 원칙이 자유와 평등이라는 날카로운 혁명의 구호를 박애로 화해시켰던 것처럼 예방과 원인 제공은 협력이라는 원칙으로 조화를 이루었다. 그러나 2000년에서 2002년까지 독일의 환경 문제 전문가 위원회의 의장을 지낸 게르트루데 뤼베볼프는 협력이라는 원칙이 너무 자주 〈위세를 잃은 공권력이 환경을 값싸게 이용하려는 산업의 이해관계에 맞서 규제를 실행하지 못하는 무능력 또는 실행하지 않는 무의지를 그럴싸하게 꾸미는〉 일종의 〈미화〉라는 의심을 지울 수 없다고 말했다. 빌레펠트의 식수 보호청 청장으로 경험을 쌓았으며, 법과 현실의 괴리를 잘 아는 그녀의 이런 진단은 설득력이 있다. 그녀는 환경 보호에서 〈두 개의 혀라는 전략〉이 구사된다고 꼬집었다. 〈환경에 관심을 갖는 사람들에게는 멋진 법을, 관심이 없는 사람들에게는 이 법의 유명무실화를 꾀하는 것〉이 이런 전략이다.[83] 환경 관료는 손수 조사하고 공장 정문 앞에서 빗줄기를 맞으며 기다려야만 하는 조사관 역할보다는, 업주에게 친근한 응대를 받으며 미리 준비된 서류만 검토하면 되는 협력이 훨씬 더 편안할 수밖에 없다. 그러나 관리는 문제를 더 간단하게 만들 특권은 갖지 않는다. 〈실제로는《순수한 협력적》인 집행만큼 힘이 드는 것이 없다.〉 그저 업체에 명확하게 확정된 표준, 누구에게나 적용되는 표준을 제시하고 그 실행을 요구하는 것이 가장 간단하다.[84] 이것이 바로 미국의 EPA가 1970년대 러클스하우스의 주도 아래 선보인 업무 방식이다. 독일의 산업 로비는 환경 보호 규정이 갈수록 복잡해진다고 불평했다. 실제로 이런 복잡화는 두려울 정도로 이루어졌다. 그러나 복잡해지는 이유는 산업의 로비가 요구한 예외와 특수 규정 탓이었다. 워낙 복잡하고 많은 예외를 둔 규정은 개별적 사례에서 협상의 여지를 위축할 정도로 장황하고 불분명했다. 물론 세계 어디나 이런 사정은 마찬가지였다. 편리함만 바라는 관리가 양심이라고는 없는 사업가와 마주 앉아 있을 때는 최고의 법과 제도도 별 도움이 되지 않는다.

협력이라는 암묵적 전제는 환경 보호를 위해 자신의 최선을 다하려는 의지를 가진 솔직한 사업가에게서만 성립한다. 잦은 경영진 교체와 함께 두 자릿수의 매출 증가에 매달리며 실소유주가 누구인지 숨기는 기업에 이런 전제를 충족해 달라는 것은 현실성이 없는 이야기다. 더욱이 협력의 바탕을 이루는 확신은 환경을 해치는 물질의 감소가 그 핵심에서 기술 문제라는 것이다. 요구되는 기술 능력은 환경청이라는 행정부가 아니라, 산업에 있다. 산업의 엔지니어를 함께 끌어들이지 않고서 유해 물질 배출의 한계를 정한다는 것은 무망한 노릇이다. 산업의 현실을 우리는 주목해야만 한다. 유해 물질의 감소를 위해 값비싼 정화 시설을 만드는 것만으로는 충분하지 않으며, 아예 생산 과정을 뜯어고치는 변화가 이뤄져야만 한다. 이런 변화는 엔지니어의 발명 정신을 요구한다. 행정의 규제는 이런 변화에 아무런 도움을 주지 않는다. 아직도 완결되지 않은 생태 시대 학습 과정의 핵심은 단순히 결과물만 노리는 기술과 갈수록 비용이 늘어만 가는 재활용으로는 환경 보호가 막다른 골목에 처할 수밖에 없다는 점이다. 가능한 유일한 해결책은 생산 과정의 변화로 유해 물질의 배출을 피하면서 자재의 재활용을 꾀해야 한다는 것이다.[85] 환경 보호를 한결 덜 복잡하게 해주는 이런 경제의 운용은 오로지 산업과 협력해야만 가능하다. 갈수록 원자재가 고갈되어 가는 시대에서 생산품의 재활용은 산업 자체의 이해관계와도 맞물리기 때문이다.

그러니까 원자력 갈등을 통해 극심한 대비를 이루었다가 가까스로 합의한 독일 모델은 1970년대 미국의 환경 정책이라는 더 거친 방식에 비해 나름대로 강점을 갖는다. 미국 사회는 갈수록 환경 보호의 아군과 적으로 분열되었지만,[86] 독일은 원자력 갈등의 전투적 투쟁 국면으로 비롯된 사회 분열을 1980년대에 극복해 냈다. 갈등과 합의는 역사에서 서로 다른 선택지가 아니며, 흔히 같은 과정 안에서 반복되는 국면이다. 이 때문에 갈등과 합의를 두고 상황과 실질적 문제와 무관하게 가치 판단을 내려서는 안 된다. 특히 갈등 문제는 환경 전략을 두고 역사를 고려하지 않은 채, 현재 국면만 두고 이야기하는 것은 무의미함을 보여 준다.

환경 문제 본질의 중간 결산

특정 상황에서 갈등을 피하지 않아야 상대방이 진지하게 받아들여 협상 테이블을 찾는다는 점은 일상에서도 보는 경험이다. 그래서 갈등을 소통의 기회로 삼는 자세는 중요하다. 물론 상대편이 범죄를 일삼는다면, 타협이 아니라 적수를 무장 해제시키는 것만이 해결책이다. 환경을 둘러싼 갈등은 간단하게 이런저런 유형으로 분류되지 않는다. 단적으로 범죄 행위인 환경 파괴가 자주 저질러지는 것은 분명한 사실이다. 동시에 입장과 견해의 차이로 판단이 달라지는 환경 침해도 무수히 많다. 또 인간의 경제 활동에 따른 정상적인 부수 현상으로 피할 수 없는 경우도 적지 않다.

생태가 경제를 완전히 누르는 승리는 불가능하다. 이런 관점에서 적과 아군이라는 도식은 무의미하며 파괴적이기까지 하다. 인간의 손길이 닿지 않는 온전한 자연이라는 이상을 추구하며, 모든 환경 변화는 곧 환경 파손이라고 주장하는 사람은 피할 수 없이 무기력한 분노에 사로잡히거나, 모든 경제 활동을 무차별적으로 공격한다. 타협이라는 차원은 존재하지 않는다. 양측이 원칙적으로 합의할 수 있는 정의라는 개념은 성립하지 않기 때문이다. 그럼에도 전형적 환경 갈등을 다른 고전적 갈등과 비교해 보면, 환경 문제에는 창의적 해결을 시도할 여지가 충분히 있다. 다시 말해서 양측 모두 웃을 수 있는 〈윈윈Win-Win〉 전략은 얼마든지 가능하다.[87] 지나치게 처절하게 치러진 갈등의 가장 추악한 결함은 참호에 숨어 고개도 내밀지 못하고 총만 쏘아대는 정신 자세가 창의적 해결 방안을 찾을 시각을 막아 왔다는 점이다.

고전적인 갈등 유형은 국가 사이의 영토 분쟁, 종교 사이의 신앙 전쟁, 노사 간의 임금 갈등이다. 이 모든 것은 제로섬 게임이다. 한쪽의 승리는 다른 쪽의 패배일 뿐이다. 이에 반해 산업의 유해 물질과 자원 소비의 감소는 많은 경우 효율성 제고와 동일하다. 〈흡연은 낭비다〉라는 구호는 1900년을 전후해 미국 도시들에서 흡연 반대 운동이 외친 구호다. 이처럼 특정 입장에만 집착하지 않고 시야를 넓혀 보면, 아름다운 풍광을 해치지 않고도 새로운 산업을 개척할 영토는 얼마든지 찾을 수 있다. 창의적인 해결책을 제시해 주는 고전적인 장소는 숲이다. 숲은 곧 지속적인 경제라는 구상의 기원이다. 혼합림은 해충을 견디는 힘이 더 크며, 그때 그때 변하는 목재 수요를 충당하기에 단일림보다 훨씬 더 적합하다. 생명윤리학이 연출하는 근본 갈등 〈생명 중심적 자연 이해 대 인간 중심적 자연 이해〉는 현실에 존재하는 창의적 합의의 기회를 외면한다. 환경 운동가가 너무 언론의 홍보 효과에만 집착할 때도 같은 위험이 생겨난다. 언론은 되도록 요란하게 꾸며진 갈등에만 입맛을 다시기 때문이다.

오리건의 숲에서 백악관까지: 반점올빼미를 둘러싼 일대 갈등

미국 환경 문제의 전형적인 갈등 양상과 그 전략의 가장 조악한 사례는 미국 북서부의 숲에서 일어난 반점올빼미를 둘러싼 논쟁이다. 이 논쟁을 두고 이미 1994년 스티븐 야피Steven Yaffee는 2차 세계 대전 종전 이후 10년이 지나 처음 논란이 시작된 이후 다섯 단계를 구분했다.[88] 당시 이 갈등을 환경 운동은 잘 알지 못했다.[89] 그리고 힘들여 찾아야만 이 올빼미 종류의 라틴어 학명 〈스트릭스 옥시덴탈리스Strix occidentalis〉가 나온다. 유럽의 관점에서(그리고 틀림없이 아시아의 관점에서도) 이 갈등이 그 오랜 세월 치열하면서도 막대한 비용을 써 가며 지속한 것은 기묘하게만 느껴진다. 갈수록 세를 불려 가는 환경 운동가와 더욱더 큰 규모로 저항을 벌이는 목재 업계, 결국 올빼미 투쟁을 오리건의 숲에서 백악관까지 끌어들인 의회 의원들에 이르기까지 실로 갈등은 집요하고도 치열했다. 그리고 자명하게도 이 투쟁의 당사자들은 서로 반대 진영을 향해 타협에 합의하라고 요구했다.[90]

그러나 전혀 다른 가치관이 서로 충돌할 때 어떻게 타협점을 찾아야 좋을까? 자연 그 자체를 위한 보호여야 할까, 아니면 인간의 자원 공급원으로 자연을 이용해야 할까? 독일의 원자력 문제와 마찬가지로 미국에서는 오랫동안 반점올빼미를 둘러싼 분열과 반목은 그치지 않았다. 그러나 이 분열은 결국 〈환경주의자〉와 〈그 적수〉의 싸움이었을 뿐이다. 대체 어떻게 해서 미국의 환경 운동가는 하필이면 반점올빼미 보호를 운동의 최우선 과제로 삼게 되었을까? 그때까지 유럽에서는 경험이 풍부한 조류 보호 운동가조차 학명도 몰랐던 이 동물을?

야피의 5막 드라마를 보면 반점올빼미 보호 운동의 서막을 연 것은 오리건 주립대학교 대학생 에릭 포스먼Eric Forsman이 1972년에 쓴 석사 학위 논문이다. 포스먼은 오리건주 숲의 고목들 37곳에서 반점올빼미의 서식지를 발견해 이 고목을 보호하자는 1인 운동을 벌였다.[91] 그러나 대학생의 석사 학위 논문이 미국 전역을 가로질러 워싱턴까지 번진 환경 운동을 촉발했다는 것은 만족스러운 설명이 되지 못한다. 운동에 결정적 힘을 실어 준 것은 새로운 마법의 주문 〈오래된 나무의 숲old-growth forests〉이다. 이 주문이 발휘한 매력은 옛 구호 〈야생〉의 그것과 같았다. 원시림을 애호하는 사람들은 속속 올빼미 팬으로 합류했다. 시에라 클럽이 반점올빼미에 관심을 갖게 하는 데 성공한 앤디 스탈Andy Stahl은 1988년 놀라울 정도의 솔직함으로, 반점올빼미의 매력은 〈원시림 보호old-growth protection의 간판〉으로 더 할 수 없이 알맞았다고 설명했다. 〈나는 자주 이 반점올빼미가 북서부에 서식하는 것이 얼마나 고마운 일인가 하고 생각했다. 만약 반점올빼미가 없었더라면, 우리는 유전 공학을 이용해서라도 이 올빼미를 만들어 냈어야만 했다〉.[92] 그때까지 반점올빼미에 주목했던 사람은 아무도 없었다. 포스먼이 산림청 관리에게 관할 숲에 반점올빼미 쌍이 사느냐고 물으면, 관리는 어리둥절한 표정으로 이렇게 반문하곤 했다. 〈뭐라고요?〉[93]

유럽의 관찰자는 의아함을 감출 수 없었다. 왜 미국의 숲 보호 운동가들은 스캔들의 핵심인 벌목 문제를 상대로 싸우지 않고, 반대편이 가소롭게 여길 반점올빼미를 투쟁 구호로 삼았을까?[94] 그러나 생태의 시대에는 정당화할 구체적 물증으로 서식지 보호를 주장하는 일이 반드시 필요하다. 예나 지금이나 조류 보호 운동가는 자연 보호 운동의 최전방에 선다. 생태의 새로운 메시지는 동물 보호의 결정적 문제가 서식지 보호임을 일깨워 주는 것이어야 한다. 또 이렇게 할 때 조류 보호는 자연과 환경 보호의 주류에 합류한다. 존 뮤어는 새를 그다지 주목하지 않았다(바로 그래서 시어도어 루스벨트는 놀라기도 했다). 그는 울창한 나무와 웅장한 암벽 그리고 폭포에 압도당해 야생을 위해 싸웠다. 그러나 생태의 시대가 막을 연 1970년 이후 황홀한 아름다움에 도취한 보호 논리는 법정 다툼에서 별 효력을 발휘하지 못하는 무기였다. 1973년 미국 의회에서 〈멸종 위기에 처한 동식물 보호법Endangered Species Act, ESA〉이 통과했다. 이 법은 오로지 잠재력만 가진 것으로, 환경 운동가가 풀어 내어 구체화할 때만 실제 힘을 발휘한다.[95] 반점올빼미가 멸종 위기에 처해 오리건과 그 인접 주 워싱턴의 고목이 있어야만 생존할 수 있음을 믿을 만하게 설득할 수만 있다면, 환경 운동은 정치의 투쟁 정신을 자기편으로 사로잡을 희망을 키울 수 있었다.

물론 문제는 이 반점올빼미가 너무 보기 드문 새라서 다이앤 포시의 카리스마 넘치는 고릴라와는 비교조차 할 수 없다는 점이다. 올빼미만으로 환경 운동의 열정은 일깨워지지 않았다. 시에라 클럽에서 야생 협회까지 대형 자연 보호 NGO는 반점올빼미 보호 운동에 시큰둥하며 망설이는 반응만 보였다.[96] 더욱이 반점올빼미가 실제로 멸종 위협을 받는지, 이 새가 다른 곳에는 없는지, 젊은 나무에는 새끼를 부화할 수 없어 오로지 고목만 필요하며, 〈환경 운동가〉가 주장하듯 생존을 위해 정말 그 넓은 지역의 고목이 필요한지 따위의 물음 앞에서 비웃기만 하는 반대편을 설득할 논리가 턱없이 부족했다.[97] 1989년 7월 워싱턴주의 포크스Forks, 일명 〈세계 벌목꾼의 수도〉에는 분노한 벌목업자들이 무리를 지어 연사의 선동적 물음 〈반점올빼미가 오로지 고목에서만 생존할 수 있나요?〉에 〈아니! 아뇨! 아냐!〉라고 화답했다.[98]

반점올빼미 운동의 반대편은 벌목꾼들을 거느린 지역의 목재 산업이었다. 반대편은 산림청에서 생태의 전문 용어를 따라잡을 수 있는 변호인을 발견했다. 산림청은 기포드 핀쇼가 창설을 주도했던 당시만 하더라도 산림의 지속성에 큰 관심을 갖고 공유재인 숲을 마구 벌목하는 것을 〈도적 행위〉로 퇴치했으나, 그동안 최소한 〈와이어하우저Weyerhaeuser〉 같은 거대 목재 기업[99]과 서로 이해를 키우면서 목재 산업을 어느 정도 관용하는 입장을 보였다. 이런 관용은 기업이 무분별한 벌목은 결국 숲을 폐허로 만든다는 산림청의 입장에 동조했기에 가능했다. 야생 애호가들은 목재 이용이 그다지 매력적이지 않은 산악 지대에 국립 공원을 얻었다. 바로 그래서 1960년대까지는 숲을 바라보는 서로 다른 이해관계가 공존했다. 1950년대 말에 데이비드 브라워가 목재 업계에 공세를 취하며 산림청의 지혜는 오로지 톱질 능력으로만 좁아들었느냐고 호통쳤을 때 산림청 임원들은 난감한 표정을 지으며 브라워가 미쳤다고 믿었다.[100]

그러나 생태 시대에 이르러 목재 업계와 야생 애호가 사이의 합의는 위기에 처했다. 벌목꾼은 그때까지 국립 공원에도 속하지 않아 전혀 이용되지 않았던 고목 숲까지 치고 들어갔고,[101] 야생의 애호가들은 투쟁 정신을 새롭게 불태웠다. 이들은 산림청의 정신적 수준과 직업윤리가 편쇼의 전설적인 시대에 비해 가련할 정도로 추락했다고 보았다.[102] 그러나 이 싸움은 1970년대의 〈생태 혁명〉과 몇몇 중요한 지점에서 엇갈렸다. 혁명을 주도한 생물학 전문가의 관심은 주로 법적 조건을 확보하는 데 쏠렸다. 특정한 동물종의 구출은 생태계 전체의 구출과 맞아떨어지지 않는 구호일 뿐이었다. 더욱이 반점올빼미 보호는 인간의 생활 토대를 지키는 것이 아니라, 인간에 대항해 자연을 보호하는 일이었다. 목재 업계의 종사자들은 생존 기반을 위협하는 올빼미에 분노했다. 이 근육질 남자들이, 물론 기업으로부터 자극을 받기도 했겠지만, 스스로 팔을 걷어붙이고 나선 것은 놀라운 일이 아니다. 〈롤링 스톤스Rolling Stones〉에서 키보드를 연주했던 척 리벨Chuck Leavell은 숲을 사들여 주인이 되었다가 분통을 터뜨렸다. 〈여론을 납득할 수 없다. 어째서 반점올빼미의 생존권이 예를 들어 공공의 숲에서 목재를 수확하려는 벌목꾼의 생존권과 똑같이 중요할 수 있는가. 심지어 올빼미의 생존권을 더 소중하게 여기기도 한다.〉[103]

〈환경 운동가〉는 전문가의 소견서, 법률가 그리고 언론을 통해 운동을 벌였다. 벌목꾼은 워싱턴에서 시위를 벌이는 것으로 대항했다. 이 경우 풀뿌리 운동은 환경 운동이 아니라, 반대편에 해당한다. 무기 소유의 자유를 주장하는 『건 위크Gun Week』의 발행인이자 악명 높은 무기 마니아인 론 아널드와 앨런 고트리브Alan Gottlieb는 이른바 〈현명한 이용주의 운동Wise Use Movement〉의 가장 공격적인 대변인 역할을 자처하면서 반점올빼미 논란을 더없이 좋은 먹잇감으로 발견했다.[104] 이 두 사람은 마치 미국 서부의 농업과 목축업의 위중한 위기가 침식과 과도한 방목[105]으로 빚어지지 않은 것처럼 주장하며, 환경 운동에 반대하는 〈미국의 우리〉가 먹고사는 일이 최우선이 되어야 한다고 강조했다. 이들의 육성을 들어보자. 〈우리 현명한 이용자가 진짜 환경주의자다. 우리야말로 이 땅의 진정한 관리인이다. 우리 농부가 이 땅을 경작해 왔으며, 우리 목장주가 이 땅을 관리해 왔다. 우리는 이런 과업을 벌써 몇 세대에 걸쳐 성공적으로 수행했다. 우리 광부와 벌목꾼이 이 땅의 생명을 가꾸었다. …… 자신을 환경주의라 부르며 비판이나 일삼는 비평가들은 엘리트일 뿐이다.〉[106]

심지어 미국의 환경 운동가들조차 이런 우스갯소리를 했다. 〈너는 환경 운동가야, 아니면 그냥 먹고사는 사람이야?〉 사회학이 보는 〈자연을 위한 투쟁〉은 숲을 휴식의 장소로 여기는 도시 중산층이 예로부터 숲으로 생계를 유지하며 숲과 밀접한 관련을 맺는 농촌 계층을 상대로 벌이는 싸움이다.[107] 그러나 지역을 초월한 전국 단위의 여론이 보기에 환경 보호 운동을 반대하는 벌목꾼은 세상 물정을 모르는 편협한 이기주의자로 비쳤다. 한창 위세를 떨치는 〈새 경제New Economy〉로 목재 업계가 뒷전으로 몰리면서, 벌목꾼의 분위기는 더욱더 공격적이 되었다. 이들의 눈에 위기의 구조적 원인을 가려 주는 데 적합한 희생양은 반점올빼미와 그 친구들이었다.[108] 목재 업계에는 전화 테러의 목표인 환경 운동가의 블랙리스트가 돌았다. 〈너는 반점올빼미와 사랑에 빠진 개새끼라며〉.[109] 언론은 총에 맞아 숲속의 안내판에 못질로 박힌 반점올빼미의 사진을 게재했다.[110] 반점올빼미처럼 폭력에 휩싸인 미국의 환경 문제는 따로 없었다.[111]

이런 분위기 속에서 반점올빼미를 위한 투쟁은 레이건 행정부 아래서 반격을 노리던 〈반환경주의자〉의 더없이 좋은 먹잇감이었다.[112] 또

레이건의 후임인 조지 부시도 자연 보호 운동가들을 〈반점올빼미 인간들〉이라고 조롱해댔다.[113] 그럴수록 환경 운동가에게 반점올빼미를 지키는 일은 명예가 걸린 싸움이 되었다. 그리고 이 싸움은 1980년대 말에 들어 새롭게 바람이 분 생태주의 덕에 힘을 얻었다. 그러나 이 싸움이 치른 대가는 만만치 않았다. 〈보존〉을 옛 미국 덕목과 남성적 힘의 총화로 보았던 시어도어 루스벨트 시절과 달리 환경 운동가는 이 새로운 갈등 상황에서 공동의 이익과 미국적 가치를 납득할 수 있게 대변하지 못했으며, 오히려 적의 관점에서 볼 때 어차피 부유층인 조류 보호 운동가들의 고정 관념만 고집했다. 이런 정황에서 환경 운동은 증오로 얼룩진 공격의 과녁이 되었다. 저 빌어먹을 반점올빼미의 미래가 벌목꾼 자녀의 미래보다 훨씬 더 중요한가? 결국 반점올빼미로 투쟁 목표를 정한 환경 운동은 스스로 소통 가능성을 차단하고 말았다.

숲은 경제와 생태를 묶어 낼 가장 좋은 기회를 제공한다. 더욱이 북아메리카의 광활한 숲은 더할 수 없이 좋은 기회다. 그러나 이런 기회를 올빼미 갈등은 흐려 버렸다. 이 갈등에서 리우데자네이루 1992 정신, 곧 새로운 마법의 주문이 된 〈지속 가능한 개발〉은 전혀 찾아볼 수 없다. 이와 비교해 과거 숱한 싸움으로 얼룩졌던 독일의 숲은, 하필이면 생태 시대에 접어들어, 놀라울 정도로 평화적이었다. 〈숲 고사〉 문제는 그 주된 원인을 숲이 아닌 바깥에서 찾아야 하는 것으로 인식되면서, 적을 특정하기가 어려운 상황을 연출했다. 숲은 시위의 목표를 제공하지 못했으며, 굴뚝을 기어오르는 투사에게도 너무 먼 것에 지나지 않았다.

원자력 갈등에서 유전 공학 논란에 이르기까지: 투쟁 방식 적용의 문제

앞서 살펴보았듯 1980년대에 독일의 환경 운동가들은 〈원자력 갈등〉이라는 모델을 유전 공학에 그대로 적용하려고 했다. 그렇지만 유전 공학에서 투쟁은 설전에만 그쳤을 뿐, 행동의 차원까지 나아가지 못

했다. 유전 공학의 경우에는 원자력 발전소와 같은 공격 목표와 시위 대
상이 없다. 이곳저곳에서 유전자 변형 식물이 시험 재배되기는 했다. 그
러나 원자력 반대 운동에서 일었던 뜨거운 폭력 논쟁은 일어나지 않았
다. 독일 의회는 1984년 〈유전 공학의 기회와 위험〉이라는 이름의 앙
케트 위원회를 발족했다. 위원회 명칭은 10년 전에 벌어졌던 찬반 논쟁
인 〈시민 대화 원자력〉을 연상케 했다. 그러나 위원장인 사민당 출신의
볼프미하엘 카텐후젠Wolf-Michael Catenhusen은 일찌감치 원자력 문제와
는 다르게 유전 공학에 대해서는 분명한 거부는 없이 입장 차이만 혼재
했음을 확인했다.[114] 유전 공학에서의 기회와 위험은 어차피 원자력보
다 훨씬 더 가설적이다. 유전 공학이 안고 있는 근본적인 딜레마는 기회
와 위험이 시행착오를 통해서야 비로소 확인된다는 점이다.[115] 기회를
보는 쪽이든 위험을 주장하는 쪽이든 유전자를 변형하는 방법과 〈전래
적〉인 방법 사이의 차이를 과장하는 경향을 보여 주었다.

유전 공학이 살충제의 수요를 현격히 낮추는 방향에 초점을 맞춤으
로써 〈녹색 기술〉로 발돋움할 수 있다는 것은 이론적으로 얼마든지 생
각할 수 있었다. 물론 내성이 강한 식물종이 빠르게 증식해 오히려 생태
계를 무너뜨릴 위험이 있다는 것도 알았다. 아무튼 유전 공학을 추종하
는 쪽이든 비판하는 쪽이든 전체 상황은 결말이 어떻게 날지 불분명한
상태였다. 비판적 입장을 취하는 많은 사람은 인간 배양의 위험성까지
강조하며 격렬하게 반대했다. 그러나 이런 식의 투쟁은 마치 상대가 없
는 섀도복싱 같았다. 산업은 인간 배양(최소한 당시 수준에서는)에 전
혀 관심이 없었으며, 기껏해야 야심에 눈이 먼 과학자만 이 해묵은 프랑
켄슈타인 배양에 매달렸기 때문이다.

유전 공학을 농산업에 적용해 보려는 시도 때문에 문제는 심각해졌
다. 기술적 안전성뿐만 아니라, 유전자 변형 종의 특허 문제, 또 거대 산
업의 농업 독점 우려는 격심한 반대를 불렀다. 이 반대 전선은 바이에른
에서 벵골까지 광범위하게 형성되었다. 특히 자본의 이윤 극대화를 바
라보는 좌파의 불신이 전선을 키웠다. 그러나 유전 공학 비판은 좌파를

넘어서서 보수 성향이 짙은 〈기독교사회연합CSU〉과 바이에른의 농부들까지 우군으로 확보했다. 그리고 비판자는 굳이 적을 악마로 그리지 않고도 경제적 이해관계에서 우위를 선점했다. 적어도 유럽 연합에서 유전자 변형 식물종의 수요는 전무했다. 유럽 중부와 서부 농업의 영원한 고민은 식료품의 부족이 아니라, 과잉 생산이다. 유전 공학이 직면한 가장 어려운 과제는 없는 수요를 쥐어짜는 일이라는 우스갯소리가 날개를 달았다. 그래서 유럽의 농업은 유전 공학에 공격적으로 저항하지 않고도 느긋한 자세를 취할 수 있었다.[116] 그러나 제약 산업의 상황은 다르다. 유전 공학의 방법으로 더 인체 친화적인 인슐린을 개발하는 데 반론을 제기하는 일은 어렵다.

취리히의 교통 정책 합의 모델

세계 곳곳에서 막대한 비중을 차지하는 두 정치 영역, 곧 교통 정책과 농업 정책은 일반적으로 환경 분야로 꼽히지는 않는다고 하더라도, 전통적인 환경 정책의 분야보다 환경에 훨씬 더 중요하다. 이 두 영역에서 환경 보호는 기존의 대안 중에서 단순히 선택하는 것을 넘어서서 창의적 해결을 요구한다. 그만큼 각 정파의 이해가 극단적으로 충돌해 지속적인 환경 보호의 장애물로 작용하기 때문이다.

국민 전체가 자전거 타는 모습을 기꺼이 보고 싶어 하는 사람은 대안 교통 체계를 위해 투쟁한 경험이 풍부한 전문가에게 따끔한 충고를 들어야만 한다.[117] 그런 태도야말로 자동차 로비에 더할 수 없이 좋은 기회를 안겨 주는 것이라는 충고를! 모든 사람이 자전거를 타면 좋겠다는 유토피아적 발상은 자동차 소유자는 물론이고 장차 자동차를 갖고 싶어 하는 사람까지 반대편으로 몰아세우기 때문이다. 대략 1985년부터 스위스는 취리히를 필두로 환경 친화적인 교통 전환의 국제적 모범이 되는 길을 조용하게 걸었다. 취리히에서 이 운동을 주도했던 인물 가운데 한 명인 엔지니어 빌리 휘슬러Willi Hüsler는 1990년 〈자동차로부터의 진보〉라는 제목으로 열린 프랑크푸르트 환경 대회에서 이런 전환은 스위스의 특별한 보수주의가 바탕이었다고 보고했다. 〈실제로 보수적 요소, 보존의 요소, 기존의 것을 보호하려는 요소가 거듭 중요한 문제들에서 국가적 합의를 이끌었다. 이 합의는 정파의 한계를 넘어서서 좌파와 우파라는 도식에 매우 튼튼한 다리를 놓아주었다.〉

물론 스위스 보수주의만으로 이런 교통 정책의 전환이 생겨난 것은 아니며, 이런 전환에 새로운 환경 의식이 강한 자극이 되었다. 휘슬러는 국토를 지키자는 보수주의와 새로운 환경 의식의 이런 결합으로 1980년대 중반 취리히에서 〈돌연 엄청난 압력〉이 생겨나, 공세적인 시민 의식이 대중교통을 확 바꿔 놓은 모습은 〈보기만 해도 황홀할 정도〉였다고 말했다. 그가 정리한 결정적 핵심은 이렇다. 〈매우 중요한 요소는 경제에 반대하는 자세를 취하지 않는 것이다. 대중교통의 지지자는 흔히 경제를 상대로 적개심을 불태우게 마련이나, 이런 자세는 완전히 잘못되었다. 시내 중심부의 상가들은 대중교통에 큰 관심을 가진다. 대중교통은 고객을 데려다주기 때문이다.〉[118] 도심에 자가용 운행을 불허하고 오로지 대중교통만 이용하게 한 이런 교통 정책 전환의 중요한 배경은 아무래도 이 산악 국가의 지형이다. 산악의 좁은 계곡들을 바라보는 모든 이성적인 사람은 자동차 교통의 무제한적인 팽창이 삶의 질을 망가뜨린다는 것을 이내 깨닫게 마련이다.

자연 친화적 농업 대 자연 파괴적 농업?
농업의 갈등과 창의적 기회

전 세계 어느 곳이든 환경의 운명에 가장 중요한 것은 아무래도 농업이다. 농업은 비록 레이철 카슨이 DDT를 공격함으로써 처음부터 그중요성을 부각했음에도, 1970년에 처음으로 〈지구의 날〉이라는 행사를 가진 이래 그저 곁가지 주제로만 다루어졌다. 〈뉴딜〉과 건조 지대 문제의 시절에 와서야 토양은 〈생태 혁명〉의 시절보다 더 주목받았을 뿐이다. 페트라 켈리는 시코 만스홀트와 연인 관계였음에도 그가 추진한 농업의 구조 혁명을 별로 중시하지 않았다. 생태 운동 단체들은 농부를 잠재적 동맹으로 볼지, 아니면 맞서 싸울 적으로 볼지 갈피를 잡지 못하는 태도를 보였다. 대다수 운동가가 도시 출신이며, 농부를 가까이서 알지 못한다는 사실을 생각하면 그다지 놀라운 일도 아니다. 그리고 자연보호는 갈수록 자연 보호 구역에만 집중되었고, 운동가들은 자신이 담당한 지역 외의 농촌에는 별로 신경 쓰지 않았다.

독일에서는 이미 1924년에 루돌프 슈타이너*가 세운 이른바 〈바이오다이내믹 농업〉이 전통으로 자리 잡아 갔다. 농부가 예로부터 축적해 온 지식을 바탕으로 한 이 농법은 애초부터 실제 농민 생활과 그리 큰 간격을 보이지 않았다. 그러나 화학을 이용한 농업으로 〈바이오다이내믹 농업〉은 일종의 작은 종파처럼 여겨졌다. 생태 시대에 접어들어 새로운 시대정신 덕에 부활한 이 농업은 처음에는 〈유기농〉과, 다음에는 〈생태 농업〉과 맞물리며 입지를 다져 갔다.[119] 많은 농촌에서는 화학을 이용한 농업과 유기농 사이의 적대적 분열이 커져만 갔다. 유기농은 규모는 작지만, 그만큼 더 자부심에 넘쳤다. 유기농은 전통적 농업을 더 충실히 이어받으려는 모습을 보여 주었다. 그러나 어디나 반드시 그렇지는 않았다. 나라마다 상황은 달랐다. 이를테면 알프스 고산 지대에서 농사를 짓고 낙농업을 하는 농부들은, 생태 논란이 그치지 않았지만,[120] 관광과 사회 정책의 일환으로 국가로부터 지원금을 받았다. 이런 농업은 기술적 이유만으로 개혁의 길을 따라갈 수 없었기 때문이다.

프랑스 농부들도 1990년대 말에 산업적으로 생산된 미국의 〈정크 푸드〉와 호르몬을 투여해 생산한 육류가 싼값으로 대량 수입되는 것에 반대하는 시위를 벌이며, 자국의 문화적 자부심을 과시했다. 라르작

---

* Rudolf Steiner: 1861~1925. 오스트리아 출신의 사상가이자 사회 운동가. 종교와 과학을 결합한 인지학을 창시한 인물이다. 이를 바탕으로 교육 개혁과 농촌 개조 운동을 펼쳤다. 〈바이오다이내믹 농업〉은 전래적 농업과 목축업, 종자 생산 및 토양 관리를 종합적으로 운용하는 농법이다.

Larzac 출신의 목양 업자 조제 보베José Bové는 1999년 8월 12일 다른 업자들과 함께 세벤Cévennes 남부의 소도시 미요Millau에서 〈맥도날드〉를 급습해 가게를 난장판으로 만들어 버려 전국적으로 유명해졌다. 이 행동은 미리 예고되었다. 경찰은 느긋하게 지켜보기만 했다. 보베는 이 불법 행동으로 재판을 받았지만, 수갑을 차고 환한 미소를 지으며 기자들의 사진 촬영에 응했다. 그는 농촌 사람들의 영웅이 되었으며, 이후 프랑스 반세계화 운동과 녹색 운동의 스타로 발돋움했다.[121] 프랑스 농부들의 투쟁은 글로벌 차원과 지역 차원을 완벽하게 결합해 냈다. 대중의 폭발적 인기를 끄는 전선 형성을 보라. 지역의 오랜 전통을 자랑하는 훌륭한 농촌 문화와 미각 문화는 유명한 프랑스 치즈 플래터를 중심으로 미국의 기업이 대량으로 투하한 획일적인 〈개밥〉, 곧 인스턴트 식품에 맞섰다. 보베는 원래 자신이 했던 욕설 〈엿같은 음식bouffe de merde〉을 〈정크 푸드malbouffe〉로 슬쩍 바꿔 놓는 기지를 발휘했다. 이 신조어는 프랑스어권 세계로 날개 돋친 듯 퍼져 갔다.[122] 이에 반해 이탈리아에서는 〈패스트푸드〉에 대항하는 뜻에서 〈슬로푸드〉 운동이 일어났다.

영국은 이미 1940년대부터 자연 친화적 농업의 고유한 전통을 키웠다. 1946년 이브 밸푸어Eve Balfour의 주도로 설립된 〈토양 협회Soil Association〉는 그녀가 세계 각국을 순회하며 자신의 구상을 전파하고 다녔지만, 오랫동안 별로 두각을 드러내지 못했다. 그러나 생태 시대를 맞아 이 단체는 세계 최대의 〈유기농〉 조직으로 급부상했다.[123] 잉글랜드는 19세기 자유 무역의 승리 이후 농산물 대부분을 식민지에서 얻었기 때문에 전래적인 농업의 힘이 대륙보다 약할 수밖에 없었다. 그래서 농사를 짓지 않는 땅을 정원으로 가꾸는 전통도 생겨났다. 유전 공학을 비판적으로 바라보는 관점은 영국에서도 농업 기술을 둘러싼 논란에 새롭게 불을 지폈다. 무엇보다도 1990년대에 영국에서 일어난 〈유전자 변형 식품〉에 반대하는 저항 운동은 폭넓은 지지를 받았으며, 찰스 왕자도 이 저항 운동을 후원했다. 농산물 대기업 〈몬산토Monsanto〉는 〈단적으로 나쁜 기업의 상징〉이 되었다. 이 기업의 명칭을 두고 〈논산토

Nonsanto〉라거나 〈몬사탄Monsatan〉이라고 비꼬는 현상마저 나타났다.[124]

전혀 다른 양상을 보여 주는 곳은 바다를 막아 얻어 낸 농토와 거대한 온실이 즐비한 네덜란드다. 더욱이 많은 농부를 경악하게 할 정도의 고층 빌딩 농장(〈수직 농장〉)이라는 초현대적인 프로젝트는 특정 관점에서 생태적으로 완벽하면서도, 극도로 기술화한 농업의 형태를 보여 준다.[125] 지금까지 이 프로젝트는 네덜란드에서 농부들의 극심한 저항에 부딪혀, 오로지 상하이에서만 실현의 기회를 얻었다. 네덜란드의 온실 자판기를 두고 1990년을 전후해 미식 감각을 자부하는 유기농 농부와 고객들은 〈세계에서 가장 맛없는 채소〉라거나 〈물 폭탄〉 또는 〈물의 네 번째 집합 상태〉라며 비웃었다.[126] 그러나 맛 좋은 토마토는 밭뿐만 아니라 온실에서도 자란다.

생태와 미식이 반드시 전통 농업으로 되돌아가야 하는 것은 아니다. 농촌에 농부들이 사라져 가는 〈농업의 쇠퇴〉를 유기농 열풍으로 막을 수도 없다. 유리로 외부 세계를 막은 온실은 경우에 따라 야외 농토보다 살충제를 더 쉽게 포기하게 했다. 일견 야생의 숭배와 〈수직 농장〉은 모순되는 것 같지만, 그럼에도 둘 사이에는 수렴하는 지점이 있다. 〈수직 농장〉으로 농토 사용 면적이 줄어들수록, 그만큼 더 넓은 면적은 잡초가 무성한 야생의 땅이 된다. 물론 이것은 많은 자연 애호가에게 좋은 소식인 것만은 아니다. 잡초가 무성하게 자라난 새로운 야생은 예견컨대 자연 애호가들이 흔쾌히 산책하고 싶은 풍경은 아니기 때문이다.[127]

미국의 사정은 전혀 다르다. 미국은 워낙 다양한 풍경을 자랑하는 전통 농업으로 자연 애호가가 별로 잃을 것도 없거니와, 네덜란드와 달리 농토 부족으로 수직 농장을 추진할 필요도 느끼지 않는다. 또 유럽 농부에 비해 양키 농부에게는 애초부터 지속적 농업이라는 전통도 없었다. 미국 농업의 고민은 1930년대부터 문제가 된 〈건조 지대〉로 바람 침식을 막는 일이다. 관개 시설을 만들어 메마른 토양에 충분한 급수해 주고, 지평선을 따라 나무를 심으며, 토양 침식으로 물렁물렁해진 지반을 다져 식물이 뿌리를 깊게 내리게 하는 등 미국의 농부는 바쁘기만 하다.[128] 오로지 아미시파와 후터파(재세례교의 일파) 그리고 펜실베이니아 독일어파 같은 소수 그룹[129] 또는 캘리포니아의 생태 열광주의자가 유럽형 유기 농업을 실시해, 생태 시대와 더불어 수익이 쏠쏠한 틈새시장을 차지했다.

　대부분 제3세계 국가에서, 한편으로는 대규모 농사를 짓는 부농과 농업 기업, 다른 한편으로는 녹색 혁명으로 보호를 받아 전통적인 농사를 짓는 소농 사이의 간극은 갈수록 벌어져 갔다. 이런 간극 탓에 소규모 농부는 시장에서 어려움을 겪게 됐다. 우리가 앞서 살펴보았듯, 인도에서 반다나 시바는 전통 농업과 이에 내재하는 생태 이성 그리고 자연 친화적 농법의 강력한 변호인이 되었다. 일본 영속농업의 선구자로 세계적 명성을 자랑하는 후쿠오카 마사노부福岡正信(1913~2008)는 도교의 〈무위자연無爲自然〉이라는 원리를 그대로 받아들여 자연의 흐름을 되도록 그 자체에 맡겨 두는 이른바 〈사무농법四無農法〉, 즉 무경운, 무농약, 무비료, 무제초의 농법을 제창했다. 그는 말년에 〈일본 농업의 붕괴〉를 자명한 사실로 예언했다.[130]

　요컨대 농업 문제에서 환경 보호가 다뤄야만 하는 세계의 상황은 실로 다양하기만 하다. 프랑스든 인도든 대개 이런 상황은 강력한 투쟁을 요구하지만, 오로지 농부가 투쟁의 주체가 될 때만 농업의 변화는 일어날 수 있다. 농부의 뜻과 배치되는 투쟁은 새로운 농업을 실현할 수 없다. 전래적인 농법을 폐기하도록 하는 20세기 농업 기술의 혁명도 인내심을 가지고 전문가가 농민을 교육하고 기술을 전수하는 오랜 과정을 거쳐야만 했다.[131] 그러나 오랜 세월에 걸쳐 쌓은 농부의 지식이 잊히면서 환경 투쟁은 농화학 복합 산업을 막으려는 농부의 투쟁으로 더는 연출될 수 없었다.

　폭넓은 역사 지식에 기초해 프랑크 위커터는, 〈생태 농업 대 전래 농업〉이라는 양극화한 투쟁 전략으로 인해 유럽 중부의 환경 보호 운동이 더는 빠져나올 수 없는 막다른 지경에 처할 것이라는 주장을 대변한다.[132] 더욱 나쁜 것은 이런 식의 대립 구도로는 생태 운동의 모든 기회가 사라질 수도 있다는 점이다. 그렇게 볼 근거는 다양하기만 하다. 지금까지 유기농 혹은 생태 농업은 단지 틈새시장을 노린 형태로만 이루어졌다. 이 방식은 특히 열성을 보이는 농부를 꼭 필요로 했으며,[133] 동시에 〈유기농 식품〉에 더 비싼 값을 흔쾌히 치를 매우 제한된 소비자들을 상대로 했다. 일반화해서 말하자면 이런 형태는 생태 농업과 전래적 주류 농업 사이의 중간 해결책에 지나지 않았다. 에른스트 F. 슈마허가 말하는 〈불교적 경제〉의 중도라고나 할까. 그러나 〈유기농 식품〉의 갈수록 늘어만 가는 대량 수요는 이런 중간 해결책으로 풀릴 수 없다. 슈마허가 말하는 의미에서 최적의 〈중도〉가 이런 해결책일 수는 없다.

〈생태〉라는 개념이 워낙 다의적이어서 생태 농업을 철저히 밀어붙이는 일은 불가능하다(또 농업에서만 그런 것도 아니다). 토양의 비옥도를 유지하고 바람의 침식을 방지하며, 무엇보다도 살충제와 제초제로 인한 환경 파괴를 억제하고, 지나친 비료 투여로 발생하는 부영양화를 처리할 뿐 아니라, 완벽에 가깝게 물질을 순환시키고, 바이오가스 생산으로 에너지를 자급해야만 철저한 생태 농업이 가능하다. 또 자연 친화적인 축산과 인공 첨가물을 넣지 않은 〈자연 식료품〉을 생산하고 획일적인 표준화 없이 지역 특성을 지켜내는 일도 고려해야만 한다. 사람들이 유기농을 전래적인 것과 시각적으로 다르지 않은 농업으로 이해하며, 친근한 농촌 풍경을 어느 정도 유지해 주는 활동으로 바라보는 것도 존중해야 한다.

이런 모든 목표가 서로 맞물렸지만, 종합적 해결이 저절로 이뤄지지는 않았다. 완벽한 물질 순환과 에너지 자급자족 그리고 살충제의 포기는, 네덜란드의 프로젝트가 보여 주듯, 전원의 목가적 풍경이라는 마지막 잔재마저도 희생해야만 하는 고도의 하이테크 농업을 요구한다.[134] 바이오가스 생산 설비는 대규모 농장에서나 수지타산이 맞는 것이며, 여행자의 눈에는 흉물일 뿐이다. 〈자연 친화적 농업〉이라고 해서 어떤 경우에나 자동으로 고객이 흔쾌히 더 지불할 특히 맛 좋은 상품을 생산하지는 않는다. 1980년대에 유럽 최대 육류 가공 업체의 사장이었다가 자연 친화적인 축산과 식료품을 위한 투사로 변신한 카를 루트비히 슈바이스푸르트Karl Ludwig Schweisfurth는 자신의 첫 실험에서 자유롭게 방목해 키운 돼지라고 해서 고기 맛이 더 나은 것은 아니라며 실망을 감추지 못했다.[135] 유기농 식품이 처음 출시되었을 당시 바이오가스를 두려워한 여론은 공기를 오염시키는 게 아니냐는 의문을 지우지 못했다. 시간이 흐르면서 점차 생태를 기초로 한 새로운 미식 문화가 자리 잡아 갔다. 이탈리아, 인도, 태국, 일본의 요리들이 서구 사회에서 성공을 거두면서 채식성의 가벼운 요리가 선풍적 인기를 끌었다.[136] 그때까지 육류를 주로 소비하던 다수 사람이 채식을 지루함과 동일시한 것은 시대착오적 발상이 되었다. 인간은 머리보다 배의 상태로 기분이 좌우되는 일이 많기 때문에, 아마도 역사의 풀리지 않은 많은 비밀은 아직 충분히 연구되지 않은 육식과 채식의 차이에서 그 답을 얻을 수 있을 것으로 보인다. 그러나 채식주의자라고 해서 반드시 지역의 유기농 농부를 찾아가지는 않는다. 생태 농업, 자연 친화적이며 미각을 충분히 즐기는 식생활 등 다양한 목표가 조화롭게 결합할 때 단순히 기존의 것에서 대안을 찾는 일에서 벗어나 대단히 창의적인 식생활이 가능해진다. 결국 생태 농업의 성패는 그에 미래를 건 농부가 자신이 경작한 땅에서 얻어진 산물을 구매해 줄 고객을 찾기 위해 어떤 지혜를 발휘하느냐에 달렸다. 유기농이 더 좋은 상품을 적정 가격에 제공할 수 있다면, 틈새시장을 벗어나 주류 시장으로 올라서는 데는 환경 운동의 투사가 필요하지 않다.

유기농의 최대 승리: 광우병 사건

인간에게 자신의 건강을 염려하는 것보다 더 큰 추동력은 없다. 가축을 대량으로 사육하는 공장에서 일어나는 모든 호르몬과 항생제 스캔들은 유기농 농부에게 황금과 다르지 않았다. 특히 극적인 충격을 준 사건은 광우병 소동이다.[137] 광우병 사건은 무엇보다도 1990년대에 동물종의 특성에 알맞은 축산 방법으로 생산한 육류의 수요가 높아지면서 발생했다. 의학 용어로 〈소해면상뇌병증Bovine Spongiform Encephalopathy, BSE〉(소의 뇌와 척수가 해면 모양으로 변형되는 질병)인 〈광우병〉은 1985~1986년에 영국에서 열 마리 정도 감염되었던 것이 1992년에 3만 6,000마리로 폭발적으로 급증하면서 모습을 드러냈다. 대중은 이 병에 토역질을 하며 공장 형태의 육류 생산에 분노를 터뜨렸다. 이로써 공장형 대규모 축산업은 심각한 위기를 맞았다. 2000년 말에 처음으로 광우병 진단이 나온 독일은 그야말로 본격적인 히스테리에 휩싸였다. 이 역병의 원인은 오늘날까지도 완벽히 밝혀지지 않았다. 특히 설득력 있는 설명은 본성상 식물성 먹이를 먹는 소가 도살장과 육류 가공 공장 에서 나오는 폐기물을 갈아 만든 사료를 먹는 바람에 의심이 가는 병원 균에 감염되었다는 것이다.

이 사건에서 유기농 농부와 동물 보호 운동가 그리고 식료품 위생 전 문가는 일치단결한 대오를 이루었다. 물론 이런 전선 형성은 소비자들 의 전폭적인 지지를 받았다. 여러 국가가 차례로 영국산 소고기의 수입 을 금지했다. 영국에서는 거의 400만 마리에 가까운 소가 도살되고 소 각되었다. 소각 처리는 혹여 그 고기가 암흑의 경로로 시장에 나오거나 사료로 가공되는 것을 막으려는 조치였다.[138] 많은 사람은 이 소름 끼치 는 사건을 보며 육류에 대한 식욕을 깨끗이 잊었다. 〈BSE〉는 단 한 마 리만 감염되어도 같은 축사의 모든 소에 전염된다는 학설이 정설로 굳 어지면서, 해당 사육장에 있는 모든 소를 도살하라는 행정 명령이 내려 졌다. 1994년에는 유럽 전역에서 이 되새김질하는 동물에게 육골분을 사료로 주는 것이 금지되었다. 반면 유기농 축산은 항상 〈소비자와 동 물 보호뿐만 아니라, 동물에게 같은 종의 사체를 먹이로 주지 않는다는 윤리적 이유〉(마누엘 슈나이더)로 육골분 사료를 사용하지 않았다.[139] 〈BSE〉는 이런 동물 윤리에 공리적인 정당성을 부여했다.

대중이 보인 격렬한 반감은 이에 앞서 생태 감각이 예민하게 다듬어 지지 않았다면, 상상하기 힘든 것이었다. 〈BSE〉가 인간에게 유해하다 는 것은 오로지 가설이었기 때문이다. 이 병으로 희생된 인간은 20명

이하에 지나지 않는다. 이처럼 커다란 소동을 일으키지 않은 다른 피해 원인으로 희생된 사람들에 비하면 정말이지 이런 규모는 미미한 수준이다.[140] 어떤 이는, 옛 농장에서 동물과 함께 생활한 농부가 이 사건으로 인해 질병을 얻어 목숨을 잃은 경우가 훨씬 더 많으며 오늘날 교통사고로 죽을 확률은 〈BSE〉보다 몇백 배는 더 높다고 조롱하기를 서슴지 않았다. 〈차라리 소뼈보다 자동차들을 때려 부수는 것이 훨씬 더 낫다.〉[141] 역사의 아이러니는 앞의 가설이 맞는다는 전제 아래서 〈BSE〉가 생태의 율법인 물질 순환 원리의 결과로 생겨났다는 점이다. 다시 말해서 쓰레기로 버리지 않고 재사용하는 원리인 물질 순환이 이런 질병을 낳았다.[142] 한때 묘책으로 여겨졌던 〈리사이클링〉이라는 간계는 결국 생태 시대라는 전체 그림에서 보면 명과 암이 교차한다.

BSE 위기가 드러낸 특별한 문제는 생태 시대의 다른 대형 논란과 마찬가지로 이 경우에도 대중은 사태를 잘 파악하지 못했다는 점이다. 이 경우는 가설적 위험이지 명확한 재해를 다루는 것이 아니었다. 세간의 시선을 끄는 일에 굶주린 언론은 가설적 위험을 실제 급박한 위협으로 연출했다. 그러나 언론만 비난할 수는 없는 노릇이다. 선도적 역할을 하는 전문가 역시 BSE의 원인과 증상이 명확히 입증된 것처럼 호들갑을 떨었기 때문이다. 농업 정치가 수백만 마리의 소를 도살하고 해당 연구와 농가 지원에 유럽 연합의 엄청난 예산을 쏟아붓는 대책을 세우는 동안 전문가들은 엄청난 부담을 견뎌 낼 〈확고한 연구 수준〉을 보여 주었어야만 했다.

전문성을 갖추지 못한 일반인에게 BSE 문제는 원자력 갈등보다 훨씬 더 불투명했다. 현대의 대량 사육 축사를 조금이라도 아는 사람이라면, 목구멍에 치미는 욕지기를 참지 못하리라. 도살과 소각까지 나가지 말고 육골분 사료 사용만 금지했더라도 육류 섭취는 안전할 수 있었다. 지배적인 BSE 학설에 비판적 입장을 보인 뮌헨의 생화학자 롤란트 숄츠Roland Scholz는 인터뷰에서 다음과 같은 점을 상기했다. 〈소의 사체와 분뇨가 뒤섞인 이 역겨운 육골분에 뭐가 들었을지 한 번 상상해 보죠. 중금속, 살충제, 제초제 등.)[143] 그리고 숄츠의 동료 지베르트 로렌첸 Sievert Lorenzen도 모든 정황으로 미루어 〈광우병〉의 뿌리는 자연과는 거리가 먼, 오로지 〈성장이라는 망상〉에 사로잡힌 축산업에 있다고 진단했다. 축산업은 소를 〈실적의 수단〉으로 만든 탓에 진짜 BSE는 〈매출성장이라는 망상〉에서 비롯됐다고 그는 일갈했다.[144] 유기농 농부들이 BSE 논란을 자신에게 유리한 쪽으로 몰아갔다는 것은 오늘날 돌이켜 볼 때 충분히 수긍되는 이야기다. 물론 저 엄청나고 소름 끼치는 소 대량 도살과 소각이 과학과 리스크 철학으로 정당성을 확보했는지는 여전히 답을 알 수 없는 문제다.

해묵은 민족적 적대감이 끓어오를 수 있는 국제적 차원에서 친구 아니면 적이라는 사고방식은 특히 위험하다. 환경 운동이 리우데자네이루의 분위기 고조로 활황을 누릴 때, 적대적 사고로 투쟁하는 데 신중했던 일은 이런 관점에서 놀랍지 않다. 대형 환경 단체가 국가와 경제계와 맞물린 것을 비난하며, 〈합의는 난센스다〉라는 옛 원자력 반대 운동의 구호를 외쳤던 외르크 베르크슈테트는, 1992년 리우데자네이루의 분위기 속에서 마법의 주문이 된 〈지속성〉이 어느 때보다도 더 〈합의와 대화의 욕구〉를 키우고 〈어젠다〉라는 알쏭달쏭한 말로 〈언론의 홍보〉와 〈효율성 혁명〉에만 매달리는 바람에 누가 적인지 알지 못하게 〈투쟁 목표〉가 상실되고 말았다고 불평했다. 그는 〈1990년대의 환경 운동 경향〉은 〈구체적 요구나 행동 대신에 《함께하는 것이 전부다》라는 구호 아래 모호한 토론〉만 벌이는 것이라고도 지적했다.[145] 많은 연단 토론에서 〈지속성〉이라는 말이 가히 인플레이션을 이루는 것을 경험한 사람은 이 개념의 실질적 쓸모에 의문을 가지면서 베르크슈테트가 말하는 합의 경향의 위험이 실재한다는 것을 인정할 수밖에 없었다. 그러나 환경 운동을 싸잡아 평가하는 일은 언제나 유통 기한이 짧다. 갈등과 합의라는 대안을 놓고 어느 한쪽을 택하는 일의 무의미함은 역사적 접근이 의미를 가진다는 점을 분명히 해준다.

모터 펌프: 대형 댐보다 더 위험하다?

제3세계의 광활한 지역을 살펴보며 드는 의문은 대형 댐을 둘러싼 갈등이 더욱 시급한 환경 문제를 가려 버리지 않을까 하는 것이다. 이 의문은 오늘날까지도 답을 얻지 못했다. 모든 종류의 댐을 반대하는 것이 무의미한 것은 의심할 바 없는 사실이다. 〈대형 댐〉을 반대하는 저항만이 중요하다. 그러나 〈대형〉은 대체 어느 정도의 규모를 뜻할까? 그리고 댐을 찬성할 수 있게 해주는 조건은 무엇일까? 다양한 선택지를 시험해 보고 토론을 벌일 국제 차원의 앙케트 위원회는 아쉽지만 없다. 화력 또는 원자력 발전을 반대하고, 굶주림이 지배적인 지역에 바이오가스 생산을 위한 식물을 심는 것도 무책임한 일로 거부한다면, 남는 것은 오로지 수력 이용일 뿐이다. 건조 지역이나 반半건조성 지대에서 하천 인근의 주민만 물 이용권을 가진다는 원칙만 강조할 수는 없다. 강이나 호수의 물로 급수해 주는 것의 대안은 지하 심층부를 뚫어 지하수를 끌어올리는 것이다. 그러나 오늘날 세계의 여러 지역에서 복원되지 않는 지하수의 남용과 착취는 최악의 생태 시한폭탄이라는 문제가 끊임없이 제기된다. 아마도 갈수록 더 깊은 곳의 수자원을 이용할 수 있게 해주는 모터 펌프는 대형 댐 건설보다 더욱 위험한 혁신으로 밝혀질 모양이다. 모터 펌프는 저항 운동이 적으로 삼기에는 너무 볼품없다.

〈우리는 적을 만났다, 그런데 적은 우리다〉

이미지로 고착한 적이라는 문제는 도처에서 만나볼 수 있다. 1970년 시에라 클럽이 환경 운동가를 위해 펴낸 핸드북은 미국 북서부의 시애틀에 있는 워싱턴 호숫가에 위치한 워싱턴 주립대학교의 어떤 대학생이 쓴 글을 담았다. 이 대학생은 동료들과 함께 대학교 뒤편의 습지대를 〈생태 기적의 땅〉으로 발견하고 이 위협받는 지역에 〈유니온 베이 사후 생명 부활 공원Union Bay Life-After-Death Resurrection Park〉, 약칭 〈라이프 파크〉라는 이름을 붙여 보호하고 대학의 생태 보석으로 만들려는 운동을 시작했다. 대학 당국이 이 지역에 대해 다른 계획을 가진 것이 밝혀지면 서, 대학생들의 환경 그룹은 다음과 같은 경고를 담은 전단을 살포했다. 대학교가 이 자연 파라다이스를 파괴하는 일을 계속한다면, 〈대학교는 펄프 및 제지 기업《조지아퍼시픽Georgia-Pacific》, 광산업체《케네코트 코 퍼Kennecott Copper》, 살충제 산업, 바티칸 그리고 일회용 병과 어깨를 나 란히 하는 거대한 환경 악당으로 비난받을 것이다.〉[146]

구리 광산과 살충제 산업이라는 적이야 진지하게 받아들일 수 있지 만, 한 호흡으로 바티칸(피임을 반대하는 적)과 일회용 병까지 거론하 는 것은, 속내가 분명한, 의도된 익살이다. 물론 이 저항 운동이 바리케 이드 싸움까지 번지지는 않았다. 오히려 대학 당국은 환경 운동가들에 게 〈전폭적인 협력〉을 약속했다. 분명 시에라 클럽은 폭력과는 거리를 두려고 했다. 다만 1970년을 전후해 클럽은 너무 온순한 명사들의 모임 이라는 이미지를 어떻게든 허물어야만 했다. 그러나 새로운 좌파를 이 끈 전투적 성격의 배리 코머너조차 특정 이미지의 적에 집착하는 것은 어리석은 일이라고 여겼다. 그것은 환경 문제의 복잡함을 이해하지 못 한 표시라는 것이 코머너의 진단이다. 코머너는 자신의 책『원은 닫혀야 한다The Closing Circle』의 서두에서 길게 책임의 소재를 가린 다음에 결국 자신의 핵심에 도달했다. 〈우리는 적을 만났다, 그런데 적은 우리다.〉[147]

폭력의 문턱 앞에 선 녹색 양심

일탈: 영국의 동물 해방 운동

지금까지 살펴본 모든 환경 운동의 영웅 가운데 몸을 쓰는 폭력으로 두드러지는 인물은 다이앤 포시다. 산악 고릴라를 향한 그녀의 열정적 사랑은 폭력도 불사하게 했다. 이와 유사하게, 생태 시대의 시작과 함께 과격화한 모습을 보여 준 영국의 동물권 운동은 서구 세계의 모든 환경 단체 가운데 독특한 변종이었다. 이런 폭력적 특징은 영국의 환경 운동이 그때까지 비교적 온화하고 예의 바른 모습을 보여 주었다는 배경 앞에서 더욱 두드러진다.[148] 〈대영 제국〉의 동물 보호라는 오래되고 유명한 전통의 배경 앞에서도 마찬가지다.[149] 영국에서는, 우리가 앞서 보았듯, 이미 빅토리아 여왕 시대부터 여왕이 친히 비호한 대단히 명예로운 〈왕립 동물 학대 방지 협회RSPCA〉가 왕성한 활동을 벌였다. 이 협회에는 1970년대까지도 엘리트 사냥꾼들이 가입해 활동했다.[150] 동물에게 고통을 안기는 것을 혐오한 탓에 영국은 사냥을 전문적인 사냥꾼, 곧 정확한 조준으로 단발에 사냥할 줄 아는 엘리트 특권층의 전문 사냥꾼에게만 허락했다. 일반인에게 사냥을 금지시킨 논리의 정당성은 이처럼 동물 학대 방지였다. 독일 나치스 정권의 제국 수렵 장관* 헤르만 괴링 역시 자신이 1933년 밀어붙인 제국사냥법으로 같은 정당화를 시도했다.

19세기를 지나는 동안 영국은 조류 보호와 채식주의 그리고 동물 해부 반대 운동에서도 국제적 선구자의 위치에 올라섰다. 동물 학대 방지까지 이런 선구자 역할의 사중주는 비록 서로 느슨하게 결합했고 서로 긴장 관계도 없었지만, 동물 보호 운동가가 동물 사랑을 영국의 덕목이자 국가적 자부심의 요소로 추켜세우게 했다. 1984년만 하더라도 영국의 어떤 동물 보호 운동가는 영국이 동물 보호에서 세계적으로 앞서가는 것은 〈영국이 세계에서 가장 문명화한 국가〉이기 때문에 놀랄 일이 아니라고 말했다.[151] 영국의 이런 특수 노선을 가장 초기에 걸어간 사람들은 퀘이커 교도다.[152] 퀘이커파는 분명하게 폭력을 반대했으며, 비폭력 운동의 선구자였다.

그러나 열정적인 동물 사랑은 잠재적 폭력의 측면을 갖는다. 동물이 인간과 동등한 권리를 가졌다고 여겼던 사람은 동물을 죽이는 것을 살해라고 보고, 그에 앙갚음을 하려고 했다. 초창기에 운동가의 폭력은 순교의 전통으로 자기 자신을 겨누었다. 동물을 해부하는 것에 저항하는 뜻으로 1972년 올리브 패리Olive Parry는 자신의 몸에 파라핀을 붓고 불을 붙였다. 〈영국 생체해부 금지를 위한 협회British Union for the Abolition of Vivisection, BUAV〉는 이런 분신 행위에 놀라움과 충격을 나타내는 대신 경의를 표했다.[153] 동물 보호 운동가가 환경 보호 운동가와 직접 연대해 행동하지는 않았지만, 생태 시대에 접어들어 동물 보호 운동에서도 새로운 공격성이 확연히 모습을 드러냈다. 1976년에는 〈동물해방 전선 Animal Liberation Front, ALF〉이 창설되어 전 세계 여러 나라에 영향을 주었다. 1982년에는 더욱 공격적인 〈동물권 의용대Animal Rights Militia, ARM〉가 생겨났다. 동물권이 침해되는 경우 직접 행동에 나서겠다는 경고는 논란의 승패를 결정짓는 으뜸 패가 되었다.[154]

특히 1980년대에 접어들어 예전에 얌전하기만 했던 운동권은 변화

---

* 〈수렵 장관〉이란 독일 제국의 산림부 장관을 이르는 명칭이다. 독일 제국의 산림부는 산림 보호와 자연 보호, 사냥, 임업 등의 업무를 총괄했으며, 사냥과 관련해서는 따로 〈수렵 장관〉이라 부르기도 했다.

했다. 〈젊은 채식주의자와 허무적 분위기를 덜어 버린 펑크족이 상냥한 중년 숙녀들에게 야구 모자를 씌웠다.〉 1983년 『타임』이 쓴 표현이다.[155] 이제는 사냥꾼이 적이 되었다. 새로운 동물 보호 운동가는 사냥을 방해하는 데 기발한 발상을 자랑했다. 사냥 나팔로 사냥개들을 유인하는가 하면, 아니스라는 향료를 이용한 스프레이로 동물의 발자국 흔적을 지웠다. 독일에서는 운동가들이 사냥을 하며 동물의 위치를 살피기 위해 만든 망루를 톱질해 무너뜨리기도 했다.[156] 운동은 온건파와 과격파로 분열되었다. 과격파의 공격에 많은 사냥꾼이 희생되었다.[157] 1990년대에 들어 운동은 더욱 다채로운 면모를 자랑했다. 〈RSPCA〉의 과격파는 동물을 산 채로 수송하는 행태를 공격하는 운동을 벌였다. 영국 남부의 항구도시와 공항은 〈한때 진정한 계엄 상태를 방불케 했다〉(미케 로셔Mieke Roscher).[158] 전투적인 동물권 보호 그룹들은 단순한 폭력을 행사하는 데 그치지 않고, 우편 폭탄과 자동차 폭탄이라는 극한 수단까지 동원해 충격을 일으켰다. 무엇보다도 동물 실험에 참여한 의사와 기업이 그 공격 대상이었다. 운동가들은 특히 동물에게 고통을 주는 것에 분노했으며, 죽이는 일에는 치를 떨었다. 심지어 많은 운동가가 〈아일랜드 공화국군Irish Republican Army, IRA〉의 테러리스트에게 훈련을 받기도 했다.[159]

평소 혁명적 무력에 비교적 관대했던 역사학자 에릭 홉스봄조차 동물권 보호 운동의 공격은 도저히 이해할 수 없다는 반응을 보였다. 그는 〈미친 사이코패스와 극렬분자〉가 날뛴다고 한탄했다.[160] 과격한 동물 보호 운동가가 동등한 권리를 모든 생명체, 심지어 박테리아와 지렁이에까지 확장한 것은 놀라운 일이 아니다.[161] 이들은 자신의 뜻이 정치적으로 실현될 기회를 얻을까 하는 점에는 조금도 관심을 갖지 않았다. 오히려 그 반대였다. 운동이 정치 의제로 인정받아 일상적 정치로 넘어가는 것, 그래서 그 거친 저항 정신을 잃게 되는 것은 아닐까 두려운 나머지 이들은 외려 언론과의 접촉을 극도로 꺼렸다. 또 온건파와 함께 전선을 넓히는 일은 물론이고 의회에 로비를 벌이는 일에도 이들은 관심을 갖지 않았다.[162] 그러나 동물 보호 운동의 정치적 기회는 더할 나위 없이 좋았다. 이미 1970년대부터 의원들은 동물 보호 문제에 매우 큰 관심을 보였다. 이런 관심 역시 생태의 시대가 영향을 미친 결과다. 정치가가 유권자로부터 이 문제처럼 많은 편지를 받은 사례는 따로 없다.[163]

이런 정황에서 그런 과격함이, 그것도 하필 영국에서 일어났다는 점을 어떻게 설명할 수 있을까? 이 물음의 답은 오늘날까지도 찾을 수 없다.[164] 몇몇 개인과 소그룹이 결정적 역할을 한 것은 확실하다. 같은 시기에 벌어진 〈거리를 되찾자Reclaim the Streets〉라는 운동이 보인 과격함과 유사한 점이 동물 보호 운동에서 두드러져 보이기는 한다. 1980년대에 〈철의 여인〉 마거릿 대처의 엄격한 감독 아래 기득권층에 대한 반감과 원한이 들끓었던 것이 원인일 수는 있다. 그러나 기득권층은 이미 오래전부터 예전과 같은 강력함과 오만함을 보여 주지 않았다. 그런 점에서 새로운 과격함을 영국의 전통적인 동물 사랑의 직접적인 결과로 해석하는 일은 설득력이 없다. 물론 운동가들이 전통이 가진 파괴적 잠재력을 끌어다 쓰기는 했다. 그렇지만 영국의 전통문화를 겨눈 저항, 곧 실용주의, 비프스테이크, 식민 제국주의 그리고 여우 사냥으로 대변되는 문화를 바라보는 거부감이 최소한의 원인이 아닐까. 이미 1977년 RSPCA의 귀족 출신 부회장은 케임브리지에서 열린 동물권 대회에서 참가자들이 어떤 대가를 치르더라도 행동해야 함을 요구하고 나서는 장면을 목도해야만 했다. 〈중산층이 우리의 복지와 경제를 이끈다는 생각을 버리자.〉〈거리에 서자. 창문을 깨면, 폭도가 아니라 순교자라 불리리라.〉[165] 그러나 이런 구호는 겉으로 드러난 현상일 뿐, 역사의 끝은 아니다.

이미 1990년을 전후한 때부터 패스트푸드 기업 〈맥도널드〉는 동물권 단체와 환경 보호에 공동의 적이었다.[166] 환경 운동가들은 1989년 이 기업이 열대림을 파괴한다고 비난하며 그 체인점들을 공격했다.[167] 이런 공격은 조제 보베가 이끌었던 프랑스 농민 운동의 요구와 일치하는 모습이다. 한편 관련 문헌은 동물 보호를 위한 투쟁, 영국의 다른 환경 단체보다 여론에 더 큰 영향력을 발휘하는 이 투쟁이 환경 운동의 부분으로 여겨질 수 있는지 하는 문제를 두고 논쟁을 벌였다.[168] 동물권 투쟁과 다른 환경 단체의 관계는 긴장 그 자체였다.[169] 산업의 독성 배출 물질을 상대로 하는 싸움은 독물학의 소견에 의지했다. 그리고 독물학은 동물 실험을 해야 의미 있는 결과를 얻었다. 조류 보호 운동은 서식지 문제에 집중해야 하는 탓에 자연과 환경 보호의 주류에 자연스럽게 합류했다. 동물 보호 운동의 경우는 달랐다. 특정 동물에만 집착하며, 다른 일체의 것은 무시하는 광신적 태도는 자연과 그 풍광의 보호를 절박하게 여기는 사람에게 병적인 자기중심주의로 비쳤을 뿐이다. 1986년 그린피스 국제 본부는 모피 반대 운동만 고집하는 런던 지부와 충돌했다. 다른 나라의 그린피스 지부가 보기에 이런 고집은 영국의 전형적인 기벽이었다. 그린피스 창설자 데이비드 맥타가트David Mctaggart는 이렇게 썼다. 〈이 지구의 진짜 문제와 비교할 때〉 고약한 모피 문제는 〈상당히 무의미하다〉. 스웨덴과 덴마크는 물론이고 미국과 캐나다 지부는 영국 지부의 돌출 행동을 〈격렬히 반대했다〉.[170] 창설자 맥타가트가 이끌고 그린피스가 항상 되풀이해서 강조한, 고래잡이 반대 투쟁은 모피 반대 투쟁과 성격 자체가 다른 것일까?

과격한 동물권 운동은 훨씬 더 폭넓고 오래된 채식주의 문제로도 반목하고 분열했다. 본래 종교적이고 도덕적인 동기를 가진 채식주의, 특히 생태 시대를 맞아 건강 염려라는 동기를 강조한 채식주의는 1980년대 말에 생태주의자로부터 예상하지 못한 엄호를 받았다. 당시 생태주의자는 소를 대량으로 사육하는 목축업자가 열대림을 파괴하는 것은 물론이고, 더욱 심각하게도 소가 뀌는 방귀로 배출된 메탄가스가 대기를 오염시키는 것을 문제 삼았다.[171] 이 메탄 문제는 동물에 우호적일수 없었다. 전 세계적으로 팽창 일로를 걷는 목축업이 〈대지의 여신 가이아의 건강을 위협하는 최대의 적〉이라면서 대중을 충격에 빠뜨린 제임스 러브록은 전 세계의 모든 소를 바이러스에 감염시켜 죽게 한 다음, 죽은 소 한 마리당 나무 한 그루씩 심자고 제안했다.[172]

자연 보호와 사냥:
역사적으로 같은 뿌리에서도 일어나는 감정적 충돌

사냥을 둘러싼 갈등에서 폭력의 문턱은 낮다. 사냥을 즐기려는 목적으로 살상을 일삼는 행위로 보고 격분하는 동물 보호 운동가도, 총을 이미 손에 쥔 사냥꾼도 폭력의 문턱을 넘어서기 일쑤다. 사냥꾼은 동물 보호 운동가에게 어차피 짐승은 서로 사냥하기 때문에 사냥이란 근원적 본성이며, 동물 보호는 오로지 인간의 두뇌 속에만 존재한다고 항변한다. 순전히 생태적 측면에서 보자면 환경 보호를 외치며 그처럼 증오로 가득 찬 사냥꾼과 시비를 벌일 이유는 냉철하게 말해서 없다. 오히려 반대로 사냥과 생태는 사안의 본성상 서로 맞물려 있다는 것은 역사가 증명하는 사실이다.[173] 앞서도 보았듯 사냥꾼은 RSPCA를 떠받든 기둥 가운데 하나다. 중세부터 숲에 울타리를 치고 사냥을 즐기던 귀족은 야생 동물 보호야말로 서식지 보호를 요구한다는 사실을 잘 알았다. 많은 동물 보호 운동가는 이런 사실을 뒤늦게야 깨달았다. 역사를 보면 유럽의 많은 지역에서 영주가 숲을 보호한 것은 사냥의 열정에서 비롯된 행동이다. 사냥의 관심에서 내려진 숲 보호 규정의 거의 1,000년에 가까운 역사가 이를 증명한다. 숲을 가진 귀족 가운데 열정적인 사냥꾼이 목재를 많이 얻을 수 있는 숲보다 혼합 낙엽수림을 선호했던 이유가 달리 있지 않다.

〈참회하는 도살자〉라는 별명을 얻었던 영국의 야생 사냥꾼은 1900년경 최초로 아프리카 야생 보호 구역의 지정을 추진했다. 시어도어 루스벨트의 눈에 곰 사냥꾼은 모든 미국인 가운데 가장 화려한 특권층 출신이었다. 황야 낭만주의를 선도하며 카리스마를 뿜낸 헤르만 뢴스는 자연 사랑과 더불어 뜨거운 사냥 열정을 자랑했다(와인과 여인과 노래도). 그가 1901년에 펴낸 『나의 녹색 책Mein grünes Buch』은 거듭 쇄를 찍을 정도로 인기를 누렸다.[174] 이 책은 동물에게 치명타를 안기는 것으로 끝나는 사냥 이야기를 담았다.[175] 그는 이렇게 썼다. 〈나는 사냥을 하러 가면 오로지 야생만 즐기고 싶다. 인간이나 마차의 소리를 듣지 않고, 일체의 문화를 듣고 보는 일이 없었으면 한다. 나는 원시 자연 속의 원시인이 되고 싶다.)[176] 야생은 황야의 영혼이다. 황야가 가진 마법의 근원이 사냥임을 역사는 보여 준다.

숲이 아니라 오로지 야생에만 관심을 가졌던 베른하르트 그르치메크는 세렝게티 국립 공원을 위해 싸우면서 사냥꾼과 끊임없이 시비를 벌여야만 했다. 사냥꾼들은 그에게 잘못된 자료를 들이대 가며 사냥으로 코끼리가 위협받는다는 암시를 흘린다는 엉뚱한 비난을 해댔다. 그때까지 그르치메크와 친구로 지냈던 헨리 마코프스키, 우리가 이미 투쟁적인 자연 보호 운동가로 만난 적이 있는 마코프스키는 『슈피겔』에 야생의 스타 그르치메크가 뇌물을 수수했다는 자료를 제보했다. 『슈피겔』은 1960년 9월 14일의 표지 기사로 이 문제를 다루었다.[177] 이 기사는 그르치메크가 사냥꾼들에게 30만 마르크라는 뇌물을 받았을 것으로 추정했다. 그러나 그르치메크와 마코프스키는 술을 진탕 마시고 화해한 뒤 다시 협력 관계를 회복했다.[178] 마코프스키는 자연 보호 운동가로 계속 사냥꾼들과 연락을 주고받는 데 아무 문제가 없었다.[179] 개인적 이유로 관계를 유지하기는 했는데, 일의 성격 때문에 관계 유지가 어려운 것은 아니었다. 사냥꾼과 자연 보호 운동가 사이의 적대적 관계를 낳은 것은 합리적인 생태 고민이 아니라, 뜨거운 감정이었을 뿐이다. 환경 문제의 전체 스펙트럼 가운데 이처럼 격한 감정이 독특한 원인으로 작용한 경우는 따로 없다.

사냥을 거부하는 감정을 상승시킨 매체의 뿌리를 찾기란 어려운 일이 아니다. 빈 출신의 보헤미안 펠릭스 잘텐Felix Salten의 사슴 소설 『밤비 Bambi』는 1924년에 독어로, 1928년에 영어로 출간되면서 열광적인 반응을 얻었고, 1939년 월트 디즈니에 의해 영화로 만들어졌다. 필명으로 포르노 고전 『조세핀 무첸바허Josephine Mutzenbacher』를 썼으며 빈으로부터 15킬로미터 떨어진 곳에 개인 소유의 사냥터까지 마련했던 잘텐이 어찌 보면 평범하기 이를 데 없는 이런 동물 문학, 의미심장하게도 쇼펜하우어의 정신이 녹아든 분위기의 동물 문학으로 세계 최대의 성공을 거두어 많은 독자를 사냥의 숙적으로 만들다니, 참으로 아이러니한 일이다.[180] 이전에도 이후에도 이처럼 동물을 성공적으로 의인화한 사례는 없다. 미국의 진화 인류학자 매트 카트밀Matt Cartmill이 밤비의 전설적인 성공 스토리를 분석한 책을 읽어 보면, 대중적인 환경 의식의 시작점이 과연 레이철 카슨의 『침묵의 봄』인지, 단적으로 『밤비』가 아닌지 의구심이 든다. 물론 동물의 의인화는 생태가 원하는 것과는 정반대다.

경험이 많은 노련한 사냥꾼이 자신의 구역에서 생태 운동가보다 자연을 더 잘 안다고 자부하는 태도에는 다 그만한 근거가 있다. 그렇다고 사냥과 생태가 서로 아무 문제 없이 수렴한다고 주장하는 것은 결코 아니다. 미국의 카이바브 스캔들에서 앨도 레오폴드가 〈유레카〉라고 외쳤던 것은 국립 공원에서 체계적으로 맹수를 사살하는 것이 큰 실수였다는 깨달음 덕분이다. 천적이 사라짐으로써 야생 사슴은 숲을 폐허로 만들 정도로 번식했기 때문이다. 이 경험에서 레오폴드는 야생 자연은 그 자체에 맡겨 두는 것이 최선이라는 교훈을 얻었다. 그러나 유럽의 광활한 지역에 맹수는 더는 없다. 사냥꾼이 맹수의 역할을 맡아야만 한다. 그렇지만 신이 나서 사냥하러 다니노라면 사냥꾼 자신이 숲을 파괴하고 만다. 사냥을 좋아하는 숲 주인이라면 숲을 낙엽수림으로 돌보는 것이 지혜로운 방법이다. 숲이 야생 동물에 먹이를 제공하기 때문이다. 그러나 야생 동물의 개체 수가 너무 많으면, 낙엽수림은 높게 자라지 못한다. 그렇지만 일요일에나 사냥하는 탓에 수렵을 잘 모르는 취미 사냥꾼이 동물을 구경이라도 할 수 있으려면, 개체가 많아야 한다. 논쟁서 『숲을 구하라』(1979)의 편집인 호르스트 슈테른은 〈무서울 정도로 상승한 사냥터 임대료〉 때문에 야생 동물의 개체 수를 늘리려는 노력을 이해할 수는 있다고 말했다. 〈오히려 가장 비난받아야 할 사람은 숲보다 야생을 더 중시하는 산림 감시인이다.〉[181] 한편 슈테른은 숲을 파괴하는 밤비를 막아야 한다는 논리로 사냥하는 산림 감시인을 포기할 수 없었다.

원칙적으로 사냥을 거부하는 자연 보호 운동가라면, 야생 동물의 개체 수가 많아서 목재의 가치가 떨어지는 숲이 반드시 생태적으로도 가치가 떨어지는 것은 아니라고 반론하리라. 숲에 침엽수만 남게 되더라도 이내 나무좀 탓에 숲은 저절로 생태의 균형을 회복해 생물종의 다양성을 지켜 준다는 것이 그런 주장이다. 그러나 생태를 경제와 엮는 논리는 멀리 가지 못한다. 자르Saar 지방의 산림 감독관이면서 숲 문제에서 NABU의 대변인을 맡았던 논쟁적인 빌헬름 보데Wilhelm Bode는 일요일 사냥꾼을 위해 숲을 해치는 야생 동물을 돌보아야 한다는 주장을 격렬하게 공격했다. 그러나 동시에 그는 사냥을 〈생태 관리의 수작업〉으로 만들 필요를 강조하기도 했다.[182] 숲을 잘 모르는 일반인은 이 영역에서 갈피를 잡기가 쉽지 않다. 더욱이 사냥의 세계는 귀족적 전통에서 오늘날의 신비한 비교秘敎의 분위기로까지 이어지는 섣불리 접근하기 어려운 주제라 임업의 관련 문헌도 이 문제를 다루는 것을 금기시한다.[183]

사냥을 둘러싼 갈등은 영국과 독일의 특수한 문제에 그치지 않는다. 이미 오래전부터 프랑스와 이탈리아도 같은 갈등을 겪어 왔다. 그렇지만 그곳의 사냥 반대자들은 수세에 몰려 영국과 독일의 동지처럼 과감하게 공격하는 위험을 감수하지 않는다. 사냥은 로만 계열의 국가에서 국민 스포츠이며, 농촌의 민족 문화 요소로 자리 잡았기 때문이다. 물론 실제로는 도시의 부유한 시민이 사냥을 즐기지만, 그래도 사냥은 누구나 즐길 수 있는 스포츠라는 이미지를 자랑한다. 19세기 말에 새 사냥을 두고 게르만 계열과 로만 계열 사이에 생겨난 분열이 생태 시대까지도 지속하는 셈이다.

물론 한 가지 관점에서만큼은 이탈리아 사냥꾼이 독일의 동지에 비해 적들을 상대하기가 까다로웠다. 이탈리아의 사냥꾼은 새로운 생태 시대의 수사를 끌어다 쓰기는 했지만, 일반적으로 자신을 자연 보호 운동가라고는 말하지 않았다.[184] 이탈리아의 환경 운동은 원자력 반대를 두고 1987년에 실시한 국민 투표에서 승리한 것에 고무되어 1990년 5월 사냥과 살충제 반대를 놓고 두 번의 국민 투표를 감행했지만, 최소한의 기준인 50퍼센트에 미달해 쓰디쓴 패배를 맛보았다. 사냥 연맹과 농업 협회는 투표 거부를 호소하며 누가 투표에 참여하고 어느 편에 투표하는지를 통제했다.[185] 이 새로운 주제들은 원자력 문제와는 성격이 달랐다. 원자로에 반대했다고 해서 사냥과 살충제에도 반대표를 던지리라 기대할 수 없었다. 1992년 초 〈이탈리아의 사냥꾼 14만 8,000명은 힘을 모아 새로운 사냥법을 무력화해 여전히 국립 공원에 자유롭게 출입할 것과 생물종 보호를 위한 유럽 연합 규정을 무시하기로 했다〉 (마르틴 로데스Martin Rhodes).[186] 이 패배는 마침 상승세를 탔던 이탈리아의 녹색당에게 철저한 각성을 요구했다.

더욱 극적이었던 곳은 등록된 사냥꾼만 150만 명을 자랑하는 프랑스였다. 1789년 8월 4일의 유명한 밤에 귀족의 사냥 특권을 폐지한 이후 프랑스 사냥꾼들은 자국에서 자유롭게 사냥할 권리를 시민권의 상징으로 주장했다. 그로부터 정확히 200년 뒤인 1989년 쉽게 보기 힘든 구체적인 이름의 정당 〈사냥, 낚시, 자연 그리고 전통Chasse, Peche, Nature, et Traditions, CPNT〉이 창설되어 곧바로 5퍼센트의 득표율을 얻었다. 녹색당이 오랜 세월 끝에 얻었던 득표율이었다.[187] 프랑스 사냥꾼은 이탈리아의 동료들보다 더 열성적으로 마법의 단어 〈자연〉을 녹색당에서 빼앗으려 했다. 이 때문에 초창기부터 녹색당과의 극렬한 대비를 피할 수 없었다. 프랑스의 환경 운동과 사냥 비판이 좌파와 유럽 연합의 지원을 받을수록, 사냥은 국가의 보수주의와 지역주의를 강화하며 파리의 관료주의와 〈어리석은 제한만 두는 녹색 유럽〉(CPNT의 2001년 전단지)에 맞섰다.[188] 분명 CPNT는 침묵하는 다수의 잠재력을 믿었던 모양이다. 그러나 지금까지 이 당은 군소 정당의 지위를 벗어나지 못했다.

사냥꾼은 정치 활동을 벌이며 맹목적인 분노로 전투적 투쟁을 선포했다. 1998년 이들 가운데 몇 명은 낭트로 시위하러 가는 길에서 이런 말을 했다. 〈나는 모든 것을 망가뜨릴 각오로 여기에 왔다.〉〈우리는 제대로 된 남자가 무엇인지 보여 주겠다.〉 제대로 된 남자란 경찰관을 폭행하는 남자였다. 관찰자는 이 운동이 지방 문화의 전반적인 위기에 대한 깊은 좌절과 지역의 삶이 위축되는 것에 느끼는 분노에서 비롯되었음을 알아보았다. 농촌은 여전히 귀족적 사냥을 증오했으며 도시의 취미 사냥꾼을 혐오하는 모습을 보여 주었지만, 그래도 사냥꾼 운동이 자신의 편이라고 믿었다. CPNT에 저항하려는 운동이 일어나면서 1989년에 〈환경 의식을 가진 사냥 연맹Association pour une chasse écologiquement responsable, ANCER〉이 결성되었지만, 고작 500명의 회원을 모집하는 초라한 성과를 올렸다. 녹색당은 신중하게 대응하면서, 사냥 금지를 도입하려고 했다는 일각의 추측을 부인하려고 안간힘을 썼다. 녹색당에 표를 준 많은 유권자가 농촌의 전통적 풍경을 지지한 덕에 녹색당은 CPNT를 극복할 분위기를 만들어 낼 수 있었다. CPNT의 반反생태 전선은 흔들리는 조짐을 보이기 시작했으며, 이 기회를 포착해 녹색당은 사냥꾼을 능력 있는 자연 보호 운동가로 전환할 수 있었다.[189]

폭력의 정점에서: 〈호모 에콜로기쿠스〉라는 생각

환경 운동의 중추 세력은 현대 서구 세계의 중산층에서 형성되었는데, 아무튼 이 중산층은 2차 세계 대전 이후 물리적 폭력에 매우 큰 거부감을 가졌다. 더욱이 유럽은 미국보다 더 큰 거부감을 보였다.[190] 몸을 쓰는 폭력은 세계 도처에서 사회적으로 열악한 계층에서는 여전히 만연했지만, 서구 중산층에서는 쉽게 볼 수 없는 독특한 현상이며, 역사도 그렇게 기술해 왔다. 노르웨이의 사회학자 요한 갈퉁Johan Galtung이 쓴 〈구조적 폭력〉이라는 개념은 1970년대에 지배 체제의 권력과, 무산자 계급이 유일한 무기라고 느끼는 물리적 폭력 사이의 차이를 흐려 버리는 경향을 보여 주었다. 분명 당사자에게 구조의 익명성은 주먹이 오가는 대결보다 훨씬 더 불편하기만 하다. 그러나 〈구조적 폭력〉이라는 개념은 마치 인플레이션 화폐처럼 너무 흔하게 쓰이는 바람에 분석적 가치를 잃고 말았다. 어쨌거나 국가가 폭력 독점권의 요구를 관철한 이래, 신체적 폭력은 설명이 필요한 현상이다.[191]

환경 운동의 전체 스펙트럼에서 폭력 문제는 따로 찾아봐야만 한다. 환경 운동을 다룬 대부분 연구의 색인에는 〈폭력〉이나 〈무력〉이라는 단어가 없다. 폭력 문제는 그만큼 멀리 떨어진 것 같아 거의 잊힐 정도다. 이러한 사실은 폭력이 빚어진 개별 사례가 없지 않다는 사실보다 중요하다. 순전히 이론적으로 생태 종말론의 다양한 형태가 폭력을 정당화한 사례가 많았다는 것보다 우리는 폭력과 거리를 두려는 이런 자세에 더욱 주목해야 한다. 인류의 생존이 위협받는다면, 이 위협을 막으려는 수단은 모두 정당하다. 너무 많은 인간이 지구상에서 살아가기 때문에 인류가 〈지구의 암〉이라면, 우리는 인간의 생명을 히틀러와 스탈린보다 더 무자비하게 다뤄야 하리라. 그런 만큼 환경 운동의 현실이 전혀 다르다는 점은 의미심장하다.

이런 이치는 카를 마르크스의 말로 간단히 설명된다. 〈존재가 의식을 규정한다.〉 대다수 환경 운동가는 오로지 폭력만 선택지로 남는 무법적 상황에 처해 있지 않다. 전형적인 환경 운동가는 높은 수준의 교양을 자랑한다. 말로 적을 무력화할 수 있는 사람은 경찰에게 돌을 던지며 도발하지 않는다. 또는 마르크스 대신, 독일의 정치학자 빌헬름 헤니스 Wilhelm Hennis가 이해한 그대로 막스 베버를 따라,[192] 역사의 모든 운동은 결국 어떤 〈인간성〉, 어떤 인간형, 무슨 인간적 특질과 생명력을 이끌어냈는가 하는 물음의 답으로 그 위대성을 평가받는다는 명제를 유념해 볼 수도 있다. 환경 운동의 적은 〈생태인〉이 아주 특별한 인간형이라는 주장을 서슴지 않는다. 그러나 그것이 구체적으로 뭐냐고 물으면, 모든 상투적인 답이 돌아온다. 꽃을 든 영원한 어린애라거나 녹색 개구리 인간, 싸움질을 즐기는 괴팍한 고집쟁이, 또는 미친 듯 규제를 하려드는 생태 관리 따위가 그 답이다. 그러나 한 가지만큼은 분명하다. 환경 운동가는 물리적 폭력을 행사하는 성벽은 갖지 않는다.[193] 환경 운동가는 비폭력이 정신의 강인함을 상징한다는 뜻에서 비폭력 저항을 주장한 간디를 환경 운동의 창시자로 추켜세우곤 한다. 물론 간디와 환경 운동 사이의 직접적 연관성은 궁색하다. 그린피스의 투사에게 〈녹색〉

과 〈평화〉는 그 이름처럼 딱 맞물려 있다. 그린피스는 투쟁 전선에 나가는 운동가에게 적합한 전술 훈련을 시킨다. 전술이란 여자 친구가 자신이 지켜보는 앞에서 용역 직원에게 두들겨 맞더라도 똑같이 폭력으로 대응하지 않는다는 뜻이다. 현장에서 이런 전술의 활용은 정말 힘들 수 있다. 1983년 그린피스 활동가는 화학 기업 〈린츠 주식회사Linz AG〉의 살충제 생산 설비에서 〈공장 노동자들에게 말 그대로 집단 폭행을 당했다〉. 그러나 반격하지 않았기 때문에 대중은 활동가를 영웅으로 받아들였다. 〈그린피스 오스트리아〉의 이 첫 전술은 〈엄청난 홍보 효과를 불러일으켰다〉.[194]

세계사의 관점에서 환경 운동은 평화 시대의 현상, 최소한 상대적으로나마 탈脫긴장 시대의 현상이다. 이런 시대에는 인간이 가진 공통의 문제를 가려보는 시선이, 나아가 인류를 하나로 묶어 주는 문제들을 찾는 시선이 키워진다. 생태 운동가, 심지어 〈심층 생태주의〉의 과격파조차 기꺼이 비폭력 저항의 모범인 간디의 정신을 본받겠다고 장담한다. 물론 〈운동의 초기〉에 왕왕 폭력이 자행된다는 방증은 많기만 하다. 이는 무엇보다도 환경 운동에 호감을 가지고 기꺼이 책을 쓰는 지성인이 폭력을 좋아하지 않아서 벌어지는 폭력마다 일일이 쫓아다니며 기록하기 때문에 생겨난다.[195] 독일에서, 한때 프랑스에서도 벌어진 원자력 갈등의 전투적 장면을 반론으로 들이대는 사람도 있으리라. 실제 흘린 피보다 더 많은 피를 흘리지 않았던 것은 순전히 행운이었다. 그렇지만 적어도 독일에서의 이런 폭력이 외부에서 왔다는 사실은 분명하다. 그때까지 저항의 소재가 바닥이 난 〈K 그룹〉이 환경 운동이라는 시민 운동에 잠입한 것이 그 폭력의 진상이다. 또 바스크 환경 운동의 폭력성도 주로 외부로부터 숨어들었다. 무장 투쟁을 외치는 바스크 분리주의자들이 그런 폭력의 진원지다. 동시에 바스크 환경 운동은 바스크 분리주의의 지하조직인 〈에타Euskadi Ta Askatasuna, ETA〉와 과시적으로 거리를 둔다.[196] 앞서 살펴보았듯, 환경 운동 전체의 순교자 숭배는, 그런 것이 있다는 전제 아래서, 오히려 조심하고 자제하는 편이다. 폭력을 각오한 정신이었다면 분명 사정은 달랐으리라.

야생과 야성적 행동

다이앤 포시 외에 정의를 위해서라면 폭력도 정당하다며 희생자가 나오는 위험을 무릅쓰면서 서구 사회를 충격에 빠뜨린 두 명의 환경 운동가가 있다. 자신의 배 〈고래여 영원하라Whales forever〉를 타고 불법 고래잡이를 퇴치한 캐나다의 폴 왓슨과 이미 여러 차례 언급한 바 있는 데이브 포먼이다. 포먼은 〈지구가 먼저다!〉를 창설했으며 야생을 위해 싸웠다. 공교롭게도 세 명 모두 아메리카 대륙 출신이며, 넓은 의미의 환경 보호, 특히 인간 중심적 의미의 환경 보호가 아닌 야생의 보호에 힘쓴 인물이다. 포먼은 이렇게 말했다. 〈나는 환경이라는 단어가 싫다. 숲을 사랑할 수 있다. 산을 좋아할 수도 있다. 식물을 사랑할 수도 있다. 그러나 어떻게 《환경》이라는 추상적 개념을 사랑할 수 있는가?〉[197] 그의 논리는 상대편이 폭력으로 환경 운동가를 도발하지 않더라도, 야생을 바라보는 열정적 사랑이라면 문명이 세운 폭력의 문턱을 얼마든지 넘어서도 좋다는 것이다. 그러나 강경한 상대편이라 할지라도 폭력이 상승 작용을 일으키는 데 일조하는 환경 운동가를 보기란 쉽지 않았다. 저명한 론 아널드는 미국 반환경 운동의 강경한 대변인을 자처했는데, 자신의 투쟁서 『생태전쟁Ecology Wars』에서 〈대양의 전사〉 폴 왓슨에게 이런 개인적 헌사를 바쳤다. 〈폴 왓슨 선장에게. 당신은 이 전쟁이 무엇 때문인지 이해하시죠. 경외하는 반대자가 경례를 드립니다. 평안하시기를, 론 아널드.〉[198] 『생태전쟁』은 이런 부제를 달았다. 〈마치 사람들이 중요하게 여기는 것 같은 환경 운동.〉 이런 부제는 에른스트 슈마허가 1973년에 발표해 특히 미국에서 컬트 북이 된 『작은 것이 아름답다』의 부제 〈마치 사람들이 중요하게 여기는 것 같은 경제의 연구〉를 반어적으로 비틀어 흉내 낸 것이다. 아널드 자신도 한때 시에라 클럽의 회원이었다. 그만큼 그는 생태 운동계를 잘 알았다.

적이라는 이미지 안에 갇히다: 〈대양의 전사〉 폴 왓슨

폴 왓슨(1950년생)은 캐나다 해양 경비대의 대원으로 경력을 쌓기 시작했으며, 그린피스 초창기 바다 영웅 가운데 한 명이다. 그 자신의 묘사, 그린피스는 인정하지 않은 묘사에 따르면 왓슨은 심지어 그린피스의 공동 창설자다. 그렇지만 그는 이미 1977년 회장 데이비드 맥타가트에 반기를 든 〈무지개 전사〉 반란에 참여했다. 맥타가트는 이 반란을 완전히 두목과 같은 태도로 〈폭동〉이라 규정했다. 맥타가트는 당시 아이슬란드의 고래잡이배를 상대로 무지개 전사들이 벌이는 행동에 제동을 걸었다. 그린피스에 법적 상황이 까다로웠을 뿐만 아니라, 혹여 아이슬란드 국민의 민족적 자부심을 자극해 여론이 등을 돌리는 것은 아닐까 걱정했기 때문이다.[199] 이런 신중함은 그린피스의 지혜로운 창설자가 중시하는 외교적 근본 원칙이었다. 맥타가트는 투사일 뿐 아니라, 능숙한 감각을 자랑하는 사업가이자 노련한 멋쟁이였다.

그러나 맥타가트의 그런 좌고우면하는 성향을 왓슨은 진심으로 혐오했다. 결국 왓슨은 그린피스를 탈퇴해, 자신의 조직 〈시 셰퍼드 보존 협회〉를 창설했으며, 심지어 영국의 RSPCA의 지원[200] 및 〈동물 기금 Fund for Animals〉의 창설자인 클리블랜드 에이모리Cleveland Amory의 탄탄한 재정 지원도 확보했다.[201] 왓슨은 이 지원 덕에 자신의 배 〈시 셰퍼드〉, 나중에는 〈고래여 영원하라〉로 개명한 배를 마련했으며, 예전 동료들을 〈그린 오줌싸개Greenpisser〉나 더 심한 욕설로 비웃었다.[202] 함부르크의 풀뿌리 운동가들이 결성한 〈로빈 우드〉는 그린피스가 지나치게 권위적으로 변했다며 이 다국적 환경 단체에서 떨어져 나갔다. 반면 왓슨은 선장 자격증도 없으면서 〈신 다음의 주인님Master next God〉이라는 옛 선장의 위풍당당함에 있어 오히려 맥타가트를 능가했다. 〈로빈 우드〉는 그린피스가 너무 일방적으로 바다에만 집중한다고 비난했지만, 왓슨의 열정은 오로지 고래에, 그의 모든 증오는 고래잡이배에 쏠렸다. 그는 다른 주제에는 조금도 관심을 갖지 않았다. 영화인들은 왓슨의 전투력에 열광했다. 〈대양의 전사〉는 이른바 〈리얼리티 쇼〉의 대상이 되었다. 왓슨이 누리는 인기는 그를 따로 다룬 카툰 시리즈가 나온 것만 봐도 얼마나 대단한지 알 수 있다. 미국의 카툰 「사우스 파크South Park」에서 왓슨은 해적선 선장이자 〈미디어 창녀〉라는 조롱을 받는다. 그만큼 〈시 셰퍼드〉와 〈그린피스〉는 바다에서 미디어의 주목을 받으려고 치열한 경쟁을 벌였다. 마치 왓슨은 고래 보호라는 문제에서 거듭 그린피스를 바다로 끌어내는 데 기여한 것처럼 보인다.

왓슨은 자신의 배 〈고래여 영원하라〉의 뱃머리에 18톤의 시멘트를 씌웠다. 이 무기로 왓슨은 고래잡이배를 그대로 들이받아 가며 침몰할 때까지 몰아붙여야 직성이 풀렸다. 그는 법을 완전히 무시한다는 정신으로 이런 행동을 한 것이 결코 아니다. 오히려 그는 무엇보다도 불법 포경선을 겨냥해 고래잡이의 한계를 정한 국제 협정을 지키려고 했다. 유엔 세계 헌장을 근거로 제시하며 왓슨은 고래잡이 협약의 효율적 집행이 어려운 망망대해에서 용감한 운동가가 법의 승리를 위해 조력하는 것은 중세 서사시에 등장하는 기사 영웅과 같은 활약이라는 논리를 펼쳤다. 그의 눈에 해적은 자기 자신이 아니라, 반대편의 포경선이었다. 왓슨의 이런 입장이 법철학적인 논리와 설득력을 갖추지 못한 것은 아니다. 실제로 그는 자신이 감당해야만 했던 소송에서 해적 취급을 받지 않았으며, 항상 승소해 자유를 되찾아 자신의 배로 돌아갔다. 〈국제 포경 위원회IWC〉가 초창기의 〈시 셰퍼드〉를 환경 단체로 인정했다가, 왓슨이 1986년 두 척의 아이슬란드 포경선을 침몰시키고 고래 고기를 처리하는 레이캬비크의 공장을 습격해 초토화한 것을 공개적으로 인정한 이후에 환경 단체 지위를 철회한 일이 있었다. 캐나다 밴쿠버에 위치한 자신의 본거지에서 왓슨은 아이슬란드의 포경선을 범죄 행위로 선포했다.[203] 아이슬란드는 국제 사회가 고래잡이에 느끼는 분노를 보며 소송조차 제기하지 못했다. 왓슨이 완승했다.[204] 물론 왓슨의 법철학에는 자의적 요소가 있었다. 만약 IWC 법의 엄호를 받지 않았다면, 왓슨은 자연법, 근대 초의 휴머니즘 자연법이 아니라, 〈생태 법칙〉이라는 의미의

자연법을 주장했으리라.[205]

왓슨은 무모할 정도로 과감한 단독 투사로 싸움을 시작했다. 그의 말에 따르면 왓슨은 소련의 포경선이 던진 작살에 맞아 죽어 가는 향유고래의 눈을 보는 순간 각성을 체험했다고 한다. 그는 죽은 고래에게 달려갔고, 러시아 남자들이 그를 사로잡아 배로 끌고 갔다. 모험 정신으로 가득한 그의 회고록의 서두에는 멜빌의 『모비 딕*Moby Dick*』에 등장하는 에이허브 선장의 좌우명이 나온다. 〈내가 감행한 것은 내가 원했기 때문이다. 그리고 내가 원한 바로 그것을 나는 하리라.〉 회고록에서 왓슨은 자신을 고래사냥에 미친 에이허브 못지않게 고래잡이배를 사냥하는 일에 열성인 〈안티-에이허브〉로 그린다. 처음부터 왓슨은 적의 이미지를 구축했다. 되도록 혐오감을 자아내는, 그러나 에이허브 유형은 아닌 적의 모습을 왓슨은 불법 포경선 〈시에라Sierra〉에서 찾아냈다. 세계 바다의 사기꾼, 일본의 용병, 포르투갈의 깃발을 달고 노르웨이 출신의 선장이 운항하는 〈시에라〉를 〈시 셰퍼드〉는 그 뱃머리로 들이받았다. 때는 1979년 7월 15일, 여러 차례 들이받기 전에 왓슨은 무전기로 〈시에라〉 선장에게 욕설을 퍼부었다. 〈이 빌어먹을 고래 도살자야, 후레자식 같으니. 너는 이제 끝났다.〉[206] 어떤 캐나다 언론과 인터뷰하며 왓슨은 이렇게 말했다. 〈포경선을 들이받은 것이야말로 내 인생에서 한 일 가운데 가장 만족스러운 행위입니다.〉

다행히 이 충돌로 포경선 선원 가운데 부상당한 사람은 없었다. 왓슨 자신도 이런 사실을 행운으로 인정했다. 〈포경선을 겨눈 공격을 사회가 용인하는 분위기다. 그러나 선원이 부상당하거나 심지어 살해당하면, 여론은 우리를 반대하는 쪽으로 빠르게 넘어갈 수 있다.〉[207] 그러나 왓슨이 1978년 〈시에라〉 호의 자매선인 〈톤나Tonna〉를 공격해 침몰시켰을 때, 그 배의 선장은 오랜 전통을 떠받들어 배와 함께 최후를 맞았다. 왓슨은 승리의 환호를 지르며, 〈고래 도살자는 죽어 마땅하다〉고 외쳤다.[208] 그가 물리적 폭력을 거부한 것이 오로지 법원과 언론을 고려한 전략 때문이었다는 인상이 사람들의 뇌리에 깊이 새겨졌다. 그렇지만 상징적 동물의 생명이 위협받는 경우 사냥꾼을 겨눈 폭력은 원칙적으로 비폭력을 거부하는 언론도 너그럽게 받아들였다. 밤비 신화가 효과를 발휘한 덕이다.

그럼에도 많은 사람은 배를 침몰시키는 것은, 비록 선원들은 구조되었다고 할지라도 너무 지나치다고 보았다. 〈환경 운동의 주류는 고래 문제를 10년은 후퇴시켰다고 나를 비난했다.〉[209] 허용 어획량과 지속성을 고려하지 않고 심지어 새끼마저도 잡아대는 포경선을 들이받는 것이야 대중의 응원을 받았지만, 왓슨은 1981년 이른바 〈돌고래 전쟁〉을 벌이며 일본의 평범한 어부들과 그린피스마저도 싸잡아 공격하면서, 적과 아군을 구분하는 왓슨의 투쟁 방식은 뜨거운 논란을 불러일으켰다. 그린피스의 대변인은 〈일본 국민이 미국의 환경 운동가로부터 이래라저래라 하는 이야기를 듣는 것을 싫어하기〉 때문에 〈시 셰퍼드〉는 이룰 것이 전혀 없다고 공개적으로 비난했다.[210] 일본의 민족 감정을 고려해야 할 이유는 없지 않았다. 어쨌거나 일본은 미국의 원자 폭탄으로 수많은 목숨을 잃었다. 게다가 원양의 고래잡이는 물론이고 해안 앞바다의 고기잡이는 일본의 오랜 전통이었다. 2차 세계 대전에서 패망한 뒤 일본은 극심한 굶주림에 시달리면서 어업 없이는 생존할 수 없는 지경까지 내몰렸다.

그린피스 일본 지부의 대변인은, 왓슨 자신이 회고록에서 묘사한 바에 따르면, 그에게 이렇게 애원했다고 한다. 〈왓슨 선장, 나는 일본인이요. 그리고 제가 당신보다 일본 국민을 더 잘 이해합니다. 이 문제를 푸는 일은 우리에게 맡겨 놓고 집으로 돌아가시죠. 일본 국민은 자발적으로 우러나야만 돌고래를 죽이는 일을 멈출 겁니다.〉 일본의 어떤 어부는 자신의 마을 이키壱岐 앞바다에서 〈30만 마리가 넘는〉 돌고래가 생선을 잡아먹어 어부들을 빈손으로 만든다고 불만을 털어놓았다. 〈만약 돌고래와 이키 어부 가운데 어느 한쪽만 살려야만 한다면, 어떻게 결정하시겠소?〉 잔인할 정도로 솔직한 왓슨은 이렇게 대답했다고 한다. 〈나는 돌고래를 구할 거요. 그것이 내 일이니까. 나는 어부를 구하려고 이

키섬에 온 것이 아니요.〉왓슨은 자신에게 기묘할 정도로 친절했던 어부들이 놀란 입을 다물지 못하는 것을 보고 즐기는 것만 같았다.[211] 왓슨과 오랫동안 알고 지낸 그린피스 회원 스티븐 맥스웰Stephen Maxwell이 일본의 해변에서 그에게 소리를 지른 것은 충분히 이해하고도 남는 일이다. 〈자네의 폭력은 일본인보다 더 많은 돌고래를 죽게 할 거야, 이 빌어먹을 이기주의자여…….〉[212]

왓슨은 자신의 투쟁 방식을 겨눈 모든 이성적 반론에 노골적으로 만족감을 드러내며 토를 달았다. 〈나는 이성적으로 생각하는데 그치고 싶지 않다. 나는 투쟁하고 싶다, 그 대가가 무엇이든.〉그린피스는 민족적 감정을 고려해 항상 같은 국가만 공격 과녁으로 삼지 않으려고 노심초사했지만, 왓슨은 그런 고려를 무시하며 고래잡이를 끈질기게 고집하는 일본에 투쟁을 집중했다. IWC가 무엇보다도 일본의 압력에 고래잡이를 〈과학적 목적〉으로 허가해 준 냉소적 태도에 실망한 고래 애호가들은 〈시 셰퍼드〉의 투쟁을 더 높이 평가해 주었다. 또 비폭력을 찬성하는 사람들 역시 법적 방법만으로 고집스러운 고래잡이를 막기에는 역부족이라는 점을 인정하지 않을 수 없었다. 왓슨을 비판하는 사람들은 그에게 테러리스트라는 낙인을 찍으려 들었다. 이런 낙인을 서구 사회는 용인하지 않았다. 낙인찍기 시도는 결국 성공하지 못했다. 2000년 4월 26일 미국의 『타임』은 왓슨을 20세기의 환경 영웅으로 선정했다.

2002년 동물권 보호 운동가들과 만남에서 왓슨은 이런 발언을 했다. 〈우리가 승리하는 한, 테러리스트 운운하는 비난 따위는 아무것도 아니다. 역사를 쓰는 것은 우리니까.〉[213] 완전히 비현실적이라고 볼 수만은 없는 발언이다. 왓슨이 2003년 심지어 시에라 클럽의 3년 임기 집행부 위원으로 선발된 것은 그만큼 의미심장한 사실이다. 거친 단독 투사를 자처하면서도 왓슨은 함께 연대할 동지들을 찾으려고 노력했다. 그는 일찌감치 포먼과 〈지구가 먼저다!〉를 동지로 환영했으며, 영국의 전투적인 동물 보호 운동가들과 연락을 주고받았다. 왓슨은 지구상에 너무 인구가 많다는 점에서 포먼과 의견의 일치를 보았다. 왓슨의 이력은 그의 결혼 생활에서도 고스란히 드러난다. 『플레이보이』의 표지 모델과 재혼했던 왓슨은 이 결혼 생활을 정리하고 그린피스 퀘벡 지부의 창설자인 여성, 곧 동물권 보호 운동가와 재혼했다.

〈심층 생태주의〉를 주장한 노르웨이 철학자 아르네 네스는 고래가 멸종 위기에 처한 종이라거나 포유류 가운데 특별하다는 생태적이고 이성적인 이유(고래 애호가들의 주장)에서가 아니라, 〈지구상의 모든 생명이 다양하고도 풍요로워야 한다〉는 더욱 근본적인 동기로 고래잡이를 거부해야 한다는 논리를 펼쳤다.[214] 그렇지만 네스가 피오르에 밧줄을 타고 내려오면서 노르웨이의 고래잡이를 반대한 시위를 벌였다는 사실은 전혀 알려지지 않았다. 이처럼 자신의 행동을 대중에게 알리지 않은 네스의 선택에는 그만한 이유가 있다. 네스는 만약 직접적 충돌이 알려지면, 그를 선구적 사상가로 섬기는 조국 노르웨이 국민, 환경 의식이 투철한 국민의 호감을 잃을 위험을 충분히 자각했기 때문이다. 네스의 〈심층 생태주의〉는 어떤 의론적인 특징도 없었다. 네스는 이론과 교리를 주장하기보다 실천적 행동을 강조했다. 그는 인식 비판이라는 전통에 충실한 철학자로서 〈실질적 토론을 위한 여섯 가지 규범〉을 주장했다. 이 규범 가운데 하나는 입장을 달리하는 적수라고 해서 희생양으로 만들어서는 안 된다는 것이다. 다시 말해서 그는 철저한 생각을 강조했지, 과격한 행동을 찬성하지 않았다. 네스는 간디의 추종자로 직접적 충돌을 피하려는 경향을 보여 주었다. 당시 노르웨이에서 고래잡이를 반대하는 직접적 충돌은 너무 거칠었기 때문이다. 1993년 노르웨이에서 열린 〈세계 야생 회의World Wilderness Congress〉에서 어떤 외국인 관찰자는 〈노르웨이 국민은 어떤 정치색이나 태도 또는 직업과 연령에 관계없이 기묘한 의견 일치를 보인다〉고 말했다. 그는 회의에 참가한 다른 나라 대표들이 합의한 고래잡이 금지를 노르웨이 국민은 한목소리로 반대하더라고 확인해 준다. 〈노르웨이에서는 원하는 만큼 고래를 잡아도 좋다고 합의하는 것 같다. 또 자국의 주권 수역 안에서 어느 정도가 적절한 어획 한계인지 노르웨이 국민은 가장 잘 알았다.〉[215] 1992년 리우데자네이루 회담에서 〈지속적 성장〉을 주장했다고 알려져 국제 생태 운동계에서 〈녹색 여신〉으로 추앙받은[216] 노르웨이의 여성 총리 그로 할렘 브룬틀란Gro Harlem Brundtland은 자국의 고래잡이배들이 IWC의 규정을 위반하고 거의 100마리의 밍크고래를 잡게 허락해 주기도 했다.[217] 자신의 회고록에서 브룬틀란은 고래잡이 문제에는 한사코 침묵했다.[218]

고래보다 훨씬 더 큰 국제 해양법 문제

2차 세계 대전 종전 이후부터 오늘날까지 불법 고래잡이를 막으려는 싸움은 더 큰 환경 정책이라는 맥락에서 볼 때 두 가지 측면이 있다. 우선 이 싸움은 현재 직면한 최대의 환경 문제 가운데 하나를 해결할 열쇠다. 그리고 대양의 자원을 환경 친화적으로 활용할 규제를 관철해야 한다는 점에서 미래에 더욱 중요한 문제이기도 하다. 둘째, 그럼에도 고래에만 집중하는 태도는 더 큰 근본 문제들을 흐려 버리고, 상징적 승리에 도취하게 하는 위험을 내포한다. 대양의 전체 생태계에 고래의 존재는 그 크기가 암시하는 것보다 그 의미가 훨씬 더 작을 뿐이다.[219] 그린피스는 이 싸움을 오로지 더 큰 문제로 키우기 위해 언론의 홍보 효과를 이용하는 행보로만 이해했다. 1995년 〈브렌트 스파〉를 막으려던 운동도 마찬가지였다. 그리고 바다의 생태계 전체를 고려하는 문제의 해결, 곧 고래만 중시하지 않는 문제의 해결은 일본과 노르웨이 같은 국가와의 협력을 포기할 수 없게 했다.

환경 운동의 역사에서 보통 그리 주목받지 못한 다른 갈등은 이런 맥락에서 고래잡이를 둘러싼 투쟁보다 더 중요하다. 이 갈등은 곧 영국과 아이슬란드 사이에 벌어진 〈대구 전쟁〉이다. 이 전쟁에서 아이슬란드는 단계적으로 자국의 주권 수역을 확장했으며, 이런 확장의 근거로 대구 잡이가 자국 경제에서 갖는 중요성을 강조하며 해저의 대륙붕을 확보해야만 한다고 강조했다. 아이슬란드가 1975년 10월 15일 다시금 주권 수역을 200마일로 확장했을 때, 생태 시대의 정신에 걸맞게 생태 논쟁이 불타올랐다. 대륙붕은 물고기의 산란 장소이기 때문에 대륙붕에서 조업을 벌이는 것을 자국이 통제할 수 있어야만 대구의 급격한 감소를 막을 수 있다는 것이 아이슬란드의 주장이었다. 이런 논리는 개릿 하딘의 공유지 이론을 응용한 것이다. 하딘은 재산권의 독점적 이용을 통해서만 〈공유지의 비극〉을 막을 수 있다고 주장했다. 물고기를 누구나 잡을 수 있는 전 세계적 공유 재산이라고 하면, 마구 잡아대는 남획은 피할 수 없다는 논리다. 이런 논리야말로 바다는 인류의 재산이기 때문에 고래를 보호해야 한다는 왓슨의 주장과 정면충돌한다. 당시 승리한 쪽은 아이슬란드다. 〈전 세계가 앞다투어 200마일 수역 지정에 나섰다〉(마크 쿠란스키Mark Kurlansky).[220] 심지어 영국의 자연 보호 운동을 선도한 맥스 니컬슨의 눈에도 영국이 벌이는 대구 전쟁은 치욕이었다.[221] 10여 년에 걸친 협상 끝에 1982년 서명만 하면 될 정도로 무르익은 유엔 해상법 협약은 대양과 그 자원을 인류의 공동 유산으로 선포했다. 비록 미국은 이 협약을 조인하지 않았음에도, 이 협약을 두고 심지어 헨리 키신저는 인류 역사상 가장 중요한 협약이라고 추켜세웠다.[222] 그러나 이 협약이 구체적으로 무엇을 의미하는지는 오늘날까지도 답을 하지 못하고 있다. 공유지의 협동조합 식 이용은 역사의 사례에서 드러나듯, 오로지 감독이 가능한 작은 공간에서만 효과를 보았다. 해양법을 다룬 문헌은 차고도 넘쳐난다. 그러나 대다수 법관이 과중한 업무 부담으로 한숨짓는 현대에 해양법 법관은 할 일이 거의 없다. 증인이 없다면 고소나 고발도 없다. 고소와 고발이 없으면 법관은 할 일이 없다.

에게해의 다양한 전술로 이뤄진 연합: 물고기를 잡아먹는 몽크물범을 보호하는 어부

왓슨과 〈시 셰퍼드〉가 어부들을 상대로 한 방식은 에게해 북부의 〈해상 국립 공원 북부 스포라데스〉를 설립할 때 〈유럽 자연 유산 기금〉이 쓴 전략과 더할 수 없는 대비를 이룬다. 기금은 이슬람 이스마일파 출신으로 유엔 난민 기구에서 일한 왕자 사루딘 아가 칸Sadruddin Aga Khan과 〈다이믈러 벤츠 주식회사〉에서 재정 후원을 받아 1990년대에 스포라데스제도 알론니소스섬의 수산업협동조합과 협력해 해상 국립 공원을 지정하려는 계획을 실행에 옮겼다.[223] 협력의 기초는 수협 회원은 전래적인 어업 활동에 방해를 받지 않으며, 더 나아가 국립 공원은 외국 어선을 통제해 준다는 것이었다. 이런 협상은 헌신적인 자연 보호를 금과옥조로 떠받드는 사람에게는 도덕적으로 수상하기 짝이 없는 거래지만, 정치적으로는 더할 수 없이 좋은 묘책이었다. 이런 전략은 이미 허드슨강의 〈강을 지키는 사람들〉에게서 보았던 것과 같다. 새로운 환경 운동을 개척하며 〈허드슨강 어부 연맹Hudson River Fishermen's Association〉을 세운 이 단체는 산업의 공해 물질로부터 강을 공격적으로 보호하기 위해 어부들과 타협한 바 있다.[224] 일반적으로 대중이 받은 인상은 그리스의 환경 단체가 매우 생동적이었다는 점이다. 이런 생동감은 대도시의 관료가 권위적으로 지시를 내리는 데 반발해 지역 어부들과 협력하면서 공동의 이해관계를 다져 온 데서 비롯되었다.[225]

에게해의 문제는 몽크물범의 보호였다. 만족할 줄 모르는 식탐으로 물고기를 잡아먹는 이 물범을 알론니소스섬 어부들은 일본의 어부가 돌고래를 미워했던 것 못지않게 몸서리쳤다. 더욱이 당시 에게해의 어획량은 충격적일 정도로 감소했다. 그러나 어부들은 〈어획량의 급격한 감소는 물범 때문이 아니라, 스포라데스제도 바깥에서 찾아온 어선이 한밤중에 램프를 환히 밝히고 거대한 그물망으로 그야말로 싹쓸이했기 때문이라는 사실을〉[226] 알았다. 〈해상 국립 공원〉은 관광객에게는 매혹적인 울림을 준다. 심지어 스포라데스제도 북부는 〈지중해의 갈라파고스〉라는 평판을 누렸다. 더욱이 현지에서 이 프로젝트를 위해 헌신할 사람들은 충분했다. 이렇게 해서 〈알론니소스의 생태와 문화 운동 Ecological and Cultural Movement of Alonnisos〉이라는 이름의 단체가 결성되었다. 〈문화〉라는 단어에 주목하자. 현지에서 자연 보호 운동가들은 그리스에 보호할 자연이 어디 있냐며 문화유산이나 지키라는 비아냥거림을 듣곤 했다. 오랫동안 아토스 수도사들이 주거지로 삼았던 스포라데스제도 북부에서 관광객이 얼굴조차 구경하기 힘든 몽크물범의 보호는 그리스의 다른 섬들이 비교적 잘 보존해 온 전통문화 유적의 보호와 비견될 수 있었다.[227]* 아토스 지역의 오랜 전통을 자랑하는 소 방목은 생태에 파괴적인 염소 방목보다 환경의 모범으로 여겨졌다. 이에 반해 정통적인 환경 운동을 주장하는 사람에게 국립 공원에서 고대 수도원을 복원하는 일은 적절치 못한 선택이었다.

이미 멸종된 것으로 여겨졌던 몽크물범이 알론니소스섬 인근에서 출현한 것을 처음으로 발견한 사람은 독일의 자연 연구자이자 자연 다큐멘터리 제작자인 토마스 슐체베스트룸Thomas Schultze-Westrum(1937년생)이다.[228] 그는 어떻게 해야 언론의 관심을 일깨울지 환히 꿰고 있었다. 동시에 그는 미국의 국립 공원이 자연 보호를 잘못된 길로 이끈다고 확신했다. 그는 자연 보호는 지역 주민과 힘을 모아 문화재 보호에 힘쓸 때만 성공할 수 있다고 생각했다.[229] 자연 보호 운동을 펼치기 전에 슐체베스트룸은 섬의 어부들에게 생선을 보존할 수 있는 냉동고를 마련해 주는 것으로 환심을 샀다.[230] 그는 크레타섬의 사마리아협곡에 1962년 지정된 국립 공원을 최악의 사례로 여겼다. 이 국립 공원은 자연을 보호한다는 명목으로 그림처럼 아름다운 나무꾼 마을 사마리아의 주민들을 강제 이주시키고, 이 부지에 공원 관리 시설을 세웠기 때문이다.[231] 슐체베스트룸은 몽크물범에만 초점을 맞춘 자연 보호 운동을 펼치지 않았다. 국제 자연 보전 연맹IUCN은 몽크물범을 세계에서 최악의 멸종 위기에 처한 열두 동물 가운데 하나로 꼽았다.[232] 1978년 로도스섬에서는 제1회 몽크물범 회의가 열렸다. 이로써 이 물범 종의 보호는 매력적인 일이 되었다. 도데카네스제도는 보호 구역의 지정 문제를 놓고 스포라데스와 경쟁을 벌였다. 브리짓 바르도가 열정적으로 사랑한 북구의 물범과 다르게 몽크물범의 보호는 전문가의 구미를 당기

* 몽크물범을 뜻하는 영어 〈Monk seal〉에서 〈Monk〉는 수도사를 뜻한다.

게 하는 보호 대상이었다. 이렇게 해서 심지어 그리스와 터키의 적대 관계까지도 극복하게 해주는 국제 몽크물범 공동체가 결성되었다. 몽크물범은 터키 해변 앞의 다르다넬스 해협에도 존재했기 때문이다. 이런 모든 긍정적인 변화에도 〈유럽 자연 유산 기금〉은 멸종 위기에 처한 물범의 보호를 에게해의 주된 생태 문제로 보는 착각에 빠지지 않고, 유럽 연합에 유럽의 모든 해변에 정화 시설의 설치를 의무화하도록 압박했다. 예를 들어 테살로니키는 〈매일 100만 명 이상의 주민이 배출하는 하수를 에게해로 흘려보낸다〉는 것이 〈유럽 자연 유산 기금〉의 지적이다.[233]

지역 어부와 손을 잡고 몽크물범을 구조한 것은 모범적인 사례다. 정부가 주도하며 위에서 명령을 내리는 생물종 보호는 의도한 것과는 정반대 결과를 낳을 위험을 내포한다. 독일은 물론이고 미국에서도 토지의 주인들 사이에는 멸종 위기에 처한 종, 이를테면 부엉이나 난초 같은 희귀종이 발견되는 즉시 없애 버려야 한다는 비밀이 공공연히 떠돈다. 자연 보호 운동가가 이런 희귀종이 있다는 소식을 듣게 되면, 토지를 자유롭게 이용할 권리가 제약을 받기 때문이다.[234] 경제와 생태를 두루 만족할 해결책을 찾기란 정말 어렵다. 드물게 성공하는 경우는 지역의 특성을 살려 줄 때다.

폭력의 문턱을 넘어설 뻔하다: 거대한 나무와 곰을 위한 투쟁, 〈지구가 먼저다!〉

앞서 우리는 데이브 포먼과 〈지구가 먼저다!〉를 이미 여러 차례 만났다. 〈지구가 먼저다!〉는 1980년대에 야생 자연을 위한 전투적 투쟁을 상징한다. 〈지구가 먼저다!〉는 1980년 기득권층의 독무대였던 〈야생 협회〉에서 떨어져 나와 생겨났다. 때는 정확히 레이건의 〈반생태 혁명〉[235]의 시작과 맞물린 시점이다. 이때 환경 운동가들은 정치의 주류를 거슬러 헤쳐 나갈 용기와 능력이 있음을 보여 주려고 했다. 그때까지 야생의 친구들은 원시림 같은 상태를 가진 공유지를 정부가 보호해 줄 것이라고 기대했다. 그러나 워싱턴 정부는 돌연 이 문제에서 위축된 태도를 보이며 목재 로비의 압력에 굴복했다. 그때까지 워싱턴에서 환경 로비를 펼쳤던 포먼은 분노했다. 그의 분노는 결국 폭발했다. 이제 그에게 세간에서 말하는 미국 환경 단체의 위대한 성공 스토리는 그 본질에서 패배에 지나지 않았으며, 피 한 방울 찾아볼 수 없는 냉혈한 같은 관료주의로의 추락이었다. 그의 고백을 인용해 보자.

> 우리가 지금 직면한 위기는 열정을 요구한다. 워싱턴에서 환경 로비스트로 일하면서, 나는 심장을 금고에 넣어 두고 두뇌는 계산기로 대체하라는 말을 듣곤 했다. …… 사람들은 나에게 감정을 드러내 보이면 신뢰를 잃는다고 말했다.
> 그러나 제기랄, 나는 생물(동물)이다. 피와 살로, 격정과 분노로 이뤄진 생물이다. 지구의 바다가 내 혈관 안에서 흐르며, 하늘의 바람이 내 허파를 채우고, 내 뼈는 이 별의 원석으로 이뤄져 있다. …… 만약 전기톱이 해변의 2,000년 묵은 삼나무 거목을 자른다면, 그 톱은 나의 내장을 자른다. 아마존의 열대림을 밀어 버리는 불도저는 나의 옆구리에 구멍을 낸다. 일본의 포경선이 거대한 고래를 향해 굉음과 함께 작살을 발사한다면, 내 심장은 박살 나고 만다. 나는 땅이며, 땅이 곧 나다.)[236]

이것이 아르네 네스가 주장하는 〈심층 생태주의〉의 생동감이다. 나 자신이 곧 세계다. 물론 포먼이 보인 과감한 분노를 이 노르웨이 철학자는 한사코 피하기는 했다. 〈어머니 자연을 방어하는 데 타협은 없다!〉 〈지구가 먼저다!〉의 투쟁 구호다. 아예 한 발 더 나아가기도 했다. 〈자연의 생존이 달린 문제라면 인류는 뒷전으로 밀린다.〉 포먼은 미국 환경 운동의 주류가 〈인구 폭탄〉이라는 문제를 도외시하는 결정적 실수를 저질렀다고 일갈했다. 잔인할 정도로 솔직하고 용기 있는 태도로 지구상에 인간이 너무 많다고 주장하며, 이 문제의 해결을 위한 투쟁에 나서

야 한다고 포먼은 말했다.[237]

〈지구가 먼저다!〉가 최고의 적으로 꼽은 것은 목재 산업이다. 그러나 포먼이 적을 구체적으로 적시하지 않았다면 어땠을까. 〈시 셰퍼드〉와 매우 다르게 〈지구가 먼저다!〉에는 위계질서도 본부도 없었다. 이런 식으로 일체의 관료화를 예방한 결과 의도한 그대로 적은 이 조직의 정체를 잡을 수 없어 혼란에 빠졌다. 다른 단체와 비교할 때 〈지구가 먼저다!〉의 이런 특성이 분명하게 드러난다. 포먼은 비록 자신이 쓴 책의 표지 사진에서 털털한 모습의 근육질 남자로 자세를 잡기는 했지만, 왓슨과는 매우 다르게 그는 책벌레였으며 미국 환경 운동의 가장 박식한 지도자 가운데 한 명이었다.[238] 〈대양의 전사〉 왓슨이 마치 놀이라도 하듯 투쟁을 즐겼다면, 포먼은 적과 직접적으로 충돌하는 일을 한사코 피했다.

포먼은 〈생태 사보타주〉, 곧 생태 파괴를 막는 실력 행사를 뜻하는 〈에코타지〉를 주장했다. 〈지구가 먼저다!〉가 대중에게 일대 충격을 안긴 사건은 이른바 〈트리 스파이킹tree spiking〉이다. 이것은 긴 못을 나무에는 손상을 주지 않게 거목 안에 숨겨 놓는 투쟁 방식이다. 전기톱은 이 못에 걸려 튀었다. 이런 식으로 벌목꾼은 심각한 부상을 입을 수 있다. 그러나 인간에게 폭력을 쓰는 것을 거부했던 포먼은 목재 산업의 노동자들에게 이 사보타주 행동을 미리 알려 주었다. 실제로 이 〈에코타지〉 때문에 희생된 노동자는 없다. 오히려 〈지구가 먼저다!〉의 운동가 한 명이 사망했는데, 벌목꾼들이 나무를 이 운동가 쪽으로 쓰러지게 한 탓에 이런 끔찍한 사건이 벌어지고 말았다.[239]

1984년 오리건의 원시림을 구조하려는 운동에서 〈지구가 먼저다!〉의 과격파와 간디 추종자 사이에 폭력을 어떻게 예방적으로 피할 수 있는가 하는 문제를 놓고 격론이 벌어졌다.[240] 상상력이 넘쳐나는 포먼은 1975년에 출간된 에드워드 애비Edward Abbey의 소설 『멍키렌치 갱The Monkey Wrench Gang』(아쉽게도 〈멍키렌치〉에 해당하는 독일어 〈만능 렌치Universalschraubenschlüssel〉는 〈멍키〉, 곧 원숭이라는 익살스러운 비유를 살리지 못한다)*에 영감을 얻어, 1985년 〈에코타지〉의 안내서, 취미로 집에서 뚝딱거리며 만들기를 즐기는 사람을 위한 도발적인 분위기의 지침서 『에코 방어: 멍키렌치의 야외 사용 가이드Ecodefense: A Field Guide to Monkey-wrenching』를 펴냈다.[241] 포먼의 어떤 친구는 그에게 기계도 존 중해 주어야 하지 않느냐고 말했다. 포먼은 지구를 짓밟는 불도저 역시 지구에서 생겨났기에 결국 기계 본연의 본질을 파괴하는 것이라고 대 꾸했다. 포먼이 간디 추종자의 논리를 무력화하려고 불교를 끌어들여 이렇게 말했다. 〈멍키렌치는 사티아그라하를 구현하려는 보살로서 불 도저가 참된 다르마Dharma, 곧 부처라는 본성을 찾게끔 해준다. 곧 불도 저는 멍키렌치로 해체해 녹슨 쇳덩어리로 지구에 돌려보내야 마땅하 다.〉[242] 포먼은 자연을 위해 사보타주를 벌이는 것을 미국 건국 신화인 1773년의 보스턴 차茶 사건을 잇는 〈자부심에 넘치는 전통〉으로 추켜 세웠다. 『에코 방어』에 수록된 그림에는 전봇대를 톱질하는 장면도 나 온다. 같은 시기에 독일에서도 전봇대를 공격하는 이른바 〈톱질하는 조 직〉이 환경 운동가들의 주도로 활동했다. 결국 올 것이 오고야 말았다. 1989년 포먼은 네 명의 동료들과 함께 〈환경 테러리스트〉로 체포당하 고 말았다. 이른바 〈애리조나 출신의 다섯 투사〉는 서부 영화 〈황야의 7인〉 못지않은 전설로 등극했다.** 그러나 다섯 명의 환경 테러리스트는 재판을 받고 무죄로 풀려났다.[243]

미국 환경 운동의 주류를 경멸하며 등을 돌렸음에도 포먼은 과격한 언행으로 주류 세력에게 미친 아웃사이더라는 취급을 전혀 받지 않았 다. 환경 운동의 주류는 그를 꺼리거나 불편해하지도 않았다. 오히려 포 먼은 명문 대학교마다 초청을 받아 강연했으며, 그때마다 〈기립박수〉를

---

* 이 소설은 네 명의 친구들이 미국 서부라는 환경을 오염시키고 파괴하는 것을 막으려 멍키렌치로 댐 건설에 투입된 불도저를 해체한다는 내용이다. 에드워드 애비(1927~1989)는 미국의 소설가이자 에세이스트로 환경을 주제로 한 글을 썼다.
** The Magnificent Seven: 1960년에 개봉된 미국 서부영화로 구로사와 아키라 감독의 1954년 작품 〈7인의 사무라이〉를 번안했다.

받았다. 심지어 왓슨과 〈시 셰퍼드〉를 단 한마디도 언급하지 않을 정도로 폭력에 결코 우호적이지 않은 『세계 환경 역사 백과사전』은 〈지구가 먼저다!〉를 다룬 항목에서 힘주어 이렇게 강조했다. 〈타협을 모르는 윤리를 자랑했다.〉 더 나아가 이 투쟁 집단tribe은 〈환경 운동의 양심이 되었다〉.[244]

앞서 보았듯 〈시에라 클럽〉과 〈야생 협회〉의 수뇌부는 야생 보호 운동가들이 돈과 명성 때문에 너무 길들여진 것은 아닌지 우려했다. 포먼 같은 사람은 그런 점을 조직 운동의 약점으로 짚어 내 공격했다. 더욱이 포먼처럼 생각의 폭이 넓은 사람에게 어떤 단순한 투쟁 목표에만 집중하는 조직 운동은 생리에 맞지 않았다. 포먼의 많은 구호가 짐작하게 하듯, 그는 단순한 사고방식을 가진 사람이 결코 아니었다. 왓슨과 다르게 〈지구가 먼저다!〉는 거목과 회색 곰에만 집중하지 않았다. 물론 포먼은 회색 곰을 바라보는 자신의 열정을 부정하지는 않았지만, 더욱 다양한 목표를 추구했으며, 열대림을 망가뜨리면서 키운 소의 고기를 수입하는 것을 반대하는 운동을 펼쳐 유명해지기도 했다. 〈가이아 이론〉의 창시자인 제임스 러브록은 포먼이 지구 전체를 바라볼 줄 아는 안목을 가졌다고 높이 평가했다. 자연 보호와 관련해 최고의 영향력을 자랑하는 저술가 가운데 한 명인 데이비드 쾀멘David Quammen은 창조에서 중심 위치를 차지했다고 믿었던 인류의 환상을 깬 코페르니쿠스 혁명을 완성한 인물이라고 포먼을 칭찬했다.[245]

〈지구가 먼저다!〉의 투사들은 풀뿌리 운동으로 남고자 했으며, 지역에서 평범하게 살며 자전거를 타고 다녔다.[246] 영국에서 결성된 〈지구가 먼저다!〉 그룹은 동물 보호 투쟁에 참여했으며, 미국의 동료와 달리 좌파와 연대하려 했다.[247] 포먼 자신은 1983년 어떤 불도저 기사에게 〈더러운 공산주의자 사생아〉라는 욕설을 듣고 자신은 공화당에 정식으로 등록된 당원이라고 밝힌 바 있다.[248] 〈지구가 먼저다!〉는 폭력의 상승 작용을 막으려 노력했다. 포먼은 〈에코타지〉가 생태 운동의 유일한 무기라는 세간의 비난에 거부 반응을 보였으며,[249] 말년에는 사보타주 행동을 삼갔다. 그는 과격한 증오를 내비치는 일이 없었으며, 환경 투사도 때로는 웃을 줄 알고, 지나치게 심각해 하지 말아야 하는 것이 중요하다고 여겼다.[250] 포먼 사상의 인간 적대적인 분위기에 거부감을 느끼는 사람이라면, 그의 이런 고백을 유념하고 〈홍적세로 돌아가자!〉는 구호로 포먼이 독자들에게 충격을 안겼던 것을 너무 진지하게 받아들이지 않아야 한다.[251]

〈물 전쟁〉, 〈숲속의 전쟁〉: 물과 숲 갈등이 품은 충돌 잠재력

환경 운동이 얼마나 폭력에서 벗어났는지 하는 문제는 적이 누구냐에 따라, 또 운동가가 어떤 조건에서 투쟁했는지에 따라 답이 달라진다. 증오로 얼룩진 사회 분위기에서 인권은 오로지 종이 위의 단어에 지나지 않는다. 국가의 공권력이든 저항 세력이든 폭력의 문턱은 낮아지게 마련이다. 또 비폭력이라는 원칙을 지키는 일은 상대적으로 평화를 자랑하는 안정적인 법치 국가에서보다 증오 일색의 사회에서 훨씬 더 어렵다. 그렇다고 해서 제3세계에서 비폭력적 환경 운동이 전혀 없었다는 뜻은 아니다. 우리가 알듯, 비폭력 원칙을 가장 돋보이게 하는 사람들은 인도인이다. 그리고 〈제3세계〉를 하나의 동질적인 집단으로 꾸미는 수식어는 말이 되지 않는 이야기다. 전 세계 환경 역사의 대부분은 물과 숲이라는 두 가지 전형적인 공유 재산에 집중되어 있다. 환경 정책의 본질은 이런 공유 재산을 다루는 방식이지 않은가. 그러므로 세계 여러 지역에서 물과 숲을 둘러싼 갈등은 적대적 상황은 물론이고 합의의 기회를 엿볼 수 있게 해주는 주제다. 물의 갈등이 숲의 갈등보다 훨씬 더 오래되었는데, 물과 숲의 이 갈등은 워낙 해묵은 것이기 때문에 어떻게든 지속성 있는 해결책을 마련할 필요성은 그만큼 크다. 그래서 예로부터 정부든 민간 조합이든 규제 형식을 마련하려는 노력은 오랜 전통을 자랑하며, 산업의 공해 물질과 해양 자원의 착취 문제와 성격이 판이하다. 라인강이나 도나우강, 유프라테스강 또는 메콩강 같은 큰 강의 경우 갈등 해결은 정치적 제도의 문제였지, 시민 운동의 영역은 아니었다. 이 문제를 다룬 많은 책은 〈물 전쟁, 숲 전쟁Water Wars, Wars in the Woods〉처럼 운을 맞추어 가며 제목을 뽑아냈다.[252] 그러나 책을 들여다보면 〈전쟁〉이라는 단어는 보통 비유에 지나지 않는다. 가뭄으로 위협받는 많은 지역에서 물이 갖는 중요성을 염두에 둔다면, 우리는 갈등으로 얼룩졌다는 사실보다 폭력으로 비화한 경우가 드물다는 사실에 더 놀란다.[253]

앞서 여러 차례 보았듯, 대형 댐과 인공 호수를 둘러싼 갈등은 생태 시대에 있었던 수리 갈등의 특징적 유형이다. 이 문제에서 예로부터 전해 온 통제 기관과, 무엇이 정당한지를 정하는 데 참고할 일반적인 규범은 없다. 그러나 물의 분배 다툼은 인류의 역사만큼이나 해묵었다. 건조한 지역뿐만 아니라, 강우량이 많은 독일에서도 물레방아 주인과 농부는 항상 물 문제로 골치를 앓았다.

건조 지역의 물 문제는 그야말로 생사를 건 다툼이다. 인공 관개 시설을 갖춘 지역에서 물의 배분은 해당 사회의 계층 구조와 밀접하게 맞물렸다.[254] 당연히 자잘한 갈등은 끊이지 않았다. 그러나 적어도 해당 지역의 주민은 무슨 방식으로, 어떤 장에서 물 배분 문제를 다투어야 하는지 정도는 알았다. 현재와 미래를 바라볼 때 더욱 심각한 문제는 기존의 갈등이 아니라,[255] 물 부족이 심각한 지역에서 펌프와 대도시로 연결된 지하의 수도관이 갈수록 깊어지는데 무엇을 상대로 어떻게 투쟁해야 좋을지 저항 운동의 목표를 정할 수 없다는 점이다. 유목민 부족은 물이 있는 지역을 두고 치열한 다툼을 벌인다. 그러나 마을의 우물이 말라 버리면, 누가 범인이고 무엇이 원인인지 알아내기가 간단하지 않다. 오래전부터 분명한 조짐을 드러내는 지하수 고갈을 지구 온난화 문제로 돌리려는 오늘날의 추세는 진정한 원인을 더욱 알아내기 어렵게 할 뿐이다.

극단적 사례: 이스라엘

국내의 물 배분으로 최근 국제 정치에 어마어마한 폭발력으로 위협하는 나라는 유대인과 팔레스타인에 더할 수 없이 불공평한 비율로 물을 공급하는 이스라엘이다. 단순한 통계 자료만 놓고 보아도, 심지어 이스라엘의 관점에서도 현실은 충격적이다. 1975년 이스라엘의 농토 가운데 10퍼센트를 경작하는 팔레스타인 농부들은 활용할 수 있는 전체 수자원의 고작 2퍼센트만 공급받았다. 1996년 이스라엘 국민 1인당 물 소비량은 팔레스타인보다 세 배나 더 많다.[256] 아랍인이 이스라엘 수자원 관리 당국에서 고위직에 오를 일은 전무하다.[257] 물이라고는 구경조차 하기 힘들어 목이 마른 팔레스타인 아이가 계곡 넘어 유대인 빌라의 수영장을 증오로 가득 찬 눈길로 바라보는 사진은 아랍의 프로파간다가 즐겨 쓰는 상징이다.[258] 이스라엘이 물을 팔레스타인 사람들이 스스로 배분할 수 있게 나누어 주는 일은 지리적 이유로 불가능하다.[259]

어쨌거나 물을 배분하는 문제는 원칙적으로 냉철하고도 이성적으로 이야기할 수 있다. 물은 유대인이든 아랍인이든 똑같이 필요하며, 물을 요구할 권리는 어느 쪽이든 정당하다. 그러나 그동안 시온주의와 이슬람 사이에는 서로 소통할 기초가 전혀 없었다. 소통 문제에서 어느 정도 발전이 이뤄지기는 했다. 그러나 물 문제보다 더 증오를 부채질한 것은 1977년에 설립된 이스라엘 〈자연 보호 구역 관리청Nature Reserves Authority〉의 이른바 〈녹색 순찰대〉가 아랍 주민을 자연 보호 구역에서 강제로 몰아낸 사건이다. 《〈녹색 순찰대〉의 잔혹함과 그 위협 전술은 지역 베두인족을 충격에 몰아넣은 사건이다〉(알론 탈Alon Tal).[260] 피해 당사자는 이 철저한 훈련을 받은 특수 부대가 자연 보호라는 공통의 드높은 이해관계에 봉사하려고 투입되었다는 당국의 말을 전혀 인정하지 않았다.

어떤 선도적인 이스라엘 자연 보호 운동가가 고발하듯, 이스라엘은 서구의 생태적 전환에 참여하지 않아 상황은 더욱 나빠졌다.[261] 생태적 전환을 무시했다는 점은 아랍도 기묘할 정도로 비슷하다. 지금까지도 중동의 이슬람 국가들은 세계 환경 운동의 지도에서 미지의 땅으로 남았을 뿐이다. 햇빛이 풍부한 이스라엘보다 태양 에너지 개발에 앞장서서 석유가 갖는 강력한 힘에 저항하려는 동기가 더 강한 나라는 없다. 아랍의 가장 강력한 무기는 석유이기 때문이다. 그러나 온수 공급을 위한 태양열 집열기가 거의 모든 건물의 지붕에 마련되어 있는 이스라엘이지만, 전기 생산 기술에서만큼은 한참 뒤처져 있다.[262] 이는 그만큼 이스라엘의 환경 운동이 취약하다는 반증이다.

이스라엘은 물을 절약하게 해주는 〈점적 관개Drip irrigation〉 기술 개발의 세계적인 선두주자이기는 하다. 그러나 만성적인 물 부족 때문에 생겨난 이 정상급 기술은 더욱 포괄적인 환경 의식을 반영한 것이 아니다. 뉴딜 정책을 입안했던 사람 가운데 한 명인 월터 클레이 라우더밀크Walter Clay Lowdermilk가 이스라엘의 수자원 개발 계획에 참여했던 데서 보듯 시온주의가 독특한 생태의식을 끌어냈지만, 어디까지나 이 기술은 이스라엘 중심부에 식수를 공급하는 데 지나지 않았다. 이스라엘의 임업과 농업 정책은 유칼립투스 숲과 오렌지 농장을 중시했다. 둘 다 물을 대단히 많이 소비한다. 이스라엘의 유명한 저널리스트 아리 샤비트Ari Shavit는 1997년 시온주의가 〈이 작고 섬약한 땅의 상당 부분〉을 〈생태의 파국〉으로 몰아갔다고 비난했다.[263] 예상과 어긋나지 않게 환경 위기는 유대인과 아랍인 사이의 적대적 관계 때문에 갈수록 심해졌다. 본래 작은 국토의 이스라엘은 인구 증가를 막을 사회적 합의가 필요했다. 그러나 출산을 제한하는 문제는 정통파 유대인이든, 팔레스타인 사람이든 비애국적인 일이라며 강하게 거부한다.[264] 이런 점에서 이스라엘을 포함한 중동 전체는 이 책이 대변하는 논제, 곧 평화의 분위기 속에서 환경 의식이 가장 잘 성숙한다는 논제를 한사코 거부했던 사례를 보여 준다.

서유럽을 제외한 대부분 국가에서 숲 이용 문제를 중앙 정부가 규제하기 시작한 것은 비교적 최근의 일이다. 성문화하지 않은 농촌의 전통이 훨씬 더 오래 힘을 발휘해 왔다. 언제부터 숲의 상태와 숲에서 발원하는 하천의 수자원을 하나로 묶어 관리하기 시작했는지는 오늘날까지도 불투명하기만 하다. 숲과 수자원을 하나의 맥락으로 보는 이 근본적인 생태적 통찰은 지역마다 판이한 모습을 보여 준다. 역사는 숲이 짙은 산악 지대에서 이런 관리가 가장 잘 이뤄졌음을 보여 준다. 그 좋은 예가 스위스와 프랑스 남부, 인도 북부 그리고 일본이다.

숲을 위한 간디 정신의 비폭력 투쟁: 칩코 운동

벌목을 반대하는 저항 운동의 가장 유명한 사례는 우리가 이미 여러 차례 만나 본 바 있으며, 서구 이외의 세계에서 가장 강력한 것으로 여겨지는 인도 환경 운동의 뿌리인 〈칩코 운동〉(〈나무 포옹하기!〉)이다. 벌목 때문에 홍수가 난다는 식으로, 최소한 홍수와 연관성을 근거 삼아 〈칩코 운동〉은 한사코 벌목을 반대했다. 운동의 처음 출발은 1970년에 일어난 홍수로 거슬러 올라간다.[265] 홍수는 예전에도 이미 여러 차례 일어났다. 그러나 1970년의 몬순은 특히 엄청난 비를 퍼부었다. 이 경우에도 지역이 홍수에 반응한 방식에는 〈생태 혁명〉이 멀리서 간접적으로 영향을 미친 것으로 나타난다. 1973년 3월 27일 산림 당국이 물푸레나무를 어떤 스포츠용품 제조사에 경매를 거쳐 매각하려고 하자 가르왈Garhwal 지역의 마을 만달Mandal 주민은 인근의 물푸레나무 숲으로 〈북을 치며 서둘러 달려가 나무를 끌어안고 벌목을 하지 못하게 막았다〉. 이 소식은 빠르게 퍼져 나갔다. 해당 업체가 벌목 허가를 받은 다른 지역들에서도 벌목꾼은 같은 경험을 했기 때문이다.[266] 농촌의 숲을 지키려는 비슷한 저항 운동은 인도의 다른 지역들에서도 앞다투어 일어났다.[267]

서구 사회는 칩코 운동의 독특한 투쟁 방식, 곧 여성이 나무를 끌어안는 저항을 주목하고, 나중에 이 운동을 에코페미니즘 운동이라고 추켜세웠다.[268] 이에 반해 인도의 유명한 환경 역사학자 라마찬드라 구하는 칩코 저항을 영국 식민지 지배 시대에 시작된 〈상업적 목적의 임업에 반대하는 농민 운동의 오랜 전통과 맞닿아 있다〉라고 주장했다.[269] 분명 칩코 운동의 목표는 농촌의 숲 이용권이었지, 생태와 페미니즘이 아니었다. 그렇지만 구하의 주장이 무조건 맞다고 보기도 힘들다. 영국의 식민지 시절 이런 저항 운동은 주로 숲에 불을 지르는 형태로 이루어졌다.[270] 이런 배경을 염두에 둘 때 숲을 지키려는 칩코 운동은 인도의 산림 당국이 식민지 시대와 다르게 싼값에 목재를 제공해 산업을 장려하고자 벌목을 허용한 시점에서 이뤄졌다는 점에서 괄목할 만한 전환점을 이룬다.

반다나 시바와 서구의 에코페미니스트들은 칩코 운동의 뿌리에 대한 떠도는 소문의 실체를 밝혀냈다.[271] 1730년 또는 다른 원전에 따르면 1763년 조드푸르Jodhpur의 마하라자에게 명령을 받은 벌목꾼들이 팽나무Celtis australis를 베려했을 때 암리타 데비Amrita Devi가 이끈 363명의 농촌 주민들, 대개 여성들은 나무를 끌어안으며 저항하다가 도끼에 맞아 사망했다. 이 투쟁은 오로지 나무의 소유권을 방어가 아니라, 팽나무를 성스럽게 여기는 힌두교 종파 비시노이Bishnoi의 저항이었다. 이 사건으로 충격을 받은 권력자는 팽나무를 보호 대상으로 지정했다.[272] 인도 여성들이 1973년부터 나무가 위협을 받는 상황마다 포옹해 몸으로 막아 준 행동은 오랜 종교 전통에 긍지를 갖는 인도 국민을 사로잡는 대단히 상징적인 의미를 가졌다.[273] 물론 만달의 여인들은 1973년 산림 당국이 격한 반응을 보이기는 했지만, 암리타 데비와 그 동료 여성들이 당한 운명만큼은 피할 수 있으리라고 믿었다. 또 숲을 보호하는 간디 정신의 비폭력 투쟁은 1972년 스톡홀름 정상 회담 이후의 분위기 속에서 인도 여론에 긍정적 영향을 주리라고도 확신했다. 〈나무 포옹하기〉 운동은 훗날 대형 댐 건설 반대 투쟁보다 훨씬 더 빠르게 대중의 호감을 얻어 내는 데 성공했다. 농민들은 숲 권리를 돌려받았다. 그럼에도 운동 자체는 오히려 성공 탓에 와해되고 말았다. 운동의 대변인들은 토크쇼마다 불려 다니며 달변을 자랑했지만, 농촌 여성들은 쓸쓸히 노래만 불

려야 할 정도로 외면당했기 때문이다.[274]

역사가 항상 보여 주듯, 해피엔드라고 해서 확정적으로 끝나는 것은 아니다. 그동안 인도에서 칩코 운동의 신화는 속절없이 무너져 내렸다. 외딴 농촌일지라도 지속해서 상업화를 막아 낼 수는 없다. 세월이 흐르면서 칩코 마을도 목재 시장에 눈을 떴다. 운동이 산림 당국의 권위를 약화시킨 결과는 거꾸로 통제 불가능한 남벌, 곧 〈목재 마피아〉가 출현할 길만 활짝 열어 주었다.[275] 이런 과정은 한때 유럽이 생태 원주민이라고 칭송했던 아마존의 〈카야포Caiapó〉 부족이 독자적인 생존 구역을 보장받자마자 값비싼 마호가니 거래를 폭발적으로 늘렸던 것과 놀라울 정도로 닮았다.[276] 장기적 안목으로 볼 때 환경 운동은 선과 악 사이의 경계를 아슬아슬하게 넘나든다. 친구와 적의 구분도 때에 따라 달라진다. 서구를 제외하고 숲의 역사가 인도처럼 잘 연구된 곳은 없다. 그러나 인도의 경우를 두고 독일처럼 농촌이 지속해서 숲을 가꾸어 왔는지 전체적인 판단은 내리기 힘들다. 관련 문헌이 턱없이 부족하다는 점을 염두에 두면 놀라운 사실도 아니다. 숲 보호를 정부가 관리하는 것이 옳은지 그른지는 총체적으로, 그리고 단칼에 자르듯 판단하기 어려운 문제다.

동남아시아 숲의 암흑기: 1990년을 전후해 비친 빛

말레이시아, 태국, 인도네시아 그리고 필리핀처럼 숲이 외국의 목재 기업, 특히 일본의 목재 기업이 눈독을 들이는 국가의 농촌 주민은 전통적인 숲 이용권을 지키려고 힘겨운 싸움을 벌인다. 어느 곳이든 우리는 칩코 갈등의 전형을 발견하지만, 그러나 인도와 달리 마하트마 간디의 명예로운 전통과 활발한 시민 사회의 보호를 받지 못한 채 농촌 주민은 자의적인 경찰 또는 기업이 고용한 폭력 조직에 괴롭힘을 당해야만 한다. 〈필리핀에서 비폭력은 일종의 사치로 운동가는 엄두조차 낼 수 없다〉(티모시 도일).[277] 숲과 관련한 갈등의 많은 요소가 서유럽의 과거에서 보던 것과 닮았다. 벌목과 목재 수송은 국가의 통제를 받기에 목재 기업은 정부에 줄을 대려 안간힘을 쓴다. 아일랜드에서 인도네시아까지 대형 목재 산업이 뇌물과 부패로 얼룩진 것은 놀라운 사실이 아니다.[278]

불투명성은 깊은 숲속에서 무슨 일이 일어나는지 통제하기 어렵다는 사실로 더욱 짙어졌다. 당국이 통제하려는 의지가 있다고 해도 접근 자체가 어려웠기 때문이다. 독일의 숲에서 과거에 숱한 갈등이 폭력으로까지 이어졌던 것을 염두에 둔다면, 법치와 사회적 합의가 열악한 국가들에서 마찬가지로 숲을 둘러싸고 많은 다툼과 폭력이 벌어진다는 사실은 놀랍지 않다. 오히려 놀라운 일은 그런 갈등이 지금껏 폭력의 상승 작용을 일으킨 일이 거의 없다는 사실이다. 더욱이 과거의 유럽 중부처럼 서로 다른 세계, 곧 외국의 목재 기업과 숲의 원주민, 심지어 자국에서조차 거칠기로 평판이 높은 원주민이 충돌할 때 극단적 대결은 피할 수 없어 보인다. 기초적인 소통조차 어렵지 않은가?

1981년 파푸아뉴기니의 원주민은 일본의 목재 기업을 작업 구역에서 추방했다. 추장은 만약 다시 온다면 일본인들을 〈죽여 버리고 먹어치우겠다〉고 위협했다.[279] 그렇지만 이 갈등은 다양한 요인이 맞물려 장기전으로 발전하지는 않았다. 과거 독일과 마찬가지로, 가장 먼저 눈에 띄는 요인은 기업이 원주민에게 돈벌이 기회를 제공함으로써 벌목을 해도 좋은 분위기를 만들었다는 점이다. 이런 꼼수의 현장을 똑똑히 목격한 사람은 스위스의 환경 운동가 브루노 만저Bruno Manser(1954~2005)다. 그는 1980년대에 말레이시아의 사라왁주 보르네오섬의 원주민 페난족이 생활 터전을 파괴하려는 외국 목재 기업에 대항해 벌이는 투쟁을 지원하면서, 이 투쟁을 세계 여론에 알리려 안간힘을 썼다.[280] 그러나 이런 활동으로 그는 말레이시아의 〈공적 1호〉가 되다시피 했다.[281] 많은 원주민이 금전이라는 미끼에 쉽게 사로잡히는 것은 씁쓸하기는 해도 그렇게 놀라운 일은 아니다. 그렇지만 금전적 요인만 갈등을 봉합한 것은 아니다. 때마침 동남아시아와 극동아시아에서는 새로운 엘리트 계층이 숲 보호에 갈수록 많은 관심을 가졌다. 이런 관심이 관광을 의식한 것이기는 했다. 분명 당시 원주민의 저항 운동이 현대적 의미에서 생태 보호라는 동기를 가진 것이 아니었다. 반면 새로운 엘리트 계층, 특히 법관을 포함한 계층의 저항 운동은 세상 물정 모르는 사람의 단순한 고집이 아니라, 원칙적으로 생태 시대의 적법한 활동이었다.

1972년의 스톡홀름이든 1992년의 리우데자네이루든 국제 정상 회담이 이 숲 보호 갈등에 끼친 영향은 이중적이다.[282] 한편으로 국제 사회는 특히 낙후된 관리를 현대적으로 정비해 줌으로써 숲의 다양한 전래 생물종의 보호에 중요한 기여를 했다. 다른 한편 정상 회의는 일종의 역할 놀이에 빠지는 모습을 보여 주었다. 열대림을 일종의 낙원으로 바라보는 환상에 이끌린 선진국은 지속적인 숲 보호(대개 그저 서류상으로 존재할 뿐인 보호)를 넘어서서 제3세계에 폭넓은 야생 보호를 설득하려고 들었다. 그러나 제3세계는 이런 식의 고압적 감독을 간섭으로 여기며 불쾌하다는 반응을 보였다. 말레이시아의 총리 마하티르 빈 모하맛Mahathir bin Muhamad은 제3세계를 대변하는 연합체인 이른바 〈77그룹〉에 선진국의 숲 보호 의무 규정을 거부할 것을 촉구했다.

서구의 환경 단체들이 열대림의 목재를 보이콧하라고 벌인 캠페인 역시 해당 국가들은 외국의 간섭이자 식민주의적 명령이라며 반발하고 나섰다.[283] 〈도대체 당신들이 원하는 게 무엇이오?〉 말레이시아의 산업 및 통신부 장관 림 켕야익Lim Keng Yaik이 독일 방문단을 맞으며 던진 질문이다. 말레이시아는 국토의 거의 60퍼센트가 숲이다. 이 비율은 독일의 그것보다 두 배가 넘는다. 더욱이 말레이시아는 800만 헥타르에 달하는 고목 숲을 자랑했다. 독일이 자연 보호 구역으로 지정한 것에 비해 80배나 더 넓은 면적이다. 〈그런데 하필이면 당신들이 열대림 벌목 금지 운운한다는 말이오!〉[284] 마하티르는 자국산 목재를 판매하지 못하게 한다면, 숲을 싹 갈아엎어 농장으로 만들겠다고 위협했다. 이로써 그는 〈환경 운동의 숙적〉으로 확실하게 자리 잡았다.[285] 어쨌거나 마하티르는 1992년 리우에서 만저를 영접하면서 세계에서 가장 높은 생활 수준을 자랑하는 스위스 출신이 폐난족은 영원히 숲속에서 〈원숭이처럼 먹고살기 원하는 것〉이냐며 비난의 목소리를 높였다.[286]

〈환경 NGO〉들은 마하티르의 감독 아래 일체의 국제 간섭을 거부한다는 이른바 〈쿠알라룸푸르 선언〉을 〈전기톱 헌장〉이라며 비난을 퍼부었다.[287] 그렇지만 말레이시아의 이런 선언을 두고 제3세계가 숲 보호에 전혀 관심을 가지지 않는다는 결론은 성립하지 않는다. 1987년부터 인도네시아, 필리핀, 태국 등은 차례로 목재 수출 금지에서 벌목의 완전한 금지까지 숲 파괴를 막으려는 강력한 대책을 속속 내놓았다.[288] 1990년에만 태국은 불법 벌목의 혐의로 1만 1,684명을 체포했다.[289] 1848년 혁명의 과정에서 이뤄진 독일의 산림 개혁이 나무 도둑을 반사회적 범죄로 처벌했던 역사가 자연스레 떠오르는 대목이다. 목재 기업이 특히 눈독을 들이는 사라왁주에서 이뤄지는 열대림의 파괴는 아마존 못지않게 국제 생태 운동계에 경종을 울렸다.[290] 그런데 심지어 이 사라왁주도 1988년 지속적인 임업을 천명하고 나섰다.[291] 그 전년도인 1987년에 다약족이 도로를 점거해 나무 수송을 막으면서 세계 여론의 동조를 산 것이 이런 변화의 결정적 원인이다.[292] 말레이시아의 폐낭섬에서는 1989년 4월 〈세계 열대우림 운동 회의World Rainforest Movement Meeting〉가 열렸다.[293] 그런 만남이 말하자면 사자 굴에서 성사된 것은 놀랍기는 하지만, 불가능한 일은 아니었다. 제3세계 국가들에서 임업 정책이 국내적으로 대단히 민감한 사안이라는 점을 유념한다면, 임업 정책의 국제화 추세를 바라보는 근본적인 거부감은 충분히 이해되고도 남았다. 그럼에도 1992년의 리우가 동남아시아에 준 영향은 없지 않았다.[294] 동남아시아에서도 당시 환경 의식이 갈수록 높아지는 추세가 나타났다. 〈환경 NGO〉는 정부로부터 협상 파트너로 인정을 받았다.[295]

그럼에도 지속성이라는 개념 아래 새롭게 활력을 얻은 정부의 숲 보호는 항상 농촌의 해묵은 관습과 충돌했다. 1989년 태국의 농촌에서는 방콕 정부가 숲의 보호를 위해 화전 농업을 금지하자 처녀들이 사창가로 팔려 나간다는 뉴스가 빈발했다.[296] 전체적 상황은 적대적 분위기의 투쟁을 허락하지 않았다. 1989년 독일 정부의 어떤 관리는 열대림 목재를 거부하는 운동을 지원하기는 했다.[297] 그러나 몇 년 지나지 않아 그린피스의 산림 문제 전문가는 무지개 전사가 갈등을 피하고 거부 운동에 동참하지 않게 성공적으로 설득했다.[298] 성공을 거두는 가장 좋은 방법은 협력이었다. 최근 열대림을 둘러싼 갈등을 희망이라고는 전혀 없는 비극으로 보는 관점은 소통의 기회를 무시한다는 점에서 옳지 않다. 순전히 야생만 강조하거나 경제와 생태 사이의 근본 갈등이라는 구조로 몰아가지만 않는다면, 소통의 기회는 얼마든지 존재한다. 적대적 관계를 강조하는 투쟁은 농업과 숲 이용을 안정적으로 결합하는 창의적인 〈혼농임업〉, 곧 임업을 겸한 농업을 놓쳐 버리는 우를 범한다.

순전히 생태적 관점으로만 열대림 위기를 바라보면 해결의 열쇠가 숲 바깥에 있다는 사실을 놓치고 만다.[299] 근대 초 독일의 숲과 마찬가지로, 그 주인이 영주이든 농민이든, 오늘날 제3세계의 숲은 〈금고〉나 〈보물창고〉 노릇을 하며 빚을 갚는 수단으로 여겨진다. 국채가 많은 나라일수록 숲을 과도하게 남용하는 경향은 뚜렷하게 나타나기 때문이다. 1983년 전 세계 목재 수출의 58퍼센트를 기록한 말레이시아의 경우[300] 빈곤 탓에 어쩔 수 없다는 구슬픈 하소연은 국가의 곳간을 메우려는 연기에 지나지 않는다.[301]

지속성이라는 기치 아래 경제와 생태의 종합?

목재 산업과 농촌 숲 이용의 생태적으로 지속 가능한 조합은 양측의 협력을 전제로 한다. 숲을 둘러싼 투쟁이 격해지면 벌목꾼은 내기라도 하듯 숲을 헤집는다. 열대림의 무른 토양에서 경제와 생태를 조화하는 일은 단단한 토양 탓에 비교적 생물종이 빈약한 유럽의 숲에 비해 훨씬 더 어렵다. 임학 실험실이 열대림에서도 지속적인 숲 경제가 가능하다는 사실을 입증했다고 해도 실제 현장에서 그런 증명은 큰 의미가 없다. 필요한 인물은 고도의 전문성과 함께 드높은 직업윤리까지 갖춘 산림 관리자다. 이런 사람은 지금까지 극히 드문 존재다. 현상으로만 미루어 판단한다면, 세계 대부분 지역에서 〈지속적인 산림 경제〉는 비록 공식적으로 인정된 목표이지만 서류상으로만 꾸며진 허식에 지나지 않는다.

그러나 〈지속성〉은 매우 다의적인 개념이라는 점을 잊지 말아야 한다. 야생 애호가는 〈지속성〉을 열대림이 갖는 본래의 다양한 생물종을 조금도 손상하지 않고 보존하는 것으로 이해한다. 이런 이상에 집착하면 도처에서 오로지 파괴만 자행될 뿐이다. 그러나 벌목 후에 다시 나무가 자란 이른바 〈이차림二次林, Secondary forest〉 역시, 특히 비옥한 화산 토양에서 고유한 생명력과 다양한 종을 자랑한다. 어차피 오늘날 우리가 〈원시림〉으로 아는 것은 엄밀하게 말해 〈이차림〉이다. 이런 〈이차림〉은 예전 화전 농업의 흔적을 고스란히 담았다. 씁쓸한 경험이 많기는 하지만, 지속성이라는 구상이 생겨난 숲은 다른 어떤 환경 영역보다도 더 〈지속적인 개발〉이라는 목표를 구체적으로 채워 줄 수 있다.

정당성에서 합법성으로: 환경 보호와 사법

물리적 폭력으로 넘어가는 심리적 문턱이 환경 운동가에게 일반적으로 매우 높다는 사실, 역사에서 다른 대부분 운동에서 보던 것보다 훨씬 더 높다는 사실에는 여러 근거가 있다. 우선 생태 운동에 참여하는 인간 유형이 폭력을 달가워하지 않았다는 점이다. 다음으로 국가의 독점적 공권력이 인정되는 비교적 평화로운 분위기 탓도 있다. 그리고 물리적 폭력을 인정하지 않으려는 여론을 고려한 것도 하나의 원인이다. 그러나 여러모로 분명하게 드러나는 또 하나의 원인도 흘려 볼 수 없다. 환경 운동가는 정의롭게 행동한다는 자부심을 가졌으며, 법정에서도 그렇게 존중받았다. 한때 길거리 투사였던 요슈카 피셔는 헤센주 정부의 환경부 장관으로 아주 특별한 경험을 했다. 〈내가 손에 쥔 무기 가운데 가장 강력한 것은 법의 충직한 실행이라는 점을 나는 분명하게 깨달았다.

특히 녹색당이 아닌 다른 정당들로 구성된 지방 의회와 연방 의회에서 통과된 법을 지킬 때 우리는 가장 강한 힘을 발휘했다.)[302] 이탈리아 녹색당의 대부로 대중적 인기를 누린 잔프랑코 아멘돌라Gianfranco Amendola는 환경 보호 운동을 법정으로 끌고 가는 전략을 구사한 바 있다. 그러나 그는 이 무기를 신중하게 써야만 한다고 경고했다. 국가 권력이 나쁜 평판을 누리는 나라에서 법정 다툼은 오히려 대중의 관심을 떨어뜨릴 위험성이 있다는 것이 그의 지적이다.[303] 독일에서 그런 걱정은 할 필요가 없다. 독일 법관은 환경 운동가가 형식적 법규를 위반한 것을 탓하기는 하지만, 저급한 동기가 아니라 충분한 근거가 있는 정의감에서 행동했다고 보고 관대한 처벌을 내리곤 하기 때문이다. 드높은 정의를 대변한다는 양심은 환경 운동가에게 강한 자신감을 심어 주게 마련이다. 이런 정황은 결코 과소평가할 수 없다.

카를 슈미트는 1932년에 발표한 책에서 바이마르 공화국의 형식적 합법성에 고결한 정당성을 대비하면서, 형식적 합법성을 두고 〈대상도 적용 관계도 갖지 못하는 추상적 형식주의〉라고 혹평했다.[304] 그렇지만 많은 환경 운동가는 장기적으로 형식적 합법성에 의존해 소송에서 승소할 기회를 읽어 냈다. 환경을 위한 투쟁은 언제나 법리 다툼에서 우위를 차지하게 해주었다. 폭력적 투쟁은 이런 성공을 위태롭게 할 뿐이다. 〈그린피스〉는 활동을 벌일 때마다 사전에 소송을 염두에 두고 실정법 위반을 어떤 상위법으로 대처할지 신중하고도 치밀하게 계산했다.[305] 심지어 그린피스 이탈자인 전투적 투사 폴 왓슨은 법률가를 가슴으로 혐오하면서도, 항상 국제법에 호소할 길을 열어 두는 치밀함을 보였다. 〈매년 체포당하는 우리 편이 열두 명도 넘는다. 그러나 이들은 매년 무죄로 석방된다. 이것이 다 적지 않은 국가 비용을 써 가며 벌어지는 일이다.〉 왓슨이 자신의 회고록에서 의기양양해하며 쓴 표현이다.[306] 처음부터 환경 운동은 법과 일치할 잠재력을 가졌다. 그래서 〈환경 정의〉라는 구호가 등장하기까지 몇십 년이라는 오랜 세월이 걸린 점은 놀랍기만 하다(더욱이 환경 운동의 기초를 이룬 층은 중산층이지 않은가). 환경법으로 만들 수 있는 일은 무궁무진하기만 하다. 그래서 환경 운동은 야심 찬 젊은 변호사에게 전도유망한 영역이다. 법 차원에서는 환경 보호의 우선순위를 어디에 두어야 할지 이견을 보이는 사람들일지라도 생태 논의만 할 때보다 훨씬 더 잘 단합할 수 있다.

우리는 미국 환경 운동에서 법률가가 처음부터 어떤 역할을 했는지 살펴본 바 있다. 그때 받은 인상은 대형 〈NGO〉일수록 변호사로 넘쳐난다는 것이다.[307] 이런 사실은 특정 법규를 놓고 치밀하게 계산하는 투쟁이 빈발했음을 뜻한다. 미국 법은, 또 스위스와 스칸디나비아의 법도 마찬가지인데,[308] 처음부터 단체가 고소의 주체가 될 수 있게 허용했으며, 심지어 단체 회원이 피해자가 아닌 경우에도 그랬다.[309] 그 때문에 단체는 소송을 통해 운동의 추진력을 얻을 기회를 마음껏 누렸다. 다른 국가가 단체를 고소 주체로 인정하는 법을 마련하기까지 오랜 시간이 걸렸다. 이를테면 독일은 2000년에서야 비로소 이런 법을 도입했다. 그러나 해당 법규를 갖추지 않은 나라에서도 단체는 개인 자격의 고소인에게 재정 지원과 법적 자문을 해주었다.

독일의 원자력 갈등에서 대중 매체는 원자로 건설 현장의 투쟁만 넋놓고 바라보았다. 그러나 독일 사법 체계의 결정적 변화, 무엇보다도 행정 법원과 관련한 변화는 두드러지지 않게 이루어졌다. 독일 최초의 원자력 반대 운동 단체는 68세대의 과격한 투쟁 방식과 결별하고 생명 보호를 외치는 보수적 세계 연맹과 유명한 자연 요법 의사 막스오토 브루커Max-Otto Bruker의 지원을 받았으며, 지역의 변호사를 고용해 활동을 벌였다.[310] 이 단체는 베저Weser강 상류의 뷔르가센Würgassen에 계획된 원자력 발전소 건설에 반대하는 운동을 벌였다. 단체는 원자력 발전소의 가동을 막을 수는 없었다. 그 대신 단체는 본격적인 원자력 갈등의 투쟁 단계가 시작되기 3년 전인 1972년 3월 16일 연방 행정 법원으로부터 이른바 〈뷔르가센 판결〉을 끌어냈다. 이 판결은 원자력 발전소의 안전 대책이 최신의 〈과학 수준〉을 만족해야 한다고 규정했다. 이는 그때까지 인정받던 〈기술 표준〉에서 진일보했다. 뒤따른 판결문의 내용도 못지않게 의미심장하다. 〈원자력법의 안전 규정은 비록 해당 법 1조의 두 번째 자리에서 언급되지만, 원자력 기술 장려 목적보다 우선한다.〉[311]

원자력 기술의 장려가 절대적 우위를 가진다는 확고한 믿음 아래 〈RWE〉는 1960년대에 프랑크푸르트 인구 밀접 지역과 가까운 칼Kahl 에 최초의 독일 실험 원자로 건설을 거칠게 밀어붙이면서 거듭 허가 따 위는 필요하지 않으며, 실험의 완성된 입증 자료만이 중요하다고 과시 했다.[312] 그러나 1970년대 초부터 바람은 다르게 불기 시작했다. 걱정 에 사로잡힌 시민의 청원이 갈수록 늘어나자 일부 법관은 귀를 열기 시 작했다. 빌 원자로 건설 현장의 점거가 일어난 지 2년 뒤인 1977년 3월 14일 프라이부르크 행정 법원이 내린 〈빌 판결〉은 원자력 산업이 핵 위 험을 최소화한 계산 결과를 받아들이지 않고, 사고가 일어날 경우 피해 규모가 막대할 수 있다는 단체의 입장을 인정했다. 프라이부르크의 법 관은 원자로가 균열할 경우 〈엄청난 피해〉가 예상된다며, 비록 그 발생 확률이 원자력 산업의 주장대로 〈극히 낮다고 해도〉 안전 대책에 소홀 함이 없어야 한다고 판시했다.[313] 이 요구는 구체적으로 원자로에 한 번 더 시멘트 구조물을 씌워 〈균열 방지〉를 해야 한다는 뜻이다. 막대한 비 용이 들어가는 이런 안전 대책은 원자력의 경제적 경쟁력을 깎아내리 기에 충분했다. 〈환경 보호의 가장 훌륭한 동맹은 그동안 68세대 출신 이 법관으로 입성한 행정 법원이다.〉 1980년에 내부 사정에 밝은 사람 이 한 말이다.[314] 그러나 프라이부르크 법관의 입장은 연방 차원의 법 관 사이에 논란을 불렀다. 나중에 연방 행정 법원의 원장이 된 한스-위 르겐 파피어Hans-Jürgen Papier는 1981년 행정 아카데미의 연구 책임자로 〈대형 시설을 막으려는 행정법 보호의 잠재적 방해 능력이 너무 크다〉 고 불평했다.[315] 1980년대 후반부터 특히 유럽 재판소는 〈환경 정책의 선도자 역할〉을 자임하며, 유럽 의회의 해당 상임위 활동을 강화해 주 었다.[316]

서구 바깥에서도 환경 단체의 성공은 결국 사법 정의의 확고한 힘 을 믿고 법관의 호감을 사야 이뤄진다는 깨달음이 자리 잡아 갔다. 환경 단체는 그때까지 그저 죽은 글자로만 여겨졌던 법 규정을 진지하게 다루려는, 태도의 변화를 보여 주었다. 전래적인 농촌 권리를 무시하고 숲과 관련한 법 규정을 식민지식으로 강제하는 인도 정부를 강하게 비판한 어떤 인도 환경 운동가는 동시에 헌법 21조에 근거해 〈생명권〉을 인간의 기본권으로 인정한 법관의 결정 덕에 인도는 1970년대 이후 과거 식민지 시절과는 〈판이하게 다른 환경법〉을 발달시켰다고 강조했다. 〈환경에 중요한 운동, 이를테면 생태를 파괴하는 광산 개발이나 대형 댐 건설을 반대하는 운동의 중요성을 대법원의 재판 과정에서 피력할 수 있었던 것은 소중한 경험이다.〉[317] 물론 1984년 12월 2일 보팔에서 일어난 가공할 재난*을 감당하기에 인도의 사법 체계는 역부족이었다. 25년이라는 세월 동안 질질 끈 재판은 대중이 보기에 가소로울 정도의 처벌만 내렸으며,[318] 희생자에게 부끄러울 정도로 부족한 손해 배상을 결정함으로써 오히려 〈두 번째 재난〉이라는 비난을 들어야만 했다.[319] 이런 사법 체계의 결함이 법관의 의지 부족 때문만은 아니다. 죄와 책임이라는 개념이 정비되지 않았고, 더 나아가 현대의 고도로 복잡한 기술이 어떤 위험을 초래할 수 있는지 정확하게 인과 관계를 입증할 능력이 턱없이 부족한 탓에 이런 참사를 막을 수 없었다.[320] 이는 결코 인도만의 문제가 아니다.

특히 인상적 사례를 보여 준 곳은 일본이다. 〈1970년을 전후해 일본의 환경 정책에서 일어난 근본적인 전환〉(헬무트 바이드너Helmut Weidner)은 일본에서 개념이 되다시피 한 〈4대 공해 소송〉이 결정적 원인을 제공해 일어났다. 〈네 건의 민사 소송에 대해 재판부는 환경 오염의 피해자에게 거액의 보상금을 지급하게 해당 기업에 판시했다.〉 일부 보상 금액이 너무 높아 미나마타 스캔들로 악명이 자자한 〈칫소 기업〉

---

* 미국의 다국적 기업 〈유니언 카바이드〉가 인도 보팔 공장에서 일으킨 사고. 농약의 원료인 아이소사이안화 메틸MIC 42톤이 유출되어 2,300여 명이 죽고 20만 명 이상의 피해자가 발생한 대형 사고다. 인도 정부는 피해 보상금으로 33억 달러를 요구했지만, 〈유니온 카바이드〉는 고작 4억 7000만 달러만 지급했다.

은 〈정부의 재정 지원을 받아 간신히 파산을 모면했다〉고 할 정도였다. 평소 일본의 엘리트가 대기업에 보이는 대단한 존경심은 참으로 기이한 현상이다! 그렇지만 이런 전환이 오로지 사법부의 공로인 것만은 아니다. 법적 토대는 이미 존재했다. 일본은 1967년 포괄적인 환경법을 제정해 두었기 때문이다. 당시만 하더라도 이런 법안 제정은 세계에서 최초의 것 가운데 하나였다. 그러나 민사 소송의 판결이 내려질 때까지 이 법은 종이 위에서만 존재했다. 법이 가진 잠재력을 끌어내려면 여론의 압력과 국제 사회의 주목이 꼭 필요했다. 비록 이런 잠재력의 활성화는 상황과 맞물린 것이어서 지속적이지 않았지만[321] 잠재력만큼은 건재하다.

심지어 법치 국가라는 관점에서 좋은 평판을 누리지 못하는 동남아시아 국가에서도 새로운 법의식이 눈을 떴다. 1980년대까지 일본 기업에 자원을 약탈당하다시피 한 이 국가들의 국민이 외국의 착취라는 사실에 주목하면서 권리 의식이 싹트기 시작했다. 1993년 말레이시아 대법원은 불법적으로 방사능 폐기물을 자국 내에서 은밀히 처리하던 일본 기업의 공장을 폐쇄하라는 판결을 내렸다.[322] 물론 그런 결정을 보며 생태에 낙관적인 일반화의 유혹에 사로잡히는 태도는 지나치게 성급하다. 인도네시아의 대법원은 1993년 케둥옴보Kedung Ombo 댐 건설로 33가구의 농민들에게 강제 이주를 명령한 정부 결정에 반해 피해 농민들에게 보상금을 지급하라고 판결했다(그러나 이 판결문은 공개되지 않았다). 그곳 기준으로 꽤 높은 금액이었다. 그로부터 몇 년 뒤 대법원은 정부의 압력으로 이 결정을 철회했다. 〈우리(법관)는 정부로부터 개발을 위해 대법원의 판결 이행을 유예하거나 철회해 달라는 부탁을 종종 받는다.〉[323]

환경 보호에서 법원이 차지하는 비중을 인식하는 것이 환경 운동을 평가 절하한다는 것을 뜻하지는 않는다. 환경 운동은 거리에서만이 아니라, 관청과 법원에서도 벌어지기 때문이다. 흔히 환경 보호를 위한 법의 근본 원칙은 이미 오래전부터 존재했지만, 생태 시대에 이르기까지 효력을 발휘하지 못했다. 누구도 자신의 사유 재산을 누리기 위해 이웃에게 피해를 주어서는 안 된다는 원칙은 이미 로마법에도 포함되었던, 아주 오래된 법적 정신이다. 그러나 산업의 공해 물질로 이웃이 피해를 보는 일을 막으려는 싸움은 거의 100년 넘게 지속했다. 물과 공기 같은 공유 재산을 보호하는 것 역시 아주 오래된 원칙이다. 로마법은 〈공기를 더럽히는 일은 허용되지 않는다Aerem corrumpere non licet〉라는 규정을 담았다. 이런 원칙은 생태 시대에 들어서야 재발견되었다. 또 무엇이 보호해야 마땅한 공유 재산인지 항상 새롭게 정의되어야만 했으며, 이를 책임지고 보호할 기관이 설립되어야만 했다. 1872년 루돌프 폰 예링이 선포한 〈법적 투쟁〉의 필연성이 환경법만큼 절박한 곳은 따로 없다. 환경 문제에서 법적 규정과 현실 사이의 간극은 더할 수 없이 크기 때문이다. 더욱이 효과적인 환경 보호에는 반드시 정보가 필요하다. 그러나 환경 피해의 자료를 취급하는 관청은 비밀주의라는 오랜 관습을 좀체 버리지 못한다. 환경 운동가가 설득력을 가진 주장을 펼칠 자료를 손에 쥐기란 매우 어려운 일이다.

로버트 F. 케네디Robert F. Kennedy와 함께 허드슨강에서 가장 초기의 미국 환경 단체 〈강을 지키는 사람들〉을 결성한 로버트 H. 보일Robert H. Boyle은 허드슨강을 오염시키는 최악의 주범인 〈합동 에디슨 회사Consolidated Edison Company〉를 칭기즈 칸에 비유했다. 보일의 동료 한 명은 다이너마이트로 이 회사의 선창을 폭파하자고 제안하기도 했다. 그러자 보일은 1888년에 제정된 〈강과 항만법Rivers and Harbors Act〉을 찾아냈다면서, 이 법은 미국 하천의 모든 오염을 금지할 뿐만 아니라, 오염 행위를 고발하는 사람에게 막대한 보상금도 약속해 준다고 말했다. 〈우리는 어떻게 법을 어길까 하는 문제가 아니라, 어찌해야 법의 준수를 강제할 수 있는지 그 방법을 고민해야만 한다.〉[324] 이 이야기가 사실과 다르다 할지라도 잘 지어낸 것만큼은 틀림없다. 〈강을 지키는 사람들〉을 모태로 〈천연자원 보호 위원회NRDC〉, 곧 미국 환경 단체의 〈빅 텐〉 가운데 하나인 단체가 결성되었다. 〈NRDC〉 측 임원은 출판과 정치 로비를 열심히 벌

이지만, 그래도 가장 중시하는 일은 〈법정 소송〉이라고 말했다.[325]

법 규정에만 신경 썼을 뿐 집행에는 별 관심을 보이지 않았던 사례를 프랑스가 보여 준다. 초대 환경부 장관 로베르 푸자드Robert Poujade는 자연 보호의 법적 토대를 마련해 주는 일을 최우선 과제로 꼽았다. 그리고 1976년 마침내 완벽하게 포괄적인 자연 보호 법안을 〈조용한 혁명〉이라며 푸자드의 후임자가 자축했다. 법안은 법률가보다는 엔지니어의 의견을 더 많이 반영한 것으로, 〈1만여 개에 가까운 대단히 정밀한 기술적 금지의 거대한 축적〉이었다. 그러나 전체를 관통하는 원칙이 무엇인지 모호했으며, 개별적 시행령을 끌어낼 비전이 보이지 않는 것이 이 법안이 남긴 아쉬움이다. 무엇보다도 이 많은 법을 누가 어떻게 집행하고 실행할지 그 방법의 제시가 전무했다. 이 법안은 위반 사항을 감지할 조사관도, 범법자를 잡아 법원에 넘길 수사관도 전혀 언급하지 않았다.[326] 동시에 법안은 생태 시대의 미래가 품은 문제가 무엇인지 가늠할 기회도 제공했다. 이런 광적인 행정적 규제 욕구가 이런 형태로 나타난다면 선의를 가져도 지키지 못할 뿐만 아니라, 그 많은 환경법을 그냥 무시할 암묵적 분위기도 생겨날 수 있는 것이 문제다.

새로운 자연법?

환경 운동의 미래를 바라볼 때 특히 긴장을 불러일으키는 문제는 지나치게 많은 특수 규정 외에도 환경 운동의 지속성을 떠받드는 투명한 법적 체계와 새로운 철학적 토대를 어떻게 마련할 수 있는가 하는 것이다. 적어도 이념상으로는, 서구의 법문화는 자연법을 토대로 삼아 형성되었다. 근대 초 〈자연〉은 최고의 권위, 말하자면 세속화한 신이라는 추상적 개념으로 떠받들어졌다. 〈자연〉은 〈만물의 본성〉, 곧 우주의 본질이다. 만개하는 생명력을 가진 자연이 자연법의 자연으로 이해되는 한, 그만큼 자연법은 주관적 자의라는 결함을 피할 수 없게 된다. 자연법을 반대하는 진영이 내세우는 전형적 논리는 오늘날까지도 이렇다. 〈자연〉

만 들먹이면 안 되는 게 없네?[327] 그러나 법적 권위의 주체가 국가라고
보는 이 반대 진영, 곧 법실증주의는 20세기의 전체주의 국가를 겪은
쓰라린 경험으로 머쓱해지고 말았다. 그동안 암묵적으로 전제해 온 국
가는 곧 정의라는 논리가 뿌리부터 흔들리고 말았기 때문이다.

　실증주의를 거치며 몰락했던 자연법은 자연이 다시 구속력을 회복
한 생태 시대에 접어들어 새롭게 거듭날 기회를 잡았다.[328] 이 새로운
종류의 자연법은 환경법뿐만 아니라 법 그 자체가 갖는 권위에 바탕이
된다. 분명 법률가는, 인간이 아닌 자연에도 독자적 권리를 인정해 주어
야 한다는 생태 근본주의자의 주장이 비웃음을 사는 막다른 골목에 이
를 거라며 만류하리라. 도대체 법전을 옆구리에 끼고 법정에 나타날 수
없는 동물에게 무슨 권리를 인정해 준다는 말이냐며! 그러나 인간 존재
를 떠받드는 바탕이 자연이라는 생각은 생태 시대에 접어들어 구체적
인 힘을 얻었다. 이런 생각은 미국 환경 운동이 독일의 그것보다 더욱
분명하게 정리했다. 그만큼 미국의 자연법 전통은 강한 힘을 자랑한다.
〈강을 지키는 사람들〉의 로버트 F. 케네디는 다른 회원 한 명과 함께 집
필한 책에서 이렇게 썼다. 《허드슨강 어부 연맹》이 거둔 성공은 대부분
법원의 인정 덕이다. 강을 자신의 재산처럼 여기는 어부의 감정은 변두
리 돌팔이 의사가 심어 준 망상이 아니라, 《자연》이 준 권리 또는 신이
허락한 권리라는 오랜 전통적 사상에 확고한 뿌리를 두었다〉.[329] 그래
서 1970년부터 폭포처럼 쏟아져 나온 환경법(〈입법의 맹습〉)은 그 핵
심에서 일종의 〈보수 혁명〉이었다.[330] 환경 보호의 기치 아래 〈보눔 코
무네bonum commune〉 또는 〈살루스 푸블리카salus publica〉라는 고대의 이
상, 곧 공동체의 이해관계를 우선시하는 공동선이 새롭게 활력을 얻었
다.[331]* 심지어 인권이 깨끗한 물을 요구할 권리라고 한다면, 자연법은
인간의 몸을 자연으로 보는 것이라야 마땅하다. 식수 공급은 물을 절약
하는 태도를 바탕으로 해서만 보장될 수 있다는 법철학의 내용은 식수

---

　*　〈bonum commune〉와 〈salus publica〉는 모두 〈공동선〉을 뜻하는 라틴어 표현이다.

공급을 위해 상수도 요금을 적정선으로 끌어올려 주어야만 한다는 계산과 긴장 관계를 이룬다. 식수 공급의 보장과 합리적인 가격 체계 수립이라는 서로 모순된 긴장 관계를 조화롭게 풀어 내려는 것이 바로 그때까지 공유지 관점에서 벗어나려는 취지에서 1992년 더블린에서 개최된 국제 〈물 회의〉다. 마침 1992년은 리우 정상 회담의 해이기도 했다.[332]

니클라스 루만은 1962년 〈공공의 이해관계〉를 정의하는 일은 스위스의 아이거 북벽을 기어오르려는 무모한 만용이라고 조롱했다.[333] 그러나 아이거 북벽을 등반하는 모험이야말로 생태 시대의 공공 이해 규정을 혁신적으로 개선했다. 이런 모험적 시도 덕분에 공동선은 오로지 국가만이 정하고 명령할 수 있다는 생각이 시대착오적 발상으로 낙인 찍혔기 때문이다(공동선을 국익이라고 보는 시대착오적 발상).[334] 10년이 넘는 세월에 걸쳐 활발히 이뤄진 생태 소통이라는 새로운 경험은, 비록 그 구체적 규정에서 논란의 여지는 있었을지라도, 일반 대중이 폭넓게 받아들일 수 있는 공동선의 규정을 끌어냈다.[335] 〈지속성〉이라는 주된 목적은 미래를 대비하는 환경 보호를 합리화하도록 유도했다. 바로 이 미래 대비야말로 국가의 존재 이유이며 법질서의 바탕이다. 이런 점에서 환경 보호가 법체계에 그 상실된, 더욱 높은 정당성을 되돌려 주리라는 기대는 전혀 근거가 없는 것이 아니었다.

두 건의 특수 사례: 주택 점거 투쟁과 〈게릴라 가드닝〉

정당성과 합법성 사이의 까다로운 관계를 가장 요란하게 보여 준 사례는 주택 점거 투쟁이다. 1970년대 독일은 원자력 갈등과 주택 점거 투쟁이라는 전투적 분위기로 몸살을 앓았다. 생태라는 측면에만 국한해서 보면 주택 점거 투쟁은 환경 운동과 아무 관련이 없는 모양새를 가진다. 그러나 역사적으로는 둘 사이에 밀접한 연관이 성립한다. 1970년 9월 19일 첫 번째 프랑크푸르트 주택 점거가 일어난 것은 우연이 아니다. 〈프랑크푸르트 주택 점거 투쟁〉은 1971년 가을에 시작되었다. 이 전투적 방어 투쟁은 대형 건설 회사와 투기 세력이 프랑크푸르트 베스트엔트Westend라는 주거 지역의 건물들을 사들이면서 주민들을 난폭하게 내몰고 집을 철거하는 것을 막기 위한 것이었다.[336] 당시 거리의 투사 요슈카 피셔가 20년 뒤 독일 외무장관의 자리에 올라 불가사의하게 출세해 이 투쟁은 대중에게 흥미로운 기억으로 남았다. 그렇지만 주택 점거 투쟁의 역사적 중요성은 피셔의 출세와 무관하다. 반反샤한샤 데모*와 베트남 전쟁 반대 데모가 벌어진 지 몇 년 뒤 다시금 〈폭력의 후광〉(이링 페처Iring Fetscher)이 밝게 빛났다.[337] 되돌아보면 이 거리 투쟁이 68세대와 적군파 테러의 역사적 연결 고리인 동시에 환경 운동이 과격성을 띠게 된 숨은 연결 고리라는 양면성은 기이하게만 다가온다. 부동산 거물들이 고향처럼 아늑한 주거 구역을 파괴하는 것을 바라보는 대중의 분노는 그만큼 뜨거웠다. 길거리 투사들은 시민 사회를 향한 반감을 그대로 담은 야단스러운 옷차림에도 프랑크푸르트 시민들의 열렬한 호응을 받았다. 심지어 당시 경찰 최고 책임자 크누트 밀러Knut Müller는 평소 강경파라는 평판을 누렸음에도 길거리 투쟁에 은밀한 호감을 표시했다. 〈저들은 빌딩 건설로 프랑크푸르트 베스트엔트가 파괴되는 것을 막아 주었다.〉[338] 토지는 제한된 재화이며 임의적으로 생산될 수 없기에 넓은 토지를 부자가 독점하고 그때까지 살던 주민을 쫓아내고 임대료를 최대한으로 올리는 일은 자유주의 경제 논리에서조차 용인될 수 없는 일이다. 1900년대 독일 토지 개혁도 토지의 독점을 방지해야 한다는 당위성이 시발점이었다. 이런 토지 개혁의 정신은 서독의 초대 총리 콘라트 아데나워와 그 후임 루트비히 에르하르트에게도 영향을 미쳤다.

뉴욕에서 로버트 모지스를 상대로 제인 제이콥스가 벌였던 투쟁에서 보았듯, 자연 그대로의 도시 구역을 잔혹한 도시 개발에 맞서 지키

---

* Anti-Schah Deomonstration: 1967년 6월 2일 서베를린에서 일어났던 대학생 시위. 이란의 국왕(샤한샤) 팔라비의 방문을 반대해 일어난 이 시위에서 대학생이 총을 맞아 사망해, 학생 운동의 기폭제가 되었다.

는 일은 도시 생태적으로 접근해야만 한다. 물론 프랑크푸르트에는 제인 제이콥스가 없었다. 프랑크푸르트 주택 점거 투쟁은 이론 없이 시작했다. 마르크스주의 이론대로라면 이런 투쟁은 재생산 분야가 아닌 생산 분야를 겨누어야 마땅하다. 그런 점에서 주택 점거 투쟁은 마르크스주의 이론에 따르면 〈허위의식〉을 보여 준다.[339] 이를 두고 『티타닉』*의 편집장을 역임한 크리스티안 슈미트Christian Schmidt는 이렇게 촌평했다. 〈점거 투쟁이 스트라이크나 사보타주를 벌이는 것보다 더 많은 사람을 끌어들일 수 있다는 간단한 이유로 지극히 자발적인 결정이 이루어졌다.〉[340] 점차 투사들은 정당성을 갖춘 투쟁이라 할지라도 결국에는 합법성을 확보해야 한다는 점을 깨달았다. 그러나 많은 〈급진 좌파의 투사〉는 이런 논리를 인정하려고 들지 않았다.

환경 운동의 투쟁 구호를 패러디한 운동도 언급하지 않고 넘어갈 수는 없다. 1973년 뉴욕의 이스트빌리지East Village에서 시작된 〈게릴라 가드닝Guerilla Gardening〉은 그동안 높은 인기를 누리며 베를린의 골목길까지 장악하기에 이르렀다. 관청은 물론이고 아무도 관리하지 않는 버려진 공공 공간에 씨앗을 심어 꽃과 식물을 가꾸는 〈게릴라 가드닝〉은 도시의 오지를 아름다운 자연으로 바꿔 놓았다. 이처럼 공공 공간은 공동의 목적으로 이용되거나, 최소한 함께 누리는 기쁨의 터전으로 쓰여야 한다. 형식적으로는 불법적인 이 운동의 정당성은 특히 매력적이다. 운동은 68세대의 낭만적 혁명이라는 신선한 분위기를 타고 태어났다. 이운동은 마오쩌둥의 붉은 책(마오쩌둥 어록)을 기꺼이 인용하며 전투적구호와 영웅적 열정을 자랑하지만, 어디까지나 익살과 해학을 담은 것이다.[341] 운동은 생태적 계몽을 자랑하는 진지한 것이다. 대도시는 많은 틈새 구역을 활용해 오늘날의 농업보다도 더 다양한 생물종을 얻는다.

* 『티타닉Titanic』은 1979년에 창간된 독일의 풍자 전문 시사 월간지다.

생태와 경제 논리의 관계

단순한 새도복싱? 개념 쌍의 암시와 역사적 경험

〈생태〉 개념의 역사는 희극적 성격을 가진다. 원래 이 개념은 에른스트 헤켈이 만들어 냈다. 헤켈은 1866년에 출간한 『일반 형태론*Generelle Morphologie*』에서 이 개념을 썼지만, 일관된 맥락이 아닌 산발적 용도로만 언급했다. 헤켈은 생태를 독자적인 학문 분과로 만들지는 않았으며, 일종의 슈퍼 과학은 더더욱 아니었다. 그는 생태를 그저 생리학의 일부로만 언급했을 뿐이다. 이렇게 해서 헤켈은 생태의 아메리고 베스푸치가 된 것이나 마찬가지다(이탈리아 항해사 아메리고 베스푸치는 새로 발견한 대륙에 그 크기를 짐작조차 하지 못하고 자신의 이름을 붙였다).[342] 그리스어를 알지 못하는 사람들은 〈에코eco (독: Öko)〉가 자연과 관련 있다고 상상한다. 그러나 〈오이코스 oikos〉는 〈집〉이라는 뜻이다. 헤켈이 〈에코노미Ökonomie (영: economy)〉에 비추어 만든 〈에콜로지(생태)〉 역시 〈집〉과 관련 있다. 헤켈의 시대에 〈에코노미〉는 이미 시대에 뒤진 개념이었다. 근대 초와는 다르게 〈에코노미〉는 〈집안 살림〉, 곧 가정 경제를 뜻하는 〈가계〉와는 상당히 멀어진 개념이었기 때문이다. 〈에콜로지〉는 〈에코노미〉에 빗댈 때만 그 의미를 분명히 한다. 다시 말해서 생태는 곧 〈자연의 가계〉 이론이다.

〈생태〉, 곧 〈에콜로지〉라는 개념은 〈경제〉, 곧 〈에코노미〉와 운을 맞춘 덕분에 20세기를 지나는 동안 그 암시적인 힘을 얻었다. 두 개념 사이의 이런 맥락은 〈생태〉와 〈경제〉 사이에 어떤 체계적 관계가 성립하리라는 고정 관념을 만들어 냈다. 〈자연의 살림〉과 〈인간의 가정 살림〉은 같은 혈통을 가진 친족 관계일까, 아니면 서로 대립하는 갈등 관계일까? 〈자연의 살림〉은 오늘날까지도 생태 문헌이 즐겨 강조하는 관점이다. 그러나 자연이 살림하는 가정주부일까? 일군의 생태 문헌은 자연이라는 보물을 절약해 가며 소중히 다루어야 한다고 강조한다. 반면 다른 생태 문헌은 자연이 아낌없이 그 가능성을 풀어 낼 수 있게 해주어야 한다고 역설한다. 그러나 생태와 경제라는 두 개념 사이의 인위적이고 자의적인 유추와 운각 맞추기를 분명히 의식해야만 우리는 혼란스러운 개념 놀이에 빠지지 않을 수 있다. 두 개념 사이에 이론으로 확인할 수 있는 관계는 없다. 다만 역사가 흐르는 동안 무수히 엇갈린 관계들, 중첩되거나 교차하는 지점만 있었을 뿐이다. 두 개념 사이의 갈등은 실재하는 것도, 상상으로 빚어진 것도 있다.

많은 환경 운동가가 자본주의와 거리를 두는 이념적 기반 탓에 오랫동안 경제 문제를 너무 소홀히 다루어 왔다. 원자력을 자본주의의 산물로 보고 투쟁했던 원자력 반대 운동가는 원자력 발전의 경제적 기초가 민간 경제의 관점에서 볼 때, 그리 든든하지 않다는 사실을 간과했다. 에너지 기업이 처음부터 모든 결과 비용, 이를테면 가동 장애에 따른 모든 손실 보증, 폐기물 처리 문제, 가동이 중지된 발전소의 철거 등을 일체 감당해야만 한다면, 비용은 감당할 수 있는 범위를 넘어서게 된다. 1950년 하버드 대학교 출판부에서 출간한 윌리엄 카프William Kapp의 『민간 기업의 사회적 비용-Social Costs of Private Enterprise』은 오늘날의 관점에서도 결정적인 점을 잘 짚어 냈다. 카프는 정부가 지원하는 공적 자금 없이는 민간 기업이 사회적 비용과 환경 비용을 감당할 수 없다고 보았다. 카프는 20년에서 30년 뒤라면 〈사회적 비용〉이라기보다는 〈사회적이고 생태적인 비용〉이라는 표현을 썼으리라. 이처럼 경제 논리는 항상 환경 운동이 구사할 수 있는 최고의 무기 가운데 하나다.

생태 운동의 과격파가 꾸며 낸 경제와 생태의 대립은 역사학자가 보기에는 없는 적을 가정해 두고 자신과 벌이는 단순한 섀도복싱에 불과하다. 〈자연 그 자체〉를 사랑한다고 자신에게 다짐하는 사람은 실제로 오로지 자신이 상상했던 자연과 사랑에 빠지는 것일 뿐이다. 전 세계적으로 그리고 장기적 관점에서 볼 때, 환경 운동이 인간의 이해관계로 시작되었다는 점은 의심의 여지가 없는 사실이다. 더욱이 누천년에 걸친 세계사를 조망하면 경제 에너지와 생태 에너지, 곧 자연이 그 생명력을 지속해서 키워 가는 두 에너지 사이에는 내밀한 연관이 성립한다. 역사의 진행이 이런 연관을 잘 설명해 준다. 가장 오랜 지속력을 자랑하는 고대 이집트와 중국의 문화를 보라. 강을 중심으로 발달한 두 문화는 자연환경의 덕을 톡톡히 보았다. 강의 주기적인 범람으로 토양이 풍부한 영양을 공급받아 비옥해지고, 제때 배수가 이뤄져 토양에 염류가 쌓이는 것이 방지되었다. 몇백 년에 걸쳐 지중해의 최강 해상 권력을 자랑한 베네치아는 석호라는 유일하면서도 까다로운 환경 때문에 일찌감치 환경을 보호하는 정책을 펼 수밖에 없었다. 베네치아는 지중해 연안 국가 가운데서 숲을 보호하는 일에 앞장섰으며, 범람으로 인한 홍수와 습지를 균형 있게 관리하기 위해 신중하게 전략을 써야만 했다. 현대의 환경 운동이 산업이 가장 발달한 서구 국가들에서 시작된 것도 눈여겨볼 만한 대목이다. 그리고 서구 이외의 국가 가운데서는 경제력이 가장 발달한 일본이 세계의 다른 어느 국가보다도 일찍 숲을 보호하는 지속적인 정책을 펴왔다. 일본이 서구의 산업 수준을 빠르게 따라잡을 수 있었던 힘은 이런 환경 보호 노력에서 비롯됐다고 해도 과언이 아니다. 일본은 특히 1970년대부터 다른 국가들보다 빠르고 강력하게 환경 정책을 펼쳤다. 홍콩과 싱가포르가 그 뒤를 따랐다. 물론 홍콩과 싱가포르의 환경 정책은 환경 보호와 경제적 이해가 맞물리는 특정 분야에 국한되기는 했다.[343]

하부 체계의 아집

그러나 개념의 비슷한 울림에 현혹되지 않게 주의할 필요가 있다. 세계적 상황이 경제와 생태의 본래적인 안정된 조화를 누린다는 믿음에 우리는 너무 사로잡혀서도 안 된다. 니클라스 루만의 사회 이론을 상기해 보는 것이 우리 논의에 도움이 된다. 현대의 경제는 그 전체적인 모습에서 모순투성이다. 어떤 식으로든 생태와 관계를 맺는 경제는 무수한 하부 체계로 갈라진다. 그리고 각각의 하부 체계는 저마다 제한된 지평과 독자적 코드를 갖는다. 자본이 이윤의 극대화를 추구한다는 마르크스의 명제는 마르크스주의가 몰락한 지금 더 큰 설득력이 있다. 자본주의가 공산주의에 대항하느라 결속을 꾀할 때는 그래도 이윤 추구가 지금처럼 노골적이지는 않았다. 또 모든 것을 조종하는 하나의 슈퍼 두뇌, 이른바 〈국가독점자본주의〉가 존재한다고 믿은 마르크스주의자는 개별 기업의 이해를 넘어서는 〈전체 자본〉이 막강한 힘을 발휘한다는 과장된 생각에 사로잡혔다. 그러나 경제의 현실은 개별 기업들의 끝없는 암투일 뿐이다.

우리는 앞서 1970년 4월 22일 〈지구의 날〉을 바라보던 미국의 환상적 열정이 얼마나 빠르게 식었는지 보았다. 또 본래 공화당 성향인 윌리엄 러클스하우스가 EPA의 초대 수장으로서 재계와의 갈등을 두려워하지 않았다는 점도. 그가 염두에 둔 것은 생태 문제에 각성하기 시작한 여론의 지지였다. 이처럼 경제와 생태는 항상 충돌하게 마련이다. 협력 원칙을 강조한 독일의 사정도 크게 다르지 않았다. 〈환경법이 현장에서 어떻게 적용되는지 살핀 모든 경험적 연구는, 현장을 잘 아는 사람이라면 이미 익숙히 알고 있는 사실을 새삼 확인해 준다. 환경법의 집행은 늘 경제의 거센 반대와 싸워야만 한다. 법 집행이 어렵고 오랜 시간이 걸리는 진짜 이유는 이처럼 반대다〉(게르트루데 뤼베볼프).[344] 그리고 1970년대 서독의 환경 정책을 이끈 두뇌로 항상 합의를 이끌어 내려 노력한 귄터 하르트코프도 1983년 힘주어 이렇게 말했다. 〈산업 연맹과 기업이 환경 정책에서 중앙 정부의 적수인 것은 자연스러운 일이다. 경제 활동은 언제나 자연환경을 훼손한다.〉[345] 정말 〈자연스러울까〉? 이런 발언은 언제 했는지 그 시점을 확인할 필요가 있다. 1980년대만 하더라도 나중에 독일의 수출 성과에 혁혁하게 기여한 이른바 〈그린테크Greentech〉, 곧 〈환경 기술〉은 아직 수익성이 좋은 산업으로 발전하지 못한 상태였다. 그리고 나중에도 환경 규정에 따른 환경 기술로 막대한 수익을 올리는 기업조차 새로운 환경 보호 대책에는 일단 반대부터 하고 나섰다. 이런 태도는 산업의 반反생태 정서가 얼마나 뿌리 깊은지 잘 보여 준다.[346] 환경 문제를 고민하는 정치가는 이런 정서를 항상 고려해야만 한다.

시장에 순응한 환경 보호의 도구: 환경 세금, 배출 채권 그리고 인증

그런 충돌을 애초부터 피하려고 1970년대부터 시장에 순응한 환경 보호의 도구가 등장했다. 본래 미국이 그 진원지인 이 도구는 그동안 유럽 연합도 받아들였다. 오늘날까지 가장 큰 의미를 가지는 방법은 세 가지다. (1) 기존의 유류세를 확장해 이름만 새롭게 붙인 환경세는 지금까지의 행정 수단으로 징수하기에 최소한 잠재적으로는 모든 사람에게 해당한다. (2) 배출 채권은 환경 유해 물질을 많이 만들어 내는 기업이 한정된 유해 물질 배출량에 여유가 있는 기업으로부터 그 권리를 사들이는 것이다. (3) 특정 상품이 환경 친화적으로 생산되었다고 확인해 주는 인증은 환경 문제에 관심을 갖는 구매자가 해당 기업의 환경 의식에 보상하게끔 해주는 방식이다. 현재 상황으로 미루어 판단할 때 환경세는, 특히 국제적으로 이러지도 저러지도 못하는 정치적으로 막다른 골목에 빠졌지만, 탄소 배출권 거래는 불과 몇십 년 전만 해도 전혀 예상하지 못한 〈놀라운 개선 행진〉(한스요헨 루만Hans-Jochen Luhmann)[347]을 경험했다.[348] 교토에서 미국이 제안한 이 방법을 마지못해 받아들인 유럽 연합은 결과적으로 미국보다 이 배출권 거래로 많은 이득을 보았다.

세 가지 방법 모두 교묘한 함정이 있다. 환경세는 소비세이기에 부자보다 가난한 사람에게 더 많은 부담을 준다. 바로 그래서 사회 개혁을 요구하는 사람들은 소비세를 거의 100년에 가깝게 공격해 왔다.[349] 환경세의 매력이 떨어질 수밖에 없는 이유다. 더욱이 산업은 주기적으로 가장 에너지를 많이 소비하는 기업에 세금을 낮추도록 압력을 행사하곤 한다. 배출 채권은 재력이 든든한 기업이 평소 해오던 대로 거침없이 유해 물질을 배출하면서도 환경 대책을 지키는 것처럼 꾸며 보이게 만드는 비도덕적 요소를 가졌다. 더욱이 배출권 가격이 그리 높지 않아 온실가스를 자발적으로 감축하려는 동기를 유발하지 못한다. 가난한 국가는 일단 배출량에 신경 쓰지 않고 생산에만 전념한 다음, 배출권을 사들이면 된다는 유혹에 쉽사리 사로잡힌다.

인증은 그동안 쏠쏠한 수익을 올리게 해주는 사업으로 발전했다. 다만 문제는 인증을 해주는 쪽이 인증받는 업체로부터 돈을 받기 때문에 생겨난다. 서로 이해관계로 얽히는 탓에 인증의 투명성은 확보되기 어렵다. 인증뿐만 아니라 탄소 배출권 역시 지금껏 대단히 불투명한 양상을 보여 준다. 세부적으로 들여다볼수록 악마의 장난이 이뤄지는 게 아닌가 하는 방증은 많기만 하다. 배출 물질의 규제가 돈으로 거래된다면 쓰레기 처리장마다 찾아다니며 충분한 조사가 이뤄져야만 한다. 그러나 현실은?[350] 그런 식으로 이뤄지는 배출 물질 감축이 얼마나 〈지속적〉일까? 배출 물질의 정확한 측정이 가능하기는 할까? 더욱이 실상을 숨기고 가리지 못해 안달인 국가에서? 오히려 배출권 거래는 사기 행각의 초대장이 아닐까?[351] 어떤 식으로 열대림의 지속성을 확보할지 합의도 하지 않은 마당에 목재가 지속성을 중시한 숲에서 얻어진 것이라고 어떻게 확인할 수 있을까?[352]

배출 채권과 인증은 시장에 맞춘 환경 정책의 해피엔드가 아니라, 환경 문제의 전모를 좀 더 분명히 드러내려는 일련의 시도일 뿐이다. 다시금 우리는 시민 운동과 언론의 적극적인 관심 그리고 환경 의식을 갖춘 공직자라는 삼박자가 맞지 않다면 효과적인 환경 보호는 가능하지 않음을 깨닫는다. 문제는 언급된 방법들이 외부인에게 전혀 투명하지 않다는 점이다. 또 외부인에게만 그런 것도 아니다. 그렇지만 과도하게 비판적 태도를 가질 필요는 없다![353] 모든 환경 문제를 단번에 해결할 위대한 방법이 존재한다고 믿는 사람에게 기존의 환경 보호 전략은 절망적으로만 보이리라. 그렇지만 지금까지 위대한 해결책은 없었다. 환경 보호는 불완전한 개별 행보들이 이어지는 무한한 행군일 뿐이다.

독일의 정치학자 헤르베르트 키첼트Herbert Kitschelt는 1984년, 당시 원자력을 비판하는 좌파의 분위기를 그대로 반영하며, 미국의 환경 운동가 에이모리 로빈스가 독일 원자력 반대 운동권에 갈수록 큰 영향력을 행사하는 것에 비난의 화살을 퍼부었다. 로빈스는 이른바 〈소프트 에너지〉, 곧 태양열과 풍력을 원자력의 〈시장 경제적으로 가장 값싼 대안〉으로 제안했던 인물이다. 로빈스는 에너지 산업은 물론이고 그 비판자도 모두 승자가 될 수 있고 경쟁 자본주의의 조건 아래 환경 친화적인 경제 운용이 가능하다면서 이른바 〈윈윈 전략〉을 제시했다. 키첼트는 그런 제안은 순진하기 짝이 없는 〈미국주의와 유토피아적 발상〉이며 기존 경제 체계를 향한 〈이데올로기적 아부〉라고 격렬히 비난했다. 〈깨인 정신으로 생태의 담론에 참여하려는 사람은 로빈스의 말을 인용하지 말아야 한다.〉 로빈슨의 주장은 〈세상 물정 모르는 순진한 인간이 카드로 얼기설기 쌓아놓은 집이라 이내 무너질 것〉이라고도 했다.[354]

그러나 몇 년 지나지 않아 사회주의 또는 심지어 생태 사회주의의 유토피아는 흔적도 찾을 수 없이 깨끗하게 사라져 버렸다. 로빈스는 누구보다도 시대를 읽을 줄 알았다. 이제 자본주의 체계 안에서 남은 에너지 대안은 재생 에너지뿐이기 때문이다. 항상 실제로 구현할 수 있는 이상을 감지하는 데 뛰어난 로빈스는 예언자라는 후광까지 얻었다. 그는 경제에 우호적이었지만, 미국 산업계로부터 오늘날까지 어떤 대접도 받은 일이 없다. 경제와 생태를 하나의 공통분모로 정리하는 것은 불가능하다. 경제와 생태라는 개념이 암시하는 대립을 두고 추상적 논쟁만 거듭하는 것은 무의미하다. 특정 업계와 그 구체적 상황까지 일일이 추적해야만 우리는 생산적으로 논의할 수 있다. 안타깝지만 경제 분야는 특정 이해관계에 휘둘릴 수밖에 없는 만큼 환경 보호를 더 혼란스럽게 만드는 통제 조치가 필요하지 않도록 경제계가 환경 친화적 태도를 가지기만을 바라는 것이 현재로서 품을 수 있는 가장 큰 기대다.

자연 보호의 추악한 비밀: 관광 산업

1970년대에 세계적 지평 위로 새롭게 떠오른 환경 의식은 장거리 관광이 값싼 전세 비행기로 폭발적으로 증가하며 퍼져 나갔다. 생태 운동가는 관광을 경멸하는 투로 말하는 것이 좋다는 분위기에 사로잡혔다. 그러나 환경 의식과 관광 사이에는 밀접한 연관이 성립한다는 의혹은 지우기 힘들다. 1990년대에 독일의 통계학자는 녹색당에 표를 주는 유권자가 다른 성향의 유권자보다 훨씬 더 많이 장거리 비행으로 휴가 여행을 다닌다는 사실을 주목했다.[355] 지구 온난화라는 경보에 직면해 항공 연료에 높은 세금을 매기는 것은 사안의 본성상 얼마든지 생각할 수 있는 일이었음에도 환경 단체들은 이 문제를 금기시했다. 100년이 넘는 기간 동안 자연 보호와 관광의 관계는 애증으로 얼룩졌다. 증오가 우세를 점하는 일도 드물지 않았다. 관광이 현대 환경 의식에서 갖는 의미는 분명 어마어마하게 크다. 그러나 환경 운동은 관광으로 빚어지는 자연 훼손을 애써 외면할 뿐이다.

자연 보호가 철도의 시대에 탄생한 것은 우연한 일이 아니다. 에른스트 루도르프는 1880년 독일 자연 보호 운동의 초석을 놓은 작품으로 평가받는 자신의 에세이 『현대 생활이 자연에 갖는 관계』에서 당시 철도는 물론이고 고산 지대의 케이블카로 말미암아 흡사 대중 스포츠처럼 늘어난 자연 관광을 두고 불평을 터뜨렸다. 자연의 향유는 일종의 〈광기〉가 되고 말았으며, 이처럼 늘어난 관광으로 자연은 〈매춘〉을 강요당한 처녀처럼 〈그 고유한 본질〉을 파괴당하고 말았다. 오늘날 생태 운동의 관광 비판에서 날개 돋친 듯 회자되는 말은 이렇다. 〈관광은 찾아다니는 곳마다 발견한 것을 파괴한다.〉 관광객을 향한 증오로 얼룩진 장광설은 독일 자연 보호 문헌마다 빠지지 않고 등장한다. 보헤미아 출신의 자연 보호 운동가 루돌프 코르프Rudolf Korb도 1925년 자신은 〈평생 관광 산업을 지독할 정도로 증오했다〉고 털어놓았다.[356] 이에 반해 실용주의자 콘벤츠는 관광에서 잠재적 동맹을 읽어 냈다. 콘벤츠는 〈가장 뛰어난 사례〉로 노르웨이의 관광 연맹을 꼽았다.[357] 그러나 대다수 자연 보호 운동가는 그처럼 정치적으로 생각하지 않았다. 아니, 생각하고 싶지 않아 했다.

　자연 보호 운동이 관광에 갖는 적대감은 흔히 독일의 특수함으로 비판받았다.[358] 실제로 미국의 야생 애호가들은 관광에 우호적이었다. 처음에 미국 국립 공원을 찾는 관광객은 그 너른 공원에 별 흔적을 남기지 않는 것처럼 보였다. 심지어 존 뮤어는 관광객, 그가 당시에 염두에 둔 것은 주로 도보 여행자였는데, 아무튼 관광객을 목재 산업 로비를 반대하는 세력으로 포섭할 생각을 했다.[359] 그러나 이런 허심탄회한 자세는 교통수단의 획기적인 발전과 맞물려 변할 수밖에 없었다. 자동차의 등장과 함께 미국 자연 보호 운동의 낙관주의도 자취를 감췄다.[360] 1929년만 하더라도 〈미국 자연 연맹American Nature Association〉의 회장 아서 뉴턴 파크Arthur Newton Park는 신이 나서 이렇게 말했다. 〈자가용 운전자가 우리 국토의 야생 지역을 편하게 누비고 다닐 수 있다는 것은 최고의 기쁨이다.〉 얼마 전만 해도 진정한 자연은 철도 여행으로만 누릴 수 있다고 하지 않았느냐는 반문에 그는 너털웃음만 터뜨렸다.[361] 유럽의 문헌에서도 자동차가 선물한 자연 향유에 열광하는 목소리를 찾는 일은 어렵지 않다. 나치스 독일 향토 보호의 최고 수장이자 제국철도 관료주의를 적으로 선포했던 알빈 자이페르트는 아우토반 건설에 참여하면서 흥분을 감추지 못했다.

　헤르만 헤세의 소설 『황야의 늑대Steppenwolf』(1927)는 오랫동안 자동차에 밀려난 보행자가 〈이 육중하며 기분 나쁘게 그르렁거리고 악마처럼 으르렁대는 자동차를 때려잡기 위해〉 자동차 운전자에게 반격하는 상상을 펼쳐 보인다.[362] 이미 1922년 〈국립 공원 연맹National Parks Association〉의 회장 로버트 스털링 야드Robert Sterling Yard는 자동차 운전자를 겨누어 이렇게 선포했다. 〈우리는 지금껏 국립 공원 체계를 그 적으로부터 보호하기 위해 싸워 왔으나, 이제는 그 친구들로부터 보호해야만 한다.〉[363] 1920년부터 미국에서는 국립 공원 운동 외에도 개별 주들이 자연공원 운동을 벌이기 시작했다. 처음에 이 운동은 자동차 업계의 로비와 손을 맞잡고 이루어졌다. 그러나 이 쇳덩어리 자동차들이 마치 눈사태라도 난 것처럼 그때까지 한적했던 자연에 쏟아져 들어오기 시작하자 자연 애호가들은 경악했다. 그래서 자연공원에 도로 건설을 막으려는 새로운 야생 운동이 시작되었다.[364]

자동차와 자연 사이의 비극적 관계는 그 곁줄기로 자전거와 자연이라는 희극을 연출하기도 했다. 물론 자전거와 자연은 애초부터 오해로 반목을 빚었다. 1900년을 전후해 등장한 자전거는 마음껏 달릴 수 있다는 신선한 기분을 선사하는 것으로 사람들의 폭발적 관심을 끌었다. 특히 자전거 타기는 근육질을 자랑하는 사람들이 배려라고는 없이 속도를 즐기는 스포츠였다. 1902년 『자전거 전염병과 자동차 폐해 Radfahrseuche und Automobilenunfug』라는 제목의 책을 쓴 저자에게 자전거를 타는 사람은 자동차 운전자보다 더 나빴다. 〈황소처럼 두 눈을 부릅뜨고 등을 앞으로 숙인 채 장엄한 자연의 경관에는 아랑곳하지 않고 먼지를 일으키며 달리는 자전거는 상쾌한 마음으로 길을 걷는 도보 여행자를 조금도 배려하지 않았다⋯⋯.〉[365] (오늘날 산에서 등산로를 불안하게 만드는 마운틴바이크도 이런 전통을 이어받았다.)

1950년에 출간된 청소년 도서 『항상 자전거를 타는 사람들!Immer diese Radfahrer!』은 심술궂은 장난기로 거친 자전거 동호회가 자전거를 타고 지나가며 마침 〈야, 초원이 푸르구나!〉라고 감탄하는 덥수룩한 몽골의 늙은 자연 애호가에게 먼지구름을 일으켜 시야를 흐려 버리는 장면을 묘사한다.[366] 당시 흔히 쓰는 말투를 제목으로 삼았다는 점도 자전거를 보는 반감이 얼마나 컸는지 알 수 있게 해준다. 그러나 오늘날 자전거는 속도를 즐기는 일종의 마약과 같은 기능을 이미 오래전에 잃었다. 이반 일리치는 1974년 자전거를 생태 시대의 상징으로 만들려고 했다. 자전거의 발명은 에너지의 효율이라는 측면에서 〈문명의 출현을 유도한 바퀴의 발명〉과 비견될 수 있다는 것이 일리치의 주장이다. 〈이 도구를 가지면서 인간은 모든 기계의 능력뿐만 아니라 모든 동물의 실력까지 뛰어넘었다.〉 그리고 자전거의 특별한 승리는 베트남 전쟁 종전 직후에 이루어졌다. 〈자전거와 모터의 잔혹한 경쟁이 끝났다. 베트남에서 첨단 산업 장비로 무장한 군대가 근본적으로 자전거 속도에 맞춰진 민중을 제압하려고 했다. 그러나 미군은 승리할 수 없었다.〉[367] 자전거는 〈중간 기술〉, 곧 첨단 기술과 재래 기술의 중간에 위치하는 기술의 총화다. 에른스트 슈마허는 환경에 부담을 주지 않으면서 제3세계의 대중이 활용할 수 있는 현대 문명의 성과가 자전거라고 극찬했다. 그러나 이반 일리치는 어떤 운동에도 절대 가담하지 않았으며, 모든 제도를 반대하는 태도와 갈수록 철저해지는 반反현대주의로 항상 아웃사이더로 남았다. 심지어 그는 미국의 페미니스트들과도 충돌했다.[368]

자전거 문화는 서유럽과 제3세계를 하나로 묶어 냈다. 그렇지만 관광을 새로운 국면, 특히 생태 시대에 알맞은 국면으로 끌어올린 것은 비행기다. 제3세계의 자연 보호 운동이 관광으로 먹고산다는 것은 비밀이 아니다. 또 제3세계만 그런 것도 아니다. 아프리카는 야생 동물 사냥꾼의 뒤를 이어 사진을 찍으려는 관광객이 주로 찾는다. 이런 아프리카 관광의 호황은 그르치메크가 1954년에 창설된 여행사 〈마르코 폴로 여행〉과 함께 벌인 로비 덕이다.[369] 그르치메크와 여행사 덕분에 아프리카의 국립 공원은 식민지 시절 생겨났다는 역사적 사실에도 계속 확장될 수 있었다. 물론 이런 확장은 원주민의 희생으로 이뤄지는 일이 잦았다.[370] 도미니카공화국은 발라게르의 통치 아래 라틴 아메리카는 아주 보기 드문 생태 독재라는 무대를 보여 주면서 동시에 관광의 중심이 되었다. 코스타리카는 1980년대에만 해도 라틴 아메리카에서 숲이 가장 빠르게 사라져 가는 모습을 보였으나, 관광 덕분에 생태적 전환을 맞았다. 1990년대 생태 관광은 코스타리카의 가장 큰 수입원이었다. 국토의 4분의 1 정도가 자연 보호 구역으로 지정되었다. 코스타리카는 자연 보호 구역 외의 생태 정보가 별로 좋지 않고 〈로빈 우드〉가 1993년 세계에서 〈가장 위선적인 생태 관광 국가〉라고 진단했음에도, 지속적 발달의 모범적 국가로 세계에 선보이고자 안간힘을 쓴다. 자연 보호 구역이 실제로 보호되는지, 아니면 서류상으로만 존재하는지 판가름할 길도 마땅치 않다. 많은 경우 자연 보호 구역은 그곳 원주민과 격심한 갈등을 겪으며 추진될 수밖에 없다.[371] 어쨌거나 절대적 기준으로 보지 않고, 라틴 아메리카의 다른 국가들과 비교해 보면 코스타리카가 펼치는 관광 주도의 환경 정책은 그리 나쁘지만은 않다. 면적이 작은 코스타리카는 미국과 캐나다를 합친 북아메리카 전체보다도 더 많은 생물종을 자랑할 뿐만 아니라, 국민 1인당 수입과 평균 교육 수준에서 중남미의 선두를 달린다.[372]

산업으로 국제 시장에서 경쟁력이 없는 몽골은 지금껏 지나치게 많은 소를 방목해 키우지 않아 초원이 별 손상을 입지 않은 덕에 1992년 리우데자네이루 정상 회담의 분위기 속에서 환경 운동의 주목을 받았다. 미래에 사냥 관광이 기승을 부리지 않을까 염려한 몽골 정부는 전체 국토를 자연 보호의 대상으로 지정했다. 르완다의 고릴라 보호는, 우리가 앞서 보았듯 다이앤 포시가 살해당한 뒤, 관광 수익을 원하는 주민과의 연합이 방해받지 않자 효과가 나타났다. 반면 짐바브웨에서 저 유명한 〈캠프파이어 프로그램CAMPFIRE-Programme: Communal Areas Management Programme for Indigenous Resources〉(원주민 자원을 위한 공동 영역 관리 프로그램), 곧 원주민과 협력한 야생 보호의 모범은 2000년 정치 상황이 불안해지고 관광이 쇠퇴하자 빠르게 바탕을 잃고 말았다.[373]

그러나 자연 보호와 관광 사이의 연관을 알아보기 위해 멀리 갈 필요도 없다. 독일 내부에서 바이에른은 보수 정치의 아성임에도 자연과 환경 보호에 앞장서서 1970년 〈전 세계에서 최초의 환경부〉를 신설했으나, 실은 관광 산업을 육성하려는 의도가 있었다는 것이 숨김없이 드러났다.[374] 19세기 말 압축 공기를 이용한 시가 전차를 도입해 최초의 〈자동차 국가〉라는 명예를 얻은 프랑스에서는 제1차 세계 대전이 발발하기 이전에 〈관광 클럽〉과 〈알프스 클럽〉이라는 단체가 국립 공원 프로젝트를 추진하며 강력한 로비를 벌였다. 1923년 파리에서 제1차 국제 자연 보호 대회가 열릴 수 있었던 것은 이들 단체 덕분이다.[375]

1980년대에 그리스에서 특히 격심한 환경 보호 운동을 벌인 곳은 이오니아제도다. 이 섬들의 주민은 하수와 쓰레기 매립지 때문에 관광객들의 발길이 끊기는 것은 아닌지 걱정했다.[376] 지금까지 가장 큰 그리스의 자연 보호 프로젝트는 관광과는 별개로 이루어졌다. 그리스를 찾는 대다수 관광객은 이런 프로젝트가 있었는지조차 모른다. 〈유럽 자연 유산 기금〉이 그리스 북동부의 네스토스강 삼각주, 곧 전체 발칸반도에서 가장 큰 하안림을 보호 구역으로 지정하려는 노력은 수력 발전을 위한 댐 건설, 그리고 특히 유럽 연합이 지원한 아스파라거스 농토 확장 사업과 갈등을 빚었다.[377] 원시림은 그리스의 관광 이미지와 맞지 않는다. 바로 그래서 네스토스강 삼각주를 찍은 사진은 관광 가이드에서 찾아볼 수 없다.

물론 생태의 측면에서 보면 한여름 바짝 마른 섬에 거대하게 지어진 호텔에서 매일 수많은 관광객이 샤워한다는 것은 생각만 해도 소름 끼치는 공포다. 에너지 생산에서 화력이나 원자력을 이용하는 〈하드 테크닉hard technique〉과 재생 가능한 원료를 활용하는 〈소프트 테크닉soft technique〉에 비추어 생태 시대의 관광에도 〈하드 투어hard tour〉와 〈소프트 투어soft tour〉라는 대립각이 섰다. 그러나 피아를 구분하는 이런 관점은 언제나 그렇듯 시대적 흐름을 타며 이내 사라지게 마련이다. 〈소프트〉한 배낭 여행객이 도보로 숨겨진 아름다운 정경을 찾아다니며 농촌 식당에서 현지인과 어울려 식사하는 모습이 생태에 도움을 주는 것은 사실이다. 그러나 장기적으로 보면, 항상 새로운 자극을 찾는 조직된 대중

관광이 등장하는 통에 자연 운동가는 대중이 즐겨 찾는 대형 관광 단지
가 환경에 가장 좋다고 생각하게 되었다. 아예 일정 구역 안에 관광객을
잡아놓으면 훼손할 것이 적어지지 않겠느냐는 관점이다. 실제로 고소득
자는 오로지 〈즐길 거리〉를 주로 찾게 마련이다. 이처럼 생태를 중심으
로 관광을 기획하고 조직하려는 〈생태 관광〉은 벌써 오래전부터 새로운
마법의 주문이 되었다. 그러나 독일의 문화사 교수 요스트 헤르만트Jost
Hermand는 멀리 이국적인 〈자연〉을 찾아다니기보다 고향의 주변에서 정
원을 보다 더 자연에 가깝게 가꾸는 것이 더 낫다는 견해를 보였다.[378]

관광 비판을 비판하다: 생태의 지식 역사 고찰

현대 관광을 다룬 자료들을 들추며 검증된 정보를 찾노라면, 여행이
라는 주제가 괴테 시대의 이탈리아 여행과는 매우 다르게 아이러니하
다는 것을 알게 된다. 관광이라는 주제에 대해 빈정대던 지성인의 어조
는 여행을 찬양하는 부드러운 노래에서 〈소프트 관광〉까지 긍정적인
분위기로 사뭇 달라졌다. 1958년에 출간된, 한스 마그누스 엔첸스베
르거의 『관광 이론Theorie des Tourismus』은 비판을 위한 비판이라는 평가
를 받았음에도 50년이 넘는 세월 동안 꾸준히 읽히며 관광 비판의 교과
서 노릇을 했다. 그의 육성을 들어 보자. 〈우리 문명에 관광처럼 비웃음
에 시달리면서 의도적인 비판을 받는 현상은 거의 없다.〉 그러나 저자
자신도 비판을 위한 비판이라는 비웃음에 몰두한다. 〈도도한 물결 같
은 관광은 우리 사회가 묶어 놓은 현실로부터 도피하는 유일한 방법이
다.〉[379] 〈현실로부터의 도피〉라는 표현은 워낙 자주 쓰인 탓에 이 말을
하지 않고는 관광의 역사를 다룬 세미나는 불가능할 정도다. 관광을 비
판하는 사람들 자신이 다른 누구보다도 더 자주 여행을 다니는 이런 기
이한 현상의 원인은 무엇일까?

분명 관광은 평범한 일상이 아니다. 무조건 기쁜 일은 아니라 할지라
도 오늘날 여행은 많은 사람에게 삶의 의미 그 자체다. 여행이 없는 일

상은 절망적이라고 말하는 사람도 드물지 않다. 막스 베버가 근대화의 기초는 〈세계의 탈마법화〉라며 서글픈 분위기를 깔고 이야기했을 때,[380] 관광은 자연 보호와 마찬가지로 세계사에 새로운 의미 지평을 열었다. 관광과 자연 보호는 각기 나름의 방식으로 세계를 다시금 마법적인 곳으로 만들려 노력한다. 그러나 여기서 마법을 불어넣어 주는 일은 베버가 말한 현실을 바라보는 눈을 다시 가려 버리는 환상에 몰두하는 것을 뜻하지 않는다. 여행은 우리의 인식 능력을 확장해 주기도 하기 때문이다.

자신의 시대에 이미 케이블카를 격렬히 반대했던 에른스트 루도르프는 현대의 스키 리프트와 떠들썩한 스키 타는 사람들의 모습을 본다면 놀란 입을 다물지 못하리라. 실제로 스키 리프트는 알프스의 환경을 급격히 파괴하는 주범이다. 동시에 녹아내리는 알프스의 만년설은 충격적인 기후 변화의 상징이다. 그렇지만 저지대에서 경험이 풍부한 생물생태학자라 할지라도, 이런 풍경 변화를 이끄는 요소 가운데 기후 변화로 말미암은 것이 무엇인지 확인하기란 어려운 일이다. 워낙 완만한 속도로 변화가 일어나기에 현지의 풍경에 익숙한 눈에는 그 변화 조짐을 가려보기가 쉽지 않기 때문이다. 이런 점에서 여행은 환경을 보는 눈을 키워 준다는 의미도 가진다.[381] 보호할 가치가 있는 아름다운 풍광은 물론이고 이 풍광이 받는 위험도 외부에서 찾아오는 여행객만 알아보는 경우가 흔하다. 물론 관광객이 한여름에 메마른 지중해 연안 지역을 방문하거나, 히말라야에서 몬순으로 폭우가 쏟아져 산사태가 발생하는 것을 보고 위험을 과장해 평가하는 일도 드물지 않기는 하다. 그러나 이런 경우는 어느 정도 시간이 지나면 자연이 스스로 회복하기 때문에 큰 문제가 되지 않는다.[382] 환경 의식이 비관적 분위기로 경고하는 일도 관광에 뿌리를 둔 경우가 많다. 멋지고 아름다운 풍경을 기대했던 여행객이 계절 탓에 실망하는 것도 관광 체험이기 때문이다. 해수욕을 즐기거나 잠수 체험을 원하는 여행객은 녹조류나 해파리 또는 산호초 파괴를 보며 바다의 오염과 온난화에 경각심을 가진다. 여행 안내서와 여행 광고 책자는 이미 오래전부터 자연과 문화를 하나로 종합했다. 이런 종합은 생태학자와 전문적인 자연 보호 운동가가 여전히 어렵게 느끼는 것이다. 아무튼 적이 아니면 친구라는 적대적 사고방식은 환경 보호와 관광 사이의 관계를 정확히 분석할 수 없게 한다. 환경 보호와 관광은 환경 보호와 사냥의 역사 못지않게 다양한 긴장 관계를 형성한다. 우리는 이런 긴장 관계를 조심스럽게 분석해야 한다.

쪼개지기 쉬운 나무: 〈위대한 녹색 연합〉에 이르는 힘든 길

이미 여러 차례 분명하게 확인했듯, 사안의 본성상 경제와 생태를 종합하려고 할 때 나무만큼 마땅한 것도 없다. 나무는 성장을 위해 태양열을 필요로 하며, 성장하면서 토양의 수분을 적절히 관리해 주고, 주택의 내부재로 쓰이면서 이상적인 공간 기후와 함께 자연에서 생활한다는 느낌을 선물한다. 나무는 쓰레기가 되어서도 땔감으로 철저히 활용할 수 있다. 이미 1949년에 유네스코의 어떤 고위직 인사는 자연 보호와 경제를 하나로 묶어 낼 방법을 고민했다. 〈독수리와 코끼리는《환금작물cash crop》이 아니지만, 나무는 다르다.〉[383]

1992년의 리우데자네이루 정상 회담이 세계의 목표로 선포한 〈지속 가능한 발전〉은 독일의 산림 경영이 처음으로 제시한 개념이다. 다양한 의미를 갖는 〈지속 가능성〉은 임업에서 가장 정확하게 정의될 수 있으며, 환경 정책의 다른 어떤 분야보다 임업에서 더 잘 실천에 옮겨질 수 있다. 값비싼 환경 기술과는 다르게 선진 산업 국가들과 제3세계의 협력도 잘 이뤄질 것으로 기대되는 분야가 〈지속 가능한 발전〉이다. 캘런바크의 『에코토피아』는 집뿐만 아니라 욕조도 나무로 만들어진 것으로 묘사한다. 오스트리아 출신의 어떤 〈늙은 목재 업자〉는 자신의 업계가 맞게 될 미래를 이렇게 전망했다. 〈나무에 관심을 가진 모든 사람, 숲의 관리인, 가공 업체 그리고 연구 인력이 하나의 테이블에 모일 수만 있다면, 목재는 적수가 없는 최강의 재료가 될 것이다.〉[384] 그러나 지금껏 목재의 최강 능력을 말하는 목소리는 어디에서도 들리지 않는다. 그 〈늙은 목재 업자〉는 스위스 목재 업계의 표어이기도 한 〈위대한 녹색 연맹〉이 사실 희망 사항에 지나지 않는다고 실토했다. 하물며 목재 업계와 환경 운동의 더욱 위대한 연합은 더 말할 것조차 없다.[385]

사회학자 니클라스 루만은 그것 보라며 쾌재를 부르리라. 현대 사회가 수많은 하부 체계로 갈라지는 다변화는 하부 체계마다 독자적인 언어, 독자적인 소통망, 독자적인 눈가리개로 하나로의 위대한 종합을 늘 가로막기 때문이다. 숲을 관리하는 임업과 목재 업계는 서로 다른 세계이며, 외부인에게는 작동 원리를 알 수 없는 일종의 블랙박스처럼 보인다. 각각의 세계에서 일하는 사람이 저마다 다른 특성을 자랑하는 것이 마치 도끼로 산산조각이 난 나무처럼 보인다. 목재를 취급하는 상인과 다양한 목재 소비자는 시장에서 서로 적수이자 경쟁자로 만난다. 더욱이 목재가 갖는 다양한 측면은 업계의 분열을 조장할 수밖에 없다. 이런 업계의 분열상은 스칸디나비아와 북아메리카보다 유럽 중부와 서부에서 더 심하다.

생태 시대에 이어진 다양한 경고는 임업과 목재업과 환경 운동을 하나의 공동 전선으로 묶어 주기에 충분했다. 북반구는 산성비로 숲이 피해를 보았으며, 남반구에서는 대규모로 소 떼를 방목하는 축산업 귀족으로 인해 숲이 파괴되었다. 이런 상황에도 공동 전선은 형성되지 않았으며, 오히려 열대림 목재의 보이콧 운동은 환경 운동과 목재 업계 사이에 새로운 적대감을 고조시켰다. 더욱이 〈숲 고사〉 경고는 다분히 과장된 주장으로 밝혀지면서 목재의 상업적 가치에 전혀 영향을 주지 못했다. 〈숲 고사〉 경고만큼 독일 임업을 긴장시킨 것은 1990년의 태풍 〈비프케〉*였다. 일부 침엽수림은 산성비로 피해를 입었지만, 가문비나무는 태풍에 특히 취약했다. 적어도 잘못된 곳에 심어진 가문비나무가 그랬

---

* Wiebke: 1990년 2월 28일 밤에서 3월 1일까지 독일과 스위스와 오스트리아를 강타한 태풍으로 시속 200킬로미터의 강풍으로 35명의 사망자와 함께 수조 원에 이르는 재산 피해를 냈다.

다. 혼합림을 옹호했던 옛사람들이 즐겨 부르던 노래의 진정한 의미가 상기되는 대목이다. 〈숲을 파괴하고 싶다면/오로지 가문비나무만 심어라.〉〈자연 그대로의 숲〉을 주장하는 바람에 임업의 주류로부터 헛소리나 일삼는 몽상가라는 비웃음을 받았던 사람들, 심지어 단기간에 끝나버린 나치스 임업 정책의 〈혼합림〉 국면을 연상한다며 〈영원한 퇴물〉이라는 놀림까지 받았던 사람들은 마침내 고립된 위치를 벗어나 제 목소리를 낼 수 있었다.[386] 높아만 가는 임금 역시 식목 비용을 줄일 수 있는 자연 회춘*을 매력적으로 만들었다. 아메리카 대륙의 임업인은 어차피 숲을 인위적으로 조성하려는 생각 자체를 하지 않았다.[387] 그곳의 삼림 관리는 오로지 나무를 베는 것이었지, 식목은 아니었다. 생태를 고려하지 않고 순전히 경제적 이해관계로만 이뤄진 이런 삼림 관리는 아메리카 대륙의 숲이 오래가지 않아 없어질 것이라고 믿었던 비관주의자의 예상과는 다르게 이 자연 회춘으로 더 잘 이루어졌다.[388]

스위스 생태적 임업의 선구자인 한스 라이분구트Hans Leibundgut는 임업 종사자들에게 〈게으른 것이 현명하다〉고 충고했다.[389] 이 충고를 반색하며 반긴 사람들은 많았다. 해묵은 임업의 분열은 그 날카로움을 일부 덜어 냈다. 지구 온난화 때문에 앞으로 저절로 침엽수 단일 숲이 사라지고 중부 유럽이 다시금 활엽수림이 된다면, 식목이냐 아니면 자연 회춘이냐 하는 100년에 걸친 신념 다툼이 해결될 수 있을까? 자연 친화적인 임업과 정확히 계산해 식목하는 임업 사이의 갈등은 깨끗이 사라지지는 않았다. 오늘날 유럽에서 이 갈등은 뜨거운 암투의 양상을 보인다. 사유림이 지배적이며 야생을 이상으로 보고 조직적인 식목을 반대하는 미국의 논쟁적인 시민 사회는 1993년 통합된 〈미국 임업과 종이 연맹American Forest and Paper Association, AF&PA〉이 출현하면서부터 갈등으로 몸살을 앓고 있다.[390] 미국 서부에는 유럽에는 존재하지 않는 거목이

* Naturverjüngung: 숲의 나무가 자연스럽게 번식하도록 하는 것을 이르는 표현으로 인위적 식목과 반대되는 개념이다.

울창한 원시림이 있기 때문에 본래적인 야생을 알지 못하는 유럽보다 미국의 〈야생 투쟁〉은 훨씬 더 강하다.

그러나 독일에서도 〈국립 공원 바이에른 숲Nationalpark Bayerischer Wald〉 지정을 두고 갈등은 뜨겁게 불타올랐다. 투쟁의 첫 국면은 1966년 7월 바이에른 주지사 알폰스 고펠Alfons Goppel이 언론을 활용할 줄 아는 베른하르트 그르치메크의 지원을 받아 가며 국립 공원의 지정 가능성을 검토하겠다고 공개적으로 천명하고 나서면서 시작되었다. 대다수 자연 보호 운동가들은 그르치메크가 독일 숲과 현지 식물종을 전혀 고려하지 않고 바이에른의 세렝게티를 세우려고 한다는 풍문(근거가 없지 않은 풍문)에 긴장하며 촉각을 세웠다.[391] 임업계도 처음에는 국립 공원을 반대했으나, 볼프강 하버가 순수한 야생이라는 이상을 지워 버리고 지역의 관광을 촉진하겠다며 도출한 타협안에 어느 정도 수긍하는 분위기로 바뀌었다.[392] 이 독일 최초의 국립 공원이 1970년 10월 7일 국민 축제로 개막했을 때 주민들은 저마다 〈자연〉을 외치며 환호했다. 관광에 큰 희망을 건 주민에게 국립 공원은 인기를 끌었다. 당시만 하더라도 나무는 어차피 별로 가치가 없었다. 그러나 1983년 태풍으로 숲이 엄청난 피해를 보고 쓰러진 나무들에, 특히 가문비나무가 주를 이룬 숲에서 나무좀이 전혀 예상치 못한 규모로 창궐했을 때 국립 공원 운영 당국이 자연에 개입하지 않겠다는 원칙을 고집하자 비판의 목소리가 터져 나오기 시작했다. 야생의 자연을 가슴으로 사랑하는 자연 보호 운동가들도 이제 정말 야생이라는 이상이 옳은지 혼란에 빠졌다. 쓰러진 나무들이 즐비한 폐허의 모습은 보기만 해도 우울했기 때문이다. 이제 관광객을 사로잡을 매력적인 구경거리는 사라져 버렸다. 심지어 인근의 숲 주인들도 자신의 숲이 나무좀으로 망가지는 것은 아닐까 두려움에 떨었다. 그야말로 〈숲 고사〉가 현실로 닥쳤다. 이 비극은 경제적 파산의 위기를 불러왔다.

그럼에도 바이에른주 정부가 1995년 국립 공원을 전폭적으로 확장하기로 결정하자 반대자들이 세력을 규합하기 시작했다. 독일의 환경 보호 전문 기자 호르스트 슈테른은 당시 국립 공원을 〈나치 애널 파크Nazi Anal Park〉라고 욕하는 분노의 목소리가 터져 나왔다고 증언했다. 국립 공원 운영 당국은 자연 보호라는 이름으로 자연 파괴를 자행한다는 비난을 받았다. 자연 보호 운동가들은 이 쓰라린 경험으로부터 침엽수 한복판에 다짜고짜 〈순전한 야생〉을 이룬다는 것은 말이 되지 않는 이야기라는 교훈을 얻었다.[393] 그런 야생은 오히려 자연 애호가들의 미적 감각을 상하게 하는 자연 파괴를 자초할 뿐이다. 이제 〈야생〉은 자연 보호를 호도하는 본보기로 대중의 인식이 굳어졌다. 자연 애호가들이 사랑하는 〈야생〉은 일반적으로 선택 벌목을 했던 숲에서 자연스럽게 다양한 종류의 나무가 자라 생성된 곳이거나 목초지 같은 공유지였다. 다시 말해서 인간의 손길로 만들어진 풍경을 그대로 두었을 때 그 모습이 사라지고 자연을 회복한 것이 야생일 뿐이다.

이런 통찰 덕에 자연 보호와 자연 친화적인 삼림 경제는 독일뿐만 아니라 세계의 다른 지역에서도 다시 손을 잡고 화해했다. 유엔은 이런 분위기에 발맞추어 〈인간과 생물권Man and Biosphere〉(인간을 통칭하는 단어로 〈man〉을 쓴 것은 새로운 여성 해방 운동이 일어나기 전이었기 때문이다)이라는 프로젝트를 출범시켰다. 이 프로젝트가 만들어 낸 모델은 현지 주민을 함께 끌어들여 인간의 손길로 만들어진 전통적인 문화 경관을 보호하기 위한 〈생물권 보전 지역Biosphere Reserve〉이다. 사실 이런 명칭은 인간의 손길로 만들어진 문화 경관이라는 점을 완전히 살리지 못했다는 데서 오해의 소지가 있다. 그래서 자연 보호 운동은 이 모델을 받아들이기 힘들어했다.[394] 현실에서 〈야생〉의 보호는 허가증을 가진 사냥꾼과 축산업자를 제외하고는 누구도 출입해서는 안 되는 특정 공간을 지정하는 식으로 이루어진다. 〈생물권 보전 지역〉이라는 모델은 다르다. 이 경우는 자연 보호를 담당하는 관리가 홀로 전권을 갖고 통제할 수 없다. 생물권을 인간의 문화 풍경과 함께 맞물려 보호해야 하기에 보존권과 개발권을 각기 다르게 담당하는 사람들의 협력이 꼭 필요하다. 그래서 이 모델은 완벽하게 실현되기 어렵다. 역사를 되돌아보면 보존과 개발이라는 두 마리 토끼를 잡아야 하는 일은 정부의 전폭적 지원이나 보조 없이는 이뤄지기 힘들기 때문이다. 예를 들어 자연 친화적 임업을 옹호하는 사람들은 오늘날 갈수록 비싸지는 목재 가격 탓에 되도록 많은 나무를 베려는 업계의 압력이 강력해져 자연적인 숲은 모든 이용이 철저하게 규제된 국립 공원의 핵심 지대에서만 유지될 수밖에 없다고 한숨짓는다.

환경 운동의 역사는 숲과 나무라는 문제에서 다양한 단계의 학습 과정이 있었음을 보여 준다. 첫 번째 순진한 단계는 굳은 확신을 자랑했다. 〈생태적으로 옳은 것〉은 도덕적인 의미에서 〈좋은 것〉과 같다. 좋은 것은 항상 분명하다. 모든 좋은 것은 서로 조화를 이룬다. 이런 식의 신념이 그 굳은 확신이다. 환경 운동가는 의식하지 못했지만, 이런 사고방식은 고대 고전주의 사상이라는 전통을 잇는 것이다. 그러나 선과 악을 두 개의 분명한 축으로 보는 사고방식은 숲이라는 미로에서 길을 찾아내지 못하며, 속내를 알기 어려운 목재 업계 앞에서 혼란에 빠질 뿐이다. 다양한 이해관계가 엇갈리는 목재 업계는 선악이라는 이분법으로 가려볼 수 없다. 애초부터 생태 운동은 자연을 향한 강한 갈망, 비록 무엇을 정말 갈망했는지 불투명했지만, 아무튼 강한 갈망을 자랑했다. 자연적인 생활 방식, 자연적인 주거, 천연 재료, 원목 등을 최선으로 여기며 생태 운동은 합성 물질과 플라스틱이 넘쳐 나는 시대로부터 등을 돌리자고 다짐했다. 이른바 〈바이오 제품〉을 선호하는 태도는 생태 운동뿐만 아니라 일반 대중도 폭넓게 사로잡았다. 특히 갈수록 인기를 얻은 사우나 문화는 상쾌함을 원목과 동일시했다. 그러다 보니 곳곳에 숨은 함정에 빠지는 일은 피할 수 없이 〈자연〉은 분명한 개념이 아니라는 사실을 일깨워 줬다. 피부에 좋다는 천연 섬유는 합성 섬유에 못지않게 많은 화학 물질을 써야만 만들어진다. 스위스 가구 업계의 어떤 대변인은 이런 불만을 토로했다. 〈고객은 자연을 외치면서 자연 제품에 그 어떤 결함도 용납하지 않으려 든다.〉[395]

오스트리아 목수 협회의 대변인은 1988년에 회상하기를 1960년대까지만 하더라도 나무는 건설 업계가 기피하는 재료였지만, 1970년대에 접어들며 〈일대 전환〉이 일어났다고 했다.[396] 건설 업계가 목재를 새롭게 반긴 이유는 그만큼 안락함의 요구가 높아졌기 때문이다. 그러나 업계는 깊은 사려가 없이 화학적 보호 재료를 쓴 목재를 이용했다. 얼마 가지 않아 이런 재료는 주민의 건강을 위협하는 것으로 밝혀졌다. 참으로 모호한 상황이었다. 인간은 자연에서 얻은 〈원목〉을 원하면서도 원목의 자연적 속성은 믿지 않고 목재 보호 제품 광고가 선전하는 그대로 방부와 방수 처리를 한 나무를 심지어 난방이 되는 공간에 썼다. 난방열로 배출되는 화학 독성 물질은 곤충뿐만 아니라 인간에게도 위험했다. 목재 업계와 환경 운동 사이에 소통이 원활하게 이루어지기만 했다면, 독성 물질로 비롯된 숱한 스캔들은 피할 수 있었으리라. 1987년부터 1994년까지 독일 환경부 장관을 지낸 클라우스 퇴퍼Klaus Töpfer는 목재 업계 관계자들과 만난 자리에서 대놓고 〈얼간이〉라고 꾸짖었다. 퇴퍼는 환경 관련 규정을 두고 불평을 일삼고 화학 목재 보호 물질의 유해성을 되도록 숨기려 안간힘을 쓰는 대신, 자연을 선호하는 대중의 새로운 유행을 기회 삼아 나무를 건강하고 환경 친화적으로 만들려는 노력을 먼저 기울여 달라고 호소했다. 목재 로비는 다이옥신을 함유한 목재 보호 물질 〈폴리염화 바이페닐polychlorinated biphenyl, PCB〉의 사용을 금지한 독일의 법령을 폐지하려고 유럽 연합에 압력을 넣는 시도를 해 떠들썩한 논란을 부르고 말았다.[397]

목재 보호 물질이 건강을 위협한다는 사실은 목재 산업 종사자들을 다룬 산업 의학으로 일찌감치 알려졌다. 그러나 이 사실은 소비자도 피해를 본다는 〈환경 위험〉의 형태를 갖고 나서야 비로소 공공의 스캔들로 부상했다. 이 스캔들이 터졌을 때는 목공소에서 포름알데히드가 배출된다는 기사가 거의 모든 신문을 도배하다시피 했다. 특히 나쁜 것으로 입증된 목재 보호 물질은 이른바 〈펜타클로로페놀Pentachlorphenol, PCP〉이다. 이 물질은 1976년 7월 10일에 일어난 〈세베소 사건〉으로 환경 문제의 심각성을 일깨우며 새로운 시대를 열게 한 다이옥신과 비슷하다. 이제 〈세베소는 도처에 있다!〉는 외침은 굳건한 설득력을 얻었다. 1983년 독일에서는 목재 보호 물질로 피해를 입은 사람들이 공동으로 문제에 대처하기 위한 단체를 결성했다. 1985년 미국의 EPA는 펜타클로로페놀의 사용을 금지했다. 다른 나라는 이 선례를 속속 따랐다. 환경 운동은 너무 오랫동안 등한시해 온 분야도 노동 보호를 명문화하도록 압박했다. 1985년 독일 노동조합 〈목재와 인공 물질〉은 목재를 처리하는 과정에서 발생하는 먼지, 특히 화학 물질과 섞인 먼지가 〈일종의 시한폭탄〉이라고 경고했다. 1987년에 목재 업계에서는 처음으로 특정 종류의 암이 피해 보상의 의무를 갖는 직업병으로 인정되었다.[398]

몇 가지 화학 물질이 포함된 목재 폐기물로 난방을 하는 것은 이미 오래전부터 환경 친화적이지 않은 것으로 입증되었다. 옛날에 나무를 때는 난방이 많은 미세 먼지를 배출한다는 점에 주목한 사람은 없었다. 18세기의 문헌에 등장하는 나무를 때는, 당시 최적의 난방열을 얻어 내는 난방 기술은 이제 완전히 새롭게 바뀌어야만 했다. 그런데 자연 애호가 사이에 최악의 분열이 일어났다. 소비자의 입장에서 자연 애호가는 집에 되도록 많은 목재를 사용하고 싶어 한다. 그렇지만 자연 애호가는 나무 베는 일을 차마 볼 수 없다. 화력 발전과 원자력에 반대하는 자연 보호 운동가는 재생 가능한 원료로의 전환을 요구했다. 그러나 숲의 친구는 야생의 숲을 그대로 두었으면 하는 간절한 마음을 품었다. 이처럼 자연 보호 운동은 자연 친화적인 숲 관리의 선구자와 공감대를 갖지 못하는 일이 잦았다.

이런 모든 입장 차이는 기묘하게도 거의 토론되지 않았다. 신념의 차이를 놓고 토론을 벌이지 않는 태도는 세상 물정 모르는 순진함의 전형이다. 〈좋은 것〉이 정확히 무엇인지 하는 토론은 한사코 회피된다. 이런 마당에 모든 합의는 뭐가 뭔지 모를 하나마나한 소리에 지나지 않는다. 〈자연〉은 토론이나 검토나 협상의 대상이 아니라고 한다. 오로지 화를 내며 자연을 고집하고 다른 생각을 가진 사람은 한사코 회피하는 태도는 이렇게 해서 생겨난다. 더욱이 임업과 목재 업계는 분열과 반목이 극심하며 일반적으로 여론에 별로 신경 쓰지 않기 때문에 한 테이블에 모여서도 대화를 나누지 않는다. 서로 이해하려고 노력하는 모습은 전혀 찾아볼 수 없다. 환경 운동은 전문화하는 과정에서 이념을 엄격하게 고집하는 태도를 많이 누그러뜨리기는 했다. 그 대신 관료화와 제도화가 강하게 나타났다. 임업에 관료주의는 그 자체로 새로운 것이 전혀 아니다. 그럼에도 임업계는 〈생태 혁명〉 이후, 특히 〈숲 고사〉 경고로 말미암아 예전보다 관료들을 다루기가 힘들어졌다. 이런 변화의 과정에서 숲은 오로지 임업이 책임져야 하는 문제라는 관점은 설득력을 잃었다. 말주변이 뛰어나지 않은 목재 업계 사람들은 환경 운동가의 달변을 따라잡지 못했다.

이상 기후와 나무

이론적으로야 모든 것은 단순하다. 심지어 이상 기후의 시대에서도 그 이론적 해법은 간단한 것처럼 보인다. 환경 친화적인 임업은 대기권의 이산화탄소 비중을 자동으로 안정시켜 준다. 이런 이론적 입장에서 보면 법을 정하고 통제하며 제재를 가하는 데 엄청난 수고를 들일 필요가 없다. 그러나 나무 해결책은 너무 단순하며, 지나치게 관습에 의존한다는 점에서 미덥지 않아 보인다. 환경 문제를 다루는 기관들은 전혀 다른 주제에 집중한다. 기후 연구, 태양열 발전, 바닷가의 풍력 발전, 조력 발전과 다르게 숲과 나무는 〈정상급 연구〉를 자극할 동력을 제공하지 못한다. 숲과 나무 분야에서 눈부신 혁신을 이루었다고 해도 노벨상은 기대하기 힘들다. 그만큼 야심 찬 대형 연구 프로젝트를 펼칠 기회를 찾기 어려운 곳이 숲과 나무 분야다. 더욱이 일반 대중은 숲 고사 경고에 놀란 이후 유럽 대부분 지역에서 오랫동안 벌목이 새로운 나무들이 자라는 속도에 비해 한참 뒤처져 있어서 나무에 상당한 잠재력이 있다는 사실을 잘 알지 못했다.[399]

환경 문제를 다루는 지성인들이 글로벌한 지평에 주목하고 국제 회의 관광에서 영감을 얻은 나머지 그들의 사고방식은 글로벌 세금이라는 모델을 선호하는 경향을 보여 준다. 그러나 생태의 역사를 살펴보면 글로벌 차원의 임업 정책은 생각할 수 있는 가장 무의미한 이야기다. 제3세계 국가들이 거둔 임업의 성공은 일반적으로 지역적 특성을 고려한 결과다. 작은 규모의 단체가 현지의 이해관계와 생태적 조건에 맞춰 나무를 심은 것이 성공을 거둔 사례는 케냐의 키투이현 여성들과[400] 필리핀 파나이섬의 칼리보에 있는 맹그로브숲이다.[401] 이미 유럽 연합에서 공동의 임업 정책을 펼치려는 노력은 해당 국가들에게 강한 불신을 샀다. 유럽 연합이 펼치는 농업 보호주의가 임업에도 고스란히 되풀이되는 것은 아닐까 하는 충분히 이해되는 불신이다. 역사적으로 농업과 비교할 때 임업은 각국이 앞다투어 규제했음에도 국가의 보호주의가 상대적으로 심하지 않았음을 보여 준다. 임업 상품에 보호 관세를 물리려는 강력한 운동은 심지어 비스마르크가 숲 소유자로 나무 관세에 관심을 가진 이후로 지금껏 독일에서 일어나지 않았다. 독일은 20세기 중반까지 목재 수출국이었으며, 현재에도 침엽수를 톱으로 켜서 만든 판재로 다시 목재 수출국의 지위에 올라서려 한다.

21세기에 들어선 이래 가장 최근의 상황은, 나무가 이상 기후와 동시에 가파르게 상승하는 에너지 가격으로 지난 200년 동안 누리지 못한 잠재적 기회를 맞게 되었다는 것이다. 임업에 종사하는 사람들은 정유회사 〈쉘〉이 그동안 전 세계에서 숲을 가장 많이 소유했다는 뉴스에 술렁거렸다. 이미 전문가들은 앞으로 목재 가격이 〈배럴로 환산된 가치〉로 계산될 것이라고 전망한다. 금융 전문가는 숲에 투자하라고 추천한다. 다른 모든 것이 불안해진 상황에서 숲은 장기적으로 더욱 안전한 투자처라는 것이 전문가의 진단이다. 거의 반백 년 동안 경제적으로 활용되지 않았던 독일 숲은 돌연 전 세계 투자자들의 구미를 당기게 했다. 숲 소유자는 어느 때보다도 경제적 계산을 하기에 바쁘다. 한동안 중국의 수입업자들은 독일의 너도밤나무를 수입하려고 그야말로 장사진을 치는 진풍경이 벌어졌다. 너도밤나무는 중국에서 더는 땔감으로 쓰이

지 않으면서 여러 측면에서 〈소실된 수종〉으로 여겨졌던 나무다.[402]

오랜 세월 동안 수입 목재를 쓰며 자국의 숲을 보호해 온 목재 산업은 이제 전 세계적인 목재 품귀 전망으로 지역의 삼림 경제를 다시 흥미로운 사업 파트너로 바라보기 시작했다. 임업과 목재업 사이에 지역은 물론이고 기술적으로도 최적화한 장기적 협력 관계를 뜻하는 이른바 〈클러스터Cluster〉는 새로운 마법의 주문이 되었다. 그러나 부퍼탈 기후·환경·에너지 연구소 관계자의 말에 따르면 목재 업계 종사자뿐만 아니라, 나무를 재생 가능한 자원으로 알리려고 노력하는 환경 보호 운동가 역시 〈목재 운송〉은 〈헤라클레스의 과업〉과 다를 바 없다고 한숨짓는다고 한다. 작은 숲을 가진 주인들은 시세보다 싼값을 받는 게 아닐까 걱정한 나머지 나무를 팔지 않으려고 한다. 핀란드 목재 산업의 한 대변인은 자신이 모니터해 본 결과, 독일에서 숲에서 목공소로 나무를 운송하는 경로는 지금까지 〈장애물 경주〉와 다르지 않았다고 했다. 〈적어도 계주는 되어야만 한다.〉[403] 운송 비용의 절감과 신뢰를 키워 가는 협력은 목재 사업의 새로운 성공 비결이다. 예로부터 판매자와 구매자 사이의 신뢰를 중시해 온 목재업에서 신뢰의 강조는 두말할 필요가 없는 사안이다. 무엇보다도 목재라는 천연물은 규격과 품질에서 들쑥날쑥한 특성이 있기 때문에, 목재의 결함을 쉽게 알아보기가 힘들다는 사정이 신뢰의 중요성을 부각한다.

독일산 나무가 대량으로 아메리카 대륙으로 또 극동 아시아로 수출되었는데, 대체 독일 숲에서 이뤄지는 벌목이 지속성이라는 원칙을 어느 정도 지키는지 정확히 검토할 필요성이 대두되었다는 사실은 오랫동안 상상조차 하지 못했다. 때마침 선포된 「나무 헌장Charta für Holz」(2004)은 목재 산업에서 녹색당까지 각계각층의 폭넓은 합의를 이끌어 내며 목재 이용을 높여 나가는 것을 독일 정치의 공식 목표로 삼았다. 이 헌장은 발표 직후 목재 수요의 폭발적 증가를 불러오며 일대 혼란을 불러일으켰다. 심지어 숲의 죽은 나무도 그동안 땔감으로 주목을 받았다. 나무 폐기물이 오랫동안 산지기의 관사에서 공짜 땔감으로 쓰일 정도로 나무로 난방을 하는 것은 경제성이 없었지만[404] 이제 〈에너지 숲〉의 본격적 육성이 정책 목표로 제시되었다.

그러나 이런 상황에도 어두운 측면이 있다. 목재 잔재로만 만들어지는 목재 펠릿과 나뭇조각의 수요가 폭발적으로 증가하면서 갈수록 원목의 생산과 가공 분야를 잠식하자 본래의 목공 업계는 분노에 찬 반응을 보였다. 이른바 〈잔가지 덩어리〉(집 건축과 가구 제조와 같은 〈고부가 가치〉 생산에 적당하지 않은 〈나무 종류의 바이오매스〉)와 〈가치 목재〉라는 개념의 구분으로 에너지 시장과 자연 원목 시장 사이의 경계를 분명히 하려는 시도는 꾸준히 이루어졌다. 그러나 갈수록 높아지는 에너지 가격은 두 시장을 서로 겹치게 했다. 현재의 목재 시장은 역사상 가장 통합적이다. 이런 상황은 다양한 목재 이용자 사이의 경쟁을 격화했으며, 자연 보호 운동과 새로운 긴장 관계를 빚고 말았다. 자연 보호 단체는 나무를 에너지 재료로 쓰는 것을 두고 격론을 벌인다. 이 문제에서 생태와 경제는 격돌하며 감정적 충돌도 마다하지 않는다. 나무를 사랑하는 사람은 지속해서 쓸 수 있는 집기를 만들 재료인 나무를 불태워 에너지를 얻는 일을 치욕으로 여긴다. 반대로 역사에 정통한 자연 보호 운동가는 땔감을 얻는 데 쓰는 저림抵林이 원목을 얻으려고 조림하는 교림喬林보다 더 다양한 수종을 자랑한다고 반론한다(그러나 그렇다고 저림이 미래의 에너지 농장을 약속해 줄까?). 그 밖에도 목재 펠릿 생산은 지금까지 오로지 제지업, 셀룰로스 섬유 그리고 널빤지 업계하고만 경쟁했을 뿐, 건축용 재목과 가구용 목재를 생산하는 제재소와 겨루지는 않았다.[405]

기후 경고가 나무에 새로운 기회를 줄까? 1997년 교토 기후 회의 때와 그 이후 논란의 중심에 선 물음은 조림이 이산화탄소의 배출을 상쇄해 줄 수 있을까 하는 것이다. 이런 의심에는 정당한 근거가 있다. 나무를 나중에 베서 이용하기 위해 심는다면, 화석 연료의 소비를 줄이지 않는 한, 결과적으로 대기권의 이산화탄소 총량은 그대로다. 더욱 까다로운 문제는 나무는 심는 것 자체만으로 큰 의미가 없다는 점이다. 나무에 물을 주고, 방목해 키우는 가축으로부터 보호해 주면서 지속적으로 관리해 주는 일이 중요하다. 이 모든 일은 오랜 시간이 걸리며, 원거리에서 하는 통제만으로는 성과를 올리기 어렵다. 그래서 조림을 지원해 주는 것은, 개발 지원에서 보았듯, 부패로 가는 지름길이라는 의심은 정당하다.

다른 측면에서 보면 효과적 처벌이나 제재 없이 통제와 규제에만 신경 쓰는 국제 기후 정치는 어차피 실패할 수밖에 없다. 장기적으로 이런 전략은 관련 당사자의 이해관계를 살려 줄 때만 성공의 전망을 기대할 수 있다. 역사가 보여 주듯, 숲의 지속적 관리는 대개 이런 조건 아래서만 이루어진다. 지속적인 삼림 경제와 맞물린 세계 경제에서 나무가 차지하는 비중이 늘어나면서 대기권 가운데 이산화탄소가 차지하는 비율이 장기적으로 저절로 균형을 이룰 수 있게, 곧 통제와 규제 없이도 저절로 균형 잡을 수 있게 해줄 경제 분과가 나타날 것으로 보인다. 숲과 나무는 대중에게 인기를 누리거나 적어도 인기를 누릴 기회가 있지만, 규제는 절대 대중의 인기를 기대할 수 없다. 이렇게 볼 때 숲과 나무를 취급하는 업계가 기후 정책의 입안 및 집행 과정에 적극적으로 동참하게 해줄 필요는 충분하다. 물론 프로젝트를 만드는 사람에게야 지하의 탄소 포획 저장 시설 같은 초현대식 설비를 만들 대형 프로젝트가 조림을 통한 이산화탄소 억제라는 다분히 관습적인 방법보다 훨씬 더 매력적이리라.

막스 베버의 흔히 인용되는 형식적 합리성과 실질적 합리성이라는 구분의 구체적 사례를 환경 정책은 차고도 넘치게 보여 준다. 형식적으로는 합리적 방법이라며 추진한 정책에서 빚어지는 의도하지 않은 부작용은 그만큼 많다. 이를테면 재생 가능한 에너지원에 맞추어 경제 활동의 전환을 꾀한 환경 정책은 형식적 합리성의 탁월한 예다. 그러나 그 실질적 효과는 환경 운동가만 경악하게 하는 데 그치지 않는다. 제3세계의 굶주리는 사람들을 염두에 둔다면, 이들을 먹여 살릴 수 있는 거대한 면적의 농토를 이용해 바이오 연료를 생산하는 일은 〈인류에게 저

지르는 범죄)다.[406] 숲이 세계 도처에서 자리하는 입지는 산악 지대이거나, 농지 이용에 적당하지 않은 지역이다. 게다가 농업의 기술화로 산악 지대에서 농사를 짓는 일은 줄어들고 있다. 이런 사실을 고려한다면 에너지원으로서 나무는 옥수수처럼 사회정치적 비난을 듣지 않아도 된다.

지평선의 태양? 우주 공간에서 날아오는 광전지의 착륙 문제

오늘날의 기술 수준에서 볼 때 햇빛을 받고 자란 나무를 에너지 생산의 원료로 쓰는 것은 태양 에너지 이용의 가장 저급한 방법이다. 그렇지만 역사를 보면 인류는 가장 오랫동안 태양열로 온기를 만들어 왔다는 점에서 나무도 태양 에너지의 활용 방법 가운데 하나임은 분명하다. 오늘날에도 많은 사람은 같은 방법을 쓴다. 태양 에너지 이용의 새로운 방법을 열어 가는 길은 최소한 이론상으로는 이 지구가 안은 환경 문제의 대부분을 일거에 해결한다. 더욱이 끝없이 넘쳐 나는 규제, 관련 법률, 세금, 통제, 필터, 쓰레기 처리 및 재활용 기술 등이 전혀 필요 없어진다. 배기가스 문제도 해결되며, 대기권을 바라보는 근심도 사라진다. 또 유한한 화석 연료와 이 연료의 부당하기 짝이 없는 배분 문제도 사라진다. 더 나아가 오늘날 가장 가난한 나라에 속하는 최고로 더운 국가들은 어마어마한 기회를 얻는다.

이런 모든 사실은 원칙적으로 우리가 이미 알던 것이다. 그리고 지구에 비치는 햇빛이 가진 에너지는 오늘날 수준에서 지구 전체의 에너지 소비보다 1만 5,000배나 더 높다는 계산 결과가 이미 오래전에 나왔다(물론 독일로만 국한하면 이 비율은 120:1로 줄어든다.* 그러나 태양에너지로 생산된 전기를 수입하는 것을 고려하면 이야기는 달라진다).

---

* 독일은 일조량이 많지 않은 나라다. 해가 나는 날이 그리 많지 않다는 점을 고려해야 이런 차이가 이해된다.

이런 단순한 수치는 비록 아무런 실질적 의미도 갖지 않는다고 할지라도, 그 자체만으로 압도적인 인상을 심어 주기에 충분하다. 〈에너지 문제란 없어, 문제는 오로지 상상력 부족일 뿐이야〉라고 태양 에너지에 열광하는 사람들은 말하곤 한다. 상상력 부족이란 기술적 상상력의 부족을 뜻한다. 태양 에너지라는 목표에 집중하는 것이 애초부터 전 세계 환경 운동의 추동력이어야만 하지 않을까? 모든 환경 운동은 이 목표에 주목하는지 여부에 따라 평가되어야만 하지 않을까?

태양 에너지 기술의 역사를 조금이라도 깊이 살펴본 사람은 서로 전혀 어울리지 않는 두 가지 사실에 놀라곤 한다. 우선 이 기술 발달의 역사는 그리 멀지 않은 과거에 시작되었다는 점이다. 더욱 놀라운 사실은, 태양 에너지 이용은 그동안 발전을 거듭해 왔음에도 오늘날까지 보잘것없으며, 환경 운동 내부에서조차 이 주제를 그리 중시하지 않는다는 점이다. 태양 에너지의 이용을 추구해 온 노력은 발전뿐만 아니라 퇴보를 보여 주기도 한다. 1979년 스웨덴의 미래 연구 사무국은 2015년의 청사진을 그린 〈태양 스웨덴〉이라는 프로젝트를 선보였다. 이 계획은 스웨덴의 절반 정도에 해당하는 엄청난 숲을 활용할 방안도 내놓았다.[407] 이 글을 쓰는 지금, 2015년이 거의 다가온 시점에서 스웨덴은 원자력으로 돌아가기로 결정했다.

게르하르트 메너Gerhard Mener의 두툼한 책『독일과 미국의 태양 에너지 이용의 역사Geschichte der Sonnenenergienutzung in Deutschland und den USA』, 지금까지 재생 가능한 에너지의 기술 역사를 다룬 가장 포괄적인 대작 가운데 하나인 이 책은 1860년에서 출발한다.[408] 이미 1900년 허공에 걸린 초현실적 비전으로, 당시 헤르만 루트비히 페르디난트 폰헬름홀츠Hermann Ludwig Ferdinand von Helmholtz의 후계자로 물리 기술 제국 연구소의 소장을 맡은 프리드리히 콜라우슈Friedrich Kohlrausch는 장차 맞이할 태양열 시대를 대비해 햇빛이 풍부한 사막에 일종의 태양열 식민지를 건설할 것을 촉구했다. 미래를 대비하는 마음가짐으로 추천한다며 그는 이렇게 말했다. 〈국가는 지금부터 그런 지역을 확보해야만 한다. 대단히 넓은 면적이 필요한 것도 아니다. 북아프리카 사막의 몇 제곱마일 정도면 독일 제국 정도의 나라가 필요로 하는 에너지를 충당하기에 충분하다.〉 분명 콜라우슈가 보기에 태양열 집열판으로 압축된 에너지를 독일로 수송하는 기술이 등장하는 것은 시간문제였다. 그리고 바로 이것이 오늘날 이른바 〈데저텍 프로젝트〉*의 근본 발상이다.

사회주의 사상가로 기술 발달과 사회 발달을 거의 같은 것으로 여긴 아우구스트 베벨August Bebel은 이런 비전을 열광적으로 받아들여 여러 쇄를 찍은 자신의 베스트셀러 『여성과 사회주의Die Frau und der Sozialismus』에서 자세히 다루었다.[409] 이렇게 해서 이 미래 비전은 사회민주주의의 기념비가 되었다. 물론 이런 비전은 체르노빌 사건 이후의 시기까지 그저 기억으로만 남았을 뿐이다. 아무래도 태양 에너지가 현실이 되기까지는 아직도 시간이 걸릴 모양이다. 아무튼 현재에도 이 미래는 아직 모습을 드러내지 않았다. 이해관계를 깔끔하게 정리하고 동력을 펼칠 수 있게 해줄 태양 에너지 관련 대형 프로젝트는 아직 없다. 아주 오랜 세월 동안 태양 에너지의 고민은 투쟁을 선포할 공개적인 적도, 그렇다고 〈플라토닉 러브〉 이상의 것을 보여 줄 잠재적 친구도 없다는 점이다.

그리고 오늘날 거의 잊힌 사실은 1950년대 원자력 열광이 무척 오랜 세월 동안 태양열 비전을 묻어 버렸다는 점이다. 원자력 산업은 핵분열 원자로가 세대를 거듭하며 핵융합 원자로로 발전해 가는 것이 합법칙적이라고 굳게 믿었다.[410] 1938년 이후 알려지기로 태양 에너지는 수소 핵의 융합으로 생겨난다고 했다. 그러니까 핵융합 기술만 있다면 분산적인 태양광을 붙잡으려 허덕이는 대신 고도로 응축된 태양 에너지를 지구에서 얼마든지 만들어 낼 수 있다는 것이 원자력 산업의 낙관이었다. 심지어 진지하기로 평판이 높았던 정치 전문 잡지 『외교정책 Außenpolitik』조차 1954년 핵융합은 예상대로라면 〈2년 뒤에 실질적 활

* Desertec Project: 〈데저텍〉은 사막desert과 기술technology의 합성어다.

용이 가능하다〉는 말도 안 되는 주장에 사로잡혔다.[411] 1940년대만 하더라도 인도 물리학자 가운데에는 태양 에너지에 열광한 인물이 적지 않았다. 햇살이 풍부한 인도가 안개 자욱한 대영 제국, 석탄 광산으로 세계를 지배한 대영 제국에 맞서 우위에 서는 데 태양 에너지만큼 적절한 것도 없지 않은가? 그러나 1952년에만 해도 태양 에너지를 적극적으로 지지했던 인도의 물리학자 호미 바바Homi Bhabha는 워싱턴이 주도해 일으킨 전 세계적인 운동 〈평화를 위한 원자력〉의 열기에 휩쓸려 원자력을 찬성하는 쪽으로 입장을 바꾸어 인도 원자력 위원회와 1955년 제네바에서 열린 원자력 회의의 의장이 되었다.

오스트리아의 원자 물리학자 한스 티링Hans Thirring은 냉전을 반대한다며 1952년 원자력의 이용은 태양 에너지와 수력 발전의 잠재력을 완전히 연구하고 이를 소진한 다음에나 생각해야 할 일이라고 경고했다. 그러나 티링 자신이 원자력 결정권자의 책임감 있는 계획 능력을 믿지 않았다는 점은 그의 첨언에서 고스란히 드러난다. 〈딕시 에트 살바비 아니맘 메암Dixi et salvavi animam meam.〉[412] 이 말은 『구약성경』의 「에스겔서」에 나오는데, 〈나는 말을 했으며, 이로써 내 영혼을 구했노라〉라는 뜻이다. 신의 뜻을 거역하는 사람들이 저주를 받을지라도, 자신은 경고했으니 영혼의 구원을 받으리라는 일종의 양심 알리바이를 티링이 시도한 셈이다. 물론 그는 사람들이 자신의 경고를 듣지 않으리라는 것을 잘 알았다. 실제로 재생 가능한 에너지의 모든 가능성을 시험한 뒤에야 원자력을 허용할 정도로 장기에 걸친 실험을 수행할 정치 기구, 재계와 여론의 폭넓은 지지를 받는 정치 기구는 당시 존재하지 않았다. 그렇지만 태양 에너지 기술이 전혀 논의되지 않은 것은 아니다.[413] 제네바 원자력 회의에서 근접한 기술로 이야기되었던 융합 에너지는 갈수록 시기를 특정할 수 없는 미래로 미뤄지기만 했다. 1970년대에 이르자 핵융합은 태양 에너지보다 더 비현실적인 것이 되고 말았다.

1960년대에 지구상에서는 원자력이 태양 에너지를 능가했지만, 우주 비행에서는 태양 전지가 원자로를 밀어 내고 추진력을 제공했다.

1970년을 전후한 〈생태 혁명〉의 시기에 때맞춰 우주 비행은 최대의 승리를 거뒀다. 곧 1969년 7월 19일 달 착륙에 성공했다. 그러나 이 승리는 내리막길을 뜻하는 정점이었다. 뜻한 바와 다르게 우주 비행은 새로운 생태 계몽의 기초 정보를 제공해 주었다. 우주 공간은 인간이 살 수 있는 곳이 아니며, 우리의 유일한 서식처는 지구뿐이라는 사실을! 더욱이 미국의 재정은 베트남 전쟁으로 위기에 처했다. 막대한 비용이 들어가는 우주 비행이 삭감의 대상으로 떠올랐다. 우주 비행을 둘러싸고 형성된 거대한 연구 및 기술 복합체는 이런 삭감을 지켜볼 수밖에 없었다.[414] 원자력의 위험과 석유 공급의 위기를 알리는 경고의 목소리는 때마침 터져 나왔다. 최소한 원칙적으로 우주 비행을 위해 개발된 태양 전지는 오랫동안 태양 에너지 이용을 막아 온 주된 반론, 곧 커다란 오목 거울로 만든 태양열 집열기는 오로지 햇살이 비출 때만 에너지를 생산하기에 효율이 떨어진다는 반론을 무색하게 했다.

그럼에도 태양열 기술과 환경 운동의 연합은 결코 쉬운 일이 아니었다. 태양열 집열기는 거대화Gigantomania를 자극한다. 프랑스의 피레네산맥의 오데요Odeillo라는 지역에 1973년 거대한 탑 높이의 포물면 반사기로 금속을 용해하는 〈태양로〉가 들어섰다. 그러나 오늘날 이곳은 흘러가 버린 미래의 기념물일 뿐이다.[415] 거대한 반사경은 보는 것만으로도 눈이 멀거나 화상을 입는 것은 아닐까 하는 두려움을 불러일으킨다. 이에 반해 최신의 혁신 기술은 아주 작은 태양 전지를 만들어 냈다. 그러나 제1대 전문가 세대는 군산 장비로 얼룩진 연구 복합체 출신이다. 대다수 환경 운동가에게 이런 출신은 도저히 받아들일 수 없을 정도로 악명이 높다.[416] 더욱 불편한 사실은 태양 전지가 돈은 전혀 문제가 되지 않는 연구소에서 개발되었다는 점이다. 태양 전지는 〈스타워즈〉 연구로 생겨났을 뿐만 아니라, 천문학적으로 비싸기도 하다. 크기는 작을지라도 〈작은 것이 아름답다〉는 말은 태양 전지와는 맞지 않는다. 우주 비행에 쓰는 실리콘으로 만든 광전지 발전기가 1킬로와트를 만들어 내는 데 드는 비용은 10만에서 20만 미화달러다.[417] 그런데 컴퓨터 역시

1970년대까지 엄청난 가격을 자랑했다. 그러다가 소형화와 함께 대량 생산이 이뤄짐으로써 컴퓨터 가격은 누구도 예상하지 못할 정도로 떨어졌다. 실리콘으로 전기를 만드는 태양 전지에서도 비슷한 일을 기대할 수 있을까? 생산량이 늘어나면서 태양 전지의 가격이 내려가기는 했지만, 컴퓨터보다는 떨어지는 속도가 훨씬 더 느리다. 앞으로도 몇십 년은 걸려야 가격의 하락세가 분명해질 전망이다.

그러나 가격이 내려갔음에도 태양 전지의 전망을 어둡게 하며, 이 기술에 호감을 가진 사람조차 본격적인 신뢰를 가질 수 없게 하는 사정이 있다. 크게 세 가지로 정리되는데, 우선 날씨에 지나치게 의존하는 탓에 이 에너지는 미덥지가 않다. 더 나아가 전기 생산의 변동 폭을 안정시켜 줄 만족스러운 저장 기술이 없다. 셋째, 태양 에너지는 뜨거운 사막에서처럼 거대한 면적으로 생산되지 않는 한, 극도로 분산적이다. 어떤 식으로 수많은 작은 태양 전지를 네트워크로 묶어 생산과 소비의 전체 과정을 조종할 수 있을지에 해결책은 아직 나오지 않았다. 기존의 에너지 산업 체계는 태양 에너지를 전혀 대비하지 않았다. 여성 정치인 딕시 리레이Dixy Lee Ray는 자신이 이끌었던 미국 원자력 위원회가 해체되자 분노했으며, 1974년 태양 에너지에 열광하는 사람들에게 비난과 조롱을 퍼부었다. 〈태양 에너지 이용의 기술적 실현은 1000만 마리의 벼룩에게 동시에 같은 방향으로 뛰도록 가르쳐 그 모든 힘을 이용하는 어려움에 빗댈 수 있다.〉[418] 1974년만 해도 이 말은 재치 있는 농담이었다. 그러나 20년 뒤 그녀는 어떤 식으로든 〈생태〉와 관련한 모든 것을 새롭게 총공격하면서도 이런 농담을 더는 하지 않았으며, 태양 에너지에 한사코 침묵했다.[419] 시스템은 중앙에서 조종해야만 한다는 고정 관념은 전자 시대를 맞아 시대착오적인 것이 되었다.

생태 시대에 접어들어 미국과 독일의 태양 에너지 기술 개발은 전혀 다른 모습을 보여 주었다. 1970년대에 미국은 이 분야에서 독일을 한참 앞섰다. 태양 전지를 만들어 낸 거대한 우주 비행 연구 센터가 미국에 있다는 점을 생각하면 놀라운 일도 아니다. 더욱이 미국은 햇살이 풍부한 지역이 독일과는 비교도 안 될 정도로 넓었다. 태양 에너지의 엘도라도는 캘리포니아가 약속해 주었다. 캘리포니아의 햇살은 그야말로 넘쳐 났으며, 기술 연구에 옛 히피 세대와 젊고 역동적인 인력이 활발하게 참여하면서 인생의 새로운 기회를 찾았다. 캘리포니아의 모하비사막에는 집열기 기반의 태양열 발전소 아홉 곳이 생겨났다. 이 발전 설비는 총 354메가와트를 생산해 한때 전 세계에 설치된 태양열 발전 용량의 90퍼센트를 차지했다.[420] 일찌감치 많은 과학자가 합류한 미국 환경 운동가의 대다수는 1970년대 독일의 원자력 반대 운동 투사들, 주로 마르크스주의자라는 경력을 가졌던 투사들에 비해 군사와 산업 연구와 접촉하는 데 두려움이 훨씬 적었다.

그러나 이런 대비 구도는 오래가지 않아 바뀌었다. 1970년대 미국의 태양 전지 열기는 든든한 경제적 기반도 지속적 효과도 없는 흘러가는 유행이 되었다. 카터 대통령은 백악관 지붕에 태양 전지판을 세워 온수 공급 용도로 썼다. 후계자 레이건은 이 설비를 다시 철거했다.[421] 반면 독일은 1980년대에 접어들면서 태양 에너지 개발의 최선봉에 섰다.[422] 이미 이런 사실은 태양 에너지 기술의 발전이 해당 국가의 환경 운동이 발휘하는 정치적 영향력에 따라 좌우된다는 점을 암시했다. 미국이 태양 에너지 개발에 관심을 갖게 된 결정적 계기는 원자력 반대 운동이었다.[423] 독일에서 특히 강력했던 원자력 반대 운동은 직간접적으로 태양 에너지 개발에 좋은 영향을 주었다. 햇빛 부족으로 많은 사람이 고통받는 독일에서는 원자력 반대 투사가 태양의 힘을 믿기 어려워했다. 태양 에너지 기술을 소개한 초기의 박람회는 사람들에게 별로 신뢰를 주지 못했다. 태양 에너지 기술은 신뢰가 중요하다. 물론 신뢰의 중요성은 원자력도 다르지 않다.[424] 신뢰라는 점에서 재생 가능한 에너지가 안은 문제는 원자력과 크게 다르지 않다. 오히려 재생 가능한 에너지는 그동안 추진 세력이 지나치게 성급해 꼭 필요한 학습 과정, 곧 시행착오를 거듭해 가며 배우는 과정을 과소평가함으로써 원자력보다 더 심한 신뢰의 상실에 시달렸다.[425]

원자력 갈등이 절정으로 치달았을 때 독특한 행보를 보여 준 인물은 〈RWE〉의 에너지 응용 분야 책임자이자 〈태양 에너지 독일 연맹〉 회장이었던 베른트 슈토이다. 그는 1977년 태양 에너지 기술을 다룬 대중적인 책을 출간했는데, 1980년까지 700면에 이를 정도로 이 책의 증보판을 냈다. 더욱이 에너지 산업의 내부 사정에 밝은 그는 권위 있는 사람으로서 이 책에서 원자력을 비판하는 사람들이 주로 선호하는 논리, 곧 경제 성장과 에너지 소비의 성장은 〈서로 떼어서 봐야 한다〉는 논리에 힘을 실어 주었다.[426] 책을 읽으며 인상 깊은 점은 슈토이가 RWE를 향한 충성심과 태양 에너지를 바라보는 열정 사이에서 얼마나 갈등했는지 여실히 드러난다는 점이다.[427] 슈토이는 회사에 충성심을 보이려고 태양 전지 설비를 열펌프와 함께 묶어 선보이는 식으로 열펌프 시장에 진출하려는 전력 회사의 전략을 지지해 주었다.[428] 슈토이는 이런 결합으로 자신의 환경 양심을 달랬다.[429] 그는 또 솔직하게 열펌프를 작동시키고 필요 시 냉기를 만들어 낼 수 있으려면, 에너지가 소비되어야만 한다고 털어놓았다. 그러니까 그가 태양 전지와 열펌프를 결합한 것은 사실 기존의 전기 소비량에 영향을 주지 않기 위한 방법이었다. 〈목욕하지 않는 사람은 뜨거운 맥주를 마셔야만 하니까.〉[430]*

독일 북부의 사회민주주의자는 물론이고 심지어 녹색당원[431]이 원자력을 반대할 때 그 대안은, 비록 큰소리로 이야기하지는 않더라도 간단하다. 그 답은 석탄이다. 그러나 석탄은 언젠가는 바닥난다. 전통적으로 석탄 광산에 매달렸던 루르 지역을 최대의 아성으로 삼는 사민당은 1957년 급감한 석탄 수요에 충격을 받았다. 1980년대에 접어들자 환경을 의식한 원자력 반대 운동가는 석탄이라는 대안을 본격적으로 의심하기 시작했다. 우선 〈숲 고사〉 경고가, 다음에는 1986년 이산화탄소 배출의 결과로 빚어지는 지구 온난화가 이런 경각심을 심어 주었다. 특히 지

---

* 에너지를 쓰는 게 두렵다면 온수 펌프도 냉장고도 쓰지 말아야 한다는 슈토이의 농담이다.

구 온난화는 체르노빌의 충격과 맞물렸다. 이제부터 태양 에너지 기술은 질주하기 시작했다.[432] 태양 에너지의 질주는 독일 통일로도 식을 줄 몰랐다. 기민당이 이끈 독일 정부는 1990년에서 1992년까지 〈1,000개 지붕 프로그램〉이라는 이름으로 태양 에너지의 분산적 생산을 장려했다. 심지어 사민당과 녹색당이 연정을 이룬 독일 정부는 1999년에서 2003년 사이에 〈10만 개 지붕 프로그램〉을 선보였다.[433] 그러나 이런 양적 비약에도 태양 에너지는 조촐한 수준을 넘어서지 못했다.

막강한 군수 업체 〈메서슈미트 뵐코프 블롬 Messerschmidt-Bölkow-Blohm, MBB〉의 창설자인 나이 많은 루트비히 뵐코프 Ludwig Bölkow(1912~2003)라는 인물은 태양 에너지 업계에 기대하지 못했던 〈강한 투사〉, 유명세와 불꽃 같은 투지를 갖춘 투사 역할을 해 힘을 실어 주었다. 독일 총리를 역임한 프란츠 요제프 슈트라우스의 친구로 독일의 항공 산업을 오랫동안 주도해 온 뵐코프는 항공 산업에서 얻은 능력과 자원으로 태양 에너지 기술 개발을 은퇴 생활의 취미 활동으로 삼았다. 그는 원자력을 〈새로운 기술〉의 총화로 떠받들며 〈우리의 보수적인 산업 세계는 원자력을 성스러운 암소 다루듯〉 한다고 비웃었다.[434] 그의 주도로 1986년 오버팔츠의 노인부르크 포름 발트 Neunburg vorm Wald, 정확한 행정 구역으로는 바커스도르프 Wackersdorf, 곧 원자력 갈등을 둘러싸고 마지막 치열한 결전이 벌어졌던 곳에서 태양 전지로 운영하는 수소 생산 시설이 들어섰다. 이 시설은 에너지 저장 문제의 잠재적 해결책이다. 연방 정부의 지원을 받은 설비는 세계 최대의 것이라며 독일에서 호평받았으나, 에너지 산업의 척도로 보면 아무것도 아니었다. 뵐코프는 자신의 오랜 인생에서 얻은 가장 귀중한 교훈이라며 이런 말을 했다. 〈문제의 해결책은 전체 시스템과 맞아야만 한다.〉[435] 실제로 이것이 핵심이다. 태양 에너지는 그때까지 전체 시스템과 맞지 않았다.

1986년 이후 특히 환경 의식을 가진 사회민주주의자들은 태양 에너지에 열광했다. 거의 100년 전 아우구스트 베벨의 비전을 기억나게 하는 대목이다.[436] 심지어 『슈피겔』은 1987년 8월 11일 자에서 태양 전지를 표지 사진으로 실었다. 이러한 열광은 평소 조롱과 빈정댐으로 유명한 이 시사 주간지로서는 파격적인 것이었다.[437] 그러나 열광의 물결은 뵐코프가 사망하기 훨씬 전에 사그라져 버렸다. 폭발성을 가진 수소는 단숨에 정복할 수 있는 게 아니라 매우 신중하게 접근해야만 하는 물질이다. 물론 그동안 요란하지 않게 획기적 혁신이 하나 이뤄지기는 했다. 이 혁신은 1989년에 도입된 것으로, 집의 지붕에 태양열 발전기를 설치한 소비자가 생산한 전기를 전선 망으로 공급해 주는 기술이다. 이때 계량기는 거꾸로 돌아가 보낸 전력량만큼 자동 보상이 이뤄진다.[438] 이 기술을 바탕으로 독일 정부는 1991년 개인 전력 소비자가 재생 가능한 에너지원으로 생산한 전류를 보상해 주는 이른바 〈발전 차액 지원 제도〉를 법으로 정했다. 이런 제도는 미국의 관점에서 보아도 예전의 미국 모델보다 결정적으로 발전한 것이다. 미국은 대형 전력 생산 업체에 태양 에너지 보조금을 주면서까지 전기를 만들게 했다. 보조금은 〈개발 지원금〉의 전형적 운명, 곧 완전히 상반된 목적은 아니라고 할지라도 본래 목적을 변질시키는 용도로 쓰이는 운명을 고스란히 답습할 수 있다.[439] 독일의 제도도 물론 지원금의 함정에 빠질 수 있다. 이런 식의 지원은 특정 개발의 비경제성을 숨길 수 있기 때문이다. 아무튼 태양 에너지 기술에 대해 지원이 없다면 제풀에 무너져 버리지 않을까 하는 불신은 여전하다.

태양 에너지 기술이 오랫동안 누리지 못한 거대 프로젝트가 가동된 것은 최근의 일이다. 사하라 사막에서 얻은 태양 에너지로 유럽에 전력을 공급해 주는 〈데저텍 프로젝트〉, 정확히 물리학자 콜라우슈가 꿈꾸었으며 베벨도 열광했고 1987년 한때 〈증식로 교황〉이라는 별명을 자랑했던 볼프 헤펠레가 〈확실한 태양 에너지〉라고 불렀던 〈데저텍 프로젝트〉가 되살아날 조짐이 나타났다.[440] 예전에 생태 시대의 싱크탱크였던 〈로마 클럽〉과 〈독일 항공 우주 센터Deutsches Zentrum für Luft-und Raumfahrt, DLR〉는 함께 손을 잡고 산업계에 모험적인 사막 프로젝트를 제안했다.[441] 예상되는 총비용은 4000억 유로로 추산되었다. 역사를 아는 사람이라면 이런 예산안이 너무 낮다는 것을 예감하리라. 기후 변화를 걱정하던 세계 최대의 재보험 회사 〈뮌헨 재보험〉도 참가를 결정하고 프로젝트를 추진하기로 했다.[442] 이 같은 프로젝트는 태양 에너지 기술의 역사에서 추진된 적이 없다. 재계의 거물 기업들이 반세기 전 원자력 위원회에 참가하듯 준비 위원회에 속속 합류했다.

2009년 당시는 물론이고 오늘날에도 이런 프로젝트가 참여에 구속력이 있는지, 또 기술적 위험과 거액 투자의 위험을 감당할 각오가 되어 있는지 정확히 살펴봐야만 한다. 기묘한 점은 두 가지다. 우선 사막의 에너지 생산은 태양광 발전이 아니라, 주로 재래식인 태양열 발전으로 이뤄진다. 또 다른 기묘한 점은 계획된 설비가 엄청난 크기여야만 한다는 점이다. 태양 에너지는 화석 연료나 원자력과는 달리 규모를 키운다고 해서 비용 절감이 되지 않을 뿐만 아니라, 정치적으로 불안한 지역에 대한 의존도가 높다. 태양 에너지 설비를 이처럼 대규모로 계획한 것은 너무 무리한 게 아닐까. 프로젝트는 기술적으로야 얼마든지 실현할 수 있다. 더욱이 값비싼 태양 전지가 아니라 재래의 태양열 발전 설비를 기초로 했기에 참여 기업들은 부담을 덜 수 있기는 하다.[443] 다만 문제는 이런 태양열 발전 설비가 뵐코프의 기준을 충족할 수 있는지, 또 전체 시스템과 맞추는 일이 실현 가능한지 하는 점이다. 한 가지 효과만큼은 분명하다. 태양 에너지는 거대 프로젝트로 다시금 대기업의 수중에 들어감으로써 분산적이라는 문제가 해결된다는 점이다. 바로 이런 측면에서 해변의 풍력 발전도 매력적이다. 물론 태양 에너지 생산은 대기업에 맡길 것이 아니라, 개인의 주택에 설비를 갖출 때 본격적으로 발전할 수 있다는 반론도 만만치 않다.[444] 그러나 개인이 갖추는 설비는 대형 프로젝트로 추진될 수 없으며, 위에서 제한적으로만 조종할 수 있다는 한계가 있다.

〈생태 소통〉의 맹점

태양 에너지를 다룬 문헌을 읽을수록 마치 우리가 환경 운동이라는 역사의 끝에 와 있는 게 아닐까 하는 인상을 받는다. 그러나 현실은 아직 답을 얻지 못한 물음들로 가득할 뿐이다. 태양 에너지는 100년이 넘도록 기술 발전을 거듭해 왔음에도, 햇빛이 풍부한 나라에서조차 소비하는 에너지의 극히 일부만 이 기술로 얻는다. 그만큼 그 발전 속도는 〈답답할 정도로 느리다〉(헤르만 쉐르Hermann Scheer). 게다가 많은 경우 태양 에너지 기술은 퇴보하는 경향마저 보여 준다. 이런 정황은, 몇몇 틈새 영역을 도외시한다면, 물리적이고 기술적인 문제가 극복될 수 없음을 보여 주는 방증일까? 아니면 에너지 산업의 기득권 세력이 태양 에너지 기술의 발달을 막는 것일까? 기술적으로는 경제를 태양 에너지에 맞추는 것이 가능함에도 우리의 기존 정치와 경제 체계가 이런 과제를 감당하기에는 역부족인 걸까? 특정 지역에서 태양 에너지 기술이 〈충분한 보상〉을 주는지, 다시 말해서 기술이 생산과 폐기물 처리에 쓰이는 것 이상의 에너지를 생산해 주는지 우리는 어떻게 알 수 있을까? 태양 에너지 기술은, 오로지 질적 도약만 이룬다면 충분한 잠재력을 효과적으로 발휘하게 될까? 다만 우리가 최적의 방법을 아직 찾지 못한 것일까? 그래서 여러 대안을 시험하는 중인 걸까? 정부의 지원은 태양 에너지 발달을 장려할까, 아니면 방해할까? 재생 가능한 에너지를 장려하면서 에너지 저장 문제를 너무 소홀히 다루었을까? 〈데저텍〉 같은 대형 프로젝트가 도움을 줄까? 아니면 정반대로 작은 행보를 찬찬히 이어가며 이렇게 얻어지는 경험을 신중하게 평가하는 태도가 필요할까?[445] 〈데저텍〉은 독일 같은 나라에서 태양 에너지 이용이 어렵다는 신호일까? 태양 에너지가 일대 도약을 이루려면, 〈데저텍〉 같은 초대형 프로젝트가 꼭 필요할까? 오히려 반대로 그런 대형 프로젝트는 아무 소용이 없으며, 그저 소중한 자원만 빨아들이는 치명적 패착일까? 에너지 수급이라는 문제를 오롯이 국가 기관이 감당하는 경향을 지원해 주는 것이 좋을까, 또는 재생 가능한 에너지를 고려해 에너지 생산을 민간에게 맡기는 것이 더 나을까? 에너지 수급을 다시 지역화하기 위해 투쟁해야 좋을까? 혹시 장기적으로 볼 때 지자체는 이해관계의 충돌이라는 가시에 찔려 다시 저 공주처럼 숲속에서 잠에 빠지는 것은 아닐까?

더욱 결정적인 물음은 이렇다. 우리는 이 모든 불확실함을 어떻게 다뤄야 좋을까? 어찌해야 다양한 조건을 알아내고 토론해 가며 필요한 결정을 내릴 수 있을까? 〈생태 소통〉의 역사는 무한하지만, 바로 이 물음에서 우리는 이 역사가 결함으로 얼룩졌다는 사실을 분명히 깨닫는다. 대부분 물음을 두고 공개적이고 활발한 토론은 없다. 환경 운동 내부의 소규모 단체에서조차 의견은 분분하기만 하다. 원자력을 두고 벌어졌던 찬반 논쟁은 다양한 조건을 한 테이블에 올려놓고 하나의 큰 그림을 그릴 수 있는 소통 방식을 끌어내지 못했다. 적이 아니면 아군이라는 도식은 생각을 막아 버렸다.

이런 과정을 지켜보며 절대 잊지 말아야 할 점은 에너지 정책의 모든 문제는 결국 치열한 권력 투쟁의 장이라는 사실이다. 좋은 뜻에서 이뤄지는 토론에서조차 숨은 권력 투쟁 때문에 에너지 정책은 소통만으로 결정되지 않는다. 기성 에너지 산업은 〈재생 가능한 에너지〉라는 문제를 흔히 중앙 집권적 해결책으로 접근하려는 경향을 보인다. 미래를 바라보면 합리적으로 도출되는 합의는 오로지 갈등을 통해서만 얻어진다.[446] 대다수 정유 업체는 석유 자원의 한계를 자신이 가장 잘 안다며 재생 가능한 에너지의 개발을 맡겨 달라고 의기양양해 한다. 영국의 정유 기업 〈BP British Petroleum〉는 아예 기업의 사명이 〈석유를 넘어서Beyond Petroleum〉를 뜻한다고 자화자찬한다. 그러나 그동안 세계는 전혀 다른 교훈을 얻었다. 멕시코만에서 일어난 BP의 원유 유출 사고는 해저와 사막, 암반 따위를 가리지 않고 석유를 찾는 거대 정유 기업의 행태가 어떤 환경 파괴를 부를 수 있는지 미리 가늠하기에 충분한 충격을 주었다. 에너지 산업은 이런 위험에 거의 대비되어 있지 않다. 석유와 에너지 산업은 경제사에서 최대의 권력 집중을 만들어 냈다. 이런 권력은 정보의 흐름을 쥐고 흔들 정도로 강하다. 에너지 문제와 관련한 정보가 조작되지 않은 날것인 경우는 거의 찾아볼 수 없다. 많은 관련 주제는 이미 이해관계와 논란, 특정 언어 사용의 금지로 얼룩진 역사를 자랑한다.

역사는 물론이고 현재의 관점에서도 특히 흥미로운 물음은 따로 있다. 원자력 기술이 군사 복합체에서 비롯된 것처럼, 대체 에너지 기술 역시 그 진원지로부터 지속적인 영향을 받지는 않는가?[447] 태양 전지는 오늘날까지도 돈이 전혀 문제가 되지 않는 우주 비행에서 생겨났다는 평판을 지우지 못하는 이유가 뭘까?[448] 저널리스트 프란츠 알트가 갈대가 인류를 구원해 주리라고 한 말은 많은 사람들에게 농담처럼 들리리라.[449] 결국 중요한 것은 우리에게 새로운 사고방식을 열어 줄 완전히 새로운 길을 찾아야 한다는 점이다.[450] 역사는 변화한다. 역사적 접근은 현재를 가늠할 최고의 방법이다. 역사를 살펴야 새로운 길을 찾을 가능성이 열린다.

최고의 적지 않은 경험은 〈생태 소통〉이 지금까지 보여 준 맹점을 두고 이성적으로 이야기해 보는 것은 환경 보호뿐만 아니라 환경 운동 자체를 위해서도 중요하다는 것을 보여 준다. 〈환경 보호〉라는 단어는 다의적이다. 독일은 물론이고 세계의 다른 나라에서도 환경 운동의 영향력이 클수록 내부의 갈등이 크다는 것은 누구나 아는 사실이다. 환경 운동은 1970년을 기점으로 저마다 다른 역사를 가진 이질적인 운동이 하나로 묶이면서 성장했다. 이런 결합은 그저 피상적인 경우가 많았으며, 그저 공통의 적과 무력감이라는 공통의 감정으로 연결되었다. 이런 연결 고리가 사라져 버리는 즉시 환경 운동은 다시 원래의 부분들로 쪼개질 위험이 크다. 녹색당의 출현으로 환경 운동의 정치적 영향력이 세계의 다른 어느 국가보다 더 강해진 독일이 이런 위험을 실제로 증명한다. 재생 가능한 에너지를 국가적으로 집중 육성하는 과정에서 국제 지향성을 갖는 환경 보호 운동가와 지역에 집중하는 자연 보호 운동가 사이의 갈등은 특히 격렬했다. 태양 에너지의 개척자로 뛰어난 말솜씨를 자랑하는 헤르만 쉐르는 최근 주적을 에너지 산업이 아니라 〈환경 운동〉의 내부에서, 구체적으로는 도처의 풍력 발전, 수력 발전 및 넓은 면적의 태양광 발전을 눈에 불을 켜고 반대하는 향토 보호 운동가로 꼽았다. 〈재생 가능한 에너지의 수많은 프로젝트가 자연과 향토 보호라는 명목 아래 방해받는다.〉[451] 북부 독일에서는 태양보다는 바람의 힘을 믿는 쪽이 훨씬 더 쉬운데도 오랜 세월 동안 원자력 반대 운동에 지원 사격을 해온 시사 주간지 『슈피겔』은 2004년 3월 29일 「풍차 망상: 환경 친화적인 에너지의 꿈에서 높은 지원금을 받는 풍경 파괴에 이르기까지」라는 제목의 표지 기사로 여론을 떠들썩하게 했다. 기사는 〈우커마르크Uckermark를 구하자〉라는 단체의 창설자가 하는 〈풍력 발전 단지는 30년 전쟁 이후 최악의 황폐화다〉라는 역사적으로 아무 근거가 없는 주장을 은근히 즐기는 투로 인용했다. 녹색의 목표 설정을 둘러싼 갈등을 입 밖에 꺼내고 싶지 않을 때, 환경 운동은 내부에서 서로 헐뜯으며 싸움을 즐겼다.

어쩔 수 없는 근본 모순?

〈생태 혁명〉의 초창기에 환경 토론이 즐겨 다룬 주제는 〈성장의 한계〉였다. 그러나 중동의 석유가 다시 막힘없이 흐르자 오히려 더 떠들썩하게 이야기된 것은 무제한적인 성장과 부단히 늘어나는 배기가스였다. 그럼에도 환경 운동가는 실천에 옮길 더욱 구체적인 목표를 찾아 이에 집중하려고 노력했다. 이후 세월이 흐르면서 모든 경계를 무너뜨린 자본주의가 세계를 지배하는 과정에서 많은 환경 토론의 중심을 이룬 주제는 우리의 경제 체계가 안고 있는 성장 강박, 또는 최소한 성장의 끝은 몰락의 시작이라는 강박적 관념이 대부분 환경 문제의 궁극적 원인이라는 진단이다. 이런 진단이 맞다면, 경제와 생태 사이의 근본 모순은 틀림없이 존재하는 것이 된다. 그렇지만 1972년 이후 〈로마 클럽〉의 연구를 두고 전 세계적으로 활발하게 이뤄진 논의에서 네덜란드의 경제학자 얀 틴베르헌Jan Tinbergen을 비롯한 당시 경제학의 태두들은 성장의 한계를 부정할 수는 없지만, 그렇다고 이 한계가 경제 시스템의 근본 문제는 아니라고 보았다.[452] 예로부터 시장 경제는 어차피 재화가 부족해 성립하지 않았는가? 게으름뱅이의 천국이야 경제학자를 필요로 하지 않는다.[453]

그런데 1934년에 출간되어 고전의 반열에 오른 『세계 경제 위기 1857~1859*Weltwirtschaftskrise von 1857~1859*』에서 어떻게 최초의 폭발적 산업 성장 이후 즉각 위기가 뒤를 이었는지 묘사한 바 있는 냉철한 경제사학자 한스 로젠베르크Hans Rosenberg는 1973년 《제로 성장》이라는 종말론적 망상〉이라는 표현을 쓰며 입에 거품을 물 정도로 흥분했다.[454] 성장에 집착하는 경제학 이론은 스미스에서 케인스까지 고전적인 경제학에서는 찾아볼 수 없다. 이런 이론을 주장한 사람은 『경제 성장의 단계: 반공산당 선언*Stages of Economic Growth: A Noncommunist Manifesto*』(1960)을 쓴 월트 W. 로스토Walt Whitman Rostow다. 이론의 수준으로 따진다면 이 책은 원시적인 기계론적 사고방식으로의 퇴보다. 로스토에 따르면 투자 비율을 14퍼센트 이상으로 끌어올리면 저절로 지속적 성장이 이뤄지는 날개를 펼치는 이른바 〈도약 단계take-off stage〉(항공 용어에 빗댄 비유)가 찾아온다. 때마침 제3세계 개발 지원과 맞물려 이 이론은 인기를 얻었으나, 〈도약 단계〉는 전혀 나타나지 않았다. 오히려 〈도약 단계〉라는 이론이 날개 돋친 듯 인기를 얻은 것은 로스토가 베트남 전쟁에서 대통령 보좌관으로 강력한 영향력을 행사했기 때문이다. 이후 그는 〈미국의 라스푸틴〉이라는 별명을 얻으며 학자로서 평판을 잃고 말았다.[455]

틴베르헌은 1991년 세계은행 고문 허먼 데일리Herman Daly와 함께 이른바 「브룬틀란 보고서Brundtland Report」, 곧 〈우리의 공동 미래Our Common Future〉를 해석한 세계은행의 〈생태 조사 보고서〉를 작성하면서 고도로 산업화한 국가에서 〈지속 가능한 개발〉은 결코 성장의 지속이라는 뜻으로 이해되어서는 안 된다고 힘주어 강조했다.[456] 이렇게 볼 때 생태는 경제를 그 본래의 뜻 〈살림살이〉로 되돌려 놓는다. 아니면 반드시 높아진 자원 소비와 맞물리지 않는 무한한 〈질적 성장〉이라는 것이 있을까? 이런 〈질적 성장〉은 인구 증가가 종지부를 찍어야만 가능하리라. 결국 생태와 경제 성장이라는 주제, 1970년을 기점으로 한 〈생태 혁명〉의 핵심 주제 역시 이후 생태 소통의 맹점이 되고 말았다. 역사에 끝이란 없다.

6

1990년을 전후한 〈시대 전환〉: 미래 세대를 위하여?

세 번째 연표
환경 운동의 활황기 1986~1992년

1986. 4. 26. 체르노빌의 원자로 사고. 4월 29일 소련 공산당 중앙 위원회가 수습을 위해 세운 〈태스크포스〉의 첫 회의. 5월 5일 체르노빌 사고를 다룬 첫 번째 『슈피겔』 보도(〈살인적인 원자Hörderische Atom〉).

1986. 5. 23. 인도, 환경(보호)법, 1984년 12월 2일에 일어났던 보팔 화학 사고에 보인 뒤늦은 반응.

1986. 6. 7. 핵폐기물 재처리 시설로 계획된 바커스도르프의 건설 현장에서 시위대와 경찰, 무력 충돌. 동시에 원자력 발전소 브로크도르프에서 대규모 시위 발생.

1986. 6. 5. 환경과 자연 보호와 원자로 안전을 위한 독일 정부 부서 창설. 초대 환경부 장관, 발터 발만Walter Wallmann.

1986. 6. 10. 프랑스 비밀 정보부가 〈무지개 전사〉를 침몰시킨 사건의 1주년. 〈그린피스〉 활동가들은 세계 각지의 프랑스 대사관과 영사관을 봉쇄하고 원폭 실험의 중지를 외쳤다.

1986. 미국, 〈비상사태 계획 및 지역 사회 알 권리에 관한 법〉. 보팔의 화학 사고(1984.12.3.)로 촉발된 시민 운동이 화학 기업에 유독 물질과 비상 사태 계획을 공개할 것을 강제함. EPA는 환경법을 위반하는 기업에 환경 감사를 의무로 규정함. 기업이 환경에 미치는 영향에 대해 포괄적 조사가 이뤄짐.

1986.	폴 왓슨과 그의 동료들이 〈시 셰퍼드〉로 레이캬비크의 고래 처리 시설 전체를 파괴하고, 고래잡이 선단 절반을 침몰시킴. 아이슬란드의 검찰은 이 사건을 기소하지 않음.
1986.	짐바브웨, 오랜 준비 기간을 거친 끝에 〈캠프파이어〉 설립함.
1986.	〈국제 보호 협회Conservation International〉는 WWF와 〈자연 보존 협회TNC〉와 더불어 국제적으로 특히 활발한 야생 보호 운동을 벌이는 NGO가 됨. 〈생물 다양성〉이라는 운동 목표가 주목받기 시작함.
1986.7.3.	소련 공산당 정치국, 처음으로 소련 원자력 발전소의 위험을 포괄적으로 다룸.
1986.8.	고르바초프, 1868년까지 거슬러 올라가는 시베리아강들의 정비 계획, 곧 유라시아 대륙에 급수하기 위해 강의 흐름을 바꾸는 계획을 마침내 포기함.
1986.8.11.	『슈피겔』, 3분 2 이상이 물에 잠긴 쾰른 대성당의 연출된 사진으로 이상 기후에 경종을 울림.
1986.9.2.	동베를린 시온 교회Zionskirche 교구 공간에 환경 도서관 설립.
1986.10.	독일 작가 페터 벤지에르스키Peter Wensierski, 『위에서 아래로 자라는 것은 없다Von oben nach unten wächst gar nichts』 발표. 부제 〈동독의 환경 파괴와 저항 운동〉이 보여 주듯, 동독의 환경 문제를 일깨운 첫 번째 르포.
1986.	국제 포경 위원회IWC, 상업적 목적의 포경 전면 금지. 〈과학적 목적〉의 포경만 허용함.
1986.	인도, 나르마다 댐 건설 반대 운동 시작.
1986.11.1.	스위스 바젤의 산도즈Sandoz 주식회사에서 대형 화재 발생. 1,351톤의 화학 물질이 불에 타면서 여론에 충격을 줌.
1986.	루트비히 빌코프의 주도로 태양 에너지로 운영되는 수소 생산 설

비 설립.

1986.   울리히 벡, 『위험사회 *Risikogesellschaft*』 출간.

1986.   베르트란트 슈나이더Bertrand Schneider(〈로마 클럽〉 사무총장),
            『맨발의 혁명』 출간(〈로마 클럽〉에 보내는 보고서, 개발 지원에
            NGO를 포함해 생태 문제를 해결하고자 주장함).

1987년초   크리스타 볼프Christa Wolf, 『재해 *Störfall*』 출간.

1987.   〈단일 유럽 의정서〉, 유럽 공동체는 환경 정책과 관련 법안을 다수
            결로 결정할 권한을 요구함.

1987.   〈유럽 자연 유산 기금〉 설립. 처음에는 BUND가 주도했다가 나
            중에는 다른 환경 단체도 참여함. 첫 번째 프로젝트로 크로아티아
            습지대 보호 운동을 펼침.

1987.   제2차 북해 보호 회의, 그린피스 캠페인의 영향을 받아 1989년 말
            까지 산업 쓰레기의 바다 투기 전면 금지를 관철하기로 결정함.

1987.   이탈리아, 국민 투표로 원자력 탈피를 결정.

1987.   클라우스 퇴퍼, 독일 환경부 장관 취임(1994년까지).

1987.   「브룬틀란 보고서」(1983년 유엔의 환경과 개발 세계 위원회가
            작성한 보고서)는 〈우리의 공동 미래〉라는 제목으로 〈지속 가능
            한 개발〉의 전략을 세우자고 호소함. 〈지속 가능한 개발은 미래 세
            대의 능력을 위태롭게 하지 않는 선에서 현재의 요구를 해결하는
            것.〉 1992년 리우 회담의 초석이 됨.

1987.   미국 연합 그리스도의 교회 인종 정의 위원회는 「미국의 유독성
            폐기물과 인종」이라는 제목의 보고서 발표. 이 보고서는 〈환경 정
            의 운동〉의 초석이 됨.

1987.   리처드 레지스터Richard Register, 『에코시티 버클리: 건강한 미래를
            위한 도시 건설 *Ecocity Berkeley: Building Cities for a Healthy Future*』. 마찬
            가지로 환경 정의의 바탕이 됨.

1987.	인도네시아와 필리핀, 목재 수출을 전면 금지함.
1987.	〈국제 열대 목재 연맹ITTO〉은 1987년 3월 요코하마에서 첫 총회를 열고 열대림 파괴를 겨눈 국제적 비판에 대응하고자 〈일본 열대림 행동 네트워크Japan Tropical Forest Action Network, JATAN〉를 결성함.
1987. 1. 25.	독일 의회 선거, 녹색당의 득표율이 8.3퍼센트에 달함.
1987. 3.	사라왁(보르네오)에서 다약족은 외국의 벌목 기업에 맞서 도로를 봉쇄하다.
1987. 3. 18.	독일 총리 헬무트 콜은 정부 성명을 통해 채무 이행 대신 환경 보호를 요구한 구상 〈환경 스와프Debt for Nature Swap, DNS〉를 지지한다고 밝혔다. 이 제도는 토머스 러브조이Thomas Lovejoy(WWF)가 1984년에 제안했다.
1987. 4.	소련, 아랄 분지의 생태 상황을 다룰 정부 위원회 설치.
1987.	〈환경 스와프〉를 바탕으로 코스타리카는 열대림 숲의 〈초대형 공원〉인 〈과나카스테 국립 공원Guanacaste National Park〉을 세움. 이 공원은 원주민의 전통적 토지 이용을 허용함(코스타리카 채무 보호 계획). 볼리비아 정부와 국제 보호 협회, 처음으로 〈환경 스와프〉 협약 체결.
1987.	대만에서는 전쟁법의 폐지 이후 7월 15일 반핵 운동이 거세게 일어났다.
1987. 9.	「오존층 파괴 물질에 관한 몬트리올 의정서」 채택.
1987. 11. 24.	동독, 국가 보안부가 환경 도서관을 점령하다.
1987. 11. 27.	독일 의회, 〈지구 대기권 보호를 위한 대비〉라는 이름의 앙케트 위원회를 발족함(1991년까지). 같은 주제로 1991년 출범한 2차 위원회는 거의 주목받지 못했다.
1988.	〈유엔 환경 계획UNEP〉과 〈세계 기상 기구World Meteorological

Organization, WMO〉가 공동으로 〈기후 변화에 관한 정부 간 협의체Intergovernmental Panel on Climate Change, IPCC〉 출범함.

1988. 열대림 보호를 위한 국제 운동은 이제 기후 보호에 더 방점을 찍음. 열대림 목재 보이콧의 시작. 10월, 〈세계 열대우림 주간〉. 일본 대사관 앞에서 시위가 벌어짐.

1988. 호세 루첸베르거, 열대림 보존 투쟁의 공로를 인정받아 대안 노벨상 수상. 이후 브라질 환경부 장관으로 리우 회의 때까지 일함.

1988. 브라질 벨렘Belem에서 민족생물학Ethnobiology 국제 대회가 처음으로 개최됨. 〈국제 민족생물학 협회〉 창설. 〈원주민은 세계 자원의 99퍼센트를 관리한다〉는 성명 발표.

1988. 소련, 『노프지 미르Novy Mir(신세계)』와 『파미르Pamir』라는 잡지사가 아랄 지역 탐사대를 조직해, 그곳의 생태 파괴 문제에 여론이 관심을 갖도록 유도했다.

1988. 소련, 〈사회 생태 연합〉 결성. 국제 생태 공동체와 관계를 도모하고, 정보를 알리며, 운동을 조직하는 역할을 함.

1988. 라트비아, 여론의 압력으로 자연 보호 국가 위원회 설립. 발트해 지역 국가들이 독립으로 나아가는 첫 행보.

1988. 헝가리 나기마로스Nagymaros에서 도나우 댐에 반대하는 시위가 벌어짐.

1988. 태국, 끊이지 않고 지속하는 시위로 정부는 콰이강의 가장 큰 지류에 댐을 건설하려던 계획을 백지화함.

1988. 한국, 환경 오염을 반대하는 여러 단체가 모여 하나의 대형 단체를 조직함. 〈한국 공해 추방 운동 연합〉 이후 방사성 폐기물 처분장을 반대하는 더욱 격렬한 시위가 일어남.

1988. 반다나 시바, 『살아남기. 인도의 여성과 생태와 생존Staying Alive. Women, Ecology and Survival in India』.

1988.	북해에서 물범이 떼죽음 당함. 해양 오염이 아니라 바이러스 감염이 원인으로 추정되었지만, 여론은 흥분하며 〈바텐메어〉 개펄은 보호하자고 목소리를 높였다.
1988.	사민당 정치가 헤르만 쉐르의 주도 아래 재생 가능한 에너지 유럽 협회 설립됨.
1988. 2.	독일, 유연 휘발유 금지.
1988. 3.	세계은행, 환경 보호 운동의 모든 활동을 지원하기 위해 집행부 차원의 환경 전담 부서 신설.
1988.	호주, 여러 개의 녹색 운동 단체가 〈무지개 연합Rainbow Alliance〉 결성. 표어: 〈호주를 개조하자. 정치와 경제와 환경을 통제하는 사람들.〉
1988. 4. 27.	발레리 레가소프Valery Legasov, 쿠르차토프Kurchatov 원자력 연구소 부소장은 체르노빌 사고 원인 조사 위원회 위원장으로 활동한 끝에 목을 매 자살했다.
1988. 5.	이 시점에서 프랑스의 가장 유명한 녹색당 정치가 브리스 라롱드Brice Lalonde가 정부의 요직을 맡다. 처음에는 환경부 차관으로, 나중에는 장관으로 일했다. 1990년 그는 〈생태 세대Génération écologie〉라는 정당을 창당했다.
1988. 5.	에스토니아에서 녹색 운동 단체 결성됨. 이 단체의 정관은 〈생태 재해의 방지를 위한 민주적 시민 단체로서 자연과 결합한 생활 방식의 형성과, 환경에 적대적 성향을 가진 관료주의와 테크노크라시 권력의 청산을 위해 철저히 투쟁한다〉고 규정했다.
1988. 6. 4.	라이프치히, 시궁창이 되어 버린 하천을 덮은 수 킬로미터에 달하는 시멘트 구조물 위에서 첫 번째 〈플라이세Pleiße강을 기억하자〉 행진을 진행함. 〈생명과 연구 그룹 환경Leben und Arbeitsgruppe Umwelt, AGU〉이라는 이름의 단체가 주최함.
1988.	캐나다 정부의 초청으로 토론토에서 〈변하는 대기권. 전 세계 안

전에 미치는 영향〉이라는 이름의 회의가 열림. 배경이 된 것은 〈세기의 가뭄〉으로 미국도 영향을 받아 나중에 글로벌 기후 정책을 촉발한 기폭제가 되었다. 회의는 2005년까지 이산화탄소 배출을 20퍼센트 감축하는 목표를 세웠다.

1988. 6.   동베를린, 환경 도서관을 둘러싼 갈등으로 〈노바의 방주〉*(녹색 생태 네트워크 방주)가 결성됨. 이 단체의 가장 극적인 활동은 6월에 철저한 보안 속에 촬영한 다큐멘터리 필름 「비터펠트의 쓰라림Bitteres aus Bitterfeld」을 제작한 것이다. 이 다큐멘터리는 나중에 서베를린으로 몰래 반출되었다.

1988. 6.   미하엘 블라이테스 Michael Beleites, 『우라니나이트 *Pechblende*』(〈SDAG 비스무트〉**가 작센과 튀링겐에서 우란 광산 사업을 벌인 것을 폭로한 기록).

1988.   베를린 판코우Pankow구의 〈자연과 환경 협회Gesellschaft für Natur und Umwelt, GNU〉, 도시 생태 이해 공동체 설립. 이 공동체는 동독 정부에 대항하는 재야 세력의 중심이 됨.

1988. 7. 8.   유럽 의회, 말레이시아로부터 열대림 목재 수입 제한을 의결함.

1988. 10.   〈국제 지구의 벗〉, 이미 동유럽까지 진출한 그때까지 유일한 최대 환경 단체, 폴란드 크라쿠프에서 연례 모임을 갖다.

1988. 11.   동베를린 프렌츨라우어베르크 관할 구청의 지역 벌목 정비 계획 선포에 현지 주민이 반발함. 포츠담의 도시 생태 그룹 〈아르구스ARGUS〉(〈GNU〉 내부 그룹) 역시 자율적 시민 단체의 지위를 얻음.

1988. 12.   미국, 〈고대 삼림 연합Ancient Forest Alliance〉 결성. 반점올빼미 보호 운동, 대중의 폭넓은 지지를 받음.

---

   * Arche Nova: 성경에 나오는 노아의 방주에 운을 맞춰 지은 이름으로, 덴마크의 환경단체 〈NOAH〉에 빗대기도 한 명칭이다.

   ** SDAG Wismut: 소련과 동독이 합작한 광산 개발 주식회사의 이름.

1988. 12. 22.   치코 멘데스 살해당함.

1989년 초.   『타임』의 표지 기사, 매년 초마다 선정한 〈올해의 인물〉 대신 이번에는 〈올해의 별: 위협받는 지구〉 게재. 표지 사진은 일몰을 배경으로, 예수가 줄로 감싼 지구본을 보여 준다.

1989.   태국, 파괴적인 홍수를 겪은 뒤에 전면적인 벌목 금지령을 내리다.

1989.   사라왁에서 외국 목재 기업을 막으려는 폐난족의 운동을 지원한 브루노 만저는 〈국제 열대 목재 기구〉로 하여금 사라왁에서 이뤄지는 벌목이 원주민의 권리를 침해하는 것을 주목하게 했다. 1987년 이후 〈ITTO〉는 갈수록 심해지는 열대림 파괴에 신경을 곤두세웠다. 1989년부터 이 단체는 인증이라는 방법으로 지속적 임업의 표준을 관철하려고 했다.

1989.   〈아마존 분지의 원주민 조직 조정 기구Coordinating Body of Indigenous Organizations of the Amazonas Basin, COICA〉는 〈환경에 관심을 가진 공동체〉에 열대림뿐만 아니라, 원주민의 문화도 보호해 줄 것을 호소하면서, 〈저들은 아마존 생물권을 바라보며 원주민을 제외했다〉고 비난함.

1989.   세계은행, 장려 대상 프로젝트 선정 과정에 〈NGO〉를 포함하기로 결정함.

1989.   EPA, 뉴욕시 당국에 대도시의 수질을 대폭 개선할 것을 지시함. 뉴욕시는 극도로 비싼 필터 시설을 건설하는 대신, 숲 보호 프로젝트를 추진하기로 대응함.

1989. 3.   알래스카 해안에서 유조선 〈액슨 발데스〉 좌초함.

1989.   아랄해, 두 개의 호수로 분리됨. 서구 언론은 호수의 생태 파괴에 주목함.

1989년부터 체르노빌 사고로 방사능에 노출된 지역의 장기적 피해의 갈수록 더 많은 정보가 외부로 흘러나옴. 국제 지원 활동의 시작. 카자흐스탄에서는 그곳에 계획된 원자 폭탄 실험을 반대하는 운동이 일어남. 소련의 붕괴 이후 조지아에서 첫 번째 녹색당이 출현함.

1989.	달라이 라마, 노벨 평화상 수상.

1989.	다이칭, 『양쯔강이여, 양쯔강이여!』.

1989.	조지아에서 지진으로 범람의 위험이 제기되면서 대형 댐 건설이 중지됨.

1989. 4.	페낭에서 〈세계 열대우림 운동 회의〉가 열림.

1989.	ITTO, 처음으로 목재 인증을 찬성함.

1989.	발레아레스제도의 지역 정부, 호텔 업자 연맹과 자연 보호 운동의 압력으로 제도의 전체 면적 약 3분의 1을 자연 보호 구역으로 지정함. 1992년 11월 이 법의 제한하려는 시도를 반대하는 대규모 시위가 일어남.

1989.	독일, 10년에 걸친 토론 끝에 유럽 경제 공동체의 규정을 충족하는 환경 친화적 감사를 공간 계획 프로젝트에서 실시하기로 입법화함. 그러나 이 법은 1996년의 〈사업 가속화 법〉 제정으로 다시 폐지됐다.

1989. 5. 31.	바커스도르프에 계획된 핵폐기물 저장 시설 공사가 중지됨.

1989. 6. 8.	캘리포니아, 이미 몇 차례 운행 중단을 겪은 〈랜초 세코Rancho Seco〉 원자력 발전소의 가동 중단을 국민 투표로 결정. 이미 1987년부터 풀뿌리 운동 단체 〈안전한 에너지를 위해 예배를 올리는 사람들Sacramentans for Safe Energy〉은 이 원자력 발전소를 반대하는 운동을 벌여 왔다.

1989. 6. 9.	클레어본Clairborne(루이지애나)에 핵 재처리 시설 건설 계획 공표. 이 지역은 유색 인종이 주로 사는 곳임. 이 프로젝트를 반대하는 운동은 흑인 교회가 주도해 성공시켰다. 이 성공은 환경 정의 운동이 첫 정점을 찍은 것이다.

1989.9.28. 인도의 도시 하수드Harsud(마디아 프라데시)가 나르마다 댐으로 물에 잠기자 같은 해 〈나르마다 바차오 안돌란Narmada Bachao Andolan(나라마다 운동을 구하자)〉이라는 이름의 첫 대규모 시위가 벌어짐.

1989.11.16. 동독의 장벽이 열린 지 1주일 뒤, 공영방송 ARD는〈살 수 없는 공화국? 동독의 환경 파괴〉라는 제목의 방송을 함.

1989. 유엔 총회, 1992년까지 전 세계적으로 유망 조업 방지를 요구함.

1989.12. 유엔 총회, 브룬틀란 위원회의 권고에 따라 1992년 리우 환경 회의 개최를 결의함.

1990. 독일, 태양 에너지의 장려를 위한 〈1,000개의 지붕 프로그램〉 가동.

1990. 독일, 1995년까지 염화불화탄소 사용을 완전 탈피하기로 결정함. 얼마 뒤 이 시기는 1993년으로 앞당겨짐.

1990. 희석된 산 용액을 북해에 투기하는 것을 금지함. 이 금지는 〈그린피스 독일〉이 1980년에 설정한 첫 번째 운동 목표였다.

1990. 〈그린피스 독일〉의 회장 모니카 그리판, 니더작센 주 정부의 환경부 장관이 됨.

1990. 에른스트 울리히 폰 바이츠제커,『지구 정책: 환경의 세기로 넘어가는 문턱에서 본 생태 현실 정책Erdpolitik: Ökologische Realpolitik an der Schwelle zum Jahrhundert der Umwelt』.

1990. 미국, 1970년의 대기 오염 방지법을 개정하며 이산화황의 배출 채권이 도입됨. 탄소 채권 거래의 결정적 출발.

1990. 폴 왓슨(〈시 셰퍼드〉), 두 척의 일본 유망 조업선을 들이받다. 일본은 이 사건을 고소하지 않음.

1990.2. 〈지멘스〉, 미국 최대의 태양 전지 생산 업체 〈아코 솔라Arco Solar〉를 사들임.

1990년 초.	일본 NGO의 제안으로 첫 번째 국제 나르마다 심포지엄 열림.
1990.4.	〈유럽 이사회〉, 유럽 전역의 환경 정보 시스템 구축을 위한 유럽 환경 대행 조직을 설치하기로 결정.
1990.4.22.	〈지구의 날〉에 미국에서 벌어진 〈오존층을 구하자〉는 운동은 IBM을 비롯한 실리콘밸리 기업들이 세계 최대의 염화불화탄소 소비 주범이라고 지목했다. 실리콘밸리에서는 독자적인 환경 단체, 〈실리콘밸리 독물 연맹SVTC〉이 결성되었다.
1990.	기후 변화에 관한 정부 간 협의체IPCC, 〈숲의 벌목은 자연림이 경제적으로 인간에게 다른 목적의 이용보다 훨씬 더 가치가 있어야만 중지될 것이다〉라고 언급함.
1990.	IUCN의 〈세계 공원 위원회〉, 지구 면적의 10퍼센트를 자연 보호 구역으로 지정하려는 목표를 세움. 이 목표는 이후 20년 동안 심지어 초과 달성됐다. 그동안 자연 보호 구역으로 지정된 비율은 12퍼센트다. 이는 특히 1990년대 이후 옛 동구권 국가들에서 국립 공원과 보호 구역이 대폭 증가한 결과다.
1990.5.	ITTO는 사라와 보고서를 발표하며 벌목 제한을 권고함.
1990.5.30.	〈소해면상뇌병증〉, 이른바 〈광우병〉 경보로, 프랑스가 영국산 소고기를 전면 수입 금지함.
1990.7.18.	〈독일 연방 환경 재단Deutsche Bundesstiftung Umwelt, DBU〉, 철강 기업 〈잘츠기터 주식회사Salzgitter AG〉를 민간에 매각한 대금 13억 유로로 설립됨.
1990.9.12.	동독 정부, 독일 통일 이전의 마지막 회의에서 독일 역사상 가장 포괄적인 국립 공원 계획을 결정함.
1990.9.28.	독일, 유한회사 〈그린 도트, 듀얼 시스템 독일 – 쓰레기 줄이기와 2차 원재료 획득 회사Die GmbH Der Grüne Punkt-Duales System Deutschland- Gesellschaft für Abfall- vermeidung und Sekundärrohstoff- Gewinnung〉가 설립됨.

1990. 10.	중국에서 경제 발전과 환경 보호의 통합이라는 주제를 다룬 국제회의가 사흘에 걸쳐 열림. 환경 문제로 중국이 주최한 첫 번째 회의.
1990. 12. 2.	독일 총선, 녹색당 5퍼센트 충족 조건을 채우지 못해 패배.
1991.	소련 붕괴.
1991.	워싱턴, 제1회 〈국가 유색 인종 환경 리더십 정상 회의National People of Color Environmental Leadership Summit〉 개최.
1991.	독일, 재생 가능한 에너지 장려를 위한 〈전력 매입법Strome-inspeisungsgesetz〉 제정.
1991.	1990년 3월에 결성된 〈동독 자연 보호 연맹〉이 〈독일 조류 보호 연맹〉과 합병해 〈독일 자연 보호 연맹NABU〉이 됨. 새 회장 요헨 플라스바르트Jochen Flasbarth(1992년부터)의 지도로 〈NABU〉는 독일에서 가장 영향력이 큰 자연 보호 단체가 됨.
1991.	노르트라인베스트팔렌주 〈부퍼탈 기후·환경·에너지를 위한 연구소〉 설립.
1991.	체르노빌 사고에 충격을 받은 시민들이 원자력을 반대하는 운동의 일환으로 슈바르츠발트에 〈전력 사업소 쇤나우Elektrizitätswerke Schönau, EWS〉 설립. 재생 가능한 에너지와 환경 친화적 에너지 생산에 집중하는 이른바 〈저항 발전〉이 지역 차원에서 늘어나게 된 계기가 됨.
1991. 3. 21.	독일 정부, 안전의 문제와 정치적 계산으로 칼카르의 고속 증식로 〈SNR-300〉의 폐기를 결정함. 이 고속 증식로는 1985년에 완성된 이래 노르트라인베스트팔렌주 정부의 항의로 단 한 차례도 운용된 적이 없음.
1991. 4월부터	〈그린피스〉, 북해 해저에 파이프라인을 설치하는 것을 반대하는 운동을 벌였으나 실패로 끝남.
1991.	유럽 의회, 유럽 해역에서 저인망 조업의 금지를 요구함.

1991. 8.	카자흐스탄 대통령 나자르바예프Nazarbayev, 원폭 실험을 반대하는 광산 노동자들의 파업 이후, 광산 노동자들의 요구를 받아들임.
1991. 9. 16.	『슈피겔』 표지 기사, 〈돈 찍는 기계《그린피스》: 이중적 면모의 환경 기업〉.
1991. 9. ~1992. 7.	세계은행의 위탁으로 〈모스 위원회Morse Commission〉는 나르마다 프로젝트를 감사하고 부정적 결론을 내림.
1991. 11. 7.	잘츠부르크에서 알프스 국가들과 유럽 연합 사이에 환경 친화적인 알프스 관광을 골자로 하는 알프스 협약이 체결됨.
1991.	데이브 포먼(지구가 먼저다!), 『생태 전사의 고백Confessions of an Eco-Warrior』.
1992.	영국, 〈동물 해방 전선〉을 모범으로 삼아 투쟁적 성향의 〈지구 해방 전선Earth Liberation Front〉이 결성됨.
1992.	앨 고어, 『균형 속의 지구: 생태와 인간 정신Earth in the Balance: Ecology and Human Spirit』. 클린턴이 미국 대통령으로, 앨 고어는 부통령으로 취임함.
1992.	독일, 글로벌 환경 변화의 과학 자문 위원회 설치.
1992.	포츠담 기후 영향 연구소 설립.
1992.	〈지구의 벗들 네덜란드〉가 발표한 연구 〈지속 가능한 네덜란드〉는 부퍼탈 연구소의 〈독일 미래 능력〉에 이정표를 제시함.
1992.	코펜하겐에서 열린 유엔 제4차 오존 회의, 오존층을 파괴하는 에어로졸의 전면적 금지 시기를 1996년 1월 1일로 정함.
1992.	미국 EPA, 〈환경 형평 사무소Office of Environmental Equity〉 설립.
1992. 1. 26. ~31.	〈물과 개발에 관한 국제회의International Conference on Water and Development, ICWD〉, 더블린에서 열림. 그때까지 국제 물 회의의 원칙을 포기하고 새로운 원칙, 물은 〈생태적 재화〉로 간주해야만

한다는 원칙이 선포됨.

1992.2. 아랄해 인근 국가들, 호수의 보존을 위해 〈물 공급을 위한 정부 간 협력Intergovernmental Coordination Committee for Water Supply, ICCWS〉이라는 기구 설립.

1992.5. 유럽 공동체, 〈야생 동물과 식물의 서식지 표준〉 제정. 유럽 공동체 농업 전문 위원 레이 맥쉐리Ray MacSherry는 중소 농업을 보존하고 환경 친화적인 농업 장려를 위해 농업 보조금 제도의 활용을 추진함.

1992.6. 〈유엔 환경 개발 회의United Nations Conference on Environment and Development, UNCED〉, 리우데자네이루에서 개최됨.

1992. 〈그린피스〉가 이전 몇 년 동안의 기부금 격감으로 직원들을 해고하자 기부금 열풍이 붐.

1992.9.11. 터키, 〈테마TEMA 재단〉(토양 침식 방지와 재조림, 자연 서식지의 보호를 위한 터키 재단)이 설립됨. 이후 터키 환경 NGO 가운데 선도적 역할을 함. 터키 환경부는 이미 1991년에 신설됨.

1992.10.1. 페트라 켈리와 게르트 바스티안 사망.

1992.12. 유엔, 수많은 NGO의 참여 아래 〈사막화 방지를 위한《사막 협약》 마련을 위한 국제 위원회INCD〉 설치함.

체르노빌과 소련의 붕괴

새로운 글로벌 시너지: 놀라운 데이터 폭주와 실시간

　지금까지 환경 운동을 연대기 순보다는 주된 동기 별로 살펴봤다. 이제는 연표로 환경 운동의 흐름을 정리할 필요가 있다. 환경 운동의 영역에서 너무 많은 사건이 소용돌이치듯 일어나 안개를 빚어내는 통에, 구식이기는 할지라도 역사학자는 그 특유의 꼼꼼함으로 연표를 만들어 시간순으로 정리해야만 한다. 그래야 맥락을 분명하게 짚어 내고 운동의 목표를 구체적으로 읽어 낼 수 있다. 이런 정리 과정은 많은 놀라운 사실을 확인해 준다. 〈지구의 날〉이 출범한 1970년을 중심으로 많은 데이터가 집중되는 것은 그리 놀라운 점이 아니다. 아직 대다수 역사학자는 그 원인을 정확하게 짚어 내지 못하고 있다. 반면 1990년도가 더욱 의미심장한 변곡점을 나타낸다는 점은 전혀 예상하지 못했던 것으로 놀랍기 그지없다. 이 변곡점을 중심으로 한 데이터의 집중은 전 세계를 조망할 때야 비로소 드러난다.

　순전히 독일의 관점에서 본다면 1990년을 생태 운동의 절정으로 볼 생각은 떠오르지 않는다. 미국과 일본의 관점에서도 사정은 크게 다르지 않다. 물론 독일은 체르노빌의 원자로 사고를 엄청난 충격으로 받아들이며 제2차 세계 대전 이후 새로운 공포의 시대를 여는 심각한 신호로 보기는 했다. 그러나 불과 몇 년 뒤 동독의 붕괴와 독일 통일로 국면은 완전히 뒤바뀌었다. 반핵을 외치며 국수주의 성향의 민족주의를 반대한 녹색당은 끝없는 추락을 맛보아야만 했다. 미국에서는 환경 의식을 갖춘 사람들조차 체르노빌을 역사의 전환점으로 받아들이지 않았다. 미국의 두툼한 『세계 환경 역사 백과사전』은 짐바브웨의 거의 알려지지 않은 〈치무렝가Chimurenga〉 나무 보호 운동에는 온전히 한 꼭지를 할애해 자세히 설명하면서도 체르노빌은 언급조차 하지 않았다.[1] 미국의 환경 운동가들은 1986년 아직 레이건 시대의 한복판에 서 있었으며, 비록 레이건이 두 번째 임기에서 원래의 강력한 반환경 운동 노선을 고집하지 않았다고 할지라도 다른 근심거리에 시달렸다. 1980년대 말만 하더라도 〈시에라 클럽〉의 회장은 환경 운동이 최악의 상태에 있다고 보았으며, 미국의 환경 정책을 구제할 수 없는 난장판이라고 평가했다. 그러나 시간이 흐르면서 환경에 적대적인 대통령 덕에 환경 운동은 다시 힘을 얻었다. 투쟁적인 젊은 피가 속속 합류했을 뿐만 아니라, 시에라 클럽의 1년 예산은 열 배로 뛰었다.[2]

1970년만 하더라도 미국과 독일, 일본은 새로운 환경 정책을 이끈 선두 그룹을 형성했다. 그러나 1990년 일본은 다른 걱정에 시달렸다. 일본에서 이른바 〈버블 경제〉의 거품이 빠지자 일본의 정치와 여론은 깊은 시름에 잠겼다. 몇 년 전만 하더라도 아찔한 차원으로 치닫던 투기 열풍은 부동산의 폭락으로 그 동력을 완전히 상실하면서 우울증과 환멸의 시대를 열었다. 당시 어차피 일본은 국제 생태 소통의 모범국에서 생태를 위협하는 국가로 전락하고 말았다. 동남아시아와 칠레의 열대림 파괴를 바라보는 분노는 일차적으로 일본을 향했다. 고집스럽게 계속된 고래잡이 역시 일본의 신뢰에 먹칠했다. 일본의 환경 운동가들은 조국이 이처럼 체면을 구긴 것을 창피하게 여겼다. 1987년 일본 환경 운동가들은 몇몇 나라의 〈지구의 벗〉에게 도움을 받아 〈일본 열대림 행동 네트워크JATAN〉을 결성했다.[3]

생태 시대 초기의 최대 수혜자 그린피스는 1990년을 전후해, 특히 미국에서 심각한 위기를 맞았다. 투쟁 목표 선정에 혼선이 빚어지면서 언론 홍보 효과와 함께 기부금이 줄어들자, 그린피스는 상근 직원을 대폭 정리해야만 했다. 창설자 데이비드 맥타가트는 1991년에 물러났다. 그러나 이 위기는 오래가지 않았으며 오히려 그린피스를 탈퇴한 〈해양의 전사〉 폴 왓슨 덕에 그린피스는 더욱더 주목을 받았다. 미국 그린피스의 사무총장으로 오랫동안 일한 피터 바하우트Peter Bahouth는 당시 위기의 원인을 환경 운동의 일반적인 침체에서 찾으면서, 공산주의가 붕괴하면서 서구 사회가 돌연 적을 잃어버려 방향 감각을 상실한 것도 일조했다고 한사코 주장했다.[4] 그러나 이런 시대 진단은 단적으로 틀렸다.

전 세계 상황을 조망하면, 이미 연표가 분명하게 보여 주듯, 전혀 다른 그림이 그려진다. 동시에 생태주의의 생태계, 곧 수많은 단체와 그룹의 이질성과 국가 및 지역의 특수 노선이 엇갈리는 생태계의 특성을 떠올린다면, 세계적 맥락에 주목하고 국제적 지평에서 환경 운동의 역사를 써야만 우리는 의미 있는 관점을 얻는다. 물론 〈국제 사회〉라는 것이 단순히 희망 사항은 아닐까 하는 의심은 예나 지금이나 지우기 힘들다. 그렇지만 세계 대전과 냉전의 시대를 되돌아보면, 곧장 우리는 1980년대 말부터 시작된 거대한 변화의 흐름을 읽을 수 있다. 그리고 무엇보다도 그때까지 동서 긴장 탓에 막혀 있던 생태 소통은 국경을 넘어서는 〈국제 사회〉라는 공동의 무대에 실질적 내용을 심어 주었다.

물론 그런 관점에 의심이 들 수 있다. 〈국제 지평〉의 맥락을 찾으려 독일의 원자력 반대 운동, 미국 야생 애호가들의 반점올빼미 서식지 보호 투쟁, 외국 목재 기업을 막으려는 사라와 다약족의 도로 점거 등 서로 아무런 관련이 없는 사건을 억지로 함께 묶는 것은 아닐까? 자신의 시대가 씌운 눈가리개를 벗어 던지지 못한 채, 〈환경〉이라는 개념이 주는 암시적 효과에 사로잡혀 〈국제 사회〉 운운하는 것은 아닐까? 물론 위의 세 사례가 전혀 다른 동기로 전혀 다른 성격의 그룹이 투쟁을 벌인 것은 의문의 여지가 없는 사실이다. 그러나 연대순으로 사건을 정리해 두고 데이터를 추적해 가면 서로 맞물린 관계는 숨김없이 드러난다.

〈체르노빌 효과〉는 저 멀리 극동아시아에까지 원자력 반대 운동과 동시에 민주화 운동에 추진력을 제공했다.[5] 원자로 사고는 소련의 붕괴에 기여했으며, 환경 운동에 새로운 상황을 선물한 일련의 연쇄 반응을 촉발했다.

1970년의 생태 각성과 비교할 때 1990년을 중심으로 한 변화의 주된 특징은 그 발단을 이룬 것이 대형 환경 재해였다는 점이다. 그래서 자연스럽게 고개를 드는 의문은 〈1984년 12월 3일에 발생한 인도 보팔의 화학 사고는 왜 환경 의식의 새로운 변화를 이끌지 못했는가〉 하는 것이다.[6] 당시 미국 기업 〈유니온 카바이드〉(오늘날 〈다우케미컬〉)의 인도 보팔 화학 공장은 맹독성인 아이소사이안화 메틸 가스를 구름처럼 배출했다. 불과 며칠 만에 5,000명, 주로 빈민이 사망했다. 오랫동안 후유증에 시달리다가 목숨을 잃은 희생자는 오늘날 약 2만여 명일 것으로 추산된다. 이 가스는 시력 상실, 신경계와 폐 질환 및 유전자 손상을 일으키는 탓에 건강을 잃은 사람들의 수는 15만에서 50만여 명 사이가 될 것으로 학계는 추정한다. 보팔 사고는 산업 역사에서 최악의 재해로 기록되었다. 보팔 화학 공장은 살충제를 생산했다. 바로 정확히 레이철 카슨이 공격의 화살을 겨누었던 업계다. 1976년 7월 10일 이탈리아 세베소의 화학 사고는 〈세베소는 도처에 있다〉는 경고로 여론이 화학의 위험을 주목하게 했다.[7] 그러나 이런 세베소 사건조차 보팔 사건과 비교하면 무해해 보일 정도다. 세베소에서는 정확히 화학 사고가 원인이라고 밝혀진 사망 사례는 없었다. 체르노빌에서도 직접 사고가 원인이 되어 사망한 사람은 보팔보다 훨씬 적었다.[8]

그러나 끔찍하기로는 체르노빌이 더하다. 보팔과 다르게 체르노빌을 둘러싼 풍문은 끊이지 않았다. 보팔이 인근 빈민굴만 고통스럽게 했다면, 체르노빌로 비롯된 발암의 두려움은 유럽 전역을 뒤덮었다. 방사능 구름이 스칸디나비아와 유럽 중부를 장기간에 걸쳐 위협하면서 암 환자와 기형 신생아가 속출할 것이라는 최악의 예측도 난무했다. 심지어 러시아의 재난 장관, 실제로 이런 직책이 신설되었는데, 아무튼 재난 장관은 이 초대형 사고로 2000년이면 약 30만 명의 사망자가 생겨날 것으로 보았다.[9] 특히 사람들을 두렵게 했던 것은 아동의 백혈병이 늘어날 것이라는 추측이었다. 사고 현장에서 수습 작업을 맡아 방사능에 강하게 노출되어 이미 죽은 목숨 취급을 받은 사람의 수만 60만 명에 달한다. 다른 추정은 100만 명이 넘을 것이라고도 한다. 아마도 지나치게 과장된 추정일 수는 있다. 그러나 누가 과장 여부에 관심을 가질까?[10]

보팔 사고의 책임 문제는 일반 대중이 파악하기 힘들었다. 무엇보다도 누가 이런 사고의 원흉인지 적의 그림을 명확하게 그려 내는 일은 불가능했다.[11] 이런 사고는 화학 업계가 안은 본질이라 피할 수 없는 것인가? 아니면 허술하고 방만한 경영 탓에 일어났는가? 경영이 제대로 이뤄지는지 어떻게 들여다볼 수 있을까? 인도의 환경 운동가들은 적을 제3세계에서 안전 대책을 자국에서처럼 정확히 지키지 않는 다국적 기업에서 찾아야 할까? 주된 책임은 미국의 기업 수뇌부가 져야 할까, 아니면 현지의 인도 경영자 몫일까? 또는 국가의 감독이 충분치 않은 것이 문제일까?

이런 상황은 인도와 미국의 경영자와 법관이 책임을 이리저리 떠넘기기 쉽게 했다. 그래서 화학 사고의 피해자는, 이후 재판 과정의 자세한 분석이 확인해 주듯, 끝없는 재판에 시달리며 〈2차 피해〉를 입었다.[12] 강한 영향력을 자랑하는 NGO는 현장에서 피해자 편에 서지 않았다. 보팔 사고가 인도 환경 운동이 집중하는 주된 문제를 오히려 가렸다고 판단했기 때문이다.[13] 반대로 체르노빌은 그렇지 않아도 흔들리는 체제의 취약함을 고스란히 드러냈다. 보팔과 체르노빌을 비교할 때 분명해지는 것은 전체 역사의 맥락이 가진 의미다. 체르노빌은 유럽에서 한국과 대만에 이르기까지 원자력 반대 운동을 촉발하고 다시 힘을 실어 주면서 소련의 붕괴를 가속화했다. 체르노빌은 보팔보다 적의 그림을 분명하게 그려 냈으며, 분노를 지속적인 운동으로 바꾸어 주었다.

동구권의 몰락에 힘입어 1990년을 전후해 NGO가 폭발적으로 늘어났다. 많은 관측자는 〈글로벌 연합 혁명〉을 말하면서 소련의 파산으로 생겨난 새로운 국가들이 NGO화한다는 표현을 썼다. 리우의 환경 회의에서 NGO의 엘리트는 새롭게 생겨나는 글로벌 시민 사회의 아방 가르드를 자처했다. 이런 자신감은 예전에는 결코 보지 못했던 것이었다.[14] 리우의 실천 프로그램인 〈어젠다 21〉의 27장은 〈비정부 조직의 역할 강화: 지속적 발달의 파트너〉라는 제목을 달고, 〈NGO는 참여 민주주의를 이루고 실현하는 데 결정적 역할을 한다〉는 선언으로 시작한다. 《《NGO》가 누리는 신뢰의 토대는 사회에서 맡은 책임감 있고 건설적인 역할이다〉.[15] 세계은행은 단계적으로 환경 측면을 더욱 강하게 고려하는 방향으로 전환하면서, 장려 프로젝트의 결정 과정에 NGO를 참여시켰다.

예전에 세상 물정 모르는 고집불통이라는 비아냥거림을 들었던 〈환경 운동〉 분야의 저항 단체는 이제 공동의 복지를 지키는 변호인이자 새로운 현대의 선구자로 주목받았다. 언론과 국제회의와 환경 연맹은 국가의 차원을 넘어서는 네트워크가 형성되는 데 일조했다. 미국의 초대형 유조선 〈액슨 발데스〉가 알래스카 연해에서 좌초하며 약 4만 리터의 원유를 유출한 사건은 10년 전 100만 톤의 원유를 멕시코만에서 쏟은 〈익스톡 원Ixtoc-1〉 사고보다 훨씬 더 주목받았다.[16] 1988년 12월 22일 치코 멘데스가 살해당한 것을 두고 전 세계는 분노했다. 그는 자연 보호 운동가가 아니라 고무나무 수액 채취자를 대변한 사람이었다. 환경 문제와 관련된 사람의 죽음을 두고 전 세계가 이처럼 분노한 것은 유례를 찾을 수 없는 일이다.

이 모든 일은 〈환경〉이라는 단어가 상징성을 가졌을 뿐만 아니라, 환경과 관련한 많은 문제가 서로 피할 수 없이 맞물렸기 때문에 가능했다. 개념과 논리로 당시의 환경 운동이 활황을 맞은 것이 설명되지는 않는다. 체르노빌 사건과 같은 해에 지구 온난화를 경고하는 목소리가 처음 터져 나왔다. 이런 경고는 원자력 기술의 위험을 바라보는 사람들의 주의를 흐려 버렸다. 오늘날에는 거의 잊혔지만, 체르노빌 사건을 기준으로 몇 년 전만 하더라도 기후 문제는 원자력 반대 운동과 함께 핵겨울 공포로 묶여 있었다. 그러나 이상 기후의 원인을 이산화탄소에서 찾으면서, 이런 결합은 슬그머니 풀려 버리고 말았다. 이상 기후를 걱정하는 여론은 이로써 지역 차원의 독극물 반대 투쟁과도 멀어졌다. 자연스레 직업 환경 의학에 치중하던 환경 정책도 대중의 관심에서 벗어났다. 체르노빌 사고가 일어나고 얼마 지나지 않아 국제적으로 빠르게 퍼져 나갔던 열대림 파괴에 대한 경각심은 원자로 사고와 직접적인 연관을 갖지 않는다. 열대림 문제는 2차적으로 기후 문제와 맞물렸을 뿐, 이상 기후 탓에 열대림이 주목을 받은 것은 아니다. 체르노빌을 리우와 직접 맞붙일 논리는 없다. 두 사건 사이의 맥락은 역사의 흐름에서 볼 때만 성립한다. 체르노빌은 소련이라는 권력 블록의 붕괴에 일조했다. 이때부터 제3세계의 동서 경쟁, 개발 지원의 추동력을 제공했던 동서 경쟁은 사라졌다. 이런 배경 탓에 환경 운동은 기후 문제를 최우선의 과제로 삼고 운동을 정당화할 새로운 근거로 제시했다.

이상 기후의 경고에 이어 주목을 받은 오존층 파괴 문제는 언론과 시너지 효과를 냈다.[17] 1991년에 〈부퍼탈 기후·환경·에너지 연구소〉를 설립해 상당한 영향력을 자랑하도록 키운 에른스트 울리히 폰 바이츠제커는 1989년에 출간한 자신의 책 『지구 정치Erdpolitik』에서 지난 20년 동안 전 세계적으로 환경 의식이 〈거의 꾸준하고도 부단하게〉 높아져 온 끝에 대략 1988년에 〈중요한 고비를 넘어섰다〉고 확인했다. 〈언론은 오존층과 지구 온난화와 열대림을 머리기사로 쏟아 냈다. …… 국제 경제 정상 회담은 1988년 열대림을 주요 의제로 삼았다. …… 오늘날 우리가 환경의 세기를 향해 나아간다고 말하는 사람은 사실 누구나 아는 이야기를 되풀이하는 것일 뿐이다.〉[18] 그로 할렘 브룬틀란은 1987년 세계를 끊임없이 누비고 다니며 이렇게 웅변했다. 〈환경 의식은 성장한다. 지식도 성장한다. 오존층과 기후 변화는 환경 운동이 식물과 동물 보호 그 이상의 것, 단순한 산업 공해 물질 반대 투쟁 그 이상의 것임을 보여 준다.〉[19] 오늘날의 관점에서 볼 때 1980년대 말과 1990년대 초는 독일은 물론이고 다른 나라에서도 환경 정책이 형성하는 데 중요한 시기였다. 환경 운동은 오늘날까지 이렇게 형성된 바탕의 덕을 톡톡히 누린다.

여러 관점에서 1990년을 전후한 환경 운동의 활황을 1970년의 〈생태 혁명〉과 비교하는 일은 많은 새로운 사실을 확인해 준다. 두 경우 모두에서 우리는 시민 단체와 국가 기관 주도의 운동 사이에 상호 작용이 일어나고 있음을 확인한다. 시민 단체나 국가 기관 어느 한쪽에만 편중해서 보는 관점은 현실을 외면하는 것이다. 글로벌 지평은 이미 1970년에 열렸다. 그러나 1990년의 조건 아래서 글로벌화는, 꼭 환경 정책에 유리하게 작용하지는 않았다고 할지라도, 생태 소통에 20년 전보다 상당히 유리한 토양을 마련해 주었다. 동과 서를 가로막았던 철의 장막이 걷혔을 뿐만 아니라, 이른바 〈남북 대결〉도 어느 정도 해소되었다. 환경 의식이 선진국의 단순한 사치가 아니며, 제3세계의 환경 문제도 선진국과 마찬가지로 심각하게 다뤄져야 한다는 점은 이미 오래전부터 분명한 사실이었다.

선진국의 환경 운동은 이미 해묵은 것이었고 기득권 형성의 조짐마저 보였지만, 아시아와 동유럽 대부분 지역의 환경 운동은 이제 본격적으로 시작됐다. 〈소련에 환경 운동이 있나요?〉 1985년 『슈피겔』의 기자가 소련의 작가 발렌틴 라스푸틴을 인터뷰하며 물었다. 라스푸틴은 자신의 소설 『마툐라와의 이별』에서 침수된 고향 마을을 떠나지 않는 여성 농부를 주인공으로 그렸다. 〈그럼요.〉 라스푸틴이 대답했다. 〈그러나 그녀는 당신네 녹색당처럼 조직화한 것이 아니라, 자발적이죠.〉 또 그는 소련의 환경 운동이 얼마나 많은 회원을 가졌는지 하는 통계 자료는 없다고 했다. 〈이 운동에 참가하기 위해 많은 것이 필요하지는 않습니다. 20년 전, 아니 심지어 10년 전 우리 지구가 어땠으며, 지금 어떻게 되었는지 기억하고 비교하는 자세만 가지면 환경 운동은 누구나 참여할 수 있죠.〉[20] 소련의 환경 운동은 빠른 속도로 무너져 내리는 환경에 경각심을 가지고 막 시작하는 단계였다. 서구에서 〈제3세계〉라는 수식어는 갈수록 〈하나의 세계〉라는 수식어로 바뀌었다. 1990년대에 접어들면서 환경 관련 주제, 특히 기후 변화라는 주제는 하나의 세계를 소통의 실체로 만들어 주었다.

그동안 경계를 허문 새로운 〈하나의 세계〉는 오히려 생태 소통을 어렵게 하는 전혀 다른 특징을 보이기 시작했다. 이런 변화의 원인은 공산주의에 위축되지 않은 금융의 세계적 흐름이었다. 그때까지 대다수 환경 운동가는 〈글로벌〉은 곧 〈좋음〉을 뜻하는 것으로 여겼다. 그러나 〈하나의 세계〉에 대한 열광이 식기 무섭게 〈글로벌〉은 갈수록 두려움을 자극하는 면모를 보였다. 처음부터 환경 운동에 내재했던 긴장, 〈글로벌하게 생각하고 로컬하게 행동하자〉는 미사여구로 가려졌던 긴장은 피할 수 없이 깊은 분열을 조장했다.

공산주의의 붕괴가 남겨 놓은 정치와 이데올로기의 진공은 환경 운동에 더할 수 없이 양면적인 면모를 선물했다. 한때 환경 운동은 이 진공 상태를 채워 주는 것처럼 보였다. 공산주의라는 거대한 정치 이데올로기의 몰락 이후 환경 운동은 고결한 의미, 심지어 일종의 영성적 체험까지 제공하는 유일한 비전으로 여겨졌다. 구소련의 일각에서는 생태가 새로운 종교, 심지어 비교秘教적 요소를 가진 새로운 종교가 되었다는 말이 심심찮게 나왔다.[21] 다른 한편으로 고삐 풀린 자본주의의 글로벌 권력 장악은 환경 운동에 점점 더 큰 충격을 안겼다. 인도의 라마찬드라 구하는 이런 세계사적 변화의 결과를 두고 〈환경 운동을 겨눈 엄청난 반동〉이라고 썼다.[22] 전통적으로 환경 운동은 정치 좌파와 깊은 공통점을 가졌거나 아예 손을 잡는 경우가 많았다. 그러나 이제 환경 운동은 좌파의 약세에 고민하지 않을 수 없었다. 더욱이 갈수록 늘어나는 실업률로 인해 경제 이해에 대항해 갈등을 일으킬 능력은 줄어만 갔다. 실용적인 환경 운동가는 이제 생태와 경제의 수렴에 매달렸다. 그렇지만 이런 수렴은 장기적이고 전체적인 관점에서는 성립할지라도, 구체적 상황에서 현실화하기는 어려웠다.

요컨대 1990년을 전후해 막을 열어 오늘날까지 이어지는 새로운 생태 시대는 긴장과 모순으로 얼룩졌다. 분명하게 형성된 주류란 찾아보기 힘들었다. 모든 것이 부침만 거듭했다. 특히 1990년을 전후해 일었던 환경 운동 열풍은 동유럽과 구소련 지역에서 급격히 식었다. 이는 환경 운동이 시대의 맥락과 밀접하게 맞물린다는 것을 여실히 증명한다. 환경을 위한 투쟁이 민주화와 새로운 민족 국가의 형성에 더는 촉매 역할을 하지 못하면서, 환경 운동은 추진력을 잃었다. 도처에서 경제가 최우선 관심사로 떠올랐다. 소련 몰락의 징후가 분명하게 나타난 1990년 후반에 소련 언론은 환경 운동을 두고 경제는 외면하고 〈생태만 붙들고 자학을 일삼는 마조히즘〉이라는 비난을 해댔다. 경제가 환경 파괴에 대한 두려움을 뒤덮어 버렸다.[23] 체고르바초프는 그동안 자신의 조국보다는 독일에서 더 큰 인기를 누렸는데, 체르노빌 사고가 일어나고 20년이 흐른 시점에서 그는 프란츠 알트에게 독일이 〈생태의 최강국〉 될 것이라고 말했다.[24]

경제의 자유화는 세계 곳곳에서 빈부 격차를 키웠다. 이런 격차는 빈국과 부국이라는 구도로도 나타났다. 환경 문제와 더불어 이런 빈부 격차는 현재의 정치가 감당해야만 하는 최대의 도전 과제다. 공산주의의 몰락 이후 경제는 세계를 이데올로기의 진공 상태로 만들어 놓았다. 자연과 환경 보호가 사회 정의를 어떻게 실현할 수 있는가 하는 물음은 처음부터 환경 운동의 난제였다. 오늘날 이 문제는 아무래도 운명의 문제가 될 모양이다.

소련의 환경 파괴

〈에코사이드로 운명하다.〉 역사학자가 붕괴한 소련을 해부한다면 사망 진단서에 아마도 이렇게 쓰리라. 이것은 소련이라는 초강대국이 무너진 바로 그해에 두 명의 유명한 미국 전문가가 출간한 책『소련의 에코사이드Ecocide in the USSR』의 첫머리에 나오는 문장이다.[25] 환경 파괴 원인 목록의 첫 번째 자리를 차지한 것은 체르노빌이다. 늦어도 1986년 4월 26일의 원자로 사고와 함께 환경 위험과의 대결은 마침내 세계사적 차원에 올라섰다. 사고 당시 공산당 서기장이자 정부 수반이었던 고르바초프는 20년 뒤 이런 말을 했다. 〈체르노빌의 원자로 사고는 …… 아마도 내가 시작한 페레스트로이카보다 5년 뒤 소련 붕괴에 더 결정적인 원인으로 작용했다. 체르노빌은 역사의 전환점이다. 사고 이전의 시간과 이후의 시간은 전혀 다르다. …… 체르노빌 사고는 무엇보다도 자유로운 의사 표현을 가능하게 해주었다. 우리가 알았던 체제가 더는 존재할 수 없었다. 글라스노스트 정책을 계속하는 것이 얼마나 중요한지는 명확했다. 나는 시간을 체르노빌 이전과 이후로 나누어 생각하기 시작했다. …… 체르노빌은 어떤 사건보다도 더 확실하게 내 눈을 뜨게 해주었다.〉[26]

물론 체르노빌 사고 직후 시대 변화를 읽어 내는 고르바초프의 표현은 찾아볼 수 없다.[27] 대다수 소련 전문가에게 시대 변화의 원인을 체르노빌에서 찾는 것은 너무 간단한 논법이었다. 심지어 소련의 붕괴에 가장 책임이 큰 사람이 자신의 책임을 호도하고자 역사를 되돌아보며 꾸며 낸다는 인상도 있었다. 독일의 여성 역사학자 율리아 오베르트라이스Julia Obertreis는 소련의 환경 역사 연구가 앞으로 〈체르노빌 사고에서 해방되어야만 한다〉고 썼다. 역사 연구가 〈생태 문제가 쌓인 나머지 소련을 무너뜨린 에코사이드가 일어났다는 전설〉에 더는 사로잡혀서는 안 된다. 여전히 남는 〈중대한 물음〉은 〈환경 문제가 소련 붕괴에 어느 정도 거들었는가〉 하는 것이다. 〈일부 역사학자가 암시하듯〉 체제가 환경 문제로 무너지고 말았다는 주장은 검증되어야만 한다.[28] 실제로 우리가 물어야 할 정확한 물음은 이것이다. 무엇이 입증되었는가? 우리가 지금껏 아는 사실로 미루어 어떤 것이 적어도 믿을 만한가? 어떻게 원자로 사고 하나가 세계의 초강대국을 뿌리부터 흔들었는가?

독일 원자력 비판자의 관점에서 체르노빌 사고는 소련 원자로의 특별한 결함과 서구 관찰자가 속내를 정확히 들여다보기 어려운 위기관리의 허술함을 입증하지 않는다. 일반적으로 고도로 위험한 원자력 기술의 관점에서 보아도 마찬가지 결론이 나온다. 1957년 10월 4일 인공위성 〈스푸트니크〉의 발사 이후 소련의 정상급 기술자들은 소비에트 체제를 혐오한 서구에서도 드높은 평가를 받았다. 1981년 12일 10일 의회 연설에서 독일의 보수 정당 〈기독교사회연합CSU〉의 의원 엥겔스베르거Engelsberger는 소련 〈환경부 장관〉[29]인 유리 이즈라엘Yuri Izrael이 모스크바 강연에서 했던 말을 인용했다. 〈원자로 사고란 일어날 수 없습니다. …… 소련 원자력 발전소는 100퍼센트 안전합니다.〉 사민당의 기술 전문 정치가 카텐후젠Catenhusen, 나중에 유전 공학의 앙케트 위원회 의장을 맡은 카텐후젠이 연설 도중 말도 되지 않는 이야기라며 이의를 제기하자 엥겔스베르거는 차분하게 이렇게 답했다. 〈이 기술만큼은 처음으로 러시아가 모범이요, 카텐후젠 의원님.〉[30]

그래서 더욱 의아한 점은 어떻게 해서 러시아가 주도한 소련의 내부에서 체르노빌 같은 기술적 실패가 일어날 수 있었을까 하는 것이다. 소련의 수뇌부는 물론이고 권력과는 거리가 멀었던 사람들도 이런 실패를 인정했다. 고도로 발달한 서구 산업 국가에서는 상상조차 할 수 없는 규모의 재해가 대체 어떻게 일어난 것일까? 사고가 일어나고 10년 뒤 당시 독일의 환경부 장관 앙겔라 메르켈은 이런 말을 했다. 〈체르노빌은 내가 보기에 다시금 러시아의 난장판을 증명하는 사건이다. 나는 러시아를 여행하며 그들이 얼마나 대충대충 일을 처리하는지 잘 알았다.〉[31] 동독 시절 여성 물리학자로 러시아를 충분히 경험했던 메르켈이기에 그녀의 말에는 무게가 실린다. 소련의 역사학자 알렉산더 레발스키Alexander Rewalski는 심지어 체르노빌이야말로 〈러시아 정신이 일으킨 사고〉라고 일갈한다. 러시아 사람들은 기계를 마치 마차처럼 다룬다고 그는 비유한다. 〈러시아 사람은 기계와 어떻게 대화를 나눌까? 오로지 욕설과 악담만 퍼부을 뿐이다. 때로 망치로 두드리거나 발로 차면서.〉[32]

분명 레발스키는 체르노빌 원자력 발전소의 관리자들이 원자로를 지나치게 허술히 다루었다고 본 것이 틀림없다. 그런 소문은 차고도 넘쳐 났다. 실제로 1987년 심지어 브룬틀란 위원회의 결산 보고서는 원자로 관리팀의 경솔한 행동이 사고의 원인이라는 판단을 공식적으로 채택했다.[33] 〈개는 마지막에 처진 사람만 문다〉, 곧 〈결국 책임은 말단이 진다〉는 식의 책임 전가는 서구의 원자로 사고에서도 전형적이다.[34] 소련의 정치국은 〈RMBK 원자로〉*가 그 자체로 매우 위험하다는 점을 1986년 6월 초에야 명확히 파악했다. 이 유형의 원자로는 아주 작은 실수만으로도 대폭발을 일으킬 수 있다.[35] 밝혀지기로는 본래 군사적 목적으로 플루토늄 생산을 위해 설계된 원자로는 국제적으로 고립된 유형이며, 서구의 원자로 안전 기술 개발에 참여하지 않은 것이다. 고르바초프 치하에서 이전 정권을 두고 썼던 〈침체Stagnation〉라는 개념과 딱 맞는 정황이다.

〈원자력 기술이 발달한 모든 나라는 우리와는 다른 유형의 원자로를 씁니다.〉 당시 소련 과학 아카데미 원장인 아나톨리 페트로비치 알렉산드로프Anatoli Petrowitsch Alexandrow가 1986년 7월 3일 정치국에 출석해서 한 발언이다. 고르바초프가 모스크바의 쿠르차토프 원자력 연구소 부소장 발레리 레가소프에게 〈RMBK 원자로〉의 〈연구 수준이 가장 떨어지는 것〉이 맞느냐고 짜증 섞인 투로 캐묻자 레가소프는 아무런 토를 달지 않고 간단하게 대답했다. 〈예, 그렇습니다.〉[36] 레가소프는 쿠르차토프 연구소가 〈RMBK 원자로〉를 개발한 것을 알고 있었음이 틀림없다.[37] 1986년 12월 8일 모스크바에서 열린 브룬틀란 위원회의 공개 청문회에서 레가소프는 자신이 체르노빌 원자로의 건설을 조금도 주저하지 않고 밀어붙인 인물이라고 말했다.[38] 〈체르노빌 사고는 소련의 전문가가 다시금 의문을 품게 했다. 원자력 기술의 발달이 산업 표준에 비춰 볼 때 시기상조였던 것은 아닐까? 혹시 우리 문명, 우리 지구의 생태계에 불행을 안겨 주는 것은 아닐까? 에너지 자원이 풍부한 지구에서 이런 물음은 차분하게 토론되어야 한다.〉 위원회의 결과 보고서에 채택된 문장이다.[39] 체르노빌 사고 현장의 수습 책임자로 파견되었던 레가소프

---

* 〈흑연감속 비등경수 압력관형 원자로〉라는 뜻의 러시아어를 영어로는 〈Reaktor Bolshoy Moshchnosti Kanalniy(채널형 고출력 원자로)〉라고 한다. 〈RBMK〉는 영어 약칭.

는 너무 높은 방사능에 노출되고 말았으며, 사고 초기부터 솔직한 입장을 밝혀 온 터라 갈수록 희생양으로 낙인찍혔다. 결국 그는 1988년 4월 27일 스스로 목을 맸다.[40]

소련이 붕괴하기 이전 단계에 〈소비에트 최고 회의〉의 위원으로 활동한 우크라이나 출신의 여성 저널리스트 알라 야로신스카야Alla Yaroshinskaya는 체르노빌 사고 직후 현장에서 독자적으로 방사능 피해 정도를 조사했으며, 공산당 중앙 위원회가 비밀 의사록을 폐기하기 전에 사고 이후 몇 달 동안 비밀 의사록을 빼돌려 공개했다. 이런 공로를 인정받아 그녀는 1992년 대안 노벨상을 받았다. 그녀는 소비에트 지도부에게 처음부터 악의적이고 불성실하게 왜곡된 정보를 흘려 왔다고 격렬히 비난했다.[41] 이런 비판은 체르노빌 사고 이후 서구 여론에서 일반적으로 들을 수 있었다. 고르바초프는 나중에 이런 비난을 인정하지 않았다. 〈진실을 아는 사람은 아무도 없었다. 그래서 사고의 규모를 둘러싼 완전한 정보를 얻으려는 우리의 노력은 좌절되었다.〉[42]

사실 용감한 여성 저널리스트가 공개한 비밀 회의록은 고르바초프의 변명이 완전히 틀리기만 했던 것은 아님을 보여 준다. 고의로 잘못된 정보를 흘린 것은 하급 기관이 벌인 일이다. 그 결과 수뇌부는 상황을 충분히 판단할 수 없었다. 소련이 관련 정보를 왜곡하거나 한사코 비밀에 부친 것은 서구 정부가 그런 상황에서 취하는 태도와도 크게 다르지 않았다. 사고 현장을 수습하기 위해 정치국이 파견한 〈대책반〉은, 사고에 대해 충분한 정보를 얻었으며 상응하는 전문 능력도 갖춘 것처럼 보이려고 애를 썼다. 그러나 회의록의 행간은 실제 상황이 전혀 달랐음을 알려 준다.[43]

회의록은 특히 전체주의 독재의 수뇌부라고 할지라도, 독립적 언론과 비판적 여론 없이는 정부가 대처할 수 없는 새로운 위기 상황에서 사건의 전모를 파악할 수 없음을 여실히 보여 준다. 체르노빌 사고는 고르바초프에게 투명함을 뜻하는 〈글라스노스트〉가 민주화의 구호일 뿐만 아니라 효과적인 지배의 조건이기도 하다는 교훈을 주었다. 자유 언론이 만들어 내는 투명성이 없다면 정부 수뇌부는 관료주의에 희생당할 뿐이다.[44] 갓 취임한 독일 환경부 장관 발터 발만은 1986년 9월 빈에서 열린 국제 원자력 감독관청 특별 회의에서 소련의 원자력 과학자들을 상대로 거리낌 없이 이렇게 말했다. 〈체르노빌은 생태 파괴를 숨기고 왜곡해 온 소비에트 체제의 정당성을 마침내 무너뜨렸습니다.〉 원자로 사고는 《글라스노스트》 정책을 막아서던 최후의 보루〉를 박살 냈다.[45] 실제로 글라스노스트 시대는 그보다 앞서 도입된 경제의 페레스트로이카와 다르게 체르노빌 이후 어느 정도 시간이 지나서야 시작되었다. 원자로 사고의 충격적 사실이 알려지자, 스탈린 체제가 저지른 범죄를 낱낱이 폭로하는 일은 더는 막을 수 없었다. 언론은 소련 수뇌부의 통제를 벗어났다.

회의록은 의도하지 않았겠지만 고르바초프가, 어쨌거나 그래 보이는 것처럼, 너무 늦게 깨달은 것과는 다른 사실을 폭로한다.[46] 강력한 의지가 있었다고 할지라도 체르노빌 같은 경우 위로부터 효과적인 위기관리는 완전히 불가능했다. 효과적 관리를 위해서는 현장에서 전문 능력을 갖추고 결정 권한을 가진 주무관청이 꼭 필요하다.[47] 체르노빌 사고가 일어나고 2년 뒤에 열린 소련 공산당 전당 대회에서 고르바초프는 이렇게 말했다. 〈위에서 우리는 할 수 있는 모든 것을 시도했다. 아무 소용이 없었다.〉[48] 놀라운 일이 아니다. 아무리 전체주의 체제라 할지라도 중앙 통제로 이뤄지는 일은 제한적이다. 계획적이든 아니든 소련의 체르노빌 사고 대처에서 결정적인 일은 하부 차원에서 일어났다.

소련의 환경 사회학자 유리 레베딘스키Jurij Lebedinskij는 1989년에 이런 말을 했다. 〈체르노빌이라는 대형 사고는 사회의식의 폭발을 일으켰다.〉[49] 원자력 반대뿐만 아니라, 하천 정비 같은 그때까지 금기시했던 문제가 완전히 새로운 비판적 어조로 거론되기 시작했다. 도처에서 무능과 부패가 드러나면서 환경 운동가는 신뢰할 만하다는 평가를 받았다.[50] 러시아의 유명한 환경 사회학자 올렉 야니츠키Oleg Yanitsky도 1995년 체르노빌 사고를 되돌아보며 이런 말을 했다. 〈1987년에서 1989년 동안 생태 저항 운동은 폭넓은 민주화 투쟁, 시민과 시민이 서

로 연대하는 투쟁의 첫 번째 합법적인 구현이었다.〉[51]

일단 체르노빌은 고르바초프가 천명한 〈페레스트로이카 정책〉, 곧 〈개혁 정책〉에 강한 추진력을 주는 것처럼 보였다. 모스크바 정부의 홍보 정치가 애초부터 〈글라스노스트〉는 소련의 위선을 숨기려는 새로운 수단은 아닐까 하는 의심이 들게 만든 반면,[52] 고르바초프는 이후 체르노빌 사건 처리를 통해 새로운 투명성이 필요하다는 결정적 증거를 제시하는 데 성공했다. 그럼에도 현재 시점에서 되돌아보면 고르바초프는 개혁 정치를 펼치며 오히려 통제권을 잃어버린 것이 확실하다. 그가 선포한 새로운 시대는 핵심적으로 위로부터의 개혁에 지나지 않았기 때문이다. 고르바초프는 〈과학과 기술 발전의 가속화〉를 목표로 설정하고 〈연구와 기술의 모든 분야에서 철저한 혁신〉을 이루겠다고 했지만, 이를 실천할 하부의 바탕은 마련되지 않았다.[53]

1957년 〈스푸트니크〉 발사에 성공한 이후 〈과학과 기술 혁명〉은 동구권의 개혁에 힘을 실어 줄 절실한 희망이었다.[54] 이런 맥락에서 혁명의 새로운 영웅은 저 전설의 프롤레타리아가 아니라 과학자였다. 이런 관점에서 과학자, 적어도 이상적인 과학자는 정신적 자유를 추구하는 본능적인 욕구를 자랑했다. 서구에서도 과학과 기술의 엘리트를 전설처럼 떠받드는 경향은 고스란히 나타났다. 과학자는 이념의 관성과 왜곡에 사로잡히지 않고 부단히 개혁을 추진한다는 믿음은 이처럼 동서를 공통으로 지배했다.[55] 특히 과학은 자연 보호 운동의 영원한 피난처다. 자연 보호 운동가의 심장은 정신적 동기에 의해 뛰었지만, 운동의 논리는 언제나 과학에 신세를 져야만 했다.[56]

자연 보호는 아주 오랫동안 테크노크라시의 야망과 평화적으로 공존해 왔다. 우주 비행은 새로운 엘리트의 승리였다. 그러나 이론 물리학에서 생겨난 원자력 기술 역시 1950년대 이후 〈과학과 기술 혁명〉의 총화였다. 마르크스주의와 레닌주의를 바라보는 믿음이 무너지기 시작한 바로 그 시점에 〈스푸트니크〉 종교, 곧 정상급 기술의 혁명적 힘을 믿는 새로운 종교는 희망의 원천인 동시에 국가 계획 경제를 정당화해 주는 근거였다. 과학에 기초해 새롭게 일궈 낸 기술 체제가 국가 계획 경제에 힘입어 자본주의보다 훨씬 더 잘 기능하리라는 믿음은 서구에서도 적지 않은 사람들의 마음을 사로잡았다.[57] 동구권 국가들은 오랫동안 엔지니어 양성에 전력을 기울였다. 이들 국가의 국민은 이로써 동구권이 장기적으로 서구를 압도할 것이라고 굳게 믿었다.

소련이 많은 관행으로 속부터 멍들어 가고 있었음에도 상부의 고르바초프를 포함해 많은 소련 국민은 오랫동안 기술의 발달로 소련이 최강국의 지위를 유지할 것으로 믿어 의심치 않았다. 무엇보다도 이 믿음은 체르노빌로 인해 직격탄을 맞았다.[58] 신화가 무너지면서 소비에트 체제는 모든 미래 전망을 잃었다.[59] 원자로 사고의 후유증에 제대로 대처하지 못한 중앙 정부의 무능함은 〈과학 기술 혁명〉을 이룩하기 위해 중앙 계획 경제가 꼭 필요하다는 믿음을 기초부터 뒤흔들기에 충분했다. 지도급 인사의 부패가 아니라, 체제 자체에 비참한 최후의 뿌리가 숨어 있었다. 체르노빌 체험은 소련의 개혁적 세력조차 생산적으로 소화할 수 없었다.

소련의 원자력 반대 운동은 심지어 지하에서조차 일어나지 않았다. 에너지 정책의 대안을 제시하고 체르노빌을 반면교사로 삼을 세력은 아예 찾아볼 수 없었다. 오늘날까지도 구소련 지역에는 재생 가능한 에너지에 관심을 갖는 단체가 중국이나 일본보다 훨씬 더 적다.[60] 바이칼 호의 화학 물질 오염은 이미 1950년대 후반에 러시아의 자연 애호가들을 움직이게 한 사건이다. 러시아에서 강과 호수에 대한 사랑은 오랜 전통을 자랑한다. 강과 호수를 보호하려는 목적으로 투쟁하는 사람은 이미 소련 시절에도 대중의 눈에 영웅이었다.[61] 시베리아의 오네가강, 오비강, 이르티시강 등을 중앙아시아로 돌리려는 계획은 많은 문화유산을 물에 잠기게 해 1970년대에 대중의 분노를 부르고 말았다.[62] 본래 그 출발이 1868년으로 거슬러 올라가며, 지형을 바꾸는 거대 프로젝트로 으뜸가는 이 계획을 체르노빌 사고가 나던 그해에 폐기한 인물은 바로 고르바초프다.[63] 발렌틴 라스푸틴은 그보다 1년 전에 이런 말을 했다. 〈모든 것이 시베리아 강줄기를 돌리는 이 거대 계획에 달렸다. 이것은 국가의 운명에 엄청난 영향을 미치는 전환점이다. 이 계획이 실천에 옮겨진다면, 산업 경영자를 막을 방법은 사라진다. 그러면 우리는 아무것도 할 수 없게 된다.〉[64] 이 계획의 폐기가 어떤 신호를 보내는지 우리는 쉽게 알 수 있다. 소련 과학 아카데미 원장 게오르기 아르바토프Georgi Arbatow는 1988년 전체 소련 회의에서 〈시베리아 하천의 물줄기 돌리기〉 계획이 갖는 불합리성을 질타했다. 그런 계획은 비판적 여론을 무시하는 오만한 태도에서만 실천에 옮겨질 수 있는 망상이라고 그는 일갈했다.[65] 반대로 원자로 사고에 저항하는 운동은 일어나지 않았다.

참으로 많은 흥미로운 사실을 알려 주는 것은 1988년 6월 28일에서 7월 1일까지 모스크바에서 열렸던 소련 공산당 특별 협의회의 의사록이다. 소련의 붕괴가 멀지 않았던 시점에서 회의 석상에서는 페레스트로이카를 찬양하는 발언이 쏟아졌다. 공산당의 이 새로운 노선을 떠받드는 충성심은 예전의 노선에서 보이던 그것과 크게 다르지 않았다. 연사들은 차례로 마치 의무처럼 관료에게 욕설을 퍼부었다. 대개 그 자신도 관료인 연사가 마치 남에게 하듯 욕설을 퍼붓는 장면은 어째 좀 기괴했다. 말잔치가 벌어졌지만, 말하지 않은 것이 더욱 주목받았다. 많은 연사가 톨스토이가 못지 않은 진실에 대한 열정으로 지금까지 소련을 지배한 거짓에 분노했지만, 체르노빌 이야기는 단 한마디도 하지 않았다. 원자로 사고라는 주제는 분명 금기였으며, 개혁을 위한 자극으로도 언급되지 않았다. 오로지 모스크바 로모소노프 대학교의 흰 수염을 한 총장 아나톨리 로구노프Anatoli Logunow만이 〈전문가의 직업적 자부심 상실〉이 〈경솔한 프로젝트를 감행하게끔 만들어 사고가 빚어지며 생태 파괴가 일어났다〉고 불평했다. 〈정부의 위탁이라면 언제라도 프로젝트를 맡아 그 정당성을 확보해 주고 실현해 주는 이른바 전문가라는 이름의 검은 별 플레이아데스*는 틀림없이 존재한다.〉 지금 〈이처럼 심각한

---

* Pleiades: 그리스 신화에 등장하는 아틀라스의 일곱 딸 가운데 한 명으로 묘성 가운데

질병이 우리 사회에 만연해 있다〉.[66] 체르노빌 이후 소련에서도 미국의 원자력 비판자들이 이미 1960년대에 우려했던 상황이 고스란히 되풀이되었다. 기득권을 구축한 과학계는 독립적이고 비판적으로 생각하는 힘을 잃었다.

고르바초프의 〈위로부터 개혁〉, 곧 강력한 중앙 정부가 주도하는 개혁은 체르노빌이라는 초대형 사고로 소련 소속의 국가들이 저마다 〈생태 민족주의〉를 표방하는 바람에 처음부터 흔들렸다.[67] 러시아는 물론이고 다른 국가도 환경 의식을 향토애와 동일시했다. 환경 의식과 향토애의 결합은 세계 도처에서 볼 수 있다. 이런 결합은 개별적 사안에만 매달리지 않는 포괄적 성격을 갖는다는 점에서 부정적인 평가를 받지는 않다. 소련 붕괴가 만들어 낸 새로운 민족주의와 지역주의는 이전과는 전혀 다른 연합을 이루었다. 원자로 사고의 후유증을 생산적으로 소화하기 힘들다는 점은 백러시아(벨라루스)의 경우가 분명하게 보여 준다. 백러시아는 체르노빌이 방출한 방사능 가운데 70퍼센트에 노출되었음에도 환경 운동이 거의 일어나지 않았다.[68] 백러시아는 독립을 이루었음에도 러시아의 천연가스에 의존하는 탓에 체르노빌 후유증을 두고 러시아에 적극적으로 보상을 요구하지 않았다. 카자흐스탄은 전혀 달랐다. 자국 땅이 소련 원자 폭탄의 실험장으로 마구 유린당하는 바람에 국민의 분노는 극에 달했다. 1989년 카자흐스탄에서는 미국과 소련의 원폭 실험장의 이름을 딴 〈네바다−세미팔라틴스크Nevada–Semipalatinsk〉라는 환경 운동 단체가 결성되었다.[69] 인구 70만 명의 도시 세미팔라틴스크에서 150킬로미터 떨어진 실험장에서는 40여 년 동안 전부 456번의 원폭 실험이 자행되었다. 소련 붕괴 이후에도 방사능 오염의 전체 규모는 아주 천천히 알려졌다. 더욱이 많은 실험장은 정확히 어디인지 아직도 알려지지 않았다.[70] 독립을 이룬 뒤 카자흐스탄은 자발적으로 자국 영토에 설치된 원자 폭탄의 소유권을 포기했다. 이는 곧 〈무슬림 세계에서

가장 어두운 별을 말함. 타락을 상징한다.

유일하게 공식적인 원폭 보유 국가〉가 될 수 있는 유혹적인 기회를 포기한 것이다(아르템 에밀로프Artem Ermilow). 그 대신 카자흐스탄이라는 신생 국가는 세계 최대의 우라늄 생산 국가로 부상하려는 야심을 키웠다. 카자흐스탄이 보유한 우라늄은 전 세계 매장량 중에서 5분의 1에 해당하는데, 이는 호주의 뒤를 바짝 따라붙는 수준이다.[71]

고르바초프는 체르노빌 사고 초기부터 원자 폭탄의 위험을 강조하고 싶어 했다. 고르바초프는 레이건이 불을 붙인 군비 확산 경쟁에 방사능 공포로 맞불을 놓으면서 원자로 사고의 위험을 애써 축소하려고 들었다. 1986년 5월 14일 고르바초프는 방송 연설에서 이렇게 말했다. 〈체르노빌 사고는 다시금 원자 폭탄 전쟁이 인류를 덮칠 때 어떤 파국이 기다리는지 분명히 보여 줍니다. 현재 각국이 보유한 원자 폭탄은 더없이 큰 사고의 위험을 안고 있습니다. 이는 체르노빌보다 훨씬 더 심각합니다.〉[72] 원자 폭탄의 경고는 흐루쇼프 이래 소련이 공식적으로 활용하던 대항마다. 이제 이 패를 카자흐스탄은 모스크바를 상대로 내놓을 수 있다.

카자흐스탄과 우즈베키스탄의 경계를 이루는 것은 아랄해다. 러시아 과학 아카데미 지리학 연구소 소장 니키타 글라초프스키Nikita Glazovsky는 1995년 유엔의 위탁을 받아 전 세계의 위험 생태 지역을 조사해 600여 면의 책을 출간한 바 있다. 이 책은 아랄해를 《위협받는 생태지역》의 가장 명확한 사례〉로 꼽았다.[73] 문제의 핵심은 흐루쇼프의 농업 정책이 장기간에 걸쳐 빚어 놓은 결과다. 흐루쇼프는 중앙아시아에 대규모 목면 재배 농장을 운용하기 위해 아랄해에서 물을 끌어다 쓰는 인공 관개 시설을 만들었다. 이 농장은, 옥수수 품귀 현상을 일으킨 요란했던 바이오 연료 생산 소동과 마찬가지로, 생태의 운명을 건 모험이었다.[74] 흐루쇼프의 정치 생명은 이 농장의 기복에 좌지우지됐다. 흐루쇼프는 강우량이 풍부했던 해에 사막에 하얀 목화 바다가 펼쳐진 장대한 광경을 보고 환호성을 터뜨렸다. 그러나 가뭄이 들면 흐루쇼프를 감싼 후광은 걷혔다. 더 나아가 새로운 땅을 개간하려는 열정, 그때까지 소비에트 공산주의의 가장 강한 도덕적 원천이었던 이런 열정은 비탄의 신음으로 바뀌었다.[75] 반세기 전 건조 지대로 신음했던 미국과 마찬가지로, 농업 개척자의 자부심이었던 쟁기는 토양의 저주가 되었으며 토양 파괴의 도구로 전락했다.[76]

목면 재배는 대규모 인공 관개로만 지속할 수 있었다. 이 목적으로 1954년부터 카라쿰 운하가 건설되었다. 이 운하 건설 프로젝트는 투르크멘 소비에트 사회주의 공화국의 〈거대한 특별 프로젝트〉였다.[77] 그러나 운하는 물을 아랄해로 흘러드는 지류인 아무다리야강에서 얻었다. 결국 아랄해의 일부는 말라붙어 소금 사막이 되었고, 이곳에서 부는 소금기를 머금은 모래 태풍은 인근 농토를 초토화해 주민의 삶을 지옥으로 만들었다. 페레스트로이카가 지속적으로 남긴 환경 정책의 효과 가운데 하나는 소련 여론이 아랄해의 환경 파괴를 알게 되었다는 것이다. 체르노빌 사고 이후 아랄해의 생태를 연구하는 목적으로 유리 이즈라엘을 위원장으로 하는 정부 위원회가 꾸려졌다. 그러나 이 위원회는 많은 일을 할 수 없었다. 한편 『노프지 미르』와 『파미르』라는 언론사가 글라스노스트 정신으로 탐사대 〈아랄 88〉을 파견해 현장에서 희생자와 재해 책임자의 목격담과 증언을 채취했다. 이 보도는 소련 여론을 충격에 빠뜨렸다.[78] 그로부터 3년 뒤 중앙아시아의 소련 공화국들은 소련 붕괴로 독립했다. 이후 모스크바가 이 생태 재해에 더는 신경 쓰지 않아도 되었다는 점은 러시아의 권력자에게 한때 최강국의 붕괴가 가져다준 유일한 긍정적 측면이 되었다.

어쨌거나 환경 역사는 흘려 볼 수 없는 아이러니를 드러낸다. 아랄해로 흘러드는 지류들의 물줄기를 돌려 관개하는 일에 관심을 보인 사람들은 역사를 잘 알았던 것이 틀림없다. 지리의 역사는 이 함수호가 옛날에는 훨씬 더 작았으며, 지류로 유입되는 물의 양도 일정치 않았거나, 인간이 다른 곳으로 돌려 쓴 경우가 잦았음을 보여 주기 때문이다.[79] 이런 상황에서 도대체 아랄해는 어떻게 존재할 수 있었던 걸까? 오히려 이 호수로 흘러드는 물로 재배한 목면이 훨씬 더 쓸모 있지 않을까? 바이칼호와 달리 이 볼품없는 호수는 러시아의 민족적 낭만주의가 떠받든 우상이 결코 아니었다. 오늘날의 관점에서 볼 때 아랄해의 재난은 〈환경 역사에서 교훈을 얻고자 하는 사람〉은 상황을 정확히 살피고 시대 변화를 함께 고려해야만 한다는 경고로 해석되어야만 한다. 이를테면 주변에 인간이 거주하지 않았을 때는 소금 모래 폭풍에 별다른 해를 입지 않았지만, 이 지역이 집중적으로 경작되면서부터 엄청난 피해가 발생한 것에 주목해야만한다.[80]

국제 여론이 아랄해에 집중하면서, 목화밭에 무시무시할 정도로 뿌려지는 살충제로 재난이 더욱더 극심해졌다는 점은 간과되었다. 이런 살충제 피해는 레이철 카슨이 그린 최악의 그림도 능가하는 것이었다. 살충제는 먼지바람을 타고 그곳의 불행한 주민이 먹는 식량을 독극물로 만들었다. 10년 동안 이곳 주민의 사망률은 다섯 배 높아졌다. 가장 극심한 피해를 보았던 곳은 우즈베키스탄 지역으로, 아무다리야강이 아랄해로 흘러드는 하구에 위치한 카라칼파크다.[81] 그곳 토양의 염분을 고려할 때 물을 끌어다 쓰는 관개는 이를테면 미국 서부에서 호주에 이르기까지 지구의 많은 다른 지역과 마찬가지로 회복할 수 없는 토양 염류 집적을 낳는다. 이런 탓에 농업은 거듭 새로운 토양을 파고들며 관개 작업이 되풀이되는 악순환이 일어난다. 〈목화 재배의 욕구로 소련은 20세기 최악의 관개 참사를 빚었다.〉 이런 사실은 지금 보는 두 눈에도 다르지 않다.[82] 이론적으로는 전체를 아우르는 관찰을 중시하는 소련의 중앙 계획 경제는 그 엄청난 권력 기관으로 얼마든지 재난을 다스릴 수 있을 것으로 보였다. 그러나 이런 관점은 잿빛 이론일 뿐이었다. 통제가 불가능한 관료주의에 만연한 책임 떠넘기기를 알게 되면 이론은 맥없이 무너진다.

환경 역사는 또 다른 아이러니를 보여 주기도 한다. 고르바초프가 폐기하기로 결정한 관개 프로젝트는 오히려 아랄해를 구원할 묘수일 수 있었다. 인근의 염류가 집적된 토양도 프로젝트 덕에 되살아날 수 있었다. 바로 이런 이유에서 동독의 환경 운동가로 정보부의 감시까지 받았던 라이마르 길젠바흐는 프로젝트에 열광했다. 이 프로젝트는 〈인간이 고안한, 자연을 개조하는 최대의 계획이다〉.[83] 1988년 고르바초프가 중앙아시아를 여행했을 때, 아랄해 인근 주민의 대표단이 그와 만나 프로젝트를 다시 살려 달라고 호소했다. 심지어 고르바초프는 결정을 재고해 보겠다고 약속했다.[84] 1990~1991년에 걸친 세계사적인 전환기 이후 우즈베키스탄 〈환경 단체〉는 아랄해를 오비와 이르티시의 물줄기를 돌리는 것으로 구하려 들었다.[85] 그러나 소련 붕괴 이후 새로운 러시아에 아랄해는 더는 문제가 아니었다.

백러시아 외에도 원자로 사고로 가장 큰 피해를 본 곳은 우크라이나다. 그 영토에 위치한 체르노빌은 수도 키예프에서 북쪽으로 직선거리로 약 100킬로미터 떨어진 곳으로 드네프르강과 맞닿아 있다. 비록 사고 직후 바람은 방사능 구름을 주로 백러시아로, 그런 다음 북서쪽으로 스웨덴까지 날려 보내기는 했지만, 강물의 방사능 오염은 우크라이나를 직격했다. 스웨덴에서 엄청난 양의 방사능이 측정되면서 사고는 국제 사회에 알려졌다. 모스크바가 아직 사고의 규모를 정확히 파악하지 못했을 때, 이미 키예프 시민은 공포에 사로잡혀 있었다.[86]

체르노빌은 새롭게 깨어난 우크라이나 민족 감정을 자극하며 모스크바 중앙 정부를 겨눈 분노를 폭발시켰다. 주권을 회복한 우크라이나는 에너지 정책에서 러시아로부터의 독립을 최우선 과제로 설정했으며 체르노빌, 지금은 초르노빌Tschornobyl로 이름이 바뀐 이 도시를 서구의 지원을 얻을 목적으로만 활용했다. 4월 26일은 우크라이나의 기념일이 아니다. 화재로 파괴되지 않은 체르노빌 원자로는 계속 운용되어 서구 관찰자들을 경악하게 만들었다. 심지어 2004년의 〈오렌지 혁명〉으로 시민 운동의 활동 공간이 대폭 확대되었음에도 원자력을 중심으로 하는 에너지 정책은 계속되었다. 설문 조사는 국민의 3분의 2 이상이 원자력을 반대하는 것으로 확인해 주었음에도 변화는 없었다. 아무튼 예나 지금이나 체르노빌은 여론이 민감하게 반응하는 사안이다.[87]

우크라이나가 독립한 이후 공식적으로 국가 기념일로 삼아 가슴에 새긴 것은 체르노빌 사건보다는 〈홀로도모르〉[*]다. 1930년대 초에 우크라이나에서 일어난 대기근은 오늘날 당시 소련 지도부가 의도적으로 자행한 〈집단 살해genocide〉라는 역사적 평가를 받는다. 〈홀로도모르〉라는 개념은 홀로코스트에 빗대 만들어졌다. 우크라이나 민족주의자들은 이 대기근을 부정하는 것을 홀로코스트를 부정하는 것과 마찬가지로 범죄시한다. 소련의 당시 농업 정책이 특별히 우크라이나를 상대로 기근을 의도적으로 유발했는지는 아직도 정확하게 파악되지 않는다. 조지아 출신의 스탈린은 우크라이나인이든 러시아인이든 소련이라는 거대 집단화에 반대하는 농부의 저항을 기근으로 막으려 했기 때문이다.[88]

체르노빌은 원자로 문제와 소련의 위기관리를 제외하고, 일반적으로 받아들여야 할 어떤 교훈을 남겼을까? 7년 앞서 발생한 해리스버그 사고만 하더라도 실제로 〈심각한 사고 수준〉을 넘어서서 〈초대형 사고〉라 할 수 있는지를 두고 논란이 벌어졌다. 당시만 해도 방사능에 노출되어 죽은 목숨과 다를 바 없는 희생자를 말하는 보도는 없었기 때문이다. 그러나 체르노빌 사고로 이런 위험은 현실로 나타났다. 체르노빌 사고가 일어나기 전만 해도 원자력을 둘러싼 논란은 잠잠해진 상태였고, 심지어 원자력을 반대하는 사람조차 그런 위험이 실제 일어날 가능성은 상상도 하지 못했다. 그런 점에서 체르노빌은 이미 알려진 위험뿐만 아니라 새로운 종류의 기술이 내포하는 가설적 위험에도 대비하도록 하는 안전 철학이 시급히 마련돼야 한다는 점을 결정적으로 보여 주었다.

분명 예나 지금이나 이런 안전 철학의 실천은 문제가 많다. 우크라이나 출신 유대계 후손으로 미국에서 정치학자로 활동한 아론 윌더브스키Aaron Wildavsky(1930~1993)는 체르노빌 사고 당시 〈미국 정치학회 American Political Science Association〉 회장으로서 사고를 지켜 보며, 사전 예방

---

* Holodomor: 1932년에서 1933년에 걸쳐 우크라이나 소비에트 사회주의 공화국에서 발생한 대기근. 농산물 수출을 중시한 스탈린이 곡물을 수탈하면서 벌어진 기근으로 250만에서 350만 명 사이의 사람들이 굶어 죽은 사건이다.

원칙을 철저히 실천에 옮기지 않는다면 사회는 마비되고 만다고 강력히 경고했다.[89] 그는 군비 경쟁의 주역들도 나름대로 예방 원칙을 갖고 〈최악의 시나리오〉에 대비한다고 짓궂게 촌평하기도 했다.[90] 폐암으로 사망하기 직전에도 윌더브스키는 정치와 여론이 발암 원인을 두고 고민하면서 예방 원칙을 지키지 않는다고 질타했다. 아마도 자신의 암 때문에 분함이 컸던 것으로 보인다.[91] 그는 미국 정치학에서 강한 영향력을 자랑하는 〈리스크 이론가〉 이론가 가운데 한명이었지만, 예방 원칙이 미국 환경 정책에 온전히 자리 잡는 데 별다른 기여를 하지 못했다. 미국의 상황은 오늘날까지도 여전한데, 특히 기후 정책이 좋은 예다. 미국 환경 운동을 연구한 책들의 색인에서 〈사전 예방 원칙〉이라는 표제어는 찾아보기 힘들다. 사전 예방 원칙은 〈EPA〉의 즉각 대응 방침과 맞지 않는다. 즉각 대응이라는 정치 스타일은 명확히 입증된 위험에서 가장 잘 기능한다.

그리고 실제로 〈리스크 가설〉은 막힘없는 상상을 펼친다. 모든 리스크에 대책을 마련한다는 것은 가능하지도 합리적이지도 않다. 가설적 위험의 정도는 세밀히 구분되어야만 한다. 역사적으로 확고한 사례가 있는 위험에만 실효적 대책을 수립할 수 있다. 순전한 상상의 산물을 두고 대책은 세울 수 없는 노릇이다. 그러나 체르노빌 이전에 이미 핵 위험도가 매우 높다는 것을 보여 주는 대단히 현실적인 지표는 차고도 넘쳐 났다. 원자로가 거의 사고를 일으킬 뻔한 사례의 목록은 길기만 하다. 다만 오랫동안 숨겨진 탓에 일반 대중은 위험을 완전히 의식하지 못했을 뿐이다. 이를테면 1957년 영국의 윈즈케일Windscale에서 원자로 고장 사고가 있었고, 그해 우랄산맥 남부의 키시팀Kyschtym에서 방사성 폐기물 탱크가 폭발하는 사고가 발생했다.[92] 그러나 대개 먼 과거의 일이라 기억의 색은 바랬다.

오늘날에는 체르노빌의 기억도 퇴색하면서 위기의식은 1986년 4월 26일에 도달한 수준보다 훨씬 처지는 경향을 보여 준다. 이미 1997년 러시아의 유명한 환경 운동가 알렉세이 야블로코프Alexey Yablokov, 보리스 옐친 치하에서 러시아 안보 회의 위원이었다가 나중에 정계에서 밀려난 야블로코프는 러시아의 환경 운동이 10년 전 수준으로 되돌아갔다고 탄식했다. 다시금 처음부터 시작해 러시아 국민에게 〈환경이 중요하다는 것을 가르쳐야만 한다〉며 한숨지었다.[93] 중앙아시아의 다른 신생국도 사정은 마찬가지다.[94] 물론 구소련에 속했던 모든 국가가 다 그렇지는 않았다. 하지만 체르노빌과 그 사고 결과가 잊힌 것은 공통적인 경향이다. 옛 발전 신화를 거부한 환경 역사학자라면, 새로운 발전 신화에 올라타서는 안 된다. 그러나 안타깝게도 이들 국가는 새로운 발전 신화 만들기에 급급하다.

체르노빌의 방사선, 침체에 빠진 동독의 환경 운동 그리고 독일 통일 후 녹색당의 좌절

동독 지도부가 소련의 새로운 노선과 거리를 두려 했음에도 글라스노스트와 페레스트로이카와 더불어 체르노빌은 동독에서 전환점이 된 사건이다.[95] 소련이 이제는 공식적으로 모범이 아니었기 때문에 소련 원자로의 위험을 거론하는 일은 동독의 입장에서 더는 위험하지 않았다. 그리고 동독의 원자로는, 비록 체르노빌의 것과 다른 유형이었지만, 어쨌든 소련산이었다. 공개적으로 지도부는 원자로 사고의 영향이 크지 않다고 깎아내렸다. 그렇지만 내부적으로 지도부는 원자력 발전소의 안전 결함 문제로 노심초사했다. 더욱이 동독 북부 루브민Lubmin의 원자력 발전소는 몇 차례 보강 작업을 거쳐 운용을 개시했지만, 이미 여러 번 심각한 고장을 일으켰다.[96] 체르노빌 이후 동독 정부는 이미 1970년대 초부터 건설 중이던 슈텐달Stendal 원자력 발전소의 완공을 계속 늦춰 가며 안전 대책을 보강했다. 그러나 결국 이 원자력 발전소는 단 한 차례도 가동되지 않았다. 서구에서 이미 오래전에 표준이 된 시멘트로 만든 돔 모양의 지붕, 해리스버그의 사고에서 주변의 방사능 오염을 막아 낸 지붕은 동구권 어디나 마찬가지로 예나 지금이나 설계되지

않았다.[97]

당시 동독의 당 서기장 에리히 호네커는 서구 정치인을 상대로 동독은 석탄이 풍부하기 때문에 원자력을 얼마든지 포기할 수 있다고 호언장담을 했다.[98] 그러나 이것이 경제 정책을 담당한 귄터 미탁Günter Mittag의 입장은 아니었다. 내부 사정에 정통한 사람들은 호네커가, 원자력을 이른바 〈과학과 기술 혁명Wissenschaftlich-technische Revolution, WTR〉의 총화로 여기는 정치 세력과 등졌다는 이야기를 공공연히 해댔다. 호네커는 1971년 발터 울브리히트Walter Ulbricht 시대 말기의 기술 열광을 비판하며 전임자 울브리히트를 몰아내고 권좌를 차지한 바 있었다. 호네커의 지배 아래서 〈새로운 기술〉의 주역들은 〈WTR〉에 대해 입에 발린 말을 하면서 드러내지 못하고 불평을 해댔다. 실제로 동독의 산업은 기술적 관점에서 더없이 정체되었다.[99] 오해를 피하기 위해 언급해 두자면, 체르노빌 이후에도 동독에서 원자력에 찬성하는 것은 정치가라면 마땅히 보여야 할 태도였다. 그만큼 이 기술의 위험을 공개적으로 언급하는 일은 위험했으며 용기가 필요했다. 이런 금기는 1986년 이후 무너졌다. 원자력 문제와 관련해서만 이런 금기가 무너진 것도 아니다.[100] 그만큼 전체주의 국가의 권력 기관에 대한 두려움은 갈수록 줄어들었으며, 권력의 수뇌부가 더는 소련의 〈붉은 군대〉에게 지원을 받지 않는다는 사실을 알게 된 동독 국민은 정부를 마음껏 조롱했다.[101] 정부의 노선과 갈등을 불사하지 않는 환경 단체의 움직임은 1986년 이후 두드러지게 나타났다.

동독 국민은 방송과 여러 다른 채널을 통해 서독의 환경 운동 정보를 얻었다.[102] 이런 배경이 없었다면 동독의 환경 단체들은 생겨날 수 없었을 것이다. 특히 서독에서는 환경을 고려하지 않는 동독 산업 정책을 비판해도 반동 취급을 받지 않았고, 반대로 현대의 최신 동향에 밝다는 평가를 받으며 안전을 누렸다. 그러나 동구권의 다른 국가와 달리 직접 접하는 서독이라는 모범의 매력 탓에 동독의 특별한 조건에 맞는 환경 운동이 위축되었다. 무엇보다도 환경을 의식하는 동독 주민에게 원자력은 큰 문제가 아니다. 동독의 가장 큰 환경 고민은 전 세계에서 유일한 갈탄 의존성이었다. 도처에서 코를 찌르는 퀴퀴한 악취는 물론이고 갈수록 나빠지는 품질 때문에 갈탄은 대기 오염은 물론이고 태우고 남은 잔재 처리로 골칫거리였다. 1956년부터 호이어스베르다Hoyerswerda에 설치된 〈검은 펌프〉는 이름이 암시하는 그대로 세계 최대의 갈탄 정련 복합체로, 이 설비를 설치할 당시 동독 정부는 전체 예산의 절반이나 써야만 했다.[103] 악명 높은 〈비터펠트Bitterfeld-할레Halle-메르제부르크Merseburg〉 화학 삼각 지대도 갈탄을 기반으로 형성되었다. 동독 프라이베르크Freiberg 광산 아카데미의 갈탄 전문가 에리히 람플러Erich Rammler는 〈갈탄은 사회주의다〉라는 말을 버릇처럼 되뇌곤 했다. 이 말은 동독 곳곳에 빨간 현수막으로 걸리기도 했다. 람플러는 임종하는 자리에서 한숨을 지었다. 〈그 사회주의라는 게 생각보다 어렵더군.〉[104] 물론 갈탄 역시 사회주의 못지않게 어려웠다. 갈탄은 경제적으로나 생태적으로나 갈수록 동독을 힘들게 만들었다.

스톡홀름의 환경 정상 회담을 앞둔 1970년대 초 동독 지도부는 국제적으로 환경 정책의 기선을 잡아야 서구의 인정을 받을 수 있다고 믿었다.[105] 이미 1971년 11월에 동독은 환경부를 창설했다. 이는 서독보다 15년 앞선 것이다. 법전으로만 보면 동독의 환경 관련법은 대단히 인상적이다.[106] 서독의 좌파 환경 운동가들은 환경 피해가 일어나는 궁극적인 원인이 사적인 이익 추구라고 믿었다. 동독 지도부는 이런 말에 반색하며 동독의 환경 문제는 오로지 〈제국주의가 남겨 놓은 잔재〉일 뿐이라고 장담했다. 이런 주장은 오랫동안 다소 정도 차이는 있지만 그럴듯하게 들렸다. 저 공포의 〈화학 삼각 지대〉는 발터 울브리히트가 아니라 독일 제국 시절 외무 장관 발터 라테나우Walther Rathenau가 만들었기 때문이다. 일반적으로 동독 최고의 시절이라 여겨지던 1970년대 초반에 호네커를 필두로 한 동독 지도부는 환경 보호에서 중앙 계획 경제의 기회를 잡을 수 있다고 판단했던 모양이다. 그러나 1974년 1차 석유 위기가 불거지면서 이런 기회는 없던 일이 되고 말았다. 지도부가 만든 〈사회주의 국토 관리 문화 주간〉은 아무런 대안 없이 폐기되었으며, 과학 아카데미에 신설했던 환경 위원회는 1976년에 해체되었다.[107] 잊지 말아야 할 점은 서독에서도 폭넓은 시민 운동이 일어나지 않았더라면, 생태 시대는 헬무트 슈미트가 1975년 6월 3일 김니히Gymnich 성에 소집한 여야 정상 회담으로 끝나 버렸으리라는 것이다.

동독이 좋은 품질의 갈탄을 가진 한, 그리고 소련에서 값싼 석유를 얻는 한, 원자력은 절박하게 필요하지 않았다. 동독의 엔지니어는 독자적으로 추진하던 원자로 개발이 1960년대 초에 울브리히트의 엄명으로 중단되자 가슴앓이를 해야만 했다.[108] 그러나 늦춰 잡아도 1980년 이후 좋은 갈탄과 값싼 석유를 얻을 수 없었다. 전적으로 소련 원자로에 의존한 상황에서 동독 지도부는 〈국가 계획 원자력〉(1983)이라는 동독 역사상 가장 야심 찬 원자력 프로그램을 추진하기로 결정했다.[109] 국가 파산에 직면해 이 프로그램의 재원을 어떻게 마련할지 하는 문제는 불투명했다. 일단 〈분토〉 수준까지 내려앉은 형편없는 품질의 갈탄에 의존할 수밖에 없었다. 값비싼 필터 시설은 엄두도 낼 수 없었다.

갈탄 채취를 위해 준설 기계가 파헤친 구덩이가 속살을 내비친 상처처럼 보일 정도로 환경 파괴는 매우 심각했다. 이렇게 해서 생겨난 이른바 〈달 풍경〉은 오늘날 우리가 익히 알듯, 쉽사리 복구되지 않는다. 갈탄을 채취하고 난 폐광을 농업을 위해 다시 살려 내려는 노력은 동독의 초창기부터 이뤄져 왔다. 심지어 동독 정부는 1951년에는 갈탄 채취로 손상된 부식토 층을 복원하는 이른바 〈표토 관리〉를 법으로 정했다.[110] 갈탄 채취 구역을 복원해 새로운 풍경을 만들어 내며 풍부한 경험을 쌓은 사례는 동서독 지역 외에 다른 어디서도 찾아볼 수 없다. 이 경험에서 당시 동독은 미국보다 앞섰다. 그리고 동독은 물론이고 서독에서도 자연을 복원하면서 곳곳에 휴양지로 쓰기에 알맞은 풍광이 만들어졌다. 이런 전환점은 동독에서 울브리히트에서 호네커로 넘어간 과도기와 맞물려 생태 시대의 새로운 정신을 반영했다.

다만 고민은 중앙 계획 경제가 재원 조달의 어려움 탓에 1973년부터

〈표토 관리〉를 포기할 수밖에 없었다는 데 있다.[111] 어쩔 수 없는 일이었다. 굴삭기의 규모가 커질수록 〈표토〉에 신경 쓰기가 점점 더 어려워졌기 때문이다. 시간이 흐르면서 동독은 이 문제에 더는 관심을 갖지 않게 되었다. 환경부는 거의 아무 일도 하지 않는 것처럼 보였다.[112] 라이프치히시 당국은 갈탄 채취를 도시 경계에서 막는 것만으로 할 일 다 했다는 식으로 안이하게 대처했다. 다행스럽게도 자연은 저절로 회복되었다. 갈탄 채취로 생긴 거대한 구덩이는 시간이 흐르면서 호수로 변했고, 갈수록 자연 호수와 같은 모습을 보여 주면서 휴양지에 버금가는 풍광을 자랑했다.[113] 그런데 더욱 놀라운 점은 많은 생태 생물학자가 이런 식으로 〈달 풍경〉이 사라지는 것을 달가워하지 않았다는 사실이다. 이런 비상한 조건 아래서 전에 볼 수 없던 기이한 생태계가 생겨나며, 정체를 알 수 없는 식물이 자라났기 때문이다.[114] 그러나 자연이라는 문제에서 가치 판단을 둘러싼 갈등을 불러온 이런 새로운 풍광은 동독뿐만 아니라 세계 도처에서 볼 수 있었다.

지금까지 알려진 모든 사실은 1980년 이후 동독 지도부가 환경 문제에서 순전한 운명론에 사로잡혀 거의 체념 상태였음을 시사해 준다. 동독의 문서가 공개되자, 동독이 건재했던 시절에 지도부 내부에서 환경 파괴를 바라보는 무심함은 예상했던 것보다 훨씬 더 심각한 것으로 드러났다. 환경부는 마치 유령처럼 존재했다. 오늘날까지도 동독 환경 역사의 전문가들은 환경부가 거의 20년에 가까운 세월 동안 도대체 무엇을 했는지 알 수 없다며 한숨짓는다.[115] 환경부 장관 한스 라이헬트Hans Reichelt가 막강한 권력을 자랑한 중앙위 위원 귄터 미탁에게 보낸 편지는 통일 뒤에 확인해 보니 개봉조차 하지 않은 채로 발견되었다.[116] 라이마르 길젠바흐의 눈에 라이헬트는 〈위장된 환경 정책〉을 꾸며 낸 동독의 포촘킨이었다.[117] 러시아의 포촘킨은 여왕의 환심을 사기 위해 마을 전체를 앞만 번드르르하게 꾸미지 않았던가. 1982년 11월 16일 동독의 지도부는 저 악명 높은 〈환경 데이터 분야의 비밀 보호 법령〉을 결의하고, 심지어 이 결의 자체마저 비밀에 부쳤다. 환경에 중요한 모든 데이터는 물론 심각한 위기를 알리는 데이터도 국가 기밀로 선포되었다.[118] 이런 기밀 유지는 동독의 환경 단체에 정보부의 사찰만큼이나 치명적이었다. 효과적인 환경 운동의 성패는 데이터 확보에 좌우되기 때문이다. 동독에서 환경 문제로 경각심을 일깨우려는 사람은 친정부 성향의 교수들이 제시하는 자료에 맞서 싸울 수 없었다. 그만큼 동독의 환경 운동은 과학자들에게 질식당하다시피 했다. 환경 단체의 주장이 근거를 제시하지 못하는 수준에 머물렀던 것은 놀라운 일이 아니다.

전혀 다른, 아주 친근한 세계, 곧 목가적 풍경과 성공 스토리로 가득한 세계를 보여 주는 것이 동독의 자연 보호 운동이다.[119] 그동안 독일 전체의 자연 보호 운동의 상징이 된 칡부엉이 로고를 만든 쿠르트 크레치만Kurt Kretschmann(1915~2007)은 메클렌부르크Mecklenburg에서 우커마르크Uckermark까지 자연 보호의 영혼으로 동독 국민의 가슴에 남았다.[120] 크레치만은 1949년 프라이엔발데Freienwalde에서 명예직 자연 보호 담당관으로 활동을 시작했으며, 지방 의회에서 국민 교육을 담당한 아내와 함께 지역의 농협 조합원들을 상대로 자연 보호를 실천하라고 밀어붙일 때는 대담하게 자신의 배후는 정부라고 큰소리를 치기도 했다. 물론 이런 주장은 공갈에 지나지 않았지만 멋들어지게 먹혔다. 그의 전기는 동독 40년 시절을 넘어서서 통일 이후까지 초지일관 자연 사랑으로 넘치는 인생을 보여 준다. 이런 인생 이야기는 동독에서 흔히 볼 수 없는 것이다.[121] 서독과 마찬가지로 동독의 실권자들도 자연 보호를 대단히 중요하게 여기지 않았지만, 그들은 자연 보호를 경제 이해관계와 충돌하지 않는 한 나름 체면치레를 할 수 있는 사안으로 보았다. 동독은 서독보다 더 강하게 자연과 향토 보호를 함께 묶어 생각하는 경향을 보였다. 자동차를 통한 이동성에 집착하는 서독과 다르게, 동독에서 〈향토〉라는 단어는 나치스의 부정적 어감이 묻어 있었음에도 언제나 사랑받는 대상이었다. 심지어 동독의 권력자들은 국민에게 단결심을 고취해 주는 것이 공산주의 사랑보다는 향토애라는 것을 사실로 수긍하며 자신이 환상에 빠졌다고 실토할 정도였다.

평생 무정부 사회주의자로 집시에 끌리는 성향을 가졌던 라이마르 길젠바흐도 향토를 중시해 1952년에 창간되어 자연 보호 운동의 포럼 구실을 한 신문 『자연과 고향Natur und Heimat』의 편집자로 일했다.[122] 그는 자연 보호 운동에 혁명적 전통의 분위기를 심어 주고자 통일 독일을 위해 1848년 프랑크푸르트 국민 의회를 선도한 에밀 아돌프 로스메슬러의 글들을 발굴해 소개하는 노력을 기울였다. 로스메슬러는 『고향에서Aus der Heimat』라는 신문을 발간해 자연 보호 역사에서 선구적 역할을 한 인물로 유명하다.[123] 1986년부터 길젠바흐는 새 배우자 하넬로레 쿠르트Hannelore Kurth와 함께 히피처럼 꾸며 입고 예언자풍을 자랑하는 다채로운 모습으로 동독을 주유하며 생태 노래를 불렀다. 그는 1981년부터는 일곱 개의 호수에 둘러싸인 우커마르크의 아름다운 마을 브로도빈Brodowin에서 작가와 예술가, 환경 운동가를 한자리에 모아 토론회를 개최하곤 했다.[124] 1988년 5월 28일에는 〈노바의 방주〉 네트워크 소속인 환경 단체 〈치타우Zittau〉가 〈최근 우리 조국에서도 향토 의식이 강하게 다져지고 있다〉라는 주장을 담은 「오이빈 성명서Erklärung von Oybin」를 발표했다.

옛날의 로스메슬러와 그를 본받은 길젠바흐와 마찬가지로 치타우 환경 단체는 자연의 생동하는 다채로움을 강조한 향토 개념을 앞세워 운동을 벌였다. 그러나 동시에 이 운동은 정부의 산업 정책과 정면충돌하며 대립각을 세울 수밖에 없었다. 〈고향은 화학 공장이 빼곡하게 들어선 도시 안 정원이 아니다. 산업은 모든 옥수수밭을 시들게 할 뿐이다. 우리의 고향은 꾀꼬리가 지저귀고 고슴도치가 집을 짓는《목가적 마을》이다.〉[125] 동독이 끝나갈 무렵 작센에서 만들어져 폭발적 인기를 누린 주말농장 〈다차Dacha〉(소련 단어)는 동독 주민의 삶을 지탱해 주는 토대였다. 이런 열풍에서 우리는 전원을 갈망하는 소시민적 바람뿐만 아니라, 자연 속에서 누리는 삶, 뭐라 딱 꼬집어 말하기 힘든 열망도 읽어 낸다. 현실로 존재한 동독의 환경 의식은 책에만 등장하지 않는다. 쿠르트 크레치만은 정통적인 자연 보호 운동가가 〈다차〉를 거부하거나 〈나를 붙들지 말라〉*는 식으로 〈특별 구역〉을 설정하는 데 반대하고, 〈다차〉처럼 정원을 자연 보호로 함께 끌어들이기를 제안했다.[126] 이와 반대로 작센의 자연 보호 운동가들은 걷잡을 수 없이 늘어나는 〈다차〉로부터 엘베강 지역을 지킬 기회로서 통일을 환영했다.[127]

의심할 바 없이 동독의 자연 보호 운동은 틈새에 끼인 존재로만 연명했다. 동독은 서독보다 인구 밀도가 희박하며 자동차 보급과 도로 건설에서 한참 처졌던 탓에 많은 가로수 길은 통일이 될 때까지 온전한 모습으로 보존됐다. 그래서 여러모로 자연 보호 운동은 느긋한 여유를 즐겼으며, 배려 없이 밀어붙이는 초기 산업화와도 어느 정도 평화로운 공존을 누려 왔다. 심지어 화학 공장이 즐비한 비터펠트Bitterfeld 지역에서도 자연 보호 팸플릿이 사랑스러운 곳으로 묘사하는 작은 목가적 공간을 어렵지 않게 찾아볼 수 있었다.[128] 대다수 자연 보호 운동가가 솔직하고 진지했다는 데는 의심의 여지가 없다. 그러나 늦어도 1980년대 후반까지 동독의 환경 보호는 시급한 정치 현안을 가리는 용도로만 쓰였을 뿐이다.

1980년 동독의 문화 연맹 내부에서 설립된 친정부 성향의 〈자연과 환경 보호 협회GNU〉는 통일 때까지 6만여 명의 회원과 1,600여 개의 소그룹을 거느리고 주로 자연 보호에 힘썼다. 자발적인 환경 단체라면 감히 꿈꾸기도 어려운 규모다. 〈GNU〉가 단순한 관변 단체였던 것은 분명 아니다. GNU는 자연 보호 활동을 벌이며 적잖은 성공도 맛보았다. 통일 이후 흔히 제기되었던 주장과 반대로 회원 가입은 어디까지나 자발적이었다. 이렇게 볼 때 GNU의 성장도 일종의 환경 운동이었다.[129] 비록 이 단체가 위에서 국민의 녹색 열망을 받아들이고 국민과 보조를 함께하려고 만들어졌다고 할지라도, 그 활동과 성과는 분명 환경 운동이 일구어 낸 것이었다. 국민의 바람에 맞추려는 의도 역시 성

---

* 「요한복음」 20장 17절에 나오는 말씀으로 예수가 부활한 자신을 만지려는 막달라 마리아에게 한 말이다. 특별한 자연 보호 구역을 설정하고 출입을 금지하는 식의 자연 보호 운동을 나타낸 표현이다.

공한 것으로 보인다. 그리고 무엇보다도 동독 말기에 GNU의 테두리 안에서 형성된 〈이해 공동체 도시 생태Interessengemeinschaften Stadtökologie〉는 자연 보호라는 틈새 운동에서 벗어나 쇠락한 도시들의 열악한 환경을 두고 정부와 갈등을 불사하기도 했다.[130] 나중에 〈노바의 방주〉의 두 회원은 이렇게 기억했다. 〈동독 도시들의 열악한 상태는 환경 보호의 순수한 주제가 아니라 할지라도 동독 지도부의 경제, 문화, 사회 전반에 걸친 무능함의 분명한 지표였다.〉 〈1989년 가을 동독에서 가장 훼손 정도가 큰 도시인 라이프치히에서 시위가 일어난 것은 너무도 당연했다.〉[131]

제인 제이콥스가 뉴욕의 〈그리니치빌리지〉 주민을 움직이게 한 것과 마찬가지로 동독 말기에 고향의 주거 지역을 지키려는 싸움은 결국 정치적 폭발력을 발휘했다. GNU 회장인 타란트Tharandt 임학 전문대학 하랄트 토마지우스Harald Thomasius 교수는 자연 보호를 〈향토애와 애국주의〉와 함께 묶기는 했지만, 〈환경 보호는 어디까지나 평화적으로 이뤄져야 할 것〉이라고 강조하기도 했다.[132] 숨은 야당 세력의 평화 운동과 환경 운동의 결합은 GNU 내부에서 화답을 얻은 셈이다. 1987년 토마지우스는 이렇게 말했다. 〈체르노빌 사고는 현실 사회주의의 등장으로는 환경 문제가 세계 역사의 무대에서 간단히 사라지지 않는다는 것을 뼈아프게 보여 주었다.〉[133] 체르노빌 이후에 GNU 내부에서 나온 새로운 목소리다.

동독 자연 보호의 역사는 독일 통일의 전야에 1세기에 걸쳐 이룩한 모든 성공을 압도하는 승리를 거두며 마감했다. 1990년 9월 12일 열린 마지막 회의에서 동독 각의는 14곳의 국립 공원과 생물권 보전 지역을 만들기로 결정하면서, 국토의 10분의 1을 자연 보호 구역으로 설정한다고 공표했다.[134] 10분 1이라는 비율은 〈세계 공원 위원회〉가 1990년 전 세계의 목표로 설정한 것이다. 내내 잿빛으로 칙칙했던 동독은, 1989년 11월 9일의 장벽 개방으로 어떤 낭만적인 오페라 감독도 이보다 더 압도적으로 연출할 수 없는 몰락을 맞았을 때, 특히 동독 자연 보호 운동은 이 역사적 순간과 어울리는 일대 성과를 올린 셈이다. 서독의 환경부 장관 클라우스 퇴퍼는 이제 곧 실현될 국립 공원이라는 자연 낙원을 〈독일 통일이 선물한 보물〉이라고 경축했다. 이 표현은 날개 돋친 듯 퍼져 나갔다.

얼마 뒤 〈네 명의 유명한 자연 보호 운동가〉가 본 정부의 은밀한 도움을 받아 일궈 낸 이 승리가 혹시 너무 많은 희생만 치르고 얻은 것은 별로 없는 〈피루스의 승리〉는 아닌지 하는 의문을 품었으나 확실한 답을 얻지 못했다. 이 승리에는 위에서 주어진 것이 아니냐는 의심을 받지 않았기 때문이다. 현장의 많은 사람은 자신의 의사가 간단하게 무시되었다고 느꼈다.[135] 서독의 자연 관광객이 브란덴부르크에서 우제돔Usedom에 이르기까지 발견한 것은, 옛 독일에서 알지 못하던 외롭고 황량한 풍경이었다. 그곳 주민은 자신이 사는 마을이 〈베씨〉*의 〈세렝게티〉가 되는 것을 원하지 않았으며, 일자리를 가져다주는 산업 지역으로 개발될 것을 요구했다. 그러나 브란덴부르크의 주 정부 농업 장관은 1992년 지역의 농부들에게 자연 보호 구역으로 지정된 곳의 울타리를 허물라고 요구했다. 자연 보호 역사에서 유례를 찾을 수 없는 이런 요구를 농부들은 두말없이 받아들였다.[136] 자연 보호를 유지하든 안 하든, 기대했던 산업 지역은 많은 경우 실현되지 않았다. 그래서 구동독 북쪽의 많은 지역에서 주민에게 유일한 희망은 자연 관광으로 얻어지는 수입이었다. 동독 시절 헤르만 괴링 때보다 더욱더 확장된 국가 지정 사냥 구역을 보호 구역으로 지정하는 것을 두고 누구도 반론을 제기하지 못했다.[137]

녹색당과 대비해 서독의 자연 보호 단체는 통일로 곧장 활력을 얻은 승자였다. 〈독일 조류 보호 연맹Deutsche Bund für Vogelschutz, DBV〉은 1965년 공장 소유 가문 헨레Hähnle의 재정 지원을 잃고 난 뒤 오랜 세월 동안 생태 시대의 분위기에도 살아나지 못한 채, 사무실조차 갖추지 못하다가,[138] 역동적인 신임 회장 요헨 플라스바르트Jochen Flasbarth의 지휘

* 〈베시Wessi〉는 서독 국민을, 〈오시Ossi〉는 동독 주민을 이르는 표현이다.

아래 〈독일 자연 보호 연맹NABU〉으로 변신했으며,[139] 〈GNU〉에서 생겨
난 〈동독 자연 보호 연맹Naturschutzbund der DDR〉과 합병했다.[140] 〈BUND〉
는 1987년 다른 환경 단체와 함께 〈유럽 자연 유산 기금〉을 설립했다.
〈유럽 자연 유산 기금〉은 브뤼셀의 유럽 연합을 의식해 주로 동유럽 프
로젝트에 집중했다.[141] 이제 자연 보호 운동가들은 동독을 넘어서서 〈야
생의 동유럽〉에 열광하기 시작했다. 〈유럽 자연 유산 기금〉은 나레프강
Narew을 〈유럽의 아마존〉으로 불렀다.[142] 야생 낭만주의와 미국적 차원
의 국립 공원 계획은 새로운 추진력을 얻었다. 통일 독일은 1990년에
다른 어떤 문제보다도 자연 보호에서 동서독의 공통점을 효과적으로
과시했다. 물론 이런 과시는 주로 상부 차원에 머물렀다.

　서독에서 별반 성공을 거두지 못했던 원자력 반대 운동가들 역시 구
동독 지역에서 별 힘을 들이지 않고 전면적인 승리를 쟁취했다. 기존 원
자력 발전소들이 차례로 운행을 중단했으며 슈텐달 원자력 발전소 건
설도 멈추었다. 이처럼 구동독을 원자력에서 탈피하게 한 주역은 서독
의 에너지 산업이었다. 서독의 에너지 산업은 넘쳐 나는 생산력으로 동
독에도 전기를 공급할 수 있었고, 체르노빌의 기억으로 혹시 구동독의
원자력 발전소에서 같은 대형 사고가 일어나는 것은 아닐지 하는 두려
움이 끓어올랐다. 원자력 반대 운동을 오랫동안 벌이며 산전수전 다 겪
은 옛 투사들은 루브민Lubmin에 위치한 네 기의 원자로를 〈체르노빌 북
부〉라 불렀다. 1990년 초 『슈피겔』은 소련에서 수입된 원자로의 역사
는 〈공포의 연대기〉와 같다고 경고했다. 〈함부르크, 하노버, 베를린에서
자동차로 2시간만 달리면 도착하는 지역에 언제라도 폭발해 방사능 구
름을 방출할 원자로가 존재한다는 것은 유럽 중부 전체를 방사능으로
오염시킬 위험이 있음을 뜻한다.〉[143]

　실제로 체르노빌 이후 그곳에서 일어난 일이 루브민에서도 벌어질
수 있다는 추정이 갈수록 힘을 얻었다. 원자로 사고를 단순히 〈러시아
의 방만한 운용〉 탓으로 돌리지 않고 소련 엔지니어의 실력을 존중한
다고 해도 사고가 루브민에서 되풀이되지 말라는 보장은 없지 않은가.

1986년 이후 경고의 목소리는 동독에도 있었다. 이런 염려는 지도부로 까지 번졌다. 그럼에도 지도부는 동베를린의 시온 교회에 환경 도서관 창립을 주도한 볼프강 뤼덴클라우Wolfgang Rüddenklau의 판단을 따랐다. 〈동독에서 과격한 원자력 반대 운동은 일어날 수 없다.〉[144] 1970년대 후반부터 동독에서 일었던 평화 운동이 보였던 열정과 용기는 원자력 반대 운동에서는 찾아보기 힘들다. 갈탄을 땐 매캐한 연기 속에서 원자력은 서독보다 동독에서 훨씬 더 오래 과학에 기초한 깨끗한 새로운 기술이라는 매력을 유지해 왔다. 심지어 동독의 열악한 환경에 불행해하던 많은 사람은 서독이 체르노빌을 두고 불안해하는 것을 부자 나라의 전형적인 예민함으로 치부해 버렸다.

그러나 동독에서 원자력 비판자들의 괄목할 만한 행동이 없었던 것은 아니다. 소련의 감독 아래 작센과 튀링겐에서 추진된 우라늄 채광이 건강과 환경을 무시무시할 정도로 위협한다고 1988년 6월 미하엘 벨라이테스Michael Beleites가 폭로한 것이 그 행동이다. 〈비텐베르크 교회 연구소〉는 소장 한스페터 겐지헨Hans-Peter Gensichen의 주도 아래 1979년부터 동독의 환경 상황의 심각한 정보들을 수집해 왔으며, 벨라이테스의 원고 「우라니나이트: 동독의 우라늄 광산」과 그에 이어진 글들을 등사기로 밀어 책으로 찍어 냈다.[145] 체르노빌 사건 이전에 소련의 원자 폭탄 생산을 위한 원자재를 동독에서 채광하고 있다고 폭로했다면 아마도 최악의 반역 행위로 처벌받았으리라.[146] 이제 벨라이테스는 동독 정보부 〈슈타지〉의 만행도 거침없이 폭로했다. 그럼에도 그는 자유의 몸으로 남았다. 이는 무엇보다도 소련이 벨라이테스를 건드렸다가 국제적 망신을 사는 게 아닐까 걱정했기 때문이다. 그 대신 국민은 소련이 자국의 우라늄 자원을 채굴해 가는 것을 막지 않은 동독 지도부에게 비난의 화살을 퍼부었다. 통일 이후 실시된 조사는 벨라이테스가 실제로 체르노빌 차원의 잠재적 위험을 정확히 밝혔음을 보여 주었다. 〈우라늄 광산 회사《비스무트Wismut》가 남겨 놓은 생태 위험 물질의 규모는 어마어마했다. 세계 최대의 방사능 폐해 가운데 하나이리라. 예를 들어 론네

부르크Ronneburg에는 방사선을 배출하는 토사가 210헥타르의 면적에 약 4000만 세제곱미터에 해당할 정도로 쌓였다. 이는 기제의 쿠푸 피라미드 규모의 20배에 해당한다.〉카를로 요르단이 독일 의회 앙케트 위원회에 제출한 보고서 「사회주의통일당SED 독재의 역사와 결과」 중 한 대목이다.[147]

거의 40년 동안 동독을 짓누르던 금기를 깬 용감한 행동에는, 1988년 6월에 녹색 생태 네트워크인 〈노바의 방주〉가 철저한 보안 속에서 다큐멘터리 「비터펠트의 쓰라림Bitteres aus Bitterfeld」을 촬영한 일도 꼽힌다. 이 단체의 회원들은 다큐멘터리를 서베를린으로 몰래 갖고 나가 서독 방송을 통해 동독에서 방영하게 하는 데 성공했다. 서독의 관광객이 그 존재조차 모르던 비터펠트는 그래도 그때까지 서독의 문학계에 긍정적인 울림을 안겨 준 도시였다. 비터펠트의 전기화학결합 공장에서는 1959년 4월 24일 〈펜을 잡자, 동무여!〉라는 구호가 울려 퍼졌다. 이 구호는 노동자가 직접 펜을 들고 노동의 일상을 묘사해야 한다는 뜻을 담고 있다. 그러나 당시 작가들과 출판사가 함께 힘을 모아 〈비터펠트의 길〉이라는 대회를 개최하면서 문학의 막다른 골목이 드러났다. 〈화학 삼각 지대〉에서 노동 일상을 현실적으로 묘사하는 일은 동독 정부의 검열을 통과할 수 없었기 때문이다. 늦춰 잡아도 1988년 6월부터 오히려 비터펠트는 〈유럽의 가장 더러운 도시〉가 되고 말았다. 이 도시가 동독에서 갖는 상징적 가치는 180도 바뀌었다. 그러나 바로 〈비터펠트의 길〉이라는 운동에서 〈노바의 방주〉 소속의 두 회원은 〈동독 환경 단체가 처한 중요한 딜레마〉가 무엇인지 읽어 냈다. 〈동독의 많은 국민은 비터펠트의 상황이 어떤지 알지 못한 것은 아니었다. 다만 극소수 사람만 그곳 상황의 심각성을 깨달았다. 심지어 비터펠트 시민들조차 늘 머릿속으로 서독을 동경하며 살았던 탓에, 자신이 처한 현실을 「비터펠트의 쓰라림」이라는 다큐멘터리가 서독 방송에서 방영되는 것을 보고서야 비로소 깨달았다.〉[148]

그러나 그때 이미 동독은 통일을 앞둔 분위기였다. 서독의 환경 운동가들이 현대 대중 매체의 속성에 충실하게 눈에 띄는 활동을 벌이는 데 중점을 두었지만, 동독의 환경 운동가는 〈슈타지〉의 의심을 사지 않으려고 조용하게 카멜레온처럼 주변에 적응하려 안간힘을 썼다. 동독 환경 운동가는 공개적으로 산업 독성 물질의 피해를 비난하는 대신 누구도 반대하지 않을 나무 심기와 같이 은밀하게 활동하는 데 만족해야만 했다. 동독 작센주와 체코를 이어 주는 에르츠산맥Erzgebirge에서 〈숲 고사〉는 서독의 많은 숲과 달리 이미 분명한 사실로 나타났기에, 이런 답답한 현실에 동독 환경 운동가는 가슴을 쳤다(그럼에도 이따금 〈슈타지〉는 마수를 뻗쳤다). 독재로 신음하던 케냐에서 왕가리 마타이가 벌였던 식목 운동이 떠오르는 대목이다. 동독의 전형적인 환경 운동은 이처럼 나무 심기로 시작되었다. 심지어 나무 심기는 〈대중 운동의 성격〉을 띠기도 했다(에르하르트 노이베르트Ehrhart Neubert).[149]

열악한 조건에서 조심스러운 행보를 보여야만 했던 동독의 환경 운동은 자발적으로 마음껏 주장을 펼치며 언론에 길들여진 서독의 그것과 비교 자체가 무의미하다. 이 점은 동독의 첫 운동이 환경 도서관 설립이었다는 사실만으로도 분명해진다. 특히 1986년 9월 2일 베를린 시온 교회에서 문을 연 환경 도서관은 〈빠른 속도로 동베를린 시민의 소통 장소였으며, 나중에는 동독 야당의 아지트가 되었다〉(에르하르트 노이베르트).[150] 동독 환경 운동의 최대 성공은 그 최대 위기에서 찾아왔다. 1987년 11월 24일 〈슈타지〉가 도서관을 급습했다. 도서관을 점거한 〈슈타지〉가 직원들을 체포하면서, 도서관은 통일을 알리는 햇불이 되었다. 시민들이 거세게 들고 일어나 항의하자, 체포된 사람들은 다시 풀려났다.[151] 도서관 사건은 1989년 가을 불만을 폭발시켜 시위로 넘어가게 한 기폭제 가운데 하나였다.[152] 1988년 국가 권력에 대한 두려움이 사라지고 있다는 것을 보여 주는 현상은 이 외에도 많다.

그럼에도 다양한 환경 단체는 자발적으로 폭넓은 운동으로 통합할 수 없었다. 남아 있는 기록들의 행간을 읽으면, 누구를 자기편으로 삼을지 꼼꼼히 따지는 치졸함과 질투로 물든 경쟁심이 드러난다. 특히 환경 도서관과 〈노바의 방주〉는 〈풀뿌리 민주주의 대 정당 민주주의〉라는 해묵은 논쟁에서 빠져나올 줄 몰랐다. 양측의 극히 미미한 행동반경을 생각하면, 지금 돌이켜볼 때 참으로 기괴한 다툼이 아닐 수 없다. 의견 차이를 극복하고 단합을 이루게 해줄 자유로운 여론의 부재가 안타깝게 느껴진다. 그리고 무엇보다도 심각한 것은 누가 〈슈타지〉 첩자인지 정확히 알 수 없어 불신의 분위기가 팽배했다는 것이다. 첩자가 잠입하지 않을까 하는 두려움 때문에 많은 단체는 새로운 것이라면 일단 거부하며 방어막을 쳤다.[153] 특히 서독으로 탈출한 사람을 조국을 버린 배신자로 봐야 할지, 서독 환경 운동과 접촉할 유용한 다리로 활용해야 할지 하는 문제를 두고 논란은 그치지 않았다. 동독 정부가 마비돼 가며 생겨난 질식할 것 같은 분위기, 집권당이 벌이는 온갖 치졸한 공작들, 환경 문제를 에둘러 피하는 공식 문건의 말이 되지 않는 소리, 이 모든 것은 저항 세력을 형성하게 작용했다.[154] 소그룹들에서 막강한 힘을 가진 대중 운동이 생겨나려면 〈카이로스〉, 곧 역사적 기회가 필요했다.

동독의 〈생태 운동이 어떤 특별한 생태계였는지〉 묻는다면, 동독이 어떤 어려움에 시달렸으며 이와 관련해 덕목으로 추켜세운 것이 무엇이었는지 찾는 태도로 접근해야 답을 얻을 수 있다. 서독에서는 어떻게 해야 경제 성장을 촉진시킬지를 고민한 반면, 1980년대 동독에서는 제로 성장이 현실이었다. 이 때문에 〈사회주의통일당〉 내부에서는 시름이 그치지 않았다. 하지만 당시 상황을 긍정적으로 볼 수도 있지 않을까? 서독이 〈쓰고 버리는 사회〉를 막자며 벌인 싸움은, 무엇이든 쉽게 버리지 않으며 어떻게든 재활용의 방법을 찾는 물자 부족의 사회 동독에서는 전혀 필요가 없었다. 이런 점에서 동독은 모범이다. 동독은 대단한 투자가 필요한 〈리사이클링 기술〉 없이도 쓰레기의 약 40퍼센트를 재활용할 수 있게 산업과 가정 쓰레기를 수집하고 분류하는 체계를 구축해 놓았다.[155]

무엇보다도 교회라는 보호 지붕은 자족의 생태, 기본적인 삶의 욕구에만 충실한 단출한 생활을 발달시켰다. 서독에서라면 이 무슨 말도 안 되는 금욕주의냐며 분쟁이 일었겠지만, 어차피 물자 부족에 시달리는 동독에서 이런 생활은 집착을 버린 평정을 선물했다. 개신교는 가톨릭의 금식 전통을 발견했다. 이렇게 해서 시민들이 함께 금식하는 것은 〈일종의 운동〉이 되었다.[156] 누구도 통일이 임박했다고 믿지 못하던 시절, 동독의 환경 단체는 사회주의를 환경 보호의 기회로 이해했다. 통일이 되었다고 해서 이런 관점을 나무라는 것은 부당하다.

동독의 환경 단체들이 벌인 인상적인 운동은 자전거 시위다. 이런 시위를 하자고 제안한 사람은 금욕적 생태주의 운동을 선도한 동독의 유명한 체제 비판자 로베르트 하베만Robert Havemann(1910~1982)이다. 그는 자전거를 타고 시위하면 도보로 할 때보다 체포를 쉽게 피할 수 있다는 부수 효과까지 염두에 두었다. 경찰차가 무리를 이룬 자전거 행렬을 통제하기란 쉽지 않은 일이기 때문이다. 그렇지만 자전거 행렬이 그냥 지나가게 내버려 두는 것은 인민 경찰의 정확한 근무 태도와도 맞지 않는다. 〈자동차 없이도 이동성을!〉이라는 구호로 〈교회의 환경 운동은 최고의 인지도를 얻었다〉(한스-페터 겐시헨Hans-Peter Gensichen).[157] 심지어 보호 지붕으로서 교회가 필요하지 않았던 길젠바흐는 브로도빈에서 1986년에 이런 말을 했다. 〈예수는《네가 맞이할 최고의 죽음이 메르세데스벤츠》라 가르치지 않았다. 오히려《보물을 이 땅에서 모으지 말라. 좀과 녹이 갉아먹으려니와, 도둑이 들어와 훔쳐 가리라》〉[158]

발전을 바라보는 그 고루한 관념에 사로잡히지만 않았다면, 동독 정권은 이런 환경 운동을 난국 타개의 구원자로 환영할 수 있었으리라. 그러나 기독교 교계는 동독의 말년에 이르기까지 정권 수뇌부가 환경 운동을 받아들일 조짐이 전혀 나타나지 않았다고 믿었다.[159] 동독 정권 수뇌부에 고르바초프 같은 과감한 혁신자가 존재했다면, 동독을 자본주의에 물든 서독의 가난한 이웃에서 생태 모범으로 만들려는 전략 구사는 얼마든지 가능했다.[160] 실제 이런 혁신가가 나타났다 할지라도 서독의 부유함을 부러워하는 동독 주민 대다수에게 금욕적 생태주의를 설득하기는 어려웠으리라. 그리고 평범한 삶을 강조하며 예수를 끌어다

대는 생태주의는 마치 신흥 종교 같은 분위기를 풍겼다.[161] 환경 운동은 이런 종교적 분위기보다는 좀 더 노련하게 동독의 자부심에 호소하며, 서독이 동독으로 독극물 쓰레기를 수출하는 것에 반대의 목소리를 높이고, 자신의 조국이 제3세계 국가처럼 서구의 쓰레기장으로 몰락하는 것을 막는 시위를 주도했어야 했다.[162]

서독의 정당 가운데 녹색당은 다양한 관점에서 통일의 최대 승자가 될 가장 좋은 기회를 가졌다. 페트라 켈리를 필두로 녹색당 지도부는 일찌감치 동독의 인권 운동가들과 접촉해 왔으며, 1983년 5월 12일 당시로는 보기 드문 대규모 시위를 동베를린 알렉산더 광장에서 벌이며 군비 축소를 외쳤는데, 인민 경찰Volkspolizei에게 실려 가기도 했다. 당시 상황이 빚어 준, 서독과 동독 운동가 사이의 끈끈한 연대감이 힘을 발휘했다. 서독의 독극물 쓰레기를 동독으로 수출하는 일은 서독 녹색당원의 관점에서도 스캔들이었다.

앞서 서독의 고르레벤 프로젝트는, 이 프로젝트르 반대한 사람들조차 별로 눈치채지 못했다는 게 기묘하지만, 동독을 무시하는 도발적 행위였다. 서독의 핵폐기물 처리장이라는 지극히 위험한 시설을 하필이면 동서독 사이의 국경에서 동독 안으로 가장 깊게 파고 들어간 지점인 고르레벤에 건설하려는 것이 이 프로젝트였기 때문이다.[163] 체르노빌과 더불어 서독의 환경 운동이 최대의 투쟁 목표로 삼았던 〈숲 고사〉 문제는 라인란트보다 작센에서 훨씬 더 심각했다. 이미 19세기에서 대기 오염에 따른 숲 황폐화의 연구가 작센의 프라이베르크와 타란트를 첫 조사 대상으로 삼았던 것은 우연이 아니다. 그리고 동독 환경 운동의 가장 용감한 분파인 도시 생태 단체는 구도시의 주거 지역을 보존하려는 서독의 투쟁과 깊은 친밀감을 보였다. 요슈카 피셔만 하더라도 바로 이런 투쟁을 통해 정계에 진출했다. 그럼에도 왜 녹색당은 통일의 최대 패자로 전락하고 말았을까? 체르노빌 사고가 나고 불과 몇 년 지나지 않은 당시 환경 운동은 전 세계적으로 활황을 누렸음에도 녹색당은 이런 기류를 어째서 유리하게 활용하지 못했을까?

이 물음의 답을 찾으려는 노력은 〈생태주의의 생태〉를 새롭게 조명해 준다. 물론 이때 〈생태〉는 문화적 의미로 이해된 것이다. 녹색당은 하필이면 1989년과 1990년에 걸쳐 반독일적 행태를 보였다. 이때 〈독일적〉이라는 표현은 〈서독〉을 뜻한다. 녹색당은 사실 모든 정당 가운데 가장 자유를 중시한다는 의미에서 독일의 자유 사상에 가장 근접해 있으면서도 시장 자본주의를 반대하는 태도로 반서독의 태도를 표방했다. 1970년대에 들어서부터 활발히 활동하기 시작한 녹색당의 주류는 이른바 〈68세대〉로 파시즘과 자본주의를 극도로 혐오했다. 이런 〈68세대〉 운동은 동독에서는 볼 수 없었다. 반파시즘을 내세운 녹색당을 1970년대 독일 국민은 언제나 〈옳다〉고 여겼다. 녹색당원은 비록 동독에서 살고 싶지는 않았지만, 그래도 동독을 더 나은 독일로 여겼지만, 동독의 친정부 성향을 갖지 않은 대다수 국민은 〈반파시즘〉이라는 말을 오랫동안 들어보지 못했으며, 혹 들었다 해도 못마땅한 것을 악마 취급하는 태도로만 이해했을 뿐이다. 그리고 〈좌파 독재〉 아래서 살아가는 동독의 반체제 인사들에게 〈좌파〉라는 단어는 〈옳음〉의 동의어가 아니었다.

이런 관점에서 서독의 많은 녹색당원은 매우 달랐다. 독일 의회의 녹색당 첫 회기 연도를 다룬 두툼한 기록은 놀라운 사실을 폭로했다. 동서독 문제에서 기이할 정도로 활발한 활동을 벌이던 디르크 슈나이더Dirk Schneider는 녹색당 지도부의 승인을 받아 동독 야당과 접촉을 시도해 왔다. 1991년 슈나이더는 〈슈타지〉가 파견한 간첩임이 밝혀졌다.[164] 〈사회주의통일당〉에 숨김없이 호감을 보인 것으로 미루어볼 때 그는 〈슈타지〉의 비공식적 정보원이 아니라, 공식적인 간첩이었다. 그러나 이런 사실만으로 서독과 동독의 운동가들이 갈라서지는 않았다. 교회를 중심으로 결집한 동독 녹색당은 그 이력으로 볼 때 보수적 가치관을 가졌다. 이들이 애초부터 서독의 녹색당과 함께 정당을 만들었다면, 좌파를 당에서 몰아냈을 게 틀림없다. 또 동독 녹색당은 〈국경을 완전히 개방한 통일〉보다는 자유로운 이주를 보장하는 〈이민법〉에 찬성했다. 그러자 서독 녹색당이 폭발했다. 내심 작센안할트보다는 니카라과에 더 호감을 가졌던 서독 녹색당은 동독 녹색당이 못마땅하기만 했다. 지루한 협상이 이어진 끝에 1993년 1월 양쪽의 녹색당은 서로 통합을 결정하고 〈동맹 90/녹색당Bündnis 90/Die Grüne〉으로 거듭났다. 이것은 〈사랑으로 한 결혼〉이 아니라, 이해관계를 따진 〈정략적 결혼〉이었다. 이런 통합이 이루어지지 않았다면, 녹색당은 독일 의회에서 밀려났을 수 있다.[165]

오늘날 되돌아보며 절로 의문이 든 사실은 동독의 심각한 환경 파괴를 서독의 환경 운동이 뒤늦게야 주목했다는 점이다. 동독을 여행한 사람, 관광 이상의 호기심을 가진 사람이라면 이미 그런 환경 폐해를 알아차리고도 남았으리라. 그러나 사람들은 환경 문제에 신경 쓰고 싶어 하지 않았다. 환경 문제는 통일의 분위기를 흐릴 뿐이라고 생각했기 때문이다. 체르노빌 사고를 다룬 책들로 관심이 환기되면서 비터펠트 문제는 비로소 수면 위로 떠올랐다. 승리의 분위기에 젖었던 녹색당은 1989/1990년의 선거 참패로 의석을 잃고 말았다. 의원직을 유지할 수 있었던 몇몇은 동독 출신 녹색당원이었을 뿐이다. 이처럼 참패를 당한 심층적 원인은 과거의 익숙한 싸움, 투쟁 일변도의 운동 방식에서 좀체 벗어나지 못했기 때문이다. 그러나 민족 국가 사이의 전쟁이 과거의 일이 되고 〈민족성〉을 강조하는 배타적 국수주의가 최대의 적으로 부상한 시기에, 녹색당은 세계화의 경제적 측면과 이로 말미암은 민족 국가의 행동 능력 상실이 더 큰 위험을 부를 수 있다는 점을 깨닫지 못했다. 이런 위험을 염두에 두지 않고 효과적인 환경 정책과 사회 정책은 불가능하다. 안톄 폴머가 1990년의 선거 패배를 두고 확인했듯, 독일 국민 사이에서 환경 운동의 인기가 빠르게 높아졌음에도 많은 녹색당원은 예전과 마찬가지로 자본주의 독일이 〈적성국〉이라는 고정 관념을 버리지 못했다.[166]

이런 집요한 고정 관념 탓에 심지어 녹색당 내부에서 치열한 계파 다툼을 벌이던 〈원칙파Fundis〉와 〈현실파Realos〉 사이에서도 치명적인 의

견 일치가 생겨났다. 양쪽 모두에게 통일로 생겨난 새로운 독일 민족의
식은 거슬리기만 했다. 심지어 〈현실파〉의 수장 요슈카 피셔는 작가 귄
터 그라스와 함께, 독일이 동과 서로 분열된 것은 아우슈비츠라는 죄를
저지른 대가로 감수해야만 한다고 강조했다. 동독 주민에게 홀로코스
트를 끌어다대는 이런 주장은 조롱으로밖에 들리지 않았다. 동독 주민
은 서독의 이기주의를 무슨 고상한 도덕인 양 꾸미는 위선이라고 반발
했다. 40년 넘게 나치스 정권의 범죄로 고통을 받았음에도 또 벌을 받
으라는 말이냐고 동독 주민은 흥분했다. 녹색당 좌파는 〈모두 통일 독
일을 말하지만, 우리는 날씨를 이야기한다〉는 객쩍은 농담으로 1990년
가을 선거전을 치렀을 때(기후 연구가는 언제나 〈기후〉는 〈날씨〉와는
좀 다른 것이라고 타일렀음에도), 결국 녹색당의 인기는 위기를 맞았
다. 그럼에도 놀랍게 설문 조사 기관은 오랫동안 녹색당이 10퍼센트에
근접한 득표율을 보일 것이라는 예언을 그치지 않고 해댔다.[167] 1990년
대에 녹색당이 국수주의를 반대하는 맹목적인 정치관 때문에 겪었던
패배에서 빠르게 회복할 수 있었던 것은 이 당이 정치적으로 지혜로웠
기 때문이 아니라, 독일 국민이 보여 준 강하고도 지속적인 환경 의식
덕분이다. 1990년부터 4년 동안 구동독 지역의 산업 폐해를 복구하는
데 독일 정부는 800억 마르크를 지출했다. 이는 오늘날까지 전 세계에
서 가장 많은 돈을 투자한 환경 복구 사업이다. 이는 통일을 위한 비용
으로 공개적인 논란을 부르지 않고 처리되었다. 반면 미국의 〈EPA〉가
12년 동안 공해 방지 사업을 위해 조성한 이른바 〈슈퍼펀드〉로 200억
미화달러를 쓴 것은 세금 낭비라고 격렬한 공격을 받아야만 했다.

　통일 독일로 새롭게 편입된 구동독 지역에서 환경 운동이 통일을 전
후한 시기에 누렸던 인기는 통일 이후 어느 정도 시간이 지나자 빠르게
식었다. 그렇다고 동독의 환경 운동에서 〈진정성〉이 없었다는 결론은
나올 수 없다. 오히려 동독의 환경 운동은 야당이 체제 반대 운동을 벌
이면서 합법적으로 위장하기 위해 썼던 가면이고, 통일 뒤에는 이런 가
면이 더는 필요 없어졌다는 것이 그 결론이 아닐까? 우리가 주목해야만

하는 사실은 〈환경 운동〉이라고 해서 〈환경〉만 문제 삼는 게 아니며, 그 안에는 다른 많은 것도 녹아들어 간다는 점이다. 그 전형적인 사례는 민주화와 〈국민에 가깝게 다가가는 정치〉다. 세계 도처에서 확인되는 사실은 환경 운동이 이상적인 생태 명령에 따라 움직이는 것이 아니며, 역사의 맥락 안에서만 올바르게 이해될 수 있다는 점이다. 산업 중심의 구도를 빠르게 벗어나 환경 친화적인 도시를 회복하는 과정에서 실업률이 급상승했고, 그것이 구동독의 최대 고민거리였던 당시 환경 운동이 그 본래의 뚝심을 잃어버리는 것은 놀라운 일이 아니며, 앞서 보였던 환경 고민이 진지하지 않았다는 증명은 더더욱 아니다. 오히려 우리는 미래를 바라봐야만 한다. 교회를 중심으로 한 환경 단체가 금식하는 금욕적 생태 운동을 펼치는 것은 서독의 환경 운동보다 진일보한 것이며, 〈자유 경제〉의 성장 압박이 결국 최대의 환경 문제를 낳을 것이라는 점은 먼 미래가 아니라 벌써 사실로 나타날 조짐을 보여 준다.

생태 정의를 찾아서: 선진국과 제3세계 국가들

환경 스와프, 오존 외교 그리고 환경 친화적 개발: 동서 갈등에서 남북 정의로

이미 1950년대부터 냉전이라는 전선의 질곡에서 빠져나오기를 원한 사람은 이른바 〈제3세계〉로 눈길을 돌리곤 했다. 오늘날 거의 잊힌 사실은 당시 〈개발 도상국〉이라는 표현은 〈미개한 나라〉를 에둘러 부른 것이 아니라는 점이다. 오히려 많은 사람은 남반구의 주민이 활기찬 모습으로 생활 환경의 개선을 위해 노력하는 것을 격려하는 표현이 〈개발 도상국〉이라고 믿었다. 이런 노력이 미래 지향적이었던 반면, 북반구의 강대국들은 냉전이라는 참호전 안에 갇힌 모습을 보여 주었다. 〈제3세계〉, 알베르트 슈바이처로 상징되는 세계는 여전히 숫자 〈3〉의 오랜 마법, 곧 구원의 약속을 담았다. 게다가 경제 전망 역시 확실했다. 최대의 성장 잠재력은 〈제3세계〉가 가졌다고 보았기에 모든 형태의 대출금이 그곳으로 흘러갔다.

그러나 늦춰 잡아도 1973년의 유가 상승으로 제3세계는 선진 산업 국가에 항상 처질 수밖에 없다는 사실이 분명하게 드러났다. 그런 만큼 경제 정의를 외치는 목소리는 커졌다. 당시 냉전 시대의 사고방식을 극복하려는 모든 사람은 동서 갈등에 시선을 고착하는 것이 인류의 진정한 문제, 곧 남북 정의의 실현을 가려 버린다고 믿었다. 그러나 남북 정의의 문제는 생태 시대와 어떻게 맞물릴까?

우선 우리는 〈부채 함정〉이라는 문제부터 살펴야 한다. 1970년대 이후 많은 제3세계 국가들은 갈수록 늘어나는 빚으로 신음했으며, 개발 지원금을 받아 빚을 갚느라 허덕였다. 1980년대 중반 빠르게 진행되는 열대림 파괴를 경고하는 목소리가 나오면서부터 인과 관계가 드러나기 시작했다. 환경 위기의 배후에는 부채 위기가 숨어 있다. 과도한 부채 탓에 남반구 국가들은 어쩔 수 없이 숲의 나무들을 잘라내 팔아야만 했다. 물론 나라마다 사정이 조금씩 다르기는 했다. 전 세계적으로 열대림 목재를 가장 많이 수출한 말레이시아는 동시에 동남아시아의 경제 호황을 누렸다. 반대로 라틴 아메리카의 숲은 대규모 목축업 때문에 망가졌다. 그러나 과도한 부채와 천연자원 남용 사이의 연관은 분명 성립한다. 이런 사정은 제후와 영주가 과도한 빚을 끌어다 쓰고 그 〈보물〉인 숲을 마구 벌목했던 18세기 유럽의 상황과 비슷하다.

아무런 조건을 달지 않는 채무 탕감은 의무를 성실히 수행하며 든든한 재정을 꾸리는 정부에게 모욕과 다르지 않다. 바로 그래서 〈WWF〉의 토머스 러브조이는 1984년 대형 자연 보호 〈NGO〉에 채무 문제에서 해결사 노릇을 하게 해주는 동시에 기부금 모금에서 매력을 높일 천재적 발상을 선보였다. 그것은 곧 자연을 채무와 맞바꾸는 〈환경 스와프DNS〉다. 〈NGO〉는 매력적인 야생을 가진 제3세계 국가의 채무를 사들이고, 이 채무의 변제를 감당하는 조건으로 상응하는 야생을 보호 구역으로 지정하고 경비대원이 감시하게 하는 것을 내걸었다. 물론 이의 실현을 위해서 〈NGO〉는 필요한 재원을 조달할 수 있어야 한다. 〈환경 스와프〉의 주역들은 채무를 실제 가치 이하로 사들일 수 있어야 한다고 계산했다. 은행은 어차피 돈을 예상 가능한 시점에 다시 볼 수 없을 것이기에 대규모 원시림 보호 운동에 참여한다는 명분으로 투자를 받아 이미지 제고에 쓰이는 손실분을 감당해야만 했다. 게다가 미국은 물론이고 다른 국가에서도 자연 보호에 기부하는 돈은 세금을 면제받았다.[168]

그르치메크의 세렝게티 캠페인과 대비해 새로운 점은 문제의 핵심이 코끼리의 놀이터인 초원이 아니라 숲이라는 것, 그리고 숲 보호는 1986년부터 곧 기후 보호로 인식되었다는 사실이다. 세계 각지의 대형 숲들을 이산화탄소의 저장고로 활용한다는 발상은 숲 보호를 기후 보호로 보는 데서 비롯되었다. 1987년부터 〈환경 스와프〉 협약이 차례로 맺어졌다. 이제 단순히 낭만적으로 숲을 바라보는 태도가 아니라, 인류의 구원이 초점으로 떠올랐다. 사실상 아프리카에서 새로운 국립 공원을 설립하는 것은 여전히 식민주의 전통을 떨치지 못했다. 그러나 이제는 새로운 종류의 정당성, 생태 시대의 정신과 맞는 정당성이 확보되었다. 국립 공원은 사파리 관광객이 사진이나 찍으려 몰려드는 곳이라는 이미지를 탈피했다. 〈NGO〉의 광고 책자에서 알 수 있듯, 예나 지금이나 원시림을 〈카리스마를 뽐내는 거대 서식지〉로 보며 낙원의 낭만에 젖는 열광은 여전히 매력을 발휘한다. 그러나 이제는 환경 정책과 인류 구원 정책이 맞물리면서 낭만과 합리성의 시너지가 일어났다.

요컨대 〈환경 스와프〉는 대단히 성공적이었으며, 오늘날까지도 그렇다. 먼저 라틴 아메리카에서, 다음으로 아프리카와 동남아시아에서 〈환경 스와프〉는 속속 가시적인 성과를 올렸다. 선도적인 〈NGO〉는 물론이고 각국 정부도 앞다투어 행동에 나섰다. 독일 총리 헬무트 콜은 1987년 3월 18일의 정부의 성명을 통해 〈환경 스와프〉에 적극적으로 참여한다고 밝혔다. 제3세계 국가들에서도 이 교환 거래는 일석이조라는 환영을 받으며 인기를 끌었다. 채무 부담을 일부 덜어 내는 동시에 관광 활성화도 꾀할 수 있어 일석이조라는 평가가 나왔다. 그리고 1980년대 후반부터 세계은행도 단계적으로 생태로 전환을 시도했을 때 환경 의식은 단순한 과시에 그치지 않고 경제적으로도 이득이 되는 방식으로 국가의 이미지를 개선해 줄 수 있다고 여겨졌다. 이후 20년 동안 전 세계의 보호 구역은 엄청날 정도로 늘어났다. 1990년 〈IUCN〉의 〈세계 공원 위원회〉가 지구 전체 면적의 10퍼센트를 공원으로 만든다는 목표는 이미 초과 달성되었다. 2009년 보호 구역으로 설정된 면적의 비율은 12퍼센트다. 아프리카 전체보다 더 크며, 지구 전체 경작지 면적의 절반에 해당하는 비율이다.[169] 이제껏 외딴곳에서 외롭게 벌이는 투쟁으로 이해된 자연 보호는 어느덧 세계를 좌우하는 권력으로 비상했다. 이런 추세를 반영해 1982년『슈피겔』은『보호 없는 자연*Natur ohne Schutz*』이라는 제목의 책을 펴냈다.[170]

권력으로 부상한 이상 아무런 죄를 짓지 않는 순결한 과정을 밟기가 어렵다. 이 경우도 마찬가지다. 〈환경 스와프〉는 보호 구역의 폭발적인 확장을 끌어냈지만, 과대광고의 위험을 높였을 뿐만 아니라, 실체 없는 〈국립 공원 인플레이션〉(헨리 마코프스키)[171]이라는 부작용도 낳았다. 게다가 본래 목표인 제3세계의 채무는 공원의 팽창 속도에 맞출 정도로 절대 줄어들지 않았다. 또 채무 감소는 기대하기 어려운 일이기도 했다. 물론 이 교환 거래는 제3세계의 시급한 경제적 이해관계를 세련되게 다루기는 했다. 그러나 이런 구도에서 자연 보호는 부자 나라의 지원에 갚음하는 형식으로 이뤄졌을 뿐, 제3세계 국가들의 이해관계를 대변한 것은 아니었다. 바로 이것이 교환 거래가 안고 있는 고민이다.

물론 〈환경 스와프〉를 찬성하는 사람들은 이런 식으로 이뤄지는 자연 보호가 제3세계 국가들의 이해관계와 어긋나는 게 아니라고 확신했다. 지구 온난화라는 문제는 남반구와 북반구를 구분할 수 없는 사안이기 때문에 이 문제 해결에 남반구도 덕을 본다는 것이 그들의 논리다. 그러나 제3세계는 지구 온난화를 미래의 가설적인 위험이자, 북반구가 고민해야 하는 문제로만 받아들였다. 제3세계 국가들은 지구 온난화보다 시급히 고민해야 할 더 구체적인 문제를 해결하기도 벅찼다.[172] 앞서 보았듯 치코 멘데스는 자신을 기후의 구원자로 떠받드는 데 강력히 반발했다. 그의 관심은 기후 문제가 아니었으며, 동료들의 생활 터전이었기 때문이다.[173] 멘데스와 아주 비슷한 동기, 곧 전래된 생활 방식의 보존과 지역 자원의 이용권이라는 동기로 2002년에는 멕시코 남부의 주치아파스의 몬테스 아술레스Montes Azules 생물권 보전 지역 지정에 반대해 이미 1990년대에 생겨난 사파타주의Zapatismo 반군이 투쟁을 벌였다. 몬테스 아술레스 지역은 생태 운동계가 마지막으로 남은 〈세계의 허파〉로 부르는 지역이다.[174] 서구에서 생태 운동에 반대하는 투쟁을 달가워하지 않는 분위기가 있지만, 사파타주의가 서구에서도 인기를 누리는 유일한 저항 운동인 것은 이 반군이 가진 그림처럼 아름다운 혁명의 낭만 덕분이다. 게다가 몬테스 아술레스를 생물권 보존 지역으로 지정하려는 움직임은 생태적으로 순수한 동기에서 비롯된 것인지 의심이 그치지 않았다. 지역 언론은 보호지역으로 예정한 숲에서 원주민들을 몰아내려 〈국제 보호 협회Conservation International, CI〉가 군대까지 동원했다고 비난했다.[175]

이 문제는 야생 보호에서 가장 논란이 되는 측면이다. 보호하기로 지정된 구역, 일반적으로 인간이 사는 야생 지역에서 원주민을 추방하는 행태는 재고되어야 마땅하다. 이 문제는 이미 미국 서부에서 국립 공원으로 선포된 지역에서 익히 보던 것이다. 처음부터 그곳 식물군이 보여주는 아름다운 풍경은 원주민의 세심한 화전 농업의 성과라는 지적은 그치지 않았다.[176] 그럼에도 미국 기병대는 국립 공원에서 인디언을 인정사정없이 몰아냈다.

그러나 생태 시대의 개막과 더불어 대중이 인디언을 보는 관점은 근본부터 바뀌었다. 〈인디언의 생태 운동 참가는 가히 폭발적이었다〉(셰퍼드 크레치Shepard Krech). 그리고 인디언은 대중문화의 한 부분으로 확고히 자리 잡았다.[177] 인디언의 오랜 생태 지혜는 새롭게 발견되었을 뿐만 아니라, 과장되는 일도 잦았다. 특히 유명한 것은 영화 「홈Home」(1972)(독일어 제목 「지구의 아들들Söhne der Erde」)에서 추장 시애틀Seattle이 하는 연설이다. 대부분 허구지만 〈생태의 근본 사상으로 과장〉된 연설은 마치 진짜 연설처럼 인용되곤 한다.[178] 독일에서 카를 마이*의 인기가 줄어들던 시절, 인디언의 인기는 하늘을 찔렀다. 이탈리아에

* Karl May: 1842~1912. 독일의 작가로 인디언 비네투Winnetou의 일대기를 그린 시리즈로 명성을 얻었다. 그의 소설은 만화로도 만들어져 지금도 여전한 인기를 누린다.

서 주택 점거 투쟁을 벌인 이른바 〈도시 인디언〉에는 이런 인기가 고스란히 반영되어 있다. 〈시에라 클럽〉의 지도부는 1973/1974년 여전히 〈순수 야생〉이라는 해묵은 이상을 표방하면서, 〈그랜드캐니언 국립 공원〉의 토지 이용 권한을 그곳에 사는 인디언 부족 〈하바수파이Havasupai〉로 제한하려다가 아주 난처한 상황에 빠지고 말았다. 언론은 클럽을 향해 이제 막 인디언 신입 회원들이 활발히 가입했는데, 다 탈퇴하게 생겼다며 조롱을 서슴지 않았다.[179]

이후 야생 보호 운동은 전반적으로 모순에 얼룩졌으며 혼란스러운 모습을 보여 주었다. 루소 시대에 생겨난 고결한 야생과 순수한 자연인이라는 이상은 새롭게 꽃을 활짝 피웠다. 우리는 새로운 시대를 선도한 위대한 사상가 클로드 레비스트로스에게 이른바 〈자연 민족〉은 본래 〈문화 민족〉이라는 점을 배워야만 했다. 인간은 주변 자연으로부터 유기적으로 성장하는 야생의 존재가 전혀 아니라는 것이 레비스트로스의 논점이다. 심지어 이 사회 인류학자는 아마존 지역의 〈므바야Mbaya〉 부족이 〈얼굴에 그림을 그리고 낙태하고 영아를 살해하는 것〉은 〈자연을 혐오한다는 표현〉이라고 썼다.[180] 아마도 그의 대표작 『슬픈 열대』는 제목이 암시하는 것처럼, 역사와 사진의 암시를 통해 아마존 열대림의 원주민을 문화 민족으로 매력적으로 탈바꿈하면서 생활 공간에 대한 위협에 함께 슬퍼하고 아파하도록 하는 데 어떤 책보다도 더 크게 기여했으리라. 『야생의 사고La pensée sauvage』(1962)에서도 그랬듯, 레비스트로스는 특히 책 제목으로 우리가 야생이라는 개념을 어떻게 오해하는지 암시해 줌으로써 세계적인 명성을 얻었다.

열대림과 함께 그곳 원주민의 문화도 보호되어야만 한다는 것은 유럽과 미국의 생태 운동과 제3세계 지원 단체들이 당연하게 여기는 근본 명제다.[181] 이 명제는 1980년대에 생겨난 〈세계 열대우림 운동World Rainforest Movement〉과 〈열대우림 행동 네트워크Rainforest Action Network〉의 출발점이다.[182] 열대림 보호 운동가들은 원주민이 야생의 타고난 관리인(〈stewards〉)이라고 굳게 믿었다. 이런 신조는 리우의 〈어젠다 21〉로 채택되었다.[183] 물론 원하는 그림을 투사하기 쉬운 먼 곳에서 볼 때 이런 명제는 가까이서 볼 때보다 더 그럴싸하게 들린다. 현장에서는 누가 원주민인지, 누가 이주해 들어온 사람인지 가려 말하기가 쉬운 일이 아니다. 누가 토착 문화의 주체이며, 누가 이미 현대 글로벌 문화에 동화되었을까? 물론 아마조나스나 보르네오처럼 외딴곳에서는 누가 원주민인지 쉽게 알아볼 수 있기는 하다. 호주 사막의 원주민 〈애보리진 Aborigine〉도 마찬가지다. 또 대단히 감동적일 정도로 야생 보호와 원주민 문화 지키기를 하나로 묶어 낸 브루노 만저의 경우도 많은 생각거리를 제공해 준다. 그러나 아프리카로 가면 이야기가 어려워진다. 아프리카는 전통적으로 이동 경작과 목축을 위주로 했던 터라, 근본적인 토착 문화를 찾아보기란 매우 어려우며, 갈수록 더 어려워지고 있다.

그러나 환경 보호의 대상이 무조건 한자리에서 오랫동안 살아온 문화여야만 할까? 하긴 1980년대 말부터 자연 보호는 무조건 현지 주민과 협력해야만 한다고 강조되기는 했다. 그때까지 일반적이던 야생 보호의 종류, 곧 열대림의 원주민을 퇴거시키고 열대림의 일부를 갈아엎어 인간이 들어오지 못하게 막아 버리는 식의 야생 보호는 〈요새형 야생 보전Fortress Conservation〉이라는 조롱을 받았다(독일에서 사람들은 규모가 작은 자연 보호 구역을 두고 〈치즈 덮개 자연 보호〉라고 놀려대곤 한다).[184] 요즘 새롭게 등장한 구호는 〈지역 사회 중심 보호Community-based Conservation〉다.

그러나 새롭게 유행하는 개념을 끌어들인다고 해서 현실이 저절로 바뀌지는 않는다. 심지어 독일 총리를 보좌했던 어떤 자문관은 1989년 〈환경 스와프〉 프로젝트가 〈원주민을 끌어들이려는 노력이 부족하거나 완전히 결여되었다〉고 비판했다. 윤리적 측면뿐만 아니라 효율성의 측면에서도 프로젝트의 이런 결함은 스캔들이다. 원주민은 〈비싼 비용을 들여 대개 신뢰할 만하지 않은 부패한 경찰보다 자신의 고향을 외부 침입자로부터 훨씬 더 잘 지켜내기〉 때문이다.[185] 1985년 12월 27일 르완다에서 살해당한 다이앤 포시를 비극적 영웅으로 떠받들려는 일각의 노력이 있었다 하더라도, 더 폭넓게 지지를 받은 의견은 그녀가 고릴라를 사랑한 방식, 어찌 보면 집요할 정도로 원주민의 미움을 자극한 방식은 완전히 잘못된 방법이었다는 것이다.

어떻게 해야 원주민과 가장 잘 협력할 수 있는지 어디서나 통하는 특효 처방이란 존재하지 않으며, 다만 지역에 적응한 해결책만 통한다는 점은 놀라운 사실이 아니다. 또 지역 특성을 고려한 해결책이라고 해서 모든 문제가 일거에 풀리지도 않는다. 항상 가장 간단한 방법은 오랜 〈요새형 야생 보전〉을 그대로 답습해 매력적인 야생 지역을 엄격하게 차단하고, 그곳에 살던 원주민을 이주시킨 다음, 그들 가운데 몇 명을 무장 경비대원으로 채용하고서, 나머지 원주민에게는 관광 수입이라는 미끼로 지원을 얻어 내는 것이다. 자연 보호를 추진하면서 원주민의 기존 생활 방식을 그대로 인정하는 형태는 전체적인 감독이 불가능하며, 무슨 일이 일어날지 예측하기도 어렵다. 원주민이라고 해서 기존의 생활 방식만 고집하는 게 아니며, 상황에 맞추어 늘 새로운 수입원을 찾기 때문이다. 또 보호 구역에 주민이 생활하게 내버려 두면 무슨 일이 일어날지 전혀 예측할 수 없다.[186] 이와 달리 〈환경 스와프〉는 주고받는 것이 명확했다. 1977년에 창안된 〈인간과 생물권 프로그램Man and the Biosphere Programme, MAB〉으로 유네스코는 〈생물권 보전 지역〉(독일어는 불행하게도 이를 직역해 〈생물을 위해 예비한 구역〉이라는 단어인 〈Biosphärenreservat〉를 쓴다)으로 다양한 자연과 인간적 자연 사이의 생동적인 상호 작용이라는 이상을 추구했다. 그러나 결과적으로 이렇게 만들어진 많은 〈생물권 보전 지역〉은 국립 공원과 다를 바가 없었다. 자연과 문화의 종합은 이미 짐바브웨에서 〈아이콘〉이 된 〈캠프파이어〉처럼 유망한 접근 방식이지만, 제대로 실현될지는 미래를 지켜봐야 알 수 있는 노릇이다.[187]

서구 생태 운동계는 열대림 보호가 동시에 그곳 원주민의 보호이기도 해야 한다고 상상하지만, 열대림 보호 운동이 사실상 원주민을 그 삶의 터전에서 몰아내는 일은 드물지 않게 벌어진다. 이런 사실은 일종의 역설일까, 아니면 비극적인 아이러니일까? 원주민 추방의 대다수 사례는 아프리카에서 알려졌다. 〈자연 보호 운동으로 생겨나는 난민〉의 규모가 어느 정도인지, 수만 명, 수십만 명 혹은 심지어 수백만 명인지는 계속 논란이 되었으며,[188] 더욱이 원주민의 반쯤은 유목민 생활을 하기에 생활 터전을 잃어버린 난민의 규모를 정확히 가늠한다는 일은 불가능에 가까웠다. 일반적으로 그 규모는 자연 보호 운동가도, 지역의 행정 당국도 알지 못한다. 댐 건설로 생겨난 〈난민〉들은 1980년대 말부터 〈NGO〉의 변호를 받으며 국제적으로 주목을 받았다. 국립 공원에서 쫓겨난 〈난민〉은 그런 대변인을 찾지 못했다. 이들은 최근 들어서야 비로소 더욱더 폭넓은 대중의 주목을 받게 되었다.

한때 음부티족의 밝은 숲 생활을 사랑스럽게 묘사해 유명해진 인류학자 콜린 턴불Colin Turnbull은 1972년 〈키다포Kidapo 국립 공원〉 지정으로 삶의 터전을 잃어버린 우간다 북부의 아이크족Ik의 참상을 고발하는 글을 써서 사람들에게 충격을 안겼다. 자유롭게 떠돌며 사냥하는 생활에 익숙해 있던 아이크족은 초라한 환경에서 정착 생활을 강요받으며 빈곤의 나락으로 굴러떨어졌다. 이 강제 이주는 말 그대로 완전한 뜻에서 〈원주민〉, 자신의 환경 안에 깊은 뿌리를 내린 부족의 몰락이 되고 말았다. 고향과 익숙한 생활 방식의 상실로 아이크족은 밝은 분위기도 잃고 말았으며, 심지어 성생활조차 하지 않아, 턴불의 말을 그대로 빌린다면 〈사랑이 없는 부족〉이 되고 말았다.[189]

음부티족(〈숲 부족〉)을 다뤄 대중의 열광적 반응을 불러낸 것과는 반대로 턴불이 아이크족(〈산악 부족〉)을 소개한 책은 커다란 혼란을 불러일으켰다. 원주민 퇴거를 바탕으로 이뤄지는 자연 보호 운동이 토론의 대상이 아니라 거부의 대상이 되었다.[190] 1972년만 하더라도 아이크족은 예외 현상으로 치부되었다. 오늘날 아무리 국립 공원 지정이 제3세계 국민의 생활 터전을 상실하게 하는 주요한 원인 가운데 하나일 뿐이라고 할지라도, 원주민을 절멸의 위기로 내모는 전형적인 운명이라는 점을 의심하는 사람은 거의 없다. 〈환경 스와프〉는 발상에서 환경 보호와 남북 정의를 함께 묶었으며, 다른 환경 정책의 수단과 대비해 간명하다는 특징이 있다. 이 특징은 물론 대단히 중요하다. 이처럼 대단히 효과적인 대책이 갖는 강점을 부정하는 것은 옳지 않다. 그러나 〈환경 스와프〉에는 〈위에서 아래로의 자연 보호 운동〉이며, 〈자연 경관〉에서 인간이 맡은 역할이 정확히 어떤 것이어야 하는지 밝히지 않았다는 점이 여전히 문제로 남아 있다.[191]

자연 보호를 내세워 원주민을 이주시키는 문제를 협력을 통해 잘 풀어 낸 사례는 자연 보호 단체와 히말라야 셰르파 사이의 협력이다. 물론 셰르파가 짐꾼이자 트레킹 관광객의 가이드로 사랑받는다는 점을 생각하면 이런 성공 사례는 당연했다. 그런데 셰르파조차 1970년대에 전통적인 고향인 히말라야의 고산 지대에 〈사가르마타 국립 공원 Sagarmatha National Park〉이 만들어지면서 퇴출당할 위기에 빠졌다. 1978년에는 네팔 서부의 두 마을 주민이 〈라라 국립 공원Rara-National Park〉이 만들어지는 과정에서 아무런 보상도 받지 못하고 고향 땅을 떠나야만 했다.[192] 그러나 티베트 불교를 믿으며, 인구 가운데 승려가 많음에도 꾸준히 활동하는 셰르파는 고산 지대라는 매우 힘든 환경에서 숲과 밭을 조심스럽게 다루는 오랜 전통을 다져 온 덕에,[193] 전 세계적으로 회의를 불러일으키고 심지어 비관적 전망까지 낳았던 〈지역 사회 중심 보호〉의 특별한 성공 사례를 보여 주면서, 저 아프리카 동부의 유명한 마사이족의 암울한 운명과 극명한 대비를 이루었다. 뉴질랜드의 환경 단체와 〈WWF〉 그리고 네팔 왕이 친히 만든, 〈GONGO〉의 성격이 강한 〈NGO〉는 셰르파 마을과 협력했으며, 셰르파에게 국립 공원의 관리인이라는 지위를 보장해 주었다.[194] 거듭 밝혀지는 사실은 환경 운동의 기초를 원주민의 이해관계에 맞추는 것은 모든 문제를 일거에 해결하는 특효 처방은 아니며, 어디까지나 지역 특성을 반영해야만 성공할 수 있다는 점이다.

선진국의 몇몇 정상급 인물이 모여 윤곽이 분명한 현실적 목표를 제시한다면 모든 것이 쉬워진다. 에어로졸로 대기권의 오존층이 위협받는다는 내용을 다룬 1987년 9월의 몬트리올 회담이 바로 그랬다. 이 회담에서 결정된 「오존층 파괴 물질에 관한 몬트리올 의정서」는 20년이 넘게 전 세계 환경 정책의 가장 성공적인 사례로 여겨졌다.[195] 문제가 무엇인지는 명확했다. 적어도 비유적이었을 뿐만 아니라, 표현 그대로의 뜻에서 피부에 와닿았다. 오존층을 파괴하는 에어로졸(액체와 가스의 결합물)을 무해한 물질로 대체한다는 대책도 마찬가지로 명확했다. 문제 해결의 비용도 명확히 책정되었고, 심지어 해당 화학 기업에 이득을 볼 기회도 열어 주었다. 이 모든 것은 당시 얼마 전에 발견된 이산화탄소의 대기권 위협과 극명한 대비를 이루었다. 무한할 정도로 증가할 수 있는 이산화탄소의 문제는 원인 제공자와 해결해야만 하는 문제의 가짓수도 거의 무한에 가깝게 늘어난다. 세계가 대기권의 이 두 위협을 다루어 온 또는 지금도 다루는 방식의 비교, 많은 경우 여론을 극심한 혼란에 빠뜨린 방식들의 비교는 참으로 많은 점을 밝혀 준다.

미국은 나중에 기후 정책에서 사사건건 제동을 거는 행태를 보였지만, 오존층 문제에서는 처음부터 유럽에 비해 훨씬 더 적극적인 자세를 나타냈다. 에어로졸과 이른바 〈오존 구멍〉 그리고 인간의 높아진 피부암 발병 가능성 사이의 인과 관계가 명확히 입증되지 않은 가설적 성격의 것이었으며, 그 대책도 미국이 전혀 실행한 바 없는 예방 원칙에 충실했다는 점까지 염두에 두면 참으로 놀라운 일이다. 아무튼 〈EPA〉는 환경 조건에 따른 암 발병 위험에 중점을 둔 오존 정책을 펼치면서,[196] 이 잠재적 위험을 실제 생명을 위협하는 심각한 요소로 만들어 버렸다. 극심한 오존 공포가 생태의 교정을 주장하는 문헌에서 즐겨 다루는 스토리가 된 것은 〈EPA〉의 이 같은 과장된 대응 때문이다. 그전만 하더라도 관련 문헌은 분명하게 입증된 위험에만 대책을 세울 필요가 있다고 보았다.[197] 〈오존층을 파괴하는 화학 물질을 막으려는 정치적 행동은 오존층 자체의 과학적 이해보다 더 빠르게 이루어졌다〉(에릭 M. 콘웨이 Erik M. Conway).[198] 다른 경우와 마찬가지로 우선순위 선정은 합리적 이성만이 지배하는 순수한 과정을 거치지 않는다. 이 경우 결정적인 점은 피부암이 태양 광선 때문에 발생한다는 것이다. 이런 위험은 햇살에 굶주린 탓에 일광욕을 휴가의 즐거움 자체로 여기는 사람의 속을 흔들어 놓기에 충분했다. 이런 경우 가설적 위험일지라도 공포 분위기는 쉽사리 만들어진다.

오존 경고는 이미 생태 시대의 초기에 터져 나왔다. 당시 오존층 파괴의 혐의는 주로 초음속 비행기에 쏠려 한때 일었던 초음속 기술 개발 열풍에 종지부를 찍게 했다. 이는 새로운 환경 운동이 처음으로 거둔 큰 성과다.[199] 1974년부터 공격의 과녁이 된 것은 염화불화탄소다. 이 물질은 냉장고, 에어컨, 스프레이 등에 활용된다. 모두 미국적 생활 방식의 필요 때문에 생겨난 전형적 기술이다. 납, 수은과 달리 이 새로운 종류의 위험 물질은 인간을 직접적으로 해치지 않는다. 오로지 일반인이 이해할 수 없는 높은 고도에서 일어나는 반응을 통해 간접적으로 영향을 준다. 그리고 그 폐해도 〈NASA〉의 우주선 〈디스커버리Discovery〉와 화학 실험실의 조사로만 확인된다. 그 자체로만 본다면 염화불화탄소는 전혀 해가 없는 물질이다. 〈이것은 모든 생명체에 독성을 끼치지 않으며, 대단히 안정적인 결합 구조를 갖고 있어서 불에 타지 않으며, 다른 물질과 반응을 일으키지 않고, 부식 작용도 야기하지 않는다.〉[200] 그러나 피부암을 유발할 수 있다는 주장은 듣는 것만으로도 소름 끼치게 했다. 대중이 받은 충격은 나중에 예언된 온실가스 효과보다 더욱 심했다. 온실가스의 경우에야 북반구 나라들은 내심 즐거워했지 않은가. 즉각 전 세계적으로 대기권의 화학 물질을 다루는 연구 프로그램이 말 그대로 문전성시를 이루었다. 이런 현상은 10년 뒤 이산화탄소의 경우에도 마찬가지로 일어났다.

유례를 찾아보기 힘든 오존 소동은 암의 두려움이 환경 정책에 얼마나 결정적인 힘을 실어 주는지 잘 보여 준다.[201] 무수한 환경 문제를 두고 우선순위를 정하는 혼란 속에서 미국 환경 운동가에게 오존은 이상적인 공격 목표였다. 이 공격에 첫 번째로 희생당한 것은 에어로졸 스프레이다. 스프레이는 대기권에 염화불화탄소 부담을 일으키는 최대의 원인이 전혀 아니다. 그러나 스프레이는 스캔들 대상으로 삼기에 특히 좋았다. 〈자신의 몸에 방향제를 뿌리려 지구상의 생명을 위협한다는 것은 미치광이나 할 짓입니다.〉 1978년 미국은 분무 추진제로서 염화불화탄소의 사용을 금지했다.[202] 이런 금지는 1980년대에 일어날 일의 전주곡에 지나지 않았다.

레이건 시대에 접어들면서 환경 운동은 유럽이 주도했다. 그러나 유럽의 주도는 다시 미국을 움직이게 했다. 무엇보다도 레이건 자신이 피부암을 앓은 것도 이런 변화를 끌어냈다. 더욱이 레이건은 자신의 두 번째 재임 기간에 소련이 갈수록 적대국의 위상을 잃어 가면서 환경 운동에 뒤처진 미국의 처지를 심각하게 받아들였다. 이런 열세를 만회할 기회를 오존 문제에서 찾아냈다. 이 밖에도 환경 정책은 다른 분야들과 마찬가지로 1986년부터 많은 일이 일어나기 시작했다. 이런 변화는 1985년에 빈에서 열린 회의가 실질적으로 아무런 성과를 내지 못했다는 점을 생각하면 더욱 의미심장하게 다가온다.[203] 이런 변화의 진짜 원인은 무엇일까? 오존 연구에서 문제의 심각성을 알리는 새로운 결과가 나와서? 특히 당시 언론은 남극에서 새롭게 발견되었다는 〈오존 구멍〉으로 떠들썩하기만 했다.[204]

그러나 남극의 오존 구멍은 염화불화탄소의 직접적 영향과는 거리가 멀어 어찌 해석해야만 좋을지 난감하기만 한 현상이었다. 대기권의 변화를 설명하는 어떤 모델도 남극의 오존 구멍을 예측하지도, 설명하지도 못했다.[205] 다른 누구도 아닌 리처드 E. 베네딕Richard E. Benedick, 곧 미국 측의 협상을 역동적으로 주도했던 베네딕은 당시의 상황을 두고 이렇게 인정했다. 〈과학은 정확한 원인을 몰랐으며, 아직 올바로 이해하지 못한 성층권의 변화를 다루기 위해 개발 중인 컴퓨터 모델에 의존했을 뿐이다. 이 모델들은 더 정교하게 다듬을 때마다 달라졌으며, 많은 경우 심지어 모순되는 진단을 내놓아 향후 오존층의 변화를 전혀 짐작하지 못하게 만들었다.〉[206] 베네딕이 내린 결론은 명확했다. 정치가는 환경 위험 요소를 다룰 때 전문가를 끌어다대며 피해서는 안 된다. 정치가는 불확실한 상황에서 결단을 내리는 과감함을 가져야만 한다. 정확히 이런 결단 능력을 당시 〈EPA〉 수장 리 토머스Lee Thomas는 강조했다. 〈모든 과학적 불확실함〉에서 〈기다리고 보자〉며 경험적 검증이 나올 때까지 수수방관하는 태도는 허용될 수 없다고 그는 지적했다. 정치가는 행동해야만 한다. 과학이 궁극적인 확실함을 내놓을 때까지 기다린다면, 이미 위기는 인류를 집어삼킨다.[207]

참으로 아이러니한 사실은 〈NASA〉에서 성층권의 오존 비중을 측정하는 방법을 개발한 제임스 러브록이 정권을 비판하는 운동가가 되었다는 점이다. 다른 누구보다도 생태를 전체로 바라보는 〈가이아〉를 강력히 주장했던 그의 변화는 많은 점을 곱씹게 한다.[208] 그는 나중에 대중을 공포로 몰아넣은 피부암 위험은 염화불화탄소가 대기권에 미치는 영향이 아니라, 온실 효과의 증가 때문일 것이라고 보았다.[209] 아마도 언론이 오존 경고의 목소리를 높일 때, 이를테면 1987년 11월 30일 자의 『슈피겔』 표지 기사 제목으로 〈오존 구멍: 스프레이가 뿜어 내는 생명 위협〉[210]이라고 썼을 때, 관련 당사자 모두 자신이 다뤄야 하는 이 위험의 가설적 성격을 파악하지 못한 것 같다. 어쨌거나 정치는 이전과 다르게 즉각적으로, 그것도 국제적 차원에서 즉각적으로 반응했다. 1987년 9월 「오존층 파괴 물질에 관한 몬트리올 의정서」가 채택되었으며, 이후 차례로 관련 회의가 열리면서 에어로졸에서 탈피하자는 요구를 갈수록 강하게 밀어붙였다.

1987년의 몬트리올 의정서와 이후 이어진 각종 국제회의는 지구의 생태계가 가진 온갖 심각한 문제를 다스리기 위해, 독재적 권력을 휘두르지는 않는 국제적 환경 정부가 현실이 될 수도 있지 않을까 하는 희망을 가장 크게 키워 주었다. 〈오존 정책을 밀어붙이게 해준 힘은 과학이었다.〉[211] 베네딕은 이 경우 〈과학의 수준〉이 그다지 신뢰할 만하지 않다고 인정하면서도 이렇게 요약했다. 〈오존 외교〉는 우리가 마침내 〈지식 사회〉로 진입하는 동시에 〈국제 사회〉를 맞이한다는 증명일까? 이후 20년이 넘도록 결정적인 답은 찾을 수 없었다. 국제 오존 정권의 수립 역사는 오늘날까지도 저마다 다른 독법으로 읽히곤 한다. 이 운동을 주도하며 각국 정부 사이에서 중재 역할을 한 인물은 유엔 환경 계획UNEP의 역동적인 책임자인 이집트 출신의 무스타파 톨바Mustafa Tolba다. 본래 생물학자인 톨바는 오존층 보호를 환경 운동의 최우선 과제로 꼽았다.[212]

그러나 오존 외교에서 결정적 역할을 한 측은 유엔도 유럽 연합도 아니라 개별 국가들이다. 국가들은 상황이 진척되지 않을 때마다, 앞으로 나아가게 하는 견인차 역할을 톡톡히 했다. 미국과 영국과 서독 정부가 그때마다 주도권을 쥐고 문제 해결에 앞장섰다. 유럽 연합이 규제에 보이는 반감을 극복할 수 있게 환경을 조성한 쪽은 서독의 본 정부였다. 평소 〈환경 운동〉을 반대하기로 악명이 높았던 〈철의 여인〉 마거릿 대처는 정부가 산업을 규제해야 한다는 요구에 거부감을 보이는 미국 대통령 레이건을 결정적인 순간마다 설득하곤 했다.[213] 그에 앞서 영국은 〈불과 몇 달 만에 오존층 보호 요구에 마지못해 응하던 입장을 확 바꾸어 《세계 리더》로 나서는 변화의 움직임을 보여 주었다〉.[214] 베네딕은 이를 되돌아보며, 미래 기후 정책에 〈오존 외교〉가 주는 교훈은 개별 국가들이 다른 국가가 뭔가 하거나 일반적인 결정을 내릴 때까지 기다릴 것이 아니라, 저마다 문제 해결에 노력하는 모습을 보여 주며 국제 사회를 선도하는 자세라고 설명했다.[215]

이미 1972년 〈로마 클럽〉 내부에서 〈성장의 한계〉 선포를 주도했던 미국 과학자 데니스 메도우즈Dennis Meadows는 아내 도넬라Donella와 함께 오존 외교에서 희망찬 결론을 끌어냈다. 〈글로벌 문제를 해결하기 위해 세계 정부가 필요한 것은 아니지만, 과학의 협력, 전 세계를 아우르는 정보 체계 그리고 합의를 도출해 낼 능력을 갖춘 것으로 공인된 국제 포럼은 반드시 요구된다.〉 그리고 다시 몇 가지를 추가하기도 했다. 〈선도적 역할을 맡을 각오가 된 각국 정부와 유연하면서도 책임감을 가진 기업 그리고 각계의 이해를 고르게 대변할 전문가 역시 필요하다.〉[216] 그러나 분명 선도적인 과학자들이 오로지 진리를 위해 봉사한다는 정신으로 단합할 때, 특정 패러다임에 힘을 실어 줄 수 있다.[217] 더나아가 온실 효과를 경고했을 때와 마찬가지로 과학과 언론의 상호 작용도 중요하다. 또 잊지 말아야 할 것은 특정 물질을 금지할 때 대체 물질을 개발하려고 노력하는 선도적 기업의 자세다.[218] 그리고 특히 중요한 것은 환경을 위협하는 물질은 더는 안 된다는 시대의 분위기다. 시대 분위기의 중요성은 역사를 살펴보면 분명해진다. 페레스트로이카가 절정을 이루었던 1987년 동서 갈등은 분명 끝났다. 그때까지 소련이 염화불화탄소 제한에 반대하던 움직임은 갈수록 약해졌으며, 그 대신 서구의 강대국들은 몬트리올에서 소련 계획 경제를 어느 정도 용인하는 태도를 보여 주었다.[219]

남반구와 북반구의 경제적 격차 해소라는 주제 역시 몬트리올과 이후 회의들에서 다루어졌다. 제3세계는 일단 규제에서 제외되었으며, 프레온 가스 대체 물질로의 전환을 지원해 줄 펀드가 조성되었다. 원칙적인 합의는 일찍부터 성립했다. 그러나 구체적 실현은 번거롭고 힘들기만 했다. 〈이처럼 많은 회의와 자문을 요구하면서 엄청난 양의 문건을 만들어 낸 물질은 따로 없다.〉[220] 이런 관점에서 볼 때 그리고 또 선도적인 환경 단체들의 결정 과정 참여로 말미암아[221] 몬트리올과 이후 회의들은 〈리우 1992〉의 〈지속 가능한 개발〉에 대비하는 예행 연습 같은 효과를 냈다. 〈환경 식민주의〉에 강력히 반대한다는 수사적 표현이 쏟아지고 난 뒤 결국 인도 그리고 심지어 중국까지 몬트리올 의정서에 동의했다. 그러나 인도와 중국은 서구 강대국들이 추진하는 환경 친화적 대체 물질로의 전환에 동의해 주면서 그 최신 기술에 접근할 수 있기를 바랐다.[222]

고대 아테네의 연극 무대에서 진지한 무대 사이마다 익살극이 연출되었듯이, 1990년대 독일의 진지한 〈오존 외교〉는 실소가 터지는 희극을 부르고 말았다. 〈오존 구멍〉을 겨냥한 것이 아니라, 여름날 스모그의 오존 농도가 높아 기분이 불쾌해지는 것을 막자며 새로운 종류의 〈오존 경고〉가 언론을 떠들썩하게 장식했다. 그러자 정부는 서둘러 〈오존법〉

을 만들었지만, 이 법은 무수한 예외 조항과 도대체 무슨 소리인지 알
수 없는 세부 규칙으로 아무 효력을 발휘하지 못하면서 〈본Bonn 웃기기
가스 법안〉이라는 조롱을 받았다. 이후 이 법은 생태 사기보다 더 적절
하게 〈상징적 환경 정책〉을 표현하는 모범 사례로 독일 국민의 기억에
남았다.[223]

　　그때까지 환경 외교의 정점을 찍은 몬트리올과 리우는 역사적으로
어깨를 나란히 하면서도 동시에 서로 이상적인 대비를 이룬다. 리우는
1970년대 후반에 빌리 브란트가 주도한 남북 위원회*로 시작된 노선
을 활짝 꽃피운 회담이었다. 리우 회담을 통해 세계적으로 유명해진 지
속 가능한 개발이라는 개념은 당시 온전한 의미는 아니라고 할지라도
내용 면에서는 나무랄 데 없었다. 새로운 남북 외교가 중시한 것은, 영
국 출신의 환경 운동가로 〈국제 환경 및 개발 연구소IIED〉 소장을 맡은
리처드 샌드브룩Richard Sandbrook이 오슬로의 브룬틀란 위원회 청문회에
서 명확하게 정리했듯, 〈북반구의 환경 로비와 남반구의 개발 로비를
함께 묶어 내는 것〉이라는 점이 처음부터 분명했다.[224]

　　순전히 개념적 차원에서야 지속 가능한 개발이라는 것이 어렵지는
않다. 그러나 개념의 배후에 매우 복잡하게 얽힌 현실적 문제가 숨어 있
음을 빌리 브란트는 충분히 의식했다. 그는 남북 위원회의 결과 보고서
서문에서 핵심을 적확하게 짚어냈다. 〈성장과 개발을 끊임없이 혼동하
는 태도를 버려야만 한다.〉 독일의 저널리스트이자 집필가인 울리히 그
로버Ulrich Grober는 지속 가능성이라는 이념의 역사를 정리하면서 〈개
발〉이라는 개념을 본래의 의미인 〈진화〉로 돌리는 것이 지속 가능성이
라고 썼다. 기술의 개발은 이런 자연적 과정의 테두리 안에서 생각되어
야만 한다는 것이 그의 지적이다.[225] 자연에 무한한 성장이라는 것은 없
다. 적어도 직선적으로 무한히 나아가는 성장이란 생각조차 할 수 없

---

* Nord-Süd-Kommission: 세계은행 총재 로버트 맥나마라의 제안을 받아 북반구의 경
제 강국들이 개발 도상국에 경제지원 방안을 논의하는 기구다. 빌리 브란트의 주도적 노력으
로 1977년에 만들어진 위원회다.

었다.

그러나 영어의 〈개발development〉이라는 개념은 〈진화evolution〉로 대체되지 않는다. 〈개발은 중심이 되어야 한다〉는 것은 모든 남북 외교의 전제였다.[226] 〈개발 도상국〉이라는 개념이 평가 절하의 분위기를 풍겼음에도, 〈제3세계〉의 대표들은 〈개발 지원금〉을 받아 낼 기대로 자국을 기꺼이 이에 포함되는 것으로 받아들였다. 그리고 브룬틀란 위원회의 위원 대다수는 〈제3세계〉 출신이었다. 이들은 〈개발〉이 당연히 성장을 의미한다고 생각했다. 물론 이때 성장은 산업의 성장을 뜻한다.[227] 이미 당시에 성장은 전형적인 경우 사회 정의에 결코 보탬이 되지 않으며, 오히려 빈부 격차를 심화한다는 사실이 충분히 인식되었음에도 이런 태도에는 변함이 없었다. 본래 〈지속 가능한 개발〉은 자연 보호 운동에서 비롯된 개념이다. 나중에 사람들은 이런 사실을 잊었을 뿐이다. 이 개념은 〈IUCN〉과 〈UNEP〉의 주도로 1980년 3월 5일에 채택된 〈세계 환경 보전 전략World Conservation Strategy〉에 포함되었다.[228] 자연 보호의 맥락에서 〈지속 가능한 개발〉이 무한한 성장에 제동을 건다는 점은 분명하다. 그러나 이런 측면을 도외시한다면 〈지속 가능한 개발〉 안에 성장 자체가 포함되어 있다는 점은 부정할 수 없는 사실이다.

이미 남북 위원회와 더불어 세계를 두루 여행하는 정치 스타일이 시작되었다. 당시 폭발적으로 늘어난 원거리 관광과 또 생태 운동의 이국적 갈망에 따른 이처럼 친숙한 정치 스타일은 총리를 역임한 빌리 브란트에게 본 정치보다 훨씬 더 산뜻한 기분을 선물했다. 브란트의 전기 작가 페터 메르제부르거Peter Merseburger는 이렇게 썼다. 〈시골 같은 분위기의 답답한 본〉이라며 항상 투덜대던 그는 본을 벗어나기만 하면 〈당장 기분이 좋아졌다〉(그러나 방콕이나 보고타의 정치가 훨씬 더 시야를 넓혀줄까?). 〈저 멀리 다른 나라로 데려다줄 비행기 안에서 안전벨트를 매기 무섭게 그의 표정은 밝아졌다〉.[229] 이렇게 보면 브란트는 분명 그 시대의 전형적 인물이다. 그로 할렘 브룬틀란의 회고록을 읽어 보면 그녀의 이름을 딴 위원회와 함께 〈2년 동안 세계 순회〉를 다니기 시작했을 때, 비록 이런 여행의 성과가 불투명했을지라도 브룬틀란 역시 마찬가지 기분을 맛보며 여행 자체에서 가치를 느꼈던 게 틀림없다.[230]

무엇보다도 한 가지 점에서 브룬틀란은 〈위원회의 실수에서 배워야 한다〉고 다짐했다. 그녀는 결정 과정은 물론이고 위원회가 결정한 메시지를 전 세계에 전파하는 데 온 힘을 쏟고 싶어 했다. 그러나 위원회는 〈명확한 정보 전략을 전혀 갖지 못해 빌리 브란트가 수도 없이 많은 연설을 했음에도 무슨 메시지를 전하려는 것인지 불투명했다〉는 것이 그녀의 비판이다.[231] 리우로 이어진 이런 종류의 환경 정책이 어떤 실체적인 결과를 낳았는지, 아니면 허공에 뜬 환영에 불과했는지 하는 물음에 대한 답은 오늘날까지도 열려 있다. 문헌만 살피면 몬트리올과 리우 사이의 대비는 더할 수 없이 두드러진다. 몬트리올과 이후 이어진 회의들을 다룬 문헌은 주의 깊고 섬세한 분석들로 매력적인 갤러리를 이룰 정도다. 그 정점을 이루는 것은 미국의 협상 담당자 리처드 베네딕이 브룬틀란 위원회를 두고 쓴 『리우로 가는 길Road to Rio』이다. 반대로 그 차원에서 유례를 찾아보기 어려운 회의 자체를 다룬 문헌은 놀라울 정도로 빈약하다.[232] 이 회의 마라톤의 기록을 샅샅이 살피려는 사람은 산더미처럼 쌓인 문건들을, 도대체 뭐가 정말 중요한 것이고, 그냥 종이에 지나지 않는 것은 무엇인지 하는 물음의 답도 찾을 수 없이 뒤져야만 한다.

장래 역사학자에게 불행하게도 브룬틀란 위원회에서 이뤄진 토론을 기록한 회의록은 없다.[233] 아마도 토론의 분위기를 자유롭게 이끌도록 위원이 합의한 모양이다. 세계 각국을 찾아다니며 청문회를 벌인 통에 위원들은 서로 친근하게 활발한 〈생태 소통〉을 주고받은 것으로 보인다. 이런 소통은 독특한 동력을 키웠으며, 해당 국가 안에서 판에 박은 것처럼 벌어지는 찬반 논쟁의 한계를 벗어날 수 있었다. 브룬틀란 위원회에서도 가장 큰 갈등 소재는 원자력이었다. 체르노빌 사고 이전이었음에도 원자력이라는 주제는 고정 의제 가운데 하나였다. 가장 격렬하게 원자력을 찬성한 쪽은 일본이다. 한 가지 유념할 사실은 일본이 록펠러 재단과 더불어 브룬틀란 위원회의 주 스폰서였다는 점이다. 원자력 관련 토론을 이끈 인물은 독일의 〈시민 대화 원자력〉에서 풍부한 경험을 쌓은 폴커 하우프였다. 그는 위버호르스트 위원회를 모범 삼아 찬반 양측에게 각자의 관점에서 보는 핵 문제가 어떤 것인지 목록을 만들라고 요구했다. 목록을 확인해 보니 양측의 입장은 상당 부분 일치하는 것으로 나타났다. 결국 사소한 입장 차이가 찬반을 가르는 결정적 요인이었다. 이런 확인은 위원회 보고서의 해당 장을 쓸 기초 자료가 되었다. 이 위원회의 활동에서 눈에 띄는 사실은 소련과 미국의 대표, 다른 누구도 아닌 바이칼호 투쟁의 영웅 올레크 소콜로프Oleg Sokolov와 〈EPA〉의 강력한 남자 윌리엄 러클스하우스가 조금도 자신을 드러내지 않고 신중하게 처신했다는 점이다. 이로 미루어 짐작할 수 있는 사실은 이들이 위원회를 그리 중시하지 않았다는 점이다. 위원회가 〈지속 가능한 개발〉이라는 마법의 주문[234]으로 집약되어 전설로 자리 잡은 것은 실제로 훨씬 뒤의 일이다.[235] 〈환경〉을 선진국이나 중시하는 것으로 여겼던 사람은, 가이아나의 시리다트 람팔Shridath Ramphal, 짐바브웨의 베르나르드 치드체로Bernard Chidzero 그리고 인도네시아의 에밀 살림Emil Salim이 특히 열성으로 활동하는 것을 보고 놀랐으리라.

브룬틀란 회고록에서 도대체 〈지속 가능한 개발〉로 무엇을 생각했으며, 어떤 문제를 염두에 두었는지 아무리 읽어도 답은 나오지 않는다. 아무래도 리우의 메시지는 자세히 살피면 무너지고 말 전설이 아닐까 하는 의혹을 지우기 힘들다. 1987년의 브룬틀란 보고서에서 가장 많이 인용되는 문장은 〈지속 가능한 개발〉을 정의한 것으로, 환경 단체가 기억하는 거의 유일한 것이다. 〈개발은 미래 세대가 자신의 필요를 감당할 능력을 담보로 하지 않고서 우리가 현재의 필요를 충당하는 것이다.〉 이 보고서는 지속해서 유포되지 않았다. 몇 년 뒤 보고서는 구하기 힘들어졌다. 나중에 밝혀진 바로는 이미 〈리우 1992〉조차 이 보고서를 너무 많은 갈등 요소를 담은 것으로 간주했다. 유명해진 정의는 이른바 〈세대 간 형평성Intergenerational equity〉이라는 원칙에 기초한 것이다. 이 형평성은 서구 생태 사상의 근간이 되었다. 그러나 제3세계 정치가들은 현재의 시급한 문제에 너무도 깊게 사로잡힌 나머지 미래 세대를 생각할 여력이 없었다. 미래 세대와 관련해 브룬틀란 보고서는 주로 미래 인구가 너무 많아지는 것은 아닌지 하는 염려를 다루었다. 그러니까 리우 정상 회담과는 큰 차이를 보이며 보고서는 출산 통제를 강변했다.

〈지속 가능한 개발〉의 정의는 곧바로 의문이 고개를 들게 만든다. 우리는 미래 세대가 무얼 욕구하는지 어떻게 알까? 지금 우리가 미래인의 모든 임의적인 주관적 욕구를 미리 신경 써 줄 수 없는 것은 당연한 이치다. 무엇이 우리가 대비해야 하고 대비할 수 있는 미래의 정당한 욕구이며, 이 욕구가 무엇인지 누가 정하는가? 보고서는 〈욕구〉라는 개념을 이렇게 풀어 준다. 무엇보다도 〈세계의 가난한 사람들이 가지는 근본 욕구를 우리는 최우선의 해결 과제로 정해야 한다〉.[236] 물론 개념은 이런 정의와 다르게 이해하기 힘들다. 유일하게 예측할 수 있는 욕구는 인간으로서 갖는 근본 욕구일 뿐이다. 그러나 정치가 빈민의 욕구에 맞추려면 무엇이 달라져야만 할까? 보고서는 이 물음의 답을, 당연하기는 하지만, 내놓지 않았다. 보고서는 말만 장황할 뿐, 정작 중요한 문제는 모두 비켜 간다.

독일의 임업은 지속성이라는 원칙을 이미 200년이 넘게 지켜 온 역사를 자랑한다. 지속성은 독일에서 전 세계 임업으로 퍼져 나갔다. 이 역사는 지속성이라는 구상이 가진 문제가 무엇이며 실천 방법을 살필 때 특히 많은 교훈을 준다. 그러나 이 역사가 브룬틀란 위원회의 보고서에 담겼다고 해서 현실에서 달라지는 것은 아무것도 없었다.[237] 지속성의 천명이 역사의 깊은 지혜로 꾸며질 수는 있으나, 리우 당시 〈지속 가능한 개발〉은 단순히 〈북반구의 환경 로비와 남반구의 개발 로비〉를 하나의 공통분모로 묶어 주기 위한 타협안에 지나지 않았다.[238] 심지어 유럽 연합 내부의 남북 격차에서 〈지속 가능한 개발〉은 리우의 해에 특허 처방처럼 〈화해의 제스처〉로 쓰였을 뿐이다.[239]

일단 〈지속 가능한sustainable〉이라는 영어는 독일에서 〈안정적stabil〉이라고 옮겨졌다. 이후 고대 프랑크족 언어에서 전래했으며, 임학에서만 쓰던 개념인 〈지속적nachhaltig〉이라는 단어가 〈안정적〉을 대체했다. 역사학자의 관점에서 개념의 이런 차용은 매우 흥미로운 르네상스를 꽃피울 잠재력을 가졌다. 인간의 경제 활동이 가진 근본 문제인 안정성과 지속성이 산업 성장의 열풍 속에서 오랫동안 잊혀 있었을 뿐 아니라, 초기 환경 운동이 특정 산업 유해 물질에만 집중하느라 주목받지 못하다가, 그 지평이 세계적 차원으로 떠오르며 근대 이전의 단어로 되살아났기 때문이다. 바로 그래서 〈지속 가능한 개발〉이라는 지향적 목표는 역사학의 관점에서 대단히 의미가 크다. 그러나 최근 환경 단체가 이런 역사적 배경을 이해하지 못했기에 〈지속 가능성〉이라는 단어가 품은 함의를 되살려내지 못하고 말았다. 환경 운동에서 역사의식의 결여가 안타깝기만 한 대목이다. 그래서 많은 독일인은 〈지속 가능성〉이라는 개념을 모호하게만 여기며, 영어의 〈sustainable〉을 더 이해하기 쉬운 것으로 받아들인다.

임업의 역사에서 〈지속 가능성〉은 갈수록 다의적 개념이 되었지만, 그렇다고 자의적으로 해석할 여지를 허락하지는 않는다.[240] 본래 〈지속 가능성〉은 숲에 있는 나무의 개체 수를 뜻했으며, 이내 목재 산출량, 실제로는 예측하기 어려운 미래 시점의 목재 수확량을 의미하는 쪽으로 개념이 확장되었다. 이런 개념 확장은 생태 시대를 맞아 토양의 질, 생물종 다양성 그리고 숲이 주는 휴양의 소중함으로까지 이르렀다. 이 모든 문제에서 가장 중요한 질문은 누가 지속 가능성을 정의하며, 구체적인 경우 어떤 방법으로 지속 가능한 임업을 정확히 조사하고 통제하는가 하는 것이다. 〈지속 가능성〉은 애초부터 자연 그 자체의 순수한 개념이 아니라, 위로부터의 〈간섭〉을 정당화해 주는 개념이다. 지역적으로 제한된 목재 시장은 지속 가능한 숲 이용을 구실로 목재 가격을 높게 유지했다. 농부가 생계를 위해 숲을 이용하는 것은 일반적으로 묵과되었다. 농부가 생계의 터전으로 삼는 저목림低木林, 곧 키가 작은 종류의 나무로 이뤄진 숲은 어차피 산림 관리인이 없어도 절로 그 생태를 회복하기 때문이다. 지속 가능한 임업이라는 요구가 농부의 숲 이용을 제한하는 경우가 드물었던 배경이다.

같은 일이 이제 리우라는 더욱 높은 정당성으로 무장하고 생태 시대에서 제3세계의 숲들을 장악했다. 그때까지 농부들은 숲에서 주로 땔감과 가축에게 먹일 여물로 쓸 잎을 얻었다. 이런 상황에서 이제 위에서 강요하는 〈지속 가능성〉은 농촌의 자연스러운 숲 관리를 뒤흔들면서 결국 숲을 파괴하는 효과를 내고 말았다.[241] 이미 독일의 과거에서 잘 알려진 지속적 임업의 이런 폐해는 열대림에서 더욱 심해졌으며, 지속 가능성이라는 기준을 임업뿐만 아니라 경제 전체에, 비록 사회 전체는 아니라 할지라도, 경제 전반에 강제하면서 더욱 파괴적 효과를 냈다. 〈지속 가능한 개발〉이라는 목표를 진지하게 생각했다면, 그 규정을 세밀하게 다지고 제대로 기능할 바탕을 마련해 주는 조작화operationalization가 시급히 필요했지만, 이런 과제는 오늘날까지도 해결되지 않았다.[242] 이런 과제가 미래의 생산적 도전이 될 수 있을지 하는 물음의 답도 열려 있다.

그러나 이런 도전은 이미 일찌감치 곳곳에서 고개를 내밀었다. 리우의 시기에 세계은행 고문 허먼 데일리와 노벨 경제학상 수상자 얀 틴베르헌을 필두로 환경 운동의 유명한 주역들은 브룬틀란 보고서가 갖는 중요성을 알아보기 시작했다.[243] 브룬틀란 보고서는 몇 가지 결정적 사안에서 앞서 리우를 준비하며 협상했던 다른 어떤 안보다도 더 명확했으며, 무엇보다도 어중간하게 타협하는 자세를 보이지 않았기 때문이다. 나중에 항공 산업의 광고문에는 심지어 〈지속 가능한 항공sustainable aviation〉이라는 표현까지 등장했지만, 브룬틀란 보고서는 〈지속 가능한 개발〉이 결코 끝없이 계속되는 성장으로 이해될 수 없음을 분명히 했다. 물론 그러면서도 보고서는 제3세계의 형편을 십분 고려하는 자세도 보여 주었다. 이런 관대함은 리우 이후 현실 정치에서 선진국이 보인 태도보다 더 선명했다.[244] 물론 멈출 줄 모르는 인구 증가는 피할 수 없이 경제 성장을 지속하게 했다. 보고서 피임 수단의 적극적 보급을 분명한 어조로 강조했다. 미국의 자연 보호 단체와 가톨릭교회 그리고 제3세계의 민족주의자들의 현실적 담합이 이 문제에서 리우는 물론이고 이후 10년 뒤 요하네스버그에서도 반대 입장을 보인 것을 생각하면, 보고서는 분명 진일보했다는 평가를 받는다.

브룬틀란 보고서는 화석 연료와 관련해서도 지구 대기권을 위협한다고 강력히 경고했다.[245] 리우 회담을 준비하는 과정에서 워싱턴은 화석 연료의 사용을 규제하자는 유럽 연합의 제안에 단호히 거부 입장을 보인 바 있다.[246] 이런 거부권 행사는 이후 기후 회의들에서 어떤 일이 일어날지를 미리 보여 주었다. 브룬틀란 위원회 위원들은 원자력 문제에서 확실한 의견 통일을 보여 주지는 않았다.[247] 그러나 위원회는 까다로운 안전 문제는 직접 거론했으며, 그 보고서에서 소련 쿠르차토프 원자력 연구소의 발레리 레가소프의 공개 발언을 삭제하는 치밀함을 보여 주었다. 비록 브라질의 압력으로 그저 일반적 수준이었지만, 브룬틀란 보고서는 당시 전 세계적으로 선풍을 일으킨 열대림 보호 운동의 목소리를 담아냈다.[248] 리우 회담 참가국들은 브라질의 거부권과 말레이시아가 보여 준 적대적 행동에 위축당한 분위기였다. 특히 브라질은 열대림 보이콧 운동과 치코 멘데스의 죽음으로 손상된 이미지를 개선하고자 리우를 회담의 개최지로 신청했다.[249] 리우 회담에서 풀뿌리 운동 단체들은 대부분 배제되었다. 반면 브룬틀란 보고서는 항상 아래의 목소리를 담으려 노력했거나, 적어도 그런 인상을 주려 애썼다. 브라질 당국이 아마존 숲을 직접 거론하는 것을 금지했음에도, 브룬틀란 위원회는 입장 표명을 통해 아마존 고무나무 수액 채취자들의 대표가 숲 파괴에 반대하는 열변을 반영했다(물론 보고서에서 이 반론은 삭제되었다). 이 대표는 당시 살아 있던 치코 멘데스의 동료다.[250] 이 모든 사실에서 유념할 점은 리우 회담이 브룬틀란 위원회가 일반적인 수준에서 권고했던 것뿐만 아니라 구속력을 가진 결정도 의결하지 않았다는 것이다. 그만큼 갈등이 심했다는 방증이다. 무엇보다도 우리는 다음의 사실을 잊지 말아야 한다. 브라질은 선진국들이 아마존의 숲으로 기후를 지키라고 요구하기 전에, 먼저 선진국들이 공해 물질을 대폭 줄이려는 노력부터 하라고 일갈했다. 브라질의 이런 요구는 정당하다.

그럼에도 리우는 멀리서 보면 굉장하다. 심지어 압도적이기도 하다. 단순히 언론의 호들갑 때문인 것은 결코 아니다. 1972년 스톡홀름 이후 20년에 걸친 국가와 국제 환경 정책이라는 배경을 염두에 둘 때 이 회담은 정말 대단했다. 많은 사람의 눈에 이 거대 국제회의는 환경 보호 운동이 그때까지 누리지 못한 일대 세계사적 통합으로 비쳐졌다. 그때까지만 해도 자연 보호와 환경 보호는 각기 따로 놀기 일쑤였다. 반대로 리우는 지구의 생물종 다양성을 지키기로 하는 합의도 끌어냈다. 〈생물 다양성biodiversity〉은 저 오랜 야생wilderness보다 더 과학적으로 들리며, 미국적 어감을 덜어 낸 새로운 마법의 주문이 되었다. 결실이라고는 없는 소모적이고 과시적인 싸움을 치러 온 생태와 경제는 〈지속 가능한 개발〉로 통합되었으며, 북반구의 환경과 남반구의 발전도 마찬가지였다. 새로운 자유화의 물결 속에서 급부상한 〈시민 사회〉에 걸맞게 리우 회담에는 〈NGO〉의 엘리트도 참여했다. 관료가 비효율적이며 부패했다는 비난을 들으면 들을수록, 정부 기관 소속이 아니라는 이유 하나만으로 〈NGO〉 임원은 정당하든 부당하든 품질 보증을 받았다.

21세기의 행동 지침인 〈어젠다 21〉, 특히 그 가운데 제28장에 지역 환경 단체의 장려를 명시한 〈어젠다 21〉로 옛 구호 〈글로벌하게 생각하고, 로컬하게 행동하자〉는 마침내 화려하게 실천에 옮겨지는 것처럼 보였다. 〈지속 가능성〉은 생태와 경제뿐만 아니라, 사회적으로도 이해되어야만 한다. 환경 정책과 사회 정책의 오랜 긴장은 기분 좋게 풀려 버린 것 같았다. 모든 희망이 충족된 셈이랄까. 이런 마당에 무얼 더 원할까? 브룬틀란 위원회에서 동구권을 대변한 쪽은 소련이었다. 그리고 소련 측 대표는 좀체 자신의 존재를 부각하지 못했다. 이제 소련이라는 권력 블록은 무너졌다. 새로운 정부들이 저마다 야심차게 달려들었다. 그때까지 전혀 보지 못했던 제3세계 국가들의 넓은 스펙트럼이 리우 회담에 참여했다. 모두 175개의 참가국 가운데 100여 개가 넘는 국가들은 그 정부 수반이 회담에 직접 모습을 드러냈다. 환경 정책은 분명 세계 정치의 무대가 되었다. 1972년 스톡홀름 회의의 사무총장이었으며, 이제는 리우 회담의 공식 명칭인 〈유엔 환경 개발 회의UNCED〉의 사무총장인 모리스 스트롱은 1992년 6월 14일의 폐막 연설에서, 〈최대의 최고위 정부 간 회의가 우리 별에서 열렸으며, 분명 가장 중요한 회의다〉라고 말했다.[251] 그리고 동시에 그는 과장된 경고를 덧붙였다. 〈리우가 좌절한다면, 이는 곧 가난과 부유함 사이의 전쟁이 시작된다는 신호탄이다.〉[252]

정치에 조금이라도 경험 있는 사람이라면 누구나 첫 눈길에도 이처럼 이질적으로 구성된 위원회, 세계를 주유하는 여행 위원회가 어떤 실효적인 결정을 내리는 것이 불가능하다는 사실을 알아볼 것이다. 미리 어떤 결정을 내려야 좋을지 신중하게 가늠하고 협상하는 준비 과정이 없다면! 그리고 마찬가지로 정치가 어찌 이뤄지는지 그 일상을 알면서, 리우의 어마어마한 새로운 유행어 〈어젠다〉를 바라보는 사람은 누구나 그것이 곧장 어떤 실천, 어쨌거나 무엇인가를 실효적으로 이뤄 내려는 노력이 아니라, 그저 자신의 정치적 입장을 과시하고 위원들이 서로 정치와 환경의 책임 의식을 확인받으려는 일종의 쇼는 아닐까 하는 의구심을 키우리라. 생태 이론가는 몬트리올과 대비해 리우를 〈단일 이슈〉에서 〈전체론적 접근〉으로 진일보했다고 평가하고 싶을 것이다. 그러나 몬트리올은 어쨌거나 구체적인 결과를 끌어냈다. 정치 행동은 명확한 목적이 필요하다는 점을 유념한다면, 리우의 야심 찬 프로그램을 두고 이 시끌벅적한 행사의 배면에 무슨 구체적인 이해관계, 어떤 실천적 요구가 숨어 있는지 하는 의심은 지우기 힘들다.

리우가 표방한 〈글로벌하게 생각하고, 로컬하게 행동하자〉는 어떤 구체적 결실로 이어졌을까? 아니면 이 구호는 내심 전혀 다른 뜻을 품었을까? 〈세계적으로 행동하는 양 꾸미며 그저 각국의 국익만 노리는 자세〉로 생각도 행동도 무시된 것은 아니었을까? 심지어 리우의 공식 보고서조차 인정했듯, 회담은 〈두 주에 걸친 황금 펜 및 사진 촬영 기회)로만 여겨진 측면이 없지 않았다.[253] 곧 정치가들이 카메라 앞에서 자세를 취하고 이른바 〈인증 사진〉을 찍으며, 화려하게 꾸며진 조인식에서 황금 만년필로 준비된 서류에 사인하는 모습으로 자족하는 행사가 아니었을까? 그러나 관찰자들은 실제 브라질의 수도에서 벌어진 숱한 환경 관련 논의에 놀라지 않을 수 없었다. 분명 회담은 각국의 입장들이 실질적으로 논의된 장이었다. 다시 말해서 이 회담은 〈UNCED〉가 꾸며 낸 단순한 겉보기 행사는 아니었다. 그렇다면 어떤 실질적 논의가 이뤄졌을까?

정황으로 미루어 이 물음의 답은 무엇보다도 〈지속 가능한 개발〉을 위한 재정적 지원으로 유리한 조건의 개발 자금을 대출해 준 국제기구인 세계은행에서 찾아야 할 것으로 보인다.[254] 더욱이 세계은행은 리우 회담과 처음부터 동행했다. 당시 환경부 장관 출신으로 유일하게 정부 수반으로 부상한 그로 할렘 브룬틀란은 1983년 유엔이 출범한 〈세계 환경과 개발 위원회〉의 의장을 맡으면서 남북 위원회로 해당 분야의 가장 많은 경험을 쌓은 빌리 브란트에게 조언을 받았다. 그녀의 회고록에는 브란트가 〈계속해서 세계은행의 역할을 적극적으로 활용할 것〉을 강력히 추천했다는 대목이 나온다. 물론 브룬틀란 자신은, 그녀의 회고록이 대개 그러하듯, 이 말이 구체적으로 무엇을 뜻하는지 단 한마디도 언급하지 않았다.[255]

세계은행의 역할을 적극적으로 활용한다는 것이 무엇을 뜻하는지 납득할 만한 추측은 하기 힘들다. 1980년대에 세계은행이 주도한 개발 지원은 은행 내부뿐만 아니라, 미국과 유럽에서도 불신을 샀다. 1985년에는 〈사민당〉 소속 의원인 브리기테 에를러Brigitte Erler가 자신의 경험을 풍부하게 담은 고발서 『치명적 지원Tödliche Hilfe』을 펴냈다.[256] 외국에서 벌이는 독일 문화 사업을 담당하는 괴테문화원Goethe-Institut의 감정서는 에를러를 병원에서 입원해 치료를 받아야 할 히스테리 환자로 폄하하려 했다.[257] 그러나 이듬해 독일 국민에게 높은 신망을 받은 대통령 리하르트 폰 바이츠제커Richard von Weizsäcker는 〈로마 클럽〉에 보내는 베르트란트 슈나이더의 보고서『맨발의 혁명』에 쓴 서문에서 사회적으로나 생태적으로 공포를 자아내는 개발 지원 프로젝트를 격렬히 비난하며 아래와 같은 새로운 논제를 선보였다. 〈우리의 개발 지원은 사람들을 죽인다. 사헬 구역의 빈민촌에 식료품을 보내는 일은 오로지 그 지역의 생활 능력을 무력화할 뿐이다. 정작 필요한 일은 장기적으로 그곳 주민이 스스로 생산을 할 수 있게 장려하는 것이다.〉[258]

물론 개발 지원은 처음부터 〈자립을 위한 지원〉을 뜻했다. 제3세계의 사람들이 어린아이도 아니고, 중증 장애를 가진 것도 아니지 않은가. 그러나 이런 지당한 이야기가 항상 새로운 깨달음처럼 강조될 만큼 현실은 달랐다. 대부분 개발 지원이 부패한 관료에게 새나간다는 것은 이미 오래전부터 누구나 아는 비밀이다. 더욱 심각한 사실은 개발 지원이 필요한 곳으로 흘러갔음에도 결과적으로는 오히려 화를 부르는 일이 잦았다는 점이다. 〈굶주리는 사람들을 위한 지원〉은 지역의 자립 경제를 약화시켰다. 〈미개발 지역〉의 도로 건설로 인해 그곳 자원은 대도시로 흘러갔다. 〈테네시강 유역 개발 공사TVA〉 시절 이후 개발 당국이 총애했던 프로젝트인 대형 댐 건설로 인해 비옥한 토양으로 인구 밀도가 높았던 계곡 지역이 물에 잠겼다. 1980년대 후반 이후 댐이 세계 곳곳에서 환경 운동의 주공격 대상이 된 이유다.

이런 상황에서 리우의 〈지속 가능한 개발〉은 이상적인 해결책이었다. 냉전의 종식으로 어차피 개발 지원의 주 동기가 사라진 상황에서 개발 지원은 환경 보호 덕에 새로운 정당성을 얻었다. 생태 보존의 조건을 내건 개발 지원은 동시에 개발 프로젝트가 낳는 환경 폐해를 예방한다는 뜻이다. 리우에서 남발된 많은 거창한 말의 배후에 숨은 것은 결국 〈환경 스와프〉라는 모범에 따른 단순한 교환 거래다. 개발을 지원해 줄 테니 환경을 보호하라! 《UNCED》는 처음부터 끝까지 돈을 중심으로 움직였다.〉 워싱턴의 〈환경 보호 기금〉의 책임자 브루스 리치Bruce Rich 가 세계은행을 철저히 연구한 끝에 한 말이다.[259] 원칙적으로 이런 교환 거래가 나쁠 것은 없다. 오히려 현실을 리우의 근본정신을 바탕으로 철저히 기록해 두는 장점도 있으니까. 그럼에도 교환 거래가 갖는 근본 딜레마는 여전히 남았다. 환경 보호는 어디까지나 북반구의 이해관계로 이루어졌다. 북반구가 환경 보호를 요구하면서 더욱 많은 보조금을 제시할수록 남반구의 환경 운동은 보조금만 받으면 그만인 지지부진한 상태를 벗어나지 못했다. 환경 보호 자체는 아무런 사심이 없을지라도, 국가가 사심 없이 행동하는 경우는 드물다. 그래서 남반구는 북반구의 환경 보호 요구에 의구심부터 품었다. 이런 마당에 효과적인 환경 보호는 애초부터 기대하기 힘들었다. 결국 효과적인 환경 보호는 해당 국가가 이를 자신의 문제로 받아들이고 적극적으로 대처할 때만 이뤄질 뿐이다. 오로지 이런 경우에만 지속 가능성이 지속해서 작용할 기회가 생겨난다.

그러나 〈환경 스와프〉 자체에도 또 다른 피할 수 없는 딜레마가 숨어 있다. 경제 개발의 지속성, 이를테면 임업의 지속성은 관리인이 순회를 돌고 울타리가 있는 국립 공원보다 훨씬 더 통제하기 어렵다. 그래서 리우의 핵심인 이 교환 거래가 소기의 성과를 내는지 알아보기란 쉽지 않다. 보조금을 주는 국가는 속이 터질 노릇이다. 바로 많은 환경 운동가가 〈지속 가능한 개발〉을 믿지 못하는 이유다. 이런 교환 거래에서의 환경 보호는 지원금을 노리는 부류가 형성되어 있어 부패의 부담이 있을 뿐만 아니라, 그 자체로 〈개발〉의 함정에 빠지기 때문이다. 부패 세력은 돈을 어떻게 썼는지 보여 주려고 주로 과시용 대형 프로젝트에 매달린다. 그러나 이렇게 생겨난 대형 시설은 그 자체가 환경을 해치는 흉물이 된다. 좋은 의지가 있어도 개발 지원은 구조적으로 대형 프로젝트를 선호하는 경향을 보인다. 그래야 뭔가 보여 줄 공적을 쌓았다고 하는 자기 합리화가 가능하기 때문이다. 이런 덫은 피하기 힘들다.

개발을 지원하겠다고 자처한 미국 사람들이 멕시코의 쿠에르나바카 Cuernavaca로 이반 일리치를 찾아갔을 때, 이들에게 일리치는 찬물을 끼얹었다. 〈당신이 진심으로 라틴 아메리카의 가난한 사람들을 돕고 싶다면, 당장 차표를 끊어 집으로 돌아가시오.〉[260] 일리치가 보기에 개발 지원 프로젝트는 엘리트만 덕을 보며 빈부의 격차는 갈수록 벌어지게 했기 때문에 근본적으로 잘못되었다. 이론상으로야 〈개발〉은 다양하게 해석할 수 있지만, 실제 현실에서 〈개발〉은 생태 운동이 한사코 반대하는 발전일 따름이다. 영국 자연 보호 운동의 대부인 맥스 니컬슨은 자신의 오랜 경험을 담아 1987년에 펴낸 책 『새로운 환경 시대*New Environmental Age*』에서 〈전 세계적으로 환경에 해를 끼치는 두 주범은 뉴욕의 유엔 본부에서 추진하는 개발 프로그램과 이와 관련한 지원 대행업체들의 실패, 그리고 미국적 분위기를 물씬 풍기는 국제 신용 금융 체계다〉라고 썼다.[261] 더 나아가 미국의 여성 정치학자로 〈초국가 연구소Transnational Institute〉(뉴욕, 암스테르담)의 공동 소장을 맡은 수전 조지Susan George는 반다나 시바의 책 『살아남기』(1988)의 서문에서 개발을 〈피에 굶주린 악마〉라고 표현했다.[262] 그리고 전혀 다른 철학을 가진 〈생태 전사〉 데이브 포먼은 1991년 이런 구호를 외쳤다. 〈산에 올라 곰을 만나 보라. 그리고 개발자의 무덤에 오줌을 누어라.〉[263]

물론 다른 많은 환경 운동가 역시 개발이라는 이야기만 나오면 어려워한다. 순전히 개념으로만 따진다면 〈개발〉은 자연적인 진화의 잠재력을 갖기는 한다. 그리고 개발 지원에 반대하는 입장을 보이는 서구의 환경 운동가는 제3세계의 대변인들에게 말조차 걸 수 없다. 서구의 생태 운동과 제3세계 대변인 사이에는 끈끈한 정신적 연대감이 존재함에도 개발이라는 주제는 이처럼 까다롭다. 대개 양측은 같은 정신 자세, 같은 도덕적 열정, 그리고 자신이 구원자가 되고픈 꿈과 일상을 이겨 낼 이국적 갈망을 지녔음에도 개발 문제는 이런 연대감을 흔든다.[264] 개발 지원을 찬성하지 않는 사람은 제3세계의 비참한 현실에 책임을 느낄 줄 알아야 한다는 비난을 피할 수 없다. 지금껏 이뤄진 대부분 개발 지원이 파괴적 결과를 낳았음에도 오히려 지원을 찬성하는 사람들은, 지금까지의 개발 지원이 〈자립을 위한 지원〉이었으며 지역의 환경을 고려하면서 현지인과 협력해야만 한다는 사실을 깨닫지 못했기 때문이라고 강변한다.

실제로 개발 지원은 1990년을 전후한 비판에 직면해 이후 〈농촌 개발〉에 중점을 두고, 〈녹색 혁명〉에서 홀대를 받았던 소규모 농가를 집중 장려했다.[265] 그러나 오래가지 못해 개발 지원은 제3세계의 정부 기구를 부양하는 구태로 돌아갔다. 개발 지원이 정치 경제의 뇌물이라는 비난은 이런 배경에서 생겨났다.[266] 앨 고어가 리우의 해에 출간한 책 『균형 속의 지구Earth in the Balance』(1992)는 〈글로벌 마셜 플랜〉을 호소한다.[267] 그러나 국가적 차원에 집중하는 마셜 플랜은 서독의 〈경제 기적〉이라는 신화에 비해 별 의미를 갖지 못했으며, 독일이라는 특수 조건이 없었다면 절대 그 효과를 발휘할 수 없었다.[268] 세계적 차원의 개발 지원에는 구조적 딜레마가 숨어 있다. 지원에는 공여국의 이해관계가 작용할 수밖에 없기 때문이다. 그럼에도 세계화 반대 운동 단체인 〈어택Attac〉은 나중에 〈지구를 위한 마셜 플랜〉을 자처했다. 마셜 플랜은 오히려 세계화에 더 추진력을 실어 줄 수 있었기에, 이런 구호를 채택한 〈어택〉의 행보는 이해하기 힘들다. 더욱이 앨 고어는 부통령이라는 지위에 있었으면서도 기후 정책에서 미국의 방향 전환을 전혀 이끌어 내지 못했다.

리우에 참가를 금지당한 환경 운동가뿐만 아니라, 리우에서 노르웨이 사람들이 시위를 벌인 것을 두고 화를 냈던 그로 할렘 브룬틀란도 정상 회담의 결과에 실망한 나머지 리우에 참석했던 정부 대표들의 자화자찬에 비판의 목소리를 높였다. 몇몇 분야에서 좀 나아진 점이 없지는 않지만, 전반적으로 실패한 회담이라는 비판이다. 브룬틀란은 특히 출산 통제라는 문제를 소홀히 다루었다고 흥분했다.[269] 그러나 피임은 어차피 국제적 차원에서 조직하는 것이 불가능한 문제다. 당시 언론이 가장 주목한 것은 미국 대통령 부시가 리우 회담을 앞두고 〈미국식 생활 방식〉은 절대 협상의 대상이 될 수 없다고 마치 우격다짐이라도 하듯 험한 태도를 보여 국제적으로 고립된 사건이다. 물론 세계의 어떤 정치인도 부시가 미국식 생활 방식을 폐기하리라고 진지하게 기대하지는 않았다. 독일 환경부 장관 클라우스 퇴퍼는 아무래도 미국이 〈공산주의〉라는 적을 잃고 나서 생태 운동을 새로운 적으로 겨냥하는 것 같아 불길하다고 말했다. 그러나 곧이어 벌어진 선거에서 공화당이 참패한 것이 보여 주듯, 생태 운동을 반대하는 태도로는 당시에 표를 얻을 수 없었다.[270] 심지어 에른스트 울리히 폰 바이츠제커는 〈리우에서 수천 명의 사람이 북아메리카의 낭비적인 생활 방식을 매장해 버렸다〉고 선언했다.[271]

그러나 이 미국식 생활 방식이야말로 모든 문제의 핵심이다. 오늘날까지 개발은 세계의 대다수 사람이 당연하게 여기듯, 미국의 냄새를 강하게 풍긴다. 미국적 생활 방식은 현실적으로 볼 때 예나 지금이나 일반 대중에게는 그림의 떡이다. 〈개발 지원〉의 최대 수혜자인 제3세계 엘리트는 이 떡을 실제 맛보기는 한다. 〈개발〉이 특권을 맛보는 생활 수준, 일반 대중과는 거리가 먼 생활 수준을 누리게 해준다는 사실은 거꾸로 〈개발〉을 정당화하는 역설적 결과를 낳는다. 본래 생태 혁명으로 촉발된 현대의 환경 의식은 〈삶의 질〉을 끌어올리려는 욕구를 품었다. 1970년의 〈생태 혁명〉이 내걸었던 구호가 바로 〈삶의 질〉이다. 원래 〈삶의 질〉이라는 표현은 새로운 환경 의식과 오랜 삶의 지혜를 하나로 묶어 냈다. 행복한 인생은 본질적으로 자아의 실현을 위해 노력하는 삶이지, 자신의 교환 가치를 따지는 것이 아니라는 통찰이 오랜 삶의 지혜였다. 그러나 미화달러로 표시되는 생활 수준의 향상이 은근슬쩍 이런 삶의 지혜를 몰아냈다. 지구상 극히 일부만이 맛보는 미국식 생활 방식은 삶의 질과는 본래 거리가 먼 것이다.[272] 교환 가치에만 집착하는 태도는 오히려 삶의 본질적 가치를 보는 감각을 흐려 버리고 만다. 바로 이것이 마르크스주의가 우리에게 남긴 변함없는 진리다.

미국의 〈라이프스타일〉을 유럽의 생활 양식과 대비해 보면 어떻게 해야 훨씬 더 적은 에너지와 자원 소비로 더 높은 수준의 삶을 살아갈 수 있을지 최소한 그 대안의 윤곽이 그려진다. 두 발로 걷거나 자전거를 타고 다니면서 많은 일을 처리할 수 있는 사회는 자동차와 비행기에 의존하는 사회에 비해 훨씬 더 많은 강점을 갖는다. 공동체를 이루는 사회는 경쟁을 중시하는 사회보다 훨씬 더 행복하다. 서로 어울려 즐거운 대화를 나누는 것이 거대한 쇼핑센터 안을 헤매는 것보다 더 의미 있는 여가 활동이다. 온도를 자동으로 조절하는 공간에서 지내면서 하루에도 몇 차례씩 샤워하는 생활보다는 땀 냄새와 체취를 어느 정도 견디는 것이 더 현명하다. 더욱이 건조한 지역에서 하루에도 몇 차례나 샤워한다는 것은 가히 치명적일 수 있다. 리우와 그에 이어진 국제 환경 회의들에서 유럽 연합 대표들은 항상 미국과 대립해 왔다. 특히 유럽의 멋은 다양성이며, 미국에 비해 그 어떤 표준화한 생활 방식을 갖고 있지 않다는 점이다.

물론 생활 방식을 표준화하려는 단초는 리우 회담에서 찾을 수 있다. 절약하는 생활 방식의 표준화를 오해한 사람들은 리우의 이런 접근을 강하게 비판했다. 그러나 역사의 현실을 직시한다면 이런 비판은 유보되어야 마땅하다. 오히려 중요한 것은 리우 비판을 철저히 검증해 보는 비판이다. 인간과 자연 사이의 영원한 긴장 관계는 대규모 평화 회의를 한다고 해서 해소되지 않는다. 리우의 회담장에서 온갖 수식어로 거품이 끓어오르기는 했지만, 회담에 앞서 현실이 된 냉전의 종식을 기억하는 사람은 어쨌거나 안도의 한숨을 쉬었다. 지금껏 미국의 환경 정책을 가장 포괄적으로 연구한 책(1999)을 쓴 저자는 〈일관된 비전의 결여〉야말로 미국 환경 정책의 최대 결함이라고 지적했다. 이렇게 볼 때 이런 비전에 가장 근접한 것은 〈지속 가능한 개발〉이다.[273]

리우 회담이 안은 가장 큰 문제는 회담에 앞선 환경 운동의 활황으로 국제 여론이 회담에 거는 기대가 매우 컸다는 점이다. 냉전의 종식 이후 지금껏 군비 경쟁에 쏟아부었던 막대한 돈을 개발 지원과 환경 보호에 쓸 수 있게 해 달라는 기대를 담은 〈평화 배당금Peace dividend〉은 회담 당시 최대의 화두였다. 회담이 끝난 지 14년 뒤 클라우스 퇴퍼는 이렇게 말했다. 〈이 지구 정상 회담은 의심할 바 없이 새로운 시대의 출현을 바라보는 열광의 정점, 낙관주의의 정점이었다.〉 그리고 실제로 회담에서 〈글로벌 환경과 개발 정책의 근본 원칙〉이 선포되었다. 〈오늘날 이 근본 원칙들은 결코 다시 똑같이 명료하지는 않을지라도 새롭게 협상해야

만 한다〉.[274] 리우 회담을 준비한 사무총장 모리스 스트롱의 보좌관 람
팔, 흔히 〈소니Sonny〉라는 별명으로 불린 람팔은 회담 시작 전에 이렇게
요구했다. 〈리우는 인류에게 지구에서 우리 인생의 유산을 다시 되살려
낼 전환점이 되어야만 한다.〉[275] 그러나 10년 또는 20년 뒤 되돌아본 리
우는 오히려 일종의 끝으로 비친다. 이 끝은 환경 문제를 주목하는 국제
적 관심의 종말이다. 리우의 시기가 기후 격변설이 들끓은 첫 단계의 끝
이었다는 점은 우연이 아니다.[276] 그러나 오늘날 우리가 알 듯, 이 끝은
그저 잠정적인 끝일 뿐이다.

〈UNCED〉를 다룬 공식 보고서 서문의 제목은 과장된 기대를 반어
법으로 꼬집었다. 〈우리는 정말 리우에서 지구를 구했는가?〉 이 물음은
이미 그 답을 품었다. 〈물론 아니다!〉 보고서의 저자는 저 유명한, 그러
나 누구도 읽지 않는 〈어젠다 21〉을 두고 〈실제로《부드러운 법soft law》
가운데 가장 부드러운 것으로, 본성상 권고 수준이며, 셀프서비스가 일
상 규칙인 카페테리아다〉라고 촌평했다.[277] 리우가 〈거의 참상에 가까
운 실패〉를 빚은 분야는 숲 보호다.[278] 역설적이게도 리우는 지속성이
역사적 관점에서 가장 확실한 의미를 갖는 지점에서 좌절하고 말았다.
그러나 국제적 차원에서 숲 보호를 추진한다는 것은 뉴욕의 유엔 마천
루 빌딩에서 피임을 말하는 것과 마찬가지로 무의미하다. 오히려 그런
과대망상과 같은 프로젝트가 의제로 오르지 못하게 막은 것이 다행이
다. 그처럼 예민한 분야를 거론하지 못하게 했다고 제3세계에게 비난
의 화살을 돌리는 것은 잘못이다. 마찬가지로 〈개발 지원 대 환경 보호〉
라는 대형 거래가 불충분하게 이루어졌다고 아쉬워할 이유도 별로 없
다. 효과적인 환경 보호는 지역이 필요를 느껴 스스로 추진할 때만 성
공할 수 있다. 환경 보호와 개발 지원을 맞물려 놓은 것은 아주 이상하
고 도무지 신분이 서로 어울리지 않는 결혼이었으며, 지금도 마찬가지
다. 1988년 대안 노벨상을 받았으며, 1990년 브라질의 환경부 장관으
로 부름을 받은 환경 운동가 호세 루첸베르거는 리우 회담을 석 달 앞둔
시점에서 한 유엔 연설에서 환경 보호를 목적으로 개발 도상국에 돈을

주는 것은, 〈오로지 부패 세력의 배만 불리는 일〉이라고 선진국에 경고할 정도로 용기와 솔직함을 자랑한 인물이다. 바로 이 연설 때문에 브라질 대통령 페르난두 콜로르Fernando Collor는 즉각 루첸베르거를 해임했다.[279]

리우를 겨눈 흔한 비판은 리우 회담이 순진한 것인지 멍청한 것인지 헷갈리게 한다. 이 환경 회담이 성장 경제의 포기 선언은 당연히 아니다. 전 세계 환경 문제가 갖는 복잡함을 생각하면, 이 회담은 당연히 〈그 복잡함을 따라잡지 못했다〉. 또 회담이 풀뿌리 민주주의가 아닌 것은 지당한 일이다. 이 회담이 어떻게 풀뿌리 민주주의일 수 있는가? 회담에는 그저 기성 〈NGO〉 가운데, 그것도 엄선한 단체만 초대 받았을 뿐이다.[280] 리우 회담이 천연자원의 공리적 활용을 자연을 경외하는 자세로 바꿔 놓지 않은 것도 당연한 일이다. 오늘날 거의 100면에 가까운 소책자임에도 그 내용을 거의 아는 사람이 없는 〈어젠다 21〉은 온갖 단서를 달아 놓은 관청 용어에서 알 수 있듯, 낮과 밤을 가리지 않고 이뤄진 줄다리기 협상의 흔적을 고스란히 보여 준다. 오늘날 이 텍스트는 〈어젠다 21〉이라는 표제어 아래 등장하는 수없는 제안서에 밀려났다.[281] 지역의 많은 〈어젠다 21〉 활동가들이 과도하게 건물이 지어진 택지에서 생태의 균형 공간을 창출한 것은 리우에서 영감을 받은 것이 아니다. 그러나 이런 지역 운동이 지역적 편협함에서 벗어나지 못한다는 일반 대중의 선입견을 불식하는 데 리우 회담이 열어 준 지평이 기여한 것은 사실이다.

리우를 어떻게 평가할 것인가 하는 물음은 이 변화의 가치를 일반 대중이 얼마나 높게 받아들이느냐 하는 물음과 다르지 않다. 그리고 더 나아가 회담이 보여 준 사고방식과 개념이 세월이 흐르면서 일상의 태도에 어느 정도 반영되었느냐 하는 것도 참고해야 올바른 평가가 이뤄진다. 아무튼 평가의 문제는 담론의 역사에 던진 그레첸의 물음, 곧 그레첸이 파우스트에게 던진 대답하기 힘든 난제다. 아마도 이 물음의 결정적 답은 찾을 수 없을 것 같다. 한쪽에는 대수롭지 않게 여기는 태도와, 다른 쪽에는 경축하는 태도, 말하자면 허접한 잡동사니의 난장판이라는 비웃음과 녹색의 세계화를 알리는 서곡이라는 자축 사이에서 우리는 이 회담의 보다 더 정확하고 더욱 현실적인 평가를 위해 무척 오랜 세월을 기다려야만 하지 않을까. 생태 운동이 글로벌 차원에서 목표를 이루는지, 아니면 막다른 골목에 빠지는 것은 아닌지 하는 물음은 이 책의 끝까지 우리를 따라다니리라. 리우의 의미를 묻는 물음에 어떤 참가자는 당시 중국의 외교부장 저우언라이가 프랑스 혁명의 의미를 묻는 질문을 받고 누천년의 중국 역사를 떠올리며 했다는 답을 상기했다. 〈이를 평가하기에는 아직 너무 이릅니다.〉

세대 정의 - 조세 정의 - 환경 정의:
환경 보호와 정의 사이의 다의적 관계

배리 코머너는 처음부터 힘주어 환경 보호와 사회 정의는 서로 분리되지 않는다고 강조했다. 〈지구는 인간이 특히 더러운 생명체라거나, 너무 많아서 더러워지는 것이 아니다. 지구를 더럽히는 잘못은 사회가 저지른다. 인간이 지구의 자원을 가지고 노동을 통해 만들어 낸 재화를 사회가 분배하는 과정에서 이득을 만들어 내는 방식이 지구를 더럽히는 주범이다.〉[282] 확실히 정의는 처음부터 〈생태 혁명〉을 떠받드는 근본 원칙이다. 사기업이 그 경제 방식으로 생겨난 부담을 사회에 떠넘기는 것이 부당한 것처럼, 생태적 부담도 원인 제공자가 책임져야 하는 것이 정의다. 〈오염자 부담〉은 정의의 간단하고도 분명한 논리다. 물론 현대인의 생활 방식이 환경에 끼치는 분산적인 부담까지 이 원칙을 적용하기는 힘들다.

〈생태는 정의고, 정의는 곧 안전이다!〉 생태 혁명이 일어나고 40년 뒤 부퍼탈 연구소가 『글로벌화한 세계에서 미래 능력을 갖춘 독일 *Zukunftsfähiges Deutschland in einer globalisierten Welt*』이라는 제목으로 펴낸 연구 보고서 가운데 등장하는 한 장의 제목이다. 부퍼탈 연구소는 〈지속성〉이라는 해묵은 개념을 〈미래 능력〉으로 대체했다.[283] 〈미래 능력〉이라는 개념은 지금껏 40년에 걸친 생태 시대의 역사적 결산이 아니라, 〈마땅히 이래야 한다〉는 식의 다짐을 뜻한다. 이 연구서가 등장할 때만 하더라도 생태와 경제 사이의 긴장은 너무 노골적이었다. 그리고 필요 이상으로 이 긴장은 강조되었다. 반대로 생태와 정의 사이의 긴장은 그 때까지의 생태 시대를 관통하는 최대의 폭발력이 잠재돼 있었다. 볼프 강 하버는 〈햇살, 영양소, 담수, 식물, 토양, 그리고 미네랄까지 생명에 중요한 역할을 하는 자원이 지구상에 너무도 불공평하게 분배되어 있다는 것〉이 〈생태의 불편한 진실〉이라고 강조했다.[284] 〈생태 정의〉는 강우량이 풍부한 지역에서 물을 건조 지역으로 돌려주는 것을 의미하는 가? 현대 기술이라면 아무리 먼 거리라도 이런 일은 얼마든지 가능하지 않은가? 그러나 물이 풍부한 지역의 주민은 그 익숙한 환경을 누릴 권리를 갖지 않는가? 물을 마음껏 쓸 수 있는 것도 주민의 자유이지 않은 가? 그 대가로 해당 지역의 주민은 비구름에 가린 해 탓에 충분한 햇살을 누리지 못하는 것을 감수하지 않는가?

이처럼 많은 〈환경 문제〉의 배후에는 사회적 불균형이 숨어 있다.[285] 환경 의식은 우리에게 이런 불균형을 일깨워 주었지만, 오히려 이런 불균형을 강조하는 탓에 환경 문제가 무시되기도 한다. 오늘날 세계 많은 지역의 사람들은 〈지구 온난화〉가 수자원 남용으로 촉발된 가뭄에서 비롯됐다고 지적하는 경향이 있다. 얼핏 들으면 맞는 말 같지만, 사회적 불균형을 강조하느라 온난화의 직접적 원인에 대한 논의는 묻혀 버린다. 환경 운동 초기에 미국뿐만 아니라 세계 각국에서 화두였던 〈인구폭탄〉 경고는 환경 문제가 사회적 측면을 지녔다는 점을 보여 주는데, 실제로 이러한 지점이 가려지는 일이 자주 벌어진다. 환경 문제의 원인인 인구 증가에만 초점을 맞춰 피임을 거론하는 것은 식량 배분이 올바로 이뤄지는지 하는 물음을 의식하지 못하게 한다. 레이건 정부가 출산 통제를 공격했을 때, 오히려 국민은 저항의 뜻으로 피임을 하는 움직임을 보였던 이유가 달리 있는 게 아니다.[286] 환경 운동은 보통 새로운 사회 운동으로 여겨졌다. 두 운동이 내적으로는 서로 친밀한 관계를 가진 것처럼 보이나, 사실 그 안에는 이질성과 적의가 들끓는 경우가 적지 않다.

〈정의〉는 남북 협상의 주된 안건이다. 정의는 실질적이기보다는 화려한 수식어로 꾸며졌지만, 환경 보호를 밀어붙이는 북반구에 대항해 남반구 대표들이 즐겨 내민 카드다. 〈지속 가능한 개발〉은 원칙적으로 정의와 부합하는 것으로 해석될 수 있으며, 리우 회담에서도 그렇게 이해되었다. 그러나 현실은 다르다. 든든한 재력을 자랑하는 현대 기업은 독자적인 지속 가능한 개발 담당 임원을 리우 회담에 보내 실제와는 다르게 생태적으로 올바른 기업 활동을 벌인다고 얼마든지 과시할 수 있다. 이런 정황은 18세기 영주가 운영하던 광산업이 농부에 비해 지속 가능한 임업을 훨씬 더 잘 기록할 수 있었던 것과 비슷한 상황이다.

〈개발〉은 얼마든지 여러 수식어로 꾸며댈 수 있는 개념이다. 그러나 현실에서 〈개발〉은 좋은 의도를 가졌다고 할지라도 전 세계에서 농촌의 전통적 생활 방식을 짓밟는 것으로 여겨져 왔다. 반다나 시바가 개발에 격렬히 반대한 이유도 이 때문이다. 지금껏 현실의 〈지속 가능성〉 역시 사회 정의의 문제를 도외시하기 일쑤였다. 지속 가능성이 사회 정의와 자동으로 수렴한다는 말은 결코 할 수 없다.[287] 〈환경 정의〉 연구의 선구자인 미국의 철학자 피터 웬츠Peter Wenz는 환경 보호가 많은 관점에서 사회 정의를 키워 줄 수 있지만, 마찬가지로 환경 정책이 많은 관점에서 사회적 불평등을 강화할 수도 있음을 상세히 논술한 바 있다.[288] 지금까지 역사가 환경 운동과 사회 정의 사이의 실제 관계를 어떻게 기록했는지는 아직 거의 연구되지 않았다. 이런 주제를 다룬 문헌은 그저 규범적 차원의 논의를 벌일 뿐이다.

우리는 독일의 관점에서 놀라울 정도로, 미국 환경 운동의 초창기부터 법률가들이 주도적 역할을 한 것을 확인한 바 있다. 미국의 환경 보호 투쟁은 전형적인 경우 법정에서 벌어지는 〈정의 투쟁〉으로 이루어졌다. 그러나 일반적으로 가난한 사람들은 최고의 변호사를 고용할 수 없었기에 투쟁의 승리로 정의를 세운다는 생각은 환멸을 낳기 일쑤였다. 서구 사회에서 경제 성장이 활발히 일어나던 시절에 잠잠하기만 했던 사회적 긴장은 제로 성장의 시대를 맞으면서 사회 정의라는 문제를 다시 제기했어야만 마땅하다. 그러나 지금껏 현실은 반대의 모습을 보여 준다.

소련 체제가 남겨 놓은 생태 공포, 그리고 1990년 이후 얼마 동안 과장되기 일쑤였던 생태 공포는 환경 파괴가 주로 자본주의의 현상이라는 환상을 여지없이 깨뜨렸으며, 환경 문제는 오로지 시장 순응적 방법으로만 해결할 수 있다는 새로운 환상을 키웠다. 공산주의 블록이 무너진 이후 모든 제한에서 풀려난 자본주의의 세계 지배는 지난 100년 동안 유례를 찾아볼 수 없을 정도로 사회 정책을 무시해 버렸다. 제2차 세계 대전 종전 이후 10년 동안 서독은 사회 정책을 펼친 유능한 정치가들의 면면을 자랑했지만, 지금은 그런 인물을 찾으려는 노력이 허망하기만 하다.

하필이면 사민당과 녹색당의 연립 정부는 실업 보험을 새롭게 정비하는 일을 어떤 기업의 경영자에게 맡겼다. 이 경영자는 몇 년 뒤 배임죄로 모두 44건의 형사 재판을 받았다. 이런 일은 1957년에 연금 개혁을 추진할 때 80세의 총리가 까다로운 자료와 씨름했던 것과 비교해 보면 상상조차 할 수 없는 추태다.[289] 독일 녹색당을 다룬 960면의 두툼한 책을 쓴 정치학자 요아힘 라슈케는 녹색당의 사회 정책을 아주 짧은 장에서도 언급하지 않았다. 그리고 녹색당의 첫 번째 의회 활동을 다룬 1,130면의 기록 가운데 사회 정책을 언급한 부분은 오로지 에버하르트 부에브Eberhard Bueb의 정책 제안서가 유일하다. 그마저도 언제 한 것인지 날짜가 불분명하며, 내용도 산만하기 그지없다. 더욱이 흥미로운 사실은 〈녹색당의 혼란스럽기 짝이 없는 의정 활동〉 탓에 부에브가 감정적으로 폭발했다는 점이다.[290] 부에브가 제시한 구체적이고도 독창적인 사회 정책 가운데 하나는 〈부부 감세 삭제 안〉이다. 이 안은 사회적이지도 생태적이지도 않다. 오히려 녹색당의 다수를 차지하는 독신들의 이해관계를 대변했을 뿐이다. 맞벌이 부부를 위해 만들었던 〈부부 감세〉는 녹색당의 다수인 독신 당원에게는 눈엣가시였다. 그러나 독신 당원들이야말로 돈을 훨씬 더 잘 버는 계층이었으며, 저마다 자택과 자가용, 게다가 지나칠 정도의 여행 욕구를 자랑했다. 이 모든 것은 환경에 과도할 정도의 부담을 안긴다. 그 밖에도 부부 감세 철회는 남편과 아내가 맞벌이를 하는 청년 세대의 이해관계를 반영하지도 못한다.

본래 녹색당은 환경 정책과 사회 정책의 종합을 운명처럼 점지받았다고 일반 대중은 믿었다. 그 지도층이 1968년의 신좌파 출신이었기 때문이다. 그러나 대학생들이 파리에서 시위를 벌이며 노조와의 단결을 과시했을 때, 서독에서 68세대와 노동자는 비상 법안을 반대하는 공통된 입장만 가졌을 뿐, 서로 긴장하는 차가운 관계였다. 학생 운동이 남겨 놓은 엄청난 양의 문건은 사회 정치적 유토피아로 차고 넘쳤지만, 실제 사회 정책으로 쓸 만한 안은 찾아보기 힘들다.[291]

요즘 녹색당의 〈사회〉 요소는 주로 다양한 〈소외 집단〉인데 무차별적으로 관심을 쏟는 태도로 나타난다.[292] 소외 집단은 그 자체로 녹색당과 별 관계가 없으며, 또 관련을 갖고 싶어 하지도 않는다. 대개 외국인이나 동성애자가 소외 집단의 대표적인 예다. 독일에서 제2의 고향을 기대한 외국인은 대개 경제 성장에 특히 큰 관심을 가진다. 〈다문화주의〉는 피상적으로 본다면 미국 환경 운동을 모방한 것이지만, 사실상당시 서독의 조건에서 전혀 다른 성격을 지닌다. 흑인 시민권 운동과, 이 운동이 새로운 간디처럼 추켜세운 마틴 루터 킹에게 직접적인 영향을 받은 미국의 환경 운동에서 유색 인종, 라티노나 인디언, 곧 〈미국 원주민〉의 권리를 위한 관심과 활동은 근본적으로 공정성이라는 규범이자 다양성의 긍정이었다. 광활한 공간을 가진 전통적 이민 국가인 미국의 문화는 혈통은 다르다고 할지라도 오랫동안 함께 살아온 유색 인종의 평등권을 중시했기 때문이다. 반대로 서독의 다문화주의는 이미 인구 밀도가 높은 지역을 이를테면 쿠르디스탄에서 카자흐스탄까지 극히 이질적이고 다양한 문화권에서 온 이주민에게 개방한다는 것을 뜻했다. 이들은 갈수록 늘어났다. 그러나 이런 이주민들을 어떻게 통합하고 독일에 적응시킬지 국가 기관은 전혀 준비되어 있지 않았다.

실용주의자는, 서독의 노화하는 국민에게 연금을 확보해 주려면 이주민이 필요하다는 논리를 펼쳤다. 그러나 이런 주장은, 오늘날 우리가 알듯, 반쪽의 진실일 뿐이다. 많은 녹색당원이 요구한 〈열린 국경〉도 반밖에 열리지 않았다. 그러나 열정적 다문화주의자는 어떤 대가를 치르고서라도 더 많은 이주민을 데려와 독일 거리를 다채로운 모습으로 꾸미고 싶어 했다. 다른 생각을 가진 사람은 〈인종 차별주의자〉라는 비난을 받을까 두려운 나머지 아무런 반론도 하지 못했다.[293] 독일이라는 사회 복지 국가가 이주민의 부양 탓에 파산하는 것은 아닌가 하는 문제는 거론조차 되지 않았다. 실제로 녹색당의 이름깨나 있는 정치가가 사회 복지 국가의 문제와 이민 수용의 후유증 문제를 진지하게 고민한 흔적은 찾아볼 수 없다. 오히려 고개를 드는 의심은 이런 문제를 아예 거론조차 하지 못하게 막은 것이 아닐까 하는 점이다. 이런 배경을 염두에 둘 때 사민당과 녹색당의 연립 정부가 보여 준 사회 정책은 놀랍지 않다. 같은 정부는 〈하르츠 Ⅳ〉를 선포하던 해인 2002년에 자본 거래 세금을 폐지했다. 글로벌화를 맹신하는 종교가 모든 경계를 허문 것이다.

미국의 역사학자 마이클 베스는 프랑스 녹색당을 다룬 글에서 막스 베버의 이상형 이론을 끌어대며 〈자연 중심적 환경 운동nature-centered environmentalism〉과 〈사회 환경 운동social environmentalism〉을 구분했지만, 동시에 이런 구분은 이상형에 따랐을 뿐, 현실에서 두 운동 사이에는 많은 맞물림과 상호 호감이 있다고 강조했다. 특히 자연 보호 운동가는 세계의 다른 환경 운동가들보다 인간이 꾸미는 자연, 이를테면 농촌의 전통적 풍경을 더 소중히 여기는 태도를 보여 줌으로써 사회 운동가에게 힘을 실어 주었다. 이런 점에서 자연 중심적 운동과 사회 운동은 일치한다.[294] 1983년에서 1987년까지 서독 녹색당의 의정 활동을 다룬 기록의 색인에서 〈자연 보호〉는 단 한 차례만 나온다. 반대로 〈동성애〉는 15차례, 그리고 〈제3세계〉라는 표제어로는 제법 긴 글들을 30차례나

수록되어 있다.

사실상 1970년부터 〈환경 보호〉는 사회 안에서 일어나는 다양한 운동, 그때까지 서로 별반 관계없이 이뤄지던 운동들을 하나로 묶어 한 지붕 아래에 두었다. 다만 이런 관계는 피상적이었다. 독일과 미국은 물론이고 다른 나라에서도 환경 운동에는 다양한 유형의 사람들이 참가했다. 당연히 사회 정책을 바라보는 자세도 제각각이었다. 그 가운데서도 자연 보호는 환경 운동의 아름다운 측면을 대변했다. 사람들은 특히 자연 보호에 사랑과 열정을 불태웠지만, 그들의 눈에 사회 정책은 멀리 떨어진 것이었을 뿐이다. 철저히 생태에 집중하는 사람들은 인류를 두고 〈지구의 암〉이라는 표현을 즐겨 썼다. 자연 사랑이 뜨거우면 뜨거울수록, 이들이 보는 엄청난 인구는 공포 그 자체였다. 무엇보다도 동물 사랑은 인간에 대한 노골적인 적대감으로 표출됐다. 다이앤 포시와, 나이들어 가면서 섹시 스타에서 물범 애호가로 본모한 브리짓 바르도만 이런 적개심을 드러낸 게 아니다.[295] 이처럼 개 사랑과 인간 경멸을 함께 묶은 사례는 죽어서 자신이 좋아하던 개와 함께 묻히게 해달라는 유언을 남긴 프로이센의 프리드리히 2세와 더불어,[296] 최근 영국의 티셔츠에 새겨진 문구 〈사람을 만날수록, 개를 더욱 사랑하게 되네〉에서도 찾아볼 수 있다.[297]

자연 보호와 사회 운동이 서로 다른 열정과 경험으로 갈라진다고 해서 이런 다른 경험을 두고 토론하는 것이 아무런 의미를 갖지 않을까? 막스 베버는 1916년 이런 글을 썼다. 〈늙고 냉철한 경험주의 철학자 존 스튜어트 밀은 순전히 경험을 토대로 한다면 유일신이 아니라, 다신교에 이를 수밖에 없다고 말했다.〉[298] 베버는 밀의 이 말을 좋아해서 자신의 핵심 사상을 풀어 주는 실마리로 사용하곤 했다. 곧 현실 세계는 순수 학문과 달리 다양한 신들의 투쟁, 바꿔 말해서 다양한 근본 가치의 투쟁, 더욱이 다른 가치관 사이에 지속적 중재도 없는 투쟁이라는 것이 베버가 강조하고자 하는 바다. 물론 자주 인용되는 베버의 말에서 우리는 시점과 맥락을 주목해야만 한다. 위에서 인용한 표현은 제1차 세계 대전 때 쓰인 것이다. 구체적으로 베버는 예수의 산상설교를 따르는 삶을 살 것인가, 아니면 현실의 전쟁 논리에 충실할 것인가를 고민했다. 환경 운동을 역사적으로 접근해 보는 일의 강점은, 이론적 차원에서는 도무지 함께하기 힘들 것처럼 보이는 입장이 어떻게 협력할 수 있는지 역사 속에서 거듭 확인할 수 있다는 점이다. 환경 운동과 사회 정책을 두고도 같은 확인이 성립한다.

환경 운동과 사회 정책의 종합이 실질적 내용을 갖는지, 아니면 그저 화려한 말잔치일 뿐인지 하는 것은 구체적 사안을 놓고 검증해 봐야만 한다. 특히 정확히 살펴야만 하는 것은 1970년대부터 오늘날까지 환경 운동과 맞물리는 일이 가장 많았던 종류의 정의, 곧 〈세대 정의〉라는 문제다. 〈우리는 후손들의 지구를 빌려 쓸 뿐이다.〉 이 문구는 1979년 유럽 의회 선거에 나가려고 갓 창당한 서독 녹색당이 내건 첫 플래카드에 적혔다. 독일의 미디어 분석 전문가인 함부르크 대학교 카트린 팔렌바흐Kathrin Fahlenbach 교수는 플래카드에 그려진 그림을 이렇게 묘사했다. 〈아이가 그린 것처럼 분위기를 꾸미고 꽃밭, 나무, 활짝 웃는 해, 새, 집 따위가 그려져 있다.〉 기성 정당의 전문적인 선거 플래카드와 다르게 녹색당은 〈의도적으로 정치와는 거리가 먼 그림 코드를 활용해 그《비전문성》과《진정성》을 정치적 신뢰와 흠집 없는 도덕성의 증거로 사용했다〉.299 이런 자기 연출의 분위기는 녹색당이 오늘날까지도 일부 유지하고 있다.

후손의 지구를 빌려 쓴다는 선거 구호는 미국에서 인디언 속담이라고 즐겨 회자되는 문구를 차용해 변형한 것이다. 〈우리는 조상에게 지구를 물려받은 것이 아니라, 후손에게 빌려 쓰는 것이다.〉 이 말의 출전이 무엇인지 인터넷에서 아무리 찾아도 알 길은 없다. 진짜 인디언 속담인지 확인도 불가능하다. 인디언이 이런 말을 했다 할지라도, 백인에게 들었거나 배운 논법이라는 의심은 지우기 힘들다. 이 속담은 저 새롭게 지어낸 〈시애틀 추장의 연설〉보다도 더 인디언이 할 법한 이야기가 아니기 때문이다.300 진짜 인디언이라면 백인 침입자를 상대로 자신의 땅은 조상에게 물려받은 것이라고 강력하게 주장했으리라. 더욱이 하필이면 피임약 복용으로 출산율이 현저히 떨어진 세대, 곧 후손이라고는 존재하지 않을 수도 있는 세대가 〈후손 운운〉 하며 정당성을 꾸며대는 통에 코미디는 절정으로 치닫는다. 세대 정의라는 규범은 사실 인디언과도, 생태 운동과도 무관한 것처럼 보인다. 신좌파 내부에서는 세대 정의의 원래 버전이 사유 재산의 피해로부터 후손 세대를 보호하고자 하는 뜻을 담은 마르크스의 『자본론』에 나오는 구절이라는 풍설이 떠돈다. 개인도 사회 전체도 〈지구의 주인〉일 수는 없다. 〈인간은 잠깐 지구를 거쳐 가는 수혜자일 뿐이며, 아버지로부터 이어진 가족의 안녕을 위해 후손 세대에게 지구를 더 낫게 가꾸어(이 표현을 주목하자!)(요아힘 라트카우) 물려 주어야 한다.〉[301] 오늘날 〈위키피디아〉는 저 인디언 지혜의 원작자를 미국의 경제학자 제임스 토빈James Tobin으로 지목한다. 자본 거래세를 요구했던 토빈은 자신의 외도와는 상관없이 나중에 세계화 반대 단체 〈어택〉의 이론적 기반을 제공한 인물이다. 그는 1974년에 이렇게 썼다. 〈재산을 수탁해서 관리하는 사람은 현재의 요구를 거부할 줄 알아야 하는 미래의 후견인이다. 재단을 관리하며 해결할 과제는 세대 사이의 평등을 도모하는 것이다.〉

세대 정의, 더 정확히 말해 〈세대 간 형평〉을 토빈은 시장 경제 안에서 제도가 꼭 필요한 근거로 보았다. 그러나 이런 맥락은 나중에 잊혔다. 1990년대에 들어서며 세대 정의는 국제적으로 주목받았다. 세대 정의는 생태 소통에서 일어난 지속 가능성 열풍과 경제의 탈규제 사이에 숨어 있는 연관을 적나라하게 드러냈다. 이런 연관은 그때까지 대다수 환경 운동가가 의식하지 못했다. 〈세대 정의〉라는 개념은 〈지속 가능성〉과 비슷하게 인플레이션을 겪었다. 당시는 서구 사회가 갈수록 노화하면서(극동아시아와 마찬가지로), 노인 문제가 경종을 울리며 관련 서적들이 쏟아져 나온 때였다. 그러나 대중이 놓치고 있는 사실은 오늘날의 사회가 예전보다 훨씬 더 많은 노인을 부양하지만, 예전 사회는 그 대신 성인 연령에 도달하기까지 아이들과 청소년을 위해 헌신해 왔다는 점이다.

1994년 세계은행은 「노년의 위기를 방지하기Averting the Old Age Crisis」라는 연구 보고서를 발표했다. 이 발표는 국제적으로 〈새로운 시대의 서막을 여는 팡파르처럼 울려 퍼졌다〉(한스 귄터 호커르츠).[302] 이 위기 보고서가 담은 기본 논제는 노후 대비가 국가의 재원 확보 및 관리로는 더는 가능하지 않으며, 대부분을 민간 보험 체계로 넘겨야 한다는 것이다. 젊은 세대에게 기대는 연금 체계를 수술해야 한다는 이런 제안은 그 정당성 논리로 세대 정의를 내세웠다. 그러나 이런 발상은 오히려 사회적 불평등을 키울 수 있다. 국가가 연금을 관리하지 않고 민간 보험으로 해결하는 노후 대비의 경우 부자는 당연히 가난한 사람에 비해 훨씬 더 큰 혜택을 누리기 때문이다. 그리고 면밀히 들여다보면, 노후 대비의 부담은 미래의 직업 활동 세대에서 현재의 직장인 세대로 옮겨지는 것이 아니라, 여전히 미래 세대의 몫으로 남는다. 더 정확히 말해서 미래 세대 가운데서도 국채를 물려받지 않은 세대만이 그 부담을 떠안는다.[303] 결국 노후 대비는 연금이든 보험이든 미래 재원을 미리 끌어다 쓴다는 본질에 변함이 없기 때문이다. 이런 것을 두고 정의라고 할 수는 없는 노릇이다. 실제로 노후 대비의 새 모델은 전혀 윤리적이지 않다. 〈독일의 연금 개혁에 힘을 실어 준 주요 주체가 투자 업계라는 사실은 잘 알려지지 않았다.〉 내막을 가장 잘 아는 독일 투자 및 재산 관리 협회의 사무총장이 2002년에 한 말이다.[304] 글로벌화한 세계에서 노후 대비는 거대 금융 산업이 눈독을 들이는 새로운 성장 동력이다. 〈세대 정의〉는 1957년의 연금 제도 정비의 바탕이 된 〈세대 협약〉과 비슷한 울림을 준다. 그러나 사회의 공적 책임을 강조한 〈세대 협약〉과 달리 〈세대 정의〉는 미래 세대를 착취할 뿐이다. 세대 정의가 지속 가능성과 합치하는 것 같은 인상을 노린, 개념의 유희가 새로운 노후 대비 모델이다. 많은 녹색당원은 이런 개념의 유희를 간파하지 못한 것으로 보인다.

물론 미래 세대를 위해 환경을 보호하고 자원을 아껴야 한다는 것은, 순전히 철학적으로만 보아도, 이성적이고 인본적인 원칙임은 틀림없다. 그러나 〈세대 정의〉가 정치 화두로 떠오를 때마다, 배후에 다른 어떤 음모가 숨어 있는 것은 아닌지 하는 의심은 끊이지 않았다. 미래 세대는 정치에 로비할 수 없으며, 선거에도 영향을 끼칠 수 없기 때문이다. 노년층이 복지 국가에 실제로 압박을 준다는 점에는 논란의 여지가 없다. 고령화 문제는 알프스를 노인도 오르기 쉽게 개조하지 않는 한, 환경 정책에 커다란 기회를 주지 않는다. 그러나 속도 제한, 대중교통 체계의 확장, 가까운 거리 안에서 이뤄지는 편리한 도시 생활 등은 증가하는 노년층의 욕구에 맞을 뿐만 아니라, 아동 친화적 사회의 특징이기도 하다. 이처럼 노인과 아동의 욕구는 서로 수렴하는 지점이 많다. 이것이야말로 세대 정의라는 이름으로 불려 마땅한 환경 운동의 기회, 지금껏 그리 주목받지 못한 기회가 아닐까.

모든 정의는 정치와 관련하는 한, 조세 정의로 귀착한다. 조세 정의야말로 생태 정의와 사회적 의미를 갖는 정의 사이의 긴장이기도 하다. 생태 정의는 일반적으로 과세의 방식으로 이뤄진다고 이해된다. 우리가 매일 소비하는 물건에 이미 환경 소비세가 포함된 것이 이런 방식이다. 물론 환경 소비세의 정확한 책정에는 언제나 자의적이라는 요소가 따라붙는다. 사회 정책적 관점에서의 고민은, 직접적이든 간접적이든 소비세는 일반적으로 부유층보다 소득 취약층에 더 큰 부담을 준다는 사실이다. 생태라는 기준은 이 부담을 더욱 키운다. 18세기 이후 조세 철학이 선호한 〈사치세〉로 이 소비세에 접근한다면, 사회 정책적 해결의 길이 열린다. 〈생태 세금〉을 사치세로 부과하는 방안을 고려해봄 직한 이유는 소득이 높아질수록, 소비자는 〈양보다는 질〉이라는 경향을 보이기 때문이다. 지출 규모에 맞춰 환경세를 부과하면 환경 피해도 줄어든다.

생태적 조세 개혁이라는 프로젝트는 일찌감치 사회 정책적 문제를 간파하고 이를 해결할 방법을 찾았다. 이 분야에서 국제적 영향력을 자랑한 선구자는 1970년대 후반에 활동한 스위스 경제학자 한스 크리스토프 빈스방어Hans Christoph Binswanger(1929~2018)다. 그는 일단 에너지를 집중적으로 소비하는 산업계를 겨냥해 〈에너지세〉 도입을 주장했다.[305] 나중에 빈스방어는 이렇게 얻어진 세수입을 저소득층이 내야 하는 사회보장세를 낮추는 데 쓸 것을 제안했다.[306] 〈노동 대신 에너지에 세금을〉이 구호가 되었다. 이는 곧 생태 세금으로 실업을 막자는 것을 의미했다. 이런 구상을 정치적으로 관철한다는 것은 물론 예나 지금이나 쉬운 일이 아니다. 산업은 보통 에너지 비용이 늘어나면 일자리를 줄이겠다고 위협했다. 납세자는 국가의 배부를 줄 모르는 재원 충당 욕구로 결국 에너지와 노동 〈모두에〉 세금이 매겨지는 것은 아닐까 걱정했다. 에너지 소비와 노동력 투입 사이의 연관을 경험적으로 접근한 연구는 많기만 하다. 에너지에 세금을 매기는 것으로 일자리를 만들어 낼 수 있는가 하는 문제는 생태 세금 구상의 토론에서 가장 치열하게 논의되는 물음이다. 에너지 소비를 줄이는 것이 고용에 실제로 긍정적 효과를 준다는 점은 이미 확인되었다. 그러나 이 효과는 극히 미미한 수준일 뿐이다.[307]

빈스방어를 읽은 한스 마트회퍼는 이미 1981~1982년에 나중에 〈생태 세금〉이라 불린 것으로 나아가는 방향을 제안하는 정책 제안서를 썼다. 사민당 내부에서 이 문건은 별로 매력적이지 못한 〈석유 문서〉라는 이름으로 불리웠다. 실제로 마트회퍼 제안의 핵심은 유류세의 대폭 인상이다. 이미 1979년의 제2차 유가 폭등과 갈수록 늘어나는 서독 정부의 재정 적자는 현실적으로 유류세를 올릴 수밖에 없도록 압박했다. 그러나 중동 석유 의존성을 줄이고, 재정을 안정화하며, 계속되는 사회 복지 비용 지출 증가를 막기 위한 유류세 인상은 사민당 내부에서 그렇게 매력적이지 않은 정책이었다. 사민당에 표를 주던 유권자들이 녹색당으로 넘어가는 상황에서 유류세마저 올리면, 유권자들이 완전히 등을 돌리는 게 아닐까 사민당은 두려웠기 때문이다. 그러자 마트회퍼는 자신이 계획한 재무 개혁에 〈경제와 생태의 화해를 위한 행보〉라는 거창한 이름을 붙여 대중의 마음을 사로잡으려고 했다. 마트회퍼는 유류세 인상은 에너지 절약에 강한 자극을 줄 뿐만 아니라, 이렇게 거둬들인 세금은 에너지를 절약하는 프로젝트에 쓰일 것이라고 장담했다. 〈원격 난방과 대중교통의 완비에서 《초소형 전자 공학과 에너지 소비 절약》이라는 포괄적인 특별 프로그램까지 약속할 수 있다.〉[308] 이런 형태의 유류세는 분명 목적세다. 그리고 목적세는 그 자체로 현대 국가 재정의 통일성이라는 원칙과 충돌하기는 한다. 그렇지만 예전에도 도로 건설을 위해 목적세를 거둔 것에서 보듯, 이는 이미 전통이었다.

마트회퍼의 제안은 불행하게도 사민당과 자민당(자유민주당FDP)의 연립 정부 말기에 이루어졌다. 이 시기에 정부는 더는 과감한 개혁에 시동을 걸 수 없었다. 사민당과 녹색당의 새로운 연립 정부가 성립하고 1999년 4월 1일이 되어서야 비로소 〈생태 세금〉이 에너지 세금의 형태로 출현했다.[309] 생태 세금은 미국 물리학자이자 환경 운동가인 에이모리 로빈스 같은 선도적 사상가들이 다듬어 놓은 다양한 안을 참고해 가며 이론적 일관성을 가지면서도 분야별로 세분화되었는데, 그 대상은 나중에 폐기 처리에 많은 수고와 비용이 들어가는 모든 상품이었다. 물론 에너지 세금이 이미 실행되는 마당에 생태 세금의 관철은 간단한 문제가 아니었다. 다양한 형태의 생태 세금 안을 보고 이를테면 에른스트 울리히 폰 바이츠제커는 1988년에 이렇게 불평했다. 〈환경 세금은 이상적으로 아주 간단하고 근본 변수만 추려 그에 맞췄다. 그래야 행정 관리를 간편하게 할 수 있기 때문이다. 어쨌거나 수자원 관리법과 쓰레기 처리 법 등 여러 법안을 동시에 운용하는 것보다 간단하다.〉[310]

결국 이런 식으로 에너지 세금은 계속 높아졌다. 미국과 영국 같은 나라에서 이런 인상은 석유 업계의 강력한 로비에 부딪혀 좌절했다. 영미권의 〈위키피디아〉는 〈생태 세금 정책 제정〉이 오로지 관광객이 많이 찾는 발레아레스제도와 독일에서만 이뤄졌다고 지적한다. 2002년 독일은 다시 한번 유류세를 인상했지만, 하필이면 에너지 소비가 대단히 높은 기업에는 낮춰 주었다. 항공사는 예나 지금이나 세제 혜택을 누린다. 빈스방어의 정신을 충분히 살려 생태 세금으로 얻은 대부분 수입은 연금 안정을 위해 투자되었다. 그럼에도 독일에서 갈수록 높아지는 에너지 비용 탓에 납세자의 저항, 특히 노조 측의 저항은 만만치 않다. 유럽 연합 차원에서 에너지 세금은 리우 회담의 좋은 의도를 충분히 반영했음에도 1990년대 초에 〈산업의 로비로 제동이 걸렸다〉. 이런 상황이 벌어질 수밖에 없었던 것은 세금 문제가 각료 회의에서 만장일치를 요구하는 사안이었기 때문이다. 유럽 차원에서 탄소 배출권 거래가 더 좋은 기회를 누린 것은 환경 정책으로 표결에서 다수결의 득표만 얻으면 충분하기 때문이다.[311]

생태 세금의 고통스러운 역사와 탄소 배출권 거래의 이중적 측면을 염두에 둔다면 기술 개발에 초점을 맞춘 환경 정책의 강점은 분명히 드러난다. 〈환경 기술〉은 무엇보다도 일자리를 만들어 내며 창의적인 두뇌를 끌어모으기 때문이다. 그러나 이런 전략도 우리가 이미 태양 에너지에서 보았던 것과 같은 약점을 가진다. 정부가 추진하는 기술 개발 정책은 그다지 고무적이지 않다. 보통 기업가는 관료보다 어떤 길이 성공을 약속해 주는지 훨씬 더 잘 알아보는 안목을 자랑한다. 정치가 선택과 집중에서 치열한 찬반 논쟁을 꺼린다는 점이야 얼마든지 이해할 수 있기는 하다. 〈역사가 주는 교훈〉 가운데 최고의 통찰은 시간과 공간에 영향을 받지 않는, 곧 언제 어디서나 통하는 특허 처방은 없다는 점이다. 정부 주도의 기술 개발이야말로 이런 교훈을 곱씹어야만 한다.

세금과 재무와 관련한 환경 정의의 탐색이 이처럼 까다로운 문제로 곤란을 겪어 많은 환경 운동가가 이 분야를 달가워하지 않았지만, 물질적 환경 정의를 추구하는 환경 운동은 늘 새롭게 강한 추진력을 얻었다. 1990년대 이후 〈환경 정의〉가 새로운 힘을 얻으면서, 환경 운동은 아래로부터 추진되어야 한다는 주장이 특히 미국에서 힘을 얻었다. 그런데 공교롭게도 같은 시기에 남북 정의를 다룬 정상 외교는 전형적인 위에서 아래로의 모양새를 갖추었음에도 이전에는 전혀 보지 못한 글로벌 지평을 새롭게 열었다. 1990년대의 미국 환경 정의가 유색 인종이 주로 사는 도시 지역에서 산업이 배출하는 공해 물질을 반대하는 투쟁에 집중한 것을 생각하면, 〈글로벌하게 생각하고 로컬하게 행동하자〉는 내적 연관은 다시금 힘을 얻었다. 면밀하게 살펴보면 〈환경 정의〉라는 개념은 많은 지역 차원 단체의 활동이 포괄한다. 미국의 생태 관련 문헌은 그럼에도 빠르게 글로벌 차원의 〈환경 정의 운동〉이라는 개념을 만들어 〈EJ〉라는 약칭까지 붙였다. 1990년을 전후해 워싱턴에서 벌어진 많은 시위에서 지역 단체들은 함께 힘을 모아 정치적 주장을 펼쳤다. 리우 시대에 비추어 이런 시위를 님비 현상으로 몰아세우는 태도는 더는 용납되지 않았다.

그동안 환경 정의 운동 역시 이미 그 정신에 걸맞은 일화를 가진다.[312] 물론 어떤 운동이든 그 기원을 두고 다양한 전설이 이야기되기 마련이다. 환경 정의의 경우 가장 자주 듣게 되는 것은 1992년 노스캐롤라이나의 워렌 카운티Warren County에서 일어난 저항 운동이다. 이 시위에서 414명, 다른 보도는 500명이 넘는다고도 하는데, 어쨌거나 많은 참가자가 폴리염화 바이페닐로 중독된 흙을 싣고 주로 흑인이 사는 지역인 워렌 카운티의 애프턴Afton 마을의 하치장으로 가는 트럭들을 막아섰다가 체포당했다.[313] 1987년 〈미국 연합 그리스도 교회United Church of Christ, UCC〉의 권위를 배경으로 발표된 연구 결과는 사안의 심각성을 아는 사람이라면 전혀 놀라지 않을 것이었다. 주로 흑인 하층민이 사는 주거 지역은 건강을 해치는 맹독성의 산업 폐기물에 고스란히 노출되었다. 역사를 아는 사람에게 이 사건은 전형적인 환경 스캔들이다. 이미 1845년 프리드리히 엥겔스는 『영국 노동 계급의 상황』에서 이런 종류의 사건을 고발한 바 있다. 엥겔스의 이 보고서는 마르크스주의의 기원을 이룬다. 환경 운동이 마르크스주의와 맞물리면서 의심의 눈길을 피할 수 없었던 미국에서는 사회 계층 차별보다는 인종 차별이 운동의 과녁이 되었다. 그래서 이 스캔들은 〈인종 차별을 의식하는 환경 운동environmental racism〉의 대명사로 통한다. 그때까지 미국 환경 운동계에 유색 인종은 거의 전무하다시피 했다. 지금도 유색 인종은 따로 환경 단체를 이룬다. 이런 탓에 기부금을 마련하는 일에서 기성 백인 〈NGO〉와 이들 환경 단체는 긴장 관계를 빚곤 한다.[314] 그래도 이 새롭게 참여한 우군은 환경 운동의 양심에 큰 위안을 주었다.

19세기 말의 위생 운동 이래 환경 문제의 〈해결〉은 주로 〈외딴곳으로 옮겨 쌓아 두는 하치장〉이었다. 그래야 최소한 예민한 지배층이 감각으로 문제의 존재를 깨닫지 못하게 할 수 있었기 때문이다. 낮은 곳에서 높은 곳으로, 도심의 물 흐르는 곳을 피해 지방 하천이나 바닷가로, 지층에서 지하로, 또 어디서나 전형적이듯 부유층의 〈고급 주택가〉를 피해 빈민이 주로 사는, 굴뚝 연기가 피어오르는 지역으로 문제는 옮겨지고 가려졌다. 부유층과 하층민의 구분을 위해 19세기 말부터 도시는 〈구획〉으로 계속 나누어졌다.[315] 순수 주거 구역과 산업 구역, 혼합 구역 등으로 나뉜 도시 정비는 사실 부유층과 빈민층 사이에 담을 쌓는 것과 다르지 않았다. 이런 배경을 염두에 두면 〈환경 정의 운동〉이 갖는 계급 투쟁적 의미가 쉽사리 드러난다. 이처럼 환경 정의 운동의 추진력은 순전히 생태적이라기보다는 사회 갈등의 요소에서 얻어졌다. 이 운동은 단순히 옮기고 가려 버리는 환경 정책을 중단하고, 문제의 핵심에 이르게 했다. 문제의 핵심, 이것은 공해 물질이 생겨나는 것을 줄이는 일이다. 물론 이런 산업 정책 목표는 지역 단체의 힘만으로는 이뤄낼 수 없었다.

독일 사회학자 울리히 벡은 1986년에 발표한 『위험사회』에서 이탤릭체로 강조해 이렇게 썼다. 〈빈곤은 계층을 가르며 위계질서를 세우지만, 스모그는 민주적이다.〉[316] 이후 미국에서도 자주 회자된 이 짧은 표현은 환경 피해가 계층을 가리지 않으며, 모든 인간에게 똑같이 적용된다는 사실을 압축해서 담아냈다. 지배층을 상대로 온갖 수식어를 동원해 가며 사회 개혁을 외치던 목소리는 생태 시대를 맞아 철 지난 유행이 되었다. 오래전부터 잘 알려진 독극물에 집중하던 운동도 이산화탄소와 오존의 경고에 묻혀 마치 이런 위험이 이미 해결된 것처럼 착각해 한때 지나간 일로 치부되었다. 그러나 미국이나 동유럽, 제3세계의 대도시의 현실은 달랐다. 미국 도시의 암울한 구역에서 유색 인종이 벌이는 시위는 환경 문제를 글로벌 차원의 의제로 만들었다. 〈EPA〉도 이런 새로운 저항이 단발성으로 그치지 않고 네트워크를 이루며 정치적 동력을 얻도록 일조했다. 레이건 치하에서 벽으로 내몰려 외롭게 싸웠던 이 환경 관청은 환경 정의 운동에서 개혁을 원하는 국민과 언론의 지지를 새롭게 얻었다. 〈환경 정의〉라는 구호 아래 〈EPA〉가 수용할 수 있는 새로운 자극들이 모였다. 아니, 더 나아가 이런 자극은 그때까지 이 환경 관청의 행동 노선과 결합하며, 이 노선이 처했던 막다른 골목에서 빠져 나올 수 있게 이끌었다.

1980년대의 〈EPA〉 정책은 이른바 〈슈퍼펀드〉라는 형태로 이루어 졌다. 정확히는 〈종합 환경 대책 보상 및 부담법Comprehensive Environmental Response, Compensation and Liability Act, CERCLA〉이라는 길고 복잡한 관청 용어를 대중이 알기 쉽게 부른 명칭이 〈슈퍼펀드〉, 곧 〈특별 기금〉이다. 1980년에 제정된 이 법은 환경 폐해를 개선하기 위해 기금을 조성하기로 하고 〈오염자 부담〉 원칙으로 원인 제공자가 일부 재원을 부담하기로 했지만, 원인 제공자를 특정할 수 없는 사례, 전체의 약 3분의 1에 해당하는 사례는 정유 업체와 화학 산업에 특별세를 물리는 것으로 정했다. 말하자면 생태 세금의 미국적 변종이 이 〈슈퍼펀드〉다. 이 법을 제 정하려는 첫 번째 원동력을 촉발한 것은 1978년의 〈러브캐널 사건Love Canal accident〉이다. 당시 언론은 이 사건을 두고 희대의 스캔들이라며 흥분했다. 사업가 윌리엄 러브William Love는 1890년대에 나이아가라폭포 상류에 배가 운항할 수 있는 운하 공사를 시작했다. 그러나 윌리엄 러브는 파산했으며, 〈후커 화학 약물 회사Hooker Chemical Company〉는 미처 완성하지 못한 운하의 일부를 쓰레기 매립지로 활용했고, 1978년에 폭로되기로는 이곳에 독극물을 매립하기도 했다. 1970년대까지만 하더라도 미국과 유럽에서 쓰레기 매립지는 대중의 관심을 끌지 못한 문제였다. 이 〈러브캐널〉이 메워지자 회사는 부지를 지역 교육청에 1달러에 팔았으며, 1950년대와 1960년대에 걸쳐 목가적인 전원도시 풍경을 자랑하는 학교가 이곳에 세워졌다.

이 목가적 풍경의 기만적 실체가 폭로되자 충격은 이루 말할 수 없이 컸다. 독극물이 이곳 주민에게 실제로 어느 정도 건강에 해를 입혔는지 하는 문제는 오늘날까지도 완전히 규명되지 않았다.[317] 그러나 이 스캔들은 환경을 바라보는 패러다임을 바꿔 놓는 기폭제가 되었다. 〈에큐매니칼 태스크포스Ecumenical Task Force, ETF〉라는 이름의 종교 단체는 이 스캔들을 환경 역사의 대표적 사례로 꼽았다.[318] 그 발생 지역을 특정할 수 있는 독극물 스캔들은 〈EPA〉와 환경 전문 변호사들에게 광범위한 환경 폐해라는 막연한 문제보다 훨씬 더 확실한 공격 목표를 제공해 주었다. 더 나아가 독극물 스캔들은 레이건 시대에서 산업의 생산물을 거칠 것 없이 공격할 수 있게 해주는 대단한 강점을 발휘했다. 말 그대로 무한해 보이는 운동 분야가 활짝 열렸다. 미국은 그 광활한 국토 덕에 인구 밀도가 높은 유럽보다 쓰레기 문제를 별 신경 쓰지 않고 처리해 왔다. 의심할 바 없이 수상한 쓰레기를 채운 매립지는 엄청나게 많이 발견될 것으로 전망되었다.

물론 그 많은 매립지를 일거에 처리한다는 것은 불가능하다. 더욱 심각한 문제는 매립된 쓰레기로 실제 건강이 해를 입었는지 대부분 입증하기가 매우 어렵다는 점이다. 이런 상황에서 피해자는 탁월한 변호사의 변호를 받는 것이 필요하다. 이는 곧 자비를 써야 함을 의미한다. 소송이 성공적으로 끝나면, 〈슈퍼펀드〉가 변호사 비용을 지급했다. 나중에 비판적 입장을 가진 사람들은 펀드로 조성한 금액의 3분의 1 이상이 변호사의 수임료로 쓰였다고 불평했다.[319] 심지어 환경 운동의 편에서는 사람들조차 〈슈퍼펀드〉 정책에 즐거워할 수 없었다. 매립지로 의심되는 곳이 엄청나게 많은데, 그 가운데 우선순위를 정하는 일에서 관료적 절차는 대단히 높은 비용을 요구했다. 결과적으로 1980년대 동안 〈슈퍼펀드〉가 매립지로 기록한 799곳 가운데 정비가 이뤄진 곳은 고작 16곳에 지나지 않았다. 들어가는 비용과 그 실제 효과 사이의 관계는 참상에 가까웠다.[320] 또 〈슈퍼펀드〉로 빈곤층이 무조건 이득을 보는 것도 아니었다.

이런 상황에서 환경 보호 운동은 〈환경 정의〉 덕에 다시금 사회 복지 운동의 힘을 얻었다. 1992년 〈EPA〉는 부시 임기의 마지막 시기에 〈환경 형평 사무소〉를 열었다.[321] 특히 상징적이고 극적이었던 시위는 워싱턴 동부의 애너코스티아Anacostia강 인근의 흑인 주거 지역에서 발생했다. 백악관에서 자동차로 몇 분만 달리면 도착하는 곳이지만, 워싱턴 방문자들이 좀체 찾아보는 일이 드문 지역에서 발생한 시위는 독성이 강한 산업 폐수를 강으로 흘려보내고, 지역 주민이 강에 접근하지 못하게 도시 고속 도로로 막아 버리는 것을 반대해서 일어났다.[322] 비슷한 시위는 샌프란시스코의 베이 에리어Bay Area에서도 일어났다.[323] 지역 환경 단체가 주도한 이 시위는 정치적으로 진보 성향을 자랑하기는 했지만, 사실상 고급 주거 지역을 지키려는 상류층의 속내 그대로 평온함과 아름다운 전망을 지키고자 하는 희망을 고스란히 드러냈다.[324] 1970년을 기점으로 번져 나간 새로운 환경 의식은 전형적인 경우 〈화이트 플라이트white flight〉, 곧 여러 인종이 뒤섞여 사는 주거 지역에서 백인이 빠져나가는 경향을 강화했다.[325]

해로운 전자 쓰레기를 막고자 실리콘밸리에서 결성된 단체(실리콘밸리 독물 연맹SVTC) 역시 개척자 성격을 지닌다. 실리콘밸리는 전자 혁명으로 전설이 된 곳이다. 이 단체가 벌인 저항 운동은 〈낡고 지저분한 산업〉만 환경을 망가뜨리는 것이 아니라는 점을 대중에게 각인시켰다.[326] 물론 이 경우 근본 문제는 그대로 남는다. 공해 물질 때문에 발생한 건강 손상은 개인적으로 정확히 입증하는 것이 매우 어렵다. 그럼에도 미국 문화는 개인 중심의 법체계로 개인만이 소송의 주체가 될 수 있다.[327] 이런 딜레마 탓에 〈환경 정의 운동〉은 무력감에 빠져 침체 현상을 보였다.[328] 체르노빌의 많은 희생자는 러시아의 법체계 아래서만 어려웠던 게 아니라, 미국에서도 스타 변호사를 선임하지 않는 한 쉽지 않았으리라는 점을 생각하면 참으로 씁쓸한 대목이 아닐 수 없다.

환경 운동 전반에 새로운 방향을 제시해 준 것은 본래 숲에서 비롯된 〈서식지〉라는 개념이 미로와도 같은 대도시와 그 인근 지역에 적용되었다는 점이다.[329] 이런 관점에서 전형적인 〈환경 정의 단체〉는 1960년대에 제인 제이콥스가 이끈 그리니치빌리지 투쟁은 물론이고 프랑크푸르트와 베를린의 주택 점거 투쟁, 동독 말기의 도시 생태 그룹 그리고 산업의 공해 물질로 심각한 위협을 받는 오랜 도시 크라쿠프를 지키려는, 폴란드에서 대단한 인기를 누린 운동 등과 어깨를 나란히 한다.[330] 이 분명한 지역적 성격의 운동은 어떤 의미에서 심지어 글로벌하기조차 하다. 무엇보다도 세계 각국의 환경 운동가 사이에는, 물론 이들이 서로 알지 못한다고 할지라도, 끈끈한 내적 연대감이 존재하기 때문이다.[331] 그러나 글로벌 네트워크를 이룰 접근법은 지금껏 제대로 활용되지 못한 것으로 보인다.[332] 이런 단체들이 지닌 생동성의 뿌리는 바로 지역이다. 이 경우 아주 구체적인 자신의 생활 환경이 문제이기 때문에 다른 환경 운동보다 여성 참여 비율이 훨씬 더 높다.[333]

특히 물을 나눠 주는 문제에서 팔레스타인 사람들에게 동등한 권리를 인정해 주자는 이스라엘의 환경 운동도 〈환경 정의〉의 요구다. 이 운동은 국가 정치의 신경을 건드리면서도 동시에 글로벌 차원의 인권 문제를 다룬다는 점에서 대단히 용감하다.[334] 보팔의 화학 참사(1984) 때 이미 〈환경 정의 운동〉이 일어났다면, 이 사고는 생각할 수 있는 가장 강력한 기념일이 되었으리라. 그 희생자는 바로 극빈층이었기 때문이다. 생태 시대에서도 정의의 추구는 긍정적 변화를 일으킬 생산적 잠재력을 가졌다.

7

세계화와 반세계화 사이의 환경 정책

새 소식들

생태 시대의 첫 20년, 스톡홀름에서 리우까지, 〈성장의 한계〉에서
〈지속 가능한 개발〉까지 20년을 돌아보고, 그런 다음 아직 아무런 이름
이 붙지 않은 가장 최근 시기를 관찰하면, 우리는 늘 거듭 나타나는 적
지 않은 주요 동기와 계속 문제를 빚어내는 원인은 물론 예전에 볼 수
없던 전혀 새로운 것도 알아볼 수 있다. 지금껏 환경 운동은 전 세계적
으로 지역에 따라 우선순위가 매우 상이한 운동이었다. 또 각국의 환경
운동 내부에서도 우선순위는 끊임없이 뒤바뀌었다. 생태가 요구하는
〈네트워크 사고방식〉은 우선순위를 정하는 일을 언제나 어렵게 했다.
이런 어려움은 좀체 극복되지 않았다. 그러나 최근 20년 동안 한 가지
사안만큼은 전 세계적으로 환경 운동의 최우선 과제로 인식해 왔다. 그
것은 바로 온실 효과로 말미암은 기후 변화 문제다.

생태의 논리로 생각하는 사람은 예전만 하더라도 갈수록 생태 계몽
이 활발히 이뤄지면서, 피할 수 없이 〈하나의 최고 사안top-issue〉에서
〈다중 사안multiple-issue〉 접근의 방식으로 환경 운동이 변화할 것이라고
예언하곤 했다. 그러나 이와 반대로 〈지구 온난화〉라는 단일 사안이 〈최
고 사안〉으로 올라서서 지속해서 대중의 관심을 끌었다. 1992년 〈시에

라 클럽〉 회장은, 다중 사안을 두고 우왕좌왕하는 모습은 결국 인간이 진정으로 열광하는 야생 자연의 보존으로 귀착될 것이라고 강조했다.[1] 그러나 기후 보호 문제는 수력 발전과 풍력 발전, 바이오 연료 농장과 대규모 태양광 발전 단지에 대항하는 자연 보호 투쟁을 약화했다.[2] 이미 1990년대에 미디어 학자들은 현대 대중 매체의 속성으로 인해 재해가 명확히 예상되지 않는 한, 기후 문제는 몇 년 뒤 시들해져 더는 기삿거리가 되지 않을 것이라고 가르쳤다. 그러나 현실은 달랐다. 그동안은 기후 문제를 회의적으로 보는 사람들의 조롱이 왕왕 지면을 장식했지만, 이내 기후 걱정이 다시 주를 이루었다.

기후 문제가 이처럼 지속적인 관심을 받는 이유 가운데 특히 주목해야 할 것이 있다. 예전에 납과 수은, 황산과 같은 공해 물질이 원인이 된 환경 문제는 대중에게 폭넓은 반응을 이끌어 냈는데, 이런 문제의 심각성이 오래전부터 잘 알려져 있었고 직업 환경 의학도 그만큼 잘 발달해 환경 운동에 필요한 논리적 바탕이 충분했기 때문이다. 최근 들어 심각성이 제기된 석면 위험도 마찬가지다. 그러나 이산화탄소 문제는 다르다. 이산화탄소는 지구 온난화의 주범으로 지목받은 나머지 필요 이상으로 지나친 적대적 반응을 부르고 말았다. 많은 환경 운동가는 기후 문제의 심각성에 도취한 탓에 〈이산화탄소가 없는 도시〉를 요구하는 코미디까지 연출했다. 이산화탄소는 생명을 이루는 근본 요소 가운데 하나이며, 대기권에 일정 정도 이산화탄소 비율이 유지되어야 한다는 점은 까맣게 잊히고 말았다.[3]

더욱 기괴한 사실은 환경 보호의 새로운 최우선 순위로 떠오른 기후 문제에 대한 국제 사회의 태도다. 하필이면 북반구의 산업 국가, 지금껏 가장 많은 이산화탄소를 배출했지만 온난화 문제로 근심할 일은 가장 적은 산업 국가가 앞장서서 호들갑을 떠는 현실은 어찌 이해해야 좋을까? 지난 20년 동안 우리는 풍자의 소재가 되고도 남는 이중적 태도를 여실히 목도해 왔다. 지구 온난화를 경고하는 목소리에 공개적으로 동조하는 것이야 생태 운동이 취해야 할 마땅한 태도이기는 하다. 그러나 서늘한 기온의 북반구 산업 국가 국민은 따뜻해진 공기에 희희낙락하며 지금껏 잘 몰랐던 남반구 여가 문화, 이를테면 정원 레스토랑과 길거리 카페를 즐긴다. 녹아가는 북극에 묻혀 있다는 천연자원을 차지하려는 북반구 국가들의 경쟁은 이미 시작되었다. 전통적으로 유럽 중부와 북부에서 따뜻한 기온은 항상 좋은 조짐으로 여겨져 왔다. 온난화가 지금처럼 완만한 형태로 이뤄지는 한, 북반구 국가가 온난화를 두려워할 일은 없다. 다시 말해서 한쪽에서는 〈지구 온난화〉로 구체적인 모습을 갖춘 종말론으로 목청을 높이면서, 다른 한편으로는 오히려 상황을 즐기는 기이한 형국이 북반구의 현주소다.

온실 효과의 공개적 경고는 위선일까? 그러나 많은 경우 이 경고가 진지하다는 점은 의심의 여지가 없는 사실이다. 오히려 지금까지 기후 경고 역사는 한 가지만큼은 분명하게 확인해 준다. 생태 시대를 이끄는 결정적 추동력은 공황 상태에 가까운 두려움이 아니라, 지적 태도로 가려낸 문제의 핵심에 대한 근심이다. 물론 지적 태도도 온갖 감정에 물들기는 한다. 그러나 지적 태도야말로 계몽 역사의 핵심이다. 비록 현실에서 지적 태도는 대중 히스테리라는 비웃음을 살 때가 많지만, 그래도 생태 운동은 감정에 휘둘리지 않으며, 논리적 냉철함을 자랑한다. 적어도 독일의 설문 조사에서 이런 지적 태도를 확인할 수 있는데, 구체적인 주변 환경에서 두려워할 일은 알아볼 수 없어도 환경의 글로벌한 상황을 근심하고 있다는 대답이 두드러졌다.

생태 시대는 결과적으로, 많은 과학자, 또는 과학자가 되고 싶어 하는 사람들이 최근 기꺼이 믿고 싶어 하듯, 지식 사회 혹은 심지어 과학 사회가 세상을 지배하게 했을까? 그러나 같은 관점으로 전혀 다른 측면도 드러난다. 생태 시대는 절대 생태학의 지배를 의미하지 않는다. 오히려 현실은 정반대다. 놀라운 점은, 오늘날 기후 연구에서 학계가 두드러진 단결심을 보여 주는 것과 달리, 생태 시대의 첫 10년만 하더라도 생태를 다루는 과학계에서 단결심을 거의 찾아볼 수 없었다는 사실이다. 또 과학계가 생태와 관련해 정치에 어떤 구체적 요구를 한 일도 없다.

엄밀한 의미에서 생태 과학은 가치 판단의 기초를 제공해 주지 않으며, 실천 프로그램의 밑그림도 그려 주지 않는다. 모든 것이 모든 것과 맞물려 모든 실천적 행동이 의도하지 않은 부작용을 이끈다면, 또 자연이 인간의 손길이 닿지 않아도 끊임없이 변화한다면 우리는 미생물이라는 무한에 가까운 세계의 전모를 비슷하게라도 들여다볼 방법을 결코 가질 수 없다. 이런 마당에 생태 예언자는 무슨 근거로 근엄한 얼굴과 준엄한 목소리로 생태 파괴를 참회하라고 다그칠 권위를 가지는가?

대중은 기후 연구의 숨 가쁠 정도로 빠른 발전을 생태학의 시장 장악과 동일시해 왔다. 그러나 기후 연구가 곧 생태학은 아니다. 기후학이 장기간에 걸쳐 평균 기온의 변화 추세를 모델로 연구해 생태적 결과를 예측할 수 있다고 해도 기후는 생태의 일부일 뿐, 생태 전체는 절대 아니다. 오히려 최근 기후학이 보여 주는 추세가 대중의 환경 의식과 어긋나는 볼썽사나운 모습을 보면 기가 찰 노릇이다.

1980년대 이후 생태계 연구가 보여 준 가장 중요한 이론적 혁신은 이른바 〈카오스 이론〉이다. 〈카오스 이론〉은 고정된 상태를 모델로 삼는 연구로는 생태계를 진단할 수 없다는 점을 보여 주며, 생명 현상이 일종의 직선적 형태로 발달하는 것이 아니라는 점을 강조한다.[4] 생태계와 생물종 개체 수의 변화뿐만 아니라, 기후 변화 역시 〈카오스적 요소〉, 곧 진단은 제한적일 수밖에 없다는 특징이 있다. 이런 사정에서 어떤 실질적 결론을 끌어낸다는 것은 쉬운 일이 아니다. 그래서 역사의 관점이든 생태의 관점이든 중요한 물음은 도대체 어떤 근거로 1980년대 이후 기후 연구가 국제적 권위를 자랑하게 되었는가 하는 것이다. 무슨 실질적 정보를 가졌기에 기후 연구는, 효과적인 정치는 이러저러해야 한다는 둥, 생태가 요구하는 진실은 이렇다는 둥 하는 따위의 주장을 하는가? 왕성한 지식욕을 표출하는 통에 기후 연구의 컴퓨터 모델이 무슨 말을 하는지, 원자력과 살충제의 위험을 환히 꿰는 헌신적인 일반인도 이해하는 것이 거의 불가능에 가깝다. 참으로 놀라운 일이 아닐 수 없다. 전체 연관을 간단하게 보여 주면서 척 봐도 무슨 소리인지 알 수 있게 해주는 유일한 개념은 〈온실 효과〉뿐이다.

이로써 우리는 완전히 새로운 신천지로 들어선다. 예전의 환경 운동, 예를 들어 원자력 발전, 대형 댐 건설, 산업의 공해 물질 또는 하천 오염에 대항해 싸운 환경 운동은 일반적으로 그 중요한 동력을 시민 운동, 곧 〈풀뿌리 운동〉에서 얻었다. 기후 문제에서 운동의 동력은 어디서 올까? 절대 쉽지 않은 물음이다.[5] 대체 어디서 시위할 것인가? 〈내 집 굴뚝 앞에서 시위해야만 하는 거야?〉 독일 녹색당의 어떤 정치인은 이렇게 반문했다. 기후 운동이라는 것이 벌어질 수 있을까? 벌어진다면 그런 운동은 〈완전히 새로운 의미의 운동〉이리라. 독일 환경부 설립 20주년을 맞아 2006년 폴커 하우프는 심지어 오늘날 위대한 환경 운동가는 환경 단체가 아니라, 재보험 회사에 있다고 자조 섞인 농담을 했다. 기후 변화의 결과로 빚어질 피해 보상 탓에 보험사들의 근심이 커지자, 이에 대비해 재보험 회사는 기후 전문가를 고용했다고 한다.[6] 이것도 운동일까? 초등학교 여교사들이 대기권에 최소한의 부담을 주자면서 아이들과 〈기후를 생각하는 아침식사〉* 행사를 했다고 한다. 그렇게 해서 실질적으로 기후 변화가 일어날까? 아니면 운동이라면 자동으로 머리띠를 두른 군중이 시위를 벌이는 모습을 연상하는 우리의 〈고정 관념〉을 버려야만 할까? 때때로 행정 기관이 많은 〈운동〉보다 더 운동적이니까.[7]

그러나 운동이든 아니든 생태 시대 첫 10년을 배경으로 놓고 볼 때, 리우 회담 이후 환경 운동의 국제 네트워크화가 새로운 수준으로 올라섰다는 점은 분명하다. 〈글로벌하게 생각하고 로컬하게 행동하자〉는 구호는 처음부터 확실히 효력을 발휘했다. 이런 구호를 지어낸 데이비드 브라워는 자신의 단체 〈지구의 벗〉을 통해 이에 걸맞게 실천하려 노력했다. 그렇지만 대다수 환경 운동가는 오랫동안 다른 나라에서 뜻을 같이하는 사람들이 있다는 사실을 거의 알지 못했다. 관심을 갖고 찾으

* 이 행사는 독일 코트부스의 어떤 초등학교에서 실제 기획해 개최한 것이다. 일회용품을 쓰지 않고 학생들이 저마다 집에서 가져온 자신의 나이프와 포크를 써서 아침을 먹으며 함께 기후 문제를 생각하자는 것이 행사의 기획 의도다.

려 해도 힘들 정도로 국제적 연계는 약하기만 했다. 우주 비행에서 촬영된 지구 사진 〈푸른 별〉은 처음부터 환경 의식의 아이콘으로 자리 잡았다. 환경 의식의 이런 바탕에는 글로벌 차원을 장악하려는 새로운 권력 욕구도 숨어 있었다.[8] 그러나 새로운 환경 의식의 전 세계적인 지평 안에 포함된 이런 잠재력은 1990년대까지 발현되지 못했으며, 불투명한 상태로만 남았다. 글로벌 기후 정권이라는 프로젝트와 더불어 비로소 이런 잠재력은 구체적인 모습을 드러내기 시작했다. 네덜란드 출신으로 유럽 연합 환경 사무총장을 지낸 로런스 얀 브린코르스트Laurens Jan Brinkhorst는 1991년 유럽 환경 정책을 주제로 열린 마인아우어 대담에서 이렇게 선포했다. 환경 정책은 〈글로벌 차원〉으로 〈갈수록 더 권력 정치의 장이 될 것이다〉. 〈지구 전체의 개발 정책도 마찬가지다.〉[9]

글로벌 기후 정책은 어떤 실질적 성공을 거두지 못했을지라도 중앙 집권의 정당성을 계속해서 키웠다. 이렇게 해서 환경 운동의 지역 뿌리와 국제적 지평 사이의 긴장은 갈수록 첨예해졌다. 독일이 재생 가능한 에너지 개발의 선두주자로 올라서려는 야심을 키웠을 때, 곳곳에서 자연 보호와 환경 운동 사이의 갈등이 폭발했다. 상부 단체가 이런 입장 차이를 조정해 주려고 했음에도 바탕에 깔린 정신적 이질성은 좀체 사라지지 않았다. 독일의 가장 강력한 시민 운동이었던 원자력 반대 운동 역시 기후 경고로 흔들리는 조짐을 보였다. 마침내 대중의 감시 눈초리에서 벗어난 원자력 로비는 기후 문제가 화력 발전을 반대할 호재라 보고 기후 경종의 분위기를 더욱 달구려 노력했다. 이런 정황은 환경 운동이 생태 담론의 내재적 논리로 변신하기가 얼마나 어려운지 확실하게 증명했다. 이산화탄소의 온실 효과 문제가 원자력 반대 운동을 완전히 잠재우지 못했다는 점을 생각하면, 환경 운동이 탄력적으로 대처하지 못해 아쉽기만 하다.

1969년 말 겐셔의 독일 내무부에서 환경 정책을 설계한 페터 멘케글뤼커르트는 30년 뒤에 1992년 리우 회담으로 새롭게 열린 시대를 돌아보며 열광적으로 격찬했다. 당시 전 세계적으로 〈생태의 전환〉이 현실로 나타났다는 것이 격찬의 이유였다. 지속 가능성이라는 깃발 아래 〈세계 공동체〉가 생겨났다. 〈경제도 오랫동안 저항하고 의사 진행을 방해하며 온갖 로비를 벌인 끝에 마침내 환경의 교훈을 받아들였다.〉 더 나아가 환경 정책의 단초들은 하나의 위대한 통일을 이루었다. 〈리우 회담은 마침내 서로 따로 노는 전문가 정치와 뜸부기 구출 운동 같은 뜬금없는 행동 노선을 버리고 다시 환경 딜레마의 핵심, 곧 이제 지구상에 살아가는 60억 인류의 생존을 위해 과도한 자연 자원 남용이라는 문제에 집중한다.〉[10]

리우 회담 당시 독일의 환경부 장관이었으며, 1998년에서 2006년까지 〈UNEP〉의 상임 이사였던 클라우스 퇴퍼도 당시를 되돌아보며 이 정상 회담은 환경 정책을 〈거의 엘리트만의 리그에서 끌어내〉 국제 정치의 주류로 끌어올렸다고 평가했다. 그러면서도 퇴퍼는 〈리우 회담이 전반적으로 실망스러웠다〉고 토로했다. 물론 자신의 희망을 저버리고 〈UNEP〉가 실행 능력을 갖춘 조직으로 발달하지 못했다는 개인적 이유도 있었겠지만,[11] 그동안 결산해 본 〈중요한 협약과 원칙, 의제는 비록 최고의 정치 차원에서 다루어졌음에도 직접적 변화를 이끌어 내지 못했다〉는 통찰이 평가의 이유였다. 리우의 〈실질적 성공〉은 무엇보다도 지역 차원의 프로젝트에서, 곧 〈지역 어젠다 21 Local Agenda 21〉의 실천에서 이루어져야 한다.[12] 효과적인 환경 정책은 그 본질에서 지역 중심이어야 한다. 그리고 지역 중심이라는 것은 일반적으로 〈상징적 정치〉에만 치중하지 않고 구체적으로 행동하려는 진지한 환경 단체를 말한다. 이것이 바로 정상 회담이 안고 있는 딜레마다.

리우 회담에 이어 정도를 벗어날 정도로 자주 열린 환경 관련 국제 회의는 갈수록 공짜 관광이라는 비웃음을 샀다. 2003년 3월 제3차 〈세계 물 포럼〉은 일본의 세 도시, 교토, 오사카, 오쓰에서 동시에 열렸다. 2000년에 헤이그에서 열린 제2차 〈세계 물 포럼〉에 약 6,000명이 참가했던 것과 비교하면 네 배가 더 많은 참가자가 제3차 대회에 참가했다. 대회가 주최한 행사들은 세 배에 가깝다. 인도의 물 전문가 아시트 비스와스Asit Biswas는 행사 규모와 다루는 주제의 폭은 누구도 전체를 조망할 수 없으며, 도대체 이런 대형 행사의 결과가 무엇인지 알 수 없다고 불평했다. 이런 무의미한 대형 쇼가 도대체 왜 필요할까? 2009년 이스탄불에서 열린 제5차 〈세계 물 포럼〉에는 전부 192개국에서 3만 3,058명이 참가해 그때까지 국제회의 기록을 경신했다. 〈회의의 핵심적 성과는 알아볼 수 없다. 192면의 결과 보고서는 환영사와 사진들로 꾸며진 프로그램만 선보인다.〉[13] 그동안 정말 중요한 사항은 이른바 〈G9 정상 회담〉에서, 곧 세계에서 가장 강력한 권력과 튼튼한 재정을 자랑하는 국가들의 지도자가 모여 결정해 왔다는 것은 놀라운 일이 아니다. 반대로 2002년 요하네스버그에서 열린 〈지속 가능한 발전을 위한 세계 정상 회의World Summit on Sustainable Development, WSSD〉는 리우 이후 10년 만에 개최되는 〈슈퍼 리우〉로 기획되었으나 세계의 주목을 거의 받지 못했으며 이내 잊혔다. 이 환경 정상 회담이 무슨 성과를 냈는지 말할 수 있는 사람은 아무도 없다.

이런 유형의 회의는 갈수록 공허함으로 흘렀다. 그야말로 무책임, 구속성 없음, 불가해함의 종합판이었다. 〈모든 것이 총체적 글로벌〉이라는 제목으로 일간지 『프랑크푸르트 룬트샤우Frankfurter Rundschau』는 「세계 화장실 정상 회담」이라는 풍자 기사를 게재했다. 기자는 기후 관련 국제회의를 두고, 글로벌 화장실 위기를 맞아 그 해결책으로 인간의 품위에 맞는 화장실을 요구하는 것은 인간의 기본권이라고 익살을 부렸다.[14] 자연 보호 운동가 한스 디터 크나프Hans Dieter Knapp는 독일의 섬 필름Vilm의 우아하면서도 좁은 자연 보호 구역에서 지내면서 리우 유형의 국제 자연 보호를 그 자체로는 유용한 잠재력을 가졌다고 평가하면서도 다음과 같은 시로 풍자했다. 〈수백 명의 잿빛 양복을 차려입은 유복한 관리들이/전 세계 각국에서/에어버스를 타고 지구를 바삐 돌아다니며/국제회의에서 국제회의로/인공조명 아래 협상하며/에어컨이 빵빵 틀어진 회의 공간에서/동시 통역사의 도움을 받으며/방음 처리가 완벽한 밀실에서/문자와 부호로 씨름하며/회의 서류에 파묻혀/서류철을 살펴 가며/생물종 구출을 위해/우리별 지구를 사랑하는 마음으로.)[15] 괴테의 「자연은 정말 아름답게 나를 비추는구나Wie herrlich leuchtet mir die Natur」라는 제목의 시는 다른 세계를 노래하는 목소리였다. 그러나 이 세계야말로 자연 보호의 카리스마가 비롯된 곳이 아니던가!

우리가 보았듯, 생태 운동계에서 〈글로벌〉은 〈좋음〉의 동의어로 여겨지던 시절이 있었다. 환경 운동가는 〈경계 없음〉과 〈경계가 사라짐〉이라는 말만 들으면 에로틱한 환상에 젖으며 이승을 초월하는 것만 같이 감격했다. 무엇보다도 조류 보호 운동가, 애초부터 자연 보호 운동의 핵심 세력을 이루었던 조류 보호 운동가는 철새를 염려하는 마음으로 항상 〈경계가 없는 자연 보호〉를 갈망했다. 잊지 말아야 할 점은 냉전의 시대에 글로벌이라는 하나의 세계를 원한다는 고백은 냉전 이후 시절과는 다른 울림을 가졌다. 이런 고백은 제3차 세계 대전의 위험을 막으려는 액땜의 주문이었다.

그러나 〈경계 없음〉이라는 마법의 주문은 경제 광고도 점령하기 시작했다. 이 〈경계 없음〉은 이번에는 성장의 한계라는 유령을 막고자 하는 액땜이다. 1990년대 중반부터 인터넷은 실제로 국제적 차원을 열며 폭발적으로 전 세계로 퍼져 갔다. 인터넷이 열어 주는 새로운 가능성에 환경 운동도 넋이 나갈 지경이었다. 인터넷은 기성 단체와 언론을 거치지 않고 정보망을 구축할 더없이 좋은 기회였다. 물론 이 책도 인터넷이 없었다면 결코 쓰이지 못했으리라. 환경 운동의 운동성이 이 새로운 정보와 소통 네트워크로 어떻게 변화했는지 하는 문제는 아직 그 전모를 가늠하기 힘들다. 그러나 물론 환경 단체만 이런 새로운 가능성을 이용할 줄 알았던 것은 아니다. 오히려 환경 단체는 그 고유한 네트워크 안에서만 검색하느라, 글로벌화의 다른 차원을 놓쳤을 수 있다. 인터넷에는 예나 지금이나 정보와 소통의 무한한 성장 가능성이 존재한다. 그리고 겉보기에 인터넷은 경제에서도 무한한 성장이라는 환상을 새롭게 살려내는 데 적잖게 기여했다.

리우 회담 이후 구축되어 중요한 사안마다 강력한 힘을 발휘한 글로벌 정권은 기후 보호와 지속 가능한 개발의 정권이 아니었다. 이 정권은 공산주의 블록의 붕괴 이후 세계 곳곳에서 자유 무역과 경제의 탈규제화를 밀어붙이기에 급급했다. 이런 목표를 가장 철저하게 추구한 조직은 1994년 4월 1일 모로코의 도시 마라케시에서 출범한 〈세계 무역 기구World Trade Organization, WTO〉다. WTO는 1947년에 맺어진 〈관세 및 무역에 관한 일반 협정General Agreement on Tariffs and Trade, GATT〉을 대체한 것으로, 단순한 관세 협정이 아니라 초국가적 권력을 자랑하면서, 숙적 장 지글러Jean Ziegler의 지적대로, 〈강제 수단과 제재를 마음껏 활용했다〉.[16] WTO는 이런 강제 수단과 제재를 무엇보다도 제3세계의 약소국을 상대로 강력히 구사했다. 동시에 1944년 세계은행이 브레턴우즈에서 설립한 〈국제통화기금International Monetary Fund, IMF〉은 마찬가지로 제3세계의 국채가 많은 약소국을 상대로 국채를 낮춰 주겠다는 조건으로 그 주권을 무시하면서 새로운 간섭 정책, 통화 안정을 위한 구체적인 지시를 강제했다.[17]

이런 추세는 케인스 경제학과의 결별을 의미했다. 일자리 창출은 이제 더는 통화 안정성을 흔들면서까지 이뤄질 수 없었다. 물론 보호 관세와 규제의 확대가 환경에 반드시 보탬이 되는 것이 아니듯, 자유 무역과 통화 안정성이 환경에 무조건 해를 끼치는 것은 아니다. 또 환경 운동이 글로벌화 반대 운동에 동조한다고 해서 자유주의 경제의 모든 이론을 폐기해야만 하는 것도 아니다. 보호 관세의 높다란 장벽 뒤에 보호되는 중공업은, 국민의 요구가 없이도 국채를 늘려 강행하는 경제 성장만큼이나 환경 친화적이지 않다. 그러나 새로운 경제 정권은 새로운 커뮤니케이션 기술 그리고 세금을 붙이지 않는 선박과 항공 연료 덕에 빠르게 늘어난 장거리 교통과 맞물려 지구 대기권에 엄청난 부담을 안겼으며, 지역 경제를 약화시켰다. 지역 경제는 글로벌화한 경제에 비해 환경 피해의 원인 제공자를 특정하기가 쉬워 그만큼 환경 보호를 더 잘 추진할 수 있다.

신자유주의 경제가 휩쓸었다는 것이 개별 국가가 환경 정책을 주도하던 것이 과거의 일이 되었다는 뜻은 아니다. 1990년대 이후 세계화의 새로움과 그 모든 것을 포괄하는 위세를 과장하는 것은 유행이었다. 국가의 환경 규제에 맞서, 환경 규제는 오늘날처럼 지구촌이 된 세상에서 국제적으로만 이루어져야 한다는 판에 박힌 주장이 횡행했다. 개별 국가가 독자적으로 환경을 규제할 경우 자국의 산업은 국제적 경쟁에서 뒤처지고 만다는 논리였다. 그러나 많은 경우 환경 규제와 관련한 국제적 합의는 예측 가능한 시간 안에 이루어질 수 없음이 분명하게 나타났다. 한때 환경 운동이 말을 꾸미려고 즐겨 들먹였던 세계화는 오히려 신자유주의 경제의 무기, 구린 속내를 숨기려는 무기로 변했다. 신자유주의에 대항해 독일의 정치학자로 환경 정책을 중점적으로 연구한 마르틴 예니케Martin Jänicke는 〈환경 보호의 가장 강력한 장애물〉인 네 가지 분야, 곧 에너지, 교통, 농업, 건축업은 글로벌 경쟁에 노출되어 있다 하더라도, 상대적으로 경쟁의 영향을 크게 받지 않는다고 지적했다.[18] 환경 보호의 선구 국가가 마음껏 정책을 펼칠 공간은 의심할 바 없이 존재한다. 그리고 역사의 모든 경험이 가르쳐 주듯 새로움은 선구자 덕에 출현해 왔다. 옛날의 산업화도 마찬가지다. 주지하듯 산업화는 글로벌 정상 회담 덕에 생겨난 것이 아니다.

생물 다양성과 리우 정신

리우와 더불어 〈생물 다양성biodiversity〉이라는 신조어는 급속히 퍼져 나가며 환경 운동에서 새로운 마법의 주문으로 자리 잡았다. 이런 혜성과도 같은 새 개념의 출현은 자연 보호 운동가들도 전혀 예상하지 못했다. 1985년 미국의 생물학자 월터 로젠Walter Rosen이 고안했으며, 이후 특히 대중적 인지도가 높은 하버드 생물학자 에드워드 윌슨Edward Wilson이 널리 알린 〈생물 다양성〉은 즉각적으로 폭발적 반응을 일으켜 윌슨 자신도 놀라게 했다.[19] 윌슨은 동시에 〈생명애biophilia〉를 인간의 타고난 본성으로 꼽았다. 물론 기민한 독자라면 이미 눈치챘겠지만, 이것은 어디까지나 가설일 뿐 정설은 아니다.[20] 〈생명애〉는 외적인 자연 보호가 인간의 내적 본성에 기초한다는 논리다.[21] 이런 기초는 어느 모로 보나 실제로 생태보다 더 안정적이다. 〈생물 다양성 협약Convention on Biological Diversity〉은 〈지속 가능한 개발〉과 더불어 리우의 상징이 되었다. 그 구상에서 〈생물 다양성〉은 자연 보호와 환경 보호의 종합이다.

리우의 기후 협약과 다르게 다양한 생물종의 보존을 위해 노력한다는 선언은 별다른 갈등 없이 전 세계적인 합의를 이끌어냈다. 〈생물 다양성〉이라는 개념은 그만큼 세계를 사로잡았다. 그러나 조금만 더 자세히 살펴보면 〈생물 다양성 보존〉이라는 목표는 무엇을 어떻게 우선시해야 하는지 그 구체적 대책이 모호하기 짝이 없다. 어쨌거나 특정 〈멸종 위기 종〉에 일방적으로 집중하는 것조차 어렵게 하는 것이 〈생물 다양성〉이다. 합의를 쉽게 만든 것은 바로 이런 불특정성이다. 엄밀하게 말해 생물 다양성에는 미생물과 박테리아도 속한다. 박테리아의 보존을 위해 노력한다고? 생물 다양성을 최대한 보존하는 것이 비옥한 토양을 보존한다는 의미의 지속성과 일치하는 것도 아니다. 오히려 그 반대다. 벌목이 이루어져 숲을 잃은 지역, 토양조차 척박한 지역에 많은 생물종이 서식하는 것은 드문 일이 아니다. 이렇게 본다면 환경 정책의 모범 국가 순위는 역전된다. 알바니아가 독일보다 더 많은 생물종을 자랑하며, 그 정상의 자리는 열대림 국가들이 차지한다. 바로 그래서 산업 발달이 처진 국가들은 큰 비용이 들어가는 환경 보호 대책보다 생물 다양성을 더 반겼다. 생물 다양성의 최대화가 안정적 생태를 뜻하는 것은 결코 아니다. 끊임없이 손질을 해줘야만 하는 정원은 특히 높은 생물 다양성을 자랑한다. 최고의 생물 다양성이 〈자연은 자연대로 놓아두자〉는 구호와 조화를 이룰 수 없는 이유다. 그냥 내버려 둔 지역은 이내 짙은 숲으로 뒤덮여 오히려 생물 다양성이 생태계의 안정을 무너뜨리고 만다.[22]

대체 우리는 〈생물 다양성〉이라는 목표로 무슨 실질적인 변화를 끌어낼 수 있을까? 이 물음에 분명한 답을 준 사람은 에드워드 윌슨이다.

그는 개인적으로 열정에 찬 자연 보호 운동가였지만, 생물종 다양성에 유리하도록 경제 이해관계도 움직일 줄 알았다. 그는 18세기에 생겨난 〈숨겨진 천연자원〉이라는 구상을 활용해 경제의 관심을 자극했다. 〈생물 다양성은 우리의 가장 가치 높은, 그러나 동시에 가장 저평가된 자원이다.〉 그가 말하는 가치란 어디까지나 경제적 가치를 뜻한다. 병원균에 저항력이 큰 생물종의 연구, 유전 공학이 자연 보호의 공격에도 새롭게 조합해 가며 실험했지만 별다른 성과를 이루어 내지 못한 생물종 연구는 열대림에서 기대 이상의 결실을 얻어낼 수 있다. 진화의 결실인 이런 저항력은 충분히 주의 깊게 조사만 한다면 열대림에서 얼마든지 찾을 수 있다. 좀 과장하기는 했지만, 윌슨은 심지어 이런 주장도 했다. 〈지난 20년 동안 자연 보호의 혁명이 이루어졌다. 환경 보호와 관련한 새로운 입법은 처음으로 야생식물의 실질적 가치를 알아내게 해주었다.〉[23] 새로운 〈생물 다양성〉의 기치 아래 마침내 경제와 생태의 위대한 종합이 이루어졌다!

이런 혁명의 분위기는 이미 리우의 생물 다양성 협약에 고스란히 반영되었다. 협약은 산업이 〈유전자 자원〉, 〈자원으로서 생물 다양성〉(!)에 쉽게 접근할 수 있는 규정을 제시했다. 〈생명 공학은 생물 다양성 보호에 중요한 기술로 인정되었다〉. 1989년 코스타리카에서는 〈민간의 자율적인 공익 연구소〉로 〈생물 다양성 국립 연구소Instituto National de Biodiversidad, INBio〉가 설립되었다. 이 연구소는 라틴 아메리카에서 생태의 모범 국가로 부상한 코스타리카의 생물 다양성을 연구하고 〈지속적 활용〉을 도모하기로 했다. 1992년, 곧 리우의 해에 〈INBio〉는 미국의 제약사 〈머크앤드컴퍼니Merck & Co.〉와 〈약학 연구에 필요한 식물과 동물 표본을 제한된 규모로 공급하는〉 계약을 맺어 국제 언론의 주목을 받았다.[24] 더는 동서 장벽으로 장애를 받지 않고 활동하는 다국적 기업과 결합하면서 생명 다양성은 의혹의 눈길을 받기 시작했다. 농산업 기업과 제약 회사는 자신을 생명 다양성의 관리인으로 연출하면서, 제3세계의 유전자 자원을 거침없이 사들여 특허를 출원해 독점하려고 했기 때문이다.[25] 이런 탓에 특히 인도에서는 격렬한 시위가 일어났다. 실제로 바이오테크 기업이 농부에게 종자를 공급하면서 수확한 곡물에서 종자를 얻어 내지 못하게 하고 매년 새로운 종자를 기업에서 구매하도록 강제하는 일은 빈번하게 일어났다. 농부를 기업에 종속시키면서 농업의 자연적 순환을 깨뜨리는, 세계사에서 유례를 찾아볼 수 없는 이런 만행은 〈지속 가능한 개발〉이 이런 것이냐 하는 대중의 탄식과 경멸을 자아냈다. 많은 사람에게 오늘날 〈생명 다양성〉은 더는 생태의 구호가 아니라, 다국적 제약사와 농산업 기업의 기만적인 허위 포장일 뿐이다.

그러나 국경을 초월하는 차원의 환경 정책을 위대한 새로운 기회로 포착한 브뤼셀의 유럽 연합은 리우의 〈생명 다양성〉으로 매우 구체적인 행보를 시작했다. 1992년 유럽 연합 회원국들은 만장일치로 〈FFH 지침〉, 곧 〈야생 동물과 식물의 서식지 표준〉을 가결했다.[26] 이 표준은 〈국제 자연 보호 운동의 폭발적 발현을 이끈〉 새로운 국면의 상징이라고 독일 자연 보호청의 카를하인츠 에르트만Karl-Heinz Erdmann과 한스 디터 크나프는 강조했다.[27] 결국 이 표준은 유럽 전역의 자연 보호 운동이 〈양적 도약〉을 이루는 계기가 되었다.[28] 이런 효과는 야생 보호를 위한 〈환경 스와프〉에서 보던 것과 비슷했다. 자연 보호는 그때까지 방어적이던 태도를 버리고, 동구권 개방으로 열광에 사로잡혀 새로운 공세적 태도를 보이기 시작했다. 동시에 자연 보호 운동가들은 그때까지 브뤼셀 관료주의를 농산업 기업과 원자력 발전소를 키우는 적으로 바라보던 태도를 버리고,[29] 유럽 전체를 움직일 지렛대로 활용할 근사한 기회로 여기는 놀라운 변신을 선보였다.[30] 환경 운동가들은 자발적으로 유럽 연합 예하 기구들의 회원으로 가입해 전문가로서 역할을 톡톡히 했다. 브뤼셀은 막강한 재정으로 자연과 환경 보호를 집중적으로 지원함으로써 관련 NGO가 한때 인력난을 겪던 것을 해소해 주기도 했다.[31]

〈FFH 지침〉을 더욱 섬세하게 가다듬기로 한 결정은 이미 1988년 6월 독일이 주재한 유럽 평의회에서 내려졌다(나중에 독일의 반대자들은 이런 결정을 브뤼셀의 보여 주기식 권력 행사라고 비난했다). 그럼에도 이 표준은 1992년 리우에서 의결된 생명 다양성 보호 의무를 관철하기 위한 도구로, 정확히 본다면 서로 딱 들어맞지 않음에도, 미리 점지된 모양새를 연출했다.[32] 국제적 합의가 현장에서 효과를 발휘하려면 실무 차원에 적합한 권능을 부여해 주고, 이를 실천할 의지를 북돋워 주어야 한다는 점은 당연한 사실이다. 역사적으로 보면 〈FFH 지침〉은 이미 1973년에 당시 유럽 공동체가 의결한 조류 보호와 이로부터 1979년 4월 2일에 제정된 조류 보호 표준의 연속선상에 있는 것이다.[33] 다시금 조류 보호가 자연과 환경 보호 운동을 선도했다. 이 문제에서 유럽 차원의 합의는 비교적 쉽게 이루어졌다. 철새의 경우 분명 초국가적인 보호 대책이 필요하다. 조류 보호 대책은 19세기 후반까지 거슬러 올라가는 전통을 자랑한다. 특히 새가 낳은 알들을 채집하지 못하게 막는 전통은 경제와 갈등을 일으키지 않는 수준에서 이루어졌다.

리우는 〈생명 다양성〉으로 사실 무한하며 불특정한 목표를 설정했다. 그렇지만 〈FFH 지침〉에 따라 보호 구역을 지정하는 일은 멸종 위기에 처한, 특히 인간들이 사랑하는 종을 보호하는 자연 보호의 오랜 전통과 크게 다르지 않았다. 그냥 〈자연을 자연대로 내버려두기〉가 아니라, 어떤 특정한 일을 하고자 한다면 달리 어쩔 수 없지 않은가? 〈야생 햄스터 관리〉는 독일의 작센안할트주가 〈FFH 지침〉의 실천을 위해 추진한 프로그램이다.[34] 다른 자연 보호 운동가가 보기에 〈햄스터 관리〉는 웃지 못할 코미디였으며, 언론도 미국의 반점올빼미 소동과 마찬가지로 냉소적 반응만 보였다.[35] 지금까지의 조류 보호 구역은 이제부터 〈FFH 구역〉으로 탈바꿈했다.

〈FFH 모델〉은 인구 밀도가 높은 유럽의 조건에 맞춘 것이다. 미국의 국립 공원 모델을 적용하는 일이 이내 한계에 부딪히면서 나온 대안이 〈FFH 모델〉이다. 〈FFH 구역〉은 기존의 많은 자연 보호 구역보다 더 클 필요는 없었다. 그러나 각 구역은 통로로 서로 연결되어야만 했다. 그래야 멸종 위기에 처한 종이 자유롭게 다니며 번식할 수 있기 때문이다. 이런 〈서식 구역 네트워크〉는 새롭게 막을 연 인터넷 시대의 정신과 맞아뗠어지는 것으로, 리우의 〈어젠다 21〉과 마찬가지로 세기적인 제목을 자랑하는 유럽 연합 비전 〈나투라 2000 Natura 2000〉의 핵심이다. 조류 보호 표준으로부터 〈FFH 지침〉은 〈악화 금지〉 조항을 그대로 받아들였다. 보호할 가치가 있는 생물종의 서식지 조건을 보존하는 최소한의 요구가 〈악화 금지〉 조항이다. 이것은 현재 상태를 유지하되, 동물과 식물을 인간이 예로부터 유용하게 활용해 온 관습을 그대로 허가해 주는 실용적인 해결 방안이다. 그러나 〈FFH 지침〉은 농부의 자유를 제한했으며, 단순히 현재 상태를 보존하는 것 이상을 요구하는 경우가 드물지 않았다.[36]

여러 의미를 담은 것처럼 들리는 〈FFH 지침〉의 본질이 무엇인가 하는 물음에 돌아오는 답은 오늘날까지도 각자의 입장에 따라 제각각이다.[37] 또 농부가 손실된 수확에 어느 정도 보상받는지 하는 문제도 애매하기만 하다.[38] 유럽 전역에서 〈나투라 2000〉이 어떻게 이행되는지 그 사례를 조사한 결과는 〈정당성의 실체적 요구〉가 갈수록 설득력을 잃어버렸지만 〈절차적 정당성〉은 힘을 키웠다고 확인해 준다.[39] 고상한 학술 용어라 딱딱해 무슨 소리인지 의아해할 독자가 적지 않으리라. 기꺼이 협력하는 착한 인간이 쓰는 말투대로 풀자면, 고집 센 농부를 상대할 때는 법전을 팔에 끼고 단호하게 맞서야만 말이 통한다나. 노인 세대는 길길이 날뛰지만, 젊은 세대의 농부는 결국 자연 보호에 승복하며, 심지어 좋게 여기기까지 한다. 농부의 반론 뒤에 숨어 있는 것은 그저 더 많은 보조금을 달라는 요구일 뿐이다. 그러나 오늘날 유럽의 농부는 대개 세금을 받아 생활하기 때문에, 농업을 공익 아래 두는 것은 전적으로 공평하다. 보호 규정의 실행을 위해 농부에게 보조금을 지급하는 〈절차적 정당성〉이 완전히 비현실적인 것은 물론 아니다. 문제의 핵심은 농업과 공익이 서로 어긋나지 않게 조화로운 모습을 찾아가는 것이다. 결국 자연 보호는 농민의 이해를 배려하면서 이뤄져야 하기 때문이다. 위에서 아래로 하는 식의 집행 방식은 오히려 반작용을 일으켜, 농부가 〈생태〉라면 무조건 반대하는 역효과를 낳는다. 그런 방증은 독일에 얼마든지 찾아볼 수 있다.[40] 난초가 너무 많이 자라 〈FFH 구역〉 지정이 해제될 위험이 있으면, 농부가 난초를 뽑아 버린다는 이야기는 늘 듣는다.

그래서 이런 의문을 갖는다. 새로운 〈FFH 구역〉을 지정하는 것보다 환경 친화적 농업으로 전환이 훨씬 더 중요하지 않을까? 이런 전환이 공익과 농부의 이해관계를 더욱 설득력 있게 조화시키며, 〈생명 다양성〉과 〈지속 가능한 개발〉을 표방한 리우 정신과 맞지 않을까?[41] 자연 보호 운동은 옛 자연 보호 구역의 눈가리개에 사로잡힌 나머지 이런 사실을 보지 못하는 것이 아닐까?[42] 〈FFH 지침〉의 승리에 집착한 나머지 농업 보조금이 예나 지금이나 유럽 연합 재정의 대부분을 차지한다는 사실은 잊히기 일쑤다. 브뤼셀에서 벌어지는 농업 로비의 힘은 여전히 막강해 생태적으로나 경제적으로나 무의미하기 짝이 없는 농업 정책이 지속하면서, 어떤 특정 작물이 과잉 생산됨에도 보조금이 지급되는 현실은 더할 수 없이 한심한 스캔들이다![43] 1999년 이 문제를 잘 아는 〈유럽 자연 유산 기금〉 대변인은 이렇게 말했다. 〈생태적 농업을 장려하는 이유는 농업에 주어지는 과잉 보조금을 줄이려는 대책이 설득력을 얻었기 때문이다.〉[44] 그러나 2000년에 접어들면서 생태를 표방한 바이오 연료 열풍으로 오히려 보조금이 늘어나면서 이런 근심의 목소리조차 묻히고 말았다.

1992년 이후 얼마 동안 〈FFH 지침〉는 브뤼셀이 실질적 내용은 없이 그저 간판으로만 내건 상징적 환경 정책을 보여 주는 또 하나의 예처럼 보였다(물론 사정이 이렇게 된 주된 책임은 회원국에 있다).[45] 표준을 실천하려는 노력은 별로 찾아볼 수 없었으며, 심지어 관련 문헌조차 표준을 거의 주목하지 않았다. 환경 정책에서 모범 국가를 자처하는 독일은 〈FFH 지침〉의 실천에서 오랫동안 유럽 연합의 다른 회원국보다 더 힘겨워했다. 이처럼 지지부진했던 주된 원인은 지방의 각 주 정부들이 미온적 태도를 보였기 때문이다. 그러나 1990년대 말에 접어들면서 주 정부들은 〈FFH 구역〉의 지정에서 말 그대로 치열한 경쟁을 벌이기 시작했다. 그때까지 브뤼셀의 유럽 연합 본부를 미심쩍게만 바라보았으며, 환경 운동에 뒤처지는 것은 아닌지 초조하기만 했던 자연 보호 운동은〈본격적인 골드러시의 분위기〉(외르크 하프케Jörg Haafke)에 사로잡혔다.[46] 승리의 도취감에 젖은 이런 운동 분위기는 오로지 1935년에 제국 자연보호법이 제정되었을 당시의 열광과 비견될 수 있다. 확정된〈FFH 구역〉을 거부하려는 저항은 지정을 유예하는 효과를 전혀 내지 못했다.

물론 이런 관철 능력은 인내심을 갖고 모든 반론을 들어 준다면 생겨날 수 없다.〈FFH 지침〉이 훌륭한 기적의 무기인지,[47] 아니면 농부를 적으로 돌림으로써 오히려 자연 보호의 패배를 부르는 피로스의 승리는 아닌지[48] 하는 물음은 오늘날까지도 확실한 답을 얻지 못했다. 심지어 서로 충돌하는 의견들이 만만치 않게 힘을 겨룬다. 심지어 동일 인물인 관찰자조차 때에 따라 다른 답변을 내놓는다. 바로 그래서 놀랍고도 의아하기만 한 것은 유럽 차원의 자연 보호 운동에서 가장 중요한 주제인〈FFH 지침〉을 두고 시급히 토론해야 함에도 어째서 공개적 담론이 이뤄지지 않는가 하는 점이다.[49] 물론 말만 풍성한 토론회, 최근 들어 특히 빈번하게 벌어지는 토론회는 구체적인 현실과 거리가 먼 경우가 태반이다. 구체적 실천을 원한다면 되도록 말을 아끼고 행동에 나서는 자세가 필요하다.

고도에 취한 대기권 정책: 교토에서 코펜하겐까지

유럽 연합은 자연 보호 운동의 투사로 새로운 면모를 과시한 1990년대 말 기후 보호(또〈보호〉라는 용어가 등장한다!)의 국제적 선구자 역할을 자임하기 시작했다. 그런데 한 가지 잊힌 사실은 1970년대의〈오존 구멍〉경고와 마찬가지로 기후 변화를 알린 첫 경고의 목소리도 미국, 특히 우주 비행 연구에서 나왔다는 점이다.[50] 교토 기후 회의(1997)의 결과를 따라 유럽 연합은 그때까지 미국의 전형적인 배출권 거래 모델을 채택했다.[51] 미국은 오래전부터 해독성이 잘 알려진 산업 공해 물질인 이산화황으로 관련 경험을 축적한 바 있다.[52] 교토 회의를 비판적으로 보는 미국의 데이비드 G. 빅터David G. Victor는 유럽의 배출권 거래 시스템은 오늘날 세계에서 가장 중요한 환경 정책 실험이라고 강조했다.[53]

늦게 잡아도 2009년 코펜하겐 기후 정상 회담에서 기후 보호는 미국과 중국, 인도라는 강력하면서도 어딘지 모르게 수상쩍은 동맹, 세계사적으로 보기 드문 놀라운 동맹과 대척점에 선 유럽의 특별한 관심사처럼 보였다. 유럽 연합은 교토 이후 기후 문제에서 새로운 면모를 과시했다. 환경 정책에서 유럽과 미국의 대립은 갈수록 첨예해져, 이후 생태 문헌에서 이런 갈등은 과장되기 일쑤였다. 글로벌 기후 정권이 가능했다는 전제 아래, 교토 이후 미국은 글로벌 기후 정권을 가장 강력하게 반대하는 세력이었다. 그리고 미국과의 대결은 단순한 섀도복싱이 아니었다. 미국과 대립하는 글로벌 정치는, 특히 워싱턴이 새로운 강대국 중국의 지원을 받는 한, 아무런 희망이 없었다.

이런 정세는 글로벌 기후 보호를 새로운 우선순위로 삼는 환경 운동이 막다른 골목에 빠진 것은 아닐까 하는 의문을 품게 했다. 환경 보호 운동의 에너지가 정치라는 성층권에서 맥을 잃고 마는 것이랄까. 오늘날 최신의 환경 보호 역사에서 이보다 더 절박한 물음은 따로 없다. 어쩌다가 유럽은 이런 사정에 이르렀을까? 역사의 경험은 미래의 기회를 판단할 때 무슨 교훈을 주는가? 앞서 모든 서술에서 드러나듯, 이런 정황은 환경 운동의 동력에서 곱씹어 볼 만한 변화가 일어났음을 보여 준다. 이런 변화는 자명한 것이 아니며, 쉽게 설명되는 것은 더더욱 아니다.[54] 미래의 역사학자들은 이 문제에서 연구할 것이 많다.

이산화탄소가 온실 효과를 일으킨다는 이론은 그 자체로 전혀 새롭지 않다. 이 이론은 이미 1896년 스웨덴의 화학자이자 물리학자인 스반테 아레니우스가 선보였다. 당시만 하더라도 이 이론은 가설에 지나지 않았으며, 스칸디나비아 사람들에게 크게 불편한 것이 아니었다.[55] 이산화탄소가 기후 변화에 어느 정도 작용하는지 하는 문제는 1980년대까지만 하더라도 확실한 답을 얻지 못했다. 중세 연구가 린 화이트는 환경 역사 연구의 초석이 된 1966년 성탄절 강연에서 현재 우리의 화석 연료 소비가 지구 대기를 바꿔 놓을 수 있다고 경고했다. 그러나 무엇이 어떻게 바뀌는지는 언급하지 않았다. 그는 오로지 1285년 런던의 스모그 소동을 돌아보며 위험을 강조했을 뿐이다.[56] 역사를 환히 꿰는 역사학자는 현대에서 화석 연료를 태우는 일이 역사 전체에 비추어 급증했다는 사실을 의식했던 것이 틀림없다. 화석 연료의 이런 소비가 장기적으로 치명적 결과를 불러올 수 있다는 예상은 그리 어려운 것이 아니다. 그러나 어떤 방식으로 파국이 찾아올지 하는 물음의 답은 불투명하기만 했다.

화석 연료 소비가 자연과 문화에 어떤 결과를 불러올지는 더욱 불확실하다. 물론 기후 변화가 역사의 발달에 어떤 영향을 주어 왔는지를 다룬 연구가 없는 것은 아니다. 그러나 이런 연구 성과는 전문가 세계에서 그다지 좋은 평판을 누리지 못한다. 심지어 16세기에서 18세기까지 잠깐 나타났던 빙하기가 역사의 진행에 어떤 영향을 주었는가 하는 물음의 답은 오늘날까지도 찾을 수 없다. 역사에서 극심한 기후 변동은 자주 일어났으며,[57] 인간의 문화는 어쩔 수 없이 이런 변화에 적응할 수밖에 없기 때문에 기후 변화가 역사를 좌우한 결정적 요소라는 것을 확인하기는 매우 어려운 일이다. 기후 문제를 제외하고 역사에 폭넓은 지식을 갖추지 않은 저자들은 손쉽게 이런저런 인과 관계 모델을 들먹이지만, 모두 설득력이 부족하다.[58]

이미 1979년 『슈피겔』은 온실 효과를 경고하는 기사를 냈다(「온실 속의 죽음」, 1979.9). 그러나 당시만 하더라도 임박한 새로운 빙하기를 예언하는 목소리는 비슷한 강도를 가지고 무성하게 터져 나왔다.[59] 1977년 미국 카터 대통령은 독일의 앙케테 위원회와 비슷한 방법으로, 환경 문제에서 가장 유명한 자문 기구이자 기후 미래를 연구하는 〈미국 환경 위원회Council on Environmental Quality〉를 통해 1980년에 보고서 「글로벌 2000」을 완성시켜 〈강한 지구 냉각〉부터 〈강한 지구 온난화〉까지 네 개의 서로 다른 시나리오를 선보였다.[60] 네 개의 시나리오는 모두 〈1940년대부터 전 세계적으로 관측되는 냉각 경향〉으로 시작한다. 그리고 이런 경향에서 확연한 반전이 일어날 조짐은 관측되지 않는다고 지적한다.[61] 〈다음 빙하기는 틀림없이 올 거야.〉 당시 사람들이 추운 날씨에 흔히 쓰던 말이다.[62] 1990년대 말에 들어서야 비로소 기후 역사는 〈하키스틱 그래프〉*, 곧 오랫동안 눈치챌 수 없을 정도로 완만히 진행되어 온 온난화가 급격히 치솟는 형태를 확인해 주는 것으로 재구성되었다.[63] 냉전 시대에 전형적이었던 것은 원자 폭탄의 폭발로 인한 버섯구름 탓에 〈핵겨울〉이 닥치는 게 아닐까 하는 두려움이었다. 1980년대 초의 〈원자 폭탄 개발 경쟁〉으로 촉발된 비상 분위기 속에서 이 해묵은 두려움은 되살아났다.[64] 그러나 이런 두려움은 냉전 시대의 종식과 더불어 일거에 묻혔다. 1980년대 중반에 접어들자 〈지구 온난화〉는 놀라울 정도로 급격히 지배적 이론의 지위에 올라섰다. 물론 반론이 전혀 없는 것은 아니었다. 어쨌거나 환경과 관련한 논란을 다양한 방향에서 추적해 온 사람에게도 이런 변화는 놀라운 반전이었다. 이런 변화 과정은 충분히 연구할 가치가 있다. 패러다임의 전환이야말로 과학사의 본질일까? 어떤 대단히 인상적인 새로운 발견이 있었기에 기후 연구는 이런 급격한 반전을 보였을까? 당시 온난화를 확실히 입증해 주는 기후 변화가 일어났을까? 또는 체르노빌에서 리우까지의 사건들이 시너지 효과를 일으켜 환경 의식이 전 세계적으로 고취된 당시의 역사적 정황이 결정적이었을까?

현재의 연구 수준에서는 이런 물음들에 확실한 답을 찾을 수 없다. 분명 최신 기술로 가능해진 연구의 발달이 중요하게 작용하기는 했다. 특히 북극과 남극에서 이른바 〈얼음 핵Ice core〉을 얻어 내는 기술의 발전,

---

* Hockey stick graph: 미국의 마이클 맨Michael Mann과 레이먼드 브래들리Raymond Bradley가 지구 온난화를 입증하기 위해 500년부터 2000년까지의 기후 변화 추이를 그래프로 확인해 1999년에 출판한 연구 보고서에 등장하는 그래프. 완만하게 수평을 이루던 그래프는 대략 1900년부터 급격히 치솟으며 하키스틱 형태를 보여 준다.

1960년대에 개발이 시작되어 갈수록 깊게 빙하를 파고 들어갈 수 있게 된 기술의 발전은 몇만 년, 심지어는 몇십만 년에 걸쳐 대기권의 이산화탄소 비율을 추적할 수 있게 해주었다.[65] 이렇게 조사해 본 결과, 이산화탄소는 인류 역사에서 비교적 최근 시기에 실제로 늘어났음이 확인되었다. 물론 대기권의 이산화탄소 비중은 지구의 초창기부터 꾸준히 늘어났다. 그러나 최근 벌어진 증가의 원인이 인간이라는 설명은 가장 설득력 있다. 이론적으로 인간이 배출한 이산화탄소가 식물을 성장시키고 바다 유기체로 흡수될 수 있다는 가정은 가능하다. 그러나 이런 가정은 부분적으로만 들어맞는다는 것이 갈수록 분명해지고 있다. 인류 문명으로 폭발적인 증가를 보인 이산화탄소를 지구라는 생태계가 자정할 수 있다는 이론은 제한적인 신뢰만 누린다.

그러나 현대에서도 인간만이 기후 변화를 빚는 요소는 물론 아니다. 특히 석탄과 석유의 시대에도 온난화가 결코 꾸준히 진행되지 않았다는 점을 고려한다면, 다른 어떤 요소가 함께 작용하는 것일까? 분명 이산화탄소로 인한 온실 효과는 완만하게만 진행된다. 그 때문에 원인과 결과라는 도식의 인과율적 증명이 어려워진다. 〈진실은 역사에 있는 게 아니라, 모델에 있죠.〉 지금까지 기후 역사의 다의성을 컴퓨터 모델로 연구하는 사람들의 말이다. 그러나 모델은 진실 자체를 담는 것이 아니므로 〈팩트〉로 검증받아야 한다.[66] 1970년대 말부터 전반적으로 확인할 수 있는 사실은 1975년을 전후해 실제 나타나기 시작한 온난화 현상이 더 오래 지속할수록 〈지구 온난화〉 경고가 기후 연구자들 내부에서도 설득력을 얻는다는 점이다. 물론 컴퓨터 모델을 믿는 사람들은 이런 사실을 인정하려고 하지 않는다.

스웨덴의 기후 연구가로 1988년 〈기후 변화에 관한 정부 간 협의체 IPCC〉를 창설했으며, 오랫동안 의장을 지낸 이후 기후 정책의 과학적 권위자로 인정받은 베르트 볼린Bert Bolin은 기후 변화가 초미의 관심사로 떠오르게 한 쪽이 과학인 것은 확실하지만,[67] 1980년대와 그 이후 기후 진단이 과학적으로 확실했다고 말할 수는 없다고 강조했다.[68] 그는 1989년 초 델리에서 열린 국제 기후 회의가 지구 온난화는 인류가 마주친 것 가운데 최악의 위기라고 한 경고를 두고, 〈그에 맞는 과학적 분석 없이 정치적 행동을 요구하는, 의도가 의심스러운 외침〉이라고 꼬집었다.[69] 그러나 IPCC 역시 정치적으로 영향력을 발휘하고 싶어 했다. 이 협의체는 단순히 과학의 토론 클럽이 아니라, 부분적으로 정치 견해를 같이하는 사람들이 정치에 분명한 신호를 보내고자 결성한 위원회다.[70] 이런 사실을 유념해 두어야 기후 변화를 둘러싼 논란을 이해할 수 있다.

볼린 자신은 무엇보다도 1988년 미국의 심각한 흉년을 야기한 뜨겁고 건조한 여름에 여론이 충격을 받아 〈지구 온난화〉를 정말 심각한 문제로 여기게 되었다고 강조한다.[71] 물론 어쩌다 한 번 이상기온으로 인해 무더웠던 여름이 기후 모델을 세울 근거가 될 수는 없다. 그러나 대략 1980년 이후 기후 연구가들 내부에서 온실 효과가 기후를 주도하는 요소로 급부상한 탓에 지구 전체의 역사를 꿰뚫어 보는 전문가도 현재의 기온 변화 추이에 영향을 받지 않을 수 없었다. 대단위 면적에 걸쳐 기온 측정이 이뤄진 이래 1980년대의 평균 기온이 이전의 모든 기록을 상회했기 때문이다. 그러나 측정 기록이 근대 이전까지 거슬러 올라가는 것은 아니다. 기후 역사는 예나 지금이나 이런 기온 상승을 어떻게 보아야 하는지 분명한 이론을 제공해 주지 않는다. 이런 마당에 기후 변화의 결과는 더욱 예측되지 않는다. 그리고 1980년대와 1990년대의 온난화는 그 자체로 볼 때 온대에서 두려워할 만한 요소가 전혀 없다. 그럼에도 여러 요소가 뒤얽히면서 온난화는 언론의 헤드라인을 장식했으며, 대중 의식에 각인되었다.

볼린도 기후 경고의 동기가 모두 순수한 것은 아니며, 순전히 과학적이지 않다는 점도 인정한다. 기후 경고에 목청 높여 동조한 첫 번째 국가 수장 가운데 한 명인 〈철의 여인〉 마거릿 대처는 국가의 미래를 신자유주의 경제에서 찾으면서 이산화탄소를 노동당과 노조의 보루인 석탄 산업을 공격할 더없이 좋은 무기로 환영했다. 이런 측면은 볼린도 인정하는 사실이다. 심지어 대처는 10년마다 기온이 1도씩 오른다고 주장했다. 정말이지 지독한 과장이다![72] 놀랍게도 헬무트 슈미트는 이미 1977년에 대기권의 이산화탄소 비중이 높아지는 것을 경고하면서, 이 문제를 빌리 브란트가 이끄는 남북 위원회의 의제로 설정하고 싶어 했다.[73] 브란트는 생태 논의를 부담스럽게만 여겼다. 그러나 브란트 역시 남북 위원회를 이끌며 원자력 반대 세력을 그들의 논리 자체로 공격하기 위해 기후 변화가 필요했다. 스웨덴의 총리 올로프 팔메Olof Palme 역시 원자력 발전소를 구축하려는 자신의 포괄적인 계획을 반대하는 야당 녹색당을 무력화하려고 온실 효과를 이용했다. 더욱이 볼린은 팔메의 자문 역할을 맡았다.[74] 강력한 NASA는 우주 비행의 쇠퇴 이후 열세를 만회할 기회를 엿보던 참에 기후 문제와 오존층 위험을 더없이 좋은 반등의 기회로 받아들였다. 우주 비행을 기후 연구의 방법으로 활용할 것을 제안하면서 NASA는 반전의 기회를 잡았다. 〈지구 온난화〉를 가장 강력하게 경고했으며, 볼린의 후임자로 IPPC의 의장이 된 로버트 왓슨Robert Watson은 바로 NASA 출신이다. 기후 문제를 경고하고 나선 사람들은 반대편을 석탄과 저유, 원자력 로비의 용병으로 취급하곤 했다. 로비는 분명 실제 있었다. 그러나 기후 문제를 경고하는 쪽도 물질과 권력의 이해관계에 물들기는 마찬가지였다. 무엇보다도 기후 연구를 위해 조성된 장려 기금은 막대하기만 했다! 독일만 해도 1982년에 360만 마르크를 기후 연구의 기금으로 지출했던 것을 1994년에는 2억 2,000만 마르크로 늘렸다. 군사 무기 연구의 분야를 제외한다면 과학의 역사에서 유례를 찾아볼 수 없는 엄청난 증가세다.[75]

과학자가 명성을 얻는 데 연구 기금의 확보가 결정적 역할을 한다는 점을 고려한다면, 근거 제시가 가능한 가설 가운데 가장 많은 연구비를 따낼, 전망이 밝은 것을 내세우려는 자극이 얼마나 큰지는 충분히 짐작이 가고도 남는 이야기다. 물론 엄격한 전통을 자랑하는 학계라면 이런 태도를 두고 부패의 냄새가 난다고 꾸짖으리라. 어쨌거나 경험적 자료가 다양하게 해석될 수 있는 탓에 그럴싸한 가설이 꾸며질 여지는 크기만 하다. 연구 결과를 의도적으로 왜곡하는 일이야 당연히 허용될 수 없다. 그런 종류의 불법 행위는 서로 날카롭게 감시하는 과학 공동체에서 좀체 일어날 수 없다. 기후 변화를 인정하지 않는 반대편이 팸플릿에 흔히 담는 〈기후 사기〉라는 비난은 현실을 모르고 하는 이야기다. 대기권에 이산화탄소의 비중이 갈수록 높아지는 결과 온난화가 계속된다는 가정은 경험적 자료의 설득력 있는 해석이라는 점에서 얼마든지 합리적으로 제기할 수 있는 주장이다.

기후 변화를 의심하는 논리도 만만치 않기는 하다. 유럽과 달리 환경 운동의 반대 세력이 공공연히 투쟁을 벌이는 미국에서는 1990년대에 기후 보호를 반대하는 로비를 벌이는 〈글로벌 기후 연맹Global Climate Coalition, GCC〉이 결성되었다. 세계 굴지의 정유회사 〈BP〉와 〈쉘〉은 물론 이 연맹에 참가하는 것이 기업의 이미지 관리에 도움이 되지 않는다고 여기고 이내 〈GCC〉와 거리를 두었다.[76] 우리 시대 최강의 경제 권력, 곧 석유업계와 자동차 산업이 〈지구 온난화〉 경고를 달갑지 않게 여겨 이에 반대하는 운동을 벌이는 사람들에게 확실한 재정적 지원을 해준다는 점을 염두에 둔다면, 〈온실 효과〉에 반대하는 논리가 지금껏 빈약하다는 점은 주목해 볼 만한 대목이다. IPCC에 대항하는 논리를 펼친 사람 가운데 가장 유명한 인물은 매사추세츠 공과대학교MIT에서 1983년부터 기상학을 가르친 교수 리처드 S. 린드젠Richard S. Lindzen이다. 그는 처음에는 IPCC와 협력했다. 린드젠은 계속되는 온난화로 늘어난 수증기가 지구에 비치는 태양 광선을 가림으로써 기후를 조절해주는 기능을 한다고 썼다. 그러나 나름 논리적인 이 모델이 지구 전체의 대기권에 실제로 어느 정도나 적용될 수 있는지 하는 문제는 불투명하기만 하다.[77] 린드젠은 IPCC를 상대로 공격을 벌이는 여론전에서는 유보적인 태도를 취했다.

IPCC와 더욱 날카롭게 대립한 인물은 미국의 대기 물리학자 프레드 싱어Fred Singer다. 1950년대와 1960년대에 기상 위성의 개발에서 이름을 알린 싱어가 IPCC 모델을 비판한 것은 볼린조차 처음에는 건설적이라고 여겼다.[78] 싱어는 지구 온난화 가설이 맞을 수도 있다는 점을 부정하지 않았다. 그러나 그것은 가설일 뿐, 그 이상은 아니다. 그리고 그는 미국과 다른 산업 국가들이 〈오로지 컴퓨터 모델과 열띤 상상에 사로잡힌 환경 광신도〉가 주장하는 기후 〈파국〉을 모면하고자 경제를 파탄 내는 것은 너무도 어이없는 스캔들이라고 주장했다. 반드시 뭔가 해야만 하겠다면 차라리 바다에 미생물이 증식될 조건을 인위적으로 만들어주어 미생물이 이산화탄소를 흡수하게 하는 것이 차라리 낫다고 싱어는 제안했다. 이런 방법은 산업과 자동차의 배기가스를 줄이려는 노력보다 훨씬 더 싸며 또 더욱 효과적이라나.[79] 그래서 등장한 아이디어가 〈기후 공학Geoengineering〉이다!

기성 기후 연구 학계를 반대하는 국제적으로 가장 잘 알려진 인물은 덴마크의 비외른 롬보그Bjørn Lomborg다. 롬보그는 기후학자가 아니라 경제 통계학자이지만, 인류가 지구 온난화의 주범이라는 현실을 부정하지는 않는 대신, 이산화탄소를 줄이려는 노력에 들어가는 막대한 재원을 인류에게 혜택을 주는 방식으로 활용하면 오히려 이산화탄소가 더 효과적으로 줄어들 수 있다는 기발한 발상의 경제 계산을 선보였다. 지금껏 등장한 온실 효과 방지의 모든 프로젝트를 일거에 쓸어 버릴 수 있는 정말이지 기발한 논법이다. 그러나 기후 보호 운동가들은 2006년에 세계은행의 수석 경제학자를 역임한 바 있는 니콜라스 스턴Nicholas Stern이 계산한, 또는 계산했다고 주장되는 결과를 선보임으로써 여론전에서 일대 성공을 거두어 롬보그를 무색하게 했다.[80] 즉 기후 변화가 인류에게 안기는 피해의 총액은 이를 막는 대책을 세우는 것보다 10배 더 비싸다는 것이 스턴이 계산한 내용이다. 결국 방지 대책이 복지 대책보다 더 효율적이라고 주장한다. 싱어나 롬보그의 계산을 배경으로 놓고 볼 때 스턴의 셈법이 갖는 획기적 의미는 비용 대 수익 계산이라는 틀에 익숙한 대중에게 눈이 번쩍 뜨이게 하는 충격을 확실하게 안겼다는 점이다. 물론 어느 쪽의 계산이든 너무 많은 변수, 아직 그 정체조차 알아내지 못한 무수한 미지의 변수를 안고 있다. 기후 변화를 경고하는 세력에 맞설 유일하게 적확한 반론은 모델로 파악될 수 없는 이런 변수를 거론하는 것, 곧 기후 발달이 갖는 카오스적 성격을 거론하는 것이다. 오늘날까지도 〈지구 온난화〉라는 테제에 맞설 안티테제, 지구에 엄청나게 늘어나는 이산화탄소 배출량을 인간에게 무해하게 해결할 수 있을지 믿을 만하게 방법을 제시하는 안티테제는 나오지 않았다. 오히려 반론은 본질적으로 불가지론, 회의론 또는 초점 흐리기로만 일관한다. 물론 회의론은 그나마 과학적으로 존중할 만하다.

어쨌거나 기후 연구의 진전과 그에 보이는 대중 매체의 엄청난 반응에 근접하게나마 보조를 맞출 기후 정책의 발전은 전혀 이루어지지 않았다. 기후 정책이 활용할 수 있는 정당성의 근거는 차고도 넘쳐난다. 막스 베버가 장기 집권은 정당성이 필요하다고 가르쳐 줬다면, 기후 정책의 역사는 정당성만으로는 권력을 잡는 것이 어려움을 보여 준다. 리우의 기후 변화 기본 협약으로 교토 의정서로 가는 길이 열렸다. 그러나 동시에 1992년은 기후 격변설이 등장한 첫 국면의 끝을 나타내기도 했다.[81] 국제 기후 정책의 창설 시기, 곧 1988년의 토론토 회의에서 1992년 리우의 기후 협약에 이르기까지의 시기는 전반적으로 환경 정책이 호황을 누렸지만, 이런 기후 정책을 실현에 옮기는 시기, 곧 1997년의 교토에서 2009년의 코펜하겐에 이르는 시기에는 경제가 격심한 부침을 거듭하면서 환희와 우울증이 희비의 쌍곡선을 그리며 정치와 대중의 에너지를 고스란히 빨아들여 기후에 신경 쓸 여력이 없었다. 이처럼 환경 운동의 운명은 시간이라는 전체 맥락을 보아야만 읽힌다.

그러나 환경 운동의 침잠이 경제 외에는 신경 쓸 여력이 없었던 탓만은 아니다. 전 세계적으로 이산화탄소 배출을 대폭 줄인다는 과제는 역사에서 전례가 없는 일이다. 이런 과제를 감당할 제도와 도구는 전무하다시피 했다. 겉으로만 보면 〈오존 외교〉를 이산화탄소에도 그대로 적용하면 과제는 해결될 것 같다. 그러나 이런 해결책은 현실을 제대로 짚어 내지 못한 것일 뿐이다. 프레온 가스 배출을 억제하는 일은 비교적 간단하다. 오존층을 손상하는 이 가스를 다른 물질로 대체하는 것도 마찬가지다. 해당 업계의 대표들과 정치가들이 만나 대안을 논의하고 대체 물질의 개발과 실천 방안에 합의하면 된다. 심지어 이 경우 대체 물질은 더 많은 이득을 약속해 준다. 반대로 이산화탄소의 배출을 전면 금지하는 것은 말이 되지 않는 발상이다. 우선 이산화탄소를 전혀 만들어 내지 않는 것은 기술적으로 불가능하다. 이해 당사자의 범위가 너무 넓기 때문에 경제적 저항은 엄청날 수밖에 없다.

12년 전의 브룬틀란 보고서와 마찬가지로 자주 인용되지만, 그 정확한 내용이 거의 분석되지 않은 교토 의정서는 2012년에 온실가스 배출을 1990년 수준보다 5.2퍼센트 감축하는 것을 산업 국가들의 의무로 정했다. 당장 고개를 드는 의문은 전 세계적으로 자유화의 물결이 도도해, 정부가 경제에 명령을 내리는 것이 갈수록 어려워지는 시기에 어떤 방법으로 이런 목표를 이룩할 수 있을까 하는 것이다.[82] 생각할 수 있는 효과적 수단은 에너지 세금이리라. 그러나 이런 세금은 높을 수밖에 없어 산업은 물론이고 많은 일반 자동차 운전자의 극심한 저항은 불 보듯 뻔한 일이다. 그래서 어쩔 수 없이 다른 시장 친화적 도구, 곧 탄소 배출권 거래가 등장했다. 1990년의 배출량을 기준으로 삼는다면, 1990년대 이후 대부분 산업이 붕괴해 버려 환경 정책의 별다른 노력 없이 이산화탄소 배출이 대폭 줄어든 동구권 국가들은 탄소 배출권을 파는 것으로 적잖은 수입을 올릴 수 있다. 물론 이런 모든 거래 그리고 무엇보다도 대기권이 거래 상품으로 전락하는 것은 도덕적 거부감을 불러일으켰다.

도덕적 비판에도 잊지 말아야 할 점은 지금껏 기후 문제의 획기적인 해결책은 어디에서도 모습을 드러내지 않았으며, 또 이런 해결책이 정말 나타날지 매우 의심스럽다는 사실이다. 기후 정책의 모든 대책은 성공 전망이 대단히 불투명하다는 것, 그리고 지구에 인구가 훨씬 더 적고, 지금보다 훨씬 더 검약하게 생활하면 문제가 해결될 수 있다는 것 따위의 이야기는 하기는 쉽지만 실제 아무런 도움이 되지 않는다. 이런 입바른 소리는 아무런 실질적 가치가 없을 뿐만 아니라, 오히려 환경 운동을 탁상공론이나 일삼는 것으로 깎아내리기 쉽다. 또 환경 정책에 거는 지나치게 높은 요구도 의심의 눈길로 살펴야 한다. 환경 운동에 공개적인 적대감을 드러내는 것을 아무렇지도 않게 여기는 나라에서, 문제를 복잡하게 만들고 정부에 과도한 부담을 안겨 결국 환경 정책을 마비시키는 꼼수는 흔히 볼 수 있기 때문이다.[83] 모든 환경 정책은 불완전할 수밖에 없다. 도덕적으로 좀 문제가 있다 하더라도 실질적 효과를 내는 대책이 그저 아름다운 말뿐인 이상적 구호보다 선호되어야 한다. 다만 문제는 탄소 배출권 거래가 실제 무슨 변화를 이끌어 내는지, 탄소 배출을 감독하는 〈모니터링〉이 꾸미기와 감추기에 급급한 나라나 기업에서 제대로 이뤄질 수 있느냐 하는 것이다.[84]

효과적인 도구가 없어서? 아니면 딜레마의 핵심이 대부분 정부가 의지를 갖지 않은 것이라서? 의지 부족은 간파하기 어려운 문제다. 해당 정부 내부의 문건을 환히 꿰뚫어 본다고 해도 이런 예민한 문제에서는 명확한 판단을 내릴 수 없다. 실제로 의지박약을 의심할 근거는 충분하다. 몇십 년째 그저 감지할 정도일 뿐, 어떤 극적인 형태로 나타나지 않은 지구 온난화는 지금껏 세계의 강대국들에 실질적인 압박을 주지 않았다. 녹아내리는 만년설과 극지방의 무너지는 빙산은 대다수 사람에게 너무 멀리 있는 것일 뿐이다. 물론 홍수와 태풍이 이따금 경각심을 일깨우기는 한다. 그러나 심지어 볼린조차 홍수와 태풍 같은 〈극단적인 사건〉을 〈지구 온난화〉와 직접 결부할 수는 없다고 인정한다.[85] 세계의 대도시 가운데 가뭄의 위협을 가장 크게 받는 곳은 베이징이다. 겉보기로 중국 정부는 온난화의 위험을 진지하게 받아들이는 것 같지만, 석탄 의존도가 높아 이산화탄소의 단기적 감축에 강력히 저항한다. 중국 북부가 갈수록 건조해지는 이유도 숲의 벌목과 지하수의 과도한 이용 때문이다. 어쨌거나 이런 현상들은 〈지구 온난화〉가 몰고올 파국의 조짐이다. 기후 정상 회담의 진행과 그 의결 사항의 실천이 지금까지 이뤄진 모습에 비추어 온난화 경고를 강대국의 그저 단순한 〈기후 사기〉로 치부하는 것은 너무 성급한 결론이다. 다만 대다수 정부의 행동 능력에 과도한 부담을 전가하는 즉각적인 대책 수립의 요구에 우리는 신중히 대처해야 한다.

기후 변화로 빚어질 파국은 세간에 자주 회자되었지만, 아직 실제 현실은 아니다. 수많은 대중 서적이 마치 종말이라도 닥친 것처럼 호들갑을 떠는 것은 정확한 의도를 의심하게 만든다. 1980년대 초에 〈숲 고사〉 경고만 하더라도 그 바탕에는 경각심을 일깨워야만 정치를 움직일 수 있다는 확신이 깔려 있었다. 그러나 역사의 경험은 반대 사실을 확인해 준다. 경고의 목소리로 이뤄진 혁신에 어떤 것이 있을까 찾아보는 역사학자는 대개 헛수고를 할 뿐이다. 〈숲 고사〉 경고는 이미 그 위험을 처리할 기술, 곧 배연·탈황 기술을 활용할 수 있을 때만 생산적이었다. 그것은 공장의 굴뚝에서 뿜어져 나오는 연기에서 황산 성분을 제거하는 기술이다. 실제 급박한 재해 상황, 워낙 급작스러워 어찌 대응해야 좋을지 몰라 공황 상태에 사로잡히는 재해 상황에서는 전래하는 구조 방법 외에 다른 대처 방안은 없다. 근본적인 혁신은 시간이 필요하다. 1970년의 〈생태 혁명〉을 떠올려 보자. 이런 혁명에 결정적 동기를 제공한 환경 재해는 찾아볼 수 없다. 당시 환경 운동의 기폭제가 된 새로운 원인은 미래의 위험을 바라보는 근심이었다. 그런데 이런 미래 위험은 대개 가설적 성격을 가진다. 1970년을 전후해 전 세계의 환경 조건 전체를 조망할 수 있는 사람은 아무도 없었다. 다시 말해 막상 현실로 닥친 재해 때문에 인간이 새로운 길을 찾고 이를 극복하기 위한 특별한 노력을 기울이는 것은 아니다. 고대 도시의 성벽이 보여 주듯 인간은 미래의 위험을 근심하는 데 엄청난 수고를 아끼지 않는다. 그렇지 않다면 죽고 난 뒤 지옥에 떨어지는 것은 아닐까 하는 두려움을 파고드는 종교의 힘은 달리 설명되지 않는다. 고대의 교부들도 진짜로 종말이 곧 도래하리라고 믿었던 것은 아니지 않을까. 실제 그런 종말론을 믿었다면, 누천 년이 넘는 지속적 생명을 자랑한 교회 조직은 생겨나지 않았으리라!

기후 진단 자체가 불확실함을 포함하고 있으며, 장기적 관점에서 갈수록 온난화가 심해질 확률이 높다 할지라도 당장 무슨 재난이 닥치는 것은 아니라는 점을 기후 보호 운동은 왜 솔직히 인정하지 않을까?[86] 인정한다고 해서 사람들이 손 놓고 구경만 하는 것은 아니다. 이런 인정은 심지어 사려 깊지 못한 행동을 막아 준다.[87] 종말이 임박했다고 진지하게 믿는다면, 사람들은 당장 행동에 나서게 마련이다. 예를 들어 〈원자력의 평화로운 이용〉을 생각해 보라. 1950년대와 1960년대에 원자력은 에너지 문제를 해결할 위대한 구원자로 여겨졌지만, 결국 원자력이 기후 변화보다 훨씬 더 심각한 문제임이 밝혀지자 사람들은 180도 태도를 바꿔 치열한 반대 운동을 벌이지 않았던가. 더욱이 기후 격변설이 어떤 대가를 치르고라도 강행하는 스타일의 정치를 유리하게 만든다. 이런 강행 일변도 정치는 국제 무대에서 대단히 반생산적이며, 당장 이산화탄소를 절감할 능력이 없는 국가들의 반발을 부른다. 베르트 볼린이 노년의 무르익은 지혜로 앨 고어와 그의 「불편한 진실」*이 보내는 기우에 가까운 경고에 거리를 두었던 것은 주목해 볼 만한 대목이다.[88] 앨 고어가 미국 부통령이던 시절의 별로 인상적이지 않은 환경 정책을 결산한 이 다큐멘터리는 경고를 남발한다고 해서 반드시 효과적인 행동을 이끄는 것은 아니라는 사실을 보여 준다.

이미 기술 관료적 발상, 이를테면 〈기후 공학〉(〈geoengineering〉 또는 〈climate engineering〉이라고 하며, 후자의 경우는 〈CE〉라는 약어도 쓴다)과 같은 멋대로의 상상은 특히 미국에서 활개를 편다. 상상의 나래에 활기를 불어넣어 준 사례는 화산 폭발에서 영감을 받은 것으로, 이산화황을 성층권에 뿌려 태양 광선의 통과를 줄여 주어 온난화를 막는 방법이다.[89] 이런 이야기를 듣는 유럽인은 머리카락이 바짝 곤두서리라. 물론 어느 정도 부작용은 감수해야만 한다. 눈이 부실 정도로 푸른 하늘은 과거의 것이 되며, 앞으로 이산화황의 노란색 사이로 한 줄기 푸른색

---

* An Inconvenient Truth: 2006년 미국의 데이비스 구겐하임 감독이 제작한 다큐멘터리. 앨 고어가 1,000번이 넘는 강연에서 사용한 슬라이드 쇼를 바탕으로 지구 온난화를 경고하는 내용이다.

이 비치는 것이 그 부작용이다. 더 나아가 아시아의 몬순이 흐트러져 수억 명의 먹을거리가 위협을 받을 수도 있다.[90] 결코 실현되지 않을 이런 과학소설 구상이 위험한 이유는 미국의 정치에 이산화탄소 배출량을 줄이는 것이 절박하지 않다는 구실을 제공해 줄 수 있다는 것이다. 경험상 예언에 신중함을 보이는 역사학자도 몇 가지만큼은 단호히 예언한다. 전 세계적으로 지속적이며 환경 친화적인 기후 보호에 이르는 길은, 기후 구세주로 떠받들어진 원자력 발전은 완전히 논외로 하더라도, 기후 공학이나 지하에 이산화탄소를 저장하는 것이나 거대한 풍력 발전 단지보다는 조림과 자전거와 피임약이 될 것이라는 게 그 예언이다!

교토 의정서가 모든 참가국의 조인을 받아 실제 실행에 옮겨진다고 하더라도 기후 변화는, 지금까지의 현실로 미루어 막을 수 없을 것으로 보인다. 아무튼 의정서 문제와는 별개로 글로벌 기후 외교가 갖는 근본 문제는 늘 새롭게 이산화탄소 배출을 몇 퍼센트 줄이라고 싸잡아 규정하는 합의 과정을 되풀이한다는 점이다. 글로벌 외교는 글로벌 수사를 써가며 이산화탄소 절감이 글로벌 문제라고 하지만, 구체적으로 이산화탄소는 서로 다른 국가와 지역, 운동가가 복잡하게 얽힌 것이어서 〈윈윈 전략〉 차원의 이산화탄소 절감은 이런 다름을 인정하고 각각의 이해 당사자에게 이해관계에 맞는 보상을 해줄 때만 성공할 수 있다. 원자력 에너지 이용 비율이 대단히 높은 프랑스는 기후 정상 회담에서 별 수고를 하지 않고도 모범 국가로 인정받지 않는가. 원자력을 쓰지 않는 나라라고 해서 기후 후진국이라고 손가락질하는 것이 온당한가? 이처럼 지역적 특성은 반드시 고려해 주어야만 한다. 탈산업화가 강력하게 이루어진 영국과 연기를 쏟아내는 굴뚝을 가진 낡은 산업이 일부 무너져 버린 구동구권 국가가 나란히 기후 모범 국가로 인정받는 것도 아이러니다. 또 환경 기술의 최첨단을 달린다고 주장하는 독일도 기후 모범 국가의 반열에 올라섰다.

이렇게 본다면 유럽 연합은 국제 기후 회의에서 다른 나라들을 곤경에 빠뜨리고자 절감을 요구하기가 상대적으로 쉽다. 이런 식으로 소통의 기회는 대부분 이상하게 비틀어지고 만다. 국제회의는 대형 규모 탓에 창의적 의사 결정을 끌어낼 수 없다. 게다가 산유국은 막강한 자금력으로 제3세계 국가들의 표를 사들여 의사 결정 자체를 방해하기도 한다. 결국 이런 유형의 정치는 내용이 없는 빈껍데기로 흐를 수밖에 없다. 국제회의에 되도록 폭넓게 참여하라는 요구는 민주적으로 정확한 것처럼 들린다. 그러나 이런 요구 역시 세계 기후 정책을 막다른 골목으로 내몰고 만다. UNEP의 〈세계 환경 전망 2000 Global Environment Outlook 2000〉은 회의를 소집하고 안건을 상정하는 과정에서 매우 힘든 경험을 한 끝에 아시아 지역에서 다음의 깨달음을 얻었다. 〈일반적으로 협약(환경 협약)에 참가하는 국가가 적을수록, 해당 문제에 지역 대중 매체가 보이는 관심은 뜨겁기만 하다. 예를 들어 《갠지스강 물 공유 조약 Ganges Water Sharing Treaty》은 방글라데시와 벵골 서부와 같이 외딴 지역의 극빈층 농민들도 관심을 갖는 사안이었다.〉[91] 그러나 이런 문제를 정치는 외면하기만 했다.

〈기후 정의〉(그 반대는 기후 불공평)라는, 본래 좋은 뜻으로 쓰는 이 수식어는 특히 예배에서 인기를 끄는 단어다. 심지어 오늘날 〈교회〉는 갈수록 〈생태〉와 동의어로 쓰인다(이런 경향도 분명 좋은 의미를 갖기는 한다). 교회가 개발 지원을 정당화하는 논리로 기후 변화에 가장 큰 책임을 가지는 국가들이 기후 변화로 가장 적은 고통을 받는다고 하는 주장이 맞다면, 정말이지 세계에는 희망이 없다. 세계의 어떤 강대국도 방글라데시나 세이셸을 배려하는 경제 규제를 펼치지 않는다. 국제 기후 정책은 남북 외교의 관행적 노선에 사로잡혀 북반구 국가들이 개발 지원을 베푸는 대가로 남반구가 기후 보호의 요구를 받아들여야 하는 모양새를 끊어 내지 않는 한, 반생산적이라는 비난을 피할 수 없다. 기후 보호는 오로지 관련 당사자의 이해관계를 고려해 가며 추진될 때만 지속적일 수 있으며, 가짜 활동을 무색하게 하는 효과를 낸다. 현실에서 지구 온난화는 대다수 유럽 연합 회원국들보다 미국과 중국에 가장 큰 위협을 준다. 그리고 중국은 최근 이산화탄소의 최대 배출 국가로 미국을 추월했다. 더욱이 메탄이 특히 위험한 온실가스로 밝혀지고, 벼농사에서도 배출되는 것이 발견되면서 지금까지 관련 논의는 뒤죽박죽되고 말았다.[92] 메탄 배출은 이산화탄소보다 국제적 차원에서 규제하는 것이 훨씬 더 까다롭다. 그래서 해당 국가의 이해관계를 고려해 주는 전략만이 실효적 효과를 올릴 수 있다.

수자원 정책[93]과 침식, 사막화, 토양 파괴 등 인류에게 장기적으로 가장 중요한 환경 보호의 주제[94]에서도 문제 상황 파악과 해결 방법은 본질적으로 지역적 특성을 고려해야만 한다. 사막화 문제는 이미 오래전에 세계적 관리가 무의미하다는 점이 확인돼, 이 주제는 글로벌 정치의 시대(혹은 그렇게 시도된 시대)에서 아예 다루어지지 않는다. 그래서 문제의 지역적 특성에 맞추며, 대형 회의가 아니라, 결정 능력을 갖춘 주체들이 참여하는 집중적 회의체를 갖춘 새로운 유형의 범국가적 환경 외교가 이루어졌으면 하는 갈망이 생겨난다. 기후 변화뿐 아니라 다른 심각한 환경 문야의 문제도 오로지 이런 방식으로만 올바로 다루어질 수 있다. 이 모든 깨달음은 1992년 리우의 열광보다는 이후 20년에 걸친 실망스러운 경험 끝에 얻어진 것이다. 이미 지금까지 환경 정책 경험은 규모가 작은 나라들, 알프스 주변 국가들[95] 또는 스칸디나비아반도의 국가들[96]이나 코스타리카 또는 부탄 등이 특별한 강점을 가졌음을 확인해 준다.

최근 출간되는 생태 관련 서적은 흔히 전 세계 곳곳에서 나타나는 물 부족과 토양 손상을 글로벌 기후 변화라는 표제어에 포함되는 것으로 다룬다. 그러나 지난 몇십 년을 돌아보면 이런 환경 문제가 기후 경고 이전에 이미 나타났으며, 기후와 관련시키지 않고도 설명될 수 있음을 떠올리게 된다. 생태 혁명의 시점인 1970년을 전후해 사헬 지역에서 처음으로 나타난 혹독한 가뭄은 건조 지대 시대 이후 최초로 세계 여론을 사막화에 주목하게 했다.[97] 당시만 하더라도 기후 연구가들은 새로운 빙하기가 나타나리라 믿었다. 글로벌 기후 정책으로 지구의 다른 커다란 환경 문제들을 일거에 해결할 수 있다는 기대는 의심할 바 없이 잘못된 것이다. 반대로 기후 변화를 들먹이는 논법이 환경 문제 해결에 주의를 흐려 버리려는 술책으로 통할 위험도 여전했다. 건조한 지역의 대도시에 지하수가 말라가거나 경제 성장과 인구 증가로 수자원이 과도하게 이용되는 경우 문제의 원인을 지구 온난화로 돌리는 태도는, 해당 국가가 문제를 직접 해결해야 한다는 논리를 방어하려는 싸구려 꼼수다. 약소국가의 환경 운동가들에게 매력적인 국제 기후 회의 관광도 현지의 절박한 환경 문제에 집중하지 못하게 하는 약점이 있다.[98]

〈글로벌하게 생각하고 로컬하게 행동하자!〉: 역설을 어떻게 풀 것인가

환경 문제는 본질적으로 지역의 특성이 강할 수밖에 없다. 또 환경 단체에 힘을 주는 원천도 지역이다. 이런 지역적 특성은 무엇보다도 리우 시대 이후 환경 운동의 글로벌 흐름과 잠재적이거나 노골적인 긴장 관계를 빚곤 한다.[99] 글로벌 기후 정책을 연구하는 미국의 데이비드 G. 빅터 교수는 유럽과 일본의 정치가들과 여러 차례 인터뷰하고서, 교토 의정서 채택을 주도한 유럽과 일본 정부는 기후 보호 문제에서 교토 의정서가 없어도 되는 정치를 펼친다는 인상을 받았다고 했다. 이유는 간단하다. 지역에 충실하길 요구하는 〈국민의 압력〉이 크기 때문이다.[100] 겉보기로는 글로벌을 표방하는 환경 정책에서도 결국 국가와 지역의 환경 단체가 중시될 수밖에 없다. 그리고 국가와 지역의 환경 운동은, 최근의 문헌이 운동의 유럽화와 세계화를 강조한다고 해도, 결코 그 힘을 잃지 않았다. 오히려 통계는 일부 문헌이 한껏 부풀리는 세계화와는 반대되는 사실을 보여 준다.[101] 심지어 브뤼셀의 많은 환경 로비스트는 오늘날 활발한 지역주의 르네상스를 지켜보며 자신의 활동이 고향에 어떻게 비칠까 걱정한다. 〈영국《녹색 동맹Green Alliance》〉의 레베카 윌리스Rebecca Willis는 로비를 벌일 직원을 더 쓰게 된다면 브뤼셀이나 새롭게 구성된 스코틀랜드 의회 두 곳 가운데 어디에 투입할 것이냐는 가설적 질문에 망설임 없이 스코틀랜드를 택했다.〉[102] 특히 놀라운 것은 외부에 환경 정책의 선두주자라는 면모를 과시하고 싶어 하는 유럽 연합 내부에서조차 각 회원국은 근접하게라도 일치하는 모습을 찾을 수 없을 정도로 각기 다른 노선을 추구한다고, 관련 연구들이 한목소리를 낸다는 점이다. 기꺼이 공통점을 찾고자 하는 의도에서 시작된 연구들은 정반대의 결과를 보여 준다.[103] 연구 결과는 환경 정책이 〈국제 사회〉의 자극보다는 국가와 지역의 추동력으로 이뤄진다고 분명히 방증한다.

이런 정황 속에서 이미 오래전부터 주목받았던 흥미로운 물음, 학계가 아직 본격적으로 다루지 못한 물음은, 환경 운동이 반세계화 운동과 어느 정도 함께 보조를 맞춰 왔는지, 특정 상황에만 국한하지 않은, 안정적이고도 생산적인 동맹을 형성했는지 하는 것이다. 반세계화 운동의 범국가적인 조직 가운데 가장 잘 알려진 것은 〈ATTAC〉이다. 이 이름이 본래 〈공격〉을 뜻하는 영어 단어 〈Attack〉과는 아무 관련이 없으며, 프랑스어의 단체 이름 〈시민을 돕기 위한 금융 거래 관세 연대 Association pour une taxation des transactions financières pour l'aide aux citoyens〉의 약칭이라는 사실을 아는 사람은 많지 않다. 다니엘 콩방디는 〈ATTAC〉이 그동안 처졌던 자국의 생태 운동을 따라잡기 위한 프랑스의 노력이라고 설명했다.[104] ATTAC의 요구는 저항 운동의 역사에서 볼 수 없던 새로운 목소리다. 교묘하다고 할 정도로 절제된 표현, 겉으로는 사소해 보이지만 기존 경제 체계의 틀을 지키는 온전히 정확한 요구를 담은 표현은 1990년대 이후 눈사태처럼 늘어난 국제 금융 거래 흐름에 제동을 걸어 국가 차원의 정치에 재량권을 되돌려주려는 목표가 있다.

2001년 7월 제노바에서 열린 〈G7 정상 회담〉에서 일곱 경제 강국의 정부 수반들은 수십만 명의 시위대가 격렬한 반대 구호를 외치는 가운데 〈지속적인 경제 성장은 전 세계적으로 자유 무역을 새로운 의무로 규정할 것을 요구한다〉고 선포했다. 리우의 〈지속 가능한 개발〉은 〈지속적 성장〉으로 완전히 뒤집혔다! 그러나 이 정상 회담이 있고 얼마 지나지 않아 신경제의 첫 번째 일대 위기가 찾아왔다. 그리고 이 위기는 최후의 위기가 아니었다. 새천년으로 진입한 순간 일어난 심각한 경제 위기는 완전히 고삐 풀린 자유 경제가 자율적으로 규제하는 새로운 세계 질서를 낳는 것이 아니라, 심각한 카오스를 부를 것이라고 예언했던 사람들이 옳았음을 웅변했다. ATTAC의 요구는 환경 운동은 물론이고 기후 보호의 노력과도 수렴한다. 세금을 면제받은 연료를 기반으로 폭발적으로 늘어난 국제 무역을 막아야 한다는 주장은 ATTAC과 기후 보호를 하나로 묶는 공통점이다. 갈수록 격화하는 글로벌 경쟁으로 커져만 가는 불안함과 불투명함을 막아야 한다는 점에서도 두 운동은 일치한다. 물론 환경 운동은 반세계화라는 흐름만 추구하지 않았다. 오히려 환경 운동은 꽤 오랫동안 하나의 세계라는 이상을 추구하는 분위기에 젖어 있었다. 그러나 이제 환경 운동은 글로벌화와 반세계화가 뒤섞인 기묘한 불투명함을 연출했다.[105]

많은 저항 운동과 마찬가지로 ATTAC의 대변인도 운동이 무엇을 원하는지보다 무엇을 반대하는지 입장 표명하는 것을 훨씬 더 쉽게 여긴다. ATTAC의 경우에는 그래야 하는 특별한 이유도 있다. 이 조직은 프랑스에서 부분적으로 전혀 다른 성향, 심지어 정면충돌하는 두 가지 성향이 뒤섞여 있다. 한쪽은 오랜 민족적 자부심과 주권을 내세우는 성향, 다른 한쪽은 신좌파의 후손이다. 차이가 너무 커서 회원들은 자신이 긍정적으로 여기는 목표를 공개적으로 밝히기 꺼린다. 잠복한 긴장이 공개적 갈등으로 불거지는 것이 아닐까 근심하는 탓이다.[106] 독일의 경우 저항 운동에 참여하는 사람들은 민족 국가로서 주권을 강조하는 것을 프랑스 동지들보다 훨씬 더 금기시했다. 그러나 민족 국가는 글로벌화의 소용돌이에 맞서 힘의 균형을 잡아 줄 유일한 잠재적 균형추다. 그래서 어떤 긍정적 제안을 마련하고 정리할 때마다, 피할 수 없이 양쪽 성향을 넘나드는 아슬아슬한 줄타기가 연출되기 일쑤였다. 아니면 거창한 말만 늘어놓거나. 정말 아이러니한 사실은 작은 수단으로 큰일을 도모하려는 원래의 의도와 다르게 하필이면 ATTAC이 한 해 예산으로 최소한 500억 유로를 요구하는 〈세계를 위한 마셜 플랜〉의 주체를 자처하고 나섰다는 점이다. 앨 고어로부터 받아들인 마셜 플랜은 글로벌화가 쓰는 전형적인 과대망상적 개념이기는 하지만, 강력한 글로벌 경제 관리 기구를 정당화하기에 더없이 안성맞춤이었다.[107]

그러나 ATTAC의 이런 행보를 두고 조롱만 일삼는 것은 사안의 본질을 잘 알지 못하는 싸구려 논법이다. ATTAC은 현대 환경 운동이 겪는 어려움에 고스란히 노출되었다. 전 세계를 무대로 누비고 다니는 경제 권력의 시대에 경제든 생태든 오로지 지역적 차원에서만 활동하는 것은 시대착오적이다. 이 책은 자연 보호와 향토 보호를 결합하는 것이 독일만의 특수 노선은 아니라는 점, 그리고 환경 운동은 생동성을 잃지 않기 위해 저 신화의 거인 안타이오스처럼 어머니 지구와의 접촉이 늘 필요하다는 점을 분명히 부각하려 노력했다. 리우의 〈어젠다 21〉은 사람들이 이 문건을 읽든 읽지 않았든, 지역 단체가 그 운동의 정당성을 높은 차원에서 얻는 중요한 수단이었다는 점은 주목할 만하다. 마찬가지로 분명한 점은 글로벌 지평이 애초부터 환경 운동에 역동성을 불어넣어 사람들을 끌어모으는 데 힘을 실어 주었다는 사실이다. 그렇기 때문에 국제회의와 범국가적 조직을 싸잡아 깎아내리면서 오로지 지역과 자치 단체와 농촌만을 정치 주체로 규정하는 것은 지나친 단견이다. 실체 없는 국제회의 관광의 역사만 있었던 것이 아니다. 모든 비판 여론을 피해 지역의 경제 권력과 야합하며 밀실에서 안건을 처리해 온 음험한 시 의회의 역사도 화려하기만 하다. 이미 오래전부터 〈글로벌하게 생각하고 로컬하게 행동하자〉라는 구호는 WTO가 주도하는 탈규제의 폐해를 막으려는 정부의 간섭을 무력화하려는 의도로 악용되곤 했다. 신중하게 생각해야 할 점이 많은 문제다.

세계화를 반대하는 일에 열정적으로 앞장선 반다나 시바는 오히려 국제 차원에서 활발히 활동한 결과, 자국보다는 서구의 생태 운동 단체에서 더 유명한 인물이 되었다. 칩코 운동을 대변한 선더랄 바후구나도 전 세계의 동지들과 연락을 주고받는 것을 소중히 여겼다. 나르마다 댐에 맞서 싸운 여성 투사 메드하 파트카르는 이 댐으로 위협받는 지역 출신임을 강조하면서, 외국으로부터 재정적 도움을 받는다는 평판을 듣지 않으려고 신중하게 처신했다. 그럼에도 그녀는 세계은행과 국제 여론의 지원을 받아 곤경을 벗어날 수 있었다. 케냐의 〈나무 어머니〉 왕가리 마타이의 상황도 크게 다르지 않았다. 공항과 자동차 전용 도로를 반대하는 운동도 지역 차원의 논리만으로는 힘을 발휘할 수 없다. 이 경우는 무엇보다도 혁신적인 교통 방안을 찾으려고 노력하는 국제 단체의 지원이 필요하다.

〈모든 제한은 행복을 선물한다.〉 쇼펜하우어가 자신의 『삶의 지혜를 위한 아포리즘*Aphorismen zur Lebensweisheit*』에 쓴 구절이다. 〈우리의 관점과 행동 범위, 접촉하는 사람들의 범위를 좁힐수록, 그만큼 우리는 더 행복하다. 이런 것들은 넓어질수록, 우리에게 고통을 안기거나 우리를 두렵게 한다.〉 그러나 쇼펜하우어도 자신의 말년에 갈수록 커지는 세계적 명성을 누렸다. 그리고 그의 격언은 오늘날 아무 제한 없이 맞다고 보기 힘들다. 헤르만 뢴스가 1911년에 자연 보호를 제안했을 때, 그가 벌인 운동은 〈잡화상〉과 다르지 않았다! 그리고 뢴스뿐만 아니라 다른 많은 자연 보호 운동가도 시야를 좁힌 운동을 펼쳤다. 이런 배경을 염두에 둘 때 1970년부터 그리고 1990년부터 더 강해진 새로운 글로벌 지평은 의미심장하게 다가온다. 이후 자연 보호 운동을 두고 〈잡화상〉 운운하는 비난은 철 지난 것이 되었다.

〈글로벌하게 생각하고 로컬하게 행동하자.〉 환경 운동계는 이 구호를 외친 사람으로 흔히 데이비드 브라워를 꼽는다. 당시, 곧 1970년 〈생태 혁명〉 시점에 그는 이 말에서 구체적으로 무엇을 떠올렸을까? 1969년 그는 〈시에라 클럽〉의 회장 자격으로 『뉴욕 타임스』에 〈지구 국립 공원Earth National Park〉을 알리는 전면 광고를 싣게 했다. 대다수 자연 보호 운동가는 이런 광고를 무의미하게 여겼다. 다만 사람들은 이 광고를 생태 혁명이라는 역사적 순간의 열광에 젖은 돌출 행동쯤으로 이해했다. 국립 공원으로 보호되는 지극히 구체적인 자연은 그 본질상 민족적이고 지역적이라는 점에서 사람들은 국립 공원의 소중함을 인식하고 있었다. 그러나 이 엘리트 야생 보호 클럽의 카리스마를 자랑하던 회장 브라워는 이 광고 때문에 회장직을 내놓아야만 했다. 클럽의 회비를 무의미하게 낭비했다는 비난은 나름 근거를 가졌기 때문이다.[108]

이후 브라워가 창설한 〈지구의 벗〉이 원자력 산업에 반대해 국제적으로 벌인 캠페인은 전혀 달랐다. 이 캠페인은 〈글로벌하게 생각하고 로컬하게 행동하자〉에 구체적 의미를 부여했다. 이 범국가적 네트워크가 물꼬를 튼 정보의 흐름에서 그 시원을 이루는 것은 미국의 전례를 능가하는 독일의 원자력 반대 운동이다. 물론 원자력 반대 운동 역시 발전소가 들어서는 지역이 중심이 되어야만 확실한 힘을 얻는다. 〈평화적인 원자력〉이 미래 비전인 한, 사람들은 이 비전에 저마다 자신의 희망을 투사하며 즐긴다. 그렇지만 인근에 원자력 발전소가 들어선다면 사람들은 〈잠재적 위험〉에 촉각을 세울 수밖에 없다. 그러나 지역을 초월하는 연결과 정보가 없다면 지역의 저항은 세상 물정 모르는 님비 현상으로 치부되기 쉽다.[109]

최근 미국의 기후 보호 운동은 연방 정부 차원에서 도시들로 그 초점이 옮겨지는 추세다. 이런 변화를 떠받치는 논리는 분명하다. 헤르만 쉐르가 되풀이해서 설파했듯, 에너지 전환에 이르는 길은 본질에서 지역적이기 때문이다. 시카고 시장 리처드 M. 데일리Richard M. Daley는 유럽 여행을 하면서 특히 프랑크푸르트 암 마인에 영감을 받아 〈시카고 녹화Greening Chicago〉라는 기치를 내걸었는데, 미시간호의 섬에 위치한 공항 활주로를 시카고의 녹색 장관을 방해한다는 이유로 2003년 3월 30일 한밤중 작전으로 갈아엎어 대중을 깜짝 놀라게 했다. 데일리는 시의회의 장광설이 너무 길어져 기다릴 수 없었다고 했다.[110] 프랑크푸르트 공항의 〈베스트〉* 활주로를 반대하던 싸움이 지지부진했던 것과 비교하면 정말 놀라운 단호함이다! 그러나 지역 중심의 환경 운동은 문제를 단지 다른 곳으로 옮겨 놓을 뿐이다. 시카고는 100년 전만 하더라도

---

* 〈West〉는 〈서쪽〉이라는 뜻으로 독일어 발음대로 표기하면 〈베스트〉다.

유례를 찾을 수 없는 뻔뻔함으로 시에서 배출되는 하수가 호수를 망친다며 운하를 통해 하수를 미시시피강으로 돌리고 이를 위대한 업적이라고 자축했다. 세인트루이스와 미시시피강 연안에 사는 주민들의 운명은 전혀 고려되지 않았다. 이처럼 환경 문제의 〈지역적 해법〉은 단순한 떠넘기기다. 이런 떠넘기기는 100년이 넘는 환경 정책의 역사이기도 하다. 현재 세계화에 대한 분노와 실망으로 〈지역〉을 더 선호하며, 〈좋음〉과 동의어로 생각하는 사람이라면 이런 역사적 사실을 떠올려봐야 한다.

〈글로벌하게 생각하고 로컬하게 행동하자!〉 물론 정신 분열에 빠지지 않고 두 가지를 동시에 할 수 있는 사람은 드물다. 지역 차원에서 활동하는 사람이라면 생각도 현장에 집중하는 것이 좋다. 글로벌 사고방식과 지역의 행동을 어떻게 하나로 묶어 낼지 하는 문제는 어떤 이론 모델로 모범 답안이 제시되는 것이 아니다. 오로지 창의적 상상력으로 그때그때 상황에 맞춰 균형을 잡아가는 노력이 필요하다. 서로 다른 차원들이 조화롭게 결합하는 것은 오로지 장기간에 걸친 과정을 통해서만 기회를 가진다. 당장에는 불가능해 보이는 일일지라도 장기적 관점에서는 얼마든지 가능하다. 이것이 역사가 보여 주는 교훈이다.[111] 동시에 역사는 이 과정에서 기쁜 일만 있는 것은 아니며, 낙담과 충격을 줄 때도 잦음을 보여 준다.

덧붙이는 글: 이 원고를 끝냈을 때 브라질 환경 역사학자 호세 파도바José Padua는 나에게 브라질 여성 환경 운동가 마리나 시우바Marina Silva(1958년생)의 이야기를 들려주었다. 현재 브라질에서 가장 인기가 높은 여성 정치인인 시우바는 〈생태〉라는 단어를 알지도 못하는 지역의 저항 운동이 환경 운동의 전 세계적 흐름과 어떻게 만나는지 가장 잘 보여 준다. 이런 만남은 내적 논리에 따른 것이 아니며, 역동적인 역사의 선물이다. 포르투갈과 아프리카 혈통을 물려받은 이 여인이 지금까지 살아온 발자취는 놀랍기만 하다. 문맹이며 어려서부터 고무수액 채

취 노동을 했던 시우바는 브라질 환경부 장관을 지냈으며, 대통령 후보의 자리에까지 올랐다. 마치 지옥의 심연에서 기적이 일어나는 내용의 동화와도 같은 인생 역정이다. 그녀는 자신의 영웅 치코 멘데스가 살해당한 해로부터 3년 뒤 중금속에 오염되어 만성 질환을 앓았다. 그러나 다시 3년이 지나서는 브라질 상원 의원으로 선출되었다. 브라질 역사상 최연소 의원이다. 그리고 2003년 노동자당 출신으로 새롭게 선출된 대통령 루이스 이나시우 룰라Luiz Inácio Lula는 시우바를 환경부 장관으로 임명했다. 그러나 2008년 그녀는 장관 자리를 포기하고 노동자당에서 탈당해 녹색당Partido Verde에 입당했다. 열대림 보호 운동가들은 시우바의 활약으로 통과된 법으로 아마조나스 숲의 벌목이 80퍼센트까지 줄자 그녀를 영웅으로 치켜세웠다. 그러나 다른 환경 운동가들은 시우바가 룰라를 배려해 원자력 발전소와 대형 댐 건설, 심지어 주교들도 반대한 이런 사업에 침묵했다며 실망한 반응을 보이기도 했다. 다시금 환경 운동의 내적 긴장이 특히 여성에게 고통스러운 방식으로 표출된 사례가 시우바다. 또 윤리와 정신적 버팀목을 찾아 방황하는 그녀의 모습도 인상적이다. 원래 가톨릭 해방신학을 추종했던 시우바는 개신교의 오순절운동인 〈하나님의 성회〉로 개종했다. 이 교파는 기적의 치료와 낙태 반대 운동으로 유명하다. 오, 환경 운동이라는 카멜레온이여! 나는 이 책을 마치며 이 브라질 여성 덕분에 환경 운동이라는 주제의 완결될 수 없는 다양함을 새삼 의식했다.

맺음말
더 나은 삶을 위한 환경 운동

2008년 에스파냐 영화 「천국의 재Cenizas del Cielo」가 상영되었다.[*] 주인공은 에스파냐 북부의 농부 페데리코 부가요다. 그는 거대한 화력 발전소 그늘에 살며, 바람이 연기를 실어 나를 때면 자신의 벚나무에 달린 버찌를 랩으로 감싸 준다. 그의 간절한 소망을 그대로 담아낸 것은 교토 기후 의정서다. 남의 말을 잘 믿는 선량한 그는 의정서 덕분에 얼마 가지 않아 발전소가 문을 닫을 것으로 확신했다. 이런 희망으로 그는 갓 태어난 송아지에게 〈교토〉라는 이름까지 붙여 주었다. 심지어 그는 그린피스 운동가처럼 발전소의 냉각탑을 타고 올라갔다가 다시 끌려내려오기도 했다. 그러나 발전소는 여전히 연기를 쏟아냈다. 마침내 환경 운동이 권력을 잡았다. 어차피 낡아 더러운 오염 물질만 쏟아내는 발전소는 폐쇄되었다. 물론 얼마 동안 에너지 산업이 선동해 부추기던 두려움은 현실이 되었다. 전력 공급 부족으로 불빛이 꺼졌다. 사람들은 양초에 불을 붙였다. 시간이 흐르고 어찌어찌 다시 불이 들어왔다. 만족하고 행복한 마음으로 페데리코는 숲에 땔감을 모으러 갔다. 그러나 그는 숲을 약탈했다는 죄목으로 환경 경비원들에게 체포당했다.

[*] 1947년생의 에스파냐 영화감독이자 배우 셀소 부가요Celso Bugallo가 2008년에 발표한 작품.

〈글로벌하게 생각하고 로컬하게 행동하자!〉라는 구호를 촌철살인의 익살로 풍자한 패러디가 이 영화다. 그러나 또 프랑스 혁명 당시의 지롱드파 피에르 베르니오Pierre Vergniaud가 했다는, 널리 회자되는 〈혁명은 사투르누스처럼 친자식들을 잡아먹는다〉는 발언을 암시하는 작품이기도 하다. 실제로 지난 40년을 되돌아보면 환경 운동은 정말 많은 사람과 생각과 에너지를 소비하고 허비하며 가시밭길을 걸어왔다. 생태 시대의 역사는 새로운 계몽의 역사, 깨달음의 역사일 뿐만 아니라 망각의 역사이기도 하다. 한동안 미래를 앞당겨 놓을 것만 같았던 많은 이름은 오늘날 생태 운동계 내부에서조차 잊히고 말았다. 한때 사람들의 마음을 사로잡았던 수많은 생태 관련 책은 이미 오래전에 서가에서 먼지만 뒤집어쓰고 있다. 카리스마로 넘치는 감동과 열광의 순간에는 끝날 줄 모르는 환경 관련 법규가 이어져 환경법 전문가조차 뭐가 뭔지 헤아릴 수 없을 지경이다. 〈소프트 에너지〉, 〈대체 에너지〉는 미래 음악일 때만 사랑스럽게 울렸다. 그러나 지금 많은 자연 보호 운동가는 끝없이 펼쳐진 단조로운 풍력 발전 단지와 바이오 연료 지원금을 받는 옥수수밭의 풍경 앞에서 헛헛한 한숨만 짓는다.[1]

테오도어 아도르노와 막스 호르크하이머는 자신들의 〈철학적 단상〉을 모아 1947년에 펴낸 『계몽의 변증법Dialektik der Aufklärung』에서 권력을 잡은 계몽이 어떻게 해서 또 다른 배타성을 만들어 내며, 최고의 이상인 이성을 지배 도구로 전락키고 나서 권력의 속성에 사로잡혀 어떻게 질식당하는지 묘사한다. 계몽주의자들은 독단적 방식으로 자연이 자기편인 양 꾸미면서, 그러나 동시에 자연이 가진 야생적 요소, 통제하기 힘든 요소를 억압했다. 계몽주의는 특히 자연이 가진 여성성, 곧 풍부하고도 다채로운 감성을 억압했다. 나치스 독재로부터 피신해야만 했던 아도르노와 호르크하이머는 역사의 흐름을 가려 보는 지성의 지배권을 회복하는 것이 중요하다고 보고, 나치즘을 지극히 혐오함에도 나치즘을 〈자연의 반격〉으로 해석하면서 일종의 역사적 정당성을 부여했다.[2] 다시 말해서, 피바람을 불사할 정도로 지나치게 이성을 강조했던 프랑스 혁명이 계몽의 승리라는 테제라면, 나치즘은 자연의 반격이라는 안티테제라는 해석이다. 참으로 변증법에 충실한 해석이다. 그러나 이런 도발적 해석은 묘하게도 나치즘 연구의 바다에서 흔적을 찾기 힘든 것이 되고 말았다.

오늘날 〈계몽의 변증법〉을 계속 쓰고자 한다면, 환경 운동, 곧 〈새로운 계몽〉은 정확히 옛 계몽이 보여 준 가장 취약한 약점에서 시작해야 한다. 새로운 생태의 자연은 그 고유한 생명력에서 18세기의 자연 신학자들이 믿었던 것보다 훨씬 더 다양하고 섬세하다. 또 이 자연은 다치기 쉬운 섬약한 것이어서 인간에게 그대로 놓아주면서도 보호해 달라고 이중으로 요구한다. 더 나아가 자연은 지구의 생존이 위기에 처한다면 모든 힘을 다해 적극적으로 보호해 달라고 요구한다.

막스 베버는 근대화를 신비와 낭만에서 빠져나오는 일종의 탈마법화 과정으로 묘사하면서도 그 바탕에서 일말의 서글픈 어조를 내비쳤다. 그가 담은 함의는 잘 가려들으면, 계몽이 주장하는 냉철한 이성은 역으로 신화와 감성에 기대는 마법화의 갈망을 일깨우리라는 것이다.[3] 아도르노와 호르크하이머는 계몽이 지배적 지위에 오르려고 오히려 나름 신화를 꾸며 내 진리의 권위를 독점한 것처럼 보이게 만들었다고 지적한다. 환경 운동은 발전 신화, 계몽의 가장 강력한 신화인 발전에 드리운 마법의 그늘을 걷어 버림으로써 탈마법화의 과정을 이어 갔다. 그러나 동시에 공세적으로 나선 자연 보호는 보호해야 하는 다양한 생물종을 도처에서 발견하면서 세계를 다시금 마법으로 치장하려는 거창한 야심을 품었다. 이런 야심은 자연을 다채로운 사진으로 담은 많은 출판물에 고스란히 반영되었다. 생물 다양성의 숭배는 이처럼 자연에 마법의 힘을 되돌려 주었다. 이런 마법은 동시에 자연 보호가 구사하는 권력의 도구였다.

프랑스 철학자 미셸 푸코Michel Foucault는 계몽이 절대 왕권을 차지한 시대의 새로운 차원을 나타내는 〈생물 권력biopouvoir, biopower〉이라는 개념을 만들었다. 이 개념으로 임업과 농업뿐만 아니라, 숲과 들의 성장

과정도 정치가 다루어야 할 안건이 되었다. 다시 말해서 이제 자연의 모든 것은 이성의 지배를 받아야 하는 대상이 되었다. 인간의 성생활도 〈생물 권력〉이 다스려야 하는 대상이다. 정권을 떠받들어야 할 국민을 늘려야 하는 목적을 가진 인구 정책의 관점에서 번식에 도움이 되지 않는 성생활은 〈비자연적〉이며 병적이라는 비난을 뒤집어썼다. 역설적이게도 새로운 환경 운동의 초기에 터져 나온 것은 〈인구 폭탄〉이라는 경고였다. 침대에서 〈자연을 상대로 사기 행각〉을 벌이지 말고 자손 증식에 충실해야 한다는 인구 증가 전략의 외침과 정확히 반대되는 경고가 〈인구 폭탄〉이다. 그러나 옛 〈생물 권력〉의 추구와 새로운 경고는 인구를 통제해야 한다는 욕구를 공통으로 가졌다. 늘리든 줄이든 모두 생명을 이성의 지배 아래 두어야 한다는 점에서 계몽의 지배욕은 분명하게 드러난다. 새로운 환경 운동은 피임 수단이라는 매력적인 권력 도구를 얻기도 했다.

애초부터 〈생태 혁명〉을 꾸민 〈글로벌〉이라는 수식어는 그 아래 깔린 권력 욕구를 고스란히 드러낸다. 이 권력 욕구는 생태 시대의 첫 20년 동안은 대체로 잠복해 있었다. 1990년을 기점으로 환경 운동이 맞은 두 번째 호황에서 이 권력욕은 특히 글로벌 기후 정권이라는 프로젝트로 그 분명한 모습을 드러냈다. 물론 글로벌 차원의 환경 운동이 지배의 정당성을 확보할 기회가 숱한 정상 회담에서도 활용되지 않았다는 점은 기묘하기만 한 대목이다. 이 기회를 살리기에는 적당한 행동 주체, 곧 잠재력을 끌어내 펼칠 세계 정부가 없었다. 더욱이 환경 운동의 반대 세력은 너무나 강력했다. 경제라는 이름을 내세운 반대 세력은 계속된 경제 성장으로, 환경 운동 세력에 앞서 더 매력적인 전 세계적 권력 정치의 기회를 잡았다. 의심할 바 없이 환경 운동은 그 자체로 하나의 권력으로 응집하지 못한다면, 이 반대 세력에 맞서 싸울 수 없다. 이런 점에서 민주주의의 원칙에 충실해야 한다며 환경 운동이 품은 권력욕을 비판하는 목소리는 정치적으로 어리석을 정도로 순진하다.

잊지 말아야 할 사실은 지난 40년 동안 〈환경 문제〉로 알려진 것들이 전혀 다른 이름으로 포장돼 다른 방식으로 처리하자고 주장하는 세력이 이를 이용하기도 했다는 점이다. 지구가 가진 천연자원이 유한하며 갈수록 바닥을 드러낸다는 통찰은 자원을 최대한 차지하려는 제국주의적 경쟁을 이끈 강력한 투쟁력의 원천이었다. 인류의 공통 과제로 파악되었던 〈환경 문제〉 해결이 앞으로 경쟁으로 해석되고 공격적인 전략의 희생물이 될 수 있다는 가능성은 전혀 배제될 수 없다. 벌써 이런 식의 공세 조짐은 분명하게 나타난다. 2001년 9월 11일 테러는 〈문화들의 투쟁〉을 미국 사회의 최우선 과제로 부상시켰다. 동시에 그린피스는 미국에서 재앙에 가까운 추락을 맛보아야만 했다.

오늘날에는 다른 조짐도 속속 나타난다. 세계의 미국화는 인류 대다수를 행복하게 만들어 주지 못했다. 이미 생태적 이유에서도 미국의 생활 수준은 인류 대다수가 누릴 수 없는 것이다. 그 수준에 가까이 가려는 시도는 빈부 격차를 키우면서 생태 위기를 심화했다. 미화달러로 측정되는 국민 1인당 소득은 세계 대다수 국가를 희망이 없는 열등 국가로 만들어 버린다. 공격적인 종교 근본주의가 이슬람 국가들에서 갈수록 인기를 얻는 이유는 바로 이런 절망적이고 괘씸한 상황에 보이는 반작용으로, 심리적으로는 이해되고도 남는다.

이런 상황에서 미국식 생활 방식에서 철저히 해방되어 더 나은 삶이라는 목표에 집중하는 환경 운동은 자국의 생태 조건에 맞춘 전통 생활 방식을 소중히 여김으로써 새로운 자존감을 키우자는 대안을 제시한다. 인도네시아라는 의미심장한 예외가 있지만, 이슬람 세계가 환경 운동의 지도에서 지금껏 전인미답의 땅으로 남은 것은 우연이 아니다.[4] 이슬람 세계는 고유한 이슬람 문화를 폄훼하면서도 대중에게 더 나은 대안을 전혀 제시하지 못하는 미국화에 무기력한 분노를 느끼는 나머지 광신적 종교에 사로잡히는 경향을 보여 준다.

환경 문제를 전문으로 다루는 정치가 역시 권력을 의식한다는 점도 우리는 유념해야만 한다. 권력의 도구를 쥐었으면 하는 간절한 바람은 정치의 피할 수 없는 속성이기 때문이다. 국토를 전면적으로 아우르는 환경 보호는 해당 능력과 책임을 가진 정부 조직 없이는 불가능하다. 환경 파괴를 자행한 범인이 〈지나치게 비대한 관료주의〉 탓에 재수 없이 걸렸다며 악어의 눈물을 흘리는 모습을 우리는 곧이곧대로 받아들여서는 안 된다. 환경 보호가 〈운동에서 행정〉이 되는 일은 어느 정도 불가피하다. 물론 그 과정에는 의심할 바 없이 위험이 도사리고 있다. 환경 보호가 정치와 경제의 권력과 손을 잡을수록, 역사학은 비판적 입장으로 이 과정에 동행하는 과제에 충실해야만 한다. 역사의 경험은 정부가 그 자체로 공익이 결코 아니라는 점, 또 중앙 집권 국가라 할지라도 환경 문제에 전면적인 관리를 보장해 주지 않는다는 점을 보여 준다. 오히려 관료주의는 능력과 책임을 분산하는 경향이 있다. 그리고 우리는 〈환경 보호〉가 무척 다양하게 해석될 수 있다는 점도 유념해야 한다. 생태를 앞세워 사기 행각을 저지르는 일은 이미 따로 한 편의 역사를 쓸 정도다.

행정법을 전문으로 하는 법률가들은 과잉 규제에 쏠리는 경향이 있다. 과잉 규제는 다른 나라보다도 독일에서 특히 심하다.[5] 과잉 규제는 들이는 비용과 수고에 비해 효과가 나타나지 않는다는 문제를 야기한다.[6] 이런 사정을 잘 알고 있을 독일 행정 법원 원장 에버하르트 프란센 Everhardt Franßen은 이런 말을 했다. 〈규제가 부족한 것이 아니라, 실행이 문제다. 더욱이 이 문제는 갈수록 규제를 만들어 내는 탓에 더욱더 심각해진다.〉[7] 환경 정책에 밝은 전문 관료는 자신의 이해관계에 충실하게 환경 보호를 복잡하게 만들려는 경향을 보인다. 그래야 일반 국민이 관련 논의를 따라올 수 없기 때문이다. 반대로 실질적 효과를 내는 환경 보호를 원하는 사람은 되도록 문제를 간단하게 만들려고 고민한다. 정치가 환경 문제의 〈복잡함을 따라오지 못한다〉는 전문가의 불평을 이들은 말도 안 되는 헛소리라고 일축한다. 이를테면 자연 보호를 위해 국가 권력을 움직이게 하는 데 주저함이 없었던 헨리 마코프스키는 〈바텐메어〉의 보호를 위해 맺어진 국제 협약이 16개나 되는 신기록을 작성했다며 이런 낭비가 없다고 한숨지었다.[8] 그럼에도 전문 관료는 독일의 환경 보호가 지지부진한 것은 관련 규정이 턱없이 부족해 환경을 효율적으로 관리할 수 없기 때문이라고 불평한다.

환경 보호의 전 세계적이고도 지속적인 성공은 관련 규정을 간단하고도 명료하게, 이성적인 모든 사람이 수긍할 수 있게 정리해 내느냐 여부에 달렸다. 생태 시대에 공공 공간에서 금연이 당연하게 여겨진 것과 마찬가지로 사람들이 쉽게 납득할 수 있는 규정 정비는 꼭 필요하다.[9] 지난 40년을 되돌아보는 것이 실질적 도움을 줄 수 있다. 무한할 정도로 늘어난 환경 보호 규정들의 배후에 숨어 있는 간단한 근본 동기는 되돌아보는 눈길로만 포착되기 때문이다. 깨끗한 물과 공기, 건강한 식생활, 편안한 잠을 누릴 인간의 권리는 지극히 간단하고 근본적인 것으로 누구나 인정하는 자연권이다. 이런 권리가 일관되게 구현될 때 환경 문제도 대부분 다스릴 수 있다. 인간의 자연적 본성과 조화를 이룰 때만 인간이 자연과 맺는 관계가 개선된다. 그저 기후 문제에만 집중하는 기후 정책은 막다른 골목에 다다르고 만다. 기후 정책의 현실적 토대는 오로지 인간의 생동적이고 현재적인 욕구와 맞아떨어질 때만 얻어진다. 저 먼, 특정되지 않은 미래와 전모를 가늠할 수 없는 지구 전체라는 추상적 접근방식이 아니라, 바로 지금 여기의 생명에 충실할 때 환경 보호는 더욱 튼튼한 기초를 다질 수 있다. 지속성이니 생물 다양성이니 하는 말잔치에도 우리는 이 점을 잊어서는 안 된다. 환경 보호는 모든 이해관계를 초월해 오로지 전체에 헌신하라는 추상적 요구보다는 인간의 자기 보존 본능에 호소할 때만 구체적 실천을 기대할 수 있다. 정신적 요구는 본능에 충실하라는 호소와 배타적 관계를 이루지는 않는다. 막스 베버가 자신의 『프로테스탄트 윤리와 자본주의 정신*Die Protestantische Ethik und der Geist des Kapitalismus*』에서 보여 주었듯, 세계사를 움직이는 가장 강력한 추동력은 형이상학과 물질적 동기라는, 어찌 보면 비논리적인 종합에서 얻어진다.

실천 현장에서 무한한 환경 문제를 놓고 우선순위를 정해야 한다는 강박은 관료제에서뿐 아니라 기성 환경 단체 내부에서도 자주 나타난다. 이러한 관행적 태도는 위험을 초래할 수 있다. 타성에 젖은 환경 정책은 일방적으로 특정 행동 노선을 고집하기 때문에 더 중요할 수도 있는 다른 환경 문제를 무시할 위험이 있다. 그러나 자연은 늘 놀라움을 선물한다. 전혀 예상하지 못한 부작용은 전체 환경 문제의 본질이다! 특정 문제만 고집하는 환경 정책은 치명적 실수를 저지를 확률이 매우 높다. 정치의 다른 분야보다 환경 분야가 특히 이런 실수를 범하기 쉽다. 이런 위험성을 고려할 때 우리가 내려야 하는 실질적 결론은 생태 계몽 역시 늘 입장을 다시금 점검하고 보완하는 수정주의에 충실해야 한다는 점이다. 특정 생태 문제에 회의적 태도를 취한다고 해서 이를 싸잡아 이단으로 내모는 것은 옳지 않기 때문에 반드시 피해야 한다. 회의론자는 대개 자신의 고유한 이해관계를 그럴싸한 생태 논리로 꾸미곤 한다. 그러나 환경 보호를 진지하게 생각하는 사람 역시 자신이 개인적 동기 때문에 특정 입장을 고집하는 것은 아닌지, 다른 의견을 가진 사람을 너그럽게 받아들여야 할 이유가 있지는 않은지 늘 살피는 자세를 가져야만 한다.

우리는 〈환경 보호〉라는 프로젝트가 애초부터 역사적으로 매우 다른 노력들의 연합을 의미했음을 유념해야 한다. 이 연합에는 항상 잠복한 갈등 요소와 소통 장벽이 따라다녔다. 머지않은 미래에 이 연합이 다시 분열하고 물과 공기 정화, 자연과 동물 보호, 재생 가능한 에너지와 대안 교통 체계 등이 각기 갈라져 갈등을 빚을 공산은 크기만 하다. 그런 경향은 현재에도 이미 나타난다. 기후를 최우선시하는 정책이 환경 보호의 다른 분야에 힘을 실어 주기는 했지만, 전체 환경 운동의 결속은 기후 정책 탓에 시련에 부딪혔다. 특히 기후 변화 문제를 기후 보호에 의구심을 갖는 반론을 모두 찍어 누르는 논거로 제시하면서 갈등은 커지기만 했다.[10] 또 하필이면 전 세계 환경 운동의 두 주된 공격 목표, 곧 원자력 발전소와 대형 댐은 오히려 기후를 보호해 준다는 논리로 기후 정책의 지원을 받는 희한한 모양새가 연출되었다. 자연 보호 운동 역시 재생 가능한 에너지를 절대적 우선순위로 삼는 정책과 갈등을 겪는다.

지난 20년 동안 생물 다양성을 구호로 전 세계적인 확장 열기에 사로잡 혔던 자연 보호는 무조건적으로 보호 구역의 확장을 추진하면서 농업 과 정면충돌한다.[11]

목표 설정을 둘러싼 갈등과 내적 긴장을 특별히 다루는 능력은 오늘 날은 물론이고 미래의 환경 운동을 위해서도 대단히 중요하다. 하키스 틱 그래프를 의심하는 모든 사람을 홀로코스트를 부정하는 범죄자로 취급하는 환경 운동가는 환경 운동의 결속을 여지없이 뒤흔든다. 이런 태도는 마치 무조건 원자력 기술의 모든 형태를 과격하게 거부하지 않 는 사람을 적으로 취급하는 것과 다르지 않다. 또는 개구리가 방해받지 않고 짝짓기 하는 것을 고속철도 선로보다 더 중요하다고 여겨야만 같 은 편으로 인정해 주는 옹졸함이기도 하다. 고양이뿐만 아니라 자신의 서재에 나타나는 생쥐도 귀여워했던 제러미 벤담Jeremy Bentham은 이미 자연 사랑에는 목표를 둘러싼 갈등이 일어날 수밖에 없음을 깨달았다 고 술회한 바 있다.[12] 그러나 고양이 사랑과 생쥐 사랑 사이의 갈등은 미 래의 환경 운동이 목표 설정을 두고 벌일 갈등과 비교하면 차라리 애교 에 가깝다.

갈등을 다루는 방식에 대한 고민은 어차피 세계의 모든 환경 문제에 결정적인 해결책은 없으며, 오히려 모든 해결책이 임시방편적이고 시 기와 맞물린다는 통찰 덕에 한시름 던다. 결국 이런 통찰이야말로 환경 운동이 역사의식을 가져야만 하는 이유이리라. 어느 한쪽의 일방적이 고도 독단적인 〈역사의 교훈〉이라는 부담을 깨끗이 덜어 버린 역사는 정치적으로든 인간적으로든 불필요한 소모전을 벌이게 하는 시시비비 를 막아 줄 좋은 예방책이다. 오늘날 우리의 환경 의식이 최고 수준의 생태 통찰이라는 자만은 금물이다. 우리가 지금껏 살펴보았듯, 아주 많 은 사안에서 옛사람들은 오늘날의 우리보다 훨씬 더 앞서 있었다. 18세 기 사람들은 자연 사랑과 인간 사랑을 함께 묶어 냈다. 1900년에는 자 연 보호를 기치로 삶을 개혁하자는 운동이 벌어졌다. 1930년대는 토양 보호에 집중했다. 아마도 오늘날 우리가 자연 보호와 환경 보호를 농업,

에너지, 교통, 건설 정책과 함께 종합적으로 접근하지 않고 따로 떼어놓는 태도를 미래 사람들은 시대에 따른 오류라 질타하리라.

이처럼 환경 문제를 보는 시각이 시간과 공간이라는 조건과 묶여 있다는 통찰은 역사학과 생태학이 서로 내적 동질성을 가진 학문이라는 점을 확인해 준다. 물론 두 분과는 지금껏 이런 동질성을 부각하거나 평가하는 일을 거의 하지 않기는 했다. 그리고 1970년의 〈생태 혁명〉이후 〈환경 보호〉라는 이름의 위대한 연맹이 그 내적 이질성을 이겨 가며 이룩해 온 성과를 짚어 보면 역사를 돌이켜본다는 것의 가치가 새삼 소중하게 다가온다. 인간이 품은 자연 사랑은 〈에로스〉만큼이나 다양한 면모를 보여 준다. 아니 심지어 에로스보다 더 다양하고 기괴한 것이 인간의 자연 사랑이다(프로이트의 용어를 빌리자면 〈다양한 형태를 자랑하며 변태적polymorph-pervers〉이다). 편집광적으로 어느 한 측면에만 매달리는 환경 운동, 곧 각기 따로 노는 환경 운동은 인간의 자연 사랑이 지닌 폭넓은 잠재력을 담아낼 수 없으며, 지금 당장의 일회적 효과에만 매달리는 한계를 극복할 수 없다. 폭넓은 환경 의식의 진작이 필요한 이유는 바로 이것이다.

프리드리히 니체는 1874년에 발표한 『인생에 대한 역사의 유용함과 해로움*Vom Nutzen und Nachteil der Historie für das Leben*』에서 〈역사를 소비하는 열기〉는 속이 꽉 찬 충만한 인생을 위협한다고 경고했다. 연상 작용으로 먼 과거를 떠올리는 것이 우리의 감각을 마비시키며 혼란에 빠뜨린다는 경고는 역사주의가 절정에 달했을 때 나온 것이었다. 반대로 오늘날 우리는 대부분의 학문에서 역사적 관점을 소중히 여기지 않는 분위기 속에서 살아간다. 환경 운동도 마찬가지다. 현대사에서 일어난 대형 운동 가운데 환경 운동만큼 역사의식을 소홀히 다루는 분야도 없다. 그러나 역사는 환경 운동에 많은 잠재력을 선물할 수 있다. 반드시 강단의 역사학자가 알려 주는 〈역사의 교훈〉은 아니라 할지라도 환경 운동에 생기를 불어넣어 줄 자극은 지난 역사가 충분히 제공한다. 역사의식이란 현재에서 과거의 흔적을 찾는 것에서 그치지 않는다. 역사의식을 정립하는 것은 올바르게 현재의 새로운 면모를 발견하려는 노력이기도 하다. 지금 여기서 흐르는 시간을 더욱 밀도 있게 경험하고, 그 안에 담긴 교훈을 모색하는 깊이 있는 사색은 역사의식만이 베풀 수 있는 소중한 체험이다. 기성 체계의 관성적 요소를 깨고 그때까지 불가능하게 여겨졌던 많은 것이 가능해지는 순간이 존재한다는 것을 역사는 가르쳐준다. 아마도 〈인생에 대한 역사의 유용함〉 가운데 최고의 것은 우리의 현재에서 그런 역사적 순간을 가려볼 줄 아는 안목을 키우는 일이리라. 누가 아는가, 우리는 그런 순간을 곧 경험하게 될지.

후기
구체적인 생태 소통

    니클라스 루만이 자신의 전설적인 메모 상자로 구성해 본 〈생태 소통〉을 나는 그 무한함에도 매우 구체적으로 이해했다. 이 〈생태 소통〉이 구성된 지 어언 40년이라는 세월이 흘렀다. 그 오랜 세월에도 이 소통을 논리적으로 정리하는 일은 나에게 갈수록 더 어렵게만 느껴진다. 그렇지만 이런 노력으로만 생태 운동을 이끈 주된 동기와 긴장 지대에 무엇이 있었는지에 대한 통찰을 얻을 수 있다. 이 책은 이런 통찰을 충실하게 담아내려 애쓴 결과물이다. 그럼 차례대로 살펴보기로 하자.

    (1) 우선순위 문제의 우선순위 〈환경〉이라는 표제어 아래 모인 다양한 주제를 놓고 어떤 것부터 처리할지 우선순위를 정하는 어려움은 운동가가 늘 겪는 일이다. 나는 무엇보다도 정치적 논란에 경험이 많은 학자들과 접촉해 이런 어려움의 실상을 알게 되었다. 오랫동안 핵기술과 유전 공학 분야의 선도적인 비평가 클라우스 트라우베와 레기네 콜렉Regine Kollek과 대화를 나누면서 나는 혼란스러울 정도로 다양한 잠재적 위험 가운데 정치로 해결할 수 있는 것을 가려보는 안목을 키우는 일이 중요함을 깨달았다. 물론 그렇다고 해서 우선순위가 최종적으로 확정되는 것은 아니다. 생태 문제를 알리는 경고의 목소리 가운데에는 주의를 흐리게 하고 방향성을 비틀어 버리는 것이 적지 않다. 콜렉은 유전

공학의 인간 배양이라는 프랑켄슈타인 상상은 화제성으로 언론을 사로잡아 농산업 대기업이 수익성 좋은 생물종을 독점화하는 훨씬 더 현실적인 위험을 알아보지 못하도록 주의를 흐리는 꼼수라고 알려 주었다. 트라우베는 원자력 반대 운동가들에게 기술적으로 세세한 것까지 문제 삼게 하려는 유혹에 사로잡히지 않아야 한다고 경고한다. 트라우베는 세부 기술에 집착하면 대형 기술 프로젝트는 정치적으로 통제하기 힘들다는 근본 문제를 시야에서 놓치게 된다는 점을 지적했다.

아무튼 어떤 우선순위에 성급하게 집착하는 것은 좋지 않다. 여성 약학자로 녹색당의 첫 국회 임기에 참여했던 에리카 히켈Erika Hickel은 당시 녹색당 내부에서 벌어졌던 끝없는 논란이 목적 지향적이고 절제를 미덕으로 아는 사람들을 지치고 짜증나게 했지만, 그래도 결국 사안을 더 명확히 정리하는 성과를 이끌어 내는 것을 보며 많은 것을 배웠다고 나에게 말했다. 늘 이처럼 결론이 명확하게 도출되는 것은 아니다. 하지만 그렇다고 해서 성급하게 입장을 정리하는 것은 전모를 가늠하기 힘든 환경 문제에서 절대 도움이 되지 않는다. 환경 정책과 소비자 보호에서 많은 경험을 쌓은 에다 뮐러는 『환경 정치의 내부 세계Innenwelt der Umweltpolitik』에서 지극히 혼란스러운 영역일수록 고정 관념의 지배를 쉽게 받는다고 토로했다. 그녀의 이런 술회를 접하며 나는 〈아하, 그렇구나!〉 하고 무릎을 쳤다.

에다 뮐러의 통찰은 1979~1980년 회기에 독일 앙케트 위원회 〈미래의 원자력 정치〉를 이끈 라인하르트 위버호르스트의 기본 신념과도 맞아떨어진다. 지난 20년 동안 그가 주최한 〈엘름스호른Elmshorn 대화의 밤〉 행사에 참여해 참으로 많은 것을 배웠다. 위버호르스트는 환경 문제에서 성급하게 어떤 특정 입장을 고집하지 말라고 경고하며, 항상 가능한 한 다양한 조건을 검토하는 〈논의의 정치〉를 요구했다. 환경처럼 전모를 가늠하기 힘든 분야에서 어떤 방식으로 정치적 결정을 이끌어 낼 수 있는가 하는 물음은 내가 보기에 원칙을 따지기보다는 역사를 살펴야 답이 얻어진다. 이 대화의 밤 행사에서 겪은 가장 인상적인 체험은 태양 에너지를 선도한 헤르만 쉐르와의 만남이다. 그는 안타깝게도 얼마 전에 작고했다. 특히 쉐르가 항공유에 면세를 해주는 것이야말로 최악의 환경 스캔들, 그럼에도 누구도 거론하지 않으려고 하는 스캔들이라고 지적한 대목이 기억에 남는다. 항공유에 세금을 부과하면 항공 교통이 대단히 비싸져 현재의 세계화가 낳는 적지 않은 부정적 결과를 일거에 줄일 수 있음에도, 이 문제를 사람들은 금기시하며 누구도 거론하려 들지 않는다. 나는 그처럼 간단하면서도 효과적인 방법을 체계적으로 방해하지만 않는다면, 환경 보호는 참으로 간단하겠구나 하는 생각에 씁쓸함을 달랠 수 없었다.

〈직선로야말로 실패의 첩경이다!〉 이 말은 그린피스 독일 지부의 공동 창설자로 30년 동안 무지개 전사로 활약한 게르하르트 발마이어Gerhard Wallmeyer의 인생 결산이다. 다시 말해서 중요한 문제일수록 전략적으로 우회할 줄 알아야 한다는 깨달음을 그는 이 말 안에 담아냈다. 세계 대양의 착취라는 대단히 크고 까다로운 문제는 고래잡이 금지와 희석된 산 용액의 투기라는 우회로를 통해 접근해야만 실효적인 해결책을 얻을 수 있다. 이런 우회 전략에 방해가 되는 것은 일반 대중이 무지개 전사에게 가지는 고정 관념이다. 만약 그린피스가 유전 공학에 반대하는 운동을 벌인다면, 대중은 이를 그린피스의 활동으로 여기지 않는다(그러나 실제로 1996년 11월의 어느 날 저녁 그린피스는 고무보트를 타고 농산업 대기업 몬산토가 유전자 변형 콩을 함부르크 항구로 들여오던 것을 막았다). 반대로 그린피스와 경쟁하는 폴 왓슨이 포경선 사냥에 나서면, 사람들은 이를 그린피스 활동으로 여긴다.

(2) 카리스마와 관료화 막스 베버의 관점을 받아들여 나는 환경 운동에서 카리스마, 정신적 동기 그리고 동시에 관료화와 일상화의 과정에 주목했다. 영성적이고 정신적인 동기는 나의 아내 오를린데가 지속해서 관심을 가져 온 사안이다. 나는 아내 덕에 벌써 오래전에 불교 사상과 접할 수 있었다. 달라이 라마의 동생인 텐친 최걀Tenzin Choegyal은

자신의 유명한 형의 이름을 빌려 불교를 생태적 종교로 꾸미는 것을 거부한다고 밝혀 우리의 기대에 찬 물을 끼얹었다. 불교는 인간을 존재의 윤회라는 순환에서 해방하는 것일 뿐, 물질적 순환의 회복은 아니라는 것이 그가 밝힌 반대 이유다. 또 그는 나무 숭배를 두고 왈가왈부하는 것은 시간만 버리는 일이라고 강조했다. 하지만 불교의 가장 중요한 특징은 모든 생명체를 존중하는 마음가짐이다. 현대 사회의 많은 문제를 배경으로 불교를 새롭게 이해하는 것은 오늘날을 살아가는 사람들의 권리가 아닐까? 또 전혀 다른 문화와 먼 과거의 불교를 통해 환경 운동이 자신을 꾸며 보이는 것보다 더 진정성이 돋보이는 일은 없지 않을까?

일본 여행을 하며 나는 문화 역사학자 우수이 류이치로臼井隆一郎를 알게 되었다. 그는 이시무레 미치코를 연구한다. 그는 이 〈일본의 레이철 카슨〉이 품은 아주 독특한 불교와 일본의 근본 종교인 물활론을 읽어 냈으며, 놀랍게도 요한 야콥 바흐오펜Johann Jakob Bachofen과 루트비히 클라게스가 문화의 기원을 모권에서 찾는 이론과 내적으로 일치한다는 점도 발견해 냈다. 문화의 모든 차이를 넘어서서 전 세계적인 〈생태 소통〉이 〈국제 사회〉라는 형태를 취했다는 점은 놀라운 일이 아닐까? 더욱이 이런 흐름은 국제회의 관광이나 다니는 극소수 엘리트의 활동이 아니라, 자연적이고도 영성적인 인간의 근본 성향에 바탕을 둔다. 나는 에드워드 윌슨이 주장한 〈생명애〉가 인간의 타고난 성향이라고 기꺼이 믿고 싶다.

사람들은 녹색당이라면 수염을 기른 예언자를 떠올린다. 그러나 베버가 말하는 카리스마를 자랑하는 예언자에게는 제자도 있어야만 한다. 주지하듯 예언자와 제자 관계는 많은 희생을 요구하게 마련이다. 녹색당 원내 총무로 자신의 당원들에게 최소한의 규율이라도 일깨워주려고 노력했던 미하엘 베스퍼Michael Vesper는 나에게 녹색당이 믿기 어려울 정도로 많은 사람을 소비하고 소모하며 희생당하게 했다고 실토했다. 나 자신도 산처럼 쌓인 자료 더미를 살필 때마다, 한때 미래를 앞당겨 줄 것처럼 보였던 많은 이름이 이미 오래전에 까맣게 잊힌 사실을 발견하며 놀라곤 한다. 그래서 드는 의문은 혹시 생태 운동이 순교자를 필요로 하나 하는 것이다. 나는 브루노 만저를 1993년 꽃의 섬 마이나우Mainau에서 처음 만났다. 사라왁의 열대림에서 페난족을 도와 외국 목재 기업에 맞서 싸웠던 그는 2000년 5월 열대림에서 흔적도 찾을 수 없이 실종되었다. 『슈피겔』의 보도에 따르면 〈목재 마피아〉가 만저의 목에 5만 달러를 걸었다고 한다.[1] 지금 누가 만저를 기억하는가? 나의 제자 클라우스위르겐 주커Klaus-Jürgen Sucker는 중앙아프리카에서 고릴라 보호 운동을 벌이면서 목재 기업의 수상한 활동을 추적하다가 1994년 우간다에서 목을 맨 채로 발견되었다. 나는 그의 운명을 두고 적막하기만 한 상황에 충격을 받았다.[2]

(3) 원자력 갈등이라는 패러다임? 무엇보다 1970년대에 원자력 갈등을 통해 환경 운동과 관계한 나는 이후 늘 이 갈등이 환경 운동의 다른 분야에 패러다임을 제시하는지 아닌지 하는 물음을 품어 왔다. 이 물음의 답을 찾아보며 내가 가장 놀란 점은 같은 문제라고 할지라도 사람마다 전혀 다르게 볼 수 있으며, 심지어 각기 다른 관점으로 완전히 정반대의 환경 운동 역사를 쓸 수 있다는 사실이다. 1970년대 독일 내무부에서 활동한 게르하르트 바움을 비롯한 환경 정치가들은 다른 누구도 아닌 자신들이 독일 환경 운동에 생명력을 불어넣어 줄 수 있음을 자각하고 산업의 로비에 맞서 균형을 잡아 줄 수 있게 해당 시민 단체를 집중적으로 장려했다. 그러나 폭넓은 합의를 도출할 길을 열어 줄 이처럼 바람직한 전략은 원자력 발전소에 대한 격렬한 반대로 무산되고 말았다. 원자력 반대 운동에 참여했던 옛 동지들이 들으면 무슨 말도 되지 않는 이야기냐며 펄쩍 뛰리라. 그러나 환경 운동 자체 탓에 오히려 신중하고도 면밀한 전략이 무산되었다는 지적은 충분한 근거가 있다. 나는 이 책을 쓰던 막바지 단계에 폴커 하우프라는 소중한 대화 상대를 만나는 행운을 누렸다. 1975년 독일 연구부 장관 마트회퍼 아래서 차관

을 지낸 하우프는 〈시민 대화 원자력 에너지〉를 태동시켰으며, 나중에 교통부 장관을 지내고 브룬틀란 위원회의 독일 위원과 지속성 위원회 의장으로 환경 정책을 일관되게 추적해 온 인물이다. 그는 나에게 환경 정책이 외부의 자극에 얼마나 예민하게 반응하는지 그림처럼 분명하게 설명해 주었다. 정부 기관과 〈시민 단체〉의 깔끔한 분리는 1990년대의 탈규제화 과정에서 일어난 전형적인 〈두뇌 출산〉의 산물이다.* 이후 NGO 활동가는 국립 공원의 경비원 노릇을 했다. 게르하르트 발마이어는 그린피스가 심지어 경찰 조직이 부패해 제대로 기능하지 않는 러시아를 도와 일본 포경선을 막아 주는 경찰을 자처하기도 했다고 나에게 알려 주었다.

원자력 갈등이 절정으로 치달을 즈음 나는 경찰이 대학교에 파견한 사복형사와 바로 옆 사무실에서 지냈다. 대학교에 원자력 반대 시위가 벌어질 때, 그 사복형사는 대학교가 적국처럼 느껴진다고 실토했다(나는 그에게 비상시 피난처를 제공해 주겠다고 약속했다). 그는 나에게 경찰 사이에서도 원자력 반대자가 늘어났다고 귀띔해 주었다. 원자력 발전소 공사장 울타리 앞에서 시위를 벌이며 〈짭새〉를 적으로 내모는 것은 어리석은 행동이다. 그러나 적군파의 여성 문제로 교수 자격 논문을 쓴 기젤라 디발트케르크만Gisela Diewald-Kerkmann 덕분에 비로소 나는 30년이 지난 지금 환경 운동의 〈폭력 문제〉를, 그것도 전 세계적 차원에서 집중적으로 연구할 생각을 하게 되었다. 그녀와 함께 나는 함부르크 그린피스 본부로 세미나 참여 학생들과 견학을 갔다가 전략적 사고가 운동뿐만 아니라 법정 다툼까지도 고려하는 치밀성을 보였다는 점에 깊은 인상을 받았다. 충돌이 빚어질 경우 법정 소송까지 고려한 이런

---

* 〈두뇌 출산〉이라는 표현은 그리스 신화에서 여신 아테나가 태어난 과정을 가리킨다. 자신의 자손에게 신들의 왕이라는 지위를 빼앗길까 두려워한 제우스는 임신한 아내 메티스를 집어삼킨다. 나중에 제우스가 두통으로 괴로워하자 헤파이스토스가 도끼로 제우스의 머리를 내려치자 아테나가 태어났다고 한다. 고육지책으로 했던 일이 뜻밖의 좋은 성과를 거두는 것을 비유하는 표현이다.

전략적 사고 역시 환경 운동을 성공으로 이끄는 열쇠 가운데 하나다!

환경 갈등에 경험이 많은 게르트루데 뤼베볼프와 숲길을 산책하며 환경 보호의 법적 측면을 두고 이야기를 나누기도 했다. 그녀는 예전에 빌레펠트 수자원 보호청 청장을 지냈으며, 독일 환경 위원회 의장을 역임하고 지금은 헌법 재판소 재판관이다. 그녀는 무정부주의에 은밀한 호감을 완전히 감추지 못하는 나에게 기회가 있을 때마다 거듭 환경 보호에서 〈제도〉가 갖는 근본적 중요성을 일깨워 주었다. 세계를 구원하겠다는 생각은, 좋은 의도를 실천에 옮길 능력을 갖춘 제도를 함께 고려하지 않는다면 뜨거운 김과 같이 훅 날아간다고 했다. 제도를 과소평가하는 것은 독일의 나쁜 전통이라고도 했다. 그리고 국가 기관은 환경 문제에서 외부로부터의 자극을 반드시 받아야만 한다고도 했다. 바로 그래서 행정 책임까지 맡으려는 환경 운동가를 두고 〈책상물림〉이라고 비웃는 것은 사려 깊지 못한 태도라고 그녀는 지적했다.

지난 30년 동안 숲의 역사와 임업의 역사는 나의 취미 생활이었다. 경제와 생태가 갈등을 빚으면서도 일치된 모습을 보이기도 하는 분야, 유럽뿐만 아니라 최근 전 세계 곳곳에서 뜨거운 논란을 부르는 오랜 역사를 가진 분야는 숲과 임업 외에 다른 어디에도 없다. 1993년 나는 슈투트가르트에서 열린 대규모 학술 대회 〈머릿속의 자연〉에서 반다나 시바를 만났다. 그녀는 인도뿐만 아니라, 제3세계 전체에서 가장 유명한 〈생태 여성〉으로 대회에서 가장 긴 박수갈채를 받았다. 영국 식민지 행정의 전통에 밝은 산림관의 딸인 그녀는 나에게 자신이 데라둔 임학 학교에서 〈악마〉와 다르지 않았다고 말했다. 그러나 자신은 산림 공무원을 악마로 몰아세우는 일을 전혀 하지 않았다고도 했다. 임업 역사학자와 환경 역사학자는 선과 악의 이원론에 사로잡혀 착각할 때가 너무나 많다. 농부가 좋은 쪽이든 공무원이 좋은 쪽이든, 이런 관점은 문제 해결에 전혀 도움이 되지 않는다. 반다나 시바는 환경 단체들의 전 세계적인 소통은 오로지 지역적 특성을 인정할 때만 성공할 수 있다고 강조했다. 자신이 선호하는 것을 나머지 세계에 투사하는 〈글로벌 사고〉라는 구호는 사기에 지나지 않는다고도 했다.

 (4) 인간을 위한 자연 보호, 인간에 반하는 자연 보호? 내가 환경 운동의 역사에서 찾는 것은 분노만이 아니다. 나는 사랑의 순간도 찾아보려고 노력했다. 무엇보다도 나의 관심을 사로잡는 것은 자연 사랑이다. 그러나 이 리비도는 지그문트 프로이트도 분석할 수 없는 뭔가 특별한 점이 있다. 〈자연 보호〉는 환경 보호의 모든 분야 가운데서도 월등하게 자주 거론되는 주제다. 나는 밤베르크에서 열린 〈자연 보호의 날 2000〉 행사에서 강연했는데, 자연 보호 운동가들이 환경 운동에 많은 원한을 가진 것을 처음으로 발견하고 깜짝 놀랐다. 자연 보호와 환경 보호는 멀리서 볼 때만 하나였다. 2002년에는 환경부의 위탁을 받아 프랑크 위쾨터와 함께 〈자연 보호와 나치즘〉이라는 제목의 베를린 회의를 이끌었을 때,[3] 《IG-파르벤》과 나치즘〉이라는 주제보다 비교적 무난하리라고 여겼던 나는 자연 보호와 나치즘이 예나 지금이나 지뢰밭일 정도로 사람들을 민감하게 만든다는 것을 발견하고 큰 충격을 받았다. 우리는 양측에서 거센 비난을 받았다. 한쪽은 나치즘 정권을 변호한다며 날을 세웠고, 다른 쪽은 자연 보호를 모욕하지 말라고 흥분했다.

 독일 환경부에서 자연 보호 운동가들을 정신적 측면보다 로비스트로 더 많이 경험한 하인리히 슈파니어Heinrich Spanier는 늘 나에게 어디서나 자연 보호는 들이는 수고에 합당한 수익이 주어져야 한다는 요구를 내세운다고 일깨워 주었다. 나의 원고 전체를 꼼꼼하게 읽어 준 그에게 깊은 감사를 드린다. 더욱이 그는 자연 보호와 환경 보호 정책이 어떻게 결정되고 집행되는지 그 내부를 환히 들여다볼 수 있게 나를 도와주었다. 지금도 우스꽝스럽게 기억되는 장면은 정부의 갑작스러운 석면 경고로 불과 1시간 이내에 30년 동안 생활했던 연구실을 치워야만 했던 경험이다. 미국에 가 보니 그곳에서는 30년 전에 이미 비슷한 장면이 연출되었다.

 독일 생태학과 자연 보호의 대부인 볼프강 하버 역시 내 원고를 꼼꼼하게 읽어 주었다. 그의 도움은 생태학자가 아닌 나에게 더할 수 없이 소중했다. 나는 그를 마이나우 대담에서 처음 알게 되었다. 이 대담은 환경 단체에 더 넓은 지평을 열어 주고 목표를 둘러싼 갈등을 토론으로 해결할 수 있도록 하는 데 크게 기여했다. 보덴호의 이 아름다운 꽃 섬은 정원이 인간과 자연의 관계에서 어떤 의미를 가지는지 확실하게 보여 주는 상징이다. 하버는 나에게 정신적 독립성의 모범이 무엇인지 여실히 보여 주면서, 그가 겪었던 투쟁과 예전의 입장을 수정해 가며 쌓은 인생 경험으로 민주주의의 자연 보호는 사람들의 소통에 기반을 두어야 하지 간단하게 〈야생〉이라는 독단적 요구로 어떤 희생을 치르고서라도 해결해야 하는 문제가 아니라는 점을 가르쳐 주었다.

환경부의 관리가 된 어떤 자연 보호 운동가는 나에게 하루는 농부가, 다른 날에는 과격한 동물 보호 운동가가 자신을 적으로 취급한다고 털어놓았다. 오로지 개구리가 방해받지 않고 짝짓기하는 데만 관심을 갖는 동물 보호 운동가들은 화염병으로 부상당할 경찰관들은 아랑곳하지 않는다고 했다. 다시금 생태 운동의 가장 까다로운 주제 가운데 하나인 자연 보호와 사냥꾼 사이의 갈등과 마주친 순간이다. 이 갈등은 연구 대상으로 삼기에 너무 뜨거워 손도 못 댈 정도다. 헨리 마코프스키는 특유의 열정으로 이런 종류의 자연 보호 투쟁 전선에 어떤 일들이 있는지 나에게 자세히 알려 주었다. 오랫동안 뒤셀도르프 환경부의 자연 보호 부서를 역동적으로 이끌어 온 토마스 나이스Thomas Neiss는 사냥 동호회 회원들에게 아마도 너희는 내 장례식에 찾아와 〈돼지 새끼가 죽었다〉고 히죽거릴 거라고 말해 주었다는 일화를 나에게 들려주었다. 그러자 회원들은 멋쩍은 표정을 지으며, 자신은 자연 보호 운동가일 뿐이라고 응답했다고 한다!

하층민 주거 지역의 환경 독물을 반대하는 미국 단체, 일반적으로 〈환경 정의 운동〉으로 간주되는 단체의 여성 대변인인 로이스 깁스Lois Gibbs는 다른 단체들이 〈환경 운동〉을 마치 품질 인증처럼 끌어다 쓰는 것을 차마 눈뜨고 볼 수 없다고 말한다. 그녀는 〈우리는 새나 벌이 아니

라 사람을 보호한다는 것〉을 사람들이 알아 주었으면 좋겠다고 강조한
다.[4] 동독의 자연 보호 운동가들은 1989~1990년의 통일을 그때까지
폭발적으로 팽창하던 〈다차〉로부터 자연을 구할 기회로 여겼다. 동독
사회주의통일당의 독재를 지탱하기 위한 마지막 수단인 이 작은 주말
별장은 동독 시민에게 유일한 위로이기는 했다.[5] 그러나 다양한 생물종
의 조그만 낙원으로 포장되었던 이 작은 정원이야말로 엄청난 환경 파
괴를 주목하지 못하게 유도한 것이지 않았던가? 〈자연 보호라는 이름
을 붙인다고 해서 자동으로 자연 보호가 되는 것은 아니다.〉 프랑크 위
쾨터가 자연 보호의 역사를 연구한 끝에 내린 결론이다. 에스파냐의 어
떤 환경 보호 운동가는 나에게 생물종 다양성을 지키기 위한 최선의 방
법은 전통적인 농업과 목축업을 그대로 살리는 것이라고 말했다. 국
립 공원 지정 운동은 이런 중요한 문제를 호도했다고도 했다.[6] 나는 에
스파냐의 자연 보호 운동이 이동 방목을 되살려내려고 노력한다는 것
을 알고 깜짝 놀랐다. 대규모 양 떼를 몰고 다니는 이런 방목은 예전에
에스파냐 농업 개혁이 국토를 망가뜨리는 일이라며 한사코 막았던 것
이다.

　어쨌거나 자연 보호라는 말만 끌어대며 오히려 자연 보호의 합리적
기초를 무너뜨리는 행위는 불쾌하기 짝이 없다. 진지한 자연 보호 운동
을 흐려 버리는 시도는 정말 많기만 하다. 그럼에도 〈자연〉과 〈환경〉이
라는 다의적 개념 탓에 이런 식의 접근이 허용될 수밖에 없다는 현실을
우리는 직시해야만 한다. 이 책을 쓰기 위해 준비하는 과정에서 위기에
빠진 자동차 업계는 환경 보호를 끌어다가 〈환경 프리미엄〉이라는 희
한한 마케팅을 벌였다. 이를 두고 대중은 〈고철 프리미엄〉이겠지 하고
냉소적 반응만 보였다. 아무튼 환경을 끌어다 댄 사기 행각이 어디까지
갈 수 있나 보여 주는 사례다.

　(5) 〈글로벌〉-〈로컬〉　이것 역시 끝없이 논란이 되는 주제다! 꽃의
섬 마이나우에서 우리가 숲을 위해 무엇을 할 수 있느냐는 물음(질문자

가 염두에 둔 것은 열대림이다)을 받은 브루노 만저는 차분한 목소리로 이렇게 답했다. 〈독일 숲은 독일인에게.〉 물론 독일 숲을 스칸디나비아 반도의 셀룰로스 섬유 산업을 위해 내줄 수는 없는 노릇이다. 우리는 이런 산업의 전횡을 막고자 자연 보호 투쟁을 벌인다. 에게해의 알론니소스섬의 수산업 협동조합을 이끄는 얀니스 블라이코스Yannis Vlaikos는 스포라데스제도 북부의 이 섬에 〈유럽 자연 유산 기금〉의 지원을 받아 추진되는 해양 국립 공원을 반대하는 투쟁을 벌였다. 그는 나에게 현장에서 지역의 이해관계를 고려하며 협동조합과 협력하는 자연 보호 운동이 어떤 결실을 거두는지 생생하게 알려 주었다. 반면 위에서 명령을 받아 이뤄지는 자연 보호는 그저 서류상의 보호에 지나지 않는다. 그 때문에 환경 단체의 정보를 인터넷에서 찾아보는 것은 별 도움이 되지 않는다. 현장에서 살펴야 자연 보호의 실상은 정확히 드러난다.

〈유럽 자연 유산 기금〉의 부총재인 크리스텔 슈뢰더Christel Schröder와 함께 나는 그녀가 생물학 관측소를 운영하는 독일 북부의 황야 젠네 Senne를 산책하며 많은 것을 배웠다. 슈뢰더는 현장을 구체적으로 살필 줄 아는 감각을 가진 역사학자야말로 자연 보호 운동에 큰 도움을 준다고 나를 격려해 주곤 했다. 그러면서 원칙만 따지는 생태학자가 필요한 곳은 오로지 관료주의일 뿐이라고도 덧붙였다. 그녀는 주로 현장에서 경험을 쌓아 매년 정부가 위로부터 자연 보호와 관련해 내린 행정 명령을 하나씩 뒤집어 버린다. 나는 그녀의 소개로 루츠 리베Lutz Ribbe도 알게 되었다. 유럽 의회에서 거의 20년 가깝게 〈유럽 자연 유산 기금〉을 대변해 온 리베는 어떤 고정 관념도 없이 자연 보호와 농업 정책의 통합, 유럽 연합이 가장 까다롭게 여기는 통합을 위해 집중적인 노력을 기울여 온 인물이다. 그는 나에게 오늘날처럼 전문화가 기승을 부리는 시기에는 전체를 굽어 볼 줄 아는 안목을 가진 사람이 있어야만 기후 보호, 건강 보호, 박쥐 보호 따위로 분열하지 않고 효과적인 환경 운동을 펼칠 수 있다는 확신을 심어 주었다. 이런 깨달음은 역사학자가 정치적으로도 유용하게 쓰임을 받을 수 있다는 암시이기도 하다.

독일의 환경 정치학 교수인 우도 시모니스Udo Simonis는 오랫동안 글로벌 환경 정책을 열렬히 찬성했던 인물이다. 그는 나의 책『자연과 권력. 환경의 세계사Natur und Macht. Eine Weltgeschichte der Umwelt』를 논평하면서 왜 제임스 러브록의 〈가이아 이론〉을 꺼리느냐고 나에게 물었다. 그래서 나는 역사학자로서 그 이론을 대체 어떻게 받아들여야 좋겠냐고 반문했다. 그러자 그는 미소를 지으며 그걸 알아내는 것은 내 몫이라고 답했다. 반대로 어떤 젊은 네덜란드 환경 역사학자는 마찬가지로 미소를 지으며 생태의 관점에서 〈세계사〉를 쓰겠다는 야심을 품다니 놀라운 일이라면서, 그런 과제는 분홍빛의 〈피스&러브〉라는 분위기에서 〈하나의 세계〉를 떠받들던 늙은 히피에게나 어울리는 일이라고 했다. 실제로 히피는 경계를 넘어서는 환경 운동을 펼쳤음에도 지금껏 가장 저평가된, 환경 운동의 기원이다.

그렇지만 나는 히피가 아니다. 조금만 더 자세히 살펴보면, 환경 운동의 세계사는 절대 조화로운 역사가 아니다. 오히려 반대로 국제적인 비교를 통해 드러나는 사실은, 정말 무수히 많은 다른 세계에 수많은 환경 단체가 있으며 이들은 서로 거의 알지 못한다는 것이다. 국경을 초월하는 소통은 이런 차이를 의식하고, 각각의 생태 운동은 그 고유한 생태를 가진다는 점, 〈환경〉이라는 추상적 단어에만 매달리지 않고 각자의 구체적 환경을 중시해야 한다는 점을 인정할 때 비로소 성공할 수 있다. 물론 그렇다고 해서 각각의 환경 민족주의를 존중해야만 한다는 뜻은 아니다. 20년 전 스칸디나비아에서 열린 국제 환경 학술 대회에서 나는 어떤 유럽 중부 출신의 여성 참가자가 고래잡이에 반대하는 발언을 하자, 어떤 노르웨이 남자가 그녀를 두고 〈인어공주처럼 순진하구먼!〉 하고 비웃는 말을 들었다. 이런 태도는 당연히 용납될 수 없다.

게르만족 중심의 관점에 빠질 위험을 애초부터 방지하기 위해 나는 이 책을 쓰겠다는 구상을 2005년 베이징 대학교에서 처음으로 공개했다. 이 강연에서 나는 호주의 생태학자 티모시 플래너리Timothy Flannery의 논제, 곧 갈수록 커지는 환경 의식으로 세계 각국은 저마다 다르게 발전해 갈 것이라는 논제를 다루었다. 환경의 조건은 지역마다 대단한 편차를 보이기 때문에 논리적으로 맞는 말이다.[7] 당시 나와 동행해 주었던 프랑크 위쾨터는 일종의 학술적 논쟁을 연출하고자 나와는 정반대의 입장을 담은 발제(「전 세계의 환경 운동: 어떤 다른 관점 Environmentalism Worldwide: A Different Perspective」)를 했다. 그는 이 글에서 환경 운동이 가진 〈국가적 특성〉의 확인이 대단히 흥미로운 프로젝트라는 점에서 나의 의견에 동의하기는 하지만, 그럼에도 〈분명 특정 국가에 국한된 환경 운동이라는 관점에는 자연이 없다〉고 못 박았다. 실제로 그는 핵심을 짚었다. 환경 의식의 국가마다 달라지는 지점을 그저 용인할 것인가, 아니면 극복해야 할 편협함으로 보아야 할 것인가 하는 문제는 환경 정책의 국제화와 더불어 갈수록 폭발력을 키우는 것임이 틀림없다. 그러나 모든 경우를 싸잡아 해결할 답은 없다.

게르하르트 발마이어는 그린피스에 다른 문화보다 더 잘 맞는 특정 문화의 사례를 열거해 주었다. 이를테면 논쟁을 즐기는 인도네시아가 온순한 태국 문화보다 더 잘 맞는다는 식이다. 환경 의식이 단순히 생태로만 결정되는 것이 아니며, 문화의 영향을 강하게 받는다는 점은 의심할 수 없는 사실이다. 그러나 단순한 유행에 그치지 않고 〈지속성〉을 갖는 문화는 언제나 자연을 품게 마련이다. 환경 의식이 지역의 자연에 기반을 두었다고 할 때 이 자연은 다양하게 해석된다. 〈환경 운동〉의 선구자라는 자부심이 대단한 뉴잉글랜드 지역의 주들은 저마다 다른 환경 의식을 자랑한다. 어느 쪽은 종이 풍부한 숲을 자랑하는 반면(비록 이 숲의 대부분이 농업의 쇠퇴로 생겨난 것임에도), 다른 주는 비교적 전통적인 농업을 자부심으로 내세운다.[8] 이른바 〈산업 고고학자〉는 코네티컷강의 계곡에서 재생 가능한 에너지인 수력을 이용했던 옛 공장 유적을 발견했다.

그렇지만 환경 운동의 지역성이라는 깊은 뿌리는 일면일 따름이다. 환경 운동은 일찌감치 글로벌 지평, 비록 이 지평이 이미지에 지나지 않는다고 하더라도, 아무튼 이런 차원으로 올라설 조짐을 보였다. 글로벌 지평이라는 측면에 대해 나는 처음에는 의구심을 가졌지만, 안나 뷥제와 수많은 대화를 나누며 명확히 깨달았다. 1945년의 종전 이후 국제적 환경 정책을 펼치고자 힘쓴 단체들과 유엔의 노력이 담긴 문서들을 꼼꼼히 연구했던 뷥제의 말은 그만큼 설득력이 컸다. 나 역시 전 세계의 많은 대화 상대에게 얻은 정보 덕에 갈수록 글로벌 지평의 힘을 믿게 되었다. 미국의 대다수 관련 문헌은 국제 환경 정상 회담을 그다지 중시하지 않았다. 나도 오랫동안 같은 의견이었다. 그러나 베이징대학교의 역사학자로 중국의 환경 역사학을 창시한 바오마오홍包茂宏은 중국의 관점에서 전혀 다른 그림을 나에게 보여 주었다. 이 그림은 환경 정책의 결정적 단초가 대형 국제 학술 대회로부터 주어졌음을 확인해 준다.

게르하르트 발마이어는 그린피스 기부금 모금자의 관점에서 운동이 지역 중심적으로 되어야 한다는 말에 예민한 반응을 보인다. 오히려 정반대로 사람들은 이국적 분위기에 끌려 기꺼이 기부한다고 발마이어는 강조한다. 더욱이 지역 차원에서는 온갖 시시비비가 끊이지 않는다고 한다. 풀뿌리 민주주의에 호감을 가져 〈아래로부터의 운동〉을 높게 평가하는 사람이라고 할지라도 역사가 〈위로부터 주어지는 충격〉으로 움직이는 일이 잦다는 점을 놓쳐서는 안 된다는 것이 발마이어의 관점이다. 내가 이 책을 쓰는 동안 글로벌 차원의 기후 정책, 곧 전형적인 〈위에서 아래로〉 기후 정책을 이뤄 내려는 시도는 다시금 좌초했다. 글로벌 정책이 무의미하다는 증거이거나, 정상 회담 정치는 환경 단체라는 하부 구조가 없으면 성과를 얻어 내기 힘들다는 방증이다. 하부 구조가 튼튼할 때 상부는 압력을 느끼며 구체적인 목표를 실현하기 위해 노력한다. 그러나 이런 튼튼한 하부 구조가 도대체 가능하기는 할까?

환경 운동을 〈내 운동〉으로 여기게 된 계기는 40년 전 소음에 느꼈던 분노와 갈수록 늘어나는 자동차였다. 그러나 이런 종류의 동기는 그동안 환경 운동이 생태 문제에 주력하면서 변두리로 밀려나고 말았다. 글로벌 생태 운동가들은 소음 문제에 별반 관심을 갖지 않는다. 그 자체로 지역적인 소음 반대 운동 단체는 편협한 님비 운동으로 여겨질 뿐이다(《내 뜰만 아니면 돼!》).[9] 그러나 벌써 몇 년 동안 프랑크푸르트 공항의 〈베스트〉 활주로에 반대하는 운동을 연구한 자비네 드보로크Sabine Dworog는 역사와 정치의 현실에서 온전히 자신을 희생하는 운동과 님비 현상을 깔끔하게 분리하는 것은 불가능하다고 나에게 다짐했다.[10]

애초부터 나는 자연 그대로 모습을 간직한 주거 구역을 대형 건설사와 부동산 투기꾼이 망가뜨리는 것에 이루 말할 수 없는 분노를 느꼈다. 생장生長하는 자연뿐만이 아니라, 아늑한 느낌을 주는 주거 구역, 생태 용어로 말한다면 서식지로서의 고향도 보호해야 할 가치가 있다. 환경 운동의 역사에서 사람들의 힘을 끌어모으는 최고의 운동인 고향 보존 투쟁이 생태적으로나 글로벌 차원에서 큰 반향을 끌어내지 못한다는 이유로 생태 역사에서 배제하는 것은 정말이지 역사에 대한 무지함에서 비롯된 행태다. 자동차가 갈수록 늘어난 것이 환경 재해의 원인임을 말해 주는 방증은 매우 많다. 1970년에 시작된 〈생태 혁명〉을 촉발한 원인도 1차적으로 자동차였다. 이런 역사적 사실을 외면하고 좁은 의미에서 생태 재해에만 관심을 가지는 운동은 헛된 노력일 뿐이다.

향토 보호를 자연 보호 운동의 일환으로 복원하자는 주제로 2001년 발트해의 섬 필름Vilm에서 열린 여름 아카데미에서 나는 이 주제가 상반된 감정을 불러일으키는 것을 보며 깜짝 놀랐다.[11] 독일의 지리학자 울리히 아이젤은 자연 보호에서 대중의 인기를 끌 수 있는 유일한 것은 향토애이며, 대중은 〈지속성〉에는 냉담한 반응만 보인다는 주장을 펼쳤다! 향토애는 이처럼 이중적 모습을 보이는 독일만의 특수성일까? 이 책이 내린 결론 가운데 하나는 독일의 이런 착각을 무너뜨려야 한다는 것이다. 오늘날 환경 의식이 높은 뉴잉글랜드 지역은 전통적 구호 〈글로벌하게 생각하고 로컬하게 행동하자!〉에 맞서 도발적인 반대 구호, 〈로컬하게 생각하자!〉를 내세웠다. 나치스 정권을 피해 미국으로 피신해야만 했던 에른스트 블로흐는 많은 동포와 함께 향수병을 앓으며 『희망의 원리』의 끝을 〈모든 것이 어린 시절처럼 보이면서도, 아직 아무도 온전히 돌아가 보지 못한 곳, 고향으로 돌아갈 수 있기를 희망한다〉는 말로 맺었다. 블로흐가 말하는 고향, 또 환경 운동의 의미가 담긴 고향은 되돌아갈 수 있는 자궁이 아니라, 아직은 완벽하지 않은 곳, 용감한 헌신을 통해 만들어 내야만 하는 곳이다. 자연 보호와 향토 보호의 결합이 이런 과제를 해낼 수 있을까? 이것이 결정적인 물음이다.

〈로컬하게 생각하자!〉 아니다, 이건 너무 멀리 나간 이야기다. 물론 독일의 역사학자들은 유엔과 유네스코 위원회들로 이뤄지는 글로벌 환경 정부를 바라는 순진한 희망을 두고 코웃음을 치곤 한다. 이른바 〈글로벌 거버넌스(글로벌 통치)〉라는 주제를 다룬 대부분의 문헌은 모든 구체적 경험을 뭐가 뭔지 모르게 안개로 가려 버린 정신적 은하계에서 놀고 있어서 대체 무슨 말을 하는지 역사학자는 해독할 수 없다. 이 문제를 바라보는 미국의 분위기는 더욱 어처구니없다. 미국인들은 국제 기구와 각종 회의를 대수롭지 않게 여기며, 마치 당연한 것처럼 심지어 앨 고어조차 글로벌 환경 보호를 미국이 글로벌하게 지배하는 것으로 받아들인다. 아무튼 국제 환경 정책의 전망도 이 책은 꼼꼼하게 따져 보았다. 물론 역사에서 유추해서 이런 전망을 따져 보는 일은 한계가 있을 수밖에 없다. 그러나 역사는 언제나 그때까지 불가능하게만 여겼던 새로운 변화, 짐작도 하지 못했던 변화가 일어났음을 거듭 보여 준다.

환경 운동은 자신들의 작품이라는 자부심이 대단한 미국 생태 운동계 사람들과 만나는 일은 생태 시대의 글로벌 역사를 쓰기 위해서는 필수 불가결한 조건이다. 그러나 미국의 생태 운동가들과 대화를 나눌수록 그만큼 더 확실해지는 사실은 유럽도 많은 발전을 이루었다는 점이다. 35년 동안 미국의 EPA에서 활동했던 앨런 에이브럼슨Allan Abramson은 나에게 미국의 환경법이 포괄적이며 인상적이기는 하지만, 이미 유럽 연합에서는 근본 원칙으로 자리 잡은 예방 원칙을 지금껏 담지 못했다고 알려 주었다. 〈예방 원칙은 경제를 망가뜨리는 불투명한 유럽식 사고방식이라고 공격받습니다. 안타까운 일이죠!〉 원고 측과 피고 측이 서로 야심차게 경쟁하며 조사를 벌이는 적대적인 미국 법체계는 많은 극적인 장면을 연출하곤 했다. 그러나 법을 통해 환경을 지키려는 노력은 예방이 아니라 뒷수습에만 급급할 따름이다.

나에게 가장 어려웠던 문제는 기후 정책이었다. 2002년 여름 나는 대학생들과 동료들과 함께 환경 역사 세미나의 일환으로 알프스 탐사를 갔다. 그린델발트Grindelwald에서 우리를 반갑게 맞아 준 사람은 2000년 〈환경 역사 유럽 학회European Society for Environmental History, ESEH〉를 결성하는 데 결정적 역할을 한 스위스 기후 역사학자 크리스티안 피스터Christian Pfister였다. 그는 우리를 안내해 험난한 암벽을 올라 녹아내리는 빙하의 바로 아래까지 데려갔다. 지친 대학생들이 더는 못 올라간다고 아우성쳤다. 어떤 동료는 숨을 헐떡이며 빙하를 본 뒤 자신은 사울에서 바울이 되었다고 말했다. 두 눈으로 보고야 이제는 지구 온난화를 정말 믿을 수 있다는 실토였다. 그러나 녹아내리는 빙하를 직접 두 눈으로 보고 확인한 온난화는 여전히 미심쩍은 부분이 있다. 1980년대에도 빙하는 녹아내렸지만, 오늘날 전 세계적인 빙하의 규모는 여전하다. 경험적 사실과 컴퓨터 모델을 조합할 때만 온난화가 꾸준히 심해진다는 결론이 나온다. 그러나 우리가 들은 바에 따르면, 기후 역사와 기후 모델 사이에는 긴장 관계가 만만치 않다. 모델과 경험적 확인은 막스 베버가 말하는 이상형이 역사의 많은 모순과 충돌을 빚듯, 서로 잘 맞아떨어지지 않는다. 오랫동안 기후 프로젝트를 추진한 페터 바인가르트Peter Weingart와 아니타 엥겔스Anita Engels와 페트라 판제그라우Petra Pansegrau와 만난 덕에 나는 다른 흥미진진한 긴장 관계, 곧 기후 연구와 언론 사이의 상호 관계가 빚는 긴장을 똑똑히 목도했다.[12] 1996년 12월에 열린 어떤 대회에서 기후 연구가들과 저널리스트들은 서로 과장된 경고의 책임을 떠넘기며 고성을 주고받았다.

나는 이 책을 쓰면서 늘 환경 운동의 구조뿐만 아니라, 생동하는 사람을 찾으려고 노력했다. 브루노 만저가 자신의 책 『열대림에서 들려오는 목소리Stimmen aus dem Regenwald』를 선물하고 17년이 지나서야 비로소 나는 아내의 귀띔 덕에 그가 나를 위해 헌사를 써 놓았음을 알게 되었다. 심오한 철학을 담은 헌사는 이랬다. 〈모든 작은 선행은 인생이라는 기적의 모자이크를 이루는 하나의 조약돌이다.〉 현대의 생태학자가 이 말을 들으면 카오스 이론의 응용이라고 촌평하리라. 개인의 작은 행위라고 할지라도 전 세계적으로 커다란 반향을 일으킬 수 있다는 것은 캘리포니아에서 나비가 날갯짓하면 아시아에서 태풍을 일으킬 수 있다는 저 유명한 나비 효과처럼 자연이 품은 자연, 곧 자연의 본성이다. 실제로 〈환경 운동〉의 역사는 살아 생동하는 개인들이 써가는 것이며, 〈직선을 이루지 않고 많은 우회로와 중첩을 거치는〉 사건의 연속이다. 바로 이 특성 덕에 역사와 생태는 그 본질적인 친화 관계를 드러낸다.

더 많은 대화의 흔적은 주석에 담아 놓았다. 마지막으로 나의 친구이며 25년이 넘게 대화 상대로 항상 나를 고정 관념에 빠지지 않게 자극해 주면서, 자신도 할 일이 많음에도 내 원고를 충실히 읽어 준 토마스 고르스보트에게 감사의 말을 전한다. 노동조합 아카데미의 학술부장인 그는 항상 나에게 대학교 바깥에도 세상이 있음을 일깨워 주었다. 나의 약점과 괴벽을 속속들이 아는 그는 항상 이를 바로잡아 주려 노력했다. 희망컨대 그가 여기서도 성공했기 바란다.

2011년 2월 빌레펠트에서
요아힘 라트카우

주

머리말 | 생태의 정신적 현재를 낳은 역사

1. 다음 책을 참고할 것. Niklas Luhmann, *Öologische Kommunikation. Kann die moderne Gesellschaft sich auf ökologische Gefährdungen einstellen?*, Opladen, 1986. 특히 75면 이하. *Soziologie des Risikos*(Berlin 2003)에 〈항거 운동〉이라는 제목의 장에도 비슷한 내용이 나온다. 이 두 권의 책들은 내용상으로 긴밀한 연관을 가지며, 루만 사상의 핵심을 이룬다. 이에 관해서는 다음 자료도 참고할 것. Michael King, Chris Thornhill, *Niklas Luhmann's theory of politics and law, New York*, 2003, 182면 이하. 이 귀중한 정보를 제공해 준 클라우스 담만 Klaus Dammann에게 감사드린다. 그는 지금 루만의 전기를 쓰고 있다.

2. 다음 자료를 볼 것. Jorg Requate, Martin Schulze-Wessel(공동 편집), *Europaische Offentlichkeit. Transnationale Kommunikation seit dem 18. Jahrhundert*, Frankfurt, 2002.

3. 나치스 시절 유행하던 음담에서 히틀러의 〈독일 여성 청년단〉 단원 여성은 다음과 같은 찬송을 한다. 〈나는 갈색 셔츠를 항상 높이 치켜세우고 운동을 잊지 않으려네.〉

4. 인도, 환경부(편집), *NGOs in India: a directory*, New Delhi, 1989.

5. 아시아의 환경 운동을 다룬 전집의 색인에 하필이면 간디 이름은 나오지 않는다.(역주 Yok-shiu L. Lee, Alvin Y. So, Armonk[공동 편집], New York 1999) 지금까지 인도에서의 생태주의 사상을 가장 철저하게 다룬 역사 책에서도 간디는 다뤄지지 않는다(Michael L. Lewis, *Inventing Global Ecology. Tracking the Biodiversity Ideal in India*, 1947~1997, Athens, Ohio 2004).

6. Jost Hermand, *Grüne Utopien in Deutschland. Zur Geschichte des ökologischen Bewusstseins*, Frankfurt, 1991.

7. 그리고 자료들조차 이미 보존소의 깊숙한 곳으로 들어간 게 많다. 〈왜 이 영역은 자연 보호 아래 두면서 저 영역은 그렇지 않았지?〉 하는 물음을 가지고 닐스 프랑케 Niels Franke는 독일 연방 정부의 기록보존소를 조사해 본 끝에 다음과 같이 촌평했다(2004년 12월 1일). 〈그런 자료가 있는지 하는 것조차 해당 영역의 환경 운동가와 함께 그 영역을 둘러본 다음

에야 알 수 있다.〉

8. Rene Dubos, "Franciscan Conservation versus Benedictine Stewardship", David and Eileen Spring(공동 편집), *Ecology and Religion in History*, New York, 1974, 124면.

서론 생태 정글에서 역사 단서 찾기

1. 이 책의 유고 판본 독일어판 제목은 다음과 같다. *Die Erziehung des Henry Adams, von ihm selbst erzahlt*, Zurich, 1953, 591면.

2. *Grunen im Bundestag. Sitzungsprotokolle und Anlagen 1983~1987*,(Josef Boye Helge Heidemeyer 편집), Dusseldorf 2008(*Geschichte des Parlamentarismus und der politischen Parteien*, 제4시리즈, 14/1), 제2권, 912면.

3. Ulrich Linse, *Okopax und Anarchie. Eine Geschichte der okologischen Bewegungen in Deutschland, Munchen*, 1986, 7면. 마이클 호어Michael Hoare 역시 영국의 환경 운동을 두고 〈기념비적일 정도로 역사가 없다〉고 표현했다(*Times Higher Education Suppl.*, 1. 2. 1991). 라마찬드라 구하도 인도의 환경 운동을 두고 똑같이 확인한다(*How Much Should a Person Consume? Environmentalism in India and the U.S.*, Berkeley, 2006, 35면). 다만 간디를 두고 지극히 다양한 평가가 나오는 게 눈에 거슬릴 뿐이다!

4. 바이에른의 환경장관을 역임한 노련한 정치가 알로이스 글뤽Alois Glück의 입에서 다음과 같은 어처구니없는 주장이 거침없이 나온 것을 보면 깜짝 놀랄 노릇이다. 〈당시 (1960년대까지 — 필자) 자연이 위협을 받는다고 걱정하는 사람은 순진한 멍청이 취급을 받았다〉(*Umweltpolitik mit Augenmaß*, Henning v. Koller 편집, Berlin, 2000, 99면). 이런 주장은 마치 빌헬름 2세에서 아데나워까지 자연 보호는 전혀 존중받지 못하는 일이었다고 하는 소리나 같다!

5. 이를테면 다음 자료를 참고할 것. Christopher C. Horner, *The Politically Incorrect Guide to Global Warming and Environmentalism*, Washington, D. C., 2007.

6. Václav Klaus, *Blauer Planet in grunen Fesseln. Was ist bedroht: Klima oder Freiheit?*(체코어로 된 원문을 독일어로 번역한 책), Wien, 2007.

7. *Die Grünen im Bundestag*, 914면.

8. Carl Anthony, "The Environmental Justice Movement: An Activist's Perspective", David Naguib Pellow, Robert Brulle(공동 편집), *Power, Justice, and the Environment. A Critical Appraisal of the Environmental Justice Movement*, Cambridge, Mass., 2005, 92면.

9. 이 점을 언급하는 것은 다음 자료다. Dave Foreman, *Confessions of an Eco-Warrior*, New York, 1991, 201면.

10. 하인리히 쉬페르게스Heinrich Schipperges는 특히 자연 치유라는 맥락에서 접근해 〈자연〉 개념을 〈두드러진 안정성〉을 자랑한다고 『역사 기본 개념Geschichtlichen Grundbegriffen』(제4권, Stuttgart, 1978, 243면)에서 설명한다. 자연이라는 개념의 역사가 일견 보기에는 정글처럼 보임에도 말이다!

11. 현재의 자연 개념이 처한 상황은 다음의 자료를 볼 것. 〈머릿속의 자연〉 회의 기록.

슈투트가르트 문화청 , 제2권, Stuttgart, 1994.

12. Joachim Radkau, *Natur und Macht. Eine Weltgeschichte der Umwelt*(2차 증보판), München, 2002, 31면 이하.

13. 또 이런 일화도 즐겨 회자된다. 연방 정부와 자연 보호 연맹은 서로 합의를 볼 수 없었다. 연방 정부는 개구리를, 자연 보호 연맹은 조류 보호에 치중한 나머지 황새를 각각 보호하려고 했다!

14. Jochen Bölsche(공동 편집), *Die deutsche Landschaft stirbt. Zerschnitten–Zersiedelt–Zerstort*, Reinbek, 1983, 289면.

15. Robert Gottlieb, *Forcing the Spring. The Transformation of the American Environmental Movement*, Washington, D. C., 1993, 130면.

16. 이점은 〈시민 사회〉에 바탕을 두고 박사 학위 논문을 쓴 우테 하젠오를Ute Hasenohrl도 강조하고 있다. Ute Hasenohrl, *Zivilgesellschaft und Protest. Zur Geschichte der Naturschutz-und Umweltbewegung in Bayern 1945 bis 1980*, Göttingen, 2011.

17. 독일의 환경 운동이 그 핵심에 있어 국가 차원의 행사로 머물고 말았다면, 1975년 6월 3일 헬무트 슈미트Helmut Schmidt가 김니히 성Schloss Gymnich에 초대한 담화로 환경 운동은 묻혀 버리고 말았으리라. 헤닝 쾰러(*Umweltpolitik mit Augenmaß*, 8면)가 무례하기는 하지만 정확히 꼬집었듯 말이다. 〈이걸로 충분하다!〉

18. Miranda A. Schreurs, *Environmental Politics in Japan, Germany, and the United States*, Cambridge, 2002, 247면.

19. 다음 자료를 참고할 것. 코이치 하세가와Koichi Hasegawa, 『일본의 시민 사회 구성: 환경 운동의 목소리들*Constructing Civil Society in Japan: Voices of Environmental Movements, Melbourne*』, 2004, 11면을 보면 다음과 같은 구절이 나온다. 〈전통 질서를 아무 말 없이 따른다는 순종적인 일본인의 전형적인 이미지는 국제적으로 여전히 강하다. 그러나 환경 운동에 관심을 갖는 사람들의 목소리는 크고도 다양하다.〉

20. Martin Leonhard, *Umweltverbände*, Opladen, 1986, 58면.

21. 이게 바로 프랑크 위쾨터가 내린 명백한 결론이다. *Von der Rauchplage zur okologischen Revolution. Eine Geschichte der Luftverschmutzung in Deutschland und den USA 1880 ~ 1970*, Essen, 2003, 507면. 〈새로운 의식〉의 창출이야말로 문제의 핵심이라는 환경 운동계에 널리 퍼져 있는 신념과 달리, 수많은 역사의 명료한 사실은 다음과 같은 점을 극명하게 보여 준다. 〈대기 정화라는 원칙적 가치는 과거의 많은 경우 지극히 작은 문제였다〉. 언제나 어떻게 실천해 내는가 하는 문제에 어려움이 있다. 거창한 말에 매달리는 일은 실천을 외면하게 했다. 거창한 말이 문제가 아니라, 엔지니어가 현장에서 기술적으로 실천해 낼 수 있는 표준을 감독관청이 만들어 내느냐 하는 게 정작 중요한 문제다. 턱없이 부족했던 것은 바로 이런 실천적 자세다.

22. Uekotter, 위의 책, 508면. 〈이렇게 해서 대기 오염을 막자는 거창한 호소는 대개 실천 조직에 이르러《계속 그렇게 해》라는 암묵적 요구에 지나지 않았다.〉

23. 원주 18번과 같은 책, 248면 이하.

24. Shawn William Miller, *An Environmental History of Latin America*, Cambridge,

2007, 215면.

25. John R. McNeill, *Something New Under the Sun. An Environmental History of the 20th Century World*, New York, 2000, 355면.

26. 이 점을 자신의 풍부한 경험을 살려 누구보다도 인상적으로 그려낸 사람은 칼 아메리Carl Amery이다. *Bileams Esel. Konservative Aufsatze*, München, 1991, 211면 이하(「문화와 생태학: 문화의 배설물들 사이에서」).

27. Joachim Raschke, *Die Grünen. Wie sie wurden, was sie sind*, Köln, 1993, 67~78면.

28. 위의 책, 33면.

29. Samuel P. Hays, *Beauty, Health, and Permanence. Environmental Politics in the United States 1955~1985*, Cambridge, 1987.

30. 이런 의미에서 특히 참고할 만한 자료는 다음과 같다. Andrew Szasz, "Grassroots Environmentalism in the United States: Implications for Asia's Environmental Movements", Yok-shiu F. Lee, Alvin Y. So(공동 편집), *Asia's Environmental Movements*, Armonk, 1999, 193면, 196면 이하.

31. 종종 자의적이며 학문적으로 논란의 여지가 있는 〈생태학〉이라는 말의 사용을 비난하며 단어를 올바로 써 줄 것을 강조해 온 독일 생태학의 태두 볼프강 하버Wolfgang Haber조차 필자와 용어 문제를 놓고 서신으로 의견을 나누어 본 결과, 역사를 서술할 때는 〈학문적 엄격함을 일정 정도 걷어낸《생태학》개념을 사용해야 한다고 인정했다.〉(2010년 9월 4일 편지)

32. Bernd Hansjurgens, Gertrude Lubbe-Wolff(공동 편집), *Symbolische Umweltpolitik*, Frankfurt, 2000.

33. 2006년 3월 15일 베르프Verf와 나눈 대담.

34. 다음 자료를 읽어 보고 직접 경험한 사실이다. Gunter Hartkopf, Eberhard Bohne, *Umweltpolitik: Grundlagen, Analysen und Perspektiven*, Opladen 1983, 221면. 무엇보다도 사기업과 국가 기관 사이에 맺어진 자발적 환경 합의는 주로 〈닫힌 문 뒤에서〉 일어난다. 협상 결과는 〈흔히 혹은 부분적으로만〉 기록으로 남는다. 대부분은 그저 〈구두로 한 말〉만 남았을 뿐이다.

35. Edda Müller, *Innenwelt der Umweltpolitik. Sozial-liberale Umwelt-politik-(Ohn)-macht durch Organisation?*(제2판), Opladen, 1995, 204면.

36. Deborah Lynn Gruber, *The Grassroots of a Green Revolution. Polling America on the Environment*, Cambridge, Mass. 2003, 175면. 두 면 뒤에서 여성 저자는 다음과 같이 촌평했다. 〈환경을 둘러싼 관심은 널리 퍼져 있으나, 행동이 따르지 않는다.〉

37. Karl-Wilhelm Weeber, *Smog über Attika. Umweltverhalten im Altertum*, Zürich, 1990. 1993년에는 Reinbek에서 포켓북으로 나옴.

38. Joachim Radkau, *Max Weber: Die Leidenschaft des Denkens*, München, 2005, 120면 이하.

39. Frank Uekotter, *Von der Rauchplage zur ökologischen Revolution. Eine Geschichte der Luftverschmutzung in Deutschland und den USA 1880~1970*, Essen, 2003.

40. Frank Uekotter, "Wie neu sind die Neuen Sozialen Bewegungen? Revisio-nistische Bemerkungen vor dem Hintergrund der umwelthistorischen Forschung", *Mitteilungsblatt des Instituts fur soziale Bewegungen*, 제31호(2004), 131면.

41. 다음 자료를 참고할 것. Dirk van Laak, "Planung. Geschichte und Gegenwart des Vorgriffs auf die Zukunft", *Geschichte und Gesellschaft*, 제34호(2008), 317면 이하.

42. Donald Worster, *Nature's Economy. A History of Ecological Ideas*, Cambridge, 1977, 340면.

43. Uekötter, *Rauchplage*, 519면. 〈지난 세월의 환경 정책을 냉정하게 분석했던 사람이라면 거의 틀림없이 환경 운동이 20세기의 가장 성공적인 운동 가운데 하나라는 결론을 내리리라. 그럼에도 환경 운동의 대표자들과 이야기를 나누어 보면, 아주 음울한 그림을 그릴 수밖에 없다.〉

44. 이에 대해 다음 자료를 참고할 것. Joachim Radkau, "Zwanzigstes Jahrhundert ein Jahrhundert des Naturschutzes? Historische Reflexionen zu hundert Jahren Naturschutz"(2000년 독일 자연 보호 기념일을 맞아 밤베르크에서 한 강연), *Jahrbuch für Naturschutz und Landschaftspflege*, 제53호(2001), 294면 이하.

45. Jochen Bölsche, *Natur ohne Schutz. Neue Öko-Strategien gegen die Umweltzerstörung*, Hamburg, 1982, 16면. 〈독일의 사회 흐름만큼 자연 보호에 성공을 거둔 것도 따로 없다!〉

46. UNEP(United Nations Environment Programme)(편집), *Global Environmental Outlook 2000*, London,1999, 56, 67면.

47. Jost Hermand, *Grüne Utopien*, 134면.

48. William T. Markham, *Environmental Organizations in Germany. Hardy Survivors in the 20th Century and Beyond*, New York, 2008, 5, 11면.

49. Ralf Fücks(편집), *Sind die Grunen noch zu retten?*, Reinbek, 1991; Hubert Kleinert, *Aufstieg und Fall der Grunen. Analyse einer alternativen Partei*, Bonn, 1992; Carsten Daniel Gerwin, *Geschichte der Prognosen uber die Grünen*, 학사 논문, Bielefeld, 2006, 3면. 〈녹색당이 몰락하리라는 진단〉은 늘 커다란 〈인기를 누려 왔다〉.

50. 2010년 7월 21일 빌레펠트대학교에서 한스 귄터 호커르츠가 학기 종강 강의에서 한 말.

51. 독일에서 지역 환경 정책의 선도적 인물로 떠받들어지는 하이델베르크 여 시장 베아테 베버Beate Weber는 자신이 유럽 의회에 참여했던 경험을 바탕으로 1999년 다음과 같이 강조했다. 〈많은 이웃 국가가 우리보다 확실하게 앞서 있다. 프랑스는 소비자 보호에, 스칸디나비아 나라들은 환경 보호와 사회 문제에 있어서 말이다.〉(*fairkehr*, 제1호, 1999년, 22면) 2006년 7월 튀빙겐에서 열린 〈환경 역사 학술 대회〉에서 어떤 이탈리아 참가자는 독일 사람들이 쓰레기 분리수거와 〈듀얼 시스템〉 정도로 자신들의 환경 의식이 드높다고 자랑한다며 조롱했다. 그러면서 2년마다 새로운 자동차를 사고, 비행기를 타며 전 세계를 누비는가 하면, 높은 열 소비를 하는 주택에 사는 것을 자랑스럽게 여긴다나. 반대로 이탈리아 사람들은 촘촘히 밀집해서 살며, 그래서 분리수거를 할 공간도 마땅치 않으나, 주로 대중교통을 이용하고 될 수 있는 한 오래 차를 쓴다. 물론 이게 친환경적 성향 때문에 그

런 것은 아니지만, 생활 양식이 환경에 미치는 의도하지 않은 영향은 의도적인 환경 보호보다 훨씬 더 중요하다는 주장이다!

52. Francis Haskell, *Die Geschichte und ihre Bilder. Die Kunst und die Deutung der Vergangenheit*, München, 1995, 220면 이하.

53. Reiner Scholz, *Robin Wood. Sanfte Rebellen gegen Naturzerstörung*, München, 1989, 22면.

54. 『슈피겔』(제50호, 2005, 184면 이하)에서 『문명의 붕괴』 서평을 쓴 안토니 되르 Anthony Doerr는 〈누구도 그런 독설을 듣고 싶어 하지 않으리라!〉며 불만을 털어 놓았다. 그러나 눈부신 성공을 거둔 이 베스트셀러의 진실은 다르다. 계시록 투의 이 책은 위협적인 예언의 메시지를 담지 않은 어떤 책보다도 훨씬 더 잘 팔렸다!

55. 최근에 나온 다음 자료를 참고할 것. 이는 제러드 다이아몬드의 책에 대적하는 대작이다. Patricia A. McAnany, Norman Yoffee(공동 편집), *Questioning Collapse. Human Resilience, Ecological Vulnerability, and the Aftermath of Empire*, Cambridge, 2010.

56. Josef H. Reichholf, *Comeback der Biber. Ökologische Überraschungen*, München, 1993. 같은 저자의 책. *Die falschen Propheten. Unsere Lust an Katastrophen*, Berlin 2002.

57. 25년 전 필자는 로쿰Loccum의 한 개신교 아카데미 강연에서 환경 역사를 그렇게 묘사하려고 시도한 바 있다. 당시 체르노빌 사건이 벌어진 직후여서 새로운 시대가 막을 여는 분위기였다. 「숲과 물의 시대. 혹은 인간은 대형 기생충인가? 인간 친화적인 환경 역사의 시대와 실천 충동Wald-und Wasserzeiten, oder: Der Mensch als Makroparasit? Epochen und Handlungsimpulse einer menschenfreundlichen Umweltgeschichte」이라는 제목의 강연은 다음 자료에 수록되어 있다. Jörg Calließ 외(공동 편집), *Mensch und Umwelt in der Geschichte*, Pfaffenweiler, 1989, 139~174면.

58. 어떤 근거로 〈잘못된 경종〉이라는 표현을 쓰는지에 대해서는 다음 자료를 참조할 것. Frank Uekötter, Jens Hohensee(편집), *Wird Kassandra heiser? Die Geschichte falscher Ökoalarme*, Wiesbaden, 2004.

1부 환경 운동의 태동

1 환경 운동 이전의 환경 운동

1. 라이마르 글리젠바흐Reimar Gilsenbach가 레기네 아우스터Regine Auster와 나눈 인터뷰, 『자연 매거진*Naturmagazin*』, 9-10호(2000), 10면 이하. 다음 자료도 참고할 것. Karl Friedel, Reimar Gilsenbach, *Das Roßmaßler-Büchlein*, Berlin, 1956.

2. Joachim Radkau, "Warum wurde die Gefährdung der Natur durch den Menschen nicht rechtzeitig erkannt? Naturkult und Angst vor Holznot um 1800", Hermann Lübbe, Elisabeth Stroker(공동 편집), *Ökologische Probleme im kulturellen Wandel*, Paderborn, 1986, 48면 이하.

3. Wolf Lepenies, "Historisierung der Natur und Entmoralisierung der Wissenschaften seit dem 18. Jahrhundert", Hubert Markl(편집), *Natur und Geschichte*, Wien, 1983, 265면 이하.

4. Roy Pascal, *Der Sturm und Drang*, Stuttgart, 1963, 250면.

5. Alfred Schmidt, *Der Begriff der Natur in der Lehre von Karl Marx*(개정판), Frankfurt, 1971, 133면 이하.

6. Wolfgang Riedel, *Homo Natura. Literarische Anthropologie um 1900*, Berlin, 1996, 53면.

7. Jürgen Mittelstraß, "Der idealistische Naturbegriff", Heinz-Dieter Weber(편집), *Vom Wandel des neuzeitlichen Naturbegriffs*, Konstanz, 1989, 160면 이하, 특히 170면을 볼 것.

8. 『영구 평화론』, 제2장, 1. 보충 글(「영구 평화의 보장에 관하여」).

9. Joachim Radkau, "Holzverknappung und Krisenbewußtsein im 18. Jahrhundert", *Geschichte und Gesellschaft*, 9호(1983), 513~543면.

10. Arlette Brosselin, Andree Corvol, Francois Vion-Delphin, "Les doleances contre l'industrie", Denis Woronoff(편집), *Forges et forets. Recherches sur la consummation proto-industrielle de bois*, Paris, 1990, 11, 13면. 〈앙시앵 레짐으로 회귀하는 게 아닐까 하는 두려움이 끓어올랐다.〉이 문장이 임업 역사 기술의 전통을 깨는 앙드레 코르볼의 위대한 대작의 첫 구절이다. *L'Homme aux Bois. Histoire des relations de l'homme et de la foret XVIIe-XXe siecle*, Paris, 1987.

11. Heinrich Rubner, *Forstgeschichte im Zeitalter der industriellen Revolution*, Berlin, 1967, 105면.

12. Joachim Radkau, *Holz-Wie ein Naturstoff Geschichte schreibt*, München, 2007, 150면 이하.

13. 〈나무 부족 논란〉을 둘러싼 비판적 자료에는 다음과 같은 게 있다. Bernd-Stefan Grewe, *Der versperrte Wald. Ressourcenmangel in der bayerischen Pfalz(1814~1870)*, Köln, 2004, 26~33면. 이 책의 저자는 토론이 〈해결된 것으로 서류 파일로 정리될 수 없었다〉(33면)는 결론을 내렸다.

14. 원주 12의 책, 158면.

15. 역사로부터 보편 타당한 교훈을 얻고자 하는 저자들은 흔히 이 점을 간과하는 실수를 저지른다. 이를테면 미국 환경 역사가 가운데 최근 들어 많은 영향력을 행사하는 제임스 C. 스콧(James C. Scott)은 탈규제를 강조하는 입장에서 다음 책을 썼다. *Seeing Like a State. How Certain Schemes to Improve the Human Condition Have Failed*, New Haven, 1998. 여기서 19세기 초 독일의 〈과학적 산림개혁〉은 환경 관리의 전형적인 실패 사례로 강조되었다. 〈독일 숲은 과학의 산뜻하게 정리된 구조가 자연을 얼마나 엉망으로 만드는지 보여 주는 전형적인 사례다〉(위의 책, 15면). 그러나 여기서 스콧은 독일 숲 개혁이라는 문제를 너무 피상적으로 알 뿐이다. 실제 이 개혁은 지역의 경험을 충분히 배려하면서 침엽수만 있는 숲이 되지 않도록 혼합림의 조성에 주력했다. 이에 관해서는 다음 자료를 볼 것. Joachim Radkau, *Holz-Wie ein Naturstoff Geschichte schreibt*, München, 2007, 특히 185면 이하.

16. Andree Corvol, *L'homme et l'arbre sous l'Ancien Regime*, Paris, 1984, 178면; 같은 저자, *L'Homme aux Bois*, 305면.

17. Joachim Radkau, "Das Ratsel der stadtischen Brennholzversorgung im 'holzernen Zeitalter'", Dieter Schott(편집), *Energie und Stadt in Europa. Von der vorindustriellen ‹Holznot› bis zur Olkrise der 1970er Jahre*, Stuttgart, 1997, 69면.

18. 공유지를 다룬 일반적인 자료는 다음과 같다. Uwe Meiners, Werner Rosener(편집), *Allmenden und Marken vom Mittelalter bis zur Neuzeit*, Cloppenburg, 2004; Jeanette M. Neeson(편집), *Commoners: Common Right, Enclosure and Social Change in England, 1700~1820*, Cambridge, 1993.

19. 하딘의 논제를 두고 토론한 자료로는 다음과 같은 게 있다. John A. Baden, Douglas S. Noonan(공동 편집), *Managing the Commons*(제2판), Bloomington, 1998.

20. Elinor Ostrom, *Governing the Commons. The Evolution of Institutions for Collective Action*, 1990.

21. Bernd Marquardt, *Umwelt und Recht in Mitteleuropa. Von den großen Rodungen des Hochmittelalters bis ins 21. Jahrhundert*, Zürich, 2003, 285면 이하.

22. Wilhelm Roscher, *Nationalokonomik des Ackerbaues*(제13판), Stuttgart, 1903, 351면.

23. J. A. Yelling, *Common Field and Enclosure in England 1450~1850*, London, 1977, 214면.

24. 이 문제는 특히 다음 자료가 상세히 다루었다. Martin Stuber, *Wälder für Generationen. Konzeptionen der Nachhaltigkeit im Kanton Bern(1750~1880)*, Köln, 2008, 217면 이하(자유주의자 카를 카스트호퍼Karl Kasthofer가 주장한 임업 개혁에 반하는 ⟨알프스 재앙Alpenplage⟩의 발견).

25. 다음 자료를 참고할 것. Richard Pott, Joachim Hüppe, *Die Hudelandschaften Nordwestdeutschlands*, Münster, 1991.

26. 이 문제는 에른스트 피츠가 선명하게 그리고 있다. Ernst Pitz, "Studie zur Entstehung des Kapitalismus", Otto Brunner 외(공동 편집), *Festschrift fur Hermann Aubin zum 80. Geburtstag*, Wiesbaden, 1965, 29, 32면. 아무리 산림 감독관이라고 해도 숲을 온전히 알려면 오랜 세월이 걸린다. 그는 ⟨희끗한 백발에 둔중한 몸집 그리고 까칠한 성격의 노인⟩이 되고 만다.

27. 2010년 9월 28일 폴커 하우프와의 대담. 하우프는 ⟨지속적인 성장⟩이라는 목표로 설립된 ⟨브룬틀란 위원회⟩의 독일 측 대표자다.

28. 다음 자료를 참고할 것. Ulrike Gilhaus, *"Schmerzenskinder der Industrie". Umweltverschmutzung, Umweltpolitik und sozialer Protest im Industriezeitalter in Westfalen 1845~1914*, 46면 이하.

29. Corvol, *L'Homme aux Bois*, 314면.

30. Radkau, "Warum wurde die Gefährdung", 63면.

31. Ludger Lütkehaus, *"O Wollust, o Hölle". Die Onanie - Stationen einer Inquisition*, Frankfurt, 1992, 94면 이하.

32. Radkau, *Holz - Wie ein Naturstoff Geschichte schreibt*, 164면 이하.

33. Ernst Moritz Arndt, *Ein Wort über die Pflegung und Erhaltung der Forsten und der Bauern im Sinne einer höheren, d. h. menschlichen Gesetzgebung*, Schleswig, 1820, 49면.

34. Wilhelm Heinrich Riehl, *Die Naturgeschichte des deutschen Volkes*(원본: 1853), G. Ipsen의 요약판, Stuttgart, 1939, 80, 83, 87면.

35. Radkau, *Holz*, 180면.

36. Ingrid Schäfer, *"Ein Gespenst geht um." Politik mit der Holznot in Lippe 1750~1850*, Detmold, 1992.

37. George P. Marsh, *Man and Nature, Or, Physical Geography as Modified by Human Action*(신판), Cambridge, Mass., 1974, 189면.

38. Conrad Totman, *The Green Archipelago. Forestry in Preindustrial Japan*, Berkeley, 1989, 96면 이하, 233면 이하.

39. 특히 다음 자료를 참고할 것. Luke S. Roberts, *Mercantilism in a Japanese Domain. The Merchant Origins of Economic Nationalism in 18th-Century Tosa*, Cambridge, 1998, 74면 이하.

40. Ostrom, *Governing the commons*, 85면 이하.

41. Totman, *Green Archipelago*, 80면.

42. Sendai Sho-ichiro, "Vers des espaces figes: La gestion des forets et les Trois Montagnes, depius la fin du XIXe siècle", UNESCO(편집), *Atlas historique de Kyoto*, Paris, 2008, 413면 이하.

43. Ostrom, *Governing the commons*, 30면.

44. 그곳에 집중된 개발 보조의 결과 숲 황폐화 경고는 물론이고 숲을 경우에 따라 주먹구구식으로 다루는 행태가 가장 두드러진 네팔의 사례를 둘러싼 관련 자료는 특히 풍부하다. 대표적인 것으로는 다음 자료를 볼 것. Radkau, *Natur und Macht*, 313면 이하 그리고 416면 이하. 아프리카의 사바나 지역을 다룬 자료는 다음과 같다. James Fairhead, Melissa Leach, *Misreading the African Landscape. Society and Ecology in a Forest-Savanna Mosaic*, Cambridge, 1996.

45. Radkau, *Warum wurde die Gefahrdung der Natur*, 63면.

46. 다음 자료를 참고할 것. Engelbert Schramm(편집), *Ökologie-Lesebuch*, Frankfurt, 1984, 62면 이하.

47. Ernst Moritz Arndt, "Ein Wort über die Pflegung und Erhaltung der Forsten und der Bauern im Sinne einer hoheren, d. h. menschlichen Gesetzgebung(1820)", 같은 저자, *Agrarpolitische Schriften*, Goslar, 1942, 355면 이하.

48. 특히 1840년대 독일에서 획기적인 농업 개혁을 추진했던 바이에른 출신의 카를 프라스Carl Frass(1810~1875)는 고대 그리스 문화를 흠모했다가 실망한 마음을 그리스에서 조림 프로젝트를 시도함으로써 달래려고 했다. 다음 자료 참조할 것. *Ökologie-Lesebuch*, Frankfurt, 1984, 66면 이하와 112면 이하.

49. Michael Williams, *Americans and their Forests. A Historical Geography*, Cambridge, 1989, 381면.

50. Gregory A. Barton, *Empire Forestry and the Origins of Environmentalism*, Cambridge, 2002, 29면 이하.

51. 가장 유명한 사례가 히말라야 지역의 칩코 운동이다. 다음 자료도 참고할 것. Daniel J. Klooster, "Forest Struggles and Forest Policy. Villagers' Environmental Activism in Mexico", Christof Mauch 외(편집), *Shades of Green. Environmental Activism Around the Globe*, Oxford, 2006, 191면 이하.

52. Ernst Robert Curtius, *Europaische Literatur und lateinisches Mittelalter*(제4판), Bern, 1948, 116면 이하. 이런 생각은 궁극적으로 애니미즘, 곧 모든 사물에는 영혼이 있다는 물활론에 뿌리를 둔다. 만약 나무와 강이 영혼을 가진 존재라고 한다면, 상처를 받았을 때 반드시 복수할 거라고 두려워한 것이다.

53. 위의 책, 127면 이하.

54. Horst Bredekamp, "Der Mensch als Mörder der Natur. Das 〈Iudicium Iovis〉 von Paulus Niavis und die Leibmetaphorik", Heimo Reinitzer(편집), *All' Geschöpf ist Zung' und Mund. Beiträge aus dem Grenzbereich von Naturkunde und Theologie*, Hamburg, 1984, 261~283면.

55. Hermand, *Grüne Utopien*, 77면.

56. 식물의 분류를 완성한 위대한 식물학자 칼 폰 린네Carl von Linné(1707~1778)에 게서조차 이런 사고방식은 묘하게도 종교적이고 도덕적인 색채를 가진다. 다음 자료를 참고할 것. Carl von Linné, *Nemesis Divina*, Wolf Lepenies, Lars Gustafsson(공동 편집), München, 1981.

57. 흔히 법 역사학자들은 자연법의 〈자연〉이 꽃을 피우는 생동하는 자연이 아니라, 추상적 자연이라는 반론을 제기한다. 그러나 그런 관점은 계몽을 너무 지나치게 피 한 방울 없는 이성주의와 동일시하는 게 아닐까. 다음 자료를 볼 것. Joachim Radkau, "Natur als Gesetzgeberin und Natur als Erfahrung bei Montesquieu und Max Weber", Effi Böhlke, Etienne Francois(공동 편집), *Montesquieu. Franzose–Europäer–Weltbürger*, Berlin, 2005, 38면 이하.

58. Franz Wieacker, *Privatrechtsgeschichte der Neuzeit*, Göttingen, 1952, 152면.

59. Jean-Jacques Rousseau, *Bekenntnisse*(초판: 1781), Frankfurt, 1985, 883면 이후.

60. Carolyn Merchant(편집), *Major Problems in American Environmental History. Documents and Essays*, Lexington, 1993, 352면.

61. Robert H. Wiebe, *The Search for Order 1877~1920*, New York, 1967, 45면.

62. Jan Holm, *Die angloamerikanische Ökotopie. Literarische Entwürfe einer grünen Welt*, Frankfurt, 1998, 74면.

63. Edward P. Thompson, *William Morris. Romantic to Revolutionary*(제2판), New York, 1976, 716면.

64. 1904년 베를린에서 결성된 〈조류 보호를 위한 국제 여성연맹Internationalen Frauenbund fur Vogelschutz〉을 두고도 같은 말을 할 수 있다(공동 창설자: 안나 뵙제Anna Wöbse).

65. Cornelia Regin, *Selbsthilfe und Gesundheitspolitik. Die Naturheilbewegung im Kaiserreich(1889~1914)*, Stuttgart, 1995, 453면.

66. Ulrich Linse, *Ökopax und Anarchie. Eine Geschichte der ökologischen Bewegungen in Deutschland*, München, 1986, 60면 이하.

67. Winfried Mogge, Jürgen Reulecke(공동 편집), *Hoher Meißner 1913. Der Erste Freideutsche Jugendtag in Dokumenten, Deutungen und Bildern*, Köln, 1988, 48, 50면.

68. Theodore Roosevelt, *Aus meinem Leben*, Leipzig, 1914, 248면.

69. 원주 67의 책, 183, 188면.

70. 위의 책, 181면.

71. 원주 66의 책, 44면.

72. Rolf Peter Sieferle, *Die Krise der menschlichen Natur. Zur Geschichte eines Konzepts*, Frankfurt, 1989, 109면.

73. Frank Uekötter, "Wie neu sind die Neuen Sozialen Bewegungen?", *Mitteilungsblatt des Instituts für soziale Bewegungen*, 제31호(2004). 더욱 상세한 것은 다음 자료를 참고할 것. Jürgen Büschenfeld, *Flüsse und Kloaken. Umweltfragen im Zeitalter der Industrialisierung(1870~1918)*, Stuttgart, 1997, 79~87면.

74. Mogge, Reulecke, *Hoher Meißner*, 173면.

75. Barthelmeß, *Vögel*, 169면. 〈조류 보호는 처음에 자극을 받아 생겨난 이래 언제나 종, 혹은 개체 수가 감소한다는 주장이나 입증으로 그 생명력을 유지해 왔다. 따라서 반대 사례를 찾으려는 동기는 누구에게도 없다.〉 그래서 조류 보호 운동가는 특정 종의 새가 줄어듦으로써 해당 지역에 다른 종이 늘어나는 것은 전혀 조사하지 않았다!

76. Radkau, *Natur und Macht*, 274면 이하.

77. 위의 책, 280면 이하.

78. Joel A. Tarr, *The Search for the Ultimate Sink. Urban Pollution in Historical Perspective*, Akron, 1996, 11면.

79. Anthony S. Wohl, *Endangered Lives. Public Health in Victorian Britain*, London, 1983, 142면 이하, 146면 이하.

80. John von Simson, Kanalisation und Stadtehygiene im 19. Jahrhundert, Düsseldorf, 1983, 24면.

81. Engelbert Schramm, *Im Namen des Kreislaufs. Ideengeschichte der Modelle vom ökologischen Kreislauf*, Frankfurt, 1995, 특히 211면 이하(〈순환의 우상화〉).

82. J. H. Vogel(편집), *Die Verwertung der stadtischen Abfallstoffe. Im Auftrage der Deutschen Landwirtschafts-Gesellschaft, Sonderausschuß für Abfallstoffe*, Berlin, 1896(700면에 이르는 방대한 책. 독일 외부의 경험과 프로젝트도 많이 다루었음).

83. Tim Cooper, "Modernity and the Politics of Waste in Britain", Sverker Sörlin, Paul Warde(공동 편집), *Nature's End. History and the Environment*, Houndmills, 2009, 260면.

84. Justus von Liebig, *Die Chemie in ihrer Anwendung auf Agricultur und Physiologie*, 제

1부, Braunschweig, 1862, 133면. 개정판에는 영국을 향한 비난이 삭제되었다.

85. Vogel, *Die Verwertung der städtischen Abfallstoffe*, 286면.

86. Alwin Seifert, *Ein Leben für die Landschaft*, Dusseldorf, 1962, 129면.

87. Ruhrverband, Ruhrtalsperrenverein(공동 편집), *75 Jahre im Dienst fur die Ruhr*, Essen, 1988, 299면.

88. 독일 제국 총리 한스 루터Hans Luther는 〈엠스강 조합〉 창설 25주년을 맞아 발간된 헌정 문집에서 다음과 같이 썼다(*Jahre Emschergenossenschaft*, Essen, 1925). 우선 조합의 사업을 두고 유럽 전역에서 비교할 만한 사례를 찾을 수 없다고 칭송하면서, 〈루르 지역의 주민은 하수 처리와 깨끗한 식수 공급이라는 과제가 …… 조합의 위대한 협력 외에는 해결 방법이 없다고 굳게 믿는다. 이런 점에서 《엠스강 조합》은 최초의 것이라는 권리와 명예를 누려 마땅하다〉. 1966년 당시 미국 내무 장관 우달Udall은 독일을 여행하면서 루르 강의 엄청난 환경 문제를 지역적 테두리 안에서 다뤄 나간 방식이 상당히 모범적이라고 평가했다. 이는 다음 자료를 참고할 것. Kai F. Hünemörder, *Die Frühgeschichte der globalen Umweltkrise und die Formierung der deutschen Umweltpolitik(1950~1973)*, Wiesbaden, 2004, 124면.

89. Jochen Stemplewski, "Auf dem Weg ins Neue Emschertal. Die Emscher-vom ungeliebten Fluss zum Sympathieträger der Region", *Heimat Dortmund*, 제2호(2006)(엠스강의 물Das Wasser der Emscher), 39면 이하.

90. Volker Rödel, *Ingenieurbaukunst in Frankfurt a. M. 1806~1914*, Frankfurt, 1983, 71면 이하.

91. Uekötter, *Rauchplage*, 116면 이하.

92. 위의 책, 259면.

93. Arthur Schopenhauer, *Aphorismen zur Lebensweisheit*(원본 출간: 1851), Stuttgart, 1956, 8면.

94. Richard J. Evans, *Tod in Hamburg. Stadt, Gesellschaft und Politik in den Cholera-Jahren 1830~1910*, Reinbek, 1990, 특히 618면 이하. 나폴리에서 1884년 유럽 최고의 사망률을 보인 최악의 콜레라 사태에 병행한 연구. 나폴리는 다음 자료를 볼 것. Frank M. Snowden, *Naples in the Time of Cholera, 1884~1911*, Cambridge, 1995.

95. Martin Melosi, *The Sanitary City. Urban Infrastructure in America from Colonial Times to the Present*, Baltimore, 2000, 111면.

96. Thomas Gorsboth, Bernd Wagner, "Die Unmöglichkeit der Therapie. Am Beispiel der Tuberkulose", *Kursbuch*, 제94권(전염병), Berlin, 1988, 134면.

97. Joachim Radkau, *Das Zeitalter der Nervositat. Deutschland zwischen Bismarck und Hitler*, München, 1998, 88면.

98. 위의 책, 49면 이하.

99. Otto Dornblüth, *Die Psychoneurosen. Neurasthenie, Hysterie und Psychasthenie*, Leipzig, 1911.

100. Radkau, *Zeitalter der Nervosität*, 59면. 1880년을 전후한 이 변혁은 언제나 거듭 다뤄지는 주제다. 파리에서도 이것이 전혀 새로운 게 아니었음에도 1880년 이후 최악의 풍

문을 둘러싼 흥분은 급속도로 퍼져 나갔다. Sabine Barles, "L'invention des eaux usées: l'assainissement de Paris, de la fi n de l'Ancien Régime à la seconde guerre mondiale", Christoph Bernhardt, Geneviève Massard-Guilbaud(공동 편집), *Le démon moderne. La pollution dans les sociétés urbaines et industrielles d'Europe*, Clermont-Ferrand, 2002, 142면.

101. Radkau, *Zeitalter der Nervosität*, 310면.

102. 위의 책, 235면 이후.

103. Wilhelm His, "Medizin und Überkultur", *Deutsche medizinische Wochenschrift*, 제34호(1908), 627, 625면.

104. Ralph Waldo Emerson, *Natur*, 하랄드 키츠카Harald Kiczka가 새로 편집한 독일어 판본, Schaffhausen, 1981, 43면.

105. Alfred Runte, *National Parks. The American Experience*(제3판), Lincoln, 1997, 82면.

106. Tom Lutz, *American Nervousness 1903. An Anecdotal History*, Ithaca, 1991.

107. 위의 책, 90면 이하, 63면 이하.

108. 위의 책, 224면 이하.

109. Jan Hollm, *Die angloamerikanische Ökotopie*, Frankfurt, 1998, 147면 이하(〈허랜드〉).

110. 다음 자료를 참고할 것. Marijke Gijswijt-Hofstra, Roy Porter(공동 편집), *Cultures of Neurasthenia. From Beard to the First World War*, Amsterdam, New York, 2001. 이 논문 모음집의 모태가 된 2000년 암스테르담 심포지엄에서는 심지어 독일이 신경 쇠약의 문제에서 미국보다 훨씬 더 심각했다는 인상을 받을 수 있다!

111. Thomas Dupke, *Hermann Löns. Mythos und Wirklichkeit*, Hildesheim, 1994, 136면.

112. Merlin Waterson, *The National Trust*, London, 1994, 25면. 1982년만 하더라도 신경과 전문의 크리스타 메베스Christa Meves는 〈마인아우 대답〉에서 〈녹색당의 급진적 성향〉을 보고한다. 〈나를 찾아 병원으로 오는 청소년의 85퍼센트는 녹색당 성향, 그것도 극단적 녹색이다〉, *Mainauer Gespräche*, 제1권, Konstanz, 1983, 54면. 이런 진단 역시 아무래도 시대와 연관된 것으로 보이며, 특히 심리 상태가 불안정한 사람들을 가장 강하게 자극한 녹색 종말론 시기의 특징이다.

113. Wohl, *Endangered Lives*, 142면.

114. 위의 책, 155, 185, 187면.

115. Keith Thomas, *Man and the Natural World. Changing Attitudes in England 1500~1800*, London, 1984, 159면.

116. Ulrich Tröhler, Andreas-Holger Maehle, "Anti-vivisection in 19th-century Germany and Switzerland: Motives and Methods", Nicolaas A. Rupke(편집), *Vivisection in Historical Perspective*, London, 1987, 149면.

117. Friedemann Schmoll, *Erinnerung an die Natur. Die Geschichte des Naturschutzes im deutschen Kaiserreich*, Frankfurt, 2004, 115면 이하.

118. Walther Schoenichen, *Naturschutz, Heimatschutz. Ihre Begründung durch Ernst Rudorff, Hugo Conwentz und ihre Vorläufer*, Stuttgart, 1954, 279면 이하. 쇤니켄은 1933~1938년 동안 자연 보호의 제국 기관 관장을 보낸 인물이다. 그는 뢴스의 독설을 두고 다음과 같이 논평했다. 〈참으로 부끄러운 독설이다. 뢴스는 콘벤츠가 탁월한 전략가이며 거의 초인에 가까운 노력으로 자연 보호 운동을 이끌었음을 알고 있음에 틀림없으면서도 그런 말을 했다〉.

119. Knaut, *Zurück zur Natur!*, 41면.

120. 이런 배후 지원의 의미를 암시하는 인물은 당시 유명한 자연 보호 운동가인 빌헬름 리에넨켐퍼Wilhelm Lienenkämper다. *Grüne Welt zu treuen Händen. Naturschutz und Landschaftspflege im Industriezeitalter*, Stuttgart, 1963, 13면 이하.

121. Hays, *Conservation*, 1면 이하. 이런 측면을 살펴보는 일은 〈보호 운동〉이 품은 〈학문적 바탕〉과 더불어 이 책의 주요한 동기다.

122. Friedemann Schmoll, *Erinnerung an die Natur. Die Geschichte des Naturschutzes im deutschen Kaiserreich*, Frankfurt, 2004, 212~218면.

123. 〈뤼네베르거 하이데〉는 〈환경 파괴〉의 산물이었다. Joska Pintschovius, *Heidschnucken und Donnerbesen. Lüneburger Landschaften*, Wien, 2001, 17면.

124. Florence Shipek, "Kumeyaay Plant Husbandry: Fire, Water, and Erosion Management Systems", Thomas Blackbourn, Kat Anderson(공동 편집), *Before the Wilderness: Environmental Management by Native Californians*, Melo Park, 1993, 388면. 〈유럽인이 캘리포니아와 대륙의 다른 지역들에 가지고 간 가장 유해한 생각은 그들이《천연의 야생》에 들어선다는 믿음이었다.〉 이런 잘못된 믿음으로 유럽인은 인디언이 자연공원에서 추방되어 화전 영농을 금지해야 한다는 생각을 갖게 되었다.

125. Emil Kraepelin, *Lebenserinnerungen*, 히피우스Hippius, H.(편집), Berlin, 1983, 79면 이하.

126. 이런 사정은 보일의 소설에 재기 넘치게 묘사되어 있다. T. C. Boyle, *The Road to Welville*, New York, 1993. 이 소설은 출간 이듬해 알란 파커Alan Parker가 영화화했다. 비르허벤너와의 대비는 다음 책을 볼 것. Albert Wirz, *Die Moral auf dem Teller, dargestellt am Leben und Werk von Max Bircher-Benner und John Harvey Kellog*, Zürich, 1993.

127. Paolo Mantegazza, *Das nervöse Jahrhundert*, Leipzig, 출간 연도 미상, 104면 이하 (이탈리아 원어: *Il secolo nevrosico*, 1887).

128. Bernd Tenbergen, *Westfalen im Wandel. Von der Mammutsteppe zur Agrarlandschaft: Veränderungen der Tier-und Pfl anzenwelt unter dem Einfluss des Menschen*, Gutersloh, 2002, 68면.

129. Reinhard Johler, "Vogelmord und Vogelliebe: Zur Ethnographie konträrer Leidenschaften", *Historische Anthropologie*, 제5호(1997), 20~27면.

130. Alfred Barthelmeß, *Vogel–Lebendige Umwelt. Probleme von Vogelschutz und Humanökologie geschichtlich dargestellt und kommentiert*, München, 1981, 146면 이하.

131. Andreas Knaut, *Zurück zur Natur!*, 360, 366면.

132. 위의 책, 28면 이하.

133. Hugo Conwentz, *Die Heimatkunde in der Schule*, Berlin, 1906, 56면.

134. 바이마르 공화국의 저명한 향토 수업 기획자인 에두아르트 슈프랑거Eduard Spranger는 1944년 7월 20일 나치스에 부역했다는 혐의를 받아 체포당하기까지 했다!

135. Erwin Schwartz(편집), *Von der Heimatkunde zum Sachunterricht*, Braunschweig, 1977. 내가 겪은 바에 따르면, 이 책은 오랜 세월 동안 임용 고시를 앞둔 교사 지망생들이 읽어야만 하는 필독서였다. 이때 반동적이고 갈색이 짙은 향토 과목을 〈진보적인〉 실과 수업으로 대체하자는 판에 박힌 주장이 우세했다!

136. Karl Friedel, Reimar Gilsenbach, *Das Roßmäßler-Büchlein*, Berlin, 1856.

137. 심지어 2003년 독일 연방 자연 보호청Bundesamt für Naturschutz, BfN이 향토 보호와 자연 보호의 결합을 되살려 내기 위해 필름Vilm 섬에서 개최한 여름 아카데미에서조차 고향 개념에 덧씌워진 나치스의 악령과 끈질긴 싸움을 벌여야만 했다. 다음 자료를 참고할 것. Reinhard Piechocki, Norbert Wiersbinski(공동 편집), *Heimat und Naturschutz. Die Vilmer Thesen und ihre Kritiker*, Bonn(BfN 간행), 2007.

138. Karl Ditt, "Naturschutz zwischen Zivilisationskritik, Tourismusförderung und Umweltschutz. USA, England und Deutschland 1860~1970", Matthias Frese, Michael Prinz(공동 편집), *Politische Zäsuren und gesellschaftlicher Wandel im 20. Jh.*, Paderborn, 1996, 517면.

139. Thomas Rohkrämer, *Eine andere Moderne? Zivilisationskritik, Natur und Technik in Deutschland 1880~1933*, Paderborn, 1999, 138면. 특별한 애국적 성향은 차라리 미국의 자연 보호 운동이 강하게 담고 있다. 저 〈미국을 먼저 보라!See America first!〉는 캠페인에서 잘 나타나듯 말이다(Ditt, Naturschutz, 505면). 하기야 부드럽고 야트막한 〈호허 마이스너Hoher Meißner〉보다는 웅장한 로키산맥이 더욱더 애국적 자긍심을 높일 게 아닌가!

140. Anna Wöbse, *Der Schutz natürlicher Schönheit und die Ursprünge des Weltnaturerbes*, Bremen, 2010, 8면.

141. Knaut, *Zurück zur Natur!*, 170면.

142. Wöbse, *Schutz natürlicher Schönheit*, 7면.

143. Wöbse, "Naturschutz global oder: Hilfe von außen. Internationale Beziehungen des amtlichen Naturschutzes im 20. Jahrhundert", Hans-Werner Frohn, Friedemann Schmoll(공동 편집), *Natur und Staat. Staatlicher Naturschutz in Deutschland 1906~2006*, Bonn, 2006, 629면 이하. Douglas R. Weiner, *Models of Nature. Ecology, Conservation and Cultural Revolution in Soviet Russia*, Pittsburgh, 2000, 230면.

144. Merlin Waterson, *The National Trust. The First Hundred Years*, London, 1994, 23면 이하.

145. Uekötter, *Von der Rauchplage zur ökologischen Revolution*, 50면.

146. Ernst Rudorff, "Über das Verhältnis des modernen Lebens zur Natur", *Preußische Jahrbücher* XLV(제45권)(1880), 262면 이하.

147. Wöbse, *Schutz natürlicher Schönheit*, 13면.

148. Jonathan Adams, Thomas McShane, *The Myth of Wild Africa. Conservation Without Illusion*, Berkeley, 1992, 46면.

149. Mark Cioc, *The Game of Conservation. International Treaties to Protect the World's Migratory Animals*, Athens, Ohio, 2009, 14면 이하(〈아프리카는 인종 차별 공원이다!Africa's Apartheid Parks!〉). 다음 자료도 볼 것. William Beinart, Lotte Hughes, *Environment and Empire*, Oxford, 2007, 289면 이하.

150. Wolfgang Krabbe, "Die Lebensreformbewegung", Kai Buchholz 외(공동 편집), *Die Lebensreform*, 제1권, Darmstadt, 2001, 25면.

151. 이런 확장이 그저 멈칫거리며 진행되었다고 할지라도 여기에는 심리적 이유뿐만 아니라 생태 자체의 근거도 있다. 많은 새들이 도시를 더욱 선호한다는 점은 요제프 H. 라이히홀프가 처음 발견한 게 아니다. 이미 1921년 오토 슈누레Otto Schnurre는 자신의 책 『독일 문화 풍경의 조류Die Vögel der deutschen Kulturlandschaft』에서 다음과 같이 썼다. 〈사실 자연 보호의 측면에서 그토록 혐오하는 문화 덕분에 우리는 정원과 공원에서 그처럼 다양한 새들을 볼 수 있게 되었다. 원시림의 비교적 빈곤한 조류 개체들이 확연히 비교되는 대목이다.〉 다음 책에 인용된 것을 재인용함. Barthelmeß, *Vögel*, 170면.

152. Schmoll, *Erinnerung an die Natur*, 257면.

153. Erich Mühsam, *Ascona*(1905), Berlin, 1982, 31, 37면.

154. Krabbe, "Lebensreformbewegung", 27면.

155. 다음 자료에 인용된 것을 재인용함. Miriam Zerbel, "Tierschutz und Antivivisektion", Kerbs, Reulecke, *Handbuch der deutschen Reformbewegungen*, 44면.

156. 이를테면 울리히 벡의 책에 다음과 같은 주장이 나온다. 〈옛날의 자연 보호는《발달에 적대적이며 과거 회귀적》이라는 낙인을 결코 떼어낼 수 없으리라.〉 Ulrich Beck, *Risikogesellschaft*, Frankfurt a. Main, 1986, 264면.

157. Linse, *Ökopax*, 57면.

158. Schmoll, *Erinnerung an die Natur*, 159면.

159. *Monte Verità. Berg der Wahrheit. Lokale Anthropologie als Beitrag zur Wiederentdeckung einer neuzeitlichen sakralen Topographie. Dokumentation*, Harald Szeemann 외(본래 이탈리아에서 출간됨), München, 1980.

160. Joachim Radkau, "Die Verheißungen der Morgenfrühe. Die Lebensreform in der neuen Moderne", Kai Buchholz 외(편집), Die Lebensreform. Entwürfe zur Neugestaltung von Leben und Kunst um 1900, 제1권, Darmstadt, 2001(다름슈타트 마틸덴 언덕에서 열린 전시회 소개 책자), 55~60면.

161. 뮤어는 샌프란시스코 시민들이 헤츠헤치 계곡을 막아 인공 저수지를 만든다면, 그들은 성당과 교회도 물탱크로 바꾸어 버릴 수 있다고 일갈했다. 〈그 어떤 거룩한 성전도 인간의 심장에 축성되지 않을 것이기 때문이다.〉 Daniel Berman, John O'Connor, *Who Owns the Sun? White River Junction*, 1996, 78면.

162. Ulrich Linse, "Der Raub des Rheingoldes: Das Wasserkraftwerk Laufenburg", 같은 저자 외, *Von der Bittschrift zur Platzbesetzung. Konflikte um technische Großprojekte*,

Bonn, 1988, 11~62면.

163. Schmoll, *Erinnerung an die Natur*, 13면.

164. Barthelmeß, *Vögel*, 90면.

165. Mary Ann Elston, "Women and Anti-Vivisection in Victorian England, 1870~1900", Rupke, *Vivisection*, 270면.

166. Joachim Radkau, *Technik in Deutschland. Vom 18. Jahrhundert bis heute*, Frankfurt, 2008, 156면 이하.

167. 이런 분위기는 다음의 자료들에 잘 나타나 있다. Otto Julius Bierbaum, *Empfindsamer Reise im Automobil*, 1903; Joachim Radkau, "Auto-Lust: Zur Geschichte der Geschwindigkeit", Tom Koenigs, Roland Schaeffer(공동 편집), *Fortschritt vom Auto. Umwelt und Verkehr in den 90er Jahren*, München, 1991, 119면 이하.

168. Michael P. Cohen, *The History of the Sierra Club 1892~1970*, San Francisco, 1988, 25면.

169. Reinhard Falter, "Achtzig Jahre 'Wasserkrieg': Das Walchensee-Kraftwerk", Linse 외, *Von der Bittschrift*, 62~127면.

170. Wolfgang Schivelbusch, *Entfernte Verwandtschaft. Faschismus, Nationalsozialismus, New Deal 1933~1939*, München, 2005, 100면. 〈비유가 아닌 온전히 실질적인 의미에서 다시금 땅을 발 아래 든든하고도 안전한 땅으로 만드는 것은 지난 세기의 가장 강력한 집단적 동기였다〉.

171. Joachim Radkau, *Mensch und Natur in der Geschichte*, Leipzig, 2002, 27~66면.

172. Gilbert W. Robinson, *Die Böen. Ihre Entstehung, Zusammensetzung und Einteilung*(제3판), Berlin, 1939(영문판 초판 1936), 78면. 〈열대 지역과 아열대 지역 일부에서 나타나는 침식의 확산은 유럽의 환경에만 친숙한 사람은 그 규모를 가늠할 수 없을 정도다.〉 침식이 낳을 극단적 상황을 그려 보려면 완만히 진행되는 침식을 주목해야만 한다. 이미 19세기 때부터 아프리카 식민지의 사막화 현상을 둘러싸고 경종을 울리는 목소리가 작지 않았다. 이때 이 문제가 식민 정책으로 비롯되었다는 점은 간과되기 일쑤였다. 다음 자료도 참고할 것. Diana K. Davis, *Resurrecting the Granary of Rome. Environmental History and French Colonial Expansion in North Africa*, Athens, Ohio, 2007, 169면 이하. Anton Metternich, *Die Wüte droht*, Bremen, 1947, 35면. 《사막이 아프리카를 잡아먹는다! …… 사막이 계속해서 땅을 불모지로 만들어 버리고 있다.》 벌써 몇 세대 전부터 모든 식민지의 언론은 이렇게 경종을 울리는 헤드라인을 뽑아냈다.〉

173. Radkau, *Natur und Macht*, 47면 이하.

174. 다음 자료를 참고할 것. Udo E. Simonis, *Globale Umweltpolitik - Ansätze und Perspektiven*, Mannheim, 1996, 61면 이하. 그렇지만 동시에 토양이 글로벌 환경 정치의 주제로는 가장 적절치 않다는 점이 드러났다.

175. Worster, *Nature's Economy*, 232, 223면.

176. 위의 책, 233면 이하. 같은 저자, *The Southern Plains in the 1930s*, Oxford, 1979, 200면.

177. Tom Dale, Vernon Gill Carter, *Topsoil and Civilization*, Norman, Oklahoma, 1955.

178. Richard N. L. Andrews, *Managing the Environment, Managing Ourselves. A History of American Environmental Policy*, New Haven, 1999, 177면.

179. Philip Shabecoff, *A Fierce Green Fire. The American Environmental Movement*, New York, 1993, 82면 이하; Benjamin Kline, *First Along the River. A Brief History of the U.S. Environmental Movement*, Lanham, 2007, 66면.

180. Lewis Mumford, *Technics and Civilization*, New York, 1964, 255면 이하(원본은 1934년에 출간됨).

181. Shabecoff, *A Fierce Green Fire*, 81면.

182. Worster, *Dust Bowl*, 212면 이하.

183. 다음 자료에서 인용함. Wilhelm Lienenkämper, *Grüne Welt zu treuen Händen. Naturschutz und Landschaftspflege im Industriezeitalter*, Stuttgart, 1963, 93면.

184. William E. Leuchtenburg, *Franklin D. Roosevelt and the New Deal*, New York, 1963, 173면.

185. David E. Lilienthal, *TVA - Democracy on the March*, New York, 1944, 79면.

186. Richard S. Kirkendall, "The New Deal and Agriculture", John Braeman 외 (공동 편집), *The New Deal*, 1권, Columbus, Ohio, 1975, 95면; Carolyn Merchant, *The Columbia Guide to American Environmental History*, New York, 2002, 177면.

187. *The New Deal and Agriculture*, 106면.

188. 사진을 풍부하게 담은 책은 사정을 그림처럼 선명하게 보여 준다. William R. Van Dersal, Edward H. Graham, *The Land Renewed. The Story of Soil Conservation*, New York, 1946. 그곳에서는 본래 〈TVA〉의 활동 계획의 중심에 수력 댐 건설은 포함되어 있지 않았다. 그러나 댐은 비버를 다룬 부분(84면 이하)에서 상세히 다루었던 뭔가 자연적인 분위기를 살려 주었다. 〈비버는 오랜 경험을 자랑하는 토양 보호 전문가다.〉

189. Wilbur Zelinsky, "The Imprint of Central Authority", Michael P. Conzen(편집), *The Making of the American Landscape*, New York, 1990, 327면. 이 책의 326면에 인용된 〈뉴딜의 풍광 전설은 풍요로우며 그 종류와 효과도 다양하다〉는 주장은 327면의 체스판을 연상하는 단조로운 사진으로 반박된다!

190. 생태 경제의 선구자인 윌리엄 포그트William Vogt의 견해다. 다음 책에서 인용했다. Reimar Gilsenbach, *Die Erde durstet. 6,000 Jahre Kampf ums Wasser*, Leipzig, 1961, 240면.

191. 물 문제를 특별 기사로 다룬 『내셔널지오그래픽National Geographic』, 통권 217호, 2010년 4월 4호, 130면 이하.

192. R. Douglas Hurt, *American Agriculture. A Brief History*, Ames, Iowa, 1994, 292면. 〈전쟁이 시작되었을 때, 토양 보존이라는 문제는 풀기 어렵게 되었다.〉 파산한 농부가 일자리를 찾은 전쟁의 호경기는 문제를 해결하지 못하고 숨겨 버렸다.

193. Merchant, *Columbia Guide*, 176면. 그럼에도 묘하게 캐롤린 머천트는 〈환경정신의 시대〉가 시작한 시점을 1940년으로 잡았다!

194. Berman O'Connor, *Who Owns the Sun?*, 100면.

195. David E. Lilienthal, *Change, Hope, and the Bomb*, Princeton, 1963.

196. Worster, *Nature's Economy*, 205~220면, 237면 이하. Ludwig Trepl, *Geschichte der Ökologie. Vom 17. Jahrhundert bis zur Gegenwart*, Frankfurt, 1987, 144~153면.

197. Worster, *Dust Bowl*, 213면 이하.

198. 다음의 선동적인 책은 역사를 되돌아보며 이 문제를 상세히 다룬다. Marc Reisner, *Cadillac Desert. The American West and Its Disappearing Water*(개정 신판), New York, 1993.

199. Martin Holdgate, *The Green Web. A Union for World Conservation*, London, 1999, 99면.

200. Radkau, *Natur und Macht*, 82면 이하.

201. Thomas Dunlap, *Nature and the English Diaspora. Environment and History in the U.S., Canada, Australia, and New Zealand*, Cambridge, 1999, 181면 이하.

202. Charles Little, *Green Fields Forever. The Conservation Tillage Revolution in America*, Washington, D. C., 1987, 30면 이하. 이 책은 폴크너를 기려 나온 것이다.

203. Worster, *Nature's Economy*, 271면.

204. John Opie, *Nature's Nation. An Environmental History of the United States*, Fort Worth, 1998, 396면. 존 오피는 심지어 〈현재 환경 운동권에서 앨도 레오폴드보다 더 숭배되는 이름은 없다〉고 썼다. 1949년에 유고를 묶어 나온 레오폴드의 『땅 윤리*Land Ethic*』는 〈현대 환경 운동에서 반박의 여지가 없는 신성한 텍스트〉다. 그러나 이런 견해는 많은 생태 역사의 구조물처럼 특정한 장면하고만 맞물릴 뿐이다.

205. 당시 그는 이 말로 산이 늑대보다는 사슴을 더 두려워한다는 구체적 상황을 염두에 두었다. J. Pine, *Fire in America. A Cultural History of Wildland and Rural Fire*, Seattle, 1982, 520면.

206. Susan L. Flader, *Thinking Like a Mountain: Aldo Leopold and the Evolution of an Ecological Attitude Toward Deer, Wolves, and Forests*, Columbia, Missouri, 1974, 29면.

207. 카이바브 사건과 거의 같은 시기에 〈갈매기 문제〉 역시 북해 연안의 조류 보호 활동가에게 걱정을 안겼다. 관광객이 좋아하는 은색 갈매기를 보호하기로 결정이 내려진 뒤에 시간이 흐르면서 조류 보호 운동가의 근심은 커지기만 했다. 은색 갈매기의 개체 수 증가로 다른 조류의 종이 확 줄어드는 게 통계상 확인되었기 때문이다. 결국 갈매기는 조류 보호 운동가의 눈에 〈하늘의 쥐〉가 되고 말았다!

208. Worster, *Nature's Economy*, 270면 이하.

209. 다음 글에서 인용함. Georg Sperber, "Naturschutz und Forstwirtschaft Die Geschichte einer schwierigen Beziehung", Stiftung Naturschutzgeschichte(편집), *Wegmarken. Beiträge zur Geschichte des Naturschutzes*, Essen, 2000, 72면 이하.

210. Wilhelm Bode, Elisabeth Emmert, *Jagdwende. Vom Edelhobby zum ökologischen Handwerk*, München, 1998, 139면 이하.

211. Pyne, *Fire in America*, 279면.

212. Gottlieb, *Forcing the Spring*, 319면.

213. Christopher C. Sellers, *Hazards of the Job. From Industrial Disease to Environmental Health Science*, Chapel Hill, 1997, 187면 이하.

214. 위의 책, 2면과 223면. Linda Lear, *Rachel Carson*, London, 1997, 347면, 356면 이하, 375면.

215. Sellers, *Hazards*, 225면.

216. 위의 책, 235면 이하.

217. Uekötter, *Von der Rauchplage*, 189, 194면.

218. Joel Tarr, Carl Zimring, "The Struggle for Smoke Control in St. Louis: Achievement and Emulation", Andrew Hurley(편집), *Common Fields. An environmental history of St. Louis*, St. Louis, 1997, 199~220면.

219. Tarr, *The Search for the Ultimate Sink*, 227면 이하.

220. Robert Proctor, *Blitzkrieg gegen den Krebs*(영어 원제: *The Nazi War on Cancer*), Stuttgart, 2002.

221. 위의 책, 132면.

222. Dunlap, *Nature and the English Diaspora*, 173면 이하, 183면 이하; Libby Robbin, "Ecology: A Science of Empire?", 같은 저자, Tom Griffiths(편집), *Ecology & Empire. Environmental History of Settler Societies*, Seattle, 1997, 70면 이하.

223. Robbin, *Ecology*, 70면.

224. Dunlap, *Nature*, 186면.

225. 전반적으로 경종을 울리지 않으며 차분한 투로 쓰인 국제적으로 유명한 대표작인 길버트 W. 로빈슨Gilbert W. Robinson의 『토양*Die Böden*』(베를린, 1939; 영어 초판은 1936)조차 비관적인 결론을 내린다(486면). 오늘날 〈현명하지 못한 토양 혹사로 대부분 토양이 파괴되었다〉. 그때까지만 해도 지배적이었던 농업의 성장 낙관주의는 〈상황의 주의 깊은 관찰〉에 무너지고 말리라(485면).

226. Walter Clay Lowdermilk, *Forestry in Denuded China*, Philadelphia, 1930.

227. 남편을 먼저 떠나보낸 여인 이네즈 마크스 로우더밀크Inez Marks Lowdermilk는 『인생의 모든 것. 자서전*All in a Lifetime. An Autobiography*』(Berkeley, Lowdermilk Trust, 1983)에서 아주 다채롭고 생동감 있게 묘사한다. 팔레스타인 여행을 간 로우더밀크는 이렇게 말했다고 한다(위의 책, 173면). 〈이 땅은 성경 시대에 비옥하고 생산적이어서 많은 인구를 먹이고도 남아 수출할 정도로 식량이 풍요했다는 충분한 증거가 있다. 은퇴한다면 이곳으로 돌아와 성스러운 땅을 등고선 농경으로 침식을 막고 나무를 심으면서 …… 이 고대의 땅을 새롭게 되살려내고 싶다.〉 그러나 실제 우리가 아는 고대 이스라엘은 이미 당시만 하더라도 반쯤 유목민 생활을 했다. 물론 대단히 희박하기는 하지만, 이런 사실을 말해 주는 방증은 부정할 수 없다. 막스 베버만 하더라도 이미 이런 사실을 주목했다(Joachim Radkau, *Max Weber*, München, 2005, 689면 이하).

228. Walter Clay Lowdermilk, *Palestine - Land of Promise*, New York, 1944, 200면. Alon Tal, *Pollution in a Promised Land. An Environmental History of Israel*, Berkeley, 2002, 55면.

229. Diana K. Davis, *Resurrecting the Granary of Rome. Environmental History and French Colonial Expansion in North Africa*, Athens, Ohio, 2007. 로우더밀크가 북아프리카를 경고의 사례로 삼음. Inez Marks Lowdermilk, *All in a Lifetime. An Autobiography*, Berkeley, 1983, 173면.

230. Philip R. Pryde, *Environmental Management in the Soviet Union*, Cambridge, 1991, 198면 이하.

231. Anton Metternich, *Die Wüste droht. Die gefährdete Nahrungsgrundlage der menschlichen Gesellschaft*, Bremen, 1949, 184면 이하.

232. 무엇보다도 1890~1992년에 걸친 혹독한 가뭄을 겪고 나서 이런 경향이 나타났다. Willard Sunderland, *Taming the Wild Field. Colonization and Empire in the Russian Steppe*, Ithaca, 2004, 202면 이하.

233. D. G. Wilenski, *Bodenkunde*(러시아 초판, 1954), Berlin, 1957, 29면 이하, 198면 이하.

234. Metternich, *Wüste*, 185면.

235. Hans Walter Flemming(1940~1945년 동안 독일 수자원 경제 제국 연맹의 사무총장 역임), *Wüsten, Deiche und Turbinen. Das große Buch von Wasser und Völkerschicksal*, Göttingen, 1957, 122면. 이 책은 〈오늘날 러시아의 관개 사업이 가지는 원대한 전망〉을 다룬다. 이는 곧 〈상상조차 하기 힘든 막대한 부〉를 뜻한다. 〈거대한 러시아에서는 극소수의 부자만이 풍요로운 지역뿐만 아니라 그 경계 내부의 새로운 거대한 자원을 누릴 마르지 않는 기회를 누린다.〉 돌이켜보면 나치스 독일의 수자원 정책을 주도한 전문가가 소련에 이런 진단을 내렸다는 점에서 흐루쇼프가 왜 그처럼 치명적인 농업 정책을 펼쳤는지 그 원인이 이해된다!

236. Stefan Merl, "Entstalinisierung, Reformen und Wettlauf der Systeme 1953~1964", Stefan Plaggenborg(편집), *Handbuch der Geschichte Russlands*, 제5권, Stuttgart, 2002, 212면 이하, 218면.

237. Fr. Christoph(전임 장관, 편집), *Die Technik in der Landwirtschaft*, Berlin, 1926, 405면, 410면.

238. 이와 관련한 최고의 역사 연구는 오버라인 지역을 대상으로 삼았다. Dieter Hassler 외(공동 편집), *Wässerwiesen*, Karlsruhe, 1995.

239. Christoph, *Technik in der Landwirtschaft*, 102면.

240. Thomas Zeller, "Ganz Deutschland sein Garten: Alwin Seifert und die Landschaft des Nationalsozialismus", Joachim Radkau Frank Uekötter(공동 편집), *Naturschutz und Nationalsozialismus*, Frankfurt, 2003, 305면.

241. Franz Seidler, *Fritz Todt - Baumeister des Dritten Reiches*, Frankfurt, 1988, 118면 이하.

242. Robert A. Caro, *The Power Broker: Robert Moses and the Fall of New York*, New York, 1974.

243. Alwin Seifert, *Gärtnern, Ackern ohne Gift*(원본, 1948: 개정판: 1957), 25만 부 출

간 기념 개정신판, München, 1971. 위르겐 달Jürgen Dahl은 이 책의 후기(214면)에서 도대체 이 〈컬트 북〉의 새로움이 무엇인지 〈그 배후를 알아내지 못했다〉고 실토한다. 게다가 달은 자이페르트의 실용적 제안은 너무 간결해 내용이 더 보충되어야 한다고 지적했다.

244. Alwin Seifert, "Die Versteppung Deutschlands", 같은 저자, *Im Zeitalter des Lebendigen. Natur–Heimat–Technik*, Planegg, 1942, 25면. 자이페르트는 그럼에도 작은 규모의 수력 발전에는 상당한 관심을 보였다. 주변 풍경과 적응만 한다면 문제될 게 없다고 보았다. 1950년대에 그는 모젤강의 운하 건설과 작은 규모의 수력 발전소와 연계망 구축에 자문 역할을 맡았다.

245. 위의 자료, 36면 이하.

246. 위의 자료, 39면(〈유목민족〉), 46면(〈러시아로 날아가리라〉).

247. 위의 자료, 29면.

248. 위의 자료, 43면 이하. Lilienthal, 『TVA』, 144장의 사진 자료.

249. Zeller, *Seifert*, 284면.

250. Lienenkämper, *Grüne Welt*, 99면.

251. Seidler, *Todt*, 282면.

252. Frank Uekötter, *The Green and the Brown. A History of Conservation in Nazi Germany*, Cambridge, 2006, 116~124면.

253. David Blackbourn, *Die Eroberung der Natur - Eine Geschichte der deutschen Landschaft*(영어 원제: *The Conquest of Nature: Water, Landscape and the Making of Modern Germany*), München, 2007, 280면. 다음 자료도 참고할 것. Joachim Radkau, "Wasserbaugeschichte als deutsches Drama", *Gaia*, 17호 2권(2008), 233~235면.

254. Adolf Hitler, *Mein Kampf*, 263쇄, München, 1937, 146면 이하.

255. Uekötter, *The Green and the Brown*, 164면 이하 참조. 독일 자연 보호 운동에서 카리스마를 자랑한 시인 빌헬름 리넨켐퍼Wilhelm Lienenkämper는 확신에 찬 나치주의자였지만, 졸졸졸 흐르는 시냇물이 노동 봉사단을 두고 은근하게 쏟아 내는 불평을 운율에 담았다. 〈삽질마다 시냇물은 위협을 느끼네.〉 시냇물은 〈그리고 삽질을 듣고 보며/곧장 그 자리에 멈추어 죽은 시늉을 하네〉. 그리고 결말 부분에 이런 구절이 나온다. 〈그리고 나는 친구의 이름을 물어 볼 수 없어/절대 안 되지! 노동 봉사단이 엿들으니까.〉 말하자면 전쟁 당시의 구호를 패러디한 작품이다. 〈쉿, 적이 엿들어.〉 그러니까 노동 봉사단은 적으로 간주되었다!

256. 클로즈의 간단한 이력과 특징은 한스베르너 프론Hans-Werner Frohn에게서 찾아볼 수 있다. "Naturschutz macht Staat Staat macht Naturschutz. Von der staatlichen Stelle für Naturdenkmalpflege in Preußen bis zum Bundesamt für Naturschutz 1906 bis 2006-eine Institutionengeschichte", Hans-Werner Frohn, Friedemann Schmoll(공동 편집), *Natur und Staat*, 213면. 클로즈는 〈자연 보호를 국토 관리까지 개념적으로 확장했으며〉, 이로써 〈쇠니켄과는 대척점에 섰다〉. 그는 〈온갖 변명을 동원해 가며 제국의 관리청(자연 보호)을 연방공화국에 이르기까지〉 구출하려고 했다. 그의 영향력은 1945년 이후에도 강력하기만 했다. 클로즈의 전통을 이어 후계자 게르트 크라그Gert Kragh는 〈유리 종

자연 보호〉(자연 보호만을 위한 자연 보호— 옮긴이)에 맞서 싸웠다(위의 책, 208면 이하).
그런 한에서 그가 남긴 유산은 장래성이 있었다.

257. Thomas M. Lekan, "Organische Raumordnung: Landschaftspflege und die
Durchführung des Reichsnaturschutzgesetzes im Rheinland und in Westfalen",
Radkau Uekötter, *Naturschutz und Nationalsozialismus*, 162면.

258. Hitler, *Mein Kampf*, 144면.

259. Seifert, Zeitalter, 54면.

260. 다음 자료들을 참고할 것. Luc Ferry, *The New Ecological Order*, Chicago, 1995(프
랑스 원본 초판, 1992), 91~107면(〈나치 생태학Nazi Ecology〉); Anna Bramwell, *Ecology in
the 20th Century - A History*, New Haven, 1989, 161~174면. 〈일반적인 파시스트 생태주
의가 있었는가?〉이 물음을 저자는 단호히 부정한다. 오히려 독일은 예외적인 상황이었다
는 것이 그녀의 주장이다. Uekötter, *The Green and the Brown*, Franz-Josef Brüggemeier,
Mark Cioc, Thomas Zeller(공동 편집), *How Green Were the Nazis? Nature, Environment,
and Nation in the Third Reich*, Athens, Ohio, 2005; Radkau, Uekötter(공동 편집),
Naturschutz und Nationalsozialismus. 이 책의 서평들도 참고할 것. Willi Oberkrome, *Neue
Politische Literatur*, 제49호(2004), 515면 이하; Florentine Fritzen, *Historische Zeitschrift*,
제279권(2004), 533면 이하; Verena Winiwarter, *ÖZV*, 2004, 404면 이하; Charles E.
Closmann, *Sehepunkte*, 제4호(2004).

261. Werner Ebert 외, *Natur und Geschichte in der Schorfheide*, Eberswalde, 2001, 27면
이하.

262. 프리츠 토트를 다루며 자이페르트는 이렇게 묘사했다. Seidler, *Todt*, 279면 이하.

263. Radkau, *Natur und Macht*, 264면.

264. Uekötter, *The Green and the Brown*, 85~99면.

265. *Ludwig Finckh 1876~1964*, 독일 작가 그룹이 펴낸 기념판, Kronberg, 1964,
26면.

266. 특히 하인리히 비프킹위르겐스만이 이런 태도로 세간의 주목을 끌었다. 다음 자료
를 볼 것. Uekötter, *The Green and the Brown*, 78면과 157면 이하.

267. 이런 사정은 오늘날에도 변함이 없다고 로저 S. 고트리브Roger S. Gottlieb는 주
장한다(랍비 아서 워스코우Rabbi Arthur Waskow와의 대담에서). *A Greener Faith. Religious
Environmentalism and Our Planet's Future*, New York, 2006, 200면.

268. Hans Klose, *Fünfzig Jahre staatlicher Naturschutz. Ein Rückblick auf den Weg der
deutschen Naturschutzbewegung*, Gießen, 1957, 32, 35면.

269. Michael Wettengel, "Staat und Naturschutz 1906~1945. Zur Geschichte
der Staatlichen Stelle für Naturdenkmalpflege in Preußen und der Reichsstelle für
Naturschutz", *Historische Zeitschrift*, 제257호(1993), 389면 이하.

270. Heinrich Rubner, *Deutsche Forstgeschichte 1933~1945: Forstwirtschaft, Jagd und
Umwelt im NS-Staat*, S. Katharinen, 1985, 54면, 72면 이하, 85면 이하, 104면 이하.

271. Anna Bramwell는 자신의 책 『피와 흙. 리하르트 발터 다레와 히틀러의 〈녹색 정

당)*Blood and Soil: Richard Walther Darré and Hitler's 'Green Party'*』(Abbotsbrook, 1985)에서 사람들이 정치적 중립성을 지키고자 나치스 정권이 지금까지 가장 성공적인 유기농의 선구자였음을 인정하지 않으려고 한다는 도발적인 주장으로 시작한다. 그러나 그녀는 지나치게 일방적인 표현만 인용하고, 맥락을 무시했으며, 말과 행동을 혼동하는 편파적인 입장만 보일 뿐이다. 다른 면의 주장은 이 자료를 볼 것. Gunter Vogt, *Entstehung und Entwicklung des ökologischen Landbaus*, Bad Dürkheim, 2000, 136면 이하. Gesine Gerhard, "Breeding Pigs and People for the Third Reich. Richard Walther Darré's Agrarian Ideology", Brüggemeier 외(공동 편집), *How Green*, 129~146면.

272. Peter Münch, *Stadthygiene im 19. und 20. Jahrhundert*, Göttingen, 1993, 105면 이하, 266면 이하, 280면 이하.

273. Uekötter, *The Green and the Brown*, 142면.

274. Vogt, *Entstehung und Entwicklung*, 141면 이하.

275. Johannes Zscheisler 외, *Handbuch Mais*(제4판), Frankfurt, 1990, 20면.

276. Peter-Michael Steinsiek, *Forst- und Holzforschung im «Dritten Reich»*, Remagen, 2008, 179면 이하.

277. 위의 책, 209면. 〈독일의 주도권 아래 녹색 유럽을 이루기 위한 연구〉는 슈타인지에크 책의 핵심 장에 붙은 제목이다(70면).

278. 괴링은 프로이센의 행정 구조에서 콘벤츠 시절부터 존립해 온 자연 보호와 천연기념물 보호의 결합을 끊어 냈다. 자연 보호를 문화부에서 빼내 자신이 담당한 내무부 소관으로 돌렸다. 그러면서 문화부 담당자에게 이런 이유를 들이댔다. 〈인간이 만든 것은 당신네 소관이고, 자연이 만든 것은 내 것이오!〉 Günter Zwanzig, "Jahre Reichsnaturschutzgesetz(RNG)", *Natur und Landschaft* 제60호(1985), 276면.

279. Rubner, *Deutsche Forstgeschichte 1933~1945*, 104면.

280. Joska Pinschovius, *Heidschnucken und Donnerbesen - Lüneburger Landschaften*, Wien, 2002, 89면 이하. Hermann Cordes 외(공동 편집), *Naturschutzgebiet Lüneburger Heide. Geschichte - Ökologie - Landschaftsschutz*, Bremen, 1997, 311면.

281. Anton Metternich, *Die Wüste droht*, Bremen, 1947, 87면.

282. 위의 책, 250~258면.

283. Anna Wöbse, *Der Schutz natürlicher Schönheit und die Ursprünge des Weltnaturerbes*, Bremen, 2010, 25면.

284. Anna Wöbse, "Der Schutz der Natur im Völkerbund Anfänge einer Weltumweltpolitik", *Archiv für Sozialgeschichte*, 제43호(2003), 177~190면.

285. 위의 자료, 64면.

286. *Encyclopedia of World Environmental History*, 제3권, 1324면.

287. Mark Cioc, *The Game of Conservation. International Treaties to Protect the World's Migratory Animals*, Athens, Ohio, 2009, 127면 이하.

288. Richard Ellis, *Mensch und Wal. Die Geschichte eines ungleichen Kampfes*, München, 1993, 353면.

289. 위의 책, 344면 이하, 377면 이하.

290. Anna Wöbse, "Die Bomber und die Brandgans. Zur Geschichte des Kampfes um den Knechtsand eine historische Kernzone des Nationalparks Niedersächsisches Wattenmeer"(원고).

291. Ludwig Fischer 외(공동 편집), *Das Wattenmeer. Kulturlandschaft vor und hinter den Deichen*, Stuttgart, 2005, 28면 이하.

292. 당시의 상황을 다룬 문헌은 다음과 같다. Wolfgang Erz, *Nationalpark Wattenmeer*, Hamburg, 1972. 서문은 베른하르트 그르치메크가 썼다. 이 문헌은 〈개펄 국립 공원으로 이르는 과정〉(99면 이하)에서 〈크네히트잔트〉 교훈은 언급하지 않았다. 이 섬은 그곳의 자연 보호 구역 목록(75~84면)에서 사라졌다! 그르치메크는 1972년 당시 마치 국립 공원의 설립이 임박한 것 같은 인상을 일깨운다. 그러나 실제로 공원의 설립은 1985년 이후에야 이루어졌다. 국립 공원 문헌이 흔히 그러하듯, 주민의 이해관계와 관점은 거의 언급되지 않았으며, 진지하게 받아들여지지도 않았다.

293. John McCormick, *Reclaiming Paradise. The Global Environmental Movement*, Bloomington, 1989, 33면.

294. 위의 자료, 31면. 〈대륙 유럽인들이 지배적이어서 환경 운동가는 거의 30년에 가깝게 유엔 문제에 기여하기를 거부했다.〉

295. Anna Wöbse, Framing the Heritage of Mankind: National Parks on the International Agenda(원고), Bremen, 2008.

296. Martin Holdgate, *The Green Web. A Union for World Conservation*, London, 1999, 34면.

297. McCormick, *Reclaiming Paradise*, 37면.

298. Holdgate, *The Green Web*, 55면.

299. McCormick, *Reclaiming Paradise*, 210면. 저자는 이런 온당한 지적을 한다. 〈그가 영국과 국제 환경 운동의 발전에서 보인 대단한 영향력을 문헌은 지속적으로 과소평가했다.〉

300. Max Nicholson, *The New Environmental Age*, Cambridge, 1987, 104면. 〈짐작건대 새로운 국제 조직의 조기 도입은 그 선구자적 역할을 감당할 수 없거나, 있다고 하더라도 전문가와 경영 인력을 투입하고 재원이 영국으로부터 충분히 유입되어야만 하는데 전적으로 불가능한 일이다.〉 그가 보기에 영국이 자연 보호라는 문제에서 유럽의 선도적 역할을 한다는 점은 재론의 여지가 없는 사실이었다. 당시 유럽에서는 스위스가 국립 공원이라는 전격적인 시도로 주도권을 차지하려 애썼으며, 벨기에 역시 역동적인 능력을 갖추었으며 르완다의 초대 지사(!)를 지낸 장폴 해로이Jean-Paul Harroy를 앞세워 적극적인 움직임을 보였다. 〈그린피스〉 창설자인 데이비드 맥타가트는 1986년 영국 레인보우 전사의 협량함에 이런 분노를 터뜨렸다. 〈영국 협회는 국제적으로 사고할 줄 모른다. 그들은 모은 돈을 오로지 국가적 문제에만 쓰려고 한다. 이를테면 오크니 바다표범 보호 운동에만 자원을 집중하려 한다. 유럽의 그 어떤 협회도 이처럼 지독하게 이기적이지는 않다.〉 David McTaggart, *Rainbow Warrior*, München, 2001, 267면.

301. Holdgate, *The Green Web*, 41면.

302. Wöbse, "Framing The Heritage", 10면 이하.

303. McCormick, *Reclaiming Paradise*, 35면.

304. Holdgate, *Green Web*, 33면.

305. 위의 책, 37면.

306. 위의 책, 40면. 〈연합은 명확히 네트워크의 중심으로 보였다. …… 이런 인맥은 과학계에서 이미 잘 알려졌다. …… 그러나 《IUPN》은 이런 인맥을 받아들여 엘리트를 십분 활용할 수 있었다.〉 다음 자료도 참조할 것. Julian Huxley, *Ein Leben für die Zukunft - Erinnerungen*, München, 1981(영문 원본은 1970, 1973에 나옴), 274면. 이 책에서 헉슬리는 유네스코를 파리에서 창설하던 시절을 이렇게 회고한다. 〈당시 파리에는 선택받은 천재의 무리가 빛을 발했다!〉 그는 같은 맥락에서 무엇보다도 클로드 레비스트로스를 언급한다. 이 세계적 명성을 얻으며 급부상한 사회인류학자 역시 〈슬픈 열대〉, 곧 아마존의 원주민 문화의 몰락을 지켜보며 장차 맞게 될 환경 파국을 강력하게 경고하며 헉슬리를 지지했다!(Oltmans[편집], *Grenzen des Wachstums Pro und Contra*, 88~94면). 루이스 멈퍼드도 1944년에 발표한 『인간의 조건*Condition of Man*』에서 같은 정신을 선보이면서 나중에 미국 생태 운동을 선도하는 사상가가 되었다. 멈퍼드의 전기를 쓴 도널드 밀러Donald Miller는 이렇게 촌평했다. 〈패트릭 게디스Patrick Geddes와 알베르트 슈바이처 같은 균형 잡힌 인물(분명 멈퍼드도 이들과 어깨를 나란히 한다)은 떠오르는 생태 시대의 선도자이자 주창자, 베이컨과 레오나르도 다빈치였다.〉

307. McCormick, *Reclaiming Paradise*, 38면.

308. Wöbse, *Naturschutz global*, 710면 이하.

309. Gunnar Myrdal, *Anstelle von Memoiren*, Frankfurt, 1974, 203면.

310. Bill Jay, "The Family of Man. A Reappraisal of the 'Greatest Exhibition of All Time'", *Insight*(Rhode Island), 제1호(1989).

311. Holdgate, *Green Web*, 59면; Matthew Connelly, *Fatal Misconception. The Struggle to Control World Population*, Cambridge, Mass., 2008, 128면 이하.

312. 그 대표적인 사례는 고릴라 보호 활동가인 다이엔 포시다. 그녀가 어린 시절 꿈꾸었던 아프리카는 1963년 처음으로 그곳을 방문하고는 물거품이 되었다. 〈사막과 늪 외에는 인간이 다닐 곳이 없었다.〉 Farley Mowat, *Das Ende der Fährte*, Zürich, 1988, 11면. 야생을 꿈꾼 낭만주의자의 눈에 마찬가지로 자연의 기쁨을 누릴 아프리카의 농업적 풍경은 들어오지 않았다!

313. Huxley, *Ein Leben für die Zukunft*, 157면.

314. Joachim Radkau, *Mensch und Natur in der Geschichte*, Leipzig, 2002, 85면 이하.

315. Bernhard Grzimek, *Kein Platz für wilde Tiere*, München, 1973(초판: 1955), 13면.

316. Huxley, *Ein Leben für die Zukunft*, 132면 이하; Bernard Asbell, *Die Pille und wie sie die Welt veränderte*, München, 1996.

317. Joachim Radkau, *Aufstieg und Krise der deutschen Atomwirtschaft 1945~1975. Verdrängte Alternativen in der Kerntechnik und der Ursprung der nuklearen Kontroverse*,

Reinbek, 1983, 78면 이하.

318. Huxley, *Ein Leben für die Zukunft*, 254면 이하.

319. Georg Borgstrom, *Der hungrige Planet*, München, 1965, 9면.

320. Joachim Radkau, "Der atomare Ursprung der Forschungspolitik des Bundes", Peter Weingart, Niels C. Taubert(공동 편집), *Das Wissensministerium*, Weilerswist, 2006, 53면.

321. Radkau, *Aufstieg und Krise*, 96면 이하. Michael Bess, *The Light-Green Society*, 93면.

322. Radkau, *Aufstieg und Krise*, 67면 이하.

323. Ernst Bloch, *Das Prinzip Hoffnung*(제2권), Frankfurt, 1973, 775면.

324. 위의 책, 제1권 511면.

325. Friedrich Wagner, *Die Wissenschaft und die gefährdete Welt. Eine Wissenschafts-soziologie der Atomphysik*(제2판, 초판: 1964), München, 1969, 281면 이하.

326. 위의 책, 522면.

327. Robert Jungk, Hans Josef Mundt(공동 편집), *Das umstrittene Experiment Der Mensch. 27 Wissenschaftler diskutieren die Elemente einer biologischen Revolution*, München, 1966, 384면.

328. Ilona Stölken-Fitschen, *Atombombe und Geistesgeschichte. Eine Studie der fünfziger Jahre aus deutscher Sicht*, Baden-Baden, 1995, 215면 이하.

329. 주327면의 책, 31~51면.

330. R. Samuel Deese, *A Dialogue on the Destiny of Species. Julian and Aldous Huxley in the Cold War Era, Paper für die Konferenz "Environmental History and the Cold War"*, German Historical Institute, Washington, D. C., 2007년 3월.

331. Jan Hollm, *Die angloamerikanische Ökotopie*, Frankfurt, 1998, 232면.

332. 위의 책, 178, 184면.

333. Huxley, *Ein Leben für die Zukunft*, 453면.

334. 『침묵의 봄』에 줄리언 헉슬리가 쓴 서문에 나오는 내용, London, 1963, 20면.

335. 위의 책, 340면.

336. 〈IUPN〉의 초대 사무총장이었으며 1963년부터 유럽 연합 스트라스부르 환경 보호 위원회 초대 위원장을 맡은 장폴 해로이Jean-Paul Harroy는 다음의 책을 썼다. *Morgen werden sie verhungern oder Die Verschwörung des Schweigens*, Frankfurt, 1985. 이 책 21면을 보면 이런 표현이 나온다. 〈오랜 세월《슬픈 열대》에서 그나마 지탱되어 오던 인간과 자연의 불안정한 균형에 최악의 영향을 미친 것은 의사와 수의사로 인격화한 발달이다.〉

337. Albert Schweitzer, *Aus meinem Leben und Denken*, Frankfurt, 1980(초판, 1931), 188면 이하.

338. 『슈피겔』, 제38호(1960), 84면.

339. Huxley, *Ein Leben für die Zukunft*, 172면.

340. 위의 책, 444면 이하.

341. Wöbse, *Schutz natürlicher Schönheit*, 59면.

342. Bernhard Grzimek, *Auf den Mensch gekommen. Erfahrungen mit Leuten*, München, 1974, 315면 이하.

343. Jonathan S. Adams, Thomas O. McShane, *The Myth of Wild Africa. Conservation Without Illusion*, Berkeley, 1992, 52면. 세렝게티 초원을 보호하자는 그르치메크의 선전은 〈잘못된, 자주 변조된 데이터로 가득하다〉. 맥쉐인은 이 글을 〈WWF〉의 아프리카 조사관으로 썼다. 예전에 그르치메크와 친했으며, 못지않게 투쟁적인 자연 보호 운동가인 헨리 마코프스키Henry Makowski는 『독일의 국립 공원*Nationalparke in Deutschland*』(Neumünster, 1997)이라는 책에서 이렇게 썼다. 〈독일의 성자 베른하르트 그르치메크는 …… 현실과는 전혀 맞지 않는 동물에 관한 데이터로 대중을 현혹하지 않았는가? 세렝게티 국립 공원의 동물 개체 수가 37만 6,000마리라고 그가 제시했던 것은 실제로는 100만을 훌쩍 넘었다. 동물원 원장은 이를 이미 알지 않았던가. 그렇지만 생태 파국이 예상된다는 이야기는 더 길게 늘어만 간다.〉

344. Manfred Behr, Hans Otto Meissner, *Keine Angst um wilde Tiere. Fünf Kontinente geben ihnen Heimat*, München, 1959. 이 책은 부분적으로 『슈피겔』(38/1960)의 그르치메크 보도에 자극을 주었다.

345. Grzimek, *Auf den Mensch gekommen*, 331면 이하.

346. 위의 책, 437면 이하.

347. 당시에도 사람들은 이런 시도가 잘못임을 알았다. 1958년 아테네에서 열린 국제 자연 보호 대회에서 전문가들은 세렝게티에서 야생과 마사이족이 얼마든지 공생 관계를 유지할 수 있다는 의견의 일치를 보았다. 『슈피겔』(38/1960), 85면.

348. Adams, McShane, *Myth of Wild Africa*, 50면 이하.

349. Huxley, *Ein Leben für die Zukunft*, 479면.

350. 위의 책, 216면 이하.

351. Holdgate, *Green Web*, 55면.

352. 위의 책, 44면.

353. *Encyclopedia of World Environmental History*, 제1권, 433면.

354. McCormick, *Reclaiming Paradise*, 39면.

355. 위의 책, 41면 이하.

356. 자신감이라면 누구에게도 뒤지지 않는 그린피스 창설자 맥타가트는 1980년 〈WWF〉 창설자 피터 스콧 경Sir Peter Scott에게 보기 드물게 존경을 표했다. 〈솔직히 말해서 나는 그가 진화라는 사다리에서 나보다 몇 계단 더 위에 있다고 생각한다……〉 McTaggart, *Rainbow Warrior*, 220면.

357. WWF(편집), Bernard Stonehouse, *Die Rettung der Tiere - 20 Jahre World Wildlife Fund. Seine Leistungen und Erfolge in aller Welt*, Frankfurt, 1982, 11면, 19면 이하.

358. Jörg Bergstedt, *Agenda, Expo, Sponsoring - Recherchen im Naturschutzfilz*, Frankfurt, 1998, 70면 이하. 자연 보호와 대기업의 이런 연합을 비판적으로 보면서도 베르크슈테트는 〈WWF〉가 효율적으로 업적을 이루었다는 점은 인정했다.

359. Worster, *Nature's Economy*, 339면 이하.

360. Radkau, *Aufstieg und Krise*, 89면 이하.

361. 위의 책, 436면.

362. Bodo Manstein, *Im Würgegriff des Fortschritts*, Frankfurt, 1961, 122면.

363. 위의 책 149~189면. 베르크슈테트의 책(*Agenda*, 150면)이 보도 만슈타인을 유대인 대학살을 부정하는 사람과 연관시키는 것은 순전한 명예훼손이며, 어떤 최소한의 증거로도 입증되지 않았다! 만슈타인 책의 전반적 내용은 비판적이고 계몽적일 뿐, 극우파 성향과는 전혀 관련이 없다.

364. 카슨은 1958년 2월 1일 자신의 여자 친구 도로시 프리먼Dorothy Freeman에게 보낸 편지에서 『침묵의 봄』을 쓰기로 했다고 처음으로 밝히며 이렇게 썼다. 〈내가 보기에는 원자력 과학이 확실히 기틀을 잡았을 때에야 비로소 사람들이 내 생각에 영향을 받을 것 같아.〉 카슨은 또 〈인공위성 스푸트니크 이전 세월〉이라는 표현도 쓰면서 예전에는, 〈자연의 많은 것은 영원히 인간의 조작 범위를 벗어나 있다〉고 굳게 믿었다고 썼다. Martha Freemen(편집), *Always, Rachel. The Letters of Rachel Carson and Dorothy Freeman 1952~1964~The Story of a Remarkable Friendship*, Boston, 1994, 248면.

365. Linda Lear, *Rachel Carson*, London, 1997, 374면 이하.

366. 나중에 유전 공학의 비판자들에게 국제적으로 공격 목표가 된 〈몬산토〉는 「황량한 세월The desolate year」이라는 팸플릿을 발행해 『침묵의 봄』을 공격했다. 이 소책자는 살충제를 금지한 결과 기근과 곤충과 질병으로 세계가 몰락한다는 시나리오로 대중에게 충격을 주려고 했다! Petra Dobner, *Wasserpolitik*, Frankfurt, 2010, 193면 각주.

367. 레이철 카슨의 『침묵의 봄』 독일어 판 서문에 내가 쓴 서문을 참조할 것. *Der stumme Frühling*, München, 2007.

368. Holdgate, *Green Web*, 42, 52, 61면.

369. Radkau, *Natur und Macht*, 159, 301면 이하.

370. Lear, *Rachel Carson*, 364면 이하.

371. 위의 책, 373면.

372. Christian Simon, *DDT - Kulturgeschichte einer chemischen Verbindung*, Basel, 1999, 165면.

373. Deutsches Gartenmuseum Erfurt(편집), *Die ganze Welt im Garten*, Erfurt, 2003, 80면 이하.

374. Barbara Ward, René Dubos, *Wie retten wir die Erde? Umweltschutz: Bilanz und Prognose*, Freiburg, 1972, 14, 16, 210면.

375. 앨런 에이브럼슨이 2010년 2월 9일 저자에게 보낸 편지.

376. *Encyclopedia for World Environmental History*, 제3권, 1092면 이하.

377. Ernst Jünger, 전집 제10권, Stuttgart, 1980, 331면(에세이 "Forscher und Liebhaber").

378. Lear, *Rachel Carson*, 411면 이하.

379. Willibald Steinmetz, "Contergan", Haus der Geschichte der BRD(편집), *Skandale in Deutschland nach 1945*, Bonn, 2007, 57면.

380. Robert Wizinger, *Chemische Plaudereien*, Bonn, 1934, 5면.

381. Robert Gottlieb, *Forcing the Spring*, Washington, D. C., 1993, 240면 이하.

382. Günther Schwab, *Der Tanz mit dem Teufel. Ein abenteuerliches Interview*(초판: 1958, 15번째 무개정판), Hameln, 1991. 소설에서 악마는 승리의 노래를 부른다(281면). 〈내가 좋아하는 독물은 예나 지금이나 놀랍고 기적적이며 뿌리 뽑을 수 없는《DDT》다.〉

383. Lear, *Rachel Carson*, 318면.

384. 위의 책, 464면 이하.

385. 다음 자료를 참조할 것. Gottlieb, *Forcing the Spring*, 308면. 〈이런 변화 모든 가운데 냉전의 종식이야말로 가장 중요한 결과였다.〉

386. Martha Freeman(편집), *Always, Rachel. The Letters of Rachel Carson and Dorothy Freeman 1952~1964. The Story of a Remarkable Friendship*, Boston. 1995, 525면 이하.

2 1970년을 전후한 〈생태 혁명〉

1. Holdgate, *Green Web*, 101면.

2. Max Nicholson, *The Environmental Revolution. A Guide for the New Masters of the World*, London, 1970, 12면.

3. Max Nicholson, *The New Environmental Age*, Cambridge, 1987, 120면 이하.

4. 〈지구의 날〉을 조직한 데니스 헤이스Denis Hayes가 솔직하게 털어 놓은 고백이다. Philip Shabekoff, *A Fierce Green Fire. The American Environmental Movement*, New York. 1993, 119면.

5. 독일 환경 보호 운동을 한눈에 들어올 정도로 정리할 수 있었던 시점은 1971년까지다. 이런 관점으로 보자면 1970년을 전후한 시점이 운동의 폭발적 증가세를 보여 주는 전환점인 것은 맞다. Raymond Dominick, *The Environmental Movement in Germany. Prophets and Pioneers, 1871~1971*, Bloomington, 1992. 마이클 코헨의 550면에 이르는 대작도 마찬가지다. Michael Cohen, *The History of the Sierra Club 1892~1970*, San Francisco, 1988.

6. Frank Uekötter, *Von der Rauchplage zur ökologischen Revolution. Eine Geschichte der Luftverschmutzung in Deutschland und den USA 1880~1970*, Essen 2003, 467면 이하.

7. 위의 책, 488면.

8. 위의 책, 389면.

9. Hubert Weinzierl, "Naturschutz ist Menschenschutz", Karl Stankiewitz, *Babylon in Bayern. Wie aus einem Agrarland der modernste Staat Europas werden sollte*, Regensburg, 2004, 134면.

10. Arbeitsgemeinschaft Naturschutz westlicher Bodensee, *Umweltschutz am Bodensee, Eine Regionalstudie*, Stuttgart, 1971, 54면.

11. 이런 식의 공격은 이미 〈지구의 날〉 제정 시기에 시작되었다. 극우파 단체인 〈존 버치 협회John Birch Society〉는 당시 〈지구의 날〉이 같은 4월 22일인 레닌의 생일을 숨긴 행사가 아니냐며 시비를 따졌다. 행사를 제안한 상원 의원 게이로드 넬슨은 상대의 역사적 무지함을 은근슬쩍 비꼴 요량으로 4월 22일은 다시시 프란체스코의 생일(성자의 생일이 언제

인지는 본래 알려져 있지 않다)이라고 되받아쳤다. Shabecoff, *Fierce Green Fire*, 115면.

12. Jeremy Rifkin, *Der europäische Traum. Die Vision einer leisen Supermacht*, Frankfurt, 2004, 338면 이하. 유럽의 환경 의식(〈두 번째 계몽〉); 같은 저자, "유럽의 꿈", *Die Umweltmacher. 20 Jahre BMU - Geschichte und Zukunft der Umweltpolitik*, Hamburg, 2006, 382~395면.

13. 1991년만 하더라도 존 맥코믹은 〈영국은 세계에서 가장 오래되고, 최고로 강력하며 잘 조직되었고 폭넓은 지지를 받는 환경 로비를 자랑했다〉. 다음 책에서 인용함. Chris Rootes, "Britain-Greens in a cold climate", 같은 저자, Dick Richardson(공동 편집), *The Green Challenge. The development of Green parties in Europe*, London, 1995, 66면.

14. Ernst Ulrich v. Weizsäcker, Helmut Schreiber, "Luftreinhaltung-Der Schwierige Konsens", Lothar Gründling, Beate Weber(공동 편집), *Dicke Luft in Europa. Aufgaben und Probleme der europäischen Umweltpolitik*, Heidelberg, 1988, 163면 이하. 영국의 1980년대에 〈녹색〉으로 불리는 모든 것의 폭발적 성장은 다음 책이 기록했다. Jonathan Porritt(편집), *Friends of the Earth Handbook*, London, 1987, 17면.

15. 이르멜라 히야키르슈네라이트Irmela Hijiya-Kirschnereit가 독일어판의 서문에 쓴 이야기. Ishimure Michiko, *Paradies im Meer der Qualen*, Frankfurt, 1995, 8면.

16. 하필이면 『뉴욕 타임스』는 이 문제에서 한참 뒤처졌다. 이 문제는 『뉴욕 타임스』의 환경 문제 통신원이었던 필립 쉐이브코프가 *A Fierce Green Fire!*의 서문에 쓴 내용을 참조할 것.

17. Michael Egan, *Barry Commoner and the Science of Survival. The Remaking of American Environmentalism*, Cambridge, Mass., 2007, 93면 이하.

18. Eva Sternfeld, *Umweltpolitik und Industrialisierung in der Volksrepublik China(1949~1985)*, Berlin 1984, 23면; Bernhard Glaeser, *Umweltpolitik in China*, Bochum, 1983, 15면. 베이징대학교 환경 역사 교수 바오마오훙包茂宏은 나에게 스톡홀름의 의미를 온전히 인정해 주었다.

19. Qu Geping, Li Jinchang, *Population and the Environment in China*, London, 1994.

20. 에다 뮐러는 심지어 스톡홀름 회의를 준비하던 기간이 회의 자체보다 더 큰 영향을 주었다고 나에게 말했다(2006년 3월 22일).

21. Günter Küppers, Peter Lundgreen, Peter Weingart, *Umweltforschung - die gesteuerte Wissenschaft?*, Frankfurt, 1978, 123면. 첫 번째 서독의 환경 프로그램을 다듬는 일에 참여했던 사람들은 스톡홀름 회의의 준비를 주된 동기로 꼽았을 뿐, 미국의 영향은 크지 않았다고 끌어내렸다. 반대로 에다 뮐러(*Innenwelt der Umweltpolitik*, 53면)는 1969년과 1970년 사이의 환경 보호는 〈독일에 말하자면 수입되었다〉고 말했다. 이는 곧 미국으로부터의 수입을 뜻한다.

22. Hartkopf, Bohne, *Umweltpolitik*, 140면.

23. James Lovelock, *Das Gaia-Prinzip. Die Biographie unseres Planeten*, Frankfurt, 1993, 27면.

24. Radkau, *Natur und Macht*, 324면 이하.

25. Franz-Josef Brüggemeier(*Tschernobyl 26. April 1986 – Die ökologische Herauforderung*, München, 1998)는 정당하게 그때까지 거의 알려지지 않았고 어떤 업적도 이루지 못했던 〈로마 클럽〉이 돌연 도덕적이고 과학적인 세계 양심을 대변하는 명성을 얻은 사건의 기묘함에 주목했다!

26. Kai F. Hünemorder, *Die Frühgeschichte der globalen Umweltkrise und die Formierung der deutschen Umweltpolitik(1950~1973)*, Wiesbaden, 2004, 154면 이하.

27. Joachim Radkau, "Scharfe Konturen für das Ozonloch: Zur Öko-Ikonografie der Spiegel-Titel", Gerhard Paul(편집), *Das Jahrhundert der Bilder. 1949 bis heute*, Göttingen, 2008, 535면. Küppers, Lundgreen, Weingart, *Umweltforschung*, 114면 이하.

28. Edda Müller, *Innenwelt der Umweltpolitik. Sozial-liberale Umweltpolitik - (Ohn) - macht durch Organisation?*(제2판), Opladen, 1995, 51면 이하.

29. 1974년부터 새롭게 결성된 국토 개발과 바이에른 환경 문제 위원회 위원장을 맡은 알로이스 글뤽Alois Glück은 〈바이에른이야말로 환경 정책의 선두주자〉라고 강조하면서 동시에 예전의 환경 정책을 〈계획에 맹신하는 시대〉의 특징적 현상이라고 묘사했다. 곧 〈국가가 자연 공간을 계획하며 규제할 수 있는 모든 도구를 가져야만 한다는 것이 이런 계획 맹신적 현상이다〉. *Die Umweltmacher - 20 Jahre BMU*, 114면. 나중에 환경 운동을 선도한 사상가 로베르트 융크Robert Jungk도 미래학 전공자다!

30. 멘케글뤽커르트는 『평화전략. 과학의 기술이 정치에 영향을 미친다*Friedensstrategien. Wissenschaftliche Techniken beeinflussen die Politik*』(Reinbek, 1969)라는 제목의 책을 출간한 바 있다. 이 책은 정치의 과학화라는 당시의 유행을 온전히 반영했다. 그런데 기묘하게도 〈환경 연구〉라는 주제는 단 한 번, 그것도 매우 간략하게 언급했을 뿐이다(89면)! 상당히 자주 열광에 빠지는 이 남자의 환경 보호 활동은 1969년에 매우 즉흥적이었다는 인상을 지울 수 없는 대목이다.

31. Hünemorder, *Frühgeschichte*, 156면 이하. 2001년 3월 7일에 멘케글뤽커르트와 나눈 인터뷰를 인용할 수 있게 허락해 준 휘네모르터Hünemorder에게 감사한다. 다음 기사도 참조할 것. *Die zeit*, 1980년 7월 11일 자. "Ein aufmupfiger Beamter. Umweltexperte Peter Menke-Gluckert ist standig im Clinch mit seinen Ministern in Bonn."

32. 이런 인상은 페터 메르제부르거Peter Merseburger가 쓴 900면 두께의 브란트 전기(2002)가 전해 준다.

33. Radkau, *Aufstieg und Krise der deutschen Atomwirtschaft*, 374면 이하. 베르너 아벨스하우저Werner Abelshauser(편집), *Die BASF*, München, 2002, 511면 이하.

34. Henning v. Köller(편저), *Umweltpolitik mit Augenmaß*, Berlin, 2000, 7면.

35. Hartkopf, Bohne, *Umweltpolitik*, 163면 이하. 〈정부 부처와 민간 단체 사이에 환경 정책만큼 밀접하게 맞물린 정치영역은 따로 없다.〉 두 저자들은 본의 권력 게임에서 환경 정책의 위치가 대단히 실망스러웠다고 묘사했다! 민간과 관료의 사이가 너무 가까웠다는 지적이다. 미국의 행정부와 민간 단체 사이의 관계가 더욱 흥미로워 보인다. 앨런 에이브럼슨은 2010년 2월 7일 나에게 보낸 편지에서 35년 동안 〈EPA〉 활동을 두고 이런 말을 했다. 〈불행하게도 《EPA》는 지나치게 자주 민간 단체를 연합군이라기보다는 적으로 취급했다.

함께 일한 좋은 사례는 많지만, 서로 적대적으로 일한 사례도 너무나 많다.〉

36. Uekötter, *Rauchplage*, 389면 이하.

37. John Opie, *Nature's Nation. An Environmental History of the United States*, Fort Worth, 1998, 421면. Shabecoff, *Fierce Green Fire*, 100면.

38. Cohen, *Sierra Club*, 416면.

39. 그의 야생 열정은 회고록을 보면 분명히 알 수 있다. *For Earth's Sake. The Life and Times of David Brower*, Salt Lake City, 1990.

40. 회고록에서 브라워는 〈시에라 클럽〉의 공적을 인정하면서도 비난을 서슴지 않았다 (Brower, *Fort Earth's Sake*, 438면). 〈《시에라 클럽》은 그 최고의 반핵 그룹을 잃을 정도로 타협을 벌였다. 클럽은 군비 경쟁의 속도를 늦추거나 막을 노력을 하지 않을 정도로 타협을 벌였다. …… 클럽은 새로운 샌 오노프레San Onofre 원자로 건설을 막을 싸움에 참여하지 않았다(이는 캘리포니아 남부를 거주할 수 없는 곳으로 만들 수 있는 실수다).〉 그는 데이브 포어맨Dave Foreman의 비열한 협상을 두고도 클럽을 비난했다! 포어맨은 나중에 〈에코타지ecotage〉, 곧 생태적 사보타지를 선전하는 〈지구가 먼저다〉라는 운동을 결성한 인물이다. 클럽 쪽은 공동의 활동을 〈원맨쇼〉로 만들었으며, 클럽을 잘못된 경영으로 재정적 궁지에 몰아넣고, 〈지구 국립 공원〉이라는 과대망상적 목표를 위해 모금 활동을 했다고 브라워를 비난했다. Shabecoff, *Fierce Green Fire*, 101면.

41. Holger Strohm, *Friedlich in die Katastrophe. Eine Dokumentation über Kernkraftwerke*, Hamburg, 1973.

42. 코머너의 아이러니한 성격은 다음 글에 묘사되었다. Donald Fleming, "Wurzeln der New-Conservation-Bewegung", Rolf Peter Sieferle(편집), *Fortschritte der Naturzerstörung*, Frankfurt, 1988, 248면.

43. 코머너가 쓴 베스트셀러를 읽어 보면 이런 내용을 확인할 수 있다. *The Closing Circle. Nature, Man, and Technology*, New York, 1971, 58면 이하. 이후 그는 더욱더 강력하게 민간 핵기술 반대 운동에 집중했다.

44. Fleming, *Wurzeln*, 254면 이하. 플레밍에 따르면 1960년대 말 〈타살당했다는〉 호수의 어획량은 어느 때보다도 더 많았다고 한다. 마이클 이건Michael Egan이 쓴 코머너 전기 (2007)에는 이 반대 운동 이야기가 나오지 않는다.

45. Shabecoff, *Fierce Green Fire*, 113면.

46. J. Brooks Flippen, *Nixon and the Environment*, Albuquerque, 2000.

47. Christoph Spehr, *Die Jagd nach Natur. Zur historischen Entwicklung des gesellschaftlichen Naturverhältnisses in den USA, Deutschland, Großbritannien und Italien am Beispiel von Wildnutzung, Artenschutz und Jagd*, Frankfurt, 1994, 193면.

48. Eric M. Conway, *High-Speed Dreams*, Baltimore, 2005, 154면 이하.

49. 〈탈물질주의〉라는 개념은 미국의 정치학자 로널드 잉글하트Ronald Inglehart가 다음의 책에서 유행시킨 것으로 환경 보호와 관련해 특히 선호되었다. *The Silent Revolution: Changing Values and Political Styles among Western Publics*, Princeton, 1977.

50. Shabecoff, *Fierce Green Fire*, 113면. 이 책에는 1970년 〈지구의 날〉을 두고 이런 표

현이 등장한다. 〈이 행사는 주로 공해가 인간 건강에 미치는 위험을 집중적으로 다루었으며, 이 주제야말로 새롭게 널리 퍼진 환경주의의 핵심이었다.〉

51. *Encyclopedia of World Environmental History*, 제3권, 1206면.

52. 위의 책, 355면.

53. Hünemörder, *Frühgeschichte*, 119면.

54. Nicholson, *Environmental Revolution*, 12, 245면 이하. 또 같은 저자의 다음 책도 볼 것. *New Environmental Age*, 45면 이하.

55. McCormick, *Reclaiming Paradise*, 91면. 〈스웨덴을 자극한 문제가 있다면 그것은 산성 공해다.〉 *Encyclopedia of World Environmental History*, 제1권, 43면.

56. 다음 자료를 참조할 것. Andrew Jamison 외, *The Making of the New Environmental Consciousness. A Comparative Study of the Environmental Movements in Sweden, Denmark and the Netherlands*, Edinburgh, 1990.

57. Claes Bernes, Lars Lundgreen, *Use and Misuse of Nature's Resources. An Environmental History of Sweden*, Värnamo(Schweden), 2009, 121면.

58. Jeremy Rifkin, *Der europäische Traum*, Frankfurt, 2004, 338면 이하; Joachim Radkau, "Die Kernkraft-Kontroverse im Spiegel der Literatur Phasen und Dimensionen einer neuen Aufklärung", Armin Hermann, Rolf Schumacher(공동 편집), *Das Ende des Atomzeitalters? Eine sachlich-kritische Dokumentation*, München, 1987, 307~334면.

59. Hermand, *Grüne Utopien in Deutschland*, 134면 이하.

60. 이미 1971년에 하르트코프는 환경 문제에서 〈대중 히스테리〉가 심각하다고 불평했다. Engels, *Naturpolitik*, 290면.

61. 2001년 3월 7일에 카이 휘네뫼르더Kai Hünemörder와 나눈 인터뷰.

62. Willem Oltmans(편집), *Grenzen des Wachstums Pro und Contra*(네덜란드어 원저), Reinbek, 1974, 120면.

63. 위의 책. 아마도 이 책처럼 당대 지성인을 폭넓게 리뷰한 종합판은 찾아보기 힘들 것이다. 마거릿 미드Margaret Mead, 헤르베르트 마르쿠제Herbert Marcuse, 에르네스트 만델 Ernest Mandel, 지코 맨스홀트Sicco Mansholt, 얀 틴베르헌Jan Tinbergen 그리고 클로드 레비스트로스Claude Lévi-Strauss 등 책이 다룬 면면은 화려하기만 하다.

64. Helmut Weidner, "Entwicklungslinien und Merkmale der Umweltpolitik", Manfred Pohl, Hans Jürgen Mayer(편집), *Länderbericht Japan*, Bonn, 1998, 125면. 바이드너는 하필이면 일본을 이후 환경 정책의 모범 국가로 꼽았다! Bo Gunnarsson, *Japans ökologisches Harakiri oder Das tödliche Ende des Wachstums. Eine Warnung an die überindustrialisierten Staaten*, Reinbek, 1974(원본: Stockholm, 1971).

65. Miranda Schreurs, *Environmental Politics in Japan, Germany, and the United States*, Cambridge, 2002, 38면 이하.

66. 위의 책, 40면.

67. Radkau, *Aufstieg und Krise der deutschen Atomwirtschaft*, 438면 이하. 대중에게 원자

력의 위험을 처음으로 알려 준 것은 〈세계 생명 보호 연맹〉에게 영감을 받아 자연 요법 전
문의 막스 오토 브루커Max Otto Bruker가 〈독일 평화 연합당Deutsche Friedens-Union〉과 가까
운 성향의 신문 『독일 국민 신문Deutsche Volkszeitung』(뒤셀도르프)에 1968년 7월 기고한
「민주주의의 위기: 원자력 발전소 뷔르가센에서 나타나다」라는 제목의 기사다.

68. David Okrent, *Nuclear Reactor Safety. On the History of the Regulatory Process*,
Madison(Wisconsin), 1981, 294면 이하.

69. 위의 책, 330면.

70. Karl Wirtz, *Im Umkreis der Physik*, Karlsruhe, 1988, 111면. 비르츠는 나에게 직접
이렇게 말했다. 〈회흐스트Hoechst〉가 계획한 원자력 발전소, 곧 이 화학 기업에 필요한 에너
지를 공급하기로 한 원자력 발전소는 바로 이 기업의 몰락을 의미할 수 있었다. 시설의 안
전 장치가 절대 확실하지 않아 〈모든 것이 방사선에 노출될 수 있었기 때문이다〉!

71. Radkau, *Aufstieg und Krise*, 372면 이하.

72. Alvin M. Weinberg, "Social Institutions and Nuclear Energy", *Science*, 1972년
7월 7일 자, 33면 이하. 다음 자료도 볼 것. Thomas Wellock, *Critical Masses: Opposition to
Nuclear Power in California, 1958~1978*, Madison, Wisc. 1998, 99면. 〈핵에너지의 열렬
한 지지자인 앨빈 와인버그는 원자력 산업에 도전하자는 뜻에서 파우스트라는 표현을 썼
다.〉 그러니까 이때 파우스트는 긍정적 의미의 도전을 뜻한다. 비판자들이 이 말의 핵심을
거꾸로 써먹은 것은 원자력 갈등이 보여 준 아이러니다.

73. 환경 보호 운동의 내부 사정에 밝았던 에다 뮐러는 이런 말을 했다. 첫 번째 환경
프로그램의 작성은 운동가에게 〈일차적으로 지적인 도전으로 이해되었다.〉 같은 저자,
Innenwelt der Umweltpolitik(제2판), Opladen, 1995, 65면.

74. Egan, *Commoner*, 117면.

75. Cornelis Jan Briejèr, *Silberne Schleier. Gefahren chemischer Bekämpfungsmittel*(네덜
란드 출간), München, 1970.

76. Radkau, *Natur und Macht*, 300면 이하.

77. James Lovelock, *Das Gaia-Prinzip*, 230면.

78. Louis C. McCabe(편집), *Air Pollution. Proceedings of the U.S. Technical Conference
on Air Pollution*, New York, 1952, 453, 482면.

79. Uekötter, *Rauchplage*, 354면.

80. Daniel Fiorino, *Making Environmental Policy*, Berkeley, 1995, 128면. 이런 배경을
상세하게 다룬 자료는 다음과 같다. Mark Landy 외, *The Environmental Protection Agency.
Asking the Wrong Questions. From Nixon to Clinton*, New York, 1994, 172~203면(〈암 정
책 구축〉). 건강 문제에 집중한 것이 〈EPA〉의 근본적인 오류였다는 것이 이 책의 주된 주
장이다. 앨런 에이브럼슨은 자신의 〈EPA〉 35년 경험으로 나에게 이 책의 주장이 맞다고 확
인해 줬다. 〈EPA〉는 구체적 대책으로 무엇보다도 오래된 독물의 깨끗한 정비를 제안했다.
그러나 이게 진짜 발암 원인인지는 입증하기 어렵다.

81. *Encyclopedia of World Environmental History*, 제1권, 22면 이하.

82. David Zierler, *Against Protocol: Ecocide, Détente, and the Question of Chemical*

Warfare in Vietnam, 1969~1975. Paper für die GHI-Konferenz «Environmental History and the Cold War», Washington, 2007.

83. Brower, *For Earth's Sake*, 295면.

84. Gregg Easterbrook, *A Moment of Earth*, New York, 1995, 232면.

85. Egan, *Barry Commoner*, 109면 이하.

86. Gottlieb, *Forcing the Spring*, 106면 이하.

87. Harold Sprout, "The Environmental Crisis in the Context of American Politics", Leslie Roos(편집), *The Politics of Ecocide*, New York, 1971, 49면.

88. Shabecoff, *Fierce Green Fire*, 113면.

89. *Encyclopedia of World Environmental History*, 제1권, 355면.

90. Michael McCloskey, "Twenty Years of Change in the Environmental Movement: An Insider's View", Riley Dunlap, Angela Mertig(공동 편집), *American Environmentalism*, Washington, D. C., 1992, 78면.

91. Lynn White jr., "The Historical Roots of Our Ecological Crisis", *Science*, 제155호 (1967), 1203~1207면.

92. René Dubos(린 화이트에 비판적인 거리를 두었다!), "Franciscan Conservation versus Benedictine Stewardship", David and Eileen Spring, *Ecology and Religion in History*, New York, 1974, 118면. 히피가 발간한 신문 『오러클*The Oracle*』은 화이트의 강연을 게재했다. 화이트의 논제는 히피의 신조가 되었다.

93. John Bassett McCleary, *The Hippie Dictionary*, Berkeley, 2004, 163면.

94. 시어도어 로스차크Theodore Roszak의 책 『대항 문화 만들기*The Making of a Counter-Culture*』(1968)는 1970년 이전의 히피 운동을 잘 조망해 주지만, 이 책에서 〈환경 파괴〉라는 주제는 찾아볼 수 없다. 나중에 히피와 환경 운동을 연관 짓는 것은 신중하게 받아들일 필요가 있다!

95. Gottlieb, *Forcing the Spring*, 140면 이하; *Encyclopedia of World Environmental History*, 제2권, 875면. 이 사전에는 다음과 같은 표현이 나온다. 〈설립된 이래 《NRDC》는 미국에서 매우 크고 아주 강력한 환경 단체 가운데 하나가 되었다.〉

96. Shabecoff, *Fierce Green Fire*, 116면, 133면 이하.

97. Charles A. Reich, *The Greening of America*, New York, 1970, 11면.

98. Siegfried Schmidt-Joos, Barry Graves, *Rock-Lexikon*(제2판), Reinbek, 1975, 385면.

99. Hans Christoph Buch, *Bericht aus dem Inneren der Unruhe*, Reinbek, 1984, 325면.

100. 이런 사실을 미국 과학사의 〈정상급 인물〉인 도널드 플레밍Donald Fleming은 자신의 내부자 정보에 기초한 논문 「새로운 보존 운동의 뿌리」에서 씁쓸한 어조로 거듭 암시한다. Sieferle(편집), *Fortschritte der Naturzerstörung*, 216~306면. 레이첼 카슨은 전문적인 학술 단체를 상대로 단 한 번만 순전히 과학적인 강연을 하며 자신의 입지가 불안함을 토로했다. Lear, *Rachel Carson*, 250면 이하.

101. Egan, *Barry Commoner*, 104면.

102. 군나르 뮈르달은 1972년 스톡홀름 회의에서 행한 강연에서 이런 말을 했다. 〈천연자원의 고갈과 환경 오염을 경고하는 모든 목소리는 대단히 불분명한 근거만 제시한다.〉 회의를 주도한 르네 뒤보도 이런 사실을 인정했다.

103. Samuel P. Hays, *Beauty, Health, and Permanence*, Cambridge, Mass., 1987, 329면 이하.

104. 배리 코머너가 〈로마 클럽〉의 연구를 둘러싼 일대 소동을 가소롭게 여긴 것은 옳았다. 〈성장에 한계가 있다는 점을 주장하기 위해 컴퓨터가 필요한 것은 아니다.〉 Oltmans, *Die Grenzen des Wachstums Pro und Contra*, 126면.

105. Andreas Daum, *Wissenschaftspopularisierung im 19. Jahrhundert. Bürgerliche Kultur, naturwissenschaftliche Bildung und die deutsche Öffentlichkeit 1848~1914*, München, 2002(특히 훔볼트 단체와 에밀 아돌프 로스메슬러Emil Adolf Roßmäßler와 에른스트 헤켈 Ernst Haeckel을 참조할 것!).

106. Erik Conway, *High-Speed Dreams. NASA and the Technopolitics of Supersonic Transportation, 1945~1999*, Baltimore, 2005. 이 책의 303면에는 다음과 같은 언급이 나온다. 〈항공우주국이 지구 과학 일반에서 방향성을 어떻게 재정립했는가 하는 물음은 더 많은 연구를 필요로 하는 사안이다.〉 정확한 지적이다! 〈가이아 가설〉의 창설자 제임스 러브룩이 〈NASA〉 출신이지 않은가!

107. 놀랍게도 한스디트리히 겐셔는 68세대의 스타 철학자 헤르베르트 마르쿠제를 생태 전환에 영향을 끼친 사상가로 꼽았다. V. Köller(편집), *Umweltschutz mit Augenmaß*, 20면.

108. *Kursbuch*, 33호(1973), 40면. 다음 책에서 재인용함. Eva Sternfeld, *Umweltpolitik und Industrialisierung in der VR China*, 91면.

109. 이런 사정은 프랑스는 물론이고 독일도 마찬가지다. 마이클 베스Michael Bess(『밝은 녹색 사회*The Light-Green Society*』, Chicago, 2003, 79면)는 대다수 녹색당 운동가들에게 그 운동의 뿌리를 물어 볼 때 그들은 즉각 학생 운동을 거론하지만, 1968년 5월에 〈녹색 구호〉는 찾아볼 수 없다는 역설을 언급한다.

110. Jamison 외, *The Making of the New Environmental Consciousness*, 66면.

111. 이 주제는 개릿 하딘의 논문 모음집이 다룬 핵심 주제이기도 하다. *Living Within Limits. Ecology, Economics, and Population Taboos*, New York, 1993.

112. 〈인도와 기근 운명〉은 새로운 환경 의식의 기초를 놓아 준 게오르크 보르크슈트 롬의 책이 그린 충격적인 시나리오의 정점이었다. Georg Borgstrom, *Der hungrige Planet. Welternährung von der Krise zur Katastrophe?*, München, 1967(스웨덴 원본은 1965). 이 책의 35면에는 이런 표현이 나온다. 〈인도의 본래 문제는 모든 합리적 척도를 훌쩍 뛰어넘은 인구 과잉이다.〉

113. Paul R. Ehrlich, *Die Bevölkerungsbombe*, München, 1971, 15면.

114. 위의 책, 13면.

115. Egan, *Barry Commoner*, 118면 이하.

116. Fleming, *Wurzeln der New-Conservation-Bewegung*, 260면. Lane Simonian,

Defending the Land of the Jaguar. A History of Conservation in Mexico, Austin, 1995, 170면.

117. Barbara Ward, René Dubos, *Wie retten wir die Erde?*(영어판 제목: *Only One Earth*), Freiburg, 1972, 209면 이하.

118. Paul R. Ehrlich, Anne H. Ehrlich, *Betrayal of Science and Reason. How Anti-Environmental Rhetoric Threatens Our Future*, Washington, D. C., 1996, 212면.

119. 폴 에얼릭는 이런 비판에 격렬히 저항하며 심지어 〈미국 아동 한 명의 탄생이 인도 아동 한 명의 탄생에 비해 지구에 50배는 더 해악을 끼친다〉고 주장했다! Connelly, *Fatal Misconception*, X면.

120. Matthew Connelly, *Fatal Misconception*, Cambridge, Mass., 2008, 145면 이하. Borgstrom, *Der hungrige Planet*, 98면에는 이런 문장이 나온다. 〈네루는 인도의 인구 문제를 그럴듯하게 꾸며 보이는 위선을 과감히 부정할 용기를 보여 줬다. 1953년 이 문제를 주제로 삼은 위대한 라디오 연설에서 네루는 인도의 인구가 지금의 절반 정도만 되어도 인도는 매우 행복한 국가일 수 있을 것이라고 말했다.〉 당시 세계에서 정부 수반이 이런 연설을 한 것은 대단히 이례적이다. 〈피임약〉의 스폰서이자 열정적인 선구자인 마거릿 생어만 하더라도 간디에게 인구 문제를 거론하지 말아 달라는 요청을 받았다! 물론 간디는 결코 산아 제한이 바람직하다고 주장하지는 않았다. 인구 제한을 한다면 오로지 성적인 금욕으로 이루어져야 한다고 그는 보았다(Connelly, 99면 이하). 마거릿 생어가 이런 입장을 진지하게 받아들이지 않았다고 비난할 수는 없는 노릇이다!

121. Myrdal, *Anstelle von Memoiren*, 217면.

122. Ward, Dubos, *Wie retten wir unsere Erde?*, 193면.

123. Hermand, *Grüne Utopien*, 130면.

124. Joachim Raschke, *Die Grünen. Wie sie wurden, wie sie sind*, Köln, 1993, 126면.

125. Gottlieb, *Forcing the Spring*, 227면 이하.

126. 히피 사전에는 에얼릭의 〈인구 폭탄〉이 증명된 사실로 등장한다!

127. J. Donald Hughes, *North American Indian Ecology*, El Paso, 1996, 97면.

128. Klaus Taschwer, Benedikt Föger, *Konrad Lorenz*, Wien, 2003, 244면 이하.

129. Konrad Lorenz, *Die acht Todsünden der zivilisierten Menschheit*(제2판), München, 1973, 20면. 전적으로 같은 의미에서 1969년 노벨 경제학상 수상자인 얀 틴베르헌은 〈성장의 한계〉를 다룬 인터뷰에서 네덜란드 태생으로 이런 입장을 밝혔다. 네덜란드에서 〈과잉 인구 문제는 이미 주변에서 끊임없이 관찰하는 자극적 주제다〉. Oltmans, *Grenzen des Wachstums Pro und Contra*, 31면.

130. 매튜 코넬리Matthew Connelly(*Fatal Misconception*)가 서문에서 〈인구 통제 운동〉을 말하며 이를 단계적으로 환경 운동과 뒤섞는 것은 내가 보기에 근거가 없어 보인다. 1970년 환경 운동가가 갈수록 커지는 정치적 영향력을 얻었을 때, 〈인구 폭탄〉이라는 개념은 그다지 큰 결속력을 발휘하지 못했다. 이 점은 코넬리의 묘사도 알게 해준다. 그의 책 130면에는 이런 표현이 나온다. 〈그러나 『침묵의 봄』 이전에 환경 운동가들은 홀로 설 수 있다는 자신감이 떨어졌다.〉 그러나 늦어도 1970년부터 환경 운동가들은 제 발로 설 수 있었다! 코넬리는 인구 증가에 제동을 걸려는 노력을 얕보는 투로 묘사했다. 그러나 어째서

이런 노력이 의문스러운 동기에서 비롯되었다는 견해를 갖게 되었는지를 밝히지 않았다. 그는 이런 노력의 뿌리를 우생학적 권력욕으로 암시한다. 그러나 분명한 사실은 인도나 중국 같은 나라에서 위에서 강제된 산아 제한은 본래의 이데올로기와 모순된다는 점에서 대중의 지지를 받지 못했음을 이야기해 준다(인도의 간디, 중국의 마오쩌둥).

131. Müller, *Innenwelt der Umweltpolitik*, 51, 55면. 스위스의 관점에서도 비슷한 이야기가 나온다. Patrick Kupper, "Die 《1970er Diagnose》. Grundsätzliche Überlegungen zu einem Wendepunkt der Umweltgeschichte", *Archiv für Sozialgeschichte*, 제43호(2003), 325면 이하. 스위스의 사회 역사에서 설명을 찾는다면 문제의 일반화할 수 있는 해답은 나오지 않는다고 패트릭 쿠퍼는 말한다.

132. Michael Bess, *The Light-Green Society. Ecology and Technological Modernity in France, 1960~2000*, Chicago, 2003, 77면.

133. Commoner, *The Closing Circle*, 293면.

134. Christian Pfister(편집), *Das 1950er Syndrom: Der Weg in die Konsumgesellschaft*, Bern, 1995. 다음 자료도 볼 것. Radkau, *Natur und Macht*, 284면 이하와 409면 주석 2.

135. Shabecoff, *Fierce Green Fire*, 134면.

136. 위의 책, 132면.

137. 위의 책, 94면.

138. Wolfgang Kunath, *Die UN-Umweltschutzbehörde hat den Ruf als 〈Saftladen〉 weg*, *Frankfurter Rundschau*, 1997년 10월 25일 자, 2면. 뵙제의 책에도 비슷한 표현이 나온다. Wöbse, *Naturschutz global*, 701면. 〈국제 행정 기구는 국가 차원보다 더 쉽게 대중의 조롱감이 된다.〉

2부 환경 운동이라는 대하드라마
3 토론과 실천 사이의 영원한 공방

1. James Lovelock, *Das Gaia-Prinzip. Die Biographie unseres Planeten*, 290~296면.

2. Jared Diamond, *Kollaps*, 613면.

3. 앨런 아브람손은 나에게 보낸 편지(2010년 2월 7일)에서 미국 환경 정책을 다룬 책 제목들의 목록을 첨부하며 이렇게 썼다. 〈목록에서 그 현실 경험을 내가 인정하는 유일한 사람은 실제로 이 영역에서 활동하는 피오리노입니다.〉

4. Daniel J. Fiorino, *Making Environmental Policy*, Berkeley, 1995, 151면.

5. 한스 디트리히 겐셔와 페터 멘케 글뤼커르트의 입장 표명이다. Henning V. Köller(편집), *Umweltpolitik mit Augenmaß. Gedenkschrift für Staatssekretär Dr. Günter Hartkopf*, Berlin, 2000, 18, 121면 이하.

6. Ernst U. V. Weizsacker, *Erdpolitik*, Darmstadt, 1989, 14면.

7. 예를 들어 다음 자료를 참조할 것. Andrew Jamison 외, *The Making of the New Environmental Consciousness. A Comparative Study of the Environmental Movements in Sweden, Denmark and the Netherlands*, Edinburgh, 1990, 75면. 1961년 덴마크 자연 보호 협회의 새로운 회장으로 선출된 판 옌젠Van Jensen은 〈낡은 단일 사례 접근이라는 보존〉은 허락

될 수 없다고 선포했다. 덴마크에서 생태의 전환이 시작되는 신호이다!

8. Uekötter, *Rauchplage*, 22면 이하. 만커 올슨이 묘사한 〈집단행동 논리〉가 공해와의 대결에 어떤 영향을 미쳤는지에 대한 분석 그리고 〈올슨 패러독스〉의 극복 방안 모색이 위쾨터 책의 주요 논제다. 토마스 엘바인도 다음 책의 서문에서 역설을 언급했다. Martin Leonhard, *Umweltverbände*, Opladen, 1986. 〈환경 보호의 영역에서도 특수 이해관계가 일반적인 그것보다 더 쉽게 조직될 수 있다.〉

9. Timothy Doyle, *Environmental Movements in Majority and Minority Worlds*, New Brunswick, 2005, 116면. 이 책의 저자는 로베르트 미헬스가 말하는 〈과두정치의 단호한 법칙〉은 오로지 제도로 굳어진 조직에만 적용될 뿐, 〈새로운 사회 운동〉에는 맞지 않는다고 믿었다. 그러나 형식적 규칙의 포기는 결정 과정의 불투명성을 높여, 작은 그룹만 끌어들일 수 있다. 그런 한에서 제도화라는 불가피한 과정은 〈올슨 패러독스〉를 탈피할 기회를 준다!

10. Axel Meyer, "Die Entstehung der Arten. Neue Theorien und Methoden", Ernst Peter Fischer, Klaus Wiegandt(공동 편집), *Evolution. Geschichte und Zukunft des Lebens*, Frankfurt, 2003, 77면.

11. John Cronin, Robert F. Kennedy jr., *The Riverkeepers*, New York, 1997, 163면.

12. Commoner, *Closing Circle*, 33면.

13. 위의 책, 10면.

14. 위의 책, 128, 139면.

15. Carolyn Merchant(편집), *Green Versus Gold. Sources in California's Environmental History*, Washington, D. C., 1998, 420면 이하.

16. Commoner, *Closing Circle*, 31, 202면. 그는 당시 저항 운동의 주된 동기였던 소음 공해보다는 생태계 논증에 더 큰 비중을 두었다.

17. Egan, *Barry Commoner*, 161면.

18. Uekötter, *Rauchplage*, 515면.

19. Michael Kloepfer, "Umweltrechtsentwicklungen in Deutschland nach 1945", 같은 저자(편집), *Schübe des Umweltbewußtseins und der Umweltrechtsentwicklung*, Bonn, 1995, 108면 이하.

20. Fiorino, *Making Environmental Policy*, 223면.

21. Kline, *First Along the River*, 78면; Shabecoff, *Fierce Green Fire*, 106면; Gottlieb, *Forcing the Spring*, 125면.

22. Wöbse, "Naturschutz global", Frohn, Schmoll(공동 편집), *Natur und Staat*, 707면.

23. 헤르만 룀스Hermann Löns의 〈프리첼 식 잡화상〉이후 문헌에는 고루한 자연 보호 운동가를 비꼬는 별명이 줄지어 나타난다. 페터 멘케글뤼커르트는 〈메추라기 왕을 구하라!〉라는 표현을 썼다(Köller, *Umweltpolitik mit Augenmaß*, 121면). 그러나 추상적인 〈환경〉보다는 완전히 구체적인 자연에만 사람들은 열광할 수 있지 않은가!

24. 다음 자료를 참조할 것. Hartmut Blick, Horst Obermann, "Stiefkind Naturschutz. Misere des Naturschutzes in Deutschland", Köller, *Umweltpolitik mit Augenmaß*, 107면 이하.

25. 에다 뮐러는 그녀의 대작(*Innenwelt*, 3면)에서 1970년대의 자연 보호를 무력하게 만든 관료주의를 발견했다고 썼다. 연방 자연 보호 관리청Bundesmates für Naturschutz의 전신인 〈자연 보호와 국토 관리 연방연구소Bundesforschungsanstalt für Naturschutz und Landschaftspflege, BFANL〉는 1990년대까지 〈잠자는 과학자 단체〉로 하는 일이라고는 본과 그 주변의 녹지대 관리였을 뿐이다(에다 뮐러가 2010년 3월 22일 저자에게 보낸 편지). 이 것이 내무부가 자연 보호를 할 능력을 갖추지 못했음을 아쉬워하는 환경 정책가의 관점이다. 그러나 자연 보호 운동가는 다르게 보았다! 〈BFN〉의 730면에 가까운 기념 논문집을 보면 자연 보호 운동가의 관점이 고스란히 드러난다[Hans-Werner Frohn, Friedemann Schmoll(공동 편집), *Natur und Staat. Staatlicher Naturschutz in Deutschland 1906~2006*, Bonn, 2006]. 그러나 이 책에서도 안나 뷥제는 〈BFANL〉이 유럽 자연 보호의 해 1970년과 스톡홀름 회의의 준비를 올바로 따라가지 못했다고 지적한다(698면). 〈그곳에서 사람들은 나무와 껍질 사이에서 헤어 나오지 못했다.〉 〈환경〉을 말하는 언론의 새로운 소동에 자연 보호는 짓밟힌 것처럼 느꼈다는 말이다(700면 이하). 그러나 두 명의 비판적 관찰자는 다른 입장을 내놓았다. 〈환경 운동의 소용돌이 속에서 …… 1970년대의 자연 보호는 사회 정치적 사건에서 중요한 위치를 차지했다. …… 자연 보호의 부흥은 헤아릴 수 없이 많은 형태로 감지된다〉. Häpke, Haafke, "Vom 《Todfeind der Kreatur》 zum Spielball naturschützerischer Forderungen", Ditt 외(편집), *Agrarmodernisierung und ökologische Folgen*, 601면. 순전한 사실은 이 주장이 맞음을 확인해 준다!

26. 당시 〈시에라 클럽〉의 회장이었던 마이클 맥클로스키Michael McClokey는 어떤 책(Dunlap, Mertig, *American Environmentalism*, 80면)에서 환경 운동의 폭넓은 스펙트럼을 조망하며 이렇게 썼다. 〈어쨌거나 운동가들의 심장을 사로잡은 이슈는 야생의 보호, 알래스카 야생의 방어, 오래된 숲 지키기이자, 《환전상을 신전에서 몰아내는 것》이다.〉

27. 이것이 에다 뮐러의 입장이다. *Innenwelt*(제2판), Opladen, 1995(초판은 1986). 그녀는 환경 정책을 1986년에 설립된 환경부의 초창기 성공에 비추어 검토하면서 독자적인 분야로서 환경 정책은 오로지 〈환경〉이 호황을 누리는 시절에만 옛 분야에 대항할 수 있었다고 짐작한다(제2판 서문).

28. 헤겔에 정통한 루트비히 지프Ludwig Siep는 나에게 이런 물음을 던졌다(2010년 5월 13일). 〈세계정신은 끊임없이 새롭게, 그러나 보다 더 높은 단계로 발전하며 의식화하는 과정을 거쳐 구체화한다. 환경 운동과 환경 개념을 두고도 같은 말을 할 수 있을까? 바로 이런 점에서 헤겔의 세계 정신과 유사성은 끝나는 게 아닐까 염려된다!〉

29. Graham Chapman, Keval Kumar 외, *Environmentalism and the Mass Media: The North-South Divide*, London, 1997, 274면.

30. Ramachandra Guha, *How Much Should a Person Consume? Environmentalism in India and the United States*, Berkeley, 2006, 11면.

31. Chapman, *Environmentalism and the Mass Media*, 274면.

32. Alois Glück, "Vorreiter Bayern", *Die Umweltmacher. 20 Jahre BMU Geschichte und Zukunft der Umweltpolitik*, Hamburg, 2006, 115면.

33. Michael Bess, *The Light-Green Society*, 84면.

34. Barbara Ward, René Dubos, *Wie retten wir unsere Erde?*, 15면.

35. Timothy Flannery, "The Fate of Empire in Low-and High-Energy Eco-systems", Tom Griffiths, Libby Robin(편집), *Ecology and Empire. Environmental History of Settler Societies*, Seattle, 1997, 58면.

36. Christopher Rootes(편집), *Environmental Protest in Western Europe*, Oxford, 2003, 77, 236, 250면 이하. 신문 기사에 의존한 연구는 무엇보다도 1988년에서 1997년, 곧 유럽 공동체가 환경 정책을 선도하려고 했던 시기를 다루었다.

37. Wolfgang Rüdig, *Anti-Nuclear Movements: A World Survey of Opposition to Nuclear Energy*, Harlow, 1990.

38. Manuel Jiménez, Rootes(편집), *Environmental Protest*, 177면 이하.

39. 위의 책, 174면.

40. Michael Flitner(편집), *Der deutsche Tropenwald. Bilder, Mythen, Politik*, Frankfurt, 2000.

41. Frank Uekötter, "The Old Conservation History - and the New: An Argument for Fresh Perspectives on an Established Topic", *Historical Social Research*, 제29호(2004), 3권, 180면. 〈서부의 자연 기적에 대한 미국인의 자부심에 견줄 만한 것을 독일에서는 찾아볼 수 없다. 미국의 자연 보호 운동가가 국립 공원을 그 문화적 사명의 물리적 증명으로 보는 반면, 독일 운동가 커뮤니티에는 비슷한 정서가 없다.〉

42. 숲의 사랑을 가장 강하게 드러낸 러시아 소설인 레오니드 네오노프Leonid Leonov의 『러시아 숲』(1953)은 1957년 레닌상을 받기는 했지만, 차라리 교양 소설에 가깝다. 이 소설이 임학자를 주인공으로 내세운 것은 당시 조림 정책을 선전하기 위해서였다. 다음 자료를 참조할 것. Vera Meyer, "Idyll, Ware, Ökosystem Der Wald in der russischen Literatur", *Osteuropa*, 제58호(2008), 4권, 100면 이하.

43. Vasily Klyuchevsky, *Geschichte Russlands*, 제1권, Stuttgart, 1925, 57, 59면.

44. Douglas R. Weiner, *A Little Corner of Freedom. Russian Nature Protection from Stalin to Gorbachev*, Berkeley, 1999, 414면 이하.

45. Radkau, *Natur und Macht*, 14면. 일반적으로는 다음 자료를 볼 것. Baird Callicott, Michael Nelson(공동 편집), *The Great New Wilderness Debate*, Athens, Georgia, 1998. 이 책에서 특히 다음 글을 볼 것. William Cronon, *The Trouble with Wilderness, or, Getting Back to the Wrong Nature*(414~442면).

46. Bernhard Kegel, *Die Ameise als Tramp. Von biologischen Invasionen*, Zürich, 1999, 299면.

47. Klaus Vollmer, "Die bemerkenswerte Abwesenheit von Raubtieren. Naturbilder in Japan", *Politische ökologie*, 제99호(2006년 3월), 39면.

48. Mitsuo Fujiwara, "Silviculture in Japan", Yoshiya Iwai(편집), *Forestry and the Forest Industry in Japan*, Vancouver, 2002, 18면 이하.

49. Takashi Iguchi, "Depopulation and Mura-Okoshi(Village Revival)", Iwai, *Forestry*, 259~277면.

50. Bess, Light-Green Society, 126면.

51. Conrad Totman, *The Green Archipelago. Forestry in Preindustrial Japan*, Berkeley, 1989, 2면.

52. 다음 자료를 볼 것. Rootes, *Environmental Protest*, IX, 52면.

53. Holger Krawinkel, *Für eine neue Energiepolitik. Was die Bundesrepublik Deutschland von Dänemark lernen kann*, Frankfurt, 1991.

54. 2006년 6월 나는 네덜란드 경제부의 에너지 담당 부서 책임자와 직접 이 주제로 이야기를 나누었다. 그는 정부의 지원 부족이 실제로 자국 생태 운동의 아픈 지점이라고 털어놓았다. 1970년대에 풍력 에너지에 처음으로 열광한 나머지 그 장려에 너무 많은 지원을 해주었다는 것이다. 그러나 원한 만큼 결과가 나오지 않자 실망의 분위기가 퍼졌다. 그는 이런 실망이 네덜란드에 본부를 둔 기업 〈쉘〉의 개입으로 강력해졌다는 가정은 잘못된 것이라는 말도 했다.

55. Maxie Wander, *"Guten Morgen, du Schöne" Frauen in der DDR*, Darmstadt, 1978, 54면.

56. 〈바이에른에 녹색당이라니 참 이상한 일이다〉라는 것은 해당 신문 기사의 기본적인 논조다. Raschke, *Grünen*, 266면.

57. 디터 루흐트Dieter Rucht와 요헨 로제Jochen Roose가 쓴 글을 참조할 것. Rootes, *Environmental Protest*, 81, 108면.

58. Martin Jänicke, "Pionierländer im Umweltschutz", *Die Umweltmacher*, 464면.

59. Heiner Monheim, "Zum Eisenbahnland Nr. 1 der Schweiz", 그리고 Walter Moser, "Die Bahnstrategie der Schweiz und der SBB-Mit Systemdenken zum Erfolg", Heiner Monheim, Klaus Nagorni(공동 편집), *Die Zukunft der Bahn. Zwischen Bürgernähe und Börsengang*, Karlsruhe, 2004, 67~82면.

60. Kurt Zurfluh, *Steinerne Pfade. 160 Jahre Urner Wirtschaftsgeschichte*, Altdorf, 1990, 307면 이하.

61. Joachim Radkau, *Technik in Deutschland - Vom 18. Jahrhundert bis heute*, Frankfurt, 2008, 383면 이하.

62. Ernst Ulrich v. Weizsäcker Helmut Schreiber, "Luftreinhaltung Der schwierige Konsens", Lothar Gündling, Beate Weber(편집), *Dicke Luft in Europa*, Heidelberg, 1988, 168면.

63. Kurt Möser, *Geschichte des Autos*, Frankfurt, 2002, 276면 이하.

64. Doyle, *Environmental Movements*, 93~117면. 도일이 보기에 〈도로 반대 운동〉은 전 세계적으로 영국의 환경 운동만이 갖는 특이점이다!

65. Derek Wall, "Mobilising Earth First! In Britain", Christopher Rootes(편집), *Environmental Movements - Local, National and Global*, London, 1999, 84면 이하. X면도 볼 것.

66. Christopher Rootes, "Acting Globally, Thinking Locally? Prospects for a Global Environmental Movement", 같은 저자, *Environmental Movements*, 291면.

67. Michael Kraack 외, *Umweltintegration in der Europäischen Union. Das umweltpolitische Profil der EU im Politikvergleich*, Baden-Baden, 2001, 150면 이하.

68. 배기가스를 둘러싼 영국과 독일의 전형적인 논쟁을 그림처럼 정리한 자료는 다음과 같다. Ernst Ulrich V. Weizsäcker, *Erdpolitik*, 44면 이하.

69. James Beattie, "W. L. Lindsay, Scottish Environmentalism and the 〈Improvement〉 of 19th-Century New Zealand", Tony Ballantyne, Judith Bennett(공동 편집), *Landscape. Community-Perspectives from New Zealand*, New Zealand: Dunedin, 2005, 53면.

70. Richard Grove, "Scotland in South Africa: John Crumbie Brown and the Roots of Settler Environmentalism", Tom Griffiths, Libby Robbin(공동 편집), *Ecology & Empire. Environmental History of Settler Societies*, Edinburgh, 1997, 139면 이하.

71. Brendan Hill 외, "Popular Resistance and the Emergence of Radical Environmentalism in Scotland", Bron Taylor(편집), *Ecological Resistance Movements*, New York, 1995, 245면. 다음 자료도 볼 것. John MacKenzie, *Empires of Nature and the Natures of Empires: Imperialism, Scotland and the Environment*, East Linton, 1997, 65면 이하.

72. Reiner Luyken, "Nur noch dunkler Tann-Londoner Geschäftsleute entdecken die Forstwirtschaft als gewinnträchtige Branche", *Die zeit*, 1986년 10월 31일 자, 20면.

73. John Cronin, Robert F. Kennedy jr., *The Riverkeepers*, New York, 1997, 229면.

74. 위의 책, 20면.

75. Kristine Kern, "Politische Kultur und Umweltpolitik. Amerikanische Erfahrungen und europäische Perspektiven", *Europas Kulturen und ihr Umgang mit der Natur*, Insel Mainau, 1999(마인아우어 대담집, 제14권), 43면.

76. 농업 역사학자 에이버리 크레이븐Avery Craven(1926)은 토양 고갈이 서부 개척을 이끈 주 원인이라고 주장했다. 이 주장은 목화와 옥수수와 담배를 주로 재배한 남부의 주들에 그대로 적용된다. Radkau, *Natur und Macht*, 211면.

77. 위의 책, 211면.

78. Kern, "Politische Kultur", 43, 49면.

79. 캘리포니아의 환경 운동을 다룬 자료는 다음 책에 수록되었다. Carolyn Merchant(편집), *Green Versus Gold. Sources in Californian Environmental History*, Washington, D. C., 1998, 429~462면. 이 자료의 앞에는 「환경 과학의 부상The Rise of Environmental Science」이라는 제목의 장이 붙었다. 이 책의 구조는 캘리포니아 환경 운동의 주된 근원이 과학임을 암시한다.

80. Kevin Marsh, "Save French Pete"* Evolution of Wilderness Protests in Oregon", Michael Egan, Jeff Crane(공동 편집), *Natural Protest. Essays on the History of American Environmentalism*, New York, 2009, 223면 이하.

81. Steven Lewis Yaffee, *The Wisdom of the Spotted Owl. Policy Lessons for a New*

＊ 오리건주에 있는 15.9킬로미터 길이의 하이킹 경로를 부르는 이름이다.

Century, Washington, D. C., 1994.

82. Kern, *Politische Kultur*, 45면.

83. Merchant, *Green Versus Gold*, 423면.

84. Mike Davis, *Ökologie der Angst. Los Angeles und das Leben mit der Katastrophe*(영어 원제: *Ecology of Fear. Los Angeles and the Imagination of Desaster*, 1998), München, 1999.

85. 항상 어려운 식수 공급도 두려움의 대상이다. 〈대형 지진으로 캘리포니아 주민의 3분의 2가 식수 공급이 끊기는 위험에 처한다.〉 Joel Bourne jr., "California's Pipe Dream", *Water, National Geographic: Special Issue*, 2010년 4월호, 142면.

86. Sheldon Novick, *The Careless Atom*, 1969, 38~53면. Thomas Wellock, *Critical Masses: Opposition to Nuclear Power in California*, Madison, Wisc., 1998, 17~67면.

87. Ueköter, *Rauchplage*, 350, 358면.

88. Daniel Berman, John O'Connor, *Who Owns the Sun? People, Politics, and the Struggle for a Solar Economy*, White River Junction, 1996, 197, 191면.

89. 위의 책, 5면. 캘리포니아에서 대체 농업에 열심을 보이던 옛 히피는 〈깨끗한 공기, 건강한 몸, 정직한 노동, 비폭력, 안전한 에너지, 값싼 수송 그리고 로큰롤〉을 믿었다!

90. *Der Spiegel*, 제41호(2003), 118면. 「위협받는 아틀란티스」라는 제목의 캘리포니아 리포트, 112~123면.

91. Mike Davis, *City of Quartz. Excavating the Future in Los Angeles*, London, 2006(원래 1990), 156면 이하, 170면 이하. 마찬가지로 159면도 볼 것. 베이 에어리어Bay Area의 환경 운동을 두고 이런 신랄한 논평이 나온다. 〈환경 보호는 백인 특권의 안전한 요새에서 영원히 부동산 가치를 끌어올리려는 정도로 마음에 맞는 논의였다.〉

92. Nicholas Targ, "The States' Comprehensive Approach to Environmental Justice", David Pellow, Robert J. Brulle(공동 편집), *Power, Justice, and the Environment. A Critical Appraisal of the Environmental Justice Movement*, Cambridge, Mass., 2005, 175면 이하.

93. 다음 자료를 참조할 것. Christopher Horner, *The Politically Incorrect Guide to Global Warming and Environmentalism*, Washington, D. C., 2007, 7면. 〈공산주의와 반미 운동이 서로 보충하는 생생한 정치 세력으로 결집하는 세계의 지역은 환경 운동이 가장 큰 지배력을 발휘하는 곳, 곧 유럽이다.〉 이게 무슨 소리인가 싶어 의아한 독자는 오늘날 유럽의 공산주의와 반미 운동이 그 자체로 중국보다 더 강력하다고 받아들이리라! 258면에는 이런 문장도 나온다. 〈유럽은 너무도 크게 망가진 나머지 미국도 망가뜨리기로 작정한 모양이다. 이처럼 유럽 공동체는 온실 가스 문제를 무역 전쟁으로 바라본다……〉

94. Jeremy Rifkin, *Der Europäische Traum. Die Vision einer leisen Supermacht*, Frankfurt, 2004, 341~357면.

95. Radkau, *Max Weber*, 375면 이하.

96. G. Knight, *Concorde: The Inside Story*, London, 1976, 77면.

97. 독일은 예방 원칙을 이미 1970년의 환경 프로그램에 포함시켰다. 한스디트리히 겐셔의 글 참조. Köller(편집), *Umweltpolitik mit Augenmaß*, 22면. 이 원칙은 1996년 9월 19일

독일 정부의 〈환경 예방 기본 노선〉으로 더욱더 강한 구속력을 얻었다.

98. 이 문제는 다음 책이 매우 자세하게 정리해서 인상적으로 보여 준다! Hartkopf, Bohne, *Umweltpolitik*, 91면 이하. 프랑스의 경우는 베스의 책을 볼 것. Bess, *Light-Green Society*, 250면.

99. Bess, *Light-Green Society*, 197면.

100. Holger Bonus, Ivo Bayer, "Symbolische Umweltpolitik aus der Sicht der Neuen Institutionenökonomik", Hansjürgens, Lübbe-Wolff(공동 편집), *Symbolische Umweltpolitik*, 292면. 〈독일에서 이 문제의 토론은 지난 10년 동안 거의 불가능하다시피 했다.《어머니 자연》이라는 이미지가 가지는 상징적 힘 때문이다. 그러나 탄소 배출권을 악의적으로 경매하면서《어머니 자연》은 매춘하러 다니는 지경에 이르고 말았다.〉매우 신랄한 빈정댐이다. 하지만 이런 비난도 벌써 10년이 된 이야기다. 오늘날 우리가 알고 있듯, 배출권 거래는 예나 지금이나 이성적 저항에 직면한다!

101. 찬반 논란은 다음 자료를 볼 것. Elmar Altvater, Achim Brunnengräber(공동 편집), *Ablasshandel gegen Klimawandel? Marktbasierte Instrumente in der globalen Klimapolitik und ihre Alternativen - Reader des wissenschaftlichen Beirats von Attac*, Hamburg, 2008.

102. Timothy Doyle, *Environmental Movements in Majority and Minority World - A Global Perspective*, New Brunswick, N. J. 2005, Ⅶ면 이하, 20, 171면.

103. 위의 책, 162면. 이런 구상의 뿌리는 오늘날까지도 풀 수 없는 수수께끼로 남았다. 이미 200년 전에 당시 〈브룬트란트 위원회〉도 독일 임학에서 〈환경 친화적 구상〉이 무엇을 의미하는지 전혀 의식하지 못했던 것으로 보인다. 심지어 노르웨이의 여성 정치가 그로 하를렘 브룬트란트Gro Harlem Brundtland의 회고록(*Madame Prime Minister - A Life in Power and Politics*, New York, 2002)도 이 구상이 어떻게 등장했는지 명확한 해명을 하지 못한다(337, 339면 참조)!

104. 리우 회의 직후 미국 환경 운동의 대표자들 역시 비슷하게 보았다. Donald Worster, "Auf schwankendem Boden - Zum Begriffswirrwarr um nachhaltige Entwicklung", Wolfgang Sachs(편집), *Der Planet als Patient*, Berlin, 1994, 95면 이하.

105. Doyle, *Environmental Movements*, 68면. 그러나 호주는 크다. 〈그린피스〉의 호주 〈미디어 담당관〉인 베스 파월Beth Powell은 이 제5대륙이 1990년을 전후해 전혀 다른 모습이었다고 진단한다. 〈요컨대 이곳 호주는 제각기 따로 노는 샐러드다.〉Bernhard Knappe, *Das Geheimnis von Greenpeace*, Wien, 1993, 61면.

106. 이 점을 카메룬 출신의 여성 악셀레 카보우Axelle Kabou는 〈가난하지도 무력하지도 않다〉고 매우 적확하게 표현했다. *Eine Streitschrift gegen schwarze Eliten und weisse Helfer*(프랑스어판 원제: *Et si l'Afrique refusait le développement?*, 1991), Basel, 1995.

107. 〈제3세계의 환경 운동〉이라는 허구적 구조물을 비판한 자료는 필립 히르슈 Philip Hirsch가 편집한 다음 책이다. *Forest for Trees: Environment and Environmentalism in Thailand*, Chiang Mai, 1996, 4면 이하.

108. 자신의 경험으로 이 문제를 자세히 다룬 사람은 호세 루첸베르거다. 일찌감치 〈BASF〉의 농업 엔지니어로 일했던 그는 1992년 리우의 환경 회의 때까지 브라질의 환

경 문제 차관을 지냈으며, 열대림의 보존에 힘쓴 공로를 인정받아 1988년 대안 노벨상을 받았다. José Lutzenberger, Michael Schwartzkopff, *Giftige Ernte. Tödlicher Irrweg der Agrarchemie - Beispiel: Brasilien*, Greven, 1988. 루첸베르거는 1972년 스톡홀름 회의에서 브라질 대표자들이 보인 태도를 신랄하게 꼬집었다. 〈우리에게 환경 오염을 가져오세요, 우리는 오염될 강이 충분히 많습니다〉(위의 책, 34면). 물론 루첸베르거는 생태 운동계에서 자신의 조국보다는 선진국에서 더 인기를 누리는 것으로 보인다.

109. Kim Reimann, "Going Global. The Use of International Politics and Norms in Local Environmental Protest Movements in Japan", Pradyumna Karan, Unryu Suganuma(공동 편집), *Local Environmental Movements. A Comparative Study of the U.S. and Japan*, Lexington, Kentucky, 2008, 52면 이하.

110. Philip Hirsch, Carol Warren(공동 편집), *The Politics of Environment in Southeast Asia Resources and Resistance,* London, 1998.

111. Joachim Radkau, "Scharfe Konturen für das Ozonloch Zur Öko-Ikonographie der Spiegel-Titel", Gerhard Paul(편집), *Das Jahrhundert der Bilder*, 1949 bis heute, Göttingen, 2008, 538면 이하.

112. Henning V. Köller, *Umweltpolitik mit Augenmaß*, 9면.

113. Carolyn Merchant, *The Columbia Guide to American Environmental History*, 185면 이하.

114. Jackie Smith, "Global Politics and Transnational Social Movement Strategies: the Transnational Campaign against International Trade in Toxic Wastes", Donatella della Porta 외(공동 편집), *Social Movements in a Globalising World*, Basingstoke, 1999, 170~188면.

115. 이 문제는 다음 자료가 다룬다. McCloskey, *Twenty Years of Change in the Environmental Movement*, 80면.

116. Radkau, *Natur und Macht*, 108면 이하.

117. Radkau, *Mensch und Natur in der Geschichte*, 78면 이하.

118. Otto Krätz, *Alexander von Humboldt. Wissenschaftler, Weltbürger, Revolutionär*, München, 2000, 124면 이하.

119. Radkau, *Natur und Macht*, 192면.

120. 마리오 디아니Mario Diani와 프란체스카 포르노Francesca Forno는 이탈리아의 환경 운동을 두고 이런 말을 했다. 〈종합적으로 환경 운동은 도시 생태를 위주로 이루어진다〉(Rootes, *Environmental Protest*, 163면).

121. 이 문제를 자세히 다룬 자료는 다음과 같다. Susanne Frank, Matthew Gandy(편집), *Hydropolis. Wasser und die Stadt der Moderne*, Frankfurt, 2006.

122. Vandana Shiva, *Der Kampf um das blaue Gold. Ursachen und Folgen der Wasserverknappung*(영어 원제: *Water Wars, Privatization, Pollution and Profit*), Zürich, 2003, 143면.

123. David Blanchon, *Atlas mondial de l'eau. De l'eau pour tous?*, Paris, 2009, 65면.

124. Maude Barlow, Tony Clarke, *Blue Gold. The Fight to Stop the Corporate Theft of the World's Water*, New York, 2005, 154면. Hans Huber Abendroth, "Der 'Wasserkrieg' von Cochabamba", Wien, *Informationen zur Umweltpolitik*, 제161호(2004).

125. Shiva, *Kampf*, 101면.

126. 위의 책, 94면 이하.

127. Sunderlal Bahaguna 외, *India's Environment - Myth and Reality*, Dehra Dun, 2007, 11면.

128. Vandana Shiva, *Staying Alive. Women, Ecology and Survival in India*, New Delhi, 1988, 198면.

129. Edward Goldsmith, Nicholas Hildyard, *The Social and Environmental Effects of Large Dams*, San Francisco, 1984, 277면 이하.

130. 이 문제를 획기적으로 다룬 책은 다음과 같다. Marc Reisner, *Cadillac Desert. The American West and Its Disappearing Water*, New York, 1986.

131. Dave Foreman, *Confessions of an Eco-Warrior*, New York, 1991, 21면.

132. 이 문제를 전 세계적으로 조망하는 책은 다음과 같다. Simonis, *Globale Umwelt-politik*, 101면.

133. Tirunellai N. Seshan, *The Degeneration of India*, New Delhi, 1995, 128, 177면. 이 책 139면에서 그는 심지어 나르마다 댐 프로젝트에 대항해 싸운 여성 운동가 메드하 파트카르에게 호감을 보였다! 대형 댐 프로젝트를 불편하게 여기는 그의 자세가 분명하게 드러나는 대목이다. 그렇지만 세스은한 댐을 두고 〈현대의 신전〉이라고 한 네루의 말에 공개적으로 동조했다. 댐이 〈다목적 댐〉일 때만 그렇다.

134. 이런 사정은 독일도 마찬가지다. 20세기 초에 독일은 댐을 식수 공급원으로 계획했다. 당시만 하더라도 수력 발전의 잠재력은 아직 〈미지수〉였기 때문이다. 다음 자료를 참조할 것. David Blackbourn, *Die Eroberung der Natur. Eine Geschichte der deutschen Landschaft*, München, 2007, 263면 이하.

135. 그의 회고록을 보면 당시 상황이 인상적으로 그려져 있다. Sir William Willcox, *Sixty Years in the East*, Edinburgh, 1935.

136. Donald Hughes, *An Environmental History of the World*, London, 2001, 162면 이하.

137. John McNeill, "Sustainable Survival", McAnany, Yoffee(공동 편집), *Questioning Collapse*, 363면.

138. Karlernst Ringer, "Die Landwirtschaft", Willy Kraus(편집), *Afghanistan - Natur, Geschichte und Kultur*, Tübingen, 1974, 323면. Heinz Gstrein, "Die Sozial und Wirtschaftsordnung des Islam", Beate Kukertz(편집), *Das grüne Schwert. Weltmacht Islam - Bedrohung oder Erlösung?*, München, 1992, 112면. 이처럼 농부를 경시하는 이슬람 문화가 그 토양에 좋지 않게 작용했다는 점을 날카롭게 지적하는 대작은 다음과 같다. Xavier de Planhol, *Kulturgeographische Grundlagen der islamischen Geschichte*, Zürich, 1975.

139. Christian Vogg, *Die Grünen in Ägypten. Die erste Umweltpartei der arabischen Welt*,

Münster, 1995, 42, 49, 86, 132면.

140. Hans Walter Flemming(이 인물은 1940~1945년 동안 독일 수리학 협회의 사무총장을 지냈다), *Wüsten, Deiche und Turbinen. Das große Buch von Wasser und Völkerschicksal*, Göttingen, 1957, 46면 이하.

141. McNeill, *Something New*, 161면.

142. 위의 책, 161면.

143. Shiva, *Kampf um das blaue Gold*, 102면 이하. 이 저항 운동은 앞서 벌어졌던 〈사일런트밸리Silent-Valley〉와 〈보드가트 댐Bodhgat-Damm〉의 성공적인 반대 운동에 고무되어 일어났다.

144. Ranjit Dwivedi, "People's Movements in Environmental Politics: A Critical Analysis of the Narmada Bachao Andolan in India", *Working Paper No.242 des Institute of Social Studies*, The Hague, 1997, 6면.

145. Ira Stubbe-Diarra, "Die Bedeutung des Wassers in den Religionen Asiens", Hoffmann(편집), *Wasser in Asien*, 88면.

146. 종교의 영적 문제를 다룬 대부분 인도의 문헌은 갠지스강의 오염이 중요하지 않다고 하기에 바쁘다. 갠지스강의 물은 정화하는 힘이 있어서, 목욕을 해도 전혀 해가 없다는 주장이다. 전염병과 풍토병의 역사에 밝은 역사학자는 그럼에도 신중할 것을 요구한다. 콜카타 출신의 어떤 인도 지성인은 갠지스강이 〈혼탁한 물〉이기는 하지만, 영성의 힘을 가진 사람은 해를 입지 않는다고 나를 안심시켰다. 선더랄 바후구나(*India's Environment*, 3면)는 사실을 정확히 안다. 〈인도의 거룩한 갠지스강의 물은 가장 깨끗하고 마법적인 치유력을 가진 것으로 여겨졌으나, …… 치명적인 수인성 질병의 온상이 되었다.〉

147. Graham Chapman, Keval Kumar 외, *Environmentalism and the Mass Media: The North-South Divide*, London, 1997, 77면. 인도의 언론을 연구해 보면 생태 중심과는 정반대의 역사 윤곽이 대략적으로나마 드러난다. 나르마다 프로젝트를 반대하는 저항 운동의 주체는 결코 〈지역 주민〉이 아니었다. 운동의 주체는 서구의 생태 운동 단체에서 세계은행에 이르기까지 폭넓은 반향을 이끌어 낸 메드하 파트카르를 중심으로 한 작은 그룹이다. 반면 지역의 주민은 그 프로젝트를 〈발전〉이라 여기며 환영하는 분위기를 보였다. 많은 환경 갈등과 마찬가지로 이 문제에서도 이해 당사자들이 서로 대립하고 반목하며 정보 소통의 망을 끊어 놓는 바람에 무엇이 〈객관적 진실〉인지 알아내기는 쉽지 않다! 구자라트와 라자스탄 주는 나르마다 프로젝트를 부분적으로 열렬히 지원한 반면, 마디아프라데시와 마하라슈트라주는 프로젝트 규모를 줄이자고 주장했다. 이 문제는 우드가 쓴 자료를 볼 것(원주 148 참조).

148. John Wood, *The Politics of Water Resource Development in India: The Narmada Dams Controversy*, Los Angeles, 2007, 118, 236면. Diane Raines Ward, *Water Wars. Drought, Flood, Folly, and the Politics of Thirst*, New York, 2002, 212면.

149. Shiva, *Kampf um das blaue Gold*, 87면.

150. Wood, *Politics of Water Resource*, 142면.

151. Lori Udall, "The World Bank and Public Accountability: Has Anything

Changed?", Jonathan Fox, David Brown(공동 편집), *The Struggle for Accountability. The World Bank, NGOs and Grassroots Movements*, Cambridge, Mass., 1998, 394면 이하.

152. Bruce Rich, *Mortgaging the Earth*, 1994, 258면 이하.

153. Sebastian Mallaby, *The World's Banker. A Story of Failed States, Financial Crises, and the Wealth and Poverty of Nations*, London, 2004, 58면 이하.

154. Shiva, *Kampf um das blaue Gold*, 106면.

155. 위의 책, 215면의 지도 참조.

156. Bruni Weißen, "……aber am Ende werden wir gewinnen. Der Widerstand gegen den Narmada-Staudamm in Indien", Thomas Hoffmann(편집), *Wasser in Asien. Elementare Konflikte*, Osnabrück, 1997, 425면.

157. Dai Qing, *Yangtze! Yangtze!*, London(Earthscan), 1994.

158. *Der Spiegel*, 제46호(1997), 218면. *Neue Westfälische*, 2007년 10월 13일 자.

159. Dai Qing, *Yangtze! Yangtze!*, 66면 이하, 135면.

160. 위의 책, 163면 이하. Judith Shapiro, *Mao's War Against Nature. Politics and the Environment in Revolutionary China*, Cambridge, 2001, 51면 이하. 싼샤 댐의 재앙은 그동안 공식적인 중국 출판물에서도 인정된다. Zheng Ping, *Chinas Geographie Natur, Wirtschaft, Kultur*, Beijing, 1999, 66면 이하.

161. 다이칭과의 인터뷰, *Der Spiegel*, 제25호(2001), 142면 이하.

162. *Der Spiegel*, 제48호(2007), 169면.

163. Philip Hirsch, Carol Warren(공동 편집), *The Politics of Environment in Southeast Asia - Resources and Resistance*, London, 1998, 29~89면. 또 다음 자료도 참조할 것. Thomas Hoffmann(편집), *Wasser in Asien - Elementare Konflikte*, Osnabrück, 1997, 225~261면.

164. Philip Hirsch, Carol Warren(공동 편집), *The Politics of Environment in South-East Asia*, 14면 이하.

165. George J. Aditjondro, "Large Dam Victims and Their Defenders. The Emergence of an Anti-Dam-Movement in Indonesia", Hirsch, Warren, *Politics of Environment*, 49면 이하.

166. Rich, *Verpfändung der Erde*, 43~47면. McNeill, *Something New*, 279면 이하.

167. Aditjondro, "Large Dam Victims", 44면 이하.

168. 라스푸틴 작품이 가지는 의미는 다음 자료를 볼 것. Vera Meyer, *Idyll, Ware, Ökosystem*, 105면.

169. Douglas Weiner, *A Little Corner of Freedom. Russian Nature Protection from Stalin to Gorbachev*, Berkeley, 1999, 423면.

170. Udall, *World Bank*, 396면.

171. Klaus Taschwer, Benedikt Föger, *Konrad Lorenz*, Wien, 2003, 256면 이하. 〈동물의 기자 회견〉을 두고 어땠느냐는 나의 물음에 게르하르트 발마이어Gerhard Wallmeyer(〈그린피스〉)는 2010년 12월 7일 그런 변장이 무척 즐거웠다고 대답했다. 그러나 잠재적인 후

원자는 진지한 신호를 원했다!

172. Otto Koenig, *Naturschutz an der Wende*, Wien, 1990, 25면 이하.

173. 위의 책, 34면 이하, 38, 28면.

174. 위의 책, 107면 이하.

175. Robert Jungk, "Weltweiter Widerstand. Umrisse einer informellen Internationale", Lutz Mez(편집), *Der Atomkonflikt. Berichte zur internationalen Atomindustrie, Atompolitik und Anti-Atombewegung*, Berlin, 1979, 8면 이하.

176. Wolf Häfele, "Hypotheticality and the New Challenges: The Pathfinder Role of Nuclear Energy", Laxenburg, 1973(*IIASA*[*] *Research Report*, 73~14).

177. Wolfgang Rüdig, *Anti-Nuclear Movements: A World Survey of Opposition to Nuclear Energy*, Harlow, 1990. Dieter Rucht, "The Impact of Anti-Nuclear Power Movements in International Comparison, Martin Bauer(편집), *Resistance to New Technology. Nuclear Power, Information Technology and Biotechnology*, Cambridge. 1995, 277~291면. Dieter Rucht, Jochen Roose, "Germany", Rootes, *Environmental Protest*, 104면.

178. 독일의 사회학자 디터 루흐트는 오랫동안 원자력 반대 운동을 국제적으로 비교하는 연구를 진행해 오면서 이 주제를 다룬 자신의 첫 책(*Von Wyhl nach Gorleben - Bürger gegen Atomprogramm und nukleare Entsorgung*, München, 1980, 74면)에서 원자력에 반대하는 사람의 첫 번째 동기로 〈과거의 트라우마〉를 꼽았다. 〈원자력 시설을 반대하는 많은 시민의 주된 동기는 원자력의 무시무시한 파괴력을 두려워하는 마음이다.〉 그러나 이런 설명은 독일의 특수함을 남김 없이 풀어 주지 못한다. 마찬가지로 왜 하필 일본과 또 원자력 강국인 영국에서는 원자력 반대 운동이 약한지도 설명하지 못한다!

179. Joachim Radkau, *Aufstieg und Krise der deutschen Atomwirtschaft 1945~1975. Verdrängte Alternativen in der Kerntechnik und der Ursprung der nuklearen Kontroverse*, Reinbek, 1983, 371면 이하.

180. 그래서 나는 원자력 경제의 역사를, 해당 문헌이 흔히 그러듯, 독일의 네 가지 원자력 프로그램에 따라 분류하지 않고, 〈사변적 단계〉와 〈사실 완성〉 시기로 나누었다(Radkau, *Aufstieg und Krise*, 제2부와 제3부).

181. 위의 책, 446면 이하.

182. Bess, *Light-Green Society*, 89면. Kiersch, V. Oppeln, *Kernenergiekonflikt*, 53면.

183. Joachim Radkau, "Die Kernkraft-Kontroverse im Spiegel der Literatur. Phasen und Dimensionen einer neuen Aufklärung", Armin Hermann, Rolf Schumacher(공동 편집), *Das Ende des Atomzeitalters? Eine sachlich-kritische Dokumentation*, München, 1987, 318면.

184. 다음 자료를 참조할 것. Christian Deubner, Wolfgang Hertle, "Frankreich Vive l'atome?", Metz, *Atomkonflikt*, 130~146면. Michael Bess, *The Light-Green Society*,

---

[*] IIASA: 〈응용 시스템 분석 국제 연구소International Institute for Applied Systems Analysis〉의 약자. 오스트리아의 통섭 학문 연구소다.

13면 이하(유럽이 핵의 마초다? 프랑스를 상대적으로 〈비非녹색〉 국가로 보는 시각).

185. 이 문제와 관련해서는 다음 자료를 볼 것. Gerhard Kiersch, Sabine V. Oppeln, *Kernenergiekonflikt in Frankreich und Deutschland*, Berlin, 1983. 다음 글도 볼 것. Joachim Radkau, "Die Nukleartechnologie als Spaltstoff zwischen Frankreich und der Bundesrepublik", Yves Cohen, Klaus Manfrass(공동 편집), *Frankreich und Deutschland - Forschung, Technologie und industrielle Entwicklung im 19. und 20. Jahrhundert*, München, 1990, 302~318면.

186. Bess, *Light-Green Society*, 93면 이하.

187. 위의 책, 94면 이하.

188. Wolfgang Fach, Georg Simonis, *Die Stärke des Staates im Atomkonflikt. Frankreich und die Bundesrepublik im Vergleich*, Frankfurt, 1987. 이 책은 물론 정치학 연구가 흔히 그렇듯, 시대와 맞물린 정황을 초시간적 구조로 만들었다.

189. 저항 운동의 정치학 연구는 1980년대부터 그 중요한 조건으로 〈정치적 기회 구조〉를 강조한다. 정치적 기회 구조란 특별한 역사적 조건을 읽어 내고 이에 내재한 구조를 파악한 것이다. 원자력 반대 운동뿐만 아니라 여러모로 획기적인 자료로는 다음의 것이 있다. Herbert P. Kitschelt, "Political Opportunity Structures and Political Protest: Anti-Nuclear Movements in Four Democracies"(네 민주 국가란 독일, 프랑스, 미국, 스웨덴을 지칭한다 — 저자), *British Journal of Political Science*, 제16호(1986), 57~85면. 일반화를 시도하다 보면 핵 위험의 특별함을 시야에서 놓치는 것은 피하기 어렵다. 또 이런 식으로 독일의 특별함은 부분적으로만 설명될 뿐이다.

190. Radkau, Aufstieg und Krise, 173면.

191. Gegen den Atomstaat. 300 Fotodokumente von Günter Zint, Frankfurt, 1979, 116면.

192. 캐롤린 머천트가 편집한 책 *Major Problems in Amerikan Environmental History* 역시 핵기술은 다루지 않았다!

193. Arthur Tamplin, John Gofman, *Kernspaltung - Ende der Zukunft?*(영어판 원제: *Population Control through Nuclear Pollution*, 1970), Hameln, 1974, 87~109면.

194. 원자력 산업 내부의 자료를 기반으로 획기적인 연구 성과를 선보인 대표적 자료는 다음과 같다. David Okrent, *Nuclear Reactor Safety. On the History of the Regulatory Process*, Madison, 1981, 167면 이하. 이 밖에도 이 문제를 다룬 자료는 매우 많다!

195. Stephanie Cooke, *Atom. Die Geschichte des nuklearen Zeitalters*, Köln, 2010, 318면 이하.

196. 카터 치하에서 미국 원자력 정책이 보여 준 변화를 근본적으로 다룬 자료는 다음과 같다. *Das Veto. Der Atombericht der Ford-Foundation*(원제: *Nuclear Power. Choice and Issues*), Frankfurt, 1977.

197. 하노버 청문회의 의사록은 전체 독일 원자력 갈등을 가장 내용이 풍부하고 지적인 도전을 하게 만드는 기록이다. Deutsches Atomforum(편집), *Rede–Gegenrede. Symposium der Niedersächsischen Landesregierung zur grundsätzlichen sicherheitstechnischen Realisierung*

eines integrierten nuklearen Entsorgungszentrums, Hannover, 1979.

198. 고르레벤 논란과 이후 세월의 결과는 870면의 논문이 충실하게 담았다. Anselm Tiggemann, *Die «Achillesferse» der Kernenergie in der Bundesrepublik Deutschland: Zur Kernenergiekontroverse und der Geschichte der nuklearen Entsorgung von den Anfängen bis Gorleben, 1955 bis 1985*, Lauf 2004. 당시 미국은 이미 원자력을 경제적으로 실익이 없는 것으로 보고 더는 논의하지 않았다. 시위가 일어날 필요가 없었던 이유다. 이 문제는 다음 자료를 볼 것. James Cook, "Nuclear Follies", *Forbes*, 1985년 2월 11일 자. 이 글은 다음 자료에 나오는 대목을 인용함. Wellock, *Critical Masses*, 243면. 원자력 산업은 〈비즈니스 역사에서 최악의 경영 실패, 기념비적인 규모의 실패다〉. 이 유명한 경제지조차 원자력을 〈사망한 것〉으로 선포했다.

199. Joachim Radkau, "Das überschätzte System. Zur Geschichte der Strategie- und Kreislauf-Konstrukte in der Kerntechnik", *Technikgeschichte*, 제56호(1988), 207∼215면.

200. David E. Lilienthal, *Change, Hope, and the Bomb*, Princeton, 1963.

201. Tamplin, Gofman, *Kernspaltung*, 53, 159면.

202. Radkau, *Aufstieg und Krise*, 96면.

203. Michael Egan, *Barry Commoner and the Science of Survival. The Remaking of American Environmentalism*, Cambridge, Mass. 2007, 139면. 결론 부분(197면)에서 이건은 코머너의 인생이 〈비극〉이었다고 강조한다!

204. Ilona Stölken-Fitschen, *Atombombe und Geistesgeschichte. Eine Studie der fünfziger Jahre aus deutscher Sicht*, Baden-Baden, 1995, 92면 이하.

205. Gesine Foljanty-Jost, "Japan-Vom Atomopfer zum Atomstaat", Metz(편집), *Atomkonflikt*, 181면.

206. 제프리 브로드벤트Jeffrey Broadbent의 400면에 이르는 대작 『일본의 환경 정책: 힘과 저항의 네트워크*Environmental Politics in Japan-Networks of Power and Protest*』(Cambridge, 1998)에서 원자력 문제는 거의 등장하지 않는다. 그저 289면에서만 지나가듯 이런 내용만 언급될 뿐이다. 〈원자력 발전소와 스키, 골프 리조트는 몇 개 되지 않아서, 1960년대의 중공업 프로젝트에 비해 건강과 활동에 나쁜 영향을 준다는 이미지를 덜 가졌다. 그래서 지역 사회에서는 저항을 요구하는 목소리가 생겨나지 않았다.〉 원자력 발전소를 골프장과 나란히 놓는다! 이보다 20년 전 독일의 원자력 갈등이 최고조에 달했을 때 나온 자료 "Japan Vom Atomopfer zum Atomstaat"(Gesine Foljanty-Jost, Metz, *Atomkonflikt*, 176∼197면)도 관점은 비슷하다. 당시 그러니까 1979년에 일본에서는 삶의 터전이 무너질까 두려워하는 어부와 농부만의 지역적 원자력 반대 운동만 있었다는 언급이 이 자료의 193면에 나온다.

207. Monika Sperr, *Petra Kelly*, München, 1983, 119면 이하.

208. Robert Jay Lifton, *Death in Life. The Survivors of Hiroshima*, New York, 1967. 다음과 같은 자료도 있다. Elke Tashiro, Jannes Tashiro, *Hiroshima - Menschen nach dem Atomkrieg*, München, 1982.

209. 원자 폭탄이 투하되고 이듬해에 이미 일본에서는 히로시마 사건을 낙관적으로 보려는 분위기가 형성되었다고 한다. 이듬해 봄에 다시 자연이 활짝 꽃을 피우자 감동의 눈물을 흘리며 마치 아무 일도 일어나지 않은 것처럼 사람들이 안도해 하더라는 것이다! Robert Jay Lifton, *Death in Life*, 101면 이하.

210. Christopher Rootes(편집), *Environmental Protest in Western Europe*, 21면. 〈유럽의 다른 나라와 비교해 영국의 원자력 반대 운동은 미미하기만 했다.〉 반대로 동물 보호와 자동차 전용 도로 건설 반대에서 영국의 저항은 결코 〈원만〉하지 않았다!

211. Hans-Jürgen Mayer, "Umweltpolitik auf internationaler Ebene: Anpassungsdruck als 《Motor des Fortschritts》", 같은 저자, Manfred Pohl(편집), *Länderbericht Japan*, Bonn, 1998, 182면.

212. Nathalie Cavasin, "Citizen Activism and the Nuclear Industry in Japan After the Tokai Village Disaster", Pradyumna P. Karan, Unryu Suganuma(편집), *Local Environmental Movements. A Comparative Study of the U.S. & Japan*, Lexington, Kentucky, 2008, 65~73면.

213. 위의 책, 68면.

214. Hsin-Huang Michael Hsiao 외, "The Making of Anti-Nuclear Movements in East Asia: State-Movements Relationships and Policy Outcomes", Yok-shiu F. Lee, Alvin Y. So(편집), *Asia's Environmental Movements - Comparative Perspectives*, Armonk, New York, 1999, 262면 이하.

215. 앨런 에이브럼슨(2009년 10월 29일 저자와 나눈 대화)은 근본적으로는 원자력에 반대하지만 자신의 〈EPA〉의 경험에 비추어 이런 입장을 내놓았다. 원자력 발전소가 일단 들어서서 없앨 수 없다면, 남는 방법은 오로지 폐기물을 책임감 있게 처리할 방법을 찾는 것밖에 없다. 저항 운동 때문에 폐기물을 그냥 발전소에 두는 것은 장기적으로 무책임한 일이다. 중요한 것은 최종 처리장을 확실히 통제하는 일이다. 갈등을 피하고자 그냥 눈앞에서 치워 버린다는 식으로 해저에 가라앉힌다거나 사막에 버리는 것은 지극히 무책임한 전략이다.

216. Joachim Radkau, "Angst und Angstabwehr als Regulative der Technik-geschichte: Gedanken zu einer Heuristik der Furcht", Max Kerner(편집), *Technik und Angst. Zur Zukunft der industriellen Zivilisation*, Aachen, 1997, 91~119면.

217. Friedrich Münzinger, *Atomkraft*(제3판), Berlin, 1960, 178, 242, 236면.

218. 소랭 페넥스Solange Fernex는 이런 말을 했다. 〈알자스 로트링겐은 너희가 결코 차지할 수 없다!〉, Claus Leggewie, Roland de Miller, *Der Wahlfisch(sic!). Ökologie-Bewegungen in Frankreich*, Berlin, 1978, 113면 이하. 배히터는 다음 자료를 볼것. Bess, *Light-Green Society*, 107, 121면.

219. 레베카 하름스가 내게 장담했듯(2007년 3월 8일), 그녀 자신은 나무에 관심을 가진 것이 아니었다. 나무는 그저 〈못생긴 소나무〉였다나. 타이완의 원자력 갈등을 생생하게 들여다볼 수 있게 해주는 것은 다음의 자료다. Shiang-Ling Hu, *Two Lectures - Expertendiskurse über die Kernenergienutzung in der sich demokratisierenden*

Gesellschaft Taiwans, 박사 학위 논문, Bielefeld, 1999. 타이완의 원자력 비판은 한국과 마찬가지로 민주화 운동과 맞물렸다. 타이완에서는 1993년부터 원자력 반대 세력이 자연 보호 운동과 손을 잡았다. 그 계기가 되어 준 것은 원자력 발전소와 가까운 해안에서 잡힌 기형 생선이다. 이런 기형이 방사능이 함유된 폐수로 생겨난 것인지 분명하지 않기는 했지만, 기형 생선은 순식간에 국가적 상징이 되었다. 〈병든 물고기는 타이완 국민에게 원자력 발전소가 인간과 환경에 끼치는 위험의 구체적 상징이다〉(위의 책, 112면).

220. Radkau, *Aufstieg und Krise*, 92면 이하.

221. 위의 책, 21면. 배경을 더 자세히 알고 싶으면 다음 자료를 참조할 것. Joachim Radkau, "Das RWE zwischen Braunkohle und Atomeuphorie 1945~1968", Dieter Schweer, Wolf Thieme(편집), «*Der gläserne Riese*». *RWE - Ein Konzern wird transparent*, Essen, 1998, 188면 이하. 쉴러는 실험용 원자력 발전소의 건설에 못마땅하면서도 어쩔 수 없이 동의하며 이런 말을 했다. 〈국가가 지나치게 성급하게 원자력 발전소 건설을 추진하는 어리석음을 저지르고자 한다면, 차라리 우리가 대신 이 어리석음을 떠맡아 통제라도 할 수 있게 하자는 생각이었다.〉

222. Joachim Radkau, "Der atomare Ursprung der Forschungspolitik des Bundes", Peter Weingart, Niels C. Taubert(편집), *Das Wissensministerium. Ein halbes Jahrhundert Forschungs-und Bildungspolitik in Deutschland*, Weilerswist, 2006, 52~61면(원자력 카리스마와 원자력 공동체의 흥망성쇠).

223. Günther Schwab, *Morgen holt dich der Teufel. Neues, Verschwiegenes und Verbotenes von der «friedlichen» Atomkernspaltung*, Salzburg, 1968.

224. 이 문제는 1977년 12월 1일 자 『붉은 깃발Rote Fahne』에 게재한 니나 글라디츠와의 장문의 인터뷰 기사를 참조할 것. 또 다큐 제작을 다룬 책도 있다. Nina Gladitz, *Lieber aktiv als radioaktiv - Wyhler Bauern erzählen*, Berlin, 1976.

225. 1975년 부활절에 빌Wyhl에서 가까운 원자력 발전소 건설 현장이 점거된 직후, 바젤의 카이저아우그스트Kaiseraugst 원자력 발전소 건설 현장도 점거당하자, 스위스 정부는 큰 충격을 받았다. 1978년 여론의 막중한 압력에 이기지 못한 스위스는 기존의 원자력법을 대폭 축소했다. 이 문제는 다음 자료를 참조할 것. Susan Boos, *Strahlende Schweiz. Handbuch zur Atomwirtschaft*, Zürich, 1999, 179면 이하.

226. 스웨덴과 다른 나라들은 다음 자료를 참조할 것. Dieter Rucht, "The Impact of Anti-Nuclear Power Movements in International Comparison", Bauer(편집), *Resistance to New Technology*, 181면 이하.

227. 이탈리아는 1950년대에 서둘러 원자력 프로젝트를 감행했다. 그러나 이미 1963년 이탈리아의 원자력 공동체는 〈이폴리토Ippolito〉 스캔들로 여론의 신뢰를 잃고 말았다(Radkau, *Aufstieg und Krise*, 24면). 또 이탈리아의 환경 운동도 원자력에 분명히 반대했다. 1987년 체르노빌 사건에 영향을 받아 녹색당이 관철한 국민 투표는 원자력을 반대하는 쪽으로 결론을 냈다. Martin Rhodes, "Italy Greens in an Overcrowded Political System", Dick Richardson, Chris Rootes(편집), *The Green. The Development of Green Parties in Europe*, London, 1995, 171면.

228. 이 문제를 흥미롭게 밝혀 주는 것은 독일 연구부 장관의 위탁으로 발표된 다음 의 연구 논문이다. Hartmut Albers, *Gerichtsentscheidungen zu Kernkraftwerken*, Villingen- Schwenningen, 1980. 이 논문을 보면 1970년대 후반의 사법적 토론이 당시 원자 력 발전소의 안전 수칙을 어떻게 다루었는지 분명히 알 수 있다! 다음 자료도 볼 것. Joachim Radkau, "Sicherheitsphilosophien in der Geschichte der bundesdeutschen Atomwirtschaft", *S+F(Sicherheit und Frieden)*, Jg.6(1988), H.3, 110~116면.

229. Commoner, *Closing Circle*, 33면 이하.

230. Hermand, *Grüne Utopien*, 137면.

231. 내가 참가했던 〈통섭 연구 센터Zentrum für interdisziplinäre Forschung, ZiF〉의 심포 지엄은 페터 바인가르트Peter Weingart가 주도한 〈기후 소통〉이라는 프로젝트의 일환으 로 열린 것이다. Peter Weingart, Anita Engels, Petra Pansegrau, *Von der Hypothese zur Katastrophe. Der anthropogene Klimawandel im Diskurs zwischen Wissenschaft, Politik und Massenmedien*(제2판), Opladen, 2008.

232. Alois Glück, V. Köller, *Umweltpolitik mit Augenmaß*, 102면.

233. Beate Weber, "Fünf Jahre lang Vorsitzende des Umweltausschusses des EU-Parlaments, erinnerte sich, in der EU seien früher der Grüne und der Graue Umweltschutz unterschieden worden: Grün war der Natur-und Landschaftsschutz und grau die Entsorgung von Abfällen", *Mainauer Gespräche*, 제8권(유럽의 과제로서의 환경 정책, 1991), 54면.

234. 1930년대에서 1960년대까지 베스트팔렌의 자연 보호를 이끈 지도자 빌헬름 리 니엔켐퍼는 오늘날까지도 해결되지 않는 자연 보호의 딜레마를 이렇게 묘사한다. 〈난초 가 있는 지역은 그게 어디인지 침묵에 붙여져야만 보호될 수 있다. 신문이 관련 기사를 내 면 이런 희귀종은 이를 찾아보려는 사람들의 발길로 더욱 위험에 처할 뿐이다.〉 Wilhelm Lienenkamper, *Grüne Welt zu treuen Händen. Naturschutz und Landschaftspflege im Industriezeitalter*, Stuttgart, 1963, 30면.

235. Nicholson, *Environmental Revolution*, 257, 260면.

236. Wöbse, "Naturschutz global", Frohn, Schmoll, *Natur und Staat*, 710면.

237. 에다 뮐러Edda Müller(*Innenwelt der Umweltpolitik*, 123면)는 미디어의 비판적 보도가 세운 공로를 환경 보호의 〈정치화〉에서도 찾았다.

238. Christopher Rootes(편집), *Environmental Movements - Local, National and Global*, London, 1999, 300면.

239. 당시 이미 미디어를 어떻게 활용해야 하는지 알았던 콘라트 로렌츠는 1970년에 이런 글을 썼다. 〈우리 이성적인 사람들이 정치가를 상대로 쓸 수 있는 유일한 압박 수단은 여론에 영향을 주는 것이다.〉 Tascher, Föger, *Konrad Lorenz*, Wien, 2003, 245면.

240. Bernhard Knappe, *Das Geheimnis von Greenpeace. Die andere Seite der Erfolgsstory*, Wien, 1993, 30면.

241. Captain Paul Watson, *Ocean Warrior*, München, 1995, 38면. 우리가 특히 주목 해 볼 것은 〈그린피스〉와 여러 차례 함께 활동한 미하엘 브라운가르트Michael Braungart의 경

험이다. 최고 실력을 자랑하는 화학자인 미하엘은 구명보트를 타고 화학 공장의 하수관에 접근했을 때에 비로소 〈시바가이기〉[*]의 대화 상대로 인정받았다!

242. Joachim Radkau, "Scharfe Konturen für das Ozonloch. Zur Öko-Ikonographie der Spiegel-Titel", Gerhard Paul(편집), *Das Jahrhundert der Bilder, 1949 bis heute*, Göttingen, 2008, 532~541면.

243. Matt Cartmill, *Tod im Morgengrauen. Das Verhältnis des Menschen zu Natur und Jagd*, Zürich, 1993, 195면 이하(〈밤비 신드롬〉). Otto Koenig, *Naturschutz an der Wende*, 112면. 〈최악의 언론 행태 가운데 하나는 전문 지식이라고는 전혀 없는 동물 보호 운동가가 작은 고슴도치를 구한답시고 가을에 …… 그러나 인공적으로 월동을 시킨 고슴도치가 병에 걸려 죽는다는 사실을 흘려 볼 수 없게 되자, 서둘러 고슴도치 구호 활동은 폐지되었다.〉 순진하기만 한 동물 사랑이 가진 해묵은 딜레마를 여실히 보여 주는 사건이다. 자연 속에서 자유롭게 살아야 할 동물을 집에서 키우는 반려동물로 만들려는 것이 이런 딜레마다.

244. Richard Ellis, *Mensch und Wal. Die Geschichte eines ungleichen Kampfes*, München, 1993, 385면. Bess, *Light-Green Society*, 72면 이하. 쿠스토는 〈결국 프랑스 녹색당에서 버림받은 인물이 되었으며, 그가 이룩한 성과들은 모든 프랑스 환경 문헌에서 사실상 깨끗이 무시되었다〉.

245. 〈BUND〉의 창립 기념 책의 제목이 독특하다. «*Keine Berufsprotestierer und Schornsteinkletterer*». *25 Jahre BUND in Nordrhein-Westfalen*, Stiftung Naturschutz-geschichte(편집), Essen, 2003.

246. 〈로빈 우드〉의 대변인이면서 〈1세대 운동가〉인 폴커 랑에Volker Lange는 이미 1987년 10월에 〈최근 들어 인플레이션처럼 늘어난 〈행동주의〉 퍼포먼스는 정보시대를 맞아 시대착오적인 것이 되었다〉고 주장했다. 〈가정과 사무실에 헤아릴 수 없이 많은 컴퓨터가 있는 마당에 왜 데이터 뱅크와 데이터 네트워크를 만들 생각은 하지 않는가?〉 Reiner Scholz, *Robin Wood. Sanfte Rebellen gegen Naturzerstörung*, München, 1989, 108면. 물론 요란한 행동주의가 철 지난 것이라는 이런 예언은 항상 반박을 받았다. 게르하르트 발마이어는 저자에게 이런 말을 했다(2010년 12월 7일). 〈체르노빌 이후 《그린피스》는 여느 사람들과 마찬가지로 너무나 놀란 나머지 특별하고도 복잡한 운동을 기획하려 안간힘을 쓴 반면, 《로빈 우드》는 그냥 굴뚝을 타고 올라감으로써 대중의 주목을 한 몸에 받았다!〉

247. McCloskey, "Twenty Years of Change", Dunlap, Mertig(편집), *American Environmentalism*, 82면 이하.

248. Benjamin Kline, *First Along the River. A Brief History of the U.S. Environmental Movement*, Lanham, Maryland, 2007, 141면. 〈비록 웹이 토론을 주도하는 장이 되기는 했지만, 환경 운동은 직접적인 행동을 이끌어 내는 힘을 잃지 않았다〉(142면). 컴퓨터 시대가 환경 운동에 주름살을 늘려 놓았다는 클라인의 지적은 무척 흥미롭다! 〈환경 운동의 변혁 The Transformation of Environmental Activism, TEA〉이라는 프로젝트를 계획했던 크리스토퍼 루츠Christopher Rootes(*Environmental Protest in Western Europe*, IX면) 역시 1990년대 중반 환

---

* Ciba-Geigy: 스위스 다국적 제약회사 〈노바티스Novartis〉의 계열회사인 화학 기업.

경 운동의 가장 주목할 만한 변화는 기존의 비정부 환경 기구와 다소 거리를 두는 새롭고 과격한 경향을 많은 나라에서 보여 준 것이라고 썼다.

249. Anselm Doering-Manteuffel, Lutz Raphael, *Nach dem Boom. Perspektiven auf die Zeitgeschichte seit 1970*, Göttingen, 2010, 98면 이하. 녹색당이 유권자의 표를 1.7퍼센트(1987) 차지하면서 〈독일 의회에 진출한 정당 가운데 가장 조직적이지 않다는 점을 보여 주었다〉는 요아힘 라슈케의 지적도 흥미롭다(*Die Grünen*, Köln, 1993, 668면). 녹색당이 기꺼이 의지하고자 하는 〈기초〉는 다소 허상에 가까운 이미지였다!

250. Jonathan A. Fox, L. David Brown(편집), *The Struggle for Accountability. The World Bank, NGOs, and Grassroots Movements*, Cambridge, Mass., 1998, 30면. 게하르트 발마이어(〈그린피스〉)도 저자에게 2010년 12월 7일 다음과 같은 말을 했다. 〈인도와 동아시아에서는 사람들에게 직접 말을 걸어 주어야만 뭔가 진행시킬 수 있다.〉

251. Landy 외, *The Environmental Protection Agency*, 254면 이하.

252. Rudi Holzberger, *Das sogenannte Waldsterben. Zur Karriere eines Klischees: Das Thema Wald im journalistischen Diskurs*, Bergatreute, 1995.

253. 위의 책, 70면 이하.

254. Horst Stern 외, *Rettet den Wald*, München, 1979.

255. Hermann Graf Hatzfeld, 「숲은 로비를 하지 않는다」, *Die Zeit*, 1980년 1월 4일 자, 38면.

256. 약 380면의 다음 자료를 참조할 것. Max Lincke, *Der Wildschaden in Wald und Feld und die Mittel zu seiner Verminderung*, Neudamm, 1938.

257. *Rettet den Wald*에서도 야생 짐승 탓에 숲이 망가지는 문제를 거론하기는 한다. 그러나 산림 감시인을 배려해 그저 지나가는 식으로 언급했을 뿐이다.

258. Jens Ivo Engels, *Naturpolitik in der Bundesrepublik. Ideenwelt und politische Verhaltensstile in Naturschutz und Umweltbewegung 1950~1980*, Paderborn, 2006, 254면 이하.

259. 이 측면을 언급한 사람은 에다 뮐러다. Edda Müller, "Die Beziehung von Umwelt- und Naturschutz in den 1970er Jahren", Stiftung Naturschutzgeschichte(편집), *Natur im Sinn. Zeitzeugen im Naturschutz*, Essen, 2001, 39면.

260. Edda Müller, *Innenwelt der Umweltpolitik*, 224면.

261. Holzberger, *Das sogenannte Waldsterben*, 149면. 〈환경 운동가〉는 언론의 경종 보도에서 정보원으로 드물게만 등장했다.

262. Holzberger, *Das sogenannte Waldsterben*, 9면.

263. Guntolf Herzberg, Kurt Seifert, *Rudolf Bahro*, Berlin, 2002, 413면.

264. Kenneth Anders, Frank Uekötter, "Viel Lärm ums stille Sterben: Die Debatte über das Waldsterben in Deutschland", Frank Uekötter, Jens Hohensee(편집), *Wird Kassandra heiser? Die Geschichte falscher Ökoalarme*, Wiesbaden, 2004, 122면. 안더스와 위쾨터는 숲이 죽어 간다는 경고를 전혀 〈잘못된 것〉이라고 보지 않았다!

265. 위의 책, 116면.

266. Joachim Radkau, "Das RWE zwischen Kernenergie und Diversifi zierung", Schweer, Thieme(편집), *Der gläserne Riese*, 240면.

267. Anders, Uekötter(*Viel Lärm*, 121면)도 역시 〈숲 고사〉 경고의 공훈으로 독일 환경 의식의 역사에 한 획을 그은 것이라고 보았다.

268. Heinrich Spiecker 외(편집), *Growth Trends in European Forests*, Berlin, 1996. 이 문제는 *Der Spiegel*, 제46호(1996)의 256면 이하도 참조할 것.

269. Holzberger, *Das sogenannte Waldsterben*, 99면.

270. Bernhard Ulrich, "Die historische Entwicklung des Beziehungsgefüges Wald‐Mensch‐Umwelt", Bernd Herrmann, Angela Budde(편집), *Natur und Geschichte. Naturwissenschaftliche und historische Beiträge zu einer ökologischen Grundbildung*, Hannover, 1989, 103면. 그때까지 산업 시대의 배기가스와 농부의 전통적인 숲 이용을 자제한 결과 숲 토양이 〈탈산성화〉했다고 이야기했다!

271. 케네트 안더스Kenneth Anders와 프랑크 위쾨터Frank Uekötter 역시 그들의 책 부제에 달았던 〈잘못된 생태 경고〉에도 글의 결론 부분(*Viel Lärm*, 137면)에서 이런 총평을 내렸다. 〈실제로 숲 고사를 둘러싼 논의는 독일 환경 보호의 예방 원칙이 생동감을 가지고 지켰다는 사실을 모범적으로 증명했다.〉 다만 예방은 앞으로 벌어질 만약의 경우를 위한 대책이 아니라, 당장 임박한 사고를 막으려는 미봉책이었을 뿐이다!

272. Duncan Poore, *Changing Landscapes. The Development of the International Tropical Timber Organization and its Influence on Tropical Forest Management*, London, 2003, 39면 이하.

273. Scholz, *Robin Wood*, 98면.

274. 위의 책 99면 이하. 또 다음 자료도 볼 것. Derek Wall, "Mobilizing Earth First! In Britain", Rootes(편집), *Environmental Movements - Local, National and Global*, 83, 86면.

275. Willem L. Oltmans, *"Die Grenzen des Wachstums" Pro und Contra*, Reinbek, 1974, 93면.

276. Beate von Devivere, *Das letzte Paradies. Die Zerstörung der tropischen Regenwälder und deren Ureinwohner*, Frankfurt, 1984, 149면.

277. Susanna Hecht, Alexander Cockburn, *The Fate of the Forest. Developers, Destroyers and Defenders of the Amazon*, London, 1990, 237면.

278. *Der Spiegel*, 6호(2003), 150면. 〈녹색 금을 둘러싼 싸움. 브라질의 나무꾼과 원주민이 금지된 마호가니를 거래한다. 환경관청은 나무 마피아를 상대로 거의 아무것도 하지 못한다〉. 다음 기사도 비슷한 내용을 다룬다. *GEO*, 2010년 4월 4일 자. 「목재 마피아는 이렇게 작업한다. 열대림 약탈자의 음험한 간계」.

279. *Der Spiegel*, 2001년 12월, 256면.

280. 환경 역사의 연구도 같은 결과를 보여 준다. J. Baird Callicott, Michael P. Nelson(편집), *The Great New Wilderness Debate*, Athens, Georgia, 1998.

281. Herbert Hesmer, *Der kombinierte land- und forstwirtschaftliche Anbau*, 총 2권, Stuttgart, 1966/1970(경제 협력부의 학술서 8권과 17권). Olaf Christen, "Wenn Wald

und Feld eine Einheit bilden. Agroforstwirtschaft weltweit häufiger genutzt", *FAZ*, 1997년 12월 17일 자.

282. 다음 두 자료를 참조할 것. Christian Küchli, *Wälder der Hoffnung*, Zürich, 1997. Asia-Pacific Forestry Commission(편집), *In Search of Excellence: Exemplary Forest Management in Asia and the Pacific*, Bangkok, 2005.

283. Jürgen Dahl, *Auf Gedeih und Verderb. Kommt Zeit, kommt Unrat. Zur Metaphysik der Atomenergie-Erzeugung*, Ebenhausen, 1977.

284. Werner Abelshauser, *Nach dem Wirtschaftswunder. Der Gewerkschafter, Politiker und Unternehmer Hans Matthöfer*, Bonn, 2009, 344면. Herbert Wehner, *Die Zeit*, 1977년 3월 18일 자.

285. Radkau, *Die Kernkraft-Kontroverse im Spiegel der Literatur*, 307면 이하.

286. William T. Markham, *Environmental Organizations in Modern Germany. Hardy Survivors in the 20th Century and Beyond*, New York, 2008, 320면.

287. Jeremy Rifkin, *Das Imperium der Rinder*(Beyond Beef. The Rise and Fall of the Cattle Culture), Frankfurt, 1994.

288. 이에 관해서는 다음 자료를 참조할 것. Joachim Radkau, "Hiroshima und Asilomar - Die Inszenierung des Diskurses über die Gentechnik vor dem Hintergrund der Kernenergie-Kontroverse", *Geschichte und Gesellschaft*, 제14호(1988), 329~363면. 같은 저자, "Learning from Chernobyl for the Fight Against Genetics? Stages and Stimuli of German Protest Movements A Comparative Synopsis", Bauer(편집), *Resistance to New Technology*, 335~355면.

289. Jost Herbig, *Die Gen-Ingenieure. Durch Revolutionierung der Natur zum Neuen Menschen?*, München, 1978, 107면. 다음 자료도 참조할 것. James D. Watson, John Tooze, *The DNA Story. A Documentary History of Gene Cloning*, San Francisco, 1981.

290. Sheldon Krimsky, *Genetic Alchemy. The Social History of the Recombinant DNA Controversy*, Cambridge, Mass., 1982, 특히 312면 이하. 반대로 유전 공학의 위험을 핵 위험과 비슷하게 다루며 공격하는 방식을 비합리적이라 여겼던 도로시 넬킨은 1990년대에 심지어 미국에서 유전 공학을 반대하는 목소리가 강했던 것을 놀랍게 여겼다. Dorothy Nelkin, "Forms of Intrusion: Comparing Resistance to Information Technology and Biotechnology in the USA", Bauer(편집), *Resistance to New Technology*, 379~390면.

291. 이것은 뤼트가드 마셜의 논제다. Luitgard Marschall, *Im Schatten der chemischen Synthese. Industrielle Biotechnologie in Deutschland(1900~1970)*, Frankfurt, 2000.

292. Steven Rose, "Gentechnologie und biologische Waffen", Regine Kollek 외(편집), *Die ungeklärten Gefahrenpotentiale der Gentechnologie*, München, 1986, 9면 이하.

293. Deutscher Bundestag, 10. Wahlperiode, Protokolle der Enquete-Kommission "Chancen und Risiken der Gentechnologie", 26/245(1986년 2월 4일).

294. *Der Spiegel*, 1978년 3월 27일 자, 212면 이하. 문제의 핵심은 복제된 미국 백만장자라는 풍문을 사실처럼 보도한 명백한 오보였다.

295. 이것은 한스요헨 루만Hans-Jochen Luhamnn의 논제다. 도처에서 자행되는 다이옥신 처리의 위험은 잠재적으로 진행되는 파국의 예였다. Günter Altner(편집), *Jahrbuch Ökologie 1993*, München, 1992, 225면.

296. 엥겔베르트 슈람Engelbert Schramm(당시 프랑크푸르트의 사회생태 연구소 소장)이 개발 노선과 그 지류를 두고 펼쳐 보인 사고는 철저하고도 근본적이다. 「알칼리 염화 이온 전기분해와 그 사례로서의 생성」, Martin Held(편집), *Leitbilder der Chemiepolitik. Stoffökologische Perspektiven der Industriegesellschaft*, Frankfurt, 1991, 42~54면. 미국 〈그린 피스〉의 미디어 홍보관 블레어 팔레제Blair Palese의 불평도 참조할 것. 〈다이옥신 독은 물론 고래나 바다표범처럼 섹시하지 않다!〉Knappe, *Das Geheimnis von Greenpeace*, 107면.

297. Armin Radünz, Andreas Borgmann, "Chemiepolitik für Chlor-kohlenwasserstoffe", Henning Friege, Frank Claus(편집), *Chemie für wen? Chemiepolitik statt Chemieskandale*, Reinbek, 1988, 149면.

298. Al Gore, *Wege zum Gleichgewicht(Earth in the Balance): Ein Marshallplan für die Erde*, Frankfurt, 1992, 147면.

299. Schramm, *Denken in Entwicklungslinien*, 54면. 〈어차피 화학 산업의 역사는 원래 물질보다 대안으로 제시된 것이 더욱 문제가 많음을 잘 확인해 준다. 처음의 희망과 (단기적 관찰에 기초한) 대체 물질의 안전성 평가는 늘 거듭 실망을 불러왔다〉.

300. Jessica van Horssen, *Allies Burning for a Hinterland: Asbestos and the Second World War, Paper für die World Conference on Environmental History*, Kopenhagen, 2009.

301. Paul Weindling, "Asbestose als Ergebnis institutioneller Entschädigung und Steuerung", Dietrich Milles(편집), *Gesundheitsrisiken, Industriegesellschaft und soziale Sicherungen in der Geschichte*, Bremerhaven 1993, 352면 이하. 일반적인 자료는 다음과 같다. Jean Pütz(편집), *Asbest-Report. Vom Wunderstoff zur Altlast*, Köln, 1989. Deutsches Hygiene-Museum(편집), *Feuerfest. Asbest: Zur Geschichte eines Umweltproblems*(전시회 기념 도서), Dresden, 1991.

302. Gene D. Robinson, *Encyclopedia of World Environmental History*, 제1권, 69면.

303. 2010년 2월 7일 앨런 에이브럼슨은 저자에게 생태 문제를 못마땅하게 여기는 사람들을 두고 이런 말을 했다. 〈석면 문제 호들갑에 아론 윌더브스키는 자신의 책에서 아예 장을 통째로 할애했다〉(*But Is It True?*, Cambridge, Mass., 1995, 185면 이하). 해당 장의 저자와 제목은 다음과 같다. Darren Schulte, "Is Asbestos in Schoolrooms Hazardous to Students' Health?" 그러나 〈EPA〉가 석면 문제를 우선순위로 삼은 것이 잘못된 판단은 아니다. 이 문제를 걱정할 근거는 분명 있다!

304. Steve Schwarze, "The Silences and Possibilities of Asbestos Activism: Stories from Libby and Beyond", Ronald Sandler, Phaedra C. Pezzulo(편집), *Environmental Justice and Environmentalism. The Social Justice Challenge to the Environmental Movement*, Cambridge, Mass., 2007, 165~187면.

305. Müller, *Innenleben der Umweltpolitik*, 135면. 요슈카 피셔는 저자에게 이런 말을 했다(1993년 10월 21일). 〈화학 관련 법안을 둘러싼 진지전을 치르며 화학의 로비는 원

자력의 그것보다 훨씬 더 심각함을 배웠다.〉 피셔는 헤센주의 환경부 장관으로 〈획스트 Hoechst〉 기업을 방문해 실사를 벌일 때 최고급 와인 대접을 받았다고 폭로했다. Barbara Zeschmar-Lahl, "Chemikaliengesetz und Altstofferfassung", Henning Friege, Frank Claus(편집), *Chemie für wen? Chemiepolitik statt Chemieskandale*, Reinbek, 1988, 95면.

306. Edda Müller, "Die Beziehung von Umwelt-und Naturschutz in den 1970er Jahren", *Natur im Sinn*, 39면.

307. Egmont R. Koch, Fritz Vahrenholt, *Seveso ist überall. Die tödlichen Risiken der Chemie*, 에르하르트 에플러Erhard Eppler가 서문을 씀, Köln, 1978.

308. Joachim Radkau, "Umweltfragen in der Bielefelder Industriegeschichte", Florian Böllhoff 외(편집), *Industriearchitektur in Bielefeld*, Bielefeld, 1986, 87면.

309. *Die Umweltmacher*, 52면.

310. Hansjürgens, Lübbe-Wolff(편집), *Symbolische Umweltpolitik*, 56면.

311. Frank Hoffmann, Theo Romland, *Die Recycling-Lüge*, Stuttgart, 1993.

312. Fritz Vahrenholt, "Der Ökochonder als Leitbild", *Der Spiegel*, 3/1996, 51면.

313. 〈리사이클링〉이라는 이상이 시도되었던 역사를 비판적으로 살핀 자료는 다음과 같다. Engelbert Schramm, *Im Namen des Kreislaufs. Ideengeschichte der Modelle vom ökologischen Kreislauf*, Frankfurt, 1997.

314. 카를 오토 헨젤링Karl Otto Henseling이 2010년 7월 5일 저자에게 해준 말이다. 이 말을 공식적으로 언급한 자료도 있다. Eberhard Weise(Bayer), "Grundsätzliche Überlegungen zu Verbreitung und Verbleib von Gebrauchsstoffen(use pattern)", Held(편집), *Leitbilder der Chemiepolitik*, 55면 이하.

315. Koch, Vahrenholt, *Seveso ist überall*, 252면 이하. 다음 자료도 이 문제를 비판적으로 다룬다. Landy 외, *The Environmental Protection Agency*, 113면. 〈EPA〉는 1970년대 말에 〈독극물 폐기물을 두고 언론과 대중이 히스테리 반응을 보이게 만드는 데〉 기여했다.

316. 『세베소는 어디에나 있다*Seveso ist überall*』의 저자 가운데 한 명인 프리츠 파렌홀트는 1996년 심지어 이렇게 확인할 수 있다고 믿었다(물론 이런 입장을 다른 환경 운동가는 과장되었다고 보았다). 〈이탈리아의 세베소에서 독극물 사고가 일어난 지 거의 20년이 지난 지금 독일 화학 산업의 안전 표준은 최고의 수준을 자랑한다. 공해 물질은 급감했으며, 다이옥신 문제는 거의 해결되었다. ……독일 화학 산업은 세계의 어느 다른 나라보다도 세베소 교훈을 체득했다.〉 *Der Spiegel*, 3/1996, 50면.

317. 환경청의 오랜 경험으로 카를 오토 헨젤링이 2010년 7월 5일 저자에게 한 말이다.

318. Scholz, *Robin Wood*, 34면.

4 카리스마 넘치는 인물과 전략적인 환경 행정가

1. Clive Ponting, *A Green History of the World*, London, 1991, 1면 이하(이스터섬의 교훈). Jared Diamond, *Kollaps. Warum Gesellschaften überleben oder untergehen*, Frankfurt, 2005, 103면 이하(이스터섬을 드리운 그늘).

2. Terry L. Hunt, Carl P. Lipo, "Ecological Catastrophe, Collapse, and the Mythe

of 《Ecocide》 on Rapa Nui(Easter Island)", Patricia A. McAnany, Norman Yoffee(편집), *Questioning Collapse - Human Resilience, Ecological Vulnerability, and the Aftermath of Empire*, New York, 2010, 21~44면.

3. 맥스 니컬슨Max Nicholson(*The New Environmental Age*, Cambridge, 1987, 194, 193면)은 나중에 1970년을 전후한 〈최후의 심판 신드롬〉과 〈비관주의의 방탕〉을 비판적 안목으로 회고했다. 실제로 당시 세계의 생태적 연관을 둘러싼 지식은 일천하기만 했다.

4. Michael Egan, *Barry Commoner and the Science of Survival - The Remaking of American Environmentalism*, Cambridge, Mass., 2007, 79면.

5. 위의 책, 104면.

6. 이것은 카이 F. 휘네뫼르더의 결론이다. Kai F. Hünemörder, "Kassandra im modernen Gewand. Die umweltapokalyptischen Mahnrufe der frühen 1970er Jahre", Frank Uekötter, Jens Hohensee(편집), *Wird Kassandra heiser? Die Geschichte falscher Ökoalarme*, Wiesbaden, 2004, 78~97면.

7. 하인리히 슈파니어Heinrich Spanier(BMU)는 나에게 게르솜 숄렘Gershom Scholem(*Juaica 1*, Frankfurt, 1963)의 말을 인용한다. 〈인류는 항상 종말을 생각해 왔다. 메시아사상은 일종의 파국 이론이다. 그리고 몰락을 말하는 모든 예언자에게는 항상 구원의 선포자가 숨어 있다.〉

8. 이것이 『환경 보호국*The Environmental Protection Agency*』(Landy 외)의 주된 논제다. 〈EPA〉는 윌리엄 러클스하우스의 퇴임 이후 그런 지도력 부재에 시달렸으며, 그런 탓에 클린턴 정부가 제공한 역사적 기회를 살려 내지 못했다(240면 이하).

9. 감정의 역사를 재구성해 보는 것이 가지는 일반적인 문제는 다음 자료를 참조할 것. Peter N. Stearns, *American Cool. Constructing a 20th-Century Emotional Style*, New York, 1994. 언론이 연출하는 들끓는 감정은 일상의 문제를 〈냉철〉하게 다스리는 것에 대비되는 부정적 이미지를 가진다.

10. Marianne Weber, *Max Weber. Ein Lebensbild*(초판, 1926), München, 1989, 605면.

11. Radkau, *Max Weber*, 697면.

12. Herbert Gruhl, *Überleben ist alles. Erinnerungen*, Frankfurt, 1990, 217면.

13. 〈영성적〉이라는 표현이 〈종교적〉보다 더 정확하다. 〈종교〉는 권위와의 〈결속〉을 의미하는 반면, 〈영성〉은 개인의 직접적인 해탈을 강조하기 때문이다.

14. Radkau, "Scharfe Konturen für das Ozonloch", Paul(편집), *Jahrhundert der Bilder*, 538면.

15. 책의 말미에서 요나스는 블로흐의 『희망의 원리』에 반대하는 뜻에서 이 책을 썼다고 밝혔다. Hans Jonas, *Das Prinzip Verantwortung. Versuch einer Ethik für die technologische Zivilisation*, Frankfurt, 1984, 390면.

16. 이 점이야말로 칼리콧의 글이 아이러니하게도 보여 주는 결함이다. 전반적으로 풍부한 지식을 자랑하면서도 이런 결함이 왜 생겨났는지 의아하기만 하다. J. Baird Callicott, "That Good Old-Time Wilderness Religion"(1991), 같은 저자, Michael P. Nelson(편집), *The Great New Wilderness Debate*, Athens, Georgia, 1998, 387~394면, 이 책은 자그

마치 700면에 달하는 대작이다!

17. Lynn White Jr., "The Historical Roots of Our Ecological Crisis", David, Eileen Spring(편집), *Ecology and Religion in History*, New York, 1974, 28면.

18. Arnold Toynbee, "The Religious Background of the Present Environmental Crisis", 위의 책, 137~149면.

19. René Dubos, "Franciscan Conservation versus Benedictine Stewardship", 위의 책, 114~136면.

20. Yi-fu Tuan, "Discrepancies between Environmental Attitude and Behaviour: Examples from Europe and China", 위의 책 91~113면.

21. Joachim Radkau, *Holz - Wie ein Naturstoff Geschichte schreibt*, München, 2007, 294면 이하.

22. Roderick Frazier Nash, *Wilderness and the American Mind*(제4판), New Haven, 2001, 35면 이하. 데이비드 보겔도 프로테스탄티즘과 환경 운동이 결합한 원인을, 분명 막스 베버를 의식한 제목에도, 프로테스탄티즘 윤리의 강점보다는 그 결함에서 찾는다. David Vogel, "The Protestant Ethic and the Spirit of Environmentalism: Exploring the Roots of Contemporary Green Politics", *Umweltpolitik und Umweltrecht*, 제25호(2002), 297~323면.

23. 미국 회화의 가장 위대한 낭만주의자 가운데 한 사람으로 야생의 상상에 흠뻑 빠진 토머스 콜Thomas Cole의 경건함만 생각해도 이게 무슨 이야기인지 잘 알 수 있으리라! Louis Legrand Noble, *The Life and Works of Thomas Cole*(초판: 1853), Hensonville, NY, 1997, 301면 이하. 내쉬는 콜의 이런 태도를 두고 다음과 같은 말을 썼다. 〈야생은 그에게 종교적인 동시에 미학적인 중요성을 가졌다.〉 그러나 내쉬는 이런 종교성의 특별한 성격을 연구하지는 않았다. Nash, *Wilderness*, 78면 이하.

24. Arne Næss, "Selbst-Verwirklichung: Ein ökologischer Zugang zum Sein in der Welt", John Seed 외, *Denken wie ein Berg*, Freiburg o. J.(1993), 34면.

25. Hubert Weinzierl, "Naturschutz ist Menschenschutz", Karl Stankiewitz, *Babylon in Bayern*, Regensburg, 2004, 134면.

26. Engelbert Schramm(편집), *Ökologie-Lesebuch*, Frankfurt, 1984, 26면. 〈물리 신학〉 이라는 말은 영국의 성직자이자 자연과학자인 윌리엄 더햄William Derham이 만들어 냈다 (1712년경).

27. Ernst Robert Curtius, *Europäische Literatur und lateinisches Mittelalter*, Bern, 1963, 323면 이하.

28. Stephen Fox, *John Muir and His Legacy: The American Conservation Movement*, Boston, 1981, 107면.

29. David Brower, *Earth's Sake*, Salt Lake City, 1990, 261면.

30. Frank Uekötter, *The Green and the Brown. A History of Conservation in Nazi Germany*, New York, 2006, 142면.

31. Almut Leh, *Zwischen Heimatschutz und Umweltbewegung. Die Professionalisierung des*

Naturschutzes in Nordrhein-Westfalen 1945~1975, Frankfurt, 2006, 152, 157면.

32. Wilhelm Lienenkämper, *Grüne Welt zu treuen Händen. Naturschutz und Landschaftspflege im Industriezeitalter*, Stuttgart, 1963, 62면.

33. Uekötter, *The Green and the Brown*, 1면 이하.

34. Lienenkämper, *Grüne Welt*, 175면 이하.

35. Theodore Roosevelt, *Aus meinem Leben*, Leipzig, 1914, 248면. 자연 보호 운동가들은 새에게 특별한 카리스마를 부여했다. 왜 항상 조류 보호 운동이 자연 보호를 이끌었겠는가? 물론 그럴 만한 계기는 여러 가지가 있다. 새는 눈과 귀에 즐거움을 준다. 새는 집에서 키울 수도 있으며, 모이를 주어 꾈 수도 있다. 새벽부터 새를 관찰하러 떠나는 탐험은 단결심을 고취해 준다. 새는 농사를 도와주는 길조로 여겨져 왔다. 특히 새의 종을 헤아리는 애호가가 결정적 계기를 마련해 준다. 이렇게 확인된 수치는 특정 조류가 감소했다는 호소로 충분히 힘을 발휘한다(안나 뷥제와 2010년 12월 2일 나눈 대화).

36. Georg Wilhelm Friedrich Hegel, *Phänomenologie des Geistes*, Johannes Hoffmeister(편집), Hamburg, 1952, 485면(「식물과 동물」).

37. Joachim Radkau, "Die Heldenekstase der betrunkenen Elefanten: Das Natursubstrat bei Max Weber", *Leviathan*, 4(2006), 556면 이하.

38. 늑대의 생태 복권은 최근 일어난 〈야생 경영Wildlife Management〉의 가장 두드러진 사건 가운데 하나다. Simon A. Levin(편집), *The Princeton Guide to Ecology*, Princeton, 2009, 699면. 〈그 가치를 높이 사야 할 사례는 1970년대에 제거되었던 늑대가 1995년에 옐로스톤 국립 공원에 복원된 것이다. 그 의미가 완전히 이해되지는 않았지만, 몇몇 지역에서 늑대 복원은 분명《먹이 사슬》관계의 호전을 가져왔다. 이렇게 해서 비버와 명금류를 비롯한 다른 동물의 서식지가 복구되었기 때문이다.〉

39. Mark Dowie, *Conservation Refugees. The Hundred-Year Conflict Between Global Conservation and Native Peoples*, Cambridge, Mass., 2009, XI면. 유럽 중부의 숲에 곰과 늑대와 살쾡이의 복원을 인상적으로 선전한 어떤 순회 전시회(2009)는 그 홍보 책자 제목으로『위대한 넷』(표지 로고가 암시하듯 네 번째 맹수는 인간이다)을 달았다. 이 책자에는 「염소와 양: 발견된 먹잇감」이라는 도발적인 장도 들어 있다. 바이에른 양 사육업자 연맹도 그 스폰서 가운데 하나다. 독일에서 양 사육이 큰 수입을 올려 주지는 않지만, 양이 늑대에게 잡아먹힌다면 손해 배상을 요구할 권리가 있기 때문이다!

40. 다음 자료에는 판다 구출을 두고 열광하는 목소리를 생생히 담았다. 탕시양唐錫陽, *Living Treasures. An Odyssey Through China's Extraordinary Nature Reserves*, New York, 1987, 17~38면. 문화 혁명 동안 노동 수용소로 보내졌던 탕시양은 1980년 중국 잡지『자연』의 편집장이 되었다.

41. Henry Makowski, *Nationalparke in Deutschland*, Neumünster, 1997, 36면.

42. Wolfgang Haber, "Naturschutz in der Kulturlandschaft-ein Widerspruch in sich?", *Laufener Spezialbeiträge*, 1/08, 22면. 하인리히 슈파니어Heinrich Spanier는 프랑크 위쾨터에게 2004년 3월 22일에 쓴 편지에 이렇게 썼다. 〈철학자 데모크리토스의 고향인 아브데라Abdera에서 사람들은 개구리를 성스러운 것으로 선포했다고 합니다. 자연 보호 운

동이 보여 주는 이런 종교적 특성이 그저 말의 유희인지, 아니면 정말 그렇게 생각하는 것인지 잘 모르겠습니다. 제가 보기에는 진지한 것 같군요. …… 그런 점에서 이런 종교적 열정은 정치 프로그램이기도 합니다. 어쨌거나 자연 보호의 종교적 특성은 역사의 주제로 오늘날은 물론이고 미래에도 연구할 가치가 있습니다.〉

43. Dave Foreman, *Confessions of an Eco-Warrior*, New York, 1991, 3, 105, 116, 175면, 또 19, 51, 73, 90면도 볼 것.

44. 위의 책, 39면.

45. Radkau, *Aufstieg und Krise der deutschen Atomwirtschaft*, 34~45면.

46. 이런 사실은 에른스트 F. 슈마허의 여동생이자 베르너 하이젠베르크의 아내인 엘리자베트 하이젠베르크Elisabeth Heisenberg가 1979년에 나와 개인적인 대화를 나누며 알려 주었다.

47. 이에 관해서는 슈마허의 딸이 쓴 전기를 참조할 것. Barbara Wood, *Alias Papa. A Life of Fritz Schumacher*, London, 1984.

48. Edward Conze, *Eine kurze Geschichte des Buddhismus*, Frankfurt, 1986(영문 원본, 1980), 104면.

49. 위의 책, 159면 이하.

50. 주47의 책, 32면 이하.

51. E. F. Schumacher, Die Rückkehr zum menschlichen Maß. Alternativen für Wirtschaft und Technik-《Small is Beautiful》, Reinbek, 1977, 140면(영문 원본, *Small is Beautiful. A Study of Economics as if People Mattered*, London, 1973).

52. 주47의 책, 352면 이하.

53. 위의 책, 342면.

54. 내가 가진 판본을 보니 1978년에 나 자신이 이렇게 써넣은 메모가 나온다. 〈이 책은 실망스러울 정도로 낡고 진부하다.〉 원자력 갈등을 겪은 시절 이후 사람들은 대안 기술을 더욱더 전문적이고 날카롭게 다룬 문헌에 익숙해 있었던 탓이다!

55. 이런 역설적 측면을 주목한 사람은 로저 S. 고틀리프Roger S. Gottlieb다. *A Greener Faith. Religious Environmentalism and Our Planet's Future*, Oxford, 2006, 223면.

56. Knappe, *Das Geheimnis von Greenpeace*, 16면 이하.

57. 이 점을 알려 준 사람은 〈그린피스〉 의장 틸도 보데Thildo Bode다. Greenpeace(편집), *Das Greenpeace Buch. Refl exionen und Aktionen*, München, 1996, 255면.

58. 이를 보여 주는 인상적인 시대 기록은 다음과 같다. *Der Bahro-Kongreß. Dokumentation des Bahro-Kongresses vom 16~19. November 1978 in der TU Berlin*, Berlin, 1979. 이 책에는 당시 언론의 반응도 함께 수록되어 있다.

59. *Der Spiegel*, 1983년 11월 14일 자, 64면(Hubert Seipel).

60. Rudolf Bahro, *Die Alternative. Zur Kritik des real existierenden Sozialismus*, Köln, 1977, 311면.

61. 1986년 9월 25일 빈에서 일어난 시위, 체르노빌 사고를 계기로 소집된 국제 원자력 정상 회담에 반대하는 시위에 참석한 그롤이 나에게 친히 한 말이다. 그의 사고방식이 얼마

나 경직되어 있는지 잘 보여 주는 사례다! 당시 이미 오래전부터 좌파에 거리를 두어 온 바로는 그룰을 두고 이런 말을 했다. 〈그의 약점은 케케묵은 방식의 보수를 고집한다는 점이다. 낙원으로부터 추방당한 아담과 이브의 가르침을 붙들고 늘어진다고 할까. 이미 생태 위기는 지속되고 있음에도 말이다.〉 Rudolf Bahro, *Logik der Rettung. Wer kann die Apokalypse aufhalten? Ein Versuch über die Grundlagen ökologischer Politik*, Stuttgart, 1987, 47면. 아마도 바로는 창세기에 나오는 말씀 〈땅에 충만하라, 땅을 정복하라〉를 염두에 둔 모양이다. 그러나 동시에 바로는 그룰의 종말론적 분위기에 가까워졌다! 바로 역시 이스터섬 주민의 자살(혹은 자살로 추정되는 사건)을 인류의 임박한 종말로 받아들였다(위의 책, 33면 이하)!

62. Jörg Bergstedt, *Agenda, Expo, Sponsoring - Recherchen im Naturschutzfilz*, Frankfurt, 1998, 177면.

63. Der Spiegel, 1983년 6월 13일 자, 27면.

64. Guntolf Herzberg, Kurt Seifert, *Rudolf Bahro - Glaube an das Veränderbare. Eine Biographie*, Berlin, 2002, 336면.

65. 위의 책, 422면.

66. Heinrich V. Treitschke, *Deutsche Geschichte im 19. Jh.*, 2권(제4판), Leipzig, 1893, 386면.

67. Herzberg, Seifert, *Rudolf Bahro*, 523면 이하.

68. 위의 책, 407면.

69. 1983년 4월 28일의 당 운영위원회 회의록, *Die Grünen im Bundestag, Sitzungsprotokolle 1983~1987*, 제1권, Düsseldorf, 2008, 108면 이하. 한편 바로는 페트라 켈리에게 이런 비난을 퍼부었다. 그녀의 정치의식은 〈나르시시즘적인 허영의 찌꺼기와 신을 우러르는 전능함의 희망과 결합되어 있다〉. 사스키아 리히터Saskia Richter라는 저자는 자신의 책(*Die Aktivistin - Das Leben der Petra Kelly*, München, 2010, 135면)에서 이것이야말로 켈리에 대한 〈가장 적확한〉 성격 묘사라고 썼다. 그러나 사스키아 리히터는 오히려 바로를 주목했어야만 했다!

70. 위의 회의록, 334면(1983.11.15).

71. Spretnak, *Die Grünen*, 64면.

72. 위의 책, 104면(바로 자신의 말).

73. Radkau, *Max Weber*, 814면.

74. *Religion in Geschichte und Gegenwart*, 제3권(제2판), Tübingen, 1929, 836면.

75. Bernhard Knappe, *Das Geheimnis von Greenpeace. Die andere Seite der Erfolgsstory*, Wien, 1993, 39면.

76. Andrew Revkin, *The Burning Season: The Murder of Chico Mendes and the Fight for the Amazon Rain Forest*, Boston, 1990, 260면 이하.

77. Chico Mendes, *Rettet den Regenwald!*, Göttingen, 1990, 121면 이하.

78. 위의 책, 88면 이하.

79. Knappe, *Das Geheimnis von Greenpeace*, 31면. 스베냐 코흐Svenja Koch(독일 〈그린피

스〉대변인)도 저자에게 2006년 7월 7일 비슷한 발언을 했다.

80. Maude Barlow, Tony Clarke, *Blue Gold. The Fight to Stop the Corporate Theft of Water*, New York, 2005(초판, 2002), 231면. 캐나다인들이 쓴 이 책도 도미코의 추모를 위해 헌정되었다.

81. Manfred Loimeier, *Ken Saro-Wiwa*, Göttingen, 1996, 54, 41면 이하. 다음 자료를 참조할 것.

82. Ken Saro-Wiwa, *Flammen der Hölle. Nigeria und Shell: Der schmutzige Krieg gegen die Ogoni*, Reinbek, 1996.

83. 위의 책 93면.

84. 위의 책 169면 이하 참조. 〈쉘〉의 입장 표명은 이랬다. 〈석유와 가스의 대부분은 나이저 델타의 작은 지역들에 흩어져 있다. 대부분이 늪으로 이뤄진 이 지역은 작업을 벌이기가 대단히 어려우며, 유전들을 결합한 파이프라인은 하나의 선으로 런던에서 뉴욕까지 이른다〉. 이렇게 본다면 이 스캔들은 앞으로 세계가 겪을 환경 파국의 전조나 다름없다. 비교적 쉽게 채취할 수 있는 곳에 석유가 고갈되어 버리면 결국 채취하기가 까다로운 지역까지 마구 파헤칠 게 아닌가! 〈쉘〉은 환경 오염이 빚어진 책임의 일부를 파이프라인의 관리를 막은 사보타주에 돌렸다.

85. Loimeier, *Ken Saro-Wiwa*, 21면.

86. Ken Saro-Wiwa, *Flammen der Hölle*, 74면 이하.

87. 위의 책, 78면.

88. Jürgen Streich, *Vorbilder. Menschen und Projekte, die hoffen lassen - Der Alternative Nobelpreis*, 2005. 이 책은 켄 사로위와의 추모를 위해 헌정된 것이다.

89. Ken Saro-Wiwa, *Flammen der Hölle*, 114면.

90. 한때 대단한 명성을 자랑한 작가 롤프 이탈리아안더Rolf Italiaander(1913~1991)의 아프리카 책들, 내가 학창시절 열심히 읽었던 이 책들에서 오늘날 다음과 같은 구절을 발견한 것은 충격적이다. 롤프는 1960년 나이지리아를 아프리카의 모범 국가로 추켜세우며 영국식 교육을 받은 엘리트가 이끄는 미래의 국가로 묘사했다! Italiaander, *Die neuen Männer Afrikas*, Düsseldorf, 1960, 265면 이하.

91. Loimeier, *Ken Saro-Wiwa*, 15면. 켄 사로위와 자신도 서구 여론이 아프리카에 관한한 야생의 보호에만 편파적인 관심을 보이는 것을 비판했다. 〈서구는 코끼리의 생명과 상아 반출 금지에만 관심을 가진다. 사람이 죽어 가는 데도 아무도 신경 쓰지 않는다.〉 같은 책, 23면.

92. Anna Wöbse, "Die Brent-Spar-Kampagne. Plattform für diverse Wahrheiten", Uekötter, Hohensee(공동 편집), *Wird Kassandra heiser?*, 153면. Greenpeace(편집), *Brent Spar und die Folgen. Analysen und Dokumente zur Verarbeitung eines gesellschaftlichen Konfliktes*, Göttingen, 1997. 특히 다음 기사를 볼 것. *FAZ*, 1995년 11월 6일 자. 「오고니 땅에서 〈그린피스〉는 어디 있는가?Wo bleibt Greenpeace im Ogoni-Land?」. 다음 기사도 참조할 만하다. Dirk Kurbjuweit, 「우리는 더 가까이 다가가야 한다. 왜 《브렌트 스파》는 켄 사로위와의 운명보다 더 많은 주목을 끄는가Die Rollen sind uns näher - Warum ‹Brent Spar› die Menschen

mehr aufrüttelte als das Schicksal von Ken Saro-Wiwa」. 안나 뷥제는 2010년 6월 4일에 저자에게 이런 말을 했다. 나이지리아의 《쉘》 역사에는 기묘한 망각이 지배한다〉. 켄 사로위와를 기억하는 사람은 극소수일 뿐이라는 것이다. 〈나는 인권 운동가와 환경 운동가의 심장이 서로 너무 멀리 떨어져 있는 것이 아닌지 걱정됩니다.〉

93. Alvin Y. So, Yok-shiu F. Lee, "Environmental Movements in Thailand", 저자와 동일(편집), *Asia's Environmental Movements - Comparative Perspectives*, Armonk, NY, 1999, 127면. On-Kwok Lai 외, "The Contradictions and Synergy of Environmental Movements and Business Interests", 위의 책, 280면.

94. 치앙마이 메일 Ⅶ권, 18번(2008년 4월 29일~5월 5일). www.chiangmai-mail.com.

95. On-Kwok Lai, *Contradictions*, 280면.

96. Jim Taylor, "《Thamma-Chaat》: Activist Monks and Competing Discourses of Nature and Nation in Northeastern Thailand", Philip Hirsch(편집), *Seeing Forests for Trees. Environment and Environmentalism in Thailand*, Chiang Mai, 1997, 39~46면.

97. David L. Gosling, *Religion and Ecology in India and Southeast Asia*, London 2001, 98면. 고슬링이 보기에 태국에서 종교 영향을 받은 환경 보호의 정신적 지도자는 승려 부다다사 비쿠Buddhadasa Bhikku다. 이 경우도 다른 사례와 마찬가지로 특정 카리스마에 사로잡힌 나머지 다른 인물을 주목하지 않았다!

98. Kamala Tiyavanich, *Forest Recollections. Wandering Monks in 20th-Century Thailand*, Honolulu, 1997, 245면 이하. Bruce Rich, *Die Verpfändung der Erde. Die Weltbank, die ökologische Verarmung und die Entwicklungskrise*, Stuttgart, 1998, 26면 이하.

99. Kamala Tiyavanich, *Forest Recollections. Wandering Monks in 20th-Century Thailand*, Honolulu, 1997, 245면 이하, 80면 이하. 프라자크를 둘러싼 이야기는 부분적으로 이 승려와 직접 대화를 나눈 것에 근거한다.

100. Christian Küchli, *Wälder der Hoffnung*, Zürich, 1997, 156면 이하.

101. Taylor, "Thamma-Chaat", 43면.

102. Joyce Hannam, *The Death of Karen Silkwood*, Oxford, 1991. 옥스퍼드대학교 출판사가 책을 냈다!

103. Jochen Reiss, *Greenpeace. Der Umweltmulti - sein Apparat, seine Aktionen*, München, 1990, 192~202면.

104. Bess, *Light-Green Society*, 33~36면.

105. Reiss, *Greenpeace*, 202면.

106. Knappe, *Das Geheimnis von Greenpeace*, 163면 이하.

107. Werner Abelshauser, *Nach dem Wirtschaftswunder. Der Gewerkschafter, Politiker und Unternehmer Hans Matthöfer*, Bonn, 2009, 344면 이하.

108. 심지어 디터 루흐트Dieter Rucht(*Von Wyhl nach Gorleben*)도 〈그륀들러〉라는 이름을 각주 하나만으로 다루었다(246면)!

109. Friedemann Bedürftig, *Geschichte der DDR*, Köln, 2007, 158면 이하.

110. François Fejtö, *Die Geschichte der Volksdemokratien*, 제2권, Graz, 1972, 476면.

111. Jürgen Horlemann, Peter Gäng, *Vietnam - Genesis eines Konflikts*, Frankfurt, 1966, 142면 이하.

112. Herzberg, Seifert, *Rudolf Bahro*, 553면 이하, 560면 이하.

113. *Der Spiegel*, 1995년 7월 10일 자, 182면.

114. Martin Rhodes, "Italy", Dick Richardson, Chris Rootes(편집), *The Green. The Development of Green parties in Europe*, London, 1995, 187면.

115. Mieke Roscher, *Ein Königreich für Tiere*, Marburg, 2009, 392면.

116. Luc Ferry, *The New Ecological Order*(frz.: *Le nouvel ordre écologique: L'arbre, l'animal et l'homme*, 1992), Chicago, 1995, 116면. 특히 다음 장 전체를 볼 것. "In Praise of Difference, or The Incarnations of Leftism: The Case of Ecofeminism", 108~126면. 페리는 생태주의의 악명 높은 적대자로 투우를 〈현대 휴머니즘의 정초〉라며 철학적으로 신격화한 알랭 르노Alain Renault의 친구다. 르노가 동물을 능가하는 인간 정신의 우월함을 과시한 글을 페리는 신이 나서 인용한다(50면 이하)!

117. Hans Jonas, *Das Prinzip Verantwortung*, Frankfurt, 1984, 85면.

118. Jakob von Uexküll, *Die geschaute Welten. Die Umwelten meiner Freunde - ein Erinnerungsbuch*, Berlin, 1936, 174면.

119. Sunderlal Bahaguna, "People's Programme for Change", 같은 저자 외 공저, *India's Environment - Myth and Reality*, New Delhi, 2007, A9.

120. Anna-Katharina Wöbse, "Lina Hähnle eine Galionsfigur der frühen Naturschutzbewegung", Stiftung Naturschutzgeschichte(편집), *Naturschutz hat Geschichte*, Essen, 2003, 113~130면.

121. Ludmilla Tüting, "Die Chipko-Bewegung", 같은 저자(편집), *Menschen, Bäume, Erosionen. Kahlschlag im Himalaya - Wege aus der Zerstörung*, Löhrbach, 1987, 29면 이하.

122. Ramachandra Guha, *The Unquiet Woods. Ecological Change and Peasant Resistance in the Himalaya*, Delhi, 1989(이 책의 157면에 이런 표현이 나온다. 칩코 운동의 〈탄생〉은 〈젊은 남자들이 피로 서약을 한 것이다〉). Haripriya Rangan, *Of Myths and Movements. Rewriting Chipko into Himalayan History*, London, 2000. 특히 32~35면을 보면 반다나 시바가 세웠다는 에코페미니즘적인 칩코 서술을 비판하는 대목이 나온다.

123. Marieluise Beck-Oberdorf, Elke Kiltz, "Dogmatismus macht nicht stark. Warum die Grünen das Frauenthema an die Etablierten verlieren", Ralf Fücks(편집), *Sind die Grünen noch zu retten?*, Reinbek, 1991, 94면 이하. 〈그린피스〉 독일 지부의 여성 대변인 스베냐 코흐는 저자에게 이런 말을 했다(2006년 7월). 〈그린피스를 후원하는 사람 가운데 다수는 여성이다.〉

124. Sara Parkin, *Green Parties. An International Guide*, London, 1989, 260면.

125. 나는 페트라 켈리의 전기를 쓴 사스키아 리히터Saskia Richter(베를린)에게 이 책의 원고를 비판적으로 읽어 주고 많은 귀중한 암시를 준 것에 감사한다(그녀가 쓴 켈리의 전기는 내가 이 책의 원고를 끝내고 나서야 출간되었다).

126. Monika Sperr, *Petra Kelly - Politikerin aus Betroffenheit*, München, 1983, 13면. Spretnak, *Die Grünen*, 62면. 무엇보다도 녹색의 영성에 관심을 가졌던 미국 저자 스프레트나크는 1984년 페트라 켈리를 독일 녹색당의 화신으로 보았다. 이런 관점은 전혀 놀라운 것이 아니다.

127. Spretnak, *Die Grünen*, 63면. 〈많은 기자는 페트라 켈리를 잔 다르크와 비교했다.〉

128. *Die Grünen im Bundestag*, 제2권, 546면(1984년 7월 13일 안테 폴머에게 보낸 공개 서한). Saskia Richter, Die Aktivistin, 287면. 빌헬름 크나베Wilhelm Knabe는 이렇게 기억했다. 페트라 켈리는 〈기자만 나타났다 하면 당원과 나누던 대화를 끊고 기자에게 달려갔다〉.

129. 페트라 켈리 자신은 이런 표현을 썼다. 〈무엇보다도 우리는 인간적으로 실패했다.〉녹색당에 보낸 공개 서한. Ralf Fücks(편집), *Sind die Grünen noch zu retten?*, Reinbek, 1991, 29면.

130. 벤야민 헨리히스Benjamin Henrichs가 일간지 『차이트』를 상대로 한 말. 1982년 11월 5일 자, 기사 제목 「세계적인 수녀Weltliche Nonne」, 다음 자료에서 재인용. Sperr, *Kelly*, 181면.

131. Alice Schwarzer, *Eine tödliche Liebe. Petra Kelly und Gert Bastian*, Köln, 1993, 138면.

132. 위의 책, 170면.

133. Petra K. Kelly, "Religiöse Erfahrung und politisches Engagement", Gunter Hesse, Hans-Hermann Wiebe(편집), Die Grünen und die Religion, Frankfurt, 1988, 35면.

134. Joachim Radkau, "Die Sehnsucht nach Grenzenlosigkeit. Argumente gegen Grundsatzerklärungen über 'offene Grenzen'", Karl A. Otto(편집), *Westwärts - Heimwärts? Aussiedlerpolitik zwischen 'Deutschtümelei' und 'Verfassungsauftrag'*, Bielefeld, 1990, 115~131면.

135. Schwarzer, *Eine tödliche Liebe*, 81면.

136. Spretnak, *Die Grünen*, 63면.

137. Sperr, *Kelly*, 139면. 〈페트라 켈리도 지구라는 우주선이 갈수록 더 빠르게 망해 가고 있다고 보았다.〉 158면에는 그녀가 느꼈던 〈종말의 느낌〉이라는 표현이 나온다.

138. Schwarzer, *Eine tödliche Liebe*, 117면.

139. Kelly, *Religiöse Erfahrung*, 31면 이하.

140. *Die Grünen im Bundestag*, 의회 속기록 1983~1987, 1권, 48면.

141. Schwarzer, *Eine tödliche Liebe*, 118면.

142. 페트라 켈리의 이런 태도를 두고 사스키아 리히터Saskia Richter는 나에게 보낸 편지 (2010년 5월 31일)에서 이렇게 썼다. 〈티베트는 그녀가 자신의 인생과 세계의 모든 차원에서 추구해 온 무갈등의 상징과 같았다.〉 그러니까 현실의 갈등으로 얼룩진 자신의 삶과 전혀 반대되는 그림을 그녀는 그렸던 셈이다.

143. 물론 출간된 책에는 이런 표현이 나오지 않는다. 다음 자료를 참조할 것. Petra K.

Kelly, Gert Bastian(편집), *Tibet - ein vergewaltigtes Land*, Reinbek, 1988.

144. 위의 책, 28면.

145. 이 행사에 직접 참가해 목격한 현장이다.

146. Jutta Ditfurth, *Entspannt in die Barbarei. Esoterik, (Öko-)Faschismus und Biozentrismus,* Hamburg, 1996, 118면.

147. 유타 디트푸르트는 한때 콜린 골드너Colin Goldner와 함께 달라이 라마와 그 추종자들을 공격하면서, 골드너가 기획한 730면 두께의 책을 써서 달라이 라마 반대 운동에 불을 지피려고 했다. 그러나 달라이 라마 숭배를 파시즘 전통에 세우려는 이 책은 골드너와의 다툼으로 수포로 돌아갔다. 다음 책을 참조할 것. Colin Goldner, *Dalai Lama - Fall eines Gottkönigs,* Aschaffenburg, 2008, 400, 702면.

148. Erich Thiesen, *Es begann im Grünen Kreml. Agrarpolitik zwischen Rendsburg und Brüssel,* Neumünster, 1997, 222~228면. Dietmar Stutzer, Geschichte des Bauernstandes in Bayern, München, 1988, 298~304면.

149. Sperr, Kelly, 93면 이하.

150. Sperr, Kelly, 93~117면. 책의 이 부분은 페트라 켈리의 브뤼셀 시기를 그녀와 만숄트의 애정 관계와 함께 상세히 다룬다. 그렇지만 놀랍게도 〈만숄트 플랜〉은 단 한 번도 언급되지 않았다! 이런 외면은 녹색당의 다른 대변인(무엇보다도 안테 폴머와 그녀의 당시 파트너인 유기농 농부 프리드리히 빌헬름 그래페 추 바링스도르프Friedrich Wilhelm Graefe zu Baringdorf)이 이미 1980년대 초에 농업의 화학화에 집중한 유럽 공동체 정책의 결과가 심각한 환경 재해를 낳았다고 지적한 것을 생각하면 더욱더 놀랍기만 하다. 다음 자료를 참조할 것. Spretnak, *Die Grünen*, 78면. 만숄트를 사랑하는 마음이 페트라 켈리를 이 문제에서 침묵하게 만들었을까? 그러나 생태 시대에 접어들면서 만숄트 자신도 플랜에 회의를 빠지기 시작했다. 1995년 7월 10일 『슈피겔』에 실린 만숄트 추모 기사를 볼 것.

151. Sperr, *Kelly*, 113면 이하.

152. 위의 책, 180면.

153. *Die Grünen im Bundestag*, 제2권, 709면.

154. *Der Spiegel*, 1983년 6월 13일 자, 27면.

155. *Die Grünen im Bundestag*, 제2권, 812면(일간지 『타즈Taz』를 상대로 한 인터뷰, 1985년 8월 31일 자).

156. Kelly, *Zuallererst sind wir menschlich gescheitert*, 27면.

157. *Die Grünen im Bundestag*, 제1권, 107면(1983년 4월 페트라 켈리가 〈계파와 당 최고 위원회와 기초 당원〉에게 보낸 공개 서한).

158. Bess, *Light-Green Society*, 207면.

159. Sara Parkin, *Green Parties - An International Guide*, London 1989, 102면.

160. 위의 책, 99면. 사라 파킨은 프랑스 녹색당의 당시 딜레마를 이렇게 표현했다. 〈카리스마 있는 지도자가 표를 끌어오기는 하지만 운동에 필요한 표까지 확보하는 것은 아니다.〉

161. Alistair Cole, Brian Doherty, "France: Pas comme les autres-the French Greens at the crossroad", Richardson, Rootes(편집), *The Green*, 56면 이하.

162. 위의 책, 61면.

163. Bess, *Light-Green Society*, 127면.

164. Cole, Doherty, "France: Pas comme les autres", 52면 이하.

165. Bess, *Light-Green Society*, 207면.

166. 위의 책, 112면 이하.

167. 심지어 1960년대에 카를스루에 핵 연구소에서 고속 증식로 개발 프로젝트 책임자로 〈증식로 교황〉이라는 별명으로 불렸던 볼프 헤펠레Wolf Häfele조차 2009년 5월 19일 나에게 이렇게 설명했다. 〈우리는 플루토늄에 질식할 겁니다.〉 이것이 우리 문명을 증식로 건설에 걸었던 사람의 입에서 나온 말이다. 더욱이 독일은 프랑스보다 훨씬 더 적은 원자력 발전소를 가졌음에도!

168. Bess, *Light-Green Society*, 113면.

169. 위의 책, 207면.

170. 위의 책, 208, 114면.

171. 에릭 르 부셰Eric Le Boucher(편집장), *Le Monde*, 2007년 9월 30일 자(〈위키피디아 Wikipedia〉에서 인용함).

172. Ingrid Gilcher-Holtey, *"Die Phantasie an die Macht". Mai 68 in Frankreich*, Frankfurt, 1995, 328면 이하.

173. 〈시에라 클럽〉의 회장은 1970년 알래스카와 습지를 야생 보호의 가장 중요한 투쟁의 장으로 강조했지만, 이 여인들의 이름은 언급조차 하지 않았다. 다음 자료를 볼 것. Paul Brooks, "Notes on the Conservation Revolution", *Ecotactics: The Sierra Club Handbook for Environment Activists*, New York, 1970, 36~42면.

174. 마저리 더글러스에 관해서는 다음 자료들을 볼 것. *Encyclopedia of World Environmental History*, 제1권, 340면. 추도문, *Der Spiegel*, 제22호(1998), 230면. 그리고 그녀가 존 로트차일드John Rothchild와 함께 쓴 자서전 *Voice of the River*(1987)를 바탕으로 작성된 〈위키피디아〉 문서.

175. Alfred Runte, *National Parks. The American Experience*, Lincoln, Nebraska, 1997(초판 1979), 135면 이하. 미국 국립 공원 역사의 교과서로 〈에버글레이드〉를 상세히 다룬 이 책조차 마저리 더글러스는 언급조차 하지 않았다. 국립 공원 운동의 내부에서조차 그녀의 역할을 둘러싼 논란이 어느 정도인지 보여 주는 정황이다!

176. 화려한 사진들로 유명한 『라이프*Life*』의 특별판 「우리의 국립 공원: 미국 자연의 화려함을 기리다」는 습지대의 사진을 단 한 장도 싣지 않았다!

177. 〈늪은 늪이다〉라며 야생 보호 운동을 주도한 인물 윌리엄 호너데이William T. Hornaday는 코웃음을 쳤다. 그는 〈에버글레이즈〉에서 〈그림처럼 아름다운 것은 전혀 발견하지 못했다〉고 말했다. Runte, *National Parks*, 131면.

178. 위의 책, 108면.

179. 마가리아 피히터Margaria Fichter의 추도문, *Miami Herald*, 1998년 5월 14일 자, 〈위키피디아〉에서 인용함.

180. Dave Foreman, *Confessions of an Eco-Warrior*, New York, 1991, 201면, 15면. 본

문의 인용문은 1978년 야생 협회의 집행이사인 셀리아 헌터가 〈야망에 넘치는 젊은 사업가〉 빌 터니지Bill Turnage로 대체되었을 때 데이브 포먼이 〈지구가 먼저다!〉를 창설하는 자리에서 연설하며 표출한 분노다.

181. 심지어 데이비드 브라워의 자전적 기록인 550면의 책(*Earth's Sake*, Salt Lake City, 1990)은 알래스카를 다룬 장으로 맺음에도 셀리아 헌터를 언급하지 않는다! 이는 그만큼 생태 운동의 지도자에 어떤 인물이 있었는지 확인하기 어렵다는 반증이다.

182. Nash, *Wilderness*, 280면.

183. Runte, *National Parks*, 256면.

184. *Our National Parks*, New York(Life Books), 2009, 85면.

185. Jon Kracauer, *In die Wildnis. Allein nach Alaska*, München, 1997, 249, 243면.

186. Carl Pope, Paul Rauber, *Strategic Ignorance. Why the Bush Administration is Recklessly Destroying a Century of Environmental Progress*, San Francisco, 2004, 133면.

187. Hays, *Beauty, Health, and Permanence*, 59면.

188. Runte, *National Parks*. 이 책의 「알래스카에서 내린 결정」이라는 제목의 장에는 셀리아 헌터가 언급할 가치조차 없다는 극언마저 나온다. 이는 곧 그녀의 비중이 사안을 해석하는 입장에 따라 달라지며, 여성 영웅을 바라는 갈망이 결정적 영향을 끼친다는 반증이다!

189. Roderick Nash, *Wilderness and the American Mind*(제4판), New Haven, 2001, 272~275면.

190. 위의 책, 272면.

191. *Encyclopedia of World Environmental History*, 제3권, 218면. 다음 자료도 볼 것. Peter Coates, *The Trans-Alaska Pipeline Controversy*, Fairbanks, 1993.

192. Runte, *National Parks*, 237면.

193. 위의 책, 255면.

194. Hammond, *Tales*, 170면.

195. Nash, *Wilderness*, 276면. 〈알래스카에서 항공과 관련된 것보다 더 중요한 기술은 없다.〉

196. 위의 책, 289면.

197. 위의 책, 290면.

198. 위의 책, 299면. Runte, *National Parks*, 246면.

199. Nash, *Wilderness*, 310면. 참으로 기이하게 해먼드의 자서전(*Tales of Alaska's Bush Rat Governor: The Extraordinary Autobiography of Jay Hammond, Wilderness Guide and Reluctant Politician*, Fairbanks, 1994)에는 셀리아 헌터의 이름이 단 한 번도 등장하지 않음에도 그녀를 다룬 〈위키피디아〉의 설명은 해먼드의 자서전을 주된 출처로 밝혔다! 환경을 둘러싼 갈등은 바로 이 자서전의 167~180면을 볼 것.

200. Anthony Flint, *Wrestling with Moses. How Jane Jacobs Took On New York's Master Builder and Transformed the American City*, New York, 2009.

201. Jane Jacobs, *The Death and Life of Great American Cities*(초판: 1961), New York, 1992, 433면 이하, 443면 이하.

202. 그러나 제인 제이콥스는 알렉산더 미철리히가 거듭 사로잡혔던 정신분석학적 불신은 전혀 몰랐다. 미철리히는 질주하는 자동차들로 도로변의 주택 주민들은 〈무기력하거나 짜증스러운 기분〉에 사로잡힌다고 믿었다!(Mitscherlich, *Die Unwirtlichkeit unserer Städte*, 60면). 풍경에 악영향을 준다고 해서 반드시 그곳의 생명체가 신경 쇠약에 걸리는 것은 아니다!

203. Alexander Mitscherlich, *Die Unwirtlichkeit unserer Städte. Anstiftung zum Unfrieden*, Frankfurt, 1965, 39면. 제인 제이콥스에 관해서는 37면을 볼 것. 다음 자료도 참조 바람. Alexander Mitscherlich, *Thesen zur Stadt der Zukunft*, Frankfurt, 1971, 52면 이하.

204. 〈그리니치빌리지〉 문제는 다음 자료들을 볼 것. Ric Burns, James Sanders, *New York - Die illustrierte Geschichte von 1609 bis heute*, Munchen(GEO), 2002(미국 원본, 1999), 510~520면. Edmund T. Delaney, Charles Lockwood, *Greenwich Village. A Photographic Guide*(제4판), New York, 1984(초판: 1976).

205. Jane Jacobs, *The Death and Life of Great American Cities*, 4면.

206. Robert A. M. Stern 외, *New York 1900. Metropolitan Architecture and Urbanism 1890~1915*, New York, 1983, 40면 이하.

207. Flint, *Wrestling with Moses*, 188면.

208. Burns, Sanders, *New York*, 517면.

209. 위의 책, 434면.

210. Miller, *Lewis Mumford*, 475면.

211. Mitscherlich, *Thesen zur Stadt der Zukunft*, 52면.

212. Miller, *Lewis Mumford*, 473면 이하.

213. Lewis Mumford, *The City in History. Its Origins, Its Transformations, and Its Prospects*, New York, 1989(초판, 1961), 429면.

214. Burns, Sanders, *New York*, 496, 506면. Miller, *Lewis Mumford*, 360면. 그러나 『역사 속의 도시』에서 그토록 논쟁적인 멈퍼드는 로버트 모지스를 두고는 한마디도 하지 않는다!

215. Jane Jacobs, *The Death and Life of Great American Cities*(최신판), New York, 1992, 20면 이하. 207면, 멈퍼드 비판. 360면 이하, 모지스 비판. 심지어 제인 제이콥스는 모지스보다 멈퍼드를 더 공격하는 것만 같다!

216. Flint, *Wrestling with Moses*, 156면 이하, 186면.

217. Miller, *Lewis Mumford*, 475면 이하.

218. Jacobs, *Death and Life*, 6면.

219. Flint, *Wrestling with Moses*, 190면.

220. Streich, *Vorbilder*, 1984년도 항목(대안 노벨상 선정 이유서).

221. Max Weber, "Die 'Objektivität' sozialwissenschaftlicher und sozialpolitischer Erkenntnis"(1904), 같은 저자, *Gesammelte Aufsätze zur Wissenschaftslehre*, Johannes Winckelmann(편집)(제7판), 1988, 191면.

222. Farley Mowat, *Das Ende der Fährte. Die Geschichte der Dian Fossey und der Berggorillas in Afrika*(원제: *Woman in the Mists*, 1987), Bergisch Gladbach, 1990, 501면.

223. Jonathan S. Adams, Thomas O. McShane, *The Myth of Wild Africa. Conservation Without Illusion*, Berkeley, 1992, 192면. 〈그녀의 관심은 대형 원숭이에서 야생 환경으로 넘어가는 일이 극히 드물었다.〉

224. 내가 어린 시절에 즐겨 읽었던 잡지 가운데 하나인 『롤프 토링*Rolf Torring*』의 1930년에 발행된 것(제40호, 〈위험한 상황〉)에는 2명의 독일 주인공이 콩고의 원시림에서 갑자기 벨기에 관리원에게 총으로 위협받으며, 그 자리에서 사로잡혀 포박당하는 이야기가 나온다. 두 주인공을 사로잡은 이유는 고릴라를 쏠 수 있다는 것이었다.

225. Adams, McShane, *Myth of Wild Africa*, 194면.

226. 포시가 살해당하고 난 뒤 르완다 법정은 시신을 발견한 대학생 웨인 맥과이어 Wayne McGuire를 그의 궐석 상태에서 살해범으로 지목했다. 대학생이 그녀의 연고 보고서를 훔치려 했다는 것이 검찰이 본 살해 동기였다. 이 재판 결과를 두고 해롤드 헤이즈는 다음과 같이 말했다. 〈다이앤 포시와 그녀의 연구를 아는 사람이라면, 그것이 말이 되지 않는 소리라는 걸 안다. 거기에는 훔칠 것이 정말 없었다.〉 Harold Hayes, *The Dark Romance of Dian Fossey*, London, 1992, 348면 이하.

227. *Der Spiegel*, 1989년 1월 30일 자, 141면.

228. Mowat, *Das Ende der Fährte*, 489면 이하.

229. 위의 책, 520면. Adams, McShane, *Myth of Wild Africa*, 198면.

230. Mowat, *Das Ende der Fährte*, 377면.

231. Hayes, *Dark Romance*, 302~313면(「그녀가 벌인 대학생과의 전쟁」).

232. Mowat, *Das Ende der Fährte*, 501면.

233. Hayes, *Dark Romance*, 325면.

234. Mark Dowie, *Conservation Refugees. The Hundred-Year Confl ict between Global Conservation and Native Refugees*, Cambridge, Mass., 2009, 66면 이하 그리고 300면 이하.

235. Adams, McShane, *Myth of Wild Africa*, 194면.

236. 위의 책, 185면 이하.

237. Stefan Ehlert, *Wangari Maathai - Mutter der Bäume*, Freiburg, 2004, 141, 128면.

238. 위의 책, 43면.

239. Wangari Maathai, *Afrika, mein Leben. Erinnerungen einer Unbeugsamen*, Köln, 2008(영어 원제: *Unbowed. A Memoir*, 2006), 218면 이하.

240. Ehlert, *Wangari Maathai*, 80면.

241. Maathai, *Afrika*, 218면.

242. 위의 책, 251면.

243. Stephen N. Ndegwa, *The Two Faces of Civic Society. NGOs and Politics in Africa*, West Hartford, Conn., 1996, 95면.

244. Maathai, *Afrika*, 214면; Ndegwa, *Two Faces*, 96면. 1988년 대통령 모이는 그때까지 독립적이었던 이 여성 단체가 재정 스캔들에 휘말리자 세무 책임을 면제해 주는 대가로

정부 여당의 산하 단체로 만들어 버렸다.

245. Ndegwa, *Two Faces*, 93면 이하.

246. Maathai, *Afrika*, 158면.

247. Ehlert, *Wangari Maathai*, 61, 59면.

248. Radkau, *Natur und Macht*, 48, 348면.

249. Ehlert, *Wangari Maathai*, 84면 이하, 122면.

250. Maathai, *Afrika*, 225면 이하, 222면 이하.

251. Ndegwa, *Two Faces*, 86면.

252. Ndegwa, *Two Faces*, 85면. 이 책은 〈GBM〉의 자료 보관을 토대로 이 운동을 다음과 같이 평가한다. 《《GBM》의 단기적이고 장기적인 목표의 주춧돌은 지역의 요구에 호응하는 지역 공동체의 강화였다.〉 마찬가지로 86면에는 이런 표현이 나온다. 《《GBM》의 부족한 제도화는 항구적인 본부 또는 관료적 절차와 같은 아이콘의 두드러진 결여로 나타났다(보수를 지불하는 절차를 제외하고)〉.

253. 위의 책, 105면.

254. 위의 책, 86면.

255. 일반적으로 왕가리 마타이는 제3세계와 서구의 제3세계 그룹이 선호하는 태도를 지녔다. 곧 제3세계의 빈곤이 빚어진 잘못을 싸잡아 선진국에 돌리거나 그에 맞춰 개발 지원금의 증액을 요구하지 않았으며, 전적으로 막스 베버의 〈프로테스탄트 윤리〉 정신으로 냉철하게 판단했다. 〈능력과 실력을 인정하고 그에 맞게 보상하지 않는 것이 예나 지금이나 케냐의 발달이 지지부진한 이유 가운데 하나다.〉 위의 책, 212면.

256. 위의 책, 260면.

257. 위의 책, 311면.

258. 〈GNU〉를 취재한 바 있는 로베르트 바헤Robert Bache(빌레펠트대학교)는 야당 성향의 환경 단체는 〈진정한〉 환경 운동이며, 〈GNU〉 회원은 기회주의적인 위선자라는 인식은 위험하다고 경고한다. 많은 반정부주의자는 정말 환경 문제에 관심을 가져서가 아니라, 오로지 체포를 막아 줄 수 있다는 이유로 교회의 환경 단체에 참가했다. 반면 〈GNU〉 회원은 실제로 오로지 환경에만 관심을 가졌을 뿐이다!

259. Maathai, *Afrika*, 247면 이하.

260. 위의 책, 296면.

261. Ehlert, *Wangari Maathai*, 137면.

262. Christian Küchli, *Wälder der Hoffnung*, Zürich, 1997, 86~99면(「케냐 - 아카시아 나무 아래의 여성 그룹」).

263. Ehlert, *Wangari Maathai*, 153면.

264. Maathai, *Afrika*, 335면 이하.

265. 위의 책, 168면.

266. Ehlert, *Wangari Maathai*, 62, 83면.

267. 위의 책, 19면.

268. 위의 책, 44면 이하.

269. 자서전에서 왕가리 마타이는 거듭해서 엄격한 가톨릭과의 거리를 분명히 했다. Maathai, *Afrika*, 107면, 117면 이하.

270. Bernd Hansjürgens, Gertrude Lübbe-Wolff(편집), *Symbolische Umweltpolitik*, Frankfurt, 2000.

271. Radkau, *Natur und Macht*, 282면 이하.

272. 나는 본래 두 여인 가운데 한 명만 다룰 생각으로 인도의 환경 역사학자 란잔 차크라바르티Ranjan Chakrabarti에게 누가 더 중요하다고 보는지 물었다. 그는 대답할 수 없는 물음이라고 입장을 밝혔다. 두 여인은 저마다 나름의 방식으로 의미 있으면서도 그 프로필이 너무 달라 서로 비교하는 것이 불가능하다는 의견이었다. 〈반다나의 활동은 든든한 학자의 경험과 독창적 발상을 바탕으로 하는 반면, 메드하는 흙에 더 가깝다.〉 현재 동남아시아 환경 운동가 사이에서는 메드하 파트카르가 〈더 회자된다〉(2010년 5월 4일 현재).

273. Streich, *Vorbilder*, 1993년도 항목.

274. Haripriya Rangan, *Of Myths and Movements. Rewriting Chipko into Himalayan History*, London, 2000, 32면. 더욱 희한한 일은 이 저자는 자신이 쓴 다른 책, *Der Kampf um das blaue Gold - Ursachen und Folgen der Wasserverknappung*(Zürich, 2003)에서 반다나 시바를 그저 단 한 번, 그것도 지나가듯 언급할 뿐이며, 독일 번역본에서는 남자라고 했다는 점이다(102면).

275. Ramachandra Guha, *How Much Should a Person Consume? Environmentalism in India and the United States*, Berkeley, 2006, 59면. 그는 반다나 시바 곁에 가우라 데비Gaura Devi를 언급하며, 데비를 두고 〈칩코의 두드러지면서도 여전히 이름이 알려지지 않은 영웅〉이라고 썼다. 〈이 문맹 여성 운동가의 이야기는 실제로《빈곤층의 환경 운동》이 어떻게 이루어졌는지 그 구성 요소를 더 깊게 통찰할 수 있게 해준다.〉 환경 운동의 역사에 〈어둠 속에 남은 사람〉도 고려하는 세심하고도 철저한 글이다!

276. John R. Wood, *The Politics of Water Resource Development in India. The Narmada Dams Controversy*, Los Angeles, 2007, 134면. 이 책은 갈등을 가장 객관적이고도 충실하게 묘사한 자료다.

277. Lori Udall, "The World Bank and Public Accountability: Has Anything Changed?", Jonathan A. Fox, L. David Brown(편집), *The Struggle for Accountability. The World Bank, NGOs, and Grassroots Movements*, Cambridge, Mass., 1998, 395면.

278. Udall, "World Bank", 396면. Guha, *How Much*, 66면.

279. David A. Wirth, "Partnership Advocacy in World Bank Environmental Reform", Fox, Brown, *Struggle*, 62면.

280. Patrick McCully, *Silenced Rivers. The Ecology and Politics of Large Dams*, London, 1996, 299면.

281. Tirunellai N. Seshan, *The Degeneration of India*, Delhi, 1995, 139면.

282. 심지어 1990년대 말에는 메드하 파트카르가 주도한 댐 건설 반대 시위에 맞서 어떤 유명한 간디 추종자 여성이 댐 건설 찬성 시위로 맞불을 놓기도 했다! Wood, *The Politics of Water Resource*, 144면.

283. Wood, *The Politics of Water Resource*, 245면 이하.

284. 수전 조지Susan George가 반다나 시바의 책 서문에 쓴 글. Vandana Shiva, *Das Geschlecht des Lebens*, 7면.

285. Vandana Shiva, "Concepts of Nature and Ecological Reality: An Indian Perspective", *Zum Naturbegriff der Gegenwart*, 제1권, 185~192면(이 글은 1993년 슈투트가르트에서 열린 학술 대회에서 〈머릿속의 자연〉이라는 제목으로 강연한 것이다). 과부를 불태운 것은 어떻게 보느냐는 나의 물음에 그녀는 그런 사건은 〈50년에 한 번 일어나는 것〉이라고 애써 축소했다.

286. Vandana Shiva, "Einige sind immer globaler als andere", Wolfgang Sachs(편집), *Der Planet als Patient. Über die Widersprüche globaler Umweltpolitik*, Berlin, 1994(원제: *Global Ecology - A New Arena of Political Conflict*, 1993), 176면.

287. Vandana Shiva, *India Divided - Diversity and Democracy Under Attack*, New York, 2005, 41면 이하.

288. 위의 책, 95면 이하, 102면.

289. McCully, *Silenced Rivers*, 301면.

290. 메드하 파트카르보다는 반다나 시바에 더 역점을 두는 에코페미니즘을 두고도 같은 말은 할 수 있다. 서구의 에코페미니스트들은 인도 여성이 화폐 경제를 못마땅하게 여긴다는 시바의 묘사에 열광했다. 그러나 그녀에게 비판적인 인도의 여성 작가 하리프리야 란잔Haripriya Rangan(*Of Myths and Movements*, 32면 이하, 199면 이하)은 농촌 여인들이 화폐 경제에 참여하지 않으려는 성향을 보인다는 시바의 표현을 신랄하게 꼬집는다! 초기에 인도 독자를 위해 〈칩코 운동〉을 다룬 글에서 시바는 전 세계 독자를 의식했던 글과는 반대로 인도의 여성 운동은 페미니즘과 별 관련이 없는 것으로 묘사했다. Vandana Shiva, Jayanto Bandyopadhay, *Chipko - India's Civilisational Response to the Forest Crisis*, 1986. 이 책은 다음 자료에도 재수록되었다. Sunderlal Bahaguna 외, *India's Environment - Myth and Reality*, Dehra Dun, 2007(이 자료는 면수를 매기지 않았다), 텍스트 B.

291. Rangan, *Of Myths and Movements*, 157면.

292. Anil Agarwal, Sunita Narain, "Plädoyer für grüne Dorfrepubliken in Indien", Wolfgang Sachs(편집), *Der Planet als Patient. Über die Widersprüche globaler Umweltpolitik*, Berlin, 1994, 260면 이하. 〈가장 큰 문제는 농촌 주민을 그 공동의 소유로부터 소외시키는 것이다……〉

293. Bahaguna, *India's Environment*, 텍스트 L, 7면.

294. Graham Chapman 외, *Environmentalism and the Mass Media. The North-South Divide*, London, 1997, 79면. 부분적으로 인도 지역 언론의 분위기를 참조한 조사는 댐 건설 반대 운동을 노골적으로 비판하지는 않는다고 할지라도 못마땅해하는 느낌을 고스란히 보여 준다. 위의 자료, 78면. 〈댐을 반대하는 운동은 전 세계적인 것이기는 하지만, 그 주된 이유는 생각하는 환경 운동가는 물론이고 생각을 전혀 하지 않는(!!) 환경 운동가가 단지 몹시 싫어한다는 것일 뿐이다.〉

295. Guha, *How Much*, 70면.

296. 이를테면 인도네시아의 〈케둥 옴보Kedung Ombo 댐〉을 반대한 운동은 댐 자체를 막은 것이 아니라 더 높은 보상금과 옛 주거 지역에서 되도록 가까운 곳에 새로운 정착지를 원했다. Augustinus Rumansara, "Indonesia: The Struggle of the People of Kedung Ombo", Fox, Brown(편집), *The Struggle for Accountability*, 123~149면.

297. Jawaharlal Nehru, *Briefe an Indira. Weltgeschichtliche Betrachtungen*, Düsseldorf, 1957, 492, 491면.

298. 반다나 시바는 1993년 슈투트가르트 연설에서 이렇게 말했다. 〈북구는 지구와 제3세계에 기생하며 살고 있다.〉 Shiva, "Concepts of Nature", *Zum Naturbegriff der Gegenwart*, 제1권, 192면.

299. 1993년 6월 26일 나와 나눈 대화에서 반다나 시바는 인도 숲에서 벌채가 이뤄진 것은 1965년이라고 언급했다! 19세기 후반부에 독일의 임학자 디트리히 브란디스Dietrich Brandis가 주도한 인도의 영국 숲 관리는, 비록 온전히 성공적이지는 않았다고 할지라도 지속적인 임업을 위해 노력했다. 심지어 브란디스는 농촌의 전통적인 숲 이용권이 물론 그리 성공적이지는 않았다고 할지라도 법적으로 뿌리를 내릴 수 있게 노력했다. 브란디스는 다음 자료를 참조할 것. Herbert Hesmer, *Leben und Werk von Dietrich Brandis, 1824~1907. Begründer der tropischen Forstwirtschaft, Förderer der forstlichen Entwicklung in den USA, Botaniker und Ökologe*, Opladen, 1975.

300. Dai Qing, *Yangtse!, Yangtse!*, London, 1994, 248~258면. 오로지 영어로만 출간된 게 분명해 보이는 그녀의 두 번째 책에서야 비로소 이주민 문제가 중점적으로 다뤄질 뿐이다. 물론 두 번째 책은 풍경의 아름다움과 고고학 발굴 현장도 중요하게 다룬다. Dai Qing, *The River Dragon Has Come! The Three Gorges Dam and the Fate of China's Yangtse River and Its People*, London, 1998. 이 책의 제목은 1975년 8월에 태풍이 홍수와 맞물려 댐 두 개를 한꺼번에 무너뜨린 참상을 기억하게 만든다. 20년 뒤에야 이런 충격적인 기억이 되살려지는 것은 주목할 만한 현상이다!

301. Patrick McCully, *Silenced Rivers. The Ecology and Politics of Large Dams*, London, 1996, 67면.

302. 다이칭은 철거민 문제를 나중에 편집해 펴낸 글 모음집 *The River Dragon Has Come!*에서 더 집중적으로 다룬다.

303. Dai Qing, *Yangtse! Yangtse!*, 266면.

304. 농부의 저항이 효과가 없었던 것도 아니다. Peter Ho, "Sprouts of Environmentalism in China? Government-Organized NGOs and Green Organizations in Disguise", Mauch(편집), *Shades of Green*, 140면.

305. Elizabeth C. Economy, *The River Runs Black. The Environmental Challenge to China's Future*, Ithaca, 2004, 144면.

306. Jung Chang, Jon Halliday, *Mao. Das Leben eines Mannes, das Schicksal eines Volkes*, München, 2005, 791면 이하.

307. Ian Buruma, *Chinas Rebellen. Die Dissidenten und der Aufbruch in eine neue Gesellschaft*, München, 2004(미국판 원제: *Bad Elements. Chinese Rebels from Los Angeles to*

Beijing, 2001).

308. Dai Qing, *River Dragon*, XXⅢ면.

309. Dai Qing, *Tiananmen Follies. Prison Memoirs and Other Writings*, Norwalk, 2005, 90면.

310. 위의 책, XXⅦ면.

311. Buruma, *Chinas Rebellen*, 60면 이하, 65면 이하.

312. 위의 책, 64면. 다이칭은 부루마에게 〈반체제 인사가 뭐예요?〉라고 거듭 물었다고 한다. 그리고 〈비웃음이 섞인 미소〉를 지으며 〈제가 반체제 인사처럼 보여요?〉라고 덧붙였다.

313. 위의 책, 128면 이하.

314. Shapiro, *Mao's War Against Nature*, 91면.

315. Buruma, *Chinas Rebellen*, 68면 이하.

316. Dai Qing, *Yangtse! Yangtse!*, 7면.

317. 위의 책, 8면.

318. *Der Spiegel*, 2003/23, 117면.

319. 다음 자료에서 인용함. Shang Wie, "A Lamentation for the Yellow River: The Three Gate Gorge Dam", Dai Qing, *The River Dragon Has Come! The Three Gorges Dam and the Fate of China's Yangtse River and Its People*, New York, 1998, 155면.

320. *Economy*, "River Runs Black", 144면.

321. Shapiro, *Mao's War Against Nature*, 28면.

322. He Bochuan, *China on the Edge. The Crisis of Ecology and Development*, San Francisco, 1991, 76면.

323. Dai Qing, *The River Dragon Has Come!*, 8면 이하.

324. 이르멜라 히지야키르슈너라이트Irmela Hijiya-Kirschnereit가 다음 책의 서문에서 쓴 글. Ishimure Michiko, *Paradies im Meer der Qualen*, Frankfurt, 1995, 8면.

325. Helmut Weidner, "Von Japan lernen? Erfolge und Grenzen einer technokratischen Umweltpolitik", 같은 저자, Shigeto Tsuru, *Ein Modell für uns: Die Erfolge der japanischen Umweltpolitik*, 185면. 〈그 어디에서도 이처럼 많은 질병과 사망이 환경 오염으로 빚어지지 않았으며, 어떤 곳에서도 병이 이처럼 고통스럽지 않았다.〉

326. 위의 책, 9면.

327. 위의 책, 121면.

328. 위의 책, 15면.

329. 위의 책, 363면.

330. 위의 책, 360면. Ishimure Michiko, "Reborn from the Earth Scared by Modernity: Minimata Disease and the Miracle of the Human Desire to Live", *Japan Focus*, 2008년 4월 27일 자,[www.japanfocus.org/articles/print_article/2732]. 이 기사는 현대 문명, 특히 일본의 현대 문명이 보여 주는 많은 현상에 저자가 가지는 혐오를 고스란히 드러낸다. 〈바보같이 텔레비전을 켜면 나오는 인물의 행동, 몸에 걸친 옷의 색과 모양 등

모든 것이 더할 수 없이 천박합니다. 우리 일본인은 이런 천박함에서 세계적인 표준을 능가하고 말았어요. 아무튼 상스럽고 천박함에 관한 한 우리는 정말 넘버원이죠, 그렇지 않나요?〉 옛 시대의 문화를 바라보는 향수가 유럽 중부처럼 사그라들지 않은 뜨거운 사랑이 아닌가!

331. Ishimure Michiko, *Paradies*, 13면.

332. Ryuichiro Usui, "Die Minamata-Krankheit und die Sprache jenseits des ius talionis. Auf der Suche nach der Sprache der Anima im Paradies im Meer der Qualen von Michiko Ishimure", Heinz-Dieter Assmann 외(편집), *Grenzen des Lebens - Grenzen der Verständigung*, Würzburg, 2009, 64면 이하. 이시무레 미치코의 작품을 연구한 우수이 류이치로와 나오코 모리타Naoko Morita에게 이 여성 작가의 귀중한 정보를 알려 준 것에 감사한다.

333. 이것은 우수이 류이치로의 논제다(앞의 주석 참조).

334. *Der Spiegel*, 1985년 4월 8일 자, 69면 이하(롤프 람프레히트Rolf Lamprecht).

335. Ishimure Michiko, *Paradies*, 352면.

336. Alex Kerr, *Dogs and Demons. The Fall of Modern Japan*, London, 2001, 57면.

337. 미나마타 수은 중독을 자세히 다룬 다음 자료조차 그렇다. Bo Gunnarsson, *Japans ökologisches Harakiri, oder: Das tödliche Ende des Wachstums*, Reinbek, 1974. 아래 자료도 마찬가지다. Shigeto Tsuru, "Zur Geschichte der Umweltpolitik in Japan", Tsuru, Weidner, *Modell für uns*(미나마타 스캔들을 다룬 25~29면).

338. Gunnarsson, *Japans ökologisches Harakiri*, 19면.

339. Helmut Weidner, "Entwicklungslinien und Merkmale der Umweltpolitik", Manfred Pohl, Hans Jürgen Mayer(편집), *Länderbericht Japan*, Bonn, 1998, 127면.

340. 류이치로 우수이가 2010년 9월 9일 필자에게 보낸 편지에서 알려 준 사실이다. 그는 이시무레 미치코가 영어권 문학에서 거의 다루어지지 않는 이유도, 적어도 그가 보기에는, 사투리 사용이라고 설명했다. 심지어 일본의 문학 비평은 그녀를 〈무속인〉이라고 낙인 찍고 극우 인물로 분류하기도 한다.

341. Elisabeth Mann Borgese, *Das Drama der Meere*, Frankfurt, 1977(미국: 1975), 89면 이하.

342. *Encyclopedia of World Environmental History*, 제2권, 33면 이하, 그리고 제3권, 1115면(새우 양식 산업).

343. Elisabeth Mann Borgese, Seafarm. *The Story of Aquaculture*, New York, 1980, 214면.

344. Udo E. Simonis, *Globale Umweltpolitik*, Mannheim, 1996, 85면 이하.

345. Elisabeth Mann Borgese, *Mit den Meeren leben*, Hamburg, 1999, 93면.

346. 위의 책, 29면 이하. 리우데자네이루의 회담을 둘러싼 환멸을 격정적으로 토로한다.

347. Elisabeth Mann Borgese, *Die Meer-Frau. Gespräch mit Amadou Seitz*, Ingo Hermann(편집), Göttingen, 1993, 59면.

348. 토마스 엘바인이 다음 책의 서문에서 쓴 표현이다. Martin Leonhardt, *Umweltverbände*, Opladen, 1986.

349. Max Weber, *Wirtschaft und Gesellschaft. Grundriss der verstehenden Soziologie*, Johannes Winckelmann(편집), Berlin, 1964, 제2권, 1059면.

350. Max Weber, *Gesammelte Aufsätze zur Soziologie und Sozialpolitik*, Marianne Weber(편집)(제2판), Tübingen, 1988, 413, 414면.

351. 2001년 7월 필름Vilm섬에서, 독일 자연 보호 연방청이 주최한 대회에서 한 강연. 「〈고향〉과 자연 보호」.

352. Niklas Luhmann, *Soziologie des Risikos*, Berlin, 2003, 139면.

353. Elizabeth Dore, "Capitalism and Ecological Crisis: Legacy of the 1980s", Helen Collinson(편집), *Green Guerillas. Environmental Conflicts and Initiatives in Latin America and the Caribbean*, London, 1996, 16면 이하.

354. Lane Simonian, *Defending the land of the Jaguar. A History of Conservation in Mexico*, Austin, Texas, 1995, 207면.

355. Jared Diamond, *Kollaps*, Frankfurt, 2005, 425~432면. 발라게르는 이 세계적인 베스트셀러가 그린 종말론적 시나리오에서 위안을 주는 몇 안 되는 인물 가운데 한 명이다. 물론 당시 도미니카공화국의 아주 자세한 역사를 쓴 저자 프랑크 모야 폰스Frank Moyz Pons 는 발라게르의 통치를 〈경제 독재〉라고 규정했고, 그의 환경 정책을 전혀 언급하지 않았다 (*The Dominican Republic. A National History*, Princeton, 1998, 427면 이하).

356. James Fairhead, Melissa Leach, *Misreading the African Landscape. Society and Ecology in a Forest-Savanna Mosaic*, Cambridge, 1996, 253면.

357. Radkau, *Natur und Macht*, 57~62면.

358. 니클라스 루만은 예의 그 신랄한 어조로 《새로운 사회 운동》이라는 억지 개념은 어떤 기존의 도식과도 맞지 않는다〉는 점만 부각할 뿐이라고 지적했다(*Soziologie des Risikos*, 135면). 대체 뭐가 〈새롭다〉는 말인가!?

359. Bergstedt, *Agenda, Expo, Sponsoring*, 252면.

360. Bertrand Schneider(당시 〈로마 클럽〉의 사무총장), *Die Revolution der Barfüßigen. Ein Bericht an den Club of Rome*(프랑스어판 원제: *La révolution aux pieds nus*), Wien, 1986.

361. Bergstedt, *Agenda, Expo, Sponsoring*, 104면 이하. 다음 자료도 볼 것. Leonhard, *Umweltverbände*, 190면 이하.

362. 〈GONGO〉라는 개념은 *Encyclopedia of World Environmental History*에 나오지 않는다! 이 개념을 두고 반어적 비유를 일삼는 일은 끝이 없다. 〈FONGO〉(F는 〈외국 foreign〉)을, 〈MONGO〉(M은 〈마피아Mafia〉), 〈GRINGO〉(정부 주도의 〈NGO〉: Government-Initiated NGO), 〈QUANGO〉(가짜 〈NGO〉: Quasi-NGO)이다! 특히 다음 자료를 볼 것. Le Monde diplomatique(편집), *Atlas der Globalisierung*, Berlin, 2006, 74면.

363. 나에게 이런 측면을 암시해 준 하인리히 슈파니어Heinrich Spanier(1979년부터 독일 내무부의 경제 담당관이었다가, 내무부 산하 환경 문제 담당관을 맡았음)는 2005년 2월

4일 프랑크 위쾨터에게 보낸 편지에서 〈NGO〉의 성격을 두고 이런 비판적인 언급을 했다. 〈마치 계몽이 새로운 차원에 올라섰으며 인권이 마침내 실현된 것처럼 호들갑을 떨며 시민 사회를 일종의 꼭두각시처럼 이용하는 사람들은 내가 아는 한 많기만 하다. …… 이 시민 사회 운동가는 결국 자신의 이해관계에만 충실할 뿐이다. 그들은 제3의 누구 혹은 국민으 로부터 전혀 위임을 받지 않았다. …… 사민당과 녹색당의 이른바 〈적녹연정〉 시절 자연 보호 단체에 지원하는 예산은 60퍼센트가 넘게 늘어났다. …… 이른바 〈민간 자연 보호 운동〉 에 종사하는 유급 직원은 우리 공무원보다 서너 배는 더 많다.〉 독일 자연 보호 연방 관청에 서 일하는 많은 공무원은 동시에 자연 보호 단체에서도 활동한다.

364. 공식적으로 영어로 발간되는 *Beijing Review*(통권 42, 28호)는 1999년 7월 12일 「깨끗한 환경에 전력투구하라」는 제목의 리웬Li Wen이 쓴 기사를 게재했다(13면 이하). 그는 거의 모든 관점에서 〈중국은 엄중한 상황에 직면했다〉고 썼다. 기사의 논조는 고르 바초프의 〈글라스노스트〉를 상당히 높은 정도로 뛰어넘는다. 당시 중국 여론은 이 기사 를 〈센세이션〉으로 받아들였고 독일 지속성 위원회의 폴커 하우프는 나에게 알려 주 었다(2010년 9월 28일). 전 세계가 당시 중국의 급속한 경제 성장에 놀라던 시기에 베이 징 정부는 이런 경제 성장이 환경 파괴로 인해 무너질 수 있다는 점을 숨기려 들지 않았 다. 중국 환경 문제의 유명한 전문가인 엘리자베스 에코노미는 1997년 중국 정부가 경 제 성장을 절대적인 우선순위로 삼으면서도 환경 운동의 엘리트들이 말하는 경고를 존중 한다는 인상을 받았다고 했다. Elizabeth Economy, "Chinese Policy-Making and the Global Climate Change: Two-Front Diplomacy and the International Community", Elizabeth Economy, Miranda A. Schreurs(편집), *The Internationalization of Environmental Protection*, Cambridge, Mass., 1997, 19~41면.

365. *Der Spiegel*, 2009년 52호, 46면 이하(〈부의 악취-세계는 중국을 두고 거리낌 없이 환경을 파괴한다고 비난하지만, 중국 국민은 환경 보호의 강력한 의지를 자랑한다. 중국 국 민은 생활 공간의 오염을 막으려고 노력하면서, 많은 경우 정부를 동맹으로 여긴다〉). 이 기 사는 중국의 환경 연맹에 관한 모든 것을 다뤘다.

366. Elizabeth Economy, *The River Runs Black*, 138~141면. 탕시양은 자신과 동료들 의 자연 열광을 다음 책에서 자세히 묘사했다. *Living Treasures. An Odyssey Through China's Extraordinary Nature Reserves*, New York, 1987. 처음부터 운동의 중심에는 판다가 있었 다!(어찌 다를 수 있을까?) 탕시양은 본래 동물학자가 아니다. 그가 자연에 보이는 태도는 근본적으로 미적 특징을 갖는 동시에 중국에 남은 자연의 아름다움을 새롭게 발견하는 열 광을 고스란히 담았다. 그렇지만 그는 독자들에게 악어의 보호에도 관심을 갖도록 유도한 다. 아마도 그의 눈에 악어는 중국 용의 환생인 모양이다!(위의 책, 77면 이하).

367. Peter Ho, "Sprouts of Environmentalism in China? Government-Organized NGOs and Green Organizations in Disguise", Christof Mauch 외(편집), *Shades of Green. Environmental Activism Around the Globe*, Lanham, Maryland, 2006, 135~160면, 특히 144면 이하, 149면 이하. 바오마오홍包茂宏, *Environmental NGOs in transforming China*, Peking University, 2007. 이 자료들에서 이미 놀라운 사실이 발견된다. 중국에는 2,768개의 환경 〈NGO〉가 전부 6만 9,000명의 정식 직원과 15만 5,000명의 임시 직원

을 고용한다!(Newsletter of All-China Environment Federation, No.5, 2006: The blue book of ENGOs in China; ENGOs = Environmental NGOs). 이렇게 큰 규모는 국가의 주도가 국민의 참여와 맞아떨어질 때만 생각할 수 있다. 2005년 베이징과 시안의 강연에 나를 초대해 주었으며, 중국 환경 운동과 관련한 많은 정보를 알려 준 바오마오홍에게 감사한다.

368. Samuel P. Hays, *Beauty, Health, and Permanence. Environmental Politics in the U.S. 1955~1985*, Cambridge, 1987, 465면 이하. 독일에서는 1990년대부터 〈빅 포Big Four〉, 곧 〈BUND〉와 〈독일 자연 보호 연맹NABU〉, 〈그린피스 독일〉과 〈WWF〉가 언급되곤 한다. 그 지도자들은 매년 한두 차례 모임을 가지며 서로 정보를 교환한다.

369. Michael McCloskey, "Twenty Years of Change in the Environmental Movement: An Insider's View", Riley E. Dunlap, Angela C. Mertig(편집), *American Environmentalism. The U.S. Environmental Movement 1970~1990*, New York, 1992, 84면.

370. Robert Gottlieb, *Forcing the Spring. The Transformation of the American Environmental Movement*, Washington, 1993, 130, 118면. 〈무수한 법률, 규제기관, …… 새로운 행정 기구 및 법원 결정이 환경 정책 시스템으로 발전했다.〉 행간에서 한숨이 느껴진다!

371. 앨런 에이브럼슨이 2010년 2월 7일에 나에게 보낸 편지.

372. Timothy Doyle, *Environmental Movements in Majority and Minority Worlds. A Global Perspective*, New Brunswick, 2005, 28면.

373. McCloskey, *Twenty Years of Change*, 79면.

374. Doyle, *Environmental Movements*, 32면.

375. Sunderlal Bahaguna, *People's Programme For Change, in: ders. u. a.: India's Environment. Myth and Reality*, Dehra Dun, 2007, A부, 12면.

376. Jörg Bergstedt, *Agenda, Expo, Sponsoring. Recherchen im Naturschutzfilz*, Frankfurt, 1998. 그와 나눈 인터뷰 기사("Öko-Bewegung besser unabhängig"), *StadtBlatt*(Bielefeld), 1998년 9월 17일 자, 38면. 베르크슈테트는 물론 환경 단체 내부의 위계 질서와 경제계로부터의 스폰서를 통한 자금 확보를 집중적으로 다룬다. 정부 부처와 EU 당국과의 연계는 그저 지나가듯 언급할 뿐이다.

377. 외르크 베르크슈테트는 독일의 생물학자이자 생태 운동가인 미하엘 주코프Michael Succow의 〈부족한 정치 감각〉을 탓한다. 주코프는 베를린과 하노버를 잇는 〈ICE〉 노선의 건설을 조류인 느시의 생태를 위협한다는 이유를 들어 막으려고 하지 않았기 때문이다. 더욱이 느시는 에스파냐이나 러시아 남부보다 베를린 북부에서 훨씬 더 잘 보호될 수 있었음에도! 이렇게 해서 주코프는 철도 노선을 거부하거나 변경하려고 했던 환경 운동의 입장을 약하게 만들어 버렸다는 것이 베르크슈테트의 지적이다(Bergstedt, *Agenda*, 66면). 그러나 오히려 주코프의 정치적 안목이 뛰어난 것이 아닐까? 독일의 생물학자 볼프강 하버Wolfgang Haber는 필자에게 보낸 편지(2010년 8월 17일)에서 이렇게 썼다. 〈나는 당시 주코프의 입장을 지지했으며, 현지의 자연 보호 운동가들이 냉습한 초봄에 느시의 알을 모아 인공적으로 부화시켜 그 새끼를 키운 다음 자연에 풀어 주자고 제안했다. 이것이 느시의 멸종을 막

을 더 현실적인 대안이었으니까.〉

378. Sebastian Mallaby, *The World's Banker*, New York, 2004, 48면. 〈가장 거친 《NGO》는 1980년대를 통해 정치 변방에서 주류로 올라선 환경 운동 출신이다.〉 글로벌화 비판자 장 지글러는 더욱 신랄하다. Jean Ziegler, *Die neuen Herrscher der alten Welt und ihre globalen Widersacher*, München, 2003(프랑스어 원본: 2002), 171면. 《NGO》의 수뇌부 가운데 많은 인물은 나중에 은밀하게 세계은행의 고위직을 차지했다. 세계은행이 실행하는 투자 계획과 민영화 정책을 겨눈 그들의 《이성적》이고 《적절하며》 《능력 있는》 비판으로 이들은 은행에서 멋진 경력을 사들였다.〉 그러자 이들의 비판은 〈갑자기 누그러들었다〉. 〈이들은 결국 싸구려 창녀였다.〉 〈그린피스〉와 〈앰네스티 인터내셔널〉 같은 〈NGO〉를 장 지글러는 비판에서 제외시켰다. 이들의 활동은 〈이 땅의 소금〉이다.

379. Per Kurowski, *Voice and Noise*, 2006, XXX면 이하. 〈그러니까 처음부터 나는 개별적인 《NGO》를 이 책에서 거론하지 않기로 결심했다. …… 이런 결정이 나를 겁쟁이로 만든다면, 그렇게 해라! 나는 이미 충분히 곤란을 겪었다.〉 〈NGO〉와 세계은행과 정계 및 재계의 다른 권력이 서로 어떻게 맞물렸는지 보여 주는 대목이다! 2007년 3월 20일 나와 나눈 대화에서 쿠로브시키는 세계은행 경영자를 포함해 선진국의 환경 운동가가 제3세계에 너무 비싼 환경 보호 기술을 팔아먹으려 한다고 비판했다.

380. Wolfgang Sachs(편집), *Der Planet als Patient. Über die Widersprüche globaler Umweltpolitik*, Berlin, 1994(영문판: 1993), 7면.

381. Foreman, *Confessions of an Eco-Warrior*, 11면.

382. Andreas Knaut, *Zurück zur Natur! Die Wurzeln der Ökologiebewegung*, Greven, 1993, 103면.

383. 이런 진단에는 시민 사회 쪽에 중점을 두는 우테 하젠외를도 동의한다. Ute Hasenöhrl, *Zivilgesellschaft und Protest. Zur Geschichte der bayerischen Naturschutz- und Umweltbewegung 1945 bis 1980*, 박사 학위 논문, FU Berlin, 2008, 116면.

384. Martin Leonhard, *Umweltverbände. Zur Organisation von Umweltschutzinteressen in der Bundesrepublik Deutschland*, Opladen, 1986, 291면.

385. Ernst Hoplitschek, *Der Bund Naturschutz in Bayern. Traditioneller Naturschutzverband oder Teil der neuen sozialen Bewegungen?*, 박사 학위 논문, FU Berlin 1984, 131면 이하.

386. Joachim Radkau, "Vom Naturschutzverein über die Bürgerinitiativen zum anerkannten Umweltverband: Der BUND-NRW vor dem Hintergrund der deutschen Umwelt-und Naturschutzbewegung", Stiftung Naturschutzgeschichte(편집), "*Keine Berufsprotestierer und Schornsteinkletterer". 25 Jahre BUND in Nordrhein-Westfalen*, Essen, 2003, 11~22면.

387. Peter Menke-Glückert, "Die Mühen der Ebenen Umweltziele im Behördenalltag", Köller, *Umweltpolitik mit Augenmaß*(하르트코프를 기리기 위해 헌정된 책), 123면.

388. Jörg Bergstedt, *Agenda, Expo, Sponsoring*, 64면과 94면. 베르크슈테트는 플라스바

르트에게 분노와 반감을 숨기지 않으며 〈플라스바르트는 정치 감각이 없다〉고 주장한다. 그러나 현실은 정반대다! 베르크슈테트는 1990년 플라스바르트의 책동으로 〈NABU〉에서 제명당했다. 베르크슈테트는 자신의 책으로 플라스바르트에게 〈앙갚음〉하고 싶었다고 인정했다!(17면).

389. Anna-Katharina Wöbse가 2010년 6월 4일에 저자에게 보낸 편지.

390. William T. Markham, *Environmental Organizations in Modern Germany. Hardy Survivors in the 20th Century and Beyond*, New York, 2008, 315면. 흥미로운 점은 이 미국인 관찰자는 독일 환경 단체가 중앙의 효율적 관리를 받지 않는 비교적 비전문적 성격이 강하다는 진단을 내렸다는 것이다(259면).

391. Radkau, *Vom Naturschutzverein*, 20면 이하, 18면.

392. Hoplitschek, *Der Bund Naturschutz in Bayern*, 144, 346면.

393. Edda Müller, *Innenwelt der Umweltpolitik*(제2판), Opladen, 1995, 119면. 독일 내무부 사정에 밝았던 에다 뮐러는 나에게 이렇게 알려 주었다. 〈시민 주도 환경 보호 전국 연합BBU이 창설될 당시 내무부는 참가 단체들에게 여행 경비를 지원했다. 1972년 환경 운동은 정부의 요구에 맞춰 연방 정부 차원에서 정책을 마련하는 데 영향력을 행사하면서도, 직접 공개 행사를 통해 환경 정책을 추진하는 일을 포기하지 않으려고 했다. 물론 이런 이중 전략이 완전히 성공적이었던 것은 아니다. 권력에 너무 가까워져 회원들을 장악하는 통합 능력을 잃지 않을까 두려웠던 탓에 환경 단체는 정부가 신뢰할 만한 협상 파트너가 아니었다.〉 친정부적인 동시에 정부에 거리를 두던 이런 애매한 분위기는 원자력 갈등으로 완전히 뒤집어진다!

394. John G. Mitchell, Constance L. Stallings(편집), *Ecotactics. The Sierra Club Handbook for Environment Activists*, New York, 1970, 88면.

395. Riley E. Dunlap, Angela G. Mertig, "The Evolution of the U.S. Environmental Movement from 1970 to 1990: An Overview", 같은 저자(편집), *American Environmentalism*, 3면 이하.

396. McCloskey, *Twenty Years*, 82면. 〈로비는 1890년대 보존 운동의 초기부터 홍보의 일환이었다. 법정 소송은 1970년대에 또 다른 기본 도구로 첨가되었다. 심지어 운동은 동시에 수백 건의 소송을 치러야 했다.〉

397. Cohen, *History of the Sierra Club*, 450면.

398. Frank Uekötter, "Ein Zweiter Frühling? Die Krise der Umweltbewegung und Wege zu ihrer Überwindung"(미출간 원고).

399. Shiva, *Der Kampf um das blaue Gold*, 129면 이하.

400. Medha Patkar, "Suvarnarekha Project: An Untold Tragedy", 다음 책의 말미에 수록됨. Bahaguna 외, *India's Environment*.

401. Antoinette G. Royo, "The Philippines: Against the People's Wishes, the Mt. Apo Story", Fox, Brown(편집), *Struggle for Accountability*, 173면.

402. 관련 자료를 모아 펴낸 다음 책(570면)의 부제를 주목해 볼 것. Jonathan A. Fox, L. David Brown(편집), *The Struggle for Accountability. The World Bank, NGOs, and*

Grassroots Movements.

403. Bertrand Schneider, *Die Revolution der Barfüßigen. Ein Bericht an den Club of Rome*, Richard von Weizsäcker 서문, Wien 1986.

404. Jane G. Covey, "Is Critical Cooperation Possible? Influencing the World Bank through Operational Collaboration and Policy Dialogue", Fox, Brown(편집), *Struggle for Accountability*, 84면 이하.

405. "Global Environment Facility: Operational Report on GEF Projects", 2001년 6월 30일.

406. 조너선 폭스Jonathan Fox와 데이비드 브라운David Brown의 책 『책임을 둘러싼 싸움 *The Struggle for Accountability*』은 특히 〈Arun Ⅲ〉를 둘러싼 갈등이 세계은행의 정책에 전환을 불러왔음을 강조한다. 개발 지원이 즐겨 대상으로 삼았던 대형 수력 발전소 건설 프로젝트를 생태의 다양한 관점에서 바라보는 태도가 생겨난 것이 이런 전환이다. 이미 3면의 도입부와 다시금 408~422면(Lori Udall, *The World Bank and Public Accountability: Has Anything Changed?*) 그리고 486면 이하의 결론 부분(아룬 Ⅲ 댐 캠페인의 교훈)이 이런 전환을 잘 설명한다. 더욱 논쟁적인 자료는 다음과 같다. Bruce Rich, *Die Verpfändung der Erde. Die Weltbank, die ökologische Verarmung und die Entwicklungskrise*(영어 원제: *Mortgaging the Earth*), Stuttgart, 1998, 336면 이하(히말라야의 괴물). 브루스 리치는 그럼에도 세계은행이 그동안 〈유럽 연합의 개발 지원 기구〉보다 훨씬 더 〈투명성〉을 보였다고 인정한다. 이런 평가 역시 당시 시기와 맞물린 것이다!

407. 정부와 세계은행과 개발 지원이 없이도 지역 프로젝트가 가능하다는 점을 내가 1999년에 네팔에서 만난 셰르파 청년은 똑똑히 보여 주었다. 그는 몇몇 마을 주민과 한 명의 엔지니어와 함께 지극히 조촐한 자금을 들여 마을에 미니 수력 발전소를 만들어 80가구에 전력을 공급했다. 당시 카트만두 계곡에는 아예 전기가 들어오지 않았다!

408. Ulrich Gruber, *Reiseführer Natur: Nepal, Sikkim und Bhutan*, München, 1995, 102면.

409. *Der Spiegel*, 2000/51, 96면. 이런 종류의 선의는 물론 세계은행의 수뇌부가 새롭게 선보인 것이 아니다. 이미 로버트 맥나마라Robert McNamara도 가난 퇴치 운동을 진지하게 받아들였다는 점을 브루스 리치는 의심하지 않았다(Rich, *Die Verpfändung der Erde*, 90면 이하). 개인이 선의를 갖지 않았던 것이 문제는 아니다!

410. 30년째 네팔에서 강사로 활동하는 음악학자 게르트 베그너Gert Wegner가 알려 준 사실. 브루노 리치도 썼듯 〈네팔의《NGO》가 프로젝트의 생태적이고 경제적인 축복에 반론을 제기한 것〉은 국제 여론을 의식한 것일 뿐이다(Rich, *Verpfändung*, 336면)!

411. Ingrid Decker, "David und Goliath - Wasser als politischer Konfliktherd zwischen Nepal und Indien", Thomas Hoffmann(편집), *Wasser in Asien - Elementare Konflikte*, Osnabrück, 1997, 특히 231면 이하.

412. 마르틴 레온하르트의 박사 학위 논문은 분석은 날카로우나 현실적 대안을 제시하지 못한다. Martin Leonhard, *Umweltverbände*, 299면. 그가 내린 결론은 이렇다. 〈올바른 환경 정책의 수립을 위해서는 무엇보다도 인간과 사회가 관용할 만한 자연환경의 부담과

변화를 측정할 수 있는 좌표 체계가 필요하다.〉이런 요구는 지극히 비현실적이다. 그저 수치와 자료로만 측정하는 좌표계는 모든 환경 단체를 왜소하게 할 뿐이다! 이런 식으로는 어떤 환경 단체도 생겨날 수 없을 뿐만 아니라, 더욱이 실질적 효과를 내는 환경 정책의 수립이 힘들어진다.

413. Ernst Forsthoff, *Der Staat der Industriegesellschaft, dargestellt am Beispiel der Bundesrepublik Deutschland*, München, 1971, 120면.

414. Rudolf von Jhering, *Der Kampf um's Recht*, Felix Ermacora(편집), Berlin, 1992, 35면.

415. 독일 의회가 연구를 위촉한 다음의 보고서는 예링을 예찬한다. Gertrude Lübbe-Wolff, *Modernisierung des Umweltordnungsrechts. Vollziehbarkeit - Deregulierung - Effizienz*, Bonn, 1996, 202면.

416. 이미 1970년 〈시에라 클럽〉의 핸드북 *Ecotactics*는 이런 위험을 언급했다. 73면. 클리프 험프리Cliff Humphrey(*Doing Ecology Action*)라는 저자는 이렇게 썼다. 〈불행하게도 여러 환경 단체가 서로 자신만의 틈새 영역을 찾느라 혈안이 되어 환경 문제를 지나치게 세분화하는 경향을 보여 준다. 그러나 생태 위기의 보편적 성격은 그런 분류의 틀을 뛰어넘는다.〉 이 문장의 행간에서 읽히는 느낌은 〈시에라 클럽〉이 품었던 헛된 희망, 곧 모든 새로운 환경 운동을 자신의 깃발 아래 통합하려는 희망이다!

417. Frank Uekötter, *Umweltgeschichte im 19. und 20. Jahrhundert*, München, 2007, 78면.

418. *Die Grünen im Bundestag*, 제1권, 353, 355면.

419. 녹색당의 현실파이자 역사학자인 후베르트 클라이너르트Hubert Kleinert는 1990년의 녹색당 선거 참패에 『슈피겔』과 인터뷰하면서 감정이 폭발했다. 〈나는 이번 선거전에서 중요한 경험을 했다. 1970년대 사람들의 기묘한 말장난, 1960년대에나 썼을 법한 용어가 등장하는 각종 사회 이론 따위를 누가 들으려 할까. 젊은이들은 넌더리를 낼 뿐이다.〉 *Der Spiegel*, 1990년 12월 3일 자, 13면.

420. 길젠바흐는 이런 용어의 혼란이 무엇보다도 관료주의 현상 때문이라고 보았다. 그는 레기네 아우스터Regine Auster와 나눈 대담에서 이렇게 말했다. 〈자연 보호 운동가가 쓰는 용어는 장황하고 관료적이며 추상적이다.〉 〈자연 보호 단체의 임원이 쓰는 말은 더욱 심하다. 《용인》이라는 단어를 예로 들어 보자. 용인이란 내가 감수하는 어떤 것이다. 자연 보호를 용인하라? 참으로 어처구니가 없다! 나는 그저 시민이 자신이 사는 땅의 자연을 사랑하기를 바랄 뿐이다〉(*Naturmagazin*, 2000/9+10, 14면). 다만 문제는 사랑은 조직되지 않는다는 것이다!

421. 2010년 5월 26일에 하인리히 슈파니어Heinrich Spanier가 알려 준 사실. 고위층 관료가 최소한 6개월 동안 지방 근무를 하는 것은 2009년까지 적용된 관행이다.

422. Jochen Reiss, *Greenpeace. Der Umweltmulti - sein Apparat, seine Aktionen*, München, 1990, 39면.

423. Bernhard Knappe, *Das Geheimnis von Greenpeace. Die andere Seite der Erfolgsstory*, Wien, 1993, 21면.

424. *Der Spiegel*, 1991/38, 87~105면.

425. Christian Krüger, Matthias Müller-Hennig, *Greenpeace auf dem Wahrnehmungsmarkt*, Hamburg, 2000, 121면 이하("Die Kampagne gegen die Europipe 1991~1993: die Geschichte eines Flops").

426. Reiner Luyken, "Blick fürs Wesentliche", *Die Zeit*, 1995년 6월 23일 자. 울리히 위르겐스처럼 냉혹하지는 않을지라도 비슷한 표현은 다음 자료에도 나온다. "Greenpeace Contra Greenpeace", *Das Greenpeace Buch*, München, 1996, 282면 이하, 284면. 〈우리의 뜻을 관철하고 무엇보다도 필요한 인력과 자금을 조달하기 위해서는 본격적인 로비를 벌여야 한다.〉 이에 반하는 입장은 다음 글이다. Wolfgang Sachs, "Liegt Greenpeace vorn im 21. Jahrhundert?", 위의 책 291면 이하. 역사학자 볼프강 작스는 당시 아직 시작하지도 않은 21세기를 두고 이러쿵저러쿵 말하는 것을 자신의 경험으로 미루어 경고한다!

427. *Neue Westfälische*, 1995년 6월 23일 자. Georg Alexander, "Weltweiter Mitglieder-und Spendenschwund Für Greenpeace kommt der Sieg wie gerufen."

428. Ivar A. Aune, Nikolaus Graf Praschma, *Greenpeace-Umweltschutz ohne Gewähr*, Neudamm, 1996, 93면 이하. 이 자료는 〈그린피스〉 주장의 신빙성을 문제 삼는다. 그러나 사건의 연대기를 정리한 다른 자료는 대단한 성공이 이런 수치와는 아무런 상관이 없음을 보여 준다. Krüger, Müller-Hennig, *Greanpeace auf dem Wahrnehmungsmarkt*, 206면 이하.

429. Anna-Katharina Wöbse, "Die Brent-Spar-Kampagne. Plattform für diverse Wahrheiten", Uekötter, Hohensee(편집), *Wird Kassandra heiser?*, 139~160면.

430. Michael Günther, "Greenpeace und das Recht", *Das Greenpeace Buch*, 68면. 반대 입장 쪽의 자료. Simonis, *Globale Umweltpolitik*, 76면. 〈해양 환경 정책의 주된 문제는 플랫폼의 가라앉히기도, 유조선이 배출하는 석유 띠도 아니다. 바다를 오염시키는 물질의 70~80퍼센트는 화학 산업 지역의 오수 배출, 차량 운행으로 생기는 폐타이어 가루 유입, 생활 하수 등이 만들어 낸다.〉

431. Greenpeace(편집), *Brent Spar und die Folgen. Analysen und Dokumente zur Verarbeitung eines gesellschaftlichen Konfliktes*, Göttingen, 1997. 〈Rechenfehler〉, 자료 49, 〈Hobsbawm〉, 자료 9. 영국의 역사학자가 비록 〈그린피스〉의 활동을 실질적인 근거를 가지지 않으며, 성공하게 된 원인은 헬무트 콜 정부의 유보적인 태도였다고 주장하면서도 결국 다음만큼은 인정했다. 〈그래도《녹색당》이 옳았다.〉

432. 위의 자료, 11.

433. Aune, Graf Praschma, *Greenpeace*, 66면 이하.

434. 특히 심했던 과장은 2007년 제19호 표지 기사다. 「살려줘……지구가 녹아내려! 거대한 기후 히스테리」.

435. *Der Spiegel*, 2004/45, 66면 이하. 《우리는 상상력이 필요하다.》이미 위기에 빠진 《그린피스》. 환경 보호 운동은 막대한 기부금을 비축하고서도 아이디어가 고갈되었다. 이제 암스테르담 본부는 조직을 더욱 단단히 굳힌다.〉 그러나 같은 논조는 이미 1991년에도 나왔다!

436. Bernhard Knappe, *Das Geheimnis von Greenpeace. Die andere Seite der Erfolgsstory*,

Wien, 1993, 185면. 《《그린피스》에서 누구도 10년 이상을 버티지 못했다는 사실은 충격적일 정도로 환경 단체의 책임감 부재를 확인해 준다.〉

437. 프랑스의 여배우 브리짓 바르도Brigitte Bardot가 특히 열정적으로 펼친 바다표범 사냥 반대 투쟁이 에스키모(이누이트족)의 전통적인 생활 기반을 빼앗는다는 사실이 알려지면서 생태 운동계 내부에서조차 논란이 일었다. 1983년 4월 4일 자『슈피겔』의 표지 기사「바다표범 도살: 논란을 부른 동물 보호」는 1983년 3월 7일 자「세계 기적: 〈바텐메어〉가 죽어 간다」는 제목의 기사가 처량한 바다표범의 사진을 이용했던 것과 극을 이룬다. 결국 맥타가트는 바다표범 사냥 반대 운동을 중지하기로 결정하고, 영국 동물 보호 운동가의 압력을 받아 캠페인을 지속하려고 한 영국 〈그린피스〉 지부장 피트 윌킨슨Pete Wilkinson을 직위해제했다. Ivar A. Aune, Nikolaus Graf Praschma, *Greenpeace⊠Umweltschutz ohne Gewähr*, Neudamm, 1996, 20면.

438. Reiner Scholz, *Betrifft: Robin Wood. Sanfte Rebellen gegen Naturzerstörung*, München, 1989, 22면.

439. Paul Watson, *Ocean Warrior. Mein Kreuzzug gegen das sinnlose Schlachten der Wale*, München, 1995, 12면. 〈나의 《그린피스》 경험은 마거릿 미드Margaret Mead의 견해가 옳았음을 확인해 준다. 기성 제도가 변화를 불러오리라고 믿어서는 안 된다. 그린피스가 열성적인 개인들의 공동체였을 때는 결정적 타격을 줄 수 있는 조직이었다. 그러나 유감스럽게도 이 단체는 제도권에 진입하면서, 그 자체가 문제의 일부인 관료주의에 물들어 버렸다.〉

440. *Encyclopedia of World Environmental History*, 제1권, 171면.

441. McCloskey, "Twenty Years of Change", Dunlap, Mertig(편집), *American Environmentalism*, 85, 84면.

442. 바로 이 지점에서 홉스봄은 과격파를 더는 호의적으로 보지 않는다. 더욱이 그는 노동자는 채식주의 생활을 하기가 힘들다고 보았다. 〈영국의 동물 보호 운동처럼 미친 사이코패스와 맹신주의자가 설치는 곳도 따로 없다.〉 Greenpeace(편집), *Brent Spar und die Folgen*, 기록 9.

443. 윈체스터의 트와이포드 다운Twyford Down을 통과하는 자동차 전용 도로의 건설을 반대하는 특히 요란했던 투쟁에서, 그린피스는 지역 단체에 참가 조건으로 〈그린피스〉라는 이름을 위협하지 말라는 것을 내세웠다. 그린피스는 법이 허용하는 테두리 안에서만 투쟁하며, 막대한 비용이 들어가는 소송을 피하고 싶어 했기 때문이다. Christopher Rootes(편집), *Environmental Protest in Western Europe*, 5면.

444. Dunlap, Mertig, *American Environmentalism*, 6면.

445. 프란츠 알트와의 인터뷰, *Brennpunkt Tibet*, 2010/2, 19면 이하.

446. Jun Jing, "Environmental Protests in Rural China", Elizabeth J. Perry, Mark Selden(편집), *Chinese Society: Change, Conflict and Resistance*, London, 2000, 143, 155면.

447. Christopher Rootes(편집), *Environmental Protest in Western Europe*, V&XIV면.

448. McCloskey, *Twenty Years*, 78면.

449. Radkau, *Max Weber*, 471면.

450. Otto Koenig, *Naturschutz an der Wende*, Wien, 1990, 105, 106면.

451. *Lexikon für Theologie und Kirche*, 제5권, Freiburg, 1960, 1243면.

452. 크리스토퍼 루츠는 본래 형용의 모순인 〈자매 논쟁〉이라는 개념의 모순을 정확히 짚어 냈다(*Environmental Movements-Local National and Global*, London, 1999, 91면)! 다음 자료(Christopher Rootes 편집, *Environmental Protest in Western Europe*, Oxford, 2003, 253면)에서 그는 이런 결론을 내린다. 〈이 유용한 구상은 정치적 의도의 차이로 빚어지는 모든 요소를 담으려다가 과중한 부담이 걸려 서로 모순되거나 충돌하는 구조 요소들을 뒤섞어 놓았다.〉

453. Raschke, *Die Grünen*, 421면 이하.

454. Marina Gambaroff 외, *Tschernobyl hat unser Leben verändert. Vom Ausstieg der Frauen*, Reinbek, 1986.

455. Riley E. Dunlap, "Trends in Public Opinion Toward Environmental Issues: 1965~1990", Dunlap, Mertig(편집), *American Environmentalism*, 102면 이하.

456. 미국의 환경 운동만 그랬던 것은 아니다. 다음 자료를 참조할 것. Ullrich Fichter, "Mr. Tapfer, der Retter der Welt"(유엔환경계획의 수장 클라우스 퇴퍼를 다룬 기사), *Der Spiegel*, 2001/24, 80면. 〈미국에서 생태를 위협하는 악당이 권좌를 차지한 이래, 생태 운동이 다시 숨을 쉰다. 마침내 적이 나타났다〉.

5 아군 대 적 또는 원원 전략

1. Lilo Weinsheimer, "Held oder Spinner? Professor Scheer gilt als wilder Kommunist", *Die Zeit*, 1976년 2월 27일 자, 14면. D. v. Ehrensteins의 독자 편지, *Der Spiegel*, 1977년 2월 21일 자, 14면. 또 *Die Zeit*, 1980년 9월 19일 자, 53면. 편람: *Zum richtigen Verständnis der Kernindustrie-66 Erwiderungen*, Berlin, 1975, 편집 브레멘대학교 저자 그룹. 편람은 반대편의 광고 책자 *66 Fragen, 66 Antworten: Zum besseren Verständnis der Kernenergie*를 겨누고 쓴 것이다. 이 책자의 저자이자 함부르크 전력 사업소 소장인 요하네스 코퍼Johannes Kopper는 1979년 동독 〈Stasi〉의 간첩임으로 폭로되었다. 이 무슨 역사의 아이러니일까(Michael Naumann, "Spitzel, Stasi und Spione", *Die Zeit*, 1979년 2월 23일 자, 9면).

2. Edda Müller, *Innenwelt der Umweltpolitik*, 89면 이하.

3. Wilhelm Lienenkämpfer, *Grüne Welt zu treuen Händen*, Stuttgart, 1963, 180면.

4. Henry Makowski, *Nationalparke in Deutschland - Kampfplätze des Naturschutzes*, Neumünster, 1997, 93면 이하.

5. Carl Schmitt, *Der Begriff des Politischen*(초판, 1932), Berlin, 1963, 26면 이하.

6. Radkau, *Max Weber*, 222면 이하.

7. 호르스트 바이어는 막스 베버 전집판 편집에 참여했던 인물이다.

8. *Der grüne Konservatismus*, Mainau, 1983(=Mainauer Gespräche 제1권), 53면.

9. 또는 아이러니라기보다 일종의 숙명론일까? 클라우디아 호네거Claudia Honegger는 브로델이 지리적 결정론에 사로잡혔던 경향을 확인했다. Claudia Honegger(편집), M. Bloch, F. Braudel, L. Febvre 외, *Schrift und Materie der Geschichte. Vorschläge zur*

systematischen Aneignung historischer Prozesse, Frankfurt, 1977, 23면.

10. Fernand Braudel, *Frankreich*, 제1권, "Raum und Geschichte", Stuttgart, 1989, 330면.

11. Ulrich Beck, *Risikogesellschaft. Auf dem Weg in eine andere Moderne*, Frankfurt, 1986, 48면.

12. 클라우스 트라우베는 저자와 나눈 대화에서 1970년대 초의 원자력 발전 계획에 제동을 건 것은 저항 운동이 아니라, 갈수록 높아져 가는 비용 때문이었다고 거듭 강조했다. 그러나 비용 상승은 저항 운동의 영향으로 그만큼 더 안전하게 시설을 설계하느라 어쩔 수 없었다.

13. 빌Wyhl 문제를 다룬 많은 간행물 가운데 특히 눈에 띄는 것은 시민 주도 환경 보호 전국 연합BBU 회장이 쓴 책이다. Hans-Helmut Wüstenhagen, *Bürger gegen Kernkraftwerke. Wyhl - der Anfang?*, Reinbek, 1975. 고르레벤 논란은 지금까지 독일 원자력 반대 운동의 가장 포괄적인 대작을 낳았다. Anselm Tiggemann, *Die «Achillesferse» der Kernenergie in der Bundesrepublik Deutschland: Zur Kernenergiekontroverse und Geschichte der nuklearen Entsorgung von den Anfängen bis Gorleben 1955 bis 1985*, Lauf, 2004.

14. 당시 분위기를 담은 기록은 다음을 볼 것. Dieter Rucht, *Von Wyhl nach Gorleben - Bürger gegen Atomprogramm und nukleare Entsorgung*, München, 1980, 217면 이하. 〈폭력 문제는 결국 전체 시민 운동의 신뢰도를 가늠하는 결정적 기준이 되었다〉. 최소한 환경 문제를 다룬 책을 쓴 저자들은 그렇게 보았다! 다음 자료를 참조할 것. Ulfrid Kleinert(편집), *Gewaltfrei widerstehen. Brokdorf-Protokolle gegen Schlagstöcke und Steine*, Reinbek, 1981. 돌을 던지는 사람은 책을 쓰지 않는다!

15. Hans Christoph Buch, *Bericht aus dem Inneren der Unruhe. Gorlebener Tagebuch*(초판: 1979), Reinbek, 1984, 15면. 나는 1981년 독일 박물관을 위해 쓴 책에서 재처리 시설의 잠재 위험이 〈원자력 발전소의 그것보다 몇 백 배 더 높다고 원자력을 찬성하는 만델의 말(1971년)을 인용해 확인해 두었다〉. 내가 인용한 하인리히 만델Heinrich Mandel의 글은 〈원자력 발전소는 화력 발전보다 최소한 100배가 적은 공해 물질을 배출한다〉고 썼지만, 재처리 시설에서 나오는 방사능은 〈현재의 기술 수준으로 막을 수 없어〉라며 무척 위험하다고 지적했다. Jochim Varchmin, Joachim Radkau, *Kraft, Energie und Arbeit. Energie und Gesellschaft*, Reinbek, 1981, 224면. 나는 이 문제를 놓고 원자력 발전의 대변인과 날카로운 논쟁을 벌였다. 그는 나에게 만델의 말을 왜곡했다고 비난했다. 그러나 최소한 분명한 사실은 원자력을 찬성하는 〈공동체〉에서조차 재처리 시설을 반기지 않았다는 점이다. 특히 카를스루에 원자력 연구소의 물리학자들은 그곳에 세워진 작은 규모의 재처리 시설을 〈가장 증오하는 것〉으로 꼽았다(Radkau, *Aufstieg und Krise der deutschen Atomwirtschaft*, 295면). 라인베스트팔렌의 원자력 자문을 맡은 쿠르트 야로쉐크Kurt Jaroschek는 1962년 재처리 시설을 두고 성경에 나오는 〈얼굴에 땀을 흘려야 먹을 것을 먹으리니〉라는 말을 인용하며 한숨지었다(위의 책, 356면).

16. Buch, *Bericht aus dem Inneren*, 17, 72, 313, 323~325면.

17. 위의 책, 177~179면. 구호의 의미는 다음 자료를 볼 것. Tiggemann, "*Achillesferse*",

496면 이하.

18. Herbert Meyer, *Zur neueren Entwicklung der Bürgerinitiativbewegung im Bereich der Kernenergie*, Bochum, 1981, 9면. 다음 자료도 같은 의미를 담았다. Hans Eckehard Bahr, Dorothee Sölle 외, *Franziskus in Gorleben. Protest für die Schöpfung*, Frankfurt, 1981.

19. Winfried Kretschmer, "Wackersdorf: Wiederaufarbeitung im Widerstreit", Ulrich Linse 외, *Von der Bittschrift zur Platzbesetzung - Konflikte um technische Großprojekte*, Berlin, 1988, 165~218면. 참으로 많은 생각거리를 주는 것은 다음의 관찰이다(215면). 〈바덴과 알자스의 시민 단체는 재처리 시설을 두고 갈등을 벌이지 않았다.《빌에서 우리는 역사를 썼다》라는 식의 거창한 말은 없었다. 1970년대 말의 생태 혁명 분위기는 빛이 바랬다〉. 내 기억으로 미루어 보면 1980년대의 박커스도르프 투쟁은 1970년대에 원자력 반대 활동을 벌였던 타지 사람들에게 그리 중요하게 받아들여지지 않았다. 이들은 더 폭넓은 환경 운동의 주제를 탐색했을 뿐이다. 옛 세대의 원자력 반대 투사는 나에게 이렇게 말했다. 〈지금 다시 원자력 기술을 공격하는 것은 시체 능욕과 다르지 않다.〉

20. 클라우스-위르겐 뢰케Claus-Jürgen Roepke가 다음 책에 쓴 서문에 나오는 내용이다. Martin Held(편집), *Wiederaufarbeitungsanlage Wackersdorf. Befürworter und Kritiker im Gespräch. Beiträge und Ergebnisse eines wissenschaftlichen Kolloquiums vom 12. bis 14. Mai 1986*, Tutzing, 1986. 행간에는 체르노빌 사고가 일어난 지 3주도 지나지 않았다는 한탄이 읽힌다!

21. *Der Spiegel*, 1986년 11월 10일 자, 82면 이하. 「원폭 국가로의 행진? 박커스도르프에서 재처리되는 플루토늄이 원자 폭탄 제조에 쓰일 가능성」. 이후 몇 년 동안 이 가능성을 둘러싼 논란은 그치지 않았다. 서독 정부의 초기 원자력 정책에 숨겨져 있던 원자 폭탄 제조의 희망은 여전히 일각에서 살아 있었기 때문이다. 그러나 1980년대의 본 정부가 이런 계산을 했을 확률은 희박하다. 원칙적으로 플루토늄을 원자로의 연료로 활용하는 것은 원칙적으로 가능하다. 전문가가 아닌 일반인이라 할지라도 〈원자력 폐기물〉은 긴 반감기 탓에 여전히 상존하는 위험이라는 점은 분명했다. 이처럼 원자력 기술에는 악마가 손을 뻗을 여지가 다분하다.

22. Werner Abelshauser, *Nach dem Wirtschaftswunder - Der Gewerkschafter, Politiker und Unternehmer Hans Matthöfer*, Bonn, 2009, 344면.

23. Helmut Kreuzer(편집), *Die zwei Kulturen. Literarische und naturwissenschaftliche Intelligenz. C. P. Snows These in der Diskussion*, München, 1987(초판, 1967).

24. Carl Amery, "Persönliches zu Charles Percy Snow", 같은 저자, *Bileams Esel. Konservative Aufsätze*, München, 1991, 220면.

25. *Das Veto. Der Atombericht der Ford-Foundation*, Frankfurt, 1977(미국판 원제: *Nuclear Power. Issues and Choices*, 1977).

26. Hans Matthöfer(편집), *Schnelle Brüter Pro und Contra*, Villingen, 1977(에너지 토론 1의 논증), 66면. 〈잔여 위험도〉는 구체적으로 증식로의 안정성에 문제가 있음을 뜻한다. 같은 자료, 93~103면. 32년 뒤인 2009년 5월 19일 헤펠레는 코르넬리아 알텐부르크 Cornelia Altenburg와 내가 나눈 대화에서 몇 차례나 이렇게 강조했다. 〈우리는 플루토늄으로

질식할 겁니다.〉 한때 〈증식로의 교황〉으로 불렸던 헤펠레가 보기에도 과도한 비용을 들여 증식로와 재처리 시설로 더 많은 플루토늄을 만들어 내는 것은 불합리하기 짝이 없는 일이다!

27. 독일 증식로 정책이 마침내 포기되기 전까지의 유익한 결산은 다음 자료를 볼 것. Klaus M. Meyer-Abich, Reinhard Ueberhorst(편집), *AUSgebrütet - Argumente zur Brutreaktorpolitik*, Basel, 1985.

28. 클라우스 M. 마이어아비히Klaus M. Meyer-Abich가 2010년 8월 19일 나에게 쓴 편지.

29. *Abschlußbericht: Zukünftige Kernenergie-Politik. Kriterien - Möglichkeiten - Empfehlungen. Bericht der Enquete-Kommission des deutschen Bundestages*, Bonn, 1980. 이 위원회의 활동은 다음 자료를 참조했음을 밝혀 둔다. Cornelia Altenburg, *Kernenergie und Politikberatung - Die Vermessung einer Kontroverse*, 박사 학위 논문, Bielefeld, 2009(단행본, Wiesbaden, 2010). 그 밖에 다음 자료도 볼 것. Armin Hermann, Rolf Schumacher(편집), *Das Ende des Atomzeitalters? Eine sachlich-kritische Dokumentation*, München, 1987, 321면 이하.

30. Andreas Vierecke, "Die Technik - und Umwelt-Enqueten des Deutschen Bundestages: Vermessene Zukunft vertane Zeit", Günter Altner 외(편집), *Jahrbuch Ökologie 1996*, München, 1995, 255~268면.

31. Altenburg, *Kernenergie und Politikberatung*, 21, 193, 270면.

32. 당시 독일 연구부 장관 폴커 하우프는 당시(2010년 9월 28일) 나에게 앙케트 위원회는 〈위버호르스트의 아이〉이며, 그와 많은 대화를 나누며 위원회를 꾸렸다고 말해 주었다. 코르넬리아 알텐부르크는 저자에게 보낸 편지(2010년 9월 14일)에서 이렇게 썼다. 〈내가 보기에 위버호르스트는 장관의 제안이라는 점을 분명히 밝히지 않는 능란한 솜씨로 위원들을 이끌었다.〉 하우프는 미소를 지으며 답했다. 〈아마도 그게 바로 정치죠!〉 브로크도르프에서 시위를 벌이다가 경찰 헬리콥터가 투하한 최루탄을 맞은 적이 있는 위버호르스트는 당시 사민당 의원 가운데 누구보다도 더 원자력 반대 운동을 잘 알았다. 또 헤펠레의 존경을 사는 데 성공한 점도 위버호르스트의 인품을 짐작케 한다!

33. Volker Hauff, *Das schwedische Modell zur öffentlichen Diskussion über Energiepolitik*, Bonn, 1977.

34. *Zukünftige Kernenergie-Politik*, 32면.

35. Altenburg, *Kernenergie und Politikberatung*, 55면.

36. 위의 책, 111, 143면.

37. 위의 책, 88, 112면.

38. 마이어아비히는 2010년 8월 10일 나에게 보낸 편지에서 이렇게 썼다. 〈헤펠레와 나로 말하자면, 서로 비난하지 않을 뿐만 아니라, 지적 성실성과 선의를 공유합니다. 우리는 과학적으로 증명 가능한 것과 단순한 기대를 구분할 줄 압니다. …… 이런 성실함은 노선 4(원자력 포기)도 프로그램에 포함될 수 있게 해주었습니다〉.

39. 앙케트 위원회를 주도한 독일 연구부 장관 폴커 하우프는 1986년 가을 자신이 소장으로 있던 락센부르크Laxenburg의 〈국제응용시스템분석연구소International Institute for Applied

Systems Analysis, IIASA〉의 연구로 어떤 소련 전문가가 원자력을 포기할 수 없다고 가르치려 들자 폭발했다. 〈그건 모두 고속 증식로라는 헛소리로 나를 설득하려 한 헤펠레의 연구 자료야.〉 고속 증식로는 애초 3억 3500만 마르크가 들어갈 것으로 예측되었다. 그런데 막상 건설에 들어가자 이 액수는 최소 70억 마르크를 집어삼킬 것으로 나타났다. 그럼에도 이 증식로는 결코 운영되지 않을 수 있었다. 〈이게 당신의 헤펠레 씨와 그의 진단이 낳은 결과야. 이 헤펠레 씨를 나는 너무 잘 알아.〉 *Der Spiegel*, 1986년 10월 13일 자, 46면.

40. Helmut Schelsky, *Einsamkeit und Freiheit. Idee und Gestalt der deutschen Universität und ihrer Reformen*, Reinbek, 1963, 64면. 내가 대학교에 들어간 1963년 첫 학기에 구입 해 단숨에 독파했는데, 이제는 너덜너덜해진 이 책을 읽었던 감동이 지금도 선명하다. 〈좋 다!!!〉 나는 거의 50년이 넘도록 이 책을 잊은 적이 없다.

41. Bernd Stoy, *Wunschenergie Sonne*(제3판), Heidelberg, 1980. 이 686면의 책은 시 사해 주는 바가 대단히 많다. 물론 슈토이는 홍보 효과를 노리고 〈대체 에너지〉를 공개적으 로 추켜세웠을 수는 있다. 그러나 슈토이는 태양광 발전을 정말 진지하게 생각했다.

42. Frank Uekötter, *Von der Rauchplage zur ökologischen Revolution*, Essen, 2003, 513면.

43. 1980년에 쓴 내 교수 자격 논문이 담긴 책 『독일 원자력 산업의 부상과 위기 1945~1975년: 원자력 기술의 대안과 핵 논란의 기원 *Aufstieg und Krise der deutschen Atom- wirtschaft 1945~1975: Verdrängte Alternativen in der Kerntechnik und der Ursprung der nuklearen Kontroverse*』(Reinbek, 1983)은 재생 가능한 에너지의 전망이 대단히 불투명하던 시절의 글 이다. 당시의 기본 전제는 대안을 보다 더 철저히 시험해 봐야만 하며, 바로 이런 시험 과 정의 결여가 그때까지 원자력 개발의 주된 결함이었다는 것이다. 원자력을 찬성하지만 대 안 원자로를 선호한 사람들은 나에게 저항 운동을 환영한다고 말해 주었다. 경수로의 추락 이 있어야 비로소 대안은 기회를 얻는다! 그러나 고속 증식로 직후 그 잠재적인 경쟁 모델 인 토륨 고온 가스로도 폐기되었다. 1989년 5월 17, 18일에 걸쳐 열린 학술 대회가 그 공식 폐기 선언이다(학술 대회 기록: VDI-Gesellschaft Energietechnik(편집), *AVR - 20 Jahre Betrieb. Ein deutscher Beitrag zu einer zukunftsweisenden Energietechnik*, Düsseldorf 1989). 『원자력 경제*atomwirtschaft*』의 편집장 볼프강 뮐러Wolfgang D. Müller는 대회에서 나에게 그런 모든 강연을 20년 전에 하지 그랬냐며 놀려댔다. 그러나 고온 가스로를 두고 항상 전망만 이야기되었을 뿐, 관련 자료나 경험은 전무했다! 독일 고온 가스로의 설계자 루돌프 슐텐 Rudolf Schulten은 말 한마디만 잘못해도 〈공동체〉에서 쫓겨나기에 충분했다고 불평했다. 그 러나 녹색당 역시 고온 가스로를 다른 원자로와 마찬가지로 달가워하지 않았다. 체르노빌 사건을 계기로 1986년 4월 30일에 열린 녹색당 회의에서 나중에 원자력 안전 협회의 사무 총장이 된 로타르 한Lothar Hahn은 이런 말을 했다. 〈독일에서도 노심이 융해되는 사고는 얼 마든지 일어날 수 있었다. 그 좋은 예는 함윈트로프Hamm-Uentrop에 설치된 흑연으로 냉각 하는(흑연으로 조절된다는 뜻이다 — 저자) 고온 가스로다.〉 *Die Grünen im Bundestag*, 제 2권, 915면. 체르노빌의 사고는 흑연 화재로 일어났다. 이런 사고는 독일에서 토륨 고온 가 스로에서 일어날 수 있었다.

44. Michael Bess, *The Light-Green Society. Ecology and Technological Modernity in France 1960~2000*, Chicago, 2003, 101면.

45. 옛날에 나치스 독일을 피해 프랑스로 이민을 간 어떤 트로츠키주의자, 지금은 컴퓨터 산업의 업체를 경영하는, 이름을 밝히기 꺼리는 인물은 1977년 나에게 적군파의 안드레아스 바더Andreas Baader와 구드룬 엔슬린Gudrun Ensslin이 프랑스에서 〈자유의 투사〉라는 호칭을 얻기는 했지만 사법부로부터 독일보다 더 나은 대접을 받지는 않았다고 말했다. 〈그린피스〉 대변인 스베냐 코호는 2006년 독일에서는 영웅인 환경 운동가가 프랑스에서는 테러리스트 취급을 받는다고 불평했다.

46. 당시 퀸첼은 독일의 원자력 개발이 원자 폭탄 제조라는 은밀한 의도로 이뤄지고 있다는 주장을 강력하게 제기했다. 같은 저자, *Bonn und die Bombe - Deutsche Atomwaffenpolitik von Adenauer bis Brandt*, Frankfurt, 1992. 그리고 체르노빌 사고 당시 퀸첼이 편집한 책도 같은 주장을 펼친다. *Atombomben Made in Germany? Atomenergie - Schleichwege zum Atomwaffenstaat*, Köln, 1986. 이런 논제는 원자력 반대 운동에 실렸던 힘을 핵 재무장을 겨냥한 새로운 평화 운동에 넘어가게 했으며, 동시에 두 운동을 과격화하고 원자력 찬성 세력을 범죄시하는 결과를 낳았다. 반대로 클라우스 트라우베는 내 논제(*Aufstieg und Krise der deutschen Atomwirtschaft*, 195면)를 인용했다(*Atombomben Made in Germany? Atomenergie - Schleichwege zum Atomwaffenstaat*, 32면). 〈독일의 원자력 개발이 군사적 목적에 이용된다는 조짐은 어디에도 없으며, 또 그럴 확률도 적다.〉 독일의 원자 폭탄 제조는 서구의 동맹을 위협하는 정치적 망상일 뿐이다. 몇 년 전만 하더라도 나는 오히려 아데나워 정부가 원자 폭탄 제조라는 선택지를 열어 두었다는 것을 방증하는 자료를 수집해 왔다는 비판을 받았다. 당시만 하더라도 〈원폭〉이라는 주제는 원자력 반대 운동의 초점을 흐리는 꼼수로 간주되었다. 아데나워의 전기를 쓴 한스페터 슈바르츠가 증명했듯, 원자 폭탄 제조는 선택지 그 이상의 것이 아니었다.

47. *Die Grünen im Bundestag*, 제2권, 954~959면.

48. Hartmut Johnsen, *Der Startbahn-West Konflikt. Ein politisches Lehrstück?*, Frankfurt, 1996, 49면.

49. 이런 도서의 목록은 다음 자료를 볼 것. Joachim Radkau, "Die Kernkraft-Kontroverse im Spiegel der Literatur", Hermann, Schumacher(편집), *Das Ende des Atomzeitalters*, 313면 이하.

50. Radkau, *Aufstieg und Krise der deutschen Atomwirtschaft*, 211면 이하.

51. Robert Jungk, *Der Atomstaat. Vom Fortschritt in die Unmenschlichkeit*, München, 1977, 129, 124, 128면.

52. Robert Jungk, *Heller als tausend Sonnen. Das Schicksal der Atomforscher*, Reinbek, 1977(초판, 1956), 38, 91면. 이와 관련해서는 다음 자료를 참조할 것. Radkau, Aufstieg und Krise, 34면 이하.

53. 바로 그래서 나는 카를 프리드리히 폰 바이츠제커가 로베르트 융크의 『원자력 국가』를 두고 보인 분노를 십분 수긍할 수 있다. 심지어 한때 융크에게 열렬한 구애를 받았던 바이츠제커가 아니던가. 〈나는 자신과 반대 입장에 있는 사람들을 멋대로 모욕하고 진위를 확인할 수 없는 일화를 들먹여 가며 거짓 주장을 일삼는 융크의 방법에 분노하지 않을 수 없다.〉 융크는 자신의 회고록(*Trotzdem. Mein Leben für die Zukunft*, München, 1993, 286,

298면)에서 자신이 예전에 인터뷰했던 많은 원자물리학자를 두고, 〈아마도 의식하지 못했겠지만 카를 프리드리히 폰 바이츠제커에게 현혹되어〉, 하이젠베르크를 중심으로 한 독일 원자물리학자들이 〈독일의 원자 폭탄 제조를 방해하려고 했다〉는 사실을 믿는 모양이라고 썼다. 그러나 바이츠제커는 그런 주장을 분명 하지 않았다. 실제 그랬다면 바이츠제커는 1945년 이후 자부심을 가지고 자신이 그랬다고 자랑했으리라!

54. *Encyclopedia of World Environmental History von 2004*, 제2권, 873면(Vaclav Smil). 이 자료는 메탄을 천연가스의 일종으로 언급하면서 이렇게 썼다. 〈천연가스보다 환경 친화적인 화석 연료는 없다.〉 메탄이 대기를 위협한다는 사실은 단 한마디도 언급하지 않았다.

55. Simon A. Levin(편집), *The Princeton Guide to Ecology*, Princeton, 2009, 357면.

56. Hans Wallow, "Kreativität als Clownerie", *Die Zeit*, 1982년 8월 6일 자. 이 기사는 다음 자료에도 수록됨. Monika Sperr, *Petra K. Kelly*, 174면.

57. 위의 책, 159면.

58. Claus-Peter Hutter 외, *Die Öko-Bremser. Schwarzbuch Umwelt Europa*, Stuttgart, 1993.

59. 정보에 충실하기는 하나 악의적인 비꼼을 담은 자료 *Jörg Bergstedt: Agenda, Expo, Sponsoring*(296면 이하)는 유럽 자연 유산 기금을 편파적으로 재계에 의존하는 기부금 모집 집단으로 묘사한다. 그러나 내가 하는 한, 이 재단의 예산 가운데 극히 일부만 재계에서 모금했을 뿐이다. 물론 〈다이믈러 벤츠〉와 〈루프트한자〉 같은 대기업이 스폰서이기는 하다.

60. Hutter, *Öko-Bremser*, 22면.

61. Hutter, *Öko-Bremser*, 12면.

62. Volker Angres 외, *Bananen für Brüssel. Europa - wie unsere Steuern vergeudet werden*, München, 1999.

63. Hutter, *Öko-Bremser*, 269면 이하. 나중에 유럽 회계 감사원 원장은 감사에 충실했다는 이유로 상을 받았다.

64. 위의 책, 127면.

65. Radkau, *Aufstieg und Krise*, 170면 이하. 최신의 유럽 연합 핸드북은 이 수치스러운 원자력 공동체에 〈기억 말살 형벌damnatio memoriae〉을 내렸다!

66. Hutter, *Öko-Bremser*, 103면.

67. 위의 책, 24면 이하. 2006년 9월 나는 현장을 보고 이 부정적 평가가 예나 지금이나 맞는다는 것을 확신했다.

68. 멘케글뤼커르트가 카이 휘네뫼르더Kai Hünemörder와 2001년 3월 7일에 한 인터뷰.

69. Werner Filmer, Heribert Schwan, *Hans-Dietrich Genscher*, Düsseldorf, 1988, 153면.

70. Edda Müller, *Innenwelt der Umweltpolitik*, 97면 이하.

71. 멘케글뤼커르트가 카이 휘네뫼르더와 2001년 3월 7일에 한 인터뷰.

72. Kurt Möser, *Geschichte des Autos*, Frankfurt, 2002, 279면.

73. Dietmar Klenke, *"Freier Stau für freie Bürger" Die Geschichte der bundesdeutschen*

Verkehrspolitik, Darmstadt, 1995, 104면 이하.

74. 미국의 청문회가 독일의 그것과 다르다는 점을 감안하더라도 환경 문제에서 반대 신문이 어느 정도 적절한 조사 방법인가 하는 물음은 따로 연구해 볼 만한 주제다. 나에게 법적 문제를 자문해 주었던 한스 프뤼퍼는 자신이 베를린에서 오랫동안 법관으로 일한 경험으로 미루어 정치적 사안이 걸린 소송에서 반대 신문은 진실을 확인하는 수단으로는 적당치 않다는 의견을 피력했다. 반대 신문은 그저 이해 당사자에게 진술하면서 그 진술을 곱씹어 볼 기회만 준다고 했다. Hans Prüfer, *Aussagebewertung in Strafsachen*, Köln, 1986. 원자력 산업의 경영자들과 내가 인터뷰해 본 경험도 같은 사실을 말해 준다.

75. Marc K. Landy 외, *The Environmental Protection Agency. Asking the Wrong Questions. From Nixon to Clinton*(expanded edition), New York, 1994, 35면 이하.

76. Richard N. L. Andrews, *Managing the Environment - Managing Ourselves. A History of American Environmental Policy*, New Haven, 1999, 230면.

77. 위의 책, 231면.

78. 2010년 9월 2일 앨런 에이브럼슨은 나에게 보낸 편지에 이렇게 썼다. 〈전반적 전략은 하나를 공개적으로 처형하면, 다른 수백은 절로 체념한다.〉

79. 앨런 에이브럼슨은 2010년 2월 7일 나에게 보낸 편지에서 〈EPA〉는 초창기 10년 동안 잦은 실수를 저질러 격렬한 반대를 자초했다고 썼다. 《EPA》는 초창기에 복잡한 시행령이나 과잉 규제를 강제하면서 너무 멀리 나아갔다.〉 그 예로 그는 학교에서 천식이 학생들의 건강을 심각하게 위협한다고 공포 분위기를 조성하며, 그 때문에 막대한 비용이 들어가는 개축 대책을 밀어붙인 사실을 꼽았다. 그럼에도 그는 러클스하우스 시대를 모범적이었다고 추켜세웠다. 그때는 미국 환경 정책의 위대한 시기였다!

80. Ernst U. v. Weizsäcker, *Erdpolitik*, Darmstadt, 1989, 12면.

81. Gretchen C. Daily, Katherine Ellison, *The New Economy of Nature. The Quest to Make Conservation Profitable*, Washington, D. C., 2002, 63면 이하.

82. Carl Pope(시에라 클럽의 전무이사), *Strategic Ignorance. Why the Bush Administration Is Recklessly Destroying a Century of Environmental Progress*, San Francisco, 2004, 50, 181, 180면. 〈EPA〉의 활동이 갖는 한계, 곧 명확히 증명된 피해가 아니라, 부분적으로 가설적 성격의 위험을 강조하는 활동의 한계를 자세히 밝힌 자료는 다음과 같다. Marie-Monique Robin, *Mit Gift und Genen - wie der Biotech-Konzern Monsanto unsere Welt verändert*, München, 2010, 57면 이하&86면 이하.

83. Gertrude Lubbe-Wolff, "Modernisierung des umweltbezogenen Ordnungsrechts", Alexander Roßnagel, Uwe Neuser(편집), *Reformperspektiven im Umweltrecht. Dokumentation der "Haydener Hochschul-Gespräche 1995"*, Baden-Baden, 1996, 120면.

84. Gertrude Lübbe-Wolff, "Das Kooperationsprinzip im Umweltrecht Rechtsgrundsatz oder Deckmantel des Vollzugsdefizits?", *Natur+Recht*, 제7호(1989), 295, 302면.

85. 이런 발상을 내놓은 사람은 미하엘 브라운가르트다. 그는 〈그린피스〉의 화학부

서 책임자로 일하면서부터 자신의 아이디어를 산업과의 협력으로 구현하려고 노력했다. Michael Braungart, William McDonough, *Einfach intelligent produzieren. Cradle to cradle: Die Natur zeigt, wie wir die Dinge besser machen können*, Berlin, 2003, 27면.

86. 환경 운동에 반대하는 관점에서 쓴 자료는 다음의 것이다. Ron Arnold, *Ecology Wars*(초판, 1993), 9면. 〈환경에 관한 한, 감정도, 토론도 쓸모가 없으며, 인간의 지성은 가장 진부한 형태의 지원군만 찾는다. …… 노스슬로프North Slope에서 에버글레이즈에 이르기까지 경제와 생태의 오해 간극은 엄청나며 극복될 수 없다.〉 그러나 불에 기름을 붓는 사람은 다름 아닌 이 자료의 저자일 뿐이다! 그는 양측이 보는 적이 누구인지 확인해 준다. 경제와 생태의 싸움은 〈이득에 미친 개발자가 테니스화를 신은 작은 체구의 노파를 상대로 하는 것〉이다. 그러나 〈작은 체구의 노파〉만 환경 운동을 한다면, 이런 노파가 미국의 자유를 위협할 수 있을까? 그래서 론 아널드는 두려움을 자아내는 훨씬 더 강력한 적을 지어낸다. 바로 〈자유 기업〉을 증오하는 생태 관료, 권력에 굶주린 관료가 그 적이다.

87. 빌리 브란트의 근본 사상에 고무되어 쓰인 다음 책을 볼 것. Tom R. Burns, Reinhard Ueberhorst, *Creative Democracy. Systematic Conflict Resolution and Policymaking in a World of High Science and Technology*, New York, 1988. 이 책에는 앙케트 위원회를 이끌었던 위버호르스트의 경험이 그대로 녹아들어 있다.

88. Steven Lewis Yaffee, *The Wisdom of the Spotted Owl. Policy Lessons for a New Century*, Washington, D. C., 1994. 430면에 달하는 이 탁월하면서 대단히 교훈적인 자료는 미국 환경 운동의 수많은 문헌 가운데 독보적이다. 책의 3분의 2 이상은 〈역사의 교훈〉으로부터 미래 정치의 청사진을 꾸며 보는 내용이다. 저자는 대표적인 환경 갈등에서 많은 보편적 결론을 얻어 낼 수 있다는 전제에서 출발한다. 그의 분석은 비판과 더불어 날카롭고 탁월하다. 그러나 그가 구체적으로 더 나은 정치를 어떻게 상상하는지는 좀 분명치 않다.

89. 심지어 『세계 환경 역사 백과사전*Encyclopedia of World Environmental History*』의 색인에도 반점올빼미는 나오지 않는다!

90. 그레그 이스터부르크는 반점올빼미 논쟁을 길을 잘못 든 환경 운동의 전형적 예라고 보는데, 그에 따르면 반점올빼미를 보호하려는 운동의 요구는 이미 1991년에 법원 판결로 충족되었다. 북서부의 광활한 숲을 보호 구역으로 지정함으로써 수천 명의 벌목꾼은 자신의 직업을 잃고 말았다. 〈클린턴의 올빼미 계획〉은 벌이가 좋은 이 직업을 아예 사라지게 할 지경이었다(Gregg Easterbrook, *A Moment on the Earth. The Coming Age of Environmental Optimism*, New York, 1995, 211, 227면). 그러나 이것이 역사의 끝은 아니다. 이런 갈등은 미국의 많은 주에서 지금도 계속되고 있다. 〈위키피디아〉에 따르면 2008년 연방판사 수전 볼튼Susan Bolton은 〈어류 및 야생 동물 관리국U.S. Fish and Wildlife Service〉의 요구에 따라 애리조나, 유타, 콜로라도, 뉴멕시코의 3만 4,800제곱킬로미터에 달하는 숲을 보호 구역으로 지정했다. 모두 반점올빼미의 서식지로 확인된 곳이다. 애리조나의 목축 연맹은 이 결정에 항소했다.

91. Yaffee, *Wisdom of the Spotted Owl*, 14면 이하.

92. 위의 책, 215면 이하. 미국 원자력 위원회의 마지막 위원장이 그의 환경 운동 반대 투쟁서에서 이 인용문을 들먹이며 흥분한 것은 놀라운 일이 아니다! Dixy Lee Ray, Lou

Guzzo, *Environmental Overkill. Whatever Happened to Common Sense?*, New York, 1993, 86면.

93. Yaffee, *Wisdom of the Spotted Owl*, 24면.

94. 이 문제를 두고 〈노르트라인베스트팔렌 숲 보호PRO WALD NRW〉 연맹의 대변인이며, 독일은 물론이고 미국 북동부에서도 오랫동안 숲 문제를 다룬 경험이 풍부한 볼프하르트 폰 뵈제라거Wolfhard v. Boeselager는 나에게 쓴 편지(2010년 10월 9일)에서 미국의 산림 관계자, 숲 보호 운동가들과 함께 그곳의 임업 종사자가 〈반점올빼미에 부정적 이미지를 가졌음에도〉 이 동물을 투쟁 구호로 삼는 것이 올바른 선택인지 거듭 토론을 벌였다고 말했다. 뉴욕주에서 숲 보호 운동을 이끈 지도자 로스 웨일리Ross Waley는 〈나의 물음에 생각에 잠기더니 단호하게 반점올빼미의 강점을 무시할 수 없다고 대답했다〉. 〈이 조류를 인간과 정치의 의식을 각성시킬 아이콘으로 만드는 일은 꼭 필요하다. 그래야 멸종 위기에 처한 생물종은 물론이고 벌목으로 폐허가 되어 가는 원시림 생태계도 구할 수 있다.〉〈애디론댁 파크 에이전시Adirondack Park Agency〉의 수석 변호사는 이런 견해에 동의했다. 숲 산책이 대중적 인기를 끌고 있지만, 직접적으로 숲을 경험하는 일이 거의 드문 나라에서 그런 아이콘은 경각심을 일깨우는 데 꼭 필요하다!

95. Yaffee, *Wisdom of the Spotted Owl*, 216면.

96. 위의 책, 230면. 〈환경 운동 단체들이 고목과 올빼미 보호 운동에 동승하기까지 오랜 시간이 걸린 것은 놀랍기만 하다. 대형 단체는 이 논쟁에서 1987년까지 주된 역할을 하지 않았다.〉

97. 위의 책 170면 이하. 또 다음 자료도 볼 것. Samuel P. Hays, *Wars in the Woods. The Rise of Ecological Forestry in America*, 162면.

98. Dave Foreman, *Confessions of an Eco-Warrior*, New York, 1991, 120면.

99. Michael Williams, *Americans and Their Forests. A Historical Geography*, Cambridge, 1989, 310~315면.

100. Michael P. Cohen, *The History of the Sierra Club 1892~1970*, San Francisco, 1988, 337면 이하.

101. Yaffee, *Wisdom of the Spotted Owl*, 45면.

102. 위의 책, 321면. 〈임원의 리더십 소진과 낮은 도덕성, 마치 가라앉는 배를 떠나는 쥐떼와 같은 두뇌 유출로 인해 이 조직은 혁신으로 새로운 활력을 불어넣을 수 있는 기회를 잡을 능력을 잃고 말았다〉.

103. Chuck Leavell, *Forever Green. Ein Porträt des amerikanischen Waldes*, Alfeld, 2004, 189면.

104. Dixy Lee Ray, *Environmental Overkill*, 85면 이하.

105. Radkau, *Natur und Macht*, 212면.

106. 다음 책의 서문에 Alan Gottlieb가 쓴 글. Ron Arnold, *Ecology Wars. Environmentalism As If People Mattered*(제4판), Bellevue, Washington, 1993.

107. Yaffee, *Wisdom of the Spotted Owl*, 228면.

108. 위의 책, 161면.

109. David Hervard, *The War Against the Greens. The «Wise-Use» Movement, the New Right, and the Browning of America*, Boulder, Colorado, 2004, 79면.

110. 위의 책, 54면.

111. Ehrlich, *Betrayal of Science and Reason*, 19면.

112. Yaffee, *Wisdom of the Spotted Owl*, 243면. 〈반점올빼미 갈등은 이른바《레이건 혁명》이 일어난 때와 같은 시기에 절정에 달했다.〉

113. 위의 책, 141면.

114. 〈여기서《노No!》는 없습니다〉. 위원장이 나에게 직접 한 말이다. 1987년.

115. Joachim Radkau, "Hiroshima und Asilomar. Die Inszenierung des Diskurses über die Gentechnik vor dem Hintergrund der Kernenergie-Kontroverse", *Geschichte und Gesellschaft*, 14(1988), 357면 주석.

116. 이에 반해 미국 식품의약국U.S. Food and Drug Administration은 1994년 유전 공학의 기술로 만든 〈재조합형 소 성장 호르몬recombinant bovine growth hormone, rBGH〉, 곧 젖소의 우유 생산을 20퍼센트나 높여 준다는 호르몬을 승인하고, 농산업의 거물 〈몬산토〉가 독점 공급할 수 있게 허가했다. 〈유기농 제품〉의 미국판 인증인 〈홀 푸드Whole Food〉는 〈넘쳐나는 우유glut of milk〉에도 이런 불합리한 혁신을 한다고 꼬집었다. Evelyn Roehl, *Whole Food Facts. The Complete Reference Guide*, Rochester, Vermont, 1996, 5면. 에블린 오엘은 시애틀 〈푸드 러닝 센터Food Learning Center〉의 소장직을 1979년에서 1988년까지 맡았던 인물이다. 농업의 환경 친화적인 경영을 소비자 보호 운동이 주도하는 것은 미국의 특징이다.

117. 이 표현을 쓴 사람은 다름 아닌 클라우스 트라우베*다!

118. Willi Hüsler, "Konservatismus in der Verkehrspolitik: Das Schweizer Beispiel", Tom Koenigs, Roland Schaeffer(편집), *Fortschritt vom Auto? Umwelt und Verkehr in den 90er Jahren*, München, 1991, 255면&264면 이하.

119. Gunter Vogt, *Entstehung und Entwicklung des ökologischen Landbaus im deutschsprachigen Raum*, Bad Dürkheim, 2000.

120. 자연의 순환에 충실하려는 〈영속 농업Permaculture〉의 관점에서 볼 때 오스트리아에서 흔히 보는 고산 지대 농업은 결코 자연이 주는 기회를 이용하는 농법의 정점을 따라올 수 없다. Sepp Holzer, *Der Agrar-Rebell*(제8판), Graz, 2004.

121. 녹색당 좌파의 스타인 다니엘 콩방디는 이렇게 강조했다. 〈프랑스는 열광적으로 보베를 섬긴다. 농부 조제 보베는 식품 주권을 상징한다. 그가 프랑스에서 누리는 인기는 대단하다〉(Christiane Grefe 외, *Attac*, Berlin, 2002, 203면). 독일에서는 거의 찾아볼 수 없는 이런 사례는 생태주의의 생태를 환히 밝혀 준다!

122. José Bové, Francois Dufour, *Le monde n'est pas une marchandise. Des paysans contre la malbouffe&Entretiens avec Gilles Luneau*, Paris, 2000. 〈malbouffe〉는 77면 이하를 볼 것.

* Klaus Traube: 1928~2016. 1970년대에 원자력 산업의 최고 경영자를 지내다가 원자력 반대 운동의 선봉에 선 인물. 그의 이런 극적 변신으로 독일 정치는 일대 혼란에 빠졌다. 이후 환경 문제 연구에 헌신했다.

보베가 『슈피겔』과 했던 인터뷰도 참조할 것. *Der Spiegel*, 26/2001, 132면. 보베는 생태학의 전문 용어를 쓰지 않고도 자연 친화적 농법을 알기 쉽게 풀어 준다.

123. Joan Thirsk, *Alternative Agriculture. A History. From the Black Death to the Present Day*, Oxford, 1997, 224면 이하. 영국 농업사를 선도한 저자의 이 책은 아쉽게도 〈대안 농업〉이라는 개념이 오늘날의 의미, 곧 생태 시대의 농업이라는 의미를 얻는 바로 그 시점에서 끝난다. Erin Gill, *The International Aspirations of the British Organic Food and Farming Movement*, 코펜하겐에서 열린 제1차 환경 역사 학술 대회의 발표문, 2009년 8월.

124. Bernhard Gill, *Streitfall Natur. Weltbilder in Technik-und Umweltkonflikten*, Wiesbaden, 2003, 199면. 다음 자료도 볼 것. Marie-Monique Robin, *Mit Gift und Genen⊠wie der Biotech-Konzern Monsanto unsere Welt verändert*, München, 2010, 293면 이하.

125. 마르코 에버스Marco Evers의 인터뷰 기사. 〈5층에서 나온 재료로 만든 커틀릿. 네덜란드의 과감한 제안이 열풍을 부르다. 미래 농업의 비전은 로테르담의 항구에 돼지와 닭을 키우고 버섯을 재배하는 고층 빌딩을 계획한다. 농산부 장관은 이 프로젝트를 생태의 모범이라 추켜세웠다〉. *Der Spiegel*, 43/2000, 238~241면. 미생물학자가 쓴 다음의 책도 비슷한 발상을 담았다. Martin Häusler, *Die wahren Visionäre unserer Zeit*, München, 2010. 심지어 대안 노벨상의 창설자인 야코프 폰 윅스퀼도 〈수직 농장〉를 주장하는 선구자 가운데 한 명이다.

126. Hutter, *Öko-Bremser*, 21면. 농업대학교 바헤닝엔Wageningen의 온실 재배학 교수 올라프 판 쿠텐Olaf van Kooten은 『슈피겔』과의 인터뷰에서 이런 말을 했다. 〈우리 네덜란드 사람들에게 《물 폭탄》 이야기는 엄청난 충격이었다. 우리의 가장 중요한 소비자인 독일 국민은 집단적인 거부감을 보였다. 매출은 급감하고 말았다〉(*Der Spiegel*, 43/2000, 240면). 그러나 온실 재배 자체가 이런 불운의 근거는 아니다.

127. 2010년 5월 26일과 27일에 걸쳐 열린 라인란트 농업 연맹 대회 〈자연 보호와 문화 경관〉에서 조경 역사학자 한스외르크 퀴스터Hansjörg Küster는 지원금의 축소로 마지막 남은 전통 농업마저 사라진다면, 조경은 그야말로 〈파국〉을 맞는다고 주장했다. 그러나 자연 보호를 관장하는 환경부 장관 하인리히 슈파니어Heinrich Spanier는 경제적으로 기능을 상실한 농업을 지원금으로 보존하는 것은 어리석은 일이라고 말했다. 베르사유 궁전의 모자이크화에 등장하는 농부처럼 배우에게 돈을 주는 것과 다르지 않다나! 장관은 다음 기사를 읽어 보라고 강조했다. Christian Schwägerl, "Das alte Mosaik von Wald, Wiese und Dorf-Wenn die Bauern keine Lebensmittel mehr produzieren, wird der ländliche Raum zur Projektionsfläche einer neuen 〈Land Art〉", *FAZ*, 2004.08.24.

128. Charles E. Little, *Green Fields Forever. The Conservation Tillage Revolution in America*, Washington, D. C., 1986.

129. 퍼스 루이스Peirce F. Lewis의 다음 책에 나오는 글. Michael P. Conzen(편집), *The Making of the American Landscape*, New York, 1990, 88면 이하. 다음 자료도 볼 것. R. Douglas Hurt, *American Agriculture. A Brief History*, Ames, Iowa, 1994, 36, 54면. 최근에는 버몬트도 생태와 〈로컬 푸드〉로 새로운 활력을 얻은 전통적 농업의 중심지가 되었

다. Ron Krupp, *Lifting the Yoke; Local Solutions to America's Farm and Food Crisis*(제2판), Milton, Vermont, 2010.

130. Masanobu Fukuoka, *Rückkehr zur Natur. Die Philosophie des natürlichen Anbaus*, Darmstadt, 1987, 27면 이하.

131. 이것이 바로 프랑크 위쾨터의 교수 자격 논문이 다루는 핵심 주제다. Frank Uekötter, *Die Wahrheit ist auf dem Feld. Eine Wissensgeschichte der deutschen Landwirtschaft*, Göttingen, 2010.

132. 위의 자료.

133. 2차 세계 대전 종전 이후 10년 동안 자신의 농장에서 구조 조정을 겪어야만 했던 어떤 늙은 농부와 함께 유기농 농장을 견학했을 때, 그는 눈물을 흘리며 이것이 정말 자신이 꿈꾸던 농업이었다고 말했다. 그러나 그러기 위해서 그는 다른 아내를 맞아야만 했다. 아내가 뜻을 같이 해주지 않는다면 유기농으로의 전환은 불가능하다.

134. 농업 경제학자 미하엘 마하트쉐크Michael Machatschek는 케른텐의 고산 지대 농장에서 직접 농사를 지으며 전통 농업을 다룬 여러 권의 책을 펴냈다. 그는 나에게 「뿌리부터 흔들리는 생태 농업」이라는 제목의 원고를 보내왔다. 이 원고에서 그는 다음과 같이 썼다. 〈책에서 화학 비료와 살포제의 포기는 환상적인 울림을 준다. 그러나 농토는 농장에서 직접 만든 유기 비료로도 망가질 수 있으며 농기계의 압력을 받아 너무 단단해지기도 한다. 식물 협회는 전래적 농업과 생태 농업 사이에 큰 차이가 없다고 확인해 준다.〉

135. Karl Ludwig Schweisfurth, *Wenn's um die Wurst geht. Gedanken über die Würde von Mensch und Tier - Autobiographie*, München, 1999, 259면 이하.

136. Mieke Roscher, *Ein Königreich für Tiere*, 292면.

137. 슈바이스푸르트 재단의 과학 자문 위원 마누엘 슈나이더Manuel Schneider가 쓴 다음 책을 참조할 것. *Mythen der Landwirtschaft. Argumente für eine ökologische Agrarkultur. Fakten gegen Vorurteile, Irrtümer und Unwissen*(제2판), Bad Dürkheim, 2001, 43면 이하. 저자는 상당히 구체적으로 생태 축산에서도 〈광우병을 100퍼센트 방지할 수는 없다〉고 지적한다(45면).

138. Roland Scholz, Sievert Lorenzen, *Phantom BSE-Gefahr. Irrwege von Wissenschaft und Politik im BSE-Skandal*, Innsbruck, 2005, 62면.

139. Schneider, *Mythen der Landwirtschaft*, 43, 44면.

140. *Encyclopedia of World Environmental History*, 제1권, 316면(Raymond Pierotti).

141. Roland Scholz(뮌헨대학교 생화학과 세포생물학 연구소 연구원), "Eine Ansteckung mit BSE grenzt an ein Wunder", 같은 저자, Lorenzen, *Phantom BSE-Gefahr*, 152면.

142. 1992년 리우데자네이루 정상 회담의 정신을 잘 살린 것으로 유명한 다음 자료를 볼 것. Friends of the Earth Netherlands, *Sustainable Netherlands. Aktionsplan für eine nachhaltige Entwicklung der Niederlande*, Frankfurt(Institut für sozial-ökologische Forschung), 1993, 159면 이하. 이 연구는 지극히 현실적으로 지속성으로의 전환이 순전한 〈원윈 게임〉일 수는 없다는 점을 인정한다. 〈대다수 축산업자가 막대한 손실을 감내해야

만 한다.〉 축산업이 농업을 지배하는 네덜란드에는 쓰디쓴 진실이다. 전체 연구는 농부의 실천 가능성보다는 생태의 명법에 따른 논리를 펼친다.

143. Scholz, "Eine Ansteckung mit BSE grenzt an ein Wunder", 151면.

144. Sievert Lorenzen, "BSE Wie das Rind dem Wachstumswahn geopfert wird", 원주 141과 같은 자료, 134면.

145. Bergstedt, *Agenda, Expo, Sponsoring*, 32, 252, 39, 249면.

146. Mitchell, Stallings(편집), *Ecotactics*, 109면.

147. Commoner, *The Closing Circle*, 10면. 그의 전기를 쓴 마이클 이건은 〈지구의 날〉 과 1970년 환경 혁명을 다룬 장의 제목으로 이 표현을 골랐다(Egan, *Commoner*, 109면).

148. Chris Rootes, "Britain Greens in a Cold Climate", 같은 저자, Dick Richardson(편집), *The Green Challenge. The Development of Green Parties in Europe*, London, 1995, 66면 이하. Rootes(편집), *Environmental Protest in Western Europe*, Oxford, 2003, 38면. 이 책은 영국을 두고 이렇게 표현했다. 〈동물 권리 운동을 제외하고 폭력 행위가 없는 것이 영국 환경 운동의 특징이다.〉

149. 이후 상술은 무엇보다도 다음의 탁월한 박사 학위 논문을 참조했음을 밝혀 둔다. Mieke Roscher, *Ein Königreich für Tiere. Die Geschichte der britischen Tierrechtsbewegung*, Marburg, 2009. 이 논문은 개별 운동의 국제적 비교를 통해 철저하고도 아주 풍부한 자극을 주는 내용을 자랑한다. 그 밖에 다음 자료들도 볼 것. Robert Garner, *Animals, Politics and Morality*, Manchester, 1993. Rachel Monaghan, "Animals Rights and Violent Protest", *Terrorism und Political Violence*, 제9권, 4호(1997, 겨울), 106~116면.

150. Roscher, *Königreich für Tiere*, 294면 이하.

151. 위의 책, 417면.

152. 위의 책, 102면 이하.

153. 위의 책, 392면.

154. Monaghan, "Animal Rights and Violent Protest", 109면 이하.

155. Roscher, *Königreich für Tiere*, 302면.

156. 위의 책, 335, 420면 이하, 514면.

157. 위의 책, 429면.

158. 위의 책, 337면.

159. 위의 책, 264면 이하.

160. *FAZ*, 1996년 6월 24일 자. 이 기사는 다음 자료의 기록 번호 9번으로도 수록되었다. Greenpeace(편집), *Brent Spar und die Folgen*. 홉스봄은 물론 이렇게 덧붙였다. 〈그런 사람들이 녹색 운동을 지배하지 않는 한, 그들의 난동은 중요하지 않다.〉

161. Roscher, *Ein Königreich für Tiere*, 286면.

162. 위의 책, 323면. 〈과격파는 의회에 영향을 주려는 시도를 전적으로 포기했다.〉

163. 위의 책, 321면.

164. 미케 로셔의 설명(위의 책, 518면 이하)은 내 눈에는 너무 일반적이다. 다른 나라들과 비교를 통해서만 해답을 찾을 수 있다.

165. 위의 책, 290면.

166. 위의 책, 293면.

167. Rootes, *Environmental Protest in Western Europe*, 38면.

168. 위의 책, 33, 44면 이하.

169. *Encyclopedia of World Environmental History*, 제1권, 54면(Carol J. Adams). 〈환경 운동과 동물 권리 사이의 관계는 짜증스럽기만 했다.〉

170. David McTaggart, *Rainbow Warrior. Ein Leben gegen alle Regeln. Die Autobiographie des Greenpeace-Gründers*, München, 2001, 268면.

171. Jeremy Rifkin, *Das Imperium der Rinder*, Frankfurt, 1994(영문판, 1992), 167면 이하&191면 이하. 메탄 문제는 다음 자료를 볼 것. Fred Pearce, "Methane: The Hidden Greenhouse Gas", *New Scientist*, 1990.5.6. 이후 메탄 문제의 경고는 더욱 강해졌다!

172. 다음 자료에서 인용함. Robert Lawlor, *Am Anfang war der Traum: Eine Kulturgeschichte der Aborigines*, München, 1993, 158면. 이 〈말이 되지 않는〉 제안은 〈외눈박이〉 글로벌 플랜을 경고하는 사례로 언급되었다.

173. 내가 아는 어떤 여성은 농촌에 살며 생물학 실험실을 운영하면서 사냥 자격증을 취득했다. 농부들과 가장 잘 사귀는 방법은 사냥이기 때문이다. 그런데 이런 농부야말로 심장으로 자연 보호를 옹호한다. 그녀 자신은 동물을 쏜 일이 전혀 없다.

174. 동물 애호가에게는 이 책보다 1906년에 펴낸 『나의 갈색 책*Mein braunes Buch*』이 훨씬 더 큰 성공을 거두었다는 사실이 위로가 되리라. 이 책은 사냥 이야기는 담지 않았다. Thomas Dupke, *Hermann Löns - Mythos und Wirklichkeit*, Hildesheim, 1994, 84면.

175. 헨리 마코프스키는 나에게 보낸 편지(2010년 7월 28일)에서 다음과 같이 썼다. 〈뢴스 자신은 사슴이나 멧돼지를 잡은 적이 결코 없다. ⋯⋯ 그는 사냥총 한 자루조차 갖지 않았다.〉

176. Hermann Löns, *Mein grünes Buch*(제10쇄), Hannover, 65면 이하.

177. *Der Spiegel*, 38/1960, 83면 이하. 84면에 이런 표현이 나온다. 〈아프리카에서 사냥을 위한 총성이 멈추고 그르치메크가 주장해 온 동물 낙원이 현실이 되자, 마코프스키는 《퀸 엘리자베스 국립 공원》(우간다)의 하마 문제를 절박하게 호소했다. 절대 사냥 금지령이 내려진 이 공원에서 하마는 번식 속도가 너무 빨라 자연적인 초원으로만 생존할 수 없었다. 하마는 풀뿌리를 짓밟으며 토양을 황폐하게 만들어 다른 야생의 생명 터전을 초토화했다.〉 37년 뒤에 마코프스키는 다시금 이렇게 썼다. 〈프랑크푸르트 동물원 원장이자 텔레비전 스타인 베른하르트가 사실과 맞지 않는 자료로 대중을 기만한 게 아닐까? 당시 세렝게티 국립 공원에는 그가 주장한 것처럼 37만 6,000마리가 아니라, 이미 100만 마리가 넘는 동물이 살았다.〉 Makowski, *Nationalparke in Deutschland*, 28면.

178. 헨리 마코프스키는 나에게 2000년 6월 8일에 보낸 편지에서 그르치메크 자신은 회고록(*Auf den Mensch gekommen - Erfahrungen mit Leuten*, München, 1974)에서 이 문제에 침묵했다고 밝혔다. 그르치메크가 마코프스키를 1959, 1960년에 비난한 내용은 회고록 316면 이하를 볼 것.

179. 마코프스키가 80회 생일을 맞아 한 인터뷰. *Wild und Hund*, 24(2007), 40~42면.

평소 잘 쓰지 않는 외교적 표현으로 사냥과 자연 보호 사이의 관계는 독일 여론에서 여전히 까다로운 문제였다고 언급하는 대목이 나온다.

180. Matt Cartmill, *Tod im Morgengrauen. Das Verhältnis des Menschen zu Natur und Jagd*(영어 원본의 번역본), Zürich, 1993, 197면. 잘텐의 〈밤비〉는 〈쇼펜하우어의 염세주의가 가진 차가운 후광을 반사한다〉. 물론 쇼펜하우어가 동물에게 가졌던 동정심도. 그러나 이런 〈심각한 분위기〉는 월트 디즈니의 시나리오 작가가 덜어 버렸다(207면). 덜어 버린다는 것이 무슨 뜻이든 간에.

181. Horst Stern(편집), *Rettet den Wald!*, München, 1979, 25면 이하. 이런 비판은 이 책에 글을 쓴 대다수 임학자가 마지못해 받아들였을 뿐이다. 묘한 일은 사냥으로 숲에서 일어난 피해를 산림 관계자들은 여론에 공개하기를 꺼린다는 점이다.

182. Wilhelm Bode, Martin von Hohnhorst, *Waldwende. Vom Försterwald zum Naturwald*, 특히 41면 이하, 127면 이하. Wilhelm Bode, Elisabeth Emmert, *Jagdwende. Vom Edelhobby zum ökologischen Handwerk*(제2판), München, 1998.

183. 당시(1975) 독일 대통령이었던 「사냥꾼 발터 쉴Walter Scheel에게 보내는 공개 서한」에서 호르스트 슈테른은 이렇게 썼다. 〈사냥은 신비로 물든 집단의 제례로 치장한 탓에 사냥하지 않는 정치가, 의원, 관리는 말을 걸 용기조차 없었다. 사냥은 닫힌 사회다.〉 자연 보호의 역사를 다룬 최근의 문헌은 사냥이 자연 보호에서 갖는 의미를 다루는 것을 금기시했다. 다음 자료에 실린 헨리 마코프스키의 비판적 글을 볼 것. Bundesamtes für Naturschutz, *Wild und Hund*, 24(2006), 40~45면("Was das Bundesamt verschweigt Was haben Jäger für den Naturschutz bewirkt? Ein historisch unbewältigtes Thema zum 100. Jubiläum des staatlichen Naturschutzes").

184. 이탈리아와 독일의 사냥 역사를 비교 연구하는 샤를로테 타케Charlotte Tacke가 나에게 보낸 편지(2001년 12월 10일). 그러나 이것은 여전히 논란이 되는 문제다. Sergio Della Bernardina, "L'invention du chasseur écologiste: Un example italien", *Terrain* 13(1989), 130~139면. 〈processus de création mythique collective〉가 주장하는 사냥과 자연의 완벽한 조화, 이런 조화가 오랜 전통이라는 것은 지어 낸 이야기다. 이런 사실을 알려 준 안토니 아커Antoine Acker에게 감사한다.

185. Rootes(편집), Environmental Protest in Western Europe, 137, 149면(Mario Diani&Francesca Forno).

186. Richardson, Rootes(편집), *The Green Challenge*, 183면.

187. Bess, *Light-Green Society*, 137면.

188. 프랑스의 사냥 갈등을 자세히 다룬 자료는 다음과 같다. Antoine Acker, *Jagdkrise und Jägerbewegung in Frankreich seit den 70er Jahren. Die Geschichte einer antiökologischen Massenbewegung?*, 석사 학위 논문, Universität Bielefeld, 2007. 안토니 아커는 특히 다음 자료를 참조했다고 밝혔다. Dominique Darbon, *La crise de la chasse in France: la fin d'un monde*, Paris, 1997. 또 다음 자료도 볼 것. Céline Vivent, *Chasse Pèche Nature et Traditions entre écologisme et poujadisme? Socio-anthropologie d'un mouvement des campagnes*, Caen, 2005.

189. 이 논제는 셀린 비방Céline Vivent이 제기한 것이다(주석 188 참조).

190. Hugh Davis Graham, Ted Robert Gurr(편집), *Violence in America. Historical and Comparative Perspectives*(개정판), Beverly Hills, 1979. 1969년에 출간된 원본은 베트남 전쟁과 인종 차별에 저항하는 것으로 폭력이 대두할 것으로 전망했다. 이 개정판은 예상이 빗나간 것에 안도하는 모습을 보여 준다. 68세대의 향수를 담은 다음 자료는 그래서 읽어 볼 만하다. Robin Brooks, *Domestic Violence and America's Wars - An Historical Interpretation*, 319면. 〈나는 혁명의 위험이 이처럼 단명한 것에 충격을 받았다. 당시 위험은 충분히 현실적이었으며, 학자들은 급진적 희망과 보수적 두려움이 뒤섞인 온갖 수사에 영향을 받았다. 그러나 지배 제도와 가치를 부정하려는 것으로 정당화한 폭력이 이처럼 빠르게 평화로운 휴전 상태와 개인적 이기심으로 넘어갈 수 있는지 놀랍기만 하다.〉

191. Dirk Schumann, "Gewalt als Grenzüberschreitung. Überlegungen zur Sozialgeschichte der Gewalt im 19. und 20. Jahrhundert", *Archiv für Sozialgeschichte*, 37호 (1997), 366면 이하.

192. Wilhelm Hennis, *Max Webers Fragestellung*, Tübingen, 1987.

193. 미국인 마이클 베스는 프랑스 환경 운동을 다룬 자신의 책(*The Light-Green Society*, 136면)에서 원자로 건설 현장의 격렬한 투쟁을 보고 이렇게 썼다. 〈많은 다른 나라와 비교할 때 프랑스 녹색 운동에서 두드러지는 특징은 이데올로기든 구체적 행동에서든 비교적 온건하다는 점이다.〉 그러나 크리스토퍼 루츠는 동물권 운동가를 제외한다면 영국의 환경 운동도 매우 비슷하다고 말했다. 비폭력성은 프랑스 녹색 운동만의 특성이 아니다!

194. Bernhard Knappe, *Das Geheimnis von Greenpeace. Die andere Seite der Erfolgsstory*, Wien, 1993, 29면. 2006년 7월 7일 대학생들과 함께 함부르크의 〈그린피스 독일 지부〉로 견학을 갔을 때 여성 대변인 스베냐 코흐는 농성장에서 주린 배를 움켜쥔 채 추위에 떠는 무지개 전사에게 갓 내린 뜨거운 커피와 따뜻한 빵을 제공하는 친절한 용역 직원이야말로 최대의 위험이라고 말했다! 〈그린피스〉의 무지개 전사로 화학 공장 〈시바가이기 Ciba-Geigy〉의 굴뚝에 올라갔던 화학자 미하엘 브라운가르트는 기업의 회장 안톤 새를리 Anton Schaerli가 굴뚝에서 내려온 운동가들에게 꽃다발과 뜨거운 수프로 영접한 것에 감동했다고 말했다. 〈덕분에 《시바가이기》의 경영진과 진지한 대담을 나누었다〉. Braungart, McDonaugh, *Einfach intelligent produzieren*, 28면. 〈시바가이기〉의 경영진이 1986년의 대형 화재를 경험하고 화학의 위험이 노출된 뒤 생각을 고쳐먹은 것은 다음 자료를 볼 것. Martin Forter, *Farbenspiel. Ein Jahrhundert Umweltnutzung durch die Basler chemische Industrie*, Zürich, 2000, 414면 이하(「〈시바가이기〉와 생산 초기부터 환경 친화적인 화학: 업계의 관행을 깨려는 시도」).

195. Christopher Rootes(편집), *Environmental Protest in Western Europe*, 문고판 서문, Ⅶ면.

196. Inaki Barcena 외, "The Basque Country." 위의 자료, 205, 210면.

197. *The Sun*, 2005년 12월, 6면.

198. 그러나 폴 왓슨은 이처럼 입에 발린 적의 칭찬이 교묘한 비난임을 간파하고 그에게 헌정된 책을 헌책방에 팔았다. 나는 이 헌책방에서 터무니없이 저렴한 가격으로 이 책을 구입했다. 이 책을 읽으며 나는 눈이 번쩍 떠지는 유레카 체험을 했다. 론 아널드가 폴 왓슨

을 높게 평가했다는 사실은 왓슨의 폭력적 방법이 무슨 효과를 불러왔는지 헤아리게 해준다. 그는 폭력적 방법으로 반대편에게 그들이 원하는 바로 그것, 곧 적이라는 이미지를 제공했다.

199. McTaggart, *Rainbow Warrior*, 205면 이하.

200. Watson, *Ocean Warrior*, 26면.

201. Richard Ellis, *Mensch und Wal. Die Geschichte eines ungleichen Kampfes*, München, 1993(미국 원본: 1991), 396면 이하. 이 자료와 왓슨의 회고록을 참조했음을 밝혀 둔다.

202. Captain Paul Watson, *Ocean Warrior. Mein Kreuzzug gegen das sinnlose Schlachten der Wale*, München, 1995, 137면. 게르하르트 발마이어는 나에게 보낸 편지(2010.12.7)에서 이렇게 썼다. 〈폴 왓슨이 바다에 나타나면《그린피스》는 멀찌감치 피했다. 왓슨은 그 거칠 것 없는 전투적 행동으로《무지개 전사》의 쇼를 훔쳤기 때문이다.〉

203. Ellis, *Mensch und Wal*, 418면. *Neue Westfälische*, 2008년 1월 19일 자("Chaos auf hoher See").

204. Bernhard Knappe, *Das Geheimnis von Greenpeace*, Wien, 1993, 175면.

205. Paul Watson, "An Open Letter to Norwegians", *Sea Shepherd Log*, 1993/1, 5면 이하.

206. 위의 자료, 16면.

207. 위의 자료, 44면.

208. Watson, *Ocean Warrior*, 31면.

209. 위의 책, 48면.

210. 위의 책, 111면.

211. 위의 책, 119면.

212. 위의 책, 113면. 〈그린피스〉 회원이자 해양 생물학자인 틸로 마아크Thilo Maack는 2001년부터 국제 고래잡이 위원회에 참가하면서 일본의 고래잡이가 이미 오래전부터 경제적 동기를 잃었다고 지적했다. 〈일본에는 4,000톤이 넘는 고래 고기가 냉동실에 그냥 처박혀 있다.〉 고래잡이는 정부의 지원이 있어야만 계속된다. 일본은 국제 사회의 압력에 굴복해 고래잡이를 포기할 경우, 〈체면을 잃을 뿐만 아니라, 민족 감정에 깊은 상처를 받을〉 것이다(*Neue Westfälische*, 2010년 10월 2일 자). 이처럼 계속 고집을 피우는 이유는 왓슨의 활동이다!

213. Douglass F. Rohrman, "Environmental Terrorism", *Frontiers in Ecology and the Environment*, 2(2004), 332면.

214. David Rothenberg, "Have a Friend for Lunch: Norwegian Radical Ecology Versus Tradition", Taylor(편집), *Ecological Resistance Movements*, 217면 이하.

215. 위의 책, 212면.

216. 위의 책, 201면.

217. Hutter, *Die Öko-Bremser*, 161면 이하.

218. Gro Harlem Brundtland, *Madam Prime Minister. A Life in Power and Politics*, New York, 2002.

219. 800면에 달하는 핸드북 *The Princeton Guide to Ecology*(2009)에는 옐로스톤 국립 공원에 1995년 다시 늑대를 복원함으로써 연쇄 반응이 일어나 생물종 다양성이 높아졌다는 대목이 나온다(699면). 그러나 고래 문제는 단 한마디도 언급되지 않았다. 국제 해양이 미국의 국립 공원에 비해 훨씬 더 큰 〈미지의 영역〉을 갖기 때문에, 그 엄청난 양의 생선을 잡아먹는 고래가 해양 생태에 어떤 의미가 있는지 우리는 짐작도 할 수 없을 뿐이다!

220. Mark Kurlansky, *Kabeljau - Der Fisch, der die Welt veränderte*, München, 1999, 181면 이하.

221. Max Nicholson, *The New Environmental Age*, Cambridge, 1987, 140면 이하. 바다를 각국의 수역으로 제한할 때만 해양 자원이 보존될 수 있다는 논리는 이미 1920년대에 당시 국제 자연 보호 운동을 선도한 인물인 파울 사라진이 제기했다(안나 뵙제가 알려준 사실).

222. Kai Kaschinski, "Waterworld. Über die Bedeutung der Meerespolitik für das Nord-Süd-Verhältnis", Verein für Internationalismus und Kommunikation(편집), *Wem gehört das Meer?*, Bremen, 2009, 8면.

223. Gerald Hau, Claus-Peter Hutter, *Nördliche Sporaden - Natur zwischen Inseln und Meer*(Hau, Hutter I), Überlingen, 1997, 121, 139면. 이 대목을 상술하려고 다음 자료들도 참조했다. Claus-Peter Hutter, Gerald Hau(편집), *Ägäis: Nördliche Sporaden. Natur entdecken und erleben*(Hau, Hutter II), Radolfzell(2002). Hutter 외, *Die Öko-Bremser*, 25~30면. *Euronatur*, 2(2007)(20주년 기념판), 24면 이하(「몽크물범을 보호하는 어부」). 여기에 2006년 9월 내가 독자적으로 취재한 것도 덧붙였다.

224. John Cronin, Robert F. Kennedy jr., *The Riverkeepers*, New York, 1997, 40면 이하.

225. 그리스의 환경 단체를 폭넓게 연구해 온 마리아 쿠시스Maria Kousis는 이런 말을 했다. 〈1970년대 초 독재 정권의 탄압을 받은 것이 운동의 출발이었던 다른 유럽 남부 국가들과 마찬가지로 그리스의 환경 운동은 지역에 뿌리를 내렸다는 강한 특징을 자랑했다.〉 Rootes(편집), *Environmental Protest in Western Europe*, Oxford, 2003, 131면.

226. Hau, Hutter II, 31면. 〈국립 공원의 관리인들이 외국의 어선을 제때 발견해 쫓아내는 일이 실패할 때가 많아 협력(지역 어부들과의 협력)은 위기를 맞곤 했다.〉 *Euronatur*, 2(2007), 24면.

227. 2006년 9월 내가 알론니소스섬을 방문해 그곳의 주민 야니스 블라이코스Yannis Vlaikos와 섬을 돌아보며 받은 인상은 그가 자연 보호는 물론이고 전통문화의 보존에도 매우 열성적이었다는 점이다. 그의 희망은 자신의 고향을 고대 그리스의 폴리스로 되돌려 놓는 것이었으며, 이런 희망은 오늘날의 그리스 정부가 신뢰를 잃을수록 커졌다. 또 아토스 수도사들의 비잔틴 문화도 환경을 다루는 섬세한 방식에서 그에게는 모범이었다. 그의 집 서재에는 역사 책들로 가득했다.

228. 토마스 슐체베스트룸의 동기에 사심이 전혀 없었던 것은 아니다. 야니스 블라이코스의 집에서 나는 슐체베스트룸이 아토스 수도원 국가의 변호사에게 보낸 편지(1992년 9월 12일)를 발견했다. 편지에서 그는 수도원이 되도록 섬의 국립 공원에 간섭하지 않았

으면 좋겠다는 희망을 피력했다. 〈이 섬을 명상하고 글을 쓰는 내 은신처로 삼았으면 합니다.〉

229. 그가 주고받은 편지에서 확인한 바에 따르면 슐체베스트룸은 섬의 주민들이 목재를 얻기 위해 주로 심어 놓은 알레포파인Aleppo pine, 곧 지중해 특유의 소나무, 한여름이면 밝게 빛나는 녹색으로 관광객의 눈길을 사로잡는 소나무를 부식토를 만들지 않는 〈가장 이기적인 나무〉라며 증오했다.

230. Hau, Hutter Ⅱ, 32면.

231. Mike Liebscher, *Griechenland - Naturreiseführer*, Münster, 2003, 420면 이하.

232. Hau, Hutter I, 83면.

233. Hutter, *Öko-Bremser*, 26면 이하.

234. Gretchen C. Daily, Katherine Ellison, *The New Economy of Nature. The Quest to Make Conservation Profitable*, Washington, D. C., 2002, 158면.

235. 새뮤얼 P. 헤이즈Samuel P. Hays(*War in the Woods*, Pittsburgh, 2007, 159면 이하)는 심지어 아버지 부시 대통령 재임 시기를 두고도 〈반생태 혁명〉을 이야기한다. 지금 되돌아보면 그의 아들이 대통령이던 때와 비교해 오히려 아들 부시는 그나마 환경 친화적이었다.

236. Dave Foreman, *Confessions of an Eco-Warrior*, New York, 1991, 4면 이하.

237. The Sun, 2005년 12월, 8면. 포먼은 인터뷰에서 이렇게 말했다. 〈나는 1970년에 처음으로 운동에 참여했다.〉 다시금 1970년이 변곡점이다. 〈인구 성장은 모든 문제의 목록에서 항상 1위였다. 지금 인구는 두 배로 늘어났다. 그럼에도 우리는 이 문제가 존재하지 않는다고 한사코 부정한다. 심지어《시에라 클럽》은 인구 문제를 더는 거론하지 않으려고 한다. 지나치게 논쟁적이라는 이유에서다.〉

238. The Sun, 2005년 12월, 6면. 〈포먼은 아마도 살아 있는 그 어떤 사람보다도 야생과 환경 관련 책들을 더 많이 읽고 요약했다〉.

239. *Encyclopedia of World Environmental History*, 제1권, 357면(Rik Scarce).

240. Foreman, *Confessions of an Eco-Warrior*, 173면 이하.

241. 위의 책, 119면.

242. 위의 책, 132면. 불교에 정통한 내 아내 오를린데 라트카우Orlinde Radkau는 이 글을 읽고 이렇게 말했다. 〈이 사람 불교를 알고 하는 이야기야?〉 포먼이 의도적으로 불교를 희화화한 것은 아니다. 그는 진지함에 농담을 섞어 말했을 뿐이다.

243. Bron Taylor, "Religion, Violence and Radical Environmentalism: From Earth First! To the Unabomber to the Earth Liberation Front", *Terrorism and Political Violence*, Vol.10, No.4(1998년 겨울), 6면. The Sun, 2005년 12월, 4면.

244. *Encyclopedia of World Environmental History*, 제1권, 357면 이하(Rik Scarce).

245. 포먼의 *Confessions of an Eco-Warrior* 뒤표지에 데이비드 쾀멘이 붙인 헌사.

246. *Encyclopedia of World Environmental History*, 제1권, 357면.

247. *The Sun*, 2005년 12월, 6면.

248. Roscher, *Ein Königreich für Tiere*, 287면 이하, 386면. 로셔의 묘사에 따르면 〈지구

가 먼저다!〉는 동물 보호 운동에서 주변 역할만 맡았을 뿐이다.

249. Foreman, *Confessions of an Eco-Warrior*, 172면.

250. 위의 책, 175면.

251. 독일의 여성 생태 운동가 유타 디트푸르트Jutta Ditfurth는 이 구호를 매우 진지하게 받아들이기는 했다[*Entspannt in die Barbarei. Esoterik, (Öko-)Faschismus und Biozentrismus*, Hamburg, 1996, 129면]. 그럼에도 그녀는 파시즘이라는 비난은 지나치다고 지적하며, 포면의 〈들소를 꿈꾸며, 백조를 노래하자〉라는 표현을 그저 시적인 말장난으로 받아들이자고 제안했다(위의 책, 132면).

252. 2002년에만 비슷한 제목의 책이 두 권 출간되었다. Vandana Shiva, *Water Wars: Privatization, Pollution and Profit*, Cambridge, Mass., 2002; Diane Raines Ward, *Water Wars: Drought, Flood, Folly, and the Politics of Thirst*, New York, 2002. 2007년에도 비슷한 제목의 책이 나왔다. Samuel P. Hays, *Wars in the Woods: The Rise of Ecological Forestry in America*, Pittsburgh, 2007.

253. Radkau, *Natur und Macht*, 109면.

254. 이 문제의 고전적 연구는 클리퍼드 기어츠Clifford Geertz가 인도네시아에서 행한 것이다. Radkau, Natur und Macht, 121~125면.

255. 독일 에센의 아시아 하우스의 위탁을 받아 출간된 460면의 자료집[Thomas Hoffmann(편집), *Wasser in Asien - Elementare Konflikte*, Osnabrück, 1997]조차 이 문제를 완전히 파악하지 못했다. 이 문제를 다룬 최신 정보와 함께 지리 정보까지 담은 책은 다음과 같다. David Blanchon, Aurélie Boissière, *Atlas mondial de l'eau - De l'eau pour tous?*, Paris, 2009, 66~69면. 이 자료는 수자원 분배 문제를 다룬 국제회의 문화를 한눈에 보여주기도 한다. 이 문제에서도 1972년의 스톡홀름은 획기적이다.

256. *Le Monde diplomatique*에 따르면 2007년에는 심지어 다섯 배나 더 많았다. "Atlas der Globalisierung spezial: Klima", Berlin, 2008, 24면(Rafael Kempf).

257. Alon Tal, *Pollution in a Promised Land. An Environmental History of Israel*, Berkeley, 2002, 334면. 550면의 이 책은 이스라엘의 환경 역사를 다룬 빈약한 문헌 가운데서도 유일하다. 저자는 사막과 같은 환경에서 환경을 연구하는 〈아라바Arava 연구소〉를 세운 인물로, 이스라엘의 환경 운동을 선도하는 두뇌다(카미트 루바노프Carmit Lubanov가 2005년 7월 17일 나에게 보낸 편지). 알론 탈은 자신이 시온주의를 지지한다고 분명하게 밝혔기 때문에 팔레스타인 사람들을 다루는 이스라엘의 방식을 상당히 객관적으로 다룬다.

258. 위의 책, 356면.

259. 위의 책, 357면.

260. 위의 책, 347면 이하.

261. 위의 책, 410면. 이스라엘의 역사학자 모셰 치머만Moshe Zimmerman도 나에게 비슷하게 설명했다(2008년 9월).

262. 위의 책, 427면.

263. 위의 책, 409면.

264. 위의 책, 365면.

265. Ramachandra Guha, *The Unquiet Woods. Ecological Change and Peasant Resistance in the Himalaya*, Oxford, 1989, 156면, 라마찬드라 구하는 칩코 운동의 정신적 지도자인 선더랄 바후구나가 1970년 10월 4일에 쓴 글을 토대로 제시하며 이런 표현을 썼다. 〈1970년의 홍수는 지역 생태 역사의 전환점을 제공했다.〉 당시 처음으로 농촌의 피해 주민은 벌목과 산사태와 홍수 사이의 연관을 분명하게 깨달았다. 1970년의 홍수가 정말 의식의 전환점이었는지 하는 문제는 철저하게 따지지 않았다(위의 책, 168면). 언제 처음으로 농부들이 환경 의식을 갖게 되었는지 알아볼 자료는 거의 없다시피 하다. 그러나 1970년의 홍수와 맞물려 농촌의 오래된 숲 이용권을 여론이 주목하게 된 것만큼은 분명하다.

266. Vandana Shiva, *Das Geschlecht des Lebens. Frauen, Ökologie und Dritte Welt*, Berlin, 1989, 88면. Alok Kumar Ghosh, "State Versus People: The Indian Experience of Environmentalism", Ranjan Chakrabarti(편집), *Situating Environmental History*, Manohar, 2007, 66면 이하.

267. Ramachandra Guha, *How Much Should a Person Consume? Environmentalism in India and the United States*, Berkeley, 2006, 118면 이하.

268. Maria Mies, *Indische Frauen zwischen Unterdrückung und Befreiung*(제2판), Frankfurt, 1986, 271면 이하.

269. Guha, *Unquiet Woods*, XI면.

270. 위의 책, 116면. 구하는 물론 방화를 합리적인 것으로 이해하려고 했다. 농부들은 자신에게 아무 이득을 주지 못하며 오로지 상업적 목적으로 이용되는 숲에만 불을 질렀다. 그러나 방화를 간단히 합리화하기는 어렵다. 구하에게 반대하는 논리는 다음 자료를 볼 것. Ajay Skaria, *Hybrid Histories. Forests, Frontiers and Wildness in Western India*, Delhi, 1999, 275면과 각주를 볼 것.

271. Guha, *Unquiet Woods*, 173면.

272. Shiva, *Geschlecht des Lebens*, 82면. 이 이야기를 더욱 아름답게 꾸며 들려주는 자료는 다음의 것이다. Ludmilla Tüting, *Umarmt die Bäume. Die Chipko-Bewegung in Indien*, Berlin, 1983, 16면 이하. 이 책의 표지는 선더랄 바후구나, 칩코 운동의 정신적 지도자인 바후구나가 나무를 포옹하는 사진으로 장식되었다. 이에 반해 4년 뒤 나온 다음 자료의 표지는 여성들이 나무 한 그루를 포옹한 모습을 찍은 사진을 실었다. 이 사진은 칩코 전설을 페미니즘의 상징으로 담아냈다! Ludmilla Tüting(편집), Menschen, *Bäume, Erosionen. Kahlschlag im Himalaya. Wege aus der Zerstörung*, Löhrbach, 1987, 33면.

273. 이 점은 구하도 인정했다. *Unquiet Woods*, 175면.

274. Richard Tucker가 2007년 3월 나에게 알려 준 사실.

275. Haripriya Rangan, *Of Myths and Movements. Rewriting Chipko into Himalayan History*, London, 2000, 164면 이하. 칩코 운동이 그 신화적인 후광을 잃을 수밖에 없었던 이유는 지역 주민 대다수가 〈개발〉과 현대화를 희망했기 때문이다.

276. Udo Gümpel, "Sündenfall am Amazonas", *Die Zeit*, 1992년 5월 22일 자.

277. Doyle, *Environmental Movements in Majority and Minority Worlds*, 18면, 64면.

Marites Danguilan Vitug, "The Politics of Logging in the Philippines", Philip Hirsch, Carol Warren(편집), *The Politics of Environment in Southeast Asia*, London, 1998, 127면. 반군 지역에서 공산주의 정당 〈신인민군New People's Army〉은 목재 기업에게 〈혁명세〉를 거둔다. 기업이 세금을 거부하면 게릴라가 벌목꾼의 장비를 파괴한다. 물론 공산주의자들이 숲을 보호하려는 것은 아니다. 오히려 공산주의가 몰락함으로써 환경 운동의 성향이 강한 저항 세력이 등장할 수 있었다.

278. 〈보수주의와 부패의 특징은 해군이 목재를 운송하는 체계에서 드러난다.〉 앨비온은 19세기까지 해군이 목재와 관련된 사안을 다룬 장에서 간결하고도 명확하게 쓴 문장이다. Robert G. Albion, *Forests and Sea Power. The Timber Problem of the Royal Navy 1652~1862*, Cambridge, 1926. 동남아시아의 목재 산업에서 비견할 만한 〈고객과 후원 관계〉를 다룬 자료는 다음과 같다. Peter Dauvergue, *Shadows in the Forest. Japan and the Politics of Timber in Southeast Asia*, Cambridge, Mass., 1997, 8면 외에도 다수의 언급.

279. Jörg Becker, *Papiertechnologie und Dritte Welt*, Eschborn, 1986, 7면.

280. Bruno Manser, *Stimmen aus dem Regenwald. Zeugnisse eines bedrohten Volkes*, Bern, 1992, 78면.

281. 노르베르트 코스테데Norbert Kostede가 쓴 표현. *Die Zeit*, 1992년 4월 24일 자, 8면.

282. Philippa England, "UNCED and the Implementation of Forest Policy in Thailand", Philip Hirsch(편집), *Seeing Forests for Trees. Environment and Environmentalism in Thailand*, Chiang Mai, 1997, 53~71면.

283. 이런 이유에서 당시 〈그린피스〉의 숲 전문가 크누트 슈투름Knut Sturm은 1993년 11월에 있었던 〈인간은 무엇을 위해 숲을 필요로 하는가?〉라는 주제로 열린 〈마이나우 대담〉에서 열대림 목재 거부 운동을 하지 말아야 한다고 나에게 말했다. 동석했던 브루노 만저는 어떤 사람으로부터 우리 독일 사람들이 열대림을 위해 무엇을 할 수 있냐는 물음을 받고, 아마도 질문자는 분명 목재 거부 운동에 동참하자는 대답을 기대했던 모양인데, 간단하게 이렇게 대답했다. 〈독일 사람들은 독일 숲에나 신경 쓰시죠.〉 거부 운동을 유보하는 것이 좋겠다는 완곡한 표현이다. 만저는 자신의 책(253면 이하)에서 국제 열대림 목재 거부 운동을 거론하며, 심지어 한 장의 사진(246면), 곧 네덜란드 환경 운동가가 일본의 미쓰비시 자동차(물론 네덜란드 번호판을 단 자동차)를 열대림 파괴의 상징으로 불태우는 사진을 보여 주었다. 그러나 결국 스위스의 〈그린피스〉와 〈WWF〉는 거부 운동 동참을 요구하지 않은 성명을 발표했다. 그 대신 내건 요구는 이랬다. 〈목재와 등나무, 고무, 카카오, 견과류 등 열대림 생산품에 현실을 반영한 더 높은 가격을 지불하도록 하자.〉

284. 노르베르트 코스테데가 쓴 표현. *Die Zeit*, 1992년 4월 24일 자, 8면.

285. Dirk Maxeiner, Michael Miersch, *Öko-Optimismus*, Düsseldorf, 1996, 230, 227면.

286. Ruedi Suter, *Bruno Manser. Die Stimme des Waldes*, Oberhofen am Thunersee, 2005, 205면 이하. 만저 자신도 페난족은 원숭이 관광으로 먹고 산다고 말했다(*Stimmen aus dem Regenwald*, 27면 이하).

287. England, *UNCED*, 57면.

288. Dauvergne, *Shadows in the Forest*, 171면. Küchli, *Wälder der Hoffnung*, 166면.

289. England, *UNCED*, 61면.

290. Michael Leigh, "Political Economy of Logging in Sarawak, Malaysia", Hirsch, Warren(편집), *The Politics of Environment in Southeast Asia*(1998), 94면. 사라왁주는 〈동남아시아 전체 지역에서 가장 빠른 속도로 숲이 파괴되는 것을 경험했다. 그 수출량은 아마존 유역 전체의 그것과 경쟁할 정도였다〉.

291. Duncan Poore, *Changing Landscapes*, London, 2003, 81면.

292. Al Gedicks, "International Native Resistance to the New Resource Wars", Bron Taylor(편집), *Ecological Resistance Movements*, Albany, 1995, 96면.

293. Al Gedicks, "International Native Resistance to the New Resource Wars", Taylor(편집), *Global Emergence of Radical and Popular Environmentalism*, 97면.

294. England, *UNCED*, 67, 58면.

295. Philip Hirsch und Carol Warren(편집), *The Politics of Environment in Southeast Asia*, 8면. 〈환경 운동의 제도적 기초는 미디어와《NGO》의 압력에 자극을 받아 대부분 국가들의 관료주의에도 대단히 성장했다.〉 필리핀의 사례는 다음 자료들을 볼 것. Vitug, "Politics of logging", 위의 책, 128면. Robin Broad, John Cavanagh, *Plundering Paradise. The Struggle for the Environment in the Philippines*, Berkeley, 1993, 132면 이하 ("From Plunder to Sustainability"). Bernard Eccleston, David Potter, "Environmental NGOs and Different Political Contexts in South-East Asia: Malaysia, Indonesia and Vietnam", Michael J. G. Parnwell, Raymond L. Bryant(편집), *Environmental Change in South-East Asia. People, Politics and Sustainable Development*, London, 1996, 63면 이하. 인도네시아에 관해 다음과 같은 표현이 나온다. 〈1990년대 이전에《NGO》는《테러의 분위기》에 맞서 힘겨운 활동을 벌였다. …… 그러나 1990년대 초에《NGO》를 위한 작은《정치적 공간》이 열렸다.〉

296. *Der Spiegel*, 1989년 10월 16일 자, 233면.

297. Dieter Oberndörfer, *Schutz der tropischen Regenwälder durch Entschuldung*, München, 1989, 19면 이하.

298. 1993년 11월 25일의 마이나우 대담에서 크누트 슈투름이 한 강연. 〈인간은 무엇을 위해 숲을 필요로 하나?〉

299. 이것이 다음 자료가 강조하는 핵심이다. Duncan Poore, *Changing Landscapes. The Development of the International Tropical Timber Organization(ITTO) and its Influence on Tropical Forest Management*, London(ITTO/Earthscan), 2003, 255면. 임업을 정치에서 떼어 내는 〈위험한 분리〉에서 이 책의 저자는 1992년 리우의 근본 오류를 읽어 냈다.

300. Al Gedicks, "International Native Resistance to the New Resource Wars", Taylor(편집), *Global Emergence of Radical and Popular Environmentalism*, 94면.

301. Manser, *Stimmen aus dem Regenwald*, 274면.

302. Ernst U. v. Weizsäcker, *Erdpolitik*, Darmstadt, 1989, 29면.

303. Sara Parkin, *Green Parties⊠An International Guide*, London, 1989, 154면 이하.

304. Carl Schmitt, *Legalität und Legitimität*(제4판), Berlin, 1988, 14면.

305. Michael Günther, "Greenpeace und das Recht", Greenpeace(편집), *Das Greenpeace Buch*, München, 1996, 65~81면, 특히 66면.

306. Watson, *Ocean Warrior*, 144면.

307. Landy 외, *The Environmental Protection Agency*, 25면. Benjamin Kline, *First Along the River. A Brief History of the U.S. Environmental Movement*, Lanham, 2007, 86면 ("lawyer-Scientist-Based Organizations").

308. Jochen Bölsche(편집), *Die deutsche Landschaft Stirbt*, Reinbek, 1983, 64면.

309. Richard Forrest 외, "A Comparative History of U.S. and Japanese Environmental Movements", Pradyumna P. Karan, Unryu Suganuma(편집), *Local Environmental Movements - A Comparative Study of the U.S. and Japan*, Lexington, Kentucky, 2008, 35면. 이 자료는 미국의 환경 단체가 일본의 그것에 비해 가진 강점을 강조한다.

310. Radkau, *Aufstieg und Krise der deutschen Atomwirtschaft*, 445면 이하.

311. Hartmut Albers, *Gerichtsentscheidungen zu Kernkraftwerken*, Villingen, 1980, 83면. 이 책은 대단히 풍부한 정보를 담았음에도 독일 정부가 〈시민 대화 원자력〉의 장려를 위해 위탁한 도서 목록에서는 제외되었다.

312. Radkau, *Aufstieg und Krise*, 404면 이하.

313. Albers, *Gerichtsentscheidungen*, 121면. 원자력과 보험 사업을 연구한 논문으로 박사 학위를 취득한 크리스토프 베너Christoph Wehner(보훔)는 보험사 〈알리안츠Allianz〉에 용역을 받은 연구에서 원자력 발전소의 위험을 개연성 계산에 맡길 수는 없다고 확인했다.

314. Edda Müller, *Innenwelt der Umweltpolitik*, 136면.

315. *Neue Westfälische*, 1981년 10월 16일 자.

316. Michael Kraack 외, *Umweltintegration in der Europäischen Union*, Baden-Baden, 2001, 49면 이하.

317. Chatrapati Singh, "The Framework of Environmental Laws in India", Sunderlal Bahaguna 외, *India's Environment - Myth and Reality*, Dehra Dun, 2007, 9장, 8면 이하. 지역의 요구를 들어주는 것이 무조건 환경 보호에 도움이 된다는 뜻은 아니다. 당시 인도 대법원은 히마찰 프라데시Himachal Pradesh 정부의 결정에 반대해 농촌도 도로망 건설을 요구할 권리를 갖는다고 판시했다.

318. 기소된 8명의 피고인은 2년형에 약 2,000유로의 벌금형만 받았다. 이것이 2만 5,000명 이상의 사상자를 초래한 사고 책임자에게 내려진 처벌이다! 비르게 하인조Birger Heinzow(국제 의료 보팔 위원회 독극물 전문 위원), "Das ist Verrat an den Opfern", *Zeozwei*, 3(2010), 10면.

319. Jamie Cassels, *The Uncertain Premise of Law. Lessons from Bhopal*, Toronto, 1993, 250면.

320. 위험에 대처하는 방식을 새롭게 고민해야 하는 문제를 다룬 고전은 보팔 사고와 같은 해에 출간된 다음의 자료다. Charles Perrow, *Normal Accidents. Living With High-Risk*

Technologies, New York, 1984.

321. Helmut Weidner, "Entwicklungslinien und Merkmale der Umweltpolitik", Pohl, Mayer(편집), *Länderbericht Japan*, 127, 125면.

322. Hirsch, Warren, *The Politics of Environment in Southeast Asia*, 9면.

323. George J. Aditjondro, "Large Dam Victims and Their Defenders. The Emergence of An Anti-Dam Movement in Indonesia", 주 322의 책, 41면.

324. John Cronin, Robert F. Kennedy jr., *The Riverkeepers*, New York, 1997, 23면 이하. John Kerry, Teresa Heinz Kerry, *This Moment on Earth. Today's New Environmentalists and Their Vision for the Future*, New York, 2007, 85면.

325. Cronin, Kennedy, *Riverkeepers*, 39면.

326. Bess, *Light-Green Society*, 199면.

327. 생태 시대 이전까지의 이 논란은 다음의 자료에 정리되어 있다. Werner Maihofer(편집), *Naturrecht oder Rechtspositivismus?*, Darmstadt, 1966. Wolf Rosenbaum, *Naturrecht und positives Recht*, Neuwied, 1972.

328. Michael Günther, "Greenpeace und das Recht", *Das Greenpeace Buch*, 66면. 미하엘 귄터는 〈자연법〉을 국제법과 헌법과 더불어 〈최상위의 법〉, 곧 일반법과 충돌할 때 우위를 갖는 법으로 꼽았다. 물론 그는 자신이 〈자연법〉을 어떻게 이해하는지 설명하지는 않았다. 아무튼 〈자연법〉은 중요하지만, 아직은 충분히 무르익지 않은 환경 운동의 주제다! 흔히 말하는 〈자연의 고유한 권리〉란 가톨릭과 계몽주의의 전통이 말하는 자연법과는 다른 것이다.

329. Cronin, Kennedy, *Riverkeepers*, 156면.

330. 위의 책, 154면.

331. 이것이 다음 박사 학위 논문의 주된 논제다. Uta Hasenöhrl, *Zivilgesellschaft und Protest. Zur Geschichte der bayerischen Naturschutz-und Umweltbewegung 1945 bis 1980*, Berlin, 2008. 이 논문의 저자는 최근 대두된 견해, 곧 독일의 전통적인 국가 신뢰라는 입장을 거부하면서 공동선의 규정은 오로지 〈시민 사회〉의 문제라는 견해를 받아들일 수 없다고 주장한다(논문, 524면). 이 주장에 따르면 바이에른의 환경 보호는 국가 기관과 시민 운동이 상호 작용해 이뤄진 것이다. 그리고 이런 노선이 바이에른만의 특수성은 아니다.

332. Petra Dobner, *Wasserpolitik. Zur politischen Theorie, Praxis und Kritik globaler Governance*, Frankfurt, 2010, 102면 이하.

333. 다음 자료에서 재인용함. Peter Häberle, *Europäische Rechtskultur*, Baden-Baden, 1994, 323면(「법학의 관점에서 본 공동선 문제」).

334. 위의 책, 335면.

335. 이런 논란을 다룬 자료는 다음과 같다. Dietrich Murswiek, "Freiheit und Umweltschutz aus juristischer Sicht", Michael Kloepfer(편집), *Umweltstaat als Zukunft*, Bonn, 1994, 58면 이하. 〈독일 연방행정법원은 항상 쓰레기 처리 시설은, 민간이 운영한다 할지라도, 공동선이라는 근거에서만 허락된다고 판시했다. 쓰레기 처리 문제는 근본적으로 공공의 과제라는 것이다. 쓰레기 처리는 공공 서비스인 동시에 환경 보호의 대책으로 전

염병 예방과 국토 관리라는 점에서 《높은 의미의 공공선》에 봉사한다.〉 환경 보호를 결정적 논거로 만드는 이런 주장을 무르스비에크는 정당한 이유를 들어 비판한다. 생산과 쓰레기 처리의 분리는 〈말도 안 되는 꼼수〉이며, 더 나아가 〈재앙〉이다. 〈지하수와 공기 오염의 위험을 무릅쓰고 쓰레기 처리를 환경 보호의 프로젝트로 만들어서는 안 된다.〉

336. Jürgen Roth, *Frankfurt: Die Zerstörung einer Stadt*, München, 1975, 59면. 이 책은 본격적인 〈테러 대책〉을 구체적으로 묘사한다. 나는 지금도 당시의 〈도시 정비〉라는 환경 스캔들이 그처럼 거대한 분노를 일으킨 것을 생생하게 기억한다. 비록 나는 근본적으로 물리적 폭력을 반대했지만, 이 오래된 주거 구역에서 자신의 재산을 지키기 위해 전투적으로 투쟁한 시민의 태도가 정당하다고 여겼다.

337. Wolfgang Kraushaar, *Fischer in Frankfurt. Karriere eines Außenseiters*, Hamburg, 2001, 11면.

338. 위의 책, 75면.

339. Christian Fischer, *Wir sind die Wahnsinnigen. Joschka Fischer und seine Frankfurter Gang*, München, 1998, 47면. 요슈카 피셔는 자신을 묘사한 부분을 수정하며 이런 말을 했다. 〈RKRevolutionärer Kampf(혁명적 투쟁) 동지들은 주택 점거에 가담하지 않았다. 점거 투쟁에 이들은 그저 피곤한 미소만 지었을 뿐이다.〉

340. 위의 책, 50면.

341. Richard Reynolds, *Guerilla Gardening. Ein botanisches Manifest*, 2009.

342. Anna Bramwell, *Ecology in the 20th Century - A History*, New Haven, 1989, 39면 이하. Ludwig Trepl, *Geschichte der Ökologie. Vom 17. Jahrhundert bis zur Gegenwart*, Frankfurt, 1987, 114면. 트레플은 헤켈에게 독립적인 장조차 헌정하지 않았다.

343. On-Kwok Lai 외, "The Contradictions and Synergy of Environmental Movements and Business Interests", Yok-shiu F. Lee, Alvin Y. So(편집), *Asia's Environmental Movements. Comparative Perspectives*, Armonk, N. Y., 1999, 269~286면.

344. Gertrude Lübbe-Wolff, "Modernisierung des umweltbezogenen Ordnungsrechts", Alexander Roßnagel, Uwe Neuser(편집), *Reformperspektiven im Umweltrecht*, Baden-Baden, 1996, 101면.

345. Günter Hartkopf, Eberhard Bohne, *Umweltpolitik*, Opladen, 1983, 159면. 하르트코프의 이 발언은 맥락을 주목할 필요가 있다. 하르트코프는 따로 환경 전담 부서를 만드는 것을 강력하게 반대했다. 오로지 중앙 정부의 강한 환경부만 이런 저항을 이겨 낼 수 있다는 것이 그가 말하고자 하는 취지다.

346. 에다 뮐러가 2006년 3월 22일에 나에게 알려 준 사실.

347. Hans-Jochen Luhmann(부퍼탈 연구소), "Der staunenswerte Siegeszug des Emissionshandels über die Klimasteuern in Europa oder Wie aus einer mehrfachen Niederlage ein großer Erfolg zu werden verspricht", 2010년 7월 26일 나에게 보내 준 원고.

348. Wuppertal Institut für Klima, Umwelt, Energie(편집), *Zukunftsfähiges Deutschland in einer globalisierten Welt*, Frankfurt, 2008, 380면. 배출권 거래의 강점과 문

제를 모범적으로 분석한 자료는 환경 문제 전문가 위원회가 2002년에 발간한 환경 평가서다. *Umweltgutachten 2002 des Rates von Sachverständigen für Umweltfragen*, Stuttgart, 2002, 231~240면.

349. Werner Abelshauser, *Nach dem Wirtschaftswunder. Der Gewerkschaftler, Politiker und Unternehmer Hans Matthöfer*, Bonn, 2009, 522~527면. 1980년대 초에 독일 재무부 장관인 마트회퍼가 도입한 〈환경세〉는 당시 독일 국민에게 유류세와 다르지 않았다. 마트회퍼는 환경 보호를 위해서가 아니라 국가 재정의 안정화를 위해 시기적으로 적절하게 포장한 세금을 도입한 것일 뿐이다.

350. 현실에서 그런 조사가 어렵다는 점은 배출권 거래에 전문화한 회사 〈콤프-애니 COMP-ANY〉의 경영자가 2007년 나와 함께 기차를 타고 가며 털어 놓은 사실이다.

351. Elmar Altvater, Achim Brunnengräber(편집), *Ablasshandel gegen Klimawandel? Marktbasierte Instrumente in der globalen Klimapolitik und ihre Alternativen*, Hamburg, 2008. 이 자료는 배출권 거래를 둘러싼 논란을 집중적으로 다뤘다.

352. 제3세계 국가들에서 팜유, 콩, 꽃 등의 인증 사업을 벌이는 우베 마이어Uwe Meier(브라운슈바이크의 율리우스퀸Julius-Kühn 식물 연구소)는 2009년 8월 10일 나에게 1년에 한 번(통상적 주기), 그것도 잠깐 방문하는 것으로 지속성을 조사하는 것은 불가능하다고 말했다. 〈기업의 역사를 알아야만 합니다.〉 그래야만 기업이 제출한 정보로 신뢰도를 판단할 수 있다는 것이다. 그의 동료 팔코 펠트만Falko Feldmann은 인증의 가치는 해당 국가에 강한 영향력을 가진 환경 NGO가 존재하느냐에 따라 달라진다고 강조했다.

353. 정치 환경 탓에 인증의 불투명성을 보여 주는 사례를 담은 책은 다음과 같다. Antonina Kuljasova, "Russlands globaler Wald. Zertifi zierung als Schutz vor Raubbau", *Grünbuch Politische Ökologie im Osten Europas*(=Osteuropa 4 -5: 2008), 439~446면. 결산(446면). 〈러시아 숲의 생태가 세계화로 긍정적인 영향을 얻은 사례는 인증 체계를 이용한 임업이다. …… 동시에 인증만으로는, 다시 말해서 국가의 임업 보호 부서의 도움 없이는 불법 도벌을 확실히 막을 방법이 없다.〉

354. Herbert Kitschelt, *Der ökologische Diskurs. Eine Analyse von Gesellschaftskonzeptionen in der Energiedebatte*, Frankfurt, 1984, 213면. 로빈스가 〈세상 물정〉 모르지는 않았다. 오히려 그 어떤 것에도 위축되는 일 없이 그는 자신의 주장에 충실했다. 심지어 미국이 이라크를 침공한 것을 두고 〈녹색의 선두주자 알카에다〉라는 구호를 외치며 로빈스는 석유에서 탈피한 재생 에너지 기술을 선전하기에 바쁘다고 『뉴욕 타임스』의 칼럼니스트 토머스 C. 프리드먼은 칭송했다. Thomas C. Friedman, *Hot, Flat, and Growded. Why We Need a Green Revolution - And How It Can Renew America*, New York, 2008, 274면.

355. Walter Krämer&Götz Trenkler, 다음에서 인용함. Focus, 23(1996), 55면.

356. Andreas Knaut, *Zurück zur Natur! Die Wurzeln der Ökologiebewegung*, Greven, 1993, 407면.

357. Anna-Katharina Wöbse, "Naturschutz global", Hans-Werner Frohn, Friedemann Schmoll(편집), *Natur und Staat*, Bonn, 2006, 631면.

358. Karl Ditt, "The Perception and Conservation of Nature in the Third Reich",

Planning Perspectives, 15(2000), 169면. 2차 대전 전후 시대의 영국과 독일을 비교한 자료도 비슷한 결론을 내렸다. Karl Ditt, "Naturschutz und Tourismus in England und in der Bundesrepublik 1949~1980", *Archiv für Sozialgeschichte*, 43, 2003, 241~274면, 특히 256면 이하. 그러나 생태 시대를 맞아 〈1970년대부터 독일에서 자연 보호와 국토 보호의 발달은 동시에 이뤄지기〉 시작했다(위의 자료, 273면).

359. Michael P. Cohen, *The History of the Sierra Club, 1892~1970*, San Francisco, 1988, 18면 이하.

360. Max Nicholson, *The New Environmental Age*, Cambridge, 1987, 141면. 〈국제 관광의 엄청난 팽창은 지금껏 인간의 발길이 닿지 않았던 환경에 막대한 피해를 입혔다.〉

361. Alfred Runte, *National Parks. The American Experience*, Lincoln, Nebraska, 1997, 157면.

362. 헤세의 자동차 혐오는 다음 자료를 볼 것. Joachim Radkau, *Technik in Deutschland*(개정판), Frankfurt, 2008, 316면 이하.

363. 위의 책, 169면.

364. Paul S. Suter, *Driven Wild. How the Fight against Automobiles Launched the Modern Wilderness Movement*, Seattle, 2002, 36면 이하, 159면 이하.

365. Joachim Radkau, "Wie mit dem Fahrrad der Temporausch erfunden wurde", LVRLandschaftsverband Rheinland 편집, *FarRadZeit*, Solingen, 2001, 20면.

366. Peter Pries, *Immer diese Radfahrer!*, Augsburg, 1950, 153면.

367. Ivan Illich, *Die sogenannte Energiekrise oder Die Lähmung der Gesellschaft. Das sozial kritische Quantum der Energie*, Reinbek, 1974, 56, 59면. 1972년 새롭게 창립된 〈지구의 벗들Amis de la Terre〉이라는 이름의 단체가 벌인 자전거 축제에 2만여 명의 사람들이 파리로 자전거를 달리며 〈벨로 혁명la Véloration〉을 외쳤다. Bess, *Light-Green Society*, 85면.

368. Martina Kaller-Dietrich, *Ivan Illich(1926~2002). Sein Leben, sein Denken*, Weitra, 2007. 이반 일리치는 현대 의학이 인간을 〈잘못 길들인다〉고 비판해 가장 떠들썩한 논란을 불렀다.

369. Otto Schneider, *Die Ferien-Macher. Eine gründliche und grundsätzliche Betrachtung über das Jahrhundert des Tourismus*, Hamburg, 2001, 295면 이하. 그르치메크는 자신의 회고록에서 이런 협력을 언급하지 않았다.

370. William Beinart, Lotte Hughes, *Environment and Empire*, Oxford, 2007, 289~309면(「국립 공원과 관광의 성장」). 이 자료는 아프리카, 인도, 뉴질랜드 등의 사례를 다뤘다.

371. Radkau, *Natur und Macht*, 326면 이하, 420면(주석 72). 「가장 위선적인 생태 관광」. Sterling Evans, *The Green Republic. A Conservation History of Costa Rica*, Austin, 1999, 231면. 이 책은 코스타리카의 환경 정책을 인정하는 편이다. 그러나 다음 자료의 평가는 다르다. Ludwig Ellenberg 외, *Ökotourismus*, Heidelberg, 1997, 273면. 〈코스타리카는 생태 관광의 선구자로 여겨지지만, 어느 모로 보나 오로지 성공적인 환경 위선 국가일 뿐이다.〉 물론 생태 문헌이 주로 보이는 비판과 불평에 너무 영향을 받을 필요는 없다.

372. Evans, *Green Republic*, 1면 이하.

373. 다음 두 자료를 참조할 것. Michael Stubbe, "Naturschutz in der Mongolei. Eine nationale und internationale Herausforderung", Karl-Heinz Erdmann(편집), *Internationaler Naturschutz*, Heidelberg, 1997, 281~308면. Beinart, Hughes, *Environment and Empire*, 304면.

374. Alois Glück, "Bayern als Vorreiter in der Umweltpolitik", *Die Umwelt-macher - 20 Jahre BMU*, Hamburg, 2006, 110~120면. 묘하게도(그러나 바로 그래서 속 내가 분명히 드러난다), 가장 다변적인 바이에른의 정치가인 알로이스 글뤼크는 관광을 환경 정책에서 바이에른의 선도적 역할을 이끈 원동력으로 언급하지 않고, 환경 보호는 〈무엇보다도 바이에른이 그 향토에 가지는 밀접한 감정적 결속〉 덕택이라고 설명한다(위의 자료, 110면). 1970년 이전으로 거슬러 올라가는 바이에른의 자연 보호와 관광, 〈이자르 강 계곡 단체〉에서 〈알프스 산악연맹〉에 이르기까지 그 상세한 내용은 다음 자료를 볼 것. Ute Hasenöhrl, *Zivilgesellschaft und Protest. Zur Geschichte der bayerischen Naturschutz-und Umweltbewegung 1945 bis 1980*, 박사 학위 논문, Berlin, 2008. 대중 관광과 생태의 조화를 꾀한 1992년의 알프스 협약은 다음 자료를 볼 것. Mainauer Gespräch 제9권(1992), *Massentourismus als Plage - was muß anders werden?*, Insel Mainau, 1993.

375. Michael Bess, The Light-Green Society, Chicago, 2003, 68면 이하.

376. 마리아 쿠시스가 다음 자료에 쓴 글. Rootes(편집), *Environmental Protest in Western Europe*, 116면.

377. Mike Liebscher, Griechenland Naturreiseführer, Münster, 2003, 354~367면. Hutter 외, *Die Öko-Bremser*, Stuttgart, 1993, 153면 이하. Akademie für Natur-und Umweltschutz Baden-Württemberg(편집), *Feuchtgebietsschutz und Naturschutzmanagement in Nordost-Griechenland - dargestellt am Beispiel des Nestosdeltas. Ergebnisse eines internationalen Seminars*, Stuttgart, 1990. 네스토스강의 삼각주에서 자연 보호는 무엇보다도 〈철새의 중요한 휴식처〉라는 의미에서 조류 보호를 뜻한다(위의 자료, 11면). 네스토스강의 하안림은 그리스 내전(1946~1953) 동안 빨치산의 은신처였기에 권력은 이곳을 남벌하려고 노렸다. 숲을 없애면 도적과 야만족의 은신처를 없앨 수 있다는 이유로!

378. Jost Hermand, *Grüne Utopien in Deutschland*, Frankfurt, 1991, 197면.

379. 『관광 이론』은 다음의 자료에 다시 수록되어 출간되었다. Hans Magnus Enzensberger, *Einzelheiten I. Bewusstseins-Industrie*, Frankfurt, 1964, 182, 204면.

380. Hartmut Lehmann, *Die Entzauberung der Welt. Studien zu Themen von Max Weber*, Göttingen, 2009. 이 주제는 다음 자료도 볼 것. Joachim Radkau, "Weber-These' und kein Ende?", *Neue Politische Literatur*, 54(2009), 400면.

381. 630면의 다음 책에서 「생태 심리학, 환경 심리학」이라는 제목의 장을 볼 것. Heinz Hahn, H. Jürgen Kagelmann(편집), *Tourismuspsychologie und Tourismussoziologie Ein Handbuch zur Tourismuswissenschaft*, München, 1993, 100~108면. 물론 기후 변화라는 주제에서 이론적 연구와 그 성과 사이의 관계가 복잡하다는 의혹을 지우기는 힘들다.

382. Jack D. Ives, Bruno Messerli, *The Himalayan Dilemma. Reconciling Development*

and Conservation, London, 1989, 92면. Christian Küchli, *Wälder der Hoffnung,* Zürich, 1997, 64면 이하.

383. Wöbse, "Naturschutz global", Frohn, Schmoll(편집), *Natur und Staat,* 676면.

384. Franz Solar, "Holzwirtschaft Österreichs - ein Rückblick auf die letzten 60 Jahre, geschildert von 22 Zeitzeugen, die diese Epoche wesentlich geprägt haben", *Lignovisionen,* 6(2005), Wien, 117면.

385. 이후 논의는 주로 다음 자료를 참조했음. Joachim Radkau, *Holz - Wie ein Naturstoff Geschichte schreibt,* München, 2007, 266~273면.

386. Wolf Hockenjos, *Waldpassagen. Gesammelte Versuche über Baum, Wald und Flur,* Vöhrenbach, 2000, 125면.

387. 아메리카는 물론이고 독일의 임업에도 오랜 기간에 걸쳐 풍부한 경험을 쌓은 볼프하르트 폰 뵈제라거가 나에게 2010년 5월 26일에 알려 준 사실이다.

388. 이 문제를 두고 볼프하르트 폰 뵈제라거는 이렇게 썼다(2010년 10월 9일).〈내가 듣기로는 미국의 북동부에도 독일을 모범 삼아 규모는 작지만 식목을 하려는 임업 관리가 20세기 초에 이루어졌다고 한다. 그러다가 다시 식목을 중지하도록 환경 운동이 부추겼다. 뉴욕의 내 숲에 식물종의 다양성을 늘려 주기 위해 몇몇 수종을 식목하고 씨앗을 뿌리려고 나는 무척 공들여 환경 운동 단체를 설득했다.〉미국의〈생태 운동〉과 갈등을 일으켜 가며 생태적인 임업을 지켜 낸 독일의 변호인이다! 마이클 윌리엄스Michael Williams의 600면에 이르는 대작『미국인과 그들의 숲Americans and Their Forests』에서 식목과 조림은 색인에도 등장하지 않는 주제다.

389. Werner Catrina, *Holzweg. Schweizer Holz⊠verkannter Rohstoff,* Zürich, 1989, 189면.

390. Samuel P. Hays, *Wars in the Woods. The Rise of Ecological Forestry in America,* Pittsburgh, 2007.

391.〈근거가 없지 않은 풍문〉이라는 표현은 볼프강 하버가 한 것이다. 하버는 2007년 3월 26일 나에게 보낸 편지에서 이렇게 썼다.〈그르치메크는 세렝게티를 모범으로 삼아 몸집이 큰 야생 동물 위주로 일종의《독일 세렝게티 국립 공원》을 만들고 싶어 했다. 이를 위해 그는 동물이 관광객에게 잘 보일 수 있게 숲을 갈아엎자고 제안하기도 했다. 그러나 숲과 토지 주인들은 물론이고 무엇보다도 임업의 강력한 저항에 부딪혀 포기했다. 그는 야생 동물이 독일의 생태와는 맞지 않다는 것을 절실히 깨달았다고 말했다.〉국립 공원이라는 발상이 생태가 아니라, 다른 관심에서 비롯되었다는 것을 이보다 더 잘 보여 주는 사례는 따로 없다!

392. Georg Sperber, "Entstehungsgeschichte eines ersten deutschen Nationalparks im Bayerischen Wald", Stiftung Naturschutzgeschichte(편집), *Natur im Sinn. Zeitzeugen im Naturschutz,* Essen, 2001, 63~115면.

393. Wolfgang Haber, "Kulturlandschaften und die Paradigmen des Naturschutzes", *Stadt und Grün,* 12호(2006), 20~25면.

394. 볼프강 하버는 2010년 8월 17일 나에게 보낸 편지에서 이렇게 썼다.〈자연 보호

운동가들은 (생물권 보전 지역을: 나의 첨언) 주로 핵심 지역(자연 보호가 주를 이루는 지역)으로만 보고 훨씬 더 큰 개발 지역, 곧 보호에 앞서 이용이 우선시되는 지역을 불만스럽게 생각했다. 그러나 이용이라는 것이 무엇인가? 현재 생물권 보전 지역의 개발 지역에 풍력 발전 단지나 태양열 발전 설비를 세워도 좋은가 하는 문제를 놓고 격론은 그치지 않는다.〉

395. Catrina, *Holzweg*, 168면.

396. Hans Löcker, "Zimmerei bleibt ein Handwerk mit Zukunft", Walter Heinzinger(편집), *Die Chance Holz - Der andere Weg*, Graz, 1988, 252면.

397. Christian Hey, *Umweltpolitik in Europa. Fehler, Risiken, Chancen*, München, 1994, 20면.

398. Hans-Otto Hemmer, "Erfolge und Gefährdungen der Gewerkschaft Holz und Kunststoff von 1966 bis heute", Helga Grebing 외(편집), *«Holzarbeiter, schließt die Reihen»: Das HolzArbeiterBuch. Die Geschichte der Holzarbeiter und ihrer Gewerkschaften*, Köln, 1993, 265면.

399. 알프스 포럼의 회장이 쓴 다음 자료를 참조할 것. Ian C. Meerkamp van Embden, "Holz, das verkannte Naturprodukt Ansätze zur vermehrten Nutzung", Günter Altner 외(편집), *Jahrbuch Ökologie 2007*, München, 2006, 54~61면.

400. Küchli, *Wälder der Hoffnung*, 86면 이하.

401. Patrick B. Durst 외, *In Search of Excellence. Exemplary Forest Management in Asia and the Pacific*, Bangkok, 2005, 39면 이하.

402. Radkau, *Holz*, 44면 이하.

403. *Holz-Zentralblatt*, 2005년 2월 18일 자.

404. Hockenjos, *Waldpassagen*, 49면.

405. 요제프 크라우하우젠Josef Krauhausen(*Holz-Zentralblatt*의 편집장)이 나에게 2010년 1월 22일에 보낸 편지.

406. 스위스의 사회학자 장 지글러가 2010년 5월 뮌헨에서 열린 세계 교회의 날 행사에서 한 표현.

407. Mans Lönnroth 외, *Solar Versus Nuclear. Choosing Energy Futures*, Oxford, 1980.

408. Gerhard Mener, *Zwischen Labor und Markt. Geschichte der Sonnenenergienutzung in Deutschland und den USA 1860~1986*, 박사 학위 논문, München, 2000. 대중에게 거의 알려지지 않은 이 대작은 원전에 충실하다는 점에서 유례를 찾아보기 힘들 정도이나, 아쉽게도 하필이면 1986년에 끝난다. 이 해는 체르노빌 사건으로 독일에서 태양 에너지가 결정적인 각광을 받았던 때다!

409. August Bebel, *Die Frau und der Sozialismus*(63쇄), Berlin, 1974, 428면. 베벨이 콜라우슈의 태양열 비전에 보인 열광은 그 당시 상대적으로 유일했던 것으로 보인다. 당시의 대중 기술 서적에서 태양열을 언급하는 대목은 찾아보기 힘들기 때문이다. 막스 베버는 자신의 책『프로테스탄트 윤리와 자본주의 정신』의 말미에서 〈마지막 화석 연료가 타오르고 나면〉 자본주의의 몰락은 당연한 사실이 될 것이라고 말한다. 정확히 이런 관점에 베벨

은 열광했다. 민간 기업은 경제의 철저한 재건을 감당할 수 없기 때문에 생태 운동은 사회주의로 넘어갈 수밖에 없다고 베벨은 보았다!

410. Radkau, *Aufstieg und Krise der deutschen Atomwirtschaft*, 67면 이하.

411. *Außenpolitik*, 5(1954), 343면(Arthur W. Just의 논설).

412. Radkau, *Aufstieg und Krise der Atomwirtschaft*, 88면.

413. 메너는 내가 *Aufstieg und Krise der deutschen Atomwirtschaft*에서 했던 반대 주장(88면)을 납득이 가게끔 수정해 주었다. Mener, *Zwischen Labor und Markt*, 5면.

414. John Perlin, *From Space to Earth: The Story of Solar Electricity*, Ann Arbor, 1999.

415. Bess, *Light-Green Society*, 6면 이하.

416. Mener, *Zwischen Labor und Markt*, 433면(「태양열 연구의 분열: 기성 네트워크 대 대안 운동」).

417. 위의 책, 375면.

418. Bernd Stoy, *Wunschenergie Sonne*(제3판), Heidelberg, 1980, 47면.

419. Dixy Lee Ray, *Environmental Overkill. Whatever Happened to Common Sense?*, New York, 1993.

420. *Encyclopedia of World Environmental History*, 제3권, 1138면.

421. Daniel M. Bermann, John T. O'Connor, *Who Owns the Sun? People, Politics, and the Struggle for a Solar Economy*, White River Junction, Vermont, 1996, XV면 이하. 이 책은 〈태양 에너지 운동〉이 이미 과거의 일이 되었다고 보고 논의를 벌인다. 책의 출간 당시만 하더라도 미국 클린턴 대통령과 앨 고어 부통령 정부에서도 새로운 태양 에너지로의 전환을 알리는 납득할 만한 신호는 없었다.

422. 이후 논의는 주로 다음 자료를 참고했음. Joachim Radkau, "Von der Kohlennot zur solaren Vision: Wege und Irrwege bundesdeutscher Energiepolitik", Hans-Peter Schwarz(편집), *Die Bundesrepublik Deutschland. Eine Bilanz nach 60 Jahren*, Köln, 2008, 478~484면(「재생 가능한 에너지의 장려: 상징적 정치가 현실적 실체를 얻다」). Joachim Radkau, *Technik in Deutschland - Vom 18. Jahrhundert bis heute*, Frankfurt, 2008, 410~413면.

423. Berman, O'Connor, *Who Owns the Sun?*, 135면. 이 책은 심지어 이런 주장을 한다. 〈태양 에너지 운동은 원자력 반대 운동으로부터 성장했다.〉물론 이 책이 바탕에 깐 전제는 모든 좋은 것은 〈풀뿌리 운동〉에서 생겨난다는 것이다. 게르하르트 메너가 중시한 〈NASA〉의 역할을 이 책은 전혀 언급하지 않았다.

424. 1970년대에 원자력 산업의 어떤 경영자는 나에게 1950년대에 미국의 원자력 잠수함을 타 보고서 이 기술을 믿게 되었다고 털어놓았다. 그런 극단적인 조건에서 문제 없이 기능하는 것이 믿음직하다고 했다. 최근 또 다른 어떤 경영자는 태양 에너지로 구리 제련소의 용광로가 작동하는 것을 두 눈으로 본다면 태양 에너지를 믿겠다고 말했다.

425. 이런 관점은 역사를 충분히 살핀 게르하르트 메너가 나에게 2010년 8월 29일에 보내 준 원고에 담겨 있다. Gerhard Mener, "Stabilität und Wandel in der Energieversorgung: Geschichte der Sonnenenergie und der Kraft-Wärme-Kopplung."

426. Stoy, *Wunschenergie Sonne*; Werner Müller, Bernd Stoy, *Entkopplung. Wirtschaftswachstum ohne mehr Energie?*, Stuttgart, 1978.

427. 〈RWE〉에 몸담았던 인물이 태양 에너지에 관심을 가지고 활동하면서, 얼마나 거센 갈등과 싸움에 휘말리는지 나는 양측으로부터 듣고 분명히 알았다. 한쪽에서는 슈토이의 책이 〈RWE〉의 독극물 보관 장에 3년 동안 갇혔다가 마침내 출간되었다고 말했다. 그러나 다른 쪽은 슈토이야말로 태양 에너지가 막다른 골목에 갇히게 한 첩자였다고 불평했다.

428. Berthold Bode 외, *Stromlücken(auf dem Titel korrigiert: «Stromlügen»!) und andere Märchen, und warum sie uns erzählt werden. Über Energiepolitik und ihre Hintergründe*, Göttingen, 1981, 130면 이하(「전기 열펌프: 전력 로비의 트로이 목마」).

429. Stoy, *Wunschenergie Sonne*, 287면.

430. 위의 책, 292면.

431. Christa Nickels, *Die Grünen im Bundestag*, 제2권, 586면. 1984년 9월 4일 녹색당이 제출한 「원자력으로 석탄을 대체하는 것을 반대하는 청원」을 이 책은 〈녹색당과 노조 사이의 관계를 개선한 선구적 작업〉이라고 높이 평가했다. 당시 의회에서 녹색당은 〈최고의 효과를 발휘하는 유황 제거 시설을 갖춘 석탄 화력 발전소〉만 가동하도록 하는 법안을 제출했다. 그러나 크리스타 니켈스가 〈의회 활동의 결작〉으로 높이 평가한 이 법안의 제출자인 자르란트의 녹색당 의원 해리 쿤츠Harry Kunz는 전혀 다른 소리를 했다(위의 책, 597면). 〈전체 프로젝트는 생태를 망가뜨리는 미친 짓이다. 기술적 토론은 현실의 문제를 왜곡할 뿐이다.〉

432. *Der Spiegel*, 1986년 6월 9일 자, 100면. 〈체르노빌 사고가 가능하게 만들었다. 태양 에너지에 새롭게 관심을 갖게 된 것은 기술적 이유 때문이 아니다. 기술에서 혁명적 발전은 이뤄진 바가 없다.〉

433. Radkau, *Von der Kohlennot zur solaren Vision*, 478면.

434. Ludwig Bölkow, *Erinnerungen. Aufgezeichnet von Brigitte Röthlein*, München, 1994, 344면.

435. 위의 책, 350면.

436. 그러나 아돌프 히틀러도 1941년 8월 2일 저녁 사령부에서 이런 말을 했다. 〈그러나 미래는 확실하다. 물, 바람, 조력 등으로 에너지가 만들어진다. 난방은 아마도 수소 가스를 써서 할 것이다〉. Werner Jochmann(편집), *Adolf Hitler - Monologe im Führerhauptquartier 1941~1944*, Hamburg, 1980, 54면.

437. 반대로 자신이 감독하는 가운데 건설한 가속 증식로의 폭발적 비용에 놀란 클라우스 트라우베는 1977년부터 완전히 입장을 바꾸었다. 그는 1988년 11월 14일 『슈피겔』에서 이렇게 경고했다(34면 이하). 〈아주 간단하게 생각만 해보아도 태양 전지 수소는 상상할 수조차 없을 정도로 엄청난 비용이 든다.〉

438. 볼프 폰 파베크Wolf von Fabeck가 다음 자료에서 알려 준 사실. Mener, *Geschichte der Sonnenenergienutzung*, 473~475면.

439. Berman, O'Connor, *Who Owns the Sun?*, 231면 이하(「왜 독일의 발전 차액 지원 제도가 미국의 연방 공익사업 지원금보다 더 나을까?」).

440. *VDI-Nachrichten*, 1987년 10월 16일 자, 58면.

441. Markus Fasse, 「사막의 태양 에너지는 아직 갈 길이 멀다: 태양 에너지 주관 단체는 사업 모델의 마련에 3년의 시간을 갖기로 했다」, *Handelsblatt*, 2009년 7월 14일, 18면.

442. Axel Höpner, Jürgen Flauger, 「깔끔한 해결책? 데저텍: 독일 기업들이 월요일 사막에서 전기를 생산할 단체를 결성한다. 그러나 장애물은 높다」, *Handelsblatt*, 2009년 7월 10일, 2면.

443. Hans-Jochen Luhmann(Wuppertal Institut), "Und die Sonne? Afrikanischer Solarstrom für Europa und Afrika", *Evangelische Aspekte*, 1(2009), 17면. 〈에너지 생산의 변동 폭 문제는 태양광 발전보다 태양열 발전이 더 쉽게 해결할 수 있다. 태양 전지는 그냥 전류만 공급하며, 이 전류를 저장하는 것은 대단히 비싸기 때문이다. 태양 전지를 이용한 태양광 발전을 기술적으로 활용하기 위해서는 아직 기술 발전을 더 기다려야만 한다.〉 이런 주장을 놓고 태양 에너지 업계에서는 여러 반론이 나왔으나, 어쨌든 재생 가능한 에너지에 관한 공개적 토론에서 저장 문제가 너무 소홀히 다루어졌음은 숨길 수 없는 사실이다!

444. 이것은 독일의 환경 정치가 헤르만 쉐르가 강조하는 반론이다. Hermann Scheer, *Solare Weltwirtschaft*, München, 1999, 315면. 건설부 장관을 지낸 클라우스 퇴퍼도 비슷한 의견을 피력한다. 반대로 공공 대 민간이라는 미국 에너지 산업의 전통적 갈등을 그린 다음 책은 에너지 산업이 국유화하기를 희망한다. Berman, O'Connor, *Who Owns the Sun?*, 133면. 〈민간 기업에게 에너지 관리의 효율성과 태양 에너지 프로그램을 맡긴다는 것은 …… 여우에게 닭장을 지키라고 하는 것이나 같다.〉 미국은 1950년대에도 원자력을 더 정확히 계산하는 민간 기업보다는 공권력에 맡겼다! 〈프랑스 전력공사Electricité de France〉를 지켜본 지금까지 경험으로 미루어 보아도 국영 기업이 태양 에너지에 관심을 가지리라는 희망을 가질 이유는 없다.

445. 이런 문제에 풍부한 경험을 가진 롤프 바우어슈미트Rolf Bauerschmidt(*Kernenergie oder Sonnenenergie*, München, 1985, 233면)는 너무 일찍 새로운 기술에 모든 것을 거는 태도는 위험하다고 경고한다. 초기의 희망으로 빚어지는 실망은 발전을 가로막는다는 것이 그의 관점이다. 〈느리기는 할지라도 꾸준히 지속되는 발달이 훨씬 더 낫다.〉 〈발달〉이란 〈개발〉에 초점을 맞춘 것이 아니라, 〈진화〉에 더 충실한 개념이다. 독일 경제부 장관이자 *Entkopplung*의 공저자인 베르너 뮐러Werner Müller는 1999년 에너지 산업을 정부가 지나치게 주도하는 것은 결정적 오류라고 설명했다. 〈에너지 프로그램이 너무 일찍 실현된다면, 에너지는 오늘날보다 1000억 마르크는 더 비쌀 것이다.〉 *Neue Westfälische*, 1999년 2월 2일. 일부만 맞는다고 할지라도 충격적인 확인이다.

446. 논쟁적인 헤르만 쉐르는 새로운 에너지 합의의 기회라는 주제로 2006년 7월 14일 라인하르트 위버호르스트와 나눈 대담에서 자신은 재생 가능한 에너지 분야에서 합의를 거친 어떤 중요한 프로젝트도 알지 못한다고 말했다.

447. 독일군 장교 출신으로 독일 태양 에너지 장려 연맹의 의장이었던 볼프 폰 파베크는 나에게 이런 말을 들려주었다(1998년 3월 6일). 우주 공간에 태양광 발전 위성을 띄우려는 프로젝트는 이렇게 얻은 에너지를 레이저 광선으로 지구로 보낼 계획이었다. 그는 군 출신으로서, 군산 복합체가 참여한 이 프로젝트에는 〈악마의 뒷거래〉가 숨어 있다고 증

언했다. 미국 〈태양 에너지 협회Solar Energy Society〉의 회장인 피터 글레이저Peter Glaser가 1968년에 아이디어를 낸 프로젝트 〈태양 파워 위성Solar Power Satellite〉을 다음 자료는 아무 비판 없이 상세하게 묘사한다. Stoy, *Wunschenergie Sonne*, 473면 이하. 우주 공간의 거대한 태양광 위성을 그린 그림은 이런 식으로 지구의 모든 나라를 불태워 버릴 수 있다는 인상 을 심어 준다. 이런 발상은 초기의 사이언스 픽션에 이미 등장한다. Kurt Laßwitz, *Auf zwei Planeten*(1897).

448. 기술에 밝은 클라우스 트라우베는 태양 전지가 태양 에너지를 이용하는 데 상당히 비싼 방법이라고 나에게 말했다.

449. Franz Alt, *Die Sonne schickt uns keine Rechnung. Die Energiewende ist möglich*, München, 1994, 87면 이하.

450. 구형의 물질을 연료로 사용하는 고온원자로를 개발한 루돌프 슐텐은 자신이 원자 력 공동체에서 갈수록 소외당한다는 느낌에 원자력에 회의를 갖고 태양 에너지에서 미래 를 보았다. 그는 태양 에너지 기술이 안고 있는 문제는 지나치게 기계 공학에 의존하는 것 이라고 나에게 말했다. 바로 그래서 이 기술은 비싸고 복잡해진다고 그는 주장했다. 전혀 새로운, 보다 더 자연 친화적인 방법을 찾아야만 한다는 것이 그의 진단이다.

451. Hermann Scheer, *Energieautonomie. Eine neue Politik für erneuerbare Energien*, München, 2005, 209면 이하, 201면 이하(「엔진에 모래 또는 기름? 환경 운동의 상실된 순수함」). 218면에서 그는 이렇게 회상한다. 〈1970년대에 출발한 환경 운동은 재생 가능한 에너지 혁신을 이끈 힘이 아니다〉. 의미를 풀어 말하자면, 최근 태양 에너지 프로젝트의 활 황에 환경 운동은 중재적 역할만 맡았다는 이야기다. 이것이 *Who Owns the Sun?*(Berman, O'Connor)의 주된 논조다. 헤르만 쉐르의 예전 책 *Solare Weltwirtschaft - Strategie für die ökologische Moderne*(München, 1999)는 환경 운동을 보는 그런 반감을 담지는 않았다.

452. Willem L. Oltmans(편집), *"Die Grenzen des Wachstums" Pro und Contra*, Reinbek, 1974.

453. Joachim Radkau, "Wachstum oder Niedergang: ein Grundgesetz der Geschichte?", Irmi Seidl, Angelika Zahrnt(편집), *Postwachstumsgesellschaft - Konzepte für die Zukunft*, Marburg, 2010, 37~49면.

454. Hans Rosenberg, *Die Weltwirtschaftskrise 1857~1859*(1934), Göttingen, 1974, XXV면.

455. David Milne, *America's Rasputin. Walt Rostow and the Vietnam War*, New York, 2008, 7면. 〈미국의 라스푸틴〉이라는 표현은 외교관 아베렐 하리만Averell Harriman이 썼다.

456. Bruce Rich, *Die Verpfändung der Erde. Die Weltbank, die ökologische Verarmung und die Entwicklungskrise*, Stuttgart, 1998, 276면 이하.

6 1990년을 전후한 〈시대 전환〉: 미래 세대를 위하여?

1. 이 백과사전의 성격은 요아힘 라트카우의 견해를 담은 다음 자료를 참조할 것. *Journal of World History*, 제16권 1호(2005년 3월), 99~102면.

2. Michael McCloskey, "Twenty Years of Change in the Environmental

Movement: An Insider's View", Riley E. Dunlap, Angela G. Mertig(편집), *American Environmentalism. The U.S. Environmental Movement 1970~1990*, Washington, D. C., 1992, 83면.

3. Anny Wong, "The Anti-Tropical Timber Campaign in Japan", Arne Kalland, Gerard Persoon(편집), *Environmental Movements in Asia*, Richmond, 1998, 140면 이하.

4. Bernhard Knappe, *Das Geheimnis von Greenpeace. Die andere Seite der Erfolgsstory*, Wien, 1993, 158면.

5. Hsin-Huang Michael Hsiao 외, "The Making of Anti-Nuclear Movements in East Asia: State-Movement Relationships and Policy Outcomes", Yok-shiu F. Lee, Alvin Y. So(편집), *Asia's Environmental Movements - Comparative Perspectives*, Armonk, New York, 1999, 252면.

6. 미국은 체르노빌보다 보팔에 더 큰 충격을 받았다. 보팔 화학 사고는 비슷한 유형의 화학 공장이 있는 버지니아 서부에서 강력한 환경 운동을 촉발했다. 이 운동은 1986년 화학 기업에게 그 배출 물질이 무엇인지 공개적으로 밝히고 사고가 일어날 경우를 대비한 최악의 시나리오를 마련하도록 강제하는 법을 통과시켰다. 체르노빌을 다루지 않은 『세계 환경 역사 백과사전』은 보팔 사고를 폭넓은 미국 문헌에 기초해 상세하게 다루었다.

7. Egmont R. Koch, Fritz Vahrenholt, *Seveso ist überall. Die tödlichen Risiken der Chemie*, 에르하르트 에플러가 서문을 씀(초판: 1978)(개정판: 1980). 「세베소는 도처에 있다」는 1983년 5월 30일 자 『슈피겔』의 표지 기사 제목이기도 하다.

8. 독일의 환경 역사 연구에 초석을 놓은 프란츠요제프 브뤼게마이어는 체르노빌 사고가 일어난 지 20년 뒤 사고가 직접 원인이 되어 사망한 사람이 〈대략 50여 명〉이라는 것이 입증된 사실이라고 보았다. 사망자 수를 높게 잡은 평가를 그는 믿을 수 없다고 여겼다. 오늘날 돌아볼 때 〈명확하게〉 입증된 것은 〈건강상의 피해가 애초에 예상했던 것보다 훨씬 적다〉는 점이다. Franz-Josef Brüggemeier, *Tschernobyl, 26. April 1986 - Die ökologische Herausforderung*, München, 1998, 20~24면. 그는 나에게 백러시아(현재의 벨라루스)가 지원을 얻어 내려고 희생자 수를 극단적으로 부풀렸다고 말했다(1999년 1월 12일). 그러나 백러시아가 재난의 결과를 축소했다는 보고서는 그의 견해와 정면충돌한다. 어느 쪽이 맞는지와는 별도로 방사능 노출의 피해가 문제가 되는 경우 우리는 피할 수 없이 입증된 인과 관계뿐만 아니라, 확률 문제도 이야기해야만 한다. 분명 이로써 무엇이 〈진실〉인지 하는 문제가 피할 수 없이 생겨난다!

9. Klaus Gestwa, "Die Explosion des 'Roten Atoms'", *Damals*, 4(2001), 6면 이하.

10. Zhores Medwedjew, *Das Vermächtnis von Tschernobyl*, Münster, 1991(초판: 1990), 207면. 사고가 난 지 4년 뒤에 쓰인 이 책은 희생자를 다룬 평가가 확실치 않다고 하면서도 소련 정부가 글라스노스트에도 피해 결과를 애써 축소했다는 인상을 지우기 힘들다고 했다.

11. Raphael Beguin, *Bhopal als Beispiel einer komplexen Krise*(학술논문), München, 2007.

12. Jamie Cassels, *The Uncertain Promise of Law - Lessons from Bhopal*, Toronto, 1993,

250면.

13. 이 사고의 규모로 미루어 볼 때 의아한 점은 반다나 시바가 자신의 책에서 보팔을 그저 지나가듯 언급했을 뿐이라는 사실이다. 그녀는 더러운 화학을 서구의 최신 수준인 〈깨끗한 화학〉으로 대체하려는 문제에 관심을 갖지 않았다!

14. Jim Igoe, *Conservation and Globalization: A Study of National Parks and Indigenous Communities from East Africa to South Dakota*, Belmont, Carolina, 2004, 11면. 다음 자료는 비판적이면서도 일부 찬성하는 논조를 선보인다. Le Monde diplomatique(편집), *Atlas der Globalisierung. Die neuen Daten und Fakten zur Lage der Welt*, Berlin, 2006, 58면 이하 (Régis Genté), 74면 이하(Bernard Dréano).

15. Bundesministerium für Umwelt, Naturschutz und Reaktorsicherheit(편집), *Umweltpolitik - Agenda 21*, Bonn, 1997, 228면.

16. Joanna Burger, *Oil Spills*, New Brunswick, New Jersey, 1997. 같은 저자가 원유 유출을 다룬 글, *Encyclopedia of World Environmental History*, 제3권, 966면 이하.

17. *Der Spiegel*, 1987년 11월 30일 자 표지 기사, 「통조림의 생명 위협: 오존홀」.

18. Ernst Ulrich von Weizsäcker, *Erdpolitik. Ökologische Realpolitik an der Schwelle zum Jahrhundert der Umwelt*, Darmstadt, 1989, 12면.

19. Gro Harlem Brundtland, *Madam Prime Minister. A Life in Power and Politics*, New York, 2002, 226면.

20. *Der Spiegel*, 1985년 4월 8일 자, 126면.

21. 러시아의 여성 교육학자 마리나 이스메노크Marina Ismenok가 1996년 노이보이렌 Neubeuern 성에서 열린 여름 대학교 환경 역사 국제 세미나에서 강조한 표현이다.

22. Ramachandra Guha, *How Much Should a Person Consume? Environmentalism in India and the United States*, Berkeley, 2006, 69면. 나르마다 댐 건설 반대 운동은 공산주의의 지원을 받았다. 인도의 환경 운동과 마르크스주의의 긴장감 넘치는 친화 관계는 다음 자료가 자세히 다루었다. Kunal Chattopadhyay, *The Rocky Road to a Red-Green Alliance, Referat auf dem 1. Weltkongress für Umweltgeschichte in Kopenhagen*, August, 2009.

23. Gestwa, *Ökologischer Notstand und sozialer Protest*, 382면.

24. Internet, google, "Gorbatschow: 'Deutschland wird Öko-Weltmacht'", Franz Alt, 2007.

25. Murray Feshbach, Alfred Friendly, *Ecocide in the USSR. Health and Nature Under Siege*, New York, 1992, 1면. 나는 이 책을 다음 자료를 통해 알게 되었다. Klaus Gestwa, "Ökologischer Notstand und sozialer Protest. Ein umwelthistorischer Blick auf die Reformunfähigkeit und den Zerfall der Sowjetunion", *Archiv für Sozialgeschichte*, 43(2003), 349면. 책은 당시 소련의 폭넓은 자료와 뛰어난 증거, 특히 의학 분야의 증거를 제시하면서도 소련 국민은 〈톱밥 다이어트〉를 하며 산다는 레이건의 말(264면)을 무비판적으로 인용하면서 소련에 대한 적대감을 고스란히 드러낸다! 페시바흐는 미국의 국방부를 위해 일했던 인물이다. 어쨌거나 두 저자는 자신의 조국도 질타한다. 〈1991년의 미국은 청정 공기라는 목표를 이루기에는 너무 멀리 떨어져 있다〉(95면).

26. *Welt online*, 2006년 4월 21일 자.「소련의 사망 선고. 고르바초프가 말하는 체르노빌 원자로 사고의 결과」. 프란츠 알트도 클레멘스 루트비히Klemens Ludwig와의 인터뷰에서 비슷한 표현을 했다(『토픽 티베트』, 2/2010, 20면). 〈고르바초프는 나에게 소련의 종말은 국가 문제나 동유럽의 민주화 때문이 아니라, 체르노빌 탓이었다고 말했다. 사고와 졸속 위기관리는 정부의 신뢰를 무너뜨렸다. 국민은 정부를 더는 믿지 않았다.〉 이런 맥락에서 알트는 중국 정부가 체르노빌을 경고로 여기고 〈생태 문제에 예민하게 반응했다〉고도 말했다. 이보다 더 이른 시점에 다음 자료는 이런 표현을 했다. 〈사고와 초기의 부인, 감추기에 급급한 태도는 소련을 떠받들던 마지막 버팀목을 무너뜨렸다.〉 John McNeill, *Something New Under the Sun - An Environmental History of the 20th-Century World*, New York, 2000, 312면.

27. Medwedjew, *Das Vermächtnis von Tschernobyl*, 87면. 사고 직후 고르바초프의 태도를 두고 이런 표현이 나온다. 〈실제로 1980년 5월 14일 고르바초프의 우울하기 짝이 없는 방송 연설은 실망스러웠다. …… 그 연설의 대부분은 전통적인 선동일 뿐이었다.〉 그러나 그런 언급조차 당시 소련의 수뇌부에게서 전혀 새로운 어조였다!

28. Julia Obertreis, "Der 'Angriff auf die Wüste' in Zentralasien. Zur Umweltgeschichte der Sowjetunion", *Grünbuch Politische Ökologie im Osten Europas*(=Osteuropa, 4-54-5/2008), 37, 42면. 그러나 그녀 역시 체르노빌이 붕괴의 직접적 원인이라는 주장을 내세우는 자료를 적지 않게 제시한다.

29. 사실 소련에는 환경부가 존재하지 않았다. 이즈라엘은 수문 기상학의 국가 위원회 의장이었다. 이 위원회는 환경 문제를 담당하기도 했다(이런 사실을 알려 준 율리아 오베르트라이스에게 감사한다).

30. Joachim Radkau, "Tschernobyl in Deutschland?", *Der Spiegel*, 20/1986(1986년 5월 12일 자), 35면.

31. Angela Merkel, "Die Tschernobyl-Weintrauben", Karl-Heinz Karisch, Joachim Wille(편집), *Der Tschernobyl-Schock. Zehn Jahre nach dem Super-GAU*, Frankfurt, 1996, 120면.

32. 다음 자료에서 재인용함. Swetlana Alexijewitsch, *Tschernobyl - Eine Chronik der Zukunft*(초판, 1997), Berlin, 2006, 211면 이하.

33. 반대로 소련의 원자력 기술을 환히 꿰뚫었던 초레스 메드베데예프Zhores Medwedjew는 사고를 촉발한 상황을 이렇게 보았다. 〈젊고 미숙한 작업자, 게다가 과로에 시달린 작업자 레오니드 토프투노프Leonid Toptunow가《원자로 블록 4》에서 제어봉을 정확한 위치보다 약간 어긋나게 한 것이 사고의 원인이다. 그는 3주 뒤 고통스럽게 죽었다. 이 조그만 실수가 엄청난 폭발을 일으켰다〉(*Das Vermächtnis von Tschernobyl*, Münster, 1991, 9면).

34. 원자로 안전 위원회의 위원으로 오랫동안 일하며 경험을 쌓은 루트비히 메르츠Ludwig Merz(〈지멘스〉 출신)는 해리스버그 원자로 사고를 예로 들어 나에게 책임 전가는 전형적 수법이라고 말했다. Radkau, *Aufstieg und Krise der Atomwirtschaft*, 552면 이하(원주 147).

35. Medwedjew, *Das Vermächtnis von Tschernobyl*, 9, 55면. 가장 충격적인 기록 가운데 하나는 바렐리 레가소프가 쓴 원고로, 그의 자살 이후 공개되었다. 〈내 금고에는 폭발 직

전 관리자들과 전화로 나눈 대화의 기록이 들어 있다. 이 기록은 읽는 것만으로도 소름 끼친다.〉이 기록은 당시 관리자들의 대처가 얼마나 미흡하고 혼란스러웠는지 여실히 확인해 준다.

36. Alla Jaroshinskaja, *Verschlußsache Tschernobyl. Die geheimen Dokumente aus dem Kreml*, Berlin, 1994, 160면(1986년 7월 3일 정치국 회의의 의사록).

37. Stephanie Cooke, *Atom. Die Geschichte des nuklearen Zeitalters*, Köln, 2010, 386면.

38. Medwedjew, *Das Vermächtnis von Tschernobyl*, 294면.

39. *Unsere gemeinsame Zukunft. Bericht der Weltkommission für Umwelt und Entwicklung*, Berlin, 1988, 190면.

40. Karl-Heinz Karisch, "《Da muss sich Furchtbares ereignet haben.》Protokoll der Atomkatastrophe von Tschernobyl", Karl-Heinz Karisch, Joachim Wille(편집), *Der Tschernobyl-Schock*, 37면 이하.

41. Alla Yaroshinskaya, *Verschlußsache Tschernobyl*. 같은 저자, "Lüge-86. Die geheimen Tschernobyl-Dokumente", *Tschernobyl - Vermächtnis und Verpflichtung*(=Osteuropa, 56주년, 4호/2006년 4월), 39~53면.

42. *Welt online*, 2006년 4월 21일 자.

43. 회의록에 등장하는 발언, 이를테면 서구의 고온 원자로와 고속 증식로가 아주 안전하다는 발언은 어처구니없어 실소가 나올 정도다! Yaroshinskaya, *Verschlußsache Tschernobyl*, 346면.

44. Douglas R. Weiner, *A Little Corner of Freedom - Russian Nature Protection from Stalin to Gorbachev*, Berkeley, 1999. 이 자료는 조레스 A. 메드베데프Zhores A. Medvedev의 발언을 인용한다.〈참된 글라스노스트는 놀랍게도 원자로 블록 4의 잔해에서 태어났다. 체르노빌의 빛에 비출 때만 우리는 1986년 6월 말 필자가 소련 제8차 대회에서 한 발언의 순수함과 독립성을 이해할 수 있다. 기획자와 관료들은 그만큼 러시아를 약탈해 왔다는 비난을 들어 마땅하다.〉

45. Walter Wallmann, "Das erste Jahr: Umweltpolitik nach Tschernobyl", *Die Umweltmacher*, 18면.

46. 스탈린 시대 이후의 소련 역사 전문가 슈테판 메를Stefan Merl은 2008년 1월 10일의 강연을 통해 소련 붕괴에서 체르노빌이 갖는 의미를 이렇게 풀었다.〈고르바초프는 자신이 추진한 하부 차원의 지하 경제 퇴치가 오히려 체제를 위협한다는 점을 깨닫지 못했다.〉다음 자료도 비슷한 관점을 선보인다. Klaus Gestwa, "Herrschaft und Technik in der spät-und poststalinistischen Sowjetunion. Machtverhältnisse auf den 'Großbauten des Kommunismus', 1948~1964", *Osteuropa*, 3/2001, 192면.〈소련의 즉흥 경제에서 모든 이해 당사자는 서로 보완하고 의존하는 관계였다. 물론 이런 관계는 법적으로 인정되지도, 문서로 확인된 것도 아니다.〉

47. 사고가 일어난 지 두 달 뒤인 1986년 6월 25일의 회의록 기록은 무력감에 사로잡힌 대책반의 분위기를 고스란히 담았다.〈대책반은 너무 많은 해결되지 않은 문제가 있음을 실토했다. 사고 처리를 담당할 엔지니어, 효과적인 대책 운용 능력 및 작업 과정의 꼭 필

요한 통제 권한 등은 턱없이 부족했다.〉

48. *Offene Worte. Sämtliche Beiträge der 19. Gesamtsowjetischen Konferenz der KPdSU in Moskau*, Nördlingen, 1988, 261면.

49. Gestwa, *Ökologischer Notstand und sozialer Protest*, 377면. 러시아의 유명한 환경사 회학자 올렉 야니츠키Oleg Yanitsky도 1995년에 비슷한 말을 했다. 〈1987년에서 1989년 동안 생태 저항 운동은 폭넓은 민주화 투쟁, 시민과 시민이 서로 연대하는 투쟁의 첫 번째 합법적인 구현이었다.〉 다음 자료에서 인용. Laura A. Henry, *Red to Green. Environmental Activism in Post-Soviet Russia*, Ithaca, 2010, 39면.

50. Gestwa, *Ökologischer Notstand und sozialer Protest*, 379면.

51. Laura A. Henry, *Red to Green. Environmental Activism in Post-Soviet Russia*, Ithaca, 2010, 39면.

52. 나는 원자로 사고가 나고 다섯 달 동안 소련의 정책을 두고 그렇게 느꼈다. 1986년 9월 25일 빈에서 열린 국제 원자력 감독관청 국제회의를 반대하는 시위에 참가하면서 헤르베르트 그륄Herbert Gruhl과 나는 하마터면 체포당할 뻔했다. 당시만 하더라도 독일의 〈고르바초프 열광〉이 아직 일어나지 않았던 시점이다. 소련의 대표자들은 평소 보지 못했던 공개적 태도를 보였다. 그러나 자국 내에서는 이런 태도를 찾아볼 수 없었다. Zhores Medwedjew, *Der Generalsekretär. Michael Gorbatschow. Eine politische Biographie*(개정 신판), Darmstadt, 1987, 303면. 이 전기의 전체 흐름은 서구의 〈고르바초프 열광〉을 막으려고 한다는 인상을 준다!

53. 고르바초프는 1988년 6월 28일에 열린 소비에트 전체 공산당 전당 대회 개막 연설에서 그렇게 말했다. *Offene Worte*, 31면.

54. Joachim Radkau, "Revoltierten die Produktivkräfte gegen den real existierenden Sozialismus? Technikhistorische Anmerkungen zum Zerfall der DDR", *1999*, 제 4호/90, 17면 이하. 이 글은 1990년 베를린에서 열린 동서 세미나와 그에 이어진 토론을 바탕으로 한 것이다. 당시 동독의 상황은 더할 수 없이 불안해서 정보를 무작위로 취합해야 했음에도 글의 핵심 주제는 여전히 유효하다. 〈현실로 존재한 사회주의〉에 불행을 안긴 원인은 기술 혁신의 소홀함이라기보다는 일종의 기술 광신이다.

55. Radkau, *Technik in Deutschland*, 398면 이하.

56. Douglas R. Weiner, *A Little Corner of Freedom. Russian Nature Protection from Stalin to Gorbachev*, Berkeley, 1999. 이 책의 130면에는 자연 보호 구역에 해당하는 러시아의 〈차포베드니크zapovednik〉를 설명하는 대목이 나온다. 〈과학자들은 스탈린이 빚은 불경한 진흙탕으로부터 성스러운 영역을 구출해 지키는 제사장이자 해석자이며 궁극적인 지킴이다.〉 그러나 이처럼 과학으로 치장한 자연 숭배는 현실의 실질적인 환경 문제를 가려버릴 수 있다. Douglas R. Weiner, "Environmental Activism in the Soviet Context - A Social Analysis", Christof Mauch 외(편집), *Shades of Green. Environmental Activism Around the Globe*, Lanham, 2006, 129면.

57. Radkau, *Technik in Deutschland*, 387면 이하.

58. 체르노빌 사고가 벌어지고 2년 뒤 나는 술을 마신 상태에서 소련의 원자로 정상급

기술자와 대화를 나누었다. 원자로 안전 대책의 철학을 묻는 나에게 이 기술자는 웃으면서 체르노빌 이전과 이후의 두 가지 철학이 있다고 대답했다. 둘 다 아주 간단하다. 체르노빌 이전 버전은 이렇다. 〈소련 엔지니어가 만드는 것은 안전하다.〉이후의 철학도 못지않게 간단하다. 〈독일로부터 부품을 수입해 만든 원자로는 안전하다.〉오늘날 모스크바의 공식적인 역사관은 정상급 기술을 바탕으로 한 민족적 자부심을 내비친다. 〈가가린은 강제 노동 수용소 출신이 아니다.〉 Gestwa, *Ökologischer Notstand und sozialer Protest*, 383면.

59. Gestwa, *Herrschaft und Technik*, 192면 이하. 〈고집스럽게 꾸려진 최상급 기술 문화의 숭배는 현실을 보는 안목을 흐리는 몽상의 도구로 기능했다. …… 그래서 기술 숭배는 서구 선진국보다 더 환상을 빚어 주는 핵심 요소로 기능했다. …… 소련의 대형 기술 프로젝트는 현세의 낙원을 약속해 주는 구원의 비유로 세속 종교의 숭배 대상이었다.〉

60. Petra Opitz, "Strom aus erneuerbaren Energien — Stiefkind osteuropäischer Energiestrategien?", *Tschernobyl - Vermächtnis und Verpflichtung*, 187~198면. 이 글의 저자는 재생 가능한 에너지 개발이 충분히 가능하다고 주장한다. 다음 자료의 두 저자는 더 강력한 주장을 펼친다. Aleksej Grigor'ev(IUCN), Vladimir Cuprov(Greenpeace Russland), "Energiezwerg Russland. Erneuerbare Energien im Land der ungenutzten Potentiale", *Grünbuch Politische Ökologie im Osten Europas*, 275~286면. 두 저자는 2008년만 하더라도 회의적이었다. 〈에너지 전환은 불가능하다〉(285면).

61. Douglas R. Weiner, *A Little Corner of Freedom. Russian Nature Protection from Stalin to Gorbachev*, Berkeley, 1999, 372면. 바이칼호와 관련해 다음과 같은 표현이 나온다. 〈자연을 위해 싸우는 사람은 영웅이 되었다.〉

62. *Der Spiegel*, 1990년 12월 3일 자, 148면 이하. 지리학자 세르게이 체르니쇼프Sergej Tschernyschow는 이 계획에 맞서 처음으로 저항 운동을 조직하면서 자연 보호가 아니라, 문화와 그 역사의 보호를 주장했다. 〈그 계획은 우리 문화 전체를 겨눈 공격으로, 북부 지역 민족들의 오랜 문화유산을 잃게 만든다.〉이른바 〈농촌 작가〉와 〈문화의 생태〉라는 개념은 이렇게 해서 등장했다. Gestwa, *Ökologischer Notstand und sozialer Protest*, 374면 이하.

63. Dirk van Laak, *Weiße Elefanten. Anspruch und Scheitern technischer Großprojekte im 20. Jahrhundert*, Stuttgart, 1999, 174~178면.

64. *Der Spiegel*, 1985년 4월 8일 자, 127면.

65. *Offene Worte*, 173면.

66. 위의 책, 271면.

67. Gestwa, *Die Explosion des "Roten Atoms"*, 6면.

68. David Marples, "Diktatur statt Ökologie. Krisenmanagement in Lukasenkas Belarus", *Tschernobyl - Vermächtnis und Verpflichtung*(=Osteuropa 4/2006), 117~129면. 루카셴코 독재 정권 아래서 백러시아는 참으로 암담한 현실에 시달렸다. 원자로 사고로 발생한 피해 정도를 루카셴코 정권은 체계적으로 감추기에 급급했다. 최근에는 심지어 새로운 원자력 발전소 건설 계획이 알려지기도 했다.

69. Wladimir Jakimets, "Erfolgreicher als die Friedensbewegung im Westen Bürgerproteste stoppen die Atomtests in Kasachstan", Valentin Thurn, Bernhard

Clasen(편집), *Klassenfeind Natur. Die Umweltkatastrophe in Osteuropa*, Gießen, 1992, 71~
79면. 카자흐스탄 반핵 운동 단체 회장의 자문관인 야키메츠는 〈원자력 산업에 카자흐스탄
보다 더 고통을 받은 나라는 없다〉고 주장한다(위의 책, 76면). 마찬가지로 이 책에 수록된
군둘라 바로의 글도 같은 주장을 펼친다(132~152면). Gundula Bahro, "Steppenbrand
in Kasachstan‑Vom Katastrophengebiet zum ökologischen Vorreiter." 루돌프 바로의
첫 번째 부인이었던 군둘라가 쓴 이 글은 카자흐스탄의 새로운 〈강한 남자〉 나자르바예프
를 〈본래《녹색주의자》〉라고 추켜세운다. 거의 20년이 지난 지금 되돌아보면, 당시 변화의
분위기를 반영한 지나치게 호의적 평가다! 이미 당시만 하더라도 카자흐스탄에는 5기의
새 원자로를 건설할 계획의 논의되었다(위의 책, 149면).

70. 리처드 스톤Richard Stone(*Science International* 편집장), 「빛나는 초원. 연구자들
은 소련의 원폭 실험이 카자흐스탄에 어떤 끔찍한 유산을 남겨 놓았는지 천천히 깨닫는다」,
Süddeutsche Zeitung, 2003년 6월 3일 자, V2/15면.

71. Artem Ermilow, "Atomtests, Uranförderung und Ölindustrie. Strahlenbelastung
und Strahlenschutz in Kasachstan", *Grünbuch Politische Ökologie im Osten Europas*, 174면.
에밀로프(핵물리학 연구소, 알마티)는 원폭 실험의 낙진에만 집중하면, 우라늄과 석유 개
발로 노출되는 방사성 동위원소의 〈훨씬 더 큰 위험〉을 간과하게 된다고 강조한다(위의 책,
169면).

72. Jaroshinskaja, *Verschlußsache Tschernobyl*, 227면.

73. Nikita Glazovsky, "The Aral Sea basin", Jeanne X. Kasperson 외 공저 및 편집,
Regions at Risk. Comparison of Threatened Environments, Tokyo, 1995, 135면.

74. Georg Borgstrom, *Der hungrige Planet. Welternährung von der Krise zur Katastrophe?*,
München, 1965, 152면. 아랄해의 폐해가 알려지기 오래전에 이 책의 저자는 다음과 같이
썼다. 《쟁기로 개간을》 하는 대형 프로젝트는 흐루쇼프의 최대 도박이었다.〉 전반적으로
비관적인 저자이지만 당시에는 이 〈도박〉의 열광, 세계사적으로 유일한 차원의 열광을 떨
치지 못했다. 이런 열광은 당시 소련만의 유일한 현상이 결코 아니었다!

75. Stefan Merl, "Entstalinisierung, Reformen und Wettlauf der Systeme 1953~
1964", Stefan Plaggenborg(편집), *Handbuch der Geschichte Russlands*, 제5권, Stuttgart,
2002, 215면 이하. 슈테판 메를은 나에게 스탈린과 달리 농업을 좀 안다고 자부한 것이야
말로 흐루쇼프의 불행이었다고 말했다. 흉년이 들면 영원히 허풍을 치던 이 국가 원수는
〈가소로운 인물〉로 전락하고 말았다. 반대로 체제는 체르노빌 사고 탓에 비로소 대중의 경
외심을 잃었다. 동유럽 역사학자 말테 그리세Malte Griesse는 나에게 이런 말을 했다(2010년
7월 31일). 러시아 국민은 〈지도부의 기술 판타지〉를 보며 흐루쇼프의 〈흉년으로 냉소적인
태도〉를 보였다. 일부 엘리트는 체르노빌 사고가 일어나기 전까지만 해도 〈스푸트니크 복
음〉을 믿었다. 그러나 평민은 〈갈수록 분명히 깨달았다〉. 〈엘리트는 기술 발달로 이득을 본
다. 반면 우리는 그 계산을 치른다.〉

76. *Offene Worte*, 390면 이하. 소련 환경 국가 위원회 의장 표도르 모르군Fjodor Morgun
은 1988년 7월 1일 소련 특별 당협의회 석상에서 이렇게 말했다. 〈부식토 상실과 토양 쇠
락을 빚어 내는 주된 원인은 쟁기다. 쟁기는 파괴의 수단이지만, 그럼에도 우리는 매년

20만 개의 새 쟁기를 만든다.〉

77. Obertreis, "Angriff auf die Wüste", 45면.

78. René Létolle, Monique Mainguet, *Der Aralsee. Eine ökologische Katastrophe*, Berlin, 1996, 328면.

79. 위의 책, 93, 387~394면.

80. 위의 책, 337면.

81. Obertreis는 2010년 8월 4일 다음 자료를 참조하라고 알려 주었다. Glazovsky, *The Aral Sea Basin*, 107면. 이 지역에 살포되는 살충제의 양은 1헥타르당 54킬로그램으로 소련 전체의 평균인 1헥타르당 3킬로그램에 비해 어마어마하게 많다. 소련의 다른 지역에 살포 되는 살충제도 우려할 정도로 많다는 점을 함께 생각해야만 한다(위의 책, 100면)! 많은 지역에서 〈DDT〉 사용은 허용치의 46배를 넘는다! Létolle, Mainguet, *Der Aralsee*, 317면.

82. McNeill, *Something New Under the Sun*, 162면.

83. Reimar Gilsenbach, *Die Erde dürstet. 6000 Jahre Kampf ums Wasser*, Leipzig, 1961, 290면 이하. 이 책 때문에 길젠바흐는 나중에 동독의 환경 운동계로부터 〈물의 남자〉라는 별명을 얻었다. 아랄해 재해와 프로젝트를 둘러싼 공개적인 논란에서 특히 흥미로운 것은 소련 과학 아카데미 지리학 연구소 소장으로 정치적 영향력이 뛰어났던 인노켄티 게라시 모프Innokentii Gerasimov가 쓴 두 편의 글로 다음 책에 수록되었다. William C. Brice(편집), *The Environmental History of the Near and Middle East Since the Last Ice Age*, London, 1978, 319~349면. 환경 역사의 교훈은 강의 물줄기를 바꾸는 하천 정비와 인공 관개가 아주 오 랜 전통을 자랑한다는 것이다. 〈아랄해를 보존하는 원칙적 방법은 시베리아 강들로부터 물 을 끌어들여 채우는 것이다〉(위의 책, 348면, 「아랄과 카스피 해의 과거와 미래」).

84. Létolle, Mainguet, *Der Aralsee*, 346면.

85. Bahro, *Steppenbrand in Kasachstan*, 150면.

86. Cooke, *Atom,* 307면.

87. Tobias Münchmeyer(Greenpeace), "Ukrainian Energy Policy - between Chornobyl and the Kremlin", Lutz Mez 외(편집), *International Perspectives of Energy Policy and the Role of Nuclear Power*, Berlin, 2008. Irina Stavcuk, "Ukraine: Doppelter Klimawandel", *Grünbuch Politische Ökologie im Osten Europas*, 237~250면.

88. 이런 관점은 빌레펠트대학교에서 케르스틴 욥스트Kerstin Jobst가 행한 강연과 이후 벌어진 토론에 따른 것이다. 「재해 논의: 우크라이나 집단 기억에 새겨진 홀로모도르와 체 르노빌 원자로 사고」.

89. Aaron Wildavsky. *But Is It True? A Citizen's Guide to Environmental Health and Safety Issues*, Cambridge, Mass., 1995. 이 책의 결론 제목은 「사전 예방 원칙의 거부」다. 현 대 환경 정책의 중요한 과제가 가설적 위험에 대비하는 예방이라고 한다면, 이 책의 제목은 잘못 지었다. 가설적 위험에 맞냐 틀리냐 하는 물음은 성립하지 않기 때문이다!

90. 위의 책, 428면.

91. 위의 책, 441면. 그가 발암 원인을 두고 이런 분통을 터뜨린 것은 아무래도 이미 분 명히 밝혀진 원인을 한사코 외면하고 싶었기 때문이 아닌가 싶다. 그는 담배를 너무 많이

피웠다!

92. Zhores Medwedjew, *Bericht und Analyse der bisher geheim gehaltenen Atom-katastrophe in der UdSSR*, Hamburg, 1979. 이 망명한 소련의 생화학자는 서구의 원자력 공동체 역시 체르노빌 이전에 일어난 원자력 사고들을 20년 동안 대중이 알지 못하도록 거들었다고 폭로한다.

93. Gestwa, *Ökologischer Notstand und sozialer Protest*, 383면.

94. Obertreis가 2010년 8월 4일 나에게 한 말.

95. Ehrhart Neubert, *Geschichte der Opposition in der DDR 1949~1989*(제2판), Bonn, 1998, 626면(「체르노빌은 도처에 있다」). 이 책은 해당 주제를 다룬 지금껏 가장 포괄적인 자료다. 동독의 〈원자력 반대 운동 형성〉 문제는 다음 자료를 볼 것(〈원자력 반대 운동〉이라는 개념을 두고 서독은 지나치게 큰 기대를 품었다). Wolfgang Rüddenklau, *Störenfried. DDR-Opposition 1986~1989. Mit Texten aus den Umweltblättern*, Berlin, 1992, 61면 이하.

96. Mike Reichert, *Kernenergiewirtschaft in der DDR. Entwicklungsbedingungen, konzeptioneller Anspruch und Realisierungsgrad(1955~1990)*, St. Katharinen, 1999, 311면 이하, 369면. 이 책은 원자력 발전소 내부 문건을 토대로 쓰였다. 〈동독의 책임자들은 체르노빌로 대단히 불안해했다. …… 슈텐달 원자력 발전소 공사를 위해 원래 프로젝트는 68번에 걸친 수정 작업, 안전 기술 분야 전체를 다시 손보는 수정 작업을 거쳐야만 했다.〉 그럼에도 원자로 안전 문제에서 〈동독은 소련에 의지할 수밖에 없었다〉(377면). 1975년 12월 7일에 루브민에서 일어난 대형 화재, 하마터면 대형 사고로 이어질 뻔했던 화재는 통일 이후에야 비로소 알려졌다. 이 문제는 다음 기사를 참조할 것. Jochen Luhmann, "Ein Fast-Harrisburg in Greifswald Ende 1975. Konflikte um die Sicherheit der Kerntechnik in der DDR", *Neue Zürcher Zeitung*, 2002년 2월 16일 자.

97. 이 문제는 출간 당시 화제를 부른 획기적 탐사 보도인 다음 책을 참조할 것. Peter Wensierski, *Von oben nach unten wächst gar nichts. Umweltzerstörung und Protest in der DDR*, Frankfurt, 1986, 71면.

98. Reichert, *Kernenergiewirtschaft in der DDR*, 423면.

99. Radkau, *Technik in Deutschland*, 396면 이하.

100. Rüddenklau, *Störenfried*, 128면. 〈1987년에는 이전에는 자제했던 많은 것이 가능해졌다.〉 1987년 여름 나는 대학생들과 함께 동독의 기술 역사 현장을 찾아가는 탐사 여행을 한 바 있다. 우리가 찾은 곳은 공산당 간부 아돌프 헤네케Adolf Hennecke가 한때 노동자로 일했던 곳으로 동독의 성지로 여겨지는 광산이었다. 그곳의 여성 소장은 헤네케를 〈노동자의 영웅〉으로 추켜세우며 그의 주도 아래 이룩한 기술 혁신으로 요구되는 성과를 387퍼센트 이상 초과 달성했다면서 그가 부상으로 받은 자동차를 동료들과 함께 불태워 버렸다고 자랑이 대단했다. 나중에 동독에서 탈출한 작가 헬프리트 슈라이터Helfried Schreiter에게 이 이야기를 했더니 그는 펄쩍 뛰었다. 〈무슨 그런 말도 안 되는 소리를! 잘못 들은 거 아니요?〉

101. Hannelore Kurth-Gilsenbach, *Trostlied für Mäuse*, Eberswalde, 1994, 21면. 1987년 봄 라이마르 길젠바흐를 사찰하려고 따라붙은 정보원의 아내가 길젠바흐의 매력에 흠뻑 빠진 것은 영화로 찍어도 손색없는 소재다.

102. 물론 서독 방송을 수신할 수 없는 지역은 여전히 〈암흑의 계곡〉으로 남았다. 그러나 그런 지역은 많지 않았다. 통일이 되고 얼마 지나지 않아 드레스덴 공과대학교에서 독일의 원자 산업의 역사라는 주제로 내가 강연을 했을 때, 그곳 강사가 동독에서는 원자력 기술의 위험성을 두고 전문가 사이에 논의가 활발했다며, 위에서 굽어보듯 나에게 물었다. 〈서독에도 그런 논의가 있었나요?〉

103. Radkau, *Technik in Deutschland*, 394면.

104. 람플러의 전기를 쓴 에버하르트 베흐틀러Eberhard Wächtler가 전해 준 말.

105. 다음 자료를 참조할 것. Carlo Jordan, "Umweltzerstörung und Umweltpolitik in der DDR", Machtstrukturen und Entscheidungsmechanismen im SED-Staat und die Frage der Verantwortung, Baden-Baden, 1995, 1785면(=Materialien der Enquete-Kommission "Aufarbeitung von Geschichte und Folgen der SED-Diktatur in Deutschland", II/3권).

106. 서독 내무부가 발간한 다음 자료를 참조할 것. *DDR Handbuch*(제2권, 3판), Köln, 1985, 1372면 이하. 이 자료는 1975년의 동독 환경 보호 프로그램을 두고 이런 촌평을 했다. 〈5년차 계획의 성공 여부를 보고하고 있지 않지만, 아마도 계획이 대부분 실현된 것으로 보인다.〉 1987년 동독 탐사를 떠나기 전에 준비 세미나를 하며 나는 당시 동독을 경제적으로든 생태적으로든 진지하게 비판하는 문헌을 찾아보기 힘들다는 경험을 했다.

107. Jörg Roesler, *Umweltprobleme und Umweltpolitik in der DDR*, Erfurt (Landeszentrale für politische Bildung Thüringen), 2006, 38면 이하. Nathan Stolzfus, "Public Space and the Dynamics of Environmental Action: Green Protest in the German Democratic Republic", *Archiv für Sozialgeschichte*, 43(2003), 385~403면.

108. Reichert, *Kernenergiewirtschaft in der DDR*, 227면. 통일 이후에도 동독의 엔지니어들은 울브리히트의 이런 결정을 죄악시했다. 그러나 원자력 문제에서 울브리히트는 오랫동안 동독 원자력 연구를 이끈 클라우스 푹스Klaus Fuchs보다 의심할 바 없이 더 이성적이었다.

109. Reichert, *Kernenergiewirtschaft in der DDR*, 342면 이하.

110. Christoph Bernhardt, "Von der 《Mondlandschaft》 zur sozialistischen 'Erholungslandschaft'? Die Niederlausitz als Exerzierfeld der Regionalplanung in der DDR-Zeit", Günter Bayerl, Dirk Maier(편집), *Die Niederlausitz vom 18. Jahrhundert bis heute: Eine gestörte Kulturlandschaft?*, Münster, 2002, 125면. 1950년대에 갈탄 채취 지역의 복원을 앞장서서 연구한 선구자 빌헬름 크나베는 나에게 이런 말을 전했다(2010년 9월 30일). 〈혁신은 채취 과정에 이미 복원 절차를 접합시킨 것이다. …… 이런 절차는 나중에 토양을 이용하며 얼마든지 검증될 수 있다.〉

111. Wihelm Knabe, 2010년 9월 30일.

112. Bernhardt, "Von der 'Mondlandschaft'", 313면.

113. Michaela Lorck, *Braunkohletagebau und Rekultivierung. Probleme und Chancen der Wiedernutzbarmachung im Braunkohletagebau der DDR*, 석사 학위 논문, Bielefeld, 2006.

114. Lothar Eissmann und Armin Rudolph, *Die aufgehenden Seen im Süden Leipzigs.*

Metamorphose einer Landschaft(제2판), Leipzig, 2006. 다채로운 사진들로 장식된 이 책의 행간에서 생태계 변화의 염려가 고스란히 읽힌다. 아름답기는 하지만 지루한 호수 풍경은 이전 〈달 풍경〉의 자극적인 풍광과 묘한 대비를 이룬다.

115. Horst Paucke, *Chancen für Umweltpolitik und Umweltforschung - Zur Situation in der ehemaligen DDR*, Marburg, 1994, 40. 41면. 〈동독 지도부는 환경 문제를 중앙에서 다루려 하지 않았다. 환경 문제나 환경 보호 전략을 논의하거나 결정할 당 대회나 중앙 위원회나 정치국 회의 또는 경제 위원회 자문 같은 것은 전혀 없었다.〉 이런 확인은 통일 이후 동독이라면 무조건 낮춰 보는 경향과 이 책이 거리를 두고 있다는 점에서 더욱 충격적이다!

116. Hans-Peter Gensichen, "Umweltverantwortung in einer betonierten Gesellschaft: Anmerkungen zur kirchlichen Umweltarbeit in der DDR 1970 bis 1990", Franz-Josef Brüggemeier, Jens Ivo Engels(편집), *Natur-und Umweltschutz nach 1945. Konzepte, Konflikte, Kompetenzen*, Frankfurt, 2005, 289면, 주석 12.

117. Hannelore Kurth-Gilsenbach, *Trostlied für Mäuse, mit Texten von Reimar Gilsenbach, begleitet vom O-Ton der Stasi*, Eberswalde, 1994, 25면.

118. Jordan, *Umweltzerstörung und Umweltpolitik in der DDR*, 1772면. 이런 기밀 유지는 이미 동독 시절에도 폭로되었다. Wensierki, *Von oben nach unten wächst gar nichts*, 22면 이하.

119. 동독 자연 보호 운동 역사를 다룬 폭과 자료의 풍부함에 있어 추종을 불허하는 책이 이미 나와 있는 것은 우연이 아니다. Institut für Umweltgeschichte und Regionalentwicklung(IUGR)(편집), *Naturschutz in den neuen Bundesländern - Ein Rückblick*, Marburg, 1998. 그만큼 동독의 자연 보호 운동은 환경 단체에 비해 국민의 마음을 사로잡는 친근한 활동을 활발히 펼쳤다. 그 가운데에서 역시 라이마르 길젠바흐의 글이 가장 뛰어나다. Reimar Gilsenbach, "Die größte DDR der Welt - ein Staat ohne Nationalparke. Des Merkens Würdiges aus meiner grünen Donquichotterie", 위의 책, 533~546면.

120. 내가 2006년 8월 23일 하넬로레 길젠바흐에게 크레치만이 누구인지 모른다고 말하자, 그녀의 얼굴은 실망한 빛이 역력했다. 〈선생님은 처음부터 다시 시작하셔야 할 것 같네요!〉 통일 독일의 자연 보호청이 펴낸 두툼한 기념 연감은 크레치만을 오로지 에르나 크레치만Erna Kretschmann의 남편으로만 소개했다. Frohn, Schmoll, *Natur und Staat*, 589면.

121. Marion Schulz, *Ein Leben in Harmonie. Kurt und Erna Kretschmann - für den Schutz und die Bewahrung der Natur*, Neuenhagen, 1999. 〈공감〉이라는 표현은 101면에 나온다. 라이마르 길젠바흐는 크레치만이 동독 정부의 심기를 건드린 최대의 사건으로 다음 일화를 들려준다. 1982년 방송에 출연한 그에게 기자가 도대체 왜 〈트라반트Trabant〉한 대조차 없냐고 묻자, 크레치만은 〈나에게는 떡갈나무가 중요하거든!〉 하고 대답했다.[*]

---

[*] 트라반트는 동독이 자부심으로 여기는 자동차 모델이다. 흔히 〈트라비〉라는 애칭으로 불렸다. 〈트라비〉를 국민차로 선전하던 동독 정부의 심기를 건드렸다는 뜻이다.

122. Reimar Gilsenbach, *Wer im Gleichschritt marschiert, geht in die falsche Richtung. Ein biografisches Selbstbildnis*, Hannelore Gilsenbach, Harro Hess(편집), Bad Münstereifel, 2004, 202면 이하.

123. Karl Friedel, Reimar Gilsenbach, *Das Roßmäßler-Büchlein*, Berlin, 1956. 이 책의 43면에는 이런 표현이 나온다. 〈자연을 고향으로 삼자.〉

124. Hannelore Kurth, "Kreuzfahrten für die Umwelt. Durch die Öko-Szene von Rostock bis Suhl", Susanne Raubold(편집), *Go East! DDR- Der nahe Osten*, Berlin, 1990, 111면 이하.

125. Carlo Jordan, Hans Michael Kloth(편집), *ARCHE NOVA. Opposition in der DDR - Das "Grün-ökologische Netzwerk Arche" 1988~90*, Berlin, 1995, 263면.

126. Schulz, *Leben in Harmonie*, 106, 109면.

127. Rainer Pfannkuchen, "Naturschutz in Dresden", *Dresdner Hefte*, 67(Von der Natur der Stadt Lebensraum Dresden), Dresden, 2001, 75면.

128. *Natur und Umwelt*, 1/1986, 32~36면. 〈자연과 환경 보호 협회GNU〉의 이 기관지는 동독의 많은 문건과 크게 다르지 않아 행간을 읽어야만 한다. 행간이 풍기는 분위기는 비터펠트 공간에 목가적 풍경은 말이 되지 않는 이야기라는 것이다!

129. 〈GNU〉의 불투명한 역사를, 기록을 근거로 해명하자고 처음 제안한 로베르트 바헤는 〈GNU〉는 환경 운동이었다고 힘주어 강조한다. 〈자연과 향토 친구들의 입장에서 보면 지나치게 일방적인 평가라 할 수 있으나, 동독 지도부가 의도한 대로 비판적 환경 단체를 걸러 내는 일은〉, 도시 생태 그룹에 세워지기 전에 〈이미 대부분 이뤄졌다〉. 자세한 것은 다음 자료를 볼 것. Robert Bache, *Umweltpolitischer Dissens innerhalb der Gesellschaft für Natur und Umwelt (GNU) der DDR*, Bielefeld, 2010, 19면 이하.

130. Bache, *Umweltpolitischer Dissens*, 22면, 관련 문헌들을 살펴보고 받는 인상은 〈GNU〉의 회원이 6만여 명에 이르도록 성장한 것은 특히 도시 생태 덕이다. Hermann Behrens 외, *Wurzeln der Umweltbewegung. Die "Gesellschaft für Natur und Umwelt" (GNU) im Kulturbund der DDR*, Marburg, 1993, 69면 이하. 이 책이 〈GNU〉를 완전한 의미의 〈환경 운동〉으로 만들려는 경향이 어느 정도 정확한 것인지 하는 물음의 답은 오늘날까지도 열려 있다. 길젠바흐는 1989년 11월 〈GNU〉에서 탈퇴한 뒤 이런 부정적 평가를 했다. 〈정부와 집권당과의 밀접한 결합은 공개적 비판을 허용하지 않는 대세 순응주의만 낳을 뿐이다. 이 단체는 그림자로라도 야당 역할을 한 적이 없다〉(위의 책, 55면, 주석 106). 그러나 통일 직후 일었던 거센 비판 역시 검증이 필요하다. 어쨌거나 길젠바흐는 〈GNU〉를 이끄는 자리에 있었지 않은가! 다음 자료도 볼 것. Neubert, *Geschichte der Opposition in der DDR*, 453면. 도시 생태 그룹은 다음 자료를 볼 것. Rüddenklau, *Störenfried*, 126면 이하.

131. Jordan, Kloth, *Arche Nova*, 297면. 다음 자료도 비슷한 입장을 선보인다. Neubert, *Geschichte der Opposition in der DDR*, 783면 이하. 1988년 6월 5일 〈플라이세강을 기억하자〉는 행사는 두 개의 환경 단체가 준비했다.

132. Harald Thomasius, "Die Entwicklung der Gesellschaft für Natur und Umwelt im Kulturbund der DDR zu einem Zentrum sozialistischer Umweltpolitik und

landeskulturellen Schöpfertums", *Natur und Umwelt*, 2/1987, 7면.

133. 위의 자료, 13면.

134. Michael Succow, Lebrecht Jeschke, Hans Dieter Knapp, Matthias Freude, *Die Krise als Chance - Naturschutz in neuer Dimension*, Neuenhagen, 2001, 35~55면.

135. Arnulf Müller-Helmbrecht, "Endspurt - das Nationalparkprogramm im Wettlauf mit der Zeit", *Naturschutz in den neuen Bundesländern*, 599면. 이 책은 긴 주석을 달아 국립 공원 프로그램이 〈비민주적〉으로 결정되었다고 주장한다. 실제로 그 결정 방식 은 서독이라면 〈민주적〉으로 받아들이지 않았을 것이다. 그런 결정 과정은 〈서독의 의사 결 정과 참여 규정에 따르면 불가능했다〉.

136. Lutz Ribbe(〈유럽 자연 유산 기금〉 이사장), "Neue Hoffnung Umweltprojekte in Osteuropa", Akademie für Natur-und Umweltschutz Baden-Württemberg(편 집), *Umwelt in Osteuropa - von der kommunistischen Ausbeutung in den marktwirtschaftlichen Ausverkauf?*, Stuttgart, 1993, 55면.

137. Gilsenbach, *Die größte DDR der Welt*, 544면. 〈당 총서기장을 필두로, 선택된 정치 국 임원을 위해 지정된 국가 사냥 구역은 페스트처럼 번져 나갔다.〉

138. 〈NABU〉 100주년 기념 간행물 참조. *100 Jahre NABU - ein historischer Abriß 1899-1999*, Bonn, 1999, 22면 이하.

139. 어떤 〈NABU〉 회원은 나에게 이렇게 털어놓았다. 〈이런 변화가 20년 일찍 일어 났다면, 《BUND》는 생겨나지 않았을 거요!〉

140. *100 Jahre NABU*, 31면 이하. 〈서독의 자연 보호 운동가들은 새로운 구조의 장점을 깨닫기까지 몇 년이 걸렸다.〉 1992년 〈NABU〉는 리우 회담에 참석했다. 조류 보호 연맹으 로는 참가를 허락받기 어려웠으리라! 리우의 해에 유럽울새는 〈올해의 새〉로 선정되었으 며, 〈멸종위기에 처한 종의 구출〉(같은 자료, 34면)이 선언되었다. 이런 선정은 아름다운 자 연을 가지고 있지만 〈멸종 위기에 처한 종〉이 없는 지역을 낙담시켰다.

141. 다음 자료를 참조할 것. "20 Jahre Euronatur Gemeinsam für Europas Natur"(=*Euronatur*, 2/2007). 2010년 9월 7일 앙겔리카 차른트Angelika Zahrnt는 나에게 이 렇게 말했다. 〈그때까지 《BUND》는 국제적 접촉이 없었다.〉

142. *Euronatur*(2/2010)의 제목.

143. *Der Spiegel*, 1990년 1월 29일 자, 30면 이하. 원자로 안전 분야의 권위자 아돌 프 비르크호퍼Adolf Birkhofer는 소련에서 수입한 원자로가 수압을 이용한 서구 유형과 비 교해 오히려 상대적으로 더 안전할 수 있다고 인정했다. Jochen Luhmann, "Ein Fast-Harrisburg in Greifswald Ende 1975", *Neue Zürcher Zeitung*, 2002년 2월 16일 자.

144. Rüddenklau, *Störenfried*, 129면.

145. Michael Beleites, *Untergrund. Ein Konflikt mit der Stasi in der Uran-Provinz*(제2판), Berlin, 1992. Rainer Karlsch, *Uran für Moskau. Die Wismut - Eine populäre Geschichte*, Bonn, 2007, 192면 이하.

146. 미하엘 벨라이테스가 1994년 3월 16일 독일 의회의 앙케트 위원회 〈독일 사회주 의통일당 독재〉 청문회에서 한 발언을 참조할 것. 그때까지 우라늄을 캐는 광산 기업 〈비스

무트Wismut〉는 〈수십만 명〉이 종사했음에도 언급해서는 안 되는 금기 사항이었다. 〈이런 금기를 깨는 첫 단초는 체르노빌의 원자로 사고였다. 이로써 방사능 환경 피해는 그 양이 적더라도 장기적으로 심각한 피해를 유발한다는 것이 명확해졌기 때문이다. 우라늄 채광으로도 같은 환경 피해가 일어난다는 것은 분명한 사실이었다.〉

147. Jordan, *Umweltzerstörung und Umweltpolitik in der DDR*, 1777면.

148. Jordan, Kloth, *Arche Nova*, 184면.

149. Neubert, *Geschichte der Opposition in der DDR*, 451면 이하.

150. 위의 책, 629면.

151. 위의 책, 645면.

152. Jordan, Kloth, *Arche Nova*, 65면. 빌헬름 크나베Wihelm Knabe는 2010년 11월 16일 나에게 이렇게 말했다. 〈그것은 6월 17일 이후 처음으로 일어난 공개 저항이다.〉 Gensichen, *Kirchliche Umweltarbeit*, 302면. 〈교회 환경 운동의 활동가는 언론이 강조한 변화의 주역에 속하지 않았다.〉 이처럼 은밀하게 활동을 벌인 전모는 향후 연구를 통해 밝혀져야만 한다.

153. 겐지헨의 자료, 23면. 〈새로운 사람들에 대한 의심은 특히 기초 조직에서 강했으며, 많은 단체에서 지속적으로 새롭고 신선한 회원을 받아들이지 않게 하고, 동기를 약화시켰다.〉

154. 자비네 로젠블라트라는 이름의 서독 여성 환경 운동가는 1980년대 중반에 뜻을 같이하는 사람들과 동유럽을 여행하면서 가는 곳마다 환경 문제를 놓고 토론을 벌였으며, 이들 단체가 동독에서 어떤 경험을 했는지를 보고했다. 〈우리는 자기 비판적인 체코 사람을, 폴란드 사람을 만나기를 갈망했다. 그들의 열악한 환경 문제를 거리낌 없이 이야기해 줄 그런 사람들을.〉 Sabine Rosenbladt, *Der Osten ist grün? Öko-Reportagen aus der DDR, Sowjetunion, Tschechoslowakei, Polen, Ungarn, Hamburg*, 1988, 91면.

155. Brüggemeier, *Tschernobyl*, 269면.

156. Wensierski, *Von oben nach unten wächst gar nichts*, 181면.

157. Gensichen, *Kirchliche Umweltarbeit*, 291면 이하.

158. Kurth-Gilsenbach, *Trostlied für Mäuse*, 9면.

159. Rosenbladt, *Der Osten ist Grün?*(1988), 101면. 이 책의 여성 저자는 겐지헨과의 만남에서 식목 운동이 방해를 받고, 심지어 자전거 시위는 금지되었음을 알게 되었다고 썼다. 《SED》지도부가 우리와 함께 협력하려고 하지 않은 것은 아니다. 그러나 당의 중간 간부들은 30년 동안 목사가 자본주의의 전령이라고 여겨 온 탓에 돌연 협력하는 것을 어려워했다.〉 겐지헨의 말이다.

160. 귀족 출신으로 동독 역사학계의 거물이자 한때 호네커의 자문을 맡았던 위르겐 쿠친스키Jürgen Kuczynski는 어느 대담에서 동독 지도부가 생활 수준의 향상이라는 서구의 이상을 떨쳐 버리지 못한 것은 유감이라고 말했다. 소비 중심의 서구 문화는 자본주의의 경쟁 압력이 없이는 불가능하다. 바로 그래서 동독은 소비 문화로부터 해방을 선언하고, 경쟁의 부담 없이 정신적 평안을 누릴 안전한 사회주의 문화를 목표로 했어야 한다는 것이 그의 진단이다. 그러나 다른 학자들의 쿠친스키에 대한 평가는 냉정하다. 쿠친스키는 말만 그럴싸

하게 했을 뿐이며, 무엇보다도 〈슈타지〉를 두려워하지 않아도 좋을 정도의 권력을 누렸고, 서베를린에 부동산을 소유한 덕에 동베를린에서 가장 큰 개인 서재를 자랑할 정도로 최고의 부자였다고 서술한다. 마치 막강한 부를 자랑한 세네카가 청빈한 삶을 권고하는 것 같은 모양새라고 비유하기도 했는데, 세네카는 자신의 옛 제자 네로 황제에게 자살을 강요받았지만, 쿠친스키는 호네거를 두려워할 이유도 별로 없었다.

161. Rüddenklau, *Störenfried*, 12면. 〈동독 국민 대다수가 사회주의와는 전혀 다른 목표, 곧 서독과 같은 소비 문화를 꿈꾼 것은 모두가 아는 사실이었다.〉

162. Neubert, *Geschichte der Opposition in der DDR*, 746면.

163. 미케 라이케르트Mike Reichert는 나에게 이렇게 말했다. 〈동독도 이 프로젝트에 항의했으나, 금전적 보상을 받고 항의를 철회했다.〉

164. *Die Grünen im Bundestag*, 제1권, 320면 이하(1983년 11월 8일 페트라 켈리를 필두로 다른 당원들이 동독과 모스크바 여행을 한 것을 두고 벌어진 토론). Jordan, Kloth, *Arche Nova*, 54면, 주석 7. 동독을 탈출해 녹색당에 가입한 임학자 빌헬름 크나베 역시 같은 증언을 한다. Wilhelm Knabe, "Westparteien und DDR-Opposition. Der Einfluß der westdeutschen Parteien in den achtziger Jahren auf unabhängige politische Bestrebungen in der ehemaligen DDR", Möglichkeiten und Formen abweichenden und widerständigen Verhaltens und oppositionellen Handelns, Baden-Baden, 1995(=〈SED〉 독재를 다룬 앙케트 위원회 자료, 제7권/2), 1141면. 〈우리는 디르크가 쓰는 언어를 자주 비판했다. 그러나 오늘날 회의록을 읽으며 〈슈타지 언어〉를 읽는 것에 나는 다시금 충격을 받았다. 회유하고 전향시키며 비방하고 개인적으로 모욕을 주며 설교하라는 따위의 이런 표현을 우리는 왜 당시 깨닫지 못했을까? 어째서 그가 쓰는 개념이 살인자나 쓰는 은어임을 눈치채지 못했을까?〉

165. Christoph Hohlfeld, "Bündnis 90/Grüne eine neue Partei?", Joachim Raschke, *Die Grünen - Wie sie wurden, was sie sind*, Köln, 1993, 841면 주석 11, 844면 주석 22, 839면. 통일 이전의 자료에는 다음의 것이 있다. Klaus-Dieter Feige, "Wie Ausländer in der eigenen Partei Anmerkungen eines Ost-Grünen", Ralf Fücks(편집), *Sind die Grünen noch zu retten?*, Reinbek, 1991, 107~115면. 〈노바의 방주〉가 환경 도서관을 반대한 논리에는 서독 녹색당을 겨눈 비판이 등장한다! 두드러지는 점은 1992년만 하더라도 동독 녹색당이 통일에 유보적인 태도를 비판한 후베르트 클라이네르트(주석 167)와 결별했다는 사실이다!

166. Antje Vollmer, "Das Privileg der ersten, viele Fehler zu machen-Gründe für den Niedergang", Ralf Fücks(편집), *Sind die Grünen noch zu retten?*, Reinbek, 1991, 15면.

167. Hubert Kleinert, *Aufstieg und Fall der Grünen. Analyse einer alternativen Partei*, Bonn, 1992, 126, 143면. 〈현실파〉 클라이네르트는 〈SPD〉의 총리 후보로 나선 오스카 라퐁텐이 녹색당에게 올 많은 표를 뺏어 갔다고 주장했다. 이런 주장을 두고 라퐁텐은 환경 운동이 〈금도를 지키지 못한 것이 패배의 원인〉이라고 진단했다. *Der Spiegel*, 1992년 11월 23일, 32면. 물론 이런 진단이 맞는지는 아직도 검증되지 않았다.

168. Dieter Oberndörfer, *Schutz der tropischen Regenwälder durch Entschuldung*,

München, 1989(=Schriftenreihe des Bundeskanzleramtes 5), 22면.

169. Mark Dowie, *Conservation Refugees. The Hundred-Year Confl ict between Global Conservation and Native Peoples*, Cambridge, Mass. 2009, XX면.

170. Jochen Bölsche(편집), *Natur ohne Schutz. Neue Öko-Strategien gegen die Umweltzerstörung*, Hamburg, 1982. 이 책의 편집자는 독일의 자연 보호 운동이 〈다른 어떤 사회 운동보다 성공적이었다!〉고 평가했다(13면).

171. 이 문제와 관련해 헨리 마코프스키Henry Makowski(*Nationalparke in Deutschland*, 13면)는 〈IUCN〉의 과제가 국립 공원의 건립일 수는 없으며, 오히려 〈국립 공원 인플레이션을 막는 것〉이라고 일갈했다!

172. Anita Engels, *Die geteilte Umelt. Ungleichheit, Konflikt und ökologische Selbstgefährdung in der Weltgesellschaft*, Weilerswist, 2003, 119. 세네갈에서 이뤄진 이 연구는 국제 기후 토론에 아프리카 국가들이 참여하는 것은 구체적인 환경 문제를 해결하기 위해서라기보다는, 〈국제 사회의 일원으로 인정받고자 하는 욕구〉가 더 강하게 작용한다고 지적한다. 구체적으로 말하자면 국제 대회 관광의 기회를 누리고, 지원금을 받아 내고자 하는 속셈이 더 강하게 작용한다는 뜻이다. 사하라 남부의 아프리카 국가들은 자신의 문제와 이의 해결을 위한 행동 여력에 비추어, 〈인간의 잘못으로 생겨난 기후 변화의 국제적 논의를 회피할 근거가 충분하다〉.

173. Andrew Revkin, *The Burning Season: The Muder of Chico Mendes and the Fight for the Amazon Rain Forest*, Boston, 1990, 260면 이하.

174. Luz Kerkeling, *La Lucha Sigue! EZLN – Ursachen und Entwicklungen des zapatistischen Aufstands*, Münster, 2003, 221면 이하.

175. Mac Chapin, "A Challenge to Conservationists", *World Watch Magazine*, Nov./Dec., 2004, 29면. 이 자료는 이른바 〈자연 보호 피난민〉의 문제를 간결하고도 설득력 있게 풀어 주는 동시에, 원주민을 〈자연의 관리인〉이라고 부르면서도 추방하는 행태를 고발한다!

176. Alfred Runte, *Yosemite – The Embattled Wilderness*, Lincoln, Nebraska, 1990, 58면. 심지어 룬테조차 인디언의 운명이 어떻게 되었는지는 침묵한다! 인디언에게 국립 공원의 관리를 맡기는 생각은 찾아볼 수 없다.

177. Shepard Krech Ⅲ, *The Ecological Indian – Myth and History*, New York, 1999, 20면.

178. William Arrowsmith, Michael Korth, *Die Erde ist unsere Mutter. Die großen Reden der Indianerhäuptlinge*, München, 1995, 152면, 17~25면. 이 책은 연설의 실제 텍스트를 복원하려는 시도다.

179. Will McArthur, "It Seems Like We Should Be on the Same Side!' Native Americans, Environmentalists, and the Grand Canyon", Egan, Crane(편집), *Natural Protest*, 311면.

180. Claude Lévi-Strauss, *Traurige Tropen*(초판, 1955), Frankfurt, 1978, 179면.

181. 이런 명제를 주장하는 대표적인 책은 다음과 같다. Beate von Devivere, *Das letzte*

Paradies. Die Zerstörung der tropischen Regenwälder und deren Ureinwohner, Frankfurt, 1984.

182. Bron Taylor, "Earth First! and Global Narratives of Popular Ecological Resistance", 같은 저자(편집), *Ecological Resistance Movements*, Albany, New York, 1995, 18면 이하.

183. 〈원주민은 세계 자원 99퍼센트를 관리해 왔다.〉이런 과장된 수사는 1988년 이탈리아의 벨렘Belem에서 열린 제1회 국제 민족생물학 대회의 선언문에 포함된 것이다. 이 대회로 〈국제 민족생물학 협회International Society of Ethnobiology〉가 창설되어 활동을 시작했다. Dowie, *Conservation Refugees*, 114면. *Umweltpolitik-Agenda 21*, 241면(제32장 "Stärkung der Rolle der Bauern"). 〈농촌 살림, 원주민 부족과 그 공동체, 상당 부분 여성이 감당하는 가족 단위의 농업이 이 지구의 자원 대부분을 관리해 왔다. 농부는 자신의 생활 터전인 자연환경을 보존하려 노력한다〉.

184. Dowie, *Conservation Refugees*, 88면 이하.

185. Oberndörfer, *Schutz der tropischen Regenwälder*, 25면.

186. Dowie, *Conservation Refugees*, 111면. 〈지역 사회 중심 보호〉를 지지하는 도위는 이런 말을 덧붙인다(근본적으로 제3세계를 아는 사람은 모두 인정하는 사실이다). 〈모든 원주민이 완벽한 환경 관리인인 것은 아니다. 오로지 문화를 낭만적으로 이해하는 사람만 그렇게 믿는다. 그리고 지난 시절 훌륭한 관리인이었던 원주민이라고 할지라도 인구 증가, 문화의 부침, 시장 압력 그리고 기술의 파괴적 오용으로 얼마든지 달라질 수 있다.〉

187. Roderick P. Neumann, *Imposing Wilderness. Struggles over Livelihood an Nature Preservation in Africa*, Berkeley, 1998, 208면.

188. Klaus Pedersen(페터 클라우징Peter Clausing의 필명), *Naturschutz und Profit. Menschen zwischen Vertreibung und Naturzerstörung*, Münster, 2008, 30면 이하. 이 책은 위스콘신의 농업 사회학 교수 찰스 가이슬러Charles Geisler의 진단을 받아들여 〈자연 보호라는 이름〉으로 삶의 터전을 잃은 사람들이 1400만 명에 달할 것으로 보았다. 진정한 의미의 자연 보호였다면, 이런 일은 결코 일어나지 않았으리라. 물론 이런 추정치는 〈보호 구역 면적과 인구 밀도를 바탕으로 계산해 낸 것〉으로 정확하다고 보기는 힘든 것이다. 도위의 책(Dowie, *Conservation Refugees*, XXI면)도 가이슬러 교수의 계산을 토대로 하면서 다른 면(52면)에서 교수의 주장을 그대로 인용했다. 〈자연 보호 운동으로 생긴 난민의 규모는 불투명하다. 투명하게 되면 운동이 치러야 할 대가가 높아지기 때문이다.〉 바로 이런 불투명성이 난민 규모의 추정을 대단히 어렵게 만든다. 아프리카 동부에서 오랜 세월 동안 개발 지원 운동을 펼친 헨드릭 헴펠Hendrik Hempel과 안드레아 케이로츠 드 수자Andrea Queiroz de Sousa는 일부에서 난민 규모를 지나치게 과장하는 경향이 있다고 지적하면서, 실제 아프리카에서 피해를 당한 원주민은 10만 단위의 규모가 될 것이라고 나에게 말했다. 실제로 규모가 100만 단위에 이른다면 난민 문제야말로 최악의 스캔들이며, 왜 저항 운동은 일어나지 않았는지, 관련 문헌은 왜 구체적 사례를 다루지 않는지 등 풀리지 않는 문제가 너무 많다는 것이다. 볼프강 하버는 나에게(2010년 9월 4일) 자연 보호 구역으로 지정된 지역에서 추방당한 원주민의 규모는 자신이 알기로 〈단 한 차례도 구체적으로 조사된 바가 없다〉고 말했다. 〈그런 조사의 수행은 분명 국가적으로나 지역적으로 커다란 장애에 부딪

할 수밖에 없다.〉

189. Colin M. Turnbull, *Das Volk ohne Liebe: Der soziale Untergang der Ik*, Reinbek, 1973.

190. Werner Petermann, *Die Geschichte der Ethnologie*, Wuppertal, 2004, 855면 이하.

191. 이 문제를 두고 볼프강 하버는 나에게 보낸 편지(2010년 9월 4일)에서 이렇게 썼다. 〈나는 갈수록《환경 스와프》가 장점보다는 약점이 많다는 판단을 하게 됩니다.〉이 거래에는 사안의 본성상 포스트 식민주의의 성격이 강하게 묻어 있다. 〈환경 스와프〉는 채무 국가에게 〈국토의 일부를 특정 상황, 다시 말하면 선진국이 고른 상황에 맞게 보존하라는 의무〉를 강제한다. 이런 의무가 〈해당 국가에게 유리하게 작용하는 측면이 없지 않다고 하더라도, 근본적으로 제3국가, 외국의 이해관계에 자국 땅을 내맡기는 결과를 낳는다〉.

192. Jack D. Ives, Bruno Messerli, *The Himalayan Dilemma. Reconciling Development and Conservation*, London(UN University), 1989, 61면. Ulrich Gruber, *Reiseführer Natur Nepal, Sikkim und Bhutan*, München, 1995, 47면.

193. Stanley F. Stevens, *Claiming the High Ground. Sherpas, Subsistence, and Environmental Change in the Highest Himalaya*, Delhi, 1996. 이 책은 앞서 출간되어 이 분야의 교과서로 여겨져 온 크리스토프 폰 퓌러하이멘도르프의 책(Christoph von Fürer-Haimendorf, *The Sherpas Transformed. Social Change in a Buddhist Society of Nepa*l, Delhi, 1984)을 일부 수정한 것이다. 어쨌거나 두 자료는 셰르파라는 제도를 알프스 환경과 마찬가지로 매우 취약하게 여긴다.

194. Jim Igoe, *Conservation and Globalization: A Study of National Parks and Indigenous Communities from East Africa to South Dakota*, Belmont, 2004, 154면. 이 책의 저자는 현장에서 연구한 마사이족에게 붙어 있는 〈자연과 결합된 부족〉이라는 신화를 인정하지 않는다. 오히려 그 반대다(19면). 〈내가 살았던 곳의 마사이 전사는 오토바이를 타고, 레게 음악을 들으며, 홍콩 출신 스타 성룡의 영화를 휴대용 모니터로 즐긴다〉. 서구 〈NGO〉가 주도하는 위에서 아래로의 야생 보호를 비판하면서 짐 이고Jim Igoe는 다른 저자들과 분명한 입장 차이를 보이며, 원주민 공동체의 이상화에 동의하지 않고 협력의 현실적 어려움을 읽어냈다. 〈내가 연구하는 지역 사회 중심 자연 보호 운동은 관련 단체의 경쟁에 영향을 받았다(지금도 그렇다). 이 단체들은 마사이 공동체를 위해 대변할 권리를 주장한다. 말하자면 현재의 개발에서 전권을《위임》받을 권리를 요구한다〉(33면). Thomas Schaaf, "Der Beitrag der UNESCO zur Förderung des Internationalen Naturschutzes", Erdmann(편집), *Internationaler Naturschutz*, 52면. 〈마사이족은 자부심이 강한 인종이다. 이들은 친구가 사진 찍는 것을 강하게 거부한다.〉심한 경우에는 사진 찍는 관광객이 살해당할 수도 있다!

195. 의정서를 근본에서부터 잘 설명한 자료는 협상에서 미국을 대변한 리처드 베네딕의 것이다. Richard Benedick, *Ozone Diplomacy. New Directions in Safeguarding the Planet*, Cambridge, Mass., 1991. 또 다음의 자료도 참조할 만하다. Karen T. Litfin, *Ozone Discourses. Science and Politics in Global Environmental Cooperation*, New York, 1994.

196. *Encyclopedia of World Environmental History*, 제3권, 975면(Verena Winiwarter). 역사의 아이러니는, 같은 시기 〈EPA〉는 오존 구멍이 아니라 오히려 높은 밀도의 오존이 초

래하는 건강 위험을 연구하는 데 중점을 두었다는 사실이다. Landy 외, *The Environmental Protection Agency*, 49면 이하("Revising the Ozone Standard"). 이 책은 오존을 우선순위로 삼는 환경 정책은 충분한 과학적 기초를 갖지 못했으며, 내부의 갈등이 심했음에도 강행되었다고 강조한다.

197. Wildavsky, *But Is It True?*, 304~339면("CFCs and Ozone Depletion: Are They as Bad as People Think?"). Gregg Easterbrook, *A Moment on Earth*, 528~550면 ("Radiation, Natural"). 이스터브룩은 원자력 위원회의 마지막 의장을 지낸 딕시 리 레이의 오존층 관련 주장을 아무런 근거가 없는 〈정말 우스운 것〉이라고 깎아내렸다. Dixy Lee Ray, *Environmental Overkill*, 39~52면("The Ozone and Ultraviolet Rays — Why the Fuss?"). 딕시 리 레이는 심지어 염화불화탄소의 사용을 금지하는 것을 반대하는 환경 운동가의 주장은 값싼 냉매제의 사용을 금지할 경우 제3세계 국민이 굶주림에 시달릴 것이라고 인기 영합적 태도를 보이는 탓에 생겨난다고 꼬집었다(45면)! 그러나 내가 보기에 균형 잡힌 주장은 이스터브룩의 것이다. 이스터브룩은 오존을 둘러싼 흥분이 생태 수정주의의 필요성을 강조하기 위해 나온 태도라고 짚었다(529면). 〈성층권의 오존 파괴는 생태 현실주의를 말살하려는 전형적 시도의 수단으로 쓰인다. 오존 문제는 현실이며 행동을 요구하기는 하지만, 위험의 정도는 사안의 현실성에 비해 너무 과장되었다.〉 그 특히 두드러진 사례로 이스터브룩은 상원에 출석해 오존층 파괴를 〈인류가 직면한 가장 심각한 위기〉라고 한 앨 고어의 발언을 꼽았다(528면).

198. Erik M. Conway, *High-Speed Dreams. NASA and the Technopolitics of Supersonic Transportation, 1945~1999*, Baltimore, 2005, 228면.

199. Commoner, *The Closing Circle*, 202면. 〈닉슨 행정부와 항공 산업 그리고 노조의 강력하고도 집요한 반대를 무릅쓰고 SSTSupersonic Transport(초음속 여객기)의 퇴출이 결정된 사건은 환경 정책의 중요한 전환점으로 받아들여진다.〉 Landy 외, *The Environmental Protection Agency*, 257쪽; Conway, *High-Speed Dreams*, 157면 이하("Of Ozone, the Concorde, and SSTs").

200. Donella & Dennis Meadows, Jorgen Randers, *Die neuen Grenzen des Wachstums*(미국판 원제: *Beyond the Limits*, 1992), Reinbek, 1993, 178면.

201. Radkau, *Natur und Macht*, 300면.

202. Meadows, Randers, *Die neuen Grenzen des Wachstums*, 186면.

203. 위의 책, 191면.

204. *Encyclopedia of World Environmental History*, 제2권, 858면 이하(Reiner Grundmann).

205. Litfin, *Ozone Discourses*, 99면.

206. Benedick, *Ozone Diplomacy*, XII면. Dixy Lee Ray(*Environmental Overkill*, 46면)는 베네딕의 고백을 자신의 승리로 자축한다!

207. Litfin, *Ozone Discourses*, 103면.

208. James Lovelock, *Das Gaia-Prinzip. Die Biographie unseres Planeten*, Frankfurt, 1993, 216면 이하.

209. 위의 책, 222면.

210. Radkau, "Scharfe Konturen für das Ozonloch", Paul(편집), *Das Jahrhundert der Bilder*, 533면 이하.

211. Benedick, *Ozone Diplomacy*, 204면.

212. 평소 미국의 입장을 강하게 대변해 온 베네딕이지만 오존 외교에서만큼은 〈UNEP〉의 역할을 높게 평가하며 심지어 장 하나를 통째 할애했다. "UNEP Starts the Process", Benedick, *Ozone Diplomacy*, 40면 이하. 208면에서 그는 톨바의 지도력을 그 같은 정치적 성공을 이끌어 낸 개인적 요소로 강조한다.

213. Easterbrook, *A Moment on the Earth*, 538면.

214. Benedick, *Ozone Diplomacy*, 115면.

215. 위의 책, 210면.

216. Meadows, Randers, *Die neuen Grenzen des Wachstums*, 196면.

217. 이것은 다음 책의 건설적 논제다. Karen T. Litfin, *Ozone Discourses*. 또 이 책은 과학 실험실과 대형 정책을 직접 이어 주는 길이 없다는 베네딕의 주장을 비판하기도 한다.

218. 몬트리올 사례에서 교훈을 얻으려는 자세가 중요하다. 우도 시모니스Udo Simonis는 나에게 구두로 몬트리올은 오늘날 과학의 권위에 맞서서는 안 된다는 점을 보여 주는 결정적 증거라는 견해를 전해 주었다(2001년 12월 11일). 반대로 다음 자료는, 〈이른바 오존의 성공 스토리〉는 비판적 시각을 견디지 못하고 무너진다고 주장한다. Gerald Fricke, *Von Rio nach Kyoto*, Berlin, 2001, 94면 이하. 〈성공〉의 요인은 1차적으로 〈뒤퐁DuPont〉을 필두로 한 대형 염화불화탄소 생산 업체가 그동안 개발된 대체 물질로 더 많은 돈을 벌어들인 것이라고 프리케는 주장한다. 베네딕 역시 〈뒤퐁〉의 방향 전환은 염화불화탄소의 포기가 현실적이며 관철될 수 있다고 믿게 만든 계기였다고 보았다. Benedick, *Ozone Diplomacy*, 202면. 〈오존층 보호를 위한 노력의 역사는 산업이 국제 환경 정책을 개발하고 시행하는 데 결정적 역할을 한다는 것을 보여 준다.〉 1985년부터 산업계는 국제 규제를 위해 세 번 중재 역할을 자청했다. 미국 환경 정책의 역사에서 극히 드물게 보는 현상이다!

219. Benedick, *Ozone Diplomacy*, 82면 이하, 101면 이하("Ozone Glasnost").

220. 위의 책, 152면 이하.

221. 위의 책, 206면.

222. 위의 책, 189면 이하("North-South Endgame").

223. Rudolf Steinberg, "Symbolische Umweltpolitik unter besonderer Berücksichtigung der Beschleunigungsgesetzgebung", Hansjürgens, Lübbe-Wolff(편집), *Symbolische Umweltpolitik*, 79면 이하. Monika Böhm, "Institutionelle Rahmenbedingungen symbolischer Umweltpolitik", 위의 책, 243~248면.

224. *Our Common Future*, World Commission on Environment and Development(편집), Oxford, 1987, 64면.

225. Ulrich Grober, *Die Entdeckung der Nachhaltigkeit. Kulturgeschichte eines Begriffs*, München, 2010, 257면. 독일의 진화론적으로 이해된 기술 개발이라는 개념은 다음 자료를 참조할 것. Radkau, *Technik in Deutschland*, 184면 이하.

226. Brundtland, *Madam Prime Minister*, 193면.

227. 브룬틀란의 회고록은 인도네시아의 환경부 장관 에밀 살림Emil Salim을 두고 이런 우스꽝스러운 표현을 아무렇지도 않게 썼다. 〈에밀 살림은 분명 따뜻한 사람이다. …… 그는 농촌에서 거둔 세금이 대도시를 개발하는 데 유용하게 쓰일 것으로 생각한다.〉 브룬틀란은 이런 표현에 논평조차 달지 않았다!

228. Grober, *Die Entdeckung der Nachhaltigkeit*, 249면. 〈지속 가능한 개발〉은 대형 사업의 〈홍보 전략〉에서 비롯된, 억압적 개념이라는 티모시 도일의 주장은 역사적으로는 맞지 않는다(Timothy Doyle, *Environmental Movements*, 162면). 그러나 지속 가능성이 원래 경제 개념이지, 그로버의 주장처럼 윤리 규범은 아니라는 점에는 의심의 여지가 없다.

229. Peter Merseburger, *Willy Brandt 1913~1992*, München, 2004, 678면.

230. Grober, *Die Entdeckung der Nachhaltigkeit*, 260면.

231. Brundtland, *Madam Prime Minister*, 195면.

232. 역설적이게도 *Encyclopedia of World Environmental History*은 브룬틀란 위원회를 짧은 글로 소개했다. 주로 비판적 분위기로 위원회의 의미를 애써 축소하는 글이다(제1권, 172면 이하). 그러나 리우 회의는 물론이고 〈지속 가능한 개발〉이라는 구상이 생겨난 역사는 전혀 다루지 않았다. 분명 그만큼 관련 문헌이 부족하다는 반증이다!

233. 이후 논의는 브룬틀란 위원회의 독일 위원이었던 폴커 하우프가 증언해 준 것(2010년 9월 28일)에 기초했다.

234. 볼프강 하버는 나에게 2010년 9월 4일 이렇게 말했다. 〈지속 가능한 발전은 전혀 짐작하지 못한 영향력으로 우리를 마치 노예처럼 사로잡은 마법의 주문이 되었다.〉 그러나 누구도 브룬틀란 보고서를 알지 못했으며, 〈어젠다 21〉을 읽은 사람도 없었다. 〈마법이 가진 주문을 풀어 버리면 비난을 받곤 했다. 물론 《지속 가능성》의 긍정적 영향력은 특히 경제에서 논쟁의 여지가 없다. 그러나 립서비스만 난무하는 정치는 달랐다.〉

235. 폴커 하우프는 당시 녹색당 대변인인 위르겐 트리틴Jürgen Trittin조차 브룬틀란 위원회를 얕잡아보는 논평을 했다고 기억했다(2010년 9월 28일). 1981년부터 독일 연방 환경 문제 자문위원회에 속했던 볼프강 하버는 나에게 2010년 9월 4일 이런 편지를 보내왔다. 〈브룬틀란 보고서를 우리는 알려고 하지 않았다. 그것은 단지 일종의 달래기용 타협으로 간주하고 1992년 리우의 협약으로 절정을 이룬 그 정치적 영향력을 과소평가하거나 완전히 잘못 평가했기 때문이다.〉 앙겔리카 차른트는 〈BUND〉 회장의 대리인으로 리우 회담에 참가할 기회를 이용하지 않은 것은 별로 중요해 보이지 않았기 때문이며, 그 의미를 나중에야 깨달았다고 말했다(2010년 9월 7일). 이 모든 태도는 그만큼 국제 환경 정책을 중시하지 않았다는 반증이다!

236. *Our Common Future*, 43면.

237. 리우를 500년에 가까운 임업 지혜의 정점으로 묘사한 울리히 그로버도 현실에서 달라질 게 없다는 사실을 분명 의식하지 못했던 모양이다. 나는 브룬틀란 보고서를 읽으면서야 비로소 이를 깨달았다.

238. 〈지속 가능성〉은 앵글로아메리칸 임업 전문 용어에서 직접 뽑아 온 것이 아니다. 그곳에서는 단지 〈수확량 유지 임업sustained-yield forestry〉이라는 표현을 쓸 뿐, 〈지속 가능한

임업sustainable forestry〉이라고는 하지 않는다. 미국에서 이런 뜻으로 주로 쓰는 단어는 〈보호conservation〉이다. 대부분의 미국 환경 문헌에서 〈지속 가능한sustainable〉이라는 표현은 그렇게 자주 등장하지 않는다.

239. Christian Hey, *Umweltpolitik in Europa*, München, 1994, 22면.

240. Wiebke Peters, *Nachhaltigkeit als Grundsatz der Forstwirtschaft, ihre Verankerung in der Gesetzgebung und ihre Bedeutung in der Praxis. Die Verhältnisse in der Bundesrepublik Deutschland im Vergleich mit einigen Industrie- und Entwicklungsländern*, 박사 학위 논문, Hamburg, 1984. 1986년 임학자 클라우스 비베케Claus Wiebecke는 나에게 이 논문을 선물하며 이런 말을 했다. 〈여자들은 정말 대단해.〉 비브케 페터스라는 이 여성 저자가 〈지속 가능성〉을 다른 저자들이 서로 다르게 정의한 14가지 형태를 철저히 구분한 것을 두고 사람들은 지나치게 야심적이지 않느냐고 여길지 모른다(7면). 그러나 논문은 이 14가지 정의를 갈수록 줄여 가며 압축해 낸다. 그러면서 각각의 정의가 가진 이념적 요소를 철저히 짚어냈다(265면).

241. Radkau, *Holz*, 286면.

242. 1972년의 스톡홀름 환경 회담을 주도했으며, 브룬틀란 위원회와 리우 회담의 준비 작업에도 참여한 모리스 스트롱Maurice Strong은 자신의 보고서 「지구 돌보기Caring for the Earth」에서 1992년부터 2001년까지 지속 가능한 생활 방식의 정착을 위한 전략 수립과 실행에 전부 1조 2,880미화달러가 쓰여야 할 것으로 추정했다. 1990년까지 영국 〈코먼웰스〉의 사무총장으로 활동했으며 이후 리우의 준비 작업을 주도한 시리다트 람팔의 다음 자료를 볼 것. Shridat Ramphal, *Das Umwelt-Protokoll. Partnerschaft zum Überleben*, Frankfurt, 1992, 361면 이하.

243. 허먼 데일리는 1991년 경제학자 로버트 굿랜드Robert Goodland와 함께 세계은행을 위해 「생태 조사 보고서」를 썼다. "Environmentally Sustainable Economic Development: Building on Brundtland." 틴베르헌도 여기에 공헌했다. 저자들은 부유한 국가들이 더는 생산량 증가를 추구해서는 안 된다는 결론을 내렸다. Rich, *Die Verpfändung der Erde*, 276면.

244. Nicholas Hildyard(*The Ecologist*의 공동 편집인), "Wie Füchse als Wächter von Hühnern. Die Rio-Konferenz und ihre Akteure", Wolfgang Sachs(편집), *Der Planet als Patient. Über die Widersprüche globaler Umweltpolitik*, Berlin, 1994, 50면. 이 책은 이후 본문 논의의 토대가 되어주었다(174면 이하).

245. *Our Common Future*, 174면 이하.

246. Ramphal, *Das Umwelt-Protokoll*, 389면 이하.

247. Brundtland, *Madam Prime Minister*, 214면.

248. 위의 책, 201면. 〈브라질 당국은 우리에게 아마존 문제만 토론하는 걸 원하지 않는다는 점을 분명히 했다. 그들은 우리가 자국의 국내 문제에 간섭하지 않기를 바랐다. 우리는 단순히 열대림 일반을 토론할 수밖에 없었다. 우리는 그 탓에 어려움을 겪지는 않았다.〉브라질 정부는 산업 모델 도시 쿠바탕Cubatão의 심각한 환경 문제를 되도록 거론하지 않았으면 하는 바람을 분명히 했다. 그러나 쿠바탕은 견디기 힘든 공기와 높은 사망률로 악명

높았던 생태 공동체의 눈에만 공포 도시 그 자체였던 게 아니다. 당시 인기를 끌었던 브라질 대중가요는 쿠바탕에서 보내는 신혼 주간을 살인적 유머로 노래한다. 〈이리 와, 내 사랑, 내 가스 마스크를 벗기고 키스해줘〉(Shawn W. Miller, *An Environmental History of Latin America*, Cambridge, 2007, 209~211면). 브룬틀란 위원회 위원들은 쿠바탕을 답사할 수 있었다. 이들은 정말 열악하기 그지없다는 인상을 받았다. 그러나 이후 브라질은 쿠바탕에서 환경 정치의 실력을 유감없이 과시했다. 그곳의 공해 물질은 비교적 빠른 속도로 줄어들었다(Brundtland, *Madam Prime Minister*, 201면).

249. Rich, *Die Verpfändung der Erde*, 285면.

250. *Our Common Future*, 58면.

251. The Earth Summit, *The United Nations Conference on Environment and Development*(UNCED), London, 1993, 4, 521면.

252. *Der Spiegel*, 1992년 5월 18일 자, 224면.

253. The Earth Summit, 4면.

254. Rich, *Die Verpfändung der Erde*, 279면. 리우 회담은 〈글로벌 환경 관리 프로젝트를 담당할 기관으로 세계은행이 적합하다고 확인했다〉. 심지어 세계은행에 비판적 입장을 가진 브루스 리치Bruce Rich조차 〈지역의 마피아〉가 유엔 내부로까지 손을 뻗은 것을 감안한다면 〈국제 조직 가운데 아마도 세계은행이 가장 투명하게 회계를 맡을 수 있는 기관〉이라고 인정했다.

255. Brundtland, *Madam Prime Minister*, 193면.

256. Brigitte Erler, *Tödliche Hilfe. Bericht von meiner letzten Dienstreise in Sachen Entwicklungshilfe*, Freiburg 1985. 그동안 이 논쟁서는 이미 오래전부터 경험이 풍부한 개발 지원가 사이에서 용감하고도 정확하다는 인정을 받아 왔다. 위의 책이 출간된 지 얼마 지나지 않아 *Natur* 편집장이자 아프리카 전문가 랜돌프 바우만이 펴낸 책도 마찬가지다. Randolph Baumann, *Afrika wird totgefüttert. Plädoyer für eine neue Entwicklungspolitik*, Hamburg, 1986. 상황을 종합해 보면 이 책의 핵심 주장은 오늘날에도 유효하다. 〈아프리카에는 개발 지원 효과를 본 농업 체계가 단 하나도 없다〉(80면). 심지어 개발 지원 봉사자들 사이에서도, 개발 지원을 받지 않았더라면 더욱 발달했을 것이라는 소리가 심심찮게 들린다. 아프리카 자체가 개발 지원을 어떻게 생각하는지, 다음 책이 그 증언을 풍부하게 담았다. Axelle Kabou, *Weder arm noch ohnmächtig. Eine Streitschrift gegen schwarze Eliten und weiße Helfer*, Basel, 1993(프랑스어판 원제: *Et si l'afrique refusait le développement?*, Paris, 1991).

257. *Der Spiegel*, 1986년 2월 24일 자, 44면.

258. Bertrand Schneider, *Die Revolution der Barfüßigen. Ein Bericht an den Club of Rome*(프랑스어를 번역한 것), Wien, 1986, 9면.

259. Rich, *Die Verpfändung der Erde*, 271면.

260. Martina Kaller-Dietrich, *Ivan Illich*, Weitra, 2007, 89면.

261. Max Nicholson, *The New Environmental Age*, Cambridge, 1987, 184면.

262. Vandana Shiva, *Das Geschlecht des Lebens - Frauen, Ökologie und Dritte Welt*,

Berlin, 1989, 12면.

263. Dave Foreman, *Confessions of an Eco-Warrior*, New York, 1991, 175면.

264. 독일 환경 운동의 선구자로 〈SPD〉의 지도부에 속했던 에르하르트 에플러는 자신의 의견이 헬무트 슈미트를 설복시켰다면, 독일 녹색당은 존재할 수 없었다고 말했다. 에플러는 개발 지원의 강력한 반대자였다.

265. 제3세계 사람들 역시 이런 소농 지원을 환영했다. 이른바 〈공정 무역〉은 지역 중심의 자립 경제에 매달릴 수밖에 없는 농부들은 원거리 교역에서 대기업에 맞서기 어렵다.

266. 많은 전문가들이 서명한 「본Bonn 성명문」인 2008년의 「다른 개발정책Eine andere Entwicklungspolitik」을 참조할 것. 〈아프리카를 위한 인적·물적 개발 지원이 벌써 반세기 가깝게 이뤄진 지금 우리는 이런 개발정책이 실패했음을 확인한다. …… 우리의 개발 지원은 아프리카 사람들의 책임감을 장려하고 강화하기는커녕, 오히려 그 반대였다.〉 잠비아 출신의 여성 환경 운동가가 쓰고, 논쟁적인 영국 역사학자 니얼 퍼거슨Niall Ferguson이 해제를 붙여 『뉴욕 타임스』 베스트셀러가 된 다음 책은 지원AID이 결과적으로 에이즈AIDS가 되고 말았다고 비판한다. Dambisa Moyo, *Dead Aid. Why Aid Is Not Working and How There Is a Better Way for Africa*, New York, 2009.

267. Al Gore, *Wege zum Gleichgewicht. Ein Marshallplan für die Erde*, Frankfurt, 1992, 296면 이하.

268. Werner Abelshauser, *Deutsche Wirtschaftsgeschichte seit 1945*, München, 2004, 130~154면(「마셜 플랜: 신화와 현실」).

269. Brundtland, *Madam Prime Minister*, 338, 341면.

270. *Der Spiegel*, 1992/25, 150면.

271. *Der Spiegel*, 1992/25, 148면 이하. 리우 회담을 두고 상충하는 해석들은 다음 자료를 볼 것. Pratap Chatterjeel, Matthias Finger, *The Earth Brokers. Power, Politics and World Development*, London, 1994. 이 책의 저자들은 특히 모리스 스트롱과 친구인 스위스 억만장자 슈테판 슈미트하이니Stephan Schmidheiny가 회담의 막후에서 맡았던 역할에 주목하면서(115~132면), 리우의 〈개발〉 구상은 대기업의 이해가 반영된 성장 모델과 다르지 않다고 보았다. 그러나 저자들은 이런 개발 지원이 무엇보다도 제3세계에 보내는 구애라는 점을 고려하지 않았다.

272. 멕시코 남부에서 사회인류학자로 오랜 기간에 걸쳐 경험을 쌓은 베로니카 벤홀트톰젠Veronika Bennholdt-Thomsen은 나와 많은 대화를 나누며 소중한 사실을 알려 주었다. 이 자리를 빌려 감사드린다. Veronika Bennholdt-Thomsen, *Geld oder Leben. Was' uns wirklich reich macht*, München, 2010. 그녀는 이 책에서 자립 경제의 구축이 결코 유토피아적 발상이 아니며, 우리가 자연스럽게 살아가는 방식의 의식적 접목이라고 주장한다(87면). 〈돈이 오가는 지불 관계가 없이 자립을 실현해 가는 일을 다룬 모든 연구는《인생이 계속되기 위해》꼭 필요한 일을 하는 것이 언제나 같은 결과를 보여 준다고 확인해 준다. 인간은 자신이 의식하는 이상으로 자립을 위해 노력하며, 자신이 직접 한 일의 결과를 바라보며 자부심과 만족감을 느낀다.〉 이런 자립의 길은 제3세계 주민들에게 인생 철학일 뿐만 아니라 경제적으로도 이성적인 선택이다. 어떤 독일의 경제학자는 제3세계 가난한 나라

에서 대학생들을 상대로 글로벌 경제 시대의 성공을 강의하면서, 자신이 솔직할 수만 있었다면 이렇게 말했을 것이라고 강조했다. 〈글로벌 경쟁에서 여러분은 어차피 후발 주자입니다. 결코 이길 수 없습니다. 차라리 전통적인 자립 경제를 다시 세우십시오!〉 물론 이 경제학자는 대학생들이 이런 말을 듣고 싶어 하지 않았을 것이라고 믿었다.

273. Richard N. L. Andrews, *Managing the Environment, Managing Ourselves. A History of American Environmental Policy*, New Haven, 1999, 370면.

274. *Die Umweltmacher*, 27면.

275. Ramphal, *Das Umwelt-Protokoll*, 383면.

276. Peter Weingart, Anita Engels, Petra Pansegrau, *Von der Hypothese zur Katastrophe. Der anthropogene Klimawandel im Diskurs zwischen Wissenschaft, Politik und Massenmedien*(제2판), Opladen, 2008, 74면.

277. Stanley P. Johnson, *The Earth Summit*, 6면.

278. 위의 책, 5면.

279. Rich, *Die Verpfändung der Erde*, 266면; *Der Spiegel*, 1992년 5월 18일 자, 246면. 다음 자료도 볼 것. Siegfried Pater, Das grüne Gewissen Brasiliens; José Lutzenberger, Göttingen, 1989, 111면 이하(「의미 없는 개발 정책」).

280. 특히 초대받지 못한 사람들의 눈은 《《UNCED》의 추악한 면모》를 간파했다 (Rich, *Die Verpfändung der Erde*, 268면). 회담에 앞선 10년을 기준으로 볼 때 리우가 〈NGO〉를 어느 정도 초대할지는 초미의 관심사였다. 나중의 관점에서 리우는, 결코 긍정적이지 않은 의미에서, 환경 정책의 〈NGO화〉였다! 이슬라마바드(파키스탄)의 〈지속 가능한 개발 정책 연구소〉 소장 타리크 바누리가 쓴 다음 글을 참조할 것. Tariq Banuri, "Die Konfliktlandschaft der Umweltdiplomatie", Wolfgang Sachs(편집), *Der Planet als Patient*, 76면 이하.

281. 2010년 8월에 내가 〈아마존〉에서 〈어젠다 21〉로 검색했을 때 1,918개의 자료가 올라왔다. 그러나 리우 회담의 원본은 아무리 찾아도 나오지 않았다.

282. Commoner, *The Closing Circle*, 178면.

283. *Zukunftsfähiges Deutschland in einer globalisierten Welt*, Eine Studie des Wuppertal Instituts für Klima, Umwelt, Energie, Brot für die Welt(편집), eed(Evangelischer Entwicklungsdienst: 개신교 개발 봉사)&BUND, Frankfurt, 2008, 88면.

284. 2010년 9월 4일 볼프강 하버가 나에게 해준 말.

285. 브룬틀란 보고서(*Unsere gemeinsame Zukunft*, 61면)에는 1986년 9월 23일 나이로비에서 열린 공개 청문회에서 어떤 사람이 한 발언이 기록되어 있다. 이 사람이 누구인지 이름은 밝히지 않았다. 〈사막이 갈수록 커지고, 숲이 사라지며, 영양실조가 갈수록 심해지고, 도시 지역에서 사람들이 열악한 환경에서 살아가는 것은 자원의 부족함 때문이 아니라, 우리의 정부, 이른바 엘리트 군단이 추진하는 정치 때문이다.〉

286. Gottlieb, *Forcing the Spring*, 256면 이하, 259면.

287. Cheryl Margoluis(중앙아메리카의 공동체 임업 관리를 중점적으로 연구하는 예일대학교의 여성 임학자), "Between Economic Justice and Sustainability", David

Naguib Pellow, Robert J. Brulle(편집), *Power, Justice, and the Environment. A Critical Appraisal of the Environmental Justice Movement*, Cambridge, Mass., 2005, 277~292면.

288. Peter Wenz, "Does Environmentalism Promote Injustice fort he Poor?", Ronald Sandler, Phaedra S. Pezzullo(편집), *Environmental Justice and Environmentalism. The Social Challenge to the Environmental Movement*, Cambridge, Mass., 2007, 57~83면. 피터 웬츠는 환경 운동이 사회 불평등을 키운다는 7가지 논증에 상세한 반론을 제시한 다음, 다음의 내용을 확인하면서 논의를 맺었다. 〈정의가 환경 운동의 전형적 목표와 갈등을 일으키는 상황은 얼마든지 생겨날 수 있다. 나의 반론이 이런 가능성을 부정하지는 않는다.〉

289. Hans Günter Hockerts, *Sozialpolitische Entscheidungen im Nachkriegsdeutschland*, Stuttgart, 1980, 279면 이하. 이 책의 저자는 나와 대화를 나누며(2010.7.21), 1990년대 이후 사회 정책에 힘쓰는 정치가가 떠오르지 않는다고 했다!

290. *Die Grünen im Bundestag*, 제2권, 541면 이하, 827면. 그가 고함을 지른 것은 나중에 역사적 사건으로 평가되었다. 노르베르트 람메르트Norbert Lammert는 녹색당의 국회 입성 25주년을 기념한 국회 연설에서 이런 말을 했다. 〈그 사건 이후 전문화를 추진하려는 시도들이 있었다. 이런 전문화는 당시 누구도 예상하지 못했을 뿐만 아니라, 오히려 녹색당의 평판을 해치는 것으로 여겨졌다.〉

291. 독일 사회 정책의 역사를 다루는 행사마다 나는 항상 비스마르크에서 아데나워까지의 시기에서는 인상적인 텍스트를 찾기가 어렵지 않은 반면, 1970년대에는 매우 어렵다는 사실에 놀라곤 한다!

292. 1997년 세미나의 일환으로 대학생들과 함께 지방 교회 기록보존소로 탐사를 갔을 때, 그곳 여성 관리인은 학생들에게 어떤 기록에 관심이 가느냐고 물었다. 〈소외 집단〉 기록이라고 답했다. 그러자 그 관리인은, 〈소외 집단, 항상 그놈의 소외 집단!〉이라고 탄식했다. 오늘날 젊은 대학생들은 항상 〈소외 집단〉의 기록을 찾는다. 누구도 보통 시민의 운명에는 관심이 없는 모양이다!

293. 내가 『차이트』에 《〈더 다채로울수록, 그만큼 더 좋다〉는 식의 불분명한 다문화주의는 문화 철학이라기보다 코닥 컬러 사진에 가깝다〉는 표현을 썼을 때, 많은 독자의 비난을 받은 것은 놀라운 일이 아니다. 그러나 얼굴을 마주보고 이야기를 나누면 저마다 용기있는 글을 썼다고 칭찬했다. 〈임의적 규범 다양성〉을 가지는 다문화주의는 자연 보호와 환경 운동과 합치할 수 없다(Joachim Radkau, 「녹색은 고향이다 — 이런 사실을 생태 정당은 항상 거부하기만 했다. 오늘날 그들에게 없는 것은 긍정적인 자연 이상이다」, 『차이트』, 2000년 9월 28일 자, 11면). 그로부터 1년 뒤인 2001년 9월 11일 그때까지 자칭 〈다문화주의자〉였던 사람조차 〈문화들의 투쟁〉에 분노하며 다문화주의를 후회하는 모습을 보여주었다!

294. Bess, *The Light-Green Society*, 119, 129, 132면. 〈세계의 모든 녹색당 가운데 프랑스 녹색당은 인간과 자연의 가장 통합적인 구상을 확실하게 보여 준다.〉 이 표현은 어째 좀 과장된 분위기를 선보인다.

295. *Der Spiegel*, 2009/29, 137면. 이 기사는 심지어 브리짓 바르도를 〈프랑스의 가장

유명한 동물 보호 운동가〉라 부르며, 죽어서 천국을 가더라도 〈네발 짐승에 둘러싸여야만〉 그곳에 머무르겠다는 그녀의 말을 인용했다.

296. Wolfgang Wippermann, Detlef Berentzen, *Die Deutschen und ihre Hunde*, München, 1998, 34, 39면.

297. Peter Coates, *Nature. Western Attitudes since Ancient Times*, Cambridge, 1998, 233면, 주석 92.

298. 「두 개의 법칙 사이에서」라는 제목의 글 말미에 등장하는 표현. 막스 베버 전집 1/15, 98면. 1917년에 쓴 「가치 중립의 의미」와 「직업으로서의 학문」에도 같은 표현이 나온다.

299. Kathrin Fahlenbach, "Die Grünen-Neue Farbenlehre der Politik", Gerhard Paul(편집), *Das Jahrhundert der Bilder, 1949 bis heute*, Göttingen, 2008, 476면 이하.

300. 심지어 인디언에게는 다음과 같은 속담이 있다고도 하는데, 어째 포스트모던 구조주의의 과장된 분위기를 물씬 풍긴다. 〈우리는 우리의 지식 총합 그 이상의 존재로, 우리는 상상의 산물이다.〉

301. Marx Engels 전집, 제25권, 784면. 이 구절을 알려 준 한스 G. 누칭거Hans G. Nutzinger에게 감사한다.

302. Hans Günter Hockerts, "Abschied von der dynamischen Rente-Über den Einzug der Demografie und der Finanzindustrie in die Politik der Alterssicherung", Ulrich Becker 외(편집), *Sozialstaat Deutschland-Geschichte und Gegenwart*, Bonn, 2010, 268면. 이 글을 읽고 호커르츠와 대화를 나눈 것이 본문 논의에 중요한 자극을 주었다.

303. 위의 책, 276면.

304. 위의 책, 271면.

305. Hans Christoph Binswanger 외, *Wege aus der Wohlstandsfalle. Der NAWU-Report: Strategien gegen Arbeitslosigkeit und Umweltzerstörung*, Frankfurt, 1979, 198면 이하 (〈NAWU〉: 스위스 그룹 〈새로운 분석 경제 환경Neue Analysen Wirtschaft Umwelt⊠).

306. 이르미 자이들Irmi Seidl이 2010년 8월 4일 나에게 알려 준 사실.

307. Frank Springmann, "Energieeinsparung durch Energieabgaben eine Chance für die Zukunft", Hans G. Nutzinger, Angelika Zahrnt(편집), *Öko-Steuern. Umweltsteuern und-abgaben in der Diskussion*, Karlsruhe, 1989, 193면.

308. Werner Abelshauser, *Nach dem Wirtschaftswunder. Der Gewerkschaftler, Politiker und Unternehmer Hans Matthöfer*, Bonn, 2009, 519, 521면.

309. Torsten Montag, *Theorie und Praxis der ökologischen Steuerreform. Eine Bewertung der deutschen Wirtschaftspolitik seit 1998 am Beispiel der Ökosteuer*, München, 2003, 10면.

310. Ernst Ulrich von Weizsäcker, "Ökologische Steuerreform als europäisches Thema. Wo stehen die EG-Partner, und wie lässt sich die ökologische Steuerreform im Binnenmarkt verwirklichen?", H. G. Nutzinger, A. Zahrnt(편집), *Öko-Steuern*, 327면. 바이츠제커는 이 글에서 이렇게 확인한다. 〈유럽의 어떤 나라도 지금껏 생태 세금 개혁의 단초조차 보여 주지 못했다〉(322면).

311. *Zukunftsfähiges Deutschland in einer globalisierten Welt*, 380면.

312. Richard A. Walker, *The Country in the City. The Greening of the San Francisco Bay Area*, Seattle, 2007, 230면. 〈환경 정의는 녹색 운동과 마찬가지로 그 기원이 되는 스토리를 가졌다.〉

313. Robert Benford, "The Half-Life of the Environmental Justice Frame: Innovation, Diffusion, and Stagnation", Pellow, Brulle(편집), *Power, Justice, and the Environment*, 49면 이하. Dale Jamieson, "Justice: The Heat of Environmentalism", Sandler, Pezzullo(편집), *Environmental Justice and Environmentalism*, 88면.

314. Walker, *The Country in the City*, 241, 243면.

315. 19세기 말 독일의 도시화 과정에서 잘 알려진 이런 구역 정비는 20세기 동안 미국의 대도시에서도 일어났다. 다음 자료를 참조할 것. Charles Lord, "Environmental Justice: Process and Inequality"(볼티모어를 중점으로), 2009년 8월 코펜하겐에서 열린 환경 역사 국제 학술 대회 강연 원고.

316. Ulrich Beck, *Risikogesellschaft. Auf dem Weg in eine andere Moderne*, Frankfurt, 1986, 48면.

317. 닥시 리 레이는 〈러브캐널〉을 둘러싼 대중의 흥분을 이른바 〈정크 사이언스〉, 곧 쓰레기 과학과 선정적 보도에 굶주린 언론이 일으킨 히스테리로 취급했으며, 〈슈퍼펀드〉를 세금 낭비라고 비난했다(*Environmental Overkill*, 136~147면). 그러나 다른 자료는 원자력 위원회의 마지막 의장을 지낸 레이와 논쟁을 불사할 정도로 이 스캔들의 바탕에 놓인 리스크 철학을 진지하게 여기면서 〈러브캐널〉(미셸 말킨Michelle Malkin의 글)과 〈슈퍼펀드〉(데이비드 슐라이허David Schleicher의 글)라는 두 주제가 미국 생태 수정주의에 폭넓은 영향을 주었다고 확인했다! Wildavsky, *But Is It True?*, 126~184면.

318. Elizabeth D. Blum, "Parting the Waters. The Ecumenical Task Force at Love Canal and Beyond", Michael Egan, Jeff Crane(편집), *Natural Protest. Essays on the History of American Environmentalism*, New York, 2009, 246면 이하.

319. Wildavsky, *But Is It True?*, 153면.

320. Gottlieb, *Forcing the Spring*, 188면; Blum, *Parting the Waters*, 260면. 앨런 에이브럼슨도 비슷하게 〈EPA〉 내부 경험에 비추어 이렇게 말했다(2010년 9월 2일). 〈러브캐널은 중요하지만 모든 쓰레기 매립지를 러브캐널로 다루는 것은 분명 잘못이다. 모든 매립지를 오염 이전의 수준으로 청소할 수도 없다. 너무 많은 비용이 든다. 또 건강이나 환경 운동에 미치는 효과도 미미하다. 나는 항상 슈퍼펀드가 우선순위를 다루는 데 어려움을 겪는 탓에 너무 많은 돈을 낭비한다고 생각한다. …… 몇몇 매립지는 높은 담장을 쌓고 오수를 빼내는 펌프를 설치하는 것으로 충분하다.〉 이 문제에서 보듯, 무의미하게 부풀려지는 비용 문제는 독일 관청만의 현상이 아니다!

321. Bunyan Bryant, Elaine Hockman, "A Brief Comparison of the Civil Rights Movement and the Environmental Justice Movement", Pellow, Brulle(편집), *Power, Justice, and the Environment*, 33면.

322. *Encyclopedia of World Environmental History*, 제1권, 453면.

323. Walker, *The Country in the City*, 229~248면("Green Justice: Reclaiming the Inner City"). 샌프란시스코만에서 일어난 환경 정의 운동은 절정이자 마침표다. 샌프란시스코 〈인종, 빈곤 그리고 환경 센터Center on Race, Poverty, and the Environment〉의 창설자인 변호사 루크 콜Luke Cole은 심지어 〈열광의 순간〉에 다음과 같이 주장했다. 〈샌프란시스코 베이 에리어는 미국에서 환경 정의 운동가가 해당 지역의 인구 가운데 가장 많은 곳이다〉(위의 책, 232면).

324. Mike Davis, *City of Quartz. Excavating the Future in Los Angeles*, London, 2006, 159면.

325. Andrew Hurley, "Floods, Rats, and Toxic Waste. Allocating Environmental Hazards Since World War Ⅱ", 같은 저자(편집), *Common Fields. An Environmental History of St. Louis*, St. Louis, 1997, 260면.

326. Daniel M. Berman, John T. O'Connor, *Who Owns the Sun?*, White River Junction, 1996, 189면 이하("Manufacturing Photovoltaics: Another Toxic Time Bomb?"). 〈실리콘밸리 독물 연맹〉과 〈환경 정의 운동〉의 관계는 다음 자료를 볼 것. Walker, *The Country in the City*, 239면.

327. Cassels, *The Uncertain Promise of Law*, 259면. Bryant, Hockman, *A Brief Comparison*, 32면.

328. Robert Benford, "The Half-Life of the Environmental Justice Frame: Innovation, Diffusion, and Stagnation", Pellow, Brulle(편집), *Power, Justice, and the Environment*, 45면 이하.

329. Walker, *The Country in the City*, 244면 이하, 232면. 〈도시 서식지는 버클리에서 열린 제1차 생태 도시 회의를 조직한 리처드 레지스터가 제안한 것이다.〉 Richard Register, *Ecocity Berkeley: Building Cities for a Healthy Future*, Berkeley, 1987. 미국의 대도시가 고속 도로망으로 잘게 나뉠수록, 〈이웃〉이라는 단어는 마법의 주문이 되었다. 심지어 시카고는 오늘날 〈이웃의 도시〉를 표방할 정도다. Dominic A. Pacyga, *Chicago-A Biography*, Chicago, 2009, 4면 이하, 334면 이하. 이웃을 따로 떼어 강조하는 것은 인종 격리의 정당화 수단으로 쓰이기도 한다.

330. Rosenbladt, *Der Osten ist grün?*, 12면 이하("Krakau bröckelt").

331. 다음의 많은 사례를 볼 것. "Environmental Justice", *Encyclopedia of World Environmental History*, 제1권, 451~454면(Brett Williams, Jon Adelson).

332. J. Timmons Roberts, "Globalizing Environmental Justice", Sandler, Pezzullo(편집), *Environmental Justice and Environmentalism*, 285~307면.

333. *Encyclopedia of World Environmental History*, 제1권, 454면.

334. Alon Tal, *Pollution in a Promised Land -An Environmental History of Israel*, Berkeley, 2002, 332~336면, 이 자료만 해도 조심스러워하는 태도가 숨김없이 드러난다("The Elusive Concept of Environmental Justice"). 그러나 내가 이 단체의 여성 대변인 카미트 루바노프Carmit Lubanov에게 들은 바에 따르면 이 운동은 이후 계속 강해졌다.

7 세계화와 반세계화 사이의 환경 정책

1. Michael McCloskey, "Twenty Years of Change in the Environmental Movement: An Insider's View", Riley E. Dunlap, Angela G. Mertig(편집), *American Environmentalism. The U.S. Environmental Movement 1970~1990*, Washington, D. C., 1992, 80면.

2. 일반적으로 자연 보호 운동은 비록 기후 경고에 회의적이고 못마땅해 했지만, 기후 문제를 상대로 전면전을 벌일 생각은 하지 않았다. 가장 유명한 예외는 독일 생태학자 요제프 라이히홀프다. Josef Reichholf, *Die falschen Propheten. Unsere Lust an Katastrophen*, Berlin, 2002. 그는 2007년 『슈피겔』과의 인터뷰에서 기후 문제가 절정에 이른 것을 두고 이렇게 말했다. 〈자연 보호를 주장하는 사람으로서 나는 온실 효과에만 초점을 맞추는 것이 대단히 위험하다고 생각한다. 기후는 다른 생태 범죄를 주목하지 못하게 하는 의도로 갈수록 오용되고 있다. 그 전형적인 예는 장마의 원인을 둘러싼 혼란스러운 논란이다. 그러나 장마는 하천을 막아버린 댐 건설이 진짜 원인이다〉(*Der Spiegel*, 19/2007, 156면 이하). 라이히홀프는 심지어 〈지구 온난화〉는 생물종의 다양성을 높인다고 했다. 그러나 이것을 안정된 생태로 볼 수는 없다고 인정했다! Josef Reichholf, *Der blaue Planet. Einführung in die Ökologie*, München, 1998, 75면 이하.

3. Jens Soentgen, Armin Reller(편집), *CO2 -Lebenselixier und Klimakiller*, München, 2009.

4. 다음 자료들을 참조할 것. Alan Hastings, "Biological Chaos and Complex Dynamics", Simon A. Levin(편집), *The Princeton Guide to Ecology*, Princeton, 2009, 172면 이하. Marten Scheffer, "Alternative Stable States and Regime Shifts in Ecosystems", 위의 책, 395면 이하. Erika Zavaleta, Nicole Heller, "Responses of Communities and Ecosystems to Global Changes", 위의 책, 407면 이하. Carolyn Merchant, *The Columbia Guide to American Environmental History*, New York, 2002, 171면 이하("The Influence of Chaos Theory").

5. 글로벌 차원의 기후 운동은 있을 수 없다. 녹색당 출신의 유럽 의회 의원 레베카 하름스Rebecca Harms는 나에게 기후 운동은 생겨날 수조차 없다고 말했다(2007년 3월 8일). 최근 기후 문제가 다른 모든 환경 근심을 눌러 버린 것은 사실이다. 그러나 기후 문제를 다른 환경 문제나 개발 목표와 연계해 해당 〈NGO〉와 함께 해결하려고 노력하는 자세가 더 낫지 않을까. 이산화탄소를 감축하겠다는 목표보다 기후 변화에 더 효과를 보인 것은 에너지 전환, 지속 가능한 농업, 생물종 보호, 토양과 수자원 보호, 새로운 교통 정책이기 때문이다. 기후 문제를 계속해서 엘리트 학자와 국제 〈NGO〉에게 맡겨 둔다면, 이런 목표를 달성하는 일은 어려워진다.

6. 뮌헨 재보험 회사의 대표 니콜라우스 폰 봄하르트Nikolaus von Bomhard가 『슈피겔』과 한 인터뷰를 참조할 것. *Der Spiegel*, 27/2010, 76~78면. 인터뷰어는 뮌헨 재보험 회사를 데저텍(사하라 사막의 태양열 발전)의 가장 강력한 후원자로 소개하면서, 〈기후 변화의 파괴적 결과를 최초로 경고한 회사〉라고 말했다. 『슈피겔』은 특유의 촌철살인도 잊지 않았다. 〈비판자들은 당신이 실효도 없는 카산드라 예언으로 보험료를 올리려 하는 게 아니냐고 비

난하더군요.〉

7. Jochen Roose, *Die Europäisierung von Umweltorganisationen*, Opladen, 2003, 267면. 〈기부금에 의존하는 조직은 그 관성 탓에 회원들의 행동 레퍼토리를 바꾸기 매우 힘들어 한다.〉『차이트』의 통신원 크리스티아네 그레페Christiane Grefe는 〈기후 아침식사〉라는 표현 이 전혀 놀리려는 게 아니라고 나에게 말했다(2010.10.11). 〈아이들을 놀려서는 안 되죠. 아이들 가운데 우리의 유일한 대안이 자라나니까요.〉

8. Wolfgang Sachs, "Der blaue Planet. Zur Zweideutigkeit einer modernen Ikone", *Zum Naturbegriff der Gegenwart. Kongreßdokumentation zum Projekt "Natur im Kopf"*(1993), 제1권, Stuttgart, 1994, 75〜93면. 권력욕은 맥스 니컬슨이 쓴 *Environmental Revolution*(1970)의 부제에서 분명하게 드러난다. 「세계의 새 주인이 될 가이드」.

9. Laurens Jan Brinkhorst, "Möglichkeiten und Grenzen europäischer Umweltpolitik aus der Sicht der EG-Kommission", *Wenn's dem Nachbarn nicht gefällt - Umweltpolitik als europäische Aufgabe*, Mainau, 1992(=Mainauer Gespräche 8), 41면.

10. Peter Menke-Glückert, "Die Mühen der Ebenen Umweltziele im Behördenalltag", Henning v. Köller(편집), *Umweltpolitik mit Augenmaß*(Hartkopf 기념 논문집), Berlin, 2000, 121면 이하.

11. 울리히 피히트너Ullrich Fichtner는 〈UNEP〉의 이사인 퇴퍼를 두고 쓴 에세이 「미스터 퇴퍼, 세계의 구원자」(*Der Spiegel*, 24/2001, 78면)에서 이렇게 불평한다. 〈여전히 《UNEP》는 관료주의라는 악몽이다. 이 조직은 그저 합리적인 양 꾸미기만 한다. …… 지도 부 바로 아래서 지역과 전문 특별 사무실이 난립한다. 그저 보여 주기식 조직이라는 인상을 지울 수 없다.〉 글로벌 차원에 집중한다는 것은 오로지 겉보기일 뿐이다!

12. *Die Umweltmacher*, 29면.

13. Petra Dobner, *Wasserpolitik. Zur politischen Theorie, Praxis und Kritik globaler Governance*, Frankfurt, 2010, 121, 123면.

14. Frank Brandmaier, "Bedenkenswertes vom Welt-Toilettengipfel", *Jahrbuch Ökologie*, 2003, 244면 이하.

15. Hans Dieter Knapp, "Internationaler Naturschutz Phantom oder Notwendigkeit?", Karl-Heinz Erdmann(편집), *Internationaler Naturschutz*, Berlin, 1997, 11면.

16. Jean Ziegler, *Die neuen Herrscher der Welt und ihre globalen Widersacher*, München, 2003(프랑스어 원본, 2002), 142면.

17. Joseph Stiglitz, *Die Schatten der Globalisierung*, Bonn, 2002, 27면 이하.

18. Martin Jänicke, "Pionierländer im Umweltschutz", *Die Umweltmacher*, 464면.

19. *Encyclopedia of World Environmental History*, 제1권, 125면 이하(Vicki Medland). Timothy J. Farnham, *Saving Nature's Legacy. Origins of the Idea of Biological Diversity*, New Haven, 2007, 235면 이하. 윌슨 자신은 처음에 이 개념이 〈너무 현란하다〉고 여겼다. 파넘 은 이 개념이 만들어지기 이전에 이미 논의된 바 있다고 밝혔다. 이 개념은 본질적으로 가

치의 조합일 뿐, 생태 역사와는 무관하다는 것이 파넘의 관점이다.

20. Stephen R. Kellert, Edward O. Wilson(편집), *The Biophilia Hypothesis*, Washington, D. C. 1993.

21. 〈생물 다양성〉의 생태적 기초를 불가능하게 여기는 볼프강 하버는 그럼에도 인간적 기초를 찾는 일이 더 좋은 기회를 가진다고 인정한다. 〈근본적으로 우리 인간은 단조로움보다는 다양성을 선호하며, 항상 우리의 생활을 다채롭게 꾸미려 노력한다.〉 Wolfgang Haber, *Zur Problematik europäischer Naturschutz-Richtlinien*, 12면.

22. 볼프강 하버는 2007년 9월 비젠펠덴Wiesenfelden 성에서 〈우리는 어떤 자연 보호를 원하는가?〉라는 제목의 강연을 하면서 〈생물 다양성〉이라는 목표가 생태와 전혀 관련이 없다고 힘주어 강조했다. 오히려 〈생물 다양성〉은 자연 보호에 〈트로이 목마와 같은 위험한 선물〉이다. 〈모든 종의 존재 권리를 요구할 뿐만 아니라 상세한 (금지) 규정으로 관철하는 것은 생태학과 정면충돌하는 일이다. 그런 식으로 우리는 자연을 우리 개인 모두가 돌보고 관리해야만 하는 식물원과 동물원으로 만들어 버린다.〉

23. Edward O. Wilson, *Der Wert der Vielfalt. Die Bedrohung des Artenreichtums und das Überleben des Menschen*, München, 1995(미국판: 1992), 343면 이하.

24. Marc Auer, Karl-Heinz Erdmann, "Schutz und Nutzung der natürlichen Ressourcen. Das Übereinkommen über die biologische Vielfalt", Karl-Heinz Erdmann(편집), *Internationaler Naturschutz*, Berlin, 1997, 102, 111면.

25. Udo E. Simonis, *Globale Umweltpolitik. Ansätze und Perspektiven*, Mannheim, 1996, 49면 이하. 풍부한 자료와 함께 잘 기록된 500면의 다음 책도 참조할 것. Marie-Monique Robin, *Mit Gift und Genen-wie der Biotech-Konzern Monsanto unsere Welt verändert*, München, 2010(프랑스판: 2007).

26. 〈FFH 지침〉의 전제와 문제를 가장 날카롭게 다룬 자료로 내가 알고 있는 것은 볼프강 하버의 것이다. "Zur Problematik europäischer Naturschutz-Richtlinien", *Jahrbuch des Vereins zum Schutz der Bergwelt*, 72/2007, 95~110면. 이후 논의는 이 글을 토대로 이루어졌다.

27. Erdmann, Knapp, *Internationaler Naturschutz*, 19면.

28. Haber, "Zur Problematik europäischer Naturschutz-Richtlinien", 107면.

29. 〈유럽 자연 유산 기금〉의 대변인이 쓴 다음 팸플릿은 베스트셀러가 되었다. *Bananen für Brüssel. Europa - wie unsere Steuern vergeudet werden*, München, 1999. 그러나 이 자료는 오늘날 돌아보면 놀랍게도 〈FFH 지침〉을 그저 지나가듯 언급할 뿐이다. 그렇지만 〈생태 대 경제〉라는 전선으로 숨겨졌던 기회, 곧 납세자의 자연 보호 관심을 이끌어 낼 기회는 충분히 언급되었다! 언제나 그렇듯 유럽 연합 회계 당국은 환경 운동의 최고 우군으로 유명하다. Christian Hey, *Umweltpolitik in Europa*, München, 1994, 149면. Jochen Roose, *Die Europäisierung von Umweltorganisationen-Die Umweltbewegung auf dem langen Weg nach Brüssel*, Wiesbaden, 2003, 140면 이하, 149면.

30. Christoph Knill, *Europäische Umweltpolitik*, Opladen, 2003, 17면. 이 자료는 〈유럽 환경 정책의 역동적 발전은 유럽 차원의 법적이고 제도적인 조건에서 기대하기 어려운

것〉이었다며 〈놀랍다〉고 썼다.

31. 안나 뷥제의 통보(2005년 5월 4일).

32. Wolfgang Haber, 「우리는 어떤 자연 보호를 원하는가?」(주 22를 볼 것)(「생물 다양성-트로이 목마와 같은 위험한 선물」). 〈FFH 지침의 바탕에 깔린 보호 사상의 영향은 유럽에서 워낙 강력해서 협약이라는 이름을 붙이는 것 자체가 잘못이다.〉

33. 독일 환경부 자료를 참조할 것. "Natur ohne Grenzen — 25 Jahre EU-Vogelschutzrichtlinie", Berlin, 2004. 〈FFH〉와 조류 보호 표준 사이의 관계는 해묵은 갈등을 되살려 내기도 했다. 헨리 마코프스키는 2010년 8월 26일에 나에게 이렇게 말했다. 〈조류 보호 표준은 단계적으로 《FFH》로 발전했다. 조류 보호 표준을 반대하던 세력은 이제 새로운 먹이를 얻었다. 바로 집 앞에 습지대를 가진 엘베강 유역의 마을들 주민은 《FFH》에 반대하는 목소리를 냈다.〉

34. Martin Trost(작센안할트 환경 보호 담당관), "Erfahrungen mit dem Management des Feldhamsters Cricetus cricetus (L.) in Sachsen-Anhalt", Sandra Balzer 외(편집), *Management-und Artenschutzkonzepte bei der Umsetzung der FFH-Richtlinie*, Bonn(Bundesamt für Naturschutz), 2008, 131~146면.

35. Haber, "Zur Problematik europäischer Naturschutz-Richtlinien", 101면. 하버는 유럽 전체, 특히 헝가리의 야생 햄스터 개체 수를 함께 고려할 때 햄스터는 멸종 위기에 처한 종이 아니라고 지적한다.

36. 나 자신은 2007년 초에 베스트팔렌의 자연 보호 구역 〈위대한 토르프모르Torfmoor〉를 찾아 산책을 즐긴 경험이 있다. 이 습지대는 〈나투라 2000〉에 맞춰 그 본래의 적막함을 그대로 살려 놓은 것이다. 그러나 놀랍게도 그곳에서는 굴삭기가 자작나무를 뽑느라 바빴다. 물론 자작나무가 습지대의 아름다움과 종 다양성에 보탬이 되는 것은 아니지만, 그곳에서 활동하는 여성 운동가 다그마르 디징Dagmar Diesing이 만든 소책자 표지에서 보듯, 자작나무는 전체 풍경을 아름답게 하는 데 한몫 톡톡히 거들었다! 경험이 많은 생태 운동가는 나에게 이 이야기를 듣고 자연을 자연 보호 운동가로부터 보호해야만 하는 모범 사례라고 흥분해 마지않았다.

37. 볼프하르트 폰 뵈제라거는 2010년 3월 26일 나에게 이렇게 말했다. 《FFH 지침》은 너무 부정확한 《잘못된 구조물》이다.〉

38. 2001년 7월 26일 당시 노르트라인베스트팔렌주의 자연 보호 담당관인 토마스 나이스Thomas Neiss는 나에게 농부는 자연 보호 구역으로 지정된 지역에서 1제곱미터 면적에 4마르크를 받지만, 자갈 채취 업자로부터는 4,000마르크를 받는다고 말했다. 그래서 자연 보호는 농부를 상대로 힘겨운 싸움을 벌여야만 한다. 루츠 리베Lutz Ribbe 역시 2010년 12월 3일에 자연 보호에는 피해 보상으로 책정된 예산의 20퍼센트만 할당되는 탓에 농부 연맹은 농부들을 부추겨 〈FFH 지침〉에 반대하도록 설득하기가 쉽다고 말했다.

39. Jozef Keulartz, Gilbert Leistra(편집), *Legitimacy in European Nature Conservation Policy. Case Studies in Multilevel Governance*, Berlin, 2008(=*The International Library of Environmental, Agricultural and Food Ethics*, 제14권). 이 책은 〈FFH 지침〉의 실행과 관련해 독일에서 나타나는 문제가 다른 나라에서도 나타났음을 알게 해준다. 이 자료를 알려 준 볼

프강 하버에게 감사한다.

40. 외화 부족으로 양모를 호주에서 수입할 수 없었던 동독의 튀링겐에는 양을 키우는 목축업이 통일 때까지 그대로 이뤄져 전원적인 초지가 보존되었다. 2000년 여름 어떤 자연 보호 운동가는 나에게 농부들과 이야기하면서 〈동물계, 식물계, 서식지〉라는 식으로 말했다가는 당장 〈닥쳐!〉라는 답이 돌아온다고 하소연했다. 그래서 《FFH 지침》은 식물이고 가축이며 고향〉이라고 이야기해 줘야 비로소 농부는 마음을 연다고도 했다. 언어 사용의 이런 예는 다음 자료를 볼 것. Axel Didion, "Erfahrungen im grenzüberschreitenden Management von Natura-2000-Gebieten im Rahmen von LIFE-Projekten", Balzer(편집), *Management-und Artenschutzkonzepte*, 86면. 〈당잔대라는 풀이 잘 알려져 있지 않고 국제 프로젝트의 대상이 될 정도로 호감을 사는 것도 아니라, 국민을 상대로 하는 홍보 작업은 앞으로 《약초 초지의 재생과 보존》이라는 표현을 써야 한다.〉〈FFH 지침〉에 대단히 우호적인 다음 자료도 참조할 것. Ingrid Azzolini, *Naturschutz, Landwirtschaft und europäischer Habitatschutz auch am Beispiel der Umsetzung der FFH-Richtlinie in den Kreisen Gütersloh und Lippe*, Bielefeld, 2006. 이 자료에는 해당 농부와 인터뷰한 것도 수록돼 있다. 이에 따르면 농부는 원칙적으로 자연과 환경 보호에 전폭적으로 공감하고, 최소한 말로는 표현하지만, 〈FFH 지침〉에는 혼란스러워한다고 한다.

41. 볼프강 하버는 환경 친화적 농업으로의 전환이 〈FFH 지침〉이 얻은 기회임을 알아보았다("Zur Problematik europäischer Naturschutz-Richtlinien", 101면 이하, 106면 이하).

42. 독일의 조경 건축가이자 환경 운동가인 외르크 하프케Jörg Haafke는 이렇게 지적했다. 〈여기는 보호 구역, 저기는 더러워도 좋은 구역 하는 식의 자연 보호 구역 탓에 지속적인 토지 이용이라는 비전은 사라지고 말았다〉. Karl Ditt 외(편집), *Agrarmodernisierung und ökologische Folgen. Westfalen vom 18. bis zum 20. Jh.*, Paderborn, 2001, 600면.

43. 이 문제를 단호하면서도 적확하게 고발한 자료는 유럽 연합 자문관을 역임한 헤르만 프리베의 책이다. Hermann Priebe, *Die subventionierte Naturzerstörung. Plädoyer für eine neue Agrarkultur*, München, 1990.

44. Volker Angres 외, *Bananen für Brüssel*, München, 1999, 203면.

45. Christoph Knill, *Europäische Umweltpolitik. Steuerungsprobleme und Regulierungsmuster im Mehrebenensystem*, Opladen, 2003, 215면. 〈환경 정책은 유럽 차원 정책의 비효율적 실행이라는 점에서 부동의 선두주자다.〉

46. Ulrich Häpke, Jörg Haafke, "Vom 'Todfeind der Kreatur' zum Spielball naturschützerischer Forderungen. Zum Verhältnis von Naturschutz und Landwirtschaft und zu einigen Besonderheiten im Ruhrgebiet", Karl Ditt 외(편집), *Agrarmodernisierung und ökologische Folgen. Westfalen vom 18. bis zum 20. Jh.*, Paderborn, 2001, 598면 이하(「새로운 토지 취득」).

47. Haber, "Zur Problematik europäischer Naturschutz-Richtlinien", 100면. 〈자연 보호 운동가들이 《FFH 지침》을 승리라며 자축하는 것은 현실을 모르는 행태다.〉 이런 판단도 시기와 맞물렸다. 자연 보호 운동은 이 문제에서 학습 과정을 겪었다.

48. 유럽 의회 녹색당 여성 의원 레베카 하름스는 1970년대 말 고르레벤의 핵폐기물 재처리 시설에 반대하는 운동이 한참일 때 정치에 입문했다. 그녀는 나와의 대화(2007년 3월 8일)에서 〈FFH 지침〉을 지렛대로 삼으려는 자연 보호 운동가들에 매우 실망했다고 말했다. 그때까지 환경 운동과 연대했던 농부들을 환경 운동의 적으로 돌린 것은 결정적 실수라는 지적이다. 적정한 보호 형태는 생물 보전 구역과 농업과 자연 보호를 조화롭게 만드는 것이어야 한다. 어쨌거나 고르레벤에 반대하는 현재의 대중 시위(2010년 11월)가 보여 주듯, 농부와 환경 운동 사이의 간극은 얼마든지 극복될 수 있다!

49. Häpke, Haafke, *Vom "Todfeind der Kreatur"*, 599면. 이 글에서 외르크 하프케는 이렇게 확인한다. 〈구체적 토론은 언론에 보도된 제안(《FFH 구역》과 관련한 제안 — 필자)은 《FFH 지침》의 바탕에 깔린 방향성과 맞지 않을 뿐만 아니라, 선발 기준 역시 충분히 고려되지 않은 것임을 밝혀 준다.〉 그러나 유념해야 할 점은 특정 지역을 보호 구역으로 지정하는 일은 명확한 보편 기준에 따르기보다 일반적으로 기회에 좌우되며 일부 감정도 영향을 미친다는 사실이다. 자연 보호 문헌이 이 과정에 침묵하는 것은 놀라운 일이 아니다! 아래 자료의 필자는 〈보호 기준을 국제적으로 맞추는 일은 무의미하다〉고 지적한다. Heinz Lienenbecker, *Naturschutzgebiete-Naturdenkmäler in Steinhagen*, Amshausen, 2009, 8면.

50. 〈IPCC〉의 창립 회장인 스웨덴의 기후 연구가 베르트 볼린Bert Bolin은 이렇게 확인해 준다. 〈미국이 글로벌 기후 모델의 개발을 선도한다는 것은 의심의 여지가 없는 사실이다〉. Bert Bolin, *A History of the Science and Politics of Climate Change. The Role of the Intergovernmental Panel on Climate Change*, Cambridge, 2007, 33면. 본문의 이후 논의는 볼린이 암으로 사망하기 전에 출간한 이 책을 주로 참고했다. 기후 변화를 다룬 수많은 책 가운데 이것은 1980년대 이후 국제 기후 정책이 가진 배경을 그 내부 정보로 가장 잘 밝힌 것이다. 차분하게 논리를 풀어 가면서도 대중적 기후 서적이 대개 그러하듯 〈기후 사기〉에 대해 호통치는 기백 역시 마음에 든다. 물론 한스요헨 루만Hans-Jochen Luhmann(부퍼탈 연구소)은 이 책에 분노하며 과학을 불신하는 일관된 태도로 기후 정책을 주장한다고 비난한다. 〈아무래도 이 책은 《대학생은 읽지 말 것》이라고 주를 달아 놓아야 할 것 같다. 이 책을 읽으면 과학에 대한 믿음이 줄어들 수 있다.〉 *IPG*, 4/2008, 164면. 하지만 〈과학〉이 믿음의 대상인가? 폴커 하우프는 나에게 과장된 기후 종말론이야말로 기후 정책의 유망한 단초들을 무너뜨린다고 힘주어 강조했다.

51. David G. Victor, *The Collapse of the Kyoto Protocol and the Struggle to Slow Global Warming*, Princeton, 2001, 5면. 유럽 연합은 〈온실가스 배출량을 줄이려는 어떤 진지한 시도도 피하려는 미국의 계략이 배출권 거래라고 강력히 비난한 이후에〉 배출권 거래라는 모델을 받아들였다.

52. Victor, *The Collapse*, IX, XI면.

53. Victor, *The Collapse*, 140면. 미국의 외교 협회가 발간한 이 연구 자료는 철저함과 분석적 날카로움이 돋보인다. 교토 회의로 도입된 기후 정책을 비판적으로 조명한다는 점에서 많은 참고가 되었다. 특히 미국의 관점은 유럽의 문헌이 담은 관점을 보완해 주는 데 도움을 준다.

54. Victor, *Collapse*, 127면. 묘하게도 빅터는 유럽 연합의 활동이 지구 온난화로 유럽

이 특히 큰 피해를 입을 수 있어 활발히 일어났다고 추정했다. 그러나 미국의 중서부는 강우량이 풍부한 서유럽과 중부 유럽보다 가뭄의 위험에 더 크게 노출된다!

55. Tobias Krüger, *Die Entdeckung der Eiszeiten. Internationale Rezeption und Konsequenzen für das Verständnis der Klimageschichte*, Basel, 2008, 501~515. *H-Soz-Kult*에 기고한, 이 책에 나의 관한 리뷰도 참조할 것.

56. Lynn White jr., "The Historical Roots of Our Ecological Crisis", David und Eileen Spring(편집), *Ecology and Religion in History*, New York, 1974, 18면.

57. Rüdiger Glaser, *Klimageschichte Mitteleuropas. 1000 Jahre Wetter, Klima, Katastrophen*, Darmstadt, 2001, 208면. 〈역사를 살펴보면 분명하게 드러나는 점은 유럽에서 기후 재해는 항상 나타났다는 사실이다.〉

58. Radkau, *Natur und Macht*, 49면; David Landes, *Wohlstand und Armut der Nationen*, Berlin 1999, 19면. 특히 유명하면서도 악명 높은 사례는 미국의 지리학자 엘스워스 헌팅턴Ellsworth Huntington이 세계사를 건조화 과정으로 설명한 기후 이론이다. 그러나 이 이론의 황당함 탓에 미국의 지리학은 오명을 뒤집어썼으며, 몇몇 유명 대학교에서 학과가 폐지되기까지 했다.

59. Wolfgang Behringer, *Kulturgeschichte des Klimas. Von der Eiszeit bis zur globalen Erwärmung*, München, 2007, 247면. 〈1960년대에 기후 연구가들은 빙하기가 임박했다는 생각에 사로잡혔다.〉 당시에는 전 세계적으로 빙하가 늘어나는 것이 관측되었다. 이런 사정은 오늘날 빙하의 감소가 기후 경고의 대중적 아이콘이 된 것과 마찬가지다. 나는 1996년 11월 29일 독일 기후 연구의 대가이며 〈지구 온난화〉를 최초로 경고한 학자인 헤르만 플론Hermann Flohn과 대화를 나누었는데, 그때 밖에는 폭설이 쏟아졌다. 나는 창밖을 보며 우리가 새로운 빙하기를 피할 수 있겠느냐고 그에게 묻자 빙하기 경고를 완전히 무시할 수는 없다고 그는 답했다. 기후 변화에서 〈피드백 효과〉는 온실 효과의 직접적 영향만큼이나 중요하다고 그는 말했다. 정치는 어차피 할 수 있는 것이 거의 없다고도 했다. 생각에만 매달리는 사람에게 적당한 태도는 숙명론이라고도 그는 말했다. 이듬해 그는 사망했다.

60. *Global 2000*(독일어판), Frankfurt, 1980, 212~227면.

61. 오늘날 원인 제공자와 피해자 사이에 빚어지는 모순을 고발하는 〈기후 정의〉를 다룬 문헌의 관점에서 볼 때 특히 놀라운 점은 〈강한 지구 온난화〉 시나리오가 인도를 수혜자로, 반대로 미국의 대부분 지역은 피해자로 강조한다는 사실이다. 〈인도와 아시아의 다른 지역에서 온난화 경향은 1930년에서 1960년 사이의 기후에 비해 더 좋은 조건을 보여 줄 것이다.〉 반대로 애팔래치아산맥에서 로키산맥까지 미국의 중서부는 다시금 〈건조 지대〉의 위협을 받는다.

62. 〈CIA〉의 내부 조직 〈임팩트 팀Impact team〉의 활동을 묘사하며 강력한 냉각을 예언해 미국에서 격론을 불러일으킨 책 『기후 음모*The Weather Conspiracy*』는 『기후 충격: 다음 빙하기는 틀림없이 온다*Der Klimaschock - Die nächste Eiszeit kommt bestimmt*』는 제목으로 독일에서 번역 출간되었다(뮌헨, 1978).

63. Christopher Booker, *The Real Global Warming Desaster*, London, 2009, 82면 ("Enter Dr Mann and the 'Hockey Stick'"). 〈기후 회의론자〉를 무능하며 믿기 어려운 동

기를 가졌다고 싸잡아 비난하는 제임스 호건James Hoggan(*Climate Cover-Up: The Crusade to Deny Global Warming*, Vancouver, 2009, 109면 이하)은 스티븐 맥킨타이어Stephen McIntyre 의 〈하키스틱〉 비판을 진지한 접근이라고 높게 평가한다.

64. Michael McCloskey, *Twenty Years of Change in the Environmental Movement*, 80면. 1992년에 출간된 이 책은 1980년대를 돌아보며 이런 반어적 표현을 썼다. 〈핵겨울 이슈는 1980년대 초에 커다란 팡파르를 울리며 찾아왔다.〉

65. Behringer, *Kulturgeschichte des Klimas*, 20면 이하.

66. 1997년 예나에 설립된 막스플랑크 생화학 연구소는 최근 지구 전체의 물 순환을 연구하면서 가설적 모델을 포기하고, 측정값 자체로 모델을 만드는 방법을 쓰기로 결정했다. 그래야 직선적으로 나타나지 않는 역동성을 확인할 수 있다는 것이 연구원 에버하르트 프리츠Eberhard Fritz의 설명이다. 「물 순환을 추적하며: 대기권의 온난화에도 지구 표면의 증발은 줄어든다」, *Neue Westfälische*, 2010년 11월 9일 자. 지금까지의 연구 결과는, 기사의 행간을 읽어 볼 때, 결코 안심할 수 없으며, 낙관주의를 무너뜨린다.

67. Bolin, *A History of the Science and Politics of Climate Change*, 77면.

68. 위의 책, 59, 88면 이하.

69. 위의 책, 54면 이하. 49면에서는 〈NASA〉 연구가 제임스 핸슨James Hansen의 성급한 지구 온난화 경고를 두고도 비슷한 촌평을 함.

70. 위의 책, 49면 이하. 상세한 논거는 제시하지 않으면서도 더 날카롭게 이 문제를 적시하는 것은 다음의 자료다. Booker, *The Real Global Warming Desaster*, 2면. 〈일반적 추정과 반대로 《IPCC》는 과학자 모임이 아닌, 정치 단체다. 참가자 대다수는 기후 전문가가 아니며, 심지어 과학적 태도조차 갖추지 않았다.〉 다음 자료도 참조할 것. Silke Beck, *Das Klimaexperiment und der IPCC. Schnittstellen zwischen Wissenschaft und Politik in den internationalen Beziehungen*, Marburg, 2009, 187면. 질케 벡은 〈IPCC〉가 과학과 정치의 〈혼합체〉여서 과학과 정치를 서로 가려볼 수 없게 뒤섞지 않는 한에서만 실효적 기회를 잡을 수 있다고 보았다.

71. Bolin, *A History of the Science and Politics of Climate Change*, 49면. 크리스토퍼 부커Christoper Booker의 안티-볼린 책(*The Real Global Warming Disaster*, 313면) 역시 1988년의 뜨거운 여름이 환경 운동에 새로운 우선순위를 만든 것은, 체르노빌의 원자력 문제가 해결되어 환경 운동이 새로운 적을 필요로 했기 때문이라고 설명한다. 이 설명은 맞는 측면이 없는 것은 아니지만, 전체적으로는 말이 되지 않는다. 미국 환경 운동이 원자력이라는 주제를 오랫동안 등한시했고 체르노빌을 독일처럼 심각하게 여기지 않은 것은 사실이나, 원자력 문제가 해결된 것은 결코 아니다. 오히려 원자력 로비는 이산화탄소 문제로 숨통이 트였다!

72. Bolin, 56면 이하.

73. Werner Abelshauser, *Nach dem Wirtschaftswunder. Der Gewerkschafter, Politiker und Unternehmer Hans Matthöfer*, Bonn, 2009, 349면 이하.

74. Booker, *The Real Global Warming Disaster*, 32면.

75. Peter Weingart, "Vom Umweltschutz zur Nachhaltigkeit. Förderung der

Umweltforschung im Spannungsfeld zwischen Wissenschaftsentwicklung und Politik", P. Weingart, Niels C. Taubert, *Das Wissensministerium. Ein halbes Jahrhundert Forschungs-und Bildungspolitik in Deutschland*, Weilerswist, 2006, 227면.

76. Gerald Fricke, *Von Rio nach Kyoto*, Berlin, 2001, 137면.

77. Patrick J. Michaels, Robert C. Balling jr., *Climate of Extremes. Global Warming Science They Don't Want You to Know*, Washington, D. C., 2009. 한때 〈IPCC〉와 협력했던 두 명의 미국 기후 연구가가 쓴 이 책은 린드젠을 언급하지 않으며, 그의 수증기 이론도 그 저 지나가듯 다룰 뿐이다. 책의 내용은 제목보다는 한결 정제된 분위기를 띤다. 그렇지만 볼린도 수증기 이론은 주목했다(182면). 〈계속되는 지구 기후 변화에서 구름의 역할은 지 금껏 잘 이해되지 않았기 때문에 더욱 주목해 볼 필요가 있다.〉 그러나 굳이 기상학자가 아 니라 하더라도 날씨와 구름 사이의 관계는 익히 아는 것이 아닌가!

78. 위의 책, 73면.

79. Fred Singer, *Hot Talk – Cold Science. Global Warming's Unfinished Debate*, Oakland, 1997, IX, 85면.

80. 볼린이 스턴 리포트에 거리를 두는 것은 묘하기만 한 대목이다(볼린의 책, 242면). 〈그러나 그가 그린 그림은 너무 과장되었으며, 《IPCC》의 평가를 항상 지원하는 것은 아 니다.〉

81. Peter Weingart, Anita Engels, Petra Pansegrau, *Von der Hypothese zur Katastrophe. Der anthropogene Klimawandel im Diskurs zwischen Wissenschaft, Politik und Massenmedien*(제 2판), Opladen, 2008, 65~84면. 다음 자료도 비슷한 확인을 해준다. Hey, *Umweltpolitik in Europa*, 10, 24, 27면.

82. Victor, *Collapse*, 115면. 〈교토에서 탄소 배출의 엄격한 제한을 목표로 채택하게 만 든 주된 요인은 유럽의 압력이다. 그러나 유럽 연합은 이 목표(탄소 배출의 15퍼센트 절감) 를 어떻게 이룰지에는 아무런 방안이 없다.〉 유럽을 바라보는 미국인 특유의 호감과 냉소 가 뒤섞인 문장이다. 어쨌거나 유럽은 배출권 거래라는 미국의 구상을 실용적인 것으로 받 아들였다. 그러나 미국은 결국 교토 의정서를 준수하지 않았다! 교토 의정서 12조의 첫 문 장은 도대체 무슨 소리인지 의아할 뿐이다. 〈이로써 환경 친화적 개발의 메커니즘이 확정 되었다.〉 그러나 〈메커니즘〉은 순전히 〈~을 할 수 있다〉는 규정일 뿐이다.

83. Michael Kraack 외, *Umweltintegration in der Europäischen Union*, Baden-Baden, 2001, 231면. 〈일련의 《통합 역설》은 회원국 대다수가 유럽 연합의 환경 정책에 과도한 요 구를 한다는 진단에서 정점을 찍는다. 이런 시도는 의도적으로 환경 정책을 마비시키려는 과도한 요구일 뿐이다.〉

84. Victor, *Collapse*, 57면 이하. 이산화탄소의 모니터링은 순전히 기술적으로는 비교적 간단하다. 물론 정부가 협력적이어야 한다는 조건 아래서! 반대로 메탄의 경우는 상당히 어 렵다. 바로 이런 이유로 기후 보호 문헌은 오랫동안 이 문제를 언급하지 않았다! 67면에 의 미심장한 암시는 이렇다. 〈정확한 정보를 얻어 내기 어렵기 때문에 배출권 거래는 발달한 산업 국가, 민주화가 이뤄진 《자유》 국가에 한정되어야만 한다.〉 그러나 배출권을 제공하는 국가는 대개 〈법적 제도가 가장 취약한 곳〉이다(69면). 이것이 바로 문제다! 빅터의 주된

비판(17면)도 이 점을 거론한다. 〈교토의 설계자들은 모니터링이라는 중요한 역할에 거의 신경 쓰지 않았다.〉 미국 내부의 경험을 국제 차원에 그대로 적용할 수는 없다. 특히 이산화황의 경험은 이산화탄소에 적용되지 않는다.

85. Bolin, *A History of the Science and Politics of Global Change*, 135면. 허리케인과 카트리나(2005년 8월 뉴올리언스를 휩쓴 허리케인) 논증을 자세히 비판한 자료는 다음과 같다. Michaels, Balling, *Climate of Extremes*, 67~98면.

86. Silke Beck, *Das Klimaexperiment und der IPCC*, 198면. 그러나 평소 〈IPCC〉에 우호적인 저자는 이런 비판적 총평을 내린다. 〈무엇보다도 문제는 정치적 행동을 촉구하기 위해서는 과학적 확실성이 반드시 필요하다는 테크노크라트의 기대다.〉

87. 아마도 이런 사실은 환경 운동의 젊은 세대가 나이 든 동료보다 더 잘 이해하리라. 프랑크 위쾨터는 2005년 8월 〈환경 운동의 역사와 미래〉라는 세미나를 나와 함께 개최하고 그 결산보고서에 이렇게 썼다. 〈기후 발달의 많은 불확실한 요소를 충분히 상세하게 다루고 사안의 복잡성을 강조했지만, 학생들은 낙담하기보다 오히려 더 열띤 분위기를 보여 주었다. 문제를 진지하게 받아들이지 않아 그런 것이 아니라는 점은 다음 날 분명해졌다. 환경 문제의 우선순위를 묻는 질문에 기후 변화는 큰 차이로 1위를 차지했다. …… 기후 연구의 결과를 의심하는 것은 오늘날 대학생 세대에게 권위를 부정하는 신성모독이 결코 아니다. 학생들은 석유 로비나 조지 부시 앞에 무릎 꿇는 것으로 여기지 않고도 기후 시나리오를 얼마든지 비판했다.〉

88. Bolin, 212면.

89. 이런 모험적 발상을 대표하는 가장 유명한 인물은 노벨상 수상자인 대기화학자 폴 크루첸이다. Paul Crutzen, "Erdabkühlung durch Sulfatinjektion in die Stratosphäre", Günter Altner 외(편집), *Die Klima-Manipulateure. Rettet uns Politik oder Geo-Engineering?*, Stuttgart, 2010(=Jahrbuch Ökologie, 2011), 33~36면. Samiha Shafy, "Giftkur fürs Weltklima", *Der Spiegel*, 28/2006, 116면.

90. 유럽인이 받은 충격은 다음 글이 다룬다. Konrad Ott, "Kartierung der Argumente zum Geoengineering", Altner, *Die Klima-Manipulateure*, 20면. 〈부작용〉 모순을 다룬 글은 다음의 것이다. Steve Rayner, "Geoengineering Governance Regulierung der Klimamanipulation", 57면. 2010년 11월 27일 나를 인터뷰하고 앞서 크루첸과도 인터뷰한 기자 두 명은 크루첸이 기후 공학을 진지하게 생각하는 것은 아니며, 이 〈플랜 B〉는 미국인들에게 충격을 주어 〈플랜 A〉, 곧 이산화탄소 절감을 받아들이게 하는 전략이라고 확신했다!

91. UNEP(편집), *Global Environment Outlook 2000*, London(Earthscan), 1999, 240면.

92. Udo E. Simonis, *Globale Umweltpolitik*, 11면, 22면 이하, 25면.

93. Petra Dobner, *Wasserpolitik*, Berlin, 2010.

94. Simonis, *Globale Umweltpolitik*, 62면 이하. 자료는 아프리카 농토의 65퍼센트와 중앙아프리카 농토의 74퍼센트가 황폐해졌다는 충격적인 사실을 확인해 준다!

95. 환경 보호 운동에 열성을 보이는 많은 스위스 사람은 심지어 스위스가 유럽 연

합과 거리를 두는 것이 유리하다고 여긴다. 국민 의회 의장의 다음 글을 볼 것. Hans Rudolf Nebiker, "Umweltpolitik in einem souveränen Kleinstaat - Möglichkeiten und Grenzen", *Mainauer Gespräche*, 8/1991, 43~50면. 물론 마인아우어 대담에서 스위스는 자력만으로 자국을 통과하는 화물 수송을 감당할 수 없음을 분명히 했다. 하이델베르크의 여시장 베아테 베버는 이 〈충격적 경험〉을 다룬 글을 기고했다(30면).

96. 스칸디나비아 국가들의 환경 정책을 전문으로 연구하는 하인리히 펠레Heinrich Pehle 는 튀빙겐에서 열린 환경 역사 국제 대회(2006년 7월)에서 이렇게 말했다. 〈규모가 작은 국가들이 환경 정책을 만들어 냈다.〉 물론 이런 논제는 미국을 제외하고 성립한다.

97. Horst G. Mensching, *Desertifikation. Ein weltweites Problem der ökologischen Verwüstung in den Trockengebieten der Erde*, Darmstadt, 1990, 52면 이하.

98. Anita Engels, *Die geteilte Umwelt. Ungleichheit, Konflikt und ökologische Selbstgefährdung in der Weltgesellschaft*, Weilerswist, 2003. 국제회의 관광과 관련한 이런 딜레마를 이 자료는 세네갈의 사막화를 다룬 사례 연구로 지적한다. 아니타 엥겔스는 신중하게 표현하기는 했지만 이런 결론을 내린다(213면). 〈불평등한 조건으로 약소국들이 지나치게 외부로만 주의를 돌려 글로벌 환경 토론이 중시되는 바람에 지역의 필요와 특성에 맞춘 환경 대책은 갈수록 외면당하고 만다.〉

99. 이런 딜레마에 주목한 사람은 다른 누구도 아닌 위르겐 하버마스다. 글로벌 정치의 선구적 사상가로 인정받고 싶어 하는 하버마스는 자신의 대표작 결론 부분에서 이런 긴장 관계를 언급했다. *Theorie des kommunikativen Handelns*, 제2권, Frankfurt, 1995(초판, 1981), 579면 이하.

100. Victor, *The Collapse of the Kyoto Protocol*, 134면.

101. 오늘날 매우 밀접한 연계망을 자랑하는 유럽 연합 내부에서도 환경 단체는 지역적 특성을 강하게 드러낸다. Christopher Rootes(편집), *Environmental Protest in Western Europe*, Oxford, 2007. XV면. 결론 부분에는 이런 표현이 나온다. 〈영국과 프랑스 환경 운동가들 사이에 교류가 있음을 보여 주는 명확한 증거는 없다. 사안을 다루는 방식의 차이는 지역과 국가의 정치 상황에 깊은 뿌리를 내린 태도에 고스란히 반영된다.〉

102. Jochen Roose, *Die Europäisierung von Umweltorganisationen - Die Umweltbewegung auf dem langen Weg nach Brüssel*, Wiesbaden, 2003, 213면.

103. Christoph Knill, *Europäische Umweltpolitik*, Opladen, 2003, 214면; Kraack 외, *Umweltintegration in der Europäischen Union*, 223면.

104. Christiane Grefe, Matthias Greffrath, Harald Schumann, *Attac - Was wollen die Globalisierungskritiker?*, Berlin, 2002, 203면. 또 117면에는 이런 표현이 나온다. 《ATTAC》는 매우 프랑스적인 단체로, 집요한 지역주의, 보편적 사명감이라는 이상과 길거리 정신의 독특한 아말감이다.〉

105. 다니엘 콩방디는 〈녹색당은 글로벌화라는 주제를 아예 의제로 설정하지 않으려한다〉고 확인했다. Grefe 외, *Attac*, 206면. 그럼에도 〈ATTAC〉과 환경 단체 사이의 인맥은 갈수록 커졌다.

106. 다니엘 콩방디는 이렇게 말한다. 〈혹자는 세계화 비판을 사회주의로의 새로운 접

근이라고 주장하고, 다른 쪽은 그런 말은 아예 듣지 않으려 한다. 예를 들어 누가 또는 어떤 구조가《WTO》의 개혁을 추진해야 할지 하는 구체적인 물음에 직면하면 이들은 분열하고 만다.〉Grefe 외, *Attac*, 204면. 〈ATTAC〉을 사상적으로 이끈 베르나르 카셍Bernard Cassen 도 경고하고 나섰다. 유럽의 제도적 미래를 둘러싼 논란은 〈창설자 그룹을 분열시킨다〉(위의 책, 118면).

107. Jörg Bergstedt, *Mythos Attac*, Frankfurt, 2004, 90면 이하(「역사의 옷 장자: 되살아난 마셜 플랜」). 심술궂기는 하지만 적확한 지적이다.

108. Thomas R. Wellock, *Critical Masses. Opposition to Nuclear Power in California, 1958~1978*, Madison, Wisconsin, 1998, 90면 이하(저자는 브라워의 광고를 〈어리석다〉고 지적했다!).

109. 1960년대에 슈바르츠발트의 휴양지 멘첸슈반트Menzenschwand에서 우라늄 탄광에 반대하며 일어났던 저항이 떠오르는 대목이다. Radkau, *Aufstieg und Krise der deutschen Atomwirtschaft*, 442면 이하.

110. Sally A. Kitt Chapel, *Chicago's Urban Nature*, Chicago, 2007, 193, 59면; Dominic A. Pacyga, *Chicago - A Biography*, Chicago, 2009, 398면 이하.

111. 레베카 하름스는 나와의 대화(2007년 3월 8일)에서, 앨 고어는 담배 업계의 강력한 로비를 깨고 불가능했던 일이 마침내 현실이 되기까지 20년이 걸렸다고 즐겨 회상하곤 했다고 알려 주었다. 공공장소에서 흡연이 마침내 반사회적 행동으로 여겨지게 된 것이다. 환경 정책도 낙관해야 할 이유다. 물론 환경 운동이 이끌 라이프스타일 변화는 지금껏 역사학이 전혀 모르는 것이지만, 아무래도 인류의 가장 검소한 생활이 되지 않을까 싶다.

맺음말 | 더 나은 삶을 위한 환경 운동

1. 폴커 하우프는 2010년 9월 28일 나에게 지난 40년의 에너지 정책에서 한 가지 배운 점이 있다면, 그것은 곧 가장 먼 미래의 에너지 기술이 가장 환경 친화적으로 보인다는 것이라고 말했다.

2. Rolf Wiggershaus, *Die Frankfurter Schule*, München, 1986, 388면 이하. 이 책의 저자는 호르크하이머의 강연 원고였던 「자연의 반격Die Revolte der Natur」이 〈계몽의 변증법〉이 가진 축이라고 강조한다.

3. Hartmut Lehmann, "The Interplay of Disenchantment and Re-enchantment in Modern European History; or, the Origin and the Meaning of Max Weber's Phrase 'Die Entzauberung der Welt'", 같은 저자, *Die Entzauberung der Welt - Studien zu Themen von Max Weber*, Göttingen, 2009, 9~20면.

4. 이런 관점에서 오늘날 두드러진 예외는 이슬람 세계에서 가장 서구화가 이뤄진 터키다. 이슬람과 환경 보호의 결합을 가장 인상 깊게 보여 주는 책은 2009년 이스탄불 세계 물 회의를 계기로 출간된 다음의 것이다. Turgay Türker(편집), *A Tale of Water*, Istanbul, 2000. 이 책은 발전을 대형 댐 건설과 동일시하는 이슬람 세계의 관점은 물론이고, 최근 건조하고, 염류 집적으로 위협받는 지역에서 벌어지는 대형 관개 사업에 그곳의 환경 단체가 보이는 의구심도 잘 다루었다. 이슬람 세계의 환경 의식이 특히 물 문제에 관심을 가진

다는 점은 이 종교가 사막 지역에서 생겨난 것이라는 관점에서 당연한 일이다. 바로 그래서 고인 물, 이를테면 저수지나 댐의 물을 싫어하며, 깨끗하고, 무엇보다도 흐르는 물을 이슬람 사람들은 중시하며, 이런 물을 공급해 주는 것을 전통적으로 종교 재단들의 과제라 여긴다. 19세기에 갈수록 커져가는 콘스탄티노플에 물을 공급하는 데 실패하면서 종교 단체들이 반교권주의로부터 〈암적 존재〉라는 비난을 들었던 일은 이슬람 세계의 물 문제가 갖는 특성을 고스란히 보여 준다. 이 문제를 더욱 자세히 다룬 자료는 다음과 같다. Noyan Dinckal, *Istanbul und das Wasser*, München, 2004, 71면 이하.

5. Peter Knoepfel, Helmut Weidner, *Luftreinhaltungspolitik im internationalen Vergleich*, 제1권, Berlin, 1985, 215면 이하. 〈대기 순화와 관련한 규제의 산은 단연 독일이 으뜸이다.〉 그러나 양이 곧 질은 아니라서 오히려 〈주변 분야는 행정 관리 비용 상승을 피하려는 경향이 나타난다〉. 스위스 프랑스어권 환경 역사학자 프랑수아 발터François Walter는 스위스의 환경 정책이야말로 〈본격적인 과잉 규제〉라고 지적한다. 중앙 집권적 행정에 익숙한 프랑스 사람들은 독일 사람들이 프랑스 환경 운동을 두고 〈관성적인 생태 운동〉이라고 비난하는 데 맞서 〈우리는 서류를 산처럼 만들어 내지 않고도 효율적으로 공기와 물을 관리한다〉고 대꾸한다. François Walter, "Umweltbewusstsein und das Verhältnis zur Natur: Entwicklungen in der Schweiz und in Frankreich seit dem 19. Jh.", Michael Kloepfer(편집), *Schübe des Umweltbewußtseins und der Umweltrechtsentwicklung*, Bonn, 1995, 32면 이하.

6. 어떤 원자로 기술자는 이미 오래전에 나에게 원자로 안전 규정만 1만 가지가 넘는다고 불평했다. 과장이 아니다. 이런 규정들을 일일이 알기도 어려운 판에 실제 실행이 이뤄질 수 없는 것은 자명한 일이다.

7. Rudolf Steinberg, "Symbolische Umweltpolitik unter besonderer Berücksichtigung der Beschleunigungsgesetzgebung", Bernd Hansjürgens, Gertrude Lübbe-Wolff(편집), *Symbolische Umweltpolitik*, Frankfurt, 2000, 78면.

8. Henry Makowski, *Nationalparke in Deutschland: Schatzkammern der Natur - Kampfplätze des Naturschutzes*, Neumünster, 1997, 35면.

9. 시카고의 가장 유명한 호텔 〈팔머 하우스 힐튼Palmer House Hilton〉은 호텔 객실에서 흡연을 하면 과태료 200달러를 부과하면서 이를 〈환경 부담금environmental charge〉이라고 불렀다!

10. 캐나다에서 만들어진 목재 펠릿을 연료로 쓰는 화력 발전에 국가가 보조금을 지급하는 것을 두고 기후 정책은 난색을 표했다. 목재 연맹이 발간하는 신문의 편집장 요제프 크라우스하우젠은 나에게 〈미친 에너지 정책〉이라는 표현을 썼다(2010년 5월 12일). 루츠 리베는 〈바이오 연료〉라는 구호 아래, 농업의 막강한 로비로 계속 늘어 가는 옥수수 농사를 두고도 기후 보호는 반대 논리를 편다고 나에게 말했다(2010년 12월 3일). 태양열 발전은 훨씬 더 작은 규모의 면적으로도 같은 양의 에너지를 생산한다는 것이 그 구실이다.

11. 2010년 11월 29일 볼프강 하버는 나에게 최근 나고야에서 열린 생물 다양성 회의는 지구 전체 면적의 17퍼센트를 자연 보호 구역으로 지정하기로 의결했다고 알려 주었다(루츠 리베는 17퍼센트가 이미 유럽의 표준으로 자리 잡았다고 확인해 준다). 보호 구역의

이런 확장은 〈그 파장을 전혀 고려하지 않았다〉. 〈그 결과 갈수록 늘어나는 인구를 먹여 살릴 농업은 소홀히 취급되고 말았다. 그럼에도 (서구의) 환경 운동은 비료와 살충제와 유전 공학이 없는 토지 이용만 원한다! 이래서는 문제 해결이 원만할 수 없다.〉

12. Mieke Roscher, *Ein Königreich für Tiere. Die Geschichte der britischen Tierrechtsbewegung*, Marburg, 2009, 87면.

후기 | 구체적인 생태 소통

1. Jürgen Kremb, "Vom Dschungel verschlungen", *Der Spiegel*, 3/2001, 128면.

2. 1994년 7월 1일 한 독일 일간지는 주커의 죽음을 단신으로만 보도했다(「고릴라 연구가, 목을 맨 채 발견되다Gorilla-Forscher erhängt aufgefunden」). 14년 뒤에야 비로소 마침내 자세한 기사가 나왔다(Nicole Hille-Priebe, 「치명적인 원숭이 사랑: 빌레펠트 출신의 고릴라 연구가 클라우스위르겐 주커가 열대림의 석연치 않은 상황에서 죽다Tödliche Affenliebe - Bielefelder Gorilla-Forscher Klaus-Jürgen Sucker starb unter mysteriösen Umständen im Regenwald」). 주커가 목재 기업의 수상한 활동을 추적했다는 사실을 기사는 언급조차 하지 않았다.

3. Joachim Radkau, Frank Uekötter(편집), *Naturschutz und Nationalsozialismus*, Frankfurt, 2003.

4. Robert Gottlieb, *Forcing the Spring. The Transformation of the American Environmental Movement*, Washington, 1993, 318면.

5. Rainer Pfannkuchen, "Naturschutz in Dresden", *Dresdner Hefte*, 67(Von der Natur der Stadt - Lebensraum Dresden), Dresden, 2001, 75면.

6. 마리오 디아니와 프란체스카 포르노는 이탈리아의 환경 운동을 두고 이런 말을 했다. 〈환경 운동이 환경 운동가의 것만으로 제한되는 것은 결코 아니다. 다른 운동가들도 단순한 변두리에 머무르지 않고 대단히 자율적인 역할을 한다.〉 Christopher Rootes(편집), *Environmental Protest in Western Europe*, Oxford, 2003, 152면. 다른 한편으로 녹색당의 정치 권력이 항상 효율적인 환경 보호를 의미하는 것은 아니다. 20년 전 이탈리아의 어떤 환경 운동가는 냉소를 머금고 나에게 이렇게 말했다. 〈밀라노는 녹색당이 연정에 참여해 시 정부를 이루었음에도 정화 시설 하나 갖추지 않았다.〉

7. Timothy F. Flannery, "The Fate of Empire in Low-and High-Energy Ecosystems", Tom Griffith, Libby Robbin(편집), *Ecology and Empire: Environmental History of Settler Societies*, Seattle, 1997, 58면.

8. David R. Foster 외, *Wildlands and Woodlands - A Vision for the New England Landscape*, Petersham, Mass., 2010.

9. Mike Davis, *City of Quartz - Excavating the Future in Los Angeles*(개정판), New York, 2006, 204면. 이 자료에 따르면 〈님비〉가 1980년대 캘리포니아에서 만들어진 신조어라고 한다.

10. 오랫동안 『뉴욕 타임스』의 환경 통신원으로 일한 필립 쉐이브코프는 〈님비〉라는 단어를 경시하는 태도를 조심해야 한다고 말한다. Philip Shabecoff, *A Fierce Green Fire. The*

American Environmental Movement, New York, 1993, 237면. 〈님비는 공기와 물과 토양을 겨눈 공격이 계속되지 않기 바란다는 뜻을 애매하게 돌려 말하지 않는 사람들의 진정한 목소리다.〉

11. Reinhard Piechocki, Norbert Wiersbinski(감수), *Heimat und Naturschutz. Die Vilmer Thesen und ihre Kritiker*, Bonn(Bundesamt für Naturschutz), 2007.

12. Peter Weingart, Anita Engels, Petra Pensegrau, *Von der Hypothese zur Katastrophe. Der anthropogene Klimawandel im Diskurs zwischen Wissenschaft, Politik und Massenmedien*(제 2판), Opladen, 2008.

사진 출처

옮긴이의 말

그러나 경험과 역사가 가르쳐 주는 것은 민족과 정부들이 역사로부터 배우려는 자세를 전혀 갖지 않았으며, 역사가 주는 교훈대로 행동한 적이 결코 없다는 점이다. — 게오르크 빌헬름 프리드리히헤겔

〈빅뱅〉. 모든 것의 시초를 알리는 폭죽이 터진 지 140억 년이라는 세월이 흘렀다. 100년을 사는 인간은 예나 지금이나 장수의 축복을 누린다. 140억 년이라는 시간의 길이에 이 축복의 100년은 점 하나 찍기도 어려운 찰나의 순간이다. 그러나 이 티끌과도 같은 인생 안에는 전체 우주가 고스란히 살아 숨 쉰다. 바로 지금 이 순간 밤하늘을 우러르는 우리의 의식 안에서만 140억 년의 세월은 존재하기 때문이다. 나무 한 그루, 풀 한 포기, 돌멩이 하나도 마찬가지다. 그저 일회적이고 개별적인 이 사물들 안에도 억겁의 세월이 담겨 있다. 우주를 이루는 이 사물들의 근본인 원소는 영겁의 세월을 통해 끊임없이 순환하고 있기 때문이다. 다만 차이는 이 140억 년의 세월을 생각할 줄 아는 인간의 의식으로만 존재를 드러낸다는 점이다. 파스칼은 무한함을 생각할 줄 아는 것이야말로 우리 인간을 유일한 존재로 만들어 주는 특성이라고 강조했다.

그럼 우리 인류는 지구에서 얼마나 오래 살아왔을까? 최초의 〈호모 사피엔스〉가 등장한 때는 족히 30만 년 전이다. 살아온 발자취를 문자

로 기록하기 시작한 때는 훨씬 더 짧아 대략 5,000년 전의 일이다. 다시 말해서 오늘날 우리 인류가 누리는 문화는 굳이 빅뱅을 거론할 것도 없이 역사에 비추어도 상당히 짧은 배경을 가졌을 따름이다. 더 나아가 인류가 풍요한 물질문명을 향유할 수 있게 된 것은 길게 잡아도 120년 안팎의 극히 짧은 세월이다. 더 많이, 더욱 편리하게, 더없이 화려하게 살아가는 생활 방식의 근간은 이동성이다. 물류와 수송이 뒷받침되지 않는다면 우리가 누리는 소비 생활은 불가능하다. 물류와 수송은 에너지를 가져야만 한다. 간단히 핵심만 말하자면, 오늘날 우리가 단 1년에 소비하는 화석 연료는 그 형성을 위해 100만 년을 필요로 한다. 100만 년이 걸려야 만들어지는 것이 1년 만에 소비된다!

이 책은 그 120년 안팎의 세월을 다룬다. 19세기 말쯤에서 눈 뜨기 시작한 환경 의식은 1970년을 전후한 생태 혁명으로 본격적인 각성을 이루었다. 1970년대를 혁명의 시기로 꼽는 이유는 간단하다. 1973년 중동 전쟁으로 촉발된 이른바 〈오일 쇼크〉는 급격한 유가 인상으로 전 세계 경제에 심각한 타격을 안겼다. 그때까지만 해도 석유를 물이나 공기처럼 당연한 것으로 여겨 온 사람들의 충격은 이루 말할 수 없이 컸다. 그러나 자동차라는 문명의 이기에 익숙해진 국제 사회는 근원적 처방에는 손도 대지 않고 땜질식 처방으로 일관했다. 성장 위주의 경제에만 매달린 나머지 위기의 심각성을 몇몇 경제 지표로 분석하기에만 바빴다. 그 결과 불과 6년 뒤인 1979년 더욱 심각한 석유 위기가 지구를 강타했다.

이 국제 사회를 주도한 국가는 미국이다. 미국의 역사학자이자 사회 문화 비평가인 크리스토퍼 래시Christopher Lasch는 1979년 초 『나르시시즘의 문화Culture of Narcissism』라는 책으로 그저 번쩍이는 피상적 화려함에만 매달려 그 어떤 사회적 대의에도 관심을 가지지 않는 미국의 소비문화를 고발했다. 이 책에 깊은 감명을 받은 당시 미국 대통령 지미 카터는 이른바 〈아메리칸 드림〉이 품은 허구성을 고발하며, 〈방종과 소비를 숭배〉하는 자유 경제를 비판했다. 그러나 이런 비판은 카터에게 실패한 대통령이라는 낙인을 찍는 결과를 부르고 말았다. 당시를 역사학자 앤드루 바세비치Andrew Bacevich는 다음과 같이 회고한다. 〈자유를 정말 진지하게 생각한다면 자유가 무엇을 의미하는지 진정으로 생각해야 한다. 자유는 소유와 눈에 띄는 소비가 아닌 다른 것이어야 함을. 그리고 우리의 자유를 지속하고자 한다면 우리는 자력이 허용하는 한에서 삶을 꾸리기 시작해야 한다. 당시만 해도 카터의 이런 논지가 잘 와 닿지 않았으나, 돌이켜보니 정말 깊은 통찰을 담은 혜안에 감탄을 금할 수 없다.〉

생태학은 〈생태용량 초과의 날Overshoot day〉이라는 개념을 쓴다. 1년에 자연이 재생하면서 균형을 잡아 가는 한계치가 생태용량이다. 2019년의 경우 이 생태용량을 초과한 날은 7월 29일이었다. 다시 말해서 1년의 절반 동안 우리는 지구가 만들어 낼 수 있는 것 이상을 뽑아 쓴다. 이런 식의 소비 추세가 지속하는 한, 균형을 잃은 자연이 갈수록 망가져 가는 것은 피할 수 없는 노릇이다. 독일의 정치경제학자 마야 괴펠Maja Göpel은 자원 소비와 시장의 관계를 이렇게 진단한다. 〈자원이 부족해지면 시장은 어차피 기능하지 않는다. 시장은 모든 문제를 해결할 만능의 장치가 아니다. 그리고 국가는 자유를 제한하기만 하는 게 아니다. 국가 덕분에 자유는 비로소 생겨난다. 새로운 현실의 문제들을 해결하기 위해 우리는 절반의 진실만 고집하는 사고방식을 버려야 한다. 지구 전체가 가진 부족한 자원 문제는 글로벌 차원에서 전체를 균형 있게 살피는 사고방식, 비록 어렵게 보이기는 할지라도, 이런 사고방식으로만 해결의 실마리를 찾을 수 있다(『미래를 위한 새로운 생각Unsere Welt neu denken. Eine Einladung』195면).〉

물론 의식주라는 인생의 기본 조건은 충족되어야 마땅하다. 추위를 막고 더위를 피하며 건강하게 살 수 있는 식생활은 생명체가 누려야 할 권리이기도 하다. 지구가 인간이 특히 추악한 생명체라거나, 너무 많아서 더러워진다는 말은 성립하지 않는다. 지구를 더럽히는 주범은 자원을 가지고 노동을 통해 만들어 낸 재화를 사회가 분배하고 이득을 줘어

짜는 방식이다. 경제학의 반론이 없는 것은 아니다. 예를 들어 월트 위트먼 로스토Walt Whitman Rostow는 투자 비율을 14퍼센트 이상 끌어올리면 저절로 성장을 이루는 날개가 펼쳐진다는 〈도약 단계Take-off stage〉를 주장했다. 때마침 제3세계에 준 개발 지원과 맞물려 이 이론은 큰 인기를 끌었으나, 〈도약 단계〉는 전혀 나타나지 않았다.

1968년 달 탐사를 떠났던 〈아폴로 8호〉의 세 우주인은 우리에게 귀중한 사진 한 장을 선물했다. 이들은 달이 아니라 바로 지구를 촬영했다. 무한히 펼쳐진 검은 우주라는 장막을 배경으로 반짝이는 푸른빛을 자랑하는 작고 깨어질 것처럼 섬약해 보이는 이 별은 태양계에서 생명체가 사는 유일한 별이다. 우리는 이 별 이외에 다른 살 공간이 없다.

사진은 근본적으로 인류가 이미 500년 전부터 알던 사실을 확인해주었다. 지구가 평평한 판이 아니라는 점은 늦어도 최초의 세계일주 이후에는 누구나 알았던 사실이다. 또 지구가 우주의 중심이 아니라는 점, 곧 인간이 만물의 중심일 수 없다는 깨달음 역시 코페르니쿠스 이후 우리가 익히 아는 사실이다. 그러나 이 사진은 두 번째 〈코페르니쿠스적 전회〉를 일으켰다. 이제 지구는 다시 우주에서 유일무이한 별, 아름다우면서 깨지기 쉬운 섬약한 우리 인간의 중심이 되었다.

〈지구는 조상에게 물려받은 게 아니라, 후손에게 빌려 쓰는 것이다.〉 세간에 인디언의 속담으로 알려진 말이다. 정확한 출처를 확인하기는 어려우나, 이 말에는 전체 진리가 담겼다. 멀리 떨어진 아프리카 사람을 위해 환경을 지켜야 한다는 말은 고개를 끄덕이게 하는 공감은 이끌어낼지라도, 나와 관련한 절박한 문제라는 실천은 끌어내지 못한다. 그런 점에서 이 책의 저자 라트카우는, 환경 보호를 인간의 자기 보존 본능에 호소할 때 구체적 실천을 기대할 수 있게 해준다고 썼다. 멀리 갈 것도 없다. 손주 세대를 생각해서라도 우리는 환경과 자연을 지키고 가꾸는 일에 절대 소홀할 수 없다.

19세기 말에 눈 뜨기 시작해 1970년을 전후해 각성을 이루었으며, 오늘날에 이르기까지 환경 운동의 역사는 숱한 우여곡절을 보여 준다.

21세기의 현재 인류는 더는 물러설 곳이 없는 막다른 골목에 내몰렸다. 창궐하는 전염병과 심각한 기후 위협은 이제 우리에게 남은 시간이 많지 않음을 확실히 보여 준다. 헤겔은 〈진리는 전체〉라는 말을 남겼다. 황혼녘에야 날갯짓을 시작하는 미네르바의 부엉이야말로 모든 것을 꿰뚫어 볼 줄 아는 지혜를 자랑한다는 비유와 함께. 지난 100여 년의 세월을 되짚어 보는 생태 역사는 복잡하게 얽혀 전모를 가늠하기 힘들었던 환경 운동이 우리에게 주어진 지상 명제임을 일깨워 준다. 그때그때 별거 아닐 거라고 애써 자위해 왔던 이기적 태도는 위험을 더할 수 없이 키워 왔다. 1943년생의 역사학자 라트카우는 전 세계를 아우르는 안목으로 우리에게 미네르바의 지혜를 누릴 기회를 선물한다. 돌이켜 보자! 미래를 풀어갈 열쇠는 과거의 역사가 선물한다.

이런 이치를 새기며 나는 베르톨트 브레히트의 짧은 글 한 편을 독자 여러분과 함께 음미하고 싶다. 〈계곡을 지나가던 코이너 씨는 갑자기 발까지 물이 차오른 것을 발견했다. 주위를 돌아보고 나서야 그는 계곡이 실제로는 바다로 이어지는 만의 일부이며, 만조 때가 가까워졌음을 깨달았다. 거룻배를 찾는 동안 그는 멈춰 선 자리에서 꼼짝도 하지 않았다. 그러나 거룻배가 보이지 않자 그는 이 희망을 버리고, 물이 더는 차오르지 않기만 바랐다. 물이 턱까지 차오르고 나서야 그는 이 희망마저 버리고 헤엄치기 시작했다. 코이너 씨는 바로 자기 자신이 거룻배임을 깨달았다(『생각이 실종된 어느 날*Geschichten vom Herrn Keuner*』90면)〉

2022년 5월 김희상

찾아보기

클류체프스키, 바실리 269

옮긴이 **김희상** 성균관대학교와 같은 대학원에서 철학을 전공했다. 독일 뮌헨의 루트비히막시밀리안 대학교와 베를린 자유 대학교에서 헤겔 이후의 계몽주의 철학을 연구했다. 인문학 공부와 유럽 체험을 바탕으로 전문 번역가로 활동하고 있다. 2008년에는 어린이 철학책『생각의 힘을 키우는 주니어 철학』을 집필했으며,『왜 세계는 존재하지 않는가』(2017),『미래를 위한 새로운 생각』(2021),『마음의 법칙』(2022) 등 100여 권의 책을 우리말로 옮겼다.

생태의 시대

발행일 2022년 5월 20일 초판 1쇄

지은이 요아힘 라트카우
옮긴이 김희상
발행인 홍예빈 · 홍유진
발행처 주식회사 열린책들

경기도 파주시 문발로 253 파주출판도시
전화 031-955-4000 팩스 031-955-4004
www.openbooks.co.kr

Copyright (C) 주식회사 열린책들, 2022, *Printed in Korea.*
ISBN 978-89-329-2180-8 03300